MANUAL DE
CONTABILIDADE
SOCIETÁRIA

APLICÁVEL A TODAS
AS SOCIEDADES

O GEN | Grupo Editorial Nacional – maior plataforma editorial brasileira no segmento científico, técnico e profissional – publica conteúdos nas áreas de ciências sociais aplicadas, exatas, humanas, jurídicas e da saúde, além de prover serviços direcionados à educação continuada e à preparação para concursos.

As editoras que integram o GEN, das mais respeitadas no mercado editorial, construíram catálogos inigualáveis, com obras decisivas para a formação acadêmica e o aperfeiçoamento de várias gerações de profissionais e estudantes, tendo se tornado sinônimo de qualidade e seriedade.

A missão do GEN e dos núcleos de conteúdo que o compõem é prover a melhor informação científica e distribuí-la de maneira flexível e conveniente, a preços justos, gerando benefícios e servindo a autores, docentes, livreiros, funcionários, colaboradores e acionistas.

Nosso comportamento ético incondicional e nossa responsabilidade social e ambiental são reforçados pela natureza educacional de nossa atividade e dão sustentabilidade ao crescimento contínuo e à rentabilidade do grupo.

FIPECAFI
Cultura Contábil, Atuarial e Financeira
FUNDAÇÃO INSTITUTO DE PESQUISAS
CONTÁBEIS, ATUARIAIS E FINANCEIRAS

ARIOVALDO DOS **SANTOS**
SÉRGIO DE **IUDÍCIBUS**
ELISEU **MARTINS**
ERNESTO RUBENS **GELBCKE**

MANUAL DE CONTABILIDADE SOCIETÁRIA

4ª EDIÇÃO

APLICÁVEL A TODAS AS SOCIEDADES

DE ACORDO COM AS NORMAS INTERNACIONAIS E DO CPC

- Os autores deste livro e a editora empenharam seus melhores esforços para assegurar que as informações e os procedimentos apresentados no texto estejam em acordo com os padrões aceitos à época da publicação, *e todos os dados foram atualizados pelos autores até a data de fechamento do livro.* Entretanto, tendo em conta a evolução das ciências, as atualizações legislativas, as mudanças regulamentares governamentais e o constante fluxo de novas informações sobre os temas que constam do livro, recomendamos enfaticamente que os leitores consultem sempre outras fontes fidedignas, de modo a se certificarem de que as informações contidas no texto estão corretas e de que não houve alterações nas recomendações ou na legislação regulamentadora.

- Data de fechamento do livro: 15/02/2022

- Os autores e a editora se empenharam para citar adequadamente e dar o devido crédito a todos os detentores de direitos autorais de qualquer material utilizado neste livro, dispondo-se a possíveis acertos posteriores caso, inadvertida e involuntariamente, a identificação de algum deles tenha sido omitida.

- **Atendimento ao cliente: (11) 5080-0751 | faleconosco@grupogen.com.br**

- Direitos exclusivos para a língua portuguesa
  Copyright © 2022 by
  Editora Atlas Ltda.
  Uma editora integrante do GEN | Grupo Editorial Nacional
  Travessa do Ouvidor, 11
  Rio de Janeiro – RJ – 20040-040
  www.grupogen.com.br

- Reservados todos os direitos. É proibida a duplicação ou reprodução deste volume, no todo ou em parte, em quaisquer formas ou por quaisquer meios (eletrônico, mecânico, gravação, fotocópia, distribuição pela Internet ou outros), sem permissão, por escrito, da Editora Atlas Ltda.

- Designer de Capa: Manu | OFÁ Design
- Editoração eletrônica: Sílaba Produção Editorial

- **Ficha catalográfica**

- **CIP – BRASIL. CATALOGAÇÃO NA FONTE.**
  SINDICATO NACIONAL DOS EDITORES DE LIVROS, RJ

M249
4. ed.

Manual de contabilidade societária: aplicável a todas as sociedades: de acordo com as normas internacionais e do CPC / Ariovaldo dos Santos ... [et al.]. – 4. ed. – Barueri [SP]: Atlas, 2022.

Apêndice
Inclui índice
ISBN 978-65-5977-249-0

1. Contabilidade. 2. Sociedades comerciais. I. Santos, Ariovaldo dos.

22-75924

CDD-657
CDU-657

Meri Gleice Rodrigues de Souza – Bibliotecária – CRB-7/6439

Prefácio à Quarta Edição

Em 1977, logo após a revolução contábil do século XX no Brasil trazida pela edição da Lei das S.A. (nº 6.404/1976), a Fipecafi foi procurada pela CVM para editar o *Manual de contabilidade das sociedades por ações*, já que praticamente tudo o que havia de novidade em matéria contábil nessa lei vinha sendo pesquisado e ensinado no Departamento de Contabilidade e Atuária da FEA/USP. E aquele *Manual*, financiado pela CVM, nasceu em 1978, passando a servir como fonte de consulta dos profissionais de contabilidade, auditoria e análise de balanços, acabando por se transformar também em livro didático e trabalho de referência.

A partir principalmente de 1985, com a criação do que depois passou a ser chamada de Comissão Consultiva de Normas Contábeis da CVM (presença, além da CVM, da Fipecafi, do Ibracon, do CFC, da Apimec e da Abrasca), essa autarquia passou a emitir um grande conjunto de normas já convergentes às do IASB, dentro dos limites que a Lei permitia, e aquele *Manual* as foi incorporando ao longo de várias edições. Diversas outras evoluções foram também sendo inseridas.

Com a criação do Comitê de Pronunciamentos Contábeis (CPC) em 2005 e a edição das Leis nº 11.638/2007, nº 11.941/2009 e nº 12.973/2014, enorme conjunto de novas normas, aprovadas pela CVM, pelo CFC e outros órgãos reguladores, nos levaram à convergência generalizada (mas não completa) às Normas Internacionais de Contabilidade (IASB) a partir de 2010. A CVM, tornando obrigatórias essas normas às companhias abertas. O Conselho Federal de Contabilidade, expandindo essas normas a todas as empresas não subordinadas a algum órgão regulador com poder legal de normatizar contabilidade. O Banco Central do Brasil (Bacen), apesar de ter sido a primeira entidade a utilizar de forma completa as normas do IASB em 2006, até hoje não as expandiu de forma completa às entidades que regula, a não ser para o caso de demonstrações consolidadas adicionais por parte dos grandes bancos. A Agência Nacional de Energia Elétrica (ANEEL) inovou de forma admirável; suas reguladas são obrigadas a cumprir os documentos do CPC, e as diferenças contábeis que interessam a essa Agência, para, inclusive, fins tarifários, seguem em outro conjunto de demonstrações denominadas Regulatórias. Aplausos à ANEEL. A Superintendência dos Seguros Privados (SUSEP) adota a quase totalidade dos CPCs. E outros órgãos reguladores fazem a adoção de forma parecida. De qualquer forma, essas normas do IASB são a grande revolução contábil deste século no nosso país (no século XX, foi a Lei das S.A., de nº 6.404/1976).

A Fipecafi deliberou por cessar a edição daquele *Manual* em 2010, exatamente por causa dessa grande mudança, e produzir este outro *Manual*, totalmente conforme os Pronunciamentos, as Interpretações e as Orientações do CPC e conforme as Normas Internacionais de Contabilidade emitidas pelo IASB. E, com a evolução das normas, chega agora este *Manual de contabilidade societária* à sua 4ª edição, atualizado até final de 2021.

Mas a grande novidade foi a ideia de se produzir, conjuntamente a esta edição, outra obra de mais fácil alcance: o *Manual prático de contabilidade societária*. Menor, bem mais simplificado e com muitos exemplos, alguns até transportados do *Manual*, voltado a atender primordialmente os que se iniciam na profissão e aos estudantes, tudo isso com um custo menor.

A Lei nº 12.973/2014 manteve a determinação que viera com as Leis nº 11.638/2007 e nº 11.941/2009 relativa à neutralidade fiscal, ou seja, de que nenhuma nova norma contábil tivesse qualquer efeito fiscal sem que nova Lei se alterasse. E de lá para cá convivemos com a Receita Federal se pronunciando para os casos em que novas normas não produzem novos efeitos fiscais, e a Lei precisando mudar para o caso de novas normas virem a ter efeitos tributários. E aplausos à Receita por essa posição.

Nós, os Autores, e a Fipecafi, acreditamos estar contribuindo para a elevação da informação contábil das nossas empresas e para a elevação do profissional de Contabilidade a um patamar de qualidade ímpar. A linguagem contábil é universal, e, com a globalização dos negócios, tornou-se por demais importante para todos os países, não podendo mais ser praticada por cada um conforme seus próprios desejos. Aliás, tudo o que é relevante e se globaliza se obriga, cada vez mais, a um processo de convergência mundial para facilitar a comunicação, o entendimento, a análise, o uso, enfim, para qualquer finalidade. Se isso é relevante até no mundo esportivo (imagine-se o futebol praticado com regras diferentes em cada país, ou dentro de um país em regiões diferentes – como chegou a ser praticada a Contabilidade em alguns países), imagine-se no mundo dos negócios. Com a Contabilidade não foi diferente. Assumindo cada vez mais importância no mundo, há de ser aplicada da mesma forma em todos os lugares.

A transação global de mercadorias, de serviços, de tecnologia, de dinheiro na forma de empréstimos ou de investimentos etc. faz com que seja necessário que inúmeros empresários brasileiros (inclusive pequenos e médios) saibam entender as demonstrações contábeis de clientes, fornecedores, potenciais investidores e interessados de outros países; e a recíproca é verdadeira: é obrigatório que as nossas demonstrações sejam facilmente entendidas e passíveis de análise por esses interessados no exterior.

A confiança é fundamental no mundo dos negócios, e a confiança na qualidade das normas utilizadas para a elaboração das informações contábeis faz parte do processo que ajuda na facilitação das operações, na redução do custo do capital, no interesse na própria negociação etc. Daí considerarmos fundamental continuar nessa posição de seguimento às *International Financial Reporting Statements* (IFRS) do *International Accounting Standards Board* (IASB).

Um alerta: aqui tratamos, obviamente, dos principais aspectos das IFRSs e outros tópicos, de forma alguma tendo a pretensão de que, lendo-se este *Manual*, adquira-se o conhecimento total do que sejam essas normas internacionais. A leitura dos documentos do CPC e o seu estudo são absolutamente imprescindíveis para os profissionais que elaboram, auditam e muitos dos que usam as demonstrações contábeis.

Continuamos pedindo aos leitores que não só nos ajudem a melhorar este *Manual* e o *Manual prático*, quer do ponto de vista técnico quer do didático, mas também nos auxiliem com sugestões para melhoria das normas internacionais, sem prejuízo de proposições diretamente junto ao IASB ou a órgãos os mais diversos no Brasil.

A Fipecafi orgulha-se de vir participando fortemente do processo de melhoria da qualidade contábil no Brasil desde a implantação da Lei das Sociedades por Ações de 1976, da Comissão Consultiva da CVM instituída em 1985, formalizada depois em 1990, e que praticamente se transformou no CPC em 2005. Continua a fazer parte desse Comitê e ajudando também na divulgação, no ensino e na prática de todo esse arsenal de normas que melhoraram extraordinariamente o papel da contabilidade e a imagem do profissional contábil no Brasil nesses últimos tempos. E promete assim continuar.

Esta edição abriga os novos Pronunciamentos, Interpretações, Orientações e Revisões emitidos até 31 de dezembro de 2021, bem como as principais alterações na legislação tributária até então. Salientamos a seguir apenas os principais assuntos que sofreram efetiva mudança de conteúdo. Desde a última edição, foram emitidos diversos Pronunciamentos, alguns de caráter muito específico, por isso aqui não tratados, como o CPC 50 – Contratos de Seguro e CPC 49 – Contabilização e Relatório Contábil de Planos de Benefícios de Aposentadoria (aplicável aos Fundos de Aposentadoria). Tivemos o recentíssimo CPC Liquidação – Entidades em Liquidação (que não está ainda contemplado no IASB) e o "velho" CPC 42 – Contabilidade em Economia Hiperinflacionária (na verdade sempre tratamos desse tema). E também uma nova versão do CPC 00 – Estrutura Conceitual para Relatório Financeiro.

Duas novas Interpretações (de nº 22 e nº 23), tratando, respectivamente, da Incerteza sobre Tratamento do Tributo Sobre o Lucro e da Aplicação da Abordagem de Atualização Monetária Prevista no CPC 42, também emitidas nesse período. Além de seis novas Revisões, que alteram, retiram ou adicionam itens aos documentos já emitidos, a maioria bastante extensas. Essas alterações já constam dos textos originais.

Nossos enormes agradecimentos aos que colaboraram nesta edição do *Manual*: Alexandre Gonzales, Bruno Meirelles Salotti, Eduardo Flores, Fernando Dal Ri Murcia, Guillermo Oscar Braunbeck e Raquel Wille Sarquis. Os autores principais, em forma de rodízio, têm seus nomes referenciados na capa.

Finalmente, queremos lembrar e reverenciar o nome do Prof. Dr. Iran Siqueira Lima, que presidiu a Fipecafi por tantos e tantos anos, e que, direta e indiretamente, acompanhou e promoveu a evolução deste *Manual*, incentivando fortemente todas as nossas equipes. Aliás, enquanto era ele ainda do Bacen, em 1977, já desenvolvia cursos sobre a Lei das S.A. para aquela entidade e para o mercado, utilizando-se da Fipecafi, incentivando-nos desde nosso início. E quando da segunda edição do *Manual* anterior, conseguiu o seu financiamento pelo Bacen (a primeira fora financiada pela CVM, como já dito). Nossas eternas homenagens ao querido e falecido colega.

Ariovaldo dos Santos
Sérgio de Iudícibus
Eliseu Martins
Ernesto Rubens Gelbcke

CARO LEITOR,

O rigor técnico e a qualidade que você já conhece há mais de 40 anos, agora, com uma novidade: ao adquirir o *Manual de Contabilidade Societária*, você recebe, incluso, **acesso exclusivo ao *E-BOOK* do *Manual Prático de Contabilidade Societária***. Um lançamento do Grupo GEN | Editora Atlas que traz as aplicações das normas contábeis em exemplos práticos e com linguagem de fácil entendimento.

O acesso ao material suplementar é gratuito e requer PIN. As instruções encontram-se na primeira capa interna deste livro juntamente com o código (PIN).

O acesso ao material suplementar online fica disponível até seis meses após a edição do livro ser retirada do mercado.

Caso haja alguma mudança no sistema ou dificuldade de acesso, entre em contato conosco (gendigital@grupogen.com.br).

Sumário

1 **NOÇÕES INTRODUTÓRIAS, ESTRUTURA CONCEITUAL E ADOÇÃO INICIAL, 1**

  1.1 Introdução, 1
   - 1.1.1 Contabilidade, Fisco e legislações específicas, 2
   - 1.1.2 Efeitos da inflação, 3
   - 1.1.3 Código Civil, 4
   - 1.1.4 A criação do Comitê de Pronunciamentos Contábeis (CPC), 5
   - 1.1.5 Normas internacionais de Contabilidade: principais características e consequências, 6
   - 1.1.6 Situação brasileira e o mundo: balanços individuais e consolidados, 8
   - 1.1.7 Pequena e média empresa: pronunciamento especial do CPC, 8

  1.2 Estrutura conceitual de contabilidade, 12
   - 1.2.1 Dois pontos relevantes a destacar: prudência e prevalência da essência sobre a forma, 12
   - 1.2.2 Objetivo, utilidade e limitações do relatório financeiro, 13
   - 1.2.3 Regime de competência, 14
   - 1.2.4 Características qualitativas de informações financeiras úteis, 14
     - 1.2.4.1 Relevância, 14
     - 1.2.4.2 Representação fidedigna, 14
     - 1.2.4.3 Comparabilidade, 15
     - 1.2.4.4 Capacidade de verificação, 15
     - 1.2.4.5 Tempestividade, 15
     - 1.2.4.6 Compreensibilidade, 15
   - 1.2.5 Demonstrações contábeis e a entidade que reporta, 16
     - 1.2.5.1 Objetivo e alcance das demonstrações contábeis, 16
     - 1.2.5.2 Período de relatório, perspectiva adotada e premissa da continuidade operacional, 16
     - 1.2.5.3 Entidade que reporta e demonstrações consolidadas e não consolidadas, 17
   - 1.2.6 Elementos das demonstrações contábeis, 17
     - 1.2.6.1 Ativo, 17
     - 1.2.6.2 Passivo, 18
     - 1.2.6.3 Patrimônio Líquido, 20
     - 1.2.6.4 Receita e despesa, 20
   - 1.2.7 Reconhecimento e desreconhecimento, 21
     - 1.2.7.1 Critérios de reconhecimento, 21

1.2.7.2 Critérios de desreconhecimento, 21

1.2.8 Mensuração, apresentação e divulgação e conceitos de capital e manutenção de capital, 21

1.2.8.1 Mensuração, 22

1.2.8.2 Apresentação e divulgação, 22

1.2.8.3 Conceitos de capital e manutenção de capital, 22

1.3 Adoção inicial das normas internacionais e do CPC, 23

1.3.1 Adoção inicial das normas internacionais – CPC 37 (R1), 24

1.3.1.1 Elaboração do balanço de abertura, 24

1.3.1.2 Proibições, 25

1.3.1.3 Isenções, 27

1.3.1.4 Disposição especial, 31

1.3.2 Normas internacionais não tratadas neste *Manual*, 32

1.3.3 Tratamento para as pequenas e médias empresas, 32

1.3.4 Entidades em liquidação, 32

1.4 NBC TGs 1001 e 1002 do Conselho Federal de Contabilidade, 33

1.5 Homenagens, 33

2 **DISPONIBILIDADES E CONTAS A RECEBER**, 35

2.1 Introdução, 35

2.2 Conteúdo e classificação do subgrupo Disponibilidades, 37

2.2.1 Caixa, 37

2.2.2 Depósitos bancários à vista, 37

2.2.3 Numerário em trânsito, 38

2.2.4 Aplicações de liquidez imediata, 38

2.3 Critérios de avaliação, 39

2.3.1 Geral, 39

2.3.2 Saldos em moeda estrangeira, 39

2.4 Do tratamento aplicável aos criptoativos, 39

2.5 Clientes, 39

2.5.1 Grupos de contas contábeis, 39

2.5.2 Natureza dos grupos de contas contábeis, 40

2.5.3 Perdas estimadas em créditos de liquidação duvidosa, 40

2.5.4 Securitização de recebíveis, 44

2.6 Outros Créditos, 45

2.6.1 Conceito e critérios contábeis, 45

2.6.2 Títulos a Receber, 45

2.6.3 Cheques em Cobrança, 45

2.6.4 Dividendos a Receber, 46

2.6.5 Juros a Receber, 46

2.6.6 Créditos de Funcionários, 46

2.6.7 Tributos a Compensar e a Recuperar, 47

2.6.8 Depósitos Restituíveis e Valores Vinculados, 48

2.6.9 Perdas Estimadas, 48

2.7 Tratamento para pequenas e médias empresas, 48

3 **ESTOQUES**, 49

3.1 Introdução, 49

3.2 Conteúdo e plano de contas, 49

3.2.1 Conceito e classificação, 49

3.2.2 Compras em trânsito, 50

3.2.3 Peças e materiais de manutenção, 50

3.2.4 Materiais destinados a obras, 50

3.2.5 Peças de reposição de equipamentos, 50

3.2.6 Elenco sugerido de contas, 50

3.3 Critérios de avaliação, 52

3.3.1 Critério básico, 52

3.3.2 Apuração do custo, 53

3.3.3 Apuração do valor realizável líquido, 60

3.3.4 O ICMS e os estoques, 61

3.3.4.1 Quando o IPI compõe a base de cálculo do ICMS, 63

3.3.5 O PIS/Pasep, a Cofins e os estoques, 63

3.3.6 Mudança nos métodos de avaliação, 63

3.3.7 Custos na prestação de serviços, 64

3.3.8 Baixa dos estoques, 64

3.4 Aspectos fiscais, 64

3.4.1 Tópicos principais, 64

3.4.2 Contabilidade de custos integrada e coordenada, 64

3.5 Inventário físico e controles, 65

3.6 Tratamento para as pequenas e médias empresas, 66

4 **OUTROS ATIVOS E OPERAÇÕES DESCONTINUADAS**, 67

4.1 Introdução, 67

4.2 Ativos Especiais, 67

4.2.1 Aspectos conceituais, 67

4.2.2 Plano de contas, 69

4.2.3 Critérios de avaliação, 70

4.2.4 Notas explicativas, 70

4.3 Despesas antecipadas, 70

4.3.1 Aspectos conceituais, 70

4.3.2 Plano de contas, 71

4.3.3 Critérios de avaliação, 71

4.3.4 Exemplo, 71

4.4 Ativo Não Circulante mantido para venda, 72

4.4.1 Conceitos iniciais, 72

4.4.2 Classificação, 73

4.4.3 Critérios de mensuração, 73

4.4.3.1 Regra geral, 73

4.4.3.2 Reconhecimento de perdas, 74

4.4.3.3 Exemplos, 75

4.4.4 Alteração no plano de venda ou no plano de distribuição aos proprietários, 76

4.4.5 Apresentação e divulgação, 77

4.5 Operações descontinuadas, 78

4.5.1 Conceitos iniciais, 78

4.6 Tratamento para as pequenas e médias empresas, 78

5 REALIZÁVEL A LONGO PRAZO E INVESTIMENTOS EM OUTRAS SOCIEDADES, 81

5.1 Introdução, 81

5.2 Realizável a Longo Prazo, 81

5.2.1 Conceito e classificação, 81

5.2.2 Conteúdo das contas e sua avaliação, 82

5.2.2.1 Créditos e Valores, 82

5.2.2.2 Investimentos Temporários a Longo Prazo, 83

5.2.2.3 Despesas antecipadas, 84

5.2.2.4 Tributos diferidos, 84

5.2.3 Ajuste a valor presente, 85

5.2.3.1 Discussão geral, 85

5.2.3.2 A mudança de lei e o CPC, 85

5.2.3.3 Contabilização do ajuste a valor presente, 87

5.3 Investimentos em outras sociedades, 87

5.3.1 Conceitos iniciais, 87

5.3.2 Classificação no balanço, 88

5.3.3 Modelo do Plano de Contas, 90

5.3.4 Critérios de avaliação de participações permanentes em outras sociedades, 90

5.3.5 Avaliação de investimentos em outras sociedades pelo método do custo, 90

5.3.6 Avaliação dos investimentos societários em outras empresas pelo valor justo, 91

5.4 Tratamento para as pequenas e médias empresas, 91

6 INVESTIMENTOS EM COLIGADAS, CONTROLADAS E *JOINT VENTURES*, 93

6.1 Introdução, 93

6.2 Coligadas, 95

6.3 Controladas em conjunto, 97

6.4 A essência do método da equivalência patrimonial, 99

6.5 Aplicação do método da equivalência patrimonial, 100

6.5.1 Lucro ou prejuízo do exercício, 103

6.5.2 Dividendos distribuídos, 103

6.5.3 Outros resultados abrangentes, 103

6.5.4 Integralização de capital, 104

6.5.5 Variação na participação relativa, 104

6.5.6 Ajustes de exercícios anteriores, 107

6.6 Patrimônio Líquido das investidas, 107

6.6.1 Critérios contábeis, 107

6.6.2 Defasagem na data do encerramento da coligada, 107

6.7 Resultados não realizados de operações intersociedades, 108

6.7.1 Significado e objetivo, 108

6.7.2 Quais resultados não realizados devem ser eliminados?, 109

6.7.3 A determinação do valor da equivalência patrimonial do investimento em controladas nas demonstrações contábeis individuais da controladora, 111

6.7.4 Como apurar o valor dos resultados não realizados, 111

6.8 Mais-valia e *goodwill*, 116

6.8.1 Introdução, 116

6.8.2 Determinação da mais-valia e do *goodwill*, 117

6.8.3 Natureza e origem da mais-valia e do *goodwill*, 118

6.8.4 Realização da mais-valia de ativos líquidos, 119

6.8.5 *Goodwill*, 120

6.9 Mudanças de critério na avaliação de investimentos, 121

6.10 Reconhecimento de perdas, 123

6.11 Investimentos em controladas e coligadas no exterior, 125

    6.11.1 Introdução, 125

    6.11.2 Aspectos contábeis para investimentos no exterior, 125

6.12 Perda da influência ou do controle conjunto, 126

6.13 Investida com Patrimônio Líquido negativo, 128

6.14 Tratamento para as pequenas e médias empresas, 129

7 ATIVO IMOBILIZADO E PROPRIEDADE PARA INVESTIMENTO, 131

7.1 Introdução, 131

7.2 Imobilizado, 131

    7.2.1 Conceituação, 131

    7.2.2 Classificação e conteúdo das contas, 132

        7.2.2.1 Considerações gerais, 132

        7.2.2.2 Outros fatores da segregação contábil, 133

        7.2.2.3 Conteúdo das contas, 134

    7.2.3 Critérios de avaliação, 137

        7.2.3.1 Mensuração no reconhecimento e após o reconhecimento, 137

        7.2.3.2 Redução ao valor recuperável (*impairment*), 140

        7.2.3.3 Obrigação por retirada de serviço de ativos de longo prazo, 143

    7.2.4 Gastos de capital *vs.* gastos do período, 144

        7.2.4.1 Conceito geral, 144

        7.2.4.2 Manutenção e reparos, 145

        7.2.4.3 Melhorias e adições complementares, 146

        7.2.4.4 Aspectos fiscais, 146

    7.2.5 Retiradas, 146

    7.2.6 Depreciação, exaustão e amortização, 146

        7.2.6.1 Conceito, 146

        7.2.6.2 Valor depreciável, 148

        7.2.6.3 Estimativa de vida útil econômica e taxa de depreciação, 148

        7.2.6.4 Métodos de depreciação, 148

        7.2.6.5 Registro contábil da depreciação, 149

        7.2.6.6 Exaustão, 150

    7.2.7 Forma de apresentação no balanço, 150

    7.2.8 Operações de arrendamento, aluguéis etc., 150

7.3 Propriedades para investimento, 150

    7.3.1 Comentários gerais, 150

    7.3.2 Conceituação de propriedades para investimento, 150

    7.3.3 Critérios de avaliação de propriedades para investimento e de outros investimentos, 151

    7.3.4 Avaliação de propriedade para investimento, 151

        7.3.4.1 Conceituação adicional, 151

        7.3.4.2 Mensurações subsequentes: custo ou valor justo, 153

7.4 Tratamento para as pequenas e médias empresas, 155

8 ATIVOS INTANGÍVEIS E ATIVOS BIOLÓGICOS, 157

8.1 Introdução, 157

8.2 Ativos Intangíveis, 158

    8.2.1 Aspectos conceituais, 158

    8.2.2 Definição, reconhecimento e mensuração inicial, 159

    8.2.3 Mensuração subsequente e vida útil, 161

    8.2.4 Aspectos fiscais, 162

    8.2.5 *Impairment test*: intangíveis com vida útil definida, indefinida e *goodwill*, 163

    8.2.6 Marcas e patentes, 163

    8.2.7 Direitos sobre recursos naturais, 164

    8.2.8 Pesquisa e desenvolvimento, 164

    8.2.9 Considerações finais, 165

    8.2.10 Ativos intangíveis: tratamento para as pequenas e médias empresas, 165

8.3 Ativos Biológicos, 166

    8.3.1 Um modelo contábil específico para a atividade agrícola, 166

    8.3.2 Reconhecimento e mensuração, 169

        8.3.2.1 Mensuração do valor justo dos ativos biológicos e produtos agrícolas, 170

        8.3.2.2 Cômputo das despesas de venda, 171

8.3.2.3 Tratamento contábil dos custos subsequentes, 172

8.3.2.4 Mensuração pelo custo, 172

8.3.2.5 Reconhecimento de ganhos e perdas, 173

8.3.3 Subvenção governamental, 173

8.3.4 Ativo Biológico: tratamento para as pequenas e médias empresas, 174

9 MENSURAÇÃO AO VALOR JUSTO E MUDANÇAS NAS TAXAS DE CÂMBIO, 175

9.1 Introdução, 175

9.2 Mensuração ao Valor Justo, 175

9.2.1 Aspectos gerais da norma, 175

9.2.2 Definição de valor justo, 176

9.3 Aplicação do valor justo para ativos, passivos e instrumentos patrimoniais, 178

9.3.1 Ativos não financeiros, 178

9.3.2 Passivos e instrumentos patrimoniais próprios da entidade, 179

9.3.3 Posições líquidas de ativos financeiros e passivos financeiros, 182

9.4 Técnicas de avaliação do Valor Justo, 183

9.4.1 Abordagem de Mercado (*Market Approach*), 183

9.4.2 Abordagem de custo (*Cost Approach*), 184

9.4.3 Abordagem de resultado ou de receita (*Income Approach*), 184

9.5 Informações para aplicação das técnicas de avaliação, 187

9.5.1 Princípios gerais, 187

9.5.2 Classificação das informações aplicadas na mensuração – hierarquia de valor justo, 188

9.6 Divulgações relativas ao valor justo, 192

9.7 Tratamento para as pequenas e médias empresas, 194

9.8 Noções preliminares sobre mudanças nas taxas de câmbio em investimentos no exterior e conversão de demonstrações contábeis, 194

9.8.1 Introdução, 194

9.8.2 Métodos para reconhecimento e mensuração dos investimentos societários de caráter permanente, 194

9.8.3 Identificação da moeda funcional, 194

9.9 Reconhecimento e mensuração das mudanças nas taxas de câmbio, 195

9.9.1 Avaliação de investimentos societários no exterior pelo método de equivalência patrimonial, 195

9.9.2 Critério alternativo de mensuração, 201

9.10 Tratamento para as pequenas e médias empresas, 203

10 INSTRUMENTOS FINANCEIROS, 205

10.1 Introdução, 205

10.2 Definição, classificação e mensuração, 205

10.2.1 Avaliação do modelo de negócios, 208

10.2.2 Avaliação dos fluxos financeiros contratuais do ativo financeiro (somente pagamento de principal mais juros), 209

10.3 Mensuração, 211

10.3.1 Operações de *swap*, 213

10.3.2 Contratos a termo e futuros, 215

10.4 Teste de *impairment* de instrumentos financeiros – perda esperada, 217

10.4.1 Abordagens para o reconhecimento das perdas esperadas com crédito de liquidação duvidosa, 219

10.4.1.1 Abordagem geral, 220

10.4.1.2 Abordagem simplificada, 221

10.5 Contabilidade de *hedge*, 223

10.5.1 Aspectos conceituais da contabilidade de *hedge*, 223

10.5.2 Item objeto de *hedge*, 224

10.5.3 Exemplo: aplicação de macro-*hedge*, 224

10.5.4 Instrumentos de *hedge*, 224

10.5.5 Qualificação para *hedge accounting*, 225

10.5.6 Efetividade do *hedge*, 225

10.5.7 *Hedge* de valor justo, 227

10.5.8 *Hedge* de fluxo de caixa, 228

10.5.9 *Hedge* de investimento no exterior, 228

10.5.10 Descontinuidade do *hedge accounting*, 228

10.6 Evidenciação, 229

10.7 Securitização de recebíveis, 229

10.7.1 Securitização via SPE, 229

10.7.2 FIDC, 231

10.7.2.1 Reconhecimento de direitos creditórios, 232

10.7.2.2 Consolidação das SPEs/FIDCs, 233

10.8 Pronunciamento de pequenas e médias empresas, 233

11 PASSIVO EXIGÍVEL, 235

11.1 Introdução, 235

11.2 Conceitos gerais, 235

    11.2.1 Definição de passivo, 235

    11.2.2 Classificação em Circulante e Não Circulante, 235

    11.2.3 Reconhecimento e mensuração, 237

    11.2.4 Plano de contas, 238

11.3 Fornecedores, 238

    11.3.1 Fornecedores Estrangeiros, 239

    11.3.2 Adiantamento a Fornecedores, 239

11.4 Obrigações Fiscais, 239

    11.4.1 Impostos incidentes sobre a receita, 240

        11.4.1.1 IPI a Recolher, 240

        11.4.1.2 ICMS a Recolher, 240

        11.4.1.3 Cofins e PIS/Pasep a Recolher, 240

        11.4.1.4 ISS a Recolher, 241

    11.4.2 Impostos incidentes sobre o lucro, 241

        11.4.2.1 Imposto de Renda a Pagar, 241

        11.4.2.2 Contribuição Social a Pagar, 241

    11.4.3 Retidos na Fonte, 241

        11.4.3.1 IRRF – Imposto de Renda Retido na Fonte a Recolher, 241

        11.4.3.2 Contribuições Sociais Retidas na Fonte a Recolher, 242

    11.4.4 Outros, 242

        11.4.4.1 IOF a Pagar, 242

        11.4.4.2 Programa de Recuperação Fiscal (Refis), 242

        11.4.4.3 Outros Impostos e Taxas a Recolher, 243

11.5 Outras Obrigações, 243

    11.5.1 Adiantamentos de Clientes, 243

    11.5.2 Contas a Pagar, 244

    11.5.3 Ordenados e Salários a Pagar, 244

    11.5.4 Encargos Sociais a Pagar e FGTS a Recolher, 244

    11.5.5 Retenções Contratuais, 244

    11.5.6 Dividendo e Juros sobre o Capital Próprio a Pagar, 244

    11.5.7 Comissões a Pagar, 245

    11.5.8 Juros de Empréstimos e Financiamentos, 245

    11.5.9 Autorizações de Pagamento a Liquidar, 245

11.6 Provisões, 245

11.7 Adiantamento para Futuro Aumento de Capital, 245

11.8 Tratamento para as pequenas e médias empresas, 245

12 TRIBUTOS SOBRE O LUCRO, PROVISÕES, PASSIVOS CONTINGENTES E ATIVOS CONTINGENTES, 247

12.1 Introdução, 247

12.2 Imposto sobre a Renda das Pessoas Jurídicas (IRPJ) e Contribuição Social sobre o Lucro Líquido (CSLL), 247

    12.2.1 Aspectos contábeis gerais, 247

    12.2.2 Reconhecimento do encargo, 248

    12.2.3 Classificação no balanço, 248

    12.2.4 Redução do imposto por incentivos fiscais, 248

    12.2.5 Cálculo do imposto de renda e da contribuição social sobre o lucro, 249

        12.2.5.1 Apuração do lucro real, 249

        12.2.5.2 O RTT e o LALUR, 249

        12.2.5.3 Adições ao lucro líquido para apuração de IRPJ e CSLL, 251

        12.2.5.4 Exclusões do lucro líquido para apuração de IRPJ e CSLL, 252

        12.2.5.5 Alíquotas aplicáveis, 253

        12.2.5.6 Bônus de adimplência fiscal, 253

    12.2.6 Postergação do Imposto de Renda (diferimento), 254

        12.2.6.1 Receitas não realizadas, 254

        12.2.6.2 Depreciação incentivada, 254

        12.2.6.3 Postergação da Contribuição Social sobre o Lucro Líquido (diferimento), 255

    12.2.7 Antecipação da Despesa do Imposto de Renda – IR Diferido Ativo, 255

        12.2.7.1 O conceito – regime de competência, 255

        12.2.7.2 Provisões dedutíveis no futuro, 255

        12.2.7.3 Regime de competência e realização, 256

12.2.7.4 Mudança de alíquota ou de legislação, 256

12.2.7.5 Ativo fiscal diferido relativo a prejuízos fiscais, 256

12.2.7.6 Ajuste a valor presente na determinação dos lucros tributáveis futuros, 257

12.2.7.7 Diferimento da despesa com a Contribuição Social sobre o Lucro Líquido, 258

12.2.8 Recolhimentos mensais e trimestrais do imposto de renda, 258

12.2.8.1 Recolhimento trimestral em bases reais, 258

12.2.8.2 Recolhimento por estimativa, 258

12.2.8.3 Recolhimentos mensais ou trimestrais da Contribuição Social sobre o Lucro Líquido, 258

12.2.9 Lucro presumido, 258

12.3 Provisões, passivos contingentes e ativos contingentes, 259

12.3.1 Provisões, 259

12.3.1.1 Conceitos iniciais, 259

12.3.1.2 Reconhecimento e mensuração, 259

12.3.2 Passivo contingente, 261

12.3.3 Ativo contingente, 262

12.3.4 Reembolso, 262

12.3.5 Exemplos de provisões, 262

12.3.5.1 Provisão para garantias, 263

12.3.5.2 Provisão para riscos fiscais, trabalhistas e cíveis, 263

12.3.5.3 Provisão para reestruturação (inclusive a relativa à descontinuidade de operações), 263

12.3.5.4 Provisão para danos ambientais, 264

12.3.5.5 Provisão para compensações ou penalidades por quebra de contratos (contratos onerosos), 264

12.3.5.6 Obrigação por retirada de serviço de ativos de longo prazo (*Asset Retirement Obligation* – ARO), 265

12.3.5.7 Provisão para benefícios a empregados (CPC 33 – Benefícios a Empregado), 265

12.3.5.8 Obrigação por devolução (CPC 47 – Receita de Contrato com Cliente), 265

12.3.6 O exemplo 4-a do Anexo II da NPC 22 do Ibracon, 266

12.4 Tratamento para as pequenas e médias empresas, 266

13 ARRENDAMENTOS MERCANTIS, ALUGUÉIS E OUTROS DIREITOS DE USO, 267

13.1 Introdução, 267

13.2 Objetivo e alcance, 267

13.3 Arrendamento mercantil (aluguel ou outro contrato) no arrendatário (locatário ou outro contratante), 269

13.3.1 Reconhecimento e mensuração inicial, 269

13.3.1.1 Isenção de reconhecimento, 270

13.3.2 Mensuração subsequente, 271

13.3.2.1 Mensuração subsequente do ativo de direito de uso, 271

13.3.2.2 Mensuração subsequente do passivo de arrendamento, 271

13.3.2.3 Exemplo numérico, 272

13.4 Arrendamento mercantil no arrendador, 274

13.4.1 Classificação do arrendamento mercantil, 274

13.4.1.1 Arrendamento mercantil financeiro, 274

13.4.1.2 Arrendamento mercantil operacional, 275

13.4.2 Contabilização do arrendamento mercantil financeiro no arrendador, 275

13.4.3 Contabilização do arrendamento mercantil operacional no arrendador, 276

13.4.4 Apresentação e divulgação, 276

13.5 Transação de venda e *leaseback*, 277

13.5.1 Transferência do ativo é uma venda, 277

13.5.2 Transferência do ativo não é uma venda, 277

13.5.3 Exemplo numérico sobre *leaseback*, 278

13.5.3.1 Vendedor-arrendatário, 278

13.5.3.2 Comprador-arrendador, 278

13.6 Alerta e lembrete, 278

13.7 Algumas discussões especiais, 279

13.7.1 A expressão *direito de uso*, 279

13.7.2 Alguns pontos fiscais, 279

13.7.3 Dúvidas sobre a determinação do prazo do contrato, 279

13.7.4 O problema da taxa de desconto, 280

13.7.5 Alguns dos efeitos no balanço e no resultado, 282

13.7.6 PIS e Cofins embutidos nas contraprestações; imposto de renda e contribuição social, 283

13.7.7 Adoção inicial, 283

13.7.8 Comentários adicionais, 283

13.7.9 Exemplos, 284

13.7.9.1 Primeiro exemplo: fluxo real/taxa nominal, 284

13.7.9.2 Segundo exemplo: fluxo real/taxa real, 286

13.7.9.3 Terceiro exemplo: fluxo nominal/taxa nominal, 286

13.8 Tratamento para as pequenas e médias empresas, 290

14 EMPRÉSTIMOS, FINANCIAMENTOS, DEBÊNTURES E OUTROS TÍTULOS DE DÍVIDA, 291

14.1 Empréstimos e financiamentos, 291

14.1.1 Empréstimos e financiamentos a longo prazo, 291

14.1.2 Credores por Financiamentos, 298

14.1.3 Financiamentos Bancários a Curto Prazo, 298

14.1.4 Títulos a Pagar, 299

14.2 Debêntures, 299

14.2.1 Características básicas, 299

14.2.2 Gastos com colocação, 300

14.2.3 Remuneração das debêntures e contabilização, 300

14.2.4 Conversão em ações, 300

14.2.5 Emissão de debêntures com prêmio/deságio, 301

14.3 Outros títulos de dívida, 303

14.3.1 Notas promissórias, 303

14.3.2 Eurobonds e outros títulos de dívida emitidos no exterior, 303

14.3.3 Títulos perpétuos, 303

14.4 Tratamento para as pequenas e médias empresas, 304

15 PATRIMÔNIO LÍQUIDO, 305

15.1 Introdução, 305

15.1.1 Conceituação, 305

15.1.2 Diferença entre reservas e provisões, 306

15.2 Capital social, 306

15.2.1 Conceito, 306

15.2.2 Capital realizado, 307

15.2.3 Sociedades anônimas com capital autorizado, 307

15.2.3.1 Contabilização, 307

15.2.4 Aspectos contábeis com relação a ações, 307

15.2.4.1 Gastos na emissão de ações, 309

15.2.5 Correção monetária do capital realizado, 309

15.3 Reservas de Capital, 309

15.3.1 Conceito, 309

15.3.2 Conteúdo e classificação das contas, 309

15.3.3 Destinação das reservas de capital, 310

15.4 Ajustes de avaliação patrimonial, 310

15.4.1 Considerações gerais, 310

15.4.2 Constituição e realização, 311

15.4.3 Exemplo prático, 311

15.5 Reservas de lucros, 312

15.5.1 Conceito, 312

15.5.2 Contas de reservas de lucros, 312

15.5.3 Reserva legal, 312

15.5.4 Reservas estatutárias, 312

15.5.5 Reserva para contingências, 312

15.5.6 Reservas de lucros a realizar, 314

15.5.7 Reserva de lucros para expansão (retenção de lucros), 315

15.5.8 Reserva de incentivos fiscais, 316

15.5.9 Reserva especial para dividendo obrigatório não distribuído, 318

15.5.10 Reserva de lucros – benefícios fiscais, 318

15.5.11 Dividendos propostos, 318

15.6 Ações em tesouraria, 319

15.6.1 Conceito, 319

15.6.2 Classificação contábil, 319

15.6.3 Resultados nas transações com ações em tesouraria, 320

15.6.4 Aspectos fiscais, 320

15.7 Prejuízos acumulados, 320

15.8 Outras contas do Patrimônio Líquido, 321

    15.8.1 Opções Outorgadas Reconhecidas, 321

    15.8.2 Gastos na emissão de ações, 321

    15.8.3 Ajustes Acumulados de Conversão, 321

    15.8.4 Contas extintas, 322

15.9 Dividendos, 322

    15.9.1 Considerações iniciais, 322

        15.9.1.1 Conceituação e taxonomia, 322

        15.9.1.2 Exemplos práticos, 325

        15.9.1.3 Direito de voto de ações preferenciais, 327

        15.9.1.4 Dividendos intermediários, 327

        15.9.1.5 Prazo para pagamento dos dividendos, 328

15.10 Juros sobre o Capital Próprio, 328

    15.10.1 Considerações gerais, 328

    15.10.2 Exemplo, 329

15.11 Adiantamentos para aumento de capital, 330

    15.11.1 Natureza, 330

    15.11.2 Classificação contábil dos adiantamentos para aumento de capital, 330

15.12 Tratamento para as pequenas e médias empresas, 331

16 DEMONSTRAÇÃO DAS MUTAÇÕES DO PATRIMÔNIO LÍQUIDO, 333

16.1 Introdução, 333

    16.1.1 Histórico, 333

    16.1.2 Utilidade, 333

16.2 Conteúdo da Demonstração das Mutações do Patrimônio Líquido (DMPL), 334

16.3 Mutações das contas patrimoniais, 335

16.4 Técnicas de preparação, 336

16.5 Modelos de demonstração, 336

16.6 Exemplo de DMPL do CPC 26 (R1), 337

16.7 Ajustes de exercícios anteriores e outros pontos, 340

    16.7.1 Ajustes de exercícios anteriores, 340

    16.7.2 Reversões e transferências de reservas, 340

    16.7.3 Dividendos e dividendo por ação, 341

    16.7.4 Outros comentários, 341

16.8 Tratamento para as pequenas e médias empresas, 342

17 DEMONSTRAÇÃO DO RESULTADO, DO RESULTADO ABRANGENTE E DESPESAS OPERACIONAIS, 343

17.1 Introdução, 343

17.2 Critérios contábeis básicos relacionados com contas de resultado, 344

    17.2.1 Conceituação da legislação, 344

    17.2.2 Juros embutidos, 346

    17.2.3 Extinção da correção monetária, 346

17.3 Critérios básicos de apresentação da DRE, 346

17.4 Demonstração do Resultado Abrangente do Exercício (DRA), 348

17.5 Custo das mercadorias e dos produtos vendidos e dos serviços prestados, 350

    17.5.1 Apuração do custo das mercadorias e dos produtos vendidos, 350

    17.5.2 Custeio real por absorção, 351

    17.5.3 Custeio direto (ou custeio variável), 351

    17.5.4 Custo-padrão, 351

    17.5.5 Custeio baseado em atividades, 352

    17.5.6 RKW, 352

    17.5.7 Aspectos fiscais, 352

    17.5.8 Plano de Contas, 352

    17.5.9 Recuperação de custos no Plano de Contas, 354

17.6 Despesas e outros resultados das operações continuadas, 354

    17.6.1 Despesas de vendas e administrativas, 354

        17.6.1.1 Despesas de vendas, 354

        17.6.1.2 Despesas administrativas, 355

        17.6.1.3 Plano de Contas das despesas de vendas e administrativas, 355

    17.6.2 Resultados financeiros líquidos, 358

        17.6.2.1 Conceito inicial e legislação, 358

        17.6.2.2 Classificação, 359

        17.6.2.3 Conteúdo das contas, 360

        17.6.2.4 Classificação na Demonstração do Resultado do Exercício, 361

    17.6.3 Outras receitas e despesas das operações continuadas, 361

        17.6.3.1 Conteúdo e significado, 361

        17.6.3.2 Lucros e prejuízos de participações em outras sociedades, 362

17.6.3.3 Vendas diversas, 362

17.6.4 Contribuição Social, 364

17.6.5 Imposto de Renda, 364

17.6.6 Participações e contribuições, 364

    17.6.6.1 Tratamento como despesa, 364

    17.6.6.2 Contabilização no balanço, 364

    17.6.6.3 Forma de cálculo e exemplo de contabilização, 364

17.7 Tratamento para as pequenas e médias empresas, 366

18 RECEITAS DE VENDAS, 367

18.1 Receita de vendas de produtos e serviços, 367

    18.1.1 Substituição das normas e interpretações sobre reconhecimento de receitas pelo CPC 47 (IFRS 15), 367

    18.1.2 Conceitos fundamentais, 367

18.2 Reconhecimento e mensuração de receitas de vendas, 368

    18.2.1 Identificação de contrato com cliente, 368

    18.2.2 Identificação das obrigações contratuais de *performance*, 369

    18.2.3 Determinação do preço da transação, 370

        18.2.3.1 Componente financeiro – vendas a prazo, 370

        18.2.3.2 Contraprestação variável, 371

    18.2.4 Alocação do valor do contrato nas obrigações de *performance*, 373

    18.2.5 Reconhecendo a receita, 375

        18.2.5.1 Obrigações de *performance* satisfeitas ao longo do tempo, 375

        18.2.5.2 Obrigações de *performance* satisfeitas em um ponto no tempo, 378

        18.2.5.3 Reconhecimento de receitas de incorporação imobiliária, 380

18.3 Custos contratuais incrementais ativáveis, 381

18.4 Vendas canceladas, abatimentos e impostos incidentes sobre vendas, 382

    18.4.1 Vendas Canceladas, 382

    18.4.2 Abatimentos, 382

    18.4.3 Impostos incidentes sobre vendas, 382

18.5 Tratamento para as pequenas e médias empresas, 385

19 BENEFÍCIOS A EMPREGADOS E PAGAMENTO BASEADO EM AÇÕES, 387

19.1 Introdução, 387

19.2 Considerações iniciais sobre benefícios a empregados, 387

    19.2.1 Pronunciamento Técnico CPC 33, 387

19.3 Benefícios a empregados, 387

    19.3.1 Benefícios de curto prazo a empregados, 387

        19.3.1.1 Licenças remuneradas, 388

        19.3.1.2 Participação nos lucros e bônus, 388

    19.3.2 Benefícios pós-emprego, 388

        19.3.2.1 Planos multipatrocinados, 389

        19.3.2.2 Planos de previdência social, 390

        19.3.2.3 Benefícios segurados, 390

    19.3.3 Outros benefícios de longo prazo, 390

    19.3.4 Benefícios rescisórios, 391

19.4 Reconhecimento, mensuração e divulgação, 391

    19.4.1 Plano de contribuição definida, 391

    19.4.2 Plano de benefício definido, 392

19.5 Tratamento para as pequenas e médias empresas, 398

19.6 Noções preliminares sobre transações com pagamento baseado em ações, 398

    19.6.1 Características das transações com pagamento baseado em ações, 399

    19.6.2 Tipos de transações com pagamento baseado em ações, 400

    19.6.3 Avaliação dos instrumentos patrimoniais outorgados, 401

        19.6.3.1 Cálculo do valor das opções de compra de ações, 402

    19.6.4 Condições de aquisição de direitos (*vesting conditions*), 404

19.7 Reconhecimento e mensuração, 406

    19.7.1 Transações com pagamento baseado em ações liquidadas pela entrega de instrumentos patrimoniais, 406

    19.7.2 Transações com pagamento baseado em ações liquidadas em caixa, 406

    19.7.3 Transações com pagamento baseado em ações liquidadas em caixa ou mediante emissão de instrumentos patrimoniais, conforme a escolha da entidade ou do fornecedor de serviços, 406

19.8 Exemplos de transações de pagamento baseado em ações, 407

19.8.1 Exemplo de transação de pagamento baseado em ações liquidadas pela entrega de instrumentos patrimoniais – condições de serviço para aquisição de direitos, 407

19.8.2 Exemplo de transação de pagamento baseado em ações liquidadas pela entrega de instrumentos patrimoniais – condições de desempenho para aquisição de direitos, 408

19.8.3 Exemplo de transação de pagamento baseado em ações liquidadas pela entrega de instrumentos patrimoniais – condições de mercado, 410

19.8.4 Exemplo de transação de pagamento baseado em ações liquidadas pela entrega de dinheiro, 412

19.9 Críticas ao modelo, 414

19.10 Tratamento para as pequenas e médias empresas, 415

20 DEMONSTRAÇÃO DOS FLUXOS DE CAIXA E DEMONSTRAÇÃO DO VALOR ADICIONADO, 417

20.1 Introdução, 417

20.2 Demonstração dos Fluxos de Caixa (DFC), 417

20.2.1 Aspectos introdutórios, 417

20.2.1.1 Objetivo e benefícios das informações dos fluxos de caixa, 417

20.2.1.2 Requisitos, 418

20.2.1.3 Disponibilidades – caixa e equivalentes de caixa, 418

20.2.1.4 Classificação das movimentações de caixa por atividade, 419

20.2.1.5 Pontos polêmicos presentes na classificação do IASB, 421

20.2.1.6 Fluxos de caixa em moeda estrangeira, 422

20.2.1.7 Imposto de Renda e Contribuição Social sobre o Lucro Líquido, 422

20.2.1.8 Aquisição e vendas de controladas e outras unidades de negócios, 423

20.2.1.9 Informações complementares requeridas, 423

20.2.2 Métodos de elaboração, 423

20.2.2.1 Método direto, 424

20.2.2.2 Método indireto, 424

20.2.2.3 Conciliação lucro líquido *versus* caixa das operações, 424

20.2.3 Técnica de elaboração, 424

20.2.3.1 Método direto de apuração do caixa das atividades operacionais, 424

20.2.3.2 Método indireto, 425

20.2.3.3 Exemplo completo, 426

20.2.4 Considerações sobre a DFC, 430

20.2.5 Tratamento para as pequenas e médias empresas, 431

20.3 Demonstração do Valor Adicionado (DVA), 431

20.3.1 Aspectos introdutórios, 431

20.3.1.1 Objetivo e benefícios das informações da DVA, 432

20.3.1.2 Elaboração e apresentação, 432

20.3.2 Modelo e técnica de elaboração, 432

20.3.3 Aspectos conceituais discutíveis, 435

20.3.3.1 Depreciação, amortização, exaustão e *impairment*, 435

20.3.3.2 Ativos reavaliados ou avaliados ao valor justo, 436

20.3.3.3 Ativos construídos pela própria empresa para uso próprio, 436

20.3.3.4 Distribuição de lucros relativos a exercícios anteriores, 436

20.3.3.5 Substituição tributária, 437

20.3.4 Análise da DVA, 438

20.3.5 Considerações finais, 438

20.3.6 Tratamento para as pequenas e médias empresas, 438

21 CONSOLIDAÇÃO DAS DEMONSTRAÇÕES CONTÁBEIS E DEMONSTRAÇÕES SEPARADAS, 439

21.1 Introdução, 439

21.1.1 Controladas, 439

21.1.1.1 Direito de voto potencial, 442

21.1.1.2 Relação de agência, 444

21.2 Noções preliminares de consolidação, 445

    21.2.1 Introdução, 445

    21.2.2 Objetivo da consolidação e quem a faz, 445

    21.2.3 Obrigatoriedade da consolidação nas empresas fechadas, 447

    21.2.4 Diferença na data de encerramento do exercício, 447

    21.2.5 Entidades de investimento, 448

21.3 Procedimentos de consolidação, 448

    21.3.1 Introdução, 448

    21.3.2 Necessidade de uniformidade de políticas e critérios contábeis, 449

    21.3.3 Controle das transações entre as empresas do grupo, 449

21.4 Eliminações e ajustes de consolidação, 449

    21.4.1 Eliminação de saldos e transações intragrupo, 450

21.5 Lucros nos estoques, 452

    21.5.1 Introdução, 452

    21.5.2 Fundamento, 453

    21.5.3 Casos práticos de lucro nos estoques, 453

21.6 Lucro nos ativos não circulantes, 455

    21.6.1 Introdução, 455

    21.6.2 Lucro ou prejuízo em investimentos, 455

    21.6.3 Lucro ou prejuízo em Ativo Imobilizado, 458

21.7 Participação dos acionistas não controladores, 463

    21.7.1 Fundamento, 463

    21.7.2 Apresentação no balanço, 464

    21.7.3 Apuração do valor da participação dos não controladores, 464

    21.7.4 O efeito do lucro não realizado na controlada sobre o valor da participação dos não controladores, 471

21.8 Considerações adicionais sobre *goodwill* e mais-valia de ativos, 471

21.9 Consolidação na existência de defasagem nas datas dos balanços, 473

21.10 Reavaliação de ativos e outros resultados abrangentes, 473

21.11 Tributos na consolidação, 474

    21.11.1 Tributos sobre o lucro nas transações com ativos, 474

    21.11.2 ICMS, IPI, PIS e Cofins, 475

    21.11.3 ISS e outros, 476

21.12 Mudanças na participação relativa da controladora, 477

21.13 Perda do controle, 478

21.14 Demonstrações contábeis separadas, 479

21.15 Tratamento para as pequenas e médias empresas, 481

22 POLÍTICAS CONTÁBEIS, MUDANÇA DE ESTIMATIVA, RETIFICAÇÃO DE ERRO E EVENTO SUBSEQUENTE, 483

22.1 Introdução, 483

    22.1.1 CPC 23, 483

    22.1.2 Mudança de política, de estimativa ou retificação de erro?, 484

22.2 Políticas contábeis, 484

    22.2.1 Mudança nas políticas contábeis, 485

    22.2.2 Limitações à reapresentação retrospectiva, 486

22.3 Mudança nas estimativas contábeis, 486

22.4 Retificação de erros, 487

    22.4.1 Limitações à reapresentação retrospectiva, 487

22.5 Impraticabilidade da aplicação e reapresentação retrospectiva, 487

22.6 Evento subsequente, 489

    22.6.1 O que é evento subsequente?, 489

    22.6.2 O que é data de autorização para emissão das demonstrações contábeis – obrigatoriedade de divulgação dessa data?, 489

22.7 Evento subsequente com efeito retroativo ao balanço, 490

    22.7.1 Evento subsequente sem efeito retroativo ao balanço, 490

22.8 Tratamento para pequenas e médias empresas, 490

23 COMBINAÇÃO DE NEGÓCIOS, FUSÃO, INCORPORAÇÃO E CISÃO, 491

23.1 Introdução, 491

23.2 Aspectos contábeis, 492

    23.2.1 Introdução e escopo da norma, 492

23.3 Combinações de negócios entre partes independentes, 494

    23.3.1 Introdução, 494

    23.3.2 Identificação do adquirente, 495

    23.3.3 Determinação da data de aquisição, 496

    23.3.4 Reconhecimento e mensuração dos ativos líquidos adquiridos, 496

23.3.4.1 Condições gerais de reconhecimento e classificação, 496

23.3.4.2 Regra geral de mensuração, 498

23.3.4.3 Exceções às regras gerais de reconhecimento e mensuração, 499

23.3.5 Reconhecimento e mensuração da participação dos não controladores, 500

23.3.6 Reconhecimento e mensuração dos ativos e passivos adquiridos e do *goodwill* ou ganho por compra vantajosa, 500

23.3.7 Determinação do que faz parte da combinação de negócios, 502

23.3.8 Período de mensuração, 504

23.3.9 Mensuração e contabilização subsequentes, 505

23.3.10 Alguns aspectos legais da alienação e aquisição de controle, 506

23.3.11 Exemplo prático, 506

23.4 Aquisição reversa, 509

23.4.1 Introdução, 509

23.4.2 Procedimentos contábeis, 510

23.5 Combinações envolvendo sociedades sob controle comum, 511

23.5.1 Introdução, 511

23.6 Incorporações reversas, 512

23.6.1 Introdução, 512

23.6.2 A questão trazida pela CVM que não é de natureza tributária, 514

23.7 Fusões, incorporações e cisões, 516

23.7.1 Incorporação, 516

23.7.2 Fusão, 518

23.7.3 Cisão, 518

23.7.4 Transformação, 518

23.7.5 Formalidades que antecedem a cisão, a fusão e a incorporação, 518

23.8 Tratamento para as pequenas e médias empresas, 518

24 NOTAS EXPLICATIVAS – OCPC 07, 519

24.1 Aspectos introdutórios, 519

24.2 OCPC 07 – Evidenciação na Divulgação dos Relatórios Contábil-financeiros de Propósito Geral, 520

24.3 Tratamento para as pequenas e médias empresas, 525

25 INFORMAÇÕES POR SEGMENTO E TRANSAÇÕES COM PARTES RELACIONADAS, 527

25.1 Introdução, 527

25.1.1 Informações por Segmento, 527

25.1.2 Transações com Partes Relacionadas, 528

25.2 Informações por Segmento, 528

25.2.1 Finalidade, 528

25.2.2 Características, 529

25.2.2.1 Conceito, 529

25.2.2.2 Funções relacionadas, 529

25.2.2.3 Critérios de agregação, 529

25.2.2.4 Comparabilidade, 530

25.2.2.5 Limite de segmentos, 530

25.2.3 Divulgação, 530

25.2.4 Informações específicas, 532

25.2.4.1 Produtos, serviços e áreas geográficas, 532

25.2.4.2 Clientes principais, 532

25.2.4.3 Outros pontos a destacar, 532

25.2.5 Considerações gerais, 532

25.3 Transações com Partes Relacionadas, 533

25.3.1 Histórico da normatização, 533

25.3.2 Partes relacionadas, 533

25.3.3 Transações, 536

25.3.3.1 Natureza das transações, 536

25.3.3.2 Preços de transferência, 536

25.3.4 Divulgação, 537

25.3.5 Entidades relacionadas com o Estado, 538

25.3.6 Considerações finais, 539

25.3.7 Tratamento para as pequenas e médias empresas, 539

26 CONCESSÕES, 541

26.1 Noções preliminares sobre concessões, 541

26.1.1 Introdução, 541

26.1.2 Principais características dos contratos de concessão, 542

26.1.3 Controle sobre os ativos públicos de infraestrutura, 544

26.1.4 Remuneração dos serviços prestados pelo concessionário, 544

26.2 Reconhecimento e mensuração, 545

26.2.1 Ativos públicos de infraestrutura, 545

26.2.1.1 Entidade concessionária reconhece um Ativo Financeiro, 545

26.2.1.2 Entidade concessionária reconhece um Ativo Intangível, 545

26.2.1.3 Entidade concessionária reconhece um Ativo Financeiro e um Ativo Intangível, 546

26.2.1.4 Entidade concessionária reconhece um ativo de contrato, 546

26.2.2 Receitas de serviços de concessão, de construção e financeira, 546

26.2.3 Custos de financiamento, 547

26.2.4 Custos de recuperação da infraestrutura, 547

26.2.5 Participação residual, 547

26.2.6 Itens fornecidos à entidade concessionária pelo concedente, 547

26.2.7 Reconhecimento de receita de construção e operação para empresas transmissoras de energia elétrica, 547

26.3 Exemplos de reconhecimento e mensuração de contratos de concessão, 548

26.3.1 Reconhecimento de um ativo financeiro pela concessionária, 548

26.3.2 Reconhecimento de um ativo intangível pela concessionária, 551

26.4 Um problema muito especial: direito de concessão pago em parcelas, 555

26.5 Tratamento para pequenas e médias empresas, 556

27 RELATÓRIO DA ADMINISTRAÇÃO, 557

27.1 Introdução, 557

27.2 Estágio em nível internacional, 558

27.2.1 Geral, 558

27.2.2 Estudo da ONU, 558

27.2.2.1 Conteúdo básico, 559

27.2.2.2 Divulgação financeira, 559

27.2.2.3 Divulgação não financeira, 559

27.2.2.4 Outras informações, 560

27.2.3 Outros estudos e normas relacionados, 560

27.2.3.1 IAS 1, 560

27.2.3.2 Relatório do comitê técnico da IOSCO, 560

27.2.3.3 Projeto do IASB, 560

27.2.4 Conclusão, 561

27.3 Situação no Brasil, 561

27.3.1 Uma avaliação geral, 561

27.3.2 A legislação no Brasil, 562

27.3.3 Conteúdo proposto ou exigido pela CVM e comentários, 562

27.3.4 Divulgação voluntária do LAJIDA e LAJIR, 565

27.4 Divulgação de serviços que não de auditoria prestados pelos auditores independentes, 565

27.5 Considerações finais, 566

27.6 Tratamento para as pequenas e médias empresas, 566

28 CONTABILIDADE EM ECONOMIA INFLACIONÁRIA, 567

28.1 Introdução, 567

28.2 Resumo da evolução histórica da correção monetária no Brasil, 568

28.2.1 Considerações gerais sobre o modelo da Correção Integral, 570

28.2.2 Instrução CVM nº 64, 570

28.3 O sistema da Correção Integral com base nos dados nominais obtidos pela legislação societária, 571

28.3.1 Contas do balanço, 571

28.3.2 Contas do resultado, 575

28.3.3 Ajuste pelo IR diferido, 579

28.3.4 Demonstração dos Fluxos de Caixa e Demonstração do Valor Adicionado, 581

28.3.5 Juros sobre o capital próprio, 581

28.4 O modelo do IASB, 581

28.4.1 Atualização monetária de investidas para MEP e Consolidação, 582

28.4.2 Aplicação do CPC 42 pela primeira vez, 582

28.4.3 Divergências entre as normas do CPC 42 e a Correção Integral, 583

28.4.4 Extinção da hiperinflação, 583

28.5 Tratamento para pequenas e médias empresas, 583

APÊNDICE (Modelo de Plano de Contas), 585

ÍNDICE ALFABÉTICO, 595

Noções Introdutórias, Estrutura Conceitual e Adoção Inicial

1.1 Introdução

Este livro nasceu em função de o *Manual de contabilidade das sociedades por ações* haver terminado seu ciclo, diante da total convergência da contabilidade brasileira às normas internacionais de contabilidade emitidas pelo *International Accounting Standards Board* (IASB), denominadas *International Financial Reporting Standards* (IFRS).

Aquela obra foi originalmente elaborada entre o final de 1977 e o primeiro semestre de 1978, com o intuito não só de auxiliar no processo de viabilização prática da Lei nº 6.404/1976, então recém-editada para efetiva aplicação a partir de 1978, como também visando dar entendimento e interpretação uniformes a inúmeras disposições daquela lei e da legislação de imposto de renda que acabava de ser profundamente alterada. De fato, toda aquela nova legislação representou uma verdadeira "revolução" no campo da Contabilidade, introduzindo, inclusive, muitas técnicas para as quais uma parcela substancial dos profissionais da área não estava preparada. Não há dúvida de que tal objetivo foi amplamente atingido.

Com a edição das Leis nºˢ 11.638/2007, 11.941/2009 e 12.973/2014, com a criação do Comitê de Pronunciamentos Contábeis (CPC) e emissão de seus Pronunciamentos Técnicos, Interpretações Técnicas e Orientações, a Contabilidade brasileira sofreu outra "revolução", provavelmente maior do que a anterior. E passou a dispor de dois conjuntos de normas contábeis, as denominadas *full* IFRS, aplicadas às companhias abertas e a todas as entidades que devem fazer prestação pública de contas (não somente a seus sócios) e a contabilidade para pequenas e médias empresas. Para estas, o Comitê de Pronunciamentos Contábeis (CPC) emitiu o hoje vigente CPC PME (R1). E o Conselho Federal de Contabilidade (CFC), que adquiriu o poder legal de emissão de normas contábeis para as entidades não reguladas por alguma agência nacional, não só emitiu as normas plenas internacionais às demais entidades, como também adotou o CPC PME. E mais, emitiu a ITG 1000 sobre as microempresas e empresas de pequeno porte com normas próprias bastante simplificadas.

Em face de todas essas modificações, o *Manual* mudou de título em 2010, e agora tem-se a sua quarta edição. Para ela, recebemos inúmeras sugestões no sentido de incluir uma quantidade maior de exemplos. De início, pensamos em simplesmente atender às sugestões no próprio *Manual*, mas após diversas discussões e reflexões sobre o que ele se tornaria, entendemos que se poderia pensar também na edição de um *Manual prático*.

A ideia foi levada à Editora, que também contribuiu com novas sugestões, e, por fim, ficou definido que manteríamos o *Manual*, com ajustes, e publicaríamos também o *Manual prático*, para o qual foram deslocadas, optou-se por levar do *Manual*, as partes conceituais mais básicas relevantes, complementando-se com uma quantidade maior de exemplos. Provavelmente, será de maior utilidade para os estudantes e iniciantes na profissão.

Além da praticidade, que é um diferencial do *Manual prático*, pensamos também nas questões econômicas. A ideia é que, na aquisição do *Manual*, o adquirente tenha também o direito de acessar o *Manual prático*, sem custos adicionais. Por outro lado, quem tiver interesse apenas na aquisição do *Manual prático* poderá fazê-lo a um custo bem mais baixo.

Neste capítulo, também trataremos da estrutura conceitual de Contabilidade; da adoção inicial das normas internacionais e do CPC; e faremos comentários ao quase extinto Ativo Diferido.

1.1.1 Contabilidade, Fisco e legislações específicas

A Contabilidade brasileira, seguindo a de alguns países europeus, sempre foi muito influenciada pelos limites e critérios fiscais, particularmente os da legislação de imposto de renda. Esse fato, ao mesmo tempo que trouxe à Contabilidade algumas contribuições importantes e de bons efeitos, limitou a evolução dos Princípios Fundamentais de Contabilidade ou, ao menos, dificultou a adoção prática de princípios contábeis adequados, já que a Contabilidade era feita pela maioria das empresas com base nos preceitos e formas de legislação fiscal, os quais nem sempre se baseavam em critérios contábeis corretos.

Felizmente, e aqui cabe o nosso franco e enorme elogio à Receita Federal do Brasil (RFB), que auxiliou de forma marcante na transposição desses problemas. A instituição do Regime Tributário de Transição (RTT) e a continuação de seus fundamentos, mesmo sem essa denominação, foi uma inestimável contribuição no sentido de que se pudesse caminhar rumo à convergência internacional de contabilidade nos Balanços individuais sem que os aspectos tributários sejam descumpridos. Esse problema, que persistiu por muitos anos até o final de 2007, teve uma tentativa de solução por meio da própria Lei das S.A., pelo art. 177, já em 1976, que determinava que a escrituração deve ser feita seguindo-se os preceitos da Lei das Sociedades por Ações e os "princípios de contabilidade geralmente aceitos". Para atender à legislação tributária, ou outras exigências feitas à empresa que determinem critérios contábeis diferentes dos da Lei das Sociedades por Ações ou dos princípios de contabilidade geralmente aceitos, deveriam ser adotados registros auxiliares à parte.

Dessa forma, a contabilização efetiva e oficial ficaria inteiramente desvinculada da legislação do imposto de renda e outras, o que representa, sem dúvida, um avanço considerável. Isso não significa que a Contabilidade oficial deva ser inteiramente diferente dos critérios fiscais, já que quanto mais próximos os critérios fiscais dos contábeis, tanto melhor. Todavia, essa disposição foi incluída na Lei das Sociedades por Ações com o objetivo de permitir a elaboração de demonstrações contábeis corretas, sem prejuízo da elaboração de declaração do imposto de renda, usufruindo-se de todos os seus benefícios e incentivos e, ao mesmo tempo, respeitando-se todos os seus limites.

Mas a prática mostrou-se muito diferente. Nas edições anteriores, fomos severamente críticos da postura da RFB, que acabou inviabilizando a efetiva aplicação do preconizado pela Lei das S.A., e, também, criticamos alguns outros órgãos. Mas, agora, levantamo-nos e aplaudimos o Executivo e o Legislativo pelas modificações introduzidas que estão conduzindo à efetiva independência da Contabilidade como instrumento informativo para fins principalmente dos usuários externos, e dentre eles, **aplaudimos especificamente a Secretaria da Receita Federal Brasileira pela sua atual postura**. Aceita, agora, a filosofia da neutralidade fiscal: a contabilidade, se alterada, não pode alterar a tributação da empresa, e a regra fiscal, se alterada, não pode interferir na Contabilidade.

É importante, por outro lado, lembrar o fundamento jurídico de que uma lei específica prevalece sobre a lei geral. Assim, já que órgãos federais diversos têm poder legal de normatizar a Contabilidade de seus regulados, nesse setor acabam prevalecendo as normas desse órgão. É uma situação totalmente indesejável, a nosso ver, que traz muita confusão e, por vezes, prejuízo ao mercado. Por exemplo, o Banco Central (Bacen), que por sinal foi a primeira instituição brasileira a adotar as normas internacionais, e só assim prepara suas próprias demonstrações contábeis, exige que as entidades que ele regula sigam regras que ele emite (COSIF). Com o decorrer do tempo, tem havido, de fato, certa convergência dessas normas do COSIF às IFRS (normas internacionais de contabilidade), mas ainda há diferenças significativas. O problema é que o órgão regulador emite normas para demonstrações dirigidas a seu próprio uso, para facilitar sua tarefa fiscalizadora. Por isso, o próprio Bacen determina que as instituições maiores divulguem, além das demonstrações pelo COSIF, outro conjunto pelas IFRS.

Mas há que, por outro lado, notar e aplaudir uma agência reguladora em especial: a Agência Nacional de Energia Elétrica (ANEEL). Para cumprir suas funções de fiscalização, regulação (inclusive, fixação de tarifas), precisa de demonstrações especiais. Mas ela exige que essas demonstrações diferenciadas (denominadas regulatórias) sejam entregues especificamente para ela, e determina que, para o mercado de capitais, suas reguladas só utilizem as IFRS (no Brasil, via os documentos do CPC). Esse modelo é o que deveria ser utilizado por todas as agências reguladoras que precisam de alguma normatização contábil divergente das IFRS.

Vamos aqui nos reportar tanto à lei quanto aos CPC, e precisamos compatibilizar o máximo possível os conceitos. Mas, no caso de divergência, a Lei das S.A. determina que a Comissão de Valores Mobiliários (CVM) siga as normas internacionais, e, assim, estas têm prevalecido. E o CFC adota o mesmo comportamento para as não abertas.

1.1.2 Efeitos da inflação

Originalmente, a Lei nº 6.404/1976 previa a obrigatoriedade do reconhecimento dos efeitos da inflação nas demonstrações contábeis, por sistemática simples e eficiente, por meio da chamada correção monetária do Balanço, que resultava na apuração do Ativo Permanente (basicamente, atuais Investimentos, Imobilizado e Intangível), Patrimônio Líquido e Lucro mais corretos. Um aspecto muito importante daquele sistema é que os efeitos da correção monetária no resultado do exercício eram aceitos para fins de dividendos e do cálculo do imposto de renda. Essa sistemática foi sendo aprimorada ao longo dos anos por legislações ou normas complementares.

Paralelamente à correção monetária de Balanço, prevista na lei societária, desenvolveu-se no Brasil uma metodologia bem mais completa de reconhecimento dos efeitos inflacionários nas demonstrações contábeis, ou seja, com todos os seus valores corrigidos e expressos em moeda de poder aquisitivo constante, sistemática essa denominada correção integral, cujos conceitos integram os princípios fundamentais de Contabilidade no Brasil. Com o agravamento dos índices inflacionários, a CVM tornou a correção integral obrigatória para as companhias abertas, mas como demonstrações contábeis complementares, publicadas em conjunto com as demonstrações contábeis elaboradas pela legislação societária, que contemplavam a correção monetária de Balanço. Veja o Capítulo 28.

Na prática, esses modelos e a experiência adquirida pelas empresas e pelo mercado como um todo no trato dos efeitos da inflação permitiram a preservação e a sobrevivência das empresas e dos próprios negócios, mesmo nos períodos mais agudos de índices inflacionários.

Desde o advento, em boa hora, do Plano de Estabilização Econômica – Plano Real – e o sucesso de suas medidas, passamos a ter, no real, uma moeda com índices inflacionários drasticamente reduzidos e declinantes. Como parte das medidas econômicas desse Plano, a Lei nº 9.249/1995 não só eliminou a anterior obrigatoriedade da correção monetária, como tornou proibido tal reconhecimento dos efeitos da inflação a partir de 1996 nas demonstrações contábeis, tanto para fins fiscais quanto para fins societários, sob o pressuposto de que, com o sucesso da nova moeda e com os índices inflacionários realmente baixos, os efeitos da inflação não seriam de relevância.

O pressuposto de que a partir de 1996 os efeitos da inflação não seriam de relevância, todavia, não é verdadeiro, pois mesmo com uma inflação bem mais baixa, seus efeitos acumulados tendem a ser relevantes para praticamente todas as empresas, como é comprovado não só em inúmeros estudos profissionais e acadêmicos, como também em casos reais.

Como consequência dessa proibição, as demonstrações contábeis elaboradas e divulgadas pelas empresas, em geral a partir de 1996, passaram a apresentar distorções não reconhecidas e, na grande maioria dos casos, sem sequer serem apuradas e divulgadas para saber se são relevantes ou não. Apesar de estarem em conformidade com a legislação societária e fiscal, apresentam distorções em relação aos aspectos econômicos que deveriam estar refletidos nas demonstrações.

Outra consequência importante é a distorção na apuração do imposto de renda calculado sobre um resultado contábil incorreto, gerando tributação indevida; efeito similar se aplica aos dividendos, já que normalmente são calculados a partir de um lucro líquido que apresenta distorções. Sabedora disso, a RFB à época promoveu duas alterações: reduziu as alíquotas dos tributos sobre o lucro porque sabia que passava a tributar lucros fictícios, e criou o Juro Sobre Capital Próprio (JSCP), para reduzir a iniquidade: empresa endividada deduz do lucro, inclusive para fins tributários, o efeito da inflação sobre o capital de terceiros, mas não deduz nem o efeito da inflação sobre o capital próprio; com o JSCP, reduziu-se muito essa desigualdade. Pena que tenha se perdido essa razão técnica e justa, a ponto de muitos, hoje, acharem que ele é um privilégio para as empresas, tanto que inúmeras vezes já se tentou eliminá-lo; mais uma tentativa está em andamento exatamente quando emitimos esta edição.

Convém destacar que o sistema de correção monetária, no entanto, não é mero registro escritural decorrente de uma sistemática legal, e sim o registro de um fato econômico real visando preservar a essência econômica do capital investido.

Para exemplificar essa distorção, pode-se citar o índice oficial de inflação do Brasil: o Índice Nacional de Preços ao Consumidor Amplo (IPCA), medido pelo IBGE, o qual indica que a inflação acumulada durante a vigência do Plano Real ultrapassou 540% e está muito próxima de 350% depois de extinta a correção monetária dos balanços, como visto na tabela a seguir:

IPCA – Índice Nacional de Preços ao Consumidor Amplo

Ano	Ano (%)	Acumulado desde o início do Plano Real (%)	Acumulado desde a extinção da correção monetária (%)
1994	18,44	18,44	–
1995	22,41	44,98	–
1996	9,56	58,84	9,56
1997	5,22	67,13	15,28
1998	1,66	69,91	17,19
1999	8,94	85,10	27,67
2000	5,97	96,15	35,29
2001	7,67	111,19	45,67
2002	12,53	137,66	63,92
2003	9,30	159,76	79,17
2004	7,60	179,50	92,78
2005	5,69	195,40	103,75
2006	3,14	204,68	110,15
2007	4,46	218,27	119,52
2008	5,90	237,05	132,47
2009	4,31	251,57	142,49
2010	5,91	272,35	156,82
2011	6,50	296,56	173,52
2012	5,84	319,72	189,49
2013	5,91	344,52	206,60
2014	6,41	373,02	226,26
2015	10,67	423,49	261,07
2016	6,29	456,38	283,76
2017	2,95	472,79	295,08
2018	3,75	494,27	309,90
2019	4,31	519,88	327,57
2020	4,52	547,90	346,90
2021	10,06	613,07	391,84

Tendo em vista ser assunto polêmico e pela importância e complexidade do tema, veja o Capítulo 28 (Contabilidade em Economia Inflacionária), no qual os efeitos da inflação são analisados com mais profundidade.

1.1.3 Código Civil

O Código Civil, com a redação dada pela Lei nº 10.406/2002, contém alguns artigos de natureza contábil que são, em boa parte, atrocidades que jamais esperaríamos ver acontecer em nosso País. Ele menciona, por exemplo, que os Balanços deverão ser assinados por técnico em Ciências Contábeis legalmente habilitado. Esse profissional não existe no Brasil. Ou existe o Bacharel em Ciências Contábeis ou o Técnico em Contabilidade, mas técnico em Ciências Contábeis, não. Mas vejamos algumas das atrocidades técnicas.

Nossa Demonstração do Resultado atual passaria a chamar-se Balanço de Resultado Econômico. Obviamente, os legisladores e/ou seus auxiliares parecem não entender nem de Contabilidade nem de Economia. Todos nós sabemos que uma das grandes diferenças entre essas duas áreas de conhecimento está no não reconhecimento, ainda, pela Contabilidade, de um dos conceitos mais relevantes da Economia: o do custo de oportunidade.

Assim, não é computado, para diminuir o lucro contábil e se chegar, efetivamente, a um lucro mais econômico, o custo de oportunidade do Patrimônio Líquido dos sócios, ou seja, o quanto eles consideram como o que estariam ganhando na melhor alternativa desprezada ao fazerem seu investimento. A ausência da aceitação e do uso desse conceito pela Contabilidade no mundo inteiro é que levou à criação do valor econômico adicionado (*economic value added* – EVA), muito usado, inclusive, para medir o valor econômico das empresas.

Pior é voltar à conta de lucros e perdas: "o balanço de resultado econômico, ou demonstração da conta de lucros e perdas, acompanhará o balanço patrimonial e dele constarão crédito e débito, na forma da lei especial". Essa demonstração era a soma da Demonstração de Resultado com a de Lucros ou Prejuízos Acumulados. Tudo em uma única conta e apresentação, e no formato do Balanço: Débitos e Créditos.

Parece que a grande aparência de demonstração mais científica estava na igualdade de débitos e créditos, como se essa igualdade representasse alguma garantia de exatidão dos números, de qualidade da demonstração, de exatidão das classificações, risco de não omissão de lançamentos contábeis, garantia de "amarração" dos números etc.

E que tal as nomenclaturas de Fundo de Reserva Legal, Fundo de Devedores Duvidosos, Fundo de Depreciação, Fundo de Amortização etc.? Estranho? Antiquado? Mas, por incrível que pareça, estão nessa lei. Que fundos são esses que não são ativos, muito pelo contrário, são redutores de ativos?

O Brasil tem-se caracterizado, desde a edição da atual Lei das Sociedades por Ações, no final de 1976, por ser um país onde raras são as confusões entre Fundo, Provisão e Reserva. Todos os profissionais e usuários das demonstrações contábeis (estes quando com o mínimo conhecimento para entendê-las) sabem o que é um Fundo no Ativo, uma

Provisão para Indenizações Trabalhistas no Passivo e uma Reserva Legal no Patrimônio Líquido, e não confundem os conceitos. Hoje, o que está na lei é ininteligível.

Essa lei também fala em "fundo de reserva". Lembram-se dessas expressões? (Os formados nos últimos 40 anos provavelmente nem sabem do que estamos falando. Nem queiram mesmo saber!) E que tal usar **previsão** em lugar de **provisão**? Obviamente, não fala em equivalência patrimonial ou consolidação de balanços, estabelece ativos hoje proibidos, como despesas pré-operacionais, juros pagos aos acionistas na fase de pré-operação etc.

Quanto à escrituração propriamente dita, há também excelentes pérolas. Ora fala em uso de sistemas mecanizados, ora se lembra dos eletrônicos, mas exige que se tenha o Diário que, no máximo, tem que ser feito à base de fichas (no tempo em que vivemos, incrível). E tudo isso previamente registrado no Registro Público de Empresas Mercantis (atuais Juntas Comerciais?), e sem intervalos em branco nem entrelinhas, borrões, rasuras, emendas ou transportes para as margens.

Há outros pontos que não estão tratados aqui porque o espaço é limitado, mas já dá para ver as atrocidades contábeis cometidas nessa Lei nº 10.406, de janeiro de 2002, que entrou em vigor no início de janeiro de 2003, e, esses aspectos, felizmente, não têm sido observados pelos profissionais de contabilidade.

Ou seja, trata-se de uma lei totalmente extemporânea, fora da realidade nacional e com atrasos enormes com relação ao que já tínhamos à época, imagine-se com a convergência atual às normas internacionais de contabilidade! Mas tratamos dela aqui porque, por vezes, ainda se ouve alguém falando nela, afinal é um Código, é uma lei de estatura alta. Ainda bem que os órgãos reguladores contábeis brasileiros simplesmente o ignoram, como o Conselho Federal de Contabilidade, por exemplo.

1.1.4 A criação do Comitê de Pronunciamentos Contábeis (CPC)

Foi com enorme felicidade que saudamos, na última edição do *Manual de contabilidade das Sociedades por Ações*, a criação do CPC. Hoje, aplaudimos seu sucesso. Desde final de 1985, vimos (os autores deste *Manual* e outros profissionais) trabalhando pela centralização da emissão das normas contábeis no Brasil, em uma única entidade. Se, por um lado, a existência da Lei (das Sociedades por Ações) foi a maior alavanca para a melhoria da Contabilidade no Brasil nas últimas décadas, com o decorrer do tempo levou a uma situação de camisa de força que impediu a evolução, principalmente rumo às normas internacionais de Contabilidade. E tudo piorou quando o estatuído no § 2º do seu art. 177 não produziu os frutos

que levaram à sua introdução nessa Lei de nº 6.404/1976, conforme já explicado.

O caso da então Secretaria da Receita Federal era todo especial: além de exemplos conhecidos (até que não muitos) de normas fora da prática contábil mais recomendada, possuía uma extraordinária influência **indireta** que levava as empresas a abandonar a melhor contabilidade para não ter que, com isso, adiantar pagamento de tributos. Isso ocorria, por exemplo, com a obrigação da contabilização da depreciação: para sua dedutibilidade fiscal, precisava contabilizá-la; e se o valor estivesse dentro dos limites aceitos pelo Fisco, se registrada, poderia ser deduzida fiscalmente, mesmo quando tais valores fossem maiores que os economicamente devidos. Se a entidade registrasse valor menor do que o permitido fiscalmente, porque considerava esse valor mais representativo da efetiva realidade, perdia o direito à dedutibilidade da diferença, nesse período, da parcela não contabilizada – era impedido o uso do LALUR para ajustes como esses. Daí a indução ao uso de métodos contabilmente não corretos.

Por isso, vínhamos, havia quase 20 anos, "brigando" pela modificação dessa situação que traziam tantos custos para os elaboradores da informação contábil, constrangimento para os contadores e auditores, dificuldades para os analistas e, pior, riscos para os tomadores de decisões, quer credores, investidores minoritários, controladores etc., porque recebiam demonstrações contábeis não elaboradas segundo as melhores disposições técnicas conhecidas. E, quando por causa de todas essas amarras, inclusive legais, nos distanciamos do resto do mundo, vimos aumentar o custo do dinheiro estrangeiro investido em nosso país, o custo de nossas empresas investirem no exterior, o custo de tomarmos empréstimos ou outra forma de crédito, tudo por causa da desconfiança do que de fato representavam as demonstrações contábeis em termos efetivos. Vimos nossa profissão ser olhada com certas ressalvas (para dizer o mínimo) pela sociedade; vimos tantos gastos para produzir algo que tantas vezes simplesmente não adicionava valor a qualquer usuário. E vimos países correndo muito mais celeremente em direção a uma situação tão diferenciada de nós. Fora o caso de nossas empresas que investem no exterior tendo que converter demonstrações elaboradas por suas controladas no exterior de forma diferente em cada país (e o inverso também) para os nossos critérios, muitas vezes com perda de qualidade da informação.

Por isso, a absoluta necessidade de termos uma única normatização contábil no Brasil, suportada legalmente, mas não limitada por esse vínculo, e caminhando rumo a uma única Contabilidade mundial. E, hoje, após 2010, uma norma mundial se dá pela convergência às normas internacionais de Contabilidade emitidas pelo *International Accounting Standards Board* (IASB). Não que essas normas sejam a única verdade, não tenham falhas, não que precisemos simplesmente aceitá-las sem qualquer crítica. Mas porque são, no seu conjunto, efetivamente mais evoluídas do que eram as nossas. Precisamos, inclusive, forçar nossa participação nesse processo da geração de tais normas internacionais para levarmos nossa experiência, nossas propostas, nossas críticas e conseguirmos influenciar o processo de sua contínua melhoria, sem produzir informações divergentes para os mesmos fatos e transações.

Desde 1985, a CVM passou a ter um grupo de trabalho reunindo diversas entidades interessadas na Contabilidade, que passou a se denominar, em 1990, Comissão Consultiva de Normas Contábeis da CVM. E passo maior, no Brasil, foi dado pela criação do **CPC em 2005**. Depois de duas décadas, seis entidades não governamentais entraram em acordo, uniram-se, e cinco delas pediram à sexta a formalização do Comitê. Assim, o Conselho Federal de Contabilidade (CFC) – a pedido da Associação dos Analistas e Profissionais de Investimento do Mercado de Capitais (Apimec Nacional), da Associação Brasileira das Companhias Abertas (ABRASCA), da Bolsa de Mercadorias, Valores e Futuros (BM&FBOVESPA, hoje B3), da Fundação Instituto de Pesquisas Contábeis, Atuariais e Financeiras (Fipecafi, conveniada à FEA/USP) e do Instituto dos Auditores Independentes do Brasil (Ibracon) – emitiu sua Resolução nº 1.055/2005, criando esse Comitê. Ele está sendo suportado materialmente pelo CFC, mas tem total e completa independência em suas deliberações (Pronunciamentos Técnicos, Interpretações e Orientações).

Esse modelo brasileiro acompanha aquele que mais resultado tem produzido no mundo: reúnem-se os preparadores (profissionais e empresas) da informação contábil, os auditores independentes dessa informação, os analistas e usuários, os intermediários e a academia para juntos, inclusive no calor dos conflitos de seus legítimos interesses, produzir uma única norma. São membros convidados também. Além do mais, no Brasil, esse nascimento do CPC se deu sob o formal, expresso e forte apoio da CVM. Sem esse apoio, nada teria acontecido.

Participam como convidados permanentes, sem direito a voto, a própria CVM, o Bacen, a Superintendência dos Seguros Privados (Susep), a Secretaria da Receita Federal Brasileira (RFB), a Federação Brasileira de Bancos (Febraban) e a Confederação Nacional da Indústria (CNI). Podem e são convidadas outras entidades nas discussões de temas específicos (Anatel, Aneel, SPC, ANS, ANP etc.), bem como algumas dessas e outras entidades poderão também vir a ser convidadas para se tornarem membros efetivos do Comitê. A única restrição é a necessidade de a maioria das pessoas físicas componentes do CPC serem contadores devidamente habilitados e registrados.

Outro ponto interessante: no Brasil, nossa Constituição impede que órgãos governamentais deleguem funções a outras instituições. Assim, não será possível termos o que ocorre em outros países, com os órgãos federais de controle simplesmente deliberando por delegar seu poder de emitir normas a seus "CPC" (FASB, IASB etc.). Assim, o processo acordado no Brasil é o de o CPC, primeiramente, emitir seu Pronunciamento Técnico, após discussão com as entidades envolvidas e audiência pública; posteriormente, tem-se o órgão público (CVM, Bacen, Susep etc.) ou mesmo privado (CFC etc.) emitindo sua própria resolução, acatando e determinando o seguimento desse Pronunciamento do CPC. Assim, o Pronunciamento é transformado em "norma" a ser seguida pelos que estiverem subordinados a tais órgãos.

O CPC traduz as normas internacionais, por vezes, as adapta (raramente), em outras, emite normas próprias (como a OCPC 07 sobre notas explicativas, CPC Liquidação sobre empresas em liquidação), mas sempre dentro do guarda-chuva e da filosofia do IASB, obrigatoriamente submetidas à audiência pública para oferecer oportunidade a todos os interessados. Participe das audiências públicas, dando suas sugestões, oferecendo críticas, apresentando colaborações, e apoie esse órgão que vem elevando enormemente a qualidade da nossa Contabilidade.

1.1.5 Normas internacionais de Contabilidade: principais características e consequências

As normas internacionais de Contabilidade emitidas pelo IASB foram implementadas no Brasil pelo CPC e pelos órgãos reguladores brasileiros, principalmente pela CVM e pelo CFC. Elas têm algumas características básicas:

a) **São baseadas muito mais em princípios do que em regras:** elas são razoavelmente detalhadas, mas não têm necessariamente resposta para todas as dúvidas. Preocupam-se, na maior parte das vezes, muito mais em dar a filosofia, os princípios básicos a serem seguidos pelo raciocínio contábil. Apesar de que, na prática, esse balanceamento entre princípio e regrinha seja muito difícil, essa é a filosofia básica do IASB (eventualmente, é claro, com alguma tendência a cair um pouco mais para um lado do que para outro). O costume nosso de querermos tudo com base em regras, aliás muito difundido em outros países também, tem sido a morte da profissão contábil, porque nos acostumamos simplesmente a cumprir o que é determinado, sem grandes análises e julgamentos.

O uso de princípios, no lugar de regras, obriga, é claro, a maior julgamento e a maior análise, exigindo maior preparação, mas, por outro lado, permite que se produzam informações contábeis com muito maior qualidade e utilidade, dependendo da qualidade com que os contabilistas exerçam sua profissão de preparador e de auditor.

b) São baseadas na prevalência da essência sobre a forma: isso significa que, antes de qualquer procedimento, o profissional que contabiliza, bem como o que audita, devem, antes de mais nada, conhecer muito bem a operação a ser contabilizada e as circunstâncias que a cercam. Assim, não basta simplesmente contabilizar o que está escrito. É necessário ter certeza de que o documento formal representa, de fato, a essência econômica dos fatos sendo registrados.

Assim, se a empresa está vendendo um imóvel para alguém, comprometendo-se a alugá-lo e recomprá-lo daqui a quatro anos, quando o empréstimo estiver pago, é necessário analisar e verificar se, em vez de uma venda, um contrato de aluguel e uma recompra, o que está ocorrendo, na verdade, é uma operação de empréstimo em que o imóvel esteja sendo dado como garantia. Com isso, o registro contábil deverá seguir a essência, e não a forma, se esta não representar bem a realidade da operação.

A consolidação de Balanços é também uma forma de prevalência da essência sobre a forma, provavelmente a experiência mais antiga da Contabilidade: juntam-se os Balanços e produz-se uma informação como se as várias entidades jurídicas, controladora e controladas, fossem uma só; representa-se a entidade econômica, e não a entidade jurídica. E é tão relevante essa informação (a consolidada), que, basicamente, somente ela é utilizada no mercado financeiro mundial hoje em dia. No caso dos norte-americanos, é a única informação disponibilizada publicamente. O IASB está sempre emitindo normas dirigidas às consolidações, mas também, por vezes, se refere às entidades separadas, e apenas excepcionalmente às demonstrações individuais, a ser discutido logo à frente.

Esse conceito fundamental da prevalência da essência tem, é claro, seus problemas, porque exige do profissional conhecimentos de gestão, de economia, de direito, de negócios em geral, da empresa, das transações que ela pratica, da terminologia envolvida etc. Por isso, ele precisa estar sempre atualizado e cercando-se de cuidados para obter todo o conhecimento necessário. E exige dele também julgamento, bom senso e coragem de representar a realidade, o que é sua obrigação mais importante, por sinal. Sem falar na habilidade em conseguir de cada área da empresa as informações de que precisa. No passado, por exemplo, ele determinava a depreciação utilizando as tabelas da RFB; hoje, precisa de auxílio técnico interno ou externo para melhor medir a vida útil e o valor residual esperado. Atualmente, é preciso entender a linguagem e o conteúdo dos contratos da empresa etc.

Essência sobre a forma não significa arbitrariedade a qualquer gosto, disponibilidade para fazer o que se acha deva ser feito etc. É preciso muita cautela, julgamento e bom senso, mas também que se registre, e bem claramente, todas as razões pelas quais se chegou à conclusão de que a essência não está bem representada formalmente.

c) São muito mais importantes os conceitos de controle, de obtenção de benefícios e de incorrência em riscos do que a propriedade jurídica para registro de Ativos, Passivos, Receitas e Despesas: o próprio conceito de essência sobre a forma já induz a essa consequência, tratando-se de um complemento fundamental. Assim, se uma indústria faz um contrato com os donos de terra para nelas trabalhar e colher produtos, obrigando-se a um pagamento com parcela fixa ou mínima, terá que tratar esse contrato como de arrendamento, gerando o ativo Direito de Uso e respectivo passivo, mesmo que se denomine de parceria ou outro instrumento jurídico qualquer. A essência prevalece sobre o tipo jurídico de contrato, e a essência reside no direito de controle de um ativo de propriedade de terceiros. (Antes eram registrados como ativos da arrendatária, agora apenas seus direitos de uso.) Exemplo esse que reúne os dois conceitos: essência econômica e controle.

Ou, se a entidade possui um investimento de mais de 50% das ações ou cotas com direito a voto, mas por algum acordo de sócios não exerce nem pode exercer o controle dessa empresa, esse investimento é em uma coligada ou, no máximo, em uma *joint venture*, mas não em uma controlada.

d) A contabilidade passa a ser de toda a empresa, não só do contador: apesar de parecer uma afronta à profissão contábil, trata-se, na realidade, de uma ascensão da profissão, por elevar o patamar com que é praticada e reconhecida a contabilidade. Já mencionamos o exemplo da depreciação. Vamos a outros: no cálculo do valor justo dos instrumentos financeiros, não é mais o contador quem simplesmente verifica o título e suas condições de juros etc. Agora precisará a área financeira, a tesouraria ou o local devido providenciar e se responsabilizar pela geração das informações relativas à avaliação do derivativo, do valor justo de certos títulos e obrigações etc. (Aliás, o contador precisa munir-se de todos esses documentos para fundamentar seus registros.)

Em outro exemplo, na apuração da recuperabilidade dos valores dos ativos (*impairment*), a definição do que é unidade geradora de caixa cabe à alta administração da empresa (em uma empresa de exploração de transporte rodoviário, por exemplo, cada ônibus é uma unidade geradora de caixa, ou um conjunto de ônibus utilizado em uma linha recebida em concessão é que é a unidade geradora de caixa?), bem como a responsabilidade pelo fornecimento dos fluxos de caixa esperados, da taxa de desconto etc. O contador vai participar, mas não sozinho desse processo.

No caso da informação por segmento, é também a alta administração que delibera pelos segmentos a divulgar, porque precisam ser os que ela usa para a própria gestão.

Ou seja, a contabilidade passa a ser alimentada com número muito maior de *inputs* de outras áreas, devidamente formalizados tais dados, e passam a Diretoria, o Conselho de Administração, o Conselho Fiscal, o Comitê de Auditoria e outros organismos, se existirem, a se responsabilizar por todo esse processo, porque afirmarão, indiretamente, que tudo isso está sendo cumprido quando assinarem os Balanços. Mudam os próprios papéis desses órgãos todos. Isso influencia, inclusive e fortemente, o processo de governança corporativa da entidade. Principalmente quando da aplicação do conceito da essência sobre a forma!

1.1.6 Situação brasileira e o mundo: balanços individuais e consolidados

A Lei das S.A., em 1976, representou uma revolução contábil e uma evolução que nos colocou, à época, praticamente a par dos países evoluídos (depois nos amarrou, é verdade). E algumas normas foram realmente pioneiras; por exemplo, o Brasil foi o primeiro país não anglo-saxônico do mundo a aplicar a equivalência patrimonial. Foi também o primeiro não anglo-saxônico a aplicar a obrigatoriedade da consolidação dos balanços. Foi o segundo país do mundo a obrigar ao uso da então Demonstração das Origens e Aplicações de Recursos (DOAR), hoje, substituída pela dos Fluxos de Caixa.

Além disso, a CVM, por meio de sua Comissão Consultiva de Normas Contábeis (CCNC) criada a partir de 1990, começou a emitir normas convergentes às internacionais, com a limitação, todavia, do que podia ser feito sem a mudança na Lei das S.A e sem que provocasse aumento tributário para as companhias abertas. De qualquer forma, isso foi fazendo com que nós, no Brasil, estivéssemos, com as mudanças legais em 2007/2008, muito mais próximos das normas internacionais do que a maioria dos países europeus, com exceção da Inglaterra e demais anglo-saxões.

A grande diferença está na ênfase das demonstrações: nossa Lei das S.A. dá total importância, de fato, apenas às demonstrações individuais das empresas. As consolidadas são um apêndice a essas individuais, mas não podem ser utilizadas para fins societários, de cálculo do valor patrimonial da ação, para base de dividendos etc. Enquanto o IASB considera as consolidadas como as demonstrações mais importantes, as individuais são, na verdade, para usos outros, como atender à legislação tributária.

Mas o próprio mercado aprendeu a dar o devido valor às demonstrações consolidadas no Brasil, sem perda de vista das individuais, já que estas é que são utilizadas para certas obrigações societárias como visto. Quem sabe tenha-mos, proximamente, modificação na nossa legislação para também eliminarmos a obrigatoriedade desses balanços individuais que, de fato, nada informam ao mercado em geral e, não raramente, até são indutores a erro, por não fornecerem a ideia do todo se não vierem acompanhados das demonstrações consolidadas. Em muitos países, como nos Estados Unidos, as demonstrações individuais são para fins de credores específicos desta ou daquela empresa, sindicatos que abrangem a categoria de uma empresa em particular etc., e não para divulgação geral ao mercado. Ainda bem que agora as demonstrações consolidadas têm que ser preparadas por todas as empresas, abertas, fechadas etc., quando divulgadas publicamente suas demonstrações individuais.

O que continua é a ainda infeliz situação de Balanços de empresas fechadas, principalmente as de grande porte, não divulgadas obrigatoriamente à sociedade.

1.1.7 Pequena e média empresa: pronunciamento especial do CPC

O IASB emitiu, no início do segundo semestre de 2009, o documento para ser aplicado às Pequenas e Médias Empresas (PME). O CPC, ao final desse semestre, emitiu seu Pronunciamento relativo a tal documento, aprovado pelo CFC pela sua Resolução nº 1.255/2009. No ano de 2016, o referido documento foi alterado pelo CPC por meio da Revisão nº 11/2016, em decorrência de modificações feitas pelo IASB, aplicáveis a partir de 1º de janeiro de 2017.

Trata-se de um documento que se destaca fortemente por sua linguagem mais acessível e por resumir a praticamente 10% o volume total de páginas quando comparado com as IFRS. Além do mais, contém diversas (não muitas) simplificações. Comentando-se algumas dessas simplificações, mas lembrando que a grande diferença está na redução considerável no volume de informações exigidas nas notas explicativas para as PME.

O CPC PME (R1) não trata de informações por segmento, lucro por ação e relatório da administração, por considerar esses documentos não necessários às PME. (Há que se lembrar, todavia, que nossa legislação não exime a pequena ou média empresa na forma de sociedade por ações a emitir seu relatório de administração.)

O conceito de PME adotado pelo IASB, e também pelo CPC (e, consequentemente, pelo CFC), para fins de relatórios e demonstrações contábeis, é o seguinte: pequenas e médias empresas, conforme conceito adotado pelo IASB e pelo CPC (e, consequentemente, também pelo CFC), são empresas que não têm obrigação pública de prestação de contas e elaboram demonstrações contábeis, além de para fins internos de gestão, para usuários externos, mas para finalidades gerais, como é o caso de sócios que não estão envolvidos na administração do negócio, credores existentes e potenciais e agências de avaliação de crédito. Note-se que inúmeras sociedades por ações brasileiras estão enquadradas nessa condição, bem como as limitadas e todas as demais sociedades que não captam recursos junto ao público.

Uma empresa tem obrigação pública de prestação de contas se seus instrumentos de dívida (debêntures, notas promissórias etc.) ou patrimoniais (ações, bônus de subscrição etc.) são negociados em mercado de ações ou com previsão de serem negociados em bolsa de valores (nacional ou estrangeira) ou em mercado de balcão, incluindo mercados locais ou regionais. Também tem obrigação pública de prestação de contas a empresa que tiver ativos em condição fiduciária perante um grupo amplo de terceiros como um de seus principais negócios, como é o caso típico de bancos, cooperativas de crédito, companhias de seguro, corretoras de seguro, fundos mútuos e bancos de investimento.

Portanto, no Brasil, as sociedades por ações fechadas (sem negociação de suas ações ou outros instrumentos patrimoniais ou de dívida no mercado e que não possuam ativos em condição fiduciária perante um amplo grupo de terceiros), mesmo que obrigadas à publicação de suas demonstrações contábeis, são tidas, para fins do Pronunciamento sobre PME do CPC, como pequenas e médias empresas, desde que não enquadradas pela Lei nº 11.638/2007 como sociedades de grande porte. As sociedades limitadas e demais sociedades comerciais, desde que não enquadradas pela Lei nº 11.638/2007 como sociedades de grande porte, também são tidas como pequenas e médias empresas. Mas há uma exceção: a ITG 1000 do CFC permite que as microempresas e sociedades de pequeno porte usem normas simplificadas sem obrigação de atenderem à norma da PME.

É interessante notar que as maiores diferenças que existem, na forma de simplificação, para as PME, quando comparadas às normas com os Pronunciamentos Técnicos do CPC, são, basicamente, as apresentadas no Quadro 1.1, além das já comentadas anteriormente (e aqui estão

Quadro 1.1

Tópico	Diferenças entre o conjunto completo das IFRS (*full* IFRS) e a IFRS SME, ou seja, entre o conjunto completo, de um lado, dos Pronunciamentos Técnicos, Interpretações e Orientações do CPC, e do outro, o Pronunciamento Técnico PME – Contabilidade para Pequenas e Médias Empresas.
Informação por Segmento	Tópico não abordado pelo IFRS SME (Pronunciamento Técnico PME – Contabilidade para Pequenas e Médias Empresas).
Demonstrações Contábeis Intermediárias (ITR)	Tópico não abordado pelo IFRS SME.
Lucro por Ação	Tópico não abordado pelo IFRS SME.
Seguros	Tópico não abordado pelo IFRS SME.
Ativos Mantidos para Venda	Tópico não abordado pelo IFRS SME.
Instrumentos Financeiros	Escolha contábil: aplicação do CPC 38 – Instrumentos Financeiros: Reconhecimento e Mensuração (que estava em vigor na data de sua substituição pelo CPC 48 que tem por base a IFRS 9, deve continuar a ser aplicado) ou das seções 11 e 12 do IFRS SME (PME). Em razão de a IAS 39 (CPC 38) ser muito trabalhosa para as pequenas e médias empresas, foram realizadas algumas simplificações, que são: I) Algumas classificações para instrumentos financeiros foram excluídas: disponível para a venda, mantido até o vencimento e opção de valor justo (*fair value option*). Portanto, para instrumentos financeiros, têm-se apenas duas opções ao invés de quatro. Os instrumentos financeiros que atenderem aos critérios especificados devem ser mensurados pelo custo ou custo amortizado, e todos os outros instrumentos financeiros devem ser mensurados pelo valor justo por meio do resultado, sendo que existem algumas exceções quando a mensuração pelo valor justo implicar custo ou esforço excessivo para a entidade. II) Utilização de um princípio mais simples para o desreconhecimento de um instrumento financeiro. Assim, a abordagem do envolvimento contínuo e do *pass through* para o desreconhecimento de tais instrumentos foi retirada. Tais exigências são complexas e geralmente não aplicáveis às entidades de pequeno e médio porte. III) A contabilidade para operações de *hedge* (*hedge accounting*) foi simplificada de modo a atender às necessidades das empresas de pequeno e médio porte. Nesse sentido, a IFRS SME (PME) foca, especificamente, nos tipos de *hedge* mais comuns das entidades de pequeno e médio porte: i) *hedge* de uma taxa de juros de um instrumento de dívida mensurado pelo custo amortizado; ii) *hedge* de uma taxa de câmbio ou de uma taxa de juros em um compromisso firme ou em uma transação futura altamente provável; iii) *hedge* do preço de uma *commodity* que a entidade mantenha ou de um compromisso firme ou de uma transação futura altamente provável de compra ou venda; e

(continua)

(continuação)

Instrumentos Financeiros	iv) risco de uma taxa de câmbio em um investimento líquido em uma operação estrangeira. Do mesmo modo, os critérios para avaliação da efetividade do *hedge* são menos rígidos na IFRS SME (PME), pois tal avaliação e a possível descontinuação do uso de *hedge accounting* deverão ser realizadas a partir do final do período contábil, e não necessariamente a partir do momento em que o *hedge* é considerado ineficaz conforme preconizado pela IAS 39. No que tange à contabilidade para as operações de *hedge*, a IFRS SME (PME) também difere da IAS 39 (CPC 38) nos seguintes aspectos: a) A contabilidade para operações de *hedge* (*hedge accounting*) não pode ser realizada por meio da utilização de instrumentos de dívida como instrumentos de *hedge*. A IAS 39 (CPC 38) permite tal tratamento para um *hedge* de risco de uma taxa de câmbio. b) A contabilidade para operações de *hedge* (*hedge accounting*) não é permitida como uma estratégia de *hedge* baseada em opções (*option-based hedging strategy*). c) A contabilidade para operações de *hedge* (*hedge accounting*) para portfólios não é permitida. IV) Não há necessidade de separação dos derivativos embutidos. Contudo, os contratos não financeiros que incluem derivativos embutidos com características diferentes dos contratos *host* são contabilizados inteiramente pelo valor justo.
Ativo Imobilizado	I) Com a revisão efetuada pelo IASB em 2015 (e pelo CPC em 2016), o Pronunciamento para pequenas e médias empresas passou a permitir a reavaliação de ativos, desde que permitida legalmente; o que não é o caso brasileiro. II) O valor residual, a vida útil e o método de depreciação necessitam ser revistos apenas quando existir indicação relevante de alteração, isto é, não necessitam ser revistos anualmente como preconizado no IFRS completo (todos os CPC) (*full* IFRS). III) A adoção de um novo valor é permitido às PME apenas quando da adoção inicial do Pronunciamento Técnico PME – Contabilidade para Pequenas e Médias Empresas, à semelhança do *deemed cost* das demais sociedades. IV) Nos contratos de arrendamento mercantil, aluguel etc. não se exige que o arrendatário reconheça os direitos de uso e passivos por arrendamentos a pagar (CPC 06 (R2)). V) Não é exigida a mensuração dos ativos biológicos pelo valor justo quando o cômputo de tal valor demandar custo e/ou esforço excessivo. Nesses casos, tais ativos devem ser mensurados pelo modelo de custo-depreciação-desvalorização.
Ativo Intangível	I) Reavaliação não é permitida como base de mensuração para os intangíveis. II) O valor residual, a vida útil e o método de amortização necessitam ser revistos apenas quando existir uma indicação relevante de alteração, isto é, não necessitam ser revistos anualmente, como preconizado no IFRS completo. III) Todos os intangíveis precisam ser amortizados, inclusive o ágio por expectativa de rentabilidade futura (*goodwill*). Para estes, na falta de outro critério mais objetivo, em no máximo 10 anos.
Propriedade para Investimento	A base de mensuração deve ser escolhida com base nas circunstâncias, ou seja, não é permitido escolher entre o método de custo e o método do valor justo. Portanto, caso a empresa consiga medir o valor justo sem custo e esforço excessivo, ela deve utilizar o método do valor justo por meio do resultado; todas as outras propriedades para investimento serão contabilizadas como Ativo Imobilizado e devem ser mensuradas pelo modelo custo-depreciações-perdas por desvalorização (*impairment loss*).
Subvenções Governamentais	Escolha não é permitida; todas as subvenções governamentais devem ser mensuradas utilizando-se um método único e simples: reconhecimento como receita quando as condições de desempenho forem atendidas (ou antecipadamente quando não existirem condições de desempenho) e mensuradas pelo valor justo do ativo recebido ou recebível.
Ágio por Expectativa de Rentabilidade Futura (*Goodwill*)	I) Utilização da abordagem do indicador, no qual a norma apresenta uma lista de eventos que indicam a existência de perda por desvalorização (*impairment loss*), de modo a facilitar o cálculo desse valor e reduzir a dependência dos *experts*, o que aumentaria o custo para as pequenas e médias empresas. II) Todo o ágio por expectativa de rentabilidade futura (*goodwill*) é amortizado, isto é, considera-se que se possui vida útil limitada. Caso não seja possível estimar a vida útil de maneira confiável, deve-se considerá-la como dez anos.
Gastos com Pesquisa e Desenvolvimento	Todos os gastos com pesquisa e desenvolvimento são despesa, isto é, gastos com desenvolvimento não são ativados em nenhum caso.
Investimentos em Coligadas e Controladas	Existe a opção de se avaliar os investimentos em coligadas pelo método de custo, desde que não haja uma cotação de preço publicada (nesse caso, utiliza-se o valor justo). Mas essa opção não é válida no Brasil em função da Lei das S.A., que obriga à equivalência patrimonial.

(continua)

(continuação)

Investimentos em Entidade no Exterior	As diferenças decorrentes de taxas de câmbio de itens monetários que são, inicialmente, reconhecidas em outros resultados abrangentes não necessitam ser reclassificadas para a demonstração do resultado na venda (alienação) do investimento. Isso visa simplificar a contabilização de tais diferenças, haja vista que as pequenas e médias empresas não necessitarão acompanhá-las após o reconhecimento inicial.
Atividade de Agricultura	O método do valor justo por meio do resultado é exigido para os ativos biológicos apenas quando tal valor for computado sem custo e/ou esforço excessivo. Caso contrário, deve ser utilizado como base de mensuração o modelo de custo-depreciação-desvalorização (*impairment*).
Custos dos Empréstimos	Todos os custos dos empréstimos são reconhecidos como despesa no resultado, isto é, nunca são ativados.
Receitas de Contratos com Clientes	Essa norma ainda não está em vigência para as PME.
Benefícios aos Empregados	I) Os ganhos e as perdas atuariais devem ser reconhecidos imediatamente no resultado do exercício ou em outros resultados abrangentes. II) Os custos de serviços passados (incluídos aqueles que se relacionam com os benefícios ainda não adquiridos – *unvested*) devem ser reconhecidos imediatamente no resultado quando um plano de benefício definido é introduzido ou alterado. Isto é, não há diferimento nos planos de benefício definido. III) Não é exigida a utilização do método de *unit credit projected* caso isso acarrete demasiado esforço e/ou custo para a empresa. IV) Tampouco há necessidade de uma avaliação compreensiva das premissas utilizadas para o cálculo do valor devido relativo aos benefícios aos empregados todos os anos.
Adoção pela Primeira Vez das IFRS SME	Não há necessidade de apresentar todas as informações de períodos anteriores, isto é, permite-se que a empresa de pequeno e médio porte não apresente determinada informação de período anterior quando isso for demasiadamente custoso ou demande um esforço excessivo.
Pagamento Baseado em Ações	Pode-se utilizar o julgamento da administração na estimação do valor do pagamento baseado em ações liquidado em títulos patrimoniais quando os preços de mercado não forem diretamente observáveis.
Conversão das Demonstrações Contábeis	As diferenças decorrentes de taxas de câmbio de itens monetários que são, inicialmente, reconhecidas em outros resultados abrangentes não necessitam ser reclassificadas para a demonstração do resultado na venda (alienação) do investimento. Esse critério visa simplificar a contabilização de tais diferenças, haja vista que as pequenas e médias empresas não necessitarão acompanhar tais diferenças nas taxas de câmbio após o reconhecimento inicial.
Demonstração das Mutações do Patrimônio Líquido	Pode ser substituída pela Demonstração dos Lucros ou Prejuízos Acumulados quando as únicas mutações patrimoniais forem resultado do período, pagamento de dividendos, correções de períodos anteriores e mudanças de políticas contábeis.
Apresentações	I) A entidade de pequeno e médio porte não necessita apresentar seu Balanço Patrimonial a partir do início do período comparativo mais antigo quando tal entidade aplicar uma política contábil retrospectivamente, realizar um ajuste retrospectivo ou reclassificar determinado item no seu Balanço. II) A entidade pode apresentar uma única Demonstração dos Lucros Acumulados no lugar da Demonstração das Mutações do Patrimônio Líquido se as únicas mudanças no Patrimônio Líquido durante o período para quais as demonstrações contábeis são apresentadas derivarem do: resultado do período, pagamento de dividendos, correções de períodos anteriores e mudanças de políticas contábeis.

Divulgações	Divulgação reduzida:
	   Full IFRS: bem mais de 3.000 itens
	   IFRS SME: 300 itens
	Isso ocorre, principalmente, em razão de:
	i) alguns tópicos não são abordados pelo IFRS SME, por exemplo, informação por segmento, lucro por ação etc.;
	ii) algumas divulgações não são exigidas porque elas se relacionam com princípios de reconhecimento e mensuração que foram simplificados na IFRS SME, por exemplo, a reavaliação de ativos;
	iii) algumas divulgações não são requeridas por que elas se referem a opções existentes no conjunto completo das IFRS (*full* IFRS) que não estão presentes na IFRS SME, por exemplo, o valor dos gastos com desenvolvimento capitalizados no período;
	iv) algumas divulgações não são exigidas, pois elas não foram consideradas apropriadas para o usuário de tais demonstrações contábeis, levando-se em conta o custo-benefício de tal usuário, por exemplo, informações relacionadas com o mercado de capitais.
	Assim, o volume de notas é bem menor do que para as demais sociedades.

(continua)

(continuação)

DVA	Não é tratada no IFRS SME tampouco no CPC-PME.
Correção Monetária	O tópico não foi incluído no CPC-PME.
Demais Tópicos	Tratamento igual aos Pronunciamentos Técnicos do CPC para as demais sociedades.

citadas também as diferenças entre o conjunto completo de normas internacionais – *full* IFRS – e o pronunciamento de pequena e média do IASB – *IFRS SME – Small and Medium Enterprise*).

Este *Manual* apresenta, ao final de cada capítulo, o que existe de diferente entre o nele contido e o Pronunciamento para PME.

Mas é fundamental lembrar que qualquer entidade de pequeno e médio porte tem o direito de adotar os Pronunciamentos Técnicos do CPC na sua integridade. Assim, elas têm duas opções: adotam os Pronunciamentos Técnicos, Interpretações e Orientações do CPC, ou adotam o Pronunciamento Técnico PME – Contabilidade para Pequenas e Médias Empresas.

1.2 Estrutura conceitual de contabilidade

O que diferencia **Teoria Contábil** de **Estrutura Conceitual**, e esta de **Norma Contábil**?

Em primeiro lugar, Teoria Contábil é todo e qualquer conjunto de conceitos e proposições, fundamentado logicamente, que se predispõe a explicar ou a propor tudo o que diz respeito à Contabilidade: **reconhecimento** de elementos patrimoniais (basicamente, ativos e passivos) e suas mutações (receitas e despesas, fluxos de caixa e outras); **mensuração** desses elementos todos; e **divulgação** da posição patrimonial (balanço) de uma entidade e dessas mutações (*performance*, fluxo de caixa etc.).

A **Teoria Contábil** é livre, isto é, pode ser proposta, discutida e negada por qualquer pessoa ou conjunto de pessoas. Alguém pode defender que os Ativos sejam reconhecidos pelo seu valor original de aquisição, outros pelo valor de aquisição corrigido pelo índice de inflação geral nacional, outros pelo valor original corrigido pela variação da grama de ouro, outros pelo valor de reposição em certa data, outros pelo seu valor de venda, outros pelo valor de venda diminuído das despesas de vender, outros pelo valor presente dos fluxos de caixa líquidos que dele se espera no futuro etc. etc. E tudo isso pode ser denominado um conjunto de teorias diferentes ou, então, uma única teoria de mensuração com diversas vertentes. Discussão sem fim, teórica, não necessariamente privativa apenas do mundo acadêmico, sem amarras, livre, com papel fundamental: ajuda no desenvolvimento de ideias, de proposições, de explicações etc.

Já uma **Estrutura Conceitual** é um conjunto de teorias que um órgão regulador, uma lei ou quem tem poder para emitir normas escolhe, dentre as teorias e/ou suas vertentes todas à disposição, com o objetivo de nela se basear para emitir as normas contábeis. Por exemplo, uma Estrutura Conceitual pode escolher, da Teoria Contábil, apenas o custo histórico como base de valor de registro de ativos não monetários (estoques, imobilizados, intangíveis etc.) porque quer produzir normas que preparem balanços e resultados com base nesse fundamento. Não aceitaria ativos a valor justo, reavaliação de imobilizados etc. Outra Estrutura Conceitual pode dizer que, para certos ativos, utiliza um critério de mensuração, para outros, outro critério (custo para estoques e imobilizado, por exemplo, mas valor justo para instrumentos financeiros e produtos biológicos, e custo ou valor justo para outros ativos como propriedades para investimento etc. – como na atual Estrutura definida pelo IASB e em uso no Brasil).

E a **Norma Contábil** é uma regulamentação específica ditada pelo órgão regulador ou pela lei a respeito de um assunto em particular (reconhecimento e mensuração das Contas a Receber, das Despesas de Depreciação, de um derivativo embutido dentro de outro, de Registro de Impostos sobre o Lucro, de como apresentar o Resultado de um Período, de como classificar o Balanço etc.).

Portanto, a Teoria Contábil em si, no seu todo, jamais aparece em uma Estrutura Conceitual. Esta é parte daquela e esta sim é, normalmente, colocada de maneira expressa por um órgão normatizador, mas podendo esse órgão também tê-la apenas em sua "mente", sem expressá-la, como aconteceu, por exemplo, por quem emitiu normas no Brasil antes da primeira Estrutura Conceitual formalmente adotada.

Contrariando o que poderia ser um senso comum, não há hierarquia entre a Estrutura Conceitual e a Norma Contábil no sentido de esta, obrigatoriamente, estar contida naquela e sempre, obrigatoriamente, ter que ser entendida como inferior àquela. Pelo contrário, o IASB define que a Estrutura Conceitual é um guia para ajudar na elaboração das normas e ser seguida na preparação das demonstrações contábeis, mas que, em qualquer caso de conflito, prevalece a Norma sobre a Estrutura Conceitual.

1.2.1 Dois pontos relevantes a destacar: prudência e prevalência da essência sobre a forma

Houve uma época em que foi retirado o conceito de prudência da estrutura conceitual do IASB, e explicado que isso foi feito em favor do conceito de **neutralidade**. De acordo com o *framework* anterior, prudência significava a inclusão de um grau de precaução no exercício de julgamento necessário na produção de estimativas requeridas sob condições de incerteza, de tal forma que Ativos ou Receitas não sejam superestimados e Passivos ou Despesas não sejam subestimados. Na verdade, o uso exagerado e extremado da prudência acaba na sua conversão no conservadorismo exagerado, com deliberadas reduções dos valores do Ativo e deliberados acréscimos no Passivo, a ponto de distorcer a realidade patrimonial. E alguns países (principalmente, germânicos) ainda têm um pouco dessa visão. Para eliminar essa chance, o IASB retirou prudência da estrutura conceitual. Mas, é óbvio, não dá para viver sem ela, na sua genuína concepção de precaução.

Assim, o conceito de prudência voltou, mas com alertas para que seu uso não deforme a realidade da entidade. Em situações de incerteza, Ativos e Receitas não devem estar superavaliados, da mesma forma que Passivos e Despesas não devem estar subavaliados. O documento afirma que, como a prudência tem como um de seus objetivos demonstrar neutralidade, é de se esperar que também não haja subavaliação de Ativos e Receitas ou superavaliação de Passivos e Despesas. Na verdade, entendemos algo assim: prudência e neutralidade precisam estar sempre se conversando para evitar usos indevidos, diminuindo deliberadamente o valor patrimonial da entidade.

Mas alguma crítica há que se fazer à normatização atual: a régua com que a Contabilidade mede os Ativos continua diferente daquela que mede os Passivos (é só verificar o tratamento dos Ativos e Passivos Contingentes: aqueles só são registráveis quando praticamente certo o recebimento, e estes quando mais provável de que existirá o desembolso do que não).

Outro ponto importante tratado na Estrutura Conceitual é o conceito **primazia da essência sobre a forma**. Chegou, no passado, a não estar expressa essa ideia, mas porque julgava-se tão normal, genuína essa premissa, que não seria necessário mencioná-la. Mas a atual Estrutura Conceitual, quando se refere à representação fidedigna, deixa claro que, em muitas circunstâncias, a essência do fenômeno econômico e sua forma legal são as mesmas, mas se não forem, fornecer informações apenas sobre a forma legal poderá não representar fidedignamente o fenômeno econômico. E mais, referindo-se à essência de direito contratual e obrigação contratual, a atual Estrutura Conceitual destaca que, para representar fidedignamente esses direitos e obrigações, as demonstrações contábeis devem informar sua essência, ressalvando que há casos em que os termos do contrato, grupo ou série de contratos exigem análise para identificar a essência dos direitos e obrigações.

1.2.2 Objetivo, utilidade e limitações do relatório financeiro

A Estrutura Conceitual (CPC 00 – Estrutura Conceitual para Relatório Financeiro) afirma logo no seu início:

"1.2 – O objetivo do relatório financeiro para fins gerais é fornecer informações financeiras sobre a entidade que reporta que sejam úteis para investidores, credores por empréstimos e outros credores, existentes e potenciais, na tomada de decisões referente à oferta de recursos à entidade. Essas decisões envolvem decisões sobre:

(a) comprar, vender ou manter instrumento de patrimônio e de dívida;

(b) conceder ou liquidar empréstimos ou outras formas de crédito; ou

(c) exercer direitos de votar ou de outro modo influenciar os atos da administração que afetam o uso dos recursos econômicos da entidade."

No Brasil, a OCPC 07 – Evidenciação na Divulgação dos Relatórios Contábil-financeiros de Propósito Geral, aprovada em 2014, determina que todas as informações que sejam úteis para tomadas de decisão de credores e investidores sejam divulgadas, e somente estas. Jamais deve-se divulgar informação que não ajude os usuários; se não úteis, passam a confundir, a desviar a atenção e a agir contra o objetivo das demonstrações contábeis.

Em relação à utilidade e limitações dos relatórios financeiros, deve-se destacar que eles são elaborados para fins gerais e não podem ser tomados como algo cujo objetivo seja o de definir o valor da entidade. Ao contrário, como regra, eles quase nunca apresentam o valor da entidade. Sua função principal é servir como fonte de informações para investidores, credores e usuários em geral da posição patrimonial de uma entidade e suas mutações, dentro de diversos pressupostos, e o de dizer o quanto a empresa vale não está entre eles. As necessidades de informações para cada tipo de usuário podem ser absolutamente diferentes, por isso as normas do IASB centram-se nos usuários investidores na entidade e credores da entidade. Precisam eles ser capazes de avaliar o desempenho passado e de, no mais possível, analisar informações no processo de estimar os fluxos de caixa futuros.

É preciso enfatizar que reguladores e o público em geral podem, e devem, utilizar os relatórios financeiros para fins gerais, mas não é primordialmente para esses grupos que tais relatórios são elaborados e direcionados. Muitos reguladores, como já dito, utilizam a contabilidade de seus regulados segundo suas regras próprias porque se colocam como o usuário principal e querem informações para desempenho de sua tarefa de acompanhar a saúde financeira do regulado segundo suas próprias concepções, e aí essas demonstrações deixam de estar voltadas principalmente para os credores e os investidores.

1.2.3 Regime de competência

A norma orienta a utilização desse regime para obtenção do desempenho financeiro da entidade e nem poderia ser diferente, afinal de há muito tempo esse é considerado um princípio fundamental de contabilidade.

> "1.17 – O regime de competência reflete os efeitos de transações e outros eventos e circunstâncias sobre reivindicações e recursos econômicos da entidade que reporta nos períodos em que esses efeitos ocorrem, mesmo que os pagamentos e recebimentos à vista resultantes ocorram em período diferente. Isso é importante porque informações sobre os recursos econômicos e reivindicações da entidade que reporta e mudanças em seus recursos econômicos e reivindicações durante o período fornecem uma base melhor para a avaliação do desempenho passado e futuro da entidade do que informações exclusivamente sobre recebimentos e pagamentos à vista durante esse período."

Por vezes, a adoção obstinada desse regime leva ao registro de ativos que não atendem à definição de ativo do IASB, como no caso de ativação de certas despesas que se espera ajudarão a obter receitas futuras. Na verdade, na estrutura atual, a definição e a mensuração dos Ativos e Passivos podem limitar a aplicação do regime de competência.

1.2.4 Características qualitativas de informações financeiras úteis

A Estrutura Conceitual divide as características qualitativas da informação contábil em dois grupos: as qualitativas fundamentais e as qualitativas de melhoria. Ou seja, há uma espécie de hierarquização entre elas. Adicionalmente, a expressão "qualitativa" foi incluída na norma atual, mais uma vez indicando a norma internacional que a qualidade e a utilidade das informações devem ser uma preocupação constante. As características qualitativas fundamentais são relevância e representação fidedigna.

1.2.4.1 Relevância

> "2.6 – Informações financeiras relevantes são capazes de fazer diferença nas decisões tomadas pelos usuários. Informações podem ser capazes de fazer diferença em uma decisão ainda que alguns usuários optem por não tirar vantagem delas ou já tenham conhecimento delas a partir de outras fontes.

> 2.7 – Informações financeiras são capazes de fazer diferença em decisões se tiverem valor preditivo ou valor confirmatório, ou ambos."

Mais uma vez: só é informação útil a que faz diferença para o usuário. Relevante significa essa capacidade de influenciar decisões. Apenas isso. E as informações relevantes são as que fazem previsões sobre o futuro desempenho da entidade, ou, então, uma avaliação do desempenho passado. A palavra "material" é para significar o uso da relevância especificamente nas demonstrações contábeis. Lembrar que, mesmo com números pequenos (proporcionalmente falando), podem certas informações influenciar decisões, e, assim, são relevantes. Por exemplo, a empresa pode ter investido pouco para obter determinado ativo, mas ele pode ter uma capacidade enorme de produção de caixa para o futuro. Assim, a informação sobre o ativo é relevante, mesmo que o número que o representa seja pequeno. A norma é clara ao afirmar que não se pode especificar limite quantitativo uniforme para materialidade ou predeterminar o que pode ou não ser considerado material.

1.2.4.2 Representação fidedigna

> "2.12 – Relatórios financeiros representam fenômenos econômicos em palavras e números. Para serem úteis, informações financeiras não devem apenas representar fenômenos relevantes, mas também representar de forma fidedigna a essência dos fenômenos que pretendem representar. Em muitas circunstâncias, a essência de fenômeno econômico e sua forma legal são as mesmas. Se não forem as mesmas, fornecer informações apenas sobre a forma legal não representaria fidedignamente o fenômeno econômico (ver itens de 4.59 a 4.62)."

Mesmo reconhecendo que a perfeição nunca será atingida, a norma define que para a representação ser fidedigna ela deve ser completa, neutra e isenta de erros. Por completa entende-se que todas as informações sobre o fenômeno que está sendo representado sejam suficientes para que o usuário da informação possa entendê-lo. Para serem neutras, as informações não podem ser tendenciosas e parciais, isso no sentido de torná-las favoráveis ou desfavoráveis por aqueles que as utilizarão. Por fim, a neutralidade está vinculada ao exercício da prudência e isso significa que Ativos e Receitas não estão superavaliados, da mesma forma que Passivos e Despesas não estejam subavaliados.

A figura **isenta de erro** não significa exatidão, perfeição. Tem essa característica a partir das informações disponíveis e das que podem estar disponíveis pelo esforço não desproporcional por parte da entidade. Significa que o número ou a informação, após esse conhecimento e esse esforço, estão livres de erro se a descrição for clara e precisa, que a estimativa seja a melhor possível, que a natureza, inclusive do risco do item, esteja devidamente revelada, e que não se escolheu de forma indevida ou tendenciosa qualquer critério de reconhecimento, de mensuração ou de divulgação.

As características a seguir são denominadas "qualitativas de melhoria", ou seja, são importantes, mas estão em um nível hierárquico abaixo das denominadas "qualitativas fundamentais". As características qualitativas de melhoria são: comparabilidade, capacidade de verificação, tempestividade e compreensibilidade.

1.2.4.3 Comparabilidade

"2.25 – As decisões dos usuários envolvem escolher entre alternativas, como, por exemplo, vender ou manter o investimento, ou investir em uma ou outra entidade que reporta. Consequentemente, informações sobre a entidade que reporta são mais úteis se puderem ser comparadas a informações similares sobre outras entidades e a informações similares sobre a mesma entidade referentes a outro período ou a outra data."

A comparabilidade exige sempre uma consistência, ao longo do tempo, pela mesma entidade, das mesmas políticas contábeis. Na verdade, a consistência é um forte auxiliar na obtenção da comparabilidade, mas elas não representam a mesma coisa, pois consistência significa utilizar os mesmos métodos para os mesmos itens, enquanto comparabilidade deve ser entendida como a meta. Mas a preocupação da Estrutura reside, também, na comparabilidade entre empresas diferentes, ou seja, se preocupa quanto à situação de escolha entre alternativas quando adotadas por empresas diferentes. Daí a necessidade de uma divulgação muito boa de quais são as políticas contábeis de cada entidade dos números relevantes para que o usuário possa aquilatar diferenças entre empresas. E, de preferência, que sejam informados os resultados de políticas contábeis não adotadas, quando da existência de escolha entre alternativas. Por exemplo, as propriedades de investimento podem ser avaliadas ao custo ou a valor justo, mas quem adota o critério do custo precisa informar, em nota explicativa, quais seriam os números se o valor justo fosse adotado.

1.2.4.4 Capacidade de verificação

Denominada na norma anterior "verificabilidade", a capacidade de verificação é definida na norma como:

"2.30 – A capacidade de verificação ajuda a garantir aos usuários que as informações representem de forma fidedigna os fenômenos econômicos que pretendem representar. Capacidade de verificação significa que diferentes observadores bem informados e independentes podem chegar ao consenso, embora não a acor-

do necessariamente completo, de que a representação específica é representação fidedigna. Informações quantificadas não precisam ser uma estimativa de valor único para que sejam verificáveis. Uma faixa de valores possíveis e as respectivas probabilidades também podem ser verificadas."

Na verdade, a capacidade de verificação é, inclusive, um instrumento forte da auditoria externa para assegurar aos usuários a fidedignidade dos números.

1.2.4.5 Tempestividade

"2.33 – Tempestividade significa disponibilizar informações aos tomadores de decisões a tempo para que sejam capazes de influenciar suas decisões. De modo geral, quanto mais antiga a informação, menos útil ela é. Contudo, algumas informações podem continuar a ser tempestivas por muito tempo após o final do período de relatório porque, por exemplo, alguns usuários podem precisar identificar e avaliar tendências." Característica autoexplicativa.

1.2.4.6 Compreensibilidade

"2.36 – Relatórios financeiros são elaborados para usuários que têm conhecimento razoável das atividades comerciais e econômicas e que revisam e analisam as informações de modo diligente. Algumas vezes, mesmo usuários bem informados e diligentes podem precisar buscar o auxílio de consultor para compreender informações sobre fenômenos econômicos complexos."

As formas de classificação, de redação e apresentação da informação determinam a sua compreensibilidade pelo usuário. Mas algumas premissas mínimas precisam ser assumidas com relação à razoável capacidade do usuário de entendê-la e interpretá-la. Note-se que esse balanceamento é difícil, subjetivo, mas essencial: a redação de uma nota explicativa, ou da nomenclatura das contas em uma demonstração contábil, não podem partir do princípio de que o usuário seja um superespecializado na matéria, mas também não há condição de se querer preparar essas informações de tal forma que qualquer cidadão ou cidadã, sem qualquer base contábil, seja capaz de compreendê-las.

É interessante ver-se que, principalmente quando os órgãos reguladores determinam as nomenclaturas, elas muito comumente se tornam herméticas, difíceis de serem entendidas por quem não é um especialista naquele segmento. Basta, para isso, ver-se as demonstrações das seguradoras e das instituições financeiras no Brasil. A compreensibilidade nem sempre é uma grande preocupação, infelizmente, nesses casos; ou seja, a característica da compreensibilidade não está sendo bem seguida por alguns desses órgãos.

O custo de produzir informações não pode ser relegado a um segundo plano, mas também não pode ser utilizado como a mais forte restrição na busca de divulgação de informações úteis. A decisão sobre a apresentação ou não de determinadas informações específicas deverá levar em consideração a relação dos custos e dos benefícios que informações úteis poderão produzir.

Quando as empresas e seus auditores estão muito conscientes de sua responsabilidade nessa capacidade de bem transmitir as informações, demonstrações exemplares são encontradas. Esse balanceamento é extremamente difícil, já que mesmo os profissionais de contabilidade, porque exatamente muito técnicos, tendem a não se preocupar com essa característica tão relevante. Como diz um dos autores deste *Manual*: "A redação das notas deveria caber a um jornalista profissional", já que um dos pontos de maior relevância no jornalismo é exatamente a capacidade de maximizar a compreensibilidade da informação pelos seus usuários.

1.2.5 Demonstrações contábeis e a entidade que reporta

Os dois primeiros capítulos da Estrutura Conceitual são específicos para o que é denominado "relatório financeiro para fins gerais" e tratam de informações financeiras sobre origem e destinações de recursos econômicos, inclusive reivindicações contra a entidade, que possam ser úteis para seus usuários na tomada de decisões.

Os seis próximos capítulos são mais específicos e tratam das "demonstrações contábeis para fins gerais", portanto, abordando aspectos relativos às informações sobre Ativos, Passivos, Patrimônio Líquido, Receitas e Despesas da entidade que reporta.

1.2.5.1 Objetivo e alcance das demonstrações contábeis

"3.2 – O objetivo das demonstrações contábeis é fornecer informações financeiras sobre os ativos, passivos, patrimônio líquido, receitas e despesas da entidade que reporta que sejam úteis aos usuários das demonstrações contábeis na avaliação das perspectivas para futuros fluxos de entrada de caixa líquidos para a entidade que reporta e na avaliação da gestão de recursos da administração sobre os recursos econômicos da entidade."

As informações referidas na Estrutura Conceitual são apresentadas em demonstrações como Balanço Patrimonial, Demonstração do Resultado do Exercício, Demonstração do Resultado Abrangente, Demonstração dos Fluxos de Caixa, das Mutações do Patrimônio Líquido e, no caso específico das companhias abertas brasileiras, Demonstração do Valor Adicionado; e também nas notas explicativas. Referidas demonstrações devem ser apresentadas, quando houver, de forma comparativa, isto é, com informações relativas ao ano anterior. Mas sempre com o objetivo de prover informações relevantes aos usuários.

A norma também é explícita sobre ativos e passivos não reconhecidos, exigindo a divulgação de informações sobre sua natureza e riscos que possam oferecer. Outra exigência é divulgação de métodos, premissas e julgamentos utilizados como base nas estimativas e valores apresentados.

1.2.5.2 Período de relatório, perspectiva adotada e premissa da continuidade operacional

As demonstrações contábeis, sempre elaboradas para períodos específicos, devem auxiliar seus usuários na identificação e avaliação de mudanças e tendências, inclusive no que se refere a possíveis transações futuras. Não se pode esquecer, informações prospectivas relativas a ativos e passivos, incluindo aqueles não reconhecidos, se forem úteis aos usuários, devem ser divulgadas.

O atual Pronunciamento sobre Estrutura Conceitual manteve, no seu Capítulo 3, partes essenciais que eram das Estruturas anteriores. E eles cuidam da Continuidade e dos elementos básicos das demonstrações contábeis.

"3.9 – As demonstrações contábeis são normalmente elaboradas com base na suposição de que a entidade que reporta está em continuidade operacional e continuará em operação no futuro previsível. Assim, presume-se que a entidade não tem a intenção nem a necessidade de entrar em liquidação ou deixar de negociar. Se existe essa intenção ou necessidade, as demonstrações contábeis podem ter que ser elaboradas em base diferente. Em caso afirmativo, as demonstrações contábeis descrevem a base utilizada."

Na verdade, continua tudo igual: as normas contábeis são aplicadas no pressuposto da capacidade da entidade de continuar suas operações, já que, caso contrário, os ativos e passivos precisam ser avaliados a seus valores de efetiva realização, e não conforme as regras contidas nas normas (lembrar que o IASB ainda não emitiu norma sobre essa situação específica, o que existe no FASB). Veja-se, para a não continuidade, o CPC Entidades em Liquidação, com regras próprias para esse fim.

1.2.5.3 Entidade que reporta e demonstrações consolidadas e não consolidadas

Segundo a Estrutura Conceitual, a entidade que reporta é aquela que, por determinação legal ou iniciativa própria, elabora e divulga suas demonstrações contábeis e isso não implica a existência de uma entidade legal.

"3.11 – Às vezes, a entidade (controladora) tem o controle sobre outra entidade (controlada). Se a entidade que reporta compreende tanto a controladora como suas controladas, as demonstrações contábeis da entidade que reporta são denominadas 'demonstrações contábeis consolidadas' (ver itens 3.15 e 3.16). Se a entidade que reporta é apenas a controladora, as demonstrações contábeis da entidade que reporta são denominadas 'demonstrações contábeis não consolidadas."

O que na Estrutura Conceitual está denominado **Demonstrações Contábeis Não Consolidadas** é o que, no Brasil, estamos acostumados a tratar como Demonstração Contábil Individual. A atual Estrutura Contábil também faz referência às **Demonstrações Contábeis Combinadas**, quando a entidade que reporta refere-se à junção de duas ou mais entidades que não estejam vinculadas pela relação controladora-controlada. A divulgação de demonstrações combinadas também deve estar lastreada na representação fidedigna e isso exigirá a identificação das necessidades de informações relevantes que possam ser úteis aos seus usuários. E há, ainda, as demonstrações separadas para quando é relevante que entidades avaliadas pela equivalência patrimonial sejam a valor justo (extraordinariamente até ao custo).

1.2.6 Elementos das demonstrações contábeis

O atual Capítulo 4 da Estrutura Conceitual mantém as partes essenciais da Estrutura anterior e é aqui que se encontram informações sobre os elementos que representam a base da contabilidade: Ativo, Passivo, Patrimônio Líquido, Receita e Despesa.

1.2.6.1 Ativo

A Estrutura Conceitual anterior definia ativo como "um recurso controlado como resultado de eventos passados e do qual se espera que fluam benefícios econômicos para a entidade". Na atual Estrutura Conceitual, em seu item 4.3, pode-se encontrar a seguinte definição para ativo: "é um recurso econômico presente controlado pela entidade como resultado de eventos passados". Como se vê, na atual Estrutura Conceitual, a definição de ativo se expressa em termos de "recurso econômico" e, no item 4.4, define recur-

so econômico como (a) um direito (b) que tem potencial de produzir benefícios econômicos e (c) controle. Assim, não se pode dizer que a atual Estrutura Conceitual trouxe uma nova definição para ativo, mas, sim, fez apenas uma revisão no conceito anterior. Há cinco décadas, tese de doutoramento da USP mencionava que o passível de registro é o "agente" produtor de benefícios econômicos. Os ativos genuínos seriam as utilidades a serem produzidas, mas a contabilidade representa os agentes capazes de produzi-los. O conceito atual está bem parecido com essa conceituação.

1.2.6.1.1 Direito

Como dissemos anteriormente, a nova Estrutura Conceitual fez a revisão do conceito de ativo e, para isso, se estendeu em discussões sobre três aspectos que considera importantes para a definição revisada: direito; potencial de produzir benefícios econômicos; e controle. Quando trata dos direitos, enumera duas características distintas, uma que trata dos direitos que se referem a obrigações de terceiros; a segunda em que trata de direitos que não impliquem obrigações de terceiros. Por exemplo, direitos de receber caixa ou produtos e serviços em operações de venda e compra, respectivamente, representam características onde os direitos da entidade implicam obrigações de terceiros.

São exemplos de direitos que não implicam obrigações de terceiros: edificações, terrenos, máquinas e outros imobilizados de natureza corpórea, além dos estoques etc. Propriedade intelectual também está dentro desse conjunto.

Não se pode esquecer que o fato de se ter determinado direito não significa que esse seja sempre um ativo de propriedade da entidade, mas que seu controle permita o direito, para si, aos benefícios a serem produzidos. Por exemplo, acesso a uma rodovia, a um bem público ou a algum tipo de tecnologia considerado de domínio público são ativos de seus detentores e não de seus beneficiários. Em outras palavras, o direito, por exemplo, de acessar uma rodovia ou um bem público não significa manter sua propriedade ou registrá-lo como seu ativo.

Por fim, em relação aos direitos a Estrutura Conceitual, estabelece:

"4.13 – Em alguns casos, é incerto se existe o direito. Por exemplo, a entidade e outra parte podem disputar se a entidade tem direito de receber recurso econômico dessa outra parte. Até que essa incerteza de existência seja resolvida – por exemplo, por decisão de tribunal – é incerto se a entidade tem direito e, consequentemente, se existe ativo."

1.2.6.1.2 Potencial de produzir benefícios econômicos

Um direito que tenha potencial de produzir benefícios econômicos, mesmo que com algum grau de incerteza em sua realização, deve ser considerado um ativo (a não ser quando norma específica proíba isso, como no caso do ativo contingente). Não se pode esquecer que um direito com incerteza ou baixa probabilidade de realização deve implicar a busca da adequada forma de fornecer essas informações. Os reais motivos do reconhecimento desse ativo, assim como sua forma de mensuração, devem sempre estar em linha com o que se busca por representação fidedigna.

Incorrer em gastos e adquirir ativos pode, em grande parte das operações de uma entidade, apresentar similaridades, mas não são necessariamente a mesma coisa. E normas específicas regulam essa matéria, por exemplo, gastos com a realização de pesquisas não devem ser tratados como ativo (CPC 04 – Ativo Intangível). Por outro lado, a empresa pode passar a dispor de um ativo, mesmo não tendo incorrido em qualquer tipo de gasto, e isso pode estar representado por direitos outorgados por governos ou outras entidades.

1.2.6.1.3 Controle

Como se vê, a atual Estrutura Conceitual dá destaque especial à figura do controle.

> "4.20 – A entidade controla um recurso econômico se ela tem a capacidade presente de direcionar o uso do recurso econômico e obter os benefícios econômicos que podem fluir dele. Controle inclui a capacidade presente de impedir outras partes de direcionar o uso do recurso econômico e de obter os benefícios econômicos que podem fluir dele. Ocorre que, se uma parte controla um recurso econômico, nenhuma outra parte controla esse recurso."

O controle de determinado recurso econômico deve resultar no direcionamento dos benefícios econômicos por ele gerados para a entidade de forma direta ou indireta (como já dito, não se referem a benefícios que diversos podem dele se beneficiar). Deter um recurso econômico não significa necessariamente (espera-se que, é claro) que a entidade obrigatoriamente terá um benefício econômico futuro, mas se isso ocorrer é a entidade que será a beneficiada. A exposição a variações significativas de risco do valor do recurso econômico também pode indicar que é quem controla determinado recurso.

Retomando a definição de ativo:

> "4.3 (a) ativo é um recurso controlado pela entidade como resultado de eventos passados e do qual se espera que fluam futuros benefícios econômicos para a entidade."

Como se vê, a definição de **ativo**, para fins de demonstrações contábeis, é aparentemente simples: privilegia-se o denominado "agente", e não o ativo no sentido econômico propriamente dito. Por exemplo, o verdadeiro ativo econômico, no caso de uma máquina, é sua capacidade de produzir benefícios econômicos no futuro pela sua utilização, para quem a tenha como Imobilizado, ou capacidade de produzir caixa pela sua venda, se Estoque. Ou seja, o genuíno ativo econômico é o benefício econômico esperado do "agente" representado pela máquina. Mas a Contabilidade reconhece como Ativo a máquina, que é o agente. Por isso, a definição utilizando a palavra "recurso". Ou seja, o que se reconhece na Contabilidade é o recurso, ou o agente, que se espera vá produzir benefícios econômicos (que são o genuíno Ativo em termos econômicos) para a entidade no futuro.

Se não houver a evidência de que determinado item produzirá efetivo benefício econômico no futuro (na prática, ajudará a gerar caixa ou a reduzir a saída de caixa), não poderá figurar como ativo. E é necessário que esse recurso seja "controlado" pela entidade, não necessariamente que seja propriedade jurídica da entidade. Isto é, mesmo sem a propriedade jurídica, mas com a detenção do controle, pode-se, em certas circunstâncias, reconhecer ativos em uma entidade.

É fácil perceber que esse conceito é fundamental, por exemplo, na elaboração das Demonstrações Consolidadas. Por exemplo, os Estoques da controlada aparecem no Balanço Consolidado da controladora, mas não são propriedade da controladora, porém, são controlados por ela. Mas não se cinge à consolidação esse conceito fundamental de que a característica básica para o reconhecimento do Ativo é seu controle, e não sua propriedade jurídica. E a norma também indica que, para reconhecimento do ativo contábil, é necessário ter havido um evento passado em que esse controle tenha sido transferido à entidade.

1.2.6.2 Passivo

O item 4.4 (a) da Estrutura Conceitual anterior definia Passivo da seguinte forma: "é uma obrigação presente da entidade, derivada de eventos passados, cuja liquidação se espera que resulte na saída de recursos da entidade capazes de gerar benefícios econômicos." Na Estrutura Conceitual atual, a definição de Passivo vem aparentemente com uma simplificação em relação à anterior, ou seja, passivo é "uma obrigação presente da entidade de transferir um recurso econômico como resultado de eventos passados".

Para que se defina a existência de Passivo, a norma estabelece que três critérios devem ser satisfeitos: (a) a entidade tem uma obrigação; (b) a obrigação é de transferir um recurso econômico; e (c) a obrigação é uma obrigação presente que existe como resultado de eventos passados.

1.2.6.2.1 Entidade com obrigação

Se a entidade tem uma obrigação, isto é, uma responsabilidade com um terceiro que a entidade não tem como evitar, aí está o primeiro e principal critério para caracterização de um Passivo. Essa obrigação da entidade normalmente se caracteriza como um direito de um terceiro, mas essa condição pode nem sempre estar presente. Por exemplo, o registro de uma obrigação na forma de uma provisão trabalhista ou fiscal não implica necessariamente reconhecimento contábil de direito pela outra parte. A própria norma prevê a possibilidade de existirem pronunciamentos com práticas de mensuração para ativos de uns que não correspondam a passivos de outros. Há, também, o que se convencionou denominar obrigações presumidas, que podem ser oriundas de legislações, contratos e até práticas de operação da entidade. A certeza da existência de uma obrigação nem sempre pode ser estabelecida de forma incontestável e isso fica claro no item 4.35 da atual Estrutura Conceitual.

> "Em alguns casos, é incerto se existe uma obrigação. Por exemplo, se outra parte está buscando compensação devido a uma suposta irregularidade da entidade, pode ser incerto se a irregularidade ocorreu, se a entidade a cometeu ou como a lei se aplica. Até que essa incerteza de existência seja resolvida – por exemplo, por uma decisão de tribunal –, é incerto se a entidade tem obrigação perante a parte que está buscando compensação e, consequentemente, se existe passivo."

1.2.6.2.2 Obrigação de transferir um recurso econômico

A obrigação de transferência de recurso econômico deve ser entendida, inclusive, como potencial, isto é, tal obrigação poderá estar na dependência de um ou mais eventos futuros, mesmo quando referido potencial tiver baixa probabilidade de ocorrência.

Dentre as obrigações de transferência de recursos, a norma cita obrigações de pagar o valor à vista, entregar produtos ou serviços, emitir instrumentos financeiros, entre outras. Em alguns casos, a obrigação da transferência de recursos poderá ser substituída pela obtenção de dispensa da obrigação, transferência da obrigação a um terceiro e até a substituição dessa obrigação por outra com a contratação de uma nova transação.

1.2.6.2.3 Obrigação presente como resultado de eventos passados

Para que a obrigação presente exista como resultado de eventos passados, é necessário que a entidade já tenha se beneficiado desse evento. Tais benefícios podem ser, por exemplo, representados por produtos e serviços.

> "4.47 – A entidade ainda não tem a obrigação presente de transferir um recurso econômico se ainda não tiver satisfeito os critérios no item 4.43, ou seja, se ainda não tiver obtido benefícios econômicos, ou tomado uma ação, que exija ou possa exigir que a entidade transfira um recurso econômico que, de outro modo, não teria que transferir. Por exemplo, se a entidade celebrou um contrato para pagar ao empregado um salário em troca dos serviços do empregado, a entidade não tem a obrigação presente de pagar o salário até que tenha recebido os serviços do empregado. Antes disso, o contrato é executório – a entidade tem combinados o direito e a obrigação de trocar o salário futuro por serviços futuros do empregado.

Veja-se contrato executório à frente.

Unidade de conta

Essa é também uma novidade em termos de estar expressa em uma Estrutura Conceitual; todos utilizamos o conceito, mesmo não estando ele explicitado em norma. E esta agora dá algumas diretrizes gerais. A unidade de conta deveria estar (a norma não prevê isso, só fala da divulgação) presente em dois momentos: no registro contábil e na divulgação. E ela se refere ao patamar mínimo necessário de individualização de ativos para fins de controle e para fins de divulgação. Como estes costumam ser mais simplificados do que aqueles, costumamos dar atenção especial às unidades de conta para fins de escrituração no dia a dia e apenas às de divulgação nos momentos próprios.

A norma menciona rapidamente, mesmo que com outras palavras, outro ponto: a unidade de conta tem muito a ver com a existência ou não de controles adicionais por parte da entidade. Por exemplo: Contas a Receber de Clientes é, via de regra, uma única unidade de conta para fins de registro e para fins de divulgação. Mas, para efeitos internos, controles paralelos discriminam essas Contas a Receber pelo menos individualmente, por devedor. Ou então: a empresa pode abrir unidade de conta para cada veículo da frota de que dispõe, ou utilizar uma única unidade para o conjunto, tendo os controles de cada um em separado.

Obviamente, as unidades de conta para fins de divulgação podem (devem, na verdade) ser mais aglutinadoras. Por exemplo: pode-se apenas divulgar Estoques no Balanço, mas existirem, formalmente, na contabilidade contas de Matérias-Primas, Materiais de Manutenção, Produtos em Elaboração, Produtos Acabados, Mercadorias para Revenda etc. Logicamente, a norma está muito mais preocupada com o conceito de unidade de conta voltado à divulgação.

Um ponto importante: por outro lado, uma unidade de conta pode se referir a parte de um ativo como um todo. Por exemplo, se um ativo for muito relevante e possuir partes com vidas úteis diferentes, pode ser importante incluir uma unidade de conta para cada parte de modo a facilitar as depreciações separadas e suas baixas quando das trocas.

Contratos executórios

Nesta Estrutura, aparece expressamente que os contratos executórios (ou a executar) não são passíveis de reconhecimento contábil, a não ser que uma norma específica defina de forma diferente. O contrato é executório quando ambas as partes ainda não cumpriram o assumido no contrato; a definição da norma é:

"4.56 – Contrato executório é o contrato, ou parte de contrato, que é igualmente não cumprido – nenhuma das partes cumpriu qualquer de suas obrigações, ou ambas as partes cumpriram parcialmente suas obrigações em igual extensão."

Ou seja, tenho direito, mas também tenho obrigação, mas meu direito ainda não se constitui em um ativo contabilmente reconhecível porque para isso preciso cumprir determinada obrigação. Por exemplo, duas empresas contratam a venda de mercadorias de uma para outra, a serem entregues em determinada data. Quem vendeu tem a obrigação de entregar a mercadoria e o direito de receber por isso; e a compradora tem direito a receber a mercadoria e a obrigação de por ela pagar. Nenhuma das duas vai registrar esse contrato ainda não cumprido pelas partes. Só quando pelo menos uma delas cumprir sua parte, poderá registrar o Ativo e o Passivo.

Uma empresa contrata a construção de um prédio, e paga um sinal por isso. A parte paga é uma parte já cumprida e por isso a compradora tem um ativo e, na outra ponta, a construtora tem um passivo. Se não houver esse pagamento inicial, nenhuma das duas terá o registro do contrato no Balanço. Se o comprador tiver feito um contrato firme com um banco de receber o empréstimo para quitar a construção, mas nada mais do que isso, teremos outro contrato executório. Vejam como podem ser relevantes esses casos, principalmente se relevantes (é óbvio) e fora do comportamento normal da empresa; por exemplo, a varejista obrigatoriamente tem inúmeros contratos de compra para recebimento futuro, mas não contrata a construção de um prédio com frequência. Quando de possíveis efeitos futuros relevantes, esses fatos devem ser reportados nas notas explicativas, mas não constam no Balanço Patrimonial.

No Brasil, antes da Lei das S.A., esses contratos executórios eram registrados em um grupo de contas denominado Contas de Compensação como controle, lembrete e informação: contratos que ainda não alteraram o patrimônio da entidade, mas que deverão ou poderão vir a alterá-lo no futuro. O Bacen continua exigindo o uso dessas contas para as entidades por ele controladas, mas elas não são mais divulgadas junto com as demonstrações contábeis levadas ao público. São para controle da gestão e daquela autoridade reguladora.

Essa praxe contábil de não reconhecer o contrato executório todos praticam, mas só agora a Estrutura Conceitual veio a citá-lo de forma específica. E a norma permite o registro de ambos se aparecerem valor deduzindo do outro, sem alterar qualquer subtotal ou total.

O que pode ocorrer é de o contrato executório vir a provocar prejuízos para uma das partes. Nesse caso, é chamado de contrato oneroso, e, por isso, a entidade com o prejuízo potencial precisa reconhecer, mas só pelo valor do prejuízo, independentemente de ser executório. Por exemplo, se a entidade fez um contrato de compra de uma mercadoria e, antes de recebê-la, descobre que terá prejuízo na sua comercialização, terá que registrar no seu Passivo e no Resultado o quanto vai ter que desembolsar líquido. Esse prejuízo precisa ser reportado no Balanço (e no resultado) da adquirente. Finalmente, a norma sobre contratos de arrendamento, aluguel, parceria e outros é uma norma que passa a mudar a situação de certos contratos executórios, obrigando ao seu efetivo registro patrimonial. Um contrato de aluguel era considerado executório para fins contábeis, já que envolve o direito de utilizar no futuro o bem e a obrigação de pagar por isso também no futuro. Não eram esses contratos registrados no Balanço. A partir de 2019, o CPC 06 (R2) modificou isso para muitas e muitas situações (note-se que a norma específica prevalece sobre a Estrutura Conceitual). O CPC 06 anterior já era algo assim, quando obrigava ao registro no caso do arrendamento mercantil financeiro, mas a situação era um pouco específica. Agora, mesmo os operacionais estão nessa regra de produzir ativos e passivos. Ou seja, o contrato executório não é passível de contabilização a não ser que uma norma específica assim exija.

1.2.6.3 Patrimônio Líquido

De forma bastante semelhante à norma anterior, a Estrutura Conceitual atual define Patrimônio Líquido como a "participação residual nos ativos da entidade após a dedução de todos os seus passivos".

É óbvia, uma vez mais, a recomendação da leitura atenta dos parágrafos que dão bem mais detalhes sobre a caracterização do que seja um Ativo, um Passivo e o Patrimônio Líquido.

1.2.6.4 Receita e despesa

Os elementos de receitas e despesas são definidos como se segue:

"4.68 – Receitas são aumentos nos ativos, ou reduções nos passivos, que resultam em aumentos no patrimônio líquido, exceto aqueles referentes a contribuições de detentores de direitos sobre o patrimônio.

4.69 – Despesas são reduções nos ativos, ou aumentos nos passivos, que resultam em reduções no patrimônio líquido, exceto aqueles referentes a distribuições aos detentores de direitos sobre o patrimônio."

As receitas implicam aumento do Patrimônio Líquido, na maioria das vezes por aumento de Ativos, mas também, eventualmente, por redução de Passivos (adiantamentos recebidos que se transformam em receitas pelo cumprimento da obrigação de entregar bem ou serviço, ou perdão ou ajuste do valor de uma dívida, por exemplo). E as despesas, o contrário.

Note-se a preocupação: nem tudo que aumenta o Patrimônio Líquido é receita e nem tudo o que o diminui é despesa. São excluídos desses conceitos as denominadas transações de capital com os sócios, como no caso de ativo recebido como aumento de capital, compra de ações de volta dos acionistas, distribuição de dividendos, prejuízo na venda de ações próprias que estavam em tesouraria e tinham sido adquiridas de terceiros e várias outras situações descritas ao longo deste livro.

Da mesma forma que os usuários das Demonstrações Contábeis se utilizam de dados do Balanço em busca de informações que possam ajudá-los na análise da posição financeira da entidade, informações de receitas e despesas, que já afetaram o Patrimônio Líquido, poderão ajudá-los a melhor entender seu desempenho financeiro.

1.2.7 Reconhecimento e desreconhecimento

Nesse capítulo da Estrutura Conceitual vigente, na maioria das vezes, apenas reproduzimos o texto normativo por sua capacidade de se autoexplicar.

1.2.7.1 Critérios de reconhecimento

A norma estabelece os seguintes critérios:

"5.6 – Somente itens que atendem à definição de ativo, passivo ou patrimônio líquido devem ser reconhecidos no balanço patrimonial. Similarmente, somente itens que atendem à definição de receitas ou despesas devem ser reconhecidos na demonstração do resultado e na demonstração do resultado abrangente. Contudo, nem todos os itens que atendem à definição de um desses elementos devem ser reconhecidos.

5.7 – **Não reconhecer um item que atenda à definição de um dos elementos torna o balanço patrimonial, a demonstração do resultado e a demonstração do resultado abrangente menos completos e pode ex-** cluir informações úteis das demonstrações contábeis. Por outro lado, em algumas circunstâncias, reconhecer alguns itens que atendem à definição de um dos elementos não forneceria informações úteis. O ativo ou passivo é reconhecido somente se o reconhecimento desse ativo ou passivo e de quaisquer receitas, despesas ou mutações do patrimônio líquido resultantes fornece aos usuários das demonstrações contábeis informações que são úteis, ou seja:

(a) informações relevantes sobre o ativo ou passivo e sobre quaisquer receitas, despesas ou mutações do patrimônio líquido resultantes; e

(b) representação fidedigna do ativo ou passivo e de quaisquer receitas, despesas ou mutações do patrimônio líquido resultantes."

1.2.7.2 Critérios de desreconhecimento

"5.26 – Desreconhecimento é a retirada de parte ou da totalidade de ativo ou passivo reconhecido do balanço patrimonial da entidade. O desreconhecimento normalmente ocorre quando esse item não atende mais à definição de ativo ou passivo:

(a) para o ativo, o desreconhecimento normalmente ocorre quando a entidade perde o controle da totalidade ou de parte do ativo reconhecido; e

(b) para o passivo, o desreconhecimento normalmente ocorre quando a entidade não possui mais uma obrigação presente pela totalidade ou parte do passivo reconhecido."

"5.27 – Os requisitos de contabilização para o desreconhecimento visam a representar fidedignamente tanto:

(a) quaisquer ativos e passivos retidos após a transação ou outro evento que levou ao desreconhecimento (incluindo qualquer ativo ou passivo adquirido, incorrido ou criado como parte da transação ou de outro evento); como

(b) a mudança nos ativos e passivos da entidade como resultado dessa transação ou outro evento."

1.2.8 Mensuração, apresentação e divulgação e conceitos de capital e manutenção de capital

Essas partes da Estrutura Conceitual definem **custo histórico, valor atual, valor em uso e valor de cumprimento e custo corrente**, além de discutir os conceitos de manutenção de capital monetário (denominado financeiro) e de capital físico. Mas não traz o documento nada de mais prático, já que esses assuntos são objeto de definição nos Pronunciamentos, Interpretações e Orientações específicos do CPC.

1.2.8.1 Mensuração

1.2.8.1.1 Custo histórico

"6.5 O custo histórico de ativo quando é adquirido ou criado é o valor dos custos incorridos na aquisição ou criação do ativo, compreendendo a contraprestação paga para adquirir ou criar o ativo mais custos de transação. O custo histórico de passivo quando é incorrido ou assumido é o valor da contraprestação recebida para incorrer ou assumir o passivo menos custos de transação."

1.2.8.1.2 Valor atual

"6.10 As mensurações ao valor atual fornecem informações monetárias sobre ativos, passivos e respectivas receitas e despesas, utilizando informações atualizadas para refletir condições na data de mensuração. Devido à atualização, os valores atuais de ativos e passivos refletem as mudanças, desde a data de mensuração anterior, em estimativas de fluxos de caixa e outros fatores refletidos nesses valores atuais (ver itens 6.14, 6.15 e 6.20). Diferentemente do custo histórico, o valor atual de ativo ou passivo não resulta, mesmo em parte, do preço da transação ou outro evento que deu origem ao ativo ou passivo.

"6.11 As bases de mensuração do valor atual incluem:

(a) valor justo (ver itens de 6.12 a 6.16);

(b) valor em uso de ativos e valor de cumprimento de passivos (ver itens de 6.17 a 6.20); e

(c) custo corrente (ver itens 6.21 a 6.22)."

1.2.8.1.3 Valor justo

"6.12 Valor justo é o preço que seria recebido pela venda de ativo ou que seria pago pela transferência de passivo em transação ordenada entre participantes do mercado na data de mensuração."

1.2.8.1.4 Valor em uso e valor de cumprimento

"6.17 Valor em uso é o valor presente dos fluxos de caixa, ou outros benefícios econômicos, que a entidade espera obter do uso de ativo e de sua alienação final. Valor de cumprimento é o valor presente do caixa, ou de outros recursos econômicos, que a entidade espera ser obrigada a transferir para cumprir a obrigação. Esses valores de caixa ou outros recursos econômicos incluem não somente os valores a serem transferidos à contraparte do passivo, mas também os valores que a entidade espera ser obrigada a transferir a outras partes de modo a permitir que ela cumpra a obrigação."

1.2.8.1.5 Custo corrente

"6.21 O custo corrente de ativo é o custo de ativo equivalente na data de mensuração, compreendendo a contraprestação que seria paga na data de mensuração mais os custos de transação que seriam incorridos nessa data. O custo corrente de passivo é a contraprestação que seria recebida pelo passivo equivalente na data de mensuração menos os custos de transação que seriam incorridos nessa data."

1.2.8.2 Apresentação e divulgação

"7.2 A comunicação efetiva de informações nas demonstrações contábeis torna essas informações mais relevantes e contribui para uma representação fidedigna de ativos, passivos, patrimônio líquido, receitas e despesas da entidade. Também aprimora a compreensibilidade e comparabilidade das informações nas demonstrações contábeis. A comunicação efetiva de informações nas demonstrações contábeis requer:

(a) concentrar-se em princípios e objetivos de divulgação e apresentação em vez de concentrar-se em regras;

(b) classificar informações de maneira a agrupar itens similares e separar itens diferentes; e

(c) agregar informações de tal modo que não sejam obscurecidas por detalhes desnecessários ou por agregação excessiva."

"7.6 A comunicação efetiva nas demonstrações contábeis também é suportada, considerando-se os seguintes princípios:

(a) as informações específicas da entidade são mais úteis do que descrições padronizadas, algumas vezes referidas como "padrão"; e

(b) duplicação de informações em diferentes partes das demonstrações contábeis geralmente é desnecessária e pode tornar as demonstrações contábeis menos compreensíveis."

1.2.8.3 Conceitos de capital e manutenção de capital

"8.1 O conceito financeiro de capital é adotado pela maioria das entidades na elaboração de suas demonstrações contábeis. Sob o conceito financeiro de capital, tal como caixa investido ou poder de compra investido, capital é sinônimo de ativos líquidos ou patrimônio líquido da entidade. Sob o conceito físico de capital, tal como a capacidade operacional, o capital é considerado como a capacidade produtiva da entidade com base, por exemplo, nas unidades de produção diária."

"8.3 Os conceitos de capital do item 8.1 originam os seguintes conceitos de manutenção de capital:

(a) Manutenção de capital financeiro. Sob esse conceito, o lucro é auferido somente se o montante financeiro (ou dinheiro) dos ativos líquidos no final do período exceder o montante financeiro (ou dinheiro) dos ativos líquidos no início do período, após excluir quaisquer distribuições para, e contribuições de, sócios durante o período. A manutenção de capital financeiro pode ser mensurada em unidades monetárias nominais ou em unidades de poder aquisitivo constante.

(b) Manutenção de capital físico. Sob esse conceito, o lucro é auferido somente se a capacidade produtiva física (ou capacidade operacional) da entidade (ou os recursos ou fundos necessários para alcançar essa capacidade) no final do período exceder a capacidade produtiva física no início do período, após excluir quaisquer distribuições para, e contribuições de, sócios durante o período."

Registramos, mais uma vez, que estamos aqui dando algumas pinceladas com relação aos conceitos da Estrutura Conceitual, e que, para um completo domínio da matéria, é necessária a leitura atenta e integral do Pronunciamento.

1.3 Adoção inicial das normas internacionais e do CPC

As mudanças fazem parte de um ciclo natural de evolução. Evolução das pessoas, das sociedades, das organizações. A Contabilidade não está alheia a isso, muito pelo contrário, está sempre evoluindo. E a principal evolução da Contabilidade na primeira década do século XXI no Brasil (e também no mundo) é conhecida como a Convergência para as Normas Internacionais. Tais normas vêm sendo construídas desde 1973 pelo então International Accounting Standards Committee (IASC), transformado em 2001 para *International Accounting Standards Board* (IASB).

Durante a "era IASC", as normas internacionais já existiam, porém, na prática, eram pouco adotadas. Eram citadas como uma referência contábil internacional, mas pouco praticadas pelas empresas, uma vez que essas respeitavam as normas locais de seus países.

A partir do momento em que a União Europeia decidiu que as empresas dos seus mercados de capitais iriam adotar as normas internacionais de Contabilidade a partir de 2005, surgiu no IASB uma preocupação inerente muito importante relacionada com as regras de transição. As normas internacionais já existiam, mas as empresas não as adotavam. Então, agora que vão adotá-las, o que fazer? Como garantir que tais empresas possam migrar para o Generally Accepted Accounting Principles (GAAP) internacional, garantindo a qualidade da informação contábil?

A partir dessas e de outras preocupações nasceu a primeira norma da "era IASB": a IFRS 1 – *First-time Adoption of International Financial Reporting Standards* (CPC 43 – Adoção Inicial de Pronunciamentos Técnicos). Essa norma foi utilizada pelas empresas europeias para a migração para a IFRS em 2005 e, posteriormente, pelas companhias de outros países que estão passando pelo mesmo processo, e isso inclui, além do Brasil, toda e qualquer oportunidade em que alguma entidade adota essas normas. Por exemplo, se a entidade adotava o CPC PME, ao adotar as *full* IFRS está tendo uma adoção inicial.

Podem-se destacar dois pontos principais que resumem as dificuldades de entendimento da IFRS 1 (CPC 43). Primeiro, é uma norma que se relaciona com todas as outras, portanto, é necessária uma compreensão extensa de todas as outras normas para entender o sentido da IFRS 1.

Segundo, a IFRS 1 é uma norma que lida com a mudança de GAAP de **qualquer** país para as IFRS, e, em função disso, procura tratar de todas as questões possíveis em diferentes GAAPS para determinar a forma de migração para o GAAP internacional. Desse modo, inevitavelmente, há situações previstas pela IFRS 1 que, para o caso brasileiro, considerando as nossas normas locais, não fazem qualquer sentido. Para exemplificar isso, podemos citar o item C4 (i) da IFRS 1, que trata de uma situação específica de transição do *goodwill*, considerando que o GAAP anterior o admitia como dedução do Patrimônio Líquido. Ora, no Brasil, esse tipo de tratamento (registro do ágio como redutor do PL, e não como ativo) nunca foi utilizado, mesmo antes da adoção das IFRS. Isso significa que, para o nosso caso, o item C4 (i) não é aplicável.

Além disso, algumas opções dadas pelas normas do IASB acabaram não sendo adotadas no Brasil pelo CPC. Tendo em vista tal dificuldade e a necessidade de normatização do processo de convergência para as normas internacionais no Brasil a partir de 2010, o CPC emitiu o Pronunciamento Técnico CPC 37 – Adoção Inicial das Normas Internacionais de Contabilidade, e a CVM e o CFC o adotaram. Esse Pronunciamento do CPC, aprovado pela Deliberação CVM nº 609/2009 e pela Resolução nº 1.253/2009 do CFC, pode ser considerado a IFRS 1, traduzida para a língua portuguesa e simplificada para atender às necessidades das companhias do mercado nacional, considerando as normas brasileiras que já adotavam antes da migração para as IFRS. Para citar um exemplo de simplificação, o item C4 (i) mencionado no parágrafo anterior foi eliminado do CPC 37.

Hoje, está em vigor no Brasil o Pronunciamento Técnico CPC 37 (R1) – Adoção Inicial das Normas Internacionais de Contabilidade. É importante salientar que o CPC 37 (R1) é aplicável para as Demonstrações Contábeis Consolidadas, pois são essas demonstrações que devem estar em conformidade com as IFRS, como explicam os dois primeiros itens da introdução do CPC 37:

"IN1. Muitas sociedades brasileiras estão obrigadas a adotar, por exigência de diversos órgãos reguladores contábeis brasileiros, a partir de 2010, as Normas Internacionais de Contabilidade emanadas do IASB – *International Accounting Standards Board* (*International Financial Reporting Standards* – IFRS) em suas demonstrações contábeis consolidadas.

IN2. Como algumas dessas normas têm como consequência ajustes retrospectivos, o IASB emitiu sua IFRS 1 *First-Time Adoption of International Financial Reporting Standards*, que tem o objetivo de regular a situação quando a entidade aplica integralmente as Normas Internacionais pela primeira vez. Essa norma foi tomada como base para elaboração deste Pronunciamento, de forma que as demonstrações consolidadas possam ser declaradas pela administração da sociedade como estando conforme as Normas Internacionais de Contabilidade emitidas pelo IASB (aqui denominadas simplesmente de IFRSs)."

1.3.1 Adoção inicial das normas internacionais – CPC 37 (R1)

Do ponto de vista absolutamente teórico, poder-se-ia imaginar uma mudança de GAAP como um processo de refazimento de todos os registros contábeis de uma entidade, assumindo as novas regras. Então, a empresa faria a sua contabilidade "voltar no tempo" desde sua concepção e registrar novamente os lançamentos contábeis, porém, agora, de acordo com o novo GAAP. Obviamente, essa hipótese seria demasiadamente custosa, pouco prática e frequentemente impossível de ser realizada, ou seja, quase utópica, a não ser para entidades que acabaram de ser constituídas, portanto com um passado muito recente.

Em função dessa dificuldade de ordem prática, o CPC 37 (R1) procura definir regras que possam garantir que as informações contábeis tenham alta qualidade, podendo, ao mesmo tempo: ser transparentes e comparáveis; proporcionar um ponto de partida adequado para a adoção das IFRS; e ser geradas a um custo que não supere os benefícios.

As regras definidas pelo CPC 37 (R1) procuram tornar a mudança de GAAP algo factível e, para tal, acabam possibilitando procedimentos específicos e muitas vezes mais simplificados em relação aos procedimentos contábeis que a entidade teria se já estivesse adotando as normas internacionais. Em função disso, há uma preocupação do Pronunciamento em caracterizar o momento em que essas regras se aplicam.

O CPC 37(R1) se aplica somente em suas primeiras demonstrações contábeis em IFRS (isso se aplica também às demonstrações intermediárias, se houver). A entidade só pode considerar que suas demonstrações contábeis são caracterizadas como "as primeiras demonstrações contábeis em IFRS" quando:

a) No período anterior, suas demonstrações contábeis não adotavam **de forma integral** todas as normas internacionais, tais como emitidas pelo IASB.

b) Suas demonstrações contábeis já eram preparadas segundo a IFRS, porém **apenas para uso interno.**

c) Seu pacote de consolidação enviado para a matriz segundo a IFRS **não incluía um conjunto completo** de demonstrações contábeis de acordo com a IAS 1.

d) A entidade **não apresentava** demonstrações contábeis de períodos anteriores.

Além disso, a entidade precisa declarar de forma explícita e sem ressalvas que as demonstrações contábeis apresentadas pela primeira vez segundo as IFRS estão em conformidade com tais normas.

Isso significa que o CPC 37 (R1) é aplicado nesse momento de transição e, após isso, não poderá mais ser utilizado pelas companhias que já adotarem as IFRS em suas Demonstrações Contábeis Consolidadas.

A partir de 2010, para apresentar pela primeira vez as Demonstrações Contábeis Consolidadas em IFRS, o CPC 37 (R1) exige que a empresa elabore um Balanço de Abertura na data de transição. Após a elaboração desse Balanço de Abertura, a entidade teve, então, de refazer as demonstrações contábeis no mínimo dos dois últimos exercícios segundo as IFRS.

Para as empresas que vierem a adotar as normas internacionais pela primeira vez (*first time adoption*) em data futura, os procedimentos mencionados, relativos ao Balanço de Abertura e às informações comparativas, também são válidos. Por exemplo, se a empresa adotar inicialmente as normas IFRS no ano de 2025, sua data de transição, isto é, seu Balanço de Abertura, será de 1º de janeiro de 2024. Nesse caso, seu Balanço Patrimonial Consolidado na adoção inicial terá três colunas: 1º de janeiro de 2024, 31 de dezembro de 2024 e 31 de dezembro de 2025.

1.3.1.1 Elaboração do balanço de abertura

Segundo o item 10 do CPC 37 (R1), de maneira geral, para a elaboração do Balanço de Abertura em IFRS a entidade deve:

a) Reconhecer todos os ativos e passivos cujo reconhecimento seja exigido pelas IFRS.

b) Não reconhecer itens como ativos ou passivos quando as IFRS não permitirem tais reconhecimentos.

Cap. 1 · Noções Introdutórias, Estrutura Conceitual e Adoção Inicial | 25

c) Reclassificar itens reconhecidos de acordo com práticas contábeis anteriores como certo tipo de ativo, passivo ou componente de patrimônio líquido, os quais, de acordo com as IFRS, constituem um tipo diferente de ativo, passivo ou componente de patrimônio líquido.

d) Aplicar as IFRS na **mensuração** de todos os ativos e passivos reconhecidos.

Em outras palavras, tudo aquilo que não estiver reconhecido segundo o GAAP anterior, mas que deva ser reconhecido conforme as IFRS, deverá ser reconhecido. De modo inverso, tudo aquilo que estiver reconhecido anteriormente, mas que tal reconhecimento seja proibido segundo as IFRS, deverá ser baixado. Por fim, a classificação e a mensuração dos itens devem respeitar as normas internacionais.

Além disso, o CPC 37 (R1) detalha as exceções a essas regras gerais. Tais exceções são segregadas em dois tipos: proibições, que são exceções obrigatórias e limitam a aplicação retrospectiva de determinados aspectos das IFRS; e isenções, ou seja, exceções optativas, que a entidade pode ou não adotar, dependendo de sua análise interna quanto à melhor forma de condução do processo de mudança de GAAP.

Os itens seguintes discutem essas exceções obrigatórias e optativas. Registra-se também a existência, no CPC 37 (R1), de um Guia de Implementação, em que constam diversos exemplos numéricos relacionados com o assunto. Recomenda-se a leitura cuidadosa desses exemplos para melhor fixação dos conceitos vistos neste capítulo.

1.3.1.2 Proibições

As proibições são subdivididas em cinco itens: estimativas; desreconhecimento de ativos e passivos financeiros; contabilidade de *hedge*; participação de acionistas não controladores; classificação e mensuração de ativos financeiros, derivativos embutidos e empréstimos governamentais. A proibição das estimativas está descrita no próprio corpo da norma e as demais estão no Apêndice B. As proibições serão descritas nos subitens seguintes.

1.3.1.2.1 Estimativas

O objetivo das demonstrações contábeis para fins externos é auxiliar seus usuários a projetar fluxos de caixa futuros, e as estimativas contábeis são fundamentais para cumprir esse objetivo. Tais estimativas envolvem julgamentos da administração baseados nas informações disponíveis. Por exemplo, para avaliar os créditos de liquidação duvidosa, a administração se baseia em diversas metodologias para elaborar seu melhor julgamento quanto ao provável não recebimento de seus créditos, e essa informação é fundamental para a projeção dos fluxos de caixa

provenientes das receitas da empresa. Outros exemplos de estimativas são: obsolescência de estoques, vida útil dos ativos depreciáveis, obrigações decorrentes de garantias etc. Mais detalhes sobre as estimativas podem ser encontrados no Pronunciamento Técnico CPC 23 – Políticas Contábeis, Mudança de Estimativa e Retificação de Erro.

Desse modo, na elaboração do Balanço de Abertura, o CPC 37 (R1) considera que as estimativas da entidade já feitas em *BRGaap* não devem ser alteradas, já que a construção das estimativas envolve julgamentos com base em fatos e circunstâncias daquela data. A única forma de alterar as estimativas no Balanço de Abertura é no caso de haver evidência objetiva de que as estimativas, segundo o *BRGaap*, estavam erradas. Ainda sobre as estimativas, há um cuidado de não se permitir o ajuste dessas no Balanço de Abertura com base nas informações disponíveis dos meses seguintes. A respeito disso, pode-se citar o exemplo dado pelo CPC 37 (R1) em seu item 15:

> "Por exemplo, assuma-se que a data de transição para as IFRSs de uma entidade seja 1º de janeiro de 2009 e uma nova informação, obtida em 15 de julho de 2009, exija uma revisão da estimativa feita em 31 de dezembro de 2008 de acordo com os critérios contábeis anteriores. a entidade não deve fazer refletir aquela nova informação em seu balanço patrimonial de abertura em IFRSs (a menos que seja necessário ajustar a estimativa por alguma diferença de política contábil ou que exista evidência objetiva de que aquela estimativa esteja errada). Em vez disso, a entidade deve fazer refletir aquela nova informação no resultado do período encerrado em 31 de dezembro de 2009 (ou, quando apropriado, como resultado abrangente, no patrimônio líquido)."

Com isso, as normas internacionais querem evitar a utilização de *hindsights*, ou seja, preparar uma estimativa quase "perfeita" com base nas informações já conhecidas do futuro. Ainda sobre esse assunto, o CPC 37 (R1) destaca que, na necessidade de elaborar estimativas no Balanço de Abertura que não existiam no *GAAP* anterior, novamente proíbe-se a utilização de informações futuras; portanto, as estimativas em IFRS devem refletir as condições que existiam na data de transição.

1.3.1.2.2 Desreconhecimento de ativos e passivos financeiros

Segundo o item B2 do CPC 37 (R1), a aplicação do desreconhecimento exigido pela IAS 39 – *Financial Instruments: Recognition and Measurement* (Pronunciamento Técnico CPC 38 – Instrumentos Financeiros: Reconhecimento e Mensuração) deve ser prospectiva. Isso significa que, se a entidade desreconheceu um ativo financeiro não derivativo ou um passivo financeiro não derivativo de acordo com seus critérios contábeis anteriores por conta de uma transação que tenha ocorrido antes da adoção inicial, ela está proibida de reconhecer aqueles ativos ou passivos em conformidade com as IFRS (a menos que os instrumentos financeiros se qualifiquem para reconhecimento em decorrência de transação ou evento posterior).

Conforme mencionado no item B3 do CPC 37 (R1), não obstante, a entidade pode aplicar os requisitos de desreconhecimento da IFRS 9 (CPC 48) retroativamente a partir da data por ela escolhida, desde que a informação necessária tenha sido obtida na data da contabilização inicial dessas operações.

1.3.1.2.3 Contabilidade de *hedge*

Os requerimentos do CPC 37 (R1) relativos à contabilidade de *hedge* para a entidade que adota as IFRS pela primeira vez estão definidos nos itens B4 a B6, descritos a seguir.

Conforme estipulado, na data de transição para as IFRS, a entidade deve mensurar todos os derivativos ao valor justo e eliminar todas as perdas diferidas ativas e os ganhos diferidos passivos que tenham se originado dos derivativos divulgados de acordo com os critérios contábeis anteriores.

Além disso, a entidade **não deve** incorporar em seu Balanço de Abertura uma vinculação de proteção do tipo que não se qualifica como uma contabilidade de *hedge* (proteção) pela IAS 39 (Pronunciamento Técnico CPC 48) (por exemplo, vinculações de proteção em que o instrumento de *hedge* é um instrumento de caixa ou uma opção vendida; em que o item protegido é uma posição líquida; ou em que o *hedge* se destina a cobrir riscos de taxa de juros em um investimento mantido até o vencimento).

Se, contudo, a entidade designar uma posição líquida como um item de *hedge* (proteção) em conformidade com os critérios contábeis anteriores, ela pode designar um item individual dentro daquela posição líquida como um item protegido (*hedge*) de acordo com as IFRS, contanto que faça isso até a data de transição para as IFRS.

Além disso, se antes da data de transição para as IFRS, a entidade tiver designado uma transação como um *hedge* (proteção), porém esse *hedge* não atende às condições previstas no Pronunciamento Técnico CPC 48 para uma contabilidade de *hedge* (proteção), a entidade deve descontinuar tal contabilidade de *hedge*. Transações iniciadas antes da data de transição para as IFRS não devem ser designadas retrospectivamente como *hedge*.

1.3.1.2.4 Participação de acionistas não controladores

A entidade que adota as IFRS pela primeira vez deve aplicar as seguintes exigências da IFRS 10 – *Consolidated*

Financial Statements (Pronunciamento Técnico CPC 36 (R3) – Demonstrações Consolidadas) prospectivamente a partir da data de transição para as IFRS:

a) O disposto no item B94, pelo qual o resultado abrangente é atribuído aos proprietários da controladora e aos não controladores, independentemente de isso resultar em uma participação de não controladores negativa (saldo devedor).

b) O disposto nos itens 23 e B94 sobre a contabilização das mudanças na participação relativa da controladora em uma controlada que não resultem na perda do controle.

c) O disposto nos itens B97 a B99 sobre a contabilização da perda de controle sobre uma controlada e as exigências relacionadas previstas no item 8A da IFRS 5 – *Non-current Assets Held for Sale and Discontinued Operations* (Pronunciamento Técnico CPC 31 – Ativo Não Circulante Mantido para Venda e Operação Descontinuada).

Se a adotante, entretanto, pela primeira vez decidir aplicar a IFRS 3 (Pronunciamento Técnico CPC 15 – Combinação de Negócios) retrospectivamente a combinações de negócios do passado, deve aplicar do mesmo modo a IFRS 10 (Pronunciamento Técnico CPC 36 (R3) – Demonstrações Consolidadas).

1.3.1.2.5 Classificação e mensuração de ativos financeiros

De acordo com o item B8 do CPC 37 (R1), a entidade deve determinar se um ativo financeiro atende às condições de classificação do CPC 48 – Instrumentos Financeiros com base nos fatos e circunstâncias existentes à data da transição para as IFRS. Em outras palavras, devem-se levar em conta as evidências disponíveis na data do Balanço de Abertura para classificação e mensuração dos ativos financeiros.

1.3.1.2.6 Derivativos embutidos

De acordo com o item B9 do CPC 37 (R1), na adoção inicial, a entidade deve avaliar se o derivativo embutido deve ser separado do contrato principal e contabilizado como derivativo, com base nas condições que existiam na data mais recente entre a data em que se tornou parte do contrato e a data da reavaliação.

1.3.1.2.7 Empréstimos governamentais

De acordo com o item B10 do CPC 37 (R1), na adoção inicial, a entidade deve classificar todos os empréstimos governamentais recebidos como passivo financeiro ou instrumento patrimonial próprio, de acordo com o Pronunciamento Técnico CPC 39 – Instrumentos Financeiros: Apresentação. Exceto quando permitido (item B11), a adotante inicial deve aplicar os requisitos da IAS 20 (Pronunciamento Técnico CPC 07 – Subvenção e Assistência Governamentais) prospectivamente aos empréstimos governamentais existentes na data de transição para as IFRS e não reconhecer o benefício correspondente do empréstimo governamental a uma taxa de juros inferior à do mercado como subvenção governamental. Consequentemente, se a adotante inicial não reconheceu e mensurou segundo as práticas contábeis anteriores o empréstimo governamental com taxa de juros abaixo do mercado, conforme requisitos das IFRS, deve usar o valor contábil do empréstimo registrado anteriormente na data de transição para as IFRS como o valor contábil do empréstimo nas demonstrações contábeis de abertura em IFRS.

1.3.1.3 Isenções

Conforme dito, as isenções são exceções optativas, ou seja, a empresa decide se as utiliza ou não. O CPC 37 (R1) traz as isenções descritas nos Apêndices C e D. O Apêndice C é composto do tratamento, no Balanço de Abertura, para as combinações de negócios passadas. O Apêndice D detalha o restante das isenções, um total de 14. Todas as isenções são comentadas nos subitens seguintes.

1.3.1.3.1 Combinações de negócios

O tratamento contábil das combinações de negócios é dado pelo CPC 15, correlato à IFRS 3. Esse Pronunciamento altera em diversos aspectos a prática contábil brasileira em relação a esse tipo de fenômeno econômico.

De acordo com o item C1 do CPC 37 (R1), um adotante pela primeira vez pode decidir não aplicar a IFRS 3 (CPC 15 – Combinação de Negócios) retrospectivamente a combinações de negócios do passado (combinações de negócios ocorridas antes da data de transição para as IFRS). Contudo, se um adotante pela primeira vez reelaborar e reapresentar qualquer combinação de negócios para se alinhar à IFRS 3, deverá reapresentar todas as demais combinações de negócios na mesma situação e, ainda, aplicar a IFRS 10 (CPC 36 – Demonstrações Consolidadas) a partir da mesma data. Por exemplo, se o adotante pela primeira vez decidir reapresentar uma combinação de negócios que ocorreu em 30 de junho de 20X6, deverá reapresentar todas as combinações de negócio ocorridas entre 30 de junho de 20X6 e a data de transição para as IFRS, assim como aplicar a IFRS 10 a partir de 30 de junho de 20X6.

Para a empresa adotante pela primeira vez que optar em não aplicar a IFRS 3 (CPC 15) retrospectivamente às combinações de negócios passadas, o CPC 37 (R1) traz um procedimento mais simplificado do que a adoção completa das regras retrospectivamente. Esse procedimento está descrito no item C4 desse Pronunciamento Técnico, brevemente descrito a seguir: Em primeiro lugar, a classificação da combinação de negócios é mantida (por exemplo, uma

aquisição ou uma fusão). Além disso, na data de transição, a entidade deve reconhecer todos os ativos e passivos para as IFRS que foram adquiridos ou assumidos em combinações de negócios passadas, exceto em duas situações:

a) Algum ativo ou passivo financeiro desreconhecido de acordo com o *BRGaap*, conforme a segunda proibição do CPC 37 (R1), descrita na Seção 1.3.1.2.2 deste capítulo.

b) Ativos (incluindo o *goodwill*) e passivos não reconhecidos no Balanço Patrimonial consolidado do adquirente e que não se qualificariam para reconhecimento de acordo com as IFRS no Balanço Patrimonial da adquirida.

Um exemplo do item (b) pode ser a marca da empresa adquirida – segundo as práticas contábeis anteriores, a adquirente não reconhecia a marca da empresa adquirida de forma separada; esse ativo era englobado no valor do ágio. Na transição para as IFRS, essa marca não poderá ser reconhecida como ativo no Balanço de Abertura, pois esse ativo não se qualificaria para reconhecimento de acordo com as IFRS no Balanço Patrimonial da adquirida, uma vez que a IAS 38 não permite tal reconhecimento.

Os ajustes são lançados contra a conta Lucros ou Prejuízos Acumulados, exceto no caso do reconhecimento de algum ativo intangível. Nesse caso, o ajuste é feito na conta de *goodwill*.

O próximo passo é excluir do Balanço de Abertura qualquer item reconhecido pelas práticas contábeis anteriores que não se qualifica para reconhecimento como ativo ou passivo de acordo com as normas internacionais. Os ajustes são lançados contra a conta Lucros ou Prejuízos Acumulados, exceto no caso da baixa de algum ativo intangível. Nesse caso, o ajuste é feito na conta de *goodwill*.

Quaisquer ativos ou passivos que, de acordo com as IFRS, devem ter sua mensuração subsequente diferente do custo histórico (por exemplo, pelo valor justo) precisam ser mensurados na data de transição com base nas normas específicas, e os ajustes são feitos na conta de Lucros ou Prejuízos Acumulados. Já os ativos e passivos com mensuração baseada no custo (conforme as IFRS) têm seu custo com base na mensuração desses itens feita na data da combinação de negócios passada.

Por fim, o valor contábil do *goodwill* no Balanço de Abertura é determinado com base no valor contábil anterior do ágio segundo o GAAP anterior, após os possíveis ajustes de ativos intangíveis descritos, e obrigatoriamente deve ser submetido a um teste de recuperabilidade na data de transição, independentemente de existir alguma indicação para o teste.

Todos esses procedimentos fazem com que os saldos contábeis decorrentes de combinações de negócios se aproximem ao máximo das normas internacionais, sem a aplicação retrospectiva da IFRS 3, o que exigiria uma quantidade de informações que, provavelmente, não estariam disponíveis para viabilizar tal aplicação.

1.3.1.3.2 Contratos de seguros

Segundo o item D4 do CPC 37 (R1), as entidades que vão adotar as IFRS pela primeira vez têm a opção de aplicar as disposições transitórias da IFRS 4 – *Insurance Contracts* (Pronunciamento Técnico CPC 11 – Contratos de Seguro). O CPC 11 restringe mudanças em políticas contábeis para contratos de seguro, incluindo aquelas feitas pelas entidades que adotam as *IFRS* pela primeira vez.

1.3.1.3.3 Custo atribuído

Segundo a IAS 16 – *Property, Plan and Equipment* (Pronunciamento Técnico CPC 27), os ativos imobilizados são reconhecidos, inicialmente, pelo custo de aquisição ou construção, mais todos os gastos necessários para colocar o ativo em funcionamento. Posteriormente, admitindo-se a adoção do modelo do custo,[1] o ativo está sujeito às depreciações e também aos testes de recuperabilidade, sendo estes normatizados pela IAS 36 – *Impairment of Assets*. As depreciações devem refletir o padrão no qual os benefícios econômicos futuros do ativo são consumidos.

Se as práticas contábeis anteriores às IFRS não seguiam tais princípios, então a entidade deve fazer ajustes nos seus ativos imobilizados no Balanço de Abertura, para a adequação às normas internacionais. (Além disso, outros fatores, como a inflação, provocam desajustes fortes entre o valor justo e o valor contábil desses ativos.) Acontece que, em muitas situações, o reprocessamento dos registros desses ativos acaba sendo inviável, por se tratar de ativos normalmente de longo prazo de realização. Em função disso, a norma internacional admite, na transição, o uso do conceito de *deemed cost*, ou custo atribuído. Para maior elucidação desse importante conceito, transcreve-se a seguir a definição de custo atribuído contida no Apêndice A do CPC 37 (R1):

> "**Custo atribuído** é o montante utilizado como substituto para o custo (ou o custo depreciado ou amortizado) em determinada data. Nas depreciações e amortizações subsequentes é admitida a presunção de que a entidade tenha inicialmente reconhecido o ativo ou o passivo na determinada data por um custo igual ao custo atribuído."

Desse modo, atendendo ao objetivo de gerar uma informação contábil a um custo que não supere seu bene-fício, o CPC 37 (R1) prevê a opção de a entidade fazer uma revisão dos valores de seus ativos com base em uma nova avaliação, a valor justo, na data de transição. Essa opção é dada para cada ativo individual, e a justificativa para tal procedimento é, novamente, a relação custo-benefício.

Para melhor compreensão, vamos citar um exemplo: uma entidade possui cinco imóveis, e dois deles foram adquiridos em 1990 e os demais são novos – no máximo, dois anos de uso. Se a entidade pensar em retroceder os cálculos do custo para adequar os registros às novas regras, isso é plenamente viável no caso dos imóveis novos. Porém, para os imóveis de 1990, seria muito custoso, além de, provavelmente, impraticável. Portanto, a alternativa mais lógica seria efetuar uma avaliação a valor justo desses imóveis antigos, na data de transição, ajustando os saldos contábeis. No caso dos imóveis novos, provavelmente, uma nova avaliação seria mais custoso para a entidade do que manter os valores contábeis anteriores com algum tipo de revisão.

É importante deixar claro que a opção do custo atribuí-do não pode ser confundida com o modelo de reavaliação, utilizado no Brasil até 2007 e permitido pelas normas internacionais (IAS 16). No modelo de reavaliação, a avaliação é feita para o conjunto todo de ativos de mesma natureza, e novas avaliações periódicas são sempre exigidas. No modelo do custo atribuído, o objetivo é que o valor da avaliação seja um substituto para o custo, daí o nome "custo atribuído", conforme destacado na própria definição do termo, já reproduzida. Portanto, já que o Brasil não mais permite o modelo de reavaliação, o único momento permitido para ajustar os valores dos ativos é a data de transição.

O CPC 37 (R1) permite também que os valores de ativos reavaliados no passado possam ser mantidos como custo atribuído, contanto que tais valores sejam amplamente comparáveis ao valor justo ou ao custo de acordo com as IFRS. Essa opção do custo atribuído se estende para os ativos classificados como Propriedades para Investimento, caso a entidade adote o modelo do custo previsto pela IAS 40 – *Investment Property* (Pronunciamento Técnico CPC 28 – Propriedade para Investimento).[2]

Em virtude da complexidade e relevância do tema, o CPC decidiu construir uma Interpretação para melhor orientar a prática da revisão desses ativos. Essa Interpretação

---

[1] A IAS 16 também prevê o modelo de reavaliação. Porém, no Brasil, em função da edição da Lei nº 11.638/2007, esse modelo não é mais utilizado.

[2] A norma internacional IFRS 1 (CPC 43), no item D7 (b), prevê a mesma opção para Ativos Intangíveis, porém, há necessidade de atendimento dos critérios de reconhecimento da IAS 38 (CPC 04 – Ativo Intangível) (incluindo a mensuração confiável do custo original) e também de atendimento dos critérios de reavaliação da IAS 38 (incluindo a existência de mercado ativo para o intangível a ser avaliado). A escolha do CPC em eliminar essa opção pode ser considerada uma simplificação da norma, considerando que: (a) no Brasil, nunca se permitiu reavaliação de ativos intangíveis; e (b) é praticamente inexistente a figura de mercado ativo para tais ativos.

é a ICPC 10 – Interpretação sobre a Aplicação Inicial ao Ativo Imobilizado e à Propriedade para Investimento dos Pronunciamentos Técnicos CPC 27, 28, 37 e 43, aprovada pela Deliberação CVM nº 619/2009 e pela Resolução CFC nº 1.263/2009.

A Interpretação ICPC 10 orienta para que os ajustes do Ativo Imobilizado em função do uso da opção do custo atribuído sejam contabilizados na conta Ajustes de Avaliação Patrimonial. Assim, à medida que o ativo seja realizado (mediante depreciações/amortizações e/ou alienações/baixas), o ajuste do PL vai sendo transferido para a conta de Lucros ou Prejuízos Acumulados na mesma proporção.

Além disso, a Interpretação ICPC 10 deixa claro que essa opção não se confunde com a reavaliação e exige divulgação específica da política de dividendos adotada pela entidade, conforme determinado, respectivamente, pelos itens 27 e 28, reproduzidos em seguida:

"27. O novo valor, referido no item anterior [custo atribuído], tem o objetivo exclusivo de substituir o valor contábil do bem ou conjunto de bens em ou após 1º de janeiro de 2009. Nessa data, esse valor passa a ser o novo valor do bem em substituição ao valor contábil original de aquisição, sem, no entanto, implicar na mudança da prática contábil de custo histórico como base de valor. Eventual reconhecimento futuro de perda por recuperabilidade desse valor, conforme Pronunciamento Técnico CPC 01 – Redução ao Valor Recuperável de Ativos, deve ser efetuado no resultado do período, sendo vedada a utilização da baixa contra o patrimônio líquido utilizada para certas reduções ao valor recuperável de ativos reavaliados.

28. Considerando o impacto que a adoção desta Interpretação pode trazer no resultado (lucro ou prejuízo) futuro da entidade, por conta do aumento da despesa de depreciação, exaustão ou amortização no exercício da adoção inicial e seguintes, é necessário que a administração divulgue em nota explicativa a política de dividendos que será adotada durante a realização de toda a diferença gerada pelo novo valor."

Por fim, destaca-se a necessidade de registro dos tributos diferidos, conforme estabelecido pela IAS 12 – *Income Taxes* (Pronunciamento Técnico CPC 32 – Tributos sobre o Lucro) e também nos itens 38 a 40 da Interpretação ICPC 10.

1.3.1.3.4 Diferenças acumuladas de conversão

No que diz respeito às diferenças acumuladas de conversão, oriundas de diferenças nas taxas de câmbio, a IAS 21 (Pronunciamento Técnico CPC 02 (R2) – Efeitos das Mudanças nas Taxas de Câmbio e Conversão de Demonstrações Contábeis) requer que uma entidade:

a) Reconheça algumas diferenças de conversão em outros resultados abrangentes e as acumule diretamente em conta especial do Patrimônio Líquido.

b) Na alienação de uma operação no exterior, reclassifique a diferença acumulada de conversão dessa operação no exterior do Patrimônio Líquido para lucro ou prejuízo como parte do ganho ou perda na alienação.

De acordo com o item D13 do CPC 37 (R1), uma adotante pela primeira vez não precisa cumprir esses requisitos. Entretanto, se a adotante pela primeira vez utilizar essa isenção:

a) As diferenças acumuladas para todas as operações no exterior devem ser assumidas como zero na data da transição para as IFRS.

b) O ganho ou perda em baixa subsequente de qualquer operação no exterior excluirá essas diferenças de conversão ocorridas antes da data de transição para as IFRS e somente serão incluídas as diferenças de conversão posteriores a essa data.

1.3.1.3.5 Ativos e passivos de controladas, coligadas e empreendimentos conjuntos

Em virtude de a convergência para as normas internacionais acontecer em momentos diferentes de país para país, podem ocorrer situações em que empresas relacionadas (controladas, coligadas ou controladas em conjunto) em países diferentes adotem tais normas em períodos distintos. Desse modo, o CPC 37 (R1) estabelece diretrizes para duas possíveis situações: quando a controladora (a mãe) adota as IFRS antes da controlada (a filha); e o contrário – quando a controlada (a filha) adota as IFRS antes da controladora (a mãe). Essas situações também se aplicam às coligadas e controladas em conjunto.

Na primeira situação, quando a mãe decide adotar as IFRS antes da filha para fins de consolidação, a mãe precisou dos dados da filha em IFRS. Isso significa que a filha já teve uma data de transição para fins de reporte dos seus saldos contábeis para a contabilidade da mãe. Mas, agora, a filha vai adotar IFRS para fins locais. Nesse caso, o CPC 37 (R1) dá duas alternativas para a filha: sua data de transição pode ser a data de transição original da sua mãe ou sua própria data de transição.

Por exemplo, se uma entidade que atua no Brasil e vai elaborar demonstrações consolidadas em IFRS a partir de 2025 é controlada de uma empresa na Europa, que publicou suas demonstrações consolidadas em IFRS em 2005, então a empresa do mercado brasileiro, nesse momento de transição, tem como opção adotar como data de transição 1º de janeiro de 2004 (que foi a data de transição de sua matriz na Europa) ou então 1º de janeiro de 2024 (que é a sua data de transição para fins locais).

Na segunda situação, no momento em que a filha divulga demonstrações em IFRS antes da mãe, ela adota a sua data de transição normalmente. Porém, quando a mãe for adotar as IFRS, os saldos contábeis da sua filha terão de ser mensurados com base na data de transição original da filha, ou seja, não há opção de mudança da data de transição, nesse caso.

1.3.1.3.6 Instrumentos financeiros compostos

De acordo com o CPC 48, a entidade deve separar um instrumento financeiro composto em seus componentes de Passivo e de Patrimônio Líquido, desde o seu reconhecimento inicial. Contudo, de acordo com este Pronunciamento, uma adotante pela primeira vez não precisa separar essas duas partes quando o componente de Passivo estiver liquidado na data de transição para as IFRS.

1.3.1.3.7 Passivos decorrentes da desativação incluídos no custo de ativos imobilizados

Segundo a IFRIC 1 – *Changes in Existing Decommissioning, Restoration and Similar Liabilities* (Interpretação ICPC 12 – Mudanças em Passivos por Desativação, Restauração e Outros Passivos Similares), as mudanças específicas em um passivo de desativação, restauração ou outro similar são adicionadas ou deduzidas do custo do ativo a que está relacionado, e o valor depreciável ajustado do ativo é depreciado prospectivamente durante sua vida útil.

A entidade que adota pela primeira vez as IFRS tem, porém, a opção de não cumprir essas exigências no caso de mudanças ocorridas nesses passivos antes da data de transição para as IFRS. Se a entidade faz uso dessa opção, ela deve seguir as orientações do CPC 37 (R1), item D21:

"(a) mensurar os passivos na data de transição para as IFRSs de acordo com a IAS 37 (Pronunciamento Técnico CPC 25);

(b) na medida em que tais passivos estiverem dentro do alcance da IFRIC 1 (ICPC 12), a entidade deve estimar o montante que teria sido incluído no custo dos ativos a que dizem respeito, quando se originou o passivo, calculando o valor presente do passivo naquela data pelo uso da melhor estimativa de taxa de desconto ajustada ao risco histórico que poderia ter sido aplicada àquele passivo durante o período de intervenção; e

(c) calcular a depreciação acumulada sobre aquele montante, na data de transição para as IFRSs, considerando como base a estimativa corrente da vida útil do ativo, usando a política de depreciação adotada pela entidade de acordo com as IFRSs."

O IASB, no item BC36C do *Basis for Conclusions* da IFRS 1, justifica que a aplicação retrospectiva da IFRIC 1 na data de transição exigiria da entidade construir um registro histórico de todos os ajustes que teriam sido feitos no passado, o que, em muitos casos, não seria praticável. Em função disso, permitiu esse procedimento alternativo, mais simplificado e menos custoso.

1.3.1.3.8 Ativos financeiros ou ativos intangíveis contabilizados conforme a IFRIC 12 – *Service Concession Arrangements*

O CPC 37 (R1), com essa isenção, estende o benefício das disposições transitórias contidas na IFRIC 12 (ICP 01 – Contratos de Concessão) para as entidades que adotam as IFRS pela primeira vez. Assim, de acordo com o item 32 dessa Interpretação, caso seja impraticável para o concessionário a aplicação retrospectiva da IFRIC 12 no início do período mais antigo apresentado, as entidades que a adotam pela primeira vez têm a opção de:

a) Registrar os ativos financeiros e os ativos intangíveis existentes no início do período mais antigo apresentado.

b) Utilizar os valores contábeis anteriores dos ativos financeiros e intangíveis (não importando a sua classificação anterior) como os seus valores contábeis naquela data.

c) Testar o valor recuperável dos ativos financeiros e intangíveis reconhecidos naquela data, a menos que isso seja impraticável. Nesse caso, a perda de valor residual deve ser testada no início do período corrente.

1.3.1.3.9 Liquidação de passivos financeiros com instrumentos patrimoniais

Segundo o item D25 do CPC 37 (R1), a IFRIC 19 – *Extinguishing Financial Liabilities with Equity Instruments* (equivalente à ICPC 16 – Extinção de Passivos Financeiros com Instrumentos Patrimoniais) é aplicável a partir de 1º de julho de 2010; porém, o adotante pela primeira vez pode aplicá-la antecipadamente.

1.3.1.3.10 Hiperinflação severa

Essa isenção se aplica a países que tiveram sua moeda sujeita à hiperinflação severa. Isso significa que não há índice geral de preços confiável e não existe conversibilidade entre a moeda do país e uma moeda estrangeira considerada estável. Quando essa moeda deixar de estar sujeita à hiperinflação severa, então é considerada normalizada.

Assim, quando a data de transição para as IFRS da entidade for a data de normalização da moeda funcional, ou posterior, então a entidade pode mensurar todos os seus ativos e passivos mantidos antes da data de normalização da moeda funcional ao valor justo na data de transição para as IFRS. Em outras palavras, é como se fosse aplicável a

1.3.1.3.11 Negócios em conjunto

O item D31 do CPC 37 (R1) estende as disposições transitórias da IFRS 11 (CPC 19 – Negócios em Conjunto) aos adotantes pela primeira vez. No entanto, faz-se a seguinte exceção: ao aplicar as disposições de transição da IFRS 11 (CPC 19), a adotante pela primeira vez deve fazê-lo na data da transição para as IFRS.

1.3.1.3.12 Custos de remoção de estéril na fase de produção de mina de superfície

O item D32 do CPC 37 (R1) estende as disposições transitórias previstas nos itens A1 a A4 da IFRIC 20 (Interpretação Técnica CPC 18 – Custos de Remoção de Estéril na Fase de Produção de Mina de Superfície) aos adotantes pela primeira vez.

1.3.1.4 Disposição especial

Os Pronunciamentos Técnicos do CPC são aplicáveis para os registros contábeis das entidades do mercado brasileiro, com impactos societários. Esses pronunciamentos foram e são construídos com base nas normas internacionais, porém ajustando-as para a realidade brasileira. Mas, para fins de apresentação das Demonstrações Consolidadas, diversas entidades estão obrigadas a adotar as normas internacionais emitidas pelo IASB. Isso poderia gerar conflito desnecessário entre as normas seguidas na contabilidade individual e as normas utilizadas para fins de consolidação. Em função disso, o CPC adicionou o item 40 ao CPC 37 (R1), que não consta na norma internacional IFRS 1. Para melhor explicação de seus impactos, esse item é reproduzido a seguir:

> "40. As demonstrações consolidadas em IFRSs regidas por este Pronunciamento devem seguir as mesmas políticas e práticas contábeis que a entidade utiliza em suas demonstrações segundo a prática contábil brasileira e este CPC, a não ser que haja conflito entre elas e seja vedada a utilização, nas demonstrações segundo a prática contábil brasileira e este CPC, das estipuladas pelas IFRSs. No caso de existência de políticas contábeis alternativas nas normas em IFRSs bem como nas deste CPC, a entidade observará nas demonstrações consolidadas em IFRSs as mesmas utilizadas para as demonstrações segundo este CPC, como é o caso da escolha entre avaliação ao custo ou ao valor justo para as propriedades para investimento. No caso de existência de alternativas nas normas em IFRSs, mas não existência de alternativa segundo este CPC, nas demonstrações consolidadas em IFRSs, deve

ser seguida a alternativa dada por este CPC, como é o caso da obrigação da utilização da demonstração do resultado e da demonstração do resultado abrangente, ao invés de ambas numa única demonstração. No caso de inexistência de alternativa nas demonstrações segundo este CPC por imposição legal, como é o caso da reavaliação espontânea de ativos, é também vedada a utilização dessa alternativa nas demonstrações consolidadas em IFRSs."

O item 40 estabelece três possíveis situações de conflitos de práticas:

a) No caso de alternativa dada para os dois conjuntos de práticas contábeis (*BRGaap* e IFRS): a entidade deve manter uma única escolha para os dois conjuntos de demonstrações financeiras.

b) No caso de alternativa dada pelas IFRS, mas não dada pelo CPC: a entidade deve manter nas demonstrações consolidadas a mesma prática estabelecida pelo CPC.

c) No caso de alternativa dada pelas IFRS vedada por imposição legal no Brasil: a entidade não poderá adotar tal alternativa em suas demonstrações consolidadas em IFRS.

Ainda sobre esse assunto, o CPC 37 (R1) destaca, na introdução ao Pronunciamento, o seguinte:

> "IN8. Chama-se a atenção para o item 40 deste Pronunciamento, onde se limitam determinadas alternativas dadas pelo IASB para o caso das demonstrações consolidadas no Brasil; outras limitações constam em outros itens deste mesmo Pronunciamento. Como previsto pelo próprio IASB a limitação de alternativas existentes nas IFRS não é fator impeditivo para que as demonstrações contábeis elaboradas sejam consideradas de acordo com as IFRSs."

Segundo o CPC, portanto, o fato de haver limitações das alternativas estabelecidas nas normas internacionais não impede que tais demonstrações possam ser declaradas de acordo com as IFRS. Por exemplo, o fato de o CPC 37 (R1) proibir a escolha do modelo de reavaliação nas demonstrações consolidadas em IFRS não as descaracteriza como estando em conformidade com tais normas, uma vez que o modelo de reavaliação não é obrigatório.

A inserção do item 40 ao CPC 37 (R1) acarreta plena consistência entre as práticas contábeis brasileiras que a entidade segue para a sua contabilidade individual e as práticas adotadas para fins de consolidação em suas demonstrações em IFRS.

1.3.2 Normas internacionais não tratadas neste *Manual*

Diversas IFRS não são tratadas neste livro, principalmente quando dirigidas a setores econômicos específicos, como o "antigo" CPC 11 sobre Contrato de Seguros, sendo substituído, a partir de 2023, pelo CPC 50, de mesmo nome; como o CPC 49 – Contabilidade e Relatório Contábil de Planos de Benefícios de Aposentadoria, aplicável aos denominados Fundos de Pensão; também não é mais tratado o tópico de Relatório Integrado (OCPC 09), eis que simplificamos também o capítulo sobre Relatório da Administração (procuramos, por causa da extensão da obra, focar na parte contábil propriamente dita) e porque estamos em uma fase de transição para o ESG, que deverá englobar essa matéria.

Também não tratamos do CPC 34 sobre exploração de recursos naturais, eis que nem o CPC o emitiu até agora e o original é praticamente desnecessário (na verdade, não fornece regras específicas, com cada empresa contabilizando conforme as práticas do setor). Do mesmo jeito, não tratamos especificamente das instituições reguladas pelo Banco Central desde a primeira edição em 1978, a não ser em alguns casos muito específicos.

1.3.3 Tratamento para as pequenas e médias empresas

Os conceitos abordados neste capítulo relativos à "adoção inicial das normas internacionais e do CPC" também são aplicáveis às entidades de pequeno e médio portes. Ressalta-se apenas que, para tais tipos de empresa, não há necessidade de apresentar todas as informações comparativas de períodos anteriores, isto é, permite-se que a empresa de pequeno ou médio porte não apresente determinada informação de período anterior quando isso for demasiadamente custoso ou demande um esforço excessivo. Para mais detalhamento, consultar a Seção 35 – Adoção Inicial deste Pronunciamento – do Pronunciamento Técnico PME – Contabilidade para Pequenas e Médias Empresas. Mas, veja a Seção 1.4 sobre normas para Microentidades e para pequenas empresas.

1.3.4 Entidades em liquidação

Mesmo sabendo-se que são bastante comuns entidades em liquidação ou em processo falimentar, as normas internacionais de contabilidade e, por consequência, as que passamos a utilizar no Brasil integralmente a partir de 2010, são voltadas exclusivamente para as entidades em continuidade operacional.

Por iniciativa do Conselho Federal de Contabilidade (CFC), que, posteriormente, buscou a parceria do Comitê de Pronunciamentos Contábeis (CPC), essas duas entidades se debruçaram no estudo do tema e conseguiram em 2021 elaborar um documento que tem por objetivo estabelecer critérios contábeis uniformes para as entidades em liquidação. Não se pode esquecer que até então, por não haver nada nesse sentido, o que se encontrava era a aplicação de uma quantidade enorme de práticas contábeis divergentes entre si.

Importante destacar, o Pronunciamento Técnico do CPC, também aprovado pela CVM, não é aplicável a entidades que estejam em processo de recuperação judicial, extrajudicial ou que já têm em seus documentos de constituição prazos estabelecidos de liquidação. Estas normalmente são consideradas como em continuidade, até que perdida essa condição. A entidade é declarada contabilmente em liquidação quando esse processo é instalado formalmente, por deliberação da assembleia geral da empresa, por determinação judicial ou outro ato e tudo conforme a Lei das S.A., arts. 208 a 218. Assim, a norma abrange as entidades em liquidação judicial ou extrajudicial também.

Como para as entidades em liquidação pressupõe-se sua não continuidade operacional, os critérios de reconhecimento, mensuração e divulgação são bastante diferentes daqueles aplicados às entidades em continuidade, por exemplo, as provisões serão reconhecidas mesmo quando apenas possível (diferente do provável na situação normal), e a provisão para os gastos futuros estimados da liquidação também é contabilizada logo no início do processo de liquidação (contrariando o admitido para as empresas em continuidade).

Para os ativos, os critérios de mensuração são: valor de liquidação, considerado como o valor justo líquido das despesas de venda; quando não possível esse valor justo, usa-se o custo histórico, óbvio sempre com a aplicação do teste de recuperabilidade. Para o excepcional caso de a entidade readquirir a condição de continuidade operacional, suas novas demonstrações deverão se orientar pelo CPC 37 – Adoção Inicial das Normas Internacionais de Contabilidade, a partir do momento que deixar de ser enquadrada como entidade em liquidação.

Quando a entidade entra em liquidação, elabora-se o Balanço de Abertura, na verdade com o nome de Demonstração dos Ativos Líquidos de Abertura, com todos os ajustes para ativos e passivos. Se existirem ativos ou passivos não reconhecidos até então, por força de normas contábeis, como determinados intangíveis que tenham possibilidade de venda e valor justo líquido mensurável com razoável segurança, ou por erro ou fraude, esses ativos e passivos são reconhecidos nesse momento. É óbvio que eventuais itens reconhecidos como ativo ou passivo que efetivamente não existam precisam ser baixados também nesse momento.

As principais demonstrações exigidas passam a ser: Demonstração dos Ativos Líquidos; Demonstração da Mutação dos Ativos Líquidos; Demonstração dos Fluxos de Caixa, pelo Método Direto; e Demonstração da Moeda de Liquidação. Repare que toda a terminologia das demonstrações difere da relativa às entidades em continuidade (não há balanço, mutação do Patrimônio Líquido, demonstração do resultado e do resultado abrangente, demonstração dos fluxos de caixa). A Demonstração da Moeda de Liquidação só é obrigatória em certas circunstâncias e revela, para cada faixa de credores, por ordem de preferência de recebimento, quanto existe de real no ativo para cada real de passivo.

Divulgações específicas são exigidas por esse CPC e ele também contém, anexas, sugestões de formatos das demonstrações contábeis a serem divulgadas. Lembre-se de que há companhias abertas em liquidação que têm, a partir de 2021, a obrigatoriedade de assim emitirem suas demonstrações. E, muito importante, a norma e o CFC admitem escrituração contábil simplificada, com os livros Diário e Razão podendo ser, inclusive, na forma de uma planilha com as colunas representando as contas, e as linhas, o diário, no caso de pequenas entidades. Consulte a norma para mais detalhes.

1.4 NBC TGs 1001 e 1002 do Conselho Federal de Contabilidade

O CFC emitiu, em 2021, para vigência a partir de 2023, duas normas contábeis aqui não tratadas. Cuidamos neste *Manual* do que se denomina "*full* IFRS", ou seja, da contabilidade das empresas que utilizam os Pronunciamentos Técnicos que representam as normas internacionais. Estas compreendem as IFRS completas e a norma de Contabilidade para Pequenas e Médias Empresas. Como dito, neste *Manual* cuidamos precipuamente das normas completas, e fazemos menção ao CPC PME apenas quando de diferenças entre ambas, mas não entramos em detalhes sobre essa norma para PME, apesar de também originária do IASB.

Ocorre que o CPC PME, que representa a norma internacional, é considerado exageradamente complexo para as pequenas e microentidades. Ele se aplica, até 2022, a entidades que não tenham responsabilidade de prestação de contas ao público em geral, mas, no Brasil, essas entidades não têm condição (e nem necessidade) de uma norma tão complexa. Tanto que o CFC já emitira, há vários anos, a ITG 1000 para as Microempresas e Empresas de Pequeno Porte (norma agora em fase de extinção), praticamente aquelas com faturamento de até R$ 4,8 milhões por ano. Com isso, o CPC PME passou a ser obrigatório para entidades entre esse faturamento e o que é designado pela Lei das S.A. como empresas de grande porte (faturamento de R$ 300 milhões para cima e Ativo superior a R$ 240 milhões – art. 3º da Lei 11.638/2007).

O CFC agora produziu a NBC TG 1001 – Contabilidade para Pequenas Empresas e a NBC TG 1002 – Contabilidade para Microentidades. A atual ITG 1000 está sendo revogada. Com isso, passam as empresas de faturamento anual até R$ 4,8 milhões a terem que seguir a NBC TG 1002 para microentidades, e as desde esse patamar até faturamento anual de R$ 78 milhões ficam submetidas à NBC TG 1001. As com faturamento daí até R$ 300 milhões anuais é que continuam obrigadas ao NBC TG 1000 – PME. Daí para cima, Normas Completas como descritas neste *Manual*. Antes, três faixas com regras contábeis diferentes. De 2023 em diante, passam a ser quatro faixas.

Se a empresa quiser subir de faixa, poderá fazê-lo voluntariamente, tendo que permanecer nela por pelo menos dois anos se quiser baixar depois. Quando a empresa muda de faixa por conta de seu faturamento, só está obrigada à faixa contábil superior se isso acontecer em dois anos consecutivos.

A NBC TG 1001, para Pequenas Empresas, é bem mais simplificada do que o CPC PME; inclusive no tamanho, esta tem 194 páginas e a nova tem 47 páginas. As notas explicativas para essas pequenas empresas são muito mais simplificadas do que as exigidas pelo CPC PME. Todo o Ativo Intangível, incluindo o *goodwill*, precisa ser amortizado em até cinco anos, não há contabilização de Ativos a valores justos a não ser no caso de investimento em ações de empresa cotada em bolsa, não há registro dos direitos de uso (arrendamentos, aluguéis etc.), o *impairment* só quando evidente a perda, a combinação de negócios é registrada de forma simplificada, certas regras fiscais podem ser seguidas se com diferenças não significativas e muitas outras simplificações existem nessa NBC TG 1000. As receitas são conforme o CPC 30, não conforme o CPC 47. E a redação é bem mais simples também.

A NBC TG 1002, para Microentidades, é ainda muito mais simplificada. Além das simplificações acima para as Pequenas Empresas, temos: não há notas explicativas, apenas a declaração de qual norma contábil está utilizando; não há prática de equivalência patrimonial, todos os investimentos societários ficam ao custo (não há *goodwill*, mais ou menos valia de ativos); não há a figura da moeda funcional, tudo só em reais; não há tributos diferidos, apenas é opcional quando de créditos por prejuízos; não há menção à subvenção governamental; receitas podem ser conforme regras fiscais se a diferença não for significativa; depreciações, idem; não há demonstração consolidada exigida; demonstração da mutação patrimonial pode também não ser feita etc.

1.5 Homenagens

Inúmeros foram os que colaboraram com sugestões e críticas, para a melhoria das diversas versões ao longo do tempo do *Manual de contabilidade das Sociedades por Ações*, substituído por este outro *Manual*; seria impossível lembrarmos de todos, mas sentimo-nos sempre gratos a eles. Por essa razão, fazemos questão de citar e homenagear a todos os professores e profissionais que participaram da *elaboração* das sete edições daquele *Manual* e das três primeiras deste, a quem agradecemos, e muito.

Na terceira edição, participaram Alexandre Gonzales, Bruno Meirelles Salotti, Eduardo Flores, Fernando Dal Ri Murcia, Guillermo Oscar Braunbeck, José Roberto Kassai, Mara Jane Contrera Malacrida, Nelson Carvalho, Raquel Wille Sarquis e Rodrigo Paiva Souza.

Na segunda edição, trabalharam Cláudio Soerger Zaro, Fernando Dal-Ri Murcia, João Nunes Mendonça Neto, Luciana Parreira Pinheiro Pereira, Mara Jane Contrera Malacrida, Osvaldo Zanetti Fávero Jr. e Tânia Regina Sordi Relvas.

Na primeira, Alexsandro Broedel Lopes, Bruno Meirelles Salotti, Edgard Nogueira Júnior, Fernando Dal Ri Murcia, Josué Pires Braga, Kelly Cristina Mucio Marques, Marcelo Bicalho Viturino de Araujo, Márcia Reis Machado, Sheizi Calheira de Freitas, Simone Alves da Costa, Tânia Regina Sordi e Tatiana Albanez.

Na sétima edição do *Manual* anterior, Ariovaldo dos Santos, Adolfo Henrique C. e Silva, Alexandre David Vivas, Edílson Paulo, Fernando Caio Galdi, Jorge Vieira da Costa Jr. e Agostinho Inácio Rodrigues.

Na sexta edição, André Carlos Busanelli de Aquino, Poueri do Carmo Mário, Ricardo Lopes Cardoso, Vinícius Aversari Martins e Agostinho Inácio Rodrigues.

Na quinta, Ariovaldo dos Santos, Lázaro Plácido Lisboa, Maísa de Souza Ribeiro e Agostinho Inácio Rodrigues.

Na quarta, Ariovaldo dos Santos, Nahor Plácido Lisboa, Rubens Lopes da Silva, Heraldo Gilberto de Oliveira, Gilberto Carlos Rigamonti e Maísa de Souza Ribeiro.

Na terceira, Antonio Carlos Bonini S. Pinto, Antonio Carlos C. Andrade, Eduardo Tadeu A. Falcão, Gilberto Carlos Rigamonti, José Paulo de Castro, Marina Mitio Yamamoto, Rubens Lopes da Silva e Hugo Rocha Braga.

Na segunda edição, Artemio Bertholini, Cláudio C. Monteiro e Vitório Perim Saldanha.

E, na primeira, Antonio T. Sakurai, Artemio Bertholini, Eduardo G. Fernandez e Vitório Perim Saldanha. Ressaltamos, para a primeira edição, a inestimável colaboração do saudoso Álvaro Ayres Couto, primeiro Superintendente de Normas de Contabilidade e Auditoria da CVM, que acompanhou *pari passu* o desenvolvimento daquele trabalho e a quem rendemos nossas homenagens.

E para as edições posteriores sempre contamos com a inspiração e a colaboração dos que assumiram a Superintendência de Normas de Contabilidade e Auditoria da CVM: Álvaro Ayres Couto, Hugo Rocha Braga, Antonio Carlos de Santana, José Carlos Bezerra da Silva e Paulo Roberto Ferreira.

E rendemos, finalmente, nossas homenagens a Manoel Ribeiro da Cruz Filho (*in memoriam*), redator do Capítulo 17 e demais partes contábeis da Lei das S.A. de 1976.

A primeira edição desta obra teve financiamento providenciado pela própria CVM, então recém-criada; a segunda, pelo Banco Central do Brasil; a terceira, pelo Comitê de Divulgação do Mercado de Capitais (Codimec); as seguintes, pela Editora Atlas e Fipecafi; e esta edição, pelo GEN | Atlas e pela Fipecafi. A participação dessas entidades prova a relevância do trabalho para o estudo, a pesquisa e a aplicação prática da Contabilidade no Brasil. Também nossos agradecimentos e nossas homenagens.

Disponibilidades e Contas a Receber

2.1 Introdução

A Lei das Sociedades por Ações (Lei nº 6.404/1976) estabelece, em seu art. 178, que no Ativo as contas serão dispostas em ordem decrescente de grau de liquidez e, dentro desse conceito, as contas de Disponibilidades são as primeiras a serem apresentadas no Balanço Patrimonial e, como também definido pelo art. 179, dentro do Ativo Circulante.

A intitulação Disponibilidades, dada pela Lei nº 6.404/1976, é usada para designar dinheiro em caixa e em bancos, bem como valores equivalentes, como ordens de pagamento à vista (por exemplo, cheques) em mãos e em trânsito que representam recursos com livre movimentação para aplicação nas operações da empresa e para os quais não haja restrições para uso imediato.

Já as normas internacionais trabalham muito mais com o conceito de Caixa e Equivalentes de Caixa, o que engloba, além das disponibilidades propriamente ditas, valores que possam ser convertidos em dinheiro, a curto prazo, sem riscos e sem mudança significativa de valor. Os Equivalentes de Caixa são mantidos com a finalidade de atender a compromissos de caixa de curto prazo e não para investimento ou outros fins; também devem ter conversibilidade imediata em um montante conhecido de caixa e estar sujeitos a um risco insignificante de mudança de valor. Por conseguinte, um investimento ou aplicação financeira (por exemplo, CDB-DI), normalmente, se qualifica como equivalente de caixa quando tem vencimento de curto prazo, por exemplo, três meses ou menos, a contar da data da contratação. Os investimentos em ações de outras entidades são excluídos dos Equivalentes de Caixa a menos que eles sejam, em essência, um equivalente de caixa, por exemplo, nos casos de ações preferenciais resgatáveis que tenham prazo definido de resgate e cujo prazo atenda à definição de curto prazo.

Dentro desse conceito, as aplicações em títulos de liquidez imediata e aplicações financeiras resgatáveis aproximadamente no prazo de 90 dias da data do balanço são também classificáveis como Equivalentes de Caixa, devendo, todavia, ser mostradas em conta à parte.

Em função desse conteúdo básico das Disponibilidades, no Modelo de Plano de Contas apresentado neste *Manual*, tem-se as seguintes contas:

I – ATIVO CIRCULANTE
  1. DISPONÍVEL
     Caixa
     Depósitos bancários à vista
     Numerário em trânsito
     Equivalentes de Caixa – Aplicações de liquidez imediata

Para fins de divulgação do balanço, normalmente se utiliza "Caixa e Equivalentes de Caixa" para sintetizar esses valores.

Já com relação aos recebíveis, a partir de 1º de janeiro de 2018 passou a viger o CPC 47 – Receita de Contrato com Cliente (equivalente ao IFRS 15) e o CPC 48 – Instrumentos Financeiros (equivalente ao IFRS 09). Ambos impactam diretamente a forma de reconhecimento, mensuração, apresentação e divulgação das receitas e das perdas esperadas referentes a contas a receber de clientes.

As contas a receber de clientes são registradas em contrapartida das receitas brutas de contratos com clientes. De acordo com o CPC 47 (item 9), as receitas de contrato com clientes serão registradas quando determinadas condições forem atendidas (ver Capítulo 18).

O modelo de negócios de uma entidade, para fins deste capítulo, deve ser exposto de forma a refletir como seus ativos financeiros são gerenciados, sempre buscando atingir determinado objetivo comercial. Por exemplo, pode o modelo evidenciar que todos os recebíveis serão mantidos em carteira até seus vencimentos. Ou que serão substancialmente objeto de operações do tipo desconto de duplicatas etc. Deve-se salientar que uma entidade pode ter mais do que um modelo de negócio no sentido de agregar e controlar seus instrumentos financeiros. Não é incomum uma entidade ter, por exemplo, carteira de investimentos gerenciável para realizações a valor justo (destinada a ser alienada a terceiros) e carteira para recebimento em prazos contratuais (a ser mantida até o vencimento).

O item B4.1.2A do CPC 48 estabelece que o modelo de negócios indica se os fluxos de caixa resultam do recebimento de valores contratualmente pactuados, se provêm da venda desses ativos financeiros ou ambos.

O mesmo item normativo indica ainda que a avaliação não é realizada com base em cenários que a entidade não espera razoavelmente que ocorram, mas, sim, devem ser levadas em consideração as premissas de maior probabilidade. Exemplos como cenário de estresse mediante falência ou dificuldade de solvência não devem ser utilizados para nortear a caracterização do modelo de negócio de uma organização.

O CPC 48 ainda estabelece que, se a realização dos fluxos de caixa ocorrer de maneira distinta das expectativas da organização quando da avaliação do modelo de negócios, isso não implica erro, nos moldes do CPC 23 – Políticas Contábeis, Mudanças de Estimativa e Retificação de Erro, nem altera necessariamente a classificação dos ativos financeiros remanescentes mantidos nesse modelo de negócios. Uma vez que a entidade considerou todas as informações relevantes disponíveis na época em que realizou a avaliação do modelo de negócios, a mudança pode ter sido devida a alterações da conjuntura econômica, por exemplo, a qual estava fora do rol de premissas avaliadas quando da consideração inicial. Todavia, quando a empresa reavaliar o modelo de negócios para novos ativos financeiros concedidos ou comprados, ela deverá considerar também informações sobre como os fluxos de caixa foram realizados no passado, juntamente com todas as demais informações relevantes.

Um exemplo clássico para avaliar o modelo de negócios das organizações se dá na análise da forma como as entidades monetizam seus recebíveis. Isto é, suponha que uma empresa realize vendas a prazo e mantenha os recebíveis a fim de serem liquidados pelos devedores. Nessa abordagem, não há que se falar em geração de fluxos de caixa decorrentes da venda, operações de desconto, cessão ou liquidação antecipada desses instrumentos financeiros, mas tão somente na conversão desses em caixa por meio dos pagamentos realizados pelos clientes.

Ressalta-se, quanto ao exemplo anterior, que é justamente nessa situação que o teste de *impairment* se faz imprescindível, pois, à medida que os recebíveis são mantidos para recebimento dos valores transacionados, permanecem a custo amortizado (ajustado pela taxa de juros ao longo do tempo), ajustados em determinadas situações pelo valor presente da carteira de recebíveis. Nada diferente do já corriqueiro reconhecimento da Perda Estimada com Créditos de Liquidação Duvidosa (PECLD), exceto pelo fato da necessidade de avaliar se tais recebíveis serão enquadrados na abordagem geral do teste de "recuperabilidade" (modelo de três estágios), o que impreterivelmente ocorrerá se houver um elemento financeiro significativo no saldo desses instrumentos, ou se serão tratados por meio da abordagem simplificada que no final do dia poderá ser desenvolvida por meio de um expediente prático como a matriz de ajustes.

Agora suponha o oposto: a entidade gera os recebíveis realizando vendas a prazo e os cede, por meio de uma securitização ou de operações de desconto, por exemplo, a fim de antecipar os fluxos de caixa; se isso ocorrer de maneira corriqueira, o que se dá efetivamente é a venda antecipada desses recebíveis. Nesse caso, a mensuração a valor justo é imperativa para o aferimento de uma informação relevante. Em um terceiro caso, a empresa poderia estabelecer um limite de cessões, por exemplo, 30%, e o saldo remanescente seria mantido para a respectiva liquidação quando do recebimento das faturas.

Este capítulo cuida exclusivamente das carteiras destinadas a serem mantidas pela empresa, ou seja, nas tradicionais carteiras de Clientes, Contas a Receber, Duplicatas a Receber etc., mas com o destino precípuo de serem mantidas até sua liquidação pelos devedores. No caso do modelo de negócios em que esses recebíveis são negociados costumeiramente, a avaliação se dá na forma de instrumentos financeiros avaliados a valor justo, e o assunto é discutido no Capítulo 10 – Instrumentos Financeiros.

2.2 Conteúdo e classificação do subgrupo Disponibilidades

2.2.1 Caixa

Inclui dinheiro, bem como cheques em mãos, recebidos e ainda não depositados, pagáveis irrestrita e imediatamente.

Normalmente, o saldo de caixa pode estar registrado na empresa em uma ou diversas contas, dependendo de suas necessidades operacionais e locais de funcionamento.

Além disso, há, basicamente, dois tipos de controles da conta Caixa, sendo eles: fundo fixo e caixa flutuante.

a) FUNDO FIXO

No sistema de fundo fixo, não há, normalmente, problemas de classificação de valores. Nesse sistema, define-se uma quantia fixa que é fornecida ao responsável pelo fundo, suficiente para os pagamentos de diversos dias e, periodicamente, efetua-se a prestação de contas do valor total desembolsado, repondo-se o valor do fundo fixo, por meio de cheque nominal ou crédito em conta-corrente bancária, a seu responsável.

A contabilização de tais desembolsos é feita a crédito de bancos e a débito das despesas, ou seja, depois de constituído o fundo fixo, a conta respectiva não recebe mais contabilizações (a não ser por aumento ou redução do valor do fundo). Dessa forma, todos os pagamentos efetuados pelo fundo fixo são feitos por cheques ou transferências bancárias, creditados diretamente em Bancos, e todos os recebimentos, em dinheiro, transferências ou cheques, são depositados diretamente nas contas bancárias sem, portanto, transitar contabilmente pela conta Caixa. Se o registro da despesa tiver que ser feito antes da emissão do cheque, e isso é comum em empresas onde as despesas realizadas por meio do Fundo Fixo devem passar por um processo de aprovação, recomenda-se a utilização de uma conta de Passivo, por exemplo, Autorizações de Pagamentos a Liquidar.

É necessário que, na data do balanço, nesse fundo só haja realmente o montante de dinheiro disponível, ou seja, que os comprovantes de despesas tenham sido contabilizados.

2.2.2 Depósitos bancários à vista

a) CONTAS DE LIVRE MOVIMENTAÇÃO

São representados normalmente pelas contas de livre movimentação mantidas pela empresa em bancos. Tais contas podem ser dos seguintes tipos:

a) Conta movimento ou depósito sem limite.

b) Contas especiais para pagamentos específicos, tais como contas para folha de pagamento do pessoal, dividendos a pagar a acionistas, desembolsos de filiais ou fábricas. Essas contas normalmente são mantidas mais como medida interna da empresa para facilidade de operação e controle desses pagamentos, e a tendência é de que, ao final dos períodos, seus saldos estejam zerados. Normalmente, essas contas podem ser livremente movimentadas pela empresa por meio de cheques ou transferências bancárias, sendo, portanto, disponibilidades, já que sua abertura é feita mais como medida interna de controle.

c) Contas especiais de cobrança. Esse tipo de conta é aberto por inúmeras empresas para ampliar a rede de cobrança bancária de suas duplicatas ou contas, por ter grande área geográfica de atuação, visando facilitar o pagamento por seus clientes, ou mesmo para que suas filiais ou agentes de cobrança depositem os recebimentos efetuados. Muitas vezes, tais contas só podem ser movimentadas por transferência periódica ou automática de seu saldo para a conta movimento mantida pela empresa no referido banco. Esse tipo de conta também representa disponibilidade normal.

b) CONTAS BANCÁRIAS NEGATIVAS

Contas bancárias negativas (credoras) ou saldos a favor de bancos não devem ser demonstrados como redução dos demais saldos bancários, mas, separadamente, como um item do Passivo Circulante. Exceção é feita aos casos em que tais saldos devedores e credores estejam no mesmo banco e desde que a empresa tenha o direito de compensá-los.

c) DATA DE CONTABILIZAÇÃO DE CHEQUES

Os cheques devem ser contabilizados por sua emissão quando isso corresponder aproximadamente à data da entrega aos beneficiários, ou seja, os cheques emitidos até a data do balanço estarão deduzidos dos saldos bancários. Todavia, nos casos em que tais cheques ainda não tenham sido entregues aos favorecidos, e se forem de valores substanciais, deverão ser adicionados aos saldos bancários e às contas correspondentes do Passivo Circulante.

d) CONCILIAÇÕES BANCÁRIAS

Para todas as contas bancárias, um aspecto de controle muito importante (que muitas vezes afeta o saldo respectivo no balanço) é que devem ser feitas conciliações bancárias periódicas, particularmente na data do balanço. Essas conciliações entre os saldos da contabilidade e os dos extratos bancários permitem a identificação das pendências existentes para sua contabilização ainda dentro do período. Isso ocorre normalmente com avisos bancários de despesas debitadas pelo banco, mas ainda não registradas pela empresa, com avisos de cobranças efetuadas pelo banco e ainda não contabilizadas e com outros itens.

e) SITUAÇÕES ESPECIAIS

Contas em Bancos em Liquidação

Os saldos de contas mantidas em bancos que estejam em liquidação ou sob intervenção devem ser classificados como Contas a Receber no Ativo Circulante ou Realizável a Longo Prazo, dentro do Ativo Não Circulante, dependendo da situação específica, e, também, deverá ser feita uma estimativa adequada para possíveis perdas. Caso sejam valores significativos, deverá ser feita uma nota explicativa a esse respeito.

Depósitos Bancários Vinculados

Há diversas situações que requerem de uma empresa a aplicação ou manutenção de recursos em depósitos vinculados em bancos, tais como:

a) Depósitos vinculados para liquidação de contratos de câmbio ou para liquidação de importações.

b) Depósitos vinculados à liquidação de empréstimos.

c) Depósitos vinculados à substituição ou reposição de garantias de empréstimos.

d) Depósitos bloqueados ou com restrição de movimentação por força de cláusula contratual de financiamento ou para obtenção de linhas especiais de crédito etc.

e) Depósitos judiciais vinculados a um processo em tramitação.

Pela própria natureza de tais contas bancárias especiais, seus saldos não estão imediatamente disponíveis para os pagamentos normais da empresa, já que estão sujeitos a restrições quanto à retirada ou a outras condições. Dessa forma, tais Depósitos Bancários Vinculados não devem integrar o saldo das Disponibilidades, e sua classificação no balanço deve levar em conta suas características específicas e as restrições existentes.

Assim, em conformidade com o CPC 03, item 48, a entidade deve divulgar, em nota explicativa, acompanhada de um comentário da administração, os saldos de Caixa e Equivalentes de Caixa que não estejam disponíveis para uso pelo grupo.

Usualmente, tais depósitos serão classificáveis fora das Disponibilidades em conta à parte no Ativo Circulante ou Realizável a Longo Prazo, motivo pelo qual o Modelo de Plano de Contas apresenta a conta Depósitos Bancários Vinculados nesses dois grupos. Outra consideração que deve ser feita é que, nos casos em que tais depósitos sejam recursos vinculados à liquidação de determinado empréstimo ou financiamento, sua classificação no balanço poderia ser como conta redutora do Passivo correspondente ou, se mantida a classificação no Ativo, o saldo deverá ser segregado entre Circulante e Longo prazo, acompanhando a classificação no Passivo do empréstimo correspondente.

2.2.3 Numerário em trânsito

A empresa pode ter também, como disponibilidade, numerário em trânsito decorrente de:

a) Remessas para filiais, depósitos ou semelhantes, por meio de cheques, alguma forma de ordem de pagamento etc.

b) Recebimentos dessa mesma espécie, ou ainda de clientes ou terceiros, quando conhecidos até a data do balanço.

Tal dinheiro em trânsito representa também um disponível classificável juntamente com os saldos em bancos.

Poderia, também, conforme as necessidades de cada empresa, ser criada no Plano de Contas uma conta específica para registrar o Numerário em Trânsito dentro do subgrupo Disponível.

2.2.4 Aplicações de liquidez imediata

As aplicações de curtíssimo prazo no mercado financeiro também são identificadas como disponível. De acordo com o CPC 03, item 6, as "aplicações financeiras de curto prazo, de alta liquidez, que são prontamente conversíveis em um montante conhecido de caixa e que estão sujeitas a um insignificante risco de mudança de valor", são consideradas Equivalentes de Caixa, as quais são mantidas com a finalidade de atender a compromissos de caixa de curto prazo e não para investimento ou outros fins. Insignificante risco de mudança de valor tem como consequência que aplicações em moeda estrangeira, sujeitas a mudanças significativas de valor, não podem ser aqui consideradas se não forem imediatamente resgatáveis. Assim, valem os depósitos em moeda estrangeira à vista, mas não os títulos em moeda estrangeira a vencer mesmo que a 60 dias, por exemplo. Também devem ser excluídas desse subgrupo as aplicações em moeda nacional sujeitas a alguma oscilação por variação de preços de *commodities*, mas podem ser incluídas nesse grupo, se forem de liquidez alta e indexadas a um índice de custo de vida, por exemplo, se a condição da estabilidade da moeda estiver sendo observada e não se prever qualquer oscilação significativa até o vencimento.

Um ponto que tem causado divergência de tratamentos contábeis entre as empresas diz respeito às Letras Financeiras do Tesouro (LFT), pois algumas empresas as reconhecem como equivalente de caixa, enquanto outras como investimentos (no Ativo Circulante ou no Realizável a longo prazo, de acordo como sua maturidade). Essa divergência chamou a atenção das áreas técnicas da CVM e foi considerada na publicação do Ofício-Circular nº 01/2018, o qual orienta, entre outros aspectos relevantes, sobre o tratamento das LFT como equivalente de caixa sempre que a intenção da companhia na aquisição desses títulos estiver relacionada com a gestão de caixa. Isso se dá porque tais títulos podem ser convertidos em montante conhecido de caixa no curto prazo, estão sujeitos a risco insignificante de mudança de valor, apresentam alta liquidez, transparência e previsibilidade dos leilões realizados pela Secretaria do Tesouro Nacional (STN), além de possuírem mercado secundário ativo, permitindo ao detentor dessas LFTs sua venda a qualquer momento, sem perda substancial de valor.

Assim, entende-se que sua correta classificação está vinculada à intenção dos gestores, e os auditores independentes deverão estar atentos a esse aspecto.

De qualquer forma, as atualizações desses valores só podem, obviamente, ser feitas até a data do balanço.

2.3 Critérios de avaliação

2.3.1 Geral

Exceto quanto às aplicações temporárias de caixa, analisadas à parte no Capítulo 10 – Instrumentos Financeiros, as demais contas do Disponível não apresentam problemas de avaliação. De fato, tais contas são registradas pelo valor nominal constante nos documentos correspondentes às respectivas transações, tais como dinheiro, cheques, avisos bancários, recibos autenticados de depósitos etc., não havendo o menor problema de avaliação, desde que satisfeitas as condições de classificação já descritas, exceto apenas quanto aos valores em moeda estrangeira, a seguir comentados.

2.3.2 Saldos em moeda estrangeira

Se a empresa tiver valores de disponibilidades em moeda estrangeira, eles devem ser registrados em subcontas à parte e seu saldo em moeda nacional deve ser o ajustado, correspondente ao valor em moeda estrangeira convertido para moeda nacional pela taxa cambial de compra corrente na data do balanço.

Isso poderia ocorrer caso a empresa tivesse dinheiro em caixa em moeda estrangeira ou depósitos bancários em outros países. Nesse caso, devem ser também analisadas as eventuais restrições a que possam estar sujeitos tais valores, seja pela legislação local, seja pela do outro país. As referidas restrições devem ser claramente mencionadas nas demonstrações contábeis, por meio da descrição do título da conta no balanço, ou em nota explicativa.

Como regra, para a conversão em moeda nacional, a taxa de compra utilizada pela instituição financeira é a que deverá ser adotada. Quando houver evidência de que os recursos serão utilizados no exterior para pagamentos de despesas, compras de ativo etc., os saldos em moeda estrangeira poderão ser convertidos pela taxa de venda da instituição financeira na data do balanço.

2.4 Do tratamento aplicável aos criptoativos

O IFRS Interpretations Committee concluiu, no ano de 2019, que tais ativos digitais não se elegem para definição de moeda, uma vez que não servem para balizar os preços de outros produtos e serviços (pelo menos por enquanto). Adicionalmente, o mesmo Comitê de Interpretações entendeu que os criptoativos não atendem às definições de instrumentos financeiros do CPC 39. Em síntese: os criptoativos, na atualidade, não são considerados nem caixa nem instrumentos financeiros. Essa não possibilidade de tratamento como instrumento financeiro se deve, segundo aquele órgão, à literalidade da definição atual de instrumento financeiro que exige a existência de uma contraparte (no caso, a entidade devedora).

Por isso, as interpretações do IFRS Interpretations Commitee indicaram que os criptoativos, quando adquiridos ou recebidos em transações comerciais com o propósito de negociação ativa no decurso ordinário das atividades negociais, ou seja, para quem compra e vende esses ativos, devem ser tratados como estoques sob a perspectiva do CPC 16 – Estoques. Caso contrário, segundo esse órgão, os criptoativos devem ser tratados como Ativos Intangíveis sob a ótica do CPC 04 – Ativo Intangível. Em ambos os casos, os criptoativos devem ser submetidos à regra geral do teste de *impairment* disposta no CPC 01 – Redução ao Valor Recuperável de Ativos. E não cabendo em nenhuma das duas hipóteses, isto é, enquadramento como estoque ou enquadramento como Ativo Intangível, a mensuração subsequente dos criptoativos pelo valor justo (a exceção seria a reavaliação de ativos intangíveis, mas vedada na atual legislação brasileira).

É óbvio para nós que não se trata da análise mais adequada para os criptoativos que têm mercado ativo. Deixá-los no Intangível, ao valor de custo sem ajuste a valor justo, só reconhecendo mudança de valor se ocorrer perda, não parece fazer com que a demonstração melhor reflita a posição financeira da entidade e seu desempenho. Assim como o real não tem contraparte, esses criptoativos também não têm. Por isso, por que não classificá-los como ativo financeiro mensurado continuamente a valor justo? Componente do Ativo Circulante, mas, por precaução, fora de Caixa e Equivalentes de Caixa?

Fica o alerta de que essa posição do IASB pode mudar, inclusive por estar esse assunto na pauta de trabalhos futuros.

2.5 Clientes

2.5.1 Grupos de contas contábeis

Para efeitos de divulgação, as entidades costumam evidenciar no Balanço Patrimonial apenas o total de contas a receber de clientes, líquido de eventuais perdas estimadas e outros eventos. No entanto, as notas explicativas das contas a receber devem fornecer informações complementares para a conciliação do saldo e avaliação pelos usuários das informações.

A quantidade de contas contábeis é uma decisão discricionária que cabe a cada entidade, de acordo com a necessidade e a natureza do negócio. A seguir, é apresentado um exemplo não exaustivo de agrupamento de contas contábeis representativas do efeito das transações de contrato de vendas com clientes, para estruturação no plano de contas da entidade:

a) Contas a Receber de Clientes.

b) Contas a Receber de Partes Relacionadas (transações operacionais).

c) Contas a Receber Relativas a Componentes de Financiamento.

d) Perdas Estimadas com Crédito de Clientes (natureza credora).

2.5.2 Natureza dos grupos de contas contábeis

a) **Contas a Receber de Clientes:** representa o valor da contraprestação do cliente devida em função do cumprimento de uma obrigação de desempenho da entidade. Como essas contas a receber derivam de receitas com os clientes, há que se visitar o CPC 47, tratado no Capítulo 18; afinal, o recebível só pode ser reconhecido como contrapartida à receita.

b) **Contas a Receber de Controladas e Coligadas:** o CPC 26 – Apresentação das Demonstrações Contábeis (item 78b), estabelece que as contas a receber devem ser segregadas em montantes a receber de clientes comerciais, contas a receber de partes relacionadas, pagamentos antecipados e outros montantes. A criação de contas contábeis separadas para as partes relacionadas também é útil para o processo de elaboração das demonstrações contábeis consolidadas, uma vez que os saldos intercompanhias devem ser eliminados para esse fim. Todavia, no caso da existência de direitos a receber de partes relacionadas que não sejam decorrentes das transações operacionais (por exemplo, por conta de empréstimos), tais direitos devem ser registrados em contas específicas no grupo de Realizável a Longo Prazo.

c) **Contas a Receber Relativas a Componentes de Financiamento:** quando da existência de contas a receber trazidas a valor presente, os juros a apropriar, se contabilizados à parte, devem figurar como redutores desse ativo. Se sujeitos a juros contratuais, devem ser atualizados continuamente. Em ambos os casos, pela taxa efetiva de juros.

d) **Perdas Estimadas com Créditos de Clientes:** o CPC 48 (item 5.5.15) determina que a entidade deverá reconhecer perdas de créditos esperadas para as contas a receber como sua política contábil, mensurando as perdas por valor equivalente ao que espera não receber desse crédito. Essa política poderá ser aplicada de forma generalizada para todas as contas a receber ou específica para cada tipo de recebíveis (ver Seção 2.6.3).

e) **Ativos de contratos:** o CPC 47 estabelece que esses ativos se referem ao direito da entidade à contraprestação em troca de bens ou serviços quando esse direito está condicionado a algo além da passagem do tempo, ou seja, depende de algum outro fator. Isso é muito comum na concessão de serviços públicos quando o recebimento de determinados valores dependerá de futuras prestações de serviços, ou de devolução de bens ao poder público etc. Veja-se o Capítulo 26 sobre concessões.

2.5.3 Perdas estimadas em créditos de liquidação duvidosa

a) CONCEITO

Como já visto, deve ser feita a estimativa de perdas em contas a receber relacionadas com o valor que representa a incerteza quanto ao recebimento. As despesas provenientes dessa estimativa não são dedutíveis da base de cálculo do Imposto de Renda e da Contribuição Social, a não ser quando dados como cumpridos esforços possíveis para esse recebimento, inclusive por via judicial (ver Capítulo 12, Seção 12.2.5, letra *i*). Esse assunto fiscal será tratado mais à frente.

No passado, o Brasil trabalhava com o conceito de ajuste por perdas **estimadas**. Ou seja, com base nas expectativas, por diversas razões, do que não se receberia. As normas internacionais, a partir de 2010 adotadas no Brasil, todavia, se baseavam no conceito de perdas **efetivas**, ou seja, com fundamento basicamente nas perdas já dadas como praticamente certas (atrasos significativos efetivos, clientes **quebrados** etc.). Todavia, essas normas internacionais passaram a exigir (CPC 48), a partir de 2018, o ajuste com base nas perdas **estimadas**. (Na prática, sabemos que muitas empresas, na verdade, não se adaptaram para valer às perdas **efetivas**; o Banco Central nunca aceitou isso para os balanços por ele regulados, trabalhando com critérios próprios que estão muito mais próximos ao conceito de perdas estimadas do que efetivas.)

b) MENSURAÇÃO DA PERDA ESTIMADA

Primeiro, vamos discutir o que vem sendo a prática brasileira quanto a essa matéria nos últimos anos. A seguir, no subitem (ii), discutiremos outros pontos e a situação normativa brasileira até 2009 (no caso das instituições controladas pelo Banco Central, até hoje).

A apuração do valor da perda estimada vem variando, pois cada empresa pode ter aspectos peculiares a respeito de seus clientes, modelo e ramo de negócios, situação do crédito em geral e a própria conjuntura econômica do momento.

É, portanto, importante considerar todos esses fatores quando da estimativa do risco e da expectativa de perdas com as contas a receber. No Brasil, tradicionalmente, algumas considerações importantes quanto aos critérios para sua apuração vêm sendo feitas (atenção para as considerações constantes no item *b*):

a) A apuração deve ser baseada na análise individual do saldo de cada cliente. Esse trabalho deve ser feito com base na posição analítica por recebível dos clientes na data do balanço e em conjunto com os responsáveis pelos setores de vendas e crédito e cobrança, de forma a exercer um julgamento adequado sobre a probabilidade de recebimento dos saldos.

b) Deve ser devidamente considerada a experiência anterior da empresa com relação a prejuízos com contas a receber. Essa análise pode ser feita por meio da comparação dos saldos totais de clientes ou de volumes de faturamento com os prejuízos reais ocorridos em anos anteriores na própria empresa. Complementando essa análise, é importante a contribuição dos elementos ligados aos setores de vendas e crédito e cobrança, com sua experiência e conhecimento dos clientes.

c) Devem ser também consideradas as condições de venda. Obviamente, a existência de garantias reais anula ou reduz as perspectivas de perdas.

d) Atenção especial deve ser dada às contas atrasadas e a clientes que tenham parte de seus títulos em atraso. Nesses casos, é importante a preparação de uma análise das contas a receber vencidas, preferencialmente comparativa com períodos anteriores. As contas podem ser agrupadas em função de seus vencimentos, por exemplo, como vencidas há mais de um ano, entre 180 dias e um ano, entre 90 e 180 dias etc. (essa análise pode indicar a tendência dos clientes em atraso e a probabilidade de perdas, além da eficiência do sistema de crédito utilizado e do próprio serviço de cobrança).

O objetivo é sempre chegar a um dimensionamento adequado da estimativa. Essa análise por "idade" de vencimento é particularmente importante nos casos em que há quantidade muito grande de clientes, em que o risco esteja pulverizado.

Tem sido prática comum e adequada:

i. Determinar o valor das perdas já conhecidas com base nos clientes atrasados, em concordata, falência ou com dificuldades financeiras.

ii. Estabelecer um valor adicional de perdas estimadas para cobrir perdas prováveis, mesmo que ainda não conhecidas por se referirem a contas a vencer, mas comuns de ocorrer, com base na experiência da empresa, tipo de clientes etc.

As instituições financeiras são as entidades que possuem maior exposição ao risco de crédito por causa de suas atividades operacionais. A Resolução nº 2.682/1999 do Banco Central do Brasil (Bacen), que dispõe sobre critérios de classificação das operações de crédito e regras para constituição das perdas estimadas para créditos de liquidação duvidosa, apesar de ser direcionada para adoção pelas instituições financeiras no Brasil, é uma boa fonte de princípios e conceitos importantes na análise da estimativa de recebimento de um crédito. No artigo 2º da Resolução, está previsto que todos os créditos (vencidos e a vencer) devem ser classificados em níveis distintos de risco, e de acordo com a seguinte orientação: "A classificação da operação no nível de risco correspondente é de responsabilidade da instituição detentora do crédito e deve ser efetuada com base em critérios consistentes e verificáveis, amparada por informações internas e externas [...]". Na classificação dos títulos nas nove classes de risco contempladas na Resolução, vários aspectos devem ser observados, destacando-se os seguintes:

"I – em relação ao devedor e seus garantidores: a) situação econômico-financeira; b) grau de endividamento; c) capacidade de geração de resultados; d) fluxo de caixa; e) administração e qualidade de controles; f) pontualidade e atrasos nos pagamentos; g) contingências; h) setor de atividade econômica; i) limite de crédito;

II – em relação à operação: a) natureza e finalidade da transação; b) características das garantias, particularmente quanto à suficiência de liquidez; c) valor [...] e situações de renda e de patrimônio, bem como outras informações cadastrais do devedor [...]".

Esses aspectos previstos somente exemplificam alguns a serem considerados na classificação do risco de crédito. Além disso, também devem ser observadas:

a) As revisões periódicas das classificações de risco.

b) Análises de risco feitas não coletivamente, mas individualmente por devedor, e em cada devedor os créditos devem ser ainda segregados por vencimentos (títulos vencidos e vincendos), por garantias, por natureza do crédito etc.

Em suma, a estimativa de perda deve ser feita com base numa análise detalhada e criteriosa, independente de regras fiscais. Apesar de ser uma resolução obrigatoriamente observada por instituições financeiras, tais critérios são boa base para quaisquer sociedades com valores relevantes de contas a receber em seus ativos. Com a classificação dos créditos nas classes de risco, a cada classe de risco é atribuído um percentual para a constituição da perda estimada.

Essas práticas brasileiras mostradas precedentemente estão muito firmadas no conceito conhecido por Perdas Estimadas. Ou seja, são levantados valores relativos a ajustes por perdas em função de situações específicas de determinados clientes já em inadimplência, prestes a entrar em inadimplência e ainda se adicionam aspectos relativos a probabilidades de não recebimentos em decorrência de expectativas originadas de diversos fatores, experiências passadas, estimativas quanto a mudanças de cenários etc.

A mensuração da perda esperada deve refletir o valor imparcial e ponderado pela probabilidade de avaliação de um intervalo de resultados possíveis. Nessa mensuração, outros dois aspectos são importantes: valor do dinheiro no tempo e obtenção de informações relativas às condições e aos eventos econômicos, passados e futuros. O CPC destaca também não ser necessário que todo e qualquer possível cenário seja identificado, mas alerta para o risco de perda de crédito mesmo quando essa ocorrência apresente possibilidade muito baixa.

Em relação ao período, as perdas de crédito esperadas devem considerar o prazo contratual máximo, incluindo prováveis prorrogações, em que estarão expostas ao risco. Prazos mais longos relativos às práticas comerciais não devem ser considerados justificativa para sua não utilização contratual.

Condições de venda: obviamente, a existência de garantias reais anula ou reduz as perspectivas de perdas.

Só para registro: o outro critério para registro das estimativas de perdas em créditos de liquidação duvidosa é denominado Perdas Incorridas, não utilizável no Brasil. Sob essa alternativa, são só reconhecidos como despesas os valores de perdas já de conhecimento da investidora detentora dos créditos.

c) CONTABILIZAÇÃO

A constituição da perda estimada tem como contrapartida contas de despesas operacionais (Perda Estimada com Crédito de Liquidação Duvidosa – PECLD). (Teoricamente, em muitos casos essa conta até ficaria melhor se ajustada contra Receita para um dimensionamento melhor da Receita Líquida, mas essa prática, que já ocorreu no passado, não mais é utilizada.)

Quando um saldo se torna efetivamente incobrável, ou seja, quando se esgotaram sem sucesso os meios possíveis de cobrança e uma perda estimada se converte em perda certa, sua baixa da conta de Clientes deve ser feita tendo como contrapartida a própria conta de Ajuste. Lembramos

novamente que a despesa de PECLD é indedutível para fins de cálculo do Lucro Real e deve ser adicionada no LALUR, sendo dedutível apenas quando determinadas condições forem atingidas.

O registro comum da perda estimada é assim feito:

D – Despesa com PECLD (no resultado)

C – PECLD (redutora do Ativo)

Após o reconhecimento da PECLD, a análise por categoria de vencimento deve ser revisada continuamente, com o objetivo de atualizar seu saldo. E, continuamente, fazem-se ajustes para mais na PECLD, contra despesa, ou para menos, contra receita. Neste último caso, quando o saldo dessa conta retificadora do Ativo dever diminuir do Ativo, tem-se a reversão do saldo:

D – PECLD (redutora do Ativo)

C – Receita de reversão da PECLD (no resultado)

Quando já estiver praticamente esgotada a chance de determinado recebimento, aí se faz a efetiva baixa de Contas a Receber, mas contra despesa, pois esta já foi reconhecida no passado, porém contra a conta redutora de PECLD:

D – PECLD (redutora do Ativo)

C – Contas a Receber (Ativo)

Finalmente, suponha que um cliente, após ter sido considerado incobrável e ter sido baixado, pague parte ou o total de sua dívida. Nesse caso, como o título já havia sido baixado da conta Duplicatas a Receber, deve-se reconhecer uma receita do resultado do exercício:

D – Bancos (Ativo)

C – Receita por recuperação de incobrável (resultado)

d) ASPECTOS FISCAIS

O aspecto contábil e a estimativa adequada com relação à perda estimada em créditos de liquidação duvidosa independem da legislação fiscal, e compreendem: (i) constituição da perda estimada, conforme os níveis adequados de risco de crédito, no período em que os créditos foram originados (regime de competência) e com a atualização dessas estimativas periodicamente; (ii) realização da perda dos créditos não recebidos, quando a administração os considerar incobráveis; (iii) reversão da perda estimada quando constituída em excesso; e (iv) reconhecimento de receita quando do recebimento de um crédito anteriormente baixado como incobrável.

Como mencionado em seção anterior, a PECLD tem a finalidade de ajustar as contas a receber (créditos) para seu provável valor de realização, tendo como contrapartida uma despesa no resultado. Entretanto, a legislação fiscal não reconhece as despesas com estimativa de perdas para efeitos de dedutibilidade fiscal. As normas fiscais não adotam e não reconhecem o objetivo essencial da PECLD, deixando de adotar um adequado regime de competência para uma espécie de "regime fiscal", que nem pode ser considerado regime de competência de fato nem regime de caixa.

A regulamentação fiscal exige tratamento contábil específico para possibilitar a dedutibilidade das perdas (art. 347 do RIR/2018). Se fosse permitido o controle extracontábil das parcelas da PECLD que são dedutíveis, assim como permitido e recomendado para outras despesas e receitas que são controladas na parte B do LALUR, a informação contábil poderia permanecer com seu caráter relevante, com menos trabalho e custo.

De acordo com a regulamentação fiscal, somente serão dedutíveis da base de cálculo do Imposto de Renda e da Contribuição Social os registros contábeis relativos a **perdas** (despesas, contabilmente) de créditos referentes aos seguintes casos(art. 347 do RIR/2018):

i. Já exista declaração de insolvência do devedor, por meio de sentença do Poder Judiciário.

ii. Não exista garantia de valor para os créditos de até R$ 15.000,00, por operação, vencidos há mais de seis meses; não exista garantia de valor para os créditos entre R$ 15.000,00 e R$ 100.000,00 por operação e vencidos há mais de um ano e que estejam em processo de cobrança administrativa (como o protesto do título em cartório) e, finalmente, não exista garantia para os créditos de valor superior a R$ 100.000,00 e vencidos há mais de um ano, cujos procedimentos judiciais para recebimento já estejam em andamento (como execução judicial, por exemplo).

iii. Haja garantia para os valores a receber já vencidos há mais de dois anos e que já estejam contemplados em procedimentos judiciais para recebimento ou arresto das garantias em andamento. Consideram-se créditos com garantia aqueles decorrentes de vendas a prazo com reserva de domínio, de alienação fiduciária em garantia ou de operações com outras garantias reais.

iv. Haja declaração de falência ou concordata do devedor, em relação à parcela incobrável, observando-se que a dedução da perda será admitida a partir da data da decretação da falência ou da concessão da concordata, desde que a credora tenha adotado os procedimentos judiciais necessários para o recebimento do crédito, tais como a sua devida habilitação.

Assim, se a empresa for contribuinte do Imposto de Renda com base no Lucro Real, deverá manter o controle individualizado dos títulos representativos de seus créditos fiscalmente contabilizados como despesas estimadas de créditos incobráveis.

Fiscalmente, o reconhecimento das **despesas** com créditos incobráveis decorrentes da inadimplência dos devedores (**perdas** conforme os critérios fiscais mencionados anteriormente) é útil, exclusivamente, para atender a exigência da legislação fiscal (Lei nº 9.430/1996 e IN SRF nº 93/1997), com a finalidade de deduzi-las na base de cálculo do Imposto de Renda e da Contribuição Social.

O art. 347 do RIR/2018, que trata do registro contábil das **perdas**, obriga as entidades a fazerem dois tipos distintos de contabilização para que possa haver a dedutibilidade fiscal. No primeiro caso, que se refere exclusivamente aos créditos vencidos há mais de seis meses e cujo valor seja de até $ 15.000,00 (RIR/2018, art. 347, § 1º, inciso II, alínea *a*), os registros contábeis das **perdas** conforme os critérios fiscais devem ser feitos a débito de conta de Resultado e a crédito da conta que registre o direito (normalmente, Clientes), ou seja, nesse caso, quando os critérios fiscais que caracterizam a perda forem efetivamente observados, deve haver o lançamento dessa perda a débito no resultado (despesa com crédito incobrável) e a crédito diretamente na respectiva conta a receber do Ativo. Não há a realização da PECLD contábil, já que os créditos **perdidos** são lançados diretamente para o resultado.

O lançamento contábil da perda efetiva é análogo à constituição da PECLD, só que esta é uma perda fiscal e a contrapartida da despesa é a conta em que está registrado o direito a receber, quando a perda for de "até quinze mil reais, por operação, vencidos há mais de seis meses, independentemente de iniciados os procedimentos judiciais para o seu recebimento" (RIR/2018, art. 347, inciso I); porém, para os demais casos de perdas efetivas exemplificadas no art. 347 do RIR/2018 a legislação recomenda lançar a contrapartida da perda em conta "redutora do crédito" (RIR/2018, art. 348, inciso II). Isso implica que não há a realização contábil da perda efetiva, já que os valores originais das contas a receber permanecem escriturados no Ativo (o valor das contas a receber líquido da provisão é igual a zero). A consequência desse tratamento contábil obrigatório fiscalmente é a permanência da perda fiscal como redutora de Ativo por prazo estipulado também fiscalmente (cinco anos, conforme § 4º do art. 348 do RIR/2018). Esse procedimento também implica que, mesmo os créditos sendo gerencialmente considerados perdidos, devam ficar indevidamente escriturados no Ativo da entidade.

Ressalta-se que, para a publicação das demonstrações contábeis, esses procedimentos não devem ter efeito em termos de evidenciação, já que os saldos das contas a receber e da perda fiscal devem aparecer líquidos (não há a evidenciação do valor a receber e sua respectiva provisão integral).

Embora a legislação fiscal exija em certas circunstâncias, conforme destacado anteriormente, a baixa contábil do título considerado incobrável diretamente da conta do

Ativo em que está registrado (Contas a Receber de Contrato de Clientes, por exemplo), esse procedimento não se iguala necessariamente ao conceito de perda contábil. Portanto, novamente, para conciliar o procedimento contábil com as regulamentações fiscais, poder-se-iam criar subcontas específicas no grupo de contas de perdas estimadas com crédito de liquidação duvidosa para registrar as perdas consideradas incobráveis pelo Fisco, mas não para fins contábeis. Dessa forma, haveria pelo menos duas contas contábeis de perdas de crédito (redutora do Ativo):

a) Perdas Estimadas com Créditos Ainda não Dedutíveis.

b) Perdas Estimadas com Créditos Já Dedutíveis.

Assim, ao identificar títulos que atendam a todos os critérios de perda efetiva para fins fiscais, procede-se com a baixa desses títulos diretamente das contas contábeis em que estavam originalmente registradas, mas procede-se também a um lançamento de ajuste contábil para restituir o Ativo em contrapartida de uma conta retificadora do Ativo. Para fins contábeis, o efeito do ajuste é nulo, porém, estariam atendidos os critérios fiscais, sem prejuízo da essência contábil.

Como exemplo simplificado, considere um título vencido, sobre o qual não existam garantias de recebimento, e cujos esforços administrativos de cobrança foram efetuados sem sucesso. A entidade poderá aproveitar o crédito fiscal somente se a baixa do título for efetuada diretamente para o resultado. Todavia, esta entidade ainda considera que existe a possibilidade de recebimento. Nesse caso, deveria proceder com dois lançamentos:

1. Baixa do título para aproveitamento do crédito fiscal

    D – Despesa com PECLD (dedutível)

    C – Contas a Receber (Ativo)

2. Ajuste de conciliação entre critério fiscal e contábil

    D – Contas a Receber (Ativo)

    C – Perdas Estimadas com Créditos Dedutíveis

O lançamento contábil de ajuste teria efeito zero no saldo do Ativo; todavia, manteria o saldo de Contas a Receber pelo critério contábil.

e) ASPECTOS COMPLEMENTARES

A partir de 2018, conforme mencionado, o reconhecimento de Receitas sofreu algumas modificações. Algumas delas têm interferência direta e automática no registro das Contas a Receber. Assim, reforça-se, é obrigatório que se leia o Capítulo 18 (Receitas de Vendas) para localização de certos registros (ou não registros, às vezes) nessa conta. Por exemplo, quando o preço da venda de um produto pode estar sujeito a modificações por conta de um desempenho futuro, tem-se o que se chama de contraprestação variável.

Outro ponto relevante: em função de diferenças de tratamento entre esse reconhecimento de receitas para fins contábeis e para fins fiscais, muitas vezes será necessário utilizar subcontas para conciliação e atendimento às exigências fiscais. Por exemplo, a entrega de um produto pode gerar uma nota fiscal obrigatória, mas a condição pode impedir o registro desse montante como Receita de Venda, por enquanto. Nesse caso, para atendimento aos regimes contábil e fiscal, deverá ser registrada a Conta a Receber contra a Receita, mas, imediatamente, deverá ser debitada uma subconta de Receita e creditada uma subconta de Conta a Receber, de tal forma que, para fins contábeis, a receita seja nula e não exista conta a receber, mas para fins fiscais (se isso for exigido), será registrada a receita bruta de venda.

2.5.4 Securitização de recebíveis

Com o intuito de obter recursos para capital de giro a taxas mais competitivas, as empresas têm se utilizado de operações estruturadas de maneira a transferir o controle e o risco desses ativos para outros investidores. A securitização é uma operação financeira que faz a conversão de ativos a receber da empresa em títulos negociáveis – as *securities* (que em inglês se referem aos valores mobiliários e aos títulos de crédito). Esses títulos são vendidos a investidores, que passam a ser os novos beneficiários dos fluxos gerados pelos ativos. Entretanto, para viabilizar essa operação, existe normalmente a intermediação de uma Sociedade de Propósito Específico (SPE) ou de um fundo de investimento, de maneira que o risco do título é transferido para a SPE ou para o fundo. Os recursos para o repasse à empresa, nesse caso, são levantados junto ao investidor que adquire "cotas" (emitidas pela SPE ou Fundo) específicas da operação.

Normalmente, os recebíveis utilizados nesse tipo de transação são de uma carteira de clientes da empresa, ou seja, enquanto o risco de uma concessão de "empréstimo" à empresa não tem diversificação, o risco dos recebíveis é diversificado, o que diminui consideravelmente a exposição ao risco de crédito. Pela cessão (venda) desses títulos para a SPE ou para o fundo, a empresa obtém os recursos para o financiamento das suas operações ou de projetos de investimento. Há outros tipos de ativos que podem ser securitizados, como os créditos imobiliários, os créditos financeiros (tais como empréstimos e financiamentos no caso de instituições financeiras), faturas de cartão de crédito, mensalidades escolares, contas a receber dos setores comercial, industrial e de prestação de serviços, fluxos de caixa esperados de vendas e serviços futuros, fluxos internacionais de caixa derivados de exportação ou de remessa de recursos para o país, entre outros. A securitização de recebíveis pode ser feita basicamente via SPE, via companhia securitizadora ou pela utilização de um Fundo de

Investimento em Direitos Creditórios (FIDC) ou, ainda, pode ser feita diretamente para um investidor.

Contabilmente, há circunstâncias em que essas securitizações caracterizam, de fato, transferência de controle, riscos e benefícios para outra entidade, e a conta a receber deve ser baixada contra o valor de venda e o eventual resultado reconhecido imediatamente. Nesses casos, na securitização tem-se a baixa dos recebíveis contra a disponibilidade originalizada, com a diferença, se houver (se o Ativo estiver a valor justo isso não ocorre), sendo descarregada para o resultado.

E há circunstâncias em que não há genuína transferência de controle, riscos e benefícios, de forma que a detentora original dos créditos continua, por exemplo, sendo responsável pela adimplência dos créditos. Nesses casos, a carteira de contas a receber permanece na empresa e o dinheiro recebido é tratado contabilmente como empréstimo, gerando o Passivo. Por exemplo, no caso de descontos de duplicatas em bancos, o que se tem não é a venda dos títulos, mas entrega desses títulos como efetiva garantia de empréstimos. Assim, ao receber o dinheiro da negociação com o banco (normalmente), a contrapartida da disponibilidade é uma conta de Duplicatas Descontadas a aparecer no Passivo. Esse não é um processo genuíno de securitização de recebíveis.

A normatização sobre securitização é regulada pela Comissão de Valores Mobiliários (CVM), pelo Bacen e pela legislação comercial e societária.

Para mais detalhes sobre a contabilização dessas operações, consulte o Capítulo 10 (Instrumentos Financeiros) deste *Manual*.

2.6 Outros Créditos

2.6.1 Conceito e critérios contábeis

O agrupamento de Outros Créditos pode ser genericamente analisado como composto pelos demais títulos, valores e outras contas a receber, normalmente não originadas do objeto principal da sociedade.

Os critérios de avaliação são os mesmos, isto é, devem ser demonstrados por seus valores líquidos de realização, ou seja, por valores que se espera sejam recuperados, reconhecendo-se as perdas estimadas apresentadas como contas redutoras.

Quanto à classificação, as regras são também as mesmas. São classificadas no Ativo Circulante todas as contas realizáveis em circunstâncias normais dentro do prazo de um ano após a data da demonstração, seja ela de final de período ou intermediária; as que tiverem vencimento além constituem Ativo Não Circulante.

Em termos de apresentação no balanço, os Outros Créditos podem ser agrupados e apresentados em um só título, se seu total não for significativo comparativamente com os demais subgrupos. Deverão, porém, ser segregados por espécie, com destaque para as contas importantes, quando de valor relevante. Nesse caso, as contas devem ser descritas por título indicativo de sua natureza e origem. Esse subgrupo pode ser, portanto, composto de diversas contas, sendo as mais comuns as que constam no Modelo do Plano de Contas contido neste livro. Outras contas da natureza de "Outros Créditos" poderão surgir; todavia, o tratamento contábil de tais contas, em termos de avaliação e classificação, é semelhante ao exposto adiante.

2.6.2 Títulos a Receber

Podem originar-se das próprias contas normais a receber de clientes, as quais, quando vencidas e não pagas, são passíveis de renegociação mediante troca por Títulos a Receber (Notas Promissórias), com novos prazos de vencimento, normalmente acrescidos de juros.

Podem também ser oriundos de vendas não ligadas às operações normais da empresa, tais como vendas de investimentos ou bens do imobilizado, como imóveis, equipamentos, veículos etc.

Outro tipo de operação aqui classificável é o de títulos a receber por empréstimo feito a terceiros (pessoas jurídicas ou físicas).

As parcelas vencíveis dentro do prazo de um ano são classificadas no Circulante, e no "Não Circulante", especificamente no subgrupo Realizável a Longo Prazo em rubricas similares, quando o vencimento superar um ano. Devemos relembrar aqui o mencionado na Seção 2.5.1, sobre a necessidade de segregar os eventuais títulos a receber de controladas e coligadas no Ativo Não Circulante.

2.6.3 Cheques em Cobrança

Essa conta engloba os cheques recebidos até a data do balanço, mas não cobráveis imediatamente, por serem pagáveis em outras praças ou por outras restrições de seu recebimento à vista. Pode originar-se, também, de cheques recebidos anteriormente e devolvidos por falta de fundos, que se encontrem em processo normal ou judicial de cobrança.

Já vimos, por outro lado, na Seção 2.2.1 – Caixa, que os cheques em mãos, oriundos de recebimentos ainda não depositados na data do balanço, figurarão no Disponível, se representarem cheques normais recebíveis imediatamente.

2.6.4 Dividendos a Receber

Essa conta destina-se a registrar os dividendos a que a empresa tenha direito, em função de participações em outras empresas, quando tais empresas já tenham registrado no Passivo a parcela de Dividendos a Distribuir. Posteriormente, dá-se baixa nessa conta, quando do efetivo recebimento desses dividendos. (Veja Capítulo 5, Seção 5.3.5, sobre Dividendos a receber.)

É interessante notar que esses valores só podem ser agora registrados se forem os dividendos mínimos obrigatórios reconhecidos pelas investidas, sem que se preveja qualquer hipótese de não recebimento, e também aqueles efetivamente aprovados pelas investidas ou pelos órgãos que tenham o poder dessa decisão. Assim, dividendos simplesmente propostos, adicionais ao mínimo obrigatório, não podem mais ser classificados como Passivo na distribuidora desses dividendos, muito menos ainda como Dividendo a Receber na investidora.

2.6.5 Juros a Receber

O objetivo dessa conta é o de registrar os juros a receber de terceiros relativos a diversas operações, tais como de empréstimos feitos a terceiros, juros das aplicações em títulos de emissão do governo e outras operações nas quais os juros não sejam agregados aos próprios títulos.

Sua contabilização deve seguir o regime de competência, ou seja, *pro rata temporis*, calculado pela taxa dos juros em função do tempo já transcorrido. A contrapartida é registrada em Receita Financeira.

2.6.6 Créditos de Funcionários

a) CONTEÚDO E SUBCONTAS POR NATUREZA

Esse agrupamento deve englobar todas as operações de créditos de funcionários por adiantamentos concedidos por conta de salários, por conta de despesas, empréstimos e outros. Por esse motivo, essa conta deve ter subcontas em função dessa variedade de crédito, que pode ser:

Créditos de funcionários

a) Adiantamentos para viagens.

b) Adiantamentos para despesas.

c) Antecipações de salários e ordenados.

d) Empréstimos a funcionários.

e) Antecipação de 13º salário.

f) Antecipação de férias.

b) CONTROLES ANALÍTICOS

Cada conta deve ter controles analíticos por funcionário, cujos saldos devem ser periodicamente totalizados e confrontados com os saldos das contas respectivas.

c) ADIANTAMENTOS PARA VIAGENS E DESPESAS

Essas duas contas destinam-se a registrar os recursos fornecidos a funcionário para custear suas despesas de viagens a serviço ou outras despesas. São debitadas por ocasião do pagamento, em cheque ou dinheiro, ao funcionário. A baixa (crédito) nessas contas é feita pelas prestações de contas ou relatórios de despesas apresentados.

d) ANTECIPAÇÕES DE SALÁRIOS E ORDENADOS

Essa conta registra os adiantamentos feitos a funcionários por conta de salário. Inúmeras empresas adotam o procedimento de pagar o salário em duas parcelas. A primeira representa o adiantamento feito, que é registrado nessa conta, sendo baixado na folha de pagamento mensal, quando o adiantamento é descontado do salário total a pagar.

e) EMPRÉSTIMOS A FUNCIONÁRIOS

Os valores a receber por empréstimos feitos pela empresa a seus funcionários são registrados nessa conta quando da concessão do empréstimo. A conta é baixada pelos recebimentos efetuados diretamente do funcionário ou por meio de desconto em folha de pagamento ou, ainda, na rescisão contratual, nos casos de desligamento.

f) ANTECIPAÇÃO DE 13º SALÁRIO

Conforme a legislação trabalhista vigente, por ser concedida pela empresa uma antecipação do 13º salário no período de fevereiro a outubro, por ocasião de férias ou por liberalidade da empresa no atendimento de uma necessidade do funcionário. A baixa se dá quando do pagamento do 13º salário conforme combinado.

g) ANTECIPAÇÃO DE FÉRIAS

Quando se efetivarem pagamentos aos funcionários a título de antecipação sobre as férias, tais valores devem ser registrados nessa conta. A baixa correspondente ocorrerá quando da saída de férias do funcionário, por meio do desconto em folha de pagamento daquele período, ou na rescisão contratual, em caso de desligamento.

h) CLASSIFICAÇÃO DAS CONTAS

Deve-se notar que algumas das contas apresentadas estão estreitamente ligadas a certas contas do Passivo contra as quais serão recuperadas. A conta Antecipação do 13º Salário terá seu saldo recuperado mediante desconto quando do pagamento do 13º salário. Por seu turno, a despesa do 13º salário é registrada mensalmente por meio da constituição de uma "provisão derivada de apropriação por competência" para 13º salário a pagar, em contrapartida de uma obrigação no Passivo. Uma vez que tal evidenciação é feita pelo valor total já transcorrido sem deduzir as parcelas de adiantamentos realizados, é correto classificar as contas de antecipação como contas redutoras do Passivo. Se o valor se tornar devedor, deve ser transferido para o Ativo.

Raciocínio similar é válido para as contas:

a) Antecipações de Salários e Ordenados.

b) Antecipação de Férias.

2.6.7 Tributos a Compensar e Recuperar

a) CONTEÚDO E NATUREZA

Há diversas operações que podem gerar valores a recuperar de impostos, tais como saldos devedores (credores, na linguagem fiscal) de ICMS, IPI, PIS, Cofins, IRRF e outros. Tais impostos devem ser registrados nessa conta, que, diante da natureza variada dessas operações, deve ter segregação em subcontas, até para melhoria e facilidade de controle.

Destaca-se que "tributo a compensar/restituir" é o crédito que constitui moeda de pagamento de tributos da mesma espécie ou não e que, se não houver débito com o qual compensar, pode gerar solicitação de restituição em dinheiro. Como exemplo, pode ser citado o saldo credor do IR e da CS apurados no ajuste anual pelas pessoas jurídicas optantes pela apuração anual. Já a expressão **tributo a recuperar** identifica o tributo pago na aquisição de bens, embutido no preço, que poderá ser deduzido do tributo devido sobre vendas ou prestação de serviços, sendo essa normalmente a única forma possível de sua recuperação (exemplo: ICMS, PIS e Cofins não cumulativos pagos na compra de bens para revenda, de insumos da produção ou de bens destinados ao Ativo Imobilizado). Cabe ressaltar que é legalmente assegurada a possibilidade de utilização dos créditos do PIS e da Cofins para compensar débitos relativos a outros tributos administrados pela Secretaria da Receita Federal ou o ressarcimento em dinheiro dos créditos não compensados dentro de cada trimestre, nos casos excepcionais de empresas exportadoras de mercadorias ou serviços para o exterior ou que realizem vendas de bens para empresas comerciais exportadoras com o fim específico de exportação (arts. 5º da Lei nº 10.637/2002 e 6º da Lei nº 10.833/2003), sendo essas formas excepcionais de utilização estendidas aos créditos, não recuperados em cada trimestre, nas empresas que realizam vendas com suspensão, isenção, alíquota zero ou não incidência das contribuições (art. 16 da Lei nº 11.116/2005).

b) IPI, ICMS, PIS E COFINS A RECUPERAR

Essas contas destinam-se a abrigar, respectivamente, o saldo devedor de Imposto sobre Operações Relativas à Circulação de Mercadorias e sobre Prestações de Serviços de Transporte Interestadual e Intermunicipal e de Comunicação (ICMS), do Imposto sobre Produtos Industrializados (IPI), do Programa de Integração Social (PIS) e da Contribuição para o Financiamento da Seguridade Social (Cofins). Pela própria sistemática fiscal desses impostos, mensalmente os débitos fiscais pelas vendas são compensados pelos créditos fiscais das compras, remanescendo um saldo a recolher ou a recuperar, dependendo do volume de tais compras e vendas. O normal é que tais saldos sejam a recolher, quando figuram no Passivo Circulante, mas às vezes ocorrem saldos a recuperar, quando então deverão figurar nessa conta do Ativo Circulante.

Seus saldos devem ser periodicamente conciliados com os dos livros fiscais respectivos, e feitos os ajustes contábeis aplicáveis.

c) IRRF A COMPENSAR

Essa conta destina-se a registrar o Imposto de Renda Retido na Fonte (IRRF) nas operações previstas na legislação em que será recuperado mediante compensação com o imposto de renda quando da apresentação da Declaração de Rendimentos ou de outra forma.

A conta é debitada pela retenção quando do registro da operação que a originou e creditada quando o valor do imposto retido for compensado mediante sua inclusão na declaração de rendimentos e/ou utilização na guia de recolhimento, conforme a sistemática fiscal determinar.

d) IR E CS A RESTITUIR/COMPENSAR

Essa conta destina-se a registrar o Imposto de Renda e a Contribuição Social a restituir/compensar apurados no encerramento do período fiscal, decorrente de retenções na fonte e/ou antecipações superiores ao valor devido no exercício.

A conta é debitada quando da apuração do valor, bem como pelo valor do acréscimo de juros (Selic hoje) definido pelo governo para essas restituições. O crédito será feito quando do efetivo recebimento de parcelas ou do valor total, ou da compensação do imposto.

e) IR e CS DIFERIDO

Nessa conta, será registrada a parcela do Imposto de Renda e Contribuição Social que representa diferenças entre os valores de lucro apurados segundo as normas fiscais e o regime de competência, quando estes forem menores e as diferenças forem temporárias. Como regra, no Realizável a Longo Prazo.

f) OUTROS TRIBUTOS A RECUPERAR

Nessa conta, são registrados outros casos de impostos a recuperar pela empresa. Exemplificando, temos: impostos (ICMS e IPI) que são destacados na saída de bens (mercadorias) em demonstração, consignação etc., que deverão retornar ao estabelecimento, impostos a recuperar por pagamentos efetuados indevidamente a maior etc.

2.6.8 Depósitos Restituíveis e Valores Vinculados

Nessa conta, devem ser registrados os depósitos e cauções efetuados pela empresa para garantia de contratos, como os de aluguel, bem como para direito de uso ou exploração temporária de bens, ou, ainda, os de natureza judicial.

Serão ainda registrados nessa conta eventuais depósitos compulsórios que a empresa tenha de efetuar por força de legislação para certas operações, como ocorreu no caso dos depósitos compulsórios sobre importação, sobre combustíveis, ou sobre compra de veículos etc.

Quando houver saldos em operações de naturezas diversas, poderão ser criadas subcontas para seu controle e, na hipótese de alguma dessas contas assumir valor elevado, deve ser apresentada destacadamente no balanço.

2.6.9 Perdas Estimadas

Temos ainda no grupo Outros Créditos as seguintes contas **credoras**:

a) Perdas Estimadas em Créditos de Liquidação Duvidosa.

b) Perdas Estimadas – Outras.

Essas rubricas devem ser contabilizadas pelas estimativas de valores que cubram a expectativa de perdas nas diversas contas desse subgrupo. Os critérios de sua constituição e contabilização são similares aos do subgrupo Clientes. Deve-se, na data do balanço, efetuar uma análise da composição de cada uma das contas, realizando a estimava de prováveis perdas, e reduzir o saldo a receber ao valor provável de realização. As contas mais suscetíveis de perdas estimadas em crédito de liquidação duvidosa são as contas a receber de clientes, título a receber, cheques em cobrança.

A segregação em duas contas destina-se a separar as perdas conforme sua origem, diferenciando aquelas cuja estimativa seja em virtude de inadimplência de terceiros daquelas perdas por outras razões (como no caso de perda do direito de recuperar imposto por falta ou extravio de documentação hábil etc.).

2.7 Tratamento para pequenas e médias empresas

Os conceitos abordados neste capítulo também são aplicáveis a entidades de pequeno e médio porte.

3

Estoques

3.1 Introdução

Os estoques estão intimamente ligados às principais áreas de operação de muitas empresas e envolvem problemas de administração, controle, contabilização e, principalmente, avaliação.

No caso de companhias industriais e comerciais, os estoques representam um dos ativos mais importantes do capital circulante e da posição financeira, de forma que sua correta determinação no início e no fim do período contábil é essencial para apuração adequada do lucro líquido do exercício e da situação patrimonial e financeira da entidade.

Com a mudança da estrutura das organizações e a relevância maior da participação das empresas de serviços na economia, seus estoques – que, além de ativos tangíveis, também podem ser compostos por ativos intangíveis – merecem atenção especial. Esses estoques de intangíveis podem ser adquiridos de terceiros (direitos) ou produzidos pela própria entidade. Esse é o caso dos *softwares* produzidos para alienação definitiva. Se o objetivo for ceder o direito de uso do *software* para diferentes clientes ao invés da venda definitiva, o mesmo deve ser classificado no grupo de Ativos Especiais (ver Capítulo 4 – Outros Ativos e Operações Descontinuadas).

3.2 Conteúdo e plano de contas

3.2.1 Conceito e classificação

Os estoques são bens tangíveis ou intangíveis adquiridos ou produzidos pela empresa com o objetivo de venda ou utilização própria no curso normal de suas atividades. Segundo o CPC 16 (R1) – Estoques, item 6, os estoques são ativos:

a) Mantidos para venda no curso normal dos negócios.
b) Em processo de produção para venda.
c) Na forma de materiais ou suprimentos a serem consumidos ou transformados no processo de produção ou na prestação de serviços.

De forma semelhante, a Lei das Sociedades por Ações, ao referir-se aos estoques, menciona-os como "os direitos que tiverem por objeto mercadorias e produtos do comércio da companhia, assim como matérias-primas, produtos em fabricação e bens do almoxarifado" (Lei nº 6.404/1976, art. 183, item *b*, inciso II).

Para empresas comerciais, os estoques seriam tão somente os produtos do comércio adquiridos para revenda e eventualmente uma conta de almoxarifado. Para empresas prestadoras de serviços, os estoques seriam materiais ou suprimentos a serem consumidos no processo de prestação de serviços. Mas elas também precisam apresentar seus estoques de SERVIÇOS EM ANDAMENTO, coisa que pouco se vê porque é comum, infelizmente, as empresas prestadoras de serviços darem tratamento inadequado a seus custos. Já para empresas industriais, há necessidade de diversas contas, de acordo com o estágio de desenvolvimento dos produtos.

O momento da contabilização das compras de itens do estoque, assim como o das vendas a terceiros, em geral, mas nem sempre, coincide com o da transmissão do direito de propriedade destes, embora o conceito de ativo esteja ligado não só ao aspecto legal, mas principalmente à transferência de controle. Dessa forma, na determinação de quais itens integram ou não a conta de estoques, o importante não é sua posse física, mas seu controle. Assim, deve ser feita uma análise caso a caso, visando identificar potenciais eventos nos quais haja transferência de controle. Feitas essas considerações, normalmente, os estoques estão representados por:

a) Itens que fisicamente estão sob a guarda da empresa, excluindo-se os que estão fisicamente sob sua guarda, mas que são de propriedade de terceiros, seja por terem sido recebidos em consignação, seja para beneficiamento ou armazenagem por qualquer outro motivo.

b) Itens adquiridos pela empresa, mas que estão em trânsito, a caminho da sociedade, na data do balanço, quando sob condições de compra que transferem ao comprador seu controle, como *Free on Board* (FOB), ponto de embarque (fábrica ou depósito do vendedor).

c) Itens da empresa que foram remetidos para terceiros em consignação, normalmente em poder de prováveis clientes ou outros consignatários, para aprovação e possível venda posterior, mas cujos direitos de propriedade e controle permanecem com a sociedade.

d) Itens de propriedade da empresa que estão em poder de terceiros para armazenagem, beneficiamento, embarque etc.

3.2.2 Compras em trânsito

Não devem ser incluídas as compras cujo transporte seja de responsabilidade do vendedor (FOB-destino), nem as mercadorias recebidas de terceiros (quando a empresa é consignatária ou depositária), nem os materiais comprados, mas sujeitos à aprovação. Neste último caso, a integração aos estoques se dará após a aprovação.

3.2.3 Peças e materiais de manutenção

Peças, materiais de manutenção e ferramentas de pouca duração são também incluídos como estoques, mas evidenciados separadamente dos demais.

3.2.4 Materiais destinados a obras

Um dos problemas controversos na classificação refere-se a almoxarifado de materiais para construção nas empresas que têm obras em andamento. Todavia, se tais materiais não têm a característica de estoques destinados à venda ou a serem transformados para futuras vendas, pode ser criada conta específica a ser classificada no Ativo Imobilizado no subgrupo de Imobilizado em Andamento. Veja Modelo do Plano de Contas que prevê a conta "Almoxarifado de materiais para construção de imobilizado" nesse subgrupo.

3.2.5 Peças de reposição de equipamentos

Outro tipo de item de classificação difícil é o estoque de peças de reposição de máquinas e equipamentos que serão contabilizadas como adição ao Imobilizado em operação, e não como despesas, quando da substituição e respectiva baixa das anteriores. Esses estoques também devem ser classificados no Ativo Imobilizado, em subconta à parte. É prática comum também que tais peças sejam recebidas em consignação do fabricante da máquina e equipamento e adquiridas somente quando da efetiva utilização; nesses casos, deve-se registrar o ativo pela sua entrada, em conta específica de estoque em consignação no imobilizado, se a operação, apesar de formalizada como consignação, caracterizar-se efetivamente como aquisição cujo pagamento está apenas diferido.

Em certas circunstâncias, no caso de peças de reposição de máquinas e equipamentos, poderá ser o caso até de tais peças sofrerem depreciação na mesma base dos equipamentos a que se referem quando, isoladamente, não tiverem outra utilidade ou valor residual, caso não sejam usadas. Assim, sua vida útil, mesmo que elas não sejam usadas, pode ser a mesma do equipamento respectivo. Todavia, essa não é a situação mais comum. Essa questão é abordada com mais detalhes no Capítulo 7 – Ativo Imobilizado e Propriedade para Investimento.

3.2.6 Elenco sugerido de contas

Presumindo que os estoques sejam realizados dentro de um ano, ou dentro de um ciclo normal de operações, o modelo de Plano de Contas apresenta o subgrupo de ESTOQUES no Ativo Circulante, classificado após os subgrupos Disponível, Clientes, Outros Créditos e Investimentos Temporários, seguindo o conceito de liquidez, sequência essa que também deve ser adotada no balanço de publicação.

O Plano de Contas prevê o subgrupo Estoques somente no Ativo Circulante; no entanto, poderá haver empresas que tenham estoques cuja realização ultrapasse o exercício seguinte; nesse caso, no balanço deve haver a reclassificação dos estoques para o Realizável a Longo Prazo, dentro do Ativo Não Circulante, em conta à parte não prevista no Plano de Contas, a não ser que o ciclo operacional da empresa seja superior a um ano. Nesse caso, o Ativo Circulante inclui todos os bens, créditos operacionais, despesas antecipadas e eventuais outras rubricas relativas a essas atividades que demandam mais do que um ano para completar seu ciclo operacional. Assim, tais estoques, nesse caso, permanecem dentro do Ativo Circulante.

Logicamente, isso não deve ser feito com pequenos itens morosos ou comprados em excesso além das necessidades correntes que sejam de pequeno valor. Todavia, quando tiver algum significado, isso deve ser feito. Pode ocorrer, por exemplo, que a empresa, para garantia de sua produção futura, faça uma estocagem bem elevada de determinadas matérias-primas vitais à sua produção ou faça-o por outros motivos, mas não que isso seja o normal no seu ciclo operacional. Nesse caso, a parcela de tais estoques, para consumo a longo prazo (superior ao exercício seguinte), deve ser reclassificada para o Ativo Não Circulante. É importante salientar que a intenção da empresa é vital nessa classificação.

As contas de estoques incluem:

a) PRODUTOS ACABADOS

Deve representar aqueles já terminados e oriundos da própria produção industrial da empresa e disponíveis para venda, estando estocados na fábrica, em depósitos ou em filiais, ou ainda com terceiros em consignação, como já discutido anteriormente.

A prática usual é manter subcontas por local (fábrica, filial 1, filial 2 etc.) para facilitar confrontos com controles quantitativos, ajustes etc. Não é obrigatório manter uma conta contábil para cada tipo de produto, pois isso pode tornar o plano de contas muito extenso; entretanto, é necessário manter o controle analítico para conciliação com o saldo contábil. É claro que o controle em subcontas pode ensejar controles mais adequados.

Recebe os débitos pela transferência da conta Produtos em Elaboração e os créditos pelas vendas ou transferência da subconta da fábrica para as filiais etc.

b) MERCADORIAS PARA REVENDA

Engloba todos os produtos adquiridos de terceiros para revenda, que não sofrerão qualquer processo de transformação na empresa.

c) PRODUTOS EM ELABORAÇÃO

Representa a totalidade das matérias-primas consumidas na produção de produtos que estão em processo de transformação e todas as cargas de custos diretos e indiretos relativos à produção não concluída na data do balanço. Pelo término dos produtos, seus custos são transferidos para Produtos Acabados, sendo que recebe os débitos oriundos das cargas de apropriação dos custos de produção.

d) MATÉRIAS-PRIMAS E MATERIAIS DIRETOS

Abriga, primeiramente, todas as matérias-primas, ou seja, os materiais essenciais que sofrem transformações no processo produtivo. Sua composição e natureza é extremamente diversificada e depende de cada tipo de indústria. Nessa conta é importante registrar, em subconta à parte, os materiais a serem aplicados diretamente na fabricação do produto, sem que sejam matérias-primas, ou seja, sem transformação física. A importância de se segregarem em contas contábeis específicas as matérias-primas e os materiais diretos dos materiais auxiliares, indiretos, é que as primeiras são alocadas diretamente aos produtos, enquanto os últimos geralmente requerem algum critério de rateio.

Em empresas que efetuam a exportação do produto acabado, essa segregação contábil é particularmente útil, uma vez que esse controle é necessário para realizar a suspensão de IPI, PIS e Cofins da aquisição de matéria-prima, para empresas enquadradas no regime aduaneiro especial de *drawback*, conforme Instrução Normativa RFB nº 845/2008 e Lei nº 10.833/2003 (art. 59).

e) MATERIAIS DE ACONDICIONAMENTO E EMBALAGEM

Refere-se a todos os itens de estoque que se destinam à embalagem do produto ou a seu acondicionamento para remessa.

f) MATERIAIS AUXILIARES

Engloba os estoques de materiais de menor importância utilizados no processo industrial. Tais itens podem ser apropriados diretamente ou não ao produto, sendo caracterizados por não terem uma representação significativa no valor global do custo de produção e pela dificuldade de serem identificados fisicamente no produto.

g) MATERIAIS DE MANUTENÇÃO E SUPRIMENTO GERAIS

Nessa conta são classificados os estoques de materiais para manutenção de máquinas, equipamentos, edifícios etc. e para uso em consertos, manutenção, lubrificação, pintura etc. Normalmente, serão transformados em despesas ou, na indústria de bens, parte poderá ser transformada em custos de produção de estoques.

h) IMPORTAÇÕES EM ANDAMENTO

Engloba os custos já incorridos relativos a importações em andamento e às próprias mercadorias em trânsito, quando a condição de compra é feita FOB, no ponto de embarque, pelo exportador.

i) ALMOXARIFADO

A conta de Almoxarifado varia muito de uma empresa para outra, em função de suas peculiaridades e necessidades. Todavia, engloba todos os itens de estoques de consumo geral, podendo incluir produtos de alimentação do pessoal, materiais de escritório, peças em geral e uma variedade de itens. Muitas empresas, por questão de controle, adotam a prática de, para fins contábeis, já lançar tais estoques como despesas no momento da compra, somente mantendo controle quantitativo, pois muitas vezes representam uma quantidade muito grande de itens, mas de pequeno valor total, não afetando os resultados. Esse método pode ser aplicado a outras contas para os itens de pequeno valor. Veja, a esse respeito, a Seção 3.4.1. Contabilmente, não é a prática mais correta pelo Princípio da Competência, mas é aceitável pela convenção da Materialidade, quando usada adequadamente.

j) ADIANTAMENTO A FORNECEDORES

Abriga os adiantamentos efetuados pela empresa a fornecedores, vinculados a compras específicas de materiais que serão incorporados aos estoques quando de seu efetivo recebimento ou transformados em estoques destinados à venda. Quando efetuamos um adiantamento a um fornecedor de matéria-prima, devemos registrá-lo nessa conta. Se de bens para venda, na sua conta específica e assim por diante.

k) PERDA ESTIMADA PARA REDUÇÃO AO VALOR RECUPERÁVEL

Essa conta credora, que deve ser classificada como redução do grupo de Estoques, destina-se a registrar o custo dos itens de estoques que estiver a um valor superior ao valor realizável líquido. As Seções 3.3 e, mais especificamente, a 3.3.3 apresentam em detalhes os conceitos e procedimentos para cálculo e reconhecimento dessa perda. Adicionalmente, vale ressaltar que essa perda estimada deve ser reconhecida em conta específica e não é dedutível para fins fiscais (art. 13 da Lei nº 9.249/1995) nesse momento, quando da efetiva realização por venda; há exceção no caso das perdas estimadas em estoques de livros constituídas na base de até 1/3 do estoque pelas empresas editoras, distribuidoras ou vendedoras varejistas de livros (art. 85 da Lei nº 10.833/2003).

l) SERVIÇOS EM ANDAMENTO

Essa conta deve registrar todos os gastos com material, mão de obra e outros aplicados à realização do serviço que ainda não tenha sido entregue aos clientes. Portanto, organizações de serviços que promovam entregas de forma descontínua, mas que consumam recursos de forma contínua, devem acumular os custos dos serviços em conta de Estoque de Serviços em Andamento para posterior alocação ao resultado quando do reconhecimento da receita de venda.

3.3 Critérios de avaliação

3.3.1 Critério básico

Conforme determina o CPC 16 (R1) – Estoques, item 9, para fins de mensuração dos estoques, a regra é: valor de custo ou valor realizável líquido, dos dois o menor. Por valor realizável líquido entende-se o preço de venda estimado no curso normal dos negócios, deduzidas as despesas estimadas necessárias à venda.

A proposição do valor realizável líquido, no entanto, não deve ser confundida com o valor justo. O mesmo pronunciamento define valor justo como o preço que seria recebido pela venda de um ativo ou que seria pago pela transferência de um passivo em uma transação não forçada entre participantes do mercado na data de mensuração. Esse conceito será importante, por exemplo, quando da mensuração do custo do produto agrícola colhido proveniente de ativo biológico, cujo reconhecimento inicial deve ser feito pelo seu valor de mercado, deduzidos os gastos estimados no ponto de venda no momento da colheita, o que não é, perfeitamente, o conceito de valor justo.

A principal diferença entre o valor realizável líquido e o valor justo é que o primeiro representa o montante líquido que a entidade espera realizar no decurso normal de suas operações, ou seja, representa um valor específico relacionado com a entidade, enquanto o valor justo representa o montante que poderia ser obtido pelos mesmos estoques quando trocados no mercado, não estando, portanto, relacionado com as características específicas da entidade, e sem a consideração com as despesas necessárias à venda.

Vale destacar a definição constante do § 1º do art. 183 da Lei das Sociedades por Ações, quando trata dos critérios de avaliação do ativo: "Para efeitos do disposto neste artigo, considera-se valor justo: [...] b) dos bens ou direitos destinados à venda, o preço líquido de realização mediante venda no mercado, deduzidos os impostos e demais despesas necessárias para a venda, e a margem de lucro." Como se vê, o próprio legislador acabou por misturar esses dois conceitos.

A partir de 1º de janeiro de 1996, o art. 13 da Lei nº 9.249/1995 (inciso I) tornou indedutível, tanto para o imposto de renda quanto para a contribuição social, toda e qualquer perda estimada (denominada na legislação fiscal de "provisão"), excetuadas aquelas expressamente ressalvadas. No caso de produtos adquiridos para revenda, de matérias-primas ou de outros tipos de materiais utilizados no processo de produção, tal custo é o custo de aquisição dos itens. No caso de produtos em processo e acabados, é o custo de produção.

No caso das aquisições com prazo superior a um ano, ou no caso de curto prazo se o valor do ajuste a valor presente for relevante, os estoques devem sofrer esse ajuste;

voluntariamente, pode ser feito por qualquer empresa. Nesse caso, o estoque pode ser contabilizado pelo valor líquido e a conta de Fornecedores também, com o cuidado de esta última ir sendo ajustada em função da taxa de desconto utilizada para trazer a valor presente, em contrapartida à despesa financeira no resultado. Ou, o que é mais indicado, estoque e fornecedores são registrados pelos valores nominais definidos para pagamento, e criam-se duas contas de Ajuste a Valor Presente nos estoques e nos Fornecedores. E essas contas irão ajustando o custo das mercadorias ou dos produtos vendidos (baixa da conta de Ajuste do Ativo) e produzindo despesas financeiras (baixa da conta do Passivo). Esse procedimento ajuda no processo de controle e cálculo do lucro tributável, já que essas despesas financeiras não são dedutíveis para cálculo dos tributos sobre o lucro.

Na Seção 3.3.3 deste capítulo, é analisado em detalhe o procedimento da apuração do valor realizável líquido e o reconhecimento da perda estimada.

3.3.2 Apuração do custo

a) INTRODUÇÃO

É relevante a apuração e determinação dos custos dos estoques, não só por serem tais custos significativos em determinados segmentos, mas também pelo fato de que sua determinação por um ou outro valor tem reflexo direto na apuração do resultado do exercício, na análise de lucratividade por produto etc. Logicamente, trata-se de extensa matéria, aqui abordada somente em seus aspectos principais, considerando seus reflexos na elaboração das demonstrações contábeis.

b) MATÉRIAS-PRIMAS, MERCADORIAS E CONTAS SIMILARES

I – Componentes do custo

Um primeiro aspecto a ser considerado é saber o que deve ser incluído no custo das matérias-primas e outros itens dos estoques, incluindo mercadorias para revenda. O custo dos estoques deve incluir todos os custos de aquisição e transformação, bem como outros custos incorridos para trazer os estoques a sua condição e localização atuais. O custo de aquisição compreende o preço de compra, os impostos de importação e outros tributos (exceto os recuperáveis), bem como os custos de transporte, seguro, manuseio e outros diretamente atribuíveis à aquisição de produtos acabados, materiais e serviços até colocá-los em condição de uso ou venda. Os descontos comerciais, abatimentos e outros itens semelhantes devem ser deduzidos na determinação do custo de aquisição.

Já os custos de transformação de estoques incluem os custos diretamente relacionados com as unidades produzidas ou com as linhas de produção, como pode ser o caso da mão de obra direta. Também incluem a alocação sistemática de custos indiretos de produção, fixos e variáveis, que sejam incorridos para transformar os materiais em produtos acabados, sendo que, quando os custos de cada produto não são separadamente identificáveis, eles devem ser atribuídos aos produtos em base racional e consistente.

Os gastos incorridos eventualmente com armazenagem do produto devem integrar seu custo somente quando são necessários para sua chegada à empresa, pois devem ser incluídos todos os custos necessários para trazer os estoques a sua condição e localização atuais. Depois que os estoques são colocados em seu local para essa finalidade – uso, consumo ou venda –, quaisquer custos adicionais, inclusive de relocalização, são despesas.

Da mesma forma, juros incorridos e outras despesas financeiras não devem integrar o custo do estoque, como no caso de uma compra de estoques negociada a prazo que fuja aos padrões normais de negociação e se caracterizem como financiamento. Mas, segundo o CPC 20 (R1) – Custos de Empréstimos, em algumas circunstâncias os estoques que demandam largo tempo para serem produzidos devem receber a capitalização dos custos de empréstimo que são diretamente atribuíveis à sua construção ou produção.

No caso das importações, a prática é a taxa de câmbio ser fechada no momento do desembaraço aduaneiro da mercadoria para emissão da nota fiscal de entrada, quando passa o item ao controle da empresa. Qualquer variação cambial até o pagamento ao fornecedor no exterior passará a ser despesa financeira.

No caso de adiantamentos em moeda estrangeira para recebimento posterior do material ou mercadoria (ou qualquer outro ativo), o valor em reais precisa ser o relativo à taxa na data do fechamento do câmbio por ocasião do desembolso, ou seja, o valor em reais efetivamente desembolsado. As variações cambiais daí para a frente são reconhecidas no resultado, mesmo que o material importado entre na empresa mais à frente com taxa diferente (veja-se a ICPC 21 – Transação em Moeda Estrangeira e Adiantamento).

ICMS: no caso de ser incluso no preço, ou pago, e não sendo recuperável fiscalmente, tal imposto deve integrar o custo de aquisição. No caso, todavia, em que o ICMS é fiscalmente recuperável, não deverá fazer parte dos estoques.

IPI: da mesma forma, quando há incidência de IPI na entrada de itens para estoque em uma empresa que não está sujeita ao recolhimento de IPI na venda, o custo desse tributo deve compor o valor do estoque.

PIS e Cofins: as empresas contribuintes do PIS e da Cofins na modalidade não cumulativa devem ter esse mesmo tratamento. No caso de incidência cumulativa, os tributos são incluídos no estoque. Veja detalhes na Seção 3.3.5 – O PIS/Pasep, a Cofins e os estoques. Importante notar que, diferentemente de ICMS e IPI, o valor do PIS e da Cofins não são destacados na nota fiscal de compra (entrada).

Esses tributos, na hora do cálculo, são incidentes sobre o valor da receita bruta diminuída do ICMS destacado como incidente na venda.

No que se refere ao IOF incidente sobre as operações de câmbio, no caso de importações, tal ônus deve ser agregado ao custo da importação do produto adquirido, mesmo nos casos em que a importação é paga a prazo, situação em que o IOF será também devido somente na liquidação do câmbio.

O Ofício-Circular CVM nº 01/2021, item 8, alerta para a operação de financiamento de compras que tem sido utilizada por algumas empresas e que foi batizada como "*forfait*" ou risco sacado. Nessa operação, grandes empresas, denominadas empresas-âncoras, selam acordo com instituições financeiras para garantir o financiamento de fornecedores em sua cadeia produtiva. De forma prática, o fornecedor (vendedor) emite uma fatura pela venda com valor maior, que contempla o prazo a ser financiado pelo banco, enquanto a empresa compradora registra a fatura pelo valor total em fornecedores a pagar contra estoques. A orientação do referido ofício sobre o tratamento contábil dessa operação é a necessidade de representação fidedigna da transação, ou seja, o fornecedor (empresa vendedora) deve reconhecer o montante da venda pelo valor presente, apropriando receita financeira *pro rata*, enquanto a empresa compradora deverá reconhecer estoque e fornecedores pelo valor presente da operação, apropriando suas despesas financeiras também *pro rata*. Mas essa conta de fornecedores precisa ficar registrada à parte, como Fornecedores – Risco Sacado, para chamar a atenção do leitor e diferenciar das contas normais de fornecedores e de empréstimos.

II – Apuração do custo

Conhecendo os componentes do custo de aquisição, o problema agora se prende ao fato de a empresa ter em estoque o mesmo produto adquirido em datas distintas, com custos unitários diferentes, sobre qual preço unitário deve ser atribuído a tais estoques na data do balanço.

Vamos, a seguir, analisar as diversas possibilidades existentes: (a) preço específico; (b) custo médio ponderado móvel; (c) Primeiro que Entra, Primeiro que Sai (PEPS) ou *Firs-In First-Out* (FIFO); ou (d) Último a Entrar, Primeiro a Sair (UEPS) ou *Last-In First-Out* (LIFO). Antes disso, cabe lembrar que as normas internacionais não admitem o uso do LIFO, bem como a legislação do imposto de renda brasileiro.

O custo dos estoques de itens que não são normalmente intercambiáveis e de bens ou serviços produzidos e segregados para projetos específicos deve ser atribuído pelo uso da identificação dos seus custos individuais. Para itens que permanecem em estoque e que sejam intercambiáveis, a atribuição deve ser feita pelo PEPS ou custo médio ponderado, sendo que itens de mesma natureza devem ter critérios semelhantes de valoração. A maioria das empresas, no Brasil, utiliza principalmente o custo médio ponderado móvel.

Preço específico

Significa valorizar cada unidade do estoque ao preço efetivamente pago para cada item especificamente determinado. Será usado somente quando for possível determinar o preço específico de cada unidade em estoque, mediante identificação física, como no caso de revenda de automóveis usados, por exemplo. Esse critério, normalmente, só é aplicável em alguns casos em que a quantidade, o valor ou a própria característica da mercadoria ou material o permitam. Na maioria das vezes, é impossível ou economicamente inconveniente.

PEPS ou FIFO

Com base nesse critério, daremos baixa pelo custo de aquisição da seguinte maneira: o Primeiro que Entra é o Primeiro que Sai. À medida que ocorrem as vendas ou o consumo, vai-se dando baixa dos estoques pelo valor dos itens compras mais antigas ainda em estoque, o que equivale ao seguinte raciocínio: vendem-se ou consomem-se antes as primeiras mercadorias compradas.

UEPS ou LIFO

Esse critério representa exatamente o oposto do sistema anterior, dando-se baixa nas vendas pelo custo da última mercadoria que entrou; assim, a Última a Entrar é a Primeira a Sair – UEPS (LIFO). Não vamos detalhá-lo por não poder mais ser utilizado contabilmente.

Média ponderada móvel

Por esse critério, o valor médio de cada unidade em estoque altera-se pelas compras de outras unidades por preço diferente.

Esse método, mais comumente utilizado no Brasil, evita o controle de custos por lotes de compras, como nos métodos anteriores, mas obriga a maior número de cálculos, ao mesmo tempo em que foge dos extremos, dando como custo da aquisição um valor médio das compras. Pode-se, para isso, manter controle perpétuo dos estoques, ou seja, a cada entrada recalcula-se o custo médio atualizado dos estoques, a cada saída de estoque baixa-se por esse custo atualizado e assim por diante. Ou, de maneira mais simplificada, podem-se somar as quantidades do estoque anterior com as compradas, e somar-se também o custo do estoque inicial com o valor líquido das compras, e calcular-se um custo médio ponderado único a ser utilizado para todas as baixas ocorridas no período; e esse também será o custo médio do estoque final.

O Fisco brasileiro, conforme Parecer Normativo CST nº 6, de 26 de janeiro de 1979, admite essa última média móvel, desde que todas as entradas de um mês sejam consideradas como um lote único, também permitindo que todas as baixas de um mês sejam tidas como se fossem uma única. O que ele não aceita é a média ponderada fixa de um exercício inteiro. Isto é, não admite a avaliação dos estoques pelo valor médio (mesmo que ponderado) das compras do ano todo e do estoque inicial. Neste exemplo, assumindo que a movimentação refira-se a um ano, não se admite que o estoque final seja avaliado unitariamente por $ 29,29 ($ 400 de estoque inicial + $ 1.650 de compras no período)/70 unidades). Excepcionalmente, só se admite um critério como esse se for obtido um valor unitário de estoque final superior aos $ 32,50 apurados na média móvel.

Devoluções de venda

Quanto ao valor a ser atribuído às devoluções, observe-se que:

a) O valor da devolução ao fornecedor será o mesmo pelo qual houver sido registrada a compra das mercadorias devolvidas.

b) O valor da devolução de cliente será aquele pelo qual foi registrada a respectiva saída, sendo irrelevante o preço médio (se adotado esse critério de avaliação de estoque) vigente na data do registro da devolução.

Releva observar, também, que o lançamento da devolução implica ajuste no custo médio, em virtude da alteração nos saldos físico e monetário.

III – Método do preço de venda a varejo

Esse método originou-se da necessidade de controle para empresas comerciais com elevadíssimo número de itens de estoques à venda, como lojas de departamentos, supermercados, magazines etc., mas numa época de não possibilidade de apoio tecnológico suficiente para controle unitário dos estoques. O raciocínio básico é o seguinte: cada produto, ou conjunto de produtos, tem seu preço de venda básico determinado com um percentual fixo de lucro bruto sobre o custo desse estoque. Assim, tendo-se esse preço de venda básico, tem-se o custo. Se as vendas forem feitas por preço diferente desse preço básico, registra-se a diferença como desconto comercial. Assim, as baixas dos estoques são feitas com base no preço básico do documento de venda, mas as receitas são contabilizadas por esse valor deduzido do desconto comercial dado.

Se não há controle analítico dos estoques, um inventário físico geral feito a qualquer momento, tomando como base o preço de venda básico fixado, leva ao valor do custo do estoque final e, consequentemente, ao custo da mercadoria vendida. Mas esse método está praticamente em extinção, tendo em vista os controles individuais informatizados.

IV – Comparação entre os métodos

Quando se utiliza o PEPS, o custo dos estoques baixados fica pelos preços mais antigos até então estocados. No caso de preços crescentes, isso significa um custo dos estoques baixados menor do que no custo médio ponderado; e o estoque final no PEPS tende a ficar maior do que no custo médio ponderado. Isso significa que a adoção de um critério provoca alteração (normalmente não muito significativa na maioria das empresas) no custo dos produtos ou mercadorias vendidos e nos estoques finais de cada período. É bom verificar que existem compensações período a período; por exemplo, se no final de um período um estoque no PEPS é maior do que no custo médio, o que terá produzido lucro maior no PEPS se preços crescentes, no período seguinte se terá no PEPS um estoque inicial maior a ser baixado, compensando aquele efeito. Mas no final do período seguinte voltará a existir nova diferença e assim por diante, cada período sendo compensado no seguinte, mas o seguinte criando mais uma diferença. Somente quando baixado todo o estoque se terá, no acumulado, uma igualdade nesse custo dos estoques baixados em todos os métodos.

V – Registro permanente de estoques

A manutenção de um controle adequado da movimentação em quantidade e valor dos estoques é essencial não só para fins gerenciais e de controle interno, como também para espelhar corretamente seus reflexos e resultados na contabilidade. No caso de matérias-primas e contas similares de estoques de insumos da produção, como embalagem, manutenção e almoxarifado para empresas industriais, e para os estoques de mercadorias para revenda de empresas comerciais, é importante a manutenção de um registro permanente desses estoques, item por item. Tal registro permanente é também exigido pela legislação de Imposto de Renda, como instrumento necessário de controle para apuração mensal dos estoques, conforme dispõe o Parecer Normativo CST nº 6, de 26 de janeiro de 1979. O registro permanente nada mais representa do que fichas de estoques mantidas para cada item, com seu movimento em quantidade, preço unitário e valor total, tais como os modelos vistos na seção anterior.

O registro permanente de estoques, normalmente, é feito por sistema de processamento eletrônico de dados. O referido parecer esclarece, ainda, que os saldos do final do exercício, apurados no registro permanente após os ajustes decorrentes do confronto com contagens físicas, serão os utilizados para transcrição no livro oficial obrigatório de Registro de Inventário. Se a empresa não mantiver tal registro permanente, com a apuração mensal dos estoques, terá de apurar os estoques no final do exercício com base em contagem física, cujas quantidades serão valorizadas aos preços das compras mais recentes (PEPS).

Essa forma alternativa é também aceita para fins fiscais; todavia, para as empresas industriais, tal fato caracteriza que a empresa não possui um sistema de contabilidade de custos integrado e coordenado, sendo obrigada, como penalidade, a avaliar seus estoques de produtos em processo e acabados por critérios totalmente arbitrários – como definidos por referida legislação –, que distorcem totalmente não só os resultados, mas também a avaliação dos estoques, não sendo, em princípio, aceitável para fins contábeis e gerando, frequentemente, maiores tributos sobre o lucro. Tais fatos são descritos com mais detalhes na Seção 3.4.2.

c) PRODUTOS EM PROCESSO E ACABADOS

I – Componentes do custo

O custo dos estoques de produtos em processo e acabados na data do balanço deve ser feito pelo "custeio real por absorção", ou seja, deve incluir todos os custos diretos (material, mão de obra, energia e outros se realmente aplicáveis e mensuráveis diretamente) e indiretos (gastos gerais de fabricação) necessários para colocar o item em condições de venda. Em resumo, temos que:

- Os custos dos materiais diretos aplicados equivalem à valoração dos consumos efetuados pela produção, na forma de determinação de custo anteriormente estudada.

- Os custos de mão de obra direta incluem salários do pessoal que trabalha diretamente na fabricação do produto, adicionados a eles os benefícios e os respectivos encargos sociais, trabalhistas e previdenciários; na verdade, cada vez tende a existir menos mão de obra direta, já que as máquinas vão substituindo-a. Mas lembre-se que, se uma pessoa controla diretamente uma máquina que diretamente executa uma parcela da produção, essa mão de obra é direta; todavia, se uma pessoa controla um departamento onde várias máquinas produzem vários produtos, essa mão de obra praticamente passa a ser indireta com relação a cada produto, precisando de apropriação como gasto geral de fabricação.

- Os gastos gerais de fabricação, também chamados de custos indiretos industriais, incluem todos os demais custos incorridos na produção (mão de obra indireta e seus encargos, materiais, energia, depreciações e outros custos nas funções de inspeção, manutenção, almoxarifado, supervisão, administração da fábrica, depreciação, energia, seguros etc.) e são, em geral, atribuídos aos produtos por meio de rateios. Tais custos são geralmente aplicados com base em direcionadores como número de horas-homem ou valor da mão de obra direta, ou de horas-máquina etc.

Só que, no caso de indústria, somente fazem parte dos custos dos produtos elaborados os incorridos no processo industrial. Assim, os gastos com a administração geral da empresa e esforços de venda não são rateáveis e aplicáveis ao custo dos produtos elaborados, mas são descarregados diretamente como despesas. É claro que isso obriga, muitas vezes, a certos trabalhos de análise específica quando de determinados valores relevantes de certos centros de serviços que beneficiam tanto a área administrativa quanto a fabril; por exemplo, a área de TI, que pode ser cara e trabalhar em todos os controles do processo de fabricação bem como em todos os demais. Podem, nesse caso, ser necessários rateios distribuindo o gasto desse departamento entre gasto geral de fabricação e despesa administrativa. Mas só se aplica isso a centros que gastam valores efetivamente relevantes.

Para o caso dos prestadores de serviços, o CPC 16 (R1), item 19, determina que, na medida em que existam estoques de serviços em andamento, também chamados de estoques em elaboração, devem ser mensurados pelos custos da produção (mão de obra, material utilizado, pessoal diretamente envolvido na prestação de serviços etc.), cuja receita ainda não tenha sido reconhecida pela entidade (CPC 47 – Receita de Contrato com Cliente). Vale destacar também que os custos dos estoques dos prestadores de serviços não incluem as margens de lucro nem os gastos gerais não atribuíveis, que são frequentemente incluídos nos preços cobrados pelos prestadores de serviços, como salários e os outros gastos relacionados com as vendas e com o pessoal geral administrativo. Estes não devem ser incluídos no custo, mas reconhecidos como despesa do período em que são incorridos. Mas os custos indiretos de prestação de serviços, assim como os relativos à manufatura, são sim incluídos no custo dos serviços em andamento no Ativo e, por consequência, no custo dos serviços prestados no Resultado.

II – Custeio Direto (ou Variável) e Custeio por Absorção (ou Integral)

A inclusão dos três elementos de custo definidos representa o custeio por absorção, ou seja, o estoque em processo ou acabado "absorve" todos os custos incorridos, diretos ou indiretos. Essa é a base de avaliação aceita conforme a Estrutura Conceitual e, portanto, pela Lei das Sociedades por Ações, sendo que é a base também aceita pela legislação fiscal, bem como pelas normas internacionais de contabilidade. Assim, o chamado custeio direto, que atribui aos objetos de custeio apenas os elementos de custos variáveis, não é aceitável para fins contábeis e de demonstrações contábeis oficiais, nem para fins fiscais.

De fato, o método de custeio direto ou custeio variável destina-se a proporcionar à administração maior informação sobre a relação existente entre custos, volumes e lucros. Dentro desse método, os custos variáveis são apenas aqueles que só existem se existir a produção do bem ou do serviço – é o caso de materiais, mão de obra direta quando variável e outros custos variáveis; já os custos fixos são tratados diretamente como despesas do período e, portanto, não são incluídos nos estoques. Assim, os custos fixos são normalmente debitados ao resultado do exercício em que foram incorridos, independentemente da venda dos produtos para cuja fabricação contribuíram. Lembrar que mão de obra direta pode ser variável (quando paga por produção ou quando efetiva segregação da parcela relativa ao tempo utilizado na produção da parcela ociosa), mas cada vez mais é tratada como custo fixo em função de não segregação entre tempo utilizado e tempo ocioso e das regras contratadas e legais para pagamento.

O custeio direto contrasta com o chamado custeio por absorção, no qual todos os custos de produção, tanto fixos como variáveis, são atribuídos ao produto final e, portanto, "absorvidos" pela produção e pelos estoques. Uma vez que o custeio direto não reconhece todos os elementos aplicáveis na avaliação dos estoques, não é considerado como de acordo com a Estrutura Conceitual e, portanto, deve ser utilizado apenas em relatórios internos de informações gerenciais. Não obstante, a aplicação do método de custeio variável para fins internos poderá subsidiar diversas análises e decisões gerenciais, como análise de ponto de equilíbrio, grau de alavancagem operacional, margem de contribuição por fator limitante da capacidade de produção e decisão sobre preço de venda dos produtos e serviços, entre outras.

Há outros métodos de custeio, como o RKW e o ABC, que não vamos comentar por também não poderem ser utilizados para fins contábeis e fiscais.

III – Sistemas de custeio

Outra faceta diferente: os custos de produtos em processo e acabados são geralmente determinados sob dois tipos básicos de procedimentos ou sistemas de custeio: por ordem e por processo. Ambos os métodos são perfeitamente viáveis e aceitáveis contábil e fiscalmente. O importante é que um ou outro seja aplicado com base no custo por absorção e pelos custos reais incorridos.

Custos por ordem

É o método pelo qual os custos são acumulados para cada ordem de serviço, representando um lote de um ou mais itens produzidos. Sua característica básica é identificar e agrupar especificamente os custos para cada ordem. Deve ser usado quando as quantidades de produção são pequenas, mas normalmente há grandes produtos ou obras feitas. Os custos aplicáveis podem ser, de maneira prática e imediata, atribuídos aos serviços ou aos produtos.

Os custos acumulados pelo método de custeio por ordem de produção normalmente são os reais, nos casos de materiais e mão de obra direta, sendo que os gastos gerais de fabricação são normalmente apropriados por rateios para as diversas ordens. Quando houver entregas parciais de uma ordem, poderão ser utilizadas estimativas ou médias parciais para apurar o valor de seu custo, que deverá ser baixado da ordem que estiver em processo.

Custos por processo

É o método mediante o qual os custos são acumulados por fase do processo, por operação ou por departamento, estabelecendo-se uma média de custo que toma por base as unidades processadas ou produzidas. O custeio por processo é indicado quando o processo de produção é contínuo e fabricam-se produtos homogêneos, como ocorre na produção de cimento, papel, petróleo, produtos químicos e outros semelhantes.

Nesse sistema, os custos são normalmente apropriados por departamento ou seção de produção ou serviço, com base em consumo, em horas despendidas etc. Assim, os custos totais acumulados durante o mês (normalmente) de cada departamento são divididos pela quantidade produzida, apurando-se os custos unitários. Caso o processo produtivo englobe várias etapas, os custos incorridos em cada fase são transferidos para a etapa seguinte, e, finalmente, para o estoque de produtos acabados.

Os custos unitários para cada fase do processo e para a produção acabada são determinados com base em controles ou apontamentos das quantidades processadas ou produzidas. O custo correspondente às unidades estragadas ou perdidas nas diferentes fases do processo é normalmente absorvido pelas unidades efetivamente produzidas no mesmo período, desde que sejam perdas em níveis normais. Quando há perdas não normais, seu custo não deve onerar as demais unidades, mas ser lançado diretamente em Resultados do Exercício.

IV – Custo-padrão e custo real

Custo-padrão é o método de custeio por meio do qual o custo de cada produto é predeterminado, antes da produção, baseado nas especificações do produto, elementos de custo e nas condições previstas de produção. Assim, os estoques são apurados com base em custos unitários padrão e os custos de produção reais são apurados e comparados com os padrões, registrando-se suas diferenças em contas de variação. Tal técnica tem por objetivo uma análise melhor das operações e possibilitar a identificação de ineficiências e perdas, como base para a tomada de medidas corretivas para períodos seguintes.

O custo-padrão é uma técnica que pode ser adotada sob diversas formas, parcial ou totalmente, e por elementos de custo. Segundo o CPC 16 (R1), o custo-padrão leva em consideração os níveis normais de utilização dos materiais e bens de consumo, da mão de obra e da eficiência na utilização da capacidade produtiva. Essa consideração ocorre para que os gastos gerais alocados a cada unidade de produção não aumentem em função dos efeitos de ociosidade ou sazonalidade da fábrica.

É mais utilizado por grandes empresas, com operações de grande volume, com linhas de montagem de produtos que utilizam muitas peças, componentes etc. O padrão preestabelecido de custos deve ser revisado periodicamente, sempre que ocorrerem alterações significativas nos preços dos materiais, nos salários e no próprio processo de fabricação.

Considerando que o custo-padrão é um valor do custo "que deveria ocorrer", não é base para avaliação dos estoques para efeito de balanço; por isso, utiliza-se tal sistema durante o exercício, devido à sua utilidade no planejamento e no controle das operações, na avaliação de eficiência e no estabelecimento de preços de venda, retornando-se ao custo histórico ou real na data do balanço. Por isso, as contas de variação devem ser proporcionalmente distribuídas entre os estoques e o custo dos produtos vendidos ao final do período contábil. Só se pode usar o padrão para balanço se a diferença entre ele e o custo real for mínima, de forma a garantir que os estoques estejam sempre com valores correspondentes ao seu custo.

Cabe lembrar novamente as disposições da legislação fiscal. O Parecer Normativo CST nº 6/1979, ao tratar desse assunto, descreve que:

> No caso em que a empresa apure custos com base em padrões preestabelecidos (custo-padrão), como instrumento de controle de gestão, deverá cuidar no sentido de que o padrão incorpore todos os elementos constitutivos atrás referidos, e que a avaliação final dos estoques (imputação dos padrões mais ou menos as variações de custo) não discrepe da que seria obtida com o emprego do custo real. Particularmente, a distribuição das variações entre os produtos (em processo e acabados) em estoque e o custo dos produtos vendidos deve ser feita a intervalos não superiores a três meses, ou em intervalo de maior duração, desde que não excedido qualquer um dos prazos seguintes:
>
> 1. o exercício social;
>
> 2. o ciclo usual de produção, entendido como tal o tempo normalmente despendido no processo industrial do produto avaliado. Essas variações, aliás, terão de ser identificadas em nível de item final de estoque, para permitir verificação do critério de neutralidade do sistema adotado de custos sobre a valoração dos inventários.

Como se verifica, a legislação fiscal aceita a manutenção de uma contabilidade ao custo-padrão dentro dessas regras.

d) ASPECTOS ADICIONAIS DE AVALIAÇÃO DOS ESTOQUES

Já mencionamos que, para fins das demonstrações contábeis oficiais, o custo dos produtos vendidos deverá ser apurado por meio do método de custo real por absorção. De forma geral, podemos considerar para os itens seguintes que a alocação dos custos de fabricação às unidades produzidas deve ser baseada na capacidade normal de produção. Por capacidade normal entende-se a produção média que se espera atingir ao longo de vários períodos em circunstâncias normais, devendo ser para isso considerada a parcela da capacidade total não utilizada por causa de manutenção preventiva, férias coletivas e outros eventos semelhantes considerados normais para a entidade. Há, todavia, alguns aspectos adicionais que devem ser considerados, como segue:

I – Capacidade ociosa

Na hipótese de a empresa estar operando apenas parcialmente sua capacidade de produção, ou seja, com parte ociosa, há que se considerar que, mesmo no método de custeio real por absorção, o custo adicional relativo à capacidade ociosa não deve ser atribuído à produção elaborada no período, caso essa ociosidade seja anormal e grande. De fato, nessa circunstância, os custos fixos relativos à parte ociosa devem ser lançados diretamente nos resultados do período da ociosidade e não onerar o custo dos produtos elaborados no mesmo período. Entende-se por ociosidade anormal aquela derivada de greve, recessão econômica setorial profunda ou outros fatores não rotineiros.

II – Férias coletivas

O problema de férias coletivas é similar ao da capacidade ociosa, pois no período de férias coletivas não haverá produção, mas haverá custos fixos. Esses custos, todavia, são atribuíveis aos custos dos 11 meses anteriores em que houve produção normal. É por esse motivo que, para as empresas que têm política de paralisar anualmente suas atividades em face de férias coletivas, o procedimento correto é registrar mensalmente uma provisão nos 11 meses anteriores para cobrir os custos fixos estimados do mês de férias coletivas.

Dessa forma, tais custos serão atribuídos à produção de cada mês e, quando das férias coletivas, os custos fixos reais serão debitados contra a provisão anteriormente formada.

III – Ineficiências, quebras e perdas de produção

As ineficiências e quebras de produção podem ocorrer por uma infinidade de fatores e motivos, tais como: defeito de matéria-prima, paralisação por falta de matéria-prima, por falta de energia, por quebra de máquina, ausência de funcionários, defeito de equipamentos etc. Há, ainda, perdas da produção, muitas das quais são inerentes e normais ao processo produtivo. É o caso de aparas e rebarbas de matérias-primas, evaporação de produtos químicos etc. Estas fazem parte do custo normal de produção do bem.

Basicamente, o critério a ser seguido com essas ineficiências, quebras e perdas é lançá-las ao custo normal de produção, sempre que forem normais e inerentes ao processo produtivo, e lançá-las diretamente em resultados do período, quando esporádicas e não normais, além de significativas.

IV – Estoques deteriorados, obsoletos ou de lenta rotação

Quando nos estoques estiverem incluídos itens danificados ou obsoletos, e uma baixa direta em seus valores não for praticável, deve-se, então, reconhecer a perda estimada, perda esta prevista no elenco de contas sugerido e abordado na Seção 3.2.6, letra *k*. Essa prática de reduzir o valor de custo dos estoques (*write-off*) ao valor realizável líquido é coerente com a ideia de que não se deve ter registrados valores superiores aos que se espera realizar quando da ocorrência da venda ou do uso (faz parte do conceito geral de *impairment*).

São deteriorados ou obsoletos os estoques que não possam ser usados na produção normal por estarem danificados, fora das especificações, por serem relativos à linha fora de produção etc. Esses estoques devem ser avaliados por seu valor líquido realizável, o qual, em alguns casos, pode ser o valor estimado da venda para terceiros nas condições em que se encontram, ou venda como sucata. Na prática, pode ser difícil o cálculo da perda item a item, podendo-se efetuar alternativamente uma estimativa de perda baseada num percentual que seja adequado para a finalidade, e que seria aplicado sobre o valor total com que tais estoques estão contabilizados. Tal perda estimada não é dedutível para fins fiscais.

Estoques morosos são os itens existentes em quantidades excessivas em relação ao uso ou venda normal previstos. Já tratamos desse assunto nos parágrafos anteriores, caso a razão da lenta rotação seja a deterioração ou a obsolescência. Entretanto, se o excesso de volume tiver sido adquirido voluntariamente por motivos de garantia, segurança ou razões econômicas, o excesso deve ser reclassificado para o realizável a longo prazo (Ativo Não Circulante), não cabendo qualquer estimativa de perda.

Quando observadas perdas definitivas no estoque, como, por exemplo, itens estragados ou extraviados, deve-se proceder à baixa diretamente na conta do estoque onde o item estava originalmente alocado em contrapartida ao resultado.

No Capítulo 17 – Demonstração do Resultado, do Resultado Abrangente e Despesas Operacionais, serão abordados também alguns aspectos de custeio da produção, particularmente quanto ao Plano de Contas e fluxo

contábil, e seu método de utilização, além de considerações de ordem fiscal quanto à exigência de um sistema de contabilidade de custos.

e) PRODUTOS AGRÍCOLAS, ANIMAIS E EXTRATIVOS

Os conceitos de apuração de custo expostos nas seções anteriores aplicam-se mais a empresas industriais e comerciais, sendo que, para certos ramos de atividade, tais conceitos, mesmo que ainda válidos, não são aplicados por dificuldades de ordem prática e por haver critérios alternativos de uso mais corrente e generalizado, que passaram a ser "aceitos". Isso ocorre, por exemplo, com as empresas pecuárias, as de produção agrícola, bem como, em certos casos, com as de extração natural (mineral ou florestal), no que se refere à avaliação de seus estoques, sendo que, em vez do custo, tais empresas, muitas vezes, adotam como base de avaliação o valor justo.

No sentido da convergência internacional, o CPC emitiu o CPC 29 – Ativo Biológico e Produto Agrícola, que define alguns conceitos principais:

- **Produto agrícola:** é o produto colhido ou obtido a partir de um ativo biológico de uma entidade.
- **Ativo biológico:** refere-se a um animal ou a uma planta vivos, que geram um produto agrícola.
- **Transformação biológica:** compreende o processo de crescimento, degeneração, produção ou procriação que causa mudança qualitativa e quantitativa no ativo biológico.

Exemplificando, o gado para produção de leite é um ativo biológico que gera o produto agrícola "leite", e está sujeito a nascimento, crescimento, produção, degeneração, procriação. No caso dos bezerros machos, que nascem e são destinados à venda, eles são considerados produto agrícola (estoque); as fêmeas que se destinam à futura produção de leite ou os machos utilizados como reprodutores são considerados ativos biológicos, classificados no Imobilizado. O pé de café é o ativo biológico que gera o produto agrícola "café"; o eucalipto é o ativo biológico que gera o produto agrícola "madeira", a ser colhida e utilizada como matéria-prima para a obtenção da celulose; e assim sucessivamente.

Em relação aos critérios de mensuração, o ativo biológico, exceto o classificado no Imobilizado, deve ser mensurado ao valor justo menos a despesa de venda no momento do reconhecimento inicial e no final de cada período de competência, exceto se o valor justo não puder ser mensurado de forma confiável. E o produto agrícola, colhido ou obtido de ativos biológicos da entidade, deve ser mensurado ao valor justo menos a despesa de venda, no momento da colheita, nascimento ou qualquer outra forma de obtenção do produto agrícola. O valor assim atribuído representa o custo para o caso de, na sequência, passar a ser utilizado como matéria-prima num processo industrial (CPC 16 (R1) – Estoques).

Note-se que é uma enorme exceção à avaliação de estoques pelo custo.

Para os produtos agrícolas com características de *commodity*, vale a mesma regra, ou seja, mensuração pelo valor justo menos as despesas de vendas em cada balanço, com as variações sendo reconhecidas no resultado. Porém, se esses produtos passarem a ter a característica de matéria-prima em algum momento, ou seja, se forem utilizados em um processo industrial, passarão a ser considerados estoques comuns nesse momento, ou seja, a avaliação passa a ser realizada pelo valor realizável líquido ou pelo valor de custo, dos dois o menor, e o último valor atribuído enquanto *commodity* passa a ser denominado custo. É por isso que, no plano de contas, existe a previsão de duas contas distintas para os produtos agrícolas: aqueles mensurados ao valor justo e aqueles mensurados ao custo.

O ganho ou a perda proveniente do reconhecimento inicial do produto agrícola ao valor justo, menos a despesa de venda, devem ser incluídos no resultado do período em que ocorrerem. Vale lembrar que a entidade deve evidenciar em nota explicativa o método e as premissas significativas aplicados na determinação do valor justo de cada grupo de produto agrícola no momento da colheita.

A legislação do imposto de renda também se refere ao assunto ao indicar que "os estoques de produtos agrícolas, animais e extrativos poderão ser avaliados aos preços correntes de mercado, conforme as práticas usuais em cada tipo de atividade" (art. 309 do RIR/2018). Desde 2008, as variações a valor justo podem ser tributadas apenas quando da realização dos estoques por venda.

Deve-se lembrar que essa prática de ajuste ao valor justo, quando adotada, está restrita aos estoques destinados à venda. Por exemplo: as contas de almoxarifados, materiais e matérias-primas dessas mesmas empresas devem estar avaliadas normalmente na base do custo real, como anteriormente descrito.

Lembrar que valor justo para esses ativos na forma de estoques corresponde, basicamente, ao preço corrente de mercado, ou seja, o valor pelo qual tais estoques podem ser vendidos a terceiros na época do balanço, preço esse obtido como regra nos mercados onde a entidade costuma negociar tais bens. Todavia, devem ser deduzidas desse preço todas as despesas em que se incorre para vender, entregar e receber tal preço. Nesse caso, se o estoque é avaliado por esse critério mesmo após a colheita ou o nascimento; a diferença entre o valor justo apurado e o valor contábil anterior é ajustada ao valor dos estoques, tendo como contrapartida uma conta de resultado operacional com intitulação clara de seu significado.

Assim, ao se considerar o período de formação de um produto agrícola como o café, os custos incorridos nesse período serão acumulados em uma conta específica, como, por exemplo, "Colheita de Café em Andamento", que deve especificar o tipo de produto a ser colhido. Após a colheita, deve-se transferir esse estoque para outra conta, também de estoques, mas denominada, por exemplo, "Produto Agrícola – Café", com as devidas especificações. A avaliação se dará pelo valor justo no ato da colheita menos as despesas de vender esse ativo, e as diferenças entre esse valor justo e os custos acumulados na conta "Produto Agrícola – Café" serão levadas para o resultado. Para mais detalhes, veja o Capítulo 8 – Ativos Intangíveis e Ativos Biológicos.

3.3.3 Apuração do valor realizável líquido

A aplicação do critério de valor de custo ou valor realizável líquido, dos dois o menor, mencionada na Seção 3.3.1, deve ser feita separadamente para cada subconta de estoques.

a) MATÉRIAS-PRIMAS, OUTROS MATERIAIS UTILIZADOS NA PRODUÇÃO E ALMOXARIFADO DE USO GERAL

Temos aqui mais uma divergência entre a Lei das S.A. e o CPC 16 (R1) – Estoques. Diz o CPC:

> "32. Os materiais e os outros bens de consumo mantidos para uso na produção de estoques ou na prestação de serviços não serão reduzidos abaixo do custo se for previsível que os produtos acabados em que eles devem ser incorporados ou os serviços em que serão utilizados sejam vendidos pelo custo ou acima do custo. Porém, quando a diminuição no preço dos produtos acabados ou no preço dos serviços prestados indicar que o custo de elaboração desses produtos ou serviços excederá seu valor realizável líquido, os materiais e os outros bens de consumo devem ser reduzidos ao valor realizável líquido. Em tais circunstâncias, o custo de reposição dos materiais pode ser a melhor medida disponível do seu valor realizável líquido."

E, mais, o critério de valor realizável líquido para esses itens é o mesmo que para produtos acabados ou para venda.

Em função das Deliberações da CVM (que tem dever legal de aceitar as normas internacionais) e do CFC a respeito, prevalece o determinado pelo CPC.

b) PRODUTOS ACABADOS E MERCADORIAS PARA REVENDA

No caso de produtos fabricados ou de mercadorias adquiridas para revenda, o valor realizável líquido de cada item é apurado pelo líquido entre o preço de venda do item e as despesas estimadas para vender e receber, entendendo-se como tais as despesas diretamente relacionadas com a venda do produto e a cobrança de seu valor, tais como comissões, fretes, embalagens, taxas e desconto das duplicatas etc.; despesas do tipo propaganda, despesas gerais, administrativas etc., que beneficiam não diretamente um produto, mas genérica e constantemente todos os produtos da sociedade, não devem ser incluídas nessa determinação de despesas para vender e receber.

A Lei nº 6.404 determina que, nesses casos, entenda-se por valor justo "o preço líquido da realização mediante venda no mercado, deduzidos os impostos e demais despesas necessárias para a venda, e a margem de lucro" (alínea *b*, § 1º, art. 183), sendo esse o critério para mensurar o valor recuperável do estoque quando este for inferior ao custo.

Há que se interpretar aqui o texto legal à base da técnica contábil. Não se aplica pura e simplesmente a dedução da margem de lucro como regra, isto é, não se diminui também do preço de venda o lucro normal, já que isso simplesmente faz voltar ao custo. A aplicação indiscriminada desse critério acaba por fazer a empresa reconhecer prejuízo cada vez que o preço de venda cair, para, talvez, reconhecer lucro no exercício seguinte. E essa disposição não existe no CPC de Estoques. Assim, é ignorado esse ponto.

A legislação, ao mencionar margem de lucro, pode se referir, por exemplo, ao caso em que o preço caiu e continuará caindo, e a empresa então sabe que não deverá conseguir vender nem pelo preço de hoje. Aí, sim, deverá utilizar o valor líquido esperado para a data da venda.

c) PRODUTOS EM PROCESSO

Esses estoques também devem ser confrontados com o valor realizável, e o normal é tomar seu custo já incorrido mais uma estimativa dos custos a completar para estimar o custo total e ver se deverá ser recuperado pelo valor justo líquido ao final. Esse valor final seria comparado com o mercado como se fosse um produto acabado. Por outro lado, para estoques muito em início do processo, a melhor forma talvez seja decompô-los pelas matérias-primas já requisitadas, cujos custos seriam comparados como se fossem matérias-primas.

3.3.4 O ICMS e os estoques

Já mencionamos diversas vezes que a base elementar para a avaliação dos estoques é o custo. O ICMS é um imposto diferencial, isto é, provoca um valor a recolher que é calculado pela diferença entre os preços de venda e de compra dos itens. A sistemática fiscal de recolhimento permite que o imposto sobre as compras de um período seja recuperado em função das vendas no mesmo período,

mesmo que as mercadorias vendidas não sejam as mesmas que foram compradas nesse período.

Só que esse imposto (assim como outros) é cobrado sobre a denominada receita bruta; e, na contabilidade, a demonstração do resultado se dá a partir da receita líquida. Por isso o CPC 47 – Receita de Contrato com Cliente, item 112A, estabelece que:

> "A divulgação da receita na demonstração do resultado deve ser feita conforme conceituadas neste pronunciamento. Todavia, a entidade deve fazer uso de outras contas de controle interno, como, por exemplo, 'Receita Bruta Tributável', para fins fiscais e outros. A conciliação entre os valores registrados para finalidades fiscais e os evidenciados como receita para fins de divulgação de acordo com este pronunciamento deve ser evidenciada em nota explicativa às demonstrações contábeis."

Por isso, vamos utilizar Receita Bruta contabilmente, mas só para efeito desse controle. Para a divulgação, nós a extirparíamos.

Há duas formas de reconhecimento dos efeitos do ICMS e tributos com funcionamento semelhante. Para melhor evidenciação, tomemos um exemplo: considere uma empresa comercial que realize, em determinado período, a compra de mercadorias no valor de $ 90.000, com ICMS embutido de 18% ($ 16.200). No mesmo período, a empresa vende as mesmas mercadorias pelo valor de $ 120.000, com ICMS também embutido de 18% ($ 21.600). Pelo critério de contabilização hoje utilizado, teremos os seguintes lançamentos contábeis:

	Débito	Crédito
a) Mercadorias (Estoques)	73.800	
Impostos a Recuperar – ICMS	16.200	
Fornecedores/Disponíveis		90.000
b) Clientes	120.000	
Receita Bruta de Vendas		120.000
c) Impostos sobre Vendas – ICMS	21.600	
Impostos a Recolher – ICMS		21.600
d) Impostos a Recolher – ICMS	16.200	
Impostos a Recuperar – ICMS		16.200
e) Custo da Mercadoria Vendida	73.800	
Mercadorias (Estoques)		73.800

Nesse caso, os estoques são registrados pelo valor líquido, sem os tributos embutidos (lançamento a); a receita bruta de vendas é registrada pelo valor total, incluindo os tributos (b); e os impostos sobre vendas são apresentados como dedução de vendas da receita bruta (c). No entanto, o valor de ICMS apresentado como redução da receita bruta não corresponde ao real encargo tributário da entidade, uma vez que esse encargo é determinado pelo líquido entre ICMS a pagar e ICMS a compensar. O valor efetivo a desembolsar não é o ICMS incidente na venda ($ 21.600), mas a diferença desse com o tributo pago na aquisição, ou seja, $ 5.400 ($ 21.600 – $ 16.200). A demonstração do resultado, nesse caso, será feita pelas práticas contábeis atuais:

DEMONSTRAÇÃO DO RESULTADO DO EXERCÍCIO	$
Receita Bruta de Vendas	120.000
(–) Impostos sobre Vendas – ICMS	– 21.600
Vendas líquidas	**98.400**
(–) Custo das Mercadorias Vendidas (CMV)	– 73.800
Lucro Bruto	24.600

Dessa forma, o valor de ICMS apresentado não corresponde ao que a entidade efetivamente pagará, nem o valor apresentado como CMV corresponde às verdadeiras saídas para pagamento de fornecedores.

Repare-se que a demonstração do fluxo de caixa mostrará:

Recebimento de Clientes	R$ 120.000
(–) Pagamento a Fornecedores	(R$ 90.000)
(–) Pagamento do ICMS devido	(R$ 5.400)
Caixa gerado pela Operação	R$ 26.400

Interessante: o lucro é igual ao caixa gerado, como não pode deixar de ser, mas fica muito fácil entender o fluxo de caixa, e não tão fácil entender a demonstração do resultado. Esta dá a impressão de recebimento de $ 120.000, o que está correto, mas faz parecer que o ICMS recolhido foi $ 21.600, o que não é verdade, e que se pagou $ 73.800 aos fornecedores de mercadorias , o que também é irreal.

Observando a recomendação do CPC 47 – Receita de Contrato com Cliente, apresentamos a seguir uma alternativa, que consideramos mais adequada, para que a receita contenha apenas os benefícios econômicos inerentes à entidade e os registros efetuados atendam às exigências fiscais.

		Débito	Crédito
a)	Mercadorias (Estoques)	90.000	
	Fornecedores/Disponíveis		90.000
b)	Impostos a Recuperar – ICMS	16.200	
	ICMS Diferido a Compensar		16.200

(continua)

(continuação)

c)	Clientes	120.000	
	Receita Tributável		120.000
d)	Impostos sobre Vendas – ICMS	21.600	
	Impostos a Recolher – ICMS		21.600
e)	ICMS **Diferido** a Compensar	16.200	
	Impostos sobre Vendas – ICMS		16.200
f)	Custo da Mercadoria Vendida	90.000	
	Mercadorias (Estoques)		90.000
g)	Impostos a Recolher – ICMS	16.200,00	
	Impostos a Recuperar – ICMS		16.200,00

A mudança principal, como se vê, é o registro dos estoques, que conterá o valor do ICMS (itens a e f). Surge também a rubrica "ICMS **Diferido** a Compensar", conta patrimonial de natureza credora que tem característica de obrigação diferida, a fim de controlar o que pode ser compensado pela empresa. No momento da aquisição, enquanto os estoques não são vendidos, essa conta denominada "ICMS Diferido a Compensar", classificada no Passivo, será retificada pela conta "Impostos a Recuperar – ICMS".

Continuando com nosso exemplo, após a venda de todos os estoques, a demonstração do resultado do exercício seria apresentada da seguinte forma:

DEMONSTRAÇÃO DO RESULTADO DO EXERCÍCIO	$
Receita Tributável	**120.000**
(–) Impostos sobre Valor Adicionado – ICMS	– 5.400
Receita Contábil	**114.600**
(–) Custo das Mercadorias Vendidas (CMV)	– 90.000
Lucro Bruto	**24.600**

Como se pode observar, o valor do lucro bruto não se altera e é o mesmo nos dois casos, mudando apenas a forma de contabilização do tributo. A Receita de Vendas, agora reconhecida de acordo com a regra internacional, neste caso, está representada pela Receita Contábil.

E veja-se agora a perfeita correlação com os fluxos de caixa mostrados logo atrás.

Para fins de divulgação, a demonstração do resultado começa na receita líquida e a conciliação com a bruta é feita em nota explicativa.

Integra também o custo de aquisição o valor da contribuição previdenciária do produtor rural, quando o adquirente de produtos rurais assume o ônus de seu pagamento (ADN CST nº 15/1981). Esse tratamento aplica-se também ao ICMS pago pelo adquirente (contribuinte substituto) de produtos rurais destinados ao uso ou consumo próprio (não destinado a comercialização ou industrialização).

3.3.4.1 Quando o IPI compõe a base de cálculo do ICMS

Nos exemplos presentes em livros e materiais acadêmicos, é bem comum que o ICMS seja calculado sobre o valor da mercadoria ou da matéria-prima, sem o valor do IPI. Dessa maneira, a base de cálculo do ICMS e do IPI acaba sendo a mesma. Na prática cotidiana, essa forma de cálculo do ICMS também acontece com bastante frequência.

No entanto, é importante lembrar que pode não ser sempre assim. Há casos nos quais o IPI é parte da base de cálculo do ICMS, ou seja, calcula-se o ICMS também sobre o valor do IPI incidente na transação. Um desses casos é quando a venda possui IPI e é destinada ao consumidor final. Isso ocorre porque a Lei Complementar ICMS nº 87/1996, fundamento de validade de Regulamentos de ICMS estaduais, prevê, em seu artigo de nº 13, § 2º, que "Não integra a base de cálculo do imposto o montante do Imposto sobre Produtos Industrializados, quando a operação, realizada entre contribuintes e relativa a produto destinado à industrialização ou à comercialização, configurar fato gerador de ambos os impostos". Como a operação destinada a consumidor final não se enquadra na previsão citada, o IPI acaba por compor a base de cálculo do ICMS. Vejamos no Quadro 3.1 como ficaria o cálculo do ICMS nos dois casos, quando o IPI incorpora, e quando não incorpora, a base de cálculo do ICMS, nos casos mencionados.

Não é só neste caso que o IPI serve de base de cálculo do ICMS; há alguns outros na legislação, mas foi escolhido este exemplo por ser de ocorrência relativamente comum.

3.3.5 O PIS/Pasep, a Cofins e os estoques

De acordo com as Leis nºs 10.637/2002 e 10.833/2003, o PIS/Pasep e a Cofins, como regra geral, deixaram de ser cumulativos, passando a ter tratamento semelhante ao do ICMS. Conforme visto na Seção 3.3.4, o ideal é que o ICMS seja incluído no registro dos estoques, para que a receita bruta represente apenas os benefícios econômicos inerentes à entidade. Sendo assim, recomenda-se o mesmo tratamento dado ao ICMS para o PIS/Pasep e a Cofins não cumulativos. Os créditos do PIS/Pasep e da Cofins são presumidos às alíquotas, respectivamente, de 1,65% e 7,6%, independentemente da tributação inserida no preço de aquisição, salvo as exceções em que o crédito é vedado. Veja mais detalhes no Capítulo 18.

Por decisão do STF terminada em 2021, o PIS e a Cofins não incidem mais sobre o valor do ICMS. Assim, a base de incidência é o valor da receita bruta diminuída do ICMS incidente sobre a receita.

3.3.6 Mudança nos métodos de avaliação

Se houver mudança do PEPS para o Custo Médio Ponderado ou qualquer outra, o efeito deve ser apurado adequando-se o critério atual sobre o estoque de abertura. O valor total assim apurado é confrontado com o estoque de abertura pelo critério anterior, cuja diferença representa o efeito a ser lançado no Patrimônio Líquido, ajustando o saldo de abertura de cada componente do Patrimônio Líquido afetado como Ajustes de Exercícios Anteriores (CPC 23). É necessário retroagir esse ajuste pelo menos até o início da demonstração do ano anterior, sendo esta apresentada comparativamente, citando-se os efeitos dessa mudança em nota explicativa. As demonstrações dos períodos anteriores precisam, para fins de apresentação

Quadro 3.1

	Operação entre contribuintes do ICMS, relativa a produto destinado à industrialização ou à comercialização, configurando fato gerador de ambos os impostos, IPI e ICMS (em R$)	Operação a consumidor final (em R$)
Valor da matéria-prima/mercadoria	10.000,00	10.000,00
Valor do IPI – alíquota 10%	1.000,00	1.000,00
Base de cálculo do ICMS	10.000,00	11.000,00
Valor do ICMS – alíquota 18%	1.800,00	1.980,00
Valor total da nota fiscal	11.000,00	11.000,00
Receita líquida	8.200,00	8.020,00

comparativa com as do período presente, ser reelaboradas como se esse método já viesse sendo utilizado desde a data mais antiga apresentada nessas demonstrações. Caso isso não seja possível, as impossibilidades desse tipo de ajuste também devem ter seus motivos divulgados.

3.3.7 Custos na prestação de serviços

Nas empresas prestadoras de serviços, a contabilização de "estoques" nunca foi um grande ponto de atenção. Com a edição do CPC 47 – Receita de Contrato com Cliente, fica muito claro que os custos dos serviços prestados precisam, em certas circunstâncias, ser considerados como se fossem estoques para serem baixados apenas quando da efetiva transferência de seu controle ao cliente.

Assim, quando um serviço é prestado, mas sua transferência ao cliente não se dá de forma contínua ao longo do tempo, é necessário que os custos associados a esses serviços sejam ativados para transformação em despesa (na forma de "custo do serviço prestado") apenas quando do reconhecimento de receitas. Certas consultorias, por exemplo, têm como objeto principal o fornecimento de diagnóstico via um relatório entregue ao cliente em certo momento. Assim, todos os custos relativos à produção desse documento precisam ser ativados como se fossem um estoque, para reconhecimento como despesa quando da entrega desse produto final e sua aceitação pelo cliente.

Na essência, produzir um serviço a ser entregue em determinado momento e produzir um bem a ser também entregue em determinado momento precisam ter a mesmíssima forma de tratamento contábil.

3.3.8 Baixa dos estoques

Como define o CPC 16 (R1) – Estoques, o momento em que os estoques são baixados ocorre quando:

a) As receitas a que se vinculam são reconhecidas.
b) São consumidos nas atividades a que estavam destinados, sempre desvinculados de itens para geração de receita futura.
c) Há redução ao valor realizável líquido ou quaisquer outras perdas.

O pronunciamento ainda define que o valor do estoque baixado, reconhecido como despesa durante o período, o qual é denominado frequentemente como custo dos produtos, das mercadorias ou dos serviços vendidos, consiste nos custos que estavam incluídos na mensuração do estoque que agora é vendido. Logo, "Custo dos Produtos Vendidos", "Custo dos Serviços Prestados" etc. são genuínas contas de despesas.

3.4 Aspectos fiscais

3.4.1 Tópicos principais

A legislação do imposto de renda faz diversas referências aos estoques e a sua avaliação. Em outros tópicos, referimo-nos a algumas delas, tais como:

a) Registro permanente de estoques, descrito na Seção 3.3.2, letra *b*, V.
b) Permissão para lançar diretamente como custo (resultado do exercício) as compras de itens de consumo eventual, cujo total não exceda em 5% o custo total dos produtos vendidos do ano anterior. Isso visa à eliminação dos controles contábeis e analíticos de itens de pequeno valor e de consumo esporádico (art. 302 do RIR/2018). Consultar Parecer Normativo CST nº 70, de 5 de dezembro de 1979, que conceituou o que são "bens de consumo eventual".
c) Necessidade da manutenção pelas empresas de um sistema de contabilidade de custos integrado e coordenado com a contabilidade geral. Em sua falta, os estoques serão avaliados, para efeitos fiscais, por critérios arbitrários, como foram definidos nessa legislação. Veja Seção 3.4.2 a esse respeito. De forma geral, pode-se dizer que os critérios fiscais conflitam com os critérios de avaliação dos estoques da Lei das Sociedades por Ações e com os princípios de contabilidade, já que não admitem a dedutibilidade das perdas estimadas para ajuste dos estoques ao valor realizável líquido, quando este for menor.

3.4.2 Contabilidade de custos integrada e coordenada

a) SIGNIFICADO E ENTENDIMENTO FISCAL

De acordo com a legislação fiscal (art. 306 do RIR/2018), somente as empresas que tenham a já referida contabilidade de custos é que poderão avaliar os estoques de produtos em processo e acabados pelo custo de produção por ela apurado.

Em resumo, de acordo com a interpretação fiscal, sistema de contabilidade de custo integrado e coordenado com o restante da escrituração é aquele:

• Apoiado em valores originados da escrituração contábil para seus insumos, quais sejam, matéria-prima, mão de obra e gastos gerais de fabricação, fato esse que exige um plano de contas que segregue contabilmente os custos de produção, por natureza, das demais despesas operacionais.

• Que permite determinação contábil, ao fim de cada mês, do valor dos estoques de matérias-primas e outros materiais, produtos em elaboração e produtos acabados, o que requer:

- manutenção de registro permanente de estoques, como descrito na Seção 3.3.2, letra *b*, V, ou seja, em que o consumo de matérias-primas e de outros materiais não seja obtido por diferença conforme contagens físicas, mas mediante documentação hábil da movimentação dos estoques (requisições etc.) e de seu controle por documentos hábeis, inclusive eletrônicos;

- apuração do custeio e seu fechamento contábil, numa base mensal, inclusive quanto aos estoques em processo e acabados, com a respectiva movimentação.

- Apoiado em livros auxiliares ou fichas, formulários contínuos ou mapas de apropriação ou rateio (inclusive mantidos eletronicamente), tidos em boa guarda e de registros coincidentes com aqueles constantes da escrituração principal. Isso significa a aceitação pelo Fisco de que a empresa pode elaborar e manter seus mapas de custos numa forma extracontábil, quanto a seus detalhes, podendo ser manual ou por computador, desde que claros e inteligíveis e que seus totais sejam a base para os lançamentos contábeis do fechamento mensal de custos.

- Que permite avaliar os estoques existentes na data do balanço, de acordo com os custos efetivamente incorridos. Isso representa o custo real por absorção, sendo que o Fisco admite a manutenção do custeio-padrão na contabilidade, desde que ajustado por meio das contas de variação ao que seria o custo real, além de outras condições expostas na Seção 3.3.2, letra *c*, V.

b) CRITÉRIO ALTERNATIVO DE AVALIAÇÃO

As empresas que não atenderem aos requisitos para que sua contabilidade de custos seja considerada integrada e coordenada terão de, seguindo referida legislação fiscal, avaliar seus estoques de produtos em processo e acabados, por valores arbitrados de acordo com os seguintes critérios (art. 308 do RIR/2018):

- Produtos acabados: por 70% do maior preço de venda do ano.
- Produtos em processo (por um dos dois critérios seguintes).
- Por 80% do valor dos produtos acabados, apurado como descrito anteriormente.
- Por 150% do custo das matérias-primas, por seus maiores valores pagos no ano.

c) CONCLUSÃO

Como se pode verificar, tais critérios são totalmente arbitrários e não são, em princípio, aceitáveis para fins contábeis e de elaboração de demonstrações contábeis pela Lei das Sociedades por Ações ou pelos CPCs; sua imposição pelo Fisco visa penalizar as empresas que não tenham contabilidade adequada de custos, pois, em geral, tais critérios alternativos conduzirão a uma supervalorização dos estoques, gerando antecipação de lucro e antecipação de imposto de renda. Por esses fatos, não entramos em mais detalhes quanto a sua forma de aplicação. A permissão do Fisco de admitir que sejam lançados diretamente como custo dos produtos vendidos os bens de consumo eventual, cujo valor não exceda em 5% o custo total dos produtos vendidos no exercício social anterior, também não é um procedimento que possa ser considerado compatível com a Estrutura Conceitual.

3.5 Inventário físico e controles

Já discutimos bastante a respeito de inúmeros detalhes da avaliação de estoques e da importância de sua determinação em bases adequadas. Todavia, um aspecto fundamental quanto aos estoques refere-se a uma correta determinação das quantidades físicas destes na data do balanço. De fato, esse aspecto tem gerado distorções significativas nas demonstrações financeiras de inúmeras empresas, e nada adianta um bom critério de avaliação e de custos se as quantidades estiverem erradas.

A apuração quantitativa depende da existência de controles analíticos adequados, mantidos em dia e agregados a um bom sistema de controles internos. Esses aspectos, logicamente, são importantes não só para fins contábeis, mas também e principalmente para fins gerenciais. Os controles quantitativos e em valor dos estoques devem ser mantidos em consonância com o fluxo, os custos apurados e a existência física desses mesmos estoques. Inventários físicos para certificação da existência e do estado dos estoques são imprescindíveis.

Quanto menos eficaz o sistema de controle interno, mais importante será a execução de inventários físicos na data do balanço. Empresas que têm bons controles analíticos de estoques podem adotar o sistema de contagens rotativas, isto é, contagens feitas durante o exercício, cobrindo durante o ano todos os itens, numa base planejada de rodízio. Esse tipo de contagem geralmente procura dar maior cobertura aos itens mais importantes, que são assim contados mais vezes do que os de menor relevância. Estando esse sistema bem organizado e já havendo a experiência de que as diferenças encontradas são costumeiramente pequenas, pode-se evitar a contagem física na data do balanço.

3.6 Tratamento para as pequenas e médias empresas

Os conceitos abordados neste capítulo também são aplicáveis às entidades de pequeno e médio portes. Apenas para o caso dos ativos biológicos há uma menção de que, se houver necessidade de esforço excessivo para a obtenção de seu valor justo, pode-se permanecer com o uso do custo como base de avaliação. Para mais detalhamento, consulte o Pronunciamento Técnico PME – Contabilidade para Pequenas e Médias Empresas.

4

Outros Ativos e Operações Descontinuadas

4.1 Introdução

Nos outros capítulos deste *Manual*, são abordados Ativos, como: Disponibilidades e Contas a Receber (Capítulo 2), Estoques (Capítulo 3), Investimentos em Coligadas e Controladas (Capítulo 6), Ativo Imobilizado e Propriedades para Investimentos (Capítulo 7), Ativos Intangíveis e Ativos Biológicos (Capítulo 8), dentre outros. Entretanto, existem outros Ativos não menos importantes que também merecem atenção.

Este capítulo apresenta os procedimentos contábeis necessários para reconhecimento, mensuração e divulgação de Ativos Especiais, Despesas Antecipadas e Ativos Não Circulantes mantidos para venda. Além disso, também aborda as operações descontinuadas que, assim como os Ativos Não Circulantes Mantidos para Venda, estão sob o escopo da IFRS 5 – *Non-Current Assets Held for Sale and Discontinued Operations* e do CPC 31 – Ativo Não Circulante Mantido para Venda e Operações Descontinuadas.

4.2 Ativos Especiais

4.2.1 Aspectos conceituais

Com a maior relevância da participação das empresas de serviços na economia, seus Ativos Tangíveis (destinados à produção ou à venda), que até então predominavam, passaram a ceder espaço para outros tipos de Ativos com características especiais, os quais merecem particular atenção, tanto que devem ser classificados em rubrica distinta. Apesar de possuírem algumas características em comum, os **Ativos Especiais** possuem particularidades que os diferenciam de outros ativos, como Estoques e Imobilizados.

O estoque em sua forma tradicional (por exemplo, mercadoria), quando comercializado, gera receita que é confrontada com a baixa **integral** do custo desse mesmo estoque vendido, pois ocorre a transferência integral de sua propriedade e controle. Ou seja, a capacidade de um estoque gerar benefícios econômicos para a entidade é esgotada em uma única utilização e, portanto, o estoque é integralmente baixado no momento em que a venda é realizada. O mesmo ocorre em uma empresa industrial, em que os estoques de matéria-prima e materiais são baixados integralmente no momento em que são consumidos durante o processo de fabricação e agregados ao produto final.

Por sua vez, um Ativo Especial de que estamos agora tratando, quando comercializado, também gera receita, mas a baixa do correspondente custo não é necessariamente reconhecida de forma integral, pois pode existir a possibilidade de novas comercializações do mesmo ativo. Ou seja, a capacidade de geração de benefícios econômicos dos Ativos Especiais não é esgotada em uma única transação de venda. Tais ativos podem continuar gerando receitas para a empresa mesmo após uma venda e, portanto, a receita dessa venda deve ser confrontada apenas com uma amortização parcial de seu custo, respeitando o regime de competência.

Justamente pelo fato de a capacidade de geração de benefícios econômicos não se esgotar de uma única vez (como acontece com os estoques), é que os Ativos Especiais possuem uma característica em comum com o Imobilizado, que gera benefícios econômicos para a entidade ao longo de sua vida útil. Entretanto, o Imobilizado contribui apenas de forma indireta para a geração de receitas da empresa, por meio de seu uso durante o processo produtivo. Os Ativos Especiais são comercializados e, portanto, contribuem diretamente para a geração de receitas da empresa (assim como os estoques).

Por esses motivos é que os Ativos Especiais devem ser apresentados em uma rubrica separada dos Ativos Imobilizados/Intangíveis e dos Estoques. A seguir, estão as principais características dos Ativos Especiais:

a) Podem ou não ser tangíveis, sendo que, predominantemente, apresentam-se como intangíveis.

b) Não incluem ativos para uso próprio, mesmo que intangíveis, como marcas, patentes etc.

c) O uso do Ativo Especial não implica necessariamente o seu integral consumo.

d) Estão diretamente relacionados com o processo de obtenção de receitas.

e) Deixam de ser ativos não pela venda, mas pela perda da capacidade de gerarem novas receitas.

Há casos em que os Ativos Especiais possuem valor de venda final relevante, além de produzirem receitas por determinado período por meio de seu uso, ou seja, geram receitas tanto pelo uso como pela venda final. É como se fossem uma mistura de Estoque e de Imobilizado ou Intangível. É o caso típico da maioria das locadoras de automóveis, já que tais automóveis possuem dupla finalidade: serem locados durante certo tempo e vendidos posteriormente, em que tanto o resultado da locação quanto o da venda são partes relevantes no processo de fluxo de benefícios para a entidade.

Outro exemplo clássico de Ativos Especiais são os gastos incorridos com conteúdos artístico-culturais (filmes) elaborados por produtoras cinematográficas com o objetivo de obter receita mediante a cessão do direito de exibição. Assim, esses conteúdos artístico-culturais permanecem existindo sob a propriedade de quem os produziu e podem a qualquer momento ser negociados novamente, gerando novas receitas. Eles podem também ser comercializados em relação à definitiva titularidade de seus direitos, em uma venda que chamamos de final, já que, nesse momento, não haveria, em princípio, diferença quanto à venda de outros ativos que poderíamos chamar de tradicionais.

Outro exemplo desses Ativos Especiais é originado da indústria de biotecnologia com a produção de células-tronco para um órgão específico do corpo, por exemplo. Nesses casos, a entidade precisa investir na produção e manutenção de uma célula-tronco matriz e, a partir desse estágio, as células podem ser multiplicadas quase infinitamente. As matrizes geram fluxos de benefícios contínuos, pois as células são vendidas a laboratórios, geralmente da indústria farmacêutica e de cosméticos, porém, continuam sob o controle das entidades que as produziram. Não sendo caracterizados como um Ativo Intangível, tampouco Estoque ou Imobilizado, esses ativos devem ser tratados na Contabilidade como *Ativos Especiais*.

Mais um exemplo desses Ativos Especiais é o caso de uma empresa que comercializa dados (geofísicos, biotecnológicos, entre outros) com a característica de poder negociá-los mais de uma vez. Esses dados possuem a característica de serem intangíveis, e são destinados à venda. Quando são vendidos para certo cliente, tal ativo é usado diretamente na obtenção da receita de venda, mas isso não implica que os direitos relativos a esses dados tenham se esgotado. Da mesma forma que os filmes, esses mesmos dados podem ainda ser negociados com outros clientes. Pode, porém, haver a oportunidade de uma venda final desses ativos, quando então todos os direitos sobre eles estarão sendo transferidos a terceiros.

Também temos o caso dos *softwares*, que são produzidos ou adquiridos com o objetivo de cessão de seus direitos de uso a diferentes clientes. Ressalte-se que se o objetivo for a alienação definitiva de sua propriedade, tratar-se-á de um caso típico de mercadoria (ver Capítulo 3 – Estoques), mesmo sendo um ativo intangível.

Há certa diversidade no tratamento contábil de alguns desses Ativos Especiais, e por isso chamamos a atenção para eles neste capítulo específico. Por exemplo, as locadoras norte-americanas divulgam seus automóveis para locação fora do Ativo Imobilizado, como Ativos Circulantes (essas empresas consideram como Circulante os ativos que são consumidos durante o ciclo operacional, que pode ultrapassar o período de um ano). Efetuam depreciações sobre eles pelas suas vidas úteis econômicas, mas ficam fora do Imobilizado. Por isso, chamamos de **Ativos Especiais**. E os valores de venda desses ativos são extraordinários, frequentemente superiores ao caixa gerado com a locação.

Já as normas internacionais determinam a inclusão desses ativos no Imobilizado, apesar da extrema relevância do seu valor de venda e por se destinarem, fortemente, a produzirem recursos também por essa sua venda. O item 68A do Pronunciamento Técnico CPC 27 – Ativo Imobilizado, por exemplo, determina que, se a venda de itens do Ativo Imobilizado que eram mantidos para aluguel a terceiros faz parte das atividades operacionais da entidade, ela deve transferir tais ativos para o Estoque quando os ativos deixam de ser alugados e passam a ser mantidos para venda. Assim, para as locadoras de veículos, pelas normas internacionais, tais veículos devem ser mantidos no Imobilizado enquanto estiverem sendo utilizados na atividade de locação, sendo transferidos para Estoque apenas quando a locadora for revender tais veículos.

4.2.2 Plano de contas

O plano de contas mencionado no Capítulo 3 – Estoques, nos casos de existência de Ativos Especiais, não abrange de forma suficiente todas as possibilidades de classificação desses ativos. Assim, o subgrupo de ATIVOS ESPECIAIS, se se desejar utilizá-lo, surge para contemplar os Ativos Especiais adquiridos ou produzidos, distinguindo-os daqueles classificados em ESTOQUES.

As contas sugeridas para o subgrupo Ativos Especiais são:

- Ativos Especiais.
- Ativos Especiais em produção.
- Amortização/depreciação acumulada (conta credora).
- Perda estimada para redução ao valor recuperável (conta credora).

Quanto ao nome das contas, não precisam ser seguidos os citados anteriormente; deve ser criado um nome relativo à natureza do bem específico, com suas respectivas contas de ajustes (amortização/depreciação ou perda estimada). Por exemplo, para uma produtora cinematográfica, em vez de Ativos Especiais, é mais adequado o nome "Filmes".

Portanto, nem sempre se utiliza a terminologia Ativos Especiais. Por exemplo, no balanço das locadoras norte-americanas os veículos e equipamentos destinados à locação aparecem, de fato, separados dos Estoques e do Imobilizado, em nome próprio: *Revenue earning equipment, at cost*, separado em dois subgrupos: veículos e outros equipamentos.

Quando classificados no Imobilizado ou no Intangível, entretanto, esse subgrupo também deve seguir essas mesmas orientações.

a) ATIVOS ESPECIAIS

Serão transferidos para essa conta os custos incorridos na produção, apurados na conta de Ativos Especiais em Produção, a partir do momento em que estiverem prontos para produzir receitas.

A prática usual é manter subcontas de forma a permitir o controle individualizado desses itens, da mesma forma que é feito com os ativos comentados nos Capítulos 3, 7 e 8 – Estoques, Imobilizado e Intangível, respectivamente –, objetivando-se reconhecer a baixa destes mediante amortização/depreciação pela extinção das condições de uso, pela obsolescência ou outra perda da possibilidade de o uso do ativo gerar novas receitas.

B) ATIVOS ESPECIAIS EM PRODUÇÃO

São registrados nessa conta os gastos incorridos durante a fase de elaboração dos ativos que ainda não estão disponíveis para geração de receita. Quando concluídos, a totalidade dos custos incorridos com esses ativos deverá ser transferida à conta de Ativos Especiais; portanto, também é necessário manter controle individualizado por item. Aplicam-se aqui todos os princípios básicos e métodos utilizados para a apuração dos custos dos produtos tangíveis produzidos pela indústria manufatureira comum.

C) AMORTIZAÇÃO/DEPRECIAÇÃO ACUMULADA DE ATIVOS ESPECIAIS

Utilizadas para registrar a contrapartida das despesas de amortização ou de depreciação dos Ativos Especiais, em função do efetivo uso de tais itens na obtenção de receitas ou então pelo decurso do tempo.

As formas de cálculo da amortização são as seguintes:

- Método da efetiva utilização, sendo o numerador a receita efetivamente auferida no período e o denominador a receita total estimada para ser auferida durante a vida útil do ativo.
- Método de quotas arbitradas, no qual o percentual de amortização é arbitrado pela **expectativa** de geração de receita com a utilização do ativo ou pelo decurso do tempo.

Ressalte-se que o primeiro método é preferível ao segundo por proporcionar a informação contábil mais representativa da realidade econômica. Ademais, é preciso que também seja observada a expectativa do valor residual na determinação da parcela do valor do custo a ser amortizado.

As formas de cálculo de depreciação são as vistas no Capítulo 7 – Imobilizado e Propriedade para Investimento, deste *Manual*.

D) ESTIMATIVA DE PERDAS PARA REDUÇÃO AO VALOR RECUPERÁVEL

Os Ativos Especiais, como todos os outros ativos, não devem ser mantidos na contabilidade por montantes superiores ao seu valor recuperável e, portanto, também estão sujeitos a testes de recuperabilidade do ativo (ver o Pronunciamento Técnico CPC 01 (R1) – Redução ao Valor Recuperável de Ativos). Caso algum Ativo Especial esteja registrado na contabilidade por um valor maior do que o seu valor recuperável, uma perda estimada deve ser reconhecida no resultado, tendo como contrapartida essa conta retificadora do Ativo Especial em questão. Ressalte-se que essa despesa não é nesse momento dedutível para efeitos fiscais.

4.2.3 Critérios de avaliação

A avaliação dos Ativos Especiais segue, essencialmente, a regra básica, na data do balanço, do critério da avaliação do ativo a que mais se aproxima (Estoque, Imobilizado ou Intangível).

Também, em razão de certas características específicas, o custo desses ativos deve ser controlado de forma individual; essa necessidade é ainda mais requerida se esses ativos forem gerados com recursos de terceiros captados de forma vinculada (com financiamentos específicos que exigem prestações de contas especiais, como no caso de certos incentivos fiscais para fins de cultura, por exemplo). Se não for possível a identificação dos gastos com esses ativos, tais gastos devem ser lançados como Despesa.

Ressaltamos que os Ativos Especiais somente podem ser reconhecidos contabilmente se, e somente se, for provável que os benefícios econômicos futuros decorrentes desses ativos ingressarão na entidade, e que o custo desses ativos possa ser mensurado com segurança. Isso serve tanto para ativos adquiridos de terceiros quanto gerados internamente.

No caso de Ativos Especiais adquiridos de terceiros com pagamento a prazo e por valor fixo, pode vir a ser necessário ajustá-lo a valor presente (ver o Capítulo 5 deste *Manual*).

4.2.4 Notas explicativas

Em virtude do caráter especial que tais ativos assumem, devem ser evidenciados em notas explicativas: o detalhamento das contas, a natureza e a forma de obtenção de receitas deles derivadas, o critério de avaliação utilizado, amortização e depreciação e outras informações necessárias que ajudem na justificativa e validação de tais ativos; as informações mais detalhadas são exigidas, em especial, nas empresas em que tais ativos são fonte relevante ou principal na geração de receita. Ver mais detalhes no Capítulo 24 deste *Manual*.

4.3 Despesas antecipadas

4.3.1 Aspectos conceituais

As despesas antecipadas são aplicações de recursos em despesas que irão beneficiar períodos subsequentes. Esses ativos, portanto, representam pagamentos antecipados, cujos benefícios ou prestação de serviço à empresa ocorrerão em momento posterior.

Segundo o art. 179 da Lei das Sociedades por Ações, referem-se a "aplicações de recursos em despesas do exercício seguinte" que, normalmente, não serão recebidas em dinheiro nem representam bens fisicamente existentes, como é o caso de peças, materiais etc.

Há casos específicos em que as despesas antecipadas não significam desembolso imediato de recursos, e sim valores ainda a pagar no curto prazo. Os prêmios de seguros, quando parcelados ou financiados, representam exemplo prático desse caso.

Normalmente, os itens dessa natureza referem-se a despesas que beneficiarão período subsequente à data de encerramento das Demonstrações Contábeis e, portanto, devem ser classificados no Ativo Circulante. Pela ordem de liquidez, as despesas antecipadas são o último item apresentado no Ativo Circulante.

Entretanto, poderemos ter pagamentos antecipados de despesas cujos benefícios ou prestação dos serviços ocorrerão em períodos maiores. É o caso do pagamento de um contrato de seguro que tenha vigência de dois anos ou mais, por exemplo. Nesses casos, a parte que exceder o próximo exercício deverá ser classificada em conta do Realizável a Longo Prazo (Ativo Não Circulante).

As despesas pagas antecipadamente, como já mencionado, são as despesas que, efetivamente e de forma objetiva, pertencem ao exercício ou exercícios seguintes. **Não são ainda despesas incorridas**. Portanto, essa conta não deve ser confundida com o Ativo Diferido (extinto para novos ingressos pela Lei nº 11.941/2009), que incluía despesas **já incorridas**, pagas ou a pagar, mas que eram ativadas para serem apropriadas em exercícios futuros, tais como pesquisas e desenvolvimento de produtos, despesas pré-operacionais etc. Não havia, para essas despesas, critérios objetivos de apropriação, e a amortização era realizada por meio de estimativas e arbítrios. Vale detalhar que a mencionada legislação extinguiu a possibilidade do registro de novas transações como Ativo Diferido, mas permitiu a manutenção dos saldos até então existentes, bem como a continuidade da prática de sua amortização.

Como já dito, os prêmios de seguro pagos antecipadamente, mas cujo benefício, ou seja, a cobertura do seguro, se dará durante o exercício ou exercícios posteriores, são exemplos de despesas antecipadas; não é despesa já incorrida até a data do balanço a parcela paga proporcional aos meses subsequentes posteriores ao balanço. Outro exemplo é o de aluguéis já pagos relativos a períodos de utilização do imóvel posteriores à data de encerramento do balanço.

São também exemplos de Despesas Pagas Antecipadamente bilhetes de passagem adquiridos, mas ainda não utilizados, e comissões comerciais pagas relativas a benefícios ainda não usufruídos. Ressaltamos que os adiantamentos concedidos a empregados para despesas profissionais não devem ser classificados nesse grupo, uma vez que não representam ainda "aplicação de recursos em despesas", ou seja, o adiantamento ao empregado somente será reconhecido como despesa quando apresentados os respectivos comprovantes.

Os estoques de materiais diversos, tais como artigos de papelaria, materiais de escritório e materiais de limpeza, não devem ser incluídos como despesas do exercício seguinte, e sim constar em conta de Estoques (Almoxarifado). Quando esses materiais não representam valor significativo, de acordo com a política contábil de cada entidade, é comum o reconhecimento imediato desses itens adquiridos como despesas. Nesses casos, o custo de se controlar o estoque de materiais é maior do que o benefício da informação. Se fôssemos contabilizar como Despesas Antecipadas tudo o que deverá tornar-se despesa no exercício seguinte, teríamos também que aí agregar as mercadorias, a depreciação do imobilizado do próximo ano etc. Os ativos devem estar classificados em seus respectivos lugares. Na conta Despesas Antecipadas, devem constar pagamentos por itens, via de regra, não corpóreos que não possam ser mais bem classificados.

Concluindo, os recursos aplicados em despesas ainda não incorridas devem figurar no Ativo Circulante ou Não Circulante – Realizável a Longo Prazo, desde que sejam adequadamente caracterizados como despesas do exercício seguinte ou posteriores, e pagas antecipadamente à obtenção de seus benefícios. Sua forma de realização não será, normalmente, em dinheiro, mas pelo uso do benefício adquirido, que será apropriado ao resultado do período correspondente.

O fato de, em algumas raras vezes, o valor vir a se transformar em dinheiro não muda a classificação enquanto essa transformação não se tornar virtualmente certa. Por exemplo, uma parte de um prêmio de seguro pode vir a ser devolvida pela seguradora se o segurado desistir do contrato. Nesse caso, quando esse direito estiver plenamente assegurado e as medidas para essa transformação tiverem sido tomadas, pode-se transferir de Despesas Antecipadas para outros Valores a Receber, pelo respectivo valor. Nessa situação, valores não transformáveis em dinheiro devem ser imediatamente considerados como despesas no período em que a proteção do seguro deixar de ocorrer.

4.3.2 Plano de contas

Considerando sua natureza, a maior parte das despesas pagas antecipadamente serão usufruídas no período de até 12 meses e, portanto, geralmente são classificadas integralmente no Ativo Circulante. Porém, existem algumas situações em que esse prazo se estende por mais de um exercício social e parte das despesas pagas antecipadamente deve ser reconhecida no longo prazo. Portanto, o Modelo de Plano de Contas apresenta as seguintes contas:

1. No Ativo Circulante – despesas do exercício seguinte pagas antecipadamente
- Prêmios de seguros a apropriar.

- Assinaturas e anuidades a apropriar.
- Comissões e prêmios pagos antecipadamente.
- Aluguéis pagos antecipadamente.
- Outros custos e despesas pagos antecipadamente.

2. No Ativo Não Circulante – realizável a longo prazo e despesas antecipadas
- Prêmios de seguro a apropriar no longo prazo.
- Outros custos e despesas de longo prazo pagos antecipadamente.

4.3.3 Critérios de avaliação

Os exemplos mais comuns de despesas pagas antecipadamente, como prêmios de seguros, assinaturas anuais de publicações técnicas, comissões, IPVA a apropriar, IPTU a apropriar etc., devem ser apresentados no balanço pelas importâncias aplicadas menos as apropriações efetuadas até a data do balanço, de forma a obedecer adequadamente ao regime de competência. Isto é, a apropriação das despesas deve ser feita aos resultados do período a que correspondem, e não ao período em que foram pagas.

A forma de apropriação de algumas dessas despesas aos resultados deve ser em quotas proporcionais, durante o prazo do evento, normalmente com a utilização de controles auxiliares que contenham, no mínimo, informações relativas ao valor do pagamento antecipado e às parcelas mensais a serem apropriadas.

É preciso também observar que a aplicação do Pronunciamento Técnico CPC 12 – Ajuste a Valor Presente poderá requerer modificação nos saldos originais das despesas antecipadas. Por exemplo, se for contratado um seguro por valor fixo e com previsão de pagamento de longo prazo, esse exigível deverá ser trazido a valor presente e a contrapartida desse ajuste registrada na conta de despesa antecipada, e não no resultado do exercício. É preciso atentar que esses ajustes não se aplicam, exclusivamente, às transações de longo prazo, mas também àquelas de curto prazo cujo efeito seja relevante (art. 184 da Lei nº 6.404/1976). Ver outros detalhes no Capítulo 5 deste *Manual*.

4.3.4 Exemplo

Como dito anteriormente, um dos principais exemplos de despesas antecipadas é a conta **Prêmios de Seguros a Apropriar**, que representa os gastos com a contratação de seguros das atividades operacionais ou não, exercidos pela empresa. Tal gasto deve ser reconhecido como despesa do período ou custo de produção, normalmente, conforme o prazo de vigência da apólice.

Admitindo-se que uma empresa contrate um seguro contra incêndio por um período de 12 meses, pelo valor de $ 3.000, sendo 50% à vista e o restante para 30 dias, teríamos os seguintes lançamentos:

1. Quando da contratação da apólice

	Débito	Crédito
Prêmios de Seguros a Apropriar	3.000	
a Disponibilidades		1.500
a Seguros a Pagar (Outras Obrigações a Pagar)		1.500

2. Quando do pagamento da segunda parcela (50%), 30 dias após a contratação

	Débito	Crédito
Seguros a Pagar (Outras Obrigações a Pagar)	1.500	
a Disponibilidades		1.500

3. Quando do reconhecimento da despesa ou do custo em cada mês da vigência do contrato ($ 3.000 dividido por 12 meses, igual a $ 250)

	Débito	Crédito
Despesas com Seguros (Custos de Produção ou Despesas de Vendas ou Administrativas)	250	
a Prêmios de Seguros a Apropriar		250

Cabe ressaltar que os gastos com seguros contratados para transporte e montagem de bens integrantes dos Estoques ou do Imobilizado devem ser considerados como parte do custo de aquisição do referido bem.

4.4 Ativo Não Circulante mantido para venda

4.4.1 Conceitos iniciais

Este item trata da classificação, mensuração e divulgação dos ativos não circulantes (ou grupos de ativos) que estiverem classificados como mantidos para venda, cujo tema é objeto da norma IFRS 5 – *Non-Current Assets Held for Sale and Discontinued Operations* do IASB e da norma CPC 31 – Ativo Não Circulante Mantido para Venda e Operação Descontinuada. Em resumo, os ativos mantidos para venda serão apresentados separadamente no Balanço Patrimonial e mensurados pelo menor valor entre o valor contábil e o valor justo menos as despesas de venda, desde que existam evidências de que a venda irá se realizar em até 12 meses.

A classificação como **mantido para venda** pode ser utilizada para um ativo isolado ou para um grupo de ativos colocados à venda. Conforme o Apêndice A do CPC 31, um grupo de ativos mantido para venda é um grupo de ativos líquidos que não mais está em uso nas operações e do qual a empresa pretende se desfazer em conjunto (o grupo todo) em uma única transação. Além dos ativos, devem estar inclusos no grupo os Passivos diretamente relacionados e que serão transferidos com a transação, bem como algum ágio por rentabilidade futura (*goodwill*) alocado.

Nesse sentido, vale destacar que um grupo de ativos mantido para a venda pode constituir uma única unidade geradora de caixa, um grupo de unidades geradoras de caixa ou até mesmo apenas uma parte de uma unidade geradora de caixa (ver mais sobre unidades geradoras de caixa no Capítulo 7 – Ativo Imobilizado e Propriedade para Investimento). Entretanto, um grupo de ativos mantido para a venda que é parte de uma unidade geradora de caixa torna-se uma unidade geradora de caixa separada (distinta). Isso porque a recuperação (fluxos de caixa que se espera dessa unidade separada) virá, principalmente, da venda em vez do uso continuado dos ativos.

Uma das principais características de um ativo (ou grupo de ativos) mantido para venda é que seu valor será recuperado por meio da venda e não por meio do uso contínuo. Portanto, uma operação descontinuada (ver Seção 4.5) não necessariamente resultará no reconhecimento de ativos não circulantes mantidos para venda. A empresa pode simplesmente desativar ou abandonar parte de seu negócio e, portanto, essa parte não deve ser classificada como mantida para venda porque não se espera que sua realização (recuperação do saldo contábil dos Ativos e Passivos integrantes da operação) ocorra pela venda (isolada dos ativos envolvidos ou em uma única transação para o conjunto todo). Da mesma forma, nem sempre o reconhecimento de ativos mantidos para venda implica na existência de operações descontinuadas.

É importante mencionar que os requisitos de **classificação** e **apresentação** do CPC 31 aplicam-se a todos os ativos não circulantes (ou grupos de ativos) mantidos para venda. Entretanto, os requisitos de **mensuração** do CPC 31 não se aplicam a determinados ativos, sendo eles:

a) Ativos fiscais diferidos, que são tratados no CPC 32 – Tributos sobre o Lucro.

b) Ativos gerados em planos de benefícios a empregados, conforme CPC 33 – Benefícios a Empregados.

c) Ativos financeiros dentro do escopo do CPC 48 – Instrumentos Financeiros.

d) Ativos não circulantes contabilizados pelo valor justo nos termos do CPC 28 – Propriedade para Investimento.

e) Ativos não circulantes contabilizados pelo valor justo líquido das despesas para vender nos termos do CPC 29 – Ativo Biológico e Produto Agrícola.

f) Direitos contratuais por contratos de seguros dentro do escopo do CPC 11 – Contratos de Seguros.

Por fim, os requisitos de classificação, apresentação e mensuração da referida norma também se aplicam a ativos não circulantes (ou grupos à disposição) classificados como **destinados à distribuição** e que, portanto, serão distribuídos aos sócios atuando em sua condição de proprietários (Ativo Não Circulante mantido para distribuição aos proprietários). Nesse sentido, vale dizer que a probabilidade da aprovação dos sócios (se exigida pela legislação pertinente ou estatuto da empresa) deve ser considerada para fins de enquadramento da distribuição como altamente provável (CPC 31.12A).

4.4.2 Classificação

Para classificar um Ativo Não Circulante (ou um grupo à disposição) como **mantido para venda**, é preciso que a recuperação esperada do seu valor contábil venha a ocorrer, principalmente, por meio de uma transação de venda em vez do uso contínuo. Isso implica dizer que o ativo (ou grupo à disposição) deve estar disponível para uma possível venda imediata (nas condições em que ele se encontra) e sujeito apenas ao que é usual e costumeiro nas vendas desses tipos de ativos (ou grupos à disposição) e, principalmente, que a venda seja altamente provável. Portanto, para a classificação como **mantido para venda**, além da intenção da entidade de vender o ativo (ou grupo de ativos), faz-se necessário que o ativo, nas suas condições atuais, esteja em condições de ser vendido e que a transação de venda seja altamente provável.

De acordo com o CPC 31 (itens 8 e 9), para que a venda seja altamente provável, a gestão deve estar comprometida com um plano para vender o ativo (ou grupo à disposição), tendo sido iniciado um programa firme para localizar um comprador e concluir o plano. Adicionalmente, o ativo (ou grupo à disposição) deve ser anunciado firmemente para a venda por um preço razoável em relação ao seu valor justo corrente (como definido no CPC 46 – Mensuração do Valor Justo) e sua venda deve estar concluída em até um ano a partir da data da classificação, exceto se o atraso no cumprimento de tal prazo for consequência de fatos e circunstâncias fora do controle da empresa, desde que existam evidências suficientes de que a entidade ainda está comprometida com a venda do ativo. O Apêndice B do CPC 31 contém orientações adicionais para uma possível extensão do período exigido para completar a venda (um ano da data da classificação), cuja leitura é recomendada.

No caso de a entidade adquirir um ativo (ou grupo à disposição) não circulante exclusivamente com o objetivo de sua posterior alienação, a classificação, na data da aquisição, como mantido para venda depende do cumprimento da exigência de que sua realização pela venda seja esperada para ocorrer em até um ano (com exceção do que é permitido para a extensão desse prazo) e, adicionalmente que, se as demais exigências antes mencionadas não estiverem satisfeitas na data da aquisição, que elas venham a sê-lo em um curtíssimo prazo de tempo após a aquisição, ou seja, em até três meses (CPC 31.11).

O tratamento contábil exigido pela norma para os ativos (ou grupos à disposição) classificados como mantidos para venda tem por objetivo melhorar a qualidade da informação contábil, à medida que enseja a divulgação oportuna de informações, já que, de outra forma, o registro dos resultados da venda desses ativos ocorreria apenas no momento da efetiva venda e baixa do ativo, mesmo quando essa venda já fosse considerada como certa.

A "venda" de um Ativo Não Circulante (ou grupo à disposição), vale lembrar, pode ocorrer por meio de uma transação de troca envolvendo somente ativos não circulantes, desde que tenha substância comercial, tal como definida no CPC 27 – Ativo Imobilizado.

Em suma, para classificar um ativo ou grupo de ativos como mantido para venda, não basta apenas a "intenção" da empresa. Ao contrário, a entidade deve estar comprometida com o plano de venda, já tendo, inclusive, iniciado a procura por interessados. Do mesmo modo, deve ser altamente provável que o desfecho da transação ocorra em até um ano; até porque esse ativo será apresentado no Ativo Circulante da empresa.

Os requisitos de classificação abordados também são aplicáveis a ativos não circulantes (ou grupo de ativos) mantidos para distribuição aos sócios (dividendos *in natura* ou devolução de capital), ou seja, a entidade deve estar comprometida para distribuir esse ativo aos proprietários, sendo necessário que os ativos estejam disponíveis para imediata distribuição na sua condição atual e que a distribuição seja altamente provável, o que implica que as ações para completar a distribuição já foram iniciadas, as quais se espera estejam completadas dentro de um ano a partir da classificação.

4.4.3 Critérios de mensuração

4.4.3.1 Regra geral

Pelo que determina o CPC 31, a entidade deve mensurar os Ativos Não Circulantes (ou grupo de Ativos) classificados como mantido para venda pelo menor dentre seu valor contábil e seu valor justo menos as despesas para vender (CPC 31.15). No caso de ativos não circulantes (ou grupo de ativos) mantidos para distribuição aos sócios a regra é a mesma, apenas mudando de **Despesas para Vender** para **Despesas para Distribuir**.

As despesas para vender (ou distribuir) incluem as despesas incrementais diretamente atribuíveis à venda (ou à distribuição, quando for o caso), excluídos as despesas financeiras e os tributos sobre o lucro. Em outras palavras, são despesas que não seriam incorridas se a venda (ou distribuição) não tivesse ocorrido. Como exemplo podemos citar as despesas com assessores jurídicos, com bancos de investimento ou, ainda, as comissões de venda a serem pagas a corretores.

É interessante observar que o CPC 31 menciona que, se a venda for esperada para ocorrer após o período de um ano, a entidade deve mensurar as despesas para vender pelo seu valor presente. Entretanto, entende-se que isso está em desarmonia com a regra geral de reconhecimento, pois, apesar de o item 9 do CPC 31 permitir que o ativo permaneça na classificação quando da ocorrência de alguma extensão do prazo inicialmente estimado para concretizar a venda, a descrição para o que seja "altamente provável" inclui a diretriz de que a venda deva estar concluída em até um ano da data da classificação. Portanto, quando da classificação inicial, o prazo máximo para venda deve ser de até 12 meses; a extensão do prazo, no caso de a venda não ser concretizada no prazo original, dependerá do comprometimento da entidade e da probabilidade de a venda ocorrer, o que será avaliado *ex post*, isto é, na data do não cumprimento do prazo original.

Essa regra de mensuração é válida também para o reconhecimento inicial de um ativo recém-adquirido e que tenha atendido os critérios para ser classificado como mantido para venda. Isso pode ocorrer, por exemplo, pela aquisição de ativos como parte de uma combinação de negócios. Nesse sentido, vale lembrar que tanto pelo CPC 31 quanto pelo CPC 15 – Combinação de Negócios, o ativo (ou grupo à disposição) adquirido como parte de uma combinação de negócios deve ser mensurado pelo valor justo menos as despesas de vender, desde que sejam atendidos os critérios para essa classificação.

A classificação como mantido para venda de um ativo já existente, por exemplo, que esteja classificado no Imobilizado, requer alguns procedimentos complementares. Isso porque, imediatamente antes da classificação do ativo (ou do grupo à disposição) como mantido para venda, o valor contábil do ativo (ou de todos os Ativos e Passivos do grupo) deve ser mensurado de acordo com as normas aplicáveis (CPC 31, item 18). Assumindo que o Ativo estaria no Imobilizado, então, seu saldo contábil líquido, imediatamente antes de ser classificado como mantido para venda, deverá estar depreciado e testado quanto à recuperação de seu valor de acordo com o CPC 27 – Ativo Imobilizado e o CPC 01 (R1) – Redução ao Valor Recuperável de Ativos.

Portanto, considerando que no exemplo a recuperação do ativo será efetivamente pela sua venda e não mais pelo seu uso contínuo, ao ajustar o saldo contábil do ativo pela aplicação do CPC 27 e do CPC 01 (R1), quando da reclassificação de Imobilizado para Ativo mantido para venda, nenhum ajuste adicional será necessário, pois o ativo já estará pelo menor valor entre o valor contábil que tinha e o seu valor recuperável. Assumindo, por exemplo, que o saldo do ativo seja $ 100.000 e seu valor recuperável $ 95.000, determinado com base no valor justo líquido das despesas para vender (até porque o ativo não mais será recuperado pelo uso); então, o ativo seria transferido para o grupo de Ativos Mantidos para a Venda (em separado e no Ativo Circulante) por $ 95.000. Note que, mesmo que o valor justo fosse maior que o valor contábil, nenhum ajuste será necessário, já que para fins do CPC 01 (R1) o saldo do ativo permaneceria em $ 100.000 e, sendo este menor que o valor justo, a transferência para o grupo de Ativos mantidos para a venda também seria pelo próprio valor contábil do ativo, já que o critério é o mesmo.

Entretanto, essa situação não é o que irá ocorrer em todos os casos porque, como já comentado, existem ativos que podem integrar um grupo à disposição para ser classificado como mantido para venda e que não se sujeitam, individualmente, à regra geral de mensuração do CPC 31. Esses ativos devem ser, primeiro e individualmente, mensurados de acordo com as normas aplicáveis. Em seguida, é mensurado o valor justo menos as despesas de vender do grupo todo (pois a premissa é que será alienado em uma única transação). Em consequência, algum ajuste poderá ser necessário quando o valor justo líquido das despesas para vender do grupo à disposição for menor que a soma dos saldos contábeis dos Ativos e dos Passivos que o compõem.

Qualquer redução do saldo contábil do ativo (ou grupo à disposição) que estiver classificado como mantido para venda deve ser entendida (e contabilizada) como uma perda por redução ao valor recuperável. Faz todo sentido, uma vez que a premissa estabelecida para essa classificação é que o valor do ativo (ou grupo) será recuperado pela venda (e não pelo uso contínuo nas operações). Portanto, vale observar também que os ativos que estavam no Imobilizado e foram reclassificados para o grupo de Ativos (ou grupos à disposição) mantidos para venda não mais devem ser depreciados (CPC 31.25). Assim, não haverá despesa de depreciação ou amortização enquanto o Ativo ou grupo de Ativos estiver classificado como mantido para venda.

4.4.3.2 Reconhecimento de perdas

O tratamento contábil da redução no saldo do ativo (ou grupo à disposição) classificado como mantido para venda deve ser o mesmo pelo qual reconheceríamos uma perda pela aplicação do CPC 01 (R1). Esse procedimento aplica-se tanto na mensuração inicial do ativo assim classificado (se necessário) quanto nas mensurações subsequentes do valor justo líquido das despesas para vender (ou distribuir). Portanto, o ativo (ou grupo), assim classificado, deixa de ser depreciado. Como já comentado, a exigência de mensuração do CPC 31 mantém o saldo contábil do ativo pelo menor de dois valores: contábil ou recuperável pela venda (valor justo menos as despesas para vender ou para distribuir, dependendo do caso).

Nas mensurações subsequentes, as perdas reconhecidas podem ser total ou parcialmente revertidas, sendo contabilmente reconhecidas como um ganho. De forma geral, essa reversão não pode exceder o saldo contábil que o ativo teria caso nenhuma perda tivesse sido reconhecida, tal qual faríamos pela aplicação do CPC 01 (R1) para a reversão desse tipo de perda. Observe que estamos falando de quaisquer perdas que tenham sido reconhecidas, tanto aquelas geradas por força da aplicação do CPC 01 (R1) (quando o Ativo estava no Imobilizado) quanto aquelas reconhecidas pela aplicação do CPC 31, já na classificação do Ativo como mantido para venda.

Entretanto, é preciso lembrar que podem existir ativos que não estão sujeitos à regra de mensuração do CPC 31 integrando um grupo à disposição. Esses Ativos (e Passivos), como comentado na Seção 4.4.3.1, terão suas mensurações subsequentes sendo feitas, primeiro, de acordo com as normas aplicáveis a cada um deles e, depois, será determinado o valor justo menos as despesas de vender do grupo todo. Em consequência, as perdas reconhecidas para o grupo, especificamente, em função desses ativos (e passivos) que estiverem no alcance das exigências de mensuração do CPC 31 não poderão ser revertidas (CPC 31.22(a)).

Um último aspecto relevante a observar é que, dada a regra de mensuração dos ativos (ou grupo de ativos) classificados como mantido para venda (menor valor entre seu saldo contábil e seu valor justo líquido das despesas para vender), caso o ativo seja reduzido ao valor justo líquido das despesas para vender e ele, em futuro próximo, vier a ser alienado exatamente por esse valor; então, nenhuma perda adicional será reconhecida por ocasião de sua baixa (pela efetivação da venda). Se o saldo contábil do ativo é menor que o valor justo líquido das despesas de venda, quando da venda haverá o reconhecimento de um ganho. Por outro lado, se ocorrer o inverso, haverá uma perda adicional a ser reconhecida por ocasião da baixa pela venda do ativo.

4.4.3.3 Exemplos

> **Exemplo 1**
>
> Uma transportadora possui grande frota e delibera alienar 50 de seus 300 caminhões em conformidade com a revisão da estratégia do negócio, que estabeleceu que a empresa não mais operasse em determinado segmento de clientes. E os caminhões que estavam dedicados ao

atendimento desse segmento não têm como ser aproveitados nas operações junto a outros segmentos de clientes.

Em um primeiro momento, apesar de já haver deliberado pela desativação e venda dos caminhões, eles continuam trabalhando normalmente até o término ou cancelamento dos contratos de serviço firmados. Isso, por enquanto, impede a classificação dos ativos como *mantidos para venda* e, em consequência, sua transferência para o Ativo Circulante.

Dois meses depois, os contratos são cancelados ou extintos e, também, providências são tomadas para iniciar o processo de venda dos ativos, com a definição dos meios de divulgação dessa decisão:

a) As parcelas restantes do financiamento desses caminhões são pagas, de forma que não há passivos vinculados a esses ativos a serem classificados como destinados à venda.

b) Os caminhões são retirados do uso nas operações e, adicionalmente, uma vistoria e uma manutenção são feitas visando facilitar a negociação e, portanto, esses caminhões já se encontram nas condições de venda pretendidas.

c) As despesas para vender, incluindo os gastos com o item (b), são estimadas em $ 225 mil e são aprovadas.

d) Utilizando-se fonte independente de informação de preço corrente de mercado para tais ativos, a estimativa do valor total pela venda desses ativos é de $ 2.500 mil.

Pelo disposto, somente agora as condições exigidas para a classificação como ativo mantido para venda são atendidas. Assim, na data em que tais condições são atendidas, primeiro devemos ajustar o saldo contábil do ativo por depreciação e testá-lo contra seu valor recuperável. Lembre-se de que agora esses caminhões não têm valor de uso, pois não mais serão utilizados nas operações de transporte da transportadora.

Suponhamos que, imediatamente antes da classificação como mantido para venda, o conjunto de caminhões totalize um saldo contábil, líquido da depreciação acumulada, de $ 3 milhões. Adicionalmente, admita que o saldo acumulado das perdas por *impairment* seja zero, porque até agora nunca houve perdas por redução ao valor recuperável, uma vez que o valor em uso era sempre superior ao saldo contábil.

Como exigido pelo CPC 31, antes de se proceder à classificação e, portanto, à baixa do imobilizado para o reconhecimento inicial de um ativo mantido para venda, precisamos aplicar o CPC 01 (R1). Nesse sentido, vale observar que a mudança na forma de uso do ativo (sua desativação) constitui uma evidência de que o valor recuperável do ativo esteja afetado, como determinado na letra (f) do item 12 do CPC 01 (R1) (planos para descontinuidade ou reestruturação da operação à qual um ativo pertence). Portanto, como o valor em uso é zero, então tanto para fins do CPC 01 (R1) (valor recuperável) quanto para o reconhecimento inicial de um conjunto de ativos mantidos para a venda o valor a ser considerado é $ 2.275 mil ($ 2.500 − $ 225), ou seja, valor justo líquido das despesas de venda do conjunto de caminhões.

Assim, imediatamente antes da classificação como mantido para venda, a empresa deve, pela aplicação do CPC 01 (R1) ainda como ativo imobilizado, reconhecer uma perda de $ 725 ($ 3.000 – $ 2.275) pela redução do ativo ao seu valor recuperável. Essa perda poderá ser revertida caso o valor de venda dos caminhões sofra algum aumento ou as despesas para vender venham a sofrer alguma redução.

Exemplo 2

A empresa Alfa colocou à disposição um grupo de ativos, o qual contém *goodwill* e é parte de uma unidade geradora de caixa da entidade. O grupo de ativos à disposição atende aos critérios para ser classificado como mantido para venda e estima-se que o grupo será vendido em uma única transação nos próximos meses.

Imediatamente antes da classificação do grupo como mantido para venda, como exigido pelo CPC 31, foram aplicadas pela entidade as normas pertinentes para avaliar para cada ativo isoladamente. Em consequência, a empresa reconhece uma perda de $ 1.000 ($ 32.000 – $ 31.000) imediatamente antes da classificação.

A empresa estima em $ 27.400 o valor justo líquido das despesas para vender do grupo de Ativos, o qual é inferior à soma do saldo contábil ajustado de cada ativo que integra o grupo. Portanto, a perda no reconhecimento inicial do grupo à disposição como mantido para venda totaliza $ 3.600 ($ 31.000 – $ 27.400).

No Quadro 4.1, apresenta-se o detalhamento dessas informações por ativo e para o grupo.

Quando da avaliação de cada ativo pelas normas aplicáveis (imediatamente antes da classificação do grupo como mantido para venda a cada um), o Imobilizado, cuja política contábil é a do custo, foi atualizado pela aplicação do CPC 27 e já está líquido da depreciação acumulada (não houve perdas por *impairment*). Os estoques foram avaliados pelo CPC 16 (R1) – Estoques e, como seu valor realizável foi determinado em $ 4.400, então, uma perda de $ 400 foi registrada no resultado do período. Os ativos financeiros, classificados como mensurado ao valor justo por meio do resultado, foram avaliados pelo CPC 48 – Instrumentos Financeiros e seu valor justo foi determinado em $ 3.000; então, uma perda de $ 600 foi registrada no resultado.

Como foi estimado em $ 27.400 o valor justo líquido das despesas para vender para o grupo, então, uma perda

adicional de $ 3.600 deve ser reconhecida no registro inicial do grupo de ativos como mantido para venda. Essa perda deve-se ao fato de que a venda será do grupo como um todo em uma única transação.

Essa perda por redução ao valor recuperável (pela venda) deve ser alocada aos itens do conjunto de acordo com as disposições aplicáveis às unidades geradoras de caixa que contenham *goodwill*, contidas no CPC 01 (itens 104 a 108). Entretanto, vale lembrar que o Estoque e o Ativo Financeiro são ativos que não estão sujeitos à aplicação do CPC 01 (R1), já que têm regras próprias de *impairment*. *Além disso*, o estoque é um ativo corrente e o ativo financeiro, no exemplo em questão, também.

O CPC 01 (R1) exige que a perda seja alocada, primeiro, para reduzir o valor contábil do *goodwill* alocado à unidade e, depois de reduzir a zero o *goodwill*, se ainda restar alguma perda remanescente, ela deverá reduzir o valor contábil dos demais ativos da unidade, proporcionalmente ao valor contábil de cada ativo (CPC 01-R1, item 104). Portanto, a perda de $ 3.600 deve ser alocada, primeiro, para reduzir o saldo contábil do *goodwill* alocado ao grupo para zero, e os $ 600 restantes serão alocados ao Imobilizado, uma vez que os demais ativos (Estoques e Ativos Financeiros) não se sujeitam ao CPC 01 (R1).

4.4.4 Alteração no plano de venda ou no plano de distribuição aos proprietários

Quando um ativo (ou grupo à disposição) classificado como **mantido para venda ou como mantido para distribuição aos proprietários** não mais atender aos critérios para tal classificação, a entidade não deve mais mantê-lo nessa classificação, sendo mensurado pelo valor mais baixo entre o seu valor contábil que teria caso não tivesse sido classificado como mantido para venda ou como mantido para distribuição aos proprietários (ajustado por qualquer depreciação, amortização ou reavaliação quando permitida legalmente) e o valor recuperável da data em que a decisão de não vender ou não distribuir foi tomada (ou a data em que a venda ou a distribuição deixou de se tornar altamente provável).

O ajuste no valor contábil do Ativo Não Circulante que deixa de ser classificado como mantido para venda

Quadro 4.1

	Saldo contábil	Saldo contábil ajustado antes da classificação	Perda alocada	Saldo contábil líquido após a classificação
Ativos do Imobilizado Líquido	20.600	20.600	(600)	20.000
Estoques	4.800	4.400	–	4.400
Ativos financeiros mensurados ao valor justo por meio do resultado	3.600	3.000	–	3.000
Goodwill alocado	3.000	3.000	(3.000)	0
TOTAL	**32.000**	**31.000**	**(3.600)**	**27.400**

ou para **distribuição aos proprietários** deve ser incluído no resultado de operações em continuidade do período, a não ser nos casos em que o ativo seja um Imobilizado ou um Intangível que tenha sido reavaliado (se permitido por lei) antes da classificação como mantido para venda. Nesse caso, tal ajuste deve ser tratado como acréscimo ou decréscimo da reavaliação.

Relevante observar que isso poderá ser feito para um ativo dentro de um grupo à disposição ou à distribuição ou para todo o grupo, conforme o caso. E, se a entidade vier a remover determinado ativo do grupo à disposição, os ativos e passivos que permaneceram devem continuar a serem avaliados como um grupo até que a venda ou a distribuição seja efetivada, desde que o grupo (depois da remoção de um ou mais ativos) continue a atender aos critérios do CPC 31 para ser classificado como mantido para venda. Caso os ativos remanescentes não atendam mais a esses critérios, não poderão mais ser mantidos para venda.

4.4.5 Apresentação e divulgação

Os Ativos Não Circulantes (ou grupos à disposição) classificados como **mantidos para venda** devem ser apresentados **separadamente** de outros ativos no Balanço Patrimonial. Da mesma forma, os passivos que fizerem parte de um grupo à disposição classificado como mantido para venda devem ser apresentados **separadamente** dos outros passivos. Isso implica dizer que uma apresentação em bases líquidas (ativos menos passivos), ou seja, apresentada em um único montante, não é permitida pela norma.

As principais classes de ativos e passivos classificados como mantidos para venda devem ser divulgadas separadamente no Balanço Patrimonial ou nas notas explicativas. Entretanto, não se deve reclassificar ou reapresentar montantes divulgados nos balanços anteriores para refletir a classificação do último período apresentado como Ativos Não Circulantes (ou ativos e passivos de um grupo à disposição) mantidos para venda.

Adicionalmente, o CPC 31, em seu item 38, exige que a entidade apresente, separadamente, o saldo de algum ganho ou perda acumulada reconhecido no Patrimônio Líquido em outros resultados abrangentes e que está relacionado com um Ativo Não Circulante (ou grupo de ativos) classificado como mantido para venda.

O CPC 31 estabelece, ainda, algumas divulgações adicionais em notas explicativas no período em que o Ativo Não Circulante (ou grupo de ativos) tiver sido classificado como mantido para venda ou em que ele tiver sido vendido. São elas:

a) Descrição do Ativo (ou do grupo de ativos) Não Circulante.

b) Descrição dos fatos e circunstâncias da venda ou que levaram à venda esperada e, se for esse o caso, também a forma e o momento esperados para a venda do ativo ou grupo de ativos.

c) As perdas por redução ao valor recuperável e reversões reconhecidas caso esses itens não sejam apresentados separadamente na Demonstração de Resultado do Exercício (se foram, então se divulga somente o nome da conta onde foram apresentados).

d) O segmento em que o Ativo Não Circulante ou o grupo de ativos foi apresentado (conforme CPC 22 – Informações por Segmento), quando aplicável.

Quando um Ativo Não Circulante (ou grupo de ativos) deixar de ser classificado como mantido para venda, a entidade deve divulgar, no período em que foi tomada a decisão de alterar a condição de colocado à venda, uma descrição dos fatos e das circunstâncias que levaram a essa decisão e do efeito dessa decisão nos resultados das operações para esse período e qualquer período anterior apresentado.

Para melhor entendimento, veja o exemplo a seguir. Suponha que, no final de 20X1, uma empresa decida colocar à venda uma parte de seus ativos (e passivos diretamente relacionados). A venda esperada, pelos critérios do CPC 31, será realizada em dois grupos assim detalhados:

	Valor após a classificação de mantido para venda	
	Grupo 1	**Grupo 2**
Imobilizado	9.800	3.400
Ativo Financeiro mensurado pelo valor justo em outros resultados abrangentes	2.800	
Passivos	(4.800)	(1.800)
Valor contábil líquido do grupo à disposição	**7.800**	**1.600**

Do saldo contábil de $ 2.800 do Ativo Financeiro, $ 800 foram reconhecidos como ajuste de avaliação patrimonial diretamente no Patrimônio Líquido da entidade, como outros resultados abrangentes.

Portanto, os grupos à disposição classificados como mantido para venda serão apresentados no Balanço Patrimonial e na Demonstração de Resultado. Observe o Quadro 4.2.

Como se observa, os ativos mantidos para venda foram apresentados considerando a aplicação **prospectiva** das exigências do CPC 31. Em outras palavras, as informações comparativas ao período apresentado não são restabelecidas considerando a nova classificação dos ativos e passivos que integram os grupos à disposição.

Quadro 4.2

BALANÇO PATRIMONIAL					
ATIVO	**20X1**	**20X0**	**PASSIVO E PL**	**20X1**	**20X0**
Ativo Circulante	X	X	**Passivo Circulante**	X	X
...	...	...	...	...	...
Ativo Não Circulante mantido para venda	16.000	–	**Passivo Não Circulante mantido para venda**	6.600	–
Ativo Não Circulante	X	X	**Passivo Não Circulante**	X	X
...	...	...	...	...	...
...	...	...	**Patrimônio Líquido**	X	X
...	...	...	...	...	...
...	...	...	Ajuste de avaliação patrimonial relativo a grupos de Ativos Mantidos para Venda	800	–
TOTAL DO ATIVO	X	X	**TOTAL DO PASSIVO E PL**	X	X

Na Demonstração de Resultado do Exercício, apesar de não obrigatório, recomenda-se apresentar, separadamente das demais despesas e receitas, as perdas (por redução ao valor recuperável) e respectivas reversões relativas a Ativos Não Circulantes (ou grupos de ativos) mantidos para venda e, do contrário, elas devem ser apresentadas em nota explicativa.

Cumpre destacar que os ganhos e perdas provenientes da classificação como mantido para venda, desde que não se enquadrem na definição de operação descontinuada, devem ser incluídos no resultado das operações em continuidade, diferentemente dos ganhos e perdas envolvendo ativos ou grupos à disposição classificados como mantidos para venda e que, adicionalmente, se qualificam ou integram uma operação em descontinuidade.

4.5 Operações descontinuadas

4.5.1 Conceitos iniciais

Assim como os Ativos Não Circulantes (ou grupos de ativos) *mantidos para venda*, as operações descontinuadas também estão sob o escopo da IFRS 5 – *Non-Current Assets Held for Sale and Discontinued Operations*, traduzido por meio do CPC 31 – Ativo Não Circulante Mantido para Venda e Operação Descontinuada.

Conforme os itens 31 e 32 do CPC 31, uma operação descontinuada é um componente da entidade (operações e fluxos de caixa que podem ser claramente identificados operacionalmente e para fins financeiros) que foi colocado à disposição para descarte (abandono) ou, de outro modo, que foi classificado como mantido para venda. Adicionalmente, para ser entendido como uma operação

em descontinuidade, esse componente deve ainda atender aos seguintes critérios:

a) A operação representa uma importante e distinta linha de negócios ou uma área geográfica.

b) A operação integra um único plano coordenado para vender uma importante e distinta linha de negócios ou área geográfica.

c) A operação é uma controlada adquirida exclusivamente para ser vendida.

Uma operação em descontinuidade que tiver sido classificada como mantida para venda deve seguir o tratamento contábil pertinente, como discutido na Seção 4.4 – Ativo Não Circulante mantido para venda. Independentemente disso, deve-se atender todas as exigências de apresentação e divulgação (CPC 31, itens 33 a 37), as quais são objeto da próxima seção.

4.6 Tratamento para as pequenas e médias empresas

Os conceitos abordados neste capítulo relativos aos Ativos Especiais, Despesas Antecipadas, Ativos Não Circulantes Mantidos Para Venda e Operações Descontinuadas são aplicáveis também às entidades de pequeno e médio porte.

Entretanto, em relação aos ativos não circulantes mantidos para venda, o Pronunciamento Técnico PME – Contabilidade para Pequenas e Médias Empresas não exige uma mudança na base de avaliação desses ativos, ou seja, não traz critérios de mensuração e classificação específicos para os ativos não circulantes mantidos para a venda, diferentemente do CPC 31, que exige que tais ativos:

(a) não sejam mais depreciados e (b) sejam mensurados pelo menor valor entre o valor contabilizado e o valor justo menos as despesas para vender.

Em vez disso, o CPC PME apenas descreve que, se a entidade tiver um Ativo Não Circulante (ou grupo de ativos) destinado à venda, trata-se de uma indicação de desvalorização e, portanto, a entidade deverá realizar o teste de recuperabilidade para tais ativos e, se for o caso, reconhecer uma perda por redução ao seu valor recuperável. Do mesmo modo, quando a entidade estiver engajada em um compromisso para vender um ativo ou passivo, ela deverá divulgar tal fato em nota explicativa. Para mais detalhamento, consulte o Pronunciamento Técnico PME – Contabilidade para Pequenas e Médias Empresas.

5

Realizável a Longo Prazo e Investimentos em Outras Sociedades

5.1 Introdução

O primeiro grupo de contas a ser tratado neste capítulo é o Realizável a Longo Prazo, parte do Ativo Não Circulante, que, em essência, é composto por contas de mesma natureza que o Ativo Circulante, mas cuja expectativa de realização é após o término do exercício seguinte. Portanto, todas as contas classificadas como Realizável a Longo Prazo são apresentadas no Ativo Não Circulante. São exemplos créditos e valores a receber no longo prazo, investimentos temporários a longo prazo, a parcela de longo prazo das despesas antecipadas e tributos diferidos.

Em termos contábeis, o aspecto mais relevante das contas classificadas no Realizável a Longo Prazo é a necessidade do ajuste a valor presente. Tanto por exigência da Lei nº 11.638/2007, quanto pelo CPC 12 – Ajuste a Valor Presente, todas as contas decorrentes de operações de longo prazo devem ser ajustadas a valor presente. Para as contas do curto prazo, essa obrigatoriedade somente existe quando o efeito for material.

Também serão abordados neste capítulo os aspectos contábeis dos investimentos em outras sociedades, classificados no Ativo Não Circulante. Para serem classificados nesse grupo, os investimentos em outras sociedades precisam ser investimentos com característica permanente. Os investimentos temporários em outras sociedades (para fins especulativos, por exemplo), devem ser classificados no Realizável a Longo Prazo.

5.2 Realizável a Longo Prazo

5.2.1 Conceito e classificação

De forma geral, são classificáveis no Realizável a Longo Prazo contas da mesma natureza das do Ativo Circulante que, todavia, tenham sua realização, certa ou provável, após o término do exercício seguinte, o que, normalmente, significa realização num prazo superior a um ano a partir do próprio balanço.

De acordo com a Lei das Sociedades por Ações, por seu art. 179, inciso II, os elementos do Ativo que devem ser classificados como Realizável a Longo Prazo são:

> "os direitos realizáveis após o término do exercício seguinte, assim como os derivados de vendas, adiantamentos ou empréstimos a sociedades coligadas ou controladas (art. 243), diretores, acionistas ou participantes no lucro da companhia, que não constituírem negócios usuais na exploração do objeto da companhia".

Já vimos em capítulos anteriores que o significado de "direitos" dado pela Lei nº 6.404/1976 é bastante amplo, incluindo contas e títulos a receber, estoques, créditos, valores etc., e que são classificados no longo prazo quando de realização esperada para depois do final do exercício seguinte. É feita, todavia, pela Lei das Sociedades por Ações uma exceção ao definir que, independentemente do prazo de vencimento, os créditos de "coligadas ou controladas, diretores, acionistas ou participantes no lucro", oriundos de negócios não usuais na exploração do objeto da companhia, devem ser também classificados no longo prazo, ou seja, mesmo que vencíveis ou com previsão de recebimento a curto prazo. Tais direitos a receber dessas pessoas podem ser oriundos, por exemplo, de:

a) Venda de bens do Ativo Imobilizado ou outros bens do Ativo.

b) Adiantamentos ou empréstimos a empresas coligadas ou controladas.

c) Empréstimos ou adiantamentos a diretores e acionistas ou outros participantes no lucro, tais como os detentores de partes beneficiárias ou debêntures, quando isso não for seu objeto social.

Assim, as duplicatas e contas a receber dessas mesmas pessoas, oriundas de vendas normais dos produtos ou serviços da empresa, serão classificadas como contas a receber do Ativo Circulante, a não ser que seu vencimento seja efetivamente a longo prazo. Quando forem decorrentes de atividades não usuais, devem ser classificadas no realizável a longo prazo, independentemente do prazo. Devem ser utilizadas contas contábeis diferentes e feita a divulgação em notas explicativas das de natureza não operacional, se relevantes.

Vale notar que o prazo de um ano pode não valer quando o ciclo operacional for superior a doze meses. Nesse caso, o Realizável a Longo Prazo se referirá ao prazo desse ciclo operacional, e não a doze meses. Outro ponto: os tributos diferidos sobre o resultado (imposto de renda e contribuição social) nunca podem também ficar classificados no Ativo Circulante e, por isso, devem estar totalmente dentro do subgrupo Realizável a Longo Prazo.

5.2.2 Conteúdo das contas e sua avaliação

5.2.2.1 Créditos e Valores

Nesse subgrupo, estarão classificados os créditos a receber de terceiros relativos a eventuais contas de clientes com prazo de recebimento superior ao exercício seguinte à data do balanço, Títulos a Receber, Adiantamentos, bem como valores também Recebíveis a Longo Prazo, oriundos de depósitos e empréstimos compulsórios, impostos e contribuições a recuperar etc.

O plano de contas apresenta para esse subgrupo as seguintes contas:

a) BANCOS – CONTAS VINCULADAS

São os depósitos bancários feitos em contas vinculadas à liquidação de empréstimos a longo prazo, ou outra operação similar que não permita sua livre movimentação dentro do exercício seguinte.

b) CONTAS A RECEBER

Engloba as contas de clientes com vencimento após o exercício seguinte à data do balanço, portanto, refere-se aos casos de vendas financiadas a longo prazo, ou após o ciclo operacional seguinte, se este for maior do que doze meses.

c) TÍTULOS A RECEBER

Entre outras transações, podem incluir notas promissórias, letras ou outros títulos a receber a longo prazo oriundos de operações, como venda de imóveis, máquinas ou outros bens a terceiros, renegociação (parcelamento) de duplicatas não recebidas de clientes e trocadas por notas promissórias etc.

d) CRÉDITO DE ACIONISTAS, DIRETORES, COLIGADAS E CONTROLADAS – TRANSAÇÕES NÃO RECORRENTES

Estão segregadas em três contas distintas, no plano de contas, para melhor controle: crédito de acionistas, crédito de diretores e crédito de coligadas e controladas. Tais saldos devem ser destacados no balanço. Os de coligadas e controladas devem ser mencionados em maior detalhe em Nota Explicativa (ver Capítulo 24). Quando os saldos dos créditos de acionistas e diretores forem significativos, também deve ser feita Nota Explicativa, indicando a origem da operação e a sua forma de liquidação.

É claramente discutível a exigência legal de tais créditos no longo prazo, talvez um pouco de conservadorismo. Daí a necessidade, se valores relevantes, de detalhes em Nota Explicativa para que o usuário faça reclassificação, para fins de análise, se assim o quiser.

e) ADIANTAMENTOS A TERCEIROS

Inclui entrega de numerário a terceiros para recebimento de serviços ou outros ativos circulantes, como estoques. Quando forem adiantamentos a fornecedores de equipamentos definidos, deverão ser classificados no Ativo Imobilizado, em conta específica.

f) PERDAS ESTIMADAS COM CRÉDITOS DE LIQUIDAÇÃO DUVIDOSA (Conta Credora)

Assim como as contas similares do Ativo Circulante, essas do Longo Prazo também devem ser registradas pelo valor da transação que as originou, menos a perda estimada para ajustá-las ao valor provável de realização, conforme estabelece o item I do art. 183 da Lei nº 6.404/1976.

A perda estimada com créditos de liquidação duvidosa deve ser classificada após as contas com natureza de crédito. O valor da perda estimada deve ser apurado por meio similar ao discutido no Capítulo 2 – Disponibilidades e Contas a Receber, efetuando-se uma análise detalhada das contas e um cálculo de perda provável. Normalmente, como essas contas não são de operações correntes e constantes, não há estatísticas ou experiências anteriores válidas para o cálculo da perda estimada. Esta perda pode ser constituída a débito de despesas pela diferença entre o saldo já existente e o novo valor necessário, ou pela reversão da anterior e constituição pelo novo valor identificado, sendo relevante que a evidenciação da composição da perda estimada seja apresentada em nota explicativa para melhor explicação ao usuário. Normalmente, essas perdas ficam alocadas em Despesas Administrativas na Demonstração do Resultado.

g) IMPOSTOS E CONTRIBUIÇÕES A RECUPERAR

Há conta similar no Ativo Circulante, em Outros Créditos, cuja natureza e origem são detalhadas no Capítulo 2 – Disponibilidades e Contas a Receber. No Realizável a Longo Prazo, classificam-se os casos cuja recuperação, seja por meio de compensação ou restituição, é prevista após o exercício seguinte à data do balanço. Os casos mais comuns de impostos e contribuições a recuperar deveriam ser classificados no Circulante. Todavia, há muitas circunstâncias em que a realização se dará a longo prazo, como, por exemplo, nos casos de tributos com legalidade questionada, cujo desfecho depende de decisões ou de julgamento judiciais; ou de impostos recuperáveis nas compras que não se consegue compensar com os exigíveis derivados das receitas por algum benefício fiscal com relação a estas.

h) EMPRÉSTIMOS COMPULSÓRIOS À ELETROBRAS

Apesar de ter sido extinta sua cobrança, ainda podem existir saldos remanescentes dos empréstimos compulsórios à Eletrobras, gerados por adicionais cobrados no passado nas contas de energia elétrica dos consumidores industriais. Diversas legislações ocorreram e foram revogadas, parte desses créditos se converteu em ações preferenciais, outros foram transformados em Obrigações da Eletrobras, e saldos ainda existem em muitas empresas. Informações detalhadas podem ser obtidas em edições anteriores deste *Manual*.

As avaliações, ao valor justo ou ao custo amortizado, e as eventuais perdas por consideração a eventual irrecuperabilidade seguem as regras normais de qualquer outro crédito a longo prazo. Por serem valores em extinção, fazemos a menção, mas recomendamos a consulta à edição anterior deste *Manual* para o caso de necessidade de mais detalhes.

No caso de valores relevantes, o saldo deve ficar evidenciado, pelo menos em nota explicativa, e divulgada a forma de mensuração adotada.

i) DEPÓSITOS RESTITUÍVEIS E VALORES VINCULADOS

Essa conta abrange os depósitos e cauções, contratuais, legais ou judiciais, além de eventuais depósitos compul-

sórios para certas operações que tenham recuperação em prazo superior a um ano da data do balanço. Veja mais detalhes no Capítulo 2 – Disponibilidades e Contas a Receber, relativo à conta similar a curto prazo.

j) PERDAS ESTIMADAS (conta credora)

Deve-se analisar a necessidade de reconhecimento como já visto em casos específicos, pois tais ativos devem ser avaliados e registrados de acordo com a sua possibilidade de negociação, da intenção da administração em negociá-los e da efetiva existência de possibilidade (e valor) dessa negociação.

5.2.2.2 Investimentos Temporários a Longo Prazo

5.2.2.2.1 Conteúdo das contas

No plano de contas proposto neste *Manual*, o grupo de Investimentos Temporários a Longo Prazo, classificado no Realizável a Longo Prazo, é composto pelas seguintes contas:

a) APLICAÇÕES EM TÍTULOS E VALORES MOBILIÁRIOS

Engloba os ativos financeiros decorrentes de aplicações temporárias de recursos financeiros em títulos com prazo de vencimento superior ao exercício social subsequente à data de fechamento do balanço, tais como aplicações em debêntures, títulos de emissão do governo e outras aplicações dessa natureza, exceto em instrumentos patrimoniais de outras sociedades, que devem figurar em conta distinta. Esses tipos de investimentos são tratados no Capítulo 10 – Instrumentos Financeiros.

b) APLICAÇÕES TEMPORÁRIAS EM INSTRUMENTOS PATRIMONIAIS DE OUTRAS SOCIEDADES

Abrange os ativos financeiros decorrentes de aplicações em instrumentos patrimoniais de outras empresas (inclusive opções e *warrants* que satisfaçam à definição de instrumento patrimonial), desde que mantidas para negociação após o próximo exercício social e que não sejam classificáveis como investimentos permanentes em coligadas, controladas ou controladas em conjunto. Esses tipos de investimentos também são tratados no Capítulo 10. Às vezes não são investimentos temporários quando se referem, por exemplo, a situações de interesse de vínculo societário para fins de manutenção de outros tipos de negócios.

c) DEPÓSITOS PARA INVESTIMENTOS POR INCENTIVOS FISCAIS E PARTICIPAÇÕES EM FUNDOS DE INVESTIMENTOS (FINOR, FINAM OU FUNRES)

A primeira conta engloba os depósitos feitos aos fundos, podendo subdividir-se em subcontas pertinentes ao fundo a que se refere; é debitada apenas quando dos depósitos feitos nos referidos Fundos, como constante da Declaração do Imposto de Renda e respectivos documentos de arrecadação.

Quando os depósitos são transformados em quotas efetivas de participação nos Fundos Certificados de Investimentos (CI), é feita a transferência da conta de Depósitos para a conta de Participações em Fundos de Investimento, conta essa que poderá estar no próprio Realizável a Longo Prazo ou em Investimento, dependendo da natureza dos investimentos.

5.2.2.2.2 Critérios de avaliação dos investimentos temporários a longo prazo

Os critérios relativos às contas de Aplicações em Títulos e Valores Mobiliários e de Aplicações Temporárias em Instrumentos Patrimoniais de Outras Sociedades são discutidos no Capítulo 10 – Instrumentos Financeiros e são válidos para os investimentos temporários em ativo financeiro de curto ou longo prazo. Também vale destacar o que está previsto no item I do art. 183 da Lei nº 6.404/1976:

"I – as aplicações em instrumentos financeiros, inclusive derivativos, e em direitos e títulos de créditos, classificados no ativo circulante ou no realizável a longo prazo: (a) pelo seu valor justo, quando se tratar de aplicações destinadas à negociação ou disponíveis para venda; e (b) pelo valor de custo de aquisição ou valor de emissão, atualizado conforme disposições legais ou contratuais, ajustado ao valor provável de realização, quando este for inferior, no caso das demais aplicações e os direitos e títulos de crédito".

Desse modo, tais ativos são reconhecidos inicialmente pelo custo, que normalmente pode ser tomado como representativo de seu valor justo nesse momento, e posteriormente mensurados pelo valor justo. Contudo, conforme disposto no Anexo B do CPC 48 (parágrafo B5.2.3), em circunstâncias limitadas, o custo pode ser uma estimativa apropriada do valor justo. Esse pode ser o caso, se não houver informações suficientes mais recentes disponíveis para mensurar o valor justo, ou se houver ampla gama de mensurações ao valor justo possíveis e o custo representar a melhor estimativa do valor justo nessa gama.

No caso de aplicações em instrumentos patrimoniais de outras sociedades que sejam avaliadas ao custo, é importante observar que as ações bonificadas eventualmente recebidas não serão contabilizadas. Já no caso de ações ou quotas distribuídas em decorrência de incorporação de lucros apurados a partir de 1º-1-1996, ou de reservas constituídas com esses lucros, a lei fiscal permite atribuir, como custo de aquisição, a parcela do lucro (ou reserva capitalizada) que corresponder ao acionista ou sócio (Lei nº 9.249/1995, art. 10, parágrafo único). Esse procedimento

preserva a isenção do imposto de renda sobre lucros distribuídos em ações ou quotas, os quais seriam tributáveis quando da alienação do investimento, caso não se atribuísse custo às ações ou quotas bonificadas.

A empresa deve analisar cada investimento temporário avaliado ao custo em termos de suas condições e das perspectivas de realização futura do ativo e da melhor estimativa do seu valor recuperável. Caso exista a necessidade de reconhecimento de perdas estimadas, elas deverão figurar como conta redutora do ativo no subgrupo correspondente, tal como previsto no plano de contas. Observe-se que tais perdas não são dedutíveis para efeito fiscal, conforme o art. 339 do RIR/2018, o que não invalida sua constituição para fins societários.

Na hipótese de a empresa receber dividendos por conta dos títulos patrimoniais de outras sociedades em seu poder, estes serão considerados receita no momento em que o direito a seu recebimento estiver formalmente estabelecido em favor do investidor.

Ainda sobre os dividendos, a lei fiscal dispõe que os lucros ou dividendos recebidos de participação societária avaliada pelo custo de aquisição, adquirida até seis meses antes da data da respectiva percepção, devem ser registrados como diminuição do custo de aquisição, e não influenciam as contas de resultado (art. 416 do RIR/2018). Todavia, para fins contábeis, isso não é mais possível a partir de 2010, pois os dividendos devem ser reconhecidos quando for estabelecido o direito do acionista de receber o respectivo valor, independentemente de se referirem aos lucros gerados pré ou pós-aquisição. Esse procedimento é consistente com o disposto no item 5.7.1A do CPC 48, que exige que os dividendos sejam reconhecidos no resultado como receita somente quando o direito da entidade de recebê-los estiver estabelecido.

5.2.2.3 Despesas antecipadas

Esse subgrupo do Realizável a Longo Prazo é composto de pagamentos antecipados de itens que se converterão em despesa após o exercício seguinte à data do balanço. Caracterizam-se por benefícios ou serviços já pagos, mas a incorrer a longo prazo, como é o caso de prêmios de seguro a apropriar a longo prazo, conta analisada no Capítulo 4 – Outros Ativos e Operações Descontinuadas, Seção 4.3, que trata sobre despesas antecipadas.

5.2.2.4 Tributos diferidos

Os tributos diferidos podem ser reconhecidos tanto no Ativo (Realizável a Longo Prazo) quanto no Passivo (Não Circulante). Enquanto os tributos diferidos passivos são decorrentes de diferenças temporárias tributáveis, os tributos diferidos ativos são decorrentes não apenas de diferenças temporárias dedutíveis, mas também de direito a compensação futura de prejuízos fiscais não utilizados e créditos fiscais não utilizados. Para mais informações, consultar o Capítulo 12 – Tributos sobre o Lucro, Provisões, Passivos Contingentes e Ativos Contingentes.

5.2.3 Ajuste a valor presente

5.2.3.1 Discussão geral

A contabilidade sempre teve um desafio quando se trata de evidenciar a essência das operações referindo-se à apuração dos resultados das empresas, considerando os juros embutidos nos preços das transações a prazo em relação aos correspondentes preços à vista.

Tradicionalmente, a contabilidade sempre teve por base os documentos que suportam essas transações, registrando as Receitas e, em contrapartida, os Ativos a Receber, pelos valores constantes dessas notas fiscais e faturas. O mesmo vale para Despesas e Contas a Pagar.

Com o advento da Lei nº 11.638, de 28 de dezembro de 2007, foi introduzido expressamente na lei o desconto a valor presente para contas a receber e a pagar de longo prazo e, dependendo da materialidade, para as contas de curto prazo. Até então esse desconto só tinha sido obrigatório, no Brasil, nas demonstrações complementares em moeda constante (correção integral) por imposição da CVM, mas essa obrigação cessou, infelizmente, em 1995.

Nas transações comerciais de curto prazo (por exemplo, 30 a 90 dias de prazo de vencimento), os juros embutidos tendem a ter menor proporção e, assim, é mais aceitável o registro das vendas e Contas a Receber a Prazo, pelo valor "faturado", porém essa simplificação deve ser realizada apenas quando o efeito do ajuste a valor presente não for relevante. Por exemplo, a não atualização do valor da compra de uma mercadoria a valor presente faz com que o juro relativo ao financiamento esteja tratado como parte do custo dessa mercadoria, o que vai contra qualquer princípio de transparência e representação fidedigna quando o valor for relevante. O mesmo com as vendas incluindo o valor dos juros cobrados dos clientes por prazo dado. Ainda bem que, nas transações a longo prazo, com ou sem juros explícitos embutidos, a exigência é a de proceder na contabilidade a uma redução desses ativos a seu valor presente, mediante taxa de desconto. Essa taxa deve considerar a remuneração compatível do valor que seria recebido à vista, considerando o prazo concedido, o risco e o comportamento do mercado.

Nas vendas realizadas por varejistas, existem situações muito comuns em que se afirma que os valores à vista e a prazo são os mesmos. Entretanto, essa é uma estratégia de venda, que, na maioria dos casos, é enganosa, não deve alterar a forma objetiva de interpretar a transação, e o ajuste a valor presente deve ser calculado e, quando relevante,

registrado. Por definição do CPC 12, o valor presente "é a estimativa do valor corrente de um fluxo de caixa futuro, no curso normal das operações da entidade".

Todavia, em consonância com a norma internacional, o conceito de ajuste a valor presente não deve ser aplicado aos tributos diferidos sobre o lucro. Em outras palavras, os valores ativos e passivos diferidos relativos a Imposto de Renda e Contribuição Social não devem ser ajustados a valor presente. Trata-se de uma exceção sem fundamentação técnica, calcada na eventual dificuldade prática de, em muitas situações, conseguir-se identificar com clareza e objetividade quando esses tributos serão devidos ou recuperados.

5.2.3.2 A mudança de lei e o CPC

Com a nova redação da Lei nº 6.404/1976, alterada pela Lei nº 11.638/2007, o tema do ajuste a valor presente passa a ter importância enorme para os realizáveis e exigíveis a longo prazo, como, aliás, deveria ter sido sempre feito. Os procedimentos que devem ser seguidos para o atendimento dessa previsão societária estão detalhados no CPC 12 – Ajuste a Valor Presente, obrigatório para todas as companhias abertas, por força da Deliberação CVM nº 564/2008, e para os profissionais de contabilidade das entidades não sujeitas a alguma regulação contábil específica, pela Resolução CFC nº 1.151/2009.

Em consonância com a lei, o CPC 12 – Ajuste a Valor Presente estabelece, em seu item 21, que:

> "Os elementos integrantes do ativo e do passivo decorrentes de operações de longo prazo, ou de curto prazo quando houver efeito relevante, devem ser ajustados a valor presente com base em taxas de desconto que reflitam as melhores avaliações do mercado quanto ao valor do dinheiro no tempo e os riscos específicos do ativo e do passivo em suas datas originais".

Ainda em conformidade com tal pronunciamento, a mensuração contábil a valor presente deve ser aplicada no reconhecimento inicial de Ativos e Passivos, e a quantificação do ajuste a valor presente deve ser realizada em base exponencial *pro rata*, a partir da origem de cada transação, sendo os seus efeitos apropriados nas contas a que se vinculam. O ajuste será feito mediante criação de conta retificadora (juros a apropriar ou encargos/receitas financeiros a transcorrer), para que não se percam os valores originais. O método a ser utilizado é o da taxa efetiva de juros, sendo que a taxa aplicada não deve ser líquida de efeitos fiscais, mas antes dos impostos.

Com essa mudança, a Contabilidade Societária corrige o problema de tratar de forma semelhante transações a prazo e à vista. Essa mudança tem o objetivo de determinar as parcelas de ativo e passivo que não correspondem ao preço efetivo da transação, mas, sim, a ajuste por conta do valor do dinheiro no tempo. A intenção é que os juros embutidos nas transações que não são à vista, ou dentro de prazos comerciais curtos e costumeiramente praticados no mercado a que se referem essas transações, tenham tratamento contábil de acordo com a sua efetiva natureza, isto é, a de resultado financeiro.

Para determinação do valor do ajuste, e, portanto, do valor presente de um fluxo de caixa futuro, são requeridas basicamente três informações: (i) o valor do fluxo futuro; (ii) a data em que esse fluxo ocorrerá; e (iii) a taxa de desconto que deve ser utilizada.

A taxa de desconto a ser utilizada corresponde à taxa efetiva da data da transação, ou seja, independe da taxa de juros de mercado em períodos subsequentes. Nos casos em que a taxa de juros da transação é explícita (está indicada em contrato ou é conhecida), deve-se apenas verificar sua razoabilidade com a taxa de mercado aplicável. Caso a taxa de juros seja implícita, isto é, não claramente indicada ou conhecida, seu valor deverá ser estimado a partir da taxa de juros de mercado que seja praticada para transações com natureza, prazo e riscos semelhantes, na data inicial da transação. Nessa segunda situação, a taxa de juros utilizada pela Tesouraria de uma entidade para determinação de condições e preços praticados é geralmente uma boa estimativa.

Como já afirmado, a taxa a ser aplicada para o cálculo do valor presente não deve ser líquida de efeitos fiscais, e, sim, aquela estimada antes dos tributos.

Em razão de a taxa de juros usualmente praticada por uma entidade não ser única para todas as transações, sua aplicação deve ser analisada a cada caso.

A grande maioria dos direitos e obrigações de longo prazo já está, via de regra, a valor presente, principalmente, os empréstimos e financiamentos de terceiros, não ocorrendo ajustes nesses casos, mas alguns outros não estão necessariamente como determina a doutrina contábil.

Tal procedimento contribui para a elaboração de demonstrações contábeis com maior valor preditivo e, se tais informações são registradas de modo oportuno, também contribuirão para o aumento do grau de relevância das demonstrações contábeis. Dessa forma, deve-se atentar para a confiabilidade da informação contábil, por meio da utilização de estimativas e julgamentos acerca de eventos probabilísticos livres de vieses.

Para a escolha da taxa de desconto, se a empresa pratica operações de empréstimo ou financiamento, conhece as taxas que lhe são cobradas. Se não pratica, pode verificar o que empresas semelhantes, com risco idêntico, praticam. Pode também efetuar consultas junto a instituições financeiras, consultores financeiros etc., sendo preciso

documentar todo esse processo que leva à definição da taxa de desconto a ser utilizada.

Há uma condição especial colocada no CPC 12 – Ajuste a Valor Presente, referente a financiamentos contratados com taxas de juros diferentes das taxas praticadas pelo mercado em geral para outras modalidades de empréstimos. Ocorre que, no Brasil, a oferta de crédito de longo prazo, para certo conjunto de operações, às entidades em geral, normalmente está limitada ao Banco Nacional de Desenvolvimento Econômico e Social (BNDES). Essas operações, por isso, não são enquadradas, na prática, como de incentivo fiscal. Dessa forma, considera-se esse um mercado especial, e as taxas nele praticadas são aceitas como normais. Assim, não há que se trazer a valor presente essas operações por taxas que não sejam as efetivamente contratadas, pois esses financiamentos reúnem características próprias e as condições definidas nos contratos de financiamento do BNDES, entre partes independentes, refletem as condições de mercado para aqueles tipos de financiamento.

O referido Pronunciamento também admite que há certos ativos e passivos que não podem ser trazidos a valor presente em função de se tratar de recebíveis ou pagáveis sem prazo determinado, ou de difícil ou impossível determinação do momento da liquidação financeira. É o caso de muitos contratos de mútuos entre partes relacionadas que não possuem data prevista para vencimento, o que impossibilita o cálculo do ajuste a valor presente. Se bem que a maioria destes últimos se compõe de valor principal ajustado pelos encargos que, se forem de mercado, trazem a importância a seu valor presente.

De qualquer forma, os mútuos entre partes relacionadas, contratados sem encargos financeiros ou com juros diferentes das condições normais de mercado não estão sujeitos ao ajuste, mas todas as condições devem ser divulgadas em notas explicativas com o detalhamento necessário (prazos, juros e demais condições), em atendimento ao CPC 05 (R1) – Divulgação sobre Partes Relacionadas, a fim de fornecer ao leitor das demonstrações contábeis os elementos informativos suficientes para compreender a magnitude, as características e os efeitos desses tipos de transações sobre a situação financeira e sobre os resultados da entidade.

Finalmente, cabe observar que os conceitos de ajuste a valor presente e valor justo não são sinônimos; enquanto o ajuste a valor presente busca mensurar ativos e passivos levando-se em consideração o valor do dinheiro no tempo e as incertezas a eles associados, mas medidos sempre com base na taxa prevalecente na data original da contratação, a mensuração a valor justo busca demonstrar o valor de mercado de determinado ativo ou passivo, o que significa que prevalece a taxa da data do balanço. Assim, em algumas circunstâncias, o valor justo e o valor presente podem coincidir, mas isso não é uma regra, sendo que, ao aplicar a técnica de ajuste a valor presente, passado o primeiro ano, o reconhecimento da receita ou despesa financeira deve respeitar a taxa de juros da transação na data de sua origem, independentemente da taxa de juros de mercado em períodos subsequentes. Ou seja, **determinada a taxa de ajuste a valor presente, ela permanecerá a mesma até o vencimento da operação.**

Há um ponto essencial a ser discutido: no caso de valores a longo prazo, principalmente, algumas regras básicas e lógicas da matemática financeira devem prevalecer: se os valores dos ativos e passivos forem pós-fixáveis, por conta de índice de inflação ou câmbio, toma-se o valor real e traz-se a valor presente pela taxa real de juros; se os valores já contiverem inflação ou outra indexação, o ajuste a valor presente precisa ser feito pela taxa nominal de juros. Mas esse assunto será mais bem tratado no Capítulo 13.

5.2.3.3 Contabilização do ajuste a valor presente

O registro do ajuste a valor presente deverá ocorrer já no momento inicial da transação. Por exemplo, em uma transação de venda de mercadorias a longo prazo (mas vale o mesmo para curto prazo), o desconto relativo ao valor presente deverá ser registrado no mesmo momento em que for reconhecida a receita de vendas. Para melhor detalhar os registros contábeis envolvidos, vamos admitir que essa venda tenha sido negociada pelo valor prefixado de $ 10.000, para ser recebida daqui a 14 meses, e que a taxa de juros da operação, conhecida, seja de 2% ao mês. Os registros contábeis são os seguintes:

	Débito	Crédito
Contas a Receber a Longo Prazo (Não Circulante)	10.000,00	
a Receita Bruta de Vendas		10.000,00
Dedução à Receita Bruta de Vendas	2.421,25	
a AVP – Receita Financeira Comercial a Apropriar (redutora das contas a receber a longo prazo)		2.421,25[1]

(*) Receita líquida de vendas na DRE $ 7.578,75

Mês a mês, a receita financeira comercial a apropriar deverá ser reconhecida no resultado do período como receita financeira comercial utilizando-se a mesma taxa efetiva de juros (2% ao mês). Repare que não cabe uma apropriação linear dessa receita ($ 2.421,25) ao resultado,

mas, sim, o recálculo do valor presente das contas a receber em cada mês. Dessa forma, no segundo mês o valor presente das contas a receber será de $ 7.730,32. Ou então: 2% sobre o saldo líquido do ativo de R$ 7.578,75 = $ 151,57. Assim, os registros contábeis nesse mês serão:

	Débito	Crédito
AVP – Receita Financeira Comercial a Apropriar (redutora das contas a receber a longo prazo)	151,57	
a Receita Financeira Comercial (resultado)		151,57

Ressalta-se que a rubrica de receita financeira poderá fazer parte do mesmo grupo das receitas de vendas, desde que a atividade de financiar clientes faça parte firme da atividade da entidade e, consequentemente, do objeto social da entidade. Nesse caso, essa rubrica seria denominada Receita Financeira Comercial. Caso contrário, sua classificação deverá ser feita no grupo de resultado financeiro.

A contabilização do ajuste a valor presente não se aplica exclusivamente às transações de vendas de mercadorias, produtos e/ou serviços, mas também aos casos de venda de ativos imobilizados, ou quaisquer outros ativos cujo preço negociado não seja o equivalente ao valor à vista. E também aos créditos de qualquer natureza, como os comentados relativos aos empréstimos compulsórios a entidades governamentais.

O exemplo aqui apresentado evidencia o cálculo do ajuste a valor presente para contas do ativo e, mais especificamente, do realizável a longo prazo. Entretanto, lógica semelhante é válida para contas do Passivo, como Fornecedores, Contas a Pagar de Longo Prazo, Empréstimos Prefixados (em que a conta redutora do empréstimo seria denominada Encargos Financeiros a Transcorrer).

Para mais informações sobre a técnica de ajuste a valor presente, também é recomendável a consulta ao CPC 12 – Ajuste a Valor Presente e ao CPC 01 (R1) – Redução ao Valor Recuperável de Ativos, o qual traz uma discussão, nos itens 53 a 55 e em seu Apêndice A, sobre a definição das taxas a serem utilizadas para a realização de tais ajustes.

5.3 Investimentos em outras sociedades

5.3.1 Conceitos iniciais

Os investimentos em instrumentos patrimoniais de outras sociedades, discutidos na Seção 5.2.2.2, estão relacionados com os investimentos de natureza temporária, ou seja, são investimentos mantidos pela empresa, mas para fins especulativos (valorização do capital, por exemplo) e não com o propósito de permanência e, portanto, devem

---

[1] Esse valor foi calculado considerando-se a taxa efetiva de juros da operação no período $((1,02^{14}) - 1) = 0,3195$. Com base nessa taxa, o valor presente das contas a receber na data inicial da transação é de $ 7.578,75. Numa planilha eletrônica ou máquina de calcular financeira: 10.000 em FV; 2 em i; 14 em n; PV = 7.578,75. 10.000 – 7.578,75 = 2.421,25.

ser apresentados no realizável a longo prazo (ou até mesmo no curto prazo).

Por outro lado, caso a empresa mantenha o investimento em instrumentos patrimoniais de outras sociedades com o propósito de permanência, tal investimento deve ser classificado no grupo de Investimentos, dentro do Ativo Não Circulante.

Existem diversos tipos de investimentos permanentes em outras sociedades, como, por exemplo: investimentos em controladas, investimentos em entidades com controle compartilhado, investimentos em coligadas, inclusive investimentos sem influência significativa. Dependendo do tipo de investimento, o tratamento contábil pode ser um pouco mais complexo. Os investimentos sem influência significativa, por exemplo, devem ser mensurados pelo valor justo ou pelo método do custo (em raras exceções). Os investimentos em entidades com controle compartilhado, em controladas ou em coligadas, devem ser mensurados pelo método de equivalência patrimonial, tanto nas demonstrações individuais, quanto nas consolidadas. Os investimentos em controladas são mensurados pelo método de equivalência patrimonial nas demonstrações individuais, mas devem ser incluídos na elaboração de demonstrações consolidadas. Apesar das diferenças na forma de mensuração, todos esses investimentos são a prazo indeterminado.

Considerando a complexidade do tema, este capítulo tem o propósito de apresentar uma introdução aos principais conceitos e focar nos investimentos sem influência significativa e no método do custo. O Capítulo 6 trata dos conceitos de coligadas, controladas e controladas em conjunto, além de explorar com detalhes o método de equivalência patrimonial. Por fim, o Capítulo 21 aborda os aspectos relacionados com a elaboração de demonstrações contábeis consolidadas.

5.3.2 Classificação no balanço

Investimentos de caráter permanente ou indeterminado, ou seja, destinados a produzir benefícios pela sua permanência na empresa, são classificados à parte no Balanço Patrimonial como Investimentos. Esse subgrupo Investimentos faz parte do grupo Ativo Não Circulante, que inclui também o Realizável a Longo Prazo, o Ativo Imobilizado e o Ativo Intangível.

a) PARTICIPAÇÕES PERMANENTES EM OUTRAS SOCIEDADES

Essas participações são os tradicionais investimentos em outras sociedades, normalmente na forma de participações no capital social dessas sociedades por meio de ações ou de quotas mantidas pela empresa investidora. Todavia, as ações e quotas de capital de uma sociedade

(que constituam títulos patrimoniais) mantidas por uma empresa, por sua natureza, constituem ativo financeiro, tal como disposto no item 11 do CPC 39 – Instrumentos Financeiros: Apresentação. E, para serem classificados no subgrupo Investimentos, devem ter a característica de **indeterminado**, mas voltado à obtenção de ganho com sua permanência, e não de sua venda. Ou seja, incluem-se aqui somente os investimentos em outras sociedades que tenham a característica de aplicação de capital, não de forma temporária ou especulativa.

I – Investimentos Voluntários

O normal é que as aplicações de capital em outras sociedades sejam de natureza **voluntária**, representando uma espécie de extensão da atividade econômica da empresa pela participação em uma coligada ou controlada que, por exemplo, tenha por atividade a produção de matérias-primas fornecidas à investidora, ou vice-versa. Outros exemplos envolvem participações em coligadas ou controladas (inclusive controladas em conjunto) atuantes em outras atividades econômicas, visando à diversificação das atividades do grupo. De qualquer forma, tais investimentos representam uma ampliação voluntária da atividade econômica, realizada por meio da constituição ou aquisição do controle de outra empresa, em vez de se efetuar a ampliação na própria investidora. Por esses aspectos é que os investimentos voluntários têm, frequentemente, valores muito significativos, pois deles se esperam uma rentabilidade futura e outros benefícios operacionais. Nessas situações, os investimentos voluntários têm normalmente a característica de **longo prazo** e, portanto, devem ser classificados no subgrupo Investimentos. Para investimentos em coligadas, controladas em conjunto e controladas integrais, ver Capítulo 6.

Muitas vezes, uma empresa participa do capital de outra sociedade visando à geração de benefícios indiretos, como quando uma indústria que participa num banco com o objetivo de auferir melhores condições de relacionamento com essa instituição, ou de seu fornecedor com esse mesmo objetivo etc. Nesse caso, temos investimentos que podem, por deliberação da administração da entidade, deixar de ter a característica de permanente, retornando à configuração de um ativo financeiro, cujo principal benefício econômico futuro almejado é tão somente a obtenção de ganhos de capital e não mais alguma sinergia operacional entre as entidades. Mas, enquanto mantidos com essa característica de produção de benefícios diretos (sinergias operacionais específicas) ou indiretos (outros benefícios e sinergias), permanecem no subgrupo Investimentos.

Há ainda outro caso de investimento voluntário: a aquisição de ações ou quotas de uma empresa com a intenção de permanecer com elas para auferir ganho de capital (valorização das ações no mercado de capitais, por exemplo) e renda (dividendos e juros sobre o capital próprio). Logicamente, não significa que serão mantidos eternamente, pois para a investidora realizar os ganhos por valorização, ela terá de vendê-los. Nesse caso, tais investimentos constituem, em essência, um ativo financeiro e não devem ser classificados como participações permanentes em outras sociedades no subgrupo Investimentos. Isso porque o art. 183 da Lei nº 6.404/1976, em seu inciso I, estabelece que as aplicações em instrumentos financeiros sejam classificadas no Ativo Circulante ou no Realizável a Longo Prazo, conforme já discutido anteriormente.

II – Investimentos com Incentivos Fiscais

As empresas tributadas com base no lucro real podem ter aplicações por meio de incentivos fiscais, originadas de destinações de parte de seu Imposto de Renda. Um marco legal importante na história dos incentivos fiscais foi a Lei nº 8.167/1991. Outras alterações vieram depois, inclusive com o fechamento dos fundos para novos projetos. Assim, para quem tiver interesse em conhecer um pouco sobre esse assunto, sugerimos a leitura de edições anteriores deste *Manual*.

Aspectos Contábeis

Os investimentos por incentivos fiscais, em geral, representam um ativo financeiro. Sempre que a empresa detentora de tais títulos pretenda vendê-los tão logo seja possível, temos, em essência, uma aplicação em instrumentos financeiros, e não de um investimento permanente, uma vez que não representam uma extensão da atividade econômica e que não há intenção de mantê-los permanentes. Se for esse o caso, sua melhor classificação é no subgrupo Ativo Circulante ou Realizável a Longo Prazo como instrumento financeiro e sua avaliação deve seguir o disposto no item I do art. 183 da Lei nº 6.404/1976.

Por outro lado, nos casos em que a empresa detentora de uma participação em fundos de investimentos por incentivos fiscais tenha intenções de permanecer com essa participação indefinidamente, dada a representatividade de sua participação ou o seu envolvimento com a empresa beneficiária dos recursos, temos, em essência, um investimento de natureza mais permanente, de modo que o ativo deve ser classificado no subgrupo Investimentos. Isso ocorre, normalmente, quando a empresa tem projetos próprios aprovados pela Sudam e/ou pela Sudene, nos quais usualmente aplica recursos próprios e também seus incentivos fiscais.

As quotas dos fundos podem ser negociadas em Bolsa de Valores, visando sua venda direta ou sua troca por ações de empresas beneficiárias em leilões especiais realizados para essa finalidade. Portanto, caso a empresa tenha efetuado tal conversão, as ações mantidas podem ser classificadas como: (a) ativo financeiro de curto ou longo prazos (Ativo Circulante ou Realizável a Longo Prazo), dependendo da expectativa de realização; ou (b) investimento permanente em outras sociedades, no subgrupo Investimentos, em conta representativa de um ativo financeiro, caso os títulos patrimoniais obtidos confiram a seu detentor influência ou controle, ou de coligadas, caso exista influência significativa, ou de controladas (ou controladas em conjunto), caso exista controle unilateral (ou compartilhado).

A contabilização da redução do imposto de renda por incentivos fiscais (redução fixa ou escalonada) é tratada no Capítulo 12 – Tributos sobre o Lucro, Provisões, Passivos Contingentes e Ativos Contingentes, e vale lembrar que está dentro do escopo de aplicação do CPC 07 (R1) – Subvenção e Assistência Governamentais (itens 38-A a 38-C).

b) PROPRIEDADES PARA INVESTIMENTO

A companhia pode ter terrenos ou outros imóveis que sejam mantidos para fins de locação ou arrendamento ou mesmo para fins de valorização da propriedade tendo em vista uma futura venda a terceiros, ou ambos os objetivos. De acordo com a CPC 28 – Propriedade para Investimento, uma "propriedade para investimento é a propriedade (terreno ou edifício – ou parte de um edifício – ou ambos) mantida (pelo dono ou pelo arrendatário em um arrendamento financeiro) para obter rendas ou para valorização do capital ou para ambas, e não para: (a) uso na produção ou fornecimento de bens ou serviços ou para finalidades administrativas; ou (b) venda no curso ordinário do negócio".

Nesse caso, tais ativos devem ser classificados no subgrupo Investimentos, na rubrica de Propriedades para Investimento, já que estão com a empresa para o fim de produção de benefícios futuros pela sua manutenção, mesmo que por determinado período, e têm a característica obrigatória de se tratar de imóveis (não colocados ainda à venda no curso normal dos negócios). Para mais informações sobre Propriedades para Investimento, consulte o Capítulo 7.

c) OUTROS INVESTIMENTOS PERMANENTES

Existem outros investimentos permanentes, tais como obras de arte, desde que a empresa pretenda manter tais ativos indefinidamente e que não sejam utilizados nas atividades da empresa. As obras de arte, por exemplo, normalmente não se desvalorizam, podendo até se valorizar. O reconhecimento inicial e as mensurações subsequentes de outros investimentos permanentes devem ser feitos ao custo, como dispõe o inciso IV do art. 183 da Lei nº 6.404/1976:

"Art. 183. No balanço, os elementos do ativo serão avaliados segundo os seguintes critérios: [...]

IV – os demais investimentos, pelo custo de aquisição, deduzido de *estimativas* para atender às perdas prováveis na realização do seu valor, ou para redução do custo de aquisição ao valor de mercado, quando este for inferior;" [No original utiliza-se "provisão" em vez de "estimativas".]

5.3.3 Modelo do Plano de Contas

Como mencionado anteriormente, este capítulo trata apenas dos investimentos "permanentes" em outras sociedades. As Propriedades para Investimento e os Outros Investimentos Permanentes são abordados em outros capítulos. Sendo assim, apresentamos o Modelo do Plano de Contas para os investimentos em outras sociedades, classificados no grupo de Investimentos, dentro do Ativo Não Circulante.

INVESTIMENTOS

PARTICIPAÇÕES PERMANENTES EM OUTRAS SOCIEDADES

A. Avaliadas por equivalência patrimonial

  a) Valor Patrimonial por equivalência patrimonial

    1) Participações em controladas (conta por empresa)

    2) Participações em controladas em conjunto (conta por empresa)

    3) Participações em coligadas (conta por empresa)

    4) Participações em sociedades do grupo (conta por empresa)

  b) Mais-valia sobre os ativos líquidos das investidas (conta por empresa)

  c) Ágio (*goodwill*) sobre os investimentos (conta por empresa)

  d) Perdas estimadas (conta credora por empresa)

B. Avaliadas pelo valor justo

  a) Participações em outras sociedades (conta por empresa)

C. Avaliadas pelo custo

  a) Participações em outras sociedades (conta por empresa)

  b) Perdas estimadas (conta credora por empresa)

5.3.4 Critérios de avaliação de participações permanentes em outras sociedades

O Capítulo 6 cuida dos investimentos em controladas, controladas em conjunto e em coligadas. Neste capítulo, estamos cuidando de investimentos em "outras sociedades". Para aquelas, o método de avaliação é o da Equivalência Patrimonial, tratado naquele capítulo. Mas, para os investimentos em outras sociedades, o método é o do Valor Justo ou, excepcionalmente, o do Custo.

As ações ou quotas de capital de uma sociedade, enquanto títulos patrimoniais, não abrangidos no Capítulo 6, por sua natureza, constituem-se em ativos financeiros (item 11 do CPC 39 – Instrumentos Financeiros: Apresentação); e os instrumentos financeiros emitidos por outras empresas que satisfaçam à definição de título patrimonial (inclusive opções e *warrants*) estão dentro do escopo do CPC 48 – Instrumentos Financeiros (item 2.1(a)). De acordo com o item B2.5.3 do CPC 48, todos os investimentos em instrumentos patrimoniais e contratos relativos a esses instrumentos devem ser mensurados ao valor justo. Contudo, em circunstâncias limitadas, o custo pode ser uma estimativa apropriada do valor justo. Esse pode ser o caso se não houver informações suficientes mais recentes disponíveis para mensurar o valor justo, ou se houver ampla gama de mensurações ao valor justo possíveis e o custo representar a melhor estimativa do valor justo nessa gama.

Como mencionado, as participações de capital em outras sociedades constituem, em essência, ativos financeiros, não avaliáveis em equivalência patrimonial.

Quando uma empresa possuir títulos patrimoniais de outras sociedades sem que exista controle (incluindo o controle compartilhado) ou influência significativa, de acordo com a Lei nº 6.404/1976, sua classificação poderá ser feita tanto como investimento temporário, no subgrupo Realizável a Longo Prazo ou no subgrupo Ativo Circulante, dependendo do prazo esperado de realização.

5.3.5 Avaliação de investimentos em outras sociedades pelo método do custo

O custo de aquisição é o valor efetivamente despendido na transação por subscrição relativa a aumento de capital, ou, ainda, pela compra de ações em poder de terceiros, caso em que a base do custo é o preço total pago, incluindo-se os custos diretamente atribuíveis à aquisição dos títulos patrimoniais (custos de transação), conforme dispõe o item 5.1.1 do CPC 48. Pode também haver a aquisição por outros meios, como troca, permuta etc.

Pelas normas internacionais de contabilidade, todos os ativos, inclusive os investimentos societários de que estamos tratando, precisam ser ajustados por eventuais perdas esperadas quanto à possibilidade de recuperação de seu valor contábil. Veja-se o CPC 01 (R1) – Redução ao Valor Recuperável de Ativos.

Normalmente, para determinar se existem evidências de perdas nos seus investimentos em outras sociedades, é necessário analisar a situação de tais sociedades (investidas), começando pela obtenção das demonstrações contábeis destas para apurar o valor patrimonial da participação da investidora na investida e comparar com o saldo contábil do investimento na contabilidade da investidora. Se a investida estiver operando com prejuízos, o valor de seu patrimônio fica reduzido e a comparação em questão constitui uma evidência de que o valor recuperável do investimento possa estar afetado, indicando a necessidade de reconhecimento de uma perda.

A diferença entre o saldo contábil e o valor patrimonial da participação na investida pode ser entendida como perda provável em determinadas circunstâncias. Contudo, a diferença pode ser proveniente, por exemplo, da existência de novos empreendimentos com prejuízos já esperados no início de atividades, porém com sólidas perspectivas de recuperação mediante as próprias operações futuras.

Outro caso de perdas é o dos investimentos em empresas falidas, em recuperação judicial ou em má situação, ou em empresas cujos projetos não mais sejam viáveis, ou estejam abandonados.

Independentemente do motivo, existindo evidências de que o valor do investimento pode não mais ser recuperado (pela venda ou pelos fluxos de caixa futuros gerados pelo ativo), uma perda deve ser reconhecida.

Como se verifica, o importante é conhecer a situação da empresa onde se efetuou o investimento, procurando-se obter o maior volume de informações possível, o que, aliás, deveria ser uma prática normal não somente para fins de contabilização, mas para proteção dos recursos aplicados.

Segundo a legislação do Imposto sobre a Renda em vigor (art. 339 do RIR/2018), as perdas estimadas, denominadas na legislação fiscal como provisão para perdas, são consideradas não dedutíveis até a materialização da perda. Assim, como não são dedutíveis, tais perdas aparecerão como ajuste no Livro de Apuração do Lucro Real e darão origem a Tributos Diferidos no Ativo, se houver condição de sua recuperação.

DIVIDENDOS

I – Registro como Receita

No Método de Custo, o investimento é mantido pelo custo de aquisição menos qualquer estimativa de perda. Quando a investida distribui dividendos, a empresa investidora deve reconhecer esse valor como receita com dividendos, no resultado do exercício. Tal receita é considerada operacional nos termos da legislação, mas em subgrupo à parte. No Modelo de Plano de Contas, criou-se um subgrupo chamado Outras Receitas e Despesas Operacionais, entre as quais incluem-se os resultados provenientes das participações em outras sociedades, por meio da conta denominada Receita com Dividendos.

II – Dividendos a Receber

Pela atual legislação societária, as companhias devem, na data do balanço, contabilizar a destinação do lucro líquido proposta pela Administração, inclusive os Dividendos Propostos (§ 3º do art. 176 da Lei nº 6.404/1976), que figurarão no Passivo Circulante quando se referirem aos mínimos obrigatórios, ou em conta destacada dentro do Patrimônio Líquido nos demais casos. Assim, a empresa com investimentos em outras sociedades deve verificar os dividendos propostos, já contabilizados nos balanços dessas empresas, devendo registrar a receita de dividendos proporcionais quando efetivamente declarados pela assembleia dos acionistas ou dos sócios da investida ou quando obrigatória sua distribuição; neste último caso, atentar para algumas hipóteses legais de sua não aprovação pela assembleia dos acionistas.

No caso de algum tipo de entidade que tenha outra forma de declaração, o dividendo deve ser reconhecido quando o direito ao seu recebimento estiver estabelecido. Nesse caso, o reconhecimento faz-se debitando uma conta representativa dos dividendos a receber e creditando a receita correspondente, como indicado. Essa conta a receber está prevista no Modelo de Plano de Contas, no Ativo Circulante, no subgrupo Outros Créditos.

5.3.6 Avaliação dos investimentos societários em outras empresas pelo valor justo

No caso dos investimentos avaliados pelo valor justo, há que se cumprir os ditames do CPC 48 – Instrumentos Financeiros, pois esses investimentos passam a ser tratados como instrumentos financeiros. Consulte-se o Capítulo 10.

No caso de avaliação a valor justo, não se aplica a figura da perda esperada por não recuperação do ativo porque já estará automaticamente reconhecida nessa avaliação a valor justo.

5.4 Tratamento para as pequenas e médias empresas

Os conceitos abordados neste capítulo também são aplicáveis às entidades de pequeno e médio portes. Para maior detalhamento, recomenda-se consultar o Pronunciamento Técnico PME – Contabilidade para Pequenas e Médias Empresas.

6

Investimentos em Coligadas, Controladas e *Joint Ventures*

6.1 Introdução

De forma geral, de acordo com os Pronunciamentos Técnicos do CPC, as aplicações em participações no capital de outras sociedades, como demonstrado na Figura 6.1, devem ser contabilizadas de acordo com a natureza do relacionamento entre investidor e investida:

a) Pouca ou nenhuma influência sobre a investida: nesse caso, não existe relação específica entre as empresas e o principal benefício que se pode esperar do ativo é sua valorização (ganho de capital) ou renda (dividendos e juros sobre o capital próprio), ou então, um relacionamento mais de natureza estratégica com a investida; neste último caso, por exemplo, é comum a empresa adquirir ações de um banco, sem qualquer influência sobre essa investida, apenas para ter bons relacionamentos comerciais com ele. Trata-se, portanto, de um investimento em ativo financeiro sem qualquer intenção ou possibilidade de gestão parcial ou total sobre a investida e, como tal, deve ser reconhecido e mensurado de acordo com o CPC 48 – Instrumentos Financeiros. Como regra geral, sua avaliação será pelo seu valor justo. Todavia, o investimento será avaliado ao custo quando inexistir preço de cotação em mercado ativo e não for possível uma mensuração confiável a valor justo. Os investimentos em títulos patrimoniais de outras sociedades que não confiram a seu detentor influência ou controle (integral ou compartilhado) estão

tratados no Capítulo 10 – Instrumentos Financeiros e no Capítulo 5 – Realizável a Longo Prazo e Investimentos em Outras Sociedades.

b) Influência significativa sobre a investida: isso implica dizer que a investidora tem a capacidade de participar de alguma forma do processo decisório da investida, mesmo **sem controlá-la**. Assim, adicionalmente aos benefícios de valorização e renda inerentes ao instrumento de capital, a investidora pode se beneficiar de potenciais sinergias operacionais entre as sociedades, o que é proporcionado pelos poderes políticos conferidos pelos instrumentos de capital isoladamente ou em conjunto com outros instrumentos contratuais (poder de participar das decisões financeiras, operacionais e estratégicas da investida). Trata-se, então, de um investimento em coligada, o qual deve ser reconhecido e mensurado de acordo com o CPC 18 (R2) – Investimento em Coligada, em Controlada e em Empreendimento Controlado em Conjunto, cuja regra geral de avaliação é o método de equivalência patrimonial (MEI).

c) Controle conjunto sobre a investida: quando duas ou mais partes (sócios) estiverem compartilhando o controle de uma mesma investida (ou seja, não há uma única parte que tenha o poder de controle individualmente falando), temos um exemplo de uma entidade controlada em conjunto (*joint venture*). A classificação como entidade controlada em conjunto deve ser feita com base no CPC 19 (R2) – Negócios em Conjunto e o reconhecimento inicial e mensurações subsequentes devem ser feitos de acordo com o CPC 18 (R2) – Investimento em Coligada, em Controlada e em Empreendimento Controlado em Conjunto, o qual exige que a participação seja avaliada pela equivalência patrimonial (regra geral).

d) **Controle sobre a investida:** sempre que uma das partes (sócios) tiver preponderância nas decisões sobre políticas financeiras e operacionais da investida, ou de outro modo, quando uma entidade tem poder para dirigir as atividades relevantes da investida e, principalmente, se usa esse poder em seu benefício, temos um exemplo em que a investida se caracteriza como uma controlada dessa entidade que detém o poder de comando. A obtenção do controle deve ser contabilizada considerando as disposições do CPC 15 – Combinação de Negócios. A avaliação do investimento em controlada nas demonstrações financeiras individuais da controladora é feita pela equivalência patrimonial e devem ser seguidos os procedimentos detalhados no CPC 18 (R2) – Investimento em Coligada, em Controlada e em Empreendimento Controlado em Conjunto, por exigência da lei societária brasileira. Nas normas internacionais, a aplicação da equivalência patrimonial no caso de controlada é permitida nas chamadas demonstrações financeiras separadas (no nosso caso brasileiro, nas individuais). Na existência de pelo menos uma controlada, torna-se obrigatória a elaboração das demonstrações **consolidadas (com algumas exceções)**, que será feita de acordo com o CPC 36 – Demonstrações Consolidadas. Esse assunto será tratado em detalhes no Capítulo 23 – Combinação de Negócios, Fusão, Incorporação e Cisão e no Capítulo 21 – Consolidação das Demonstrações Contábeis e Demonstrações Separadas.

O Capítulo 5 abordou a avaliação dos investimentos permanentes em outras sociedades pelo método do custo, e o presente capítulo aborda, em particular, a avaliação dos investimentos pelo método de equivalência patrimonial, ambos considerando a legislação societária e os pronunciamentos do CPC.

O método da equivalência patrimonial concentra complexidades e dificuldades de aplicação prática. Todavia, apresenta resultados significativamente mais adequados e traz reflexos relevantes nas demonstrações contábeis das empresas com participação em coligadas, em controladas e em controladas em conjunto, com repercussões positivas particularmente nos mercados de capitais e de crédito. Por esse critério, as empresas reconhecem a parte que lhes cabe nos resultados gerados por suas investidas no momento em que tais resultados são gerados naquelas empresas, e não somente no momento em que são distribuídos na forma de dividendos, como ocorre no método de custo. Portanto, o método da equivalência patrimonial acompanha

o fato econômico, que é a **geração dos resultados** e não a **distribuição de tal resultado**.

O método do custo baseia-se no fato de que a investidora registra somente as operações ou transações baseadas em *caixa*, pois, de fato, os dividendos são registrados como receita quando o direito ao seu recebimento estiver estabelecido. Portanto, não importa quando ou quanto foi gerado de lucro ou outra mutação no Patrimônio Líquido da investida, mas sim a data de distribuição de lucros. Com isso, deixa-se de reconhecer, na investidora, a parte que lhe cabe nos lucros gerados e não distribuídos pela investida e em outras mutações de Patrimônio Líquido.

De forma contrária, a equivalência patrimonial fundamenta-se na diretriz de que a parte da investidora nos resultados e quaisquer outras variações patrimoniais da investida sejam reconhecidas (na investidora) no momento de sua geração (na investida). Imagine-se uma investida que tenha lucros não distribuídos e dobre seu Patrimônio Líquido em cinco anos. Com o investimento avaliado pelo custo, metade de seu Patrimônio Líquido não será reconhecido pela investidora. Assim, a parte relativa aos lucros não distribuídos será reconhecida somente quando os lucros forem declarados ou distribuídos um dia, ou, então, quando da venda do investimento.

Além disso, no método do custo a existência de prejuízos na investida também pode não estar sendo reconhecida na investidora, a não ser que haja evidência de que o valor recuperável do investimento possa ser afetado e se proceda ao reconhecimento de uma perda (*impairment*) do investimento. A utilização do método de equivalência patrimonial, por outro lado, faz com que essas distorções não aconteçam. Isso porque a parte do investidor em qualquer mutação de Patrimônio Líquido da investida é reconhecida no saldo contábil do investimento. Portanto, o investidor reconhece os lucros e prejuízos da investida, e eventuais participações em outras mutações patrimoniais, na parte que lhe cabe, conforme vão sendo gerados na investida.

A bem da verdade, há países e linhas de pensamento contábil que não consideram a equivalência patrimonial uma boa prática contábil; preferem a contabilização mais conservadora centrada no efetivo recebimento dos dividendos e outras distribuições de lucro. Assim, muitos só usam a equivalência quando das demonstrações consolidadas em contabilidade internacional (IFRS), mas não em sua contabilidade nacional nos balanços individuais (no Brasil, utilizamos os mesmos conjuntos de práticas contábeis nas demonstrações individuais e nas consolidadas, mas poucos países assim procedem).

Há muito tempo, não havia equivalência patrimonial nem consolidação de Balanços, apenas o custo era utilizado na mensuração de investimentos em outras sociedades. Primeiro, foi concebida a técnica de consolidação para que se pudesse evidenciar o total dos Ativos, Passivos, Receitas e

Despesas sob o comando da sociedade controladora. Como a controladora e suas controladas formam uma entidade econômica distinta, a entidade "grupo",[1] faz sentido que a controladora elabore demonstrações também como se as entidades do grupo fossem, na verdade, uma única entidade. Assim, registram-se nas demonstrações consolidadas as receitas e despesas das controladas em adição às da controladora, eliminando-se, é claro, aquelas que sejam de operações entre as entidades desse mesmo grupo. Com isso, os resultados das controladas se incorporam aos da controladora nessa demonstração consolidada.

Mas os investimentos em sociedades não controladas não se incorporam às demonstrações da investidora, porque não podem ser consolidadas; afinal, a consolidação só é admitida para as entidades sobre as quais se exerce controle. Assim, as coligadas continuavam pelo custo, de forma que algum impacto no resultado viesse somente em função dos dividendos recebidos (ou a receber) ou quando da venda de tais investimentos (ou baixa por perda). Surgiu, então, a ideia de fazer com que os investimentos sobre os quais a investidora tivesse influência significativa fossem avaliados por equivalência patrimonial, já que, de alguma forma, por participar do processo decisório, apesar de não controlar, a investidora pôde influenciar a situação patrimonial e financeira da investida. Em consequência, o resultado do investidor teve a condição de ser ajustado para refletir sua parte nos resultados da investida, mediante um registro simples em uma conta de Receita ou Despesa de equivalência patrimonial. Assim, na verdade, nasceu a equivalência patrimonial: um ajuste às demonstrações consolidadas.

Posteriormente, alguns países, como o Brasil, passaram a aplicar a equivalência patrimonial sobre as coligadas e, também, sobre as controladas nos Balanços individuais, para que estes produzissem, em condições normais, o mesmo lucro líquido e o mesmo Patrimônio Líquido, com poucas exceções, que os apresentados pelas demonstrações consolidadas.

Fato interessante: o Brasil usa a equivalência patrimonial nas demonstrações individuais desde a Lei das Sociedades por Ações (Lei nº 6.404, de 15 de dezembro de 1976), mas o IASB só a partir de 2014 permitiu essa possibilidade para as demonstrações separadas.

Resumindo, observe a Figura 6.1.

6.2 Coligadas

a) ASPECTOS LEGAIS

A Lei das Sociedades por Ações define coligadas como "as sociedades nas quais a investidora tenha influência significativa" (art. 243, § 1º) e considera que existe tal influência quando "a investidora detém ou exerce o poder de participar nas decisões das políticas financeira ou operacional da investida, sem controlá-la" (art. 243, § 4º). A lei dispõe ainda que a influência significativa é presumida "quando a investidora for titular de 20% (vinte por cento) ou mais do capital votante da investida, sem controlá-la". Essas definições tiveram sua redação dada pelas Leis nºs 11.638/2007 e 11.941/2009 e estão em linha com as normas internacionais e, portanto, com o CPC 18

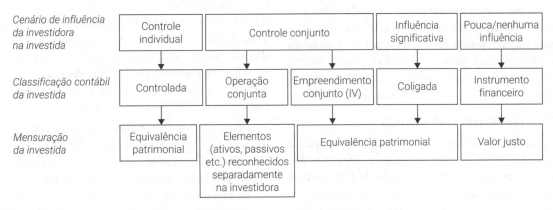

Figura 6.1 Critérios para avaliação de investimentos.

---

[1] O sentido aqui é o de "grupo econômico" nos termos da definição dada pelo item 4 do CPC 36 – Demonstrações Consolidadas. Não confundir com "grupo de sociedades", que deve ser formalmente constituído nos termos no Capítulo XXI da Lei nº 6.404/76 (arts. 265 a 277).

(R2) – Investimento em Coligada, em Controlada e em Empreendimento Controlado em Conjunto.

Cabe notar que a lei, na definição de coligada, não especifica o tipo de sociedade, o tipo de título patrimonial ou, ainda, a proporção da participação na investida (exceto pelo conceito presumido de influência), abrangendo todos os tipos de sociedades (sociedades por ações, limitadas ou outro tipo), bem como não faz menção sobre **participações indiretas**. Existindo influência, portanto, é coligada, mesmo que a participação seja **indireta**, já que há sempre a predominância da essência sobre a forma.

Contudo, em relação ao tipo de instrumento patrimonial, é válido afirmar que, quando da ausência de outras evidências de influência, a relação de propriedade e o poder conferido pelos instrumentos patrimoniais, isolada ou conjuntamente, com outros instrumentos contratuais tornam-se preponderantes para determinar a existência ou não de influência significativa sobre a investida. Nesse sentido, vale lembrar que somente títulos patrimoniais com direito a voto ou outros direitos políticos podem conferir poderes para a investidora participar do processo decisório da investida.

A participação de 20% ou mais no capital votante constitui um conceito presumido de influência, indicando que essa premissa pode ser refutável. Isso implica que uma empresa pode possuir 5% do capital votante de outra companhia e concluir (e poder provar) que possui influência significativa, considerando sua relação de propriedade em conjunto com outras evidências de influência. Ou ainda, uma empresa pode possuir 25% do capital votante de outra companhia e concluir (e provar) que não possui influência significativa, dado que não participa nem tem condições de participar do processo decisório de sua investida (principalmente, se não for uma S.A.). Lembrar que, se o percentual de participação subir o ponto de se obter controle, a investida deixa de ser coligada e passa à condição de controlada; o mesmo ocorre se se obtiver a condição de controlador em conjunto. Os caminhos inversos também podem ocorrer.

b) ASPECTOS COMPLEMENTARES

Adicionalmente aos aspectos legais supramencionados em relação à influência significativa e às condições sob as quais se exige a aplicação do método de equivalência patrimonial, devem ser observados os Pronunciamentos Técnicos do CPC. O CPC 18 (R2) – Investimento em Coligada, em Controlada e em Empreendimento Controlado em Conjunto define influência significativa como "o poder de participar das decisões sobre políticas financeiras e operacionais de uma investida, mas sem que haja o controle individual ou conjunto dessas políticas".

Diferentemente do dispositivo legal, o CPC 18 (R2) explicita que a participação mantida pelo investidor pode ser de forma direta ou indireta (por meio de suas controladas)

e, ainda que, se o investidor detém direta ou indiretamente *menos* de 20% do poder de voto da investida, presume-se que ele não tenha influência significativa, a menos que essa influência possa ser claramente comprovada. O item 6 do CPC 18 (R2) indica, de forma não exaustiva, as seguintes evidências de influência significativa:

"a) representação no conselho de administração ou na diretoria da investida;

b) participação nos processos de elaboração de políticas, inclusive em decisões sobre dividendos e outras distribuições;

c) operações materiais entre o investidor e a investida;

d) intercâmbio de diretores ou gerentes; ou

e) fornecimento de informação técnica essencial."

Visando à caracterização da influência significativa, o CPC 18 (R2) exige ainda que se considere o direito de voto potencial. Conforme dispõe o referido pronunciamento, uma entidade pode possuir valores mobiliários prontamente conversíveis em ações com direito a voto, tais como bônus de subscrição, opções de compra de ações, debêntures e outros instrumentos (de capital ou de dívida) conversíveis em ações com poder de voto, os quais, se exercidos ou convertidos, conferem à entidade um poder de voto adicional ou reduzem o poder de voto de outras partes sobre as políticas financeiras e operacionais de outra entidade (ou seja, constituem-se em direitos de voto potenciais).

A existência e o efeito dos direitos de voto potenciais devem ser considerados quando da avaliação da influência significativa de uma entidade sobre outra. Isso implica dizer que o percentual de participação a ser considerado quando da análise da influência significativa deve ser recalculado assumindo-se que as partes convertam ou exerçam seus direitos potenciais de voto (somente aqueles prontamente exercíveis ou conversíveis), independentemente da intenção ou da capacidade financeira das partes para exercê-los ou convertê-los (CPC 18 (R2), item 7).

Para melhor entendimento, vamos examinar uma situação hipotética pela qual uma Empresa A, que possui diretamente uma participação de 10% no capital votante da Empresa B, bem como possui opções de compra de ação, as quais, na data da análise, são prontamente exercíveis (sem restrições ou impedimentos) e que permitirão à Empresa A obter adicionalmente mais 15% de participação no capital votante da Empresa B. Esse fato, em conjunto com outras evidências, permite aos administradores da Empresa A concluírem pela caracterização da influência significativa sobre a Empresa B, a qual passa então a ser considerada uma coligada. Contudo, como mencionado antes, se outras partes (outros sócios da Empresa B) também tivessem direitos de voto potenciais, eles também deveriam ser considerados na análise, uma vez que eles podem aumentar (ou concentrar) ou reduzir (ou diluir) o poder de voto das demais partes.

Uma particularidade relativa aos direitos de voto potencial é que, para fins de aplicação do MEP, deve-se considerar somente a participação efetiva da investidora no capital da investida. Todavia, se, em essência, a entidade tiver uma relação de propriedade em consequência de uma transação que prontamente também lhe dá acesso aos retornos associados com uma participação de capital na investida, tais como dividendos, então, a participação relativa a ser considerada para fins de MEP deve ser determinada considerando o eventual exercício desses direitos de voto potenciais, incluindo instrumentos derivativos que lhe proporcionam prontamente acesso a tais retornos. Se for esse o caso, tais instrumentos (que proporcionam prontamente acesso aos retornos relacionados com a participação na coligada ou controlada em conjunto) não estão sujeitos ao CPC 48 e, portanto, devem ser contabilizados utilizando-se o MEP. Situação similar ocorrerá no caso de investimentos em controladas (CPC 36, itens B89 a B91), de forma que, nas demonstrações individuais da controladora, o tratamento contábil será o mesmo que para os investimentos em coligadas e controladas em conjunto.

Essa exigência foi introduzida pelos CPC 18 (R2) e CPC 36 (R3), cujo foco volta-se para o poder de dirigir as atividades relevantes da investida utilizado para se obter retornos. Por sua vez, essa mesma preocupação existe quando da caracterização da influência significativa e do controle conjunto. Dessa forma, o investidor deve analisar se o poder conferido pelos direitos de voto potenciais, em conjunto com outros fatos e circunstâncias, lhe permite exercer influência, controle conjunto ou controle individual e, também, se esses instrumentos, isolada ou conjuntamente com outros, lhes proporcionam pronto acesso a retornos relacionados com sua participação na investida.

6.3 Controladas em conjunto

a) ASPECTOS LEGAIS

As entidades controladas em conjunto têm-se mostrado como uma nova tendência mundial em termos de investimentos em empreendimentos ou negócios conjuntos (em inglês, *joint venture*). Trata-se de uma alternativa interessante para acumular o capital necessário à expansão e manutenção das atividades econômicas ou somar atributos importantes ao negócio, mas detidos por acionistas distintos, como tecnologia, capacidade gerencial ou mercadológica, rede de distribuição etc. Adicionalmente, o controle compartilhado constitui uma forma de dividir os riscos potenciais de um negócio. Essa partilha do controle é geralmente definida no estatuto ou contrato social ou em documentos firmados à parte, como um acordo de acionistas.

A entidade controlada em conjunto (*joint venture*) desenvolve suas operações e atividades econômicas como uma empresa qualquer, tendo à sua frente administradores que defenderão o interesse conjunto dos sócios empreendedores. Para isso, agirão de acordo com as políticas operacionais e financeiras aprovadas pelos empreendedores que compartilham o controle.

Devemos notar que os empreendedores podem até ter participações societárias diferentes na entidade controlada em conjunto (por exemplo, a Empresa A detém 60% e a Empresa B detém 40%) e, ainda assim, o controle pode ser compartilhado quando o estatuto ou acordo firmado entre tais sócios ou acionistas definir que o controle será compartilhado, ou seja, que haverá decisões consensuais entre as partes no exercício do poder para reger as políticas financeiras e operacionais da entidade.

b) ASPECTOS COMPLEMENTARES

No Brasil, o documento atual que rege essa matéria é o CPC 19 (R2) – Negócios em Conjunto. A versão anterior do CPC 19 previa três tipos de **empreendimentos conjuntos**: (a) ativo controlado em conjunto; (b) operação controlada em conjunto; ou (c) entidade controlada em conjunto. Já na nova versão, em linha com a IFRS 11, existem somente dois tipos de **negócios em conjunto** (*joint arrangements*): (a) operação em conjunto (*joint operation*) ou (b) empreendimento controlado em conjunto (*joint venture*).

No Apêndice A desse CPC 19 em vigor constam, entre outras, as seguintes definições:

> "Negócio em conjunto – acordo segundo o qual duas ou mais partes têm o controle conjunto.
>
> Controle conjunto – compartilhamento, contratualmente convencionado, do controle de negócio, que existe somente quando decisões sobre as atividades relevantes exigem o consentimento unânime das partes que compartilham o controle.
>
> Operação em conjunto – negócio em conjunto segundo o qual as partes que têm o controle conjunto do negócio têm direitos sobre os ativos e obrigações pelos passivos relacionados ao negócio.
>
> Empreendimento controlado em conjunto – é um negócio em conjunto segundo o qual as partes que detêm o controle conjunto do negócio têm direitos sobre os ativos líquidos do negócio em conjunto."

A determinação do tipo de negócio em conjunto (operação em conjunto ou empreendimento controlado em conjunto) dependerá, basicamente, dos direitos e obrigações das partes envolvidas em relação aos ativos e passivos incluídos no negócio conjunto. Portanto, cada parte deve avaliar essas questões considerando (a) a estrutura e a forma legal do negócio; (b) os termos do negócio; e (c) outros fatos e circunstâncias pertinentes.

Um negócio conjunto tem as seguintes características: as partes estão vinculadas por um acordo contratual que confere a duas ou mais partes o controle conjunto do negócio (CPC 19, item 5). Em geral, mas nem sempre, o acordo contratual é estabelecido formalmente por escrito, podendo ser evidenciado sob a forma de um contrato ou de discussões documentadas entre as partes. Nesse sentido, também os dispositivos estatutários ou legais podem produzir arranjos aplicáveis, isoladamente ou em conjunto, com os contratos e acordos firmados entre as partes. Esse é o caso, por exemplo, quando um negócio em conjunto é estruturado por meio de um veículo separado (empresa constituída para essa finalidade, tal como uma sociedade de propósito específico ou empresa limitada) e o próprio acordo contratual (ou alguns aspectos dele) está incorporado nos termos do estatuto, contrato social ou outros documentos legais de constituição do veículo separado.

De forma geral, o acordo contratual geralmente estabelece o objetivo, a atividade e a duração do negócio conjunto, as formas como os membros do corpo de diretores ou órgão deliberativo equivalente são indicados, aspectos relativos ao processo decisório (que assuntos exigem decisões das partes, os direitos de voto das partes etc.), o capital e outras contribuições exigidas das partes, e como as partes compartilham ativos, passivos, receitas, despesas ou o resultado relativo ao negócio conjunto.

A caracterização do controle conjunto requer avaliar, primeiro, se todas as partes ou um grupo de partes conjuntamente controlam o negócio e, para tal, devem-se considerar o conceito de controle e os aspectos e circunstâncias que caracterizam esse controle, tal como definido e estabelecido no CPC 36 – Demonstrações Consolidadas. Em seguida, cada entidade participante do negócio deve avaliar se ela detém um controle conjunto, o qual existe somente quando as decisões acerca das atividades relevantes são tomadas em consenso com as demais partes que compartilham o controle do negócio.

Vale lembrar que a operacionalização de uma operação conjunta pode ser por meio da constituição de uma entidade separada das partes que compartilham o controle, ou pode simplesmente ser operacionalizada pelas próprias partes, na medida em que cada uma destinará à operação seus próprios ativos e funcionários. Para maior esclarecimento, vale reproduzir a Figura 6.2, constante no CPC 19 (item B19).

Um negócio em conjunto por meio do qual um investidor tenha direitos residuais sobre os ativos líquidos da entidade que foi formada, especificamente, para operacionalizar o negócio e que será controlada em conjunto classifica-se como um empreendimento conjunto (*joint venture*), cujo

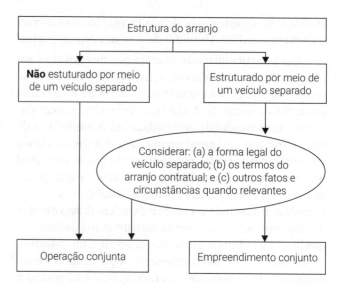

Figura 6.2 Estrutura do arranjo.

Fonte: CPC 19, item B19.

tratamento contábil exigido em cada empreendedor é a equivalência patrimonial (regra geral).

Podem existir casos em que a entidade separada venha a se caracterizar como uma operação conjunta (*joint operation*), situação na qual os Ativos e Passivos do negócio **não são da entidade separada, mas sim das partes do acordo que compartilham o controle**. Nesse caso, cada operador conjunto deve reconhecer: (a) seus ativos, incluindo a parte que lhe cabe em algum ativo mantido conjuntamente; (b) seus passivos, incluindo a parte que lhe cabe em algum passivo mantido conjuntamente; (c) suas receitas decorrentes da venda de sua parte da produção/serviços gerados pela operação conjunta; (d) a parte que lhe cabe nas receitas de venda da produção/serviços gerados pela operação conjunta; e (e) suas despesas, incluindo a parte que lhe cabe em alguma despesa incorrida conjuntamente (CPC 19 (R2), item 20).

Na verdade, essa regra no IASB é compulsória para as demonstrações consolidadas, mas não se reporta às demonstrações individuais. Para aplicação dessa regra nas demonstrações individuais, há, obviamente, dificuldades, quase óbices legais, já que não há como se transferir ativos e passivos de uma empresa para outra, pelo menos no Brasil. Assim, precisamos atender a essa disposição no consolidado, mas não no individual. Muitos exemplos práticos e até trabalhos acadêmicos existem para evidenciar isso.

Por exemplo, uma empresa constrói duas geradoras de energia elétrica, e uma é operada por outra empresa que dela detém os benefícios. No Balanço consolidado, cada uma terá seu ativo sob seu efetivo controle; mas como, no Balanço individual, retirar-se o que está em uma e adicionar-se na outra? Essa prática, no Brasil, por outro lado, é totalmente comum no caso dos consórcios de empresas, já que o consórcio não tem personalidade jurídica e não tem demonstrações individuais juridicamente falando.

Em outras palavras, cada operador reconhece, em suas demonstrações consolidadas, os ativos sob seu controle (inclusive, sua parte nos ativos controlados em conjunto), os passivos incorridos (inclusive, a parte que lhe couber por passivos assumidos em conjunto com outros operadores), bem como as despesas por eles incorridas (inclusive, a parte que lhe couber em despesas conjuntas com outros operadores) e a parte que lhes cabe nas receitas geradas pela operação conjunta. E no individual isso ocorre em situações raras, como a descrita no parágrafo anterior.

De outra forma, sempre que às partes o acordo conferir direitos sobre os ativos líquidos (Patrimônio Líquido) desse negócio, estruturado por meio de um veículo separado (uma entidade legal separada), um empreendimento conjunto (*joint venture*) é caracterizado e, portanto, a equivalência patrimonial deve ser aplicada. Nesse caso, os ativos e passivos do empreendimento são da entidade legal separada e não das partes que compartilham o controle. Então, a entidade separada é que controla os ativos do empreendimento, incorre em passivos e despesas e aufere receitas, bem como assina contratos em seu nome e levanta fundos para financiar as atividades-fim do empreendimento (os empreendedores têm apenas direitos residuais sobre os ativos líquidos da entidade). Portanto, a forma legal do veículo separado é relevante para se caracterizar um ou outro tipo de negócio em conjunto e, consequentemente, o tratamento contábil a ser aplicado. Por sua vez, os recursos aplicados pelos empreendedores na entidade controlada em conjunto são reconhecidos em suas demonstrações contábeis como investimento, tal qual o procedimento aplicado para os investimentos em coligadas. E as demonstrações consolidadas seguirão esses procedimentos.

A análise dos direitos e obrigações conferidos às partes pela forma legal do veículo separado será suficiente para concluir que o negócio é uma operação conjunta somente se não houver a separação (distinção) entre as partes e a entidade (veículo separado), ou seja, os ativos e passivos mantidos pelo veículo separado são, em essência, ativos e passivos das partes (CPC 19 (R2), item B24). Por outro lado, se a forma legal do veículo separado implicar que os ativos e passivos mantidos pelo veículo separado (entidade controlada em conjunto) são ativos e passivos desse veículo, e não das partes instituidoras desse veículo, tem-se uma evidência contundente de que o negócio se caracteriza como um empreendimento conjunto (CPC 19 (R2), item B23).

De acordo com a Figura 6.2 apresentada anteriormente, a classificação do tipo de negócio em conjunto (operação ou empreendimento), adicionalmente à forma legal da entidade separada, dependerá também dos termos e condições do acordo e de outros fatos e circunstâncias:

a) **Termos e condições do acordo contratual (CPC 19 (R2), itens B25 a B28):** se não houver conflitos entre os direitos e obrigações conferidos às partes em função da forma legal da entidade veículo (como a responsabilidade limitada dos sócios que advém da constituição de uma empresa limitada), comparativamente aos direitos e obrigações previstos no acordo contratual que estabelece o controle conjunto, então a classificação deve se orientar apenas por um ou outro. Se o negócio contratual vier a alterar significativamente os direitos e as obrigações decorrentes da forma legal da entidade veículo porque seus termos (do acordo) conferem às partes direitos sobre os ativos e obrigações em relação aos passivos da entidade veículo (especificando uma proporção e/ou estabelecendo que as partes sejam responsáveis por reclamos de terceiros), então, a classificação deve ser como uma operação conjunta.

b) **Outros fatos e circunstâncias (CPC 19 (R2), itens B29 a B32):** na ausência de previsões específicas no acordo contratual acerca dos direitos sobre os ativos e as obrigações em relação aos passivos da entidade veículo, outros fatos e circunstâncias precisam ser analisados, na medida em que eles podem vir a conferir tais direitos e obrigações às partes. Por exemplo, se as partes substancialmente são as únicas (ou principais) fontes de recursos (caixa) para a continuidade das operações do negócio em conjunto, isso indica que as partes têm uma obrigação em relação aos passivos da entidade veículo, de forma que se trata de uma operação em conjunto e não de um empreendimento controlado em conjunto.

6.4 A essência do método da equivalência patrimonial

O método de equivalência patrimonial (MEP) é definido como segue:

"é o método de contabilização por meio do qual o investimento é inicialmente reconhecido pelo custo e, a partir daí, ajustado para refletir a alteração pós-aquisição na participação do investidor sobre os ativos líquidos da investida. As receitas ou as despesas do investidor incluem sua participação nos lucros ou prejuízos da investida, e os outros resultados abrangentes do investidor incluem a sua participação em outros resultados abrangentes da investida" (CPC 18 (R2), item 03).

O referido pronunciamento ainda especifica que o resultado do período do investidor deve incluir a parte que lhe cabe nos resultados gerados pela investida. Portanto, como vemos, a denominação "equivalência patrimonial" é representativa da operação que será realizada após a aquisição da participação: ajustar o saldo do investimento por equivalência à parte do investidor em quaisquer mutações no Patrimônio Líquido da investida, utilizando-se a participação efetiva do investidor. Contudo, as contrapartidas ao ajuste no saldo da conta de **investimento** dependerão da natureza de cada mutação no Patrimônio Líquido da investida, cujos aspectos específicos serão tratados na Seção 6.5.

6.5 Aplicação do método da equivalência patrimonial

a) ASPECTOS LEGAIS

Como já comentado, o art. 248 da Lei nº 6.404/1976 estabelece para as Sociedades por Ações a obrigatoriedade da adoção do método da equivalência patrimonial na avaliação de investimentos em coligadas, controladas em outras sociedades que façam parte de um mesmo grupo ou estejam sob controle comum (lembrar que isso é obrigatório para todas as demais sociedades tributadas pelo lucro real, por força do Decreto-lei nº 1.598/1977).

Quando um grupo empresarial é composto por diversas controladas que detenham participações pequenas em outras sociedades, as quais estão sob o mesmo comando (menores de 10% do capital votante, por exemplo), independentemente de essas participações conferirem ou não a seus detentores influência significativa, pelo texto legal, o método de equivalência patrimonial deve ser aplicado, como ilustra a Figura 6.3.

Assim, em relação às demonstrações das Empresas B, C e D, poder-se-ia pensar que suas participações na Empresa E não poderiam ser avaliadas pela equivalência patrimonial. Isso porque, assumindo-se que seus percentuais de participação são pequenos e talvez não exerçam, individualmente, influência sobre E. Contudo, por serem todas do mesmo grupo e estarem sob controle comum, por força do dispositivo legal (art. 248 da Lei nº 6.404/1976), as empresas B, C e D devem avaliar seus investimentos na Empresa E pela equivalência patrimonial.

Esse procedimento deverá ser seguido, mesmo que haja uma coligada entre a investidora maior e a investida última. Por exemplo, B poderia ser coligada de A, com esta tendo participação de apenas 40% sobre aquela; mesmo assim, B deveria adotar a equivalência patrimonial para avaliar o investimento em E, que, de qualquer forma, continua sendo controlada de A.

A legislação fiscal (art. 420 do RIR/2018) determina que sejam avaliados pelo valor do Patrimônio Líquido das investidas os investimentos relevantes em: (a) sociedades controladas; (b) sociedades coligadas sobre cuja administração o investidor tenha influência ou de que participe com 20% ou mais do capital social; e (c) em sociedades que façam parte do mesmo grupo ou estejam sob controle comum. Logo, sem conflitos.

É bom lembrar que qualquer mutação ocorrida no Patrimônio Líquido da investida corresponderá a um ajuste no saldo contábil do investimento, na contabilidade do investidor. No entanto, somente as mutações provenientes de lucro ou prejuízo apurado pela coligada (ou controlada) serão reconhecidas no resultado do período do investidor. Portanto, as demais mutações de Patrimônio Líquido não provenientes de lucro ou prejuízo apurado pela investida serão reconhecidas no saldo contábil do investimento, mas terão como contrapartida o próprio Patrimônio Líquido do investidor em conta reflexa de mesma natureza daquela verificada na coligada (ou controlada).

b) ASPECTOS NORMATIVOS

O CPC 18 (R2) é aplicado na contabilização dos investimentos em coligadas, em controladas e controladas em conjunto, os quais devem ser avaliados pelo método de equivalência patrimonial.

A norma prevê algumas exceções à regra geral da equivalência patrimonial (CPC 18 (R2), itens 17 a 19), mas elas, na prática, não chegam a ocorrer porque estão subordinadas à existência de previsão legal, e esta não existe no momento no Brasil.

Quando o investimento em coligada ou controlada em conjunto for mantido, direta ou indiretamente, por uma entidade de capital de risco (*venture capital organisation*) ou por um fundo mútuo (ou de investimento em ações) ou por uma unidade fiduciária (*unit trust*) ou entidades similares, incluindo fundos de investimentos ligados às seguradoras, a investidora poderá optar por fazer um reconhecimento inicial como um ativo financeiro classificado na categoria de valor justo por meio do resultado, de acordo com o CPC 48 – Instrumentos Financeiros.

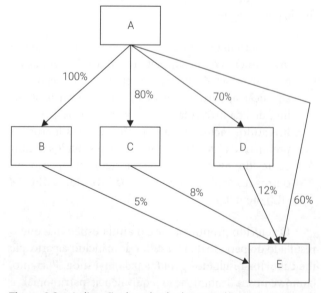

Figura 6.3 Aplicação do método de equivalência patrimonial.

Outra possibilidade de a investidora deixar de aplicar o MEP é se o investimento (ou parte dele) for classificado como mantido para venda de acordo com os critérios do CPC 31 – Ativo Não Circulante Mantido para Venda e Operação Descontinuada. Todavia, se somente uma parte do investimento estiver assim classificada, a parte restante, ainda que sem lhe conferir influência ou controle, deve ser mantida no grupo do Ativo Não Circulante (CPC 18 (R2), item 15) e continuar a ser avaliada pelo MEP até a alienação efetiva da parte reclassificada como mantida para venda. Somente após a alienação da parte classificada como mantida para venda é que a parte remanescente, classificada no Ativo Não Circulante e que não confirma mais influência ou controle, poderá ser contabilmente tratada como um Ativo Financeiro, em conformidade com o CPC 48.

Essa exigência de avaliar pelo MEP a parte restante da participação até a efetiva alienação da parte classificada como mantida para venda se justifica porque, de certa forma, a entidade continuará a ter significativa influência sobre a coligada (ou o controle compartilhado sobre a controlada em conjunto) enquanto nada for vendido. Em outras palavras, somente após a venda da parte classificada como mantida para venda a entidade perde efetivamente a influência ou o controle conjunto, e apenas nesse momento a parte retida poderá ser mensurada como um ativo financeiro (IAS 28.BC27). Da mesma forma que o texto legal, o CPC 18 (R2) prevê que um investimento em outra sociedade seja contabilizado pelo MEP a partir da data em que ela se torna sua coligada ou controlada em conjunto. Inicialmente, esse investimento é reconhecido pelo custo e, subsequentemente, ajustado pelo reconhecimento da parte do investidor em quaisquer mutações ocorridas no Patrimônio Líquido da investida.

O custo do investimento, no reconhecimento inicial, corresponderá à parte do investidor no Patrimônio Líquido da investida somente nos casos em que a transação tenha sido de integralização de capital (sem ágio ou deságio na subscrição de ações). Isso implica dizer que, na medida em que uma empresa adquire junto a terceiros uma participação de capital em outra sociedade (a qual lhe confira influência, por exemplo), o valor de aquisição muito provavelmente será diferente do valor patrimonial dessa participação, dando origem ao ágio por rentabilidade futura (*goodwill*) ou à mais-valia de ativos líquidos, conforme demonstrado na Seção 6.5 (c) a seguir e, também, na Seção 6.8.3, ou ao ganho por compra vantajosa (comentado mais à frente).

Pelo MEP, as distribuições recebidas de uma coligada reduzem o valor contábil do Investimento. Afinal, esses lucros já deverão ter sido reconhecidos nessa conta anteriormente.

A seguir, veremos a aplicação do MEP em situações específicas envolvendo investimentos em coligadas e controladas e controladas em conjunto.

c) SEGREGAÇÃO INICIAL DO INVESTIMENTO

Como já comentado, quando um investidor adquire no mercado uma participação em outra sociedade, a qual lhe confere influência ou controle (integral ou conjunto), o preço de aquisição por essa participação conterá outros componentes além do valor patrimonial dessa participação.

Pela perspectiva da entidade investidora como entidade separada, quando o preço de aquisição for maior que o valor patrimonial dessa participação, pode surgir (a) "mais-valia de ativos líquidos" pela diferença positiva entre a parte do investidor no valor justo dos ativos líquidos e o valor patrimonial da participação adquirida (se a diferença for negativa, teremos menos-valia); e/ou (b) um "ágio por expectativa de rentabilidade futura (*goodwill*)" pela diferença positiva entre o preço de aquisição pelo investidor (acrescido do valor justo de alguma participação preexistente, se houver) e a parte do investidor no valor justo dos ativos líquidos (se a diferença for negativa, teremos um "ganho por compra vantajosa", o qual deve ser reconhecido diretamente no resultado).

O CPC 15 (R1) – Combinação de Negócios define o ágio por expectativa de rentabilidade futura (*goodwill*) como "um ativo que representa benefícios econômicos futuros resultantes de outros ativos adquiridos em uma combinação de negócios, os quais não são individualmente identificados e separadamente reconhecidos". Essa situação, na perspectiva da entidade grupo, é tratada no Capítulo 23 – Combinações de Negócios, Fusão, Incorporação e Cisão, sendo que suas implicações contábeis subsequentes à obtenção do controle são tratadas no Capítulo 21 – Consolidação das Demonstrações Contábeis e Demonstrações Separadas.

Portanto, diz-se que dois fatores podem fazer com que o valor justo de uma participação em coligada ou controlada em conjunto seja maior que o valor patrimonial dessa participação: (a) a diferença entre o valor justo dos ativos líquidos da investida, avaliados individualmente, e seus respectivos valores contábeis; e/ou (b) um excesso de valor entre o valor justo da participação (ou o valor de aquisição, quando de uma compra) e o valor justo dos ativos líquidos da investida sempre que o uso conjunto dos ativos líquidos no negócio vier a proporcionar lucros futuros maiores do que o valor proporcionado pelo caixa teórico que se faria, na data da aquisição, pela disposição (venda) dos ativos (e liquidação dos passivos) em uma base individual.

Como regra, em uma transação em condições normais que envolva partes independentes, conhecedoras do assunto e dispostas a negociar em uma base sem favorecimentos, não faz sentido, como regra, uma transação em que o valor de aquisição de uma participação em outra sociedade seja menor do que o caixa que se poderia fazer pela venda em bases isoladas dos ativos e pela justa realização dos passivos (valor justo dos ativos líquidos). Portanto, um ganho por compra vantajosa ocorreria apenas ocasionalmente, por exemplo, nos casos em que a transação se configure em uma venda forçada, ou por limitações existentes na mensuração do valor justo dos ativos líquidos (CPC 15 (R1), item 35).

A determinação do ágio por rentabilidade futura (*goodwill*) e a mais-valia de ativos líquidos é similar àquela relativa à obtenção de controle, de forma que devem ser seguidas as orientações previstas no CPC 15 (R1) – Combinação de Negócios, que é objeto do Capítulo 23.

Apesar de os dois valores integrarem o saldo contábil do investimento, para fins de controle interno a empresa deve segregá-los em subcontas distintas que comporão o Investimento (em Coligada, Controlada ou Controlada em Conjunto): (a) Valor Patrimonial do Investimento, (b) Mais-valia de Ativos Líquidos e (c) Ágio por Rentabilidade Futura (*Goodwill*). Recomenda-se que cada investimento (em cada sociedade) tenha suas próprias contas e subcontas. A Seção 6.8.3 contém recomendações adicionais para os casos de investimentos em controladas.

Suponha-se uma aquisição, por $ 5 milhões à vista, de 30% do Patrimônio Líquido de determinada sociedade (Alfa), cujo Patrimônio Líquido contábil era de $ 12 milhões na data dessa aquisição; então, o valor de aquisição em excesso ao valor patrimonial dessa participação foi de $ 1,4 milhão [($ 5 milhões – (12 milhões × 30% = $ 3,6 milhões)]. Admita, desconsiderando os tributos sobre o lucro, que isso tenha sido pago por dois motivos:

a) Na determinação do valor justo dos ativos líquidos da investida, na data da aquisição, constatou-se que o valor justo do imobilizado era $ 1 milhão maior que seu saldo contábil, bem como que existe uma patente, criada pela própria empresa e que, por isso, não estava contabilizada, mas que pode ser negociada normalmente no mercado por $ 0,5 milhão. Assim, o Patrimônio Líquido da investida, considerando os valores justos dos ativos deduzidos dos valores justos dos passivos, é de $ 13,5 milhões; isso corresponderia ao valor que seria obtido se os ativos fossem vendidos por seus valores justos individuais e os passivos fossem pagos por seus valores justos. 30% dessa importância correspondem a $ 4,05 milhões; vê-se então que se pagou $ 0,45 milhões em decorrência da mais-valia dos ativos líquidos ($ 4,05 milhões – $ 3,6 milhões).

b) O valor da empresa em funcionamento, todavia, está se mostrando maior do que o valor de $ 13,5 milhões que representam o que seria obtido na sua dissolução ordenada na data da aquisição da participação, já que, após negociações com a outra parte, o valor que a investidora se dispôs a pagar foi de $ 5 milhões. Portanto, a diferença de $ 0,95 milhão ($ 5 milhões – 30% × $ 13,5 milhões) representa o quanto foi pago em excesso em razão das expectativas de rentabilidade futura, ou seja,

pela existência de um *goodwill*. Na prática, podem aí estar incluídos ativos que não puderam ser reconhecidos separadamente.

Efetuando-se a segregação do investimento em subcontas, temos o seguinte **lançamento para o reconhecimento inicial de uma participação em** coligada:

	Débito	Crédito
INVESTIMENTOS EM COLIGADAS – Alfa (conta):		
Valor Patrimonial do Investimento na Coligada Alfa (subconta)	3.600.000	
Mais-valia no Investimento na Coligada Alfa (subconta)	450.000	
Ágio por Rentabilidade Futura no Inv. na Coligada Alfa (subconta)	950.000	
a BANCOS CONTA MOVIMENTO (conta)		5.000.000

Conforme exposto, pelo MEP, cada mutação verificada no Patrimônio Líquido da coligada (ou controlada) corresponderá, no investidor, a um ajuste para mais ou menos na conta de Investimentos, na subconta relativa ao Valor Patrimonial do Investimento. Assim, a subconta de Valor Patrimonial do Investimento irá variar acompanhando as alterações no Patrimônio Líquido contábil da investida.

A parcela relativa à mais-valia de ativos líquidos, contida no saldo do investimento, será realizada na medida da realização dos ativos e passivos que lhes deu origem (no exemplo anterior, temos um Imobilizado e um Intangível). Já a parcela relativa ao *goodwill* permanecerá no saldo do investimento, sendo realizado juntamente com o investimento por ocasião, por exemplo, da alienação dessa participação, ou pelo reconhecimento de perdas por redução ao valor recuperável do investimento (*impairment*). A mais-valia de ativos líquidos e o *goodwill* serão tratados em detalhes nos itens a seguir.

O exemplo está muito simplificado porque, na prática, há que se considerar: essa mais-valia representa uma geração de obrigação futura de pagamento de tributos sobre o lucro no caso de sua realização (por venda ou pelas depreciações). Assim, essas mais-valias precisam ser ajustadas a valor líquido do tributo diferido. Com isso, o cálculo do *goodwill* fica alterado. A norma obriga ao não reconhecimento do tributo diferido sobre o próprio *goodwill*.

Quando do Balanço consolidado, a mais-valia será adicionada ao ativo do bem a que se refere pelo seu valor bruto, e o tributo diferido aparecerá no passivo consolidado.

6.5.1 Lucro ou prejuízo do exercício

O acréscimo na conta de Investimentos pelo reconhecimento da parte do investidor no lucro do período gerado pela investida será registrado em contrapartida, no resultado do período, como **receita da investidora**, na conta Receita de Equivalência Patrimonial. No caso de prejuízo, registrar como "Despesa (ou Prejuízo) da equivalência patrimonial.

Existem situações específicas nas quais o lucro líquido da coligada ou controlada em conjunto será ajustado antes de se determinar o valor da receita de equivalência patrimonial, tais como em função de:

a) **Transações (ascendentes e descendentes) entre investidor e suas investidas (CPC 18 (R2), itens 28 a 31) ou entre as investidas:** o ajuste no lucro líquido da coligada ou controlada em conjunto é necessário para expurgar o valor dos lucros (ou prejuízos) gerados e ainda não realizados porque os ativos transacionados não foram realizados por venda a terceiros, por depreciação ou outra forma de baixa contábil. Assim, ao aplicar o percentual de participação do investidor sobre o lucro líquido ajustado, o resultado da equivalência patrimonial assim determinado já elimina a parte do investidor nos lucros (ou prejuízos) não realizados por transações entre as partes. Outra forma de fazê-lo seria deduzir do resultado da equivalência patrimonial o valor da parte do investidor nos resultados não realizados (veja detalhes na Seção 6.7, que trata também de particularidades desse assunto quando da aplicação do MEP sobre investimentos em controladas para as demonstrações da controladora).

b) **Ações preferenciais cumulativas em poder de outras partes, que não a investidora integrando o capital social da coligada ou controlada em conjunto (CPC 18 (R2), item 37):** nesse caso, considerando que tais ações sejam efetivamente instrumentos de capital, a investidora determina sua parte no lucro líquido da coligada ou controlada em conjunto após ajustá-lo pelos dividendos dessas ações, independentemente de esses dividendos terem sido declarados ou não.

6.5.2 Dividendos distribuídos

Pelo MEP, os lucros são reconhecidos no momento de sua geração pela investida, portanto, quando ocorrer a distribuição de tais lucros como dividendos (ou juros sobre o capital próprio), estes devem ser registrados a crédito da conta de Investimentos (redução do saldo do valor patrimonial do investimento) e a débito da conta Bancos pelo recebimento (ou em Dividendos a Receber, caso o direito ao recebimento estiver sido estabelecido).

O fato é que os dividendos recebidos em dinheiro representam uma realização parcial do investimento, ou melhor, dos lucros anteriormente reconhecidos no investimento pelo MEP. Na investida, representam uma redução do Patrimônio Líquido que deve ser acompanhada por uma redução proporcional do investimento, como as demais variações.

6.5.3 Outros resultados abrangentes

Como já comentado, pelo MEP, o saldo contábil do investimento é ajustado por quaisquer mutações ocorridas no Patrimônio Líquido da investida, sendo a contrapartida no resultado do período do investidor no caso de mutação que tenha transitado no resultado da investida, ou no Patrimônio Líquido do investidor no caso das demais mutações.

Portanto, a parte do investidor nas mutações ocorridas em outros resultados abrangentes da investida (reserva de reavaliação [saldos antigos, antes de sua proibição no Brasil]), ajustes de avaliação patrimonial, ganhos e perdas de conversão etc.) será reconhecida de forma reflexa no Patrimônio Líquido do investidor.

Deve ser feito uso de subcontas específicas por investida e tipo de resultado abrangente para fins de controle interno, uma vez que esses valores, em algum momento, serão realizados. De forma geral, a realização desses valores, na investidora, ocorrerá na medida da realização, na investida, dos ativos e passivos que lhes deram origem e, por equivalência, acabam sendo realizados também na investidora.

Todavia, existem situações que implicam a realização desses valores contabilizados de forma reflexa no Patrimônio Líquido da investidora mesmo antes de estarem realizados os ativos e passivos que lhes tenham dado origem, na investida. E alguns desses resultados abrangentes reflexos serão realizados contra resultado do período e outros – como é o caso da reserva de reavaliação, por exemplo –, serão realizados diretamente contra lucros acumulados.

Um exemplo dessa situação é quando houver a perda da influência ou do controle conjunto, ou quando houver uma redução da participação relativa e a entidade continua a aplicar o MEP na participação remanescente porque a influência ou o controle conjunto não foram (e não serão) perdidos. Isso pode acontecer porque uma parte da participação foi classificada como mantida para venda, de forma que a parte remanescente permanecerá avaliada pelo MEP até que ocorra a efetiva perda da influência ou controle conjunto, o que acontecerá somente quando da venda da parte classificada como mantida para venda.

Todavia, vale dizer, isso não se aplica aos investimentos em controladas (pensando nas demonstrações individuais da controladora), uma vez que a controlada será consolidada até que o controle seja perdido porque o CPC 36 não permite excluir da consolidação as controladas reclassificadas como mantidas para venda (veja CPC 31, item 8A e, também, o IFRS5.BC24D).

6.5.4 Integralização de capital

Na medida em que duas ou mais empresas (ou uma empresa e pessoa(s) física(s)) se juntam para constituir uma sociedade, o saldo do investimento nessa empresa, na contabilidade individual da investidora, será representativo de sua participação no Patrimônio Líquido da investida. Portanto, o saldo contábil do investimento, na contabilidade individual da investidora, é composto somente pelo valor patrimonial do investimento.

Pode acontecer, também, um aumento de capital na investida e, dependendo de como ocorra, resultará em efeitos contábeis semelhantes. Por exemplo, se a investida realizar um aumento de capital e a investidora e os demais sócios participarem desse aumento de capital na mesma proporção de suas participações efetivas no capital dessa investida, a transação não irá provocar variação alguma na participação relativa do investidor. Na prática, essa transação apenas acarretará um acréscimo de mesmo valor no patrimônio da investida e no valor patrimonial do investimento da investidora nessa investida (tal qual no caso comentado de integralização de capital inicial).

6.5.5 Variação na participação relativa

Nos aumentos de capital por subscrição, todavia, pode acontecer de o valor do aumento na conta de investimento não corresponder ao valor proporcional atribuível ao investidor pelo aumento no Patrimônio Líquido da investida, nos casos em que, por exemplo, a investidora tiver subscrito, no aumento de capital, um percentual:

a) Maior que aquele que mantinha anteriormente, implicando aumento de sua participação relativa e, portanto, a diluição da participação dos demais sócios que não exerceram seu direito de preferência.

b) Menor que aquele que mantinha anteriormente, implicando a diluição de sua participação relativa por não ter exercido seu direito de preferência e, portanto, aumento da participação relativa dos demais sócios.

Pode acontecer, ainda, de a investidora nada subscrever, e outros sócios o fazerem, o que também irá diluir a participação da investidora. Além desses motivos, outros podem implicar uma redução ou aumento na participação relativa da investidora no capital votante da investida, por exemplo, a investidora pode adquirir uma participação adicional (comprando de outros sócios), ou então ela pode vender uma parte de sua participação para terceiros, mas sem que isso envolva perda do controle ou da influência.

Em qualquer desses casos, ocorrerá uma alteração no percentual de participação da investidora no capital da coligada (ou controlada). Portanto, pela equivalência patrimonial, o valor patrimonial do investimento deve ser ajustado considerando sua nova participação relativa. Contudo, a contrapartida não poderá ser o resultado do período do investidor, uma vez que tais valores também não transitaram pelo resultado da investida. Sugere-se utilizar a conta "Mudança na Participação Relativa em Coligada (ou Controlada em Conjunto ou Controlada)". Nos casos de diluição ou concentração da participação relativa, tais valores representam, para o investidor, um ganho ou uma perda pelo aumento ou diminuição de sua participação nas demais contas do Patrimônio Líquido da investida (outras que não o capital realizado da investida) e que será realizado somente quando da realização do investimento nessa investida. Portanto, qualquer que seja essa diferença, ela não deve ser contabilizada na investidora como resultado do período, mas como um tipo de resultado abrangente reconhecido diretamente no Patrimônio Líquido da investidora.

O tratamento contábil de reconhecer, diretamente no Patrimônio Líquido do investidor, o ganho ou perda por alguma diluição ou concentração da participação relativa do investidor na investida é diferente do previsto no art. 509 do RIR/2018, que ainda determina que tal valor seja contabilizado no resultado do período do investidor e especifica que esse resultado não é tributável se ganho, nem dedutível, se perda. Assim, para fins fiscais, o tratamento é outro. Na prática, como não afeta o resultado contábil nem fiscal, não há divergência no surgimento dessa conta; na baixa (alienação do investimento, por exemplo), haverá a transferência contábil para o resultado do exercício, mas esse valor não será considerado para fins fiscais. Na verdade, esse procedimento acompanha a posição fiscal de não tributar a receita de equivalência patrimonial (lucro já tributado na geradora do lucro) e não permitir a dedução fiscal da despesa de equivalência patrimonial (prejuízo com efeitos fiscais na sua geradora).

Existe outra implicação contábil decorrente da mudança na participação relativa da investidora sobre a investida que é tratada no item 25 do CPC 18 (R2). Esse item dispõe que, se a investidora continuar a aplicar o MEP em uma parte da participação após outra parte ter sido vendida ou classificada como mantida para venda (lembre-se de que a influência significativa ou o controle conjunto serão perdidos somente quando a parte classificada como mantida para venda for efetivamente vendida); então, a investidora deverá realizar proporcionalmente os resultados abrangentes reflexos previamente reconhecidos diretamente no Patrimônio Líquido da investidora (relativos à parte classificada como mantida para venda). A realização dos resultados abrangentes reflexos deve ser contabilizada da mesma forma que ocorreria se os ativos e passivos da investida que deram origem a tais resultados abrangentes tivessem sido realizados.

Para o caso específico de mudanças na participação relativa da investidora em suas controladas, para fins de elaboração das demonstrações consolidadas, há procedimentos especiais a serem vistos no Capítulo 21, sobre Consolidação.

Aumento de capital subscrito e contabilizado ao custo	$ 1.000,00
Efeito da concentração na participação relativa nas demais contas do Patrimônio Líquido da coligada (reservas de lucros) em decorrência da integralização de mais 700 ações (17,5%) do direito de subscrição que era de 30% [$ 2.500 × 17,5% = $ 437,50]	$ 437,50
Total do Ajuste na Conta de Investimentos em Coligadas	**$ 1.437,50**

Exemplo 1

Suponha-se que, quando da constituição da Empresa B, um de seus acionistas, a Empresa A, tenha integralizado $ 900 em ações ordinárias, o que representa 30% do capital realizado da Empresa B, que é de $ 3.000 e formado apenas por ações ordinárias. Como se trata da constituição da investida, então, não há mais-valia nem *goodwill*. Considere ainda que, ao final do período, a Empresa A possui influência significativa sobre a Empresa B e que o Patrimônio Líquido da Empresa B seja de $ 5.500, por lucros gerados e não distribuídos no valor de $ 2.500.

O investimento em coligada da Empresa A deve ser avaliado por equivalência patrimonial. Assim, no reconhecimento inicial, o custo do investimento foi de $ 900. A equivalência patrimonial sobre a mutação de Patrimônio Líquido que ocorreu no período ($ 2.500 de lucro líquido) será de $ 750 ($ 2.500 × 30%). Portanto, o saldo final do investimento em 31-12-X0 será $ 1.650, ou seja, 30% de $ 5.500.

Suponha, agora, que durante X1 a Empresa B faça um aumento de capital por subscrição de 1.000 novas ações no valor de $ 1.000, e que seja totalmente subscrito pela Empresa A, já que os demais acionistas que detinham os outros 70% não exerceram seu direito de preferência. Assim, o Capital Social da Empresa B estaria então com 4.000 ações, das quais 1.900 (900 + 1.000) estão em poder da Empresa A, que passa, agora, a ter 47,5% do Capital da B (1.900 ações ÷ 4.000 ações), em vez dos 30% anteriores.

Então, a conta de Investimentos em Coligadas, na Empresa A, pela equivalência patrimonial, passa de um saldo de $ 1.650 para $ 3.087,50. O acréscimo de $ 1.437,50 corresponde a:

O ajuste no saldo do investimento de $ 437,50 (17,5% sobre as reservas existentes ou alternativamente $ 1.187,50 – $ 750,00) representa o quanto a Empresa A se beneficiou em detrimento dos demais acionistas pelo fato de estes terem declinado do direito de subscrever ações no aumento de capital pelo seus respectivos percentuais de participação.

A Empresa A deve registrar os $ 437,50 a débito da conta de Investimentos em Coligadas e a crédito de seu Patrimônio Líquido, como Outros Resultados Abrangentes (por exemplo, no caso em questão, poderia ser na conta "Mudança na Participação Relativa de Coligada", como já sugerido). Recomenda-se que a conta representativa da alteração na participação seja subdividida em subcontas por investida e que seja mantido o histórico dos eventos e transações para fins de controle.

O valor em questão representa efetivamente um ganho, mas que irá se realizar, para fins de sua transferência para o resultado do período, somente quando da alienação integral ou parcial do investimento ou quando da perda da influência. Se em vez de concentração houvesse uma diluição, a Empresa A teria uma perda, a qual, da mesma forma, seria contabilizada contra o Patrimônio Líquido. Esse tratamento é similar ao reconhecimento de forma reflexa das mutações do Patrimônio Líquido da coligada ocorridas no período, situação em que o investimento é ajustado e a contrapartida é direta no Patrimônio Líquido da investidora.

Exemplo 2

Suponha agora que em X1, além do aumento de capital, a Empresa B tenha tido as seguintes mutações de Patrimônio Líquido: (a) lucro líquido de X1, de $ 2.000; (b) ajuste de avaliação patrimonial proveniente de variações cambiais de investimentos no exterior de $ 500; e (c) reavaliação

Quadro 6.1

	Patrimônio Líquido da Empresa B			Participação de A em B	
	Em 31-12-X0	Aumento em X1	Atual	Anterior 30%	Atual 47,5%
Capital Realizado	3.000,00	1.000,00	4.000,00	900,00	1.900,00
Reservas de Lucros	2.500,00	–	2.500,00	750,00	1.187,50
	5.500,00	1.000,00	6.500,00	1.650,00	3.087,50

em terrenos do imobilizado no valor $ 1.000 (admitindo a legalidade desse procedimento). Portanto, o Patrimônio Líquido final da Empresa B, em 31-12-X1, soma $ 10.000.

Então, pela equivalência patrimonial, o valor patrimonial do Investimento em Coligada da Empresa A será de $ 4.750, considerando já a nova participação efetiva de 47,5%. Note que, no caso em questão, o saldo da conta de investimento não contém *goodwill* ou mais-valia. Desconsiderando os tributos sobre o lucro, o acréscimo de $ 1.662,50 (em relação ao saldo contábil do investimento após o aumento de capital) será correspondente a:

Equivalência sobre o Resultado de X1 [$ 2.000 × 47,5%]	950,00
Equivalência sobre os Resultados Abrangentes de X1:	
Ajustes de Avaliação Patrimonial [$ 500 × 47,5%]	237,50
Reserva de Reavaliação [$ 1.000 × 47,5%]	475,00
Total do Ajuste na Conta de Investimentos em Coligadas	**1.662,50**

No Patrimônio Líquido da Empresa A será apresentada uma nova conta (Outros Resultados Abrangentes da Coligada B), que em 31-12-X1 terá o saldo de $ 712,50 ($ 237,50 + $ 475,00).

Vale lembrar que esse caso desconsiderou os tributos sobre o lucro para facilitar o entendimento, mas, na prática, quando a coligada efetuasse os registros da reavaliação e do ajuste de avaliação patrimonial, ela consideraria o imposto de renda diferido no passivo, com a respectiva contrapartida em conta retificadora do Patrimônio Líquido. Portanto, a parte da investidora nessa mutação de Patrimônio Líquido já estaria líquida dos tributos sobre o lucro.

Agora suponhamos que em 1º-1-X2 a Empresa A receba uma oferta irrecusável para vender 15% de sua participação na Empresa B por $ 2.000, e que ela faça isso. A participação remanescente após a venda, que passou a ser de 32,5%, continua a proporcionar à Empresa A o poder para participar do processo decisório da investida. Portanto, a influência não foi perdida. Apenas houve uma redução da participação relativa pela venda parcial dessa participação.

A transação de venda será então contabilizada como se segue:

		Débito	Crédito
1	Bancos	2.000	
	A Investimentos em Coligadas		1.500
	a Ganho na Alienação de Investimentos		500
2	Outros Resultados Abrangentes de Coligadas	225	
	a Outros Resultados com Coligadas		75
	a Lucros Acumulados		150

O procedimento contábil para o saldo remanescente da conta de Investimento em Coligadas na Empresa A ($ 3.250) será o mesmo, ou seja, continuará sendo avaliado por MEP (só que agora considerando a participação efetiva de 32,5%). Por outro lado, na conta de Outros Resultados Abrangentes de Coligadas, cujo saldo em 31-12-X1 era de $ 712,50, houve uma baixa proporcional à participação vendida de 15% em 1º-1-X2. Assim, o saldo remanescente de $ 487,50 representa a nova participação efetiva da investidora (32,5%) sobre os Outros Resultados Abrangentes da Coligada B (de $ 1.500), sendo $ 325,00 referentes à reserva de reavaliação reflexa e $ 162,50, de ajustes de avaliação patrimonial reflexo.

Observe que a realização proporcional da reserva de reavaliação reflexa (15% ÷ 47,5% × $ 475 ou, alternativamente, 15% de $ 1.000) ocorreu contra lucros acumulados, pois se houver uma redução na participação efetiva da investidora na coligada ou controlada em conjunto, a entidade deve reclassificar para o resultado do período a porção dos outros resultados abrangentes reflexos da mesma forma que aconteceria se os ativos e passivos que lhes deram origem, na investida, tivessem sido baixados.

Portanto, caso a coligada tivesse vendido o terreno reavaliado, ela teria realizado sua reserva de reavaliação contra lucros acumulados, de forma que, via MEP, a investidora acompanharia esse movimento; então, pela baixa por venda dos 15% da participação, a investidora deve baixar de forma proporcional a parte que lhe cabe na reserva de reavaliação da coligada, tal qual seria feito caso o terreno fosse vendido.

No caso da realização parcial do ajuste de avaliação patrimonial reflexo, o lançamento foi contra o resultado do período (em Outros Resultados com Coligadas) porque, de outra forma, se o ajuste relativo às variações cambiais de investimentos no exterior da coligada tivesse sido baixado, a coligada realizaria esse saldo contra resultado do período.

Entretanto, supondo-se **alternativamente** que, em 1º-1-X2, a Empresa A tivesse alterado suas estratégias, de forma que a alta gestão da empresa estivesse comprometida com um plano de venda do ativo e tivesse iniciado esforços para localizar um comprador visando concluir até o final de X2 a venda de 32,5% de sua participação na Empresa B, a participação remanescente, após a venda, passaria para 15%, e a influência seria perdida, pois esse percentual não mais permitiria, em condições normais, à Empresa A participar do processo decisório da investida.

Então, a transferência para a conta de Ativos Mantidos para Venda teria sido de $ 3.250 (correspondente à participação que será vendida de 32,5%), uma vez que os critérios do CPC 31 seriam atendidos. Já a parte remanescente deveria ser mantida no Ativo Não Circulante, como investimento em coligada e avaliada pelo MEP até que a influência venha a ser perdida de fato (veja Seção 6.5 (b)). Nesse caso, o lançamento contábil em 1º-1-X2 teria sido:

	Débito	Crédito
Ativos Mantidos para Venda	3.250	
a Investimentos em Coligadas		3.250

Considerando que o valor justo esperado (líquido das despesas para vender) seja superior ao custo reconhecido de $ 3.250, então nenhum outro lançamento será necessário em 1º-1-X2. Se fosse o contrário, uma perda deveria ser reconhecida, conforme disposições do CPC 31 – Ativo Não Circulante Mantido para Venda e Operação Descontinuada.

Caso a venda dessa participação tivesse se efetivado, por exemplo, em 30-6-X2, então, a influência teria sido perdida; de fato, somente nessa data se aplicariam as disposições da perda da influência tratadas na Seção 6.13. Assim, a participação remanescente de 15% seria mensurada a valor justo, nessa data, o qual seria considerado no reconhecimento inicial de um ativo financeiro (sujeito ao CPC 48).

6.5.6 Ajustes de exercícios anteriores

A Lei das Sociedades por Ações e as normas do CPC determinam que se contabilize diretamente na conta de Lucros Acumulados, sem transitar pela Demonstração do Resultado do Exercício, os Ajustes de Exercícios Anteriores decorrentes de efeitos da mudança de critério contábil, ou da retificação de erro imputável a determinado exercício anterior, e que não possam ser atribuídos a fatos subsequentes.

Novamente, pelo disposto no item 10 do CPC 18 (R2), somente a parte do investidor nos lucros ou prejuízos gerados pela coligada é que deve ser reconhecida no lucro ou prejuízo do período do investidor. Adicionalmente, o referido pronunciamento dispõe que a parte do investidor nas mutações de Patrimônio Líquido, outras que não pelo resultado do período, sejam reconhecidas de forma reflexa, ou seja, diretamente no Patrimônio Líquido do investidor. Portanto, se a coligada (ou controlada) efetuar um ajuste dessa natureza, aumentando ou reduzindo seu patrimônio, o ajuste proporcional na conta de Investimentos da investidora, por esse acréscimo ou diminuição, será lançado de forma reflexa em Lucros Acumulados.

6.6 Patrimônio Líquido das investidas

6.6.1 Critérios contábeis

O valor do Patrimônio Líquido das investidas – a base para a determinação do valor patrimonial do investimento pela equivalência patrimonial –, deve ser extraído de Balanços dessas empresas elaborados dentro dos critérios contábeis e de apresentação das demonstrações contábeis da Lei das Sociedades por Ações e dos Pronunciamentos do CPC.

Isso é necessário para que o método seja aplicado adequadamente. Além disso, o item I do art. 248 da Lei nº 6.404/1976 determina que "o valor do Patrimônio Líquido da coligada ou da controlada será determinado com base no Balanço ou balancete de verificação levantado, com observância das normas desta Lei, na mesma data, ou até 60 (sessenta) dias, no máximo, antes da data do Balanço da companhia". O disposto no item 34 do CPC 18 (R2) é consistente com o disposto na Lei Societária.

Entende-se, portanto, que a investida elaborará demonstrações contábeis utilizando-se dos critérios contábeis ali expressos, ou seja, seu Patrimônio Líquido e seu resultado deverão estar ajustados em forma final, para não produzir distorções na avaliação do investimento na investidora.

Na hipótese de a investida também ter investimentos em outras investidas, seu Balanço já deverá refletir a atualização de tais investimentos pela equivalência patrimonial. As investidas devem adotar critérios contábeis uniformes em relação aos da empresa investidora. A observância dessa uniformidade de critérios é, logicamente, de responsabilidade da investidora. Quando de investimentos em controladas, normalmente não surgem maiores problemas, já que a controladora pode e deve definir os critérios a serem seguidos por suas controladas, sendo adequada a prática de introdução de Plano de Contas e critérios padronizados. Todavia, quando de investimentos em coligadas, pode ocorrer com mais frequência uma diversidade de critérios contábeis, pois a coligada pode ter a necessidade de atender também a outros investidores.

De qualquer forma, cabe à investidora apurar a influência de eventuais diferenças de critérios e políticas contábeis e ajustar extracontabilmente as demonstrações recebidas das coligadas para, então, aplicar o MEP, guardando todas as memórias de cálculos e documentos utilizados. As considerações feitas estão também expostas no art. 421 do RIR/2018.

Lembrar que a utilização de taxas diferentes de depreciação não representa divergência de prática contábil, desde que em ambas as empresas a base seja a vida útil estimada dos bens em face de suas características físicas e de utilização.

6.6.2 Defasagem na data do encerramento da coligada

a) CONSIDERAÇÕES SOBRE O TEXTO LEGAL

O CPC 18 e a Lei das S.A. determinam a adoção de demonstrações da investidora e das investidas da mesma data. No caso de não ser possível, as da investida podem ser até dois meses antes do Balanço da investidora.

No caso de se trabalhar com balanços defasados em até dois meses, devem-se manter os mesmos períodos uniformemente de um ano para outro. Em suma, se a investidora encerra o Balanço anual em 31 de dezembro e utiliza, para fins de equivalência, o Balanço da coligada em 31 de outubro, essa data deve ser mantida. Se, em face de um aprimoramento, se passar a usar o Balanço da coligada de 31 de dezembro, por exemplo, deverá haver no Balanço da investidora a evidenciação desse fato; haverá, nesse caso, uma alteração na base de cálculo que prejudicará a comparabilidade.

b) INFLUÊNCIA DA DEFASAGEM NA NOTA EXPLICATIVA

A existência de defasagem gera também algumas dificuldades no que tange às informações que devem ser divulgadas em notas explicativas. De fato, a companhia deve indicar na nota explicativa dos investimentos os saldos das contas de crédito e as obrigações entre a companhia e suas investidas, bem como o montante das receitas e despesas de operações entre elas. Como os períodos não são coincidentes, nesse caso, devem-se divulgar tais saldos e transações relativos à data de encerramento do exercício da investidora.

De acordo com o item 22 do CPC 45 – Divulgação de Participações em Outras Entidades, deve-se ainda evidenciar a data de encerramento do período de reporte das demonstrações financeiras da coligada ou controlada em conjunto utilizadas para aplicação do método de equivalência patrimonial, sempre que essa data ou período divergirem das do investidor e as razões pelo uso de uma data ou período diferente.

c) DIVIDENDOS NO PERÍODO DA DEFASAGEM

O investidor deve ajustar as demonstrações das investidas quando estas forem diferentes daquelas do investidor por eventos relevantes que podem ocorrer entre a data das demonstrações da coligada em relação às do investidor. Portanto, os dividendos distribuídos pela coligada e não contabilizados no Balanço dessa coligada por conta da defasagem também devem ser creditados à conta de Investimento na investidora.

d) AUMENTO DE CAPITAL NO PERÍODO DA DEFASAGEM

Quando existir defasagem entre as demonstrações financeiras da coligada ou controlada em conjunto e as da investidora para fins de aplicação do MEP, e, nesse período de defasagem ocorrer um aumento de capital na investida, o Balanço da investida deve ser ajustado antes da aplicação do MEP. Dessa forma, a determinação do valor patrimonial do investimento em coligada ou controlada em conjunto do investidor já irá considerar o valor da nova integralização efetuada. Se houver, em função desse aumento, diluição ou concentração da participação do investidor, o efeito resultante deverá ser contabilizado diretamente no Patrimônio Líquido do investidor, como um resultado abrangente.

e) OUTROS EVENTOS NO PERÍODO DA DEFASAGEM

Além das transações já mencionadas relativas ao período da defasagem, a investidora deverá observar se ocorreram outros eventos significativos no período intermediário. Se houver, a investidora deverá ajustar o patrimônio da coligada pelos efeitos de fatos relevantes ocorridos no período. É o caso, por exemplo, de prejuízos por danos eventuais causados por incêndios ou transações significativas não recorrentes. Além dos aspectos abordados, o Patrimônio Líquido deve ser ajustado por outros motivos, tais como pela participação recíproca e pelo lucro ou prejuízo não realizados nas transações entre as empresas, assunto da seção seguinte.

6.7 Resultados não realizados de operações intersociedades

6.7.1 Significado e objetivo

O item I do art. 248 da Lei das Sociedades por Ações estabelece que, para fins de aplicação do MEP, no valor do patrimônio da coligada ou controlada "não serão computados os resultados não realizados decorrentes de negócios com a companhia, ou com outras sociedades coligadas à companhia, ou por ela controladas".

A eliminação de lucros não realizados do Patrimônio Líquido da investida por transações entre as partes deriva do fato de que o impacto no investimento e no resultado do investidor deve vir somente de resultados obtidos em operações com terceiros, pois as vendas de bens de uma para outra empresa do mesmo grupo não geram economicamente lucro enquanto não forem vendidos a terceiros ou realizados pelo uso ou perda. Portanto, enquanto os ativos transacionados estiverem no Balanço de alguma empresa do grupo, o lucro nele contido não está "realizado" do ponto de vista da investidora.

No caso de coligada, não se elimina a totalidade dos lucros não realizados em transações entre investidas e investidor, mas somente a parte do investidor nos lucros não realizados gerados por suas investidas. Isso implica dizer que se assume como terceiros os demais investidores. Afinal, quando se negocia com uma coligada, está-se, genuinamente, negociando com terceiros, já que influência de forma alguma significa controle. Vamos a um exemplo:

Suponha-se que o Patrimônio Líquido da investida seja de $ 1.000, que o investidor tenha 40% de participação nessa entidade (sua coligada) e que, no período, a investida tenha vendido um terreno para uso do investidor e que o lucro gerado nessa operação tenha sido de $ 200. Assim, desconsiderando os tributos sobre o lucro para fins de simplificação, a aplicação do texto legal resulta em:

Patrimônio Líquido da Investida	1.000,00
Menos: Lucros não realizados na venda para a Investidora	(200,00)
Patrimônio Líquido Ajustado da Investida	800,00
MEP sobre o PL Ajustado [($ 800 × 40%)]	**320,00**

Agora, se a investida for uma controlada, o procedimento correto é eliminar 100% dos resultados não realizados em transações intersociedades, de forma que, para fins de MEP sobre investimentos em controladas, quando da elaboração das demonstrações individuais do controlador, a totalidade desses resultados não realizados deve ser eliminada. É como se fosse venda para si mesma.

Tudo isso se deve ao seguinte: um dos objetivos da aplicação do MEP é provocar, nas demonstrações individuais, se possível, o mesmo lucro líquido e o mesmo Patrimônio Líquido que seriam obtidos caso houvesse consolidação das demonstrações da investida. Considerando a entidade grupo (a controladora e suas controladas), a diretriz maior das demonstrações consolidadas é apresentar a posição patrimonial e os efeitos no desempenho e nos fluxos de caixa levando-se em conta somente transações com terceiros. Portanto, especificamente na avaliação dos investimentos em controladas, a aplicação do MEP deve antecipar, nas demonstrações individuais do controlador, o que ocorre no resultado consolidado. No caso de coligada, quando ela vende para a investidora, é como se produzisse dois lucros: um para os outros investidores dessa coligada, que é genuíno e sem problemas, e outro pela venda para a investidora; esta parte da investidora ela não reconhece no seu resultado porque é como se fosse ela vendendo para ela mesma. O resultado só será reconhecido na proporção da efetiva realização por depreciação do bem envolvido, por venda a terceiros ou outra forma de baixa. Mais detalhes vêm a seguir.

Mas não se pode esquecer que, pelas próprias regras contábeis relativas à materialidade, valores de resultados não realizados considerados efetivamente imateriais não precisam sofrer esse tratamento.

6.7.2 Quais resultados não realizados devem ser eliminados?

Como comentado, a Lei das Sociedades por Ações, bem como as normas internacionais, estabelecem que os resultados não realizados gerados em transações da investida com a investidora não devem ser computados no Patrimônio Líquido da respectiva investida para efeito de avaliação do investimento pelo método de equivalência patrimonial.

Já o item 28 do CPC 18 (R2) dispõe que:

"Os resultados decorrentes de transações ascendentes (*upstream*) e descendentes (*downstream*) entre o investidor (incluindo suas controladas consolidadas) e a coligada ou o empreendimento controlado em conjunto devem ser reconhecidos nas demonstrações contábeis do investidor somente na extensão da participação de outros investidores sobre essa coligada ou empreendimento controlado em conjunto, desde que esses outros investidores sejam partes independentes do grupo econômico a que pertence a investidora."

Em outras palavras, não é reconhecida via MEP a parte do investidor nos lucros não realizados gerados por sua investida, igualmente ao que consta na lei, mas determina algo além da lei: não permite reconhecimento do lucro no investidor quando ele próprio tenha gerado em vendas para controlada(s). Na verdade, esse não reconhecimento do lucro no investidor não é mencionado pela lei no capítulo que trata do assunto porque, quando a investidora vende para a controlada, não há nada que diga respeito ao MEP, o que existe é em função de resultado na investida, jamais na investidora. Mas há que se cumprir o CPC.

Por consequência, se um Investidor A que diretamente possui 20% de participação no capital votante da Coligada B, a qual vendeu (com lucro) mercadorias para seu Investidor A, e tais mercadorias, na data do Balanço, ainda figuram no estoque do investidor, então, via MEP, no saldo contábil do investimento desse Investidor A na Coligada B não deve constar a parte que lhe cabe no lucro não realizado que foi gerado pela Coligada. Isso significa que somente os lucros gerados pela Coligada em operações com terceiros podem levar a ajustes no saldo do investimento via MEP.

A maneira de se chegar a esse valor é deduzir, do lucro líquido da investida, o valor total dos resultados não realizados e, sobre o valor resultante, aplicar o percentual de participação. Automaticamente, a parte do investidor nos resultados não realizados será eliminada. Por exemplo, se a Investidora A possui 30% de participação sobre a Coligada B, e esta vende um ativo para A com lucro de $ 1.000.000, e seu lucro líquido total é de $ 4.000.000, a equivalência de A em B deve eliminar o lucro denominado não realizado se esse ativo ainda permanece na adquirente. É importante lembrar que o lucro não realizado é conceito de resultado líquido dos tributos. Assim, se a investida estiver sujeita à tributação de 34% sobre o lucro, tratará como lucro não realizado o valor de $ 1.000.000 × (1 – 34%) = $ 660.000. Dessa forma, será entendido que, dos $ 4.000.000 de lucro líquido, para fins de MEP deverão ser excluídos os $ 660.000. O resultado do MEP será então de 30% × $ (4.000.000 – 660.000) = $ 1.002.000.

Em relação às transações em que a investida vende ativos para o investidor, esse procedimento é literalmente consistente com o disposto na Lei das Sociedades por Ações antes citado, na medida em que se exclui o valor desses resultados não realizados no Patrimônio Líquido da investida sobre o qual se aplicará o percentual de participação para determinar o valor patrimonial ajustado do investimento na coligada (caso em que se utiliza uma subconta para o valor patrimonial do investimento). Contudo, pelo dispositivo legal, quando houver resultados não realizados auferidos pelo investidor em transações com sua coligada, nenhum ajuste seria feito, já que o dispositivo legal não menciona transações descendentes (*downstream*), isto é, transações de venda do investidor para suas investidas; afinal, isso não é mesmo assunto de MEP.

Agora, vamos ao caso da investidora vendendo para suas investidas. Se determinada investidora teve um lucro líquido de $ 1.000.000, mas $ 300.000 foram gerados em transações com sua coligada, cujos ativos por ela comprados ainda permanecem em seus estoques, assumindo-se uma participação de 40%, a investidora não reconhecerá do seu próprio lucro de $ 1.000.000 o valor de $ 120.000, que corresponde à sua parte no lucro de $ 300.000 que está contido no estoque de sua coligada. Do total de lucro que gerou, $ 700.000 decorrem de operações com terceiros e $ 180.000 são relativos a 60% do lucro gerado na transação de $ 300.000 com sua coligada (lembre-se de que os demais investidores são considerados terceiros para esse fim). Essa eliminação é feita mediante uma redução do lucro líquido da investidora para transferência dessa parcela do lucro não realizado para fora do Patrimônio Líquido da investidora. Isso será mais bem mostrado à frente.

A expressão "lucros não realizados", em questões envolvendo MEP ou consolidação, deve sempre ser entendida no sentido de que parte dos ativos transacionados entre empresas do mesmo grupo ou entre investidores e suas coligadas ou controladas em conjunto ainda não foi realizada ou pelo uso ou pela venda a terceiros. Então, se todos os ativos transacionados entre as empresas já estiverem realizados (vendidos a terceiros, por exemplo), não existirão lucros não realizados, de forma que, para fins de MEP, nenhum ajuste é devido.

Para avaliação dos investimentos em **controladas,** devem-se eliminar **100%** desses resultados, tal como seria feito para fins de elaboração do Balanço consolidado do grupo (veja o Capítulo 21 – Consolidação das Demonstrações Contábeis e Demonstrações Separadas). Afinal, nas demonstrações consolidadas, deve-se apresentar o conjunto de ativos líquidos que está sob o comando da controladora, e os saldos patrimoniais e o desempenho devem refletir somente transações do grupo (controladora e suas controladas) com terceiros. O fundamento na demonstração é o mesmo, e além disso, as demonstrações individuais produzem os mesmos Lucro e Patrimônio Líquidos que as consolidadas.

Cumpre lembrar ainda que, para fins de demonstrações consolidadas, também vale a diretriz de que sejam eliminados tanto os resultados não realizados gerados nas transações das controladas com as investidoras, quanto entre controladas ou entre a controladora e suas controladas. A controlada reconhece o lucro nas suas demonstrações (por causa da existência possível de outros sócios que não a controladora), mas a controladora simplesmente o desconhece enquanto não realizado.

Em casos raros, pode ocorrer de a transação entre investidor e investida (ou entre controladas), em vez de lucro, gerar prejuízo. Esse prejuízo pode ser uma evidência de que o valor recuperável do ativo transacionado esteja afetado, o que levaria ao reconhecimento de uma perda por *impairment*.

Contudo, os procedimentos para eliminação ou não das perdas geradas em transações intersociedades são distintos, dependendo de (a) o MEP estar sendo aplicado para avaliar investimentos em coligadas e controladas em conjunto ou em controladas; (b) a perda apurada constituir ou não uma evidência de que o valor recuperável do ativo transacionado está afetado; e (c) o investidor ser quem vendeu ou contribuiu capital com ativos não monetários.

Assim, nas vendas das coligadas e controladas em conjunto para o investidor (transações ascendentes) com perdas, a parte do investidor nessas perdas será reconhecida somente se constituírem evidência de que o valor realizável ou recuperável do ativo esteja afetado (lembre-se de que, no caso de venda das controladas para a controladora, o procedimento seria para reconhecer 100% das perdas caso constituíssem evidência de *impairment*).

Há particularidades distintas no caso de uma transação intersociedades envolver a contribuição de ativos não monetários para uma coligada ou controlada em conjunto – como quando pela integralização de capital em ativos imobilizados, por exemplo. De acordo com os itens 30 e 31 do CPC 18 (R2), caso a transação não tenha natureza comercial, ou seja, não vai alterar fluxos de caixa ou quaisquer outros efeitos econômicos genuínos nas entidades em tela, então, o tratamento contábil poderá ser um dos seguintes:

a) **Quando em troca do ativo o investidor recebe somente instrumentos de capital da coligada ou controlada em conjunto:** os ganhos (ou perdas) não realizados na transação devem ser eliminados contra o saldo contábil do investimento contabilizado pelo MEP, não podendo ser apresentados como um ganho (ou perda) diferido nas demonstrações do investidor (individual ou consolidadas).

b) Quando em troca do ativo o investidor recebe instrumentos de capital da coligada ou controlada em conjunto e, também, ativos monetários ou não monetários: a parte do ganho (ou perda) correspondente à parcela do ativo contribuído para a entidade a qual tenha recebido, em troca, instrumentos de capital, deve ser reconhecida como indicado em (a). Já, a parte do ganho (ou perda) correspondente à parcela do ativo contribuído para a qual a entidade tenha recebido, em troca, ativos monetários ou não monetários, deve ser reconhecida no resultado do investidor.

Em relação aos tributos incidentes sobre os lucros não realizados, apesar de não previsto na Lei nº 6.404/1976, eles devem ser considerados, inclusive por exigência dos pronunciamentos do CPC. Portanto, o valor dos resultados não realizados já deve estar líquido do imposto de renda e da contribuição social para fins de equivalência patrimonial. Com isso, como já dito, o valor do lucro não realizado, para fins de MEP, é o valor líquido dos tributos incidentes sobre esse resultado.

Por vezes, a existência de um grande volume de transações entre empresas do mesmo grupo pode adicionar grande complexidade em face da necessidade de se rastrearem tais transações, requisito para se identificar a parte remanescente dos resultados gerados nessas transações nos saldos contábeis desses bens que ainda se encontram nos ativos das empresas do grupo e, principalmente, quando duas ou mais empresas do grupo participam da outra. Para acompanhamento desses resultados não realizados, o melhor controle é cada entidade ter, no plano de contas, contas específicas para todas as vendas e todos os ativos vinculados a transações entre si, o que facilita enormemente a rastreabilidade e o cálculo dos resultados não realizados para fins de MEP e da consolidação das demonstrações contábeis do grupo.

6.7.3 A determinação do valor da equivalência patrimonial do investimento em controladas nas demonstrações contábeis individuais da controladora

Como visto, a existência de resultados já reconhecidos pela controladora e/ou suas controladas, mas ainda não realizados junto a terceiros (resultados não realizados em transações intersociedades), requer que eles sejam totalmente eliminados quando da aplicação do MEP para elaboração das demonstrações contábeis do grupo. Nesse sentido, o MEP aplicado para a avaliação de coligadas e controladas em conjunto difere da sua aplicação para avaliação dos investimentos em controladas.

Novamente, vale lembrar que o impacto da exclusão dos lucros não realizados é meramente temporário, uma vez que, ao se realizar o ativo (parcial ou totalmente) pela sua venda a terceiros, pelo seu uso no negócio (depreciação) ou pela sua baixa (por perda do ativo, por exemplo), essa exclusão será revertida: aumentando o saldo contábil do investimento e os resultados do investidor, via MEP. Veja o Exemplo II da letra (c) do Seção 6.7.4.

6.7.4 Como apurar o valor dos resultados não realizados

a) INTRODUÇÃO

Para fins de MEP, nos casos de vendas de ativos de uma para outra empresa, em que o preço de venda é igual ao preço de custo, não há, logicamente, lucro não realizado a eliminar do patrimônio da coligada controlada (em conjunto ou integral). A preocupação e a origem do problema estão nessas transações quando feitas a preços normais, como se fossem a terceiros (a transação tem natureza comercial), incluindo lucros ou, raramente, prejuízos.

Tais transações, como já mencionado, podem envolver qualquer tipo de bens e direitos que representem um ativo na empresa compradora e podem ser:

a) Estoques (mais comumente).

b) Bens do Imobilizado (menos comuns).

c) Investimentos (menos comuns ainda).

d) Outros Ativos (raramente).

Vejamos, inicialmente, o caso dos estoques. Os exemplos utilizados neste capítulo são semelhantes aos constantes do Capítulo 21 – Consolidação das Demonstrações Contábeis e Demonstrações Separadas, a partir de sua Seção 21.5, e devem ser consultados para ampliação do entendimento e por incluir exemplos adicionais.

b) LUCRO NOS ESTOQUES

Quando das vendas de mercadorias com lucro, podem ocorrer duas situações:

1. A empresa que comprou as mercadorias já as vendeu para terceiros, ou seja, os ativos transacionados não constam mais no estoque do investidor ou de suas investidas, na data do Balanço.

2. A empresa que comprou as mercadorias ainda tem saldo daquelas mercadorias em estoque, na data do Balanço.

No primeiro caso, em que não há mais estoque, logicamente não haverá **lucros nos estoques** decorrentes das operações entre as sociedades. Assim, o único ajuste será na demonstração consolidada para eliminar a receita e o custo da vendedora. Mas nada na equivalência. No segundo caso, sempre que parte das mercadorias adquiridas em transações intersociedades ainda estiver no estoque de alguma das empresas na data do Balanço, haverá **lucro nos estoques**. Esse lucro deverá ser (a) eliminado na totalidade quando da aplicação do MEP em investimentos em controladas, pois esse lucro não foi efetivamente **realizado** em operações com terceiros (em relação ao grupo); ou (b) eliminado na parte que cabe ao investidor quando da aplicação do MEP em investimentos em coligadas e controladas em conjunto.

c) CASOS PRÁTICOS DE LUCROS NOS ESTOQUES

Exemplo I – Transação entre Investidor e sua Coligada

Suponhamos que a Coligada B venda para sua Investidora A, por $ 140.000, mercadorias que lhe custaram $ 100.000. E que nada desses estoques tenha sido vendido para terceiros, permanecendo nos estoques da Investidora A na data do Balanço.

Então, a eliminação seria da totalidade do lucro na transação, ou seja, $ 26.400 (considerando 34% de tributos sobre o lucro: $ 40.000 – $ 13.600). Admitindo-se como única mutação de Patrimônio Líquido da coligada no período o lucro líquido de $ 500.000 (que contém o lucro não realizado de $ 26.400) e uma participação efetiva de A sobre B de 45%, o MEP na avaliação do investimento seria:

Lucro Líquido da Coligada B	500.000
Menos: Lucros não realizados contidos no estoque de A	(26.400)
Lucro Líquido Ajustado para fins de MEP	473.600
Vezes: o Percentual de Participação de A em B	45%
Receita de Equivalência Patrimonial	213.120

Supondo-se, alternativamente, que o Investidor A tivesse vendido mercadorias para a Coligada B nas condições anteriores (mantido o lucro de $ 500.000, mesmo sem considerar a venda para o investidor A) e, desde que esse investidor e essa coligada não estivessem sob um controle comum, o procedimento, pelo disposto no CPC 18 (R2), em conjunto com o disposto na ICPC 09 seria diferente, como a seguir demonstrado, com $ 225.000 = $ 500.000 × 45%:

		Débito	Crédito
1	Investimentos em Coligadas	225.000	
	a Receita de Equivalência Patrimonial		225.000
2	Lucros Não Realizados com Coligadas	11.880	
	a Lucros a Realizar com Coligadas		11.880

Atenção ao lançamento 2: a conta "Lucros Não Realizados com Coligadas" é uma conta de resultado e destina-se a reduzir o resultado do investidor pela parte deste nos lucros não realizados que teve ao vender mercadorias para sua coligada. Por sua vez, "Lucros a Realizar com

Coligadas" é uma conta redutora da conta "Investimentos em Coligadas". É como se, ao vender para a investida e dela receber o valor relativo à venda, estivesse havendo uma espécie de "devolução" do investimento feito para a investidora. Poderia, alternativamente, ser colocada essa conta no passivo como uma espécie de Lucro a Apropriar. Mas, como não representa obrigação para com terceiros, utiliza-se a primeira forma.

Conforme já comentado, na medida em que se realizar o ativo (pelo uso, perda ou venda) que originou o lucro não realizado, este deve ser reconhecido no investimento. Supondo-se, então, que no início do ano seguinte a Coligada B venda para terceiros as mercadorias compradas do investidor A no ano anterior, o lançamento contábil seria então:

	Débito	Crédito
Lucros a Realizar com Coligadas	11.880	
a Lucros Não Realizados com Coligadas		11.880

Observe que simplesmente se inverteu o lançamento pelo qual a parte do investidor nos lucros não realizados (na transação de venda para sua coligada) foi expurgada do seu resultado e do saldo contábil líquido do investimento naquela coligada. Após o lançamento, o saldo do investimento na Coligada B passará para o valor que teria se não houvesse venda de mercadorias do investidor para a coligada.

Exemplo II – Transação entre Controlador e sua Controlada

Quando a controlada vende à controladora, o procedimento não é o mesmo que o demonstrado para o caso da coligada vendendo à investidora. Dando continuidade à exploração do exemplo anterior, vamos supor alternativamente que, agora, a empresa vendedora é a controladora, e não a controlada. Assim, aplicar-se-ia o disposto no item 28A do CPC 18 (R2), de forma que a controladora eliminaria a **totalidade** do lucro não realizado em suas próprias demonstrações individuais.

Como o item 28C do CPC 18 (R2) dispõe, para o caso em questão, que o MEP deve produzir o mesmo efeito que a consolidação produziria no resultado e no Patrimônio Líquido atribuíveis à controladora, então, o melhor procedimento para as demonstrações individuais da controladora seria, neste caso, já considerando os efeitos do imposto de renda diferido:

		Débito	Crédito
1	Investimentos na Controlada B	225.000	
	a Receita de Equivalência Patrimonial		225.000

	Débito	Crédito
2 Lucros Não Realizados com Controladas	40.000	
Ativo Fiscal Diferido (IR/CS)	13.600	
a Lucros a Realizar com Controladas		40.000
a Despesa com Tributos Sobre o Lucro		13.600

A conta Lucros Não Realizados com Controladas é uma conta de resultado e recomenda-se que seja uma conta do grupo de contas relativo aos Resultados com Controladas, juntamente com a conta de Receita de Equivalência Patrimonial em Controladas. O débito de $ 40.000 nessa conta de resultado, em conjunto com o crédito de $ 13.600 na despesa de tributos sobre o lucro, implica que o resultado da controladora foi reduzido em $ 26.400 ($ 40.000 – $ 13.600) por ela ter vendido mercadorias para sua controlada.

Por outro lado, a conta de Lucros a Realizar com Controladas é uma conta redutora da conta de Investimentos em Controladas. Por fim, a conta de ativo fiscal diferido recebe um débito de $ 13.600, já que a redução de $ 40.000 no resultado da controladora é temporária, pois, pelas regras fiscais, o IR/CS sobre esse lucro de $ 40.000 teria de ser pago normalmente (IR/CS correntes), mas, por competência, esse ganho será computado no resultado somente quando as mercadorias forem vendidas a terceiros ou baixadas por perda.

Apesar de a ICPC 09 nada mencionar acerca dos tributos sobre o lucro não realizado em transações entre controladora e controladas (ou entre controladas), entende-se que o procedimento aqui sugerido está em linha com a exigência do item 2C do CPC 18 (R2) e com as exigências dessa interpretação, como se pode observar pelo texto da ICPC 09, que reproduzimos a seguir:

"55. Nas operações com controladas, os lucros não realizados são totalmente eliminados nas operações de venda da controladora para a controlada. São considerados não realizados os lucros contidos no ativo de qualquer entidade pertencente ao mesmo grupo econômico, não necessariamente na controlada para a qual a controladora tenha feito a operação original. [...]

55B. Nas demonstrações individuais, quando de operações de vendas de ativos da controladora para suas controladas (*downstream*), a eliminação do lucro não realizado se faz no resultado individual da controladora, deduzindo-se cem por cento do lucro contido no ativo ainda em poder do grupo econômico em contrapartida a crédito da conta de investimento (como se fosse uma devolução de parte desse investimento), até sua efetiva realização pela baixa do ativo na(s) controlada(s)."

d) LUCROS NOS ESTOQUES – EMPRESA COMERCIAL

Tratando-se de empresa comercial, a identificação das mercadorias adquiridas de empresas do grupo é normalmente fácil, podendo-se rastrear essas mercadorias com base no sistema de controle de estoque.

A identificação pode se tornar difícil se a empresa também comprar os mesmos itens de estoque de terceiros, ou seja, de outras empresas que não as do grupo, para cujas mercadorias, portanto, não haverá lucro nos estoques. Se ambas as mercadorias estiverem registradas no sistema de controle de estoque com o mesmo código, deve-se fazer a segregação entre aquelas compradas de empresas do grupo e aquelas compradas de terceiros, com base nas últimas compras, até chegar ao saldo total de estoques. Ou, então, aplicar-se aos estoques uma porcentagem derivada da relação entre compras do exercício de empresas do grupo, de um lado, e de terceiros, do outro. O procedimento escolhido deverá ser utilizado consistentemente ao longo do tempo.

e) LUCRO NOS ESTOQUES – EMPRESA INDUSTRIAL

Tratando-se de empresa industrial cujas compras de mercadorias de outra empresa do grupo são utilizadas como matérias-primas, dever-se-á apurar o valor de tais mercadorias que estão na conta de Matérias-primas, bem como o das que já estão como Produtos em Processo e em Produtos Acabados.

A apuração daquelas ainda como Matérias-primas normalmente pode ser feita diretamente pelo sistema de controle de estoques, como no caso das mercadorias em empresas comerciais.

A apuração das que estão em Produtos em Processo e em Produtos Acabados, todavia, depende do tipo de custeio e de controles utilizados pela empresa na sua avaliação. O problema aí é que os produtos já contêm diversos elementos de custo, tais como matérias-primas, mão de obra e gastos gerais de fabricação. Conhecendo-se pelos mapas de custeio a incidência de tais elementos e a proporcionalidade dos produtos adquiridos de outras empresas do grupo em relação ao total de matérias-primas consumidas, é possível apurar os materiais adquiridos de empresas do conjunto e contidos nos produtos em processo e acabados.

Incluso na conta do estoque de Matérias-primas Adquiridas no grupo estará um lucro (ou prejuízo) não realizado. Tendo apurado o valor das matérias-primas em estoques adquiridas de empresa do grupo, o passo seguinte é determinar o valor do lucro contido nesses estoques que deve ser eliminado. Em primeiro lugar, é necessário saber qual a política de preços para as vendas realizadas entre investidor e suas coligadas ou controladas em conjunto ou dentro do grupo (controladora e suas controladas).

Se forem adotados preços iguais aos preços normais para terceiros, poder-se-á apurar a margem de lucro da empresa vendedora dos estoques, ou seja, a porcentagem do lucro bruto sobre as vendas. Essa porcentagem seria, então, aplicada ao valor dos estoques adquiridos de empresas do grupo, de forma semelhante ao já demonstrado no Exemplo da Seção 6.7.4, relativos à determinação dos lucros não realizados contidos nos estoques.

f) DEMONSTRAÇÃO PRÁTICA DE APURAÇÃO DO LUCRO NOS ESTOQUES

Para ter melhor visão, suponha uma demonstração prática sumária com valores hipotéticos. Será calculado o lucro no estoque da Controladora D, que compra matérias-primas de sua Controlada B.

Para que os cálculos sejam mais precisos, dever-se-ia verificar se as compras são uniformes, mês a mês, e determinar aproximadamente a quantos meses se refere o estoque da Controladora D.

Se for estoque, digamos, de uns três meses, deve-se tomar a margem de lucro da vendedora desse último trimestre e, se for estoque de um mês, a margem de lucro do balancete do mês correspondente. De qualquer forma, tratamentos relativamente sofisticados como esse são exigidos quando os valores de lucros não realizados envolvidos são, efetivamente, não imateriais.

g) LUCRO EM INVESTIMENTOS

Se uma empresa vende para outra do grupo uma participação acionária em uma terceira empresa, e há lucro nessa transação, tal como na venda de mercadorias, o resultado não realizado deverá ser eliminado, pois não foi auferido em transação realizada com terceiros. Todavia, a transação deverá ser cuidadosamente analisada, para determinar como fazer a eliminação. Veja alguns casos possíveis.

Suponha, inicialmente, que a Empresa A possua 80% do capital votante de sua Controlada B, e que esta, por sua vez, tenha uma participação acionária de 30% na

Quadro 6.2 Estoques de matérias-primas adquiridas de B, existentes no balanço de D em 31-12-X1

(Valores em $)			Estoque adquirido de B
1 Matérias-primas adquiridas da Controlada B e inclusas nos produtos em processo			
Total dos Produtos em Processo	653.226		
Mão de obra – 24%	156.774		
Gastos gerais – 26%	169.839		
Matérias-primas – 50%	326.613		
Porcentagem das matérias-primas adquiridas de B em relação ao total das matérias-primas consumidas no processo produtivo	60%	=	195.968
Matéria-prima adquirida de B nos Produtos em Processo (60% de $ 326.613)			
2 Matérias-primas adquiridas da Controlada B e inclusas nos produtos acabados			
Total dos Produtos Acabados	828.300		
Mão de obra – 26%	215.358		
Gastos gerais – 27%	223.641		
Matérias-primas – 47%	389.301		
Porcentagem das matérias-primas da Controlada B em relação ao total de matérias-primas consumidas	60%	=	233.581
Matéria-prima da Controlada B nos Produtos Acabados (60% de $ 389.301)	210.587	=	126.352
3 Matérias-primas em estoque			
Parcela adquirida de B (60% de $ 210.587)			
Total de matérias-primas compradas de B e inclusas nos estoques da Controladora D			*555.901*
CÁLCULO DO LUCRO CONTIDO NOS ESTOQUES DE MATÉRIA-PRIMA EM D			
Vendas da Controlada B para a Controladora D	1.953.128		Valores extraídos do balancete da Controlada B que vendeu as mercadorias utilizadas pela Controladora
Menos: Custo das Vendas em B	(958.726)		
Lucro bruto na Controlada B nas transações com a Controladora D	*994.402*		
Margem de lucro em B (Lucro bruto ÷ Vendas)	50,91%		
Lucro contido nos estoques da Controlada D [50,91% × $ 555.901] = 283.028			

sua Coligada C, a qual está avaliada pelo MEP, na data da venda dessa participação, em $ 4.000.000, correspondendo a 30% do Patrimônio Líquido da Coligada C (não há saldo remanescente de mais-valia ou *goodwill*). Os demais 70% das ações da Coligada C pertencem a outros acionistas fora do grupo. Desconsiderando os impostos sobre o lucro e assumindo-se que a Controlada B venda sua participação na Coligada C para a Empresa A, e que tal venda seja realizada pelo valor justo dessa participação de 30%, que, na data da venda, é de $ 6.000.000, então, a Controlada B registra, preliminarmente, um ganho na alienação de $ 2.000.000.

Assim, a Controlada B (vendedora) reconhece o ganho na alienação do investimento. Por sua vez, a Controladora A (compradora), quando aplicar o MEP sobre o investimento nessa Controlada B, irá eliminar a totalidade do lucro não realizado ($ 2 milhões), de forma que o saldo do investimento na Controlada B não conterá esse lucro não realizado. Vale observar que a venda do investimento para a Controladora A não implicou a reclassificação do ativo, uma vez que a intenção de permanecer com o investimento não foi afetada. Portanto, o MEP sobre C continuará sendo aplicado, só que agora pela A.

De forma similar, se a Empresa B, em vez de controlada, fosse uma coligada (ou controlada em conjunto) de A, a vendedora reconheceria o ganho na alienação, a Empresa A, via MEP, e eliminaria apenas a parte que lhe cabe nesse lucro não realizado (considerando o percentual efetivo de participação).

h) LUCRO OU PREJUÍZO EM ATIVO IMOBILIZADO

Outro caso típico é o de lucro (ou prejuízo) em transações envolvendo Ativo Imobilizado, que ocorre quando uma empresa vende bens do Ativo Imobilizado para outra empresa do grupo. A existência de lucros no Ativo Imobilizado, oriundos de transações entre controladora e controlada ou entre controladas, a serem eliminados é bastante complexa e gera a necessidade de controles à parte.

A apuração do valor do resultado em si não é difícil. O problema é que tal lucro, ao ser incorporado no valor de custo do bem adquirido na empresa adquirente, passa a sofrer depreciação. Se nos estendermos no problema, verificaremos que tal depreciação será debitada como despesa operacional ou considerada como parte do custo da produção, integrando o valor dos estoques da empresa, os quais, quando vendidos, tornam-se despesa integrando o Custo do Produto Vendido.

Exemplo

Vejamos um exemplo cujo ativo sofra depreciação. Imagine que, no final de X4, uma Controlada C tenha vendido um equipamento industrial para sua Controladora A, a qual possui 80% do capital social dessa Controlada C (formado apenas por ações ordinárias).

O equipamento estava registrado ao custo líquido de $ 5.600.000 na Controlada C, que o vendeu então por $ 9.000.000 no último dia do ano de X4. O lucro na transação foi de $ 3.400.000 e a vida útil remanescente do ativo é de cinco anos, sendo o valor residual de $ 3.000.000. Portanto, se as estimativas de vida útil e valor residual se confirmarem, a realização dos lucros não realizados na data da transação será a uma taxa de 20% ao ano (considerando que as estimativas de vida útil e valor residual se confirmem e que o ativo não venha a sofrer perdas por redução ao valor recuperável).

A preocupação com a vida útil e o valor residual se dá porque o lucro não realizado que for expurgado deverá ser reconhecido na medida da realização do ativo que lhe deu origem. Assim, se tivermos um edifício, cuja vida útil pode até não ter sido alterada, mas que sofreu uma enorme valorização a ponto de o valor residual ficar maior que o saldo contábil líquido do ativo, a depreciação do edifício deve ser suspensa (pela ausência de um valor depreciável) e, em consequência, também deve ser suspensa a realização sistemática dos lucros não realizados nas demonstrações individuais ou consolidadas do investidor.

No exemplo, o lucro não realizado a ser deduzido da equivalência patrimonial de X4 (ano da venda) será de $ 2.244.000 (considerando os tributos de 34% sobre o resultado de $ 3.400.000), e esse valor deverá ser realizado na medida da realização do ativo transacionado, ou seja, 20% ao ano ($ 448.800 por ano).

O exemplo será desenvolvido assumindo-se que a única mutação de Patrimônio Líquido na Controlada C tenha sido o resultado do período de cada ano, como a seguir indicado:

	Resultado Líquido do Exercício
Em X4	2.000.000
Em X5	2.500.000
Em X6	3.000.000
Em X7	3.500.000
Em X8	4.000.000
Em X9	4.500.000
Total	19.500.000

Segue a aplicação do MEP sobre o investimento na Controlada C nas demonstrações individuais da Controladora A, lembrando que foi a Controlada que vendeu para a Controladora:

| | Aplicação do Método de Equivalência Patrimonial no Investimento na Controlada C | | | | | | |
| | Crédito em Receita/Despesa de Equivalência Patrimonial | | | | Débito e Crédito no Investimento em Controlada – Controlada C | | |
	Lucro Líquido de C	Lucros Líquidos Não Realizados	Lucro Líquido Ajustado	Crédito (Débito) Equivalência Patrimonial 80%	Débito – Valor Patrimonial do Investimento em C	Crédito – Lucros a Realizar	Total
Em X4	2.000.000	−2.244.000	−244.000	−195.200	1.600.000	−1.795.200	−195.200
Em X5	2.500.000	448.800	2.948.800	2.359.040	2.000.000	359.040	2.359.040
Em X6	3.000.000	448.800	3.448.800	2.759.040	2.400.000	359.040	2.759.040
Em X7	3.500.000	448.800	3.948.800	3.159.040	2.800.000	359.040	3.159.040
Em X8	4.000.000	448.800	4.448.800	3.559.040	3.200.000	359.040	3.559.040
Em X9	4.500.000	448.800	4.948.800	3.959.040	3.600.000	359.040	3.959.040
Total	19.500.000	0	19.500.000	15.600.000	15.600.000	0	15.600.000

Assim, no primeiro ano, X4, a controladora debita Investimentos e credita o resultado de equivalência patrimonial pelo valor negativo de $ 195.200; ou seja, na verdade, por ser prejuízo, debitará Despesa de Equivalência Patrimonial e creditará Investimento por esse valor. Se quiser, poderá desdobrar o lançamento em dois: no primeiro, debitará Investimentos e creditará Receita de Equivalência Patrimonial pelo lucro que teria caso a operação de venda do imóvel tivesse sido feita com terceiros, o que daria $ 1.600.000 de lucro. Em seguida, registra o resultado não realizado mediante débito em Receita de Equivalência Patrimonial pelo valor negativo de $ 1.795.200 (o que fará a conta virar Despesa) e credita Investimentos pelo mesmo valor;

com isso, fica mais fácil seu controle sobre os lucros não realizados.

Observe que o valor acumulado do resultado da equivalência patrimonial é o mesmo que para a parte da Controladora nos lucros do exercício gerados pela Controlada C (80% 3 $ 19.500.000 = $ 15.600.000). O que há é uma redistribuição desse lucro na controladora ao longo do tempo, à medida que o lucro na operação intersociedades efetivamente se realiza mediante a baixa do ativo negociado; no exemplo, a baixa é via depreciação. Observe também que, se não fosse a venda do equipamento em X4 para a Controladora A, a Controlada C teria tido um prejuízo, o que justifica a despesa de equivalência patrimonial em X4, reduzindo o investimento em $ 244.0000.

6.8 Mais-valia e *goodwill*

6.8.1 Introdução

Os investimentos na aquisição de participação societária, como já vimos, são registrados, inicialmente, pelo custo e, subsequentemente, ajustados pela parte do investidor nos resultados e demais mutações do Patrimônio Líquido da investida. Normalmente, o valor de aquisição será representativo do valor justo dessa participação comprada, o qual, na data da obtenção da influência, controle ou controle conjunto, conterá os seguintes valores: (a) valor patrimonial do investimento, pela parte do investidor no Patrimônio Líquido da investida; (b) valor por mais-valia de ativos líquidos, pela parte do investidor na diferença positiva entre o valor justo dos ativos líquidos e o valor patrimonial desses mesmos ativos líquidos; e (c) valor de ágio por rentabilidade futura (*goodwill*), pela diferença

positiva entre o valor de aquisição para o investidor na participação comprada e a parte que lhe cabe no valor justo dos ativos líquidos da investida. Caso tenhamos ambas as diferenças como negativas, teremos então um valor por menos-valia de ativos líquidos (ativos que valem menos do que o montante pelo qual estão escriturados) e um ganho de compra vantajosa (custo de aquisição por valor menor do que valem os ativos e passivos adquiridos – que deveria, como regra, ser exceção). Veja os detalhamentos desses conceitos no Capítulo 23 – Combinação de Negócios, Fusão, Incorporação e Cisão.

Recomenda-se, já na ocasião do reconhecimento inicial, segregar o valor do investimento (reconhecimento inicial) em subcontas específicas. Essas subcontas compõem o saldo contábil do investimento (coligadas, controladas em conjunto ou controladas), que deve figurar no subgrupo Investimentos do Ativo Não Circulante no Balanço Patrimonial individual do investidor.

6.8.2 Determinação da mais-valia e do *goodwill*

a) GERAL

Para determinar a mais-valia e o *goodwill* na data em que se obtém a influência ou o controle (conjunto ou total), a qual pode ser a própria data da compra da participação de capital na investida, é necessário estimar o valor justo dos ativos líquidos da investida e determinar o valor contábil de seu Patrimônio Líquido.

Caso antes da obtenção da influência significativa ou do controle (conjunto ou individual) a investidora já tenha uma participação na investida, a determinação da mais-valia de ativos líquidos (ou menos-valia) e do *goodwill* (ou ganho por compra vantajosa) será feita considerando a soma do valor de aquisição da participação comprada com o valor justo dessa participação que a investidora já tinha na investida. Vale lembrar que isso não vale para uma situação em que antes a investidora tinha influência e com a transação passou a ter controle conjunto e vice-versa, já que, nesse caso, os procedimentos serão diferentes.

Se a empresa já tinha um investimento em coligada ou controlada em conjunto e, posteriormente, passa a deter o controle, o procedimento é diferente. O investimento anterior é ajustado a seu valor justo, contra o resultado do período, e esse valor é somado ao valor justo da nova aquisição para definição do valor de aquisição. A partir desse novo valor de aquisição é que se definem a mais-valia e o *goodwill*. É como se fosse vendida a participação anterior pelo seu valor justo e realizada uma compra nova relativa à nova participação total. Justifica-se esse procedimento em função de que a obtenção do controle é relevante a ponto de mudar a base de avaliação dos ativos e passivos envolvidos (a participação preexistente na investidora e os ativos líquidos do negócio adquirido). Isso é amplamente discutido nas bases para conclusão da IFRS 3 – *Business Combinations* (BC.384 e BC.389). No caso da obtenção do controle, a situação em que a controladora detinha uma participação preexistente é denominada "Combinação em Estágios".

No caso de uma entidade que está obtendo influência ou controle conjunto, a participação preexistente que ela tinha antes da obtenção de influência ou controle conjunto certamente estava classificada como ativo financeiro, cuja regra geral de mensuração é o valor justo mesmo.

b) DATA-BASE

Na prática, o tipo de negociação envolvido é, em geral, um processo prolongado, principalmente quando se trata da obtenção de controle, levando, por vezes, meses de debates até a conclusão das negociações. A data-base para o reconhecimento inicial do investimento será a data em que a investidora obtiver a influência ou o controle, que normalmente coincide com o fechamento do negócio pela compra da participação ou da celebração de acordos de acionistas, no caso de investimentos em coligadas e controladas em conjunto. Especificamente no caso da obtenção de controle, recomenda-se observar as orientações complementares quanto à data da aquisição, contidas no Capítulo 23.

Suponhamos que a Empresa A tenha iniciado entendimentos em julho de X0 com os acionistas da Empresa B, para compra de 40% de suas ações, o que irá lhe conferir influência (mas não controle). As discussões preliminares foram feitas até fins de agosto de X0 com base no Balanço de junho de X0 da Empresa B; em uma fase final, no final de setembro de X0, formalizou-se a compra das ações (em 30-9-X0), cujo preço foi fixado em $ 60,00/ação e, nessa data, a investidora passou a exercer influência significativa sobre a investida, sua nova coligada, cujo Patrimônio Líquido é formado por $ 3.000.000 de ações ordinárias.

Em 30-9-X0, o reconhecimento inicial do investimento foi feito como indicado a seguir:

	Débito	Crédito
Investimentos na Coligada B	72.000.000	
a Bancos		72.000.000

Contudo, a segregação da mais-valia e do *goodwill* será possível somente após obter o valor justo dos ativos líquidos e o valor contábil do Patrimônio Líquido da investida na data da obtenção da influência significativa ou controle (ou controle conjunto), o que será tratado nos itens seguintes.

c) PATRIMÔNIO LÍQUIDO

Com relação à determinação do valor patrimonial do investimento da Empresa A na Empresa B, sua coligada, o valor do Patrimônio Líquido contábil da Empresa B deve ser apurado de acordo com as práticas contábeis brasileiras,[2] inclusive devendo estar computados o Imposto de Renda e as participações nos lucros até aquela data. Além disso, devem os critérios e políticas contábeis da investida estar uniformes com relação aos da investidora, como já mencionado anteriormente.

No exemplo apresentado, as negociações finais e a formalização da compra ocorreram em 30-9-X0, data em que se deve contabilizar a compra da participação, evento que levou à obtenção da influência. Nesse caso, apesar de

---

[2] "Práticas contábeis adotadas no Brasil" é uma terminologia que abrange a legislação societária brasileira, os Pronunciamentos, as Orientações e as Interpretações emitidos pelo CPC homologados pelos órgãos reguladores, e práticas adotadas pelas entidades em assuntos não regulados, desde que atendam ao Pronunciamento Conceitual Básico – Estrutura Conceitual para Elaboração e Divulgação de Relatório Contábil/Financeiro emitido pelo CPC e, por conseguinte, em consonância com as normas contábeis internacionais.

o Balanço utilizado nas negociações ser o de junho de X0, pela regra geral dada pelo CPC 18 (R2), deve-se levantar um Balanço na data da obtenção da influência, que é 30-9-X0. Essa mesma norma possibilita existir uma defasagem de até dois meses (CPC 18 (R2), item 34), mas, no caso em questão, a defasagem é de três meses, de forma que uma nova posição patrimonial deve ser levantada.

No caso de existir uma defasagem (de até dois meses), se houver qualquer transação de efeito significativo nesse período, deve ela ser considerada, como já descrito neste capítulo.

Assim, para o caso em questão, foi levantado um Balanço Patrimonial em 30-9-X0 e o Patrimônio Líquido contábil da Empresa B, nesse Balanço, era de $ 150.000.000. Agora, podemos determinar o valor da mais-valia e do *goodwill* contidos no custo inicial do investimento.

	Empresa B	Aquisição de 40%
Valor Justo dos Ativos Líquidos:	170.000.000	68.000.000
Valor patrimonial:	150.000.000	60.000.000
Mais-valia nos Ativos Líquidos:	20.000.000	8.000.000

Como demonstrado, desconsiderando os tributos sobre o lucro, o ágio por mais-valia de ativos líquidos contido no custo inicial do investimento ($ 72 milhões) seria de $ 8 milhões. Por sua vez, o ágio por rentabilidade futura (*goodwill*) seria de $ 4 milhões ($ 72 milhões – $ 68 milhões).

No caso em questão, considerando-se que a participação de 40% foi comprada, podemos dizer que tanto o ágio por mais-valia de ativos líquidos quanto o *goodwill* foram "pagos". Todavia, esse não seria o caso quando, por exemplo, um investidor já tivesse 15% de participação preexistente, a qual não lhe dava influência ou controle conjunto, e esse investidor entrasse em um acordo de acionista com outras partes, estabelecendo o controle compartilhado sobre a investida. Dessa forma, o ativo financeiro representativo de 15% seria baixado e o valor justo desse ativo, na data da obtenção do controle conjunto, seria reconhecido, inicialmente, como uma participação em controlada em conjunto. Certamente que nesse valor justo também teríamos uma mais-valia de ativos e um *goodwill*; entretanto, não poderíamos chamar nenhum deles de "pago", pois nada foi comprado e, portanto, nada foi pago.

O procedimento correto é considerar o valor justo dos ativos líquidos deduzido do passivo fiscal diferido correspondente aos tributos (IR/CS) sobre a mais-valia bruta, como veremos na sequência.

6.8.3 Natureza e origem da mais-valia e do *goodwill*

a) GERAL

Considerando o disposto no CPC 15 (R1) – Combinações de Negócios e no CPC 32 – Tributos sobre o Lucro, o valor justo dos ativos líquidos da investida deve representar o caixa teórico que se faria pela realização dos ativos e dos passivos em bases isoladas. Em outras palavras, pela venda dos ativos individualmente e pelo pagamento dos passivos, o que iria gerar ganhos de capital tributáveis. Então, esse caixa teórico deve estar líquido dos tributos sobre o lucro (IR/CS) incidentes nessa realização hipotética dos ativos e passivos em bases separadas.

Com base nos dados apresentados na Seção 6.8.2, na data da obtenção da influência significativa, a decomposição do custo inicial de $ 72 milhões do investimento na Coligada B, reconhecido nas demonstrações da Investidora A, a partir do ajuste no valor justo dos ativos líquidos pelo efeito dos tributos sobre o lucro, teríamos os seguintes valores de mais-valia e de *goodwill*:

	Empresa B	Aquisição de 40%
Valor Justo dos Ativos Líquidos (Bruto):	170.000.000	68.000.000
(–) IR/CS sobre a Mais-valia Bruta [$ 20.000.000 x 34%]	6.800.000	2.720.000
Valor Justo dos Ativos Líquidos (Final)	163.200.000	65.280.000
(–) Valor do Patrimônio Líquido da Investida:	(150.000.000)	(60.000.000)
(=) Mais-valia Líquida do IR/CS:	13.200.000	5.280.000

Parte do Investidor (40%) no Valor justo dos ativos líquidos da Empresa B (com IR/CS)	65.280.000
(–) Parte do Investidor (40%) no Patrimônio Líquido da Empresa B	(60.000.000)
(=) **Ágio por Mais-valia de Ativos Líquidos**	**5.280.000**

Valor de aquisição das ações adquiridas [1.200.000 ações × $ 60,00%]	72.000.000
(–) Parte do Investidor (40%) no valor justo dos ativos líquidos da Empresa B	(65.280.000)
(=) **Ágio por Rentabilidade Futura (*Goodwill*)**	**6.720.000**

Então, nas demonstrações contábeis da Investidora, teremos o seguinte lançamento contábil:

	Débito	Crédito
Investimento na Coligada B – Valor Patrimonial	60.000.000	
Mais-valia de Ativos Líquidos – Coligada B	5.280.000	
Ágio por Rentabilidade Futura (*Goodwill*) – Coligada B	6.720.000	
a BANCOS		72.000.000

Observe que, em comparação com os valores antes de ser computado o IR/CS sobre a mais-valia bruta (correspondente a um passivo fiscal diferido), a redução de $ 2.720.000 na mais-valia corresponde ao valor de aumento no *goodwill*. E é esse o procedimento exigido não importa se o investimento é em coligadas, controladas ou controladas em conjunto. Todavia, a importância de proceder corretamente torna-se mais contundente quando analisamos em conjunto os procedimentos de consolidação (Capítulo 21). Isso porque, nas demonstrações consolidadas, deve constar a conta relativa ao Passivo Fiscal Diferido correspondente ao IR/CS sobre a mais-valia bruta do negócio cujo controle foi obtido.

6.8.4 Realização da mais-valia de ativos líquidos

a) CONTABILIZAÇÃO

A realização da mais-valia de ativos líquidos ocorrerá de forma proporcional à realização dos ativos e passivos da investida que lhes deu origem quando do reconhecimento inicial do investimento. Assim, utilizando-se de subcontas específicas, aquela destinada à mais-valia de ativos líquidos será realizada em contrapartida à própria conta do Resultado da Equivalência Patrimonial. Veja o Plano de Contas no Apêndice deste *Manual*.

Justifica-se esse procedimento visto que a realização da mais-valia, em essência, representa um conjunto de ajustes no resultado líquido do período da coligada (ou controlada em conjunto), como veremos nos itens seguintes.

b) REGRA GERAL

Para melhor entendermos a fundamentação da realização da mais-valia de ativos líquidos, vamos assumir que o investidor tenha comprado 100% das ações da Empresa G. Assumindo-se que, no início do período, (a) foi pago $ 100.000 pelo negócio como um todo; (b) o valor justo dos ativos líquidos é de 79.800 após deduzir o passivo fiscal diferido (sendo o valor bruto de $ 90.000); e (c) o PL do negócio adquirido é $ 60.000, então, a mais-valia bruta é de $ 30.000 ($ 90.000 – $ 60.000), a mais-valia líquida do IR/CS diferidos é de $ 19.800 ($ 30.000 – $ 10.200) e o *goodwill* é $ 20.200 ($ 100.000 – $ 79.800).

Admitindo-se que toda a mais-valia fosse decorrente de um edifício, cuja vida útil remanescente na data da aquisição era 20 anos, então, a realização da mais-valia de $ 19.800 (valor bruto de $ 30.000 menos um passivo fiscal diferido sobre ela de $ 10.200) ocorrerá na medida da realização desse ativo, ou seja, 1/20 por ano (ou 5% ao ano). Essa realização de $ 990 por ano (se a estimativa de vida útil e valor residual não sofrerem alteração) representa, em essência, um ajuste na despesa de depreciação e nos tributos sobre o lucro da investida. Para esclarecer isso, vamos supor que o lucro líquido contábil da Investida seja de $ 10.000 no final do período corrente e que a despesa de depreciação do edifício nele contida seja de $ 2.000 (considerando a vida útil remanescente de 20 anos).

Então, se a Investida pudesse, na data da aquisição, reconhecer seu edifício pelo valor justo, seu lucro líquido para o período em questão teria sido $ 9.010 [$ 10.000 (–) o aumento de $ 1.500 na despesa de depreciação e (+) $ 510 de IR/CS diferido sobre essa diferença, que é temporária]. Note que esse é o mesmo valor que teremos ao computarmos $ 10.000 de receita de equivalência patrimonial, menos $ 990 de realização da mais-valia de ativos líquidos ($ 19.800/20).

É por isso que dizemos que a realização da mais-valia de ativos líquidos representa um ajuste no resultado da Investida considerando a realização dos ativos líquidos da Investida pelo custo de compra do Investidor. Dessa forma, a realização da mais-valia nas demonstrações individuais do Investidor deve sempre ser contabilizada em contrapartida à receita (ou despesa) de equivalência patrimonial.

Mas, se o procedimento fosse aplicado nas demonstrações consolidadas, a realização da mais-valia deveria ocorrer em contrapartida às contas representativas da realização dos ativos e passivos que lhes deu origem, computando-se os efeitos correspondentes nos tributos sobre o lucro. No exemplo anterior, temos que a realização de $ 1.500 da mais-valia bruta deve ser feita aumentando a despesa de depreciação e os IR/CS diferidos correspondentes de $ 510 devem ser realizados contra a despesa de tributos sobre o lucro. Por sua vez, na posição patrimonial, o saldo remanescente da mais-valia de $ 28.500 ($ 30.000 – $ 1.500) deve ser eliminado do investimento contra o Imobilizado da Controlada e o saldo remanescente do passivo fiscal diferido de $ 9.690 ($ 10.200 – $ 510) deve ser eliminado do investimento contra uma conta específica para esse passivo fiscal no Exigível a Longo Prazo do Balanço consolidado.

Logicamente, haverá necessidade de se manterem certos controles para permitir o acompanhamento do valor pelo qual os ativos e passivos geraram a mais- ou a menos-valia que estão sendo realizadas em cada exercício (depreciação, amortização, exaustão, baixa por perda ou alienação), para que, de maneira correspondente, se amortize a mais-valia. Nesse sentido, quando da obtenção de influência ou controle (conjunto ou individual), deve-se ter bem definida a composição da mais-valia total (bruta e seus IR/CS diferidos correspondentes) pela abertura da mais-valia de cada ativo e de cada passivo. Como se verifica, conforme as circunstâncias, esse controle pode ser complexo.

No caso de mais-valia proveniente da diferença de valor em ativos – como terrenos, obras de arte ou Intangíveis com vida útil indefinida –, a mais-valia somente será realizada quando o ativo que lhe deu causa for baixado (por alienação ou perda parcial ou integral) pela Investida, ou quando da alienação do investimento pelo Investidor, ou ainda, pelo reconhecimento de perdas por parte do Investidor, dependendo da situação.

Quando a mais-valia envolver ativos imobilizados, a realização da mais-valia será sistemática com base na vida útil remanescente do ativo. Sempre que a vida útil remanescente sofrer alteração na Investida, o prazo de realização da mais-valia correspondente deve ser ajustado ou suspenso para acompanhar o prazo de realização do ativo na Investida.

No caso de mais-valia se referir a investimentos em outras sociedades (coligadas ou controladas), da mesma forma, deverá ser baixado por alienação ou perda dos investimentos mantidos na Investida. Na hipótese de a Investida reconhecer perdas por redução ao valor recuperável sobre ativos que originaram mais-valia, isso enseja uma revisão na sistemática de realização da mais-valia correspondente.

c) TRATAMENTO FISCAL

A legislação originalmente determinou (Decreto-lei nº 1.598/1977) que a amortização da parcela resultante da diferença entre o custo de aquisição do investimento e seu valor de Patrimônio Líquido na época da aquisição tivesse efeitos fiscais. Essa diferença recebia o nome de ágio ou de deságio. Uma alteração posterior naquela legislação, todavia, fez com que tal amortização não tivesse mais reflexos para fins de Imposto de Renda, a não ser quando da baixa do investimento.

Nos dias atuais, essa diferença deve ser dividida em dois pedaços: mais ou menos-valia, que corresponde à diferença entre o valor justo dos ativos líquidos da investida, na proporção da porcentagem da participação adquirida, e o valor de Patrimônio Líquido na época da aquisição; e ágio por rentabilidade futura (*goodwill*), que corresponde à diferença entre o custo de aquisição do investimento e o somatório dos valores da mais ou menos-valia e o valor de Patrimônio Líquido na época da aquisição. O valor da mais ou menos-valia deve ser baseado em laudo elaborado por perito independente a ser protocolado na Secretaria da Receita Federal do Brasil ou cujo sumário deverá ser registrado em Cartório de Registro de Títulos e Documentos, até o último dia útil do 13º (décimo terceiro) mês subsequente ao da aquisição da participação, conforme previsto no art.

20 do Decreto-lei nº 1.598/1977, em seu § 3º, redação atualizada pela Lei nº 12.973/2014. A amortização da diferença de valor justo de ativos quanto do ágio por rentabilidade futura não é dedutível, mas, por outro lado, para fins fiscais, na determinação do ganho (ou perda) de capital quando da alienação do investimento, deve-se incluir como parte do custo do investimento o valor contabilmente já realizado, caso em que passa a ser controlado na parte B do Livro de Apuração do Lucro Real, como previsto pelo art. 33 do Decreto-lei nº 1.598/1977, cuja redação atual é proveniente de alteração promovida pela Lei nº 12.973/2014.

No entanto, quando há mais-valia em um processo de incorporação, fusão ou cisão, há tratamento fiscal diverso. Conforme previsão atual nos arts. 20 e 21 da Lei nº 12.973/2014, nos casos de incorporação, fusão ou cisão, o saldo remanescente da mais-valia poderá (e o da menos-valia deverá) integrar o custo do bem ou direito para efeito de apuração de ganho ou perda de capital e do cômputo da depreciação, amortização ou exaustão.

No caso do *goodwill*, segundo o art. 22 da Lei nº 12.973/2014, a pessoa jurídica que absorver o patrimônio da outra "poderá excluir para fins de apuração do lucro real dos períodos de apuração subsequentes o saldo do referido ágio existente na contabilidade na data da aquisição da participação societária, à razão de 1/60 (um sessenta avos), no máximo, para cada mês do período de apuração". A não ser que esse *goodwill* tenha sido originado de operações entre entidades denominadas fiscalmente de dependentes (veja o art. 25 da Lei nº 12.973/2014). Em se tratando de ganho por compra vantajosa (deságio, na linguagem fiscal), este terá, obrigatoriamente, que ser computado como ganho na determinação do lucro real dos períodos de apuração subsequentes à data do evento, à razão de 1/60 (um sessenta avos), no mínimo, para cada mês do período de apuração. Lembre-se de que essa amortização do *goodwill* não é permitida para fins contábeis (o *goodwill* não é amortizável, mas, sim, sujeito à redução pelo reconhecimento de perdas por redução do investimento ao seu valor recuperável, e o ganho por compra vantajosa é reconhecido imediatamente no resultado).

Por força da Lei nº 12.973/2014, os valores associados a mais- ou menos-valia, a valor relacionado com o *goodwill*, assim como suas variações, devem ser contabilizados em subcontas distintas para que sejam possíveis os aproveitamentos tributários devidos.

6.8.5 *Goodwill*

A partir da adoção de normas contábeis brasileiras convergentes com as normas internacionais, o ágio por expectativa de rentabilidade futura – *goodwill* – não pode mais ser amortizado, devendo simplesmente permanecer como subconta dos investimentos em coligadas ou controladas (inclusive, controladas em conjunto) até a baixa do investimento por perda do controle ou da influência, como quando da alienação total ou parcial do investimento, ou ainda, pelo reconhecimento de perdas por *impairment*.

Vale lembrar que, na perspectiva das demonstrações individuais do investidor, o que está sujeito ao teste de recuperabilidade é o investimento como um todo (no caso, das coligadas e controladas em conjunto) e não o valor específico do *goodwill* (apesar de que, havendo perdas, a subconta do *goodwill* é a que será primeiramente baixada).

Já no caso de *goodwill* por investimento em controlada, ele também não é mais amortizado, mas o teste de *impairment* é feito de maneira isolada, sobre ele especificamente. Para isso, consulte a Seção 7.2.3.2.2 – Mensuração do valor recuperável e da perda por desvalorização.

Lembrar que o *goodwill*, nos balanços individuais da controladora, também é apresentado dentro de Investimentos, e não no Ativo Intangível. A subdivisão na sua conta de Investimentos é tão somente para controle interno.

6.9 Mudanças de critério na avaliação de investimentos

Pode ocorrer de um investimento em instrumentos patrimoniais de outra sociedade estar avaliado ao valor justo (ou ao custo, quando não existir preço de mercado e seu valor justo não puder ser mensurado com confiabilidade) em função de o investidor não ter influência significativa (ou se enquadrar nos casos em que o investidor é um tipo de entidade de investimento). Como visto no Capítulo 5, sempre que uma empresa detiver ações de outra empresa, as quais não lhe conferem influência ou controle (integral ou conjunto), em essência, são instrumentos representativos de um ativo financeiro e, dependendo das circunstâncias, estarão classificadas como disponível para venda, mantida para negociação ou designada ao valor justo com efeito no resultado. Todavia, na medida em que o investidor obtenha a influência significativa ou controle (ou controle conjunto), tais instrumentos patrimoniais devem ser reclassificados para o subgrupo de Investimentos no grupo dos Ativos Não Circulantes, bem como passar a ser avaliados pelo método da equivalência patrimonial. Nesse caso, os procedimentos serão os mesmos vistos até agora.

Exemplo I

Vamos supor que uma Empresa A, que possuía 20% do capital social da Empresa X, que é uma empresa limitada, não tinha influência significativa sobre a investida em função de uma cláusula do contrato social que lhe impedia de participar do processo decisório até 30-12-X0. Portanto, o ativo relativo a essa participação estava contabilizado como um instrumento financeiro, e admitamos que classificado como disponível para venda, pelo valor justo.

Em 31-12-X0, o saldo contábil do ativo financeiro era $ 40.000 e, adicionalmente, prescreveu por decurso de prazo a cláusula do contrato social que impedia a Empresa A de participar dos processos decisórios da Empresa X. Portanto, antes do encerramento do exercício social, constata-se que a Empresa A passou a exercer influência significativa e, em consequência, deve-se reclassificar o ativo para o subgrupo de Investimentos no grupo dos Ativos Não Circulantes, bem como passar a adotar o método da equivalência patrimonial.

Considerando que a Empresa X encerrou seu exercício social em 31-12-X0, data em que se tornou coligada da Empresa A, o reconhecimento inicial do investimento em coligada deverá ser feito com base nessa data. Para tanto, foram obtidos o Balanço Patrimonial de 31-12-X0 da Empresa X e o valor justo em 31-12-X0 dos ativos líquidos da Empresa X.

Suponhamos que a Empresa X apresente, em seu Balanço de 31-12-X0, um Patrimônio Líquido de $ 160.000 e que o valor justo dos ativos líquidos seja de $ 190.000, sendo a diferença de $ 30.000, já líquida do IR/CS, originada por um imóvel, cuja vida útil remanescente é de 20 anos.

Então, o *goodwill* do investimento é de $ 2.000 ($ 40.000 – $ 190.000 × 20%) e a mais-valia de ativos líquidos, de $ 6.000 [20% × ($ 190.000 – $ 160.000)]. Assim, o lançamento do reconhecimento inicial de um investimento em coligada será:

	Débito	Crédito
Investimento na Coligada X – Valor Patrimonial	32.000	
Mais-valia de Ativos Líquidos – Coligada X	6.000	
Ágio por Rentabilidade Futura (*Goodwill*) – Coligada X	2.000	
a Ativo Financeiro – Disponível para Venda		40.000

Observe que a transferência da conta do ativo financeiro para a conta de investimentos em coligada foi feita pelo valor justo da data da obtenção de influência sobre a Empresa X, o qual corresponde ao saldo de $ 40.000 atualizado em 31-12-X0 do ativo financeiro representativo da participação preexistente.

Não houve nenhuma diferença porque (a) a regra de mensuração da participação preexistente, enquanto ativo financeiro, é o seu valor justo, o qual foi então utilizado para fazer o reconhecimento inicial do investimento em coligada; e (b) o valor justo de 20% é superior à parte do investidor no valor justo dos ativos líquidos na data em que a Empresa A passou a exercer influência significativa, de forma que os $ 40.000 de custo atribuído contêm *goodwill* (se fosse o contrário, teríamos de registrar um ganho por compra vantajosa). Portanto, em 31-12-X0, o saldo da conta de investimento em coligada é gerado pela simples transferência dos $ 40.000 da conta do ativo financeiro.

Exemplo II

Agora, vamos admitir uma situação em que os instrumentos patrimoniais estavam contabilizados como ativo financeiro, não pelo valor justo, mas sim pelo custo, assumindo-se que não tivesse sido possível estimar o valor justo do investimento de forma confiável. Quando ao final do dia 30-12-X0 ocorre a prescrição da cláusula do contrato social que impedia a Empresa A de participar da gestão da Empresa X, a primeira passa a ter, então, influência significativa sobre a segunda. Veja que a única diferença do exemplo anterior é que o ativo financeiro está contabilizado ao custo (digamos, $ 28.000) por inexistir preço de mercado e porque seu valor justo não pôde, até o momento, ser mensurado com confiabilidade.

Agora estamos diante de uma situação difícil, pois para o caso em questão, não há um valor justo disponível ou possível de ser estimado com confiabilidade, dado que, se existisse tal possibilidade, o ativo financeiro já estaria sendo avaliado a valor justo.

Admitindo a impossibilidade de uma mensuração a valor justo tanto da participação existente quanto da própria empresa, enquanto negócio em continuidade, não nos restaria alternativa senão considerar somente o valor justo dos ativos líquidos para poder fazer o reconhecimento inicial do investimento em coligada.

Vale observar que o valor justo dos ativos líquidos da Empresa X representa o caixa teórico que seria feito ao realizar individualmente os ativos e passivos em bases isoladas (vendendo os ativos e pagando os passivos), por exemplo, vendendo os estoques para um, o imobilizado para outro e assim por diante. Se analisarmos, esse valor representa o quanto vale a Empresa X em descontinuidade, ou seja, encerrando suas atividades o que implicaria a venda dos ativos e o pagamento dos passivos, distribuindo-se o montante que sobrar (inclusive, após o pagamento do IR/CS correspondente ao feito) aos sócios. Admitamos que o encerramento hipotético da Empresa X faria com que a Empresa A recebesse $ 38.000 (20% × $ 190.000). Todavia, o custo dessa participação foi de $ 28.000.

Então, considerando os valores de 31-12-X0 de $ 190.000 para os ativos líquidos a valor justo e de $ 160.000 para o Patrimônio Líquido, teríamos o mesmo valor patrimonial do investimento, ou seja, $ 32.000 ($ 160.000 × 20%) e também o mesmo valor de mais-valia de ativos líquidos, ou seja, $ 6.000 [20% × ($ 190.000 – $ 160.000)]. E o lançamento contábil seria então:

	Débito	Crédito
Investimento na Coligada X – Valor Patrimonial	32.000	
Ágio por Mais-Valia de Ativos Líquidos – Coligada X	6.000	
a Ativo Financeiro – Disponível para Venda		28.000
a Receita de Equivalência Patrimonial		10.000

Observe que a única diferença em relação ao exemplo anterior é o não reconhecimento do *goodwill* e o reconhecimento de um ganho de $ 10.000 pelo excesso de valor entre a parte da Empresa A no valor justo dos ativos líquidos da Empresa X ($ 38.000) e o saldo contábil que a participação preexistente tinha enquanto ativo financeiro mensurado ao custo ($ 28.000).

Esse ganho de $ 10.000 está sendo contabilizado como receita de equivalência patrimonial em função do disposto no item 32 do CPC 18 (R2), em especial a letra (b).

Exemplo III

Agora, vamos admitir uma situação mais realista na qual, apesar de os instrumentos patrimoniais estarem contabilizados pelo custo pela impossibilidade de se mensurar com confiabilidade seu valor justo, não havia nenhuma cláusula no contrato social impedindo a Empresa A de participar do processo decisório da investida, mas que o percentual de participação mínimo para ter representação nos colegiados internos detentores do poder decisório sobre as políticas financeiras e operacionais da investida seja de 25%. Portanto, da mesma forma que antes, a Empresa A, somente com seus 20%, não teria influência significativa.

Admitindo-se que, em 31-12-X0, a Empresa A adquire à vista, por $ 20.000, mais 10% do capital da Empresa X que estava em poder de outro sócio. Com essa transação, a Empresa A passa a ter 30% do capital social e, em consequência, obtém influência significativa sobre a Empresa X, que se torna sua coligada.

Nesse cenário, tendo como pano de fundo o objetivo das demonstrações financeiras de fornecer informação útil a investidores e credores, é razoável supor que, quando os preços correntes de um ativo não estiverem disponíveis, o preço da transação mais recente pode proporcionar uma estimativa do valor justo, contanto que não tenha havido uma alteração significativa nas circunstâncias econômicas desde a data da transação.

Dessa forma, pode-se dizer que o preço pago ($ 20.000) para adquirir uma participação adicional de 10% é a melhor evidência que se tem disponível para estimar o valor justo do instrumento financeiro. Então, o saldo atualizado desse ativo seria $ 40.000 [($ 20.000/10%) × 20%)], ou seja, uma atualização de $ 12.000 ($ 40.000 – 28.000).

Então, temos todos os elementos para fazer o reconhecimento inicial de um investimento em coligada:

Parte do Investidor (30%) no Valor justo dos ativos líquidos da Empresa X (com IR/CS)	57.000
(–) Parte do Investidor (30%) no Patrimônio Líquido da Empresa X	(48.000)
(=) Ágio por Mais-valia de Ativos Líquidos	**9.000**

	Débito	Crédito
Valor pago pela participação adquirida (10%)	20.000	
Valor justo da participação preexistente (20%)	40.000	
(–) Parte do Investidor (30%) no valor justo dos ativos líquidos da Empresa B	(57.000)	
(=) Ágio por Rentabilidade Futura (*Goodwill*)	3.000	

Assim, o lançamento contábil seria:

	Débito	Crédito
1. Pela Atualização do Saldo do Ativo Financeiro:		
Ativo Financeiro – Disponível para Venda	12.000	
a Ajustes de Avaliação Patrimonial		12.000
2. Pelo Reconhecimento Inicial do Investimento em Coligada:		
Investimento na Coligada X – Valor Patrimonial	48.000	
Mais-Valia de Ativos Líquidos – Coligada X	9.000	
Ágio por Rentabilidade Futura (*Goodwill*) – Coligada X	3.000	
a Ativo Financeiro – Disponível para Venda		40.000
a Bancos		20.000

Ressaltamos, aqui, que o Fisco emitiu o Parecer Normativo CST nº 17/80, tratando desse assunto, qual seja, mudança do método de custo para o da equivalência patrimonial. O referido parecer tem a seguinte interpretação:

a) Se o valor da equivalência patrimonial apurado for menor que o saldo contábil do investimento (ao custo), tal diferença deve ser registrada como "ágio", dentro das três categorias previstas na legislação fiscal, de acordo com sua fundamentação econômica. Consequentemente, sua amortização não é dedutível para fins do Imposto de Renda.

b) Se, todavia, o valor da equivalência for maior que o saldo contábil, o referido parecer determina que essa diferença seja considerada "deságio". Em contrário, se tratá-la como resultado do período ou mesmo como ajuste de exercícios anteriores, o Fisco considera tal diferença como tributável. Entretanto, essa interpretação não nos parece a melhor, pois, como já discutido no início do presente capítulo, fica claro que, normalmente, a diferença entre um e outro método decorre exatamente dos lucros ou prejuízos apurados e não distribuídos pela coligada ou controlada, lucros esses já tributados naquelas empresas, não fazendo sentido uma nova tributação agora na investidora. Além disso, todos os ajustes às contas de investimentos pelo método da equivalência, que são levados aos resultados da investidora, não são tributáveis (com exceção dos investimentos sediados no exterior), se credores, nem dedutíveis, se devedores.

6.10 Reconhecimento de perdas

Como pela equivalência patrimonial uma entidade reconhece a parte que lhe cabe nos resultados e em demais mutações do Patrimônio Líquido de sua investida, então, se a coligada ou controlada tiver prejuízo, o saldo contábil do investimento será reduzido pelo reconhecimento da parte da investidora nesse prejuízo.

Nesse sentido, é preciso determinar o investimento total líquido da investidora em relação à sua investida. E, de acordo com o item 38 do CPC 18 (R2), esse investimento total corresponde ao saldo contábil da conta do Investimento nessa coligada (ou controlada), determinado via equivalência patrimonial, juntamente com algum outro ativo financeiro de longo prazo que, em essência, compõe o investimento total líquido nessa investida.

A referida norma orienta que esses ativos financeiros são, por exemplo, itens para os quais uma liquidação não está planejada ou nem é provável que venha a ocorrer em um futuro próximo, de modo que constitui, em essência, uma extensão do investimento da entidade nessa coligada ou controlada. Como exemplos desses tipos de ativos, temos as Ações Preferenciais sem direito a voto mantidas pelo investidor, bem como Recebíveis e Empréstimos de Longo Prazo sem garantias (os recebíveis ou exigíveis de natureza comercial ou algum empréstimo de longo prazo para o qual existam adequadas garantias não devem ser considerados uma extensão do investimento total líquido investidor na investida).

Portanto, se a parte da investidora nas perdas de sua investida – via equivalência patrimonial – vier a se igualar ou exceder o valor do seu investimento total líquido nessa investida, a investidora deve suspender o reconhecimento de sua parte em futuras perdas (prejuízos). Isso implica dizer que, se a parte da investidora nos prejuízos da investida zerar a conta de Investimento avaliada via equivalência patrimonial, a investidora continua a reconhecer sua parte nesses prejuízos por meio de contas redutoras dos ativos financeiros que representam uma extensão de sua participação na investida, como é o caso de Ações Preferenciais ou Empréstimos de Longo Prazo sem garantias. Assim, somente quando o investimento total líquido estiver zerado é que se deve suspender o reconhecimento contábil da parte da investidora nos prejuízos gerados pela investida, nos casos de coligada ou controlada em conjunto.

Apesar de a investidora suspender o reconhecimento da parte que lhe cabe nos prejuízos da investida quando estiver zerado o saldo contábil líquido das contas que integram seu investimento total líquido, caso a investida continue a gerar mais prejuízos, vale lembrar que o CPC 45 – Divulgação de Participações em Outras Entidades exige, em seu item 22 (c), que a investidora divulgue em nota explicativa a parte não reconhecida nos prejuízos que excederem ao investimento total líquido. A entidade deve informar tanto a parte não reconhecida no prejuízo do período, quanto o saldo acumulado dessas perdas.

A norma ainda orienta que as perdas por equivalência patrimonial que excederem ao investimento no capital votante da investida serão reconhecidas nos demais componentes do investimento total líquido em ordem inversa da prioridade de liquidação dos mesmos, ou seja, as perdas devem ser aplicadas, primeiramente, nos itens de menor exigibilidade e, por último, nos itens de maior exigibilidade. Então, se a coligada subsequentemente apurar lucros, o investidor retoma o reconhecimento de sua parte nesses lucros somente após o ponto em que a parte que lhe cabe nesses lucros gerados posteriormente se igualar à sua parte que lhe cabe nas perdas não reconhecidas porque o investimento total líquido estava reduzido a zero.

Após serem reduzidas a zero as contas que integram o investimento total líquido da investidora na coligada ou controlada em conjunto, poderá ser necessário o reconhecimento de perdas adicionais às já reconhecidas por equivalência patrimonial, isto é, podem originar um passivo, na medida em que o investidor tenha incorrido em obrigações legais ou construtivas de fazer pagamentos em nome da investida.

Obrigações construtivas (por usos e costumes ou por questões éticas) podem envolver, por exemplo, a decisão de a investidora assumir responsabilidade além desse limite para salvaguardar a imagem favorável do grupo em relação a acionistas ou quotistas minoritários, ou aos fornecedores, ou à clientela etc. Um exemplo disso pode ser a cobertura de garantias, avais, fianças, hipotecas ou penhor concedidos, em favor de coligadas e controladas, referentes a obrigações vencidas (ou vincendas) quando caracterizada a incapacidade de pagamentos pela controlada ou coligada.

Outra forma de reconhecer perdas relacionadas com investimento em coligadas e controladas em conjunto é por meio do reconhecimento de perdas por *impairment* no *goodwill*. Como sabemos, o *goodwill*, nesses casos, não é reconhecido em separado (ele integra o saldo do investimento) e, portanto, ele também não é testado separadamente. Assim, todo o saldo contábil do investimento é testado em relação ao seu valor recuperável, em conformidade com as exigências do CPC 01 – Redução ao Valor Recuperável de Ativos.

Conforme determina a IAS 28, o investimento líquido em uma coligada ou empreendimento em conjunto apresenta problemas de recuperação e as perdas por redução ao valor recuperável são incorridas se, e apenas se, houver evidência objetiva da redução ao seu valor recuperável como resultado de um ou mais eventos que tenham ocorrido após o reconhecimento inicial do investimento líquido (um "evento de perda"), e esse evento (ou eventos) de perda tiver(em) um impacto sobre os fluxos de caixa futuros estimados do investimento líquido que possa ser estimado de forma confiável.

Não obstante, é importante notar que nem sempre será possível identificar um evento único e distinto que tenha causado a redução ao valor recuperável. Em vez disso, o efeito combinado de diversos eventos pode ter ocasionado a redução ao valor recuperável. A evidência objetiva de que o investimento líquido apresenta problemas de recuperação inclui dados observáveis que são levados à atenção da entidade sobre os seguintes eventos de perda:

a) Dificuldade financeira significativa da coligada ou empreendimento em conjunto.

b) Quebra de contrato, por exemplo, inadimplência ou atraso nos pagamentos pela coligada ou empreendimento em conjunto.

c) A entidade, por motivos econômicos ou legais relacionados com dificuldade financeira de sua coligada ou empreendimento em conjunto, dá à coligada ou empreendimento em conjunto uma concessão que a entidade, de outro modo, não consideraria.

d) Torna-se provável que a coligada ou empreendimento em conjunto entrará em falência ou passará por outra reorganização financeira.

e) Desaparecimento de um mercado ativo para o investimento líquido, em função de dificuldades financeiras da coligada ou empreendimento em conjunto.

As perdas esperadas como resultado de eventos futuros, independentemente de sua probabilidade, não são reconhecidas.

Apesar disso, o item 9 do CPC 01 (R1) exige que, independentemente de existir ou não qualquer indicação de redução ao valor recuperável, seja feito anualmente o teste do valor recuperável para o ágio por rentabilidade futura (*goodwill*) em uma controlada.

O valor recuperável de um investimento em uma coligada é determinado para cada uma, a menos que a ela não gere entradas de caixa de forma independente de outros ativos da entidade. Na ausência de valor justo do investimento, o valor recuperável será determinado pelo valor em uso do investimento. E o valor de uso do investimento, para fins de *impairment*, pode ser determinado pela investidora estimando-se:

a) Sua parte no valor presente dos fluxos de caixa futuros que se espera serem gerados pela investida, incluindo os fluxos de caixa das operações e o valor residual pela alienação do investimento.

b) O valor presente dos fluxos de caixa futuros esperados pelo investidor em função do recebimento de dividendos provenientes do investimento e o valor residual esperado com a alienação do investimento.

Se forem reconhecidas perdas por redução ao valor recuperável, a reversão dessas perdas, como previsto no CPC 01, ocorrerá na medida do aumento subsequente no valor recuperável do investimento, mas nenhuma perda reconhecida no *goodwill* que integra o investimento poderá ser revertida.

É importante lembrar que as perdas contabilizadas em função do disposto aqui não são dedutíveis para fins fiscais.

Agora, as perdas sofridas pelas controladas que tornem seu Patrimônio Líquido negativo têm que ser, obrigatoriamente, reconhecidas também como perdas via equivalência patrimonial na investidora, a fim de que se mantenha a igualdade entre os lucros e patrimônios líquidos das demonstrações individuais e consolidadas (item 39A do CPC 18 (R2)).

6.11 Investimentos em controladas e coligadas no exterior

6.11.1 Introdução

O método de equivalência patrimonial deve ser adotado também para investimentos em coligadas ou controladas no exterior, assim como a consolidação de demonstrações contábeis, quando elaborada, deve abranger também as controladas no exterior. Entretanto, inúmeros problemas também existem em relação a tais investimentos no exterior, os quais devem ser cuidadosamente analisados.

Os mesmos procedimentos para aplicar o método da equivalência patrimonial vistos nas seções anteriores deste capítulo são aplicáveis aos investimentos em coligadas (ou controladas) no exterior. Destaca-se, todavia, no CPC 02 (R2) – Efeitos das Mudanças nas Taxas de Câmbio e Conversão de Demonstrações Contábeis, a aplicabilidade de avaliação pela equivalência patrimonial também para as filiais, agências, sucursais ou dependências no exterior em certas circunstâncias. Essa abrangência é de especial interesse às instituições financeiras.

O Capítulo 9 – Mensuração ao Valor Justo e Mudanças nas Taxas de Câmbio expõe o assunto em detalhes, mas, ainda assim, é relevante destacar alguns aspectos específicos para aplicação do método de equivalência patrimonial sobre investimentos em entidades no exterior.

6.11.2 Aspectos contábeis para investimentos no exterior

Os critérios de registro contábil das transações com investimentos no exterior seguem os mesmos procedimentos de investimentos no país, destacando-se algumas particularidades, como as que abordamos a seguir:

a) INTEGRALIZAÇÃO DE CAPITAL

Devem ser registrados pelo custo. Se o investimento foi em moeda estrangeira, o custo a ser registrado em moeda nacional é o valor efetivamente incorrido, ou seja, a taxa de câmbio corrente na data da remessa que corresponda, efetivamente, a ações ou quotas subscritas e integralizadas (instrumentos de capital com direito a voto).

b) APLICAÇÃO DA EQUIVALÊNCIA PATRIMONIAL

Também, nesse caso, a técnica de equivalência patrimonial para se determinar o valor patrimonial do investimento é idêntica pela aplicação da porcentagem de participação sobre quaisquer mutações no Patrimônio Líquido da coligada (ou controlada) já convertido para moeda nacional, conforme o CPC 02. O Patrimônio Líquido deve estar ajustado (a) aos critérios contábeis adotados pela investidora em nosso país, como analisado em tópicos específicos; e (b) pelos resultados não realizados por transações entre as partes, na forma já descrita neste capítulo.

Quando da aplicação da equivalência patrimonial (na determinação do valor patrimonial do investimento), deve-se ainda observar o disposto no item 43 do CPC 02 (R2), quando de entidade no exterior cuja moeda funcional não seja de economia hiperinflacionária:

> "Quando a moeda funcional da entidade for moeda de economia hiperinflacionária, a entidade deve reelaborar suas demonstrações contábeis nos moldes do Pronunciamento Técnico CPC 42 – Contabilidade e Evidenciação em Economia Altamente Inflacionária (ou pelo método da correção integral enquanto não emitido esse Pronunciamento) antes de aplicar o método de conversão definido no item 42, exceto para os montantes comparativos que são convertidos para moeda de economia não hiperinflacionária (ver item 42(b)). Quando a economia deixar de ser considerada hiperinflacionária e a entidade não mais proceder à reelaboração de suas demonstrações contábeis nos moldes do Pronunciamento Técnico CPC 42, ela deve considerar como custos históricos, para fins de conversão para a moeda de apresentação, os montantes em moeda de capacidade aquisitiva constante na data em que a entidade deixa de reapresentar suas demonstrações contábeis."

c) UNIFORMIDADE DE CRITÉRIOS CONTÁBEIS

Essa necessidade existe para qualquer investimento avaliado pela equivalência patrimonial. É necessário que as demonstrações contábeis dessas investidas, que servirão de base para a aplicação da equivalência patrimonial, estejam apuradas segundo as práticas contábeis brasileiras, ou seja, uniformes em relação aos adotados pela empresa investidora em nosso país.

Chama-se a atenção ao seguinte: a maioria dos países adota as normas do IASB, iguais às do Brasil, mas somente nas demonstrações consolidadas, enquanto as individuais continuam seguindo práticas contábeis nacionais locais. Então, a divergência de critérios aumenta quando da utilização de demonstrações individuais como base. Mas, mesmo quando se utiliza demonstrações consolidadas, divergências podem existir em função das opções dadas que podem estar sendo usadas diferentemente entre investidora e investida, como no caso das propriedades para investimento, julgamentos quanto às securitizações de ativos, contabilização da atividade intermediária etc.

Esse procedimento de harmonização precede o processo de conversão dos valores em moeda estrangeira para nossa moeda.

Logicamente, devemos restringir tais ajustes às diferenças que geram reflexos significativos. Cabe ainda lembrar que sobre tais ajustes extracontábeis devemos considerar os efeitos aplicáveis no Imposto de Renda a que estiver sujeita a empresa controlada ou coligada no outro país.

d) CONVERSÃO DAS DEMONSTRAÇÕES CONTÁBEIS PARA MOEDA NACIONAL

Para a conversão das demonstrações contábeis de coligada (ou controlada) no exterior para a moeda de apresentação das demonstrações contábeis no Brasil, para fins de registro da equivalência patrimonial (e também para a consolidação), a investidora deve observar o disposto no CPC 02 (R2) – Efeitos das Mudanças nas Taxas de Câmbio e Conversão de Demonstrações Contábeis, o qual é tratado em detalhes no Capítulo 9 – Mensuração ao Valor Justo e Mudanças nas Taxas de Câmbio, Seção 9.8 – Noções preliminares sobre mudanças nas taxas de câmbio em investimentos no exterior e conversão de demonstrações contábeis.

A forma como será feita a conversão depende, basicamente, de a moeda funcional ser ou não de uma economia hiperinflacionária.

6.12 Perda da influência ou do controle conjunto

De acordo com os dispositivos normativos aplicáveis, a perda de influência significativa sobre uma coligada ou a perda do controle conjunto sobre uma controlada em conjunto (CPC 18 (R2)) e a perda do controle sobre uma controlada (CPC 36 (R3)) são eventos economicamente similares e, portanto, devem ser contabilizados também de forma similar.

Atualmente, o IASB se posiciona conforme o texto a seguir reproduzido, extraído do documento *Basis for Conclusions IAS 28 – Investments in Associates and Joint Ventures* (versão revisada em 2011):

"BC28. Durante as deliberações do ED 9, o Comitê reconsiderou se foi adequada a sua decisão, na segunda fase do projeto de combinações de negócio, de caracterizar a perda do controle conjunto e a perda da influência significativa como um evento econômico importante (ou seja, do mesmo modo que a perda do controle é caracterizada como um evento econômico importante). [...] Entretanto, o Comitê concluiu que, embora importante, os eventos são fundamentalmente diferentes. No caso da perda de controle, a extinção da relação controladora-controlada resulta no desreconhecimento de ativos e passivos porque a composição do grupo é alterada. E, se perdido o controle conjunto ou a influência significativa, a composição do grupo não é afetada.

[...]

BC30. No caso de ocorrer a perda do controle conjunto e ainda restar a influência significativa sobre a investida, o Comitê reconheceu que a relação investidor-investida muda e, consequentemente, a natureza do investimento. Entretanto, nesse caso, ambos os investimentos (controlada em conjunto e coligada) continuam a ser mensurados pelo uso do método de equivalência patrimonial. Considerando que não ocorreu nem uma mudança nas fronteiras do grupo e nem uma mudança nas exigências de mensuração, o Comitê concluiu que a perda do controle conjunto, mantendo-se a influência significativa, não é um evento que requeira a mensuração da participação remanescente ao valor justo.

BC31. Em consequência, o Comitê removeu todas as descrições que caracterizavam a perda do controle conjunto ou da influência significativa como eventos econômicos importantes, como introduzido na segunda fase do projeto de combinação de negócios do Comitê."

Como vemos, em alguns aspectos, foram grandes as mudanças introduzidas pelo IASB nas normas internacionais e nos tratamentos até então praticados.

Dessa forma, o CPC 18 (R2), que prescreve o tratamento contábil (equivalência patrimonial como regra geral) tanto para coligadas quanto para controladas em conjunto, prevê que o método de equivalência patrimonial deve ser descontinuado apenas quando o investimento deixar de ser uma coligada ou uma controlada em conjunto (CPC 18 (R2), item 22).

Isso implica dizer que, se a influência significativa foi perdida, por exemplo, pelo fato de a entidade que reporta ter entrado em um acordo de acionistas, pelo qual o controle conjunto foi obtido, então, nada muda no tratamento contábil (equivalência patrimonial) do investimento. O inverso também é verdadeiro. Em resumo, se um investimento em coligada tornar-se um investimento em controlada em conjunto e vice-versa, a entidade continua a aplicar o MEP e não deve mensurar a participação remanescente a valor justo.

Em consequência, a base de avaliação dos instrumentos de capital de outra sociedade que, porventura, remanescer em poder da entidade quando a influência ou o controle conjunto for perdido deverá ser mensurada a valor justo a partir da data em que se perdeu a influência ou o controle conjunto. Isso porque, se a entidade detentora de instrumentos de capital de outra sociedade não tiver mais a influência nem o controle conjunto, restarão somente duas opções:

a) Se o investimento se tornar uma controlada, a entidade contabilizará essa participação remanescente de acordo com o IFRS 3, que exige a sua mensuração a valor justo na data em que o controle foi obtido.

b) Se a participação remanescente na investida caracterizar-se como um ativo financeiro, a entidade deve efetuar a mensuração dessa participação ao valor justo e esse valor justo será utilizado no reconhecimento inicial de um ativo financeiro de acordo com o CPC 48.

E, na medida em que uma entidade descontinuar o uso do método de equivalência patrimonial, ela deve:

a) Reconhecer no resultado do período o ganho (ou perda) da alienação de parte da participação na investida (se houver) e o ganho (ou perda) pela avaliação da participação remanescente ao valor justo na data da perda da influência ou controle conjunto.

b) Realizar os *outros resultados abrangentes* reconhecidos de forma reflexa diretamente em seu Patrimônio Líquido, nas mesmas bases que seriam requeridas se a investida tivesse alienado os ativos e passivos que originaram esses valores.

O CPC 18 (R2) permite que se reconheça no resultado, em um único montante, o efeito da perda da influência (letra (a)), na medida em que dispõe para se reconhecer no resultado do período a diferença entre (i) o valor recebido pela alienação – se houver – somado ao valor justo da participação remanescente e (ii) o saldo contábil da participação na data em que foi perdida a influência ou o controle.

A exigência para realização dos resultados abrangentes existentes no Patrimônio Líquido da investidora ocorrerá somente nos casos em que a participação remanescente não mais conferir nem influência nem controle conjunto, ou seja, somente quando a participação se tornar um investimento em controlada ou um ativo financeiro.

Por exemplo, determinada coligada tinha ativos financeiros disponíveis para a venda e uma reserva de reavaliação e seu investidor perdeu a influência significativa sobre essa coligada (mas não passou a ter o controle conjunto). Então, os outros resultados abrangentes reflexos que o investidor contabilizou diretamente em seu Patrimônio Líquido devem ser reclassificados para o resultado do período como um ajuste de reclassificação (caso do ajuste de avaliação patrimonial reflexo) ou para lucros acumulados (caso da reserva de reavaliação reflexa), nas mesmas bases que seriam exigidas se a ex-coligada tivesse realizado os ativos e/ou passivos geradores desses valores. Isso significa que tal realização deverá ser feita não obstante a ex-coligada não ter baixado seus ativos financeiros e seus ativos reavaliados e, ainda, mesmo que o investidor mantenha uma participação remanescente nessa entidade, mas não lhe confere nem influência significativa nem controle conjunto.

A norma não é explícita, mas entendemos que existem outros componentes reconhecidos diretamente pelo investidor em seu Patrimônio Líquido em decorrência de seu investimento na coligada ou controlada em conjunto, como é o caso dos valores registrados na conta de Mudanças na Participação Relativa em Coligadas (ou Controladas em Conjunto). Esses valores também serão reclassificados para o resultado do período em que o investidor perder a influência significativa ou o controle compartilhado.

Aplicam-se os procedimentos aqui descritos independentemente de a perda da influência (ou o controle conjunto) ocorrer sem que o investidor tenha alienado uma parte de sua participação, como é o caso de influência significativa caracterizada por outras evidências que não a relação de propriedade (transações materiais, acordos de acionistas etc.) ou pela quebra de acordo de controle conjunto firmado com outras partes.

A perda do controle demanda o mesmo tratamento contábil para a participação remanescente na investida, ou seja, alguma participação remanescente na ex-controlada, se houver, será avaliada pelo respectivo valor justo da data em que o controle foi perdido. Contudo, existem algumas particularidades diante do fato de que haverá alguma mudança na estrutura do grupo. Assim, o tratamento contábil subsequente para essa participação remanescente dependerá da nova relação entre o investidor e sua investida, pois o controle (integral) pode ter sido perdido em função de diferentes fatores:

a) O investidor vendeu uma grande parte de sua participação e o que restou não lhe confere nem ao menos influência significativa (mesmo analisando-se outras evidências de influência que não a relação de propriedade). Nesse caso, o investidor deverá utilizar o valor justo de sua participação remanescente na ex-controlada para fazer o reconhecimento inicial de um ativo financeiro e aplicar o CPC 48.

b) O investidor vendeu uma parte de sua participação e o que restou lhe confere influência significativa (ou o controle conjunto). Nesse caso, o investidor deverá utilizar o valor justo de sua participação remanescente na ex-controlada para fazer o reconhecimento inicial de um investimento em coligada (ou em controlada em conjunto) e aplicar o disposto no CPC 18 (R2).

c) O investidor perdeu o controle em decorrência de acordos entre outros acionistas, ou porque houve um aumento de capital e sua participação foi significativamente diluída (o que também pode acontecer em virtude de os demais sócios possuírem direitos potenciais de voto em quantidade suficiente para provocar a diluição da participação do investidor a ponto de ele perder o controle). Caso a participação remanescente venha a lhe conferir ao menos influência significativa, então, o procedimento é o mesmo indicado no item anterior.

d) O investidor firmou um acordo de controle compartilhado (independentemente de ter ou não vendido uma grande parte de sua participação na ex-controlada). Nesse caso, o procedimento é o mesmo indicado no item (b).

e) O investidor perdeu o controle porque sua ex-controlada tornou-se sujeita ao controle de um governo, tribunal, administrador ou um órgão regulador (como no caso de liquidação de uma instituição financeira pelo Banco Central). Nesse caso, o procedimento é o mesmo indicado no item (a).

Observe que, independentemente do tratamento contábil subsequente, ao perder o controle, qualquer participação remanescente deverá ser avaliada a valor justo. Os demais procedimentos contábeis que comentamos para a perda de influência ou controle conjunto são válidos também para a perda do controle, como a realização dos resultados abrangentes reflexos reconhecidos no Patrimônio Líquido do controlador e o reconhecimento dos ganhos e perdas de alienação (e da mensuração a valor justo da participação remanescente). Entretanto, existem procedimentos adicionais a serem observados quando da perda de controle, os quais são objeto do CPC 36 (R3) e tratados no Capítulo 21 – Consolidação das Demonstrações Contábeis e Demonstrações Separadas.

Em resumo, e resguardadas as condições específicas já comentadas, o resultado do investidor será afetado pela perda de influência ou controle (integral ou conjunto), por até quatro fatores:

1. O ganho (ou perda) na alienação da participação (integral ou parcial), se houver.

2. A perda pela diluição da participação, se a transação que levou à perda do controle envolver aumento de capital (o investidor não exerceu seu direito na compra de ações adicionais).

3. O ganho (ou perda) pelo ajuste da participação remanescente pelo valor justo.

4. A reclassificação para o resultado do período (ou lucros acumulados, quando couber) dos resultados abrangentes anteriormente reconhecidos diretamente no Patrimônio Líquido do investidor em decorrência de seu investimento (incluindo os reconhecidos de forma reflexa), bem como os ganhos e perdas decorrentes de variação na participação relativa.

6.13 Investida com Patrimônio Líquido negativo

Outra situação especial refere-se à aquisição de ações ou quotas de empresa que está com Patrimônio Líquido contábil negativo na data da compra. Suponhamos que a Empresa A adquiriu 100% das ações da Empresa B por $ 10.000 em 31-12-X0 e o Patrimônio Líquido da Empresa B estava composto como indicado na sequência. Adicionalmente, suponhamos que os valores contábeis dos ativos e passivos também representem seus valores justos:[3]

	$
Capital	100.000
Prejuízos Acumulados	(200.000)
Patrimônio Líquido (negativo)	(100.000)

Se efetuarmos o registro do investimento pela equivalência até o nível zero, aparentemente apenas os $ 10.000 pagos serão registrados como ágio. Todavia, a forma correta, e que consta no Ofício-circular CVM nº 01/2006, nesse caso, é a de se registrar o valor da equivalência patrimonial pelo valor negativo (credor) de $ 100.000, ou seja, 100% dos $ 100.000 de patrimônio negativo e o ágio por expectativa de rentabilidade futura de $ 110.000, que seria, então:

---

[3] Cumpre lembrar que o item 3.9 do CPC 00 (R2) – Estrutura Conceitual para Relatório Financeiro, dispõe que: "As demonstrações contábeis são normalmente elaboradas com base na suposição de que a entidade que reporta está em continuidade operacional e continuará em operação no futuro previsível. Assim, presume-se que a entidade não tem a intenção nem a necessidade de entrar em liquidação ou deixar de negociar. Se existe essa intenção ou necessidade, as demonstrações contábeis podem ter que ser elaboradas em base diferente. Em caso afirmativo, as demonstrações contábeis descrevem a base utilizada".

	$
Investimentos na Empresa B	
Equivalência Patrimonial	(100.000)
Ágio (*goodwill*)	110.000
Total	10.000

Dessa maneira, o ativo total não é negativo, pois representa os $ 10.000 de custo do investimento. Esse tipo de registro é adequado, se o valor pago de compra das ações ou quotas justificar-se, apesar do patrimônio negativo, ou seja, será um ágio bem fundamentado. A forma proposta de registro propiciará um reconhecimento futuro mais correto, seja dos lucros que vierem a ser obtidos pela nova controlada, seja da amortização do ágio em função de sua natureza, fato que não ocorreria se registrássemos a equivalência patrimonial por zero, pois se confundiriam, na investidora, os resultados das futuras operações da Empresa B com a amortização do ágio, sendo que ambos têm critérios bem diferentes de registro contábil.

A maior prova de que esse é o método correto de contabilização pode ser vista a partir dos Balanços consolidados. Afinal, se se registrar exclusivamente o ágio de $ 10.000, o Balanço consolidado de A e B sofrerá uma redução com relação ao Patrimônio Líquido de A. Veja-se o seguinte:

a) O Investimento de A em B permanece no Balanço consolidado como ágio.

b) Não há outro investimento de A em B para eliminar contra o Patrimônio Líquido de B.

c) A eliminação do capital de B é feita contra lucros acumulados de B, e ainda permanecem $ 100.000 de prejuízos acumulados em B.

d) Esses prejuízos acumulados reduzem o Patrimônio Líquido do consolidado (Quadro 6.3):

Quadro 6.3

	Cia. A	Cia. B	Elimina-ções	Conso-lidado
Inv. B – Ágio	10.000			10.000
Outros Ativos	120.000	120.000		240.000
	130.000	120.000		250.000
				–
Passivo	40.000	220.000		260.000
Capital	60.000	100.000	(100.000)	60.000
Lucros Acum.	30.000	(200.000)	100.000	(70.000)
	130.000	120.000		250.000

Ou seja, o Patrimônio Líquido consolidado de A é diferente do Patrimônio Líquido individual de A. É

lógico isso? Claro que não. O Patrimônio Líquido de A era $ 90.000 e, por haver pagado $ 10.000 pela compra de B, passa a ter um Patrimônio Líquido negativo de $ 10.000? A perda de $ 100.000 de Patrimônio Líquido porque compra B com esse valor de patrimônio negativo faz sentido? Se A compra B é porque acredita na capacidade futura de B produzir lucros e se recuperar, ou seja, A paga um ágio nessa aquisição, mas não se pode dizer que perca patrimônio por isso (se você tem dúvida sobre consolidação, consulte o Capítulo 21).

Veja-se agora, no Quadro 6.4, como fica a consolidação se a contabilização for a correta:

Quadro 6.4

	Cia. A	Cia. B	Elimi-nações	Conso-lidado
Inv. B – Ágio	110.000			110.000
Inv. B – Equiv. Patrimonial	(100.000)		100.000	–
Outros Ativos	120.000	120.000		240.000
Total do Ativo	130.000	120.000		350.000
Passivo	40.000	220.000		260.000
Capital	60.000	100.000	(100.000)	60.000
Lucros Acumulados	30.000	(200.000)	200.000	30.000
Total do passivo + PL	130.000	120.000		350.000

Ou seja, o Patrimônio Líquido consolidado de A agora é igual ao Patrimônio Líquido individual de A, não tendo havido redução. Houve um investimento de A em B com um ágio tal que é necessário que B produza lucros superiores a $ 110.000 para que A realmente tenha um bom negócio nessa aquisição.

Lembrar que, se o investidor está investindo $ 10.000 por uma empresa em que os Passivos a valor justo suplantam os Ativos a valor justo, isso significa que o investidor está assumindo que irá abdicar dos primeiros $ 100.000 de lucro da entidade, que serão para recomposição patrimonial. E se assumir responsabilidade pelo pagamento das dívidas excedentes aos ativos, e o lucro produzido não gerar caixa para esse pagamento, terá que arcar com esse desembolso.

6.14 Tratamento para as pequenas e médias empresas

Os conceitos abordados neste capítulo relativos aos *investimentos em coligadas e em controladas* também são aplicáveis às entidades de pequeno e médio portes. O Pronunciamento Técnico PME – Contabilidade para Pequenas e Médias Empresas permite a tais tipos de entidade avaliar os investimentos em coligadas pelo método do valor justo ou, na ausência deste, pelo custo, desde que permitido pela legislação. Como a legislação brasileira obriga ao uso da equivalência patrimonial nos investimentos em coligadas, controladas e controladas em conjunto, então não resta outra alternativa senão avaliá-los pela equivalência patrimonial. Para mais detalhamento, consulte o referido pronunciamento técnico.

7

Ativo Imobilizado e
Propriedade para Investimento

7.1 Introdução

O **Imobilizado** compreende bens corpóreos destinados à manutenção das atividades de uma empresa. Serão abordados conceitos, critérios de mensuração, exemplos de contas contábeis, evidenciação e formas de reconhecer a perda de valor ao longo do tempo, denominadas depreciação, exaustão e amortização. A depreciação, a exaustão e a amortização representam a parcela do caixa investido no Imobilizado que não é recuperada por sua venda (seu objetivo é manter as atividades da entidade e não ser vendido). Portanto, precisam ser baixadas.

Também são abordados conceitos relacionados com propriedades para investimento, que são imóveis destinados a obtenção de rendimentos provenientes de aluguel, valorização ou ambos. A diferença é que podem ser mensurados pelo custo ou pelo valor justo. São apresentados os conceitos relacionados com critérios de mensuração e evidenciação.

7.2 Imobilizado

7.2.1 Conceituação

A Lei nº 6.404/1976, em seu art. 179, inciso IV, prevê que devem ser classificados no Ativo Imobilizado:

"Os direitos que tenham por objeto bens corpóreos destinados à manutenção das atividades da companhia ou da empresa ou exercidos com essa finalidade."

O CPC 27 – Ativo Imobilizado define o Imobilizado como um Ativo Tangível que: (i) é mantido para uso na produção ou fornecimento de mercadorias ou serviços, para aluguel a outros, ou para fins administrativos; e que (ii) se espera utilizar por mais de um ano. Assim, subentende-se que nesse grupo de contas são incluídos todos os Ativos Tangíveis ou corpóreos de permanência duradoura, destinados ao funcionamento normal da sociedade e de seu empreendimento.

Os Ativos incorpóreos antes reconhecidos no Imobilizado devem agora figurar no Ativo Intangível. Veja o Capítulo 8 – Ativos Intangíveis e Ativos Biológicos. Outra característica importante do conceito de Ativo agora explicitado na definição de Ativo Imobilizado da Lei nº 6.404/1976 é que ele não precisa necessariamente pertencer à entidade do ponto de vista jurídico para ser reconhecido. Uma entidade que exerça controle sobre determinado Ativo Imobilizado, que usufrua dos benefícios e assuma os riscos proporcionados por ele em suas operações deverá reconhecê-lo em seu balanço, mesmo não detendo sua propriedade jurídica. Numa situação como a descrita, a propriedade jurídica passa a ser apenas um detalhe, pois não é condição necessária que um Ativo pertença à entidade que o controla para que esta possa gozar dos benefícios econômicos decorrentes de seu emprego em suas atividades ordinárias. A entidade reconhecerá como Ativo em seu balanço um item de Ativo Imobilizado se: (i) for provável que futuros benefícios econômicos associados ao item fluirão para a entidade; e (ii) o custo do item puder ser mensurado confiavelmente.

O período dado na definição de Ativo de um ano deve ser considerado em função do exercício social (um ano) utilizado para a elaboração das demonstrações contábeis. Assim, ferramentas de uso inferior a esse prazo são consideradas despesa na própria aquisição. Todavia, nada impede que a empresa utilize o conceito de período em vez de ano, se essa apropriação ao resultado afetar significativamente o período que ela utiliza para reportar; por exemplo, as companhias abertas divulgam informações trimestralmente e, se gastarem muito com compra de ferramentas de duração média de nove meses, poderão ter deformações em certos resultados trimestrais (o que é não muito comum, pois tais gastos não tendem a ser tão relevantes para itens de curta duração). Assim, a empresa pode imobilizá-las e depreciá-las pelos nove meses de uso. De qualquer forma, neste capítulo será sempre falado em ano, mas entenda-se a possibilidade dessa exceção.

Os itens classificados na categoria de Ativo Imobilizado incluem: terrenos, obras civis, máquinas, móveis, veículos, benfeitorias em propriedades alugadas etc.

E a Lei, na verdade, complementando o colocado anteriormente, estabelece:

"Os direitos que tenham por objeto bens corpóreos destinados à manutenção das atividades da companhia ou da empresa ou exercidos com essa finalidade[...] **inclusive os decorrentes de operações que transfiram à companhia os benefícios, riscos e controle desses bens.**"

Aqui, é importante lembrar que essa letra da Lei dizia respeito ao arrendamento mercantil financeiro, hoje não mais tratado na contabilidade da arrendatária, onde era contabilizado como compra financiada. Mas esse procedimento mudou com o CPC 06 – Arrendamentos, vigente desde 2019. Assim, no seu lugar temos hoje classificados no Ativo Imobilizado os direitos de uso de ativos corpóreos contratados em operações de aluguel, parceria, arrendamento e contratos semelhantes, atendidas certas condições previstas no CPC 06 (R2) – Arrendamentos. Assunto a ser mais bem detalhado à frente.

Deve-se observar que as inversões realizadas em bens corpóreos de caráter permanente, mas não destinadas ao uso nas operações, que poderão vir a ser utilizadas em futuras expansões, como pode ocorrer com terrenos e outros bens imóveis, deverão ser classificadas, enquanto não definida sua destinação, no grupo de Investimentos e não no grupo de Ativo Imobilizado. Para alguns casos específicos, veja-se o que determina o CPC 28 – Propriedade para Investimento, na segunda parte deste capítulo. Sua transferência para o Imobilizado se dará se e quando definida sua utilização e iniciada a fase de expansão. Da mesma forma, as obras de arte adquiridas, que se espera valorizem com o transcorrer do tempo, deverão estar classificadas no grupo de Investimentos. Mais informações podem ser obtidas neste mesmo capítulo, na Seção 7.3 – Propriedades para Investimento, ou no Capítulo 5, no caso de Outros Investimentos Permanentes.

Podem existir situações em que um Ativo Imobilizado e uma Propriedade para Investimento tenham alguma semelhança, principalmente pelo fato de os Pronunciamentos que tratam desses assuntos citarem em suas respectivas definições as expressões **para aluguel a outros** (CPC 27) e **para auferir aluguel** (CPC 28). A principal diferença entre esses dois ativos consiste no emprego destinado a cada um deles. Por exemplo, na situação em que determinado imóvel é alugado a empregados, não sendo a atividade de aluguel a operação ordinária da entidade, tem-se que esse imóvel é um Ativo Imobilizado, pois está sendo empregado na manutenção das atividades dessa entidade. Se for o aluguel uma operação para geração de renda para a empresa, e ela possui imóveis investidos para isso, deverá classificá-los como Propriedade para Investimento, no subgrupo Investimentos.

Outro aspecto a considerar é que o Ativo Imobilizado contabilizado deve estar limitado (os gastos capitalizados) à capacidade de esse ativo gerar benefícios econômicos futuros para a entidade. Ou seja, esse ativo não pode estar reconhecido no balanço por um valor superior a seu valor recuperável. Toda vez que alguma circunstância específica qualquer colocar em dúvida a capacidade de recuperação do valor contábil de um ativo, procedimentos contábeis próprios deverão ser adotados com vistas ao reconhecimento de uma perda por valor não recuperável, com base no que prescreve o CPC 01 (R1) – Redução ao Valor Recuperável de Ativos. Esse assunto será discutido mais à frente neste capítulo.

7.2.2 Classificação e conteúdo das contas

7.2.2.1 Considerações gerais

O Imobilizado deve ter contas para cada classe principal de Ativo para o registro de seu custo. As depreciações acumuladas devem estar em contas à parte, mas classificadas como redução do ativo. As perdas estimadas por redução ao valor recuperável também devem ser registradas em contas à parte, reduzindo o Ativo Imobilizado da mesma forma que as depreciações acumuladas.

Em função dessas necessidades e características essenciais é que cada empresa deve elaborar seu plano de contas do Imobilizado. Apesar de não haver menção específica na Lei das Sociedades por Ações, o Plano de Contas constante deste *Manual* segrega o Imobilizado em dois grandes grupos, quais sejam: **BENS EM OPERAÇÃO**, que são todos os recursos reconhecidos no Imobilizado já em utilização na geração da atividade objeto da sociedade; e **IMOBILIZADO EM ANDAMENTO**, em que se classificam todas as aplicações de recursos de imobilizações, mas que ainda não estão operando.

Essa segregação é importante na análise das operações da empresa, particularmente na apuração de índices e comparações entre as Receitas ou o Lucro e o Ativo Operacional, o que é mais bem apurado utilizando-se o Imobilizado em operação que está gerando as receitas.

7.2.2.2 Outros fatores da segregação contábil

Antes de analisarmos o conteúdo sumário das contas relacionadas, cabe ainda comentar alguns pontos relativamente à segregação por contas do Imobilizado. Os pontos a seguir, relacionados a essa segregação, poderão ser bastante úteis na preparação de informações por segmento, exigidas pelo CPC 22 que trata do assunto.

a) CONTROLE POR ÁREA GEOGRÁFICA OU LOCAL

Quando a empresa tiver diversas fábricas, e mesmo que tenha sua contabilidade centralizada, deverá ter agrupamentos de contas por local, o que facilita a segregação da depreciação para fins de custeio por fábrica e as informações por segmento geográfico. Veja o Capítulo 25 – Informações por Segmento e Transações com Partes Relacionadas. O mesmo se aplica às filiais de vendas etc.

b) SEGREGAÇÃO POR SEGMENTO ECONÔMICO

Veja o Capítulo 25, em que se destaca que, muitas vezes, a empresa é obrigada a evidenciar informações sobre investimentos por segmento econômico onde atua.

c) SEGREGAÇÃO POR FUNÇÃO OU DEPARTAMENTO

Mesmo que a empresa tenha toda a produção em um só local, poderá ser feita na própria contabilidade a segregação em subcontas por departamento ou seção para fins de controle e alocação da depreciação. A conta de Edifícios ou Obras Civis, por exemplo, poderá ter divisões como Administração, Armazenagem, Fornos, Moagem etc., ou seja, por departamento, produtivo ou não.

d) NECESSIDADES INTERNAS E DE TERCEIROS

Na definição de seu plano de contas, deverá a empresa considerar, além do detalhamento necessário para fins de publicação de balanço, também suas necessidades internas para fins gerenciais e, ainda, eventuais detalhes para atender a entidades ou agências de financiamento, como BNDES, BID, ADA, Adene (estas últimas são as antigas Sudam e Sudene, respectivamente), ou a outras entidades às quais esteja subordinada, entidades essas que normalmente exigem o controle contábil segregado do projeto ou bens financiados e por subcontas detalhadas; este é o caso de muitas concessionárias de serviço público, como energia, saneamento etc.

e) EXIGÊNCIAS FISCAIS

Há, finalmente, que considerar a legislação do Imposto de Renda, a qual determina que a escrituração deve ser mantida de forma que os bens do Imobilizado sejam agrupados em contas distintas segundo sua **natureza** (Terrenos, Edifícios, Máquinas, Veículos, Móveis etc.), **taxas anuais de depreciação** a eles aplicáveis (Decreto-Lei nº 1.598/1977, art. 41, inciso II) e controle dos possíveis saldos de reavaliação (veja-se o conceito de unidade de propriedade à frente).

Como passa a ser comum que os Imobilizados estejam sujeitos a taxas diferentes de depreciação, uma para fins de contabilidade propriamente dita, e outra para fins fiscais, controles segregados precisam também ser implementados para esse fim. E, em muitos casos, o próprio valor de custo pode ser diferenciado para esses fins informacionais e fiscais, como é o caso de bens comprados a preço fixo mas a prazo, quando é obrigatória a aplicação do conceito de ajuste a valor presente. Para fins contábeis, o Imobilizado é o líquido desse ajuste, mas para fins fiscais é o valor nominal contratado.

Como se verifica, há inúmeros aspectos que cada empresa deve considerar na definição de seu plano de contas e controle do Imobilizado. As empresas que possuem controle de Imobilizado integrado à contabilidade sob a forma de diário auxiliar podem manter na contabilidade geral uma conta sintética, ficando as segregações no subsistema. Os sistemas eletrônicos de hoje permitem, com facilidade, múltiplas classificações para os mesmos ativos, múltiplos critérios de avaliação e de depreciação etc.

f) O CONCEITO DE UNIDADE DE PROPRIEDADE

Para uma adequada política de imobilizações e para que se tenha condição de melhorar o tratamento das depreciações, das reposições e da análise de recuperabilidade dos valores, a empresa deve efetuar uma definição do que seja unidade de propriedade. A unidade de propriedade não se confunde com unidade geradora de caixa e não há conotação jurídica nesse contexto. O CPC 27 – Ativo Imobilizado não define formalmente o que é uma unidade de propriedade. Torna-se necessário, nessa situação, aplicar julgamento acerca dos critérios para a definição de uma unidade de propriedade, considerando as particularidades das operações de cada entidade.

O maior objetivo da unidade de propriedade é juntar ativos com semelhança tal em suas funções e depreciações, de forma que se possa, na contabilidade, utilizar uma conta ou subconta que abranja mais de um desses ativos individualmente falando. Dependendo do ramo de atividade e características da empresa, o Imobilizado poderá até ser registrado em seu todo, ou por unidade das partes que o compõem, desde que essas partes estejam disponíveis para compra ou arrendamento isoladamente e tenham uma função específica no conjunto que irão compor ou se tiverem vidas úteis significativamente diferentes. Muitas vezes, o conceito não leva a uma contabilização formal em separado, mas a uso de controles extracontábeis.

Por exemplo, para uma indústria que tenha uma frota de dez automóveis, próprios ou arrendados, para atender sua diretoria, normalmente renovada a cada um ou dois anos, cada automóvel pode ser uma unidade de propriedade. Assim, a troca de pneus será tomada como despesa, isso por ser considerada parte dos custos da manutenção periódica. A eventual troca de um motor pode ser reconhecida como despesa de manutenção, até por ser imaterial no contexto patrimonial da entidade. Mas a depreciação será calculada sobre o custo de cada unidade, ou seja, de cada automóvel. Todavia, para outra empresa que tenha uma frota de dez caminhões *off-road*, como os usados numa mineradora, talvez a unidade de propriedade não seja o veículo, pois provavelmente terá de substituir partes de alguns veículos periodicamente, em função do desgaste decorrente do uso intensivo diário, e cada parte pode ser extraordinariamente grande para a empresa. Assim, é possível que seja muito mais adequado tratar cada motor como unidade autônoma, cada chassi e, exagerando, cada pneu, cada bateria etc. Pense no caso de uma empresa de aviação civil; o custo de cada turbina, fuselagem e alguns outros itens é enorme, têm vidas úteis diferentes entre si e não necessariamente são trocados em cada ano. Uma empresa de energia elétrica, em que toda a barragem é uma grande unidade, mas a vida útil de um gerador é totalmente diferente da das obras civis. Veja-se que é preciso haver equilíbrio entre o custo e o benefício desse controle das unidades de propriedade.

Nesse caso, a depreciação seria efetuada sobre cada unidade individualmente. Um motor que seja trocado a cada dois anos, por exemplo, seria depreciado à base de 50% a.a. (supondo valor residual zero), e, quando da troca, o anterior seria baixado e o novo ativado. O pneu talvez já seja, desde o primeiro, tratado como despesa se se esperar que seja utilizado por até um ano, e o chassi poderá ser o único a considerar a vida mais longa.

O controle dessas unidades de propriedade poderá ser feito em contas contábeis ou em controles extracontábeis desde que clara a vinculação entre eles. Reenfatizamos a necessidade de conciliar os aspectos gerenciais com o custo desse controle e os aspectos fiscais.

7.2.2.3 Conteúdo das contas

Devem ser mantidos controles individualizados por bens. Além de serem segregados os bens próprios dos arrendados, para permitir maior controle e evidenciação. Deve-se notar que o elenco de contas sugerido está mais voltado para empresas industriais e comerciais que não abrangem ramos específicos, como:

a) **Atividade pecuária**: são classificadas no Imobilizado contas para o rebanho reprodutor – gado e outros (valor e depreciação acumulada), bem como para os animais de trabalho. O gado de corte destinado à venda deve ser registrado como Ativo Biológico no Ativo Circulante (Estoque) ou no Ativo Não Circulante, conforme o caso. Tratamento contábil específico sobre questões acerca da atividade pecuária é abordado no Capítulo 8.

b) **Atividade agrícola propriamente dita**: necessário incluir no Imobilizado contas para as Culturas Permanentes, como as de café, laranjais, cana-de-açúcar e outras que produzem frutos por diversos anos (valor e depreciação acumulada).

Atentar para os casos de Ativos Biológicos (animais e vegetais), não classificados no Imobilizado, mensurados a valor justo e não ao custo. Ver detalhes no Capítulo 8.

a) BENS EM OPERAÇÃO

1. Terrenos

Essa conta registra os terrenos que estão sob o controle da empresa e realmente utilizados nas operações, ou seja, onde se localizam a fábrica, os depósitos, os escritórios, as filiais, as lojas etc. O terreno onde está sendo construída uma nova unidade ainda não em operação deve estar no grupo de Imobilizado em Andamento. Os terrenos sem uma destinação definida devem estar classificados em Investimentos. Podem alguns estar sendo mantidos para valorização ou aluguel, e assim devem obedecer às determinações do CPC 28 – Propriedade para Investimento, assunto tratado mais adiante.

2. Obras Preliminares e Complementares

Essa conta abrange todos os melhoramentos e obras integradas aos terrenos, incluindo materiais, mão de obra e outros gastos necessários à construção. Assim, engloba limpeza do terreno, serviços topográficos, sondagens de reconhecimento, terraplenagem, drenagens, estradas e arruamento, pátios de estacionamento e manobra, urbanização, cercas, muros e portões etc., além das instalações provisórias, como galpões, instalações elétricas, hidráulicas e sanitárias, no decorrer das obras.

Esses custos talvez não atendam aos critérios de reconhecimento de um ativo se forem analisados individualmente, mas podem ser necessários, como conjunto, para que a entidade obtenha benefícios econômicos futuros de seus outros ativos. Durante a fase de construção, tais custos estarão no Imobilizado em Andamento e, para fins de controle e acompanhamento do projeto, se for de porte, poderá haver subcontas por natureza. Os custos relacionados com o processo de construção serão reconhecidos no valor contábil do Imobilizado até o momento em que este atinja as condições operacionais pretendidas pela administração.

Essa conta diferencia-se da de terrenos, apesar de haver gastos integrados a eles, visto que tais custos devem ser depreciados.

3. Obras Civis

Essa conta engloba os edifícios em operação, abrangendo prédio ocupado pela administração, edifícios da fábrica ou setor de produção, armazenagem, expedição etc., e os edifícios de filiais, depósitos, agências de vendas etc., que estão sob o controle da empresa, em que esta assuma os riscos e benefícios decorrentes do uso do ativo em suas operações.

Unidades de propriedade precisam ser estabelecidas quando partes tiverem vida útil diferente, como no caso de instalações hidráulicas, elétricas etc.

4. Instalações

No caso de valores bastante significativos, cria-se essa conta de Instalações, que abrange as instalações elétricas, hidráulicas, sanitárias, de vapor, de ar comprimido, frigoríficas, contra incêndio, de comunicações, de climatização, para combustíveis, gases, de antipoluição, para cozinha etc. que tenham vida útil diferenciada das obras civis. Logicamente, sua aplicabilidade deve ser em função do tipo de empresa, de seu processo produtivo e das instalações que possui. Essa conta, dependendo do porte, complexidade e tipo de instalações que engloba, deve estar segregada em subcontas para fins de controle e de depreciação, dentro dos exemplos já citados.

A conta Instalações deve referir-se sempre a tais equipamentos e materiais, com a característica de serviços indiretos e auxiliares ao processo produtivo principal. De fato, dependendo do processo produtivo da empresa, algumas dessas instalações não serão auxiliares, mas a fonte principal geradora de seu produto ou serviço e, nesse caso, sua classificação deve ser na conta Máquinas, Aparelhos e Equipamentos. Por exemplo, num frigorífico, os equipamentos e instalações frigoríficas não devem estar na conta Instalações, já que não representam serviço auxiliar, mas principal.

5. Máquinas, Aparelhos e Equipamentos

Tal conta envolve todo o conjunto dessa natureza utilizado no processo de produção da empresa. Na conta Instalações estão os equipamentos e os bens de serviços auxiliares à produção, e na produção estão os utilizados como base para a realização da atividade da empresa; todavia, inúmeras empresas classificam as instalações na própria conta Máquinas, Aparelhos e Equipamentos, mantendo controles paralelos para a segregação da depreciação.

6. Equipamentos de Processamento Eletrônico de Dados

Nessa conta, são contabilizados os equipamentos de processamento de dados (*hardware*) adquiridos pela empresa. Incluem-se nesse grupo tanto as unidades centrais de processamento como as unidades periféricas, além dos "terminais inteligentes", servidores, microcomputadores etc. Quando um *software* é parte integrante de um equipamento, e sem ele o equipamento não funciona, o conjunto deve ser tratado como parte desse Imobilizado. Isso não significa que todos os *softwares* que venham a integrar um equipamento sejam obrigatoriamente incluídos no conjunto, dentro do Imobilizado. Deve-se verificar se o *software* pode ser identificado e movimentado separadamente do equipamento, e, sendo esse o caso, o *software* será registrado no intangível.

7. Móveis e Utensílios

Essa conta abriga todas as mesas, cadeiras, arquivos, máquinas de somar e calcular e outros itens dessa natureza que se espera utilizar por mais de um ano.

8. Veículos

São classificados nessa conta todos os veículos sob o controle da empresa, sejam os de uso da administração, os do pessoal de vendas ou de transporte de carga em geral. Os veículos de uso direto na produção, como empilhadeiras e similares, devem ser registrados na conta Equipamentos.

9. Ferramentas

Nessa conta, registram-se as ferramentas que se pretende utilizar por mais de um ano. Comentários sobre isso já foram feitos anteriormente.

10. Estoques de Peças e Conjuntos de Reposição

São registradas nessa conta as peças (ou conjuntos já montados) destinadas à substituição em máquinas e equipamentos, aeronaves, embarcações etc. Tais substituições podem ocorrer em manutenções periódicas de caráter preventivo e de segurança, ou em casos de quebra ou avaria. Basicamente, devem integrar o Imobilizado as peças que serão contabilizadas como adição ao Imobilizado em operação, e não como despesas e nem ficar no estoque no Ativo Circulante. Ao mesmo tempo, as peças substituídas devem ser baixadas desse estoque quando da troca.

Nos termos do CPC 27, quando da substituição, o valor contábil da parte substituída deve ser baixado. Quando não é praticável para a entidade determinar o valor contábil da parte reposta, o custo de reposição pode ser usado como indicação do custo da reposição dessa parte, na data que foi adquirida ou construída. Na Seção 7.2.3.2, esse assunto será discutido com mais detalhes.

Pode ocorrer de peças ou conjuntos substituídos, após um recondicionamento e uma revisão geral, retornarem ao estoque de peças de reposição no Ativo Imobilizado, pois permanecem com utilidade normal, como se novas fossem. Nessa circunstância, o custo do recondicionamento passa a ser o custo dessas peças, adicionado de eventual saldo ainda não depreciado quando da retirada.

E os estoques mantidos pela empresa representados por material de consumo destinado à manutenção, como óleo, graxas etc., bem como ferramentas e peças de pouca duração, que serão transformados em despesa do período ou custo de outro produto, podem, por serem de valor pequeno e poderem ser vendidos, ser classificados no Ativo Circulante. Se de valores bastante significativos, devem ser classificados no Imobilizado os destinados à utilização no Imobilizado. À medida que são utilizados ou consumidos, tais itens são apropriados como despesas ou custos do produto fabricado, conforme a circunstância.

11. Imobilizado Biológico

Classificam-se aqui todos os animais e/ou plantas vivos mantidos para uso na produção ou fornecimento de mercadorias ou serviço que se espera utilizar por mais de um exercício social, conforme disposições dos Pronunciamentos Técnicos CPC 27 – Ativo Imobilizado e CPC 29 – Ativo Biológico e Produto Agrícola. Isso inclui tanto animais (gado reprodutor, gado para produção de leite etc.) quanto vegetais (plantação de café, cana-de-açúcar, laranjais etc.), classificados como "plantas portadoras". Ver Capítulo 8. São avaliados ao custo e sujeitos a depreciação.

12. Direitos sobre Recursos Naturais – Outros

Engloba as contas relativas aos custos incorridos na obtenção de direitos de exploração de jazidas de minério, de pedras preciosas e similares. Devem ser ativados os gastos incorridos que não sejam os de pesquisa (estes devem sempre ser tratados como despesas quando incorridos). São ativáveis os gastos com o registro do direito de exploração, os relativos à exploração propriamente dita (exploração significa a verificação do tamanho da jazida, da qualidade do minério etc.) e à avaliação (análise técnica e financeira para verificação da viabilidade econômica da extração); posteriormente, são ativados os gastos com o projeto de desenvolvimento e da implantação da estrutura de extração.

Muitas empresas seguem, por outro lado, os conceitos relativos ao Ativo Intangível. Somente iniciam o processo de ativação quando verificadas as possibilidades técnica e econômica de extração, e desde que o desenvolvimento tenha condições relativamente garantidas de efetiva implementação. Veja-se o Capítulo 8, sobre Ativos Intangíveis. Hoje, as regras internacionais aceitam as duas alternativas discutidas para fins de imobilização.

Em se tratando de concessão de direito de exploração por parte do Poder Público, a entidade pode ser obrigada, conforme a circunstância, a aplicar também a ICPC 01 – Contratos de Concessão. Veja o Capítulo 26 – Concessões.

13. Benfeitorias em Propriedades de Terceiros

Classificam-se nessa conta as construções em terrenos alugados e as instalações e outras benfeitorias em prédios e edifícios alugados, de uso administrativo ou de produção, desde que atendam aos critérios de reconhecimento de um Ativo Imobilizado. Sua depreciação deve ser apropriada ao resultado ou a algum outro ativo (Estoques, por exemplo) em função de sua vida útil estimada ou do prazo do aluguel, dos dois o mais curto.

14. Direito de Uso

A partir do CPC 06 (R2), não há mais distinção entre arrendamentos operacionais e arrendamentos financeiros na arrendatária. Quando um contrato é classificado como arrendamento, o valor presente de seus pagamentos é classificado como direito de uso no Imobilizado, e será depreciado. Mais informações podem ser obtidas no Capítulo 13 – Arrendamentos Mercantis, Aluguéis e Outros Direitos de Uso.

b) IMOBILIZADO EM ANDAMENTO

1. Bens em Uso na Fase da Implantação

Nessa conta, devem ser classificados todos os bens já em uso durante a fase pré-operacional da empresa, relativos ao desenvolvimento do projeto. Tais bens seriam, por exemplo, as instalações do escritório administrativo do projeto, seus móveis e utensílios, veículos e outros. Por estarem em uso, devem ser depreciados normalmente, motivo pelo qual o Plano de Contas apresenta as depreciações acumuladas respectivas como redução do custo nesse próprio grupo de Imobilizado em Andamento. Deve ter subcontas por natureza, tais como móveis e utensílios, instalações de escritório, veículos, e correspondentes contas de depreciação acumulada.

A contrapartida da depreciação desses bens é a conta de Gastos de Implantação do projeto respectivo, no Ativo Imobilizado em andamento. Com isso, o custo desses ativos é transferido para o custo dos ativos que ajudaram a construir.

2. Construções em Andamento

São aqui classificadas todas as obras do período de sua construção e instalação até o momento em que entram em operação, quando são reclassificadas para as contas correspondentes de Bens em Operação. Para uma empresa já em operação, poderá representar obras complementares, construções de anexos, novos depósitos e outras. Essa conta deve estar subdividida dentro do mesmo detalhamento do grupo de contas dos Bens em Operação para permitir adequada identificação de custos, como: terrenos, obras preliminares e complementares, obras civis, instalações, máquinas, aparelhos e equipamentos. Durante a fase de construção, quando se tratar de grandes obras que requeiram acompanhamento de custos, pode segregar-se a conta de Obras Civis por etapa ou fase de obra, como, por exemplo: marcação da obra, fundações, laje, estrutura, alvenaria, piso, armação para cobertura, cobertura, revestimento, esquadrias, pintura, formas e divisórias, elevadores e acabamento.

E, obviamente, são incluídos no custo da construção toda mão de obra e seus encargos, se executada por pessoal da própria empresa. Importante lembrar que não se rateiam para o custo do Imobilizado as despesas administrativas gerais e de vendas, que devem ser jogadas para despesa mesmo que na fase pré-operacional.

3. Importações em Andamento de Bens do Imobilizado

Essa conta registra todos os gastos incorridos relativos aos equipamentos, máquinas, aparelhos e outros bens até sua chegada, desembaraço e recebimento pela empresa, considerando-se as modalidades de importações, CIF ou FOB, pois quaisquer custos relacionados com a colocação de um Ativo Imobilizado no local e nas condições necessárias para ele operar devem compor o custo desse ativo. Nesse momento, se passar ainda por fase de montagem e instalação de construção em andamento, essa fase é transferida, por seu custo total, para a conta de Construções em Andamento. Se, por outro lado, já entrar em operação logo após a chegada, sua transferência é feita diretamente para a conta correspondente de Bens em Operação.

No caso das importações em moeda estrangeira, os valores registrados como custo não se alteram quando ocorrem mutações nessas moedas posteriormente.

4. Adiantamento a Fornecedores de Imobilizado

Registram-se aqui todos os adiantamentos a fornecedores por conta de fornecimento sob encomenda de bens do Imobilizado que representam pagamentos por conta de um valor previamente contratado. Isso ocorre comumente com grandes equipamentos e maquinários, elevadores, pontes rolantes e outros similares ou, ainda, com adiantamentos a empreiteiros de obras civis etc. Quando do recebimento do bem, debita-se a conta do Imobilizado correspondente pelo valor total, baixando-se essa conta, e o saldo a pagar é registrado no Exigível.

Ao se tratar de adiantamentos em moeda estrangeira ou semelhante, esse valor não é alterado por tais variações, só podendo ficar no Imobilizado pelos valores originais desembolsados.

5. Almoxarifado de Materiais para Construção de Imobilizado

Engloba todos os materiais e bens da empresa destinados à aplicação no Imobilizado. É o caso, por exemplo, de a empresa ter construção em andamento e um almoxarifado de materiais de construção, quando tais materiais são comprados pela própria empresa. É o caso ainda de bens ou peças já adquiridas para atender à expansão do Imobilizado, por exemplo: aparelhos de telefone em companhias telefônicas, postes e medidores em empresas de energia elétrica etc.

7.2.3 Critérios de avaliação

7.2.3.1 Mensuração no reconhecimento e após o reconhecimento

O processo de mensuração de um item do Ativo Imobilizado acontece no momento em que os critérios de reconhecimento são atendidos e em momento posterior ao reconhecimento, de acordo com as disposições do CPC 27. Um item do Ativo Imobilizado que atende aos critérios de reconhecimento de um ativo deve ser mensurado pelo seu custo. E, após isso, deve ser apresentado ao custo menos qualquer depreciação e qualquer perda por redução ao valor recuperável acumuladas (CPC 01 – Redução ao Valor Recuperável de Ativos).

Os elementos que integram o custo de um componente do Ativo Imobilizado são: preço de aquisição, frete, seguros, impostos de importação, impostos não recuperáveis sobre a compra, custos diretamente atribuíveis para colocar o ativo no local e condição necessárias para o mesmo ser capaz de funcionar da forma pretendida pela administração.

E um custo mais levado a sério recentemente: estimativa inicial dos custos de desmontagem e remoção do item e de restauração do local no qual está localizado. Ver à frente o tratamento contábil (Seção 7.2.3.3).

O reconhecimento dos custos no valor contábil de um item do Ativo Imobilizado deve parar no momento em que esse item atinja as condições operacionais pretendidas. O custo reconhecido no valor contábil de um item do Ativo Imobilizado deve ser equivalente ao valor à vista no momento do reconhecimento. Lembrar que todos os insumos adquiridos para o Imobilizado sendo preparado têm que estar também ajustados a valor presente quando de seu registro. E os encargos financeiros desse ajuste a valor presente passarão a ser parte do custo do ativo em construção, se incorridos durante a construção e, após estarem prontos para entrar em operação, como despesas, conforme determina o CPC 20 (R1) – Custos de Empréstimos.

Após o reconhecimento, a entidade pode optar por mensurar um item do Ativo Imobilizado pelo método do custo ou pelo método da reavaliação, desde que permitido por lei. No método do custo, um item do Imobilizado deve ser apresentado no balanço pelo seu custo deduzido da depreciação acumulada e das perdas estimadas por redução ao valor recuperável.

No método da reavaliação, caso seja permitido por lei (e não é no Brasil), um item do Imobilizado pode ser apresentado pelo seu valor reavaliado, que representa seu valor justo no momento da reavaliação, deduzido da depreciação acumulada e das perdas estimadas por redução ao valor recuperável. Lembrar que a Lei nº 11.638/2007 eliminou, a partir do início de 2008, a possibilidade da reavaliação de itens do Ativo Imobilizado.

a) BENS COMPRADOS DE TERCEIROS E TRIBUTOS

Aplicam-se ao Imobilizado as ativações de custos utilizadas na compra de estoques (veja-se o Capítulo 3). Assim, incluem o valor presente do montante contratado para pagamento, transporte, seguros, impostos recuperáveis (ver exceção do PIS/Cofins à frente), gastos com escritura e assemelhados, comissões a terceiros etc. Os encargos financeiros decorrentes de empréstimos, financiamentos e de apropriação das contas de ajustes por redução a valor presente para a aquisição de bens do Ativo Imobilizado não devem ser incluídos no custo dos bens adquiridos, mas lançados como despesas financeiras, exceto no caso de se tratar de ativos em construção, caso em que os juros diretamente atribuíveis à aquisição do Imobilizado são reconhecidos no custo. Veja CPC 20 (R1) – Custos de Empréstimos. Vale salientar que não é permitida a capitalização de encargos financeiros para ativos que estejam prontos para uso.

É admitida a recuperação do ICMS pago na aquisição de bens destinados ao Ativo Imobilizado, observadas as condições previstas na legislação pertinente (art. 20 da Lei Complementar nº 87/1996, com a redação dada pela Lei Complementar nº 102/2000). Entre essas condições, importa aqui destacar as seguintes: (a) o imposto pago na aquisição dos bens somente será integralmente recuperável no prazo de quatro anos, à razão de 1/48 por mês; (b) se o bem for utilizado na fabricação de produtos que gozem de isenção ou não incidência desse imposto, parcela proporcional do crédito não poderá ser aproveitada (ficará perdida); e (c) se o bem for alienado antes de decorrido o prazo de quatro anos da sua aquisição, o saldo do crédito não poderá mais ser aproveitado. Só podem figurar no ICMS a recuperar, no Ativo, os valores efetivamente recuperáveis; os demais integram o valor do Imobilizado; o mesmo com outros tributos recuperáveis ou não recuperáveis.

Como parte desse crédito somente será recuperável após o término do exercício social subsequente ao da aquisição dos bens (lembre-se de que, para o ICMS, há o prazo de quatro anos), seu valor deverá ser desdobrado em duas parcelas, conforme o prazo no qual será possível a sua recuperação, as quais serão registradas em contas (de Tributos a Recuperar), classificáveis no Ativo Circulante e no Ativo Não Circulante, dentro do subgrupo Realizável a Longo Prazo

As empresas submetidas à incidência do PIS e da Cofins na modalidade não cumulativa (na forma prevista nas Leis nos 10.637/2002, 10.833/2003 e 10.865/2004, com as alterações posteriores) também têm o direito de tomar crédito dessas contribuições sobre o valor de máquinas, equipamentos e outros bens incorporados ao Ativo Imobilizado, desde que esses bens tenham sido adquiridos no mercado interno ou importados a partir de 1º-5-2004 e sejam destinados à utilização na produção de bens destinados à venda ou na prestação de serviços. A partir de 1º-12-2005, passou a ser admitido também o crédito relativo a bens adquiridos para locação a terceiros (arts. 43, 45 e 132, III, c e d, da Lei nº 11.196/2005). De acordo com as referidas normas legais, os créditos serão determinados, em cada mês, mediante a aplicação das alíquotas de 1,65%, em relação ao PIS e de 7,6%, em relação à Cofins, sobre o valor dos encargos de depreciação desses bens incorridos no mês ou, opcionalmente, mediante a aplicação dessas alíquotas sobre a quantia correspondente a 1/48 do valor de aquisição do bem.

Como a recuperação pode ser feita sobre a depreciação e não sobre a aquisição do Imobilizado, contabiliza-se o Imobilizado pelo valor bruto (sem descontar PIS/Cofins). E a cada depreciação se reconhece, mediante crédito numa conta retificadora da depreciação, o valor do tributo recuperado, a débito do tributo a recolher no Passivo. Note-se que, se o Imobilizado fosse registrado pelo valor líquido desses tributos, a depreciação seria menor, porque seria sobre o valor líquido, e o crédito tributário seria menor. Só que isso obriga ao controle extracontábil dos créditos de PIS/Cofins, já que não haverá seu registro contábil na aquisição do bem.

E, quando o registro do crédito do PIS/Cofins se dá por 1/48 (um quarenta e oito avos) do valor de aquisição do bem, faz-se mensalmente um crédito ao resultado por 1/48 do tributo, a débito do PIS/Cofins a Recolher (nascido do efeito desses tributos sobre as receitas). Ou, opcionalmente, aplica-se o percentual do imposto sobre a depreciação (normalmente, hipótese pior fiscalmente falando para os ativos com vida útil superior a quatro anos).

Mas também pode ser utilizado o critério de reconhecer o ativo pelo valor bruto e, imediatamente a seguir, debitar o Tributo a Recuperar e creditar uma conta de ajuste ao Imobilizado. A depreciação se faz sobre o valor bruto do Imobilizado e a conta de ajuste vai sendo baixada pelo valor do crédito do tributo aproveitado.

A entidade deve aplicar os mesmos princípios de mensuração de um ativo adquirido para determinar o custo de um ativo construído. Na hipótese de a entidade produzir o mesmo ativo para venda (Estoques), o custo desse item do Imobilizado deverá ser igual ao custo do estoque produzido.

b) BENS RECEBIDOS POR DOAÇÃO

Os bens recebidos a título de doação, sem ônus para a empresa, por exemplo, terreno doado por uma Prefeitura como incentivo para instalação de indústria no município, devem ser contabilizados pelo valor justo a crédito de receita no resultado do período (se os terrenos foram recebidos sem quaisquer obrigações a cumprir), ou receita diferida (se houver obrigações a cumprir ou se forem bens depreciáveis), conforme o caso. Vejam-se as disposições dos Pronunciamentos Técnicos CPC 07 (R1) – Subvenção e Assistência Governamentais, e CPC 47 – Receita de Contrato com Cliente (ver Capítulo 15 – Patrimônio Líquido para mais detalhes sobre Subvenção e Assistência Governamentais).

A partir da vigência do Decreto-Lei nº 1.730/1979 (art. 1º, VIII), são isentas de tributação apenas as doações feitas pelo **Poder Público, desde que cumpridos os requisitos previstos**.

c) BENS INCORPORADOS PARA FORMAÇÃO DO CAPITAL SOCIAL

Os bens do Ativo Imobilizado incorporados ao Patrimônio Líquido da empresa para formação do capital social serão contabilizados por seu valor de avaliação aprovado em assembleia geral, estabelecido por três peritos, ou por empresa especializada, nomeados também em assembleia geral dos subscritores (art. 8º da Lei nº 6.404/1976).

d) BENS ADQUIRIDOS POR MEIO DE PERMUTA

Uma entidade pode adquirir um Ativo Imobilizado por meio de permuta por ativo não monetário ou por ativos monetários e não monetários. Em situações como essas, o Ativo Imobilizado recebido deve ser mensurado pelo valor justo, exceto pelo fato de a permuta não ter substância comercial ou o valor justo dos ativos permutados não poder ser mensurado de maneira confiável. A entidade define se a operação de permuta tem substância comercial a partir dos seus efeitos nos fluxos de caixa futuros. Prevalece na permuta o valor justo do ativo recebido. E lembrar que há que ser considerado também o efeito de alguma torna nessa operação.

Na hipótese de não ser possível a mensuração desse valor, e sim a do ativo cedido, o valor justo do item cedido é utilizado para representar o custo do item recebido. Veja CPC 47 – Receita de Contrato com Cliente e Orientação OCPC 01 – Entidades de Incorporação Imobiliária (seus conceitos se aplicam inclusive às permutas que não envolvam entidades de incorporação imobiliária). Esse procedimento pode gerar resultado pela baixa do bem cedido (receita pelo valor do bem recebido menos o custo do bem cedido).

Só se reconhece o ativo recebido pelo valor de custo do bem cedido (sem resultado, portanto) se forem os ativos de natureza idêntica (um terreno por outro terreno, por exemplo); assim, esse procedimento não se aplica à tradicional troca de um terreno por apartamentos a serem construídos sobre esse terreno.

e) BENS RECEBIDOS DE CLIENTES OU CEDIDOS A FORNECEDORES EM TRANSFERÊNCIA

Tendo concluído que o item do Imobilizado recebido do cliente em transferência atende aos critérios de reconhecimento de um ativo, a entidade que fornece os bens ou serviços deve mensurar o ativo recebido pelo valor justo em seu reconhecimento inicial, que passa a ser denominado de seu custo. Nesse caso, a contrapartida é o valor da receita pelos bens ou serviços entregues.

Existe a possibilidade de um cliente construir um ativo e entregá-lo sem contrapartida a terceiro para se conectar a uma rede de fornecimento contínuo de bens e serviços. Nesse caso, contabiliza o custo dessa construção e, quando da entrega a esse terceiro, precisa analisar: por deixar de ter o controle desse ativo, precisa baixá-lo; e a contrapartida será o direito de uso desses serviços ou de recebimento dos bens. E esse direito será baixado conforme os serviços e bens recebidos. Esses direitos de uso também são Imobilizado, via de regra.

Hipóteses como essas ocorrem, por exemplo, quando uma indústria constrói uma subestação de energia elétrica e a doa ao fornecedor de energia para operá-la. Nessas situações, pode o fornecimento de energia passar a ser feito pelo concessionário por um preço diferenciado, menor que o normal, exatamente por ter havido a transferência do controle da subestação para ele. Mas pode, em outras circunstâncias, nenhum diferencial de preço ser negociado entre as partes. Isso gera formas diferentes de contabilização no fornecedor da energia.

Assim, agora do ponto de vista do recebedor do bem, se o preço for diferenciado, menor que o normal, a fornecedora do serviço reconhece o ativo recebido tendo como contrapartida uma conta do Passivo, a ser reconhecida como receita de forma a complementar a receita de serviço pelo período contratado para esse fornecimento ou pela vida útil do ativo, o que ocorrer primeiro.

Se não houver preço diferenciado, o ativo recebido é reconhecido como receita no momento em que estiver em condições de começar a fornecer os serviços. É de se perceber que há, de fato, uma obrigação da fornecedora de prestar esses serviços, mas essa obrigação é exatamente a mesma que tem de prover todos os demais usuários, mesmo os que nada tenham transferido ou pago por isso;

logo, não há de ficar registrada uma obrigação específica para um cliente que tenha condição igual à dos demais.

7.2.3.1.1 Um caso todo especial: adoção, pela primeira vez, das normas internacionais e dos CPCs

De acordo com a Interpretação Técnica ICPC 10, no momento da adoção inicial dos CPC 27 – Ativo Imobilizado, CPC 37 (R1) – Adoção Inicial das Normas Internacionais de Contabilidade e CPC 43 (R1) – Adoção Inicial dos Pronunciamentos Técnicos CPC 15 a 41, a entidade pode detectar itens do Ativo Imobilizado ainda em operação, capazes de proporcionar geração de fluxos de caixa futuros, que estejam reconhecidos no balanço por valor consideravelmente inferior ou superior ao seu valor justo.

Nesses casos, entende-se que a prática mais adequada a ser adotada é empregar o valor justo como custo atribuído (*deemed cost*) para ajustar os saldos iniciais possivelmente subavaliados ou superavaliados. Destaca-se que essa opção de mensuração subsequente pode ser empregada apenas quando da adoção inicial do CPC 27, não sendo considerada prática de reavaliação, mas ajuste dos saldos iniciais.

Os efeitos desses ajustes nos saldos iniciais dos itens do Ativo Imobilizado, tanto positivos como negativos, devem ser contabilizados tendo como contrapartida a conta Ajustes de Avaliação Patrimonial, no Patrimônio Líquido. Além disso, a depender do regime de tributação da entidade, devem-se reconhecer os tributos diferidos. Destaca-se mais uma vez que o emprego do valor justo como custo atribuído aos bens ou conjuntos de bens do Ativo Imobilizado no momento da adoção inicial do CPC 27 não resulta na mudança da prática contábil do custo histórico como base de valor. Uma possível perda futura por valor não recuperável deve ser reconhecida no resultado do período para esses ativos que tiveram ajustes lançados na conta Ajustes de Avaliação Patrimonial.

É de lembrar também que, na adoção inicial (efetuada pela grande maioria das empresas em 2010, com data-base de 1º de janeiro de 2009), deve ser feita, dentro dessa análise do valor justo do Imobilizado, a verificação de qual o significado da depreciação acumulada existente nessa data, a vida útil remanescente e a consideração com relação ao valor residual de cada ativo.

E é importante ressaltar que empresas que, por algum motivo, não tiverem adotado as normas do CPC podem, quando dessa adoção, aplicar essa figura do *deemed cost*.

7.2.3.2 Redução ao valor recuperável (*impairment*)

7.2.3.2.1 Considerações gerais

O § 3º do art. 183 da Lei nº 6.404/1976 determina que a companhia deverá efetuar periodicamente análise sobre a recuperação dos valores registrados no Imobilizado e no intangível, a fim de que sejam registradas as perdas de valor do capital aplicado quando houver decisão de interromper os empreendimentos ou atividades a que se destinavam ou quando comprovado que não poderão produzir resultados suficientes para recuperação desse valor. Na verdade, esse teste se obriga, pela doutrina contábil, a ser feito para todos os ativos, sem exceção alguma. E essa regra é muito antiga, apenas vinha aparentemente sendo "esquecida" em certas circunstâncias. Por exemplo, a regra da redução das contas a receber a seu valor provável de realização (redução pelas perdas esperadas no recebimento – antiga Provisão para Devedores Duvidosos) é fruto da figura do teste de recuperabilidade. A regra antiquíssima de "custo ou mercado, dos dois o menor" para os estoques também é regra do teste da recuperabilidade. A própria depreciação é nascida visando à redução dos Ativos Imobilizados em função da perda da capacidade de recuperação do valor envolvido pelo processo de venda desses ativos etc.

O CPC 01 (R1) – Redução ao Valor Recuperável de Ativos determina que, se os ativos estiverem avaliados por valor superior ao valor recuperável por meio do uso ou da venda, a entidade deverá reduzi-los a seu valor recuperável, reconhecendo no resultado a perda referente a essa desvalorização. O CPC 27 trata da impariedade de todos os tipos de ativos; aqui falamos sobre o Imobilizado, mas não é só a ele que se aplica o conceito.

A regra mais conhecida de limitação do custo de ativo é aquela já citada e praticada principalmente nos estoques, a de "custo ou valor de mercado, dos dois o menor". Note-se que para os estoques destinados à venda só existe um teste: o valor líquido de venda (líquido dos tributos e das despesas diretas de venda).

Para os ativos não destinados à venda, mas destinados a produzir benefícios à entidade, há a aplicação de dois testes, prevalecendo o que der valor maior: primeiro, toma-se o valor de mercado como parâmetro de comparação do custo do ativo; não passando por esse teste, passa-se ao teste de valor econômico decorrente de seu uso. Ou seja, pode ser que o valor de venda já produza caixa suficiente para cobrir o valor contábil do bem; caso contrário, o valor de uso determina a análise dos fluxos de caixa futuro que serão obtidos por esse uso. Logo, o custo líquido do ativo deve ser no máximo igual ao valor presente dos fluxos de caixa líquidos futuros decorrentes, direta ou indiretamente, do uso (ou venda) deste.

Caso o valor contábil líquido do ativo seja superior a seu valor recuperável (valor presente dos fluxos futuros), a entidade reduz o ativo a esse valor por meio da conta credora "Perdas Estimadas por Redução ao Valor Recuperável", de forma semelhante à depreciação acumulada, no resultado do período. Lembre-se de que o valor contábil aqui referido é o custo reconhecido inicialmente líquido da depreciação acumulada e de possíveis perdas estimadas por redução ao valor recuperável já existentes.

Periodicamente, portanto, as entidades devem avaliar a recuperabilidade dos valores registrados no Ativo Imobilizado, o que na prática implica que o valor contábil desses ativos seja limitado a seu valor econômico. Esse procedimento também é válido para os ativos reavaliados, no caso das empresas que decidiram não estornar sua reserva de reavaliação na adoção inicial das normas internacionais.

7.2.3.2.2 Mensuração do valor recuperável e da perda por desvalorização

O valor líquido de venda é o valor a ser obtido pela venda do ativo em uma transação em condições normais envolvendo partes conhecedoras e independentes, deduzido das despesas necessárias para que essa venda ocorra. Já o valor em uso de um Ativo Imobilizado é o valor presente dos fluxos de caixa futuros estimados (benefícios econômicos esperados do ativo) decorrentes do seu emprego ou uso nas operações da entidade.

O CPC 01 (R1) determina que as entidades devem avaliar pelo menos no final de cada exercício social se existe alguma indicação de que um ativo tenha perdido valor. Em outras palavras, avaliar se o ativo está reconhecido no balanço por valor acima do recuperável. Exemplos de indicações de que um ativo possa estar com valor contábil acima do valor recuperável são os seguintes: o valor de mercado de um Ativo Imobilizado durante certo período diminuiu consideravelmente, acima do que se esperaria, como decorrência do tempo ou do uso normal; sinais de dano físico ou de obsolescência de um Ativo Imobilizado. O Pronunciamento apresenta uma lista maior, mas não exaustiva, de indicações, baseada tanto em fontes internas de informação como externas. Na hipótese de haver alguma indicação ou evidência de que o ativo tenha sofrido alguma desvalorização, a entidade deve avaliar o valor recuperável do ativo e compará-lo a seu valor contábil para verificar se existe parcela não recuperável.

Em algumas situações, pode não ser possível determinar o valor líquido de venda de um Ativo Imobilizado em decorrência de não se ter um mercado ativo para esse Imobilizado e, consequentemente, não se ter uma base confiável para estimar o valor de venda em condições normais, ou por esse Imobilizado ter características muito peculiares às operações da entidade e, por isso, ter pouco potencial de negociação. Nesse tipo de situação, o valor em uso representará o valor recuperável do Imobilizado.

O Pronunciamento lista alguns elementos que devem compor a estimativa do valor em uso de um ativo: (i) estimativa dos fluxos de caixa futuros que a entidade espera obter com esse ativo; (ii) expectativas sobre possíveis variações no montante ou período desses fluxos de caixa futuros;

(iii) o valor do dinheiro no tempo, representado pela atual taxa de juros livre de risco ajustada conforme item a seguir; (iv) o preço decorrente da incerteza inerente ao risco; e (v) outros fatores, como a falta de liquidez, que participantes do mercado iriam considerar ao determinar os fluxos de caixa futuros que a entidade espera obter com o ativo.

Considerados esses elementos no cálculo do valor em uso, a entidade deve: (i) estimar as futuras entradas e saídas de caixa decorrentes de uso contínuo do ativo e de sua baixa no final da vida útil; e (ii) aplicar a taxa de desconto mais adequada a esses fluxos de caixa estimados, de forma a obter seu valor presente. Deve ser exercido julgamento para essas questões, levando em consideração todo o contexto em que a entidade opera.

7.2.3.2.3 Identificação da unidade geradora de caixa

Pode haver situações em que não é possível estimar o valor recuperável de um Ativo Imobilizado de maneira individual, considerando a unidade de propriedade definida pela empresa. Nessas situações, a entidade deve identificar a unidade geradora de caixa à qual o Imobilizado pertence e determinar o valor recuperável da unidade como um todo. O CPC 01 (R1) define unidade geradora de caixa como o menor grupo identificável de ativos que gera as entradas de caixa, que são em grande parte independentes das entradas de caixa provenientes de outros ativos ou de grupos de ativos. A entidade deve exercer julgamento para identificar a unidade geradora de caixa à qual um ativo pertence, considerando todos os aspectos relevantes de suas operações.

A entidade não determina o valor recuperável de um item do Ativo Imobilizado (unidade de propriedade) de maneira individual caso: (i) o valor em uso do ativo não puder ser estimado como tendo valor próximo de seu valor líquido de venda; e (ii) o ativo gerar entradas de caixa que não são em grande parte independentes daquelas provenientes de outros ativos.

Em algumas situações, a unidade geradora de caixa é a fábrica inteira, sem possibilidade de subdivisão, quando ela produz um único produto e não há como fazer seccionamentos, como é o caso de uma usina de álcool.

O valor contábil de uma unidade geradora de caixa compreende os seguintes elementos:

a) Valor contábil dos ativos que podem ser alocados em base razoável e consistente à unidade geradora de caixa e que gerarão fluxos de caixa futuros utilizados na determinação do valor em uso da referida unidade geradora de caixa.

b) *Goodwill* decorrente e relativo ao ativo pertencente à unidade geradora de caixa proveniente de uma aquisição ou subscrição.

c) Não inclusão do valor contábil de qualquer passivo reconhecido, exceto se o valor contábil da unidade geradora de caixa não puder ser determinado sem considerar esse passivo.

O ágio pago por expectativa de rentabilidade futura (*goodwill*) na aquisição de uma entidade reconhecido no Ativo Intangível deve ser alocado a cada uma das unidades ou a grupos de unidades geradoras de caixa da entidade adquirente para fins de determinação de seu valor contábil. Essa alocação deve considerar a contribuição que as sinergias criadas na aquisição proporcionam a cada uma dessas unidades ou grupos de unidades geradoras de caixa por meio da geração de fluxos de caixa futuros. As unidades ou grupos de unidades geradoras de caixa que receberam as parcelas decorrentes da alocação do *goodwill* devem: (1) representar o nível mais baixo dentro da entidade em que esse intangível é controlado gerencialmente; e (2) não ser maiores que um segmento, de forma que a alocação seja a mais sistemática e razoável possível.

Independentemente de haver indícios de desvalorização dos ativos que a compõem, uma unidade geradora de caixa que recebeu alocação de *goodwill* deverá ter seu valor contábil avaliado anualmente em intervalo regular para verificar se este contém parcela não recuperável. Além disso, a entidade deve estimar o valor recuperável de uma unidade geradora de caixa sempre que houver indícios de desvalorização.

Na hipótese de a entidade realizar o teste de recuperabilidade de uma unidade geradora de caixa que recebeu alocação de ágio por rentabilidade futura (*goodwill*) e verificar que há indícios de desvalorização de um ativo que compõe essa unidade, a entidade deve primeiramente realizar o teste de redução ao valor recuperável e possivelmente reconhecer perda por desvalorização para esse ativo individual, para somente depois realizar o teste na unidade geradora de caixa que contém a parcela do ágio. De maneira semelhante, se a entidade detectar que há indícios de desvalorização de uma unidade geradora de caixa que compõe um grupo de unidades geradoras de caixa com parcela de ágio, ela deve primeiramente realizar o teste de redução ao valor recuperável e possivelmente reconhecer perda por desvalorização para esta unidade geradora de caixa individual, para somente depois realizar o teste no grupo de unidades que contém a parcela do ágio (*goodwill*).

Existe um grupo de ativos que também precisa ser atribuído para certa unidade geradora de caixa tendo em vista a possível necessidade de redução ao valor recuperável. São os chamados ativos corporativos. O CPC 01 (R1) define ativos corporativos como ativos que contribuem, mesmo que de forma indireta, para os fluxos de caixa futuros da unidade geradora de caixa que está sob revisão e também para os fluxos de outras unidades geradoras de caixa. O ágio pago por expectativa de rentabilidade futura (*goodwill*) não entra no alcance dessa definição. Os ativos corporativos são caracterizados por não gerar entradas de caixa independentemente de outros ativos ou grupo de ativos e por seu valor contábil não poder ser totalmente atribuído à unidade geradora de caixa que está sob análise. Exemplos desse tipo de ativo: um centro de pesquisa, uma central de processamento de dados do grupo, o prédio usado como sede da empresa e outros de natureza semelhante.

Quando houver indícios de que certo ativo corporativo esteja desvalorizado, a entidade deve estimar o valor recuperável da unidade ou grupo de unidades geradoras de caixa à qual o ativo corporativo foi atribuído e compará-lo ao valor contábil dessa unidade ou grupos de unidades para verificar se há parcela não recuperável. A alocação do ativo corporativo às unidades geradoras de caixa deve ser realizada da forma mais razoável e consistente possível.

A perda reconhecida deve reduzir o valor contábil dos ativos que compõem a unidade geradora de caixa na seguinte sequência: (i) redução do valor contábil de qualquer *goodwill* alocado à unidade ou grupo de unidades geradoras de caixa; e (ii) redução proporcional do valor contábil dos outros ativos que compõem a unidade ou grupo de unidades geradoras de caixa.

7.2.3.2.4 Reversão da perda por desvalorização

Existe a possibilidade de uma perda por desvalorização reconhecida em período anterior para um Ativo Imobilizado individual ou para uma unidade geradora de caixa não mais existir ou ter diminuído. A entidade deve estimar o valor recuperável de um ativo na hipótese de existirem indícios de que a perda reconhecida para esse ativo no passado não mais exista ou tenha diminuído. São exemplos: o valor de mercado do ativo aumentou significativamente durante o período; existe evidência nas análises internas que indica que o desempenho econômico do ativo é ou será melhor do que o esperado etc.

A entidade reverte uma perda por desvalorização de um ativo reconhecida em período anterior, exceto referente à parcela do ágio pago por expectativa de rentabilidade futura (*goodwill*), apenas se tiver havido uma mudança nas estimativas usadas para determinar o valor recuperável desse ativo desde o período em que a última perda por desvalorização foi reconhecida. Essa reversão representa um aumento no potencial de geração de benefícios econômicos futuros do ativo, que pode ser traduzido tanto no seu valor em uso como no seu valor líquido de venda.

A reversão da perda deve ser reconhecida no resultado do período. Em se tratando de um ativo reavaliado, para as empresas que optaram por manter a reserva de reavaliação até sua completa realização, o valor deve ser creditado diretamente no patrimônio líquido na reserva de reavaliação até seu limite. Se parte da perda por desvalorização de um ativo reavaliado foi reconhecida no resultado, a reversão deve também ser reconhecida no resultado do período.

Esses princípios gerais da reversão da perda por desvalorização são aplicáveis tanto ao ativo individual como à unidade geradora de caixa. É importante destacar que o acréscimo no valor contábil do ativo decorrente da reversão da perda por desvalorização não deve exceder o valor contábil que estaria reconhecido no balanço na hipótese de nenhuma perda ter sido reconhecida em período anterior. Caso a reversão proporcione um aumento no valor contábil do ativo acima do que ele teria se nenhuma perda tivesse sido reconhecida anteriormente, caracterizar-se-ia uma reavaliação, prática essa vedada pela atual legislação societária.

O Pronunciamento destaca que a perda por desvalorização referente à parcela do ágio (*goodwill*) não pode ser revertida.

7.2.3.2.5 Escolha da taxa de desconto

Um dos pontos mais difíceis em qualquer prática de ajuste a valor presente é a determinação da taxa de desconto. O anexo ao CPC 01 (R1) provê informações excelentes sobre como determinar essa taxa, e discussão conceitual mais detalhada sobre o processo de fluxo de caixa ajustado a valor presente é encontrada no referido Pronunciamento Técnico.

Para o caso do teste de *impairment*, o CPC 01 (R1) determina a adoção de uma taxa que não se relacione obrigatoriamente com a estrutura de capital da própria empresa, porque o grande objetivo é a procura de um valor justo para a hipótese de como o mercado avaliaria o ativo considerando seu potencial gerador de fluxo de caixa, o que tenderia a representar seu valor de negociação entre partes independentes incluindo não só esse ativo, mas o conjunto todo. Assim, o mercado não introduziria no valor do ativo o viés relativo à forma como ele foi financiado. Portanto, o conceito básico é o de a taxa de desconto ser baseada na soma da taxa livre de risco mais a taxa de risco que o mercado atribuiria a esse tipo de ativo.

Note-se que a taxa de desconto não é, pois, aquela que custaria à empresa tomar um empréstimo adicional, por exemplo, porque nesse caso o foco seria exclusivamente o do risco da empresa como um todo.

No fundo, a taxa de desconto deve corresponder ao conceito de qual seria a taxa utilizada pelo mercado para avaliar esse ativo, fora do risco da empresa como um todo, considerando apenas o risco do ativo propriamente dito; apesar de que esse risco pode ter de ser ajustado com o risco-país, por exemplo, se o ativo não puder ser negociado fora daqui (como é o caso de uma usina de energia elétrica). E lembrar que fluxos futuros mensurados nominalmente só podem ser trazidos a valor presente por uma

taxa de desconto também nominal. No caso de projeção de fluxos em moeda constante, só se pode usar uma taxa real de desconto.

7.2.3.3 Obrigação por retirada de serviço de ativos de longo prazo

Em determinados segmentos de negócios, a avaliação da viabilidade econômica de projetos de investimento considera necessariamente, entre outros elementos para tomada de decisão, dada sua relevância, o custo a ser incorrido pela entidade para desativação, desmantelamento, demolição e todos os demais gastos associados à retirada de serviço de ativos de longo prazo.

Enquadram-se como tais, por exemplo, aqueles segmentos voltados à extração e à exploração econômica de recursos minerais, como jazidas de petróleo e gás, de metais, de carvão, certos tipos de reflorestamento que exigem custo elevado de recolocação da terra em condições normais de uso (plantação de eucaliptos, por exemplo), entre outros.

A contabilidade das entidades que exploram atividades como essas, a fim de cumprir seu papel de prestar informações relevantes sobre os negócios sociais, consentâneas com a realidade econômica, deve refletir os custos e as despesas a serem incorridos, assim como a obrigação que a entidade deverá liquidar, no futuro, para retirada de serviço dos seus ativos de longo prazo utilizados no negócio. Convencionou-se chamar essas ditas obrigações de *Asset Retirement Obligations* (AROs).[1]

O CPC 27 – Ativo Imobilizado determina que entre os elementos que compõem o custo de um item do Imobilizado está o da estimativa inicial dos custos de desmontagem e remoção do item e de restauração do local em que esse ativo está localizado. Esclarece também que tais custos representam a obrigação em que a entidade incorre quando o item é adquirido ou como consequência de usá-lo durante determinado período para finalidades diferentes da produção de estoque durante esse período.

Do mesmo modo, o CPC 25 – Provisões, Passivos Contingentes e Ativos Contingentes, em seu item 19, requer que o gasto a incorrer com a retirada de serviço de um ativo de longo prazo seja incorporado ao custo deste ativo. Assim está consignado no dispositivo aludido:

> "19. [...]. De forma similar, a entidade reconhece uma provisão para os custos de descontinuidade de poço de petróleo ou de central elétrica nuclear na medida em que a entidade é obrigada a retificar danos já causados."

---

[1] Deve ficar bem claro que *Asset Retirement Obligations* (AROs) não se confundem com as obrigações decorrentes do mau uso de ativos e respectivos danos causados ao meio ambiente. Estas últimas caracterizam-se muito mais como riscos contingenciais a que dada entidade está sujeita por práticas empresariais que ferem a legislação do meio ambiente.

Ao tratar da retirada de serviço de um ativo de longo prazo, a Interpretação Técnica ICPC 12 – Mudanças em Passivos por Desativação, Restauração e Outros Passivos Similares lança orientações acerca do tratamento contábil aplicável às mudanças na mensuração de qualquer passivo por desativação, restauração ou outro passivo similar que: (a) seja reconhecido como parte do custo de item do Imobilizado de acordo com o CPC 27, ou como parte do custo de ativo de direito de uso de acordo com o CPC 06; e (b) seja reconhecido como passivo de acordo com o CPC 25.

Os eventos a seguir geram mudanças na mensuração de um passivo por desativação, restauração ou outro passivo similar: mudança no fluxo de saída estimado de recursos que incorporam benefícios econômicos necessários para liquidar a obrigação, mudança na taxa de desconto corrente baseada em mercado e aumento que reflete a passagem do tempo (também referido como a reversão do desconto), ou seja, a apropriação da despesa financeira pelo crescimento do valor presente da obrigação.

De acordo com a ICPC 12, no caso de ativos mensurados pelo método do custo, as mudanças no passivo serão adicionadas ao/deduzidas do custo do respectivo ativo no período corrente, desde que o valor deduzido do custo do ativo não exceda seu valor contábil. Se a redução no passivo exceder o valor contábil do ativo, o excedente é reconhecido imediatamente no resultado. Na hipótese de o ajuste resultar em adição ao custo do ativo, a entidade considera se esse é um indício de que o novo valor contábil do ativo contém parcela não recuperável. Se houver tal indício, a entidade estima seu valor recuperável e reconhece qualquer possível perda por redução ao valor recuperável no resultado do período.

No Apêndice C do CPC 25, exemplo 3 – Atividade de extração de petróleo, é apresentado um caso hipotético que ilustra bem a realidade do setor de exploração de petróleo, que pelo caráter didático é apresentado a seguir de maneira adaptada.

Exemplo adaptado: entidade opera em uma atividade de extração de petróleo cujo contrato de licença prevê a remoção da perfuratriz petrolífera no final da produção e a restauração do solo oceânico. Os custos são relativos à remoção da perfuratriz petrolífera e a restauração dos danos causados por sua construção. A construção da perfuratriz petrolífera cria uma obrigação legal nos termos da licença para remoção da perfuratriz e restauração do solo oceânico e, portanto, esse é o evento que gera a obrigação. Nesse caso, a saída de recursos envolvendo benefícios futuros na liquidação é provável. Uma provisão é reconhecida pela melhor estimativa dos custos que se relacionam com a perfuratriz petrolífera e a restauração dos danos causados pela sua construção. Esses custos são incluídos como parte dos custos da perfuratriz petrolífera.

Poder-se-ia imaginar que o certo seria ir constituindo a provisão para esses gastos durante o processo de produção, mas isso não é correto; afinal, assim que colocada a perfuratriz e iniciado o processo, a empresa já está incorrendo na obrigação do custo de restauração e já deve mostrar, no balanço desse momento, tal obrigação. A obrigação não nasce e não necessariamente cresce ao longo do tempo; ela surge quando a empresa produz interferência no meio ambiente, instala equipamentos etc. A obrigação deve ser reconhecida nesse momento. Em contrapartida, há aumento do custo do Imobilizado, que será apropriado como depreciação ao longo do período de extração.

O tratamento contábil a ser empregado nas situações que envolvem a descontinuidade de ativos de longo prazo deve ter por base as disposições dos CPC 25 e 27 e da ICPC 12.

Como se pode perceber, as provisões requeridas para reconhecimento, mensuração e registro das AROs demandam bons conhecimentos técnicos e da própria atividade. Isso significa que o departamento responsável pela elaboração e apresentação das demonstrações contábeis de uma companhia deverá se relacionar com os demais departamentos, de maneira a obter as informações necessárias para produzir demonstrações que representem a posição patrimonial e financeira e o desempenho da entidade da forma mais adequada possível. Ver exemplo completo na Seção 7.2.2.6 do *Manual Prático*, publicado pelo GEN | Atlas.

7.2.4 Gastos de capital *vs.* gastos do período

7.2.4.1 Conceito geral

Os gastos relacionados com os bens do Ativo Imobilizado podem ser de duas naturezas:

a) **Gastos de capital (Capex – *Capital Expenditures*):** são os que irão beneficiar mais de um exercício social e devem ser adicionados ao valor do Ativo Imobilizado, desde que atendam às condições de reconhecimento de um ativo. Exemplos: custo de aquisição do bem, custo de instalação e montagem etc.

Também são considerados gastos de capital os gastos extraordinários relevantes incorridos, durante ou após o processo de construção, que tenham a finalidade ou de manter a vida útil do bem ou de evitar que a vida útil originalmente estimada do bem seja diminuída. Exemplos clássicos desses gastos extraordinários são os gastos com reforços de estruturas não previstos nos orçamentos de capital originais. Ressaltamos que a adição desses gastos relevantes ao custo do Imobilizado é limitada pelo valor recuperável do custo, conforme discutido na Seção 7.2.3.2.1. Em outras palavras, se o valor dos benefícios futuros decorrentes do uso do bem for inferior ao seu valor de custo, o custo deve estar limitado pelo valor que será recuperado no futuro. O excedente, nesse caso, é lançado ao resultado como perda por valor não recuperável.

b) Gastos do período (Opex – *Operating Expenditures*): são os que devem ser agregados às contas de despesas do período, pois só beneficiam um exercício e são necessários para manter o Imobilizado em condições de operar, não aumentando a vida útil do ativo até então admitida nem incrementando os benefícios econômicos futuros a serem gerados por tal ativo. Não é provável que esses gastos tenham o potencial de gerar benefícios econômicos futuros para a entidade. Logo, não podem ser reconhecidos como ativo, mas sim como despesa. Exemplos: manutenção e reparos etc.

Na prática, todavia, a distinção entre gastos de capital e gastos do período torna-se algumas vezes bastante difícil. Quando da ocorrência dessa dificuldade, deve ser exercido julgamento acerca do reconhecimento de determinados gastos como um ativo ou como uma despesa, tendo por base o Pronunciamento Conceitual Básico e o CPC 27 – Ativo Imobilizado. A materialidade dos gastos e o nível de detalhe dos registros mantidos são fatores que afetam a distinção entre as duas classes de gastos.

Algumas empresas estabelecem valores abaixo dos quais quaisquer gastos incorridos na aquisição de bens do Ativo Imobilizado devem ser debitados às contas de despesas do período. Gastos incorridos acima desses valores são adicionados às contas do Ativo Imobilizado. Essa prática, apesar de tecnicamente não ser perfeita, procura, sem distorcer os resultados e os custos do Ativo Imobilizado, evitar o controle de itens de valores não significativos, em que o custo de controle poderia exceder o custo do bem controlado. Quando tal política é adotada, devem-se rever periodicamente sua consistência e razoabilidade. O CPC 27 não estabelece limite mínimo em termos de valores para o reconhecimento de um item do Imobilizado. Nesse caso, a administração da entidade deve exercer julgamento ao estabelecer políticas contábeis consistentes que visem produzir informações relevantes e confiáveis, considerando a relação custo/benefício para controlar itens de baixo valor.

A esse respeito, a legislação fiscal também permite abater, como despesa operacional do período, o custo de aquisição de bens do Ativo Imobilizado e Intangível, se o valor unitário não ultrapassar R$ 1.200,00, ou o prazo de vida útil não exceder um ano (art. 313 do RIR/2018). Essa norma fiscal não se aplica aos casos em que a atividade explorada pela empresa exija o emprego de uma pluralidade de bens de valor unitário inferior ao limite de R$ 1.200,00 (art. 313, § 2º, do RIR/1999).

7.2.4.2 Manutenção e reparos

Os gastos de manutenção e reparos são os incorridos para manter ou recolocar os ativos em condições normais de uso, sem com isso aumentar sua capacidade de produção ou sua vida útil. Os critérios contábeis normalmente utilizados para contabilização de gastos de manutenção e reparos envolvem:

a) DÉBITO DIRETO EM DESPESAS DO ANO

Registram-se os gastos de manutenção e reparos em despesas, à medida que são incorridos. Tal prática é adequada conforme tais manutenções e reparos – quando de caráter preventivo – ocorrem periodicamente, numa base não superior a um ano, e é igualmente válida para as manutenções corretivas para atender a quebras e avarias, à medida que ocorram. Dentro dessas circunstâncias, há a tendência de que os gastos com manutenção e reparos mantenham certa regularidade de um ano para outro. O item 39 do CPC 21 – Demonstração Intermediária estabelece que custos que são incorridos de maneira não homogênea durante o exercício da entidade devem ser antecipados ou diferidos se, e somente se, também for apropriado antecipar ou diferir tais tipos de custos ao término do exercício. Mas deve-se ressaltar que esse mesmo Pronunciamento prevê a necessidade de se avaliar, quando do reconhecimento e da mensuração, os aspectos relativos à materialidade do evento.

b) PARADAS PROGRAMADAS

I – Considerações iniciais

O tratamento a ser adotado não admite, no caso de paradas programadas para grandes reformas não anuais, o reconhecimento de um passivo ou provisão, tampouco o reconhecimento de um ativo diferido de cada gasto dessa natureza para apropriação aos períodos seguintes. O provisionamento beneficia o último ano do uso do ativo porque não haverá mais parada. E o diferimento não apropria nada no primeiro ano porque se espera o primeiro gasto para daí diferi-lo e apropriar até a próxima parada. A regra é depreciar a unidade de propriedade que será baixada pela sua vida útil específica, baixar eventual saldo ainda existente quando cessar seu uso, ativar o novo gasto e depreciá-lo pela sua vida útil e assim por diante. Com isso, todos os anos arcarão cada um com um pedaço do custo de todas as paradas programadas. No caso de uma aeronave, por exemplo, há certas paradas programadas para troca de motores.

Repetindo: o custo a ser incorrido com a reposição de peças ou a reconstituição de componentes do Ativo Imobilizado, quando da manutenção, deve ser capitalizado ao ativo desde que os critérios de reconhecimento sejam atendidos; as peças ou componentes repostos devem ser baixados para o resultado, líquidos de depreciação. Para que tal procedimento seja viável, quando do registro inicial do Ativo Imobilizado, seus principais componentes devem ser controlados em separado. No caso especial de um ativo a ser baixado não ter sido controlado individualmente, uma *proxy* para decomposição do custo do Ativo Imobilizado pode ser a cotação dos preços de reposição dos seus principais componentes junto a fornecedores.

7.2.4.3 Melhorias e adições complementares

Uma **melhoria** ocorre em consequência do aumento de vida útil do bem do Ativo Imobilizado, do incremento em sua capacidade produtiva ou da diminuição do custo operacional. Uma melhoria pode envolver substituição de partes do bem ou ser resultante de uma reforma significativa. Nos casos de reformas substanciais que envolvam alterações técnicas profundas e gastos significativos, o valor contábil do bem deverá ser ajustado. Por outro lado, pequenas melhorias de eficiência ou aumento de vida útil não relevantes são geralmente lançadas à manutenção e reparos no resultado do período.

7.2.4.4 Aspectos fiscais

O tratamento fiscal dos gastos incorridos com reparos, conservação ou substituição de partes e peças de bens do Ativo Imobilizado é determinado pelos §§ 1º, 2º e 3º do art. 354 do RIR/2018:

> "§ 1º Se dos reparos, da conservação ou da substituição de partes e peças resultar aumento da vida útil do bem, as despesas correspondentes, quando aquele aumento for superior a um ano, deverão ser capitalizadas, a fim de servirem de base a depreciações futuras (Lei nº 4.506, de 1964, art. 48, parágrafo único; e Lei nº 6.404, de 1976, art. 183, § 3º, inciso II).
>
> § 2º O valor não depreciado de partes e peças substituídas poderá ser deduzido como custo ou despesa operacional, desde que devidamente comprovado, ou, alternativamente, a pessoa jurídica poderá:
>
> I – aplicar o percentual de depreciação correspondente à parte não depreciada do bem sobre os custos de substituição das partes ou das peças;
>
> II – apurar a diferença entre o total dos custos de substituição e o valor determinado no inciso I;
>
> III – escriturar o valor apurado no inciso I a débito das contas de resultado; e
>
> IV – escriturar o valor apurado no inciso II a débito da conta do Ativo Imobilizado que registra o bem, o qual terá seu novo valor contábil depreciado no novo prazo de vida útil previsto.
>
> § 3º Somente serão permitidas despesas com reparos e conservação de bens móveis e imóveis se intrin-

secamente relacionados com a produção ou com a comercialização dos bens e dos serviços (Lei nº 9.249, de 1995, art. 13, *caput*, inciso III)."

Ressalta-se que neste tópico está-se tratando de questões apenas fiscais. Na hipótese de a legislação tributária exigir outros critérios de reconhecimento e mensuração para itens do Imobilizado, a entidade deverá atender a essas exigências em livros ou registros auxiliares.

7.2.5 Retiradas

Os elementos retirados do Ativo Imobilizado em decorrência de sua alienação, liquidação ou baixa por perecimento, extinção, desgaste, obsolescência ou exaustão deverão ter seus valores contábeis baixados das respectivas contas do Ativo Imobilizado. O CPC 27 determina que o valor contábil de um item do Imobilizado deve ser baixado: (i) por ocasião de sua alienação; ou (ii) quando não há expectativa de benefícios econômicos futuros com a sua utilização ou alienação.

O registro contábil da retirada envolve um crédito à conta de custo e um débito à respectiva conta de depreciação (ou outra) acumulada, cujas contrapartidas serão lançadas em uma conta de resultado do período que irá registrar o valor líquido do bem baixado, o valor da alienação, se houver, e, como saldo, o ganho ou a perda. Quando da retirada de um bem do Ativo Imobilizado, torna-se, portanto, necessário conhecer o custo original, data da aquisição e respectiva depreciação acumulada, requerendo a manutenção de adequados registros e controles sobre os elementos do Ativo Imobilizado.

7.2.6 Depreciação, exaustão e amortização

7.2.6.1 Conceito

a) LEGISLAÇÃO SOCIETÁRIA

Com exceção de terrenos e de alguns outros itens, os elementos que integram o Ativo Imobilizado têm período limitado de vida útil econômica. Dessa forma, o custo de tais ativos deve ser alocado de maneira sistemática aos exercícios beneficiados por seu uso no decorrer de sua vida útil econômica.

A esse respeito, o art. 183, § 2º, da Lei nº 6.404/1976, alcançando também o intangível, estabelece:

> "A diminuição do valor dos elementos dos ativos imobilizado e intangível será registrada periodicamente nas contas de:
>
> a) depreciação, quando corresponder à perda do valor dos direitos que têm por objeto bens físicos sujeitos

a desgastes ou perda de utilidade por uso, ação da natureza ou obsolescência;

b) amortização, quando corresponder à perda do valor do capital aplicado na aquisição de direitos da propriedade industrial ou comercial e quaisquer outros com existência ou exercício de duração limitada, ou cujo objeto sejam bens de utilização por prazo legal ou contratualmente limitado;

c) exaustão, quando corresponder à perda do valor, decorrente de sua exploração, de direitos cujo objeto sejam recursos minerais ou florestais, ou bens aplicados nessa exploração."

Como se verifica, a depreciação a ser contabilizada deve ser, conforme a Lei das Sociedades por Ações, a que corresponder ao desgaste efetivo de bens corpóreos pelo uso ou perda de sua utilidade, mesmo por ação da natureza ou obsolescência. E isso fica ainda mais evidente no item II do § 3º, introduzido por meio da Lei nº 11.941/2009, que, em conjunto, estabelecem o seguinte:

§ 3º "A companhia deverá efetuar, periodicamente, análise sobre a recuperação dos valores registrados no imobilizado e no intangível, a fim de que sejam:

II – revisados e ajustados os critérios utilizados para determinação da vida útil econômica estimada e para cálculo da depreciação, exaustão e amortização."

O CPC 27 – Ativo Imobilizado define depreciação como "a alocação sistemática do valor depreciável de um ativo ao longo da sua vida", sendo que se entende valor depreciável o custo de um ativo ou outro valor que substitua o custo, menos o seu valor residual. O Pronunciamento não prevê o reconhecimento de amortização e exaustão relacionados com o Imobilizado. Há uma tendência de as normas internacionais denominarem tudo de depreciação, inclusive no caso dos intangíveis e recursos naturais.

No caso de existir ativo intangível reconhecido como parte do valor contábil de um item do Imobilizado por estar estreitamente vinculado a este, sendo inseparáveis, de acordo com o CPC 04 (R1) – Ativo Intangível, a entidade deve determinar qual elemento é mais significativo, para decidir se deve ser tratado como um Ativo Imobilizado ou ativo intangível.

b) LEGISLAÇÃO FISCAL

A tendência de um número significativo de empresas, mesmo de porte significativo, foi, sempre, simplesmente adotar as taxas admitidas pela legislação fiscal. Essa prática não pode ser mais adotada. Essas taxas devem ser utilizadas apenas para fins de apuração de impostos, e os valores da depreciação controlados em registros auxiliares. Os critérios básicos de depreciação, de acordo com a legislação

fiscal, estão consolidados no Regulamento do Imposto de Renda por meio de seus arts. 317 a 329. As taxas anuais de depreciação normalmente admitidas pelo Fisco para uso normal dos bens em um turno de oito horas diárias constam, todavia, de publicações à parte, da Secretaria da Receita Federal, e são sumariamente como segue:

	Taxa anual	Anos de vida útil
Edifícios	4%	25
Máquinas e equipamentos	10%	10
Instalações	10%	10
Móveis e utensílios	10%	10
Veículos	20%	5

A Instrução Normativa RFB nº 1.700, de 14-03-2017, aprovou uma extensa relação de bens, com os respectivos prazos normais de vida útil e taxas anuais de depreciação admitidos.

O Fisco admite ainda que a empresa adote taxas diferentes de depreciação quando suportadas por laudo pericial do Instituto Nacional de Tecnologia, ou de outra entidade oficial de pesquisa científica ou tecnológica (art. 320, § 1º, do RIR/2018). Logicamente, para o Fisco não haverá problemas se a empresa adotar taxas de depreciação menores que as admitidas.

A mesma legislação (art. 323) aceita, ainda, à opção da empresa, uma aceleração na depreciação dos bens móveis, em função do número de horas diárias de operação, como segue:

	Coeficiente
Um turno de 8 horas	1,5
Dois turnos de 8 horas	1,5
Três turnos de 8 horas	2,0

Assim, se a empresa trabalha normalmente 8 horas diárias, a taxa admitida de depreciação das máquinas é de 10% ao ano. Se trabalha em dois turnos (16 horas), pode usar a taxa de 15% a.a., e se trabalha em três turnos (24 horas), a taxa admitida é de 20% a.a.

c) CRITÉRIO CONTÁBIL A ADOTAR

Vimos anteriormente os critérios básicos da Lei das Sociedades por Ações e os da legislação fiscal. Para fins contábeis, porém, não se devem simplesmente aceitar e adotar as taxas de depreciação fixadas como máximas pela legislação fiscal, ou seja, deve-se fazer uma análise criteriosa dos bens da empresa que formam seu Imobilizado e estimar sua vida útil econômica e seu valor residual, considerando características técnicas, condições gerais de uso e outros fatores que podem influenciar em sua vida útil. Claro, quando o valor for de algum significado, já que procedimentos simplificados podem ser utilizados para itens imateriais. Como consequência, quando determinado bem ou classe de bens tiver vida útil provável diferente da permitida fiscalmente, deve-se adotar a vida útil estimada como base para registro da depreciação na contabilidade, e a diferença entre tal depreciação e a aceita fiscalmente deve ser lançada como ajuste no Livro de Apuração do Lucro Real (art. 321 do RIR/2018). O ajuste alcança tanto a hipótese de a depreciação registrada na contabilidade ser maior que a admitida pelo Fisco (que implicará uma adição à base tributável referente à parcela considerada não dedutível) quanto a de a depreciação registrada na contabilidade ser menor que a admitida para fins de apuração de imposto. Nessa última possibilidade, a entidade poderá excluir da base tributável a parcela considerada dedutível que supera a depreciação reconhecida pela contabilidade, sendo esse controle feito em livros auxiliares. Pode acontecer, tendo como base essa última situação, de um Ativo Imobilizado estar completamente depreciado para fins fiscais e ainda estar sendo depreciado na contabilidade societária.

No caso de exploração de minas e jazidas, deve-se entender que os "bens aplicados nessa exploração" são os utilizados de tal forma que não terão normalmente utilidade fora desse empreendimento. É o caso de esteiras ou outros sistemas de transporte de minério, de determinados equipamentos de extração etc., que só têm valor à medida que a jazida é explorada.

Se forem bens cuja vida útil é inferior ao tempo previsto de exploração, deverão ser transformados em despesa de depreciação nesse prazo menor. E se tiverem vida útil superior, podendo ser utilizados em outros lugares após o término da exploração da atividade em que operam, só deverão ser baixados pela diferença entre o valor de custo e o valor residual previsto para o fim dessa primeira atividade, de forma que uma parte do valor de aquisição seja contabilizada naquela outra utilidade posterior.

No caso de benfeitorias em propriedade de terceiros, a depreciação/amortização deve ter por base a vida útil estimada ou o prazo contratual de utilização da propriedade, dos dois o menor.

7.2.6.2 Valor depreciável

O valor depreciável de um Ativo Imobilizado é determinado pela diferença entre o custo pelo qual está reconhecido **deduzido do valor residual**. Esse valor depreciável deve ser apropriado ao resultado do período ou ao valor contábil de outro ativo de forma sistemática ao longo da vida útil estimada para o ativo.

Repare que o conceito é simples em termos contábeis: a depreciação total é a parte do caixa investido na aquisição ou construção do ativo que não será recuperada pela eventual venda no final de seu uso. Logo, a depreciação é o pedaço do caixa investido que precisa ser recuperado pelo caixa a ser produzido pelas outras receitas da empresa de venda de produtos, serviços, receitas financeiras, de aluguéis etc. Veja-se como é enganosa a ideia de que depreciação não tem nada que ver com caixa. Tem, obrigatoriamente, que ver com o caixa, sim. Só que não necessariamente com o caixa de cada período em que se apropria uma parte da depreciação total.

O valor residual e a vida útil de um Ativo Imobilizado devem ser revisados no mínimo uma vez por ano. Essa revisão deve ter uma periodicidade regular. A técnica contábil estipula que o valor residual do bem deve ser computado como dedução de seu valor total para determinar o valor-base de cálculo da depreciação, conforme destacado.

7.2.6.3 Estimativa de vida útil econômica e taxa de depreciação

O § 3º do art. 183 da Lei nº 6.404/1976 determina em seu inciso II que a companhia deverá efetuar, periodicamente, análise sobre a recuperação dos valores registrados no Imobilizado e no Intangível, a fim de que sejam revisados e ajustados os critérios utilizados para determinação da vida útil econômica estimada para cálculo da depreciação, exaustão e amortização.

Uma dificuldade associada ao cálculo da depreciação é a determinação do período de vida útil econômica do Ativo Imobilizado. A vida útil de um item do Imobilizado é definida em termos da utilidade esperada do ativo para a entidade, que pode ser traduzida no: (i) período de tempo durante o qual a entidade espera utilizar o ativo; ou (ii) número de unidades de produção ou de unidades semelhantes que a entidade espera obter pela utilização do ativo.

Além das causas físicas decorrentes do desgaste natural pelo uso e pela ação de elementos da natureza, a vida útil é afetada por fatores funcionais, tais como a inadequação e o obsoletismo, resultantes do surgimento de substitutos mais aperfeiçoados e inovações tecnológicos que tornam obsoletos funcionalmente ativos às vezes em condição de funcionamento. Também podem existir limitações de ordem legal para o uso de determinado ativo. O CPC 27 – Ativo Imobilizado lista fatores como elementos que devem ser considerados na determinação da vida útil de um ativo.

7.2.6.4 Métodos de depreciação

Existem vários métodos para calcular a depreciação. O método empregado deve refletir o padrão de consumo pela entidade dos benefícios econômicos futuros proporcionados pelo Ativo Imobilizado, se isso for conseguido de forma objetiva e clara. Caso contrário, utiliza-se o método das quotas constantes durante a vida útil.

Em relação ao método de depreciação a ser utilizado, o IASB, em seu documento de emenda à norma de Imobilizado (*Amendments to IAS 16*), expõe que o método de depreciação baseado em receita gerada pela atividade que inclui o uso do ativo é, com raríssimas exceções, inapropriado, uma vez que a receita reflete os benefícios econômicos gerados pelas operações da empresa e não o consumo de benefícios econômicos do ativo.

Os métodos mais tradicionalmente utilizados são:

a) MÉTODO DAS QUOTAS CONSTANTES

A depreciação por esse método é calculada dividindo-se o valor depreciável pelo tempo de vida útil do bem, e é representada pela seguinte fórmula: Depreciação = (Valor de Custo − Valor Residual) ÷ Vida Útil.

Esse método, impropriamente chamado de linear, devido à sua simplicidade, é o utilizado pela grande maioria das empresas.

b) MÉTODO DA SOMA DOS DÍGITOS DOS ANOS

Esse método (também linear) é calculado como segue:

Somam-se os algarismos que compõem o número de anos de vida útil do bem. No exemplo anterior, teríamos: 1 + 2 + 3 + 4 + 5 = 15

A depreciação de cada ano é uma fração em que o denominador é a soma dos algarismos, conforme obtido em (a), e o numerador é, para o primeiro ano (*n*), para o segundo (*n* − 1), para o terceiro (*n* − 2), e assim por diante, em que *n* = número de anos de vida útil.

Para o exemplo anterior, teríamos:

Ano	Fração	Depreciação anual
1	$\frac{5}{15} \times 6.000$	= 2.000,00
2	$\frac{4}{15} \times 6.000$	= 1.600,00
3	$\frac{3}{15} \times 6.000$	= 1.200,00
4	$\frac{2}{15} \times 6.000$	= 800,00
5	$\frac{1}{15} \times 6.000$	= 400,00

Esse método proporciona quotas de depreciação maiores no início e menores no fim da vida útil. Permite maior uniformidade nos custos, já que os bens, quando novos, necessitam de pouca manutenção e reparos. Com o passar do tempo, os referidos encargos tendem a aumentar. Esse crescimento das despesas de manutenção e reparos seria compensado pelas quotas decrescentes de depreciação, resultando em custos globais mais uniformes, conforme demonstrado graficamente:

Figura 7.1 Relação entre quotas decrescentes de depreciação e despesas de manutenção e reparos.

c) MÉTODO DE UNIDADES PRODUZIDAS

Esse método é baseado numa estimativa do número total de unidades que devem ser produzidas pelo bem a ser depreciado, se sua vida útil estiver limitada a esse volume, e a quota anual de depreciação é expressa pela seguinte fórmula:

$$\text{Quota de depreciação} = \frac{\text{n}^{\underline{o}} \text{ de unidades produzidas no período X}}{\text{n}^{\underline{o}} \text{ de unidades estimadas a serem produzidas durante a vida útil do bem}}$$

O resultado da fração apresentada representará o percentual de depreciação a ser aplicada no ano X.

Mas é bom lembrar da forte preferência das normas internacionais pelo uso das quotas constantes, o que tecnicamente é discutível.

7.2.6.5 Registro contábil da depreciação

A depreciação é reconhecida como despesa ou como parte do custo de outro ativo em formação a partir da data em que o Imobilizado a ser depreciado está disponível para uso, o que acontece quando está no local e em condição de funcionamento na forma pretendida pela administração. A depreciação deixa de ser reconhecida quando o Imobilizado for classificado como mantido para venda ou quando for baixado, o que ocorrer primeiro.

É importante salientar que, periodicamente, deve ser revisada a vida útil do Imobilizado *vis-à-vis* com sua capacidade de gerar benefícios econômicos para a entidade, para, em sendo o caso, rever-se o cômputo da quota de depreciação reconhecida no resultado, ou mesmo reconhecer uma perda por valor não recuperável. A despesa de depreciação será zero quando o valor residual do Imobilizado for igual a seu valor contábil. Quando o valor residual voltar a ficar abaixo do valor contábil, é reiniciado o reconhecimento das depreciações em resultado.

O ajuste das taxas de depreciação deve ser efetuado à medida que elas se mostrem não mais representativas da realidade econômica por mudança na expectativa de vida útil do bem. Além disso, a estimativa do valor de venda do ativo quando da cessação de sua utilização também é importante, pois se esse valor não se mostrar irrealista, não devem ser as variações temporárias que irão levar a tais ajustes.

7.2.6.6 Exaustão

Como visto, a exaustão é a baixa do custo do Imobilizado constituído por riquezas naturais que vão se exaurindo com sua exploração. Para esse caso, muito excepcionalmente o cálculo apropriado deixa de ser o das unidades produzidas.

7.2.7 Forma de apresentação no balanço

Os pontos a serem observados na forma de apresentação dos elementos do Ativo Imobilizado nas demonstrações contábeis incluem o seguinte:

a) As principais classes de Ativo Imobilizado e seus tipos devem ser demonstrados separadamente no balanço. Pequenos saldos poderão ser agregados, desde que sejam iguais ou menores que um décimo do valor total do respectivo grupo. Nesses casos, deverá ser indicada a natureza dos saldos agregados, e é vedada a utilização de designações genéricas, tais como "diversas contas".

b) Uma forma alternativa seria apresentar o total global do Imobilizado no balanço e demonstrar o desdobramento das contas em nota explicativa.

c) O custo e a respectiva conta redutora de depreciação, exaustão ou amortização acumulada devem ser demonstrados separadamente, de forma a permitir a identificação do valor total investido e uma indicação global do grau de depreciação, exaustão ou amortização já incorridas.

7.2.8 Operações de arrendamento, aluguéis etc.

Para o caso de arrendamento, aluguel, direito de utilização e assemelhados, grande mudança ocorreu a partir da emissão do CPC 06 (R2) – Arrendamentos. Consulte-se o Capítulo 13 deste *Manual*.

7.3 Propriedades para investimento

7.3.1 Comentários gerais

Temos tido cada vez mais dificuldade em conciliar o texto contábil da Lei das S.A. com as normas contábeis internacionais. Na verdade, a própria Lei obriga a CVM à utilização dessas normas internacionais, e elas evoluem, mas a Lei não; e o Conselho Federal de Contabilidade (CFC), a quem cabe a normatização das demais empresas que não estejam sujeitas a regulamentação contábil legal própria, segue a mesma linha. Assim, depois da última alteração da Lei, novos conceitos foram introduzidos na contabilidade e nem sempre se coadunam com ela. É preciso, por isso, no caso de impossibilidade de conciliação, obedecermos às normas aprovadas pela CVM e pelo CFC, já que a própria Lei manda segui-las.

Por exemplo, a Lei menciona a classificação em "Investimentos: as participações permanentes em outras sociedades e os direitos de qualquer natureza, não classificáveis no ativo circulante, e que não se destinem à manutenção da atividade da companhia ou da empresa". Assim, as propriedades para investimento poderiam, sob essa ótica, estar em Investimentos ou no Imobilizado, conforme o caso. Afinal, propriedades para investimento são imóveis (obrigatoriamente) mantidos para geração de renda ou para especulação para venda futura. Propriedades para investimento, mantidas para uma empresa cujo objeto social seja o da exploração dessas propriedades, poderiam, pelo texto da Lei, ficar no Imobilizado. Isso porque, segundo essa mesma Lei, classificam-se "no ativo imobilizado: os direitos que tenham por objeto bens corpóreos destinados à manutenção das atividades da companhia ou da empresa ou exercidos com essa finalidade, inclusive os decorrentes de operações que transfiram à companhia os benefícios, riscos e controle desses bens;". Se as propriedades para investimento nessa empresa se destinam à manutenção das atividades da entidade, são Imobilizados quando vistos por esse ângulo.

7.3.2 Conceituação de propriedades para investimento

A companhia pode ter imóveis que sejam mantidos para fins de locação ou arrendamento ou mesmo para fins de valorização da propriedade tendo em vista uma futura venda a terceiros, ou ambos os objetivos. De acordo com o CPC 28 – Propriedade para Investimento, uma "propriedade (terreno ou edifício – ou parte de edifício – ou ambos) mantida (pelo proprietário ou pelo arrendatário como ativo de direito de uso) para auferir aluguel ou para valorização do capital ou para ambas e, não, para: (a) uso na produção ou fornecimento de bens ou serviços ou para finalidades administrativas; ou (b) venda no curso ordinário do negócio".

7.3.3 Critérios de avaliação de propriedades para investimento e de outros investimentos

Há uma clara opção dada pelo CPC 28 – Propriedade para Investimento para a avaliação desse ativo: custo (sujeito à depreciação) ou valor justo. No caso das propriedades para investimento avaliadas pelo custo, elas devem ser depreciadas, como ocorre no Imobilizado, caso atenda-se ao conceito de depreciação (lembrar o caso dos terrenos), como ocorre com imóveis mantidos para valorização de capital ou renda (aluguel, por exemplo). Uma propriedade para investimento deve ser inicialmente mensurada pelo seu custo, incluindo os custos de transação (dispêndios diretamente atribuíveis à transação, como as remunerações profissionais de serviços legais, impostos de transferência de propriedade e outros congêneres). E valem todos os conceitos utilizados para o Imobilizado vistos neste mesmo capítulo não só para a depreciação como também para dispêndios atribuíveis ao custo para colocá-lo em condições de funcionamento, tributos recuperáveis, pagamento a prazo etc.

Quando da opção pelo modelo do valor justo para avaliar as propriedades para investimento, conforme previsto no CPC 28, tal opção deve ser feita subsequentemente ao reconhecimento inicial e os ganhos e as perdas provenientes de alterações no valor justo do ativo deverão ser reconhecidos no resultado do período em que ocorrer. Por esse motivo, consta do modelo de Plano de Contas a segregação da conta Propriedades para Investimento em duas formas de avaliação: Avaliadas pelo valor justo e Avaliadas pelo custo.

Vale lembrar que também se classificam como propriedade para investimento os terrenos cujo uso futuro ainda não tenha sido definido pela entidade, como dispõe o item 8 do CPC 28. Portanto, se a entidade não tiver definido que irá utilizar o terreno como propriedade ocupada pelo proprietário (Imobilizado) ou para venda no curto prazo no curso ordinário do negócio, o terreno é considerado mantido para valorização do capital.

7.3.4 Avaliação de propriedade para investimento

7.3.4.1 Conceituação adicional

Uma propriedade para investimento, obrigatoriamente, tem de ser um imóvel, ou seja, uma propriedade (um terreno ou edifício, ou parte de um edifício ou ambos), mantida para se obter renda (receita de aluguel) ou valorização do capital ou ambas. Não pode, portanto, ser classificada como propriedade para investimento uma propriedade destinada ao uso no processo de produção, ou no fornecimento de bens ou serviços, ou nas atividades administrativas, ou nas atividades comerciais. Esse é o caso, por exemplo, de uma propriedade comprada ou construída para ser vendida no curso ordinário do negócio, como é o caso de empresa do setor de construção imobiliária em geral ou outra empresa cuja atividade envolve a compra e venda de imóveis.

Um caso específico é o das propriedades cujo uso futuro é incerto, ou seja, a administração ainda não determinou se a propriedade será ou não utilizada na manutenção das atividades da empresa ou se será mantida para fins de valorização de capital ou renda. Nessa situação, enquanto ainda não estiver decidido o uso futuro do ativo, a propriedade pode ser classificada como propriedade para investimento (item 8 do CPC 28).

Nesse sentido, vale ressaltar que determinada propriedade pode ter uma parte destinada para investimento (propriedade para investimento) e outra parte destinada ao uso na produção ou fornecimento de bens ou serviços ou para finalidades administrativas (Ativo Imobilizado). Cada parte deve estar classificada em grupo próprio e ser tratada contabilmente de forma separada.

Nesse ponto, vale destacar que um Imobilizado se diferencia de uma propriedade para investimento pela capacidade desta última de gerar fluxos de caixa altamente independentes dos outros ativos da entidade, o que não acontece no caso do Imobilizado, já que a produção ou fornecimento de bens ou serviços (ou o uso de propriedades para finalidades administrativas) gera fluxos de caixa atribuíveis não somente às propriedades envolvidas, mas ao conjunto de ativos usados no processo de produção ou de fornecimento.

Outro aspecto a ser destacado é que uma propriedade para investimento se diferencia de um estoque (imóveis construídos ou adquiridos para venda); afinal, este último é mantido pela empresa porque existe a intenção de que seja realizado no curso ordinário dos negócios, ou seja, a propriedade a ser vendida é capaz de satisfazer desejos e necessidades dos consumidores, que se predispõem a pagar por eles e a contribuir assim para o fluxo de caixa da entidade. Por outro lado, a condição para classificar como propriedade para investimento é justamente que ela seja mantida para auferir aluguel ou para valorização (especulação) do capital (ou ambas) e não para uso (Imobilizado) ou venda no curso normal dos negócios (Estoque).

As normas que tratam do Imobilizado e da Propriedade para Investimento mencionam em suas respectivas definições a expressão "para aluguel a outros" (CPC 27) e "para auferir aluguel" (CPC 28). Assim, imóveis alugados para entidades do próprio grupo não podem, no balanço consolidado, ser classificadas como Propriedade para Investimento.

A diferença entre Propriedade para Investimento e Imobilizado consiste na natureza do ativo, sua finalidade e na intenção pela qual cada um deles é alugado. Por exemplo, na situação em que determinado imóvel é alugado a empregados por causa da localização da empresa (uma fazenda, por exemplo, ou uma indústria localizada em zona não urbana etc.), então, a atividade de aluguel do imóvel para seus empregados é parte das atividades de produção, porque sem os empregados não se terá a produção e, dessa forma, o conjunto de ativos usados no processo produtivo não irá gerar fluxos de caixa para a entidade. Nesse caso, tem-se que esse imóvel é um Ativo Imobilizado, pois na verdade está sendo empregado na manutenção das atividades dessa empresa. De outra forma, se a empresa mantém uma propriedade com fins específicos de locação a terceiros para auferir renda até que outra destinação seja decidida pela empresa, mesmo essa atividade não sendo parte das atividades ordinárias da empresa (já que é uma indústria), o imóvel pode ser classificado como propriedade para investimento.

Há também de se observar que a operação de aluguel pode ser uma atividade ordinária da empresa, como é o caso de um fundo imobiliário, por exemplo. Assim, o objetivo de o fundo manter imóveis alugados a terceiros é obter renda e ganhos com a valorização do imóvel, devendo classificá-los como Propriedade para Investimento e não no Imobilizado.

Por outro lado, existem empresas cuja atividade principal abrange compra, venda e locação de imóveis. Nesse caso, as propriedades destinadas à venda no curso normal dos negócios devem ser classificadas como estoque, as propriedades utilizadas para fins administrativos devem ser classificadas como Imobilizado e somente as propriedades que não estiverem sendo utilizadas, não estiverem destinadas à venda e também não estão sendo preparadas para uso ou venda, mas que estiverem sendo mantidas para fins de renda e/ou valorização de capital, é que poderão ser classificadas como propriedades para investimento.

Se a empresa tem um imóvel para aluguel, mas concomitantemente presta outros serviços relevantes via esse imóvel, tem nele um Imobilizado e não uma propriedade para investimento. Esse é o caso de imóvel utilizado como hotel ou hospital. A entidade somente poderá classificá-lo como propriedade para investimento se esses serviços forem insignificantes, ou seja, irrelevantes diante da renda de locação. Na dúvida sobre a relevância desses serviços, deve sempre ser considerada a essência da operação. Por exemplo, se a empresa tiver um grande imóvel que serve como escola e essa empresa terceiriza a gestão e a operação do negócio "escola" para outra entidade, mas continua com todos os riscos e benefícios do negócio escola, deve tratar o Ativo como Imobilizado porque, na essência, ela usa o imóvel como parte do negócio que explora e está sujeita a seus riscos e recompensas. Se, todavia, essa entidade transferir para um terceiro todos os riscos e benefícios do negócio escola (mas não do imóvel), então o imóvel é uma propriedade para investimento.

Sempre que a propriedade para investimento estiver sendo mensurada subsequentemente ao seu valor justo, é importante que, ao determinar o valor justo da propriedade, a entidade não conte duplamente ativos (ou passivos) que estejam reconhecidos separadamente. Esse é o caso do elevador, parte integrante de edifício e geralmente incluído no valor justo da propriedade para investimento. Portanto, a entidade não reconhece separadamente o elevador como Ativo Imobilizado. Outro caso é quando o imóvel foi alugado com a mobília. Então, se o valor justo do imóvel, um escritório, por exemplo, incluir o valor justo da mobília porque o aluguel é cobrado para o escritório mobiliado, a entidade não reconhece a mobília como um ativo separado (CPC 28.50).

Como já dito, no caso de compra de um imóvel com a intenção de valorização do capital aplicado, tem-se que esse imóvel é uma propriedade para investimento. A empresa pode, por exemplo, comprar um enorme terreno para futura utilização, mas numa área que é o triplo do que precisará para essa futura utilização; e adquire esse terreno excedente para vendê-lo mais à frente, com sua provável valorização em função até da sua própria instalação nesse novo local. A parte do imóvel adquirida para ganho com futura provável valorização é considerada propriedade para investimento, e a parte destinada à futura utilização pela própria empresa não deve ser classificada como propriedade para investimento, como exemplifica o item 9 do CPC 28, mas como investimento enquanto não começar a ser preparada para funcionar como Imobilizado (em andamento).

Outro ponto: um imóvel objeto de operação de arrendamento também pode ser classificado, na arrendatária, como propriedade para investimento, desde que o direito de uso decorrente do arrendamento atenda à definição de uma propriedade para investimento. Pode, por exemplo, a empresa tomar sob essa forma de arrendamento um imóvel com o objetivo de sublocação para terceiros e, nesse caso, teria um direito de uso de um imóvel cujo propósito é auferir aluguéis. Outrossim, conforme determina a nova norma de Arrendamentos, IFRS 16 – CPC 06 (R2), a arrendatária que aplicar a mensuração de suas propriedades para investimento ao valor justo deverá também avaliar pelo valor justo os direitos de uso decorrentes de contratos de arrendamentos de propriedades que atendam à definição de propriedade para investimento da IAS 40, equivalente ao CPC 28.

7.3.4.2 Mensurações subsequentes: custo ou valor justo

Diferentemente do Ativo Imobilizado, a propriedade para investimento, após o registro inicial, pode ser avaliada a valor justo, a critério da entidade que reporta e desde que aplicada de forma consistente ao longo do tempo (trata-se de uma escolha entre duas políticas contábeis alternativas). Vale lembrar que sempre é necessário existirem motivos relevantes para a mudança de qualquer política contábil. E a mudança de avaliação de valor justo para o custo é muito difícil de ser fundamentada, como o próprio Pronunciamento afirma. Já a mudança do custo para o valor justo é sempre mais fácil de ser justificada. Talvez fosse o caso de se adotar a prática seguinte: Propriedade para Investimento mantida para aluguel, registrada ao custo, já que o objetivo não é vendê-la; e a mantida para futura venda, registrada ao valor justo. Mas isso não faz parte das normas.

A norma permite que a entidade dê tratamento diferenciado para as propriedades que suportem passivos que pagam retorno diretamente relacionado ou com o valor justo das propriedades ou com os retornos de um conjunto de ativos especificados que inclua essa propriedade. Esse é o caso, por exemplo, de um fundo imobiliário com uma carteira de propriedades cujo retorno a ser pago aos cotistas está diretamente relacionado com o valor justo das propriedades e com o retorno dos ativos (incluindo as propriedades) gerados pelo seu arrendamento operacional.

Para melhor entendimento do dispositivo, contudo, vamos imaginar que essa entidade "fundo" seja controlada pela Companhia Alfa, que também controla diversas empresas de inúmeros setores distintos. Então, nas demonstrações individuais do "fundo", faz sentido que todas as suas propriedades estejam mensuradas a valor justo. Isso porque o objetivo do fundo é valorizar sua cota e, portanto, suas propriedades suportam passivos que pagam retorno relacionado com o valor justo ou ao retorno gerado por suas propriedades (*vide* item 32B do CPC 28). Mas, nas demonstrações consolidadas de Alfa, pode não ser adequado que todas as propriedades sejam mensuradas a valor justo. Portanto, se não existisse esse dispositivo no CPC 28 (item 32A), a entidade "grupo" teria de optar entre custo ou valor justo para o conjunto completo de propriedades. Assim, pela prerrogativa dada pela norma, a entidade "grupo" pode reportar as propriedades do fundo a valor justo e as demais propriedades mantidas em outras empresas do grupo pela política do custo.

Resumindo, o CPC 28 permite optar por um ou outro método (custo ou valor justo) para todas as propriedades para investimento que suportem passivos que pagam retornos relacionados com valor justo ou retorno das propriedades e, separadamente, optar entre um e outro método para as demais propriedades.

Um ponto relevante merece destaque: se a entidade escolher o método do custo para registro contábil, deve, de qualquer forma, divulgar o valor justo da sua propriedade para investimento em nota explicativa.

Vale lembrar que, quando utilizada a política contábil do valor justo, suas variações são reconhecidas diretamente no resultado de cada período e, por conseguinte, esse ativo não se submete à depreciação.

O valor justo pode ser obtido de avaliador independente, o que, via de regra, é preferível por ser mais confiável. E, se não existir condição de uma mensuração confiável do valor justo para uma propriedade para investimento em particular, deve-se utilizar, para essa propriedade, o método do custo. No caso de ativos em construção, pode não ser possível mensurar o valor justo durante a construção, quando, então, é usado o método do custo até que o valor justo possa ser utilizado.

Todas as disposições da norma que trata do Imobilizado são aplicáveis às propriedades avaliadas a custo, inclusive as disposições relacionadas com a segregação entre o que é despesa e o que é adição ao ativo proveniente de reformas, manutenções, benfeitorias etc.

Por outro lado, quando a entidade utiliza o método do valor justo, a norma CPC 28 traz orientações específicas para quando houver necessidade de substituição de partes da propriedade (um elevador, por exemplo), uma vez que o valor justo da propriedade para investimento pode já refletir o fato de que a parte a ser substituída perdeu o seu valor, mas pode haver casos em que é difícil discernir quanto do valor justo deve ser reduzido para a parte a ser substituída. Assim, a norma recomenda, como alternativa à redução do valor justo para a parte substituída nos casos em que não for prático realizar essa redução, que a entidade inclua o custo da substituição no valor contábil do ativo antes da sua nova avaliação pelo valor justo, tal como seria exigido para adições não envolvendo substituição (CPC 28.68).

Podem ocorrer transferências de imóveis do Ativo Imobilizado para a propriedade para investimento e vice-versa caso surjam motivos para isso. Essas transferências precisam estar muito bem suportadas por fatos devidamente documentados e fundamentações que verdadeiramente as justifiquem.

De acordo com o CPC 28, as transferências para (ou de) propriedades para investimento são feitas quando, e somente quando, houver alteração de "uso" do ativo, o que pode ser evidenciado pelo que segue:

a) Início de ocupação pelo proprietário, ou de desenvolvimento com vista à ocupação pelo proprietário (a propriedade para investimento deve ser transferida para o Imobilizado).

b) Início de desenvolvimento para sua venda (a propriedade para investimento deve ser transferida para estoque). Mas, se a entidade decidir alienar a propriedade sem desenvolvimento, deve-se continuar a tratar o imóvel como propriedade para investimento até que seja baixada (vendida).

c) Fim de ocupação pelo proprietário (o Imobilizado deve ser transferido para propriedade para investimento).

d) Começo de arrendamento operacional para outra entidade (o estoque deve ser transferido para propriedade para investimento).

Portanto, as possibilidades de transferências são:

a) De Propriedade para Investimento para Estoque ou para Imobilizado: independentemente de a propriedade estar avaliada a custo ou valor justo, a transferência deve ser contabilizada simplesmente debitando-se o estoque (ou o Imobilizado) e creditando-se a conta da propriedade pelo saldo dessa última conta. Nesse sentido, quando de propriedade mensurada a valor justo, esse valor justo na data da transferência representa o "custo atribuído" para fins do reconhecimento inicial de um estoque (ou Imobilizado).

b) De Estoque para Propriedades para Investimento: caso a política contábil da entidade seja o valor justo, então qualquer diferença entre o valor justo da propriedade na data da transferência e seu valor contábil anterior deve ser reconhecida no resultado do período. Já, caso a política contábil seja o custo, a transferência ocorrerá sem alterar o valor do ativo para fins contábeis (a entrada como propriedade para investimento e a saída como estoque serão registradas pelo saldo contábil que o ativo apresentava como estoque na data da transferência).

c) De Imobilizado para Propriedades para Investimento: no caso de a política contábil da entidade ser o valor justo para suas propriedades, deverá ser creditada no **Patrimônio Líquido** a diferença entre o saldo contábil líquido do ativo (enquanto Imobilizado que será creditado pela baixa) e o valor justo dessa propriedade (que será debitado pela entrada como propriedade para investimento). Esse procedimento pressupõe a ausência de perdas acumuladas por redução do ativo ao seu valor recuperável para o imóvel, enquanto Imobilizado. E, se existirem essas perdas acumuladas, parte ou toda a diferença entre seu valor contábil líquido (enquanto Imobilizado na data da transferência) deverá ser utilizada para a reversão dessas perdas e somente a diferença é que será reconhecida no resultado (como reversão de perdas e observando-se as disposições que limitam a determinação do valor da reversão, previstas no capítulo que trata do Imobilizado). Já caso a política contábil da entidade seja o custo, a transferência ocorrerá sem alterar o valor do ativo para fins contábeis (a entrada como propriedade para investimento e a saída como Imobilizado serão registradas pelo saldo contábil líquido que o ativo apresentava como Imobilizado na data da transferência).

Em resumo, quando a entidade usar o método do custo, quaisquer que sejam as transferências, o valor contábil do imóvel não será alterado; e quando a entidade usar o método do valor justo, no caso de transferências de Imobilizado ou estoque para propriedades para investimento, podem ser geradas diferenças, que serão tratadas no resultado ou no Patrimônio Líquido, dependendo da situação.

Há que se observar aqui uma diferença entre a classificação contábil exigida na IAS 40 – *Investment Properties*, e o exigido no CPC 28 – Propriedades para Investimento. No caso das transferências de imóveis classificados como Imobilizado para o subgrupo de Propriedades para Investimento, o tratamento exigido pela norma IAS 40 consiste em reconhecer a diferença entre o custo (como Imobilizado) e o valor justo (como propriedade para investimento) como uma reavaliação e, portanto, contabilizada na conta de reserva de reavaliação (parágrafo 62 (b) (ii)). Já no CPC 28, essa diferença deve ser contabilizada na conta de Ajustes de Avaliação Patrimonial (item 62 (b) (ii)), até porque no Brasil a reavaliação de ativos não é permitida. As contas Reserva de Reavaliação e Ajustes de Avaliação Patrimonial integram o Patrimônio Líquido.

O CPC 28 dispõe, contudo, que os valores registrados na conta de Ajustes de Avaliação Patrimonial provenientes dessa transferência do Imobilizado para propriedades para investimento, quando da realização do ativo, serão transferidos diretamente para Lucros ou Prejuízos Acumulados, mesmo tratamento que essa realização teria se a diferença tivesse sido registrada como Reserva de Reavaliação, como exige a IAS 40. Em outras palavras, a realização desses valores não deverá transitar o Resultado do Exercício.

Para orientações complementares sobre reconhecimento, mensuração e divulgação de propriedades para investimento adicionalmente ao CPC 28, deve-se consultar o ICPC 10 – Interpretação Sobre a Aplicação Inicial ao Ativo Imobilizado e à Propriedade para Investimento dos Pronunciamentos Técnicos CPCs 27, 28, 37 e 43.

Vale comentar ainda que, no caso de adoção inicial das normas internacionais de contabilidade, o que implica dizer também que é um caso de adoção inicial dos pronunciamentos do CPC, devem-se cumprir as exigências do CPC 37 (R1) – Adoção Inicial das Normas Internacionais de Contabilidade, que traz orientações específicas no caso de propriedades para investimento.

7.4 Tratamento para as pequenas e médias empresas

Os conceitos abordados neste capítulo também são aplicáveis às entidades de pequeno e médio portes, com algumas exceções. Com a revisão efetuada pelo IASB em 2015, o Pronunciamento para pequenas e médias empresas passou a permitir a reavaliação de ativos, desde que autorizada legalmente; o que não é o caso brasileiro.

De acordo com Pronunciamento Técnico PME – Contabilidade para Pequenas e Médias Empresas, o valor residual, a vida útil e o método de depreciação necessitam ser revistos apenas quando existir uma indicação relevante de alteração, isto é, não necessitam ser revistos anualmente, como preconizado no CPC 27 – Ativo Imobilizado.

No que diz respeito aos contratos de arrendamento, as alterações introduzidas pelo CPC 06 (R2) – Arrendamentos não se aplicam às pequenas e médias empresas, permanecendo o pronunciamento aplicável a elas inalterado com relação a esse tema.

Ressalta-se ainda que o Pronunciamento Técnico PME – Contabilidade para Pequenas e Médias Empresas reza que as propriedades para investimento de que a empresa puder mensurar o valor justo sem custo e/ou esforço excessivo serão mensuradas pelo método do valor justo, e as mudanças de valor são reconhecidas no resultado; todas as demais propriedades para investimento serão contabilizadas no Imobilizado e mensuradas pelo custo, sujeitas à depreciação e à redução ao valor recuperável.

Para maior detalhamento, consulte o referido Pronunciamento Técnico.

8

Ativos Intangíveis e Ativos Biológicos

8.1 Introdução

Com as alterações na Lei nº 6.404/1976, promovidas pelas Leis nºs 11.638/2007 e 11.941/2009, uma nova estrutura de Balanço Patrimonial passou a ser adotada. A aplicação da Lei nº 11.638, para as companhias abertas e fechadas e sociedades de grande porte, passou a ser uma exigência para os exercícios sociais com início a partir de 1º de janeiro de 2008.

Entre outras novidades, foi criado o grupo **Intangível**, que passou a figurar como um Ativo Não Circulante, assim como o Realizável a Longo Prazo, os Investimentos de Longo Prazo e o Ativo Imobilizado. Destaque-se que a inclusão do grupo Intangível já era uma exigência para as companhias abertas, por força da Deliberação CVM nº 488/2005.

O art. 179 da Lei nº 6.404/1976, em seu inciso VI, agora determina que serão classificados no Intangível "os direitos que tenham por objeto bens incorpóreos destinados à manutenção da companhia ou exercidos com essa finalidade, inclusive o fundo de comércio adquirido".

É de salientar que muito do que será tratado neste capítulo já vinha sendo parcialmente discutido e adotado refletindo as práticas internacionais de Contabilidade. Atualmente, a convergência às normas internacionais, imposta pelas alterações introduzidas no § 5º do art. 177 da Lei nº 6.404/1976, nos obriga a utilizar uma segregação de contas semelhante àquela utilizada nos países onde tais regras já estão sendo praticadas.

Esse assunto está tratado nos Pronunciamentos Técnicos CPC 04 (R1) – Ativo Intangível, e CPC 15 (R1) – Combinação de Negócios, aprovados pelas Deliberações CVM nºs 644/2010 e 665/2011, respectivamente.

Há ainda a Interpretação Técnica ICPC 09 (R2) – Demonstrações Contábeis Individuais, Demonstrações Separadas, Demonstrações Consolidadas e Aplicação do Método de Equivalência Patrimonial, que também confere bastante luz sobre a matéria.

Destaca-se que, apesar da expressão ampla **Ativo Intangível** do CPC 04 (R1), existem restrições no alcance dessa norma. Outros pronunciamentos podem oferecer tratamento contábil específico para determinados intangíveis mais especializados, como é o caso dos gastos com a exploração ou o desenvolvimento e a extração de petróleo, gás e depósitos minerais de indústrias extrativas, o caso dos contratos de seguros ou do ágio por expectativa de rentabilidade futura (*goodwill*). Dessa forma, a entidade deve avaliar seu contexto operacional e verificar qual pronunciamento técnico é o mais adequado para orientar suas práticas contábeis com relação ao Intangível.

O presente capítulo aborda também a normatização específica dos Ativos Biológicos. Tradicionalmente, o modelo contábil utilizado para a atividade agrícola no Brasil era baseado no custo histórico como base de mensuração dos Ativos Biológicos, isto é, os custos eram ativados e reconhecidos no resultado do exercício apenas no momento da venda, quando se apurava o lucro ou prejuízo das transações.

A ausência de normatização específica sobre o tema não impossibilitava que tais ativos, quando destinados à venda, fossem mensurados pelo valor de mercado, conforme o § 4º do art. 183 da Lei das S.A., sobre os critérios de avaliação do ativo: "os estoques de mercadorias fungíveis destinadas à venda poderão ser avaliados pelo valor de mercado, quando esse for o costume mercantil aceito pela técnica contábil".

Poucas eram, entretanto, as empresas que utilizavam o valor de mercado como base de mensuração de seus Ativos Biológicos para fins de contabilidade societária, provavelmente em razão dos possíveis impactos tributários que essa política contábil teria.

É necessário aqui lembrar que o reconhecimento dos produtos agrícolas a valor de mercado quando de sua efetiva produção era já uma prática consagrada em muitos países e permitida no Brasil como visto. Assim, era comum reconhecer (não no Brasil, porque esse reconhecimento gerava tributação imediata), em muitos países, a soja quando colhida, e não quando vendida; a azeitona quando colhida, e não quando vendida; o café quando colhido etc.

Também era comum reconhecer a mercado os Ativos Biológicos quando eles mesmos se transformavam em produtos agrícolas, como no caso de gado que nascia e também em crescimento e engorda (isso era mesmo muito comum), o próprio eucalipto em fase de crescimento (mesmo que nesse caso essa prática não fosse tão comum). Em alguns casos, Ativos Biológicos não destinados a se tornar produtos agrícolas também eram avaliados a mercado, como gado para reprodução em alguns países.

Com o processo de completa convergência das normas contábeis brasileiras às normas internacionais, foi aprovado o Pronunciamento Técnico CPC 29 – Ativo Biológico e Produto Agrícola, baseado na norma internacional IAS 41. Conforme discutiremos ao longo deste capítulo, o CPC 29 apresenta um modelo contábil específico para a atividade agrícola, baseado na mensuração de certos Ativos Biológicos e da produção agrícola a valor justo, que alterou de maneira substancial nossa prática contábil até então. No entendimento dos órgãos normatizadores contábeis, justifica-se uma norma específica sobre o tema, haja vista que os Ativos Biológicos possuem natureza distinta de outros ativos, em razão do processo de transformação biológica motivada por fatores como passagem do tempo, alterações climáticas etc. E, no Brasil, o agronegócio é um dos setores mais importantes na economia, tanto para o mercado interno quanto para a balança comercial.

E, o que é importante, a partir das Leis nºs 11.638/2007, 11.941/2009 e 12.973/2014, passou a não mais haver tributação no reconhecimento desse valor justo, ficando a tributação diferida para quando da efetiva venda. Isso, obviamente, facilitou a implantação da nova metodologia.

As companhias fechadas e as sociedades de grande porte não têm a obrigação legal de atender às normas expedidas pela CVM sobre elaboração e apresentação de demonstrações contábeis, mas seus profissionais estão vinculados ao Conselho Federal de Contabilidade, que aprovou os mesmos procedimentos. Tais empresas devem obedecer às regras contábeis impostas pela lei e, opcionalmente, adotar as regras da CVM.

8.2 Ativos Intangíveis

8.2.1 Aspectos conceituais

Ao se falar em Ativos Intangíveis, uma questão singular emerge naturalmente, qual seja, o porquê de a Contabilidade não admitir o reconhecimento de um fundo de comércio (ou *goodwill*), do capital humano, entre outros, quando estes não forem adquiridos de terceiros independentes, por meio de uma transação amparada pelo princípio de origem anglo-saxônica do *arm's length*.

O *arm's length* é um princípio que norteia acordos e transações comerciais realizados sob condições de equilíbrio e independência das partes envolvidas, predispostas a negociar e com habilidade para barganhar. Buscando razões etimológicas para incorporação da expressão ao mundo dos negócios, tem-se contato com a definição apresentada pelo dicionário *on-line Merriam-Webster*, segundo a qual *arm's length* representa a distância que desencoraja contatos pessoais ou fraternais; no caso da Contabilidade, que não haja qualquer relação de dependência entre um e outro: mantenha as partes à distância de um braço (*keep former friends at arm's length*), o que denota o real sentido da expressão em termos econômicos, e repetindo, ausência de qualquer relação entre as partes envolvidas.

Já outros Intangíveis, por exemplo, marcas, patentes e direitos autorais, são reconhecidos mesmo quando desenvolvidos internamente pela empresa, mas ao custo incorrido para serem conseguidos, e apenas pelas parcelas mensuráveis de forma direta e objetiva, se com característica de gerarem benefícios incrementais no futuro.

Ressalte-se ainda que a questão do melhor tratamento contábil a ser dispensado aos Intangíveis não se circunscreve apenas ao momento inicial de seu reconhecimento. A mensuração subsequente e o acompanhamento periódico do Intangível, além da definição de sua própria natureza, são etapas cruciais no processo de produção de informações pela Contabilidade.

8.2.2 Definição, reconhecimento e mensuração inicial

Os Intangíveis são um ativo como outro qualquer não monetário (não pode representar direito a receber dinheiro), mas sem existência corpórea, sem existência física. São agregados de benefícios econômicos futuros sobre os quais dada entidade detém o controle e exclusividade na sua exploração. Ocorre que, diferentemente dos Ativos Tangíveis, visivelmente identificados e contabilmente separados, os Intangíveis, por vezes, não o são. Um exemplo de Intangível não identificável é o ágio por expectativa de rentabilidade futura (*goodwill*), denominado fundo de comércio pela Lei nº 6.404/1976 (art. 179, inciso VI).

O CPC 04 (R1) define Ativo Intangível como um ativo não monetário identificável sem substância física. Essa definição nos remete ao Pronunciamento Conceitual Básico, que estabelece que um ativo é um recurso econômico presente controlado pela entidade como resultado de eventos passados, e do qual se espera que resultem benefícios econômicos para a entidade. Três pontos dessas definições devem ser analisados com especial atenção tendo em vista o reconhecimento de um Ativo Intangível: identificação, controle e geração, no futuro, de benefícios econômicos. Um Intangível só deve ser reconhecido se atender a esses três pontos.

Um Intangível atende ao critério da identificação quando: (i) for separável ou, em outras palavras, puder ser separado da entidade e vendido, transferido, licenciado, alugado ou trocado, individualmente ou junto com um contrato, Ativo ou Passivo relacionado, independentemente da intenção de uso pela entidade; ou (ii) resultar de direitos contratuais ou outros direitos legais, independentemente de tais direitos serem transferíveis ou separáveis da entidade ou de outros direitos e obrigações. Essa identificação é necessária para diferenciá-lo do *goodwill*, que é um Intangível não identificável. Aliás, o *goodwill*, apesar de ser o mais intangível dos intangíveis, não é tratado no CPC 04, mas sim no CPC 15 – Combinação de Negócios.

Tem-se que uma entidade controla um ativo quando detém o poder de obter benefícios econômicos futuros gerados pelo recurso subjacente e de restringir o acesso de terceiros a esses benefícios. Esse controle pode ter por base direitos legais. Apesar de a ausência de direitos legais poder dificultar a comprovação do controle, não se tem esse ponto como determinante, pois uma entidade pode controlar um ativo de outra maneira que não pela via legal.

Como qualquer outro recurso que atenda ao conceito de Ativo, um Intangível, para ser reconhecido contabilmente, deve proporcionar benefícios econômicos por meio do seu emprego nas atividades da entidade que o controla. Esses benefícios podem se materializar para a entidade por meio do incremento da receita de venda de produtos ou serviços ou da redução de custos.

O CPC 04 (R1) exige que a entidade reconheça um item como Ativo Intangível após ter demonstrado que esse item atendeu à definição e aos critérios de reconhecimento. Considerados esses pontos iniciais, um Intangível só deve ser reconhecido se: (i) for provável que os benefícios econômicos futuros esperados atribuíveis ao Ativo serão gerados em favor da entidade; e (ii) o custo do Ativo possa ser mensurado com segurança. O Ativo Intangível deve ser mensurado pelo custo no momento do reconhecimento inicial, a não ser quando estipulado de forma diferente em um Pronunciamento específico, como expressamente no caso de Combinação de Negócios (CPC 15), ou como implicitamente no caso de Subvenção Governamental (CPC 07).

O subgrupo Intangível, regra geral, abriga marcas, *softwares*, licenças e franquias, receitas, fórmulas, modelos, protótipos, gastos com desenvolvimento, carteira de clientes e outros que atendam aos critérios de reconhecimento e mensuração, que antes eram tratados no extinto grupo de Ativo Diferido ou no Ativo Imobilizado; abriga ainda os direitos autorais, presentes em grande parte na indústria fonográfica e de audiovisual e todo e qualquer direito passível de controle e exploração que gere benefícios incrementais, e que não esteja contemplado em uma norma específica que regule a matéria. As despesas antecipadas, cumpre salientar, não estão no rol dos itens a serem considerados Ativo Intangível.

A consequência natural, com a adoção pelas empresas no Brasil do grupo Intangível, é que muitas das rubricas registradas e contabilizadas em outros grupos de contas antes da introdução das IFRS foram reclassificadas.

Podem existir casos de ativos que contenham elementos tangíveis e intangíveis. Para saber se tal ativo deve ser tratado como Imobilizado nos termos do CPC 27 – Ativo Imobilizado, ou Intangível, deve ser avaliado qual elemento é o mais significativo. Quando um *software* é parte integrante de um equipamento, e sem ele o equipamento não funciona, o conjunto deve ser tratado como parte desse Imobilizado. Isso não significa que todos os *softwares* que venham a integrar um equipamento sejam, obrigatoriamente, incluídos no conjunto, dentro do Imobilizado. Deve ser verificado se o *software* pode ser identificado e movimentado separadamente do equipamento, e, sendo esse o caso, o *software* será registrado no Intangível.

Em operações de combinações de negócios, sobretudo de aquisição de controle societário ou de participações societárias significativas no capital de uma empresa, é comum o surgimento de um valor pago a mais sobre o valor de Patrimônio Líquido contábil da ação ou quota da sociedade investida. Frequentemente, isso se deve a intangíveis não reconhecidos contabilmente, mas que têm valor econômico. (Não confundir com *goodwill*, que é sempre residual e que não tem identificação específica, e que é tratado no Capítulo 23 – Combinação de Negócios, Fusão, Incorporação e Cisão.)

Isso é possível considerando, obviamente, que todo esforço tenha sido envidado para alocar o "sobrepreço" a ativos e passivos identificados que tenham dado causa a seu surgimento na avaliação econômica realizada. Esse procedimento já era requerido no Brasil por força do Decreto-lei nº 1.598/1977 e da Instrução CVM nº 247/1996, com nova redação dada pela Instruções CVM nºs 269/1997, 285/98, 464/2008, e 469/2008, até sua revogação pela Instrução CVM nº 2/2020, mas vinha sendo muitíssimo mal praticado. Nas demonstrações individuais, esse montante da diferença entre o valor justo e o valor contábil líquido de ativos e passivos (mesmos que não contabilizados) fica em conta específica de Investimentos na adquirente, e nas consolidadas ele é alocado diretamente aos ativos e passivos a que se refere ou evidenciados em linha própria se não contabilizados na adquirida.

E, é claro, esse fato não significa que a contabilidade da adquirida esteja errada; ocorre que podem ser intangíveis que agora são objeto de uma transação entre partes independentes, são confiavelmente mensurados e precisam, agora sim, ser reconhecidos como ativo em quem os adquiriu.

E o que representa o *goodwill*? Em verdade, nada mais é do que a expectativa de rentabilidade futura que alguém pagou para adquirir essa participação societária; um agregado de benefícios econômicos futuros, ou, sintetizando, um conjunto de intangíveis não identificáveis no processo de aquisição (inclusive, a sinergia de ativos e a capacidade de gestão de novos administradores), para os quais, objetivamente, não é possível proceder a uma contabilização em separado. Repetimos que os valores que possam ser vinculados a ativos individualizáveis, identificados e com vida própria, mesmo que intangíveis, devem ser segregados do *goodwill*.

O Pronunciamento Técnico CPC 15 (R1) – Combinação de Negócios determina, em termos gerais, que a empresa adquirente deve reconhecer o ágio por expectativa de rentabilidade futura ou *goodwill* no momento da aquisição e ser mensurado pelo valor em que o montante da contraprestação transferida em troca do controle da adquirida superar o valor líquido dos ativos identificáveis adquiridos e dos passivos assumidos mensurados a valor justo. Em outras palavras, o *goodwill* representa o valor pago pelo controle ou pela parcela da entidade adquirida que supera o valor justo do Patrimônio Líquido com seus elementos avaliados individualmente, considerando a participação de não controladores.

Recorrendo ao CPC 04 (R1), tem-se que um Ativo Intangível adquirido de forma separada deve ser mensurado pelo custo. O custo desse Intangível inclui o preço de compra e todo gasto necessário para colocá-lo nas condições de funcionamento pretendidas pela administração. Mas, se um Intangível for adquirido em uma combinação de negócios, deve ser mensurado pelo valor justo no momento da aquisição.

A partir dessas determinações, conclui-se que aqueles intangíveis que forem individualmente transacionados devem ser contabilizados pelo custo incorrido na operação. Os intangíveis que estiverem inseridos no preço de aquisição pago por um negócio, e puderem ser tecnicamente identificados de modo confiável, devem ser contabilizados em separado do *goodwill* pelo seu valor justo. A Figura 8.1 ilustra de modo didático o processo de decomposição a ser observado.

Figura 8.1 Processo de decomposição a ser observado.

Em seu item 34, o CPC 04 (R1) requer que um Intangível, que seja passível de identificação, seja contabilizado separadamente. Assim orienta:

"34. De acordo com o Pronunciamento Técnico CPC 15 – Combinação de Negócios, o adquirente deve reconhecer na data da aquisição, separadamente do ágio derivado da expectativa de rentabilidade futura (*goodwill*) apurado em uma combinação de negócios, um Ativo Intangível da adquirida, independentemente de o ativo ter sido reconhecido pela adquirida antes da aquisição da empresa. Isso significa que a adquirente reconhece como ativo, separadamente do ágio derivado da expectativa de rentabilidade futura (*goodwill*), um projeto de pesquisa e desenvolvimento em andamento da adquirida se o projeto atender à definição de Ativo Intangível. Um projeto de pesquisa e desenvolvimento em andamento da adquirida atende à definição de Ativo Intangível quando:

a) corresponder à definição de ativo; e

b) for identificável, ou seja, é separável ou resulta de direitos contratuais ou outros direitos legais."

Aqui cabe tecer alguns comentários para que não pairem dúvidas quanto ao tratamento contábil a ser dado ao Intangível. Primeiro, é condição *sine qua non* para seu registro que a entidade tenha incorrido em custo para sua aquisição. Quando as normas falam em mensuração de modo confiável, contabilização em separado, é no contexto de aquisição de uma companhia como um todo (*business combination*). É para efeito de decomposição do custo total incorrido na operação, conforme esquema gráfico sugerido anteriormente.

Outra consideração importante diz respeito à questão da mensuração confiável. Deve haver evidências inequívocas – direitos legais ou contratuais – que permitam delimitar o Intangível e, em último caso, negociá-lo com um terceiro independente. Sua mensuração deve passar no teste de terceiros independentes que, caso fossem mensurar o Intangível, por meio de critérios alternativos, chegariam a valores muito próximos. Há um exemplo concreto no Brasil em que um Intangível pôde ser segregado do preço pago por uma companhia. As concessionárias de serviço de energia elétrica tiveram seus preços de alienação de controle decompostos por força do Órgão Regulador do Setor (Agência Nacional de Energia Elétrica – Aneel), que definiu, inclusive, sua curva de amortização. O prêmio pago, no bojo do preço de aquisição, para exploração da concessão, era antes contabilizado como Imobilizado. Esse procedimento não é mais condizente com as novas práticas contábeis adotadas no Brasil, pois um Ativo Imobilizado é agora, por definição, um Ativo Tangível ou corpóreo. Esse valor corresponde, basicamente, ao Ativo Intangível denominado direito de concessão.

Destaca-se que o ágio derivado da expectativa de rentabilidade futura ou *goodwill* gerado internamente não deve ser reconhecido, isso porque não é um recurso identificável ou separável controlado pela entidade. Além desse motivo, o ágio gerado internamente não pode ser mensurado com segurança.

É muito importante perceber que, no caso do *goodwill* originado em uma combinação de negócios, ele pertence à empresa adquirida. Há um pagamento por conta dele pelo adquirente, mas não se trata, de forma alguma, de algum crédito, bem, direito ou outra forma de ativo do próprio adquirente. Ele paga pela capacidade de a adquirida proporcionar lucros acima do normal, acima do que seria a remuneração normal do seu capital total (próprio e de terceiros).

Por isso, esse *goodwill* só é registrado no Ativo Intangível no Balanço Consolidado. Nos balanços individuais dos investidores, ele aparece simplesmente como um componente do investimento societário, no grupo específico de Investimentos dentro do Ativo Não Circulante.

8.2.3 Mensuração subsequente e vida útil

A caracterização do Intangível no momento do seu registro inicial é de fundamental importância para fins

contábeis. O CPC 04 (R1) determina que, após seu reconhecimento inicial, um Ativo Intangível deve ser mensurado com base no custo, deduzido da amortização acumulada e de possíveis perdas estimadas por redução ao valor recuperável. O Pronunciamento ainda considera a possibilidade de o Intangível ser mensurado com base no seu valor reavaliado, mas se isso for permitido legalmente. Atualmente, a reavaliação de bens tangíveis ou intangíveis não é permitida, de acordo com as novas disposições da Lei nº 6.404/1976.

Sua mensuração subsequente também será em função de o ativo possuir vida útil definida (conhecida) ou uma vida útil não definida (ilimitada ou, se limitada, impossível de determinar com confiabilidade). Tecnicamente, duas abordagens de mensuração subsequente são utilizadas para os intangíveis. Se há vida útil conhecida, confiavelmente determinada, utiliza-se a abordagem da amortização (*amortization approach*); se não há vida útil conhecida, ou sua delimitação é impossível de obter de modo confiável, utiliza-se a abordagem dos testes de recuperação (*impairment approach*). O Ativo Intangível com vida útil indefinida não deve ser amortizado. Para fins de amortização do Intangível com vida útil definida, a entidade deve assumir que o valor residual desse ativo é zero, exceto se houver compromisso de um terceiro independente para comprar o ativo no final da sua vida útil ou mercado ativo para o Intangível até o fim de sua vida útil.

No momento de registro inicial do Intangível adquirido, a entidade deve envidar seus melhores esforços para julgar se o ativo possui vida útil definida e para delimitar essa temporalidade. Projeções econômicas acerca da *performance* do Intangível, dentro de bases imparciais, são aconselhadas ainda para definir as cotas de amortização. Essas não serão necessariamente resultado da aplicação do método de linha reta.

Nesse sentido, o CPC 04 (R1), em seu item 97, orienta que as cotas de amortização do Intangível, como regra geral, devam estar alinhadas ao padrão de consumo ou uso de benefícios econômicos do Ativo Intangível, de tal sorte a serem produzidos lucros consentâneos com a realidade. Assim dispõe a norma:

"97. O valor amortizável de ativo intangível com vida útil definida deve ser apropriado de forma sistemática ao longo da sua vida útil estimada. A amortização deve ser iniciada a partir do momento em que o ativo estiver disponível para uso, ou seja, quando se encontrar no local e nas condições necessários para que possa funcionar da maneira pretendida pela administração. A amortização deve cessar na data em que o ativo é classificado como mantido para venda ou incluído em um grupo de ativos classificado como mantido para venda, de acordo com o Pronunciamento Técnico CPC 31 – Ativo Não Circulante Mantido para Venda e Operação Descontinuada, ou, ainda na data em que ele é baixado, o que ocorrer primeiro. O método de amortização utilizado reflete o padrão de consumo pela entidade dos benefícios econômicos futuros. Se não for possível determinar esse padrão com segurança, deve ser utilizado o método linear. A despesa de amortização para cada período deve ser reconhecida no resultado, a não ser que outra norma ou pronunciamento contábil permita ou exija a sua inclusão no valor contábil de outro ativo."

Em seu item 89, o CPC 04 (R1) deixa bem clara a postura a ser adotada. Se o Intangível possui vida útil definida, deve ser amortizado; se, por outro lado, possui vida útil indefinida, deve ser objeto de testes de *impairment* periódicos. Convém reproduzir parte do dispositivo:

"89. A contabilização de ativo intangível baseia-se na sua vida útil. Um ativo intangível com vida útil definida deve ser amortizado (ver itens 97 a 106), enquanto a de um ativo intangível com vida útil indefinida não deve ser amortizado (ver itens 107 a 110)."

Os itens 107 a 110 do Pronunciamento requerem que um Intangível com vida útil indefinida seja objeto do teste de *impairment*, nos termos do Pronunciamento Técnico CPC 01 (R1) – Redução ao Valor Recuperável de Ativos, no mínimo anualmente, ou sempre que houver evidências persuasivas de que o Intangível não gerará os benefícios econômicos esperados, refletidos em seu valor contábil.

Independentemente da natureza do Intangível, quer sua vida útil seja definida, quer indefinida, sua mensuração está limitada a seu valor recuperável. Com amparo no arcabouço contábil conceitual em vigor, o registro contábil dos intangíveis e de qualquer outro ativo é sempre limitado à capacidade de estes gerarem benefícios econômicos.

É de se destacar que, de acordo com as novas práticas contábeis adotadas no Brasil, o ágio por expectativa de rentabilidade futura (*goodwill*) não deve ser amortizado, mas sim ter seu valor contábil submetido ao teste de recuperabilidade de acordo com o Pronunciamento Técnico CPC 01 (R1) – Redução ao Valor Recuperável dos Ativos. Em caso de reconhecimento de perda de recuperabilidade, no caso específico do *goodwill*, não poderá haver reversão futura, ao contrário do que pode acontecer com outros ativos.

No Brasil, atualmente, não é admitida legalmente a reavaliação de Ativos Intangíveis, conforme destacado inicialmente nesta seção.

8.2.4 Aspectos fiscais

Para fins tributários, o ágio temporariamente apresentou significado diverso daquele normatizado na contabilidade societária. Na atualidade, as duas visões são convergentes. Contabilmente, como explicado em mais detalhes no Capítulo 6, o ágio por rentabilidade futura (*goodwill*) se caracteriza, hoje, pelo valor que excede: (a) o valor patrimonial contábil do investimento pela parte do investidor no Patrimônio Líquido da investida; e (b) valor por mais-valia de ativos líquidos, pela parte do investidor na diferença positiva entre o valor justo dos ativos líquidos e o valor patrimonial desses mesmos ativos líquidos. Eventualmente, esse valor pode ser negativo, o que resulta então na figura de ganho por compra vantajosa, o que, na legislação tributária, recebia o nome de deságio.

Em termos gerais, o efeito fiscal do ágio ou deságio somente ocorreria normalmente quando considerado custo na alienação ou baixa de investimento avaliado pelo valor de Patrimônio Líquido, de acordo com o art. 33 do Decreto-lei nº 1.598/1977, também em sua redação original.

Mas, nos termos do RIR consolidado pelo Decreto nº 3.000, de 26-3-1999, art. 386, o ágio, quando fundamentado em expectativa de lucros futuros, pode, nos casos de haver incorporação, cisão ou fusão (razões formais, e não de essência, infelizmente) ser amortizado à razão máxima de 1/60 para cada mês do período de apuração (inciso III do mesmo artigo), e o deságio também à mesma razão mínima de 1/60 para cada mês do período de apuração (inciso IV do mesmo artigo); mas, reforçamos, essa dedutibilidade é autorizada apenas em certas circunstâncias (fusão, incorporação ou cisão). Pela legislação em vigor, Decreto nº 9.580, de 22 de novembro de 2018, arts. 433 e 434, as condições específicas e prazos para amortização de ágio ou ganho em compra vantajosa permanecem. Mas há que se atentar agora às restrições formalmente inseridas para esses efeitos fiscais, como no caso de ágio surgido em transações entre entidades que estejam sob controle comum, ou ainda a obrigatoriedade de apresentação de laudo elaborado por perito independente à Receita Federal do Brasil ou cujo sumário será registrado no Cartório de Registro de Títulos e Documentos até o último dia útil do 13º mês subsequente ao da aquisição da participação (art. 421). Aqui está sendo discutida a eventual amortização fiscal, e o tema não deve ser confundido com a impossibilidade de amortização contábil do ágio.

Em suma, para efeito fiscal, o Decreto nº 9.580, de 22 de novembro de 2018, em seu art. 421, prevê que o custo de aquisição de investimento avaliado pelo Patrimônio Líquido deve ser desdobrado em:

a) Valor de Patrimônio Líquido na época da aquisição.

b) Mais ou menos-valia, que corresponde à diferença entre o valor justo dos ativos líquidos da investida, na proporção da porcentagem da participação adquirida, e o valor citado no item (a).

c) Ágio por rentabilidade futura (*goodwill*), que corresponde à diferença entre o custo de aquisição do investimento e o somatório dos valores citados nos itens (a) e (b).

Exceto nesses casos de amortização fiscal, o *goodwill* só pode ser baixado fiscalmente como parte do investimento sendo baixado no caso de sua alienação ou baixa.

Quando o valor do investimento é inferior à soma do valor de Patrimônio Líquido da investida e a mais ou menos-valia, na proporção da participação adquirida, não há ágio por rentabilidade futura, mas ganho proveniente de compra vantajosa. Esse valor é considerado resultado contábil na ocasião do reconhecimento do investimento, mas somente produzirá efeitos fiscais no período de apuração da alienação ou baixa do respectivo investimento.

Regras específicas, repete-se, são aplicáveis em casos de incorporação, cisão ou fusão.

No Brasil, atualmente, não é admitida legalmente a reavaliação de Ativos Intangíveis, nem de quaisquer outros ativos, conforme destacado inicialmente neste item.

8.2.5 *Impairment test*: intangíveis com vida útil definida, indefinida e *goodwill*

Os Ativos Intangíveis com vida útil definida, embora sejam objeto de amortização periódica em resultado para reconhecimento de sua realização contábil, estão sujeitos, como todo e qualquer ativo, à avaliação do seu valor de recuperação. Não há, conceitualmente, como se manter um ativo registrado por um valor que exceda sua substância econômica.

Recorrendo mais uma vez ao Pronunciamento Técnico CPC 04 (R1) – Ativo Intangível, sua leitura sistemática do Pronunciamento corrobora esse posicionamento. Intangíveis com vida útil definida, tais como direitos de exploração, estão sujeitos também a testes de recuperação periódicos. O referido Pronunciamento, em seu item 111, determina que os intangíveis, de modo geral, tenham vida útil definida ou indefinida, se submetam, sob os ditames do Pronunciamento Técnico CPC 01 (R1) – Redução ao Valor Recuperável do Ativo, à avaliação periódica de sua capacidade de gerar benefícios econômicos para a entidade (teste de *impairment*).

O CPC 01 (R1) determina que, independentemente de existir ou não qualquer indício de desvalorização, a entidade deverá testar, no mínimo anualmente, a redução ao valor recuperável de um Ativo Intangível com vida útil indefinida ou de um Ativo Intangível ainda não disponível para uso, comparando seu valor contábil com seu valor recuperável, e testar, também anualmente, o ágio pago por expectativa de rentabilidade futura (*goodwill*) em uma aquisição de entidades.

Sintetizando o discorrido, na Figura 8.2 está representada a árvore decisória para contabilização do Intangível.

8.2.6 Marcas e patentes

Essa categoria de Intangível normalmente tem valor pequeno, comparativamente às demais, pois envolve os gastos com registro de marca, nome, invenções próprias,

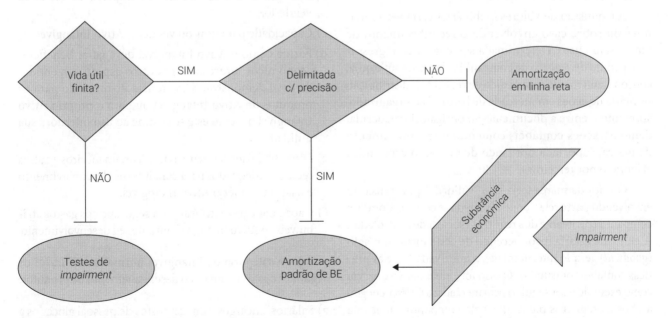

Figura 8.2 Contabilização do Ativo Intangível.

além de desembolsos a terceiros por contratos de uso de marcas, patentes ou processos de fabricação (tecnologia), a não ser no caso de aquisição de marcas de terceiros.

Aqui cabe breve consideração de extrema relevância. De modo geral, a Contabilidade, ao dispensar tratamento aos ativos denominados intangíveis, admite que se enquadrem como tais, para fins de contabilização, só e tão só aqueles para os quais a entidade tenha incorrido em custo, mensurável confiavelmente.

Assim, não se deve reconhecer contabilmente marca ou patente para a qual a companhia detentora do direito de exclusividade na sua exploração **não tenha incorrido em custo**. Contabilmente, não se discute o valor dos benefícios econômicos que referido ativo possa gerar para a entidade (valor de saída); a bem da verdade, dado o *constructo* do modelo contábil – confrontação de valor investido com retorno realizado; vinculação ao fluxo de caixa, distribuído temporalmente conforme fato gerador econômico; prudência com relação a expectativas de ingresso de receita (incertezas) –, um ativo, para ser passível de registro contábil, é condição *sine qua non* que tenha custo (valor de entrada), o que não significa que se restrinja isso ao caso de pagamento em dinheiro.

É importante entender que essa exigência de a entidade incorrer em algum gasto para se reconhecer um Ativo Intangível é precaução para não gerar precedente de se reconhecer o ágio por expectativa de rentabilidade futura (*goodwill*) gerado internamente, pois não é permitido pelo CPC 04 (R1) o reconhecimento desse ágio. O Pronunciamento Conceitual Básico dispõe que a ausência de um gasto não impede que um item atenda à definição de ativo e esteja qualificado para o reconhecimento, como é o caso de um bem recebido em doação.

A Comissão de Valores Mobiliários certa vez se manifestou sobre caso envolvendo o reconhecimento de marca sem custo. Determinada sociedade, ao ingressar com pedido de registro de companhia aberta na autarquia, concomitantemente com pedido de registro de distribuição primária de ações em mercado de balcão não organizado, apresentou, entre a documentação obrigatória requerida, demonstrações contábeis contendo o reconhecimento de marca, suportada por laudo de avaliação econômica elaborado por terceiros.

O valor da marca teria sido "validado" por transação envolvendo parte relacionada (sociedade controladora) e a companhia pleiteante dos registros (sociedade controlada). A entidade estaria reconhecendo de certa forma um ágio (*goodwill*) gerado internamente, o que é vedado pelas práticas contábeis brasileiras. O caso foi emblemático e serviu como exemplo a ser seguido pelo mercado: a CVM denegou ambos os registros pleiteados pela companhia, tanto na esfera de sua área técnica quanto na sua diretoria colegiada.

8.2.7 Direitos sobre recursos naturais

Essa categoria de Intangível está relacionada com os custos incorridos na obtenção dos direitos de exploração de jazidas de minério, pedras preciosas e similares. O valor de custo da jazida, quando a área é de propriedade da empresa, deve ser destacado em conta à parte no balanço. É importante destacar que esse Intangível está fora do alcance do CPC 04 (R1). O Pronunciamento específico, o CPC 34 – Exploração e Avaliação de Recursos Minerais, não foi editado até o momento.

8.2.8 Pesquisa e desenvolvimento

A entidade deve avaliar, para fins de reconhecimento, se um Ativo Intangível gerado internamente está na fase de pesquisa ou desenvolvimento. Se houver dificuldade em classificar se o processo de geração de um Intangível está na fase de pesquisa ou desenvolvimento, os gastos envolvidos nesse processo devem ser considerados decorrentes da fase de pesquisa.

Os gastos incorridos na fase de pesquisa devem ser reconhecidos como despesa no resultado do período, porque esses gastos não atendem às condições de reconhecimento de um ativo, principalmente no que diz respeito à garantia mínima de provável geração de benefícios futuros.

Os gastos incorridos na fase de desenvolvimento de um Intangível podem ser reconhecidos como Ativo apenas se a entidade demonstrar todos os aspectos constantes do item 57 do CPC 04 (R1), listados a seguir:

a) Viabilidade técnica para concluir o Ativo Intangível de forma que ele seja disponibilizado para uso ou venda.

b) Intenção de concluir o Ativo Intangível e de usá-lo ou vendê-lo.

c) Capacidade para usar ou vender o Ativo Intangível.

d) Forma como o Ativo Intangível deve gerar benefícios econômicos futuros. Entre outros aspectos, a entidade deve demonstrar a existência de mercado para os produtos do Ativo Intangível ou para o próprio Ativo Intangível ou, caso este se destine ao uso interno, a sua utilidade.

e) Disponibilidade de recursos técnicos, financeiros e outros recursos adequados para concluir seu desenvolvimento e usar ou vender o Ativo Intangível.

f) Capacidade de mensurar com segurança os gastos atribuíveis ao Ativo Intangível durante seu desenvolvimento.

Essa categoria de Intangível normalmente inclui os seguintes custos relativos ao desenvolvimento de produtos:

a) Salários, encargos e outros custos de pessoal alocados a tais atividades.

b) Materiais e serviços consumidos.

c) Depreciação de equipamentos e instalações utilizados no desenvolvimento.

d) Gastos gerais, apropriados segundo sua relação com o(s) projeto(s).

e) Outros custos relacionados com essas atividades, por exemplo, amortização de patentes e licenças.

Os custos com os aprimoramentos e modificações em produtos existentes que se destinam a mantê-los atrativos no mercado no curso normal das atividades não devem ser ativados, mas lançados diretamente nas despesas. Os custos de desenvolvimento ativados relacionam-se, normalmente, com projeto, construção e teste de produtos novos, de protótipos, modelos, dispositivos, processos, sistemas, entre outros de natureza semelhante.

Um aspecto fundamental a ser considerado, todavia, quando do registro contábil de custos com desenvolvimento de produtos e de outros itens no Ativo Intangível, e sua subsequente amortização, é o da incerteza quanto à sua viabilidade e período a ser beneficiado por esses custos, ou seja, o do atendimento ao princípio da confrontação de receitas e despesas. Dessa forma, os custos dessa natureza são normalmente contabilizados como despesa do período no qual são incorridos, exceto quando for possível demonstrar viabilidade técnica e comercial do produto e a existência de recursos suficientes para a efetiva produção e comercialização, conforme os aspectos listados, reduzindo-se, assim, a margem de incerteza da geração de benefícios econômicos futuros.

Qualquer que seja o critério de amortização, a empresa deve mencioná-lo em suas notas explicativas. A contrapartida da amortização do Intangível deve ser lançada em Despesas Operacionais (conforme o caso, no custo dos produtos elaborados), e deve tal valor estar destacado na Demonstração do Resultado do Exercício sem prejuízo de evidenciação em nota explicativa.

Releva ainda mencionar que os gastos com desenvolvimento de produtos e de outros projetos possíveis devem ser objeto de evidenciação detalhada: dos saldos das contas por natureza, quando relevantes; dos critérios de amortização; e dos valores contabilizados no resultado do exercício (inclusive, se a prática for contabilizar integralmente no resultado, não efetuando a ativação).

8.2.9 Considerações finais

O tratamento contábil dos Ativos Intangíveis requer, por parte dos profissionais responsáveis pela elaboração de demonstrações contábeis e dos responsáveis pela auditoria destas, muito julgamento e boa formação. Técnicas de elaboração de fluxo de caixa projetado e alguns princípios de finanças devem estar bem sedimentados.

Inegável é o grau de qualidade que passa a ter a informação contábil com a disciplina dos intangíveis por meio da inclusão desse grupo de contas no Ativo Não Circulante na Lei nº 6.404/1976 e da edição dos Pronunciamentos Técnicos CPC 04 (R1) e CPC 15 (R1) e Interpretação Técnica ICPC 09 (R2). Esse aspecto é deveras relevante, à medida que concorre para o desenvolvimento do mercado de capitais, ao reduzir incertezas e, por via de consequência, custos de captação das companhias.

8.2.10 Ativos intangíveis: tratamento para as pequenas e médias empresas

Os conceitos abordados neste capítulo relativos aos Ativos Intangíveis são aplicáveis às entidades de pequeno e médio portes com as seguintes exceções. Todos os Ativos Intangíveis devem ser considerados de vida útil finita. Nesse sentido, as empresas de pequeno e médio portes possuem tratamento diferenciado, pois as demais sociedades devem considerar vida útil indefinida a um Ativo Intangível quando, com base na análise de todos os fatores relevantes, não existe um limite previsível para o período durante o qual o ativo deverá gerar fluxos de caixa líquidos positivos que justifiquem esse ativo. Para as entidades de pequeno e médio portes, caso não possa ser estabelecida de forma confiável, a vida útil do Ativo Intangível deve ser determinada com base na melhor estimativa da administração, mas não deve exceder a 10 anos.

Esse tratamento diferenciado impacta, consequentemente, a amortização de tais ativos, pois, no caso das pequenas e médias empresas, todos os Ativos Intangíveis são amortizados. Assim, o ágio por expectativa de rentabilidade futura (*goodwill*) é, obrigatoriamente, amortizado nas pequenas e médias empresas, enquanto, como regra, nas demais entidades é baixado apenas por *impairment*.

Também não existe, para as Pequenas e Médias Empresas (PME), a possibilidade de ativação dos gastos com desenvolvimento de produtos, que precisam ser considerados despesa assim que incorridos.

Ainda de acordo com Pronunciamento Técnico PME – Contabilidade para Pequenas e Médias Empresas, o valor residual, a vida útil e o método de amortização necessitam ser revistos apenas quando existir indicação relevante de alteração, isto é, não necessitam ser revistos anualmente, como preconizado no Pronunciamento Técnico CPC 04 – Ativo Intangível.

No que diz respeito às perdas por desvalorização, o PME recomenda a abordagem do indicador e apresenta uma lista de eventos que indicam a existência de perda por desvalorização de modo a facilitar o cálculo desse valor e reduzir a dependência dos especialistas, o que aumentaria o custo para as pequenas e médias empresas.

Finalmente, para as pequenas e médias empresas, a reavaliação de Ativos não é permitida. (Lembrar-se de que, no Brasil, reavaliação de Ativos Intangíveis nunca foi aceita.) Para maior detalhamento, consultar o Pronunciamento Técnico PME – Contabilidade para Pequenas e Médias Empresas.

8.3 Ativos Biológicos

8.3.1 Um modelo contábil específico para a atividade agrícola

Considere uma empresa cuja atividade preponderante seja o negócio florestal e que plante, por exemplo, mogno com a finalidade de posterior colheita da madeira e sua comercialização. Admita, para fins didáticos, que o "corte" ocorra 15 anos após o plantio inicial. Pergunta-se: em que momento essa empresa obtém seu "ganho"? Deve-se reconhecer o lucro ou prejuízo à medida que as árvores crescem, no momento do corte ou apenas no momento em que ela emite a nota fiscal de venda? Qual o modelo contábil que melhor representa a realidade econômica dessa empresa?

A empresa não reconheceria qualquer ganho durante 15 anos caso o reconhecimento da receita fosse apenas no momento da concretização da venda. Em outras palavras, não haveria qualquer reconhecimento contábil em razão da alteração física dos eucaliptos ao longo dos anos; mesmo que o produtor sentisse, empiricamente, que estava tendo seu patrimônio majorado.

O *International Accounting Standards Board* (IASB), após vários anos de pesquisa e discussão, acabou por concluir, com a emissão da IAS 41 – *Agriculture*, que um modelo contábil baseado no custo histórico não reflete de maneira apropriada os resultados das empresas que conduzem a atividade agrícola, pelo menos parte dela. Afinal, o grande esforço no sentido de ganhar dinheiro nessa atividade agrícola é durante o processo de crescimento, de engorda, de produção enfim, e não no momento da venda. Reconhecer o lucro na venda implicava reconhecê-lo não no momento em que se despendem grandes esforços para consegui-lo, e sim quando de um processo de negociação que, por sinal, não costuma ser nada difícil. Além do mais, existem mercados para a grande maioria desses ativos durante seu processo de crescimento, de engorda, de produção etc.

O pressuposto subjacente à IAS 41 é de que a mensuração dos Ativos Biológicos (exceto plantas portadoras, mencionadas adiante) a valor justo captura de maneira mais apropriada as alterações econômicas no patrimônio das entidades que conduzem atividades agrícolas. No exemplo da atividade de plantação de mogno citado, a mensuração a valor justo reconhece de maneira mais eficaz as probabilidades e as variações nos fluxos de caixa futuro

da empresa; sendo, portanto, mais informativo para os usuários da Contabilidade.

Todavia, quando as plantas têm características de não serem elas mesmas o objeto da venda, mas sim os produtos que gera, temos uma diferença. Essas plantas (ou parte delas) são tratadas de forma diferente: como Ativo Imobilizado, ao custo e depreciado pela sua vida útil. Só os produtos dela gerados é que são avaliados a valor justo, inclusive durante o processo de produção. Com isso, essas plantas, denominadas **portadoras**, têm duplo tratamento: a parte "perene" ou duradoura é um Imobilizado e deve ser avaliado ao custo e o produto sendo gerado periodicamente é um produto biológico sendo avaliado a valor justo.

É interessante que o eucalipto, por exemplo, como regra, produz uns quatro cortes anuais após o sexto ou sétimo ano depois de haver sido plantado. Então, a parte perene é sua raiz e tronco inicial, que são Imobilizado. Já a parte do tronco que vai virar madeira é Ativo Biológico em processo de se transformar em produto biológico. Mas há, hoje, tecnologia (aparentemente pouco utilizada ainda) desenvolvida para o eucalipto sofrer um único corte e ser imediatamente substituído por outro pé. Nesse caso, a planta como um todo é Ativo Biológico a se transformar em produto biológico. O pé da cana-de-açúcar, que também produz por vários anos, também se assemelha ao eucalipto de vários cortes.

A situação é mais visível no caso de um pé de café, por exemplo, já que a árvore é uma planta portadora, e o fruto o produto. Já um pé de soja é produto biológico em formação desde seu início.

Assim, o CPC 29 estabelece o tratamento contábil dos Ativos Biológicos e dos produtos agrícolas. No entanto, para o correto entendimento de seu escopo e abrangência, é de suma importância compreender algumas definições-chave.

Em relação ao alcance da norma, esta deve ser aplicada para contabilizar:

a) Os Ativos Biológicos, exceto plantas portadoras.

b) A produção agrícola no ponto da colheita.

Determinadas subvenções governamentais relacionadas com Ativos Biológicos também devem seguir a referida norma.

De acordo com o CPC 29, Ativo Biológico é "um animal e/ou uma planta, vivos". Portanto, Ativo Biológico é um ativo vivo. Em relação às plantas portadoras, a referida norma define que planta portadora é uma planta viva:

a) Utilizada na produção ou no fornecimento de produtos agrícolas.

b) Cultivada para produzir frutos por mais de um período.

c) Que tem probabilidade remota de ser vendida como produto agrícola, exceto para eventual venda como sucata.

Assim, é importante destacar que a norma não se aplica a todos os Ativos Biológicos. Nesse sentido, os Ativos Biológicos podem ser classificados em dois grupos:

a) Consumíveis: são aqueles passíveis de ser colhidos como produto agrícola ou vendidos como Ativos Biológicos, por exemplo, rebanhos de animais mantidos para a produção de carne, rebanhos mantidos para a venda, produção de peixe, plantações de milho, cana-de-açúcar, soja, laranja (apenas a fruta antes de ser colhida) etc.

b) De produção: são autorrenováveis, pois aptos para sustentar colheitas regulares, por exemplo, os rebanhos de animais para produção de leite, vinhas, árvores frutíferas etc.

Observa-se, repetindo, que para os Ativos Biológicos de produção (por exemplo, plantas portadoras, rebanho de produção de leite e plantéis reprodutores), o CPC 29 não se aplica. Para esses ativos aplica-se o CPC 27 – Ativo Imobilizado. No entanto, o CPC 29 aplica-se aos produtos gerados a partir dessas plantas portadoras e rebanhos.

Os produtos colhidos dos ativos biológicos são denominados produtos agrícolas. Note-se que um mesmo Ativo Biológico pode gerar mais de um tipo de produto agrícola. Veja, por exemplo, o gado, de que podem ser extraídos leite ou carne; ou ambos.

Outro conceito de suma importância para compreensão do CPC 29 diz respeito à atividade agrícola, definida como "o gerenciamento da transformação biológica e da colheita de ativos biológicos para venda ou para conversão em produtos agrícolas ou em ativos biológicos adicionais, pela entidade". Nos raros casos em que a empresa que possui um Ativo Biológico não o tenha para a finalidade de atividade agrícola, ela não deverá aplicar o referido Pronunciamento Técnico. Esse é o caso de um zoológico que possui animais com o objetivo de exibição ao público.

A atividade agrícola pode compreender um conjunto de atividades diversas, por exemplo, a silvicultura, a floricultura, fruticultura, a piscicultura etc., e, apesar disso, possuem algumas características similares, que envolvem o gerenciamento e mensuração do processo de transformações biológicas resultantes do crescimento e procriação do animal ou planta. Em outras palavras, a atividade agrícola pressupõe gestão das transformações biológicas, não estando enquadradas, por exemplo, atividades de pesca no oceano ou desflorestamento.

Ainda sobre o escopo e abrangência do CPC 29, é importante ressaltar que o referido Pronunciamento é aplicado à produção agrícola até o momento da colheita,

definida como "a extração do produto de Ativo Biológico ou a cessação da vida desse ativo biológico".

A atividade de processamento dos produtos após a colheita não é tratada, portanto, pelo CPC 29; consequentemente, os produtos resultantes do processamento após a colheita estão fora desse Pronunciamento. Por exemplo, a madeira extraída de uma floresta de eucaliptos encontra-se sob o alcance do CPC 29, mas somente até ser colhida; daí para frente, até virar celulose, por exemplo, decorrente do processamento após a colheita, não. Nesse caso, é tratada como se fosse matéria-prima para o produto final, e está submetida ao tratamento do CPC 16 – Estoques, ficando pelo custo. O mesmo é válido para uma plantação de uvas: a uva colhida encontra-se sob o escopo do referido Pronunciamento Técnico, mas a transformação da referida uva pela vinícola, mesmo que a mesma entidade conduza tal atividade, não.

O que significa isso? Se uma empresa produtora de celulose compra a madeira de eucalipto, trata-a como matéria-prima comum, avaliada ao custo, e esse custo entra nos custos totais de produção até chegar ao custo do produto acabado como qualquer outra indústria. A avaliação a "mercado" (valor justo menos despesas de venda) só terá ocorrido no produtor que plantou o eucalipto e colheu a madeira.

Se foi a mesma empresa que plantou, cuidou na fase de crescimento, colheu a madeira e a utilizou na fabricação da celulose, terá de ter feito a avaliação a valor justo menos despesas de venda do eucalipto desde o plantio até a colheita (corte) da madeira e, daí para frente, essa madeira será tratada como matéria-prima, e o valor justo líquido no momento da colheita se transforma em valor de custo para avaliar esse estoque de madeira a ser utilizado no processo de produção da celulose. Esse procedimento faz com que o "custo" da matéria-prima (madeira) seja praticamente o mesmo, independentemente de a empresa ter comprado ou produzido a matéria-prima.

Em relação a esse ponto, o item 13 do CPC 29 diz:

"O produto agrícola colhido de Ativos Biológicos da entidade deve ser mensurado ao valor justo, menos a despesa de venda, no momento da colheita. O valor assim atribuído representa o custo, no momento da aplicação do Pronunciamento Técnico CPC 16 – Estoques, ou outro Pronunciamento aplicável".

O Quadro 8.1 fornece alguns exemplos de Ativos Biológicos, produtos agrícolas e produtos resultado do processamento após a colheita.

É importante ressaltar que a não inclusão da atividade de processamento no escopo do CPC 29 (e da IAS 41) deixa alguns pontos a serem tratados pelos doutrinadores contábeis e profissionais experientes, pela falta de normatização; por exemplo, quando tal atividade é realizada pela mesma

Quadro 8.1

Ativos biológicos	Produtos agrícolas	Produtos resultantes do processamento após a colheita
Carneiros	Lã	Fio, tapete
Plantação de árvores para madeira	Árvore cortada	Tora, madeira serrada
Gado de leite	Leite	Queijo
Porcos	Carcaça	Salsicha, presunto
Plantação de algodão	Algodão colhido	Fio de algodão, roupa
Cana-de-açúcar	Cana colhida	Açúcar
Plantação de fumo	Folha colhida	Fumo curado
Arbustos de chá *	Folha colhida	Chá
Videiras *	Uva colhida	Vinho
Árvore frutífera *	Fruta colhida	Fruta processada
Palmeira de dendê *	Fruta colhida	Óleo de palma
Seringueira *	Látex colhido	Produto da borracha

* Geralmente, atendem à definição de planta portadora e, por isso, estão dentro do alcance do CPC 27 – Ativo Imobilizado.

Fonte: CPC 29.

entidade, como no caso de um viticultor que planta uvas, colhe e depois as processa para fabricação de vinho. Isso porque, nesse caso, o processamento pode ser visto como uma extensão lógica e natural da atividade agrícola, e os eventos que ocorrem após a colheita possuem, ainda, certa similaridade com a transformação biológica (o envelhecimento do vinho, por exemplo). Assim, poderá a empresa tratar, enquanto utiliza a uva, como se fosse matéria-prima avaliada ao custo (o custo é o último valor justo líquido atribuído) até que o vinho seja obtido; daí para frente, o vinho passa a ser avaliado ao valor justo (prática antiga, aliás, na Europa) até sua completa colocação em condições de venda no caso de longa maturação.

A justificativa do órgão normatizador para a não inclusão da atividade de processamento no escopo da norma é que a maioria dessas atividades não se diferencia de outros processos de fabricação, que transformam a matéria-prima em produto acabado, sob o escopo do CPC 16 (R1) – Estoques. O racional é que o Pronunciamento que trata dos estoques de uma empresa já possui os requerimentos para a contabilização das atividades de processamento.

Via de regra, portanto, os produtos resultantes do processamento após a colheita são contabilizados de acordo com o CPC 16 (R1) – Estoques. Entretanto, poderá, eventualmente, ser aplicado outro Pronunciamento Técnico, como o CPC 27 – Ativo Imobilizado, quando, por exemplo, a madeira colhida de uma plantação for utilizada para a construção da edificação da sede própria da entidade.

Assim, uma empresa com processo verticalizado, que, por exemplo, abate animais (aves, suínos etc.) e depois os utiliza como insumo para elaboração de produtos industrializados (frango empanado, coxinha etc.) aplicará o CPC 29 até o momento do abate, e daí em diante o CPC 16 (R1). Nesse contexto, o custo inicial dos estoques será justamente o valor justo líquido do Ativo Biológico no momento do abate. Quando do início do processamento, tal ativo (o produto agrícola), já sob o alcance do CPC 16 (R1), é considerado matéria-prima, mensurado pelo custo ou valor realizável líquido, dos dois o menor. Consequentemente, eventuais ganhos serão diferidos até o momento da efetiva venda, enquanto perdas serão registradas no período de ocorrência. Para maiores detalhes acerca da contabilização de Estoques e do CPC 16 (R1), favor consultar o Capítulo 3 – Estoques deste *Manual*.

Salienta-se, igualmente, que o CPC 16 (R1), no item 3, faz menção a tratamento diferenciado para determinados produtos colhidos para posterior revenda *in natura* (café, algodão, soja, entre outros, em uma empresa que não os processe) ou quando tratados como *commodities*, que continuam a ser mensurados pelo valor justo menos despesas de venda após a colheita. Essa já é prática também em muitos países, e pode ser seguida normalmente mesmo não estando tão claramente normatizada pelo IASB. Assim, quem especula com café no mercado pode comprá-lo e avaliá-lo continuamente pelo valor justo líquido até a venda, reconhecendo ganhos e perdas durante sua permanência nos estoques. Isso faz todo o sentido para as *commodities* que têm negociabilidade tranquila, havendo liquidez para sua negociação, o que caracteriza o mínimo esforço de venda; reconhecer lucro no momento da venda não espelha, efetivamente, o desempenho da entidade. O seu desempenho fica mais bem medido pela não venda, ou seja, pela manutenção do estoque; avaliá-lo a mercado espelha bem melhor o resultado da decisão de estocá-lo, com a evidenciação das curvas que mostram se está ganhando ou perdendo com isso.

É interessante mencionar que o IASB ainda não emitiu normas a respeito dos produtos naturais na forma de minerais, apesar de isso estar sob estudo. Para eles, a prática em muitos países tem sido a mesma, como no caso do ouro; é reconhecido assim que produzido, limpo, lingotado, pelo valor justo líquido, mostrando o lucro no ato de sua produção. Normalmente, continua sendo avaliado por esse critério, a não ser que se transforme em matéria-prima para produção de joias, por exemplo. Outros minérios são assim avaliados, quando o mercado é líquido e o preço facilmente obtenível por meio de cotação em bolsas ou mercados organizados. Em algumas situações em que o aproveitamento do minério é extremamente ágil, muitas empresas não chegam a avaliá-lo a mercado porque muito rapidamente vira produto final, como no caso de muitas produtoras de petróleo que, rapidamente, o transformam em produto acabado na forma de gasolina, diesel etc.

É mister salientar ainda que o CPC 29 também não estabelece o tratamento contábil para terrenos ou propriedades rurais destinados à condução da atividade agrícola. Portanto, quando os Ativos Biológicos estiverem fisicamente instalados no terreno, como no caso de árvores em uma floresta plantada, não destinada à comercialização, devem ser mensurados separadamente. Via de regra, tais ativos devem ser mensurados pelo custo menos depreciação/exaustão, estando sujeitos igualmente ao teste de redução ao valor recuperável (*impairment*) quando houver indícios de desvalorização, conforme os requisitos do Pronunciamento Técnico CPC 27 – Ativo Imobilizado.

Pode ocorrer, ainda, de as propriedades destinadas à condução de atividade agrícola serem classificadas como Propriedade para Investimento, quando adquiridas com o objetivo de renda ou valorização, devendo, nesse caso, ser mensuradas pelo valor justo ou pelo custo, conforme as exigências de mensuração do CPC 28 – Propriedade para Investimento. Para mais detalhes acerca da contabilização de Ativo Imobilizado e Propriedades para Investimentos, favor consultar o Capítulo 7 deste *Manual*.

Em suma, conforme discutido nos parágrafos anteriores, o CPC 29 é aplicável às empresas que desenvolvem atividades agrícolas, estabelecendo o tratamento contábil dos Ativos Biológicos durante o período de crescimento, degeneração, produção e procriação, e dos produtos agrícolas, no seu reconhecimento inicial, definido como o momento da colheita. A seguir, discutem-se as exigências de reconhecimento, mensuração e divulgação, com exemplos e as respectivas contabilizações.

8.3.2 Reconhecimento e mensuração

As exigências para reconhecimento de um Ativo Biológico ou produto agrícola são similares aos outros tipos de Ativo, conforme o item 10 do CPC 29:

> "A entidade deve reconhecer um ativo biológico ou produto agrícola quando, e somente quando:
>
> a) controla o ativo como resultado de eventos passados;
>
> b) for provável que benefícios econômicos futuros associados com o ativo fluirão para a entidade; e
>
> c) o valor justo ou o custo do ativo puder ser mensurado confiavelmente."

Evidências de controle podem ser baseadas na propriedade legal; no caso de um rebanho, pela sua respectiva marcação no momento da aquisição ou nascimento, por exemplo. Já os benefícios econômicos estão normalmente relacionados com a mensuração dos atributos físicos significativos desses ativos. A ideia subjacente é que as alterações nos atributos físicos de um animal ou planta aumentam (ou diminuem) diretamente os benefícios econômicos futuros para a empresa que desenvolve a atividade agrícola.

A base de mensuração dos Ativos Biológicos é o valor justo menos a despesa de venda desde o reconhecimento inicial. Conforme discutiremos no próximo item, existe a suposição no CPC 29 de que o valor justo de um Ativo Biológico pode ser mensurado de forma confiável. Nos casos em que o valor justo não puder ser mensurado com confiabilidade, os Ativos Biológicos, em nível de exceção, deverão ser mensurados pelo custo.

A justificativa é de que o valor contábil deve representar os benefícios econômicos que se espera fluir dos ativos, e essa base de mensuração, o valor justo menos as despesas de venda, representa a melhor estimativa desses fluxos de caixa futuros, desde que com valores confiáveis. No caso de uma plantação de eucalipto, por exemplo, o padrão de crescimento das árvores afeta diretamente as expectativas de benefícios econômicos, mas difere em grande escala, em termos de época, dos padrões de ocorrência do custo. Nessa atividade agrícola, portanto, o custo como base de mensuração dos Ativos Biológicos é tido por muitos como pouco informativo.

O produto agrícola deverá, como mencionado, ser mensurado pelo valor justo menos as despesas de venda no momento da colheita. Conforme dito, o valor atribuído ao produto agrícola ao valor justo líquido se transforma em custo quando de sua utilização para processo de transformação, submetendo-se ao custo daí para frente na aplicação do CPC 16 (R1) – Estoques, ou outro Pronunciamento aplicável. Portanto, após a colheita, o valor justo do produto agrícola não é mais revisado, a não ser nas circunstâncias comentadas. Caso os produtos agrícolas fossem normalmente e sempre mensurados pelo seu valor justo após a colheita, por consistência os estoques comprados de terceiros também deveriam ter essa mesma base de mensuração; e esse tratamento seria inconsistente com o CPC 16 (R1).

A seguir, são discutidos os critérios para a mensuração pelo valor justo de Ativos Biológicos e produtos agrícolas.

8.3.2.1 Mensuração do valor justo dos ativos biológicos e produtos agrícolas

Os conceitos e as definições sobre valor justo constantes no CPC 29 são, na essência, os mesmos presentes em outros Pronunciamentos Técnicos do CPC que exigem ou permitem essa base de mensuração; e estão igualmente em linha com a Norma Internacional sobre o assunto, a IFRS 13 – *Fair Value Measurements*.

De acordo com o item 8 do CPC 29, valor justo "é o preço que seria recebido pela venda de um ativo ou que seria pago pela transferência de um passivo em uma transação não forçada entre participantes do mercado na data de mensuração".

Sobre essa definição, é importante fazer alguns breves comentários:

a) Valor justo é um valor de mercado, isto é, não é específico da entidade.

b) Decorre de uma transação em condições normais, ou seja, não se trata de venda forçada decorrente de uma empresa em liquidação, ou ainda de uma transação com favorecimentos em decorrência de os agentes serem, por exemplo, partes relacionadas.

c) As partes que realizariam essa transação hipotética conhecem o negócio, têm disponibilidade e interesse em realizá-lo e estariam dispostas, ainda, a fazer diligência, se necessário.

A melhor estimativa do valor justo é a existência de um preço cotado em um mercado ativo. Um mercado é ativo quando há um número razoável (comparativamente ao mercado como um todo) de compradores e vendedores dispostos voluntariamente à negociação, e efetivamente promovendo negociações, com preços transparentemente disponibilizados para o público.

Quando, portanto, o Ativo Biológico ou produto agrícola for negociado em mercado ativo (por exemplo, boi, arroz, café, soja etc.), pressupõe-se que esses mercados fornecem uma mensuração confiável do valor justo. Caso a entidade possua acesso a dois ou mais mercados ativos distintos, deverá usar o preço vigente no mercado que pretende utilizar para suas negociações.

Em muitos casos, a determinação do valor justo para um Ativo Biológico ou produto agrícola pode ser facilitada pelo agrupamento destes, conforme os atributos significativos reconhecidos no referido mercado em que os preços são baseados. Por exemplo, como sabemos, o valor justo do gado é influenciado por sua raça, genética, idade etc.

Nota-se, também, que o valor justo do ativo deve levar em conta sua localização e condições atuais. Nesse contexto, a entidade deve considerar os custos de transporte e outras despesas que seriam necessários para colocar o ativo em condições de venda no referido mercado para qual o preço encontra-se disponível.

Em outras palavras, uma empresa situada na Região Centro-Oeste, por exemplo, que venda seus produtos agrícolas na Região Sudeste deverá considerar as despesas de transporte para levar os ativos a seu mercado de venda. Ou seja, o valor justo a ser considerado não será o da região de origem, mas sim o de venda do produto, líquido das despesas de venda, partindo-se do princípio de que esse valor líquido seja maior do que o obtido na região de origem.

Pode acontecer também, conforme discutido, de os Ativos Biológicos estarem implantados na terra, como as plantações. Caso um valor de mercado exista apenas para os Ativos Biológicos em conjunto com a propriedade agrícola, a entidade deverá, a partir das informações existentes e de estimativas confiáveis, computar o valor justo dos Ativos Biológicos de maneira separada. Isso poderia ser feito, por exemplo, comparando-se o valor justo da propriedade com e sem os Ativos Biológicos; por diferença apurar-se-ia o valor justo dos Ativos Biológicos nas condições atuais.

É importante ressaltar que a existência de contratos de venda de Ativos Biológicos ou produtos agrícolas em data futura, isto é, contratos a termo ou futuros, não são necessariamente relevantes para cômputo do valor justo. Isso porque os preços desses contratos celebrados em determinado período poderão não refletir o valor justo em data posterior. Portanto, conforme o item 16 do CPC 29, "o valor justo de ativo biológico ou produto agrícola não deve ser ajustado em função da existência de contrato de venda futura".

Note-se que essa exigência pode levantar dúvidas, haja vista que pode ocorrer de uma entidade que já se encontra comprometida com uma venda futura a determinado preço (que irá gerar um lucro e um fluxo de caixa futuro) ter de "marcar" seu Ativo Biológico ou produto agrícola por preço distinto (um lucro hipotético, que já se sabe de antemão não será realizado).

Mas é importante mencionar que, apesar de não levados necessariamente em conta na mensuração do valor justo do Ativo Biológico ou produto agrícola, tais contratos poderão se tornar onerosos, quando o valor de venda previsto estiver abaixo do valor justo do referido ativo. Assim, a entidade deverá aplicar o CPC 25 – Provisões, Passivos Contingentes e Ativos Contingentes. O importante é que, nesse caso, fica muito mais bem evidenciado o que está ocorrendo: a empresa pode estar ganhando na valorização do estoque, mas perdendo por causa do contrato elaborado, ou o contrário. Avaliando-se tudo ao custo, nada disso ficaria claro.

Naturalmente, o problema da mensuração ao valor justo torna-se mais complicado quando da inexistência de mercados ativos para alguns Ativos Biológicos e, em particular, para aqueles com longo período de crescimento. Um problema de ordem prática surge, por exemplo, no cômputo de uma plantação de pinus nos seus primeiros anos. Como sabemos, mercados ativos são mais frequentes para produtos agrícolas que para ativos biológicos.

Nos casos em que o preço ou o valor não estiverem disponíveis no mercado para o Ativo Biológico nas condições em que ele se encontra, o cômputo do valor justo deve ser realizado mediante desconto, com base em uma taxa de mercado, dos fluxos de caixa líquidos futuros esperados. Esse é o método utilizado, por exemplo, por grande parte das empresas de papel e celulose no Brasil em razão da inexistência de mercados ativos para árvores de eucalipto e pinus, principalmente nos primeiros anos de plantio. As empresas com plantações de cana-de-açúcar também têm se utilizado do fluxo de caixa descontado.

Nota-se que o fluxo de caixa descontado é um método, e não um fim em si. O objetivo de utilizar essa metodologia de avaliação é justamente determinar o valor justo do Ativo Biológico no local e nas condições atuais na ausência de mercados ativos. Em outras palavras, por meio do desconto dos fluxos de caixa futuros do Ativo busca-se determinar o valor pelo qual o Ativo Biológico poderia ser vendido no mercado, na data da mensuração, assumindo uma transação normal entre participantes do mercado.

Dada a inerente subjetividade da utilização de técnicas de valoração no cômputo do valor justo, é mister fazer algumas considerações; em linha com o que é preconizado no item 22 do CPC 29 e da IAS 41, com as Bases para a Conclusão da referida norma internacional e igualmente com a IFRS 13, nova norma internacional que trata especificamente da mensuração a valor justo:

a) A taxa de juros utilizada para descontar os fluxos de caixa deve ser aquela antes dos tributos sobre o lucro. O mesmo é aplicável aos fluxos de caixa projetados que não consideram as possíveis despesas de imposto de renda e contribuição social.

b) Não deve ser considerada a maneira pela qual a entidade financia suas operações, ou seja, as despesas financeiras referentes a empréstimos e financiamentos não são levadas em conta.

c) Não devem ser considerados possíveis gastos após o período de colheita, isso porque a projeção dos fluxos de caixa só considera as entradas e saídas até o momento da colheita ou abate. Por exemplo, não são considerados os gastos referentes ao replantio de árvores (tais custos farão parte inicial da próxima safra de Ativos Biológicos).

d) Deve-se, na medida do possível, privilegiar a utilização de *inputs* observáveis (de mercado) e minimizar os não observáveis (da própria entidade).

e) Os fluxos de caixa projetados devem incorporar possíveis variações esperadas que sejam inerentes à atividade agrícola e que seriam levadas em conta na ótica dos participantes de mercado.

Finalmente, é importante ressaltar que o CPC 29 não exige que a entidade se utilize de profissionais independentes para tal mensuração. Entretanto, quando da inexistência de funcionários habilitados na própria empresa, será necessário apoio de *experts* para a correta mensuração desses valores justos; principalmente, quando da não existência de mercado ativo em que a mensuração dependa, fundamentalmente, de modelos de *valuation*. As premissas e o método utilizados devem ser divulgados, mesmo que realizados por empresa externa.

8.3.2.2 Cômputo das despesas de venda

Conforme discutido nas seções anteriores, a base de mensuração dos Ativos Biológicos e dos produtos agrícolas no reconhecimento inicial é o valor justo menos as despesas de venda. Verifica-se, portanto, que o CPC 29 exige que as despesas sejam deduzidas do valor justo dos Ativos Biológicos e dos produtos agrícolas. A ideia central é que a não dedução dessas despesas poderia resultar no diferimento de uma perda, que só seria reconhecida no momento da venda.

O item 5 do referido Pronunciamento Técnico define as despesas de vendas como as "despesas incrementais diretamente atribuíveis à venda de ativo, exceto despesas financeiras e tributos sobre o lucro". Nota-se, portanto, que são despesas necessárias para que uma venda ocorra e que, de outro modo, não surgiriam. De outro modo, são despesas incrementais para vender, diretamente atribuíveis. Como exemplo dessas despesas podemos destacar comissões a corretores e negociantes, taxas de agência reguladora e de bolsas de mercadorias, impostos e taxas de transferência.

As despesas de transporte, mesmo que não formalmente citadas no texto normativo, se ocorrerem por conta do vendedor, precisam ser diminuídas para o cálculo do valor justo líquido. Na essência, são retificações para levar o valor bruto ao valor líquido base de mensuração contábil.

8.3.2.3 Tratamento contábil dos custos subsequentes

Ao longo do processo de transformação de um Ativo Biológico, a entidade incorre em custos de produção. Por exemplo, para alimentar um rebanho de ovelhas ou cabras a entidade incorrerá em custos com grãos, ração etc.; subsequentemente, teríamos os custos de mão de obra daqueles envolvidos no trato dos animais, além dos custos indiretos de produção. Uma questão contábil que poderia suscitar dúvidas sobre tais custos é: devem ser tratados como Despesa ou Ativo?

O CPC 29 não prescreve, explicitamente, como contabilizar o gasto subsequente relacionado com ativos biológicos. O entendimento central é que a capitalização (ou não) dos gastos subsequentes é irrelevante em uma abordagem de valor justo para a mensuração do resultado final. Isso porque:

a) Quando tratados como ativos, a empresa não reconhecerá essa despesa no resultado, mas a contrapartida da mensuração a valor justo no resultado será menor.

b) Se reconhecidos como despesa, a contrapartida da mensuração ao valor justo será maior.

Do ponto de vista gerencial e informacional, não temos dúvida de que o melhor seria computar esses gastos diretamente no resultado, já que ficaria mais bem evidenciada a formação do lucro durante determinado período: qual o crescimento do valor justo líquido durante o mês, por exemplo, *versus* quanto de custo de produção terá sido reconhecido nesse mesmo mês. Nesses casos, não se pode esquecer que, para a manutenção da neutralidade tributária, tanto a receita como a despesa devem ser ajustadas no cálculo do Lucro Real. Se computado o custo diretamente no Ativo, vai para o resultado do período apenas o acréscimo líquido, reduzindo a capacidade informativa das demonstrações contábeis.

No entanto, não podemos esquecer que a legislação fiscal exige que o resultado apurado pela mensuração a valor justo de componentes patrimoniais seja controlado em conta própria, sob pena de perda da neutralidade fiscal. Ao tratar sobre ganhos e perdas relacionados à mensuração de componentes patrimoniais pelo valor justo, a Lei nº 12.973/2014, nos arts. 13 e 14, prevê que tais valores, que refletem variações do Ativo ou Passivo, não são computados no lucro real no momento de seu reconhecimento, desde que sejam evidenciados contabilmente em subconta vinculada ao Ativo ou Passivo. Serão reconhecidos para fins fiscais à medida que o ativo correspondente seja realizado, ou então o respectivo passivo seja liquidado ou baixado.

A Instrução Normativa RFB nº 1.700/2017, em seu art. 89, esclarece um pouco mais a necessidade de separação de contas, ao prescrever: "§ 1º A soma do saldo da subconta com o saldo da conta do ativo ou passivo a que a subconta está vinculada resultará no valor do ativo ou passivo mensurado de acordo com as disposições da Lei nº 6.404, de 1976".

Dessa maneira, apesar de não existir previsão expressa da forma de contabilização relacionada com o Ativo Biológico, como já exposto, é recomendável controlar no Ativo separadamente o custo e o valor justo dos Ativos Biológicos, para não incorrer em risco de perda da neutralidade fiscal oriunda da mensuração de ativos e passivos a valor justo.

De qualquer forma, o impacto líquido no resultado do exercício será sempre o mesmo, independentemente da opção adotada pela empresa de ativar tais custos ou não.

É mister salientar que, de modo a respeitar o Pronunciamento Conceitual Básico (R1) – Estrutura Conceitual para Elaboração e Divulgação de Relatório Contábil-Financeiro, só são passíveis de ativação aqueles custos que se enquadrem na definição de Ativo, principalmente no que diz respeito à provável geração de benefícios econômicos; os que não atenderem à definição devem ser tratados como despesa, independentemente do método utilizado pela empresa.

8.3.2.4 Mensuração pelo custo

Conforme mencionado, existe uma suposição implícita no CPC 29 de que o valor justo de um Ativo Biológico pode ser mensurado com confiabilidade. Entretanto, tal suposição pode ser refutada no reconhecimento inicial de um Ativo Biológico quando:

a) Não existam preços ou valores de mercado disponíveis.

b) Não existam alternativas confiáveis para mensuração do valor justo.

Nesses casos, os Ativos Biológicos são mensurados pelo custo menos depreciação (quando cabível) e eventuais perdas por desvalorização (*impairment*).

Faz-se necessário salientar que essa alternativa de mensuração de um Ativo Biológico pelo custo, no reconhecimento inicial, é exceção à regra geral, que é o valor justo menos as despesas de venda. Em outras palavras, não é facultado à empresa escolher a abordagem de mensuração.

Nota-se, também, que a partir do momento em que o valor justo se tornar mensurável de forma confiável, a entidade deve passar a utilizá-lo. Adicionalmente, se uma entidade tiver anteriormente mensurado um Ativo Biológico pelo seu valor justo, a norma exige que a entidade continue a mensurá-lo pelo valor justo até a alienação. De outra maneira, a entidade está proibida de alterar sua base de valor justo para custo.

Finalmente, podem existir casos em que o custo se aproxime do valor justo, por exemplo:

a) Quando a entidade compra um Ativo Biológico em um mercado ativo; isso porque, como sabemos, no momento da compra o valor pago (que será o custo para a entidade) corresponde, na maioria das vezes, ao valor justo.

b) Quando o Ativo Biológico é recém-plantado, seu custo geralmente se aproxima do valor justo. Em outras palavras, como ainda não ocorreu nenhuma transformação biológica economicamente relevante, o ativo ainda não "ganhou" valor.

c) Em atividades biológicas de rápida transformação, isto é, quando o Ativo Biológico se transforma rapidamente em produto agrícola, por exemplo, nas granjas de pintos.

d) Quando o impacto da transformação biológica sobre o preço tiver sido imaterial até a data de encerramento dos balanços, por exemplo, uma plantação cujo ciclo de produção é de 15 anos, e se passaram apenas seis meses.

De qualquer forma, mesmo nesses casos, é recomendável a verificação do valor justo do Ativo Biológico, haja vista que é essa a base de mensuração exigida pelo CPC 29.

Finalmente, para o produto agrícola no momento da colheita, a base de mensuração será sempre o valor justo menos as despesas de venda, isto é, não existe para tais ativos qualquer faculdade de mensuração pelo custo. O entendimento da norma é que, para produtos agrícolas já colhidos, existe preço de mercado disponível e o valor justo pode ser facilmente obtido.

8.3.2.5 Reconhecimento de ganhos e perdas

De acordo com os itens 26 a 29 do CPC 29, os ganhos e as perdas decorrentes da mensuração a valor justo menos as despesas de venda dos Ativos Biológicos, e dos produtos agrícolas no reconhecimento inicial (momento da colheita), devem ser reconhecidos no resultado do exercício em que ocorrerem.

Nota-se que um ganho pode ocorrer no reconhecimento inicial de um Ativo Biológico, por exemplo, no nascimento de um bezerro; poderia existir igualmente uma perda, haja vista que, conforme discutido, são deduzidas as despesas de venda na determinação do valor justo dos Ativos Biológicos.

Críticos dessa abordagem argumentam que o resultado do exercício tenderá a sofrer com possíveis volatilidades decorrentes desses ganhos e perdas da marcação a valor justo no caso dos Ativos Biológicos. Já os defensores argumentam que a mensuração pelo custo causaria impactos muito mais relevantes, já que ocorreriam de uma só vez, isto é, todo o ganho ou perda só seria reconhecido no resultado no momento em que esse ativo se transformasse em produto agrícola, no momento da colheita ou ainda no momento da venda.

Neste *Manual*, desde sua primeira edição, afirmamos que existem alguns doutrinadores contábeis que defendem que a variação do valor justo dos Ativos Biológicos de produção que não são destinados à venda (por exemplo, árvores frutíferas) deveria ser reconhecida ao custo; no máximo, se avaliados a mercado, o ajuste seria diretamente no Patrimônio Líquido, em conta Outros Resultados Abrangentes. A justificativa seria a de que os Ativos Biológicos de produção não serão vendidos, possuindo, portanto, características similares a de um **Imobilizado**. Nessa ótica, o reconhecimento da variação do valor justo em conta de Patrimônio Líquido seria condizente com o tratamento dado aos ativos reavaliados, em que a contrapartida é a Reserva de Reavaliação. O IASB, inicialmente, determinou também o reconhecimento desses ativos a valor justo, mas acabou reconhecendo que simplesmente esses ativos devem ficar ao custo, em uma posição mais simples e conservadora que a proposição comentada neste parágrafo.

Percebe-se ainda que, pela abordagem do valor justo, podem ocorrer grandes descasamentos entre o lucro contábil e o fluxo de caixa decorrente das atividades agrícolas. Sobre esse aspecto, como nossa Lei das S.A. prevê a existência de dividendo obrigatório, conforme o disposto do art. 202 do referido dispositivo legal, uma alternativa para as empresas poderia ser a utilização de Reserva de Lucros a Realizar. A utilização de tal reserva, facultativa, permite que os dividendos obrigatórios sejam distribuídos apenas quando realizados financeiramente. Para maiores detalhes acerca da referida reserva consultar o Capítulo 15 deste *Manual*, que trata de Patrimônio Líquido.

Vale salientar que algumas empresas ajustaram seus estatutos sociais para excluir da base de cálculo dos dividendos mínimos obrigatórios o resultado não realizado decorrente da mensuração a valor justo dos Ativos Biológicos. À medida que tais resultados forem realizados, serão incorporados à base de cálculo dos dividendos.

Finalmente, como a atividade agrícola está frequentemente exposta a riscos climáticos, riscos de doenças e outros riscos naturais, no caso de evento específico (viroses, inundações, seca, geada, praga de insetos etc.) que resulte em ganho ou perda não recorrente, recomenda-se a apresentação de tal item em linha específica da Demonstração de Resultado, conforme preconizado pelo Pronunciamento Técnico CPC 26 (R1) – Apresentação das Demonstrações Contábeis, além, é claro, de divulgações qualitativas nas notas explicativas.

8.3.3 Subvenção governamental

Hoje, não há quase a prática de subvenção governamental para a produção de Ativos Biológicos e produtos agrícolas. Mas, se existir, é reconhecida como receita no resultado do período em que for efetivamente recebida ou quando for virtualmente certo que será recebível, caso seja incondicional, isto é, não dependa de cumprimento de qualquer obrigação adicional a ser cumprida pela entidade. Se houver condicionante que possa, inclusive, obrigar à sua devolução ou impedir seu recebimento, só poderá ser reconhecida como receita quando essa condição for totalmente atendida pela empresa.

Se a subvenção estiver vinculada a algum ativo submetido ao processo de depreciação, ela só poderá ser reconhecida no resultado à medida e na proporção dessa depreciação; veja o CPC 07 (R1) – Subvenção e Assistência Governamentais.

8.3.4 Ativo Biológico: tratamento para as pequenas e médias empresas

Os conceitos abordados neste capítulo relativos aos Ativos Biológicos são aplicáveis às entidades de pequeno e médio portes. Importante destacar, entretanto, que o CPC-PME permite uma base de mensuração simplificada em que pequenas e médias empresas apenas utilizem o valor justo para as classes de Ativos Biológicos em que tal valor é prontamente determinável, sem custo ou esforço excessivo. Para todos os outros, é permitida a utilização do custo como base de mensuração.

9

Mensuração ao Valor Justo e Mudanças nas Taxas de Câmbio

9.1 Introdução

Este capítulo apresenta os procedimentos contábeis relativos à mensuração ao valor justo, conforme disposto no Pronunciamento Técnico CPC 46 – Mensuração ao valor justo, e também o tratamento contábil relativo às alterações nas taxas de câmbio previsto no Pronunciamento Técnico CPC 02 – Efeitos das mudanças nas taxas de câmbio e conversão de demonstrações contábeis. As Seções 9.2 a 9.5 tratam do valor justo e as Seções 9.6 a 9.8 abordam as mudanças nas taxas de câmbio.

9.2 Mensuração ao Valor Justo

9.2.1 Aspectos gerais da norma

Ao longo do tempo, assistiu-se a uma progressiva incorporação do valor justo às normas contábeis norte-americanas e internacionais. Em consequência, diversas normas traziam uma definição de valor justo (nem sempre consistente), bem como orientações e exigências díspares para a mensuração desse valor justo, em algumas normas bastante detalhadas e, em outras, de forma muito resumida. Em resumo, as inconsistências nos requerimentos das normas para as mensurações a valor justo e para as divulgações acerca dessas mensurações contribuíram para a diversidade de práticas e redução de comparabilidade da informação contábil (IASB, IFRS 13).

Então, a edição da IFRS 13 – *Fair Value Measurement* do IASB, em maio de 2011, veio a remediar a situação, na medida em que a norma definiu valor justo de maneira mais genérica e estabeleceu todo o conjunto de normas e orientações para a mensuração do valor justo e as exigências de divulgação dessas mensurações. Essa norma foi gerada pelo IASB em conjunto com o FASB, de modo que as normas das duas entidades são consistentes. No Brasil, em dezembro de 2012, o CPC emitiu, e a CVM e o CFC aprovaram e tornaram obrigatório, o Pronunciamento Técnico CPC 46 – Mensuração do Valor Justo.

O Valor Justo, de forma mais completa, é apresentado no item 24 desse CPC:

> "Valor justo é o preço que seria recebido pela venda de um ativo ou pago pela transferência de um passivo em uma transação não forçada no mercado principal (ou mais vantajoso) na data de mensuração nas condições atuais de mercado (ou seja, um preço de saída), independentemente de esse preço ser diretamente observável ou estimado utilizando-se outra técnica de avaliação."

De modo geral, as principais características da norma são: a definição apresentada e as orientações gerais dadas deixam claro que "valor justo" é uma mensuração baseada no mercado (mesmo que só, em última instância, a partir do uso de premissas e *inputs* que seriam utilizados pelos participantes do mercado). Portanto, não se trata de uma mensuração específica da entidade, assim como independe da intenção da entidade acerca do objeto da mensuração. O valor justo é reflexo do que seria obtido na venda do ativo ou na transferência do passivo mesmo que a intenção não seja a de sua venda ou transferência. Uma mensuração a valor justo, de modo geral, exige que se determine: (i) o objeto da mensuração (se um ativo, grupo de ativos, negócio ou um passivo); (ii) qual o melhor uso possível (*highest and best use*) do ativo, quando tratar-se de ativos não financeiros, e ainda se a mensuração será feita considerando que o ativo é usado em combinação com outros ativos ou em bases isoladas; (iii) o mercado no qual se baseia a transação hipotética; (iv) a técnica de avaliação adequada para a mensuração, buscando maximizar o uso de *inputs* observáveis (muitas vezes mais de uma técnica é empregada).

9.2.2 Definição de valor justo

O CPC 46, em seu Apêndice A, define valor justo na sua forma mais simples como o "preço que seria recebido pela venda de um ativo ou que seria pago pela transferência de um passivo em uma transação não forçada entre participantes do mercado na data de mensuração".

Como se observa, a definição da norma especifica que o valor justo é um preço e, portanto, faz parte das mensurações a **valor de saída**, de forma contrária ao custo que faz parte das mensurações a valores de entrada. Nada a ver com seu custo histórico, custo corrigido pela inflação ou custo de reposição atual. O custo de reposição só pode ser utilizado como sinônimo de valor justo em situação raríssima, a ser comentada.

Muitos ativos não têm esse preço de cotação, e, sempre que o preço para um ativo ou passivo idêntico não for observável, o uso de uma técnica de avaliação será necessário, mas assumindo a ótica dos participantes do mercado (premissas usuais dos participantes para precificar o ativo e buscando maximizar *inputs* observáveis).

O termo *inputs*, na norma internacional, foi traduzido no CPC 46 como **informações**, que podem ser observáveis (disponíveis aos participantes do mercado, incluindo aquelas que possam ser obtidas por meio de esforços usuais e habituais com a devida diligência) ou não observáveis (construídos pela entidade), sendo esses últimos utilizados somente quando dados observáveis não estiverem disponíveis e desde que reflitam as premissas que os participantes do mercado utilizariam ao precificar o ativo (ou o passivo), incluindo premissas sobre risco.

A definição do termo **informação** que consta no Apêndice A do CPC 46 (ou *inputs* na IFRS 13) é a seguinte:

"Premissas que seriam utilizadas por participantes do mercado ao precificar o ativo ou o passivo, incluindo premissas sobre risco, como, por exemplo:

(a) risco inerente a uma técnica de avaliação específica utilizada para mensurar o valor justo (por exemplo, um modelo de precificação); e

(b) risco inerente às informações da técnica de avaliação".

Nesse sentido, o item 89 do CPC 46 esclarece que dados não observáveis podem ser desenvolvidos pela entidade, considerando as melhores informações disponíveis, as quais podem incluir, em última instância, dados próprios da entidade, desde que os ajustes necessários sejam feitos quando existirem evidências de que outros participantes do mercado utilizariam (ou não) dados diferentes, em razão de os da entidade não estarem disponíveis para outros participantes do mercado (por exemplo, uma sinergia específica da entidade). Apesar disso, o normativo orienta que a entidade não precisa empreender esforços exaustivos para obter informações sobre as premissas dos participantes do mercado, devendo levar em conta as informações que estiverem razoavelmente disponíveis.

O que torna um valor como "valor justo" ou não é a conformidade da mensuração com as diretrizes e orientações da norma acerca do ativo (ou passivo) objeto da mensuração, da transação, do preço e dos participantes do mercado. Isso significa dizer que o valor mensurado para um objeto que não atende a essas diretrizes não poderá ser chamado de "valor justo". Esse aspecto é importante, uma vez que a expressão "valor justo" é frequentemente empregada por profissionais da área empresarial, possuindo, portanto, uma vasta gama de sentidos distintos no mercado. Ressalta-se, assim, que, para fins contábeis, "valor justo" é apenas aquele computado conforme as exigências do CPC 46. A seguir esses aspectos serão discutidos.

Antes disso: valor justo é preferencialmente obtido no mercado, e a quantificação só pode ser obtida de outra forma se impossível essa informação.

a) OBJETO DA MENSURAÇÃO (ATIVO OU PASSIVO)

A mensuração do valor justo será feita para um ativo ou passivo em particular. Isso significa levar em conta as condições atuais do ativo (ou passivo) que seriam consideradas na mensuração pelos participantes do mercado. Essas condições envolvem a localização do ativo ou as restrições para seu uso ou venda.

Adicionalmente, como já comentado, a mensuração pode ser feita tomando-se o ativo isoladamente (uma propriedade para investimento ou um ativo financeiro, por exemplo) ou em conjunto com outros ativos e passivos (um negócio ou uma unidade geradora de caixa).

b) TRANSAÇÃO E PREÇO

É necessário que se assuma uma transação hipotética de venda em condições normais, ou, como consta na definição de valor justo, em uma "transação não forçada", a qual, por sua vez, é definida no apêndice do CPC 46 como uma "transação que presume exposição ao mercado por um período antes da data de mensuração para permitir atividades de marketing que são usuais e habituais para transações envolvendo esses ativos ou passivos; não se trata de uma transação forçada (por exemplo, liquidação forçada ou venda em situação adversa)".

Em resumo, uma transação não forçada deve ser entendida como uma transação ordenada (*orderly transaction*) ou em condições normais de venda e condições correntes de mercado. Por exemplo, a venda de um imóvel em condições normais implica que o proprietário irá solicitar o trabalho de um corretor, que o imóvel será colocado em exposição (aberto à visitação acompanhada do corretor), análise das propostas recebidas, negociação etc. Os itens B43 e B44 orientam como identificar se uma transação é forçada, apresentando exemplos de circunstâncias que podem indicar que uma transação é forçada, de modo que é recomendada a leitura desses itens, principalmente em situações em que tenha havido redução significativa no volume ou nível de atividade para o ativo ou passivo em relação à atividade normal do mercado.

Outro aspecto relevante envolvendo a transação é que a norma estabelece (item 16) que, ao mensurar o valor justo, deve-se considerar que a transação de venda do ativo (ou transferência do passivo) ocorre no mercado principal (aquele com o maior volume e nível de atividade para o ativo ou passivo). Na ausência de um mercado principal, deve-se assumir que a transação ocorre no mercado mais vantajoso, definido no CPC 46 como aquele que "maximiza o valor que seria recebido para vender o ativo ou que minimiza o valor que seria pago para transferir o passivo, após levar em consideração os custos de transação e os custos de transporte". O mercado principal (ou mais vantajoso) deve ser considerado do ponto de vista da entidade que realiza a mensuração.

Assim, a norma estabelece que quando existe um mercado principal para o ativo ou passivo, a mensuração do valor justo será, então, o preço praticado nesse mercado, quer seja pelo preço diretamente observável para o ativo ou passivo em questão, ou pelo preço estimado, utilizando-se outra técnica de avaliação. E será assim, mesmo que o preço em mercado diferente seja potencialmente mais vantajoso na data de mensuração.

Nesse sentido, vale lembrar que para a entidade utilizar informações de preço de determinado mercado, ele deve ser um mercado ativo, onde as transações para o ativo ocorrem com frequência e volumes suficientes para for-necer informações de preço em bases contínuas (Apêndice A do CPC 46).

Entretanto, não há necessidade de a entidade realizar uma busca exaustiva para a determinação do mercado principal (ou de outra forma do mais vantajoso), na medida em que ela considera todas as informações que estejam disponíveis. O item 17 do CPC 46 simplifica bastante essa tarefa, na medida em que estabelece o que segue:

> "Na ausência de evidência em contrário, presume-se que o mercado no qual a entidade normalmente realizaria a transação para a venda do ativo ou para a transferência do passivo seja o mercado principal ou, na ausência de mercado principal, o mercado mais vantajoso".

Ou seja, para a determinação do mercado mais vantajoso levam-se em conta tanto os custos de transporte quanto os de transação. Entretanto, depois de determinado o mercado mais vantajoso, somente os custos de transporte são considerados para determinar o valor justo, conforme estabelecem os itens 25 e 26 do CPC 46. Isso porque os custos de transação, por não serem uma característica do ativo (ou passivo), mas da transação em si, podem diferir dependendo de como a entidade realizar a transação e, portanto, não afetam a mensuração a valor justo.

O CPC 46 (item 21) estabelece ainda que, mesmo que não haja mercado observável para que se possa obter informações de preços, a mensuração do valor justo deve ser feita por estimativa, ou seja, deve-se presumir que uma transação ocorra na data da mensuração, considerada do ponto de vista de um participante do mercado que detenha o ativo (ou deva o passivo), e o preço presumido para essa transação será, então, a base para a estimativa do valor justo. Isso será tratado na Seção 9.3.

Em resumo, para um ativo, o valor justo seria, na data da mensuração, o preço que seria recebido pela venda desse ativo em uma transação ordenada (não forçada) em mercado principal (ou mais vantajoso), sob condições correntes de mercado. E esse preço será diretamente observado no mercado ou, na sua ausência, o preço estimado utilizando-se uma técnica de avaliação.

c) PARTICIPANTES DO MERCADO

O CPC 46 determina que o valor justo de um ativo (ou passivo) deve ser mensurado por meio das premissas que seriam utilizadas pelos participantes do mercado para precificar o ativo (ou o passivo), bem como assumindo que tais participantes do mercado estejam agindo em prol de seus interesses econômicos da melhor forma.

Apesar disso, não há necessidade de a entidade identificar participantes específicos. O que se deve fazer é identificar características que os distinguem de modo geral,

MANUAL DE CONTABILIDADE SOCIETÁRIA • Santos, Iudícibus, Martins e Gelbcke

considerando o objeto da mensuração (o ativo ou o passivo), o respectivo mercado principal (ou o mais vantajoso) e os participantes desse mercado com os quais a entidade realizaria uma transação.

9.3 Aplicação do valor justo para ativos, passivos e instrumentos patrimoniais

Na medida em que outra norma do CPC exigir ou permitir uma mensuração a valor justo, o CPC 46 deverá ser aplicado, exceto nos casos em que o referido Pronunciamento dispõe de maneira contrária (mensurações que não estão abrangidas pelo CPC 46). Portanto, as diretrizes e exigências para a mensuração do valor justo contidas no CPC 46 aplicam-se tanto para a mensuração inicial quanto para as mensurações subsequentes.

Como vimos no tópico anterior, quando um ativo é adquirido (ou um passivo é assumido) considerando uma transação ordenada entre partes independentes, o preço da transação é o preço pago para adquirir o ativo (ou o valor recebido para assumir o passivo) e, portanto, é um preço de entrada. Por outro lado, o valor justo do ativo (ou do passivo) é o preço que seria recebido na venda desse ativo por um participante do mercado (ou é o preço que seria pago para transferir o passivo) e, portanto, é um preço de saída.

Apesar de o CPC 46 esclarecer que as empresas não necessariamente vendem ativos pelos preços pagos para adquiri-los (ou transferem passivos pelos preços recebidos para assumi-los), o normativo reconhece (item 58) que, normalmente, o preço da transação é igual ao valor justo.

Dessa forma, o item 59 do CPC 46 estabelece que, ao determinar se o valor justo no reconhecimento inicial é igual ao preço da transação, a entidade deve levar em conta aspectos específicos da transação e do ativo ou passivo. O item B4 contém esclarecimentos adicionais, de forma que sua leitura é necessária.

Portanto, quando determinado Pronunciamento exigir que a entidade efetue um reconhecimento inicial de ativo ou passivo ao valor justo, um ganho ou perda será reconhecido somente quando o preço da transação for diferente do valor justo na data da transação, a menos que o Pronunciamento que exigiu a mensuração a valor justo exija procedimento diferente.

Todavia, sempre que o preço da transação for o valor justo no reconhecimento inicial, mas as mensurações subsequentes a valor justo forem feitas por uma técnica de avaliação que emprega dados não observáveis, a técnica de avaliação deve ser calibrada de modo que, no reconhecimento inicial, o resultado da técnica de avaliação seja igual ao preço da transação.

O item 64 do CPC 46 estabelece que essa calibração permite que a técnica de avaliação reflita as condições atuais de mercado e ajude a entidade a determinar se é necessário um ajuste à técnica de avaliação (por exemplo, por que a técnica empregada não considerou alguma característica do item objeto da mensuração?

O referido item também exige que, após o reconhecimento inicial, ao mensurar o valor justo utilizando uma ou mais técnicas de avaliação com dados não observáveis, a entidade deve assegurar que essas técnicas reflitam dados de mercado observáveis (por exemplo, o preço de um ativo ou passivo similar) na data de mensuração.

9.3.1 Ativos não financeiros

Um ativo não financeiro pode ser um estoque, um imobilizado, um intangível, um investimento em coligada, controlada ou controlada em conjunto (*joint venture*). Dessa forma, podem existir situações nas quais o ativo seja mensurado considerando seu valor em usos diferentes.

Por exemplo, suponhamos que a Cia. Alfa obtenha o controle da entidade Beta em uma combinação de negócios. Assim, o CPC 15 exigirá a mensuração a valor justo, como regra geral, de todos os ativos identificados de Beta, bem como de todos os passivos assumidos por Beta, na data da aquisição. Assim, imagine que Beta tenha um terreno que atualmente venha sendo preparado para a construção de uma fábrica (uso para fins industriais). Entretanto, nas proximidades, nos últimos meses, os terrenos sistematicamente têm sido desenvolvidos para a construção de prédios de apartamentos (uso para fins residenciais).

Adicionalmente, considerando que não existam restrições legais para a construção da fábrica em questão, pode-se dizer que o terreno tanto pode ser vendido para o uso industrial (construção de uma fábrica) quanto residencial (construção de prédios de apartamentos). Assim, assumindo-se que o valor do terreno no seu uso industrial seja de $ 5 milhões e que o valor do terreno no seu uso residencial seja de $ 4 milhões (valor do terreno limpo, ou seja, já deduzidos os custos de demolição do que já está construído): o que temos de fato são dois valores válidos para o ativo objeto da mensuração a valor justo, de modo que precisamos de uma diretriz que nos oriente na determinação adequada do valor justo. Nesse sentido, o item 27 do CPC 46 estabelece:

> "A mensuração do valor justo de um ativo não financeiro leva em consideração a capacidade do participante do mercado de gerar benefícios econômicos utilizando o ativo em seu melhor uso possível (*highest and best use*) ou vendendo-o a outro participante do mercado que utilizaria o ativo em seu melhor uso".

Destaca-se então que um mesmo ativo pode ter usos diferentes para os participantes do mercado, de modo que o melhor uso possível será o maior dos valores válidos para o ativo. No caso em questão, o melhor uso possível do terreno será, então, os $ 5 milhões pelo uso industrial, mesmo que Alfa pretenda se desfazer do terreno após assumir o controle de Beta. Isso porque, para ser valor justo, deve ser obtido sob a ótica dos participantes do mercado, e ambos os valores foram obtidos dessa maneira (duas óticas alternativas: uso industrial para alguns participantes e uso residencial para outros).

O CPC 15 (R1), em seu item B43, estabelece que o adquirente deve mensurar o ativo a valor justo, determinado de acordo com o uso por outros participantes do mercado, mesmo quando, por razões competitivas ou outras, esse adquirente pretenda não utilizar o ativo ou pretenda utilizar de modo diferente do uso pretendido por outros participantes do mercado.

O CPC 46 é consistente com essa diretriz (válida para qualquer mensuração a valor justo), na medida em que estabelece que o melhor uso possível do ativo deve ser determinado pelo ponto de vista dos participantes do mercado, ainda que a entidade pretenda um uso diferente. Adicionalmente, em seu item 28, o referido Pronunciamento dispõe que o melhor uso possível de um ativo não financeiro leva em conta que seu uso seja fisicamente possível, legalmente permitido e financeiramente viável, conforme a seguir:

A principal premissa para a avaliação de ativos não financeiros é o seu melhor uso possível, no sentido de que ele proporcionará o máximo valor para o participante do mercado. E esse melhor uso possível pode ser tanto em bases isoladas ou em conjunto com outros ativos ou ainda em combinação com outros ativos e passivos (como um negócio, por exemplo). Se o uso do ativo em bases isoladas é a forma de uso que maximiza valor, então, o seu valor justo será o preço que seria recebido em uma transação ordenada em condições correntes de mercado pela venda do ativo aos participantes do mercado que o utilizariam dessa forma (bases isoladas). O item B3 do CPC 46 apresenta orientações detalhadas acerca dessa premissa, razão por que sua leitura é recomendada.

9.3.2 Passivos e instrumentos patrimoniais próprios da entidade

De acordo com a definição de valor justo, discutida na Seção 9.1.2, o objeto da mensuração pode ser um passivo. Assim, como esclarece a norma, esse passivo pode ser financeiro ou não financeiro e, adicionalmente, a definição também abrange os instrumentos patrimoniais da própria entidade quando são emitidos para serem utilizados como forma de pagamento, como no caso de uma combinação de negócios em que, em troca de parte ou toda a participação comprada, a entidade entrega seus próprios instrumentos de capital, ou seja, eles integram a contraprestação dada em troca do controle em uma combinação de negócios.

Na definição de valor justo, o valor justo de um passivo seria o valor **que seria pago pela transferência de um passivo**. O CPC 46 estabelece, nos itens 34 a 36, diretrizes relevantes sobre as quais se presume uma transferência envolvendo passivos ou os próprios instrumentos patrimoniais da entidade:

a) A transferência não implica a liquidação (ou extinção) da obrigação ou ainda o cancelamento (ou extinção) do instrumento patrimonial.

b) Mesmo quando não existir um mercado em que informações de preços possam ser obtidas, inclusive para os instrumentos patrimoniais próprios da entidade, pode haver mercado para esses itens se eles forem mantidos por outras partes como ativos (por exemplo, título de dívida corporativo ou opção de compra sobre ações da entidade).

c) A entidade deve maximizar o uso de dados observáveis relevantes e minimizar o uso de dados não observáveis para atingir o objetivo da mensuração do valor justo.

Essa última diretriz é de grande relevância, pois são poucos os países que têm um mercado de dívida desenvolvido a ponto de permitir a observação de preços (e o Brasil não é um deles). Assim, a norma admite mensuração derivada ao introduzir a possibilidade de observar preços (ou empregar uma técnica de avaliação) na ponta ativa da operação.

Nesse sentido, sabendo-se que um passivo financeiro, uma debênture, por exemplo, é assim denominado porque faz surgir, concomitantemente, uma obrigação para seu emissor e um direito para seu detentor, então, quando da inexistência de um preço de cotação para um instrumento idêntico ou similar, a entidade emissora das debêntures pode mensurar o valor justo de sua dívida baseando-se no valor justo que tais instrumentos têm quando são mantidos como ativo por outros participantes do mercado. Em consequência, o valor justo do instrumento de dívida foi derivado do valor justo desse mesmo instrumento enquanto ativo. O mesmo vale para outros passivos financeiros, como, por exemplo, duplicatas a pagar.

Entretanto, note que essa mensuração derivada só deve ser usada quando não houver disponível um preço de cotação em mercado ativo para o instrumento objeto (passivo ou instrumento patrimonial da entidade) idêntico ou similar. Adicionalmente, note que se mantém a exigência de que a mensuração seja feita sob a ótica dos participantes do mercado, que, no caso, seriam os detentores de tais instrumentos (mantidos por eles como ativo).

Nesse sentido, o item 38 do CPC 46 orienta que a mensuração derivada do valor justo do passivo ou instrumento patrimonial deve seguir uma sequência:

1. A entidade deve utilizar um preço cotado em mercado ativo para o item idêntico mantido por outra parte como um ativo.

2. Caso o preço do item anterior não esteja disponível, a entidade utiliza outros dados observáveis, tais como o preço cotado em mercado que não seja ativo para o item idêntico mantido por outra parte como um ativo.

3. Se o preço do item anterior também não estiver disponível, a entidade utiliza outra técnica de avaliação, tais como: uma técnica de valor presente que leve em conta o fluxo de caixa futuro que um participante do mercado esperaria receber por deter o passivo ou o instrumento patrimonial como ativo ou ainda pelo uso de preços cotados para passivos ou instrumentos patrimoniais similares mantidos por outras partes como ativos.

Exigências adicionais feitas pela norma (item 39) implicam que a entidade faça, quando pertinente, ajustes no preço cotado do instrumento de dívida ou de capital mantido por outra parte como um ativo, somente se houver fatores específicos para o ativo que não forem aplicáveis à mensuração do valor justo destes enquanto passivo ou instrumento patrimonial. Em resumo, são dois os fatores que podem indicar que o preço cotado do ativo deve ser ajustado:

a) O preço cotado para o instrumento mantido como ativo corresponde a um passivo ou instrumento patrimonial similar, ou seja, não idêntico. Isso significa que o passivo ou instrumento patrimonial pode ter uma característica particular diferente daquela refletida no valor justo do instrumento mantido como ativo, tal como o risco de crédito do emitente.

b) A unidade de contabilização para o instrumento mantido como ativo não é a mesma para o passivo ou instrumento patrimonial. Esse é o caso, por exemplo, em que o preço para um ativo é consequência do preço negociado para um pacote que integra tanto o valor devido pelo emitente quanto por um terceiro para melhoria do crédito do primeiro (como é o caso de uma dívida para a qual o credor exige aval ou fiança de um terceiro). Como o objetivo é mensurar o valor justo do passivo do emitente e não o valor justo do pacote combinado, então, qualquer divergência entre a unidade de contabilização e o pacote implica que a entidade ajuste o preço observado para o ativo a fim de excluir o efeito do instrumento de melhora de crédito pelo terceiro.

Como se pode notar, outro aspecto relevante na mensuração do valor justo de passivos é que ele deve refletir o efeito do risco do não desempenho ("*default*") da entidade no cumprimento da dívida (*non-performance risk*), denominado no CPC 46 de "risco de descumprimento". Esse risco inclui, entre outros, o risco de crédito da entidade (veja maiores informações sobre isso no Pronunciamento CPC 40 – Instrumentos Financeiros: Evidenciação).

Assim, ao mensurar o valor justo de um passivo, presumindo-se que o risco de descumprimento seja o mesmo antes e depois da transferência do passivo, a entidade deve levar em conta o efeito de seu próprio risco de crédito, bem como de quaisquer outros fatores que possam influenciar a probabilidade do cumprimento da obrigação. De acordo com o CPC 46 (item 43), esse efeito pode diferir dependendo do tipo de passivo (se é um passivo financeiro ou um passivo não financeiro) e dos termos de melhoria de crédito relacionados ao passivo.

Nesse sentido, cumpre destacar o que estabelece o item 44 do CPC 46 para quando existirem efeitos de melhoria de crédito relacionados ao passivo:

"O valor justo de um passivo reflete o efeito do risco de descumprimento (*non-performance*) com base em sua unidade de contabilização. O emitente de um passivo emitido para um instrumento de melhoria de crédito de terceiros indissociável que seja contabilizado separadamente do passivo, não deve incluir o efeito da melhoria de crédito (por exemplo, garantia de dívida de terceiro) na mensuração do valor justo do passivo. Se a melhoria de crédito for contabilizada separadamente do passivo, o emitente deve levar em conta sua própria situação de crédito, e não a do terceiro avalista, ao mensurar o valor justo do passivo".

De outra forma, para os casos em que não se dispõe de preços de cotação para um instrumento de dívida ou de capital da entidade, tampouco tais instrumentos sejam mantidos como ativo por outra parte, o CPC 46 (item 40) estabelece que a entidade mensure o valor justo do instrumento utilizando uma técnica de avaliação do ponto de vista de um participante do mercado que deva o passivo ou tenha exercido o direito sobre o patrimônio.

Isso pode ser feito, por exemplo, por meio da técnica de valor presente, considerando as saídas de caixa para satisfazer a obrigação, incluindo uma remuneração que normalmente seria exigida pelos participantes do mercado, bem como empregando as premissas que os participantes do mercado utilizariam para precificar tal item (risco de crédito, termos contratuais e restrições). Nesse sentido, recomenda-se adicionalmente a leitura dos itens B31 a B33 do CPC 46.

Independentemente de existirem ou não preços de cotação para o instrumento enquanto passivos ou instrumentos de capital ou mesmo enquanto ativos mantidos por outros participantes do mercado, o CPC 46 (itens 45 e 46) esclarece que, diferentemente de quando o objeto da mensuração é um ativo não financeiro, nas mensurações do valor justo de passivos e instrumentos de capital próprio da entidade não se devem fazer ajustes em decorrência da existência de restrições que impeçam a transferência do instrumento. Isso porque, em primeiro lugar, uma mensuração a valor justo de um passivo é baseada em uma transação hipotética de "transferência" e, em segundo lugar porque, em geral, tanto o credor quanto o avalista aceitam a transação com pleno conhecimento de que a obrigação inclui uma restrição que impede sua transferência para terceiros.

Por fim, o CPC 46 também inclui uma exigência para quando da mensuração a valor justo de passivos com característica de demanda (*demanda feature*, traduzido no CPC 46 como "elemento à vista"), como é o caso, por exemplo, dos depósitos à vista em uma instituição financeira (um banco comercial ou múltiplo, por exemplo).

Essa característica de demanda significa que a contraparte (depositante) pode demandar o valor depositado a qualquer tempo e a instituição tem a obrigação de entregá-lo. Podem até existir alguns depósitos a prazo como um Certificado de Depósito Bancário (CDB) com essa característica de demanda, apesar de que, nesse caso, o rendimento financeiro é perdido (como é o caso dos recursos depositados em uma caderneta de poupança). A exigência do CPC 46 é que o valor justo de um passivo financeiro com característica de demanda não seja menor que o valor pagável sob demanda do depositante.

Dentre os exemplos contidos no CPC 46, um deles é bastante pertinente para ilustrar essas questões envolvendo a mensuração a valor justo de passivos, o qual (EI 35) é apresentado a seguir de forma resumida e com adaptações.

Exemplo

Passivo Não Financeiro

Em 1º-01-20X0, por meio de uma combinação de negócios, Alfa assume um passivo de desativação. A legislação do país em que a adquirida na combinação opera exige que a plataforma de petróleo seja desmontada e removida ao final de sua vida útil (o que acontecerá dali a 10 anos), bem como que as condições ambientais do local sejam restauradas.

Caso pudesse contratualmente transferir seu passivo por desativação a um participante do mercado, Alfa conclui que um participante do mercado utilizaria todas as informações abaixo, ponderadas por probabilidade conforme apropriado, ao estimar o preço que esperaria receber para ficar com esse passivo:

a) custos de mão de obra;

b) alocação de custos gerais indiretos;

c) compensação (que seria exigida por um participante do mercado) para empreender a atividade e assumir o risco associado à obrigação de desmontar e remover a plataforma. Essa compensação inclui uma margem de lucro sobre os custos (de mão de obra e gerais indiretos) e o risco de caixa envolvido, excluindo-se a inflação;

d) o efeito da inflação sobre os custos e margens estimados;

e) valor do dinheiro no tempo, representado por uma taxa de juros livre de risco; e

f) risco de não desempenho relativo ao risco de Alfa não cumprir com a obrigação, incluindo o próprio risco de crédito de Alfa.

As premissas utilizadas por Alfa foram desenvolvidas com base em dados correntes de mercado, inclusive para a remuneração da mão de obra necessária para a desmontagem e remoção da plataforma.

Com base nos salários atuais de mercado, ajustados pelas expectativas de futuros aumentos salariais requeridos para contratar empreiteiras para desmontar e remover plataformas de petróleo, a projeção da saída de caixa pertinente à mão de obra considerou três cenários: um otimista, um moderado e um pessimista. As probabilidades de cada um foram estimadas, respectivamente, em: 25%, 50% e 25%. Essas probabilidades foram estimadas com base na experiência de Alfa no cumprimento de obrigações dessa natureza e do conhecimento que tem sobre o mercado. Os valores estimados para cada cenário foram, respectivamente: $ 100.000; $ 125.000; $ 175.000.

A alocação de custos gerais indiretos (custos indiretos e depreciação de equipamentos operativos) normalmente é feita por Alfa com base nos custos de mão de obra (normalmente 80% dos custos de mão de obra), e essa premissa é consistente com os custos estruturais dos participantes do mercado.

Alfa estimou que as compensações que um participante do mercado exigiria para empreender a atividade e assumir o risco relacionado com a obrigação seriam as seguintes:

a) um empreiteiro do mercado tipicamente adiciona um *mark up* (margem) sobre os custos de mão de obra e gerais indiretos e, no entendimento de Alfa, a margem de lucro usual para desmontar e remover a plataforma é de 20%. Alfa conclui que essa taxa é compatível com a taxa que os participantes do mercado exigiriam como compensação para empreender essa atividade;

b) um empreiteiro do mercado, usualmente, exige uma compensação para o risco de que as saídas de caixa atual poderiam ser diferentes das saídas esperadas em função de incertezas inerentes à definição de preços hoje para um projeto que somente será realizado daqui a 10 anos. Nesse sentido, Alfa estima em 5% sobre os valores atualizados como um prêmio pelo risco.

Alfa assumiu uma taxa de inflação de 4% ao ano para os próximos 10 anos, considerando dados disponíveis no mercado para projeções de cenários econômicos. Adicionalmente, a taxa de juros livre de risco em 1º/01/20X0 para uma maturidade de 10 anos é de 5% ao ano. Essa taxa foi ajustada por Alfa em 3,5% ao ano para refletir o risco de não

> desempenho (ou seja, o risco de que não seria cumprida a obrigação), o que inclui seu risco de crédito. Portanto, a taxa de desconto utilizada para computar o valor presente do fluxo de caixa é de 8,5% ao ano.
>
> Considerando a técnica do valor presente, combinada com a técnica do valor esperado, o valor justo do passivo de desativação pode ser, então, mensurado como feito no Quadro 9.1.
>
> Assim, como Alfa não ajusta sua mensuração de valor justo para a existência de restrição que a impeça de transferir o passivo (em conformidade com os itens 45 e 46 do CPC 46), então, o valor justo para o passivo por desativação, na data da mensuração, será $ 194.885, como calculado.

9.3.3 Posições líquidas de ativos financeiros e passivos financeiros

Considerando apenas os ativos financeiros e passivos financeiros que estiverem no escopo de aplicação do Pronunciamento CPC 48 – Instrumentos Financeiros, o CPC 46 permite que a entidade mensure o valor justo de um grupo de ativos e passivos financeiros com base no valor justo mensurado na data da mensuração para todo o grupo, dada uma específica exposição ao risco em uma transação ordenada (não forçada) entre participantes do mercado na data de mensuração nas condições de mercado atuais, ou seja, o preço que seria recebido pela venda de posição comprada líquida (os ativos superam os passivos) ou o preço que teria sido pago para transferir a posição vendida líquida (os passivos são maiores que os ativos).

Entretanto, isso somente é permitido quando a entidade que detém um grupo de ativos e passivos financeiros estiver exposta a riscos de crédito de cada uma das contrapartes e riscos de mercado (tais como definidos no CPC 40 – Instrumentos Financeiros: Evidenciação). A entidade é exigida a (ou pode optar por) apresentar esses ativos e passivos financeiros a valor justo e ela gerencia esse grupo com base em sua exposição líquida aos riscos de mercado e de crédito (item 48 do CPC 46), de forma que essa é também a base das informações fornecidas ao pessoal-chave da administração (conforme definido no CPC 05 (R1) – Divulgação sobre Partes Relacionadas) para fins de gestão, e ela opta pela política contábil da mensuração do grupo em bases líquidas.

Dessa forma, o valor justo do grupo de ativos financeiros e passivos financeiros deve ser mensurado da mesma forma pela qual os participantes do mercado precificariam a exposição líquida ao risco na data de mensuração.

Entretanto, o que está sendo permitido pela norma (item 48 do CPC 46), que é uma exceção à regra geral (mensuração de ativos e passivos em bases separadas), não abrange a forma de apresentação desses ativos e passivos financeiros nas demonstrações contábeis. Apesar de a entidade, assim como os participantes do mercado, gerenciar e precificar o grupo de ativos e passivos com base na exposição líquida a riscos de crédito e mercado, isso não significa que a entidade pode apresentar esses ativos e passivos em bases líquidas no Balanço Patrimonial.

De acordo com o item 42 do Pronunciamento Técnico CPC 39 – Instrumentos Financeiros: Apresentação, um ativo financeiro e um passivo financeiro podem ser compensados para fins de apresentação nas demonstrações contábeis quando, e somente quando, a entidade tiver um direito incondicional e legalmente executável para liquidar pelo montante líquido, bem como se ela tiver a intenção tanto de liquidar em base líquida, ou realizar o ativo e liquidar o passivo simultaneamente.

Isso significa que, no caso em questão, a base para a apresentação de demonstrações contábeis no Balanço Patrimonial difere da base para a mensuração de instrumentos financeiros, já que a mensuração pode basear-se na exposição líquida, mas a apresentação deve ser sepa-

Quadro 9.1

			Valores	Acumulado
1	Cálculo do valor esperado da mão de obra: Cenário 1 (25% de probabilidade) Cenário 2 (50% de probabilidade) Cenário 3 (25% de probabilidade)	$ 100.000 $ 125.000 $ 175.000	$ 25.000 $ 62.500 $ 43.750	$ 131.250,00
2	Custos indiretos e depreciação de ativos	80% da MOD	$ 105.000	$ 236.250,00
3	Remuneração pelo serviço	20% de *mark up*	$ 47.250	$ 283.500,00
4	Correção pela inflação	$(1,04)^{10} = 1,480244$	$ 136.149,25	$ 419.649,25
5	Remuneração pelo risco	5%	$ 20.982,46	$ 440.631,71
Valor Futuro do caixa ajustado ao risco			$ 440.631,71	
Valor Presente Esperado (valor justo)		$(1,085)^{1/10} = 0,4422854$	$ 194.884,98	

rada. Portanto, será necessário alocar os ajustes no nível de carteira aos ativos ou passivos individuais que formam o grupo que é gerenciado com base na exposição líquida. Em consequência, os ativos e os passivos financeiros serão apresentados separadamente um do outro, mas não de forma consistente com suas características intrínsecas de recursos (ativos) ou obrigações (passivos), dado que o valor dos ativos e passivos será ajustado de tal forma que a soma dos ativos e passivos do grupo resulte no valor justo da posição líquida.

Adicionalmente, como a mensuração em bases líquidas foi definida como uma política contábil, então a entidade que utilizar essa exceção (mensuração em bases líquidas) deve aplicar essa política contábil de forma consistente para uma carteira específica, a qual abrange a definição de uma política para alocação dos ajustes para refletir o *spread* entre a posição comprada e a posição vendida e dos ajustes de crédito, se for o caso. Recomenda-se a leitura dos itens 53 a 56 do CPC 46, que tratam de aspectos adicionais acerca da exposição de risco de mercado e de crédito.

Sempre que a entidade utilizar a política contábil para uma mensuração em bases líquidas, esse fato deve ser devidamente divulgado em nota explicativa (item 96 do CPC 46).

9.4 Técnicas de avaliação do Valor Justo

Inicialmente, é importante ressaltar que as técnicas de avaliação são "meios" para obtenção do valor justo. Portanto, o objetivo de se utilizar uma técnica de avaliação é obter "o preço que seria recebido pela venda de um ativo ou que seria pago pela transferência de um passivo em uma transação não forçada entre participantes do mercado na data de mensuração". Essa afirmação pode parecer óbvia, mas, por vezes, esquece-se de que a técnica é apenas um método e não um fim em si mesmo, e que o valor justo será resultado das premissas utilizadas nas técnicas de avaliação.

A diretriz é que a entidade utilize técnicas de avaliação adequadas para estimar o preço da transação e que existam informações suficientes para mensurar o valor justo, buscando-se maximizar a utilização de dados observáveis e minimizando o uso de dados não observáveis. Vale lembrar que se trata de uma transação não forçada entre participantes do mercado para a venda de um ativo (ou a transferência de um passivo), consideradas as condições correntes de mercado.

As técnicas de avaliação podem ser classificadas quanto à abordagem:

a) Abordagem de Mercado.

b) Abordagem de Custo.

c) Abordagem de Resultado (ou Receita, como consta no CPC 46).

O CPC 46 dispõe que a entidade deve utilizar técnicas de avaliação consistentes com uma ou mais dessas abordagens para mensurar o valor justo e orienta que, em alguns casos, apenas uma técnica de avaliação será suficiente para avaliar um ativo, por exemplo, quando pelo uso de preço de cotação em mercado ativo para ativo idêntico, mas, em outros casos, mais de uma técnica é adequada, como quando da avaliação de uma unidade geradora de caixa.

Nos casos em que múltiplas técnicas forem utilizadas, os resultados de cada técnica, enquanto indicações de valor justo, serão avaliados considerando a razoabilidade da faixa de valores construída a partir desses resultados. O valor justo será, portanto, um ponto dentro desse intervalo de valores válidos e a escolha será do ponto que melhor represente o valor justo dadas as circunstâncias da data da mensuração.

De acordo com o item 65 do CPC 46, as técnicas de avaliação devem ser aplicadas de forma consistente na mensuração do valor justo, mas esclarece que uma mudança na técnica de avaliação ou em sua aplicação pode ser apropriada quando isso resultar em uma mensuração que seja igualmente ou mais representativa do valor justo. As situações nas quais uma mudança pode ser adequada são várias; entre elas, a norma destaca as seguintes: o surgimento de novos mercados, novas informações se tornam disponíveis ou, de outra forma, as informações antes utilizadas não estão mais disponíveis, o desenvolvimento de melhoria nas técnicas de avaliação, ou mudança nas condições de mercado.

Nesse sentido, cumpre esclarecer que as revisões realizadas em função da mudança na técnica de avaliação (ou na forma de aplicação da técnica) devem ser contabilizadas como mudança na estimativa contábil de acordo com o CPC 23. Apesar disso, o item 66 do CPC 46 esclarece que as divulgações exigidas pelo CPC 23 para mudança na estimativa contábil não são exigidas para revisões decorrentes de mudança na técnica de avaliação (ou na sua aplicação).

9.4.1 Abordagem de Mercado (*Market Approach*)

A abordagem de mercado é aquela em que a avaliação é feita com base em preços e outras informações relevantes geradas pelas transações de mercado e envolvendo itens idênticos ou comparáveis (similares) e na mesma unidade contábil (ativos em bases isoladas ou um grupo de ativos ou um grupo de ativos e passivos).

Assim, o uso de preços de cotação é consistente com a abordagem de mercado. Quando o preço de cotação para ativos idênticos ou similares não estiver disponível, algumas técnicas de avaliação são consistentes com essa abordagem, tais como o uso de técnicas de múltiplos ou da matriz de preços.

Os múltiplos de mercado, tais como índices calculados pelas relações preço/lucro, são obtidos a partir de um conjunto de elementos comparáveis e devem estar em faixas, com um múltiplo diferente para cada elemento de comparação. A escolha do múltiplo apropriado dentro da faixa exige julgamento, considerando-se fatores qualitativos e quantitativos específicos da mensuração.

O uso de múltiplos para avaliar um negócio ou uma empresa é relativamente simples e especialmente útil, principalmente, quando existe grande quantidade de transações de compra de empresas comparáveis no mercado. Entretanto, a inexistência de uma empresa comparável impede empregar essa técnica.

Diversos tipos de múltiplos podem ser calculados, sendo bastante comum o múltiplo de lucro, como o Preço/lucro, calculado dividindo-se o Preço por ação (P) pelo Lucro por ação (L). Porém, existem os que consideram o EBITDA (*Earnings Before Interests, Taxes, Depreciation, and Amortization*), entre outros. Há também outros tipos de múltiplos, como os múltiplos de valor patrimonial (preço ou valor de mercado dividido pelo valor do Patrimônio Líquido da empresa) e múltiplos de faturamento (preço ou valor de mercado dividido pelo faturamento bruto). Mas esses múltiplos só podem ser utilizados por empresas do mesmo segmento econômico, aproximadamente mesmo porte, mesma estrutura de custos etc. Fora disso, podem levar a terríveis erros.

A precificação por matriz, mais utilizada para avaliar determinados instrumentos financeiros, é também uma técnica de avaliação consistente com a abordagem de mercado e consiste em uma técnica matemática sem se basear exclusivamente em preços cotados para os títulos específicos, mas, sim, baseando-se na relação dos títulos a serem precificados com outros, os títulos cotados de referência.

Mesmo quando existirem preços de cotação para o ativo ou passivo objeto da mensuração a valor justo, em algumas circunstâncias, pode ser apropriado que a entidade utilize mais de uma técnica de avaliação, inclusive envolvendo mais de uma abordagem. Nesse sentido, a seguir apresenta-se uma adaptação do exemplo 12 contido nos Exemplos Ilustrativos do CPC 46.

> **Exemplo**
>
> No início de 20X1, a entidade Gama emitiu instrumentos de dívida com cupom anual de 10%, no valor (nominal) de $ 2 milhões, classificados como BBB e negociados em Bolsa. A Entidade B designou esse passivo financeiro como ao valor justo por meio do resultado.

> No final de 20X1, o preço pelo qual o instrumento está sendo negociado em mercado ativo pelos seus detentores é $ 929 por $ 1.000 de valor nominal após pagamento de juros acumulados. A empresa Gama utiliza o preço cotado do instrumento como um ativo para uma estimativa inicial do valor justo de seu passivo, chegando a um valor total de $ 1.858.000 [$ 929 × ($ 2 milhões ÷ $ 1.000)].
>
> Agora, Gama precisa determinar se o preço cotado em mercado ativo para seus instrumentos (enquanto ativo para seus detentores) representa o valor justo do passivo. Nesse sentido, deve-se verificar se o preço cotado utilizado inclui o efeito de fatores que não são aplicáveis à mensuração do valor justo de um passivo. E, como Gama determina que não será necessário nenhum ajuste ao preço cotado do instrumento enquanto ativo, então, o valor justo de seu instrumento de dívida em 31 de dezembro de 20X1 foi determinado em $ 1.858.000.

9.4.2 Abordagem de custo (*Cost Approach*)

Exceção para valor justo: custo corrente de reposição. Pela abordagem de custo, o valor justo assim determinado reflete o valor corrente do montante necessário para substituir a capacidade de serviço do ativo, ou seja, reflete o custo de reposição corrente do ativo objeto da mensuração. Entretanto, como já comentado, o valor justo é resultado de uma mensuração a valor de saída, de modo que um valor justo mensurado pela abordagem com base no custo que um participante do mercado teria para adquirir (ou construir) um ativo substituto com utilidade comparável e ajustado para refletir a "obsolescência" do ativo objeto da mensuração.

A obsolescência, tal como definida no item B9 do CPC 46, compreende a deterioração física, a obsolescência tecnológica (ou funcional) e a obsolescência econômica. Adicionalmente, o dispositivo esclarece que essa obsolescência é mais ampla que a depreciação contábil ou fiscal.

Como consta no referido Pronunciamento, uma mensuração de valor justo pela abordagem do custo, normalmente utilizada para mensurar ativos tangíveis que são usados em conjunto com outros ativos, se justifica porque "um comprador participante do mercado não pagaria mais por um ativo do que o valor pelo qual poderia substituir a capacidade de serviço desse ativo" (CPC 46, item B9).

Então, diante da inexistência de mercado ativo e da impossibilidade de mensurar o valor justo de determinado ativo por alguma técnica de avaliação pelas demais abordagens (de mercado e de resultado), pode-se utilizar a abordagem do custo.

9.4.3 Abordagem de resultado ou de receita (*Income Approach*)

Pelas técnicas de avaliação da abordagem de resultado, montantes futuros (entradas e saídas de caixa ou ainda receitas e despesas) são convertidos em um valor presente. Em resumo, por essa abordagem, teremos o valor justo como um valor presente (descontado), desde que essa mensuração seja feita considerando as expectativas correntes dos participantes do mercado atuais em relação a esses valores futuros.

Entre as técnicas abrangidas pela abordagem do resultado, o CPC 46 menciona como exemplo as seguintes:

a) **Técnicas de valor presente:** convertem montantes futuros (fluxos de caixa ou outros valores) a valor presente por meio de uma taxa de desconto. Portanto, essa técnica captura os seguintes elementos: as projeções (de caixa ou outros valores provenientes do ativo ou passivo a ser mensurado), expectativas de incertezas relativas ao fluxo projetado, o valor do dinheiro no tempo (uso de uma taxa de desconto livre de risco), o prêmio pelo risco (ajustando-se a taxa de desconto) e outros fatores que os participantes do mercado levariam em consideração. No caso do uso dessa técnica para um passivo, a técnica também considera o risco de crédito da própria entidade.

b) **Modelos de precificação de opções**, como a fórmula de Black-Scholes-Merton ou o modelo binomial (que é um modelo de árvore utilizado também na precificação de opções reais), quando incorporam técnicas de valor presente e refletem tanto o valor temporal quanto o valor intrínseco da opção.

c) **Método de ganhos excedentes** em múltiplos períodos, que é utilizado para mensurar o valor justo de alguns ativos intangíveis.

A técnica de valor presente pode ser utilizada para converter um único fluxo futuro a valor presente ou pode ser utilizada para determinar um valor presente esperado, à medida que, por exemplo, são feitas projeções de montantes futuros para vários cenários, para cada qual se atribui uma probabilidade de ocorrência, de modo que o valor presente esperado será a média ponderada do valor presente de cada cenário (ponderando-se pela probabilidade de cada um).

O CPC 46 (item B14) apresenta um conjunto de princípios gerais que regem a aplicação de qualquer técnica de valor presente para fins de mensuração do valor justo, o qual reproduzimos a seguir:

"a) fluxos de caixa e taxas de desconto refletem premissas que os participantes do mercado utilizariam ao precificar o ativo ou passivo;

b) fluxos de caixa e taxas de desconto levam em conta somente os fatores atribuíveis ao ativo ou passivo que está sendo mensurado;

c) para evitar a contagem dupla ou omissão dos efeitos dos fatores de risco, as taxas de desconto refletem premissas que sejam consistentes com aquelas inerentes aos fluxos de caixa. Por exemplo, a taxa de desconto que reflete a incerteza nas expectativas em relação a inadimplências futuras é apropriada ao utilizar fluxos de caixa contratuais de empréstimo (ou seja, técnica de ajuste de taxa de desconto). Não se deve aplicar essa mesma taxa ao se utilizar fluxos de caixa esperados (ou seja, ponderados por probabilidade) (ou seja, técnica de valor presente esperado), uma vez que os fluxos de caixa esperados já refletem premissas sobre a incerteza em relação a inadimplências futuras; em vez disso, deve ser utilizada uma taxa de desconto compatível com o risco inerente aos fluxos de caixa esperados;

d) as premissas sobre fluxos de caixa e taxas de desconto devem ser internamente consistentes. Por exemplo, fluxos de caixa nominais, que incluem o efeito da inflação, devem ser descontados a uma taxa que inclua o efeito da inflação. A taxa de juros nominal livre de risco inclui o efeito da inflação. Os fluxos de caixa reais, que excluem o efeito da inflação, devem ser descontados a uma taxa que exclua o efeito da inflação. Da mesma forma, os fluxos de caixa após impostos devem ser descontados utilizando-se uma taxa de desconto após impostos. Os fluxos de caixa antes de impostos devem ser descontados a uma taxa consistente com esses fluxos de caixa;

e) as taxas de desconto devem ser consistentes com os fatores econômicos subjacentes da moeda na qual os fluxos de caixa são denominados".

Quando do uso de técnicas de valor presente, atenção especial deve ser dada às condições de incerteza e aos riscos. Isso porque a mensuração do valor justo dessa forma é feita sob condições de incerteza, uma vez que os fluxos de caixa foram determinados por estimativa: valores projetados e época das entradas e saídas de caixa. Até mesmo quando os valores das entradas de caixa tiverem sido projetados com base nos valores contratuais fixos (pagamentos ou recebimentos), ainda assim existirá incerteza, visto que sempre há o risco de descumprimento (*default*).

Portanto, é natural que os participantes do mercado incluam alguma compensação (prêmio de risco) para suportar as incertezas inerentes ao fluxo de caixa do elemento objeto da mensuração (ativo ou passivo), de modo que uma mensuração do valor justo deva incluir um prêmio de risco que reflita o valor que os participantes do mercado exigiriam como compensação pela incerteza inerente aos fluxos de caixa.

Entretanto, diversas são as formas de se lidar com o risco, como, por exemplo:

a) Uso da técnica de valor presente com uma **taxa de desconto ajustada** em função do risco, a qual será utilizada para trazer a valor presente fluxos de caixa contratuais, prometidos ou mais prováveis.

b) Uso da técnica de valor presente esperado com **fluxos de caixa esperados ajustados pelo risco de mercado** (sistemático), que representam um equivalente certo do fluxo de caixa, o qual é descontado a uma taxa de juros livre de risco. O equivalente certo do fluxo de caixa refere-se ao fluxo de caixa esperado ajustado para refletir o risco, de modo que um participante do mercado seja indiferente ao negociar determinado fluxo de caixa por um fluxo de caixa esperado.

c) Uso da técnica de valor presente esperado com fluxos de caixa esperados não ajustados pelo risco de mercado, o qual é **descontado por uma taxa ajustada para incluir o prêmio de risco exigido pelos participantes do mercado**. Essa técnica efetua um ajuste para refletir o risco sistemático (de mercado) pela aplicação de prêmio de risco à taxa de juros livre de risco. Assim, os fluxos de caixa esperados são descontados a uma taxa que corresponde à esperada associada a fluxos de caixa ponderados por probabilidade (ou seja, taxa de retorno esperada). A taxa de desconto utilizada, assim, será a de retorno esperada relativa a fluxos de caixa esperados.

Exemplo

Ajuste da Taxa de Desconto

Quando a técnica do valor presente for utilizada com uma taxa de desconto ajustada, será empregado um único conjunto de fluxos de caixa futuro, construído a partir dos valores estimados mais prováveis, sejam eles contratuais ou não. Esses fluxos também serão afetados pela inadimplência (risco de crédito do sacado para um ativo financeiro ou risco de não desempenho da entidade para um passivo financeiro), de modo que a taxa de desconto de mercado considere isso.

O item B22 do CPC 46 estabelece ainda que, pela técnica de ajuste de taxa de desconto, quando aplicada a recebimentos (ou pagamentos) fixos, o ajuste para refletir o risco inerente aos fluxos de caixa é incluído na taxa de desconto. Então, a aplicação dessa técnica (ajuste de taxa de desconto) a fluxos de caixa que não sejam montantes fixos pode implicar o ajuste dos fluxos de caixa para se obter comparabilidade com o ativo ou passivo observado do qual se obtém a taxa de desconto de mercado.

Na técnica de ajuste de taxa de desconto, a taxa é obtida a partir das taxas de retorno observadas para ativos ou passivos comparáveis que sejam negociados no mercado. Consequentemente, os fluxos de caixa contratuais, prometidos ou mais prováveis são descontados a uma taxa de mercado observada ou estimada para esses fluxos de caixa condicionais (ou seja, taxa de retorno de mercado). Isso requer uma análise de dados de mercado para ativos ou passivos comparáveis. A comparabilidade é determinada considerando-se a natureza dos fluxos de caixa (por exemplo, se os fluxos de caixa são contratuais ou não contratuais, e se é provável que respondam similarmente a mudanças nas condições econômicas), bem como outros

fatores (situação de crédito, garantias, duração, cláusulas restritivas e liquidez).

Alternativamente, se um único ativo ou passivo comparável não refletir adequadamente o risco inerente aos fluxos de caixa do ativo ou passivo que estiver sendo mensurado, pode ser possível obter uma taxa de desconto utilizando dados referentes a diversos ativos ou passivos comparáveis em conjunto com a curva de rendimento livre de risco (ou seja, utilizando uma abordagem "cumulativa").

Para exemplificar, tendo como base o item B20 do CPC 46, suponha-se que o ativo A seja um direito contratual de receber $ 800 em um ano, de modo que não há incerteza quanto à época em que o fluxo de caixa ocorre. Há um mercado estabelecido para ativos comparáveis e há informações disponíveis sobre esses ativos, incluindo informações sobre preços. Entre os ativos comparáveis, temos as seguintes informações:

Ativo B: representa o direito contratual de receber $ 1.200 em um ano e tem um preço de mercado de $ 1.083, e, portanto, a taxa de retorno de mercado anual implícita é de 10,8% [($ 1.200/$ 1.083) − 1];

Ativo C: representa o direito contratual de receber $ 700 em dois anos e tem um preço de mercado de $ 566, portanto, a taxa de retorno de mercado anual implícita é de 11,2% [($ 700/$ 566)^{(1/2)} − 1].

Os três ativos são comparáveis em relação ao risco (ou seja, dispersão de possíveis quitações e crédito).

Assim, como o ativo A tem prazo de um ano, tal como o Ativo B, este se torna o ativo mais comparável ao A, já que o ativo C tem prazo de dois anos. Então, descontando o fluxo de caixa do ativo A ($ 800) pela taxa de mercado de um ano do ativo B (10,8%), o valor justo do ativo A será então de $ 722 [($ 800/(1 + 0,108)].

Alternativamente, na ausência de informações de mercado disponíveis para o Ativo B, a taxa de mercado de um ano poderia ser obtida a partir do Ativo C, utilizando-se a abordagem cumulativa. Nesse caso, a taxa de mercado de dois anos indicada pelo Ativo C (11,2%) seria ajustada para uma taxa de mercado de um ano, utilizando-se a estrutura de prazo da curva de rendimento livre de risco. Podem ser necessárias análises e informações adicionais para determinar se os prêmios de risco para ativos de um ano e de dois anos são os mesmos. Caso fosse determinado que os prêmios de risco para ativos de um ano e de dois anos não são os mesmos, a taxa de retorno de mercado de dois anos seria ajustada novamente para refletir esse efeito.

Exemplo

Valor Presente Esperado

De acordo com o CPC 46 (item B23), a técnica de valor presente esperado utiliza como ponto de partida um conjunto de valores de fluxos de caixa que é determinado pela média ponderada pela probabilidade de ocorrência dos fluxos de caixa futuros possíveis. A estimativa resultante é idêntica ao valor esperado, o qual, em termos estatísticos, é a média ponderada dos valores possíveis de uma variável aleatória discreta tendo como pesos as respectivas probabilidades. Assim, como todos os fluxos de caixa possíveis são ponderados pela sua probabilidade de ocorrência, os fluxos de caixa esperados resultantes não dependem da ocorrência de qualquer evento determinado (diferentemente dos fluxos de caixa utilizados na técnica de ajuste de taxa de desconto).

Em relação aos riscos, ao tomar uma decisão de investimento, um participante do mercado avesso ao risco levaria em conta o risco de que o fluxo de caixa efetivo venha a divergir do fluxo de caixa esperado. De acordo com a teoria da carteira, temos então que atentar para o risco não sistemático (diversificável), que é específico do item objeto da mensuração, e o risco sistemático (não diversificável), que é um risco comum compartilhado com os demais itens que compõem a carteira diversificada.

A relevância da teoria da carteira para a mensuração do valor justo afirma que, quando de um mercado em equilíbrio, seus participantes são compensados somente por sustentar o risco sistemático inerente aos fluxos de caixa, e que, em mercados que são ineficientes ou fora de equilíbrio, outras formas de retorno ou compensação podem estar disponíveis.

E, adicionalmente, como já comentado, a técnica de valor presente esperado pode ser feita considerando-se alternativamente (a) os fluxos de caixa esperados ajustados pelo risco de mercado (sistemático), que representa um equivalente certo do fluxo de caixa a ser descontado por uma taxa de juros livre de risco, ou (b) os fluxos de caixa esperados não ajustados (risco de mercado) a serem descontados por uma taxa ajustada ao risco (incluindo-se um prêmio de risco exigido pelos participantes do mercado).

Para exemplificar essas duas variações do uso da técnica do valor presente esperado (adaptado do exemplo dos itens B27 a B29 do CPC 46), assuma o que segue:

a) Um ativo tem um fluxo de caixa esperado de $ 780 em um ano, determinado com base nos fluxos de caixa possíveis e probabilidades, como a seguir indicado:

Fluxo 1: $ 5.000 com probabilidade de 15% = $ 750

Fluxo 2: $ 8.000 com probabilidade de 60% = $ 4.800

Fluxo 3: $ 9.000 com probabilidade de 25% = $ 2.250

Fluxo de Caixa Esperado: $ 7.800 [$ 750 + $ 4.800 + $ 2.250]

b) A taxa de juros livre de risco aplicável (fluxos de um ano) é de 5%.

c) O prêmio pelo risco (sistemático) para ativos com o mesmo perfil de risco é de 3%.

Observe que o fluxo de caixa esperado ($ 7.800) representa a média ponderada por probabilidade dos três resultados possíveis. Na prática, podem existir muitos resultados possíveis, mas nem sempre será necessário determinar exaustivamente todos os fluxos de caixa possíveis por meio de modelos e técnicas complexos.

Portanto, pode ser que um número limitado de cenários e probabilidades discretos capture o conjunto de fluxos de caixa possíveis de maneira adequada. Por exemplo, podem ser utilizados fluxos de caixa relevantes realizados em períodos passados, ajustados para refletir as mudanças nas circunstâncias (fatores externos e internos), levando em conta as premissas dos participantes do mercado (CPC 46, item B28).

Em termos teóricos, o valor presente dos fluxos de caixa do ativo será o mesmo, quer sejam ajustados pelo risco de mercado os fluxos de caixa esperados ou a taxa de desconto. Assim, considerando que a taxa de juros (composta) ajustada ao risco é 8,15% (1,05 × 1,03) e utilizando os dados do exemplo, teremos:

d) **Ajustando os fluxos de caixa esperados pelo risco sistemático**: na ausência de dados de mercado que indiquem diretamente o valor do ajuste de risco, esse ajuste poderia ser obtido utilizando-se o conceito de equivalentes certos. Então, o ajuste de risco (ou seja, o prêmio de risco de caixa de $ 227,18) poderia ser determinado utilizando-se o prêmio de risco sistemático de 3%, que resulta em fluxos de caixa esperados ajustados pelo risco de $ 7.572,82 [($ 7.800/1,03) ou ($ 7.800 × (1,05/1,0815))]. Assim, os $ 7.572,82 constituem o equivalente certo de $ 7.800. Descontando o equivalente certo à taxa de juros livre de risco (5%), temos que o valor presente representando o valor justo do ativo foi determinado em $ 7.212,21 ($ 7.572,82/1,05).

e) **Ajustando a taxa de desconto pelo risco sistemático:** os fluxos de caixa esperados são descontados à taxa de retorno esperada de 8% (ou seja, a taxa de juros livre de risco de 5% mais o prêmio de risco sistemático de 3%). O valor presente, representando o valor justo do ativo, foi determinado em $ 7.212,21 ($ 7.800/1,0815).

Ao utilizar a técnica de valor presente esperado para mensurar um valor justo, é indiferente ajustar pelo risco sistemático o montante do fluxo de caixa esperado (já resultado da ponderação pelas probabilidades de ocorrência) ou ajustar a taxa de desconto. Então, a escolha entre um ou outro método dependerá de fatos e circunstâncias específicos do ativo ou passivo que estiver sendo mensurado, da disponibilidade de dados suficientes e dos julgamentos aplicáveis.

9.5 Informações para aplicação das técnicas de avaliação

9.5.1 Princípios gerais

De acordo com o CPC 46 (item 67), as técnicas de avaliação utilizadas para mensurar o valor justo devem maximizar, na medida do possível, o uso de dados (*inputs*) observáveis relevantes e minimizar o uso de dados não observáveis.

Nesse sentido, a norma menciona alguns exemplos de mercados nos quais informações possam ser observáveis para alguns ativos e passivos (item B34):

"a) **Mercado bursátil**: em mercado bursátil, os preços de fechamento encontram-se prontamente disponíveis e são representativos do valor justo de modo geral. Um exemplo de mercado bursátil é uma Bolsa de Valores.

b) **Mercado de revendedores**: em mercado de revendedores, estes permanecem prontos para negociar (seja para comprar ou para vender, por sua própria conta), proporcionando assim liquidez ao utilizar seu capital para manter um estoque dos itens para os quais estabelecem um mercado. Normalmente, preços de compra e de venda (que representam o preço pelo qual o revendedor se interessa em comprar e o preço pelo qual o revendedor se interessa em vender, respectivamente) são mais prontamente disponíveis que preços de fechamento. Mercados de balcão (para os quais os preços são informados publicamente) são mercados de revendedores. Há mercados de revendedores também para alguns outros ativos e passivos, incluindo alguns instrumentos financeiros, *commodities* e ativos físicos (por exemplo, equipamentos usados).

c) **Mercado intermediado**: em mercado intermediado, corretores tentam aproximar compradores e vendedores, mas não permanecem prontos para negociar por sua própria conta. Em outras palavras, os corretores não utilizam seu capital próprio para manter um estoque dos itens para os quais estabelecem um mercado. O corretor conhece os preços oferecidos e pedidos pelas respectivas partes, mas cada parte normalmente não tem conhecimento das exigências de preço da outra. Os preços de transações concluídas encontram-se algumas vezes disponíveis. Mercados intermediados incluem redes de comunicação eletrônica, nas quais ordens de compra e de venda são conjugadas, e mercados de imóveis residenciais.

d) **Mercado não intermediado**: em mercado não intermediado, as transações, tanto de origem quanto revendas, são negociadas de forma independente, sem intermediários. Poucas informações sobre essas transações podem ser disponibilizadas ao público".

Adicionalmente à exigência de se maximizar dados observáveis, a entidade deve primeiramente caracterizar o ativo (ou passivo) objeto de mensuração e em seguida selecionar informações que seriam consideradas pelos participantes do mercado para a precificação do ativo (ou passivo) em questão, desde que sejam consistentes com suas características e com a unidade de contabilização do ativo (ou passivo), determinada pela norma que exigiu ou permitiu sua mensuração a valor justo.

Em alguns casos, isso implicará fazer algum ajuste, tal como um prêmio ou desconto (como é o caso, por exemplo, do prêmio de controle ou, alternativamente, pelo desconto na participação de não controladores). Todavia, se houver preço cotado em mercado ativo (que é um dado observável) para o ativo (ou passivo), a entidade deve utilizar esse preço sem ajuste para mensurar o valor justo do ativo (ou passivo

em questão), exceto quando pertinente (veja a seguir o tópico que trata das informações de Nível 1).

Há casos em que um ativo (ou passivo) pode ter preços de compra e venda distintos, como quando são utilizadas informações de um mercado de revendedores. Então, o preço contido no *spread* (diferença entre os preços de compra e venda) que melhor representar o valor justo nas circunstâncias correntes deve ser utilizado para mensurar o valor justo, independentemente de onde essa informação estiver classificada na hierarquia de valor justo (hierarquia Nível 1, 2 ou 3). O uso de preços de compra para posições ativas e de preços de venda para posições passivas é permitido, mas não exigido (CPC 46, item 70).

Por fim, mas não menos importante, o CPC 46 (item 71) não impede o uso de precificação média de mercado ou outras convenções de precificação que sejam usuais para os participantes do mercado como expediente prático para mensurações do valor justo considerando o *spread* entre os preços de compra e de venda.

9.5.2 Classificação das informações aplicadas na mensuração – hierarquia de valor justo

Como já visto, o que faz de determinado valor um valor justo, nos termos do CPC 46, é que ele foi obtido ou construído na perspectiva dos participantes do mercado. Todavia, quando da inexistência de preços correntes em mercados ativos (preços de cotação), a mensuração do valor justo dependerá da utilização de técnicas de avaliação. Nesse sentido, a diretriz dada pela norma é no sentido de a entidade utilizar técnicas que seriam adotadas pelos participantes do mercado, bem como maximizar o uso de dados observáveis como dados de entrada de sua modelagem de avaliação. Outro aspecto relevante é que a disponibilidade de dados e informações pode acabar condicionando a escolha da técnica de avaliação.

A preocupação volta-se, portanto, para a consistência e a comparabilidade nas mensurações do valor justo e nas divulgações correspondentes. Então, visando a essa consistência e comparabilidade, o CPC 46 estabelece uma hierarquia de valor justo, pela qual classificam-se em três níveis os dados (*inputs*) aplicados nas técnicas de avaliação utilizadas na mensuração do valor justo. A hierarquia de valor justo dá a mais alta prioridade a preços cotados (não ajustados) em mercados ativos para ativos ou passivos idênticos (informações de Nível 1) e a mais baixa prioridade a dados não observáveis (informações de Nível 3).

Por vezes, um mesmo valor justo foi estimado utilizando-se informações que podem ser classificadas em diferentes níveis da hierarquia de valor justo. Nesses casos, a exigência do CPC 46 é que a mensuração do valor justo seja classificada integralmente no mesmo nível da hierarquia de valor justo que a informação do nível mais baixo que for significativa para a mensuração como um todo. Essa exigência implica avaliar o grau de importância de uma informação específica para a mensuração como um todo e isso certamente requererá o emprego de julgamento por parte da entidade.

A hierarquia de valor justo dada pelo CPC 46 prioriza os dados e informações (*inputs*) utilizados nas técnicas de avaliação e não as técnicas de avaliação em si que forem utilizadas para mensurar o valor justo. Isso significa que pode acontecer de dois ativos serem mensurados pela técnica do valor presente, mas cada mensuração ser classificada em níveis diferentes; por exemplo, o valor justo do ativo 1 ser classificado no Nível 2 e o do ativo 2 no Nível 3. Isso porque a classificação dependerá das informações mais significativas para a mensuração como um todo e não da técnica utilizada (no caso o valor presente).

Isso poderia acontecer, por exemplo, porque a mensuração do ativo 2 teve um dado observável que foi ajustado utilizando-se dados não observáveis, resultando em um valor justo significativamente maior (ou menor), o que fez com que a mensuração resultante tivesse de ser classificada no Nível 3 da hierarquia de valor justo.

O CPC 46 menciona, inclusive, o seguinte exemplo: "se um participante do mercado levasse em conta o efeito de restrição sobre a venda de ativo ao estimar o preço do ativo, a entidade ajustaria o preço cotado para refletir o efeito dessa restrição. Se esse preço cotado fosse uma informação de Nível 2 e o ajuste fosse um dado não observável significativo para a mensuração como um todo, a mensuração seria classificada no Nível 3 da hierarquia de valor justo".

a) INFORMAÇÕES DE NÍVEL 1

O nível mais alto na hierarquia é o Nível 1, classificação esta dada para as mensurações que utilizaram, como informação relevante, preços cotados não ajustados em mercados ativos para ativos (ou passivos) idênticos aos que a entidade possa ter acesso na data de mensuração (CPC 46, item 76). Um exemplo de mensuração classificada no Nível 1 é a de uma ação de determinada companhia aberta negociada na B3 (BM&FBovespa) que tivesse ampla liquidez. Nesse caso, o preço de fechamento da ação em certo período seria utilizado para mensuração do valor justo. Percebe-se que, nesse caso, não existe grande dificuldade ou subjetividade envolvida no cômputo do valor justo.

O CPC 46 (item 78) esclarece que uma informação de Nível 1 está disponível para muitos ativos financeiros e passivos financeiros, alguns dos quais podem ser trocados em múltiplos mercados ativos (por exemplo, em diferentes bolsas), de modo que a ênfase no Nível 1 está em determinar (i) o mercado principal (ou o mais vantajoso, na ausência de um mercado principal) e (ii) se a entidade pode realizar uma transação com o ativo (ou passivo) pelo preço nesse mercado na data de mensuração.

A premissa é de que o preço cotado em mercado ativo, sempre que disponível, oferece uma evidência mais confiável do valor justo e deve ser utilizado para mensurar o valor justo sem nenhum ajuste.

O CPC 46, conforme estabelecido no item B45, não impede o uso de preços cotados fornecidos por terceiros, tais como laudos de avaliação elaborados por especialistas em precificação ou por corretores, se a entidade tiver determinado que os preços cotados fornecidos por essas partes são desenvolvidos em conformidade com as exigências da norma. Entretanto, se houve diminuição significativa no volume ou nível de atividade para o ativo ou passivo, o preço cotado pode não representar um valor justo, de maneira que a entidade deve avaliar se os preços cotados fornecidos por terceiros foram desenvolvidos utilizando-se informações correntes que refletem transações não forçadas (ou se utilizaram técnica de avaliação que reflete as premissas de participantes do mercado incluindo premissas sobre risco, situação em que a mensuração seria classificada como Nível 2 ou 3, dependendo das informações utilizadas).

Adicionalmente, o CPC 46 (item B47) recomenda levar em conta a natureza da cotação ao ponderar as evidências disponíveis, atribuindo-se maior peso a cotações fornecidas por terceiros que representem ofertas vinculantes (em oposição a cotações indicativas recentes, por exemplo).

b) INFORMAÇÕES DE NÍVEL 2

Devem ser classificadas no Nível 2 as informações observáveis, direta ou indiretamente, para o ativo (ou passivo) ao longo de todo o prazo contratual deste, exceto quando tratar-se de preços cotados incluídos no Nível 1.

De acordo com o item 82 do CPC 46, informações de Nível 2 incluem os seguintes:

a) Preços cotados para ativos (ou passivos) similares em mercados ativos.

b) Preços cotados para ativos (ou passivos) idênticos ou similares em mercados que não sejam ativos.

c) Informações que não sejam preços cotados, mas que são observáveis para o ativo (ou passivo), tais como taxas de juros e curvas de rendimento observáveis em intervalos comumente cotados, volatilidades implícitas e *spreads* de crédito.

d) Informações corroboradas pelo mercado.

O uso de informações como as acima mencionadas (informações de Nível 2) certamente implica que se façam ajustes dependendo de fatores específicos do ativo ou passivo, tais como em função do seguinte:

a) A condição ou localização do ativo.

b) Em que medida as informações estão relacionadas com itens que são comparáveis ao ativo (ou passivo).

c) O volume ou nível de atividade nos mercados em que as informações são observadas.

Atenção especial deve ser dada aos ajustes efetuados nas informações de Nível 2, pois sempre que a informação for relevante para a mensuração como um todo e esse ajuste utilizar dados não observáveis significativos, a mensuração do valor justo deverá ser classificada no Nível 3 da hierarquia de valor justo.

O CPC 46, em seu item B35, descreve os seguintes exemplos de informações de Nível 2 para ativos e passivos específicos, os quais resumidamente figuram a seguir:

a) *Swap* de taxa de juros de recebimento fixo e pagamento variável com base na taxa de *swap* Ibor, que será uma informação de Nível 2 se ela for observável em intervalos comumente cotados para substancialmente a totalidade do prazo do *swap*.

b) *Swap* de taxa de juros de recebimento fixo e pagamento variável com base na curva de rendimento denominada em moeda estrangeira. A informação de Nível 2 seria a taxa de *swap* baseada na curva de rendimento denominada em moeda estrangeira que fosse observável em intervalos comumente cotados para substancialmente a totalidade do prazo do *swap*. Esse seria o caso se o prazo do *swap* fosse 10 anos e essa taxa fosse observável em intervalos comumente cotados para 9 anos, desde que qualquer extrapolação razoável da curva de rendimento para o ano 10 não fosse significativa para a mensuração do valor justo do *swap* em sua totalidade.

c) *Swap* de taxa de juros de recebimento fixo e pagamento variável com base na taxa preferencial de banco específico. A informação de Nível 2 seria a taxa preferencial do banco obtida por meio de extrapolação, se os valores extrapolados forem corroborados por dados de mercado observáveis, por exemplo, por correlação com a taxa de juros que seja observável ao longo de substancialmente a totalidade do prazo do *swap*.

d) Opção de três anos sobre ações negociadas em bolsa. A informação de Nível 2 seria a volatilidade implícita para as ações, obtida por meio de extrapolação para o ano 3 desde que presentes as seguintes condições: (i) são observáveis os preços para opções de um ano e de dois anos; (ii) a volatilidade implícita extrapolada de opção de 3 anos é corroborada por dados de mercado observáveis para substancialmente a totalidade do prazo da opção. Nesse caso, a volatilidade implícita poderia ser obtida por extrapolação a partir da volatilidade implícita das opções de 1 ano e de 2 anos sobre as ações e corroborada pela volatilidade implícita para opções de 3 anos sobre ações de entidades comparáveis, desde que estabelecida a correlação com as volatilidades implícitas de 1 ano e de 2 anos.

e) Acordo de licenciamento. Para acordo de licenciamento que seja adquirido em combinação de negócios e que tenha sido recentemente negociado com uma parte não relacionada pela entidade adquirida (a parte do acordo de licenciamento), a informação de Nível 2 seria a taxa de *royalty* do contrato com a parte não relacionada no início do contrato.

f) Estoque de produtos acabados em ponto de venda de varejo. Para estoque de produtos acabados que seja adquirido em combinação de negócios, a informação de Nível 2 seria um preço para os clientes em um mercado varejista ou um preço para varejistas em mercado atacadista, ajustado para refletir diferenças entre a condição e a localização do item de estoque e dos itens de estoque comparáveis (ou seja, similares), de modo que a mensuração do valor justo reflita o preço que seria recebido na transação para vender o estoque a outro varejista que concluiria os esforços de venda necessários. Conceitualmente, a mensuração do valor justo é a mesma, sejam os ajustes efetuados no preço de varejo (para baixo) ou no preço de atacado (para cima). De modo geral, o preço que exigir a menor quantidade de ajustes subjetivos deve ser utilizado para a mensuração do valor justo.

g) Edificações mantidas e usadas. A informação de Nível 2 seria o preço por metro quadrado para a edificação (múltiplo de avaliação) obtido a partir de dados de mercado observáveis, por exemplo, múltiplos obtidos a partir de preços em transações observadas envolvendo edificações comparáveis (ou seja, similares) em locais similares.

h) Unidade geradora de caixa. A informação de Nível 2 seria um múltiplo de avaliação (por exemplo, múltiplo de rendimentos ou receitas ou medida de desempenho similar) obtido a partir de dados de mercado observáveis, por exemplo, múltiplos obtidos a partir de preços em transações observadas envolvendo negócios comparáveis (ou seja, similares), levando em conta fatores operacionais, de mercado, financeiros e não financeiros.

c) INFORMAÇÕES DE NÍVEL 3

Naturalmente, o problema da mensuração ao valor justo torna-se mais complexo quando da inexistência de mercados ativos ou informações observáveis para ativos e passivos. Nesses casos, argumentam alguns críticos, a relevância esperada do valor justo é colocada em "xeque", em razão do aumento da subjetividade decorrente dessa base de mensuração. De fato, são poucos os críticos do valor justo quando este é computado com base em preços cotados em mercados ativos (Nível 1).

O que faz com que determinada mensuração seja classificada como de Nível 3 é basicamente o uso de informações (*inputs*) que sejam dados não observáveis para o ativo (ou passivo). Entretanto, vale lembrar que, de acordo com as diretrizes da norma, dados não observáveis serão utilizados para mensurar o valor justo somente na extensão em que dados observáveis relevantes não estejam disponíveis, admitindo assim situações em que há pouca ou nenhuma atividade de mercado para o ativo ou passivo na data de mensuração.

Entretanto, o uso de dados não observáveis não pode impedir o cumprimento do objetivo da mensuração do valor justo, que é determinar um preço de saída na data de mensuração do ponto de vista de um participante do mercado que detém o ativo (ou deve o passivo). Isso implica dizer que os dados não observáveis que forem utilizados devem refletir as premissas que os participantes do mercado utilizariam ao precificar o ativo (ou o passivo), incluindo premissas sobre risco.

De acordo com o disposto no item 88 do CPC 46, as premissas sobre risco incluem o risco inerente à técnica de avaliação específica utilizada para mensurar o valor justo, bem como o risco inerente às informações utilizadas para aplicação da técnica de avaliação.

Assim, para cumprir o objetivo de que a mensuração seja construída sob a ótica dos participantes do mercado, se estes incluíssem um ajuste, a mensuração da entidade que não incluísse tal ajuste para refletir o risco não representaria uma mensuração do valor justo para o ativo (ou o passivo). Esse é o caso, por exemplo, quando houver incerteza significativa na mensuração porque houve grande diminuição no volume ou nível de atividade em comparação à atividade normal do mercado para o ativo (ou passivo) específico ou para ativos (ou passivos) similares e a entidade julgou que o preço da transação ou o preço cotado não representa o valor justo. Os itens B37 a B47 do CPC 46 descrevem situações como esta, portanto recomenda-se a leitura deles.

A diretriz da norma implica, portanto, que a entidade desenvolva dados não observáveis utilizando as melhores informações disponíveis, as quais podem incluir dados próprios da entidade. O CPC 46 (item 89) estabelece que, ao desenvolver dados não observáveis, a entidade pode começar com seus próprios dados, mas deve ajustá-los sempre que informações razoavelmente disponíveis indicarem que outros participantes do mercado utilizariam dados diferentes ou se houver algo específico para a entidade que não estiver disponível para outros participantes do mercado (por exemplo, uma sinergia específica da entidade).

Apesar disso, a norma orienta que a entidade não precisa empreender esforços exaustivos para obter informações sobre premissas de participantes do mercado. Contudo, a entidade deve levar em conta todas as informações sobre premissas de participantes do mercado que estiverem razoavelmente disponíveis. O uso de dados não observáveis que forem desenvolvidos para refletir a ótica dos participantes do mercado, considerando premissas que os participantes do mercado utilizariam, mantém aderência ao cumprimento do objetivo da mensuração do valor justo.

O CPC 46, em seu item B36, descreve os seguintes exemplos de informações de Nível 3 para ativos e passivos específicos, os quais resumidamente figuram a seguir:

a) *Swap* de moeda de longo prazo. A informação de Nível 3 seria a taxa de juros que não seja observável e não possa ser corroborada por dados de mercado observáveis em intervalos comumente cotados ou de outro modo para substancialmente a totalidade do prazo do *swap* de moeda. As taxas de juros de *swap* de moeda são as taxas de *swap* calculadas a partir das curvas de rendimento dos respectivos países.

b) Opção de três anos sobre ações negociadas em bolsa. A informação de Nível 3 seria a volatilidade histórica, ou seja, a volatilidade para as ações obtida a partir dos preços históricos das ações. A volatilidade histórica normalmente não representa as expectativas dos participantes do mercado atuais em relação à volatilidade futura.

c) *Swap* de taxa de juros. A informação de Nível 3 seria o ajuste ao preço consensual (não vinculante) médio de mercado para o *swap*, desenvolvido por meio de dados que não sejam diretamente observáveis e não possam ser corroborados por dados de mercado observáveis.

d) Passivo por desativação (assumido em combinação de negócios). A informação de Nível 3 seria a estimativa atual que utilizasse dados próprios da entidade sobre as saídas de caixa futuras para satisfazer a obrigação, o que inclui as expectativas dos participantes do mercado em relação aos custos para satisfazer a obrigação e a compensação que um participante do mercado exigiria para assumir a obrigação de desmontar o ativo (desde que não exista evidência que indique que os participantes do mercado utilizariam premissas diferentes).

e) Unidade geradora de caixa. A informação de Nível 3 seria a previsão financeira (projeções dos fluxos de caixa ou do resultado do período) desenvolvida com dados próprios da entidade (desde que não exista evidência que indique que os participantes do mercado utilizariam premissas diferentes).

Cuidados especiais devem ser tomados sempre que houver diminuição significativa no volume ou nível de atividade para o ativo ou passivo, situação em que a entidade deve avaliar se o valor justo é resultado do uso de informações correntes que refletem transações não forçadas e se as técnicas de avaliação utilizadas refletem as premissas de participantes do mercado (incluindo premissas sobre risco). O CPC 46 estabelece, ainda, que, ao ponderar um preço cotado como uma informação para mensuração do valor justo, a entidade atribui menor peso (em comparação com outras indicações do valor justo que refletem os resultados de transações) a cotações que não refletem o resultado de transações.

Se for determinado pela entidade que a transação ou preço cotado não representa o valor justo, um ajuste será necessário, caso a entidade utilize esses preços como base para mensurar o valor justo e esse ajuste seja significativo para a mensuração como um todo do valor justo. Ajustes podem ser necessários também em outras circunstâncias (por exemplo, quando o preço para um ativo similar exigir ajuste significativo para torná-lo comparável ao ativo que estiver sendo mensurado ou quando o preço estiver desatualizado). Adicionalmente, pode ser difícil determinar o ajuste de risco apropriado, mas o item B39 orienta que o grau de dificuldade por si só não constitui base suficiente para excluir o ajuste de risco, o qual deve refletir uma transação não forçada entre participantes do mercado na data de mensuração sob condições de mercado atuais.

Em resumo, estimar o preço pelo qual participantes do mercado estariam interessados em celebrar uma transação na data de mensuração sob condições correntes de mercado, quando se verifica que houve significativa diminuição no volume ou nível de atividade para o ativo (ou passivo), depende dos fatos e circunstâncias na data de mensuração, e isso requer julgamento por parte da entidade (item B42 do CPC 46). É importante ressaltar que, normalmente, os mercados de ações e de crédito têm bem menos credibilidade no valor justo Nível 3, dado seu nível de subjetividade.

9.6 Divulgações relativas ao valor justo

Em razão da inerente subjetividade envolvida no cômputo do valor justo, em especial nos Níveis 2 e 3, é de suma importância o *disclosure* compreensivo de todos os itens que utilizaram essa base de mensuração, bem como de todas as premissas utilizadas na obtenção dos valores. Só assim poderão os usuários compreender os efeitos da mensuração do valor justo nos resultados e na situação patrimonial das empresas. Portanto, é fundamental a divulgação completa e transparente dessa base de mensuração nas Notas Explicativas.

De acordo com o CPC 46 (item 91), a empresa deve divulgar informações que auxiliem os usuários de suas demonstrações contábeis a avaliar as técnicas de avaliação e informações utilizadas nas mensurações de valor justo, recorrentes ou não, para ativos e passivos apresentados no Balanço Patrimonial após o reconhecimento inicial, bem como o efeito das mensurações recorrentes de valor justo

classificadas no Nível 3 sobre o resultado do período ou outros resultados abrangentes do período.

Para que o objetivo acima seja alcançado, o CPC 46 esclarece que as divulgações a serem feitas pela entidade devem considerar o nível de detalhamento necessário para atender às exigências de divulgação contidas no CPC 46 e a ênfase dada a cada exigência, bem como o nível de agregação (ou desagregação) e a necessidade ou não de informações adicionais por parte dos usuários de demonstrações contábeis para avaliar as informações quantitativas divulgadas.

As exigências (mínimas) de divulgações devem ser atendidas para cada classe de ativos e passivos mensurados ao valor justo no Balanço Patrimonial após o reconhecimento inicial. Nesse sentido, a entidade deve determinar as classes de ativos e passivos considerando dois aspectos: (i) natureza, características e riscos do ativo ou passivo, e (ii) nível da hierarquia de valor justo no qual a mensuração do valor justo está classificada; e a determinação das classes apropriadas requer o julgamento por parte da entidade.

Sempre que outro Pronunciamento especificar a classe de um ativo ou passivo para atender às exigências de divulgação, a entidade pode utilizar essa classe, desde que ela atenda às especificações do CPC 46 para o cumprimento do objetivo de divulgação estabelecido.

Outro aspecto relevante é que as mensurações podem ser recorrentes ou não. As mensurações recorrentes são aquelas exigidas ou permitidas por um Pronunciamento e que devem ser feitas ao final de cada período contábil (para o qual a entidade reporta suas demonstrações contábeis). Já as mensurações não recorrentes são aquelas exigidas ou permitidas por um Pronunciamento e que são feitas em circunstâncias específicas, como é o caso da mensuração a valor justo da participação remanescente em investida na data em que a entidade perdeu o controle (exigência do CPC 36 – Demonstrações Consolidadas) ou o caso da mensuração de um ativo mantido para venda ao valor justo menos os custos para vender (exigência do CPC 31 – Ativo Não Circulante Mantido para Venda e Operação Descontinuada) sempre que o valor justo menos os custos para vender do ativo for menor que o seu valor contábil.

A norma esclarece ainda que o número de classes pode ser maior para mensurações do valor justo classificadas no Nível 3 em função de elas terem maior grau de incerteza e subjetividade. Adicionalmente, orienta que uma classe de ativos e passivos frequentemente exige uma desagregação maior que as rubricas apresentadas no Balanço Patrimonial, de forma que a entidade deve fornecer informações suficientes para permitir a conciliação com as rubricas apresentadas no Balanço Patrimonial.

Dependendo das circunstâncias, uma mensuração pode ser reclassificada de um nível para outro na hierarquia de valor justo. Portanto, a entidade deve divulgar e seguir de forma consistente sua política contábil para determinar quando considera que ocorreu uma transferência entre níveis da hierarquia de valor justo. A política sobre a época do reconhecimento de transferências deve ser a mesma para transferências dentro dos níveis quanto para fora dos níveis. São exemplos de políticas para a determinação da época das transferências, a critério da entidade, a data do evento ou da mudança nas circunstâncias que causou a transferência ou o início do período das demonstrações contábeis ou o final do período das demonstrações contábeis (CPC 46, item 95).

As exigências mínimas de divulgação são, resumidamente, as seguintes (item 93 do CPC 46):

a) O valor justo ao final do período de reporte para as mensurações recorrentes do valor justo recorrente e não recorrente e as razões para a mensuração, no caso de mensurações não recorrentes do valor justo.

b) O nível da hierarquia de valor justo no qual as mensurações do valor justo foram classificadas (Nível 1, 2 ou 3) para as mensurações recorrentes e não recorrentes do valor justo.

c) Para ativos e passivos mensurados ao valor justo de forma recorrente e mantidos ao final do período de reporte que sejam mensurados ao valor justo de forma recorrente, devem ser divulgados os valores de quaisquer transferências entre o Nível 1 e o Nível 2, as razões para essas transferências e a política da entidade para determinar quando se considera que ocorreram as transferências entre níveis. As transferências para cada nível devem ser divulgadas e discutidas separadamente.

d) Para mensurações do valor justo recorrentes e não recorrentes classificadas no Nível 2 e no Nível 3, deve-se divulgar a descrição das técnicas de avaliação e as informações (*inputs*) utilizadas. Caso tenha havido uma mudança na técnica de avaliação, a entidade deve divulgar essa mudança e as razões para adotá-la. Para mensurações do valor justo classificadas no Nível 3, deve-se divulgar as informações quantitativas sobre dados não observáveis significativos que tenham sido utilizados.

e) Para mensurações de valor justo recorrentes classificadas no Nível 3, uma conciliação dos saldos iniciais com os saldos finais, divulgando separadamente as mudanças atribuíveis a: (i) ganhos ou perdas totais para o período reconhecidos no resultado e/ou como outros resultados abrangentes, bem como as rubricas nas quais esses valores foram reconhecidos; (ii) compras, vendas, emissões e liquidações, cada um divulgado separadamente; (iii) os valores de quaisquer transferências para dentro ou fora do Nível 3, incluindo as razões para essas transferências e a política da entidade para determinar a época das transferências entre níveis (as transferências para dentro do Nível 3 devem ser divulgadas e discutidas separadamente das transferências para fora do Nível 3).

f) Para mensurações do valor justo recorrentes classificadas no Nível 3, o valor dos ganhos ou perdas totais para o período incluídos no resultado que sejam atribuíveis à mudança nos ganhos ou perdas não realizados relativos a ativos e passivos mantidos no final do período de reporte, bem como as rubricas da demonstração do resultado nas quais esses ganhos ou perdas não realizados foram reconhecidos.

g) Para mensurações do valor justo recorrentes e não recorrentes classificadas no Nível 3, uma descrição dos processos de avaliação utilizados pela entidade.

h) Para mensurações do valor justo recorrentes classificadas no Nível 3, as seguintes informações:

i) Para todas as mensurações, deve-se divulgar uma descrição narrativa da sensibilidade da mensuração do valor justo a mudanças em dados não observáveis, se uma mudança nesses dados para um valor diferente puder resultar na mensuração do valor justo significativamente mais alta ou mais baixa. Se houver inter-relações entre esses dados e outros dados não observáveis utilizados na mensuração do valor justo, a entidade deve fornecer também a descrição dessas inter-relações e de como elas poderiam intensificar ou mitigar o efeito de mudanças nos dados não observáveis sobre a mensuração do valor justo.

ii) Para ativos financeiros e passivos financeiros, se a mudança de um ou mais dos dados não observáveis para refletir premissas alternativas razoavelmente possíveis puder mudar o valor justo de forma significativa, a entidade deve indicar esse fato e divulgar o efeito dessas mudanças. A entidade deve divulgar como o efeito de uma mudança, para refletir uma premissa alternativa razoavelmente possível, foi calculado.

iii) Para mensurações do valor justo recorrentes e não recorrentes, se o melhor uso possível de um ativo não financeiro vier a divergir de seu uso atual, a entidade deve divulgar esse fato e as razões pelas quais o ativo não financeiro está sendo usado de maneira que difere de seu melhor uso possível.

Adicionalmente, o CPC 46 (item 97) exige que, para cada classe de ativos e passivos não mensurados ao valor justo no Balanço Patrimonial, mas cujo valor justo for divulgado, como é o caso de propriedades para investimento mensuradas ao custo, a entidade deve divulgar as informações exigidas pelos itens acima, indicados nas letras *b*, *d* e *i*. Para esses ativos e passivos, a entidade não precisa fornecer as demais divulgações exigidas pelo CPC 46.

Por fim, o CPC 46 esclarece que a entidade deve apresentar as divulgações quantitativas em formato tabular, exceto se outro formato for mais apropriado.

9.7 Tratamento para as pequenas e médias empresas

Os conceitos e procedimentos abordados neste capítulo relativos às "mensurações do valor justo" são aplicáveis também às entidades de pequeno e médio porte sempre que o Pronunciamento Técnico PME – Contabilidade para Pequenas e Médias Empresas exigir ou permitir uma mensuração a valor justo

9.8 Noções preliminares sobre mudanças nas taxas de câmbio em investimentos no exterior e conversão de demonstrações contábeis

9.8.1 Introdução

Quando as empresas possuem investimentos societários no exterior, por exemplo, filiais, coligadas ou controladas, seus resultados são afetados pelas mudanças na taxa de câmbio, especialmente no que diz respeito à variação cambial oriunda de tais investimentos.

Na verdade, fala-se aqui em investimentos societários no exterior, mas por simplificação, porque o mais correto é falar em investimento cuja moeda funcional seja diferente da moeda funcional da investidora. Conforme será discutido mais à frente neste capítulo, moeda funcional é aquela do ambiente econômico principal no qual a entidade opera. Este capítulo trata especificamente das situações em que há variação na taxa cambial de conversão de uma moeda diferente da funcional para a moeda funcional. Esse é o caso da maior parte das empresas no Brasil com investimentos societários no exterior (há raras exceções, no Brasil, mas há empresas que têm o dólar, por exemplo, como sua moeda funcional, como é o conhecido caso da Embraer).

Desde sua aprovação, o Pronunciamento Técnico CPC 02 – Efeitos das mudanças nas taxas de câmbio e conversão de demonstrações contábeis já passou por duas revisões, e, em setembro de 2010, foi aprovado o CPC 02 (R2). Esse Pronunciamento cuida, na verdade, de todas as variações cambiais que uma entidade pode sofrer, e não apenas do caso das variações relativas a investimentos societários; neste capítulo, cuida-se somente destas últimas.

9.8.2 Métodos para reconhecimento e mensuração dos investimentos societários de caráter permanente

Para a contabilização dos investimentos societários de caráter permanente em controladas, coligadas e controladas em conjunto no exterior, primeiramente, veja-se o Capítulo 6, já que aqueles procedimentos são também adotados para estas, com as alterações aqui mencionadas.

Trataremos neste capítulo exclusivamente dos aspectos contábeis relacionados com a variação cambial.

9.8.3 Identificação da moeda funcional

A moeda funcional é a moeda do ambiente econômico principal no qual a entidade opera e servirá como parâmetro para os procedimentos de mensuração das transações e eventos econômicos da entidade. Os itens 9 a 14 do Pronunciamento Técnico CPC 02 (R2) apresentam um conjunto de fatores que determinam a identificação da moeda funcional.

Dentre os fatores listados no referido pronunciamento, podemos destacar que a moeda funcional será aquela:

a) Que mais fortemente influencia os preços dos bens ou serviços.

b) Do país cujas forças competitivas e reguladoras influenciam a estrutura de precificação da empresa.

c) Que influencia os custos e despesas da empresa.

d) Na qual os fundos (financeiros) são gerados.

e) Na qual os recebimentos das atividades operacionais são obtidos.

Aqui, vale destacar que, para as empresas que operam no Brasil, somente em situações consideradas raríssimas, a moeda funcional poderá ser diferente do real. Mesmo para o caso de empresas que, por exemplo, tenham suas atividades inteiramente voltadas para a exportação, é difícil que se possa utilizar uma moeda diferente do real como moeda funcional, dependendo dos demais fatores envolvidos. Afinal, as exportações e fixações de preço em moeda estrangeira são apenas um dos itens a serem observados.

As condições dadas devem ser atendidas cumulativamente. O fato de um desses itens ser atendido não implica que a moeda funcional estará definida. Por exemplo, 100% das exportações são em euro, mas os custos são todos em reais; para é possível definir o euro como moeda funcional? Aparentemente, não. Para a moeda funcional de uma empresa não ser a moeda local, é necessário que praticamente todas as condições dadas, ou pelo menos a fortíssima maioria delas, estejam atendidas, não só uma.

Se uma empresa exporta mais de 90% de seus produtos, que têm seus preços internacionalmente fixados em dólar, possui bem mais do que metade dos seus custos totais também em dólares, obtém do exterior a maior parte de seus financiamentos, seu capital também é negociado muito mais fora do Brasil do que dentro dele, e, o que é muito importante, gerencia-se em dólar, porque isso garante um processo administrativo mais consentâneo com sua realidade e assegura melhores chances de sucesso, daí provavelmente tenha mesmo o dólar como sua moeda funcional.

Outro fator a levar em consideração nessa análise é o próprio pronunciamento CPC 02 (R2), que de certa maneira já indica esse caminho quando, em seu item 9, que trata de moeda funcional, estabelece: "O ambiente econômico principal no qual a entidade opera é normalmente aquele em que principalmente ela gera e despende caixa".

Ressalta-se que, de acordo com o item 37 do CPC 02 (R2), quando houver alteração da moeda funcional, a entidade deverá utilizar os procedimentos de conversão aplicáveis à nova moeda funcional prospectivamente a partir da data da mudança. Para isso, efetua-se a conversão de todos os itens para a nova moeda funcional utilizando-se a taxa de câmbio na data da mudança, e os valores convertidos resultantes para os itens monetários são tratados como se fossem custos históricos. Note-se, igualmente, que serão raros os casos de alteração de moeda funcional, afinal, isso decorreria de uma mudança significativa dos negócios da entidade e de sua gestão, o que não é comum.

Outro ponto fundamental: a moeda funcional não é questão de escolha, de arbítrio da entidade. Se, claramente, a moeda funcional é o euro, é obrigatório que essa moeda seja utilizada como moeda funcional; se o real é claramente a moeda funcional, o euro não pode ser usado no seu lugar, por mais que a administração goste disso. Agora, no caso de dúvida, prevalece a moeda local.

9.9 Reconhecimento e mensuração das mudanças nas taxas de câmbio

9.9.1 Avaliação de investimentos societários no exterior pelo método de equivalência patrimonial

Primeiro, a investidora deve verificar se os investimentos em filiais, agências, dependências ou sucursais se enquadram ou não entre aqueles que obrigatoriamente serão avaliados pelo MEP. No caso de avaliação de investimentos no exterior pelo MEP, a investidora deverá efetuar as seguintes etapas:

a) Elaborar as demonstrações contábeis da investida na moeda funcional dela, porém com base nas normas e procedimentos contábeis adotados pela investidora.

b) Efetuar a conversão das demonstrações contábeis elaboradas conforme o item acima, para a moeda funcional da investidora.

c) Reconhecer o resultado da investida por equivalência patrimonial com base na Demonstração de Resultado levantada conforme o item b.

d) Reconhecer os ganhos ou perdas cambiais no investimento em uma conta específica no Patrimônio Líquido.

e) Finalmente, caso seja um investimento em controlada, a investidora deverá consolidar as Demonstrações Contábeis dessa investida.

Assim, o primeiro passo é ajustar as demonstrações contábeis da investida para as normas contábeis da investidora. Isso torna-se relevante, pois as informações contábeis produzidas pela investidora e investidas devem ter como base os mesmos critérios contábeis, mantendo, assim, a uniformidade dos procedimentos e garantindo a comparabilidade, além de permitir a adequada consolidação das Demonstrações Contábeis.

A investidora terá de reconhecer duas variações patrimoniais em seus investimentos no exterior: resultado da equivalência patrimonial e variação cambial originada da conversão das demonstrações contábeis, ambas com base na sua participação na investida.

Pelo MEP, o resultado de equivalência patrimonial é reconhecido diretamente no resultado do período, enquanto a variação cambial do investimento no exterior deve ser reportada em conta específica do Patrimônio Líquido (Ajuste Acumulado de Conversão – Outros Resultados Abrangentes), sendo somente reconhecida como receita ou despesa no resultado, quando da realização dos investimentos (venda ou baixa do investimento líquido).

Isso se deve a vários fatores: (a) separar, como parte do resultado da investidora, regularmente, o desempenho da investida, o máximo possível, não influenciado pelo problema da variação cambial; (b) registrar separadamente os efeitos da mudança de valor do investimento em moeda estrangeira (diferente da funcional, na verdade, toda vez que aqui a ela se referir), já que essas mutações cambiais provocam aumento ou diminuição desse investimento no exterior sem que tenham relação com o desempenho da investida; (c) reduzir a volatilidade do resultado da investidora como decorrência das normais flutuações cambiais, principalmente, é claro, quando se trata de duas moedas fortes, quando as oscilações ocorrem ora para cima, ora para baixo.

Assim, os efeitos das variações cambiais são registrados diretamente no Patrimônio Líquido, como oscilações temporárias, que só são transferidos para o resultado quando da baixa do investimento (venda, normalmente).

Do mesmo modo, conforme o item 48A do CPC 02 (R2), também possuem tratamento similar à baixa integral da participação em investimento no exterior as seguintes baixas parciais:

a) Quando a baixa parcial envolver a perda de controle de controlada que contenha entidade no exterior, mesmo que a entidade mantenha participação na ex-controlada após a baixa parcial.

b) Quando a participação retida após a alienação parcial de uma participação em um negócio em conjunto ou uma alienação parcial de uma participação em coligada que incluir uma operação no exterior for um ativo financeiro que inclui uma operação no exterior.

Isso, independentemente de a entidade manter a participação na ex-controlada, na ex-coligada ou no ex-negócio controlado em conjunto. É importante ressaltar ainda que a redução do valor contábil de entidade no exterior em razão de perdas por *impairment* não caracteriza baixa parcial. Consequentemente, nenhum resultado deve ser "transferido" do ajuste acumulado de conversão para o resultado do exercício em função de perdas por perda do valor recuperável.

Cabe relembrar que uma empresa somente realizará a conversão das demonstrações contábeis de uma investida se ela for enquadrada como controlada, coligada, negócio controlado em conjunto ou sociedade que faça parte de um mesmo grupo ou esteja sob controle comum. Sobre esse aspecto, o Pronunciamento Técnico CPC 02 (R2) determina que prevaleça a essência dos fatos, e não a forma jurídica, quando da caracterização das relações entre as entidades. Se ocorrer de uma investidora não ter acesso às informações mensais de sua investida, é de supor que ela também não tenha influência significativa; assim, deve-se considerar que esse investimento não se enquadra como controlada, coligada, negócio controlado em conjunto ou outra sociedade que faça parte de um mesmo grupo ou esteja sob controle comum, e, portanto, não será avaliada pelo MEP; portanto, sem a necessidade de realizar a conversão das demonstrações contábeis para essa investida. Nas demonstrações contábeis individuais brasileiras, infelizmente não está exigida a obrigação de seguir a essência econômica dos fatos, basicamente em função de dúvidas legais quanto à possibilidade de reconhecer uma controlada como filial ou vice-versa. Essa foi, basicamente, a razão de o CPC 02 primeiro ter sido substituído pelo CPC 02 (R1).

Ressalta-se ainda que a entidade pode ter, diretamente ou por meio de uma investida, itens monetários a receber ou a pagar junto a uma entidade no exterior. Característica essencial de um item monetário é o direito de receber ou a obrigação de entregar um número fixo ou determinável de unidades de moeda, por exemplo, contas a receber ou empréstimos a longo prazo. De acordo com o item 15 do Pronunciamento Técnico CPC 02 (R2), caso a liquidação desse item não seja planejada ou a probabilidade de liquidação no futuro seja remota, esses itens deverão ser tratados como parte do investimento da entidade naquela entidade no exterior. Em outras palavras, os saldos desses itens farão parte do investimento líquido da investidora nessa entidade no exterior.

Assim, o investimento líquido em uma entidade no exterior é justamente o valor da participação detida pela entidade investidora no Patrimônio Líquido da entidade no exterior, adicionado (ou diminuído) de crédito ou (débito) junto a essa investida que tenha natureza de investimento, por exemplo, os itens monetários cuja liquidação seja remota.

De acordo com o item 32 do Pronunciamento Técnico CPC 02 (R2), as variações cambiais resultantes desses itens monetários, integrantes do investimento líquido da entidade em uma entidade no exterior, deverão ser reconhecidas:

a) No resultado, nas demonstrações contábeis individuais da entidade no exterior, conforme apropriado.

b) Em conta específica do Patrimônio Líquido e reconhecidas como receita ou despesa na venda do investimento líquido, nas demonstrações contábeis consolidadas (aquelas demonstrações que incluem a investidora e a entidade no exterior) e nas demonstrações contábeis individuais da investidora (aquelas demonstrações em que a entidade no exterior é avaliada pelo método de equivalência patrimonial, conforme as práticas contábeis brasileiras).

Pode ocorrer ainda de uma entidade contratar um instrumento financeiro passivo para proteger um investimento líquido no exterior, isto é, um instrumento financeiro com a finalidade de *hedge*. Quando isso ocorrer, a entidade deverá aplicar o Pronunciamento Técnico CPC 48, que versa sobre a contabilidade de *hedge* de investimento líquido em operação no exterior.

a) CONVERSÃO DE DEMONSTRAÇÕES CONTÁBEIS PARA MOEDA FUNCIONAL DA INVESTIDORA

O método de conversão adotado pelo Pronunciamento CPC 02 (R2), inspirado na IAS 21 (*International Accounting Standard*), é o método da taxa corrente. Por esse método, a conversão será realizada da seguinte forma, a partir de suas demonstrações na moeda estrangeira, já ajustadas aos critérios da investidora brasileira:

a) Os ativos e passivos serão convertidos utilizando-se a taxa de fechamento (denominada também taxa corrente) na data do respectivo balanço.

b) O Patrimônio Líquido inicial será o Patrimônio Líquido final do período anterior conforme convertido na época.

c) As mutações no Patrimônio Líquido ocorridas durante o período, por exemplo, pagamentos de dividendos e aumentos de capital, serão convertidas pelas respectivas taxas históricas, ou seja, as taxas cambiais das datas em que ocorreram as transações.

d) Todas as receitas e despesas da demonstração do resultado serão convertidas utilizando-se as taxas cambiais, quando possível, em vigor nas datas das transações ou pela taxa média do período, quando isso não trouxer variação relevante quanto à primeira alternativa.

e) As variações cambiais resultantes dos itens "a" até "d" serão reconhecidas em conta específica no patrimônio líquido.

Conversão do Balanço Patrimonial e as Taxas Cambiais

	PASSIVO Taxa Corrente
	PATRIMÔNIO LÍQUIDO
ATIVO Taxa Corrente	**Saldo Anterior PL** (igual a saldo final do período anterior)
	Dividendos e Ingressos de Capital (Taxa Histórica)
	Resultado do Período (transportado da DRE convertida por taxa histórica ou média)
	Ajuste Acumulado de Conversão

Como pode ser observado, todos os itens do Ativo e do Passivo são convertidos pela mesma taxa, a taxa corrente, daí a origem da nomenclatura desse método (Método da Taxa Corrente). Os itens do Patrimônio Líquido são inicialmente convertidos por outras taxas (históricas), diferentes da taxa corrente; por isso surgem as variações cambiais resultantes dos itens "a" até "d" descritos e representadas em conta específica no Patrimônio Líquido, denominada Ajuste Acumulado de Conversão, que compõe os Outros Resultados Abrangentes.

É mister ressaltar que, caso as variações cambiais decorrentes de investimento em uma entidade no exterior resultem em diferenças temporárias para efeitos tributários, deverão ser contabilizadas de acordo com as regras próprias sobre os tributos sobre o lucro. Conforme o item 50 do Pronunciamento Técnico CPC 02 (R2), o Pronunciamento Técnico CPC 32 – Tributos sobre o Lucro, deve ser aplicado no tratamento desses efeitos fiscais. Os exemplos a seguir ilustram o tratamento contábil previsto no CPC 02 (R2).

Exemplo

Em 1º de janeiro de 20X0, a empresa ABC, juntamente com outros investidores, constituiu a empresa ABC-Europa com sede em Londres. Para isso, a ABC integralizou 60% do capital social da ABC-Europa, composto apenas por ações ordinárias, pelo valor de € 600.000,00. Nessa data, a taxa euro (€)/real (R$) = 3,00.

Portanto, para registrar tal operação no reconhecimento inicial, a ABC deve fazer a conversão da taxa à vista (600.000,00 × 3,00) e realizar o seguinte lançamento contábil:

Dia 1º-01-20X0 (em R$)

	Débito	Crédito
Investimentos – ABC-Europa	1.800.000,00	
a) Bancos		1.800.000,00

Como esse investimento no exterior é uma controlada, já que a ABC possui a maioria das ações com direito a voto, ela necessita avaliá-lo pelo método da equivalência patrimonial no seu balanço individual. Assim, ao final de 20X0, a ABC necessita apurar o resultado dessa participação societária e da variação cambial com base nos balanços da ABC-Europa.

1º Passo: Elaboração das demonstrações contábeis da investida em sua moeda funcional, porém com base nas normas e procedimentos contábeis adotados pela investidora.

A ABC-Europa utiliza as mesmas práticas contábeis adotadas pela ABC. Portanto, não será necessário realizar quaisquer ajustes. As demonstrações do resultado do exercício e o Balanço Patrimonial da ABC-Europa, expressas em euros, ao final de 20X0, foram as seguintes:

ABC-Europa – Demonstração do Resultado do Exercício 1º-1-20X0 a 31-12-20X0

	Em €
Receitas	300.000
Custos dos Serviços Prestados	(120.000)
Lucro Bruto	180.000
Despesas Operacionais	(50.000)
Outras Receitas	20.000
Lucro antes dos Tributos	150.000
Tributos sobre o Lucro	(45.000)
Lucro Líquido	**105.000**

2º Passo: Conversão das demonstrações contábeis elaboradas para a moeda funcional da investidora

Uma vez apuradas as demonstrações, os balanços da ABC-Europa em Euros, o segundo passo consiste na conversão desses balanços para reais, que é a moeda funcional da ABC.

A) Conversão da Demonstração do Resultado do Exercício da ABC-Europa

As receitas e as despesas devem ser convertidas pela taxa histórica da transação. Entretanto, de acordo com o CPC 02 (R2), por motivos práticos, a taxa média semanal ou mensal pode ser utilizada para todas as transações em

ABC-Europa – Balanço Patrimonial
31-12-20X0

Ativo	Em €	Passivo e Patrimônio Líquido	Em €
Ativo Circulante	**650.000**	**Passivo Circulante**	**105.000**
Caixa e Equivalentes de Caixa	50.000	Contas a Pagar	95.000
Contas a Receber	400.000	Impostos sobre o Lucro a Pagar	10.000
Estoques	200.000	**Passivo Não Circulante**	**60.000**
Ativo Não Circulante	**620.000**	Exigível a Longo Prazo	60.000
Ativo Realizável a Longo Prazo	150.000	Patrimônio Líquido	1.105.000
Ativo Imobilizado	400.000	Capital Social	1.000.000
Ativo Intangível	70.000	Lucros Acumulados	105.000
Total do Ativo	**1.270.000**	**Total do Passivo e PL**	**1.270.000**

dado período, desde que as taxas de câmbio e as operações não flutuem significativamente. Assim, como a taxa €/R$ não apresentou grandes oscilações no ano de 20X0, a ABC optou por converter as receitas e despesas da ABC-Europa utilizando as taxas médias mensais, que foram:

Mês	Taxa Média	Mês	Taxa Média
Janeiro	3,00	Agosto	3,15
Fevereiro	3,05	Setembro	3,20
Março	3,10	Outubro	3,15
Abril	3,00	Novembro	3,20
Maio	3,20	Dezembro	3,15
Junho	3,10	**Taxa de fechamento do Ano**	**3,20**
Julho	3,15	**Taxa Média Anual**	**3,12**

Com base nessas taxas e nas datas em que ocorreram as efetivas receitas e despesas, é possível proceder a conversão para reais. Por exemplo, no mês de janeiro, temos que identificar todas as receitas e despesas incorridas e convertê-las para reais, utilizando a taxa média do mês de: €/R$ 3,00. As Tabelas 9.1 e 9.2 apresentam os cálculos das conversões para os itens da Demonstração do Resultado do Exercício.

Admita-se que os valores referentes aos tributos sobre o lucro apresentados na Demonstração do Resultado do Exercício somam € 45.000, sendo que conforme a tabela acima, a ABC-Europa já antecipou € 35.000. Esses valores já antecipados são deduzidos dos valores a pagar, haja vista que a apuração definitiva ocorreu apenas no final do ano. Consequentemente, o saldo de tributos sobre o lucro a pagar no passivo é de € 10.000.

O valor dos tributos sobre o lucro apresentado na DRE, que nada mais é que o total da despesa de tributos para o período, deve ser convertido pela taxa anual média €/R$ de 3,12. Esse procedimento é tecnicamente aceitável, haja vista que o resultado tributável, que é a base para o cálculo dos tributos sobre o lucro, foi formado ao longo do exercício. Portanto, o valor dos tributos sobre o lucro convertidos em reais é: R$ 140.400 (45.000 × 3,12).

Uma vez convertidos todos os valores de receitas e despesas, podemos agora transportá-los para a Demonstração do Resultado do Exercício da ABC-Europa.

ABC-Europa – Demonstração do Resultado do Exercício
1º-1-20X0 a 31-12-20X0

	Em €	Em R$
Receita Líquida de Vendas	300.000	938.300
Custos dos Produtos Vendidos	(120.000)	(375.320)
Lucro Bruto	180.000	562.980
Despesas Operacionais	(50.000)	(156.265)
Outras Receitas Operacionais	20.000	62.850
Lucro antes dos Tributos	150.000	469.565
Tributos sobre o Lucro	(45.000)	(140.400)
Lucro Líquido do Exercício	**105.000**	**329.165**

B) Conversão do Balanço Patrimonial da ABC-Europa

Como descrito anteriormente, os procedimentos para conversão do Balanço Patrimonial são os seguintes:

i) Os itens de Ativo e Passivo são convertidos pela taxa de encerramento (3,20).

ii) O Capital Social é convertido pela taxa histórica, nesse caso na data da constituição da ABC-Europa (3,00).

iii) Os Lucros Acumulados são transportados a partir do lucro em Reais, apurado conforme a DRE convertida anteriormente.

A partir desses valores, são apurados os ganhos ou perdas na conversão das demonstrações contábeis. Para isso, devem-se analisar as contas do Patrimônio Líquido, que nesse exemplo são apenas as contas de Capital Social e Lucros Acumulados.

Tabela 9.1

Mês	Taxa Média	Receita Líquida de Vendas		Custos dos Serviços Vendidos	
		€	R$	€	R$
Janeiro	3,00	13.000	39.000	5.200	15.600
Fevereiro	3,05	20.000	61.000	8.000	24.400
Março	3,10	25.000	77.500	10.000	31.000
Abril	3,00	27.000	81.000	10.800	32.400
Maio	3,20	30.000	96.000	12.000	38.400
Junho	3,10	32.000	99.200	12.800	39.680
Julho	3,15	30.000	94.500	12.000	37.800
Agosto	3,15	25.000	78.750	10.000	31.500
Setembro	3,20	28.000	89.600	11.200	35.840
Outubro	3,15	22.000	69.300	8.800	27.720
Novembro	3,20	25.000	80.000	10.000	32.000
Dezembro	3,15	23.000	72.450	9.200	28.980
Total		**300.000**	**938.300**	**120.000**	**375.320**

Tabela 9.2

Mês	Taxa Média	Despesas Operacionais		Outras Receitas Operacionais		Tributos Antecipados
		€	R$	€	R$	€
Janeiro	3,00	3.600	10.800			2.200
Fevereiro	3,05	4.000	12.200			3.000
Março	3,10	4.800	14.880	3.000	9.300	2.100
Abril	3,00	3.400	10.200			2.000
Maio	3,20	4.000	12.800			3.000
Junho	3,10	4.100	12.710	4.000	12.400	3.500
Julho	3,15	4.400	13.860	3.000	9.450	2.300
Agosto	3,15	3.200	10.080			4.000
Setembro	3,20	4.700	15.040	1.300	4.160	2.300
Outubro	3,15	4.300	13.545	2.500	7.875	2.900
Novembro	3,20	4.500	14.400	2.700	8.640	4.300
Dezembro	3,15	5.000	15.750	3.500	11.025	3.400
Total		**50.000**	**156.265**	**20.000**	**62.850**	**35.000**

No que diz respeito ao Capital Social, foram integralizados € 1.000.000 pela ABC (60%) e pelos outros investidores (40%). Na data da integralização, a taxa €/R$ era de 3,00. Portanto no Balanço Patrimonial convertido em reais, o Capital Social da ABC-Europa será de R$ 3.000.000. Contudo, caso esse valor fosse convertido pela taxa de fechamento, ele seria de R$ 3.200.000. Logo, houve uma variação cambial positiva de R$ 200.000.

Conta do PL	Valor em €	Taxa de Fechamento × Taxa Histórica	Valor em R$
Capital Social	1.000.000	3,20	3.200.000
	1.000.000	3,00	3.000.000
Variação Cambial do Capital Social			200.000

Do mesmo modo, o lucro da ABC-Europa no período foi de € 105.000. Conforme a Demonstração do Resultado, esse valor foi convertido para R$ 329.165. Entretanto, caso ele fosse convertido pela taxa de fechamento, seria de R$ 336.000. Portanto, houve novamente uma variação cambial positiva de R$ 6.835.

Conta do PL	Valor em €	Taxa de Fechamento x Lucro Transportado	Valor em R$
Lucros Acumulados	105.000	3,20	336.000
	105.000	conforme DRE	329.165
Variação Cambial dos Lucros Acumulados			6.835

Portanto, tem-se que a variação cambial total do Patrimônio Líquido da ABC-Europa é de R$ 206.835 (200.000 + 6.835). Esse valor é justamente o que será reconhecido na conta Ajuste Acumulado de Conversão, no Patrimônio Líquido. No caso, como a taxa €R$ subiu, o valor do investimento no exterior também aumentou. Portanto, há de se reconhecer esse aumento no valor do investimento justamente em decorrência de ganhos cambiais.

De posse desses valores, podemos transportá-los para o Balanço Patrimonial convertido da ABC-Europa.

ABC-Europa – Balanço Patrimonial em 31-12-20X0

ATIVO	Em €	Taxa	Em R$
Ativo Circulante	650.000		2.080.000
Caixa e Equivalentes de Caixa	50.000	3,20	160.000
Contas a Receber	400.000	3,20	1.280.000
Estoques	200.000	3,20	640.000
Ativo Não Circulante	620.000		1.984.000
Ativo Realizável a Longo Prazo	150.000	3,20	480.000
Ativo Imobilizado	400.000	3,20	1.280.000
Ativo Intangível	70.000	3,20	224.000
Total do Ativo	1.270.000		4.064.000

ATIVO	Em €	Taxa	Em R$
PASSIVO e PL			
Passivo Circulante	105.000		336.000
Contas a Pagar	95.000	3,20	304.000
Impostos sobre o Lucro a Pagar	10.000	3,20	32.000
Passivo Não Circulante	60.000		192.000
Exigível a Longo Prazo	60.000	3,20	192.000
Patrimônio Líquido	1.105.000		3.536.000
Capital Social	1.000.000	3,00	3.000.000
Lucros Acumulados	105.000	DRE	329.165
Ajuste Acumulado de Conversão	0		206.835
Total do Passivo e PL	1.270.000		4.064.000

C) Reconhecimento do Resultado da Equivalência Patrimonial e do Ajuste Acumulado de Conversão pela ABC

Com base na Demonstração do Resultado do Exercício e no Balanço Patrimonial da ABC-Europa, a investidora deverá reconhecer o resultado da investida por equivalência patrimonial.

Dado que o lucro líquido convertido da ABC-Europa foi de R$ 329.165 no ano de 20X0 e que a ABC possui 60% do capital social dessa investida, a receita de equivalência patrimonial será de R$ 197.499 (329.165 × 60%). Portanto, em 31 de dezembro de 20X0, a investidora deverá realizar o seguinte lançamento contábil:

Dia 31-12-20X0 (em R$)

	Débito	Crédito
Investimentos – ABC-Europa	197.499	
a) Receita de Equivalência Patrimonial		197.499

Nessa mesma data, a investidora também deverá reconhecer, igualmente, os ganhos cambiais do seu investimento na ABC-Europa. Conforme já mencionado, tal resultado deve ser registrado em conta específica de Patrimônio Líquido, intitulada Ajuste Acumulado de Conversão. Dado que os ganhos cambiais no resultado foram de R$ 206.835, o valor a ser reconhecido pela ABC é de R$ 124.101 (206.835 × 60%).

Dia 31-12-20X0 (em R$)

	Débito	Crédito
Investimentos – ABC-Europa	124.101	
a) Ajuste Acumulado de Conversão		124.101

Portanto, ao longo de X0, a ABC realizou três lançamentos referentes aos seus investimentos na ABC-Europa: (i) integralização de capital, (ii) receita de equivalência patrimonial e (iii) ajuste acumulado de conversão derivado das variações cambiais.

Data	Registro	Valor em R$
01/01/20X0	Integralização de Capital	1.800.000
31/12/20X0	Receita de Equivalência Patrimonial	197.499
31/12/20X0	Variação Cambial do Investimento	124.101
	Total	2.121.600

Note também que o valor total da conta Investimentos – ABC-Europa de R$ 2.121.600 ao final de X0 representa justamente 60% do Patrimônio Líquido dessa investida $ 3.536.000 nessa mesma data. Isso não é coincidência; ao contrário, esse é justamente o objetivo do método de equivalência patrimonial, ou seja, a conta Investimento deve refletir exatamente o percentual que a investidora possui no Patrimônio Líquido da investida.

D) Reconhecimento do Recebimento de Dividendos pela Investidora

Em 31 de julho 20X1, a ABC-Europa distribuiu € 80.000 de dividendos. Desse valor, a ABC recebeu € 48.000 referentes a 60% de sua participação no capital social dessa investida. Nessa data, a taxa €/R$ = 3,30. Portanto, a ABC deve converter tal valor para reais e registrar o seguinte lançamento:

Dia 31-07-20X1 (em R$)

	Débito	Crédito
Disponibilidades	158.400,00	
a) Investimentos – ABC-Europa		158.400,00

Nessa data, faz-se igualmente necessário ajustar a conta de Ajuste Acumulado de Conversão. Isso ocorre pois tais dividendos são referentes ao lucro do exercício de 20X0, que foi reconhecido e convertido por uma taxa de câmbio diferente. Para entendermos melhor a lógica desse ajuste, é necessário recordar que:

Resultado do Exercício de 20X0 em Reais: 329.165

Resultado do Exercício de 20X0 em Euros: 105.000

Taxa aproximada de conversão do Exercício de X0: R$ 329.165/R$ 105.000 = R$ 3,1349

Atualização dos lucros acumulados ao final de X0: R$ 6.835 (105.000 × (3,20 – 3,1349)

Portanto, o lucro de 20X0, que se encontra na conta Lucros Acumulados do Balanço Patrimonial, já foi ajustado:

da taxa aproximada de conversão do resultado (3,1349) para a taxa de encerramento do exercício (3,20). Conforme apresentado anteriormente, essa diferença já está reconhecida na conta de Ajuste Acumulado de Conversão. Por outro lado, nesse momento, por conta do recebimento dos dividendos, faz-se necessário ainda atualizar a parcela desse lucro que já foi distribuída utilizando como base a taxa corrente €/R$ (3,30). Logo, temos que:

	Valor em €	Taxa à Vista × Taxa de Fechamento	Valor em R$
Dividendos recebidos	48.000	3,30	158.400
	48.000	3,20	153.600
Variação Cambial sobre Dividendos Distribuídos			**4.800**

Portanto, nessa data, a ABC deve realizar o seguinte lançamento contábil para registrar a variação cambial sobre os dividendos recebidos:

Dia 31-07-20X1 (em R$)

	Débito	Crédito
Investimentos – ABC-Europa	4.800	
a) Ajuste Acumulado de Conversão		4.800

Assim, nota-se que a conta Ajuste Acumulado de Conversão é novamente acrescida em decorrência de a variação cambial ter sido positiva, haja vista que a taxa €/R$ aumentou. É recomendável igualmente que essa conta seja mensalmente atualizada, independentemente do reconhecimento dos resultados de equivalência patrimonial ou recebimento de dividendos.

É mister ressaltar que apesar de essa variação cambial ter sido efetivamente realizada, já que a entidade recebeu os dividendos, não existe o reconhecimento de tais valores no resultado. Portanto, de acordo com o CPC 02 (R2), nenhum valor inicialmente reconhecido na conta Ajuste Acumulado de Conversão transita subsequentemente pelo Resultado a não ser quando da baixa do investimento.

Especificamente, no caso de dividendos recebidos, o referido Pronunciamento Técnico não permite a "reciclagem" dos valores para o resultado (exceto nos casos em que constituírem devolução do investimento, como quando o dividendo é pago com lucros da pré-aquisição).

9.9.2 Critério alternativo de mensuração

Conforme os itens 48 e 49 do CPC 02 (R2), os ganhos ou perdas cambiais acumulados registrados no PL devem ser reconhecidos no resultado do período em que o ganho ou a perda da referida baixa for realizado. O "desinvestimento" pode ocorrer por meio de venda, liquidação, reembolso de ações do capital ou abandono de toda ou parte daquela entidade no exterior.

Contudo, de acordo com o referido Pronunciamento Técnico, os dividendos recebidos por conta da distribuição de lucros, sejam eles oriundos de lucro pré ou pós-aquisição, não são considerados "desinvestimento". Portanto, os ganhos ou perdas cambiais acumulados na conta de Ajuste Acumulado de Conversão, no Patrimônio Líquido, não são reconhecidos no resultado em razão da distribuição de dividendos.

Tal procedimento nos parece inadequado. Em razão disso, apresentamos um critério alternativo, apenas para análise, em que as variações cambiais são realizadas à medida que os dividendos são recebidos.

No exemplo anterior, os dividendos recebidos no ano de 20X1 (à taxa cambial de $ 3,30), provenientes do lucro da Cia. ABC-Europa em X1, foram reconhecidos por Equivalência Patrimonial no exercício de 20X0 (à taxa cambial de $ 3,1349).

Assim, na data de distribuição de dividendos, a Cia. ABC já realizou parte dos ganhos da variação cambial que estavam registrados em seu Patrimônio Líquido. Esse valor realizado pode ser assim demonstrado:

	Valor em €	Taxa à Vista x Taxa da Equivalência (DRE)	Valor em R$
Dividendos recebidos	48.000	3,30	158.400
	48.000	3,1349	150.475
Realização da Variação Cambial sobre Dividendos Distribuídos			7.925

Pelo nosso entendimento, essa variação cambial foi efetivamente realizada; portanto, deveria ser reconhecida

pela Cia. ABC como receita do exercício de 20X1, sendo baixada da conta de Ajuste Acumulado de Conversão no PL, justamente no momento do recebimento dos dividendos, da seguinte forma:

Dia 31-07-20X1 (em R$)

	Débito	Crédito
Ajuste Acumulado de Conversão	7.925	
a) Ganhos Cambiais Realizados s/ Receita de Equivalência Patrimonial		7.925

Assim, se consideramos os ganhos cambiais acumulados referentes aos dividendos distribuídos como ganhos realizados e reconhecidos no resultado do período, a movimentação da conta Investimento na ABC-Europa seria apresentada conforme a Tabela 9.3.

Nesse modelo alternativo proposto, à medida que a investida vai distribuindo dividendos, a investidora reconhece no resultado a receita de realização cambial – o que faz sentido, uma vez que a variação cambial foi realizada financeiramente (em caixa) pela entidade investidora.

De fato, a incorreção do modelo do IASB, incorporado no CPC 02 (R2), fica ainda mais evidente quando a empresa distribui todo o lucro do período. Toda a variação cambial ocorrida entre o final do período em que o lucro foi auferido e o momento em que tal lucro foi integralmente distribuído e pago remanescerá na conta de Ajuste Acumulado de Conversão. Como o resultado que gerou tal variação já foi "realizado" para os acionistas, do ponto de vista técnico, não faz sentido que ela não seja baixada.

Tabela 9.3 Movimentação da conta Investimentos (em R$)

Conta Investimentos – Cia. "ABC Europa"	Taxa	Capital Integralizado	Resultado Equivalência	Ajuste Acumulado de Conversão	Soma
Saldo em 31-12-X0		**0**	**0**	**0**	**0**
Integralização de Capital (1º/01/X0)	3,0000	1.800.000			1.800.000
Resultado de Equivalência Patrimonial	3,1349		197.499		197.499
Variação Cambial do Investimento				124.101	124.101
Saldo em 31-12-X1		**1.800.000**	**197.499**	**124.101**	**2.121.600**
Dividendos distribuídos	3,3000		-154.400		-154.400
Variação Cambial sobre os Dividendos				4.800	4.800
Receita de Realização Cambial			6.984	-7.925	0
Saldo em 31-12-X1		**1.800.000**	**50.083**	**120.976**	**1.972.000**

9.10 Tratamento para as pequenas e médias empresas

Os conceitos abordados neste capítulo relativos aos "efeitos das mudanças nas taxas de câmbio em investimentos no exterior e conversão de demonstrações contábeis" também são aplicáveis às entidades de pequeno e médio portes, com a seguinte diferença: de acordo com o Pronunciamento Técnico PME – Contabilidade para Pequenas e Médias Empresas, as diferenças decorrentes de taxas de câmbio de itens monetários inicialmente reconhecidas em outros resultados abrangentes não necessitam ser reclassificadas para a demonstração do resultado na venda (alienação) do investimento. Esse critério (não muito técnico, diga-se de passagem) visa simplificar a contabilização de tais diferenças, haja vista que as pequenas e médias empresas não necessitarão acompanhá-las após o reconhecimento inicial. Para maior detalhamento, consulte o referido Pronunciamento Técnico.

10

Instrumentos Financeiros

10.1 Introdução

O IFRS 9 (CPC 48) foi emitido pelo IASB em 24 de julho de 2014; todavia, os efeitos de sua aplicação passaram a valer a partir de 1º de janeiro de 2018, suspendendo o IAS 39 (CPC 38), com exceção das aplicações para pequenas e médias empresas, bem como da opção de manter os testes de efetividade do *hedge accounting* nos moldes da antiga norma. No ambiente brasileiro, o Comitê de Pronunciamentos Contábeis (CPC) aprovou em 4 de novembro de 2016 o CPC 48 – Instrumentos Financeiros.

É mister esclarecer que seria pretensioso e fora de sentido ousar discutir instrumentos financeiros de forma exaustiva. O CPC 48 possui distintas aplicações práticas, o que inviabilizaria qualquer ensejo de se ter um capítulo que abarcasse toda essa variedade. Portanto, são apresentados aqui, e em certa medida exemplificados, os **principais** tópicos da contabilidade de instrumentos financeiros. Subsequentemente, o presente capítulo parte do pressuposto de que o leitor apresenta certa familiaridade com o tema instrumentos financeiros. Dessa forma, conceitos como o apreçamento de instrumentos financeiros não serão aqui discutidos de maneira aprofundada; para isso, seria necessária uma seção à parte, a qual fugiria do propósito deste *Manual*.

10.2 Definição, classificação e mensuração

Instrumento financeiro é qualquer contrato que dê origem a um ativo financeiro para a entidade e a um passivo financeiro ou instrumento patrimonial para outra entidade.

O CPC 48 vai à frente da proposta de se metrificarem todos os ativos e passivos financeiros a valor justo no momento inicial desses contratos. Em expediente de exceção à mensuração a valor justo, situam-se os recebíveis decorrentes de vendas a prazo que não possuem um elemento significativo de crédito, ou seja, juros, tal como apresenta o CPC 47 – Receita de Contrato com Cliente, e desde que não destinados a serem vendidos. Enquanto os demais ativos financeiros seguem a linha da mensuração a valor justo, os recebíveis sem elemento significativo de financiamento permanecem pelo valor de custo amortizado sujeitos ao teste de *impairment*.

Cumpre ressaltar que o CPC 48, no seu item 5.1.3, diz o seguinte:

"5.1.3 Apesar do requisito no item 5.1.1, no reconhecimento inicial, a entidade deve mensurar contas a receber de clientes ao seu preço de transação (conforme definido no CPC 47), se as contas a receber de clientes não contiverem componente de financiamento significativo de acordo com o CPC 47 (ou quando a entidade aplicar o expediente prático de acordo com o item 63 do CPC 47)".

O item 63 do IFRS 15 indica, como expediente prático simplificador, que uma entidade não precisa ajustar o montante prometido da contrapartida dos efeitos de um componente de financiamento significativo (juros embutidos), ou seja, fazer ajuste a valor presente, se a entidade espera, no início do contrato, que o período entre quando a entidade transfere um bem ou serviço prometido para um cliente e quando o cliente paga esse bem ou serviço será um ano ou menos. Entretanto, o CPC 47, diferentemente da versão original do IFRS 15, eliminou o item 63[1] de sua edição.

Essa adaptação realizada no CPC 47 (IFRS 15), que produz efeitos no CPC 48, decorreu da Lei nº 6.404/1976, mais especificamente do art. 183, que trata da forma de avaliação dos ativos no Balanço Patrimonial, do qual apresentamos excertos pertinentes ao assunto:

"Art. 183. No balanço, os elementos do ativo serão avaliados segundo os seguintes critérios:

[...]

VIII – os elementos do ativo decorrentes de operações de longo prazo serão ajustados a valor presente, sendo os demais ajustados quando houver efeito relevante."

Note-se que o texto é categórico ao afirmar que ativos de operações de longo prazo serão ajustados a valor presente (AVP); isso implica um entendimento claro e objetivo por parte do regulador de que não há a possibilidade de se transacionar comercialmente com um cliente em uma perspectiva temporal maior do que um exercício sem estarem, expressa ou implicitamente, considerados os juros; assim, para operações de longo prazo, se não estiver explícito o juro, parte-se do princípio de que foi incluído no valor da operação um componente financeiro que faça com que haja equivalência entre o valor à vista da operação quando comparado ao valor a prazo. Por outro lado, a incidência obrigatória do Ajuste a Valor Presente (AVP) para transações de curto prazo somente se aplicará aos casos em que for relevante. Mas pode ser aplicada a qualquer prazo se a entidade quiser.

O Quadro 10.1 apresenta uma síntese da classificação de ativos financeiros nos critérios de mensuração Custo

Amortizado (CA), valor justo por meio do resultado e valor justo por meio dos outros resultados abrangentes.

No tocante às alterações de classificação e mensuração de passivos financeiros, destaca-se a mensuração de passivos financeiros a valor justo. Desde o CPC 38, e não há alterações nesse sentido no CPC 48, uma entidade pode optar por mensurar seus passivos financeiros a valor justo. Entretanto, um problema típico dessa escolha contábil de mensuração decorria do fato de que aumentos no risco de crédito da empresa implicavam um efeito positivo na mensuração do passivo a valor justo, o qual tinha o impacto diretamente levado no resultado e podendo, consequentemente, melhorá-lo mesmo que sem nenhuma relação com os fluxos de caixa presentes ou futuros da organização. O CPC 48 corrige essa distorção indicando que alterações no valor justo de passivos financeiros, provenientes do risco de crédito, deverão agora ser levadas para o Outros Resultados Abrangentes (ORA), não afetando mais o resultado do exercício. Assim, se o risco de uma empresa em dificuldade financeira aumenta, fazendo com que o valor justo desse passivo diminua de valor, essa redução não mais se fará com a contrapartida como receita no resultado do período, e sim em Outros Resultados Abrangentes, até que esse ganho se concretize pela extinção efetiva do passivo.

Um ponto importante de destaque a respeito dos critérios de mensuração se dá na atribuição do custo amortizado líquido para ativos financeiros, o qual deverá considerar o efeito das Perdas Esperadas para Créditos de Liquidação Duvidosa (PECLD). Dessa forma, o saldo do custo amortizado líquido será formado pela seguinte expressão:

Custo Amortizado Líquido = Montante Inicial – Recebimentos + Receitas Financeiras – PECLD

Isto posto, é fundamental que se mencione que nada muda do ponto de vista da dinâmica de contabilização; o que muda são exclusivamente os critérios para se determinar se um ativo financeiro dever ser mensurado ao custo ou ao valor justo, conforme demonstra o fluxograma da Figura 10.1.

Conforme demonstra o fluxograma derivado dos comandos da norma, a primeira avaliação para se determinar o critério de mensuração de um ativo financeiro provém da análise do modelo de negócios da entidade, sobretudo, pelo obrigatório alinhamento que as práticas contábeis devem ter com a realidade comercial das organizações, fazendo jus ao velho jargão *account follows economics*. O conceito do modelo de negócios será explorado com mais detalhes em uma subseção posterior. Entretanto, suponha-se que uma entidade possua carteiras de recebíveis os quais decorrem de sua operação, não de aquisição, e mantenha-os para fins de monetizá-los por meio do recebimento dos valores; qual seria a relevância da informação a valor justo

---

[1] Versão original do IFRS 15: "63 As a practical expedient, an entity need not adjust the promised amount of consideration for the effects of a significant financing component if the entity expects, at contract inception, that the period between when the entity transfers a promised good or service to a customer and when the customer pays for that good or service will be one year or less."

Quadro 10.1 Classificação e mensuração

Ativo Financeiro	Observações	Valor justo por meio do resultado	Valor justo por meio dos outros resultados abrangentes	CA
Empréstimos e recebíveis	Objetivo: Receber fluxos de caixa contratuais – principal e juros.			✓
Empréstimos e recebíveis	Objetivo: Receber fluxos de caixa vendendo antecipadamente esses ativos.		✓	
Ações preferenciais resgatáveis	N/A	✓		
Derivativos não designados para *hedge accounting*, inclusive derivativos embutidos	N/A	✓		
Investimentos em instrumentos patrimoniais	Opção irrevogável no momento da classificação inicial. Se VALOR JUSTO POR MEIO DOS OUTROS RESULTADOS ABRANGENTES, não há reciclagem para o PL.	✓	✓	

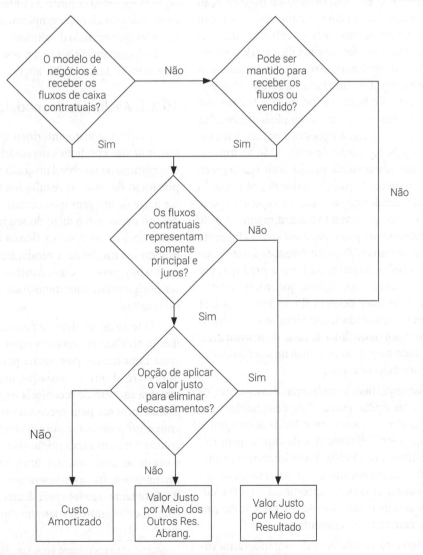

Figura 10.1 Determinação do critério de mensuração de ativos financeiros.

para uma entidade com esse fim? Praticamente nenhuma, pois a alteração no valor justo de tais recebíveis em nada impactaria o modelo de negócio da companhia que permanece na espera do recebimento desses saldos nos seus vencimentos. Muito mais relevante para uma entidade nesse escopo é saber se houve incrementos no risco de que esses montantes não sejam devidamente convertidos em caixa ou equivalentes nas datas esperadas.

Já em uma leitura oposta, isto é, no caso de a entidade negociar ativamente sua carteira de recebíveis visando obter liquidez antecipada ao vencimento desses valores, a informação a valor justo é primordial, pois reflete no Balanço o quanto tais instrumentos valem sob a ótica de mercado, ou, caso não exista mercado para tal, pelo menos qual o valor esperado pela sua alienação. Note-se que o condutor para uma ou outra forma de mensuração a partir da análise do modelo de negócios demonstra muito mais aderência ao princípio de se elaborarem demonstrações contábeis úteis para fins de tomadas de decisões.

Adicionalmente, o enquadramento da metrificação de ativos financeiros deverá contar com uma avaliação criteriosa da forma como tais instrumentos geram seus fluxos de caixa. Essa análise foi batizada de teste do somente pagamento de principal mais juros, pois instrumentos que fugirem a essa regra de imediato não serão elegíveis ao custo amortizado. Embora esse ponto seja tratado em uma seção à frente, tomem-se como exemplo instrumentos puramente patrimoniais como ações ordinárias; a forma de remuneração pela aquisição de uma Ação Ordinária (ON) será por meio da sua venda, presumindo que o preço de venda supera o preço de compra, ou será por meio do recebimento de dividendos ou juros sobre o capital próprio, em ambas as situações não havendo o atendimento ao teste do somente pagamento de principal mais juros. Diferente seria se, ao invés de uma ON, estivéssemos falando de uma debênture simples, a qual paga juros e principal em datas previamente acordadas. Veja-se que, mesmo sob a possibilidade de o detentor desse título de dívida realizar sua alienação em um mercado secundário, ainda assim as características contratuais do fluxo de caixa do instrumento não mudaram, sendo até o momento final de sua liquidação pagar principal acrescido de juros.

Sob um prisma prático, a implicação desses critérios é que, sujeita a uma opção especial de designação para valor justo por meio dos outros resultados abrangentes para investimentos em instrumentos de capital próprio, somente empréstimos, recebíveis, investimentos em instrumentos de dívida e outros ativos similares, os quais são geralmente enquadrados como empréstimos e recebíveis, seriam elegíveis ao custo amortizado ou valor justo por meio dos outros resultados abrangentes.

Por fim, o terceiro condicional do organograma supramencionado indica que há uma opção de as empresas mensurarem a valor justo seus ativos financeiros, mesmo sob a plena possibilidade de enquadramento no custo amortizado, e que isso se justificaria para fins da mitigação dos descasamentos entre ativos e passivos financeiros decorrente da aplicação de critérios contábeis distintos. Por exemplo, a entidade possui passivos que são originários de contratos de seguros e que, de acordo com o IFRS 4 (CPC 11),[2] devem incorporar informações atuais desses passivos, bem como possui ativos financeiros, que são garantidores desses passivos, os quais devem ser mensurados pelo valor justo por meio dos outros resultados abrangentes ou custo amortizado. Logo, a opção de valor justo por meio do resultado potencialmente eliminará esse descasamento de critérios à medida que permite que tanto os ativos garantidores quanto os passivos, potencialmente provisões técnicas, sejam mensurados ao valor justo, produzindo aquilo que se chama no mercado de seguros e previdência de imunização da carteira.

Esse exemplo talvez seja estranho, sobretudo para aqueles que atuam junto à contabilidade de entidades fechadas de previdência complementar (EFPC), pelo fato de a imunização por meio do alinhamento de ativos garantidores *vis-à-vis* com provisões se dar justamente pela manutenção de ambos os lados do Balanço a custo amortizado.

10.2.1 Avaliação do modelo de negócios

Conforme visto anteriormente, o CPC 48 estabelece que uma das condições necessárias para se classificar um empréstimo ou recebível no custo amortizado ou valor justo por meio dos outros resultados abrangentes é se o ativo faz parte de um grupo ou carteira que está sendo mantido pela empresa, sob o juízo do seu modelo de negócios, com o objetivo de receber os fluxos de caixa contratuais ou liquidá-los mediante a venda, bem como ambos: receber os fluxos e vender. Caso contrário, o instrumento deverá ser obrigatoriamente mensurado ao valor justo por meio do resultado.

O teste do modelo de negócios tem sido costumeiramente dividido em quatro etapas. Porém, antes de explicar cada uma dessas passagens para realização do teste, é impreterível que se destaque que uma entidade poderá ter uma carteira de recebíveis os quais serão monetizados exclusivamente pelo recebimento dos fluxos contratuais, enquanto poderá ter outros ativos financeiros que serão convertidos em caixa por ambos, recebimento dos fluxos e venda, e ainda manter uma terceira carteira de ativos financeiros voltada exclusivamente à negociação contínua. É importante que isso seja destacado, a fim de que não se compreenda equivocadamente que o modelo de negócios

---

[2] Destaca-se que essa norma estava prevista para ser revogada em 2021 quando da entrada em vigor do IFRS 17 – *Insurance Contracts*.

é uma atribuição determinística e estática. O que se busca acerca do teste do modelo de negócios é verificar, a partir do histórico da companhia, a forma como ela gerencia suas carteiras de ativos financeiros.

O modelo de negócios da entidade para gerenciar ativos financeiros é um fato e não simplesmente uma afirmação; por isso, deve se basear em evidências que costumeiramente provêm das atividades em que a entidade está envolta. Naturalmente, em situações nas quais devem ser avaliados múltiplos fatores e indicações, será necessário o uso de julgamento para determinação do modelo de negócios, com o uso de toda informação relevante disponível na época da avaliação.

Nesse sentido, o teste do modelo de negócios poderá ser desenvolvido por meio da criação de uma matriz de quatro colunas com o cabeçalho apresentado no Quadro 10.2.

Para se determinar o modelo de negócios de uma entidade, pode-se utilizar também uma abordagem de frequência, a qual reside na análise da quantidade de vezes em que a entidade realizou a venda de seus ativos financeiros no intervalo previamente selecionado nos últimos exercícios. Tal observação tem por objetivo determinar se a venda de ativos financeiros é esporádica, sazonal ou rotineira.

Os itens B4.1.4, B4.1.4C e B4.1.6 apresentam exemplos de carteiras de ativos financeiros, respectivamente, gerenciadas sob o ímpeto de diferentes modelos de negócios. Os excertos desses exemplos encontram-se apresentados no Quadro 10.3 com adaptações.

Destaca-se que tais exemplos não são parte integrante da norma, mas exemplos auxiliares e não exaustivos que visam tornar o teste do modelo de negócios mais claro para os agentes participantes da "cadeia produtiva" da informação contábil. Certamente, na implementação prática, haverá situações não previstas pelo modelo teórico.

10.2.2 Avaliação dos fluxos financeiros contratuais do ativo financeiro (somente pagamento de principal mais juros)

A segunda condição necessária para se determinar o critério de mensuração de um instrumento financeiro, mais especificamente para avaliar se este pode ser mensurado pelo custo amortizado, é o teste do somente pagamento de principal acrescido de juros. Ambas as condições, teste do modelo de negócios e teste do somente pagamento de principal mais juros, podem indicar que o modelo de negócios tem como objetivo manter ativos com a finalidade de receber fluxos de caixa contratuais tanto pelo recebimento de fluxos de caixa contratuais quanto pela venda de ativos financeiros, acrescido o fato de que o instrumento financeiro passa no teste do somente pagamento de principal mais juros, perfazendo as condições suficientes para que um ativo financeiro seja mensurado ao custo amortizado, exceto se a entidade optar pelo valor justo por meio dos outros resultados abrangentes para eliminação de descasamentos.

Os fluxos de caixa contratuais cujos recebimentos são exclusivos de principal e de juros sobre o principal indicam um empréstimo básico em que as parcelas e o risco de crédito normalmente são os elementos mais significativos dos juros. Entretanto, nesse acordo, os juros também podem ser formados levando-se em consideração outros componentes como risco de liquidez, custos administrativos, *spread* da instituição financeira.

Em circunstâncias econômicas extremas, os juros podem ser negativos se, por exemplo, o titular do ativo financeiro possui um rendimento real negativo; situação recente até comum na Europa e em alguns outros países no mundo. Pelo fato de as taxas de juros no Brasil serem altas, não serão tratados de forma mais detalhada exemplos com taxas de juros negativas nesta edição do *Manual*.

Os termos contratuais que introduzem exposição a riscos ou volatilidade nos fluxos de caixa contratuais não relacionados com o acordo de empréstimo básico, tais como exposição a alterações nos preços de instrumentos patrimoniais ou preços de *commodities*, não dão origem a fluxos de caixa contratuais que são exclusivamente pagamentos de principal e de juros sobre o valor do principal em aberto. Nesse caso, ter-se-ia muito mais um potencial derivativo embutido do que qualquer outro instrumento.

O conceito de principal deve ser entendido como o valor justo do ativo financeiro no reconhecimento inicial, podendo alterar-se ao longo da vida do ativo financeiro em casos de pagamentos. A avaliação somente do pagamento de principal mais juros deverá ser feita tomando como base a moeda em que os ativos financeiros foram denominados.

Quadro 10.2 Passos para o teste do modelo de negócios

1. Subdivisão	2. Identificação	3. Classificação	4. *Back-testing*
Subdividir os empréstimos e recebíveis em *clusters* separados levando em consideração a forma como a entidade gerencia cada portfólio.	Identificar os objetivos comerciais que norteiam o gerenciamento de cada portfólio pela organização.	Classificar as subdivisões da Seção 1 em: (a) mantido para receber fluxos de caixa contratuais; (b) mantido para receber os fluxos e venda; (c) mantidos para negociação.	Para os ativos financeiros classificados no item (a) da Seção 3, analisar a forma como a entidade tratou esses ativos em exercícios passados.

Quadro 10.3 Exemplos de modelos de negócios

	Modelo de negócios cujo objetivo é manter ativos com o fim de receber fluxos de caixa contratuais	Modelo de negócios cujo objetivo é atingido tanto pelo recebimento de fluxos de caixa contratuais quanto pela venda de ativos financeiros	Outros modelos de negócios
Contextos	A entidade detém investimentos para receber seus fluxos de caixa contratuais. As necessidades de custeio da entidade são previsíveis e o vencimento de seus ativos financeiros corresponde exatamente às necessidades de custeio estimadas da entidade. A entidade realiza atividades de gerenciamento de risco de crédito com o objetivo de minimizar as perdas de crédito. No passado, as vendas normalmente ocorriam quando o risco de crédito dos ativos financeiros aumentava de modo que os ativos não atendiam mais aos critérios de crédito especificados na política de investimentos documentada da entidade. Além disso, vendas infrequentes ocorreram como resultado de necessidades de custeio não antecipadas. Os relatórios ao pessoal-chave da administração focam na qualidade de crédito dos ativos financeiros e no retorno contratual. A entidade também monitora os valores justos dos ativos financeiros, entre outras informações.	Uma instituição financeira detém ativos financeiros para atender suas necessidades diárias de liquidez. A entidade busca minimizar os custos de gerenciar essas necessidades de liquidez e, portanto, gerencia ativamente o retorno sobre a carteira. Esse retorno consiste em receber pagamentos contratuais, bem como ganhos e perdas da venda de ativos financeiros. Como resultado, a entidade detém ativos financeiros para receber fluxos de caixa contratuais e vende ativos financeiros para reinvestir em ativos financeiros com rendimentos mais elevados ou para combinar melhor a duração de seus passivos. No passado, essa estratégia resultou em atividade frequente de vendas e essas vendas foram significativas em valor. Espera-se que a atividade continue no futuro.	Uma carteira de ativos financeiros que é gerenciada e cujo desempenho é avaliado com base no valor justo. A entidade está fundamentalmente focada em informações sobre o valor justo e utiliza essas informações para avaliar o desempenho dos ativos e para tomar decisões. Além disso, uma carteira de ativos financeiros que atende à definição de mantidos para negociação não é mantida nem para receber fluxos de caixa contratuais, tampouco para receber fluxos de caixa contratuais e para vender ativos financeiros. Para essas carteiras, o recebimento de fluxos de caixa contratuais é apenas incidental no cumprimento do objetivo do modelo de negócios.
Análise	Embora a entidade considere, entre outras informações, os valores justos dos ativos financeiros da perspectiva de liquidez (ou seja, o valor à vista que seria realizado se a entidade precisasse vender ativos), o objetivo da entidade é manter os ativos financeiros a fim de receber os fluxos de caixa contratuais. As vendas não contradiriam esse objetivo caso respondessem ao aumento no risco de crédito dos ativos – por exemplo, se os ativos não atendem mais aos critérios de crédito especificados na política de investimento documentada da entidade. Vendas infrequentes resultantes de necessidades de custeio não antecipadas (por exemplo, em cenário de "estresse") também não contradiriam esse objetivo, mesmo se essas vendas forem significativas em valor.	O objetivo do modelo de negócios é maximizar o retorno sobre a carteira para atender às necessidades diárias de liquidez e a entidade alcança esse objetivo tanto pelo recebimento de fluxos de caixa contratuais quanto pela venda de ativos financeiros. Em outras palavras, tanto o recebimento de fluxos de caixa contratuais quanto a venda de ativos financeiros são parte integrante do cumprimento do objetivo do modelo de negócios.	Nesse contexto, a informação relevante para fins de gestão da carteira por parte dos usuários internos da informação contábil, isto é, os administradores, é justamente o valor justo; portanto, mensurar a carteira a VJ levando as alterações para o resultado é, sobretudo, um mecanismo que permite haver uma redução da assimetria informacional à medida que permite que os usuários externos (acionistas não controladores, credores, entre outros), tenham acesso a um contexto informacional similar e possam avaliar quantitativamente o resultado financeiro obtido com a gestão desse portfólio, bem como, avaliar a qualidade dos gestores que desempenharam tal atividade.

Assim como para condução do teste do modelo de negócios há alguns elementos-chave para serem observados, no caso do teste do somente pagamento de principal mais juros isso também ocorre, sobretudo porque algumas características acerca dos fluxos de caixa contratuais dos instrumentos financeiros permitem que se analise de maneira mais efetiva como tais retornos são formados.

Em linhas gerais, o teste do somente pagamento de principal mais juros deverá ser realizado levando em consideração ao menos os seguintes elementos: (a) tipo e cálculo dos juros (prefixado, pós-fixado, podendo assumir inclusive uma característica que mescle ambos os formatos, sendo prefixado por um período de tempo e pós-fixado depois); (b) frequência com que ocorrem os pagamentos dos juros; (c) liquidação do principal e cláusulas de liquidação antecipada; (d) eventuais alterações na taxa de juros pactuada; (e) critérios de alavancagem (variabilidade dos fluxos de caixa contratuais) de alguns instrumentos financeiros, entre outras características que poderão ser levadas em consideração em casos que fujam da rotina.

Os itens B4.1.13 e B4.1.14 apresentam alguns exemplos de análises realizadas acerca do teste de somente pagamento de principal mais juros.

Verifica-se, tanto no teste do modelo de negócios quanto no teste do somente pagamento de principal mais juros, uma necessidade real e materializada da compreensão do funcionamento das organizações no tocante à forma como gerenciam suas carteiras de ativos financeiros. Não que isso seja novo; basicamente, a questão da essência econômica sobre a forma, embora resgatada com a promulgação da Lei nº 11.638/2007, sempre foi pedra angular para o desenvolvimento de demonstrações contábeis úteis à tomada de decisão. Entretanto, o período de inércia no qual a contabilidade financeira ficou refém do ímpeto da tributação fez com que esse ensinamento fundamental fosse esquecido e, por conseguinte, deixasse de ser praticado. Ocorre que as normas exigem uma vez mais esse alinhamento, e assim não bastará mais que as organizações mencionem seus intentos quanto a manutenção, negociação ou indecisão negocial a respeito dos ativos financeiros, mas que demonstrem por intermédio do seu histórico transacional o que vêm efetivamente fazendo com tais instrumentos.

10.3 Mensuração

A classificação dos instrumentos financeiros supramencionada deverá refletir o modelo de negócios de seus detentores e as características contratuais dos fluxos de caixa do instrumento, resultando em uma das três modalidades de classificação e mensuração, sendo: Custo Amortizado, Valor Justo por Meio do Resultado ou Valor Justo por Meio dos Outros Resultados Abrangentes, e isso definirá a mensuração subsequente dos instrumentos. Geralmente,

no reconhecimento inicial o valor justo coincide com o valor de aquisição de um ativo financeiro – mais os custos incorridos para sua obtenção.

O exemplo a seguir ilustra a contabilização dentro das categorias mencionadas (não são feitas considerações de natureza fiscal nesse momento, bem como assume-se no caso do custo amortizado que o modelo de negócios da entidade não consiste na venda de tal instrumento financeiro de forma rotineira).

Em 31-12-20X0, uma companhia adquire um título público com as seguintes características:

a) valor presente do título: $ 10.000

b) vencimento em 31-12-20X7

c) taxa de juros: 15% ao ano

d) o título tem liquidez e cotação no mercado

A seguir, apresentam-se os valores anuais da aplicação, considerando o custo amortizado ("curva do papel") e o *fair value* (mensurado pela cotação do título no mercado).

Data	Curva	*Fair Value*
31-12-X0	10.000,00	10.000,00
31-12-X1	11.500,00	10.500,00
31-12-X2	13.225,00	11.000,00
31-12-X3	15.208,75	12.300,00
31-12-X4	17.490,06	14.600,00
31-12-X5	20.113,57	18.000,00
31-12-X6	23.130,61	24.400,00
31-12-X7	26.600,20	26.600,20

O comportamento do valor justo e da curva (custo) do papel ao longo do tempo é apresentado no gráfico da Figura 10.2.

Temos, então, a seguinte composição de valor do custo do papel e de seu valor justo:

Data	Curva	Juros (1)	Ajuste FV (2)	FV
31-12-X0	10.000,00			10.000,00
31-12-X1	11.500,00	1.500,00	(1.000,00)	10.500,00
31-12-X2	13.225,00	1.725,00	(1.225,00)	11.000,00
31-12-X3	15.208,75	1.983,75	(683,75)	12.300,00
31-12-X4	17.490,06	2.281,31	18,69	14.600,00
31-12-X5	20.113,57	2.623,51	776,49	18.000,00
31-12-X6	23.130,61	3.017,04	3.382,96	24.400,00
31-12-X7	26.600,20	3.469,59	(1.269,39)	26.600,20

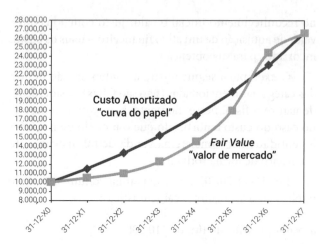

Figura 10.2 Comportamento do valor justo do papel ao longo do tempo.

Valor Justo por Meio do Resultado	
D – Aplicação Financeira	
C – Receita de Juros	$ coluna (1)
D – Ajuste FV (resultado)	
C – Aplicação Financeira	$ coluna (2) – negativos
ou	
D – Aplicação Financeira	
C – Ajuste FV (resultado)	$ coluna (2) – positivos

Valor Justo por Meio dos Outros Resultados Abrangentes
Idem para Negociação, porém "ajuste FV" é classificado no PL
A conta do PL é denominada "ajustes de avaliação patrimonial"

Assim, teríamos a contabilização do título se esse fosse classificado como mantido até o vencimento.

Custo Amortizado	
D – Aplicação Financeira	
C – Receita de Juros	$ coluna 1

O que podemos ver é que, basicamente, temos a apropriação da receita em contrapartida da variação do valor do título.

Por outro lado, quando temos o título classificado como mensurado pelo valor justo por meio do resultado, temos a contabilização da marcação a mercado do título em contrapartida de conta de resultado, conforme podemos ver no esquema da Figura 10.3.

O que muda no caso da classificação do título como valor justo por meio dos outros resultados abrangentes, como podemos ver no esquema, se refere somente à contabilização do ajuste a valor de mercado em conta de patrimônio líquido. Entretanto, ressalta-se que a mensuração a valor justo classificada em Outros Resultados Abrangentes deverá ser levada ao resultado, pois títulos de dívidas que originalmente foram mensurados como justo por meio dos outros resultados abrangentes devem ter seu efeito reconhecido no resultado após a liquidação do instrumento. Note-se que esse tratamento difere do caso de instrumentos patrimoniais mensurados ao valor justo por meio dos outros resultados abrangentes, dado que instrumentos patrimoniais classificados nessa categoria e realizados não deverão ter seu valor justo reciclado para o resultado do exercício.

Os instrumentos financeiros derivativos seguem uma classificação diferente da apresentada anteriormente. Os derivativos são classificados em: (a) valor justo por meio do resultado; e (b) *hedge* – que, por sua parte, possui subcategorias. Para os derivativos classificados como valor justo por meio do resultado, o tratamento é idêntico ao que foi apresentado. Ou seja, eles são mensurados pelo valor justo e a contrapartida é conta de resultado. Não existem, para o caso dos derivativos, operações classificadas ao VALOR JUSTO POR MEIO DOS OUTROS RESULTADOS ABRANGENTES ou custo amortizado. Isso porque todos os derivativos devem ser mensurados pelo valor justo. A contabilização das operações de *hedge* será apresentada adiante. Nas próximas seções, serão apresentados alguns exemplos de contabilização de operações com derivativos que merecem destaque especial por suas características operacionais e relevância para o mercado brasileiro.

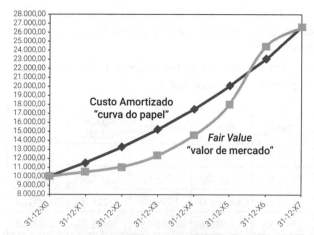

Figura 10.3 Contabilização da marcação a mercado do título em contrapartida de resultado.

10.3.1 Operações de *swap*

A palavra *swap* significa troca; é uma estratégia financeira em que dois agentes concordam em trocar fluxos futuros de fundos de forma preestabelecida. Esse tipo de contrato surgiu da necessidade de proteção ao risco, que muitas empresas possuíam em meados da década de 1970, devido às suas atividades comerciais internacionais muito afetadas pelas enormes variações das taxas de câmbio do período.

Um dos *swaps* mais utilizados nesse período era o de taxa de câmbio, em que as partes trocavam o principal mais os juros em uma moeda pelo principal mais juros em outra moeda. Esse tipo de contrato trava o custo dos recursos pela eliminação dos riscos tanto para o principal como para os juros, sem importar qual seja a flutuação do câmbio nos mercados futuros. Na prática, ocorre quase uma conversão de ativos e passivos de uma moeda para outra. A partir dessas trocas iniciais de moedas, o *swap* passou a ser utilizado para trocas de taxas de juros e até de mercadorias, sem que haja entrega efetiva, zerando-se as diferenças de valor.

Um dos tipos mais comuns de *swap* é o que se origina da necessidade que algumas empresas possuem de trocar seus empréstimos de taxas fixas para taxas flutuantes, e vice-versa, por causa de vantagens que essas empresas possuem nesses mercados. Dessa forma, uma empresa *X* concorda em pagar a *Y* fluxos de caixa indexados a juros prefixados sobre um principal por certo período; em troca, *Y* concorda em pagar a *X* uma taxa flutuante sobre o mesmo principal pelo mesmo período de tempo.

Assim, temos o caso, por exemplo, de uma empresa que possui captações no exterior a uma taxa de juros flutuante *Sterling Overnight Index Average* (SONIA). Se essa empresa possuir recebíveis a uma taxa de juros fixa, como o Certificado de Depósito Interbancário (CDI) no mercado brasileiro, ela poderá ter um problema sério de descasamento entre suas taxas de captação e de aplicação. Para resolver esse problema, a empresa poderá realizar um *swap* de SONIA contra CDI. Nesse *swap*, a empresa passará a receber as variações decorrentes do comportamento da SONIA e terá que pagar as variações decorrentes do comportamento do CDI. Esse contrato de *swap* hipotético não altera o perfil original da dívida, mas acaba com o descasamento inicial, compensando o diferencial de taxas.

No *swap*, o principal não é pago, pois constitui somente um valor-base para cálculo dos juros (valor nocional), e a liquidação financeira é feita por diferença (mediante verificação de quem tem mais a pagar do que a receber). Exceção a essa regra são as operações de *swap* de moedas no mercado internacional em que os valores nocionais podem ser trocados no vencimento.

O *swap* pode ser visualizado como um contrato a termo; a B3 (bolsa de valores de São Paulo) denomina seus contratos de *swap* como contratos a termo de CDI e de dólar. Isso ocorre porque se pode decompor o relacionamento dos agentes envolvidos em dois contratos a termo com as características especificadas. Os *swaps* não são negociados nos pregões da bolsa, mas apenas registrados em seu sistema eletrônico.

Para melhor entendermos a contabilização dessas operações, vamos analisar o seguinte exemplo. Em 1º de janeiro de 20X6, a empresa W realiza uma operação de *swap* pré-CDI (ponta ativa é prefixada e ponta passiva indexada ao CDI) com duração de dois anos e valor nocional de R$ 100 milhões. Pelo contrato desse *swap,* ao final de cada trimestre a empresa recebe um pagamento fixo baseado em taxa de 16,5% ao ano e paga CDI + 0,5% ao ano, com *reset* (isso significa que a cada trimestre se consideram as taxas a ele referentes) no início de cada trimestre. Os cálculos são feitos sobre o valor nocional. Em 1º de janeiro de 20X6, o CDI é de 16% ao ano. A Tabela 10.1 apresenta a diferença trimestral entre as taxas ativas e passivas do *swap*.

As taxas ativas e passivas trimestrais referem-se à proporção exponencial das taxas anuais, por exemplo, para 1TX6 têm-se os seguintes cálculos para aferimento das taxas trimestrais: $(1 + 0,165)^{1/4} = 0,038919$ ou 3,8919%.

Tabela 10.1 Diferença nas pontas ativa e passiva do *swap*

Período	Taxa do CDI anual	Taxa passiva (CDI + 0,5%)	Taxa ativa ao trimestre	Taxa passiva ao trimestre	Diferencial a receber/(pagar)
1Tx6	16,00%	16,50%	3,891850%	3,891850%	− 0,000000%
2Tx6	16,10%	16,60%w	3,891850%	3,914138%	− 0,022287%
3Tx6	16,30%	16,80%	3,891850%	3,958669%	− 0,066819%
4Tx6	16,40%	16,90%	3,891850%	3,980913%	− 0,089063%
1Tx7	16,30%	16,80%	3,891850%	3,958669%	− 0,066819%
2Tx7	16,45%	16,95%	3,891850%	3,992030%	− 0,100180%
3Tx7	16,50%	17,00%	3,891850%	4,003143%	− 0,111293%
4Tx7	16,60%	17,10%	3,891850%	4,025359%	− 0,133509%

Tabela 10.2 Cálculo do diferencial a pagar do *swap*

Data	Taxa flutuante ao ano (CDI a.a. + 0,5%)	Diferença entre a ponta ativa (pré) e a ponta passiva (CDI + 0,5%) ao trimestre	Diferencial a receber/ (pagar) (em R$)	Pagamentos restantes
1º-1-20X6	16,50%	− 0,000000%	–	8
31-3-20X6	16,60%	− 0,022287%	(22.287)	7
30-6-20X6	16,80%	− 0,066819%	(66.819)	6
30-9-20X6	16,90%	− 0,089063%	(89.063)	5
31-12-20X6	16,80%	− 0,066819%	(66.819)	4
31-3-20X7	16,95%	− 0,100180%	(100.180)	3
30-6-20X7	17,00%	− 0,111293%	(111.293)	2
30-9-20X7	17,10%	− 0,133509%	(133.509)	1
31-12-20X7	NA	NA	–	0

A Tabela 10.2 apresenta os respectivos resultados trimestrais durante a duração do *swap*.

Na data de contratação do *swap*, ele tem um *fair value* de zero, pois o prazo da operação é casado e a diferença entre as taxas de juros ativa (pré) e passiva (CDI + 0,5%) também é zero. Porém, nem sempre o *swap* tem *fair value* igual a zero na contratação da operação. Quando o *swap* tiver um *fair value* inicial, ele deve ser contabilizado em contas patrimoniais (de Ativo se positivo ou Passivo se negativo).

Com o CDI em 16,10% ao ano em 31-3-20X6, o cálculo do *fair value* do *swap*, baseado em seu valor presente líquido, resultaria em uma variação negativa de R$ 134.195. A Tabela 10.3[3] apresenta os cálculos do *fair value* dadas as variações do CDI para cada período.

Em 31-3-20X6:

A empresa apura que tem que pagar R$ 22.287 pelo aumento do CDI do período. O seguinte lançamento seria feito:

D – Resultado com derivativos (despesa financeira)	22.287
C – Disponibilidades/*swap* – diferencial a pagar	22.287

Adicionalmente, a empresa deve contabilizar a variação no *fair value* de seu *swap* em contas patrimoniais. Esse lançamento seria:

D – Resultado com derivativos (despesa financeira)	134.195
C – *Swap* (passivo)	134.195

Tabela 10.3 Cálculo do *fair value* do *swap*

Data	Taxa flutuante (CDI + 0,5%)	Diferença entre a ponta ativa (pré) e a ponta passiva (CDI + 0,5%)	Diferencial a receber/(pagar) (em R$)	Pagamentos restantes	Valor presente líquido (@CDI + 0,5%) (em R$)	Variação do VPL (em R$)
1º-1-20X6	16,50%	0,00%	–	8	–	NA
31-3-20X6	16,60%	− 0,10%	(22.287)	7	(134.195)	(134.195)
30-6-20X6	16,80%	− 0,30%	(66.819)	6	(350.744)	(216.550)
30-9-20X6	16,90%	− 0,40%	(89.063)	5	(396.705)	(45.961)
31-12-20X6	16,80%	− 0,30%	(66.819)	4	(242.781)	153.924
31-3-20X7	16,95%	− 0,45%	(100.180)	3	(278.050)	(35.269)
30-6-20X7	17,00%	− 0,50%	(111.293)	2	(209.900)	68.150
30-9-20X7	17,10%	− 0,60%	(133.509)	1	(128.343)	81.557
31-12-20X7	NA	NA	–	0	–	128.343

---

[3] Foi utilizada a capitalização composta para os cálculos. Os resultados foram arredondados.

Em 30-6-20X6:

A empresa apura que tem de pagar R$ 66.819 pelo aumento do CDI do período. O seguinte lançamento seria feito:

D – Resultado com derivativos
(despesa financeira)   66.819

C – Disponibilidades/*swap* –
diferencial a pagar   66.819

Adicionalmente, a empresa deve contabilizar a variação no *fair value* de seu *swap* em contas patrimoniais. Esse lançamento seria:

D – Resultado com derivativos
(despesa financeira)   216.550

C – *Swap* (passivo)   216.550

E assim prosseguir-se-ia com os mesmos lançamentos até o final do contrato. Podemos ver que se apura o valor presente do derivativo e este é representado no Balanço Patrimonial. No exemplo em análise, o investidor teria uma informação adicional no Balanço sobre a posição patrimonial da empresa ao se considerar o *fair value* do contrato de *swap*.

10.3.2 Contratos a termo e futuros

Um contrato futuro é o compromisso de comprar/vender determinado ativo numa data futura, por um preço previamente estabelecido. Os contratos futuros possuem enorme importância como forma de garantir segurança de preços para produtores e demais interessados em sua utilização. Os contratos a termo surgiram como evolução dos contratos *to arrive* e tiveram como objetivo reduzir a incerteza sobre o preço futuro das mercadorias negociadas. Esses contratos não precisam ser negociados em bolsa e suas características variam de contrato para contrato, dependendo do desejo das partes relacionadas. Nesses contratos, não há a menor padronização e os negócios são realizados por intermédio de um contrato comercial comum, que estabelece as condições e características da entrega futura das mercadorias em questão.

Os contratos a termo são muito utilizados por empresas não financeiras que precisam proteger seus passivos de variações cambiais, por exemplo. Nesse caso, a empresa que possui dívidas em dólares assina um contrato com a instituição financeira, que se compromete a vender os dólares a essa empresa por uma taxa que ambas julgarem adequada. Essa taxa depende de várias considerações; no entanto, as expectativas relativas ao futuro do mercado cambial, neste exemplo, desempenham fator primordial. Nesse caso, se a cotação do dólar ficar abaixo da taxa especificada no contrato, a empresa pagará a diferença para o banco e, se a taxa for superior ao valor contratado, o banco

é que pagará à empresa. Em ambos os casos, as variações positivas ou negativas na dívida da empresa, advindas da variação cambial, são cobertas pelas variações no contrato a termo realizado.

Os contratos futuros surgiram de uma limitação dos contratos a termo que é a excessiva variabilidade das características dos contratos elaborados, já que não há nenhuma padronização nesses tipos de contrato. Os contratos futuros introduzem uma padronização do preço, qualidade do produto, local e data de entrega, tamanho e volumes negociados, aumentando consideravelmente a liquidez dos contratos, por permitir, cada vez mais, a transferência de riscos com a maior presença dos especuladores. Os contratos a termo também apresentam risco de crédito elevado. Esse problema é amenizado com os contratos futuros, que possuem ajustes diários, reduzindo o risco da liquidação final do contrato.

Os contratos futuros são, portanto, padronizados em relação às características intrínsecas do ativo negociado, quantidade, procedimentos de entrega, meses de vencimento, cotação dos preços, limites de oscilação diária de preços e limites de posição diária. Alguns limites foram estabelecidos para garantir a segurança do mercado contra grandes especulações por parte dos agentes do mercado.

O Quadro 10.4 evidencia as principais diferenças entre os contratos futuros e os contratos a termo.

Vamos analisar o seguinte exemplo de contrato futuro (para facilidade de exposição, não consideramos as margens de garantia nem os tributos incidentes nessa operação): admita-se que a empresa Beta deseja especular acreditando na desvalorização cambial. Para isso, em 1º-12-20X6, ela compra 300 contratos futuros de dólar na B3 com vencimento em fevereiro de 20X7 (prazo de 42 dias úteis; 62 dias corridos). Nesse dia, o valor do US$ comercial é de R$ 2,50. Adicionalmente, sabe-se que (em 1º-12-20X6):

- Um contrato futuro de dólar equivale a US$ 50.000.

- O preço negociado no contrato futuro de dólar para fevereiro de 20X7 é de R$ 2,515/US$.

- A Taxa Operacional Básica (TOB) é de 0,2% do valor transacionado (base no valor de ajuste do dia anterior ao da operação). Adicionalmente, a corretora dá desconto de 80% da TOB.

- Preço de ajuste do dia anterior é de R$ 2,512/US$.

O valor do dólar PTAX 800 venda em 30-11-20X6 é de R$/US$ 2,49.

- A taxa da bolsa/emolumentos é de US$ 1,50 por contrato.

- A taxa de registro é de 5% do valor da taxa de emolumentos.

- A taxa de permanência é de R$ 0,015 por contrato por dia.

Quadro 10.4 Principais diferenças entre os contratos futuros e os contratos a termo

Características	Futuros	A termo
Objetivo	Proteção contra variações nos preços e especulação, sem que haja, na maioria das vezes, transferência das mercadorias.	Proteção contra variações nos preços, normalmente com entrega do produto contratado.
Negociabilidade	Podem ser negociados antes do vencimento.	Não são negociados.
Responsabilidade	Câmara de Compensação.	Partes contratantes.
Qualidade/Quantidade	Estabelecidas pela Bolsa.	Estabelecidas pelas partes.
Local de negociação	Bolsa de Futuros.	Estabelecido pelas partes.
Sistema de garantias	Sempre haverá garantias.	Nem sempre existirão garantias.
Vencimentos	Estabelecidos pela Bolsa de Futuros.	Normalmente, negociados pelas partes.
Participantes	Qualquer pessoa física ou jurídica.	Produtores ou consumidores.
Ajustes	Diários.	No vencimento.
Variações nos preços	Diárias.	Não muda o valor do contrato.
Porte dos participantes	Pequenos, médios e grandes.	Grandes.
Credibilidade	Não é necessário dar comprovação de boa situação creditícia.	É normalmente exigido alto padrão de crédito.

Supondo que em 29-12-20X6 (sexta-feira) o contrato de dólar com vencimento em fevereiro/20X7 esteja sendo negociado a R$ 2,5350 e em 1º-2-20X7 o dólar comercial à vista esteja a R$ 2,55, o resultado dessa operação, bem como seus custos operacionais e ajustes, são calculados da seguinte maneira:

Os custos da transação são:

Em 1º-12-20X6:

a) TOB

Ajuste do dia anterior = R$ 2,512

TOB = 0,002 × 300 × R$ 2,512 × US$ 50.000 = R$ 75.360

Desembolso TOB = 75.360 × 0,20 = R$ 15.072

b) Taxa da Bolsa (emolumentos)

300 × US$ 1,5 × R$ 2,49 = R$ 1.120,50

c) Taxa de Registro

5% × 1.120,50 = R$ 56,03

Assim, o investidor desembolsará R$ 16.248,53 referentes à abertura da posição em D + 1.

Em 31-12-20X6:

O ajuste acumulado desde o início do contrato seria de:

Ganho no período: (R$ 2,535 − R$ 2,515) × 300 × US$ 50.000 = R$ 300.000

Em 1º-2-20X7:

O contrato futuro de dólar (DOL) se encerra.

Ganho no período: (R$ 2,55 − R$ 2,535) × 300 × US$ 50.000 = R$ 225.000

Além disso, a empresa ainda terá que desembolsar em D + 1 as taxas referentes ao fechamento da posição:

d) TOB = 0,002 × 300 × 2,55 × 50.000 = R$ 76.500

Desembolso TOB = 76.500 × 0,20 = R$ 15.300

e) Taxa da Bolsa (emolumentos)

300 × US$ 1,5 × R$ 2,55 = R$ 1.147,50

f) Taxa de Registro

5% × 1.147,50 = R$ 57,38

g) Há também que se considerar a taxa de permanência. Como o contrato foi carregado durante 42 dias de pregão, considera-se:

R$ 0,015 × 300 × 42 = R$ 189,003

Portanto, as despesas de fechamento da posição são de R$ 16.693,88.

GANHO TOTAL DA EMPRESA COM O CONTRATO = R$ 492.057,59 (300.000 − 16.248,53 + 225.000 − 16.693,88)

Na contratação do derivativo, a empresa incorreu em despesas, que devem ser contabilizadas no período. Os lançamentos seriam:

D – Despesas de serviços do sistema
  financeiro   16.248,53
C – Disponibilidades/Credores –
  conta liquidações pendentes   16.248,53

Em 31-12-20X6:

D – Disponibilidades/Contratos
  Futuros – Ajustes   300.000,00
C – Lucros em operações com
  ativos financeiros e
  mercadorias   300.000,00
  (resultado financeiro)

No encerramento do contrato (1º-2-20X7), tem-se:

D – Disponibilidades/Contratos
  Futuros – Ajustes   225.000,00
C – Lucros em operações com
  ativos financeiros e
  mercadorias   225.000,00
  (resultado financeiro)
D – Despesas de serviços do
  sistema financeiro   16.693,88
C – Disponibilidades/Credores –
  conta liquidações pendentes   16.693,88

Passamos agora à análise da contabilização dos contratos a termo. Considere agora a mesma operação realizada anteriormente, mas com a diferença de que foi realizada em mercado de balcão não organizado, ou seja, não sofre ajustes diários e a posição somente é liquidada ao final do prazo do contrato pela diferença líquida entre o valor a termo contratado e o valor à vista na data de encerramento (*Non deliverable forward – NDF*). Nesse tipo de mercado, também não há os custos de se operar na bolsa (TOB, emolumentos etc.). Assim, temos:

Na contratação do derivativo a empresa não incorre em despesas e o *fair value* do contrato a termo é zero, portanto este não aparece nem como ativo, nem como passivo para a empresa. A Tabela 10.4 apresenta a evolução do *fair value* do contrato a termo de dólar:

Tabela 10.4 *Fair value* do contrato a termo

Data	Preço à Vista	Preço Futuro de US$ para 1º-2-20X7	*Fair Value* do contrato	Variação no *Fair Value*
1º-12-20X6	2,50	2,5150	–	–
31-12-20X6	2,52	2,5350	296.526[4]	296.526
1º-2-20X7	2,55	2,5500	525.000[5]	228.474

Em 31-12-20X6, há a valorização do contrato a termo. Assim, o derivativo deve aparecer no Balanço e sua contrapartida é no resultado (pois é uma operação de especulação). Tem-se, portanto:

D – Derivativos (contrato a termo)   296.526
C – Variação do *fair value* de
  contrato a termo   296.526

No vencimento do contrato (1º-2-20X7), tem-se:

D – Derivativos (contrato a termo)   228.474
C – Variação do *fair value* de
  contrato a termo   228.474
D – Disponibilidades/Caixa   525.000
C – Derivativos (contrato a termo)   525.000

Percebe-se, portanto, que essa sistemática de contabilização respeita o regime de competência: apresenta o instrumento financeiro no Balanço pelo seu *fair value*, que é uma métrica mais adequada para esses instrumentos do que o custo histórico e é mais inteligível do que a anteriormente apresentada.

10.4 Teste de *impairment* de instrumentos financeiros – perda esperada

No Brasil, no passado, estávamos acostumados com o conceito de **perda estimada**; reconhecíamos as perdas pelas expectativas de ocorrerem, com base em médias passadas, mas ajustadas conforme as tendências estimadas para o futuro, ou outras bases, mas raramente utilizávamos o conceito de só reconhecer a perda por meio da perda já dada como efetiva.

Por causa disso, registrávamos essas expectativas em contas que chamamos de **Perda Estimada com Crédito de Liquidação Duvidosa** (PECLD). A partir de 2010, fomos obrigados, por força das normas internacionais aqui adotadas, a trabalhar com o conceito de perdas efetivas.

---

[4] Calculado por ((2,535*300*50.000) – (2,515*300*50.000))/1,15^(1/12). Considerou-se uma taxa de desconto de 15% a.a.

[5] Calculado por ((2,55*300*50.000) – (2.515*300*50.000)).

Todavia, a crise financeira de 2007/2008 levou os normatizadores à situação de pensarem na adoção, bem mais conservadora, da ideia da perda estimada para substituir a perda efetiva, a fim de propiciar condição de mais resguardo patrimonial contra oscilações maiores nas ondas de irrecuperabilidade; é claro que, em situações totalmente anômalas como a dessa crise, não há perda que possa vir a ser adequadamente estimada, mas ficou a lição de talvez ser necessária a adoção de um critério mais conservador do que o que vinha sendo aceito pelas normas internacionais.

O CPC 48 apresenta um novo modelo de reconhecimento e mensuração de teste de recuperabilidade de instrumentos financeiros, mais apropriadamente para empréstimos e recebíveis que são mensurados ao custo amortizado, o qual se alinha ao conceito de PECLD. Ressalta-se que itens mensurados a valor justo por meio do resultado já tendem a incorporar em suas variações eventuais deteriorações da qualidade do crédito concedido a terceiros – a não ser em casos raros em que a entidade tem informações sobre provável perda que o mercado, ao avaliar esses títulos, ainda desconhece. Nesse caso, deve ficar o ajuste da PECLD em conta retificadora do valor justo do ativo.

No caso do reconhecimento de uma PECLD para instrumentos mensurados ao VALOR JUSTO POR MEIO DOS OUTROS RESULTADOS ABRANGENTES, o CPC 48 estabelece que esse valor deverá ser reconhecido em rubrica à parte dentro do PL, sem afetar o valor contábil bruto do ativo objeto que já está ao valor justo, sendo a contrapartida dessa perda estimada levada diretamente para o resultado. Situação anômala, mas que pode ocorrer se a entidade achar que o valor justo de hoje não atende a certas perdas esperadas que ela, entidade, antevê.

Sob a lógica do reconhecimento de perdas esperadas, as organizações devem calcular a PECLD levando em conta o *default* dos recebíveis que potencialmente irão ocorrer frustrando os fluxos de caixa previstos. É importante ressaltar que esse cálculo deverá levar em consideração a probabilidade de inadimplemento em mais de um cenário, de tal sorte que o múltiplo de diferentes cenários pelo montante exposto culminará com o valor de PECLD a ser reconhecido desde a contabilização inicial do contrato.

É importante, também, mencionar que a contabilização de uma perda esperada já no reconhecimento inicial do empréstimo ou recebível é algo distinto do conceito geral de *impairment* que até então se tinha para outras modalidades de ativos, como no caso do imobilizado, o qual somente era submetido ao referido teste de recuperação do valor empregado em sua constituição quando verificadas indicações de redução no valor recuperável dessa unidade geradora de caixa. Todavia, no caso de instrumentos financeiros não é bem assim, pois na contabilização inicial do contrato já se pode reconhecer uma perda em decorrência da inadim-

plência esperada, a qual poderá ser agravada sob a ótica do modelo de três estágios, que será à frente discutido. Isso decorre do seguinte: conforme o CPC 47 sobre Receitas, não se reconhece como ativo e nem como receita o valor derivado, por exemplo, de uma venda que carrega dúvida razoável quanto ao seu recebimento. Todavia, quando se vende para muitos clientes, espera-se que cada um pague o que deve, mas no global sabe-se que alguns deixarão de pagar, sem se saber especificamente quais deles. Assim, adota-se a alternativa de registrar os ativos e as receitas para todas as vendas de bens ou serviços e, concomitantemente, já se registrar a perda esperada decorrente da expectativa de não recebimento de 100% das vendas, contrapondo essa despesa à receita de venda (aliás, antigamente, nesse caso de empresas comerciais e industriais, tal despesa era considerada redução da receita líquida).

Em linhas gerais, a PECLD deverá ser calculada como segue:

$$\textbf{PECLD} = \textbf{Montante Exposto * Probabilidade de } \textit{Default} \textbf{ * Recuperação das Perdas}$$

Note-se que o montante exposto se refere ao valor do fluxo de caixa futuro decorrente do empréstimo ou recebível, subtraído o efeito da perda caso esta venha de fato a ocorrer no cenário do inadimplemento, respectivamente trazidos a valor presente. Subsequentemente, multiplica-se esse montante pelo produto entre a probabilidade de *default* e a taxa média de recuperação de perdas que consiste exatamente na expectativa de inadimplemento ponderada pelos retornos.

Suponha-se, por exemplo, que uma empresa tenha saldo de contas a receber a valor presente de $ 100.000. Mediante a estimação da companhia por meio do seu modelo de crédito, a probabilidade de ocorrer considerando-se um único cenário está na ordem de 13%. Todavia, do valor integral das perdas com crédito ocorrida, a empresa consegue, por meio da sua equipe de cobrança e protesto, reaver algo em torno de 60%. Eis o cômputo da PECLD mediante as informações apresentadas:

$$\text{PECLD} = 100.000 * 13\% * 40\% = 5.200$$

Obtido o saldo de $ 5.200, competiria o reconhecimento contábil com um débito no resultado e um crédito na conta retificadora de ativo. Note-se que o uso da expressão "perda esperada" advém da aplicação de parâmetros estimados, ou seja, estatísticas, para alcançar a esperança de ocorrência da perda *vis-à-vis* com seus impactos no resultado do exercício após a consideração dos valores que são recuperados pela equipe de cobrança.

10.4.1 Abordagens para o reconhecimento das perdas esperadas com crédito de liquidação duvidosa

O CPC 48 indica três abordagens pelas quais a PECLD poderá ser reconhecida e calculada, a depender naturalmente da composição e das características dos fluxos de caixa contratuais. Basicamente, a distinção entre a aplicação de um e a de outro modelo deverá levar em consideração o fato de o ativo financeiro, sujeito ao teste de *impairment*, possuir ou não elemento significativo de perdas em seus recebíveis.

A determinação de qual abordagem deverá ser empregada para realizar o teste será mais facilmente assimilada partindo-se do conceito da abordagem simplificada.

De acordo com o CPC 48, a abordagem simplificada para calcular a PECLD deverá ser empregada para recebíveis cuja composição não possua elemento significativo de financiamento, conforme exposto no item 5.5.15:

"Abordagem simplificada para contas a receber de clientes, ativos contratuais e recebíveis de arrendamento

5.5.15 Não obstante os itens 5.5.3 e 5.5.5, a entidade deve sempre mensurar a provisão para perdas por valor equivalente às perdas de crédito esperadas para:

(a) contas a receber de clientes ou ativos contratuais que resultam de transações dentro do alcance do CPC 47, e que:

(i) não contêm componente de financiamento significativo de acordo com o CPC 47 (ou quando a entidade aplica o expediente prático de acordo com o item 63 do CPC 47); ou

(ii) contêm componente de financiamento significativo de acordo com o CPC 47, se a entidade escolhe como sua política contábil mensurar a provisão para perdas por valor equivalente às perdas de crédito esperadas. Essa política contábil deve ser aplicada a todas essas contas a receber de clientes ou ativos

contratuais, mas pode ser aplicada separadamente a contas a receber de clientes e ativos contratuais;

(b) recebíveis de arrendamento que resultam de transações dentro do alcance do CPC 06, se a entidade escolhe como sua política contábil mensurar a provisão para perdas por valor equivalente às perdas de crédito esperadas. Essa política contábil deve ser aplicada a todos os recebíveis de arrendamento, mas pode ser aplicada separadamente a recebíveis de arrendamento operacional e financeiro.

5.5.16 A entidade pode escolher sua política contábil para contas a receber de clientes, recebíveis de arrendamento e ativos contratuais independentemente uma da outra". (Chamamos a atenção para uma tradução incorreta, já que, no IASB, o termo "provisão" se aplica única e exclusivamente a passivos.)

Note-se que nos casos contemplados na segunda categoria, que contêm componente de financiamento significativo, a mensuração da PECLD por meio da abordagem simplificada decorrerá de uma escolha contábil da entidade, assim como para os ativos elencados no item (b). Já na situação (i), a aplicação da abordagem simplificada não possui nenhum elemento que a condicione, tornando, portanto, obrigatória a aplicação desse formato de abordagem simplificada para contas a receber que não contêm componente de financiamento significativo de acordo com o CPC 47/IFRS 15.

O Quadro 10.5 apresenta as três abordagens de reconhecimento de perdas esperadas em virtude do risco de crédito, respectivamente acompanhadas das bases de mensuração para cada uma dessas categorias, cujo efeito deverá ser levado a resultado.

Ressalta-se que a inserção de mais de uma abordagem para o cálculo da PECLD no CPC 48 provém, sobretudo, de uma necessidade prática de se acomodar a relação custo-benefício da informação contábil, pois exigir que uma empresa que realiza vendas com prazo médio de recebimento de baixo e sem elemento significativo de

Quadro 10.5 Reconhecimento de perdas esperadas em virtude do risco de crédito

	Abordagem Geral	Abordagem Simplificada	Abordagem Ajustada do Crédito
Mensuração da perda	No reconhecimento inicial, a perda deverá ser mensurada para um período de 12 meses. Havendo indicações de incrementos no risco de crédito, então passa-se a considerar toda a vida do ativo.	Toda a vida do ativo.	Perdas cumulativas desde a contabilização inicial do ativo e para toda sua vida útil.
Operacionalização	Modelo de Três Estágios.	Expedientes práticos como, por exemplo, o *aging list* ou *aging* ajustado por variáveis econômicas.	Modelo especificamente desenvolvido para carteira ou crédito em análise.

financiamento de seus clientes, por exemplo, desenvolva um modelo para estimação da perda de crédito altamente complexo seria um contrassenso. Do mesmo modo, permitir que uma instituição financeira use a média histórica dos não recebimentos para determinar o cálculo da perda estimada poderia resultar na mesma impropriedade informacional. A cada qual caberá uma análise pormenorizada da composição de seus empréstimos e recebíveis.

De igual maneira, é fundamental ressaltar que o emissor de normas contábeis não conseguiria e não conseguirá, em nenhuma ocasião, alcançar o nível de especificidade de se determinar a forma operacional do modelo a ser empregado para determinar a PECLD, pois há uma possibilidade vastíssima de se combinarem variáveis com a pretensão de aferir a perda esperada.

Cumpre ressaltar ainda que a abordagem ajustada ao crédito deverá ser aplicada em situações pontuais nas quais o ativo financeiro, já no momento da sua geração, possua problemas significativos de recuperação. Em virtude dessa particularidade, tal abordagem não será detalhadamente apresentada adiante, como serão a abordagem geral e a abordagem simplificada.

10.4.1.1 Abordagem geral

O foco na abordagem volta-se à verificação do risco de crédito; isto é, se o risco de crédito aumentou desde o reconhecimento inicial. Por isso, a forma mais usual de se operacionalizar a abordagem geral reside no modelo de três estágios. Essas situações são típicas de bancos, por exemplo, e não empresas comerciais, industriais e de serviços. Se o leitor está preocupado apenas com estas últimas entidades, com componente de financiamento não significativo (pela junção de prazo de recebimento e taxa de juros), pode passar diretamente para a Seção 10.4.1.2.

Inicialmente, reconhece-se a perda estimada de crédito para os empréstimos e recebíveis sem componente significativo de financiamento e que não foram originados com *impairment*, para o período dos próximos 12 meses. Posteriormente, na data de reavaliação, se esse ativo tiver sofrido um incremento na sua perda esperada, passa-se a reconhecer a perda para toda vida útil do ativo; esse seria o segundo estágio. Subsequentemente, caso haja novos elementos que incrementem a probabilidade de inadimplência, então o ativo financeiro tem nova majoração na probabilidade de perda, bem como sua receita financeira passa a ser reconhecida no resultado líquido da PECLD; esse seria o terceiro estágio.

A determinação dos gatilhos do primeiro para o segundo e terceiro estágios é, sobremaneira, um ponto complexo da aplicação dessa abordagem. O CPC 48 indica que, para realização dessas verificações, as empresas devem considerar informações razoáveis e suportáveis disponíveis sem custos ou esforços indevidos, incluindo dados sobre informações passadas e futuras. A síntese da evolução dos três estágios encontra-se apresentada no Quadro 10.6.

Algumas informações passíveis de serem utilizadas na determinação dos gatilhos desses estágios poderiam ser: risco de inadimplência, avaliação por meio de uma empresa de *rating*, capacidade de pagamento, mudanças no cenário econômico, mudanças no cenário político que culminariam por afetar o econômico, entre outros elementos amplamente divulgados pela literatura de análise de crédito. Existe uma presunção refutável de que o risco de crédito aumenta significativamente quando os pagamentos contratuais estão há mais de 30 dias vencidos.

Outro ponto fundamental de destaque é a transitividade do modelo de três estágios, isto é, suponha-se que, em virtude de uma piora nos fundamentos econômicos,

Quadro 10.6 Modelo de três estágios para operacionalizar a abordagem geral

Aumento da Deterioração no Risco de Crédito – Abordagem Geral		
Estágio I	**Estágio II**	**Estágio III**
Ativos financeiros que não sinalizaram aumento de risco de crédito desde seu reconhecimento inicial. Logo, PECLD para os próximos 12 meses	O risco de crédito aumentou desde o reconhecimento inicial, mas não há indicação objetiva de que o ativo objeto possua um risco de crédito pior. Por exemplo, uma carteira de financiamento de veículos para prazo médio de três anos adimplida em sua grande maioria. Todavia, a taxa de desemprego está em elevação e sabe-se, por meio de correlação, que o inadimplemento de uma carteira como esta possui correlação com essa variável econômica. Passa-se então a mensurar a perda esperada para toda vida útil da carteira e não somente 12 meses.	Há indicações objetivas, como, por exemplo, aumento no atraso dos pagamentos, de que o risco de crédito do ativo financeiro piorou. Continua-se a mensuração da perda esperada para toda vida útil da carteira e não somente 12 meses.
Resultado Financeiro = Taxa de Juros Efetiva × Custo Amortizado Bruto	Resultado Financeiro = Taxa de Juros Efetiva × Custo Amortizado Bruto	Resultado Financeiro = Taxa de Juros Efetiva × Custo Amortizado Líquido* *(Custo Amortizado Bruto – PECLD)

toda uma carteira de recebíveis tenha sido movida do segundo para o terceiro estágio; entretanto, após a recuperação econômica, essa mesma carteira possui condições para voltar ou para o estágio II ou para o estágio I. Dessa maneira, caberá à entidade reclassificar a carteira para os estágios precedentes. Ou seja, da mesma forma que um ativo financeiro pode avançar nos estágios, ele também poderá voltar para as seções anteriores; não há, pelo menos aqui, a pecha velada do conservadorismo que, embora banido da estrutura conceitual das normas internacionais, remanesce em diferentes normativos específicos (como é o caso da não reversão de *impairment* de *goodwill*).

A Parte B do CPC 48, seção que inclui orientações de aplicação da norma e exemplos conceituais, indica uma forma de aplicação da abordagem geral para 12 meses, levando em consideração a abordagem explícita de probabilidade de inadimplência, conforme adaptação a seguir.

Exemplo – Abordagem Geral – Reconhecimento da PECLD para 12 meses

Cenário 1

A entidade A concede um único empréstimo amortizável em 10 anos de $ 1 milhão. Levando em consideração as expectativas para instrumentos com risco de crédito similar (utilizando informações razoáveis e sustentáveis disponíveis, sem custo ou esforço excessivos), o risco de crédito do mutuário e o panorama econômico para os próximos 12 meses, a entidade A estima que o empréstimo no reconhecimento inicial tenha a probabilidade de inadimplência (PI) de 0,5% durante os próximos 12 meses. A entidade A também determina que alterações na PI de 12 meses são uma aproximação razoável das alterações na PI permanente para determinar se houve aumento significativo no risco de crédito desde o reconhecimento inicial.

Na data do relatório (que é anterior à do pagamento do empréstimo seja devido), não ocorreu alteração na PI de 12 meses e a entidade A determina que não houve aumento significativo no risco de crédito desde o reconhecimento inicial. A entidade A determina que 25% do valor contábil bruto deve ser perdido se o empréstimo não for pago (ou seja, a *Loss Given Default* ou Perda Dado o Inadimplemento é de 25%). A entidade A mensura a estimativa de perdas no valor equivalente às perdas de crédito esperadas para 12 meses utilizando a PI de 12 meses de 0,5%. A probabilidade de 99,5% de que não deve ocorrer inadimplência está implícita nesse cálculo. Na data do relatório, o ajuste para as perdas de crédito esperadas para 12 meses é de $ 1.250 (0,5% × 25% × $ 1.000.000).

Cenário 2

A entidade B adquire uma carteira de 1.000 empréstimos "balão" (*bullet loans*) de cinco anos de $ 1.000 cada (ou seja, $ 1 milhão no total) com uma PI média de 12 meses de 0,5% para a carteira. A enti-

dade B conclui que, como os empréstimos somente têm obrigações de pagamento significativas após os próximos 12 meses, não é apropriado considerar alterações na PI de 12 meses ao determinar se houve aumentos significativos no risco de crédito desde o reconhecimento inicial. Na data do relatório, a entidade B utiliza, portanto, as alterações na PI permanente para determinar se o risco de crédito da carteira aumentou significativamente desde o reconhecimento inicial.

A entidade B determina que não houve aumento significativo no risco de crédito desde o reconhecimento inicial e estima que a carteira tem a *Loss Given Default* média de 25%. A entidade B determina que é apropriado mensurar as perdas esperadas coletivamente de acordo com o CPC 48. A PI de 12 meses permanece 0,5% na data do relatório. Portanto, a entidade B mensura o ajuste para perdas coletivamente no valor equivalente às perdas de crédito esperadas para 12 meses com base na PI de 12 meses média de 0,5%. A probabilidade de 99,5% de que não deve ocorrer inadimplência está implícita no cálculo. Na data do relatório, o ajuste para perdas de crédito esperadas para 12 meses é de $ 1.250 (0,5% × 25% × $ 1.000.000).

Ressalta-se que, em ambos os cenários, o IASB se limita a dar exemplos partindo de probabilidades de inadimplência já determinadas. Na prática, o grande desafio de implementação da abordagem geral consiste justamente nessa etapa, pois a implementação de modelos estatísticos para realizar tais previsões dependerá inclusive das habilidades quantitativas que os profissionais contábeis possuírem.

10.4.1.2 Abordagem simplificada

A abordagem simplificada, conforme mencionado anteriormente, deverá ser aplicada de maneira facultativa, por meio da escolha contábil da entidade para instrumentos financeiros que possuam um elemento significativo de financiamento ou que provenham de arredamentos ou aluguéis sob a perspectiva do IFRS 16, CPC 06 (R2). Entretanto, o CPC 48 determina que essa abordagem seja utilizada para recebíveis que não possuam elementos significativos de financiamento. Ressalta-se que essa configuração do teste de redução ao valor recuperável não se aplica aos empréstimos entre empresas do mesmo grupo (empréstimo mútuo). O item B5.5.35 do CPC 48 indica que:

"B5.5.35 A entidade pode utilizar expedientes práticos ao mensurar perdas de crédito esperadas, se elas forem consistentes com os princípios do item 5.5.17. Um exemplo de expediente prático é o cálculo das perdas de crédito esperadas sobre contas a receber de clientes, utilizando uma matriz de provisões. A entidade deve usar sua experiência de perda de crédito histórica (ajustada conforme apropriado de acordo com os itens

B5.5.51 e B5.5.52) para contas a receber de clientes para estimar as perdas de crédito esperadas para 12 meses ou as perdas de crédito esperadas no ativo financeiro conforme pertinente. A matriz de provisões pode, por exemplo, especificar taxas de provisão fixas dependendo do número de dias que a conta a receber de cliente está vencida (por exemplo, 1% se não estiver vencida, 2% se estiver vencida há menos de 30 dias, 3% se estiver vencida há mais de 30 dias e menos de 90 dias, 20% se estiver vencida entre 90 e 180 dias etc.). Dependendo da diversidade da carteira de clientes, a entidade deve utilizar agrupamentos apropriados se sua experiência de perda de crédito histórica indicar padrões de perda significativamente diferentes para diferentes segmentos de clientes. Exemplos de critérios que podem ser utilizados para agrupar ativos incluem região geográfica, tipo de produto, classificação do cliente, seguro de crédito comercial ou garantia e tipo de cliente (como, por exemplo, atacado ou varejo)". (Novamente um problema na tradução, ajustada a seguir.)

A aplicação de uma matriz de perdas esperadas talvez seja o modelo mais próximo do que vem sendo feito em instituições não financeiras no Brasil. O método é comumente chamado de *aging list* e consiste na verificação do saldo em aberto dos recebíveis por faixa de vencimentos.

A parte B do CPC 48 traz no exemplo 12 uma aplicação da matriz de perdas esperadas, a qual apresentamos a seguir de maneira adaptada por se enquadrar no conceito de expediente prático e alinhar-se a um formato de contas a receber, o qual não possui elemento significativo de financiamento.

A empresa M possui uma carteira de contas a receber de clientes de $ 30 milhões em 20X1 e atua somente em uma região geográfica. A carteira de clientes consiste de um grande número de pequenos clientes e as contas a receber de clientes são classificadas por características de risco comuns que representam a capacidade dos clientes de pagar todos os valores devidos, de acordo com os termos contratuais.

As contas a receber de clientes não possuem componente de financiamento significativo (juros embutidos) de acordo com o CPC 47. De acordo com o item 5.5.15 do CPC 48, o ajuste para perdas para essas contas a receber de clientes é sempre mensurado no valor equivalente às perdas de crédito esperadas.

Para determinar as perdas de crédito esperadas para a carteira, a empresa M utiliza uma matriz de perdas esperadas. A matriz baseia-se em suas taxas históricas de inadimplência observadas ao longo da vida esperada das contas a receber de clientes e é ajustada para estimativas prospectivas. Em cada data de relatório, as taxas de inadimplência históricas observadas são atualizadas e as alterações nas estimativas prospectivas são analisadas. Nesse caso, há previsão de que as condições econômicas se deteriorarão durante o próximo ano.

Com base nisso, a empresa M estima a seguinte matriz de perdas esperadas:

	Em dia	Vencido há 1-30 dias	Vencido há 31-60 dias	Vencido há 61-90 dias	Vencido há mais de 90 dias
Taxa de inadimplência	0,3%	1,6%	3,6%	6,6%	10,6%

Note-se que, embora o exemplo considere a formação da matriz de perdas esperadas um passo intuitivo, cumpre ressaltar que a escolha da janela de tempo para verificarem as referidas taxas de inadimplementos não se dá de forma trivial, pois a escolha de um período muito curto de tempo pode implicar a sub ou superavaliação dos percentuais, implicando reconhecimento de montantes de PECLD fora do conceito de melhor estimativa, o que implicaria prejuízo informacional às demonstrações contábeis.

As contas a receber do grande número de pequenos clientes totalizam $ 30 milhões e são mensuradas utilizando a matriz de perdas esperadas (Tabela 10.5).

O lançamento contábil resultaria, nos moldes tradicionais, em um débito no resultado na linha despesas com

Tabela 10.5 Matriz de perdas esperadas

Vencimentos	(A) Valor contábil bruto ($)	(B) Taxa de Inadimplência	(C) = (A) × (B) Ajuste para perdas de crédito esperadas ($)
Atual	15.000.000	0,3%	45.000
1-30 dias	7.500.000	1,6%	120.000
31-60 dias	4.000.000	3,6%	144.000
61-90 dias	2.500.000	6,6%	165.000
> 90 dias	1.000.000	10,6%	106.000
	30.000.000		**580.000**

PECLD em contrapartida a um crédito de igual valor no ativo, como redutora, do saldo de recebíveis. Esses cálculos iriam sendo reciclados periodicamente para atualização da PECLD.

É bom lembrar que todas as baixas de contas a receber são feitas contra a conta de PECLD e que eventuais recuperações de valores baixados são creditadas ao resultado diretamente na forma de outras receitas.

10.5 Contabilidade de *hedge*

Uma forma de se realizar o teste qualitativo do *hedge accounting* é por meio da comparação das características-chave da designação entre instrumento e objeto de *hedge*, como, por exemplo, montante protegido *versus* montante exposto, prazo do objeto a ser protegido comparado ao prazo do instrumento que protege, indexador, dentre outros critérios que permitam uma averiguação de que alterações no valor justo do instrumento serão respectivamente compensadas por alterações no valor justo do objeto.

Outro fator importante de alteração reside em tentar que o modelo de contabilização de *hedge* busque, a partir do CPC 48, se alinhar à efetiva gestão de riscos da Companhia. Um exemplo disso reside no conceito do *hedge* natural, utilizado por algumas empresas no Brasil. O modelo proposto do *hedge* natural, estrutura em que são utilizadas variações cambiais de dívidas presentes para proteger variações cambiais de exportações futuras, apresentado pelo CPC 38, não permite que sejam inclusos os custos futuros das exportações sujeitos a variações de moeda na determinação do montante exposto, fato esse que muda a partir da promulgação do CPC 48.

Cumpre mencionar ainda que o CPC 48 permite que as empresas optem por continuar a demonstrar a efetividade do *hedge accounting* por meio dos comandos do CPC 38. Ou seja, sob o texto da nova norma, as empresas que desejarem usar a contabilidade de *hedge* poderão usar ou o formato de teste de efetividade do CPC 48 ou permanecer usando o formato do CPC 38. Esse ponto ganha contorno especial dado que no CPC 48 não há mais o corredor de 80% a 125% para determinação quantitativa da eficiência da proteção.

No mais, as alterações são relacionadas com casos específicos e pontuais, visando maior aderência da norma contábil à forma dinâmica como as organizações realizam o seu gerenciamento de riscos. Por essa razão, são mantidos os exemplos anteriormente apresentados neste *Manual*.

10.5.1 Aspectos conceituais da contabilidade de *hedge*

A contabilização de operações de *hedge* é uma metodologia especial para que as demonstrações financeiras reflitam de maneira adequada o regime de competência quando da realização dessas operações. A aplicação desse mecanismo, entretanto, altera a base de mensuração e a contabilização dos itens objeto de *hedge* (itens protegidos) ou dos instrumentos de *hedge* (no caso de *hedge* de fluxo de caixa e de *hedge* de investimento no exterior). Assim, há a exigência de que a entidade comprove que a operação realizada é, de fato, uma operação de *hedge*.

O principal objetivo da metodologia de *hedge accounting* é o de refletir a operação dentro de sua essência econômica de maneira a resolver o problema de confrontação entre receitas/ganhos e despesas/perdas existente quando os derivativos são utilizados nessas operações. Vale ressaltar que a *hedge accounting* não é obrigatória, mas um direito que a empresa tem. Caso a utilização dessa política seja desejada, determinados critérios devem ser atendidos. Os principais critérios a serem atendidos são:

a) Identificar qual o risco objeto de *hedge* e o respectivo período.

b) Identificar o(s) item(ns) ou transação(ções) objeto de *hedge*.

c) Identificar o instrumento de *hedge*.

d) Demonstrar que o *hedge* será altamente eficaz.

e) Monitorar de maneira retrospectiva a eficiência do *hedge*.

Quando as operações de *hedge* forem designadas e cumprirem os requisitos para a aplicação da *hedge accounting*, uma das três categorias deve ser selecionada:

a) ***Hedge* de valor justo**: nesse caso, o *hedge* tem como finalidade proteger um ativo ou passivo reconhecido, ou um compromisso firme ainda não reconhecido. Variações no valor justo do derivativo são contabilizadas no resultado juntamente com as variações no item sendo protegido – isso só pode ocorrer quando se tratar de *hedge* de valor justo.

b) ***Hedge* de fluxo de caixa**: é o *hedge* de uma exposição à variabilidade no fluxo de caixa, atribuível a determinado risco associado com um ativo ou passivo reconhecido ou uma transação altamente provável, que possa afetar o resultado da entidade (dívida pós-fixada ou uma transação futura projetada). As variações no valor justo do derivativo são contabilizadas em conta de patrimônio (a parte efetiva), sendo reclassificadas para o resultado no momento da realização contábil da transação protegida. Nesse tipo de *hedge*, o resultado fica intacto até o momento da realização do fluxo de caixa decorrente do objeto de proteção, mas o patrimônio é afetado.

c) ***Hedge* de investimentos no exterior**: nesse tipo de *hedge*, os ganhos e perdas são contabilizados no patrimônio para compensar os ganhos e perdas no investimento, sendo a parte ineficaz do *hedge* contabilizada em resultado. Os ganhos e perdas devem permanecer no Patrimônio Líquido e somente serão baixados no momento da venda, descontinuidade ou perda de valor recuperável do investimento no exterior.

10.5.2 Item objeto de *hedge*

Inicialmente, a entidade deve identificar e documentar qual o risco a ser protegido no item objeto de *hedge* com essa operação. Os riscos passíveis de proteção são:

Em ativos/passivos financeiros:

a) Risco de taxa de juros.

b) Risco de variação cambial.

c) Risco de crédito.

d) Risco de mudanças de preço (risco de mercado).

Em ativos/passivos não financeiros:

a) Risco total.

b) Componente do risco de variação cambial.

Para se qualificar para designação, o item objeto de *hedge* (protegido) deve criar, em última instância, uma exposição que afetará o resultado da empresa. Os seguintes itens podem ser protegidos:

a) Um ativo/passivo individual ou um grupo de ativos/passivos (com características semelhantes).

b) Compromissos firmes ou transações projetadas altamente prováveis.

c) O risco de variação cambial ou o risco total de ativos/passivos não financeiros.

d) Uma porção do fluxo de caixa de qualquer ativo/passivo financeiro.

e) Investimentos líquidos em subsidiárias no exterior.

A definição de características de riscos semelhantes é bastante restritiva. Segundo as normas, a variação no valor justo atribuível à proteção contra o risco para cada item no grupo deverá ser aproximadamente proporcional à variação total do valor justo atribuível à proteção contra o risco do grupo de itens.

Assim, a ideia de *hedge* de uma carteira fica limitada a riscos que sejam claramente identificáveis e que possam ser mitigados com a operação. A aplicação do conceito de *macro-hedge* deve ser considerada com cuidado, pois há diversas restrições à sua aplicação. Parte das restrições diz respeito ao alto grau de complexidade (e às vezes à impossibilidade) do cálculo da efetividade de um *hedge* com

diversos riscos, prazos e instrumentos sendo protegidos. Posições líquidas não podem ser designadas como itens objeto de *hedge*.

10.5.3 Exemplo: aplicação de macro-*hedge*

A empresa projeta entradas futuras de caixa de $ 150 e saídas de $ 170 em uma base macro. Os fluxos de caixa associados às entradas e saídas de caixa estão expostos ao mesmo risco de taxa de juros. Ela pode designar um *hedge* de fluxo de caixa para o risco de taxa de juros associado ao refinanciamento dos primeiros $ 20 de saída de caixa em um período específico. Assim, enquanto a empresa tiver $ 20 de saída de caixa nesse período, o *hedge* pode ser considerado efetivo.

Se o item objeto de *hedge* for um ativo ou passivo financeiro, deve-se especificar quais os riscos objetos de proteção. É permitido o *hedge* de somente uma parte do seu fluxo de caixa ou do seu valor justo. Também é permitida a proteção de uma parte da vida de um ativo ou somente da taxa de juros livre de risco de um empréstimo ou título.

Caso o item protegido seja um ativo ou passivo não financeiro, ele deve ser designado como item protegido: (a) para os riscos cambiais, ou (b) em sua totalidade para todos os riscos, em função da dificuldade de isolar e mensurar a porção apropriada das mudanças em um fluxo de caixa ou valor justo.

10.5.4 Instrumentos de *hedge*

O CPC 48 não restringe as circunstâncias em que um derivativo pode ser designado como instrumento de proteção. Entretanto, um instrumento financeiro não derivativo somente pode ser designado como instrumento de proteção para um *hedge* de risco cambial. Para os propósitos da *hedge accounting*, somente instrumentos que envolvam uma parte externa à entidade podem ser designados como de *hedge*.

Assim, todos os derivativos podem ser tratados como instrumentos de *hedge*, exceto as opções lançadas (a menos que estas sejam designadas como compensação de opções compradas), incluindo aquelas embutidas em outro instrumento financeiro. É possível designar somente uma parte dos instrumentos de *hedge* (por exemplo, 70% de seu montante) para a relação de *hedge accounting*. No entanto, não é permitido designar o instrumento de *hedge* para somente uma parte de sua duração. Combinações de dois ou mais derivativos podem ser designadas como instrumento de *hedge*.

Um único instrumento de *hedge* (por exemplo, um *Forward Rate Agreement* – FRA) pode ser designado como *hedge* de mais de um tipo de risco, contanto que: (a) os riscos objetos de *hedge* possam ser identificados claramente; (b) a efetividade do *hedge* possa ser demonstrada;

e (c) seja possível garantir que há designação específica do instrumento de *hedge* e das diferentes posições de risco.

10.5.5 Qualificação para *hedge accounting*

Uma relação de *hedge* somente pode ser qualificada para *hedge accounting* se:

a) No início do *hedge*, há uma designação formal e documentação da relação de proteção e o objetivo de gerenciamento de risco da entidade, bem como sua estratégia. Essa documentação incluirá a identificação do instrumento de proteção, o item ou transação protegida, a natureza do risco protegido e a forma como a entidade avaliará a efetividade do instrumento de proteção na compensação da exposição a mudanças no valor justo do item protegido ou nos fluxos de caixa atribuíveis ao risco protegido.

b) É esperado que o *hedge* seja altamente efetivo na compensação das mudanças no valor justo ou fluxos de caixa atribuíveis ao risco protegido, em consistência com a estratégia de risco da administração documentada originalmente.

c) Para *hedges* de fluxos de caixa, uma transação projetada precisa ser altamente provável e apresentar exposição para variações nos fluxos de caixa que poderiam afetar o resultado.

d) A efetividade do *hedge* pode ser mensurada de maneira confiável.

e) O *hedge* é avaliado em uma base contínua e será altamente provável ao longo dos períodos de publicação em que foi designado.

10.5.6 Efetividade do *hedge*

A efetividade do *hedge* é o grau em que a mudança no valor justo ou no fluxo de caixa do item objeto de *hedge* atribuível a dado risco protegido é compensada pela mudança no valor justo ou fluxo de caixa do instrumento de *hedge*. A demonstração da eficácia da operação de *hedge* é um dos grandes desafios da entidade para enquadrar a operação na metodologia de *hedge accounting*. O método do teste de efetividade não é explicitado nas normas, mas precisa ser selecionado e documentado no início da operação e aplicado de maneira consistente no decorrer de seu prazo.

A comprovação da eficácia deve ser realizada pela demonstração da relação existente entre os itens objeto e instrumento de *hedge*. Para isso, são utilizados métodos estatísticos e econométricos que investigam o relacionamento entre as variáveis. Não há um método único a ser utilizado de acordo com os pronunciamentos, mas há a citação de métodos como o de correlação e o de regressão, que são métodos estatísticos bastante difundidos e utilizados na prática de algumas operações financeiras. A seguir, apresentamos os principais métodos para a avaliação da **eficácia de maneira prospectiva, aplicável para companhias que desejarem manter o teste de efetividade nos moldes do CPC 38, conforme facultado pelo CPC 48:**

a) Correlação:

O coeficiente de correlação (ρ) é uma grandeza que varia de -1 a $+1$, valores esses que traduzem a correlação perfeita entre a variação de uma variável e a variação da outra. A correlação indica o grau de associação linear entre duas variáveis. A ausência completa de correlação entre as variáveis é indicada pelo valor zero do coeficiente de correlação ($\rho = 0$) e aponta que as variáveis são independentes. Os valores positivos do coeficiente de correlação ($0 < \rho \leq +1$) indicam a existência de uma relação diretamente proporcional entre as variáveis, enquanto os valores negativos ($-1 \leq \rho < 0$) traduzem uma relação inversamente proporcional entre as variáveis em análise. Por sua vez, o valor numérico de ρ traduz o grau de correlação entre elas, sendo tanto mais significativo quanto mais próximo de $+1$ (correlação direta), ou de -1 (correlação inversa).

A correlação (ρ) será mensurada com base nas alterações no valor justo do instrumento de *hedge* em relação ao objeto de *hedge*. A seguinte fórmula deve ser utilizada para o cálculo da correlação:

$$\rho_{x,y} = \frac{\sum_{i=1}^{n}\left(x_i - \bar{x}\right)\left(y_i - \bar{y}\right)}{DP_x DP_y}$$

Em que:

x_i representa a alteração do valor justo do instrumento de *hedge* no período i;

y_i representa a alteração do valor justo do objeto de *hedge* no período i;

$\bar{x}$ representa a média das observações de x_i;

$\bar{y}$ representa a média das observações de y_i;

DP_x representa o desvio-padrão da variável x calculado por:

$$\frac{1}{n-1}\sqrt{\sum_{i=1}^{n}(x_i - \bar{x})^2}$$

DP_y representa o desvio-padrão da variável y calculado por:

$$\frac{1}{n-1}\sqrt{\sum_{i=1}^{n}(y_i - \bar{y})^2}$$

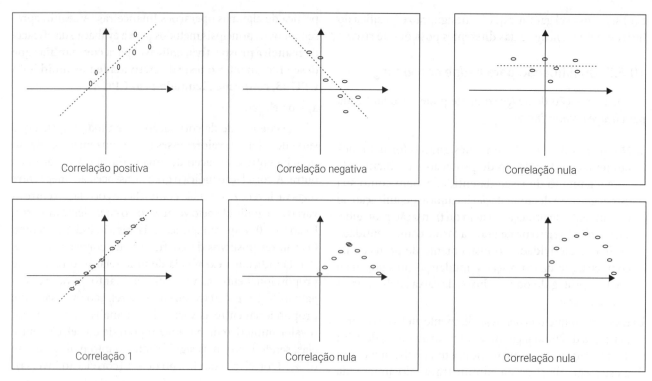

Figura 10.4 Possibilidades de correlação entre as variáveis.

A Figura 10.4 apresenta de maneira visual (em gráficos onde estão plotadas as variáveis x e y) algumas possibilidades de correlação entre as variáveis.

Correlações que demonstrem forte associação histórica entre as variações no valor justo do objeto e do instrumento de *hedge* são evidências de uma possível eficácia do *hedge*. Pode-se dizer que um indicativo dessa eficácia, medido pela correlação, é quando o cálculo resulta em um valor dentro dos seguintes intervalos:

$$0{,}80 \leq \rho_{x,y} \leq 1{,}00$$
$$-1{,}00 \leq \rho_{x,y} \leq -0{,}80$$

Contudo, para se testar a eficácia da operação, devem-se considerar os montantes, prazos, números de contratos e outras características associadas ao item objeto de *hedge* e ao instrumento de *hedge*.

Exemplo

Cálculo da efetividade prospectiva

A empresa *F*, atuante no setor de aviação civil, deseja fazer uma operação de *hedge* para diminuir sua exposição à variação do preço dos combustíveis. Não há derivativos sobre combustível. Contudo, a empresa entra em um contrato futuro de compra de petróleo (já que essa é a principal matéria-prima do combustível). A empresa deseja designar a operação para *hedge accounting*. Assim, deve comprovar sua eficácia. Para isso, aplica os métodos da correlação, de variabilidade reduzida e da regressão para a avaliação da efetividade prospectiva. A seguir, apresenta-se o passo a passo da análise:

a) Coletar dados históricos sobre o comportamento das variáveis. Para isso, a entidade deve avaliar qual o período adequado para a realização da análise. É importante que o número de observações seja adequado para a realização da inferência. No exemplo, a tabela a seguir mostra o comportamento das variações dos preços do combustível à vista e do contrato futuro de petróleo.

Mês *i*	Mudança no preço futuro do petróleo	Mudança no preço do combustível
1	0,021	0,029
2	0,035	0,020
3	– 0,046	– 0,044
4	0,001	0,008
5	0,044	0,026
6	– 0,029	– 0,019
7	– 0,026	– 0,010
8	– 0,029	– 0,007
9	0,048	0,043
10	– 0,006	0,011
11	– 0,036	– 0,036
12	– 0,011	– 0,018
13	0,019	0,009
14	– 0,027	– 0,032
15	0,029	0,023

b) Uma análise inicial interessante surge ao se observar a relação entre as variáveis. No exemplo, tem-se:

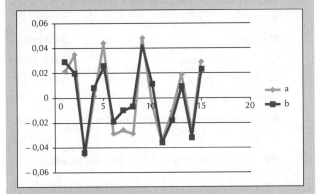

Figura 10.5 Relacionamento entre as variáveis.

Pelo gráfico da Figura 10.5, percebe-se o relacionamento positivo entre as variáveis. A seguir, deve-se calcular a correlação entre as mudanças dos preços do instrumento de *hedge* e do objeto de *hedge*. Para calcular a correlação, basta utilizar a função CORREL no *software* Excel (ou qualquer outro *software*).

A correlação de 0,9284 (92,84% de correlação) indica que as variáveis são forte e positivamente correlacionadas. Isto é um indicativo de que o *hedge* pode ser efetivo.

10.5.7 *Hedge* de valor justo

O *hedge* de valor justo é aquele que mitiga uma exposição nas alterações do valor justo de um ativo ou passivo reconhecido ou de um compromisso firme não reconhecido. Para a sua aplicação, deve ser identificado e documentado o risco que está sendo protegido. Em última instância, o risco a ser protegido deve afetar o resultado da empresa.

A contabilização do *hedge* de valor justo segue esta lógica:

a) Instrumento de *hedge*: deve ser classificado sempre como **valor justo por meio do resultado.**

b) Se o objeto de *hedge* é mensurado pelo custo ou pelo custo amortizado, a sua mensuração é ajustada para refletir as alterações no valor justo do item objeto de *hedge* decorrente das variações do risco protegido. Essas mudanças são **reconhecidas diretamente no resultado do exercício.**

c) Se o objeto de *hedge* é um **disponível para venda,** as alterações no seu valor justo passam a ser consideradas **no resultado do exercício.**

Exemplo

Hedge de valor justo de um instrumento disponível para venda

A empresa F possui 1.000 ações da ABC com o valor de $ 100 cada. F deseja se proteger do risco de queda dos preços das ações e para isso realiza uma operação de *hedge*. O *hedge* é realizado em 1º-1-20x1, e consiste na aquisição de opções de venda no dinheiro sobre 1.000 ações da ABC com prazo de vencimento de seis meses. O preço de exercício da opção é de $ 100. O prêmio pago pelas opções é de $ 15.000. F documenta que a efetividade será medida pela comparação da diminuição do valor justo do investimento com o valor intrínseco da opção (isso é permitido para o caso das opções).

O quadro a seguir apresenta o comportamento do valor das ações, das opções e a decomposição do valor intrínseco e do valor no tempo em 1º-1-20x1 e em 31-3-20X1:

	Valor em 1º-1-20X1	Valor em 31-3-20X1	Ganho (Perda)
Ações da ABC	$ 100.000	$ 98.000	($ 2.000)
Opção de venda (*put*):			
Valor Intrínseco	$ 0	$ 2.000	$ 2.000
Valor do tempo	15.000	8.000	(7.000)
Valor total da *put*	$ 15.000	$ 10.000	($ 5.000)

Percebe-se que a eficácia existe somente se for mensurada com base nas alterações do valor intrínseco das opções. As contabilizações seriam:

Em 1º-1-20X1

D – Contrato de opções   15.000
C – Caixa   15.000

Registro do pagamento do prêmio
Não há registros para o item objeto de *hedge*

Em 31-3-20X1

D – Perdas c/ações (**na DRE**)   2.000
C – Investimento em ações   2.000

Registro da perda com as ações **disponíveis para venda**

D – Perdas c/opções (valor do tempo)   7.000
C – Contrato de opções   5.000
C – Ganho (valor intrínseco)   2.000

Para contabilizar as atividades até 31-3-20X1

10.5.8 *Hedge* de fluxo de caixa

O *hedge* de fluxo de caixa é o *hedge* de uma exposição de variações no fluxo de caixa da empresa atribuída a um risco específico associado a um ativo, passivo ou a uma transação futura altamente provável. Da mesma maneira que no *hedge* de valor justo, o risco protegido deve afetar, em última instância, o resultado da empresa.

A contabilização do *hedge* de valor justo segue esta lógica:

a) Instrumento de *hedge*: **alterações do valor justo são reconhecidas no PL** (conta de AAP).

b) O item objeto de *hedge* não tem sua contabilização ajustada.

c) Quando uma transação projetada objeto de *hedge accounting* é efetivada, a empresa tem a opção de manter os ganhos/perdas com o instrumento de *hedge* no PL ou removê-los do PL e incluí-los no valor contábil inicial do Ativo/Passivo (*basis adjustment*).

d) Se o *hedge* de uma transação projetada resultar em um ativo/passivo financeiro, os ganhos/perdas diferidos (classificados no PL) continuam no PL.

e) Quando o item objeto de *hedge* impacta o resultado do exercício, o montante correspondente classificado no PL é removido e é reconhecido no resultado do exercício.

f) Se o *hedge* de fluxo de caixa não for totalmente efetivo, a parcela ineficaz deve ser reconhecida no resultado.

> **Exemplo**
>
> **Hedge de fluxo de caixa de uma venda projetada de estoques**
>
> A empresa F deseja proteger possíveis alterações de fluxo de caixa decorrentes de vendas futuras de 100.000 barris da *commodity* A, a serem realizadas daqui a um mês. O valor contábil dos estoques é de $ 1 milhão e o seu valor de mercado, de $ 1,1 milhão ($ 11/unidade). A empresa entra hoje em um contrato derivativo Z de venda de 100.000 barris da *commodity* A por $ 1,1 milhão daqui a um mês. Na data de realização da operação, o valor justo do derivativo é zero. Os termos contratuais do derivativo e da *commodity* são iguais. Ao final de um mês, o valor de mercado da *commodity* A é de $ 10,75. A empresa ganha $ 25.000 com o derivativo.
>
> A contabilização seria:
>
> No final do período:
>
> | | |
> |---|---|
> | D – Derivativo Z | 25.000 |
> | C – Ajustes de avaliação patrimonial (PL) | 25.000 |
> | Registro do derivativo Z pelo valor justo | |
> | D – Caixa | 25.000 |
> | C – Derivativo Z | 25.000 |

> | | |
> |---|---|
> | Registro do recebimento do ajuste referente ao derivativo Z (ex.: contrato futuro) | |
> | No momento da venda da *commodity* A: | |
> | D – Caixa | 1.075.000 |
> | D – CPV | 1.000.000 |
> | C – Receita de vendas | 1.075.000 |
> | C – Estoques | 1.000.000 |
> | Registro da venda | |
> | D – Ajustes de avaliação patrimonial (PL) | 25.000 |
> | C – CPV | 25.000 |
> | Para realização do ajuste no momento da venda | |

10.5.9 *Hedge* de investimento no exterior

O *hedge* de investimento no exterior é o *hedge* do montante relacionado à participação da empresa em uma investida no exterior (*hedge* da participação no PL). Sua contabilização é como a do *hedge* de fluxo de caixa. Assim, as mudanças no valor justo do instrumento de *hedge* são reconhecidas em item separado do PL e são baixadas somente na venda da participação da empresa.

> **Exemplo**
>
> **Hedge de investimento no exterior com a emissão de dívida**
>
> A empresa A faz um *hedge* de sua participação em uma controlada chinesa. A empresa deseja se proteger da variação cambial sobre o PL da investida. Para isso, toma emprestado o montante referente à sua participação na empresa chinesa, que é de 120.000.000 de yuans. Se as condições de *hedge accounting* forem satisfeitas, os ganhos ou perdas com a variação cambial do título (que seriam contabilizadas no resultado pelo IAS 21) são contabilizados no PL. Assim, mitiga-se a inconsistência de mensuração considerando que a variação cambial do PL da investida e do título de dívida são reconhecidas no PL. O valor é lá armazenado e somente será revertido com a venda da participação na controlada.

10.5.10 Descontinuidade do *hedge accounting*

Existem situações em que a entidade deverá descontinuar o *hedge accounting*. Isso significa que o tratamento que era dispensado em relação a determinado item decorrente da aplicação da contabilidade de operações de *hedge* não pode mais ser aplicado. A descontinuidade do *hedge accounting* deve acontecer quando:

a) O instrumento de *hedge* venceu.

b) O *hedge* não se qualifica mais como *hedge accounting*.

c) A empresa retira a designação de *hedge*.

Quadro 10.7 Tratamento no caso de descontinuidade de *hedge accounting*

	Hedge de valor justo	*Hedge* de fluxo de caixa
Futuras mudanças no valor justo do instrumento de *hedge*.	Continuam a ser reconhecidas na DRE.	Reconhecidas imediatamente na DRE.
Mudanças no valor justo do item objeto de *hedge* (protegido).	Tratado como se não estivesse protegido. Para *hedge* de taxa de juros, os ajustes até a data são amortizados na DRE pelo prazo de vencimento.	N/A.
Valores já contabilizados no PL: a) O item protegido ainda existe ou é esperado sua ocorrência. b) Não é mais esperada a ocorrência do item ou transação protegida.	N/A.	a) Transferido para a DRE no mesmo momento que a mudança no fluxo de caixa protegido é reconhecida na DRE. b) Transferido para a DRE imediatamente.

d) Uma transação projetada objeto de *hedge* não irá mais acontecer.

O Quadro 10.7 demonstra os tratamentos contábeis no caso de descontinuidade do *hedge accounting*.

10.6 Evidenciação

O CPC 40 – Instrumentos Financeiros: Evidenciação requer que as entidades forneçam informações suficientes para que os usuários possam avaliar: (a) a importância dos instrumentos financeiros na posição patrimonial e a *performance* da entidade; e (b) a natureza e a extensão dos riscos oriundos das operações com instrumentos financeiros e a respeito da maneira pela qual a entidade administra esses riscos.

10.7 Securitização de recebíveis[6]

Com o intuito de obter recursos a taxas mais competitivas, as empresas têm se utilizado de operações estruturadas de maneira a transferir o risco para outros investidores. A securitização é uma operação financeira que faz a conversão de ativos a receber da empresa em títulos negociáveis – as *securities* (termo inglês que se refere aos valores mobiliários e aos títulos de crédito). Esses títulos são vendidos a investidores que passam a ser os novos beneficiários dos fluxos gerados pelos ativos. Entretanto, para viabilizar essa operação, existe a intermediação de uma sociedade de propósito específico (SPE) ou de um fundo de investimento, de forma a se isolar o risco do originador (ou cedente) dos créditos que servirão de lastro à operação. Os recursos, para o repasse à empresa, são levantados junto ao investidor que adquire "cotas" (emitidas pela SPE ou fundo) específicas da operação. Normalmente, os recebíveis utilizados nesse tipo de transação são de uma carteira de clientes da empresa, ou seja, enquanto o risco de uma concessão de "empréstimo" à empresa não tem diversificação, o risco dos recebíveis é diversificado, o que diminui consideravelmente a exposição ao risco de crédito.

Pela cessão (venda) desses títulos para a SPE ou para o fundo, a empresa obtém os recursos para o financiamento das suas operações ou de projetos de investimento. Dessa forma, no contexto brasileiro, "*securitizar*" tem o significado de converter determinados ativos em lastro para títulos ou valores mobiliários a serem emitidos. O objetivo é a emissão de títulos ou valores mobiliários lastreados pelos recebíveis da empresa ou outros ativos. A forma mais tradicional de securitização utiliza os recebíveis da empresa como lastro para a operação (securitização de recebíveis). Entretanto, há outros tipos de ativos que podem ser securitizados, como os créditos imobiliários, os créditos financeiros (tais como empréstimos e financiamentos – no caso de instituições financeiras), faturas de cartão de crédito, mensalidades escolares, contas a receber dos setores comercial, industrial e de prestação de serviços, fluxos de caixa esperados de vendas e serviços futuros, fluxos internacionais de caixa derivados de exportação ou de remessa de recursos para o país, entre outros. A securitização de recebíveis pode ser feita, basicamente, via SPE, via companhia securitizadora ou pela utilização de um fundo de investimento em direitos creditórios (FIDC).

A normatização sobre securitização é regulada pela Comissão de Valores Mobiliários (CVM), pelo Banco Central do Brasil (Bacen) e pela legislação comercial e societária.

10.7.1 Securitização via SPE

Essa operação refere-se à securitização de **contas a receber decorrentes de vendas a prazo já realizadas (também chamadas de performadas), ou de futuras**

---

[6] Parte deste material foi adaptada de GALDI, F. C. *et al.* Securitização. *In:* LIMA, I. S. *et al.* (ed.). *Curso de mercado financeiro.* São Paulo: Atlas, 2006.

vendas a prazo (**não performadas**). Para isso, cria-se uma SPE que irá administrar os recebíveis adquiridos/cedidos pela empresa originadora, que representam o direito de crédito de um valor que será recebido no futuro decorrente de uma venda a prazo. A securitização de recebíveis é a transformação de um valor a receber no futuro em títulos negociáveis que serão colocados no mercado. Na operação de securitização de recebíveis, a empresa originadora, em suas atividades rotineiras, vende produtos/serviços a prazo ou tem um fluxo constante esperado de receitas futuras e necessita de recursos financeiros. Essa empresa pode transferir esse crédito, que tem ou virá a ter com terceiros, para uma sociedade anônima não financeira, criada especificamente para esse fim – sociedade de propósito específico. A SPE tem o propósito exclusivo de converter os recebíveis em lastro para emissão de debêntures ou outro título permitido por norma. Adicionalmente, a SPE faz a colocação das debêntures junto a investidores (institucionais, bancos, pessoas físicas etc.) e, quando um investidor adquire o título, os recursos são repassados para a empresa originadora, liquidando a operação de cessão de direitos creditórios realizada anteriormente. A SPE passa a ser então a credora dos devedores, **assumindo o risco pelo inadimplemento**. À medida que os recebíveis vão vencendo, os devedores efetuam o pagamento à SPE que, por sua vez, repassa os valores para os investidores.

Quando se tratar de uma emissão de debêntures pela SPE, há a necessidade de um agente fiduciário, que tem a função de proteger os direitos e os deveres dos debenturistas. Uma agência de *rating* faz a avaliação inicial do risco da operação e periodicamente faz revisão do *rating*, e os auditores externos examinam as demonstrações contábeis da SPE, checam as transferências dos recebíveis e reportam possíveis irregularidades ao agente fiduciário.

Importante salientar que, para o sucesso da operação, o adequado é que a carteira de recebíveis seja de boa qualidade. Na cessão da sua carteira de crédito para a SPE, a avaliação que o mercado fará e o prêmio de risco cobrado pelo título levará em conta a qualidade do recebível e não a situação financeira da empresa originadora, o que seria o comum em uma emissão tradicional de debêntures.

Exemplo de contabilização de securitização de recebíveis via SPE

Criou-se uma SPE para adquirir os recebíveis da Empresa ABC (originadora), que necessita de recursos financeiros. A operação é desenhada de maneira que **não exista direito de regresso para os adquirentes dos recebíveis**. A SPE emite debêntures lastreadas nos recebíveis no valor de $ 1.000.000 pagando juros de 5% a.a. A Empresa ABC, em 1º-2-20X0, transfere para a SPE parte de direitos creditórios no valor de $ 1.050.000. Em 28-2-20X0, a empresa ABC

---

recebe $ 970.000 (deságio de $ 80.000) da SPE. A despesa para a emissão das debêntures é de $ 30.000 e seu prazo é de um ano. Os recebíveis são liquidados conforme seu recebimento e as debêntures são resgatadas no vencimento (com pagamento de juros mais principal). Desconsideramos os impactos da tributação para a resolução deste exercício. Considere que as contas a receber já estavam ajustadas a valor presente e, ainda, que o balanço da Empresa ABC e da SPE em 31-1-20X0 é composto por:

Cia. ABC – Balanço Patrimonial em 31-1-20X0 – Em $

Ativo		Passivo + PL	
Disponibilidades	1.000	Passivo	
Contas a Receber	1.150.000	Contas a Pagar	1.000.000
	1.151.000	PL	151.000
		Capital Social	1.151.000

SPE – Balanço Patrimonial em 31-1-20X0 – Em $

Ativo		Passivo + PL	
Disponibilidades	10	PL	10
	10	Capital Social	10

a) Na empresa Originadora (ABC):

Os lançamentos contábeis podem ser apresentados, basicamente, de duas maneiras. A primeira, mais utilizada na prática, apresenta a cessão dos recebíveis como venda de um ativo, conforme demonstrado a seguir (desde que não haja compromisso de recompra dos recebíveis ou coobrigação por parte da empresa cedente):

Na cessão do direito creditório:

D – Direitos Creditórios Cedidos	$ 970.000
C – Venda de Recebíveis	$ 970.000
(conta de resultado)	
D – Custo dos recebíveis cedidos/vendidos	$ 1.050.000
(conta de resultado)	
C – Contas a receber	$ 1.050.000

No recebimento dos recursos da SPE:

D – Disponibilidades	$ 970.000
C – Direitos Creditórios Cedidos	$ 970.000

Esses lançamentos resultam em um impacto negativo de $ 80.000 ($ 970.000 – $ 1.050.000) no resultado do exercício da empresa. Isso é fruto da distorção de as Contas a Receber não terem sido reconhecidas a valor presente, com o efeito do ajuste reduzindo o valor efetivo das receitas de vendas. A legislação brasileira e as normas internacionais permitem isso, mas tecnicamente essa forma deixa muito a desejar.

Por outro lado, se a entidade produz receitas e costumeiramente cede esses direitos de crédito, isso significa que esses ativos financeiros não são corretamente classificados se considerados como recebíveis. Deveriam, desde o início, ser considerados como ativos reconhecidos ao valor justo por meio do resultado, o que implicaria a imediata contabilização do ajuste a valor presente como redução do valor das receitas de vendas.

Voltando ao exemplo, após a contabilização, teríamos:

Cia. ABC – Balanço Patrimonial em 28-2-20X0 – Em $

Ativo		Passivo + PL	
Disponibilidades	971.000	Passivo	
Contas a receber	100.000	Contas a Pagar	1.000.000
	1.071.000	PL	151.000
		Capital Social	(80.000)
		L/P acumulado	1.071.000

b) Na SPE:

Os lançamentos contábeis, incluídas as previsões constantes do CPC 08 (R1) – Custos de Transação e Prêmios na Emissão de Títulos e Valores Mobiliários, sob o ponto de vista da SPE, são:

A empresa ABC transfere os direitos creditórios para a SPE no valor nominal de $ 1.050.000 por 970.000 (deságio de 80.000):

D – Contas a Receber	$ 1.050.000
C – Receitas a Apropriar	
(Redutora)	$ 80.000
C – Direitos Creditórios a Pagar	$ 970.000

A SPE emite debêntures no valor de $ 1.000.000, com juros de 5% ($ 1.000.000 × 5% = $ 50.000) e $ 30.000 de despesas com emissão:

D – Disponibilidades	$ 970.000
D – Despesas Financeiras a apropriar	$ 30.000
C – Debêntures	$ 1.000.000

Os seguintes lançamentos serão feitos até o término da operação:

Em 28-2-20X0, a SPE paga pelos direitos creditórios transferidos pela Cia. ABC o valor de $ 970.000:

D – Direitos Creditórios a Receber	$ 970.000
C – Disponibilidades	$ 970.000

Os clientes pagam para a SPE os direitos creditórios, no valor de $ 1.050.000:

D – Disponibilidades	$ 1.050.000
C – Direitos Creditórios a Receber	$ 1.050.000

De 28-2-20X0 até a 1º-2-20X1:

A SPE apropria as receitas de acordo com a liquidação dos recebíveis:

D – Receitas a Apropriar	$ 80.000
C – Receitas Operacionais	$ 80.000

A SPE apropria as despesas financeiras *pro rata temporis* até o vencimento das debêntures:

D – Despesas Financeiras	$ 80.000
C – Despesas Financeiras a Apropriar	$ 30.000
C – Juros a Pagar	$ 50.000

Em 1º-2-20X1, ocorre o pagamento dos juros e do principal das debêntures:

D – Debêntures	$ 1.000.000
D – Juros a Pagar	$ 50.000
C – Disponibilidades	$ 1.050.000

Importante salientar que, caso a SPE criada no exemplo anterior fosse economicamente controlada pela empresa ABC, independentemente de sua forma legal, ou a empresa ABC tivesse alguma responsabilidade sobre o pagamento dos créditos cedidos, as demonstrações contábeis da empresa ABC deveriam ser apresentadas como se a cessão fosse uma operação de empréstimo tomado, com a carteira funcionando como garantia, e a SPE também deveria contabilizar o total da carteira como um recebível contra a originadora. E as demonstrações consolidadas seriam as mesmas como se a originadora contabilizasse como foi mostrado, mas fosse consolidada também a SPE (o recebível na SPE seria eliminado contra o passivo na empresa ABC, permanecendo a carteira de crédito e as debêntures na ABC).

10.7.2 FIDC

Outra modalidade de securitização é a que utiliza como meio de captação os Fundos de Investimento em Direitos Creditórios (FIDC). A Instrução CVM nº 356/2001, alterada pela Instrução CVM nº 393/2003 e pela Instrução CVM nº 442/2006, regulamenta esse tipo de fundo. Os FIDCs são aqueles em que mais de 50% do Patrimônio Líquido é aplicado em direitos creditórios. São considerados direitos creditórios os fluxos de caixa futuros oriundos de operações estritamente comerciais e de outras atividades que envolvam a criação de valores econômicos futuros, como a prestação de serviços. Os FIDCs se tornaram, nos últimos anos, uma opção bastante atraente para securitização de recebíveis, por possuírem condições tributárias melhores que outros veículos de securitização (SPE, por exemplo). Esses fundos podem ser abertos ou fechados. Nos abertos, os condôminos podem solicitar resgate das cotas a qualquer momento, de acordo com o estipulado no regulamento do fundo. Por outro lado, nos fundos fechados, as cotas são amortizadas, podendo somente ser resgatadas de acordo com os eventos dispostos a seguir:

a) No término do prazo de duração do fundo, ou série ou classe de cotas.

b) Na liquidação do fundo.

As cotas dos fundos devem ser escriturais e mantidas em conta de depósito em nome de seus titulares. As cotas podem ser do tipo **sênior** ou **subordinada**. As cotas do tipo **sênior** têm preferência no recebimento da amortização e resgate. As cotas do tipo **subordinada** têm o resgate e amortização subordinados ao das cotas seniores. Em relação à natureza dos créditos que podem compor esse tipo de fundo, podemos citar: empréstimos a aposentados e pensionistas do INSS, venda futura de energia, crédito ao consumidor e o financiamento de veículos e imobiliários. Basicamente, os participantes para a criação de um FIDC são: (a) originador dos recebíveis; (b) administrador do fundo; (c) custodiante; e (d) agência de *rating*.

A administração do fundo pode ser feita por: banco múltiplo, comercial, Caixa Econômica Federal, banco de investimento, sociedade de crédito, financiamento e investimento, sociedade corretora de títulos e valores mobiliários ou por sociedade distribuidora de títulos e valores mobiliários. Entre as diversas atividades previstas para o administrador do fundo no art. 34 da Instrução CVM nº 356, de 17-12-2001, destaca-se a providência trimestral (no mínimo) da atualização da classificação de risco do fundo ou dos direitos creditórios e demais ativos integrantes da carteira do fundo. O custodiante é responsável por receber, analisar, validar, custodiar e liquidar os direitos creditórios, de acordo com o estabelecido nos regulamentos dos fundos.

A estrutura típica de uma securitização via FIDC é:

a) A empresa estrutura novos projetos (podendo separá-los em uma entidade jurídica própria), que irão gerar recebíveis a performar.

b) A empresa cede os fluxos futuros dos direitos creditórios que serão gerados com a implementação dos projetos para um FIDC, que se torna titular dos recebíveis.

c) O FIDC emite cotas seniores e subordinadas (estas últimas, normalmente, subscritas pela empresa) que terão como lastro o fluxo futuro de recebimento dos clientes.

d) Os investidores pagam ao FIDC pela compra das cotas e o FIDC transfere esses recursos para a empresa originadora de maneira a financiar a realização dos projetos.

e) Com a implementação dos projetos, inicia-se o fluxo de liquidação dos direitos creditórios cedidos ao fundo, à medida que os produtos/serviços gerados pelo projeto passam a ser recebidos. Um agente fiduciário é responsável por todo o controle dos fluxos financeiros da operação relativo às amortizações das cotas.

Nesse sentido, a operação de securitização realizada via FIDC tem características semelhantes à securitização via SPE, inclusive nos aspectos contábeis. Conforme Ofício-Circular CVM-SNC-SEP nº 01/2006, se a companhia aberta ceder a um fundo de direitos creditórios o seu fluxo de caixa futuro decorrente de contratos mantidos com clientes para a entrega futura de produtos ou serviços, o valor recebido pela companhia deverá ser registrado em conta de Passivo, que demonstre a obrigação financeira correspondente. Nesse caso, os custos financeiros da operação devem ser apropriados *pro rata temporis* para a adequada rubrica de despesa financeira. Novamente, como no caso da securitização via SPE, exige-se a prevalência da essência econômica da operação sobre sua forma jurídica para fins de contabilização.

As maiores vantagens, atualmente, do FIDC sobre a securitização de recebíveis via SPE residem nos aspectos tributários, como, por exemplo, a sua não tributação pelo PIS e pela Cofins e a não incidência de imposto de renda na fonte nas operações realizadas pelo FIDC.

Contudo, as peculiaridades de cada operação devem ser consideradas para sua correta contabilização. Sempre será importante, por exemplo, saber se os recebíveis que foram objeto de cessão têm direito de regresso ou não, porque, para a correta contabilização, deve-se considerar a essência econômica da operação e não sua forma jurídica.

10.7.2.1 Reconhecimento de direitos creditórios

Uma particularidade: a partir da vigência dos Pronunciamentos Técnicos do CPC sobre instrumentos financeiros (desde o CPC 14, portanto), quando uma originadora cria o instrumento financeiro Direito Creditório e o coloca à negociação, está criando um instrumento financeiro que passa a ser reconhecido como ativo, independentemente da carteira que o origina. Aliás, essa carteira pode até não estar contabilizada, em função da sua natureza, como é o caso de direitos de aluguel que são securitizados (lembrar que o locatário registra o valor presente dos aluguéis futuros, mas o locador não).

O importante é analisar qual a contrapartida da criação desses ativos representados pelos direitos creditórios criados como instrumento financeiro. Se dizem respeito a recebíveis já contabilizados, a contrapartida, antes de sua venda, é contra a própria carteira de recebíveis, pois está havendo a renúncia à carteira, cujos direitos passam a estar incorporados no instrumento financeiro recém-criado. Se correspondem a aluguéis, a contrapartida não é nenhuma carteira porque na contratação dos aluguéis não se contabiliza qualquer carteira de recebíveis; assim, a contrapartida é contra o ativo (imobilizado ou propriedade para investimento, conforme o caso), porque se está, com a criação do instrumento financeiro, vendendo, na essência, a "alma" ou, pelo menos, uma parte, desse ativo.

Não se deve é reconhecer esses direitos tendo como contrapartida qualquer receita antecipada, pois se teria uma duplicação do ativo. Basta notar que, se forem vendidos para terceiros os direitos de receber aluguel durante os próximos 15 anos de um imóvel, o valor desse imóvel cairá, no mercado, drasticamente; afinal, quanto passa a valer esse imóvel se os direitos ao aluguel foram vendidos a terceiros? Assim, a criação do direito creditório se dá contra uma conta credora retificadora do imóvel. Com o tempo, essa conta credora será baixada contra o resultado, pelo prazo da cessão, em substituição à receita de aluguel. Se o ativo for sendo depreciado, assim mesmo haverá uma receita líquida, porque o prazo de amortização da conta credora é sempre bem menor do que o prazo da vida útil do imóvel. Dessa forma, o valor líquido do imóvel estará crescendo, mesmo se avaliado ao custo, representando o lucro da operação que se consubstanciará, ao final dos contratos de aluguel, num imóvel próprio construído com recursos de terceiros (normalmente), totalmente pago, mesmo que usado, mas com provável valor ainda relevante de mercado.

Quando esses direitos creditórios são vendidos, a contabilização dependerá da essência da transação (o dinheiro recebido normalmente será utilizado para pagar o empréstimo tomado para a construção do imóvel). Se houver a venda dos direitos ao aluguel, mas a originadora mantiver riscos sobre essa venda, a contrapartida do caixa não será contra os direitos creditórios, mas como passivo, como já visto atrás. Se houver venda dos direitos sem qualquer risco sobre essa carteira por parte da originadora, ou se for dada outra garantia, que pode ser a hipoteca do próprio imóvel, a carteira é baixada contra o dinheiro recebido pela venda dos instrumentos financeiros (ambos deverão estar com valores praticamente iguais, já que o instrumento financeiro deve ter nascido com base no valor de mercado desses direitos creditórios). Ou, para fins de controle, poderá ser criada conta credora como contrapartida ao caixa recebido, e ambas as contas, essa credora e a conta devedora do instrumento financeiro, poderão ficar, no Passivo, uma contra a outra, apenas para fins de controle e evidenciação, já que, nessa altura, não haverá ativo mais algum representado pelos direitos aos aluguéis, vendidos a terceiros, nem qualquer obrigação outra perante terceiros (a obrigação relativa aos eventuais efeitos da garantia prestada só serão registradas à medida do surgimento do efetivo passivo, contra o resultado, se

vier de fato a existir). Eventuais diferenças entre os valores recebidos dos aluguéis (cujos valores não pertencem mais à originadora, nem passam por sua conta-corrente normal – vêm do arrendatário para uma conta especial de onde vão a compradores dos direitos creditórios – CRIs, Certificados de Recebíveis Imobiliários) e os valores pagos aos detentores dos CRIs constituem receita de comissão da originadora.

Se, por outro lado, os direitos creditórios, quando vendidos, envolverem responsabilidades e riscos por parte da originadora, os valores da venda não ensejarão a baixa do instrumento financeiro, e serão registrados no Passivo como empréstimo tomado, seguindo a contabilização já vista atrás para a securitização. Aí, haverá no Ativo o imóvel reduzido da conta credora mencionado e o instrumento financeiro (supondo que o caixa tenha sido utilizado para liquidar empréstimo tomado para a construção do imóvel), e no Passivo a obrigação perante os detentores de CRIs.

10.7.2.2 Consolidação das SPEs/FIDCs

Uma das vantagens que eram apresentadas para a empresa realizar a operação de securitização é que ela conseguiria um financiamento sem que a dívida ficasse explícita em seu Balanço. Contudo, isso não é a essência econômica da transação e, quando se consideram os Balanços contabilizados corretamente, bem como os consolidados, se a operação realmente se configurar como um financiamento, deverá ser apresentada como tal. Essa já era a posição da CVM desde seu Ofício-Circular CVM-SNC-SEP nº 01/2006.

Respectivos entendimentos manifestados pelas áreas técnicas da CVM se encontram também indicados em ofícios de anos posteriores, como, por exemplo, o OFÍCIO-CIRCULAR/CVM/SNC/SEP nº 01/2007.

Os passivos somente devem ser desreconhecidos quando forem extintos, ou seja, quando a obrigação especificada no contrato é cancelada, vencida ou cumprida (normalmente, via pagamento ou entrega de um ativo).

Lembrar que, a partir da vigência do CPC 38, a obediência a esses preceitos não é mais apenas nos Balanços consolidados, mas já nos individuais.

10.8 Pronunciamento de pequenas e médias empresas

No CPC PME – Contabilidade para Pequenas e Médias Empresas – é tratada a contabilidade das pequenas e médias empresas. No que tange aos instrumentos financeiros, a entidade tem a opção de adotar o disposto nos CPC 38, 39 e 40 ou o referente às pequenas e médias empresas como disposto no pronunciamento próprio.

11

Passivo Exigível

11.1 Introdução

O CPC 00 (R2) – Estrutura Conceitual para Relatório Financeiro, em seu item 4.26, define passivo como "uma obrigação presente da entidade de transferir um recurso econômico como resultado de eventos passados", sendo que recurso econômico é "um direito que tem o potencial de produzir benefícios econômicos".

As contas do Passivo Exigível devem ser classificadas no Passivo Circulante ou no Passivo Não Circulante, dependendo do prazo de vencimento da obrigação.

O objetivo deste capítulo é apresentar os conceitos iniciais sobre o tema dos passivos (critérios de reconhecimento, classificação e mensuração) e também explorar detalhadamente os seguintes grupos de contas do Passivo Exigível: (1) Fornecedores; (2) Obrigações Fiscais; e (3) Outras Obrigações. Por conta da complexidade, as contas de empréstimos e financiamentos, além de debêntures e outros títulos de dívidas, são abordadas em um capítulo específico deste *Manual* (Capítulo 14). As contas de provisões e de Imposto de Renda (IR) e Contribuição Social sobre o Lucro Líquido (CSLL) a pagar e diferidos são tratadas no Capítulo 12.

11.2 Conceitos gerais

11.2.1 Definição de passivo

Com base na definição de Passivo, o CPC 00 (R2) determina que, para algo ser considerado um, três critérios devem ser satisfeitos:

- A entidade tem uma obrigação que pode ser legalmente exigível, por meio de contrato ou estatuto, ou em decorrência de práticas usuais do negócio e do desejo de manter boas relações comerciais.

- A obrigação é de transferir um recurso econômico, ou seja, é esperado que a liquidação da obrigação resultará na saída de recursos capazes de gerar benefícios econômicos futuros; como regra, mais simplificadamente, terá que entregar ativos. Essa saída de recursos pode ocorrer, por exemplo, por meio do pagamento em caixa, transferência de outros ativos, prestação de serviços, substituição da obrigação por outra, ou ainda conversão da obrigação em item patrimonial.

- A obrigação é uma obrigação presente que existe como resultado de eventos passados; ou seja, a obrigação precisa existir na data do balanço.

11.2.2 Classificação em Circulante e Não Circulante

Se a obrigação atender ao conceito de Passivo, segundo os três critérios mencionados anteriormente, ela poderá ser classificada tanto no Passivo Circulante quanto no Passivo Não Circulante, sendo que o critério para classificação depende fundamentalmente do ciclo operacional da empresa. O art. 180 da Lei nº 6.404/1976, alterado pela Lei nº 11.941/2009, estabelece:

"As obrigações da companhia, inclusive financiamentos para aquisição de direitos do ativo não circulante, serão classificadas no passivo circulante, quando se vencerem no exercício seguinte, e no passivo não circulante, se tiverem vencimento em prazo maior, observado o disposto no parágrafo único do art. 179 desta lei."

O parágrafo único do art. 179 da Lei menciona que:

"Na companhia em que o ciclo operacional da empresa tiver duração maior que o exercício social, a classificação no circulante ou longo prazo terá por base o prazo desse ciclo".

Assim, verifica-se que quando o ciclo operacional da empresa for menor ou tiver a mesma duração que o exercício social, o critério para classificação entre Passivo Circulante e Não Circulante é o período de 12 meses após o encerramento das demonstrações contábeis atuais. Se o ciclo operacional da empresa for superior ao período do exercício social, a Lei nº 6.404/1976 determina que deve prevalecer a duração do ciclo operacional.

Conforme o item 68 do CPC 26 (R1) – Apresentação das Demonstrações Contábeis, o ciclo operacional, na empresa industrial ou comercial, compreende o período de tempo que vai desde a aquisição das matérias-primas ou mercadorias até a sua realização em caixa, por meio do recebimento do valor das vendas. Para a grande maioria das empresas, como o exercício é de um ano, que é superior ao ciclo operacional, base para a classificação como Circulante é o exercício social seguinte; as exceções são as empresas que constroem edifícios, fabricam grandes equipamentos, navios etc., cuja construção ou montagem pode levar mais de um ano. Nesses casos, a classificação em circulante ou não circulante deve levar em consideração o ciclo operacional da empresa.

Quando o ciclo operacional da empresa não é claramente identificável, o CPC 26 (R1) determina que deve ser utilizado o período de 12 meses. É importante observar, também, que o prazo não pode ser diferente para o Ativo e o Passivo. Portanto, o prazo do ciclo operacional deve ser utilizado para todos os ativos e passivos da empresa.

Em alguns setores, às vezes não faz muito sentido a divisão entre circulante e não circulante, por isso em determinados países os bancos e as seguradoras, por exemplo, não fazem isso. No Brasil, a Resolução BACEN nº 2/2020, para viger a partir de 2021, definiu o que deve ser classificado como circulante e não circulante, mas também facultou em seu art. 23 a apresentação das contas de Ativo e Passivo com base na liquidez e exigibilidade e, caso seja essa a opção, determina que valores a serem realizados ou liquidados em até 12 meses sejam informados em notas explicativas.

Mas, nesses casos, é necessário que nota explicativa dê o *aging* dos realizáveis e exigíveis relevantes, com sua divisão típica em: "até 3 meses", "de 3 a 6 meses", "de 2 a cinco anos" etc. Deve-se notar que o período usual de um ano relativo ao exercício social, para fins dessa classificação contábil entre curto e longo prazos, conta da data de encerramento das demonstrações contábeis atuais até 12 meses seguintes, ou seja, a data do próximo encerramento das demonstrações contábeis. Assim, o exercício social é o da empresa e nada tem a ver com o ano civil de 1º de janeiro a 31 de dezembro. O que ocorre é que a grande maioria das empresas tem seu exercício social coincidente com o ano civil, ou seja, encerra suas demonstrações contábeis em 31 de dezembro.

Entretanto, em alguns setores mais específicos, como nas empresas que trabalham com a produção de açúcar e álcool e outros produtos agrícolas, é comum que o exercício social seja encerrado em 31 de março ou outra data, em vez de 31 de dezembro. A diferença do exercício social para o encerramento do ano civil é justificada pela sazonalidade do processo produtivo dessas empresas.

Apesar disso, um número cada vez maior de empresas tem adotado o encerramento do exercício social em 31 de dezembro, como forma de se adaptar à legislação fiscal. Tal legislação determina a apuração do imposto de renda com base nos resultados das empresas apurados no término do ano civil, ainda que a empresa adote exercício social diferente. Isso lhe exige trabalho redobrado, pois terá de elaborar as demonstrações contábeis no exercício social (digamos 30 de setembro) e outro balanço em 31 de dezembro para fins fiscais.

No caso de demonstrações intermediárias (trimestrais, semestrais), o normal é considerar a divisão com base em 12 meses subsequentes.

a) PASSIVO CIRCULANTE

Resumindo: o Passivo Circulante, na data do balanço de fim de exercício social, é representado pelas obrigações da companhia cuja liquidação se espera ocorrer dentro do exercício social seguinte, ou de acordo com o ciclo operacional da empresa, se este for superior a esse prazo. Essas obrigações podem representar valores fixos ou variáveis, vencidos ou a vencer, em uma ou diversas datas futuras.

O CPC 26 (R1) relata em seu item 69 que um passivo deve ser classificado como circulante quando atender a qualquer dos seguintes critérios:

- Espera-se que seja liquidado durante o ciclo operacional normal da entidade.

- Está mantido essencialmente para a finalidade de ser negociado.

- Deve ser liquidado no período de até 12 meses após a data do balanço.
- A entidade não tem direito incondicional de diferir a liquidação do passivo durante pelo menos 12 meses após a data do balanço. Os termos de um passivo que podem, à opção da contraparte, resultar na sua liquidação por meio da emissão de instrumentos patrimoniais, não devem afetar a sua classificação.

Adicionalmente, o próprio CPC 26 (R1) destaca que as obrigações decorrentes de itens operacionais, como gastos com empregados e fornecedores, são classificadas como passivo circulante, mesmo que a previsão de liquidação seja para um período maior que 12 meses após a data de encerramento das demonstrações contábeis atuais, como é o caso das férias. Ademais, as parcelas de empréstimos de longo prazo, vencíveis dentro do período de 12 meses da data do balanço, devem ser classificadas como passivo circulante.

Nesse sentido, é importante observar que o CPC 26 (R1), em seu item 74, também estabelece que, quando a entidade não cumprir um compromisso segundo acordo de empréstimo de longo prazo até a data do balanço, com o efeito de o passivo se tornar vencido e pagável à ordem do credor, o passivo será classificado como circulante mesmo que o credor tenha concordado, **após a data do balanço** e antes da data da autorização para emissão das demonstrações contábeis, em não exigir pagamento antecipado como consequência do descumprimento do compromisso.

Ou seja, quando há cláusulas contratuais restritivas (*covenants*) nos empréstimos e financiamentos assumidos pela empresa que têm o efeito de tornar a dívida de longo prazo em dívida de curto prazo, essas dívidas devem ser classificadas no curto prazo se houver descumprimento dessas cláusulas na data de elaboração das demonstrações contábeis. A classificação desse passivo como circulante ocorre porque, na data do balanço, a empresa não tinha o direito incondicional de diferir sua liquidação. Se o acordo com o credor ocorrer entre a data do balanço e a data de autorização das demonstrações contábeis, tal passivo deve ser registrado no circulante, e a divulgação de tal fato deve ser tratada como evento subsequente que não gera ajustes, conforme CPC 24 – Evento Subsequente. Esse é o texto normativo vigente. Mas não consideramos essa a melhor forma de evidenciar a posição da empresa, já que, na data em que o usuário externo toma conhecimento das demonstrações, aquela classificação já não é mais válida, e isso pode provocar distorções significativas no entendimento dessas demonstrações, exigindo um nível de atenção exageradamente alto do usuário. Mas a norma é assim como descrito.

As obrigações classificáveis no Passivo Circulante são, normalmente, resultantes de:

- Compra a prazo de matérias-primas a serem usadas no processo produtivo, ou mercadorias destinadas à revenda.
- Compra a prazo de bens, insumos e outros materiais para uso pela empresa.
- Direito de uso de ativos pela empresa.
- Valores recebidos por conta de futura entrega de bens ou serviços.
- Salários, encargos sociais, férias, 13º salário, comissões e outros devidos pela empresa.
- Despesas incorridas nas operações da empresa e ainda não pagas.
- Dividendos declarados e aprovados a serem pagos aos acionistas.
- Impostos, taxas e contribuições devidos ao poder público.
- Parcelas a curto prazo de empréstimos e financiamentos obtidos de instituições financeiras.
- Provisões, a qualquer título, referentes a obrigações já incorridas ou conhecidas e que possam ter os seus valores estimados etc.

b) PASSIVO NÃO CIRCULANTE

No Passivo Não Circulante são registradas as obrigações da companhia cuja liquidação deverá ocorrer em prazo superior a seu ciclo operacional, ou após o exercício social seguinte, e que não se enquadrem nas definições de Passivo Circulante.

O Passivo Não Circulante resulta, entre outros fatores, de:

- Empréstimos e financiamentos por instituições financeiras ou pela aquisição ou arrendamento de bens.
- Emissão de debêntures e outros títulos de dívida (*bonds*, *notes* etc.).
- Retenções contratuais.
- Imposto de renda diferido.
- Provisão para previdência complementar e outras obrigações a longo prazo.

11.2.3 Reconhecimento e mensuração

Um passivo deve ser reconhecido se a saída de recursos da entidade for provável e se o valor puder ser mensurado com confiabilidade. Destaca-se, entretanto, que o registro das obrigações da companhia deve obedecer ao princípio contábil da competência de exercícios; assim, mesmo que determinadas obrigações não tenham ainda uma definição legal de valor ou de prazo, mas já sejam passivos incorridos, conhecidos e calculáveis, deverão ser registradas por meio de provisão. Portanto, devem ser reconhecidas como passivos não apenas as obrigações com data fixada e valores exatos conhecidos, mas também as obrigações com prazo ou valor incertos (provisões) e os *accruals*, que são as diferenças temporais resultantes das apropriações por competência.

Em relação ao processo de mensuração dos passivos, o art. 184 da Lei nº 6.404/1976, alterado pela Lei nº 11.941/2009, determina os critérios que devem ser observados:

"No balanço, os elementos do passivo serão avaliados de acordo com os seguintes critérios:

I – as obrigações, encargos e riscos, conhecidos ou calculáveis, inclusive Imposto sobre a Renda a pagar com base no resultado do exercício, serão computados pelo valor atualizado até a data do balanço;

II – as obrigações em moeda estrangeira, com cláusula de paridade cambial, serão convertidas em moeda nacional à taxa de câmbio em vigor na data do balanço;

III – as obrigações, encargos e riscos classificados no passivo não circulante serão ajustados ao seu valor presente, sendo os demais ajustados quando houver efeito relevante."

Adicionalmente, ressalta-se que alguns passivos também podem ser mensurados ao valor justo. O CPC 46 – Mensuração ao Valor Justo menciona que valor justo se concentra tanto em ativos quanto em passivos, e pode ser definido da seguinte forma (item 9): "o preço que seria recebido pela venda de um ativo ou que seria pago pela transferência de um passivo em uma transação não forçada entre participantes do mercado na data de mensuração". Apesar de serem poucos os casos de passivos mensurados a valor justo, alguns instrumentos financeiros são exemplos dessa situação, como no caso esporádico de debêntures. Para mais informações sobre a mensuração a valor justo dos instrumentos financeiros, consultar o Capítulo 10 – Instrumentos Financeiros.

Assim como o item III no art. 184 da Lei nº 6.404/1976, o CPC 12 – Ajuste a Valor Presente também determina que as contas do passivo não circulante devem ser ajustadas a valor presente, sendo que as obrigações de curto prazo devem ser ajustadas quando o efeito for material. O efeito do ajuste deve ser contabilizado em conta redutora do passivo. Para mais informações sobre o ajuste a valor presente, consulte a Seção 5.2.3 do Capítulo 5 deste *Manual*.

11.2.4 Plano de contas

Considerando-se os critérios básicos descritos de classificação e de mensuração dos passivos e sua origem, o Modelo de Plano de Contas apresenta o passivo segregado entre Passivo Circulante e Não Circulante, sendo cada um desses grupos subdividido por natureza em subgrupos, visando facilitar também a elaboração e a publicação do Balanço.

a) PASSIVO CIRCULANTE

O Passivo Circulante está, portanto, composto dos seguintes agrupamentos:

1. Salários e Encargos Sociais
2. Fornecedores
3. Obrigações Fiscais (incluindo IR e CSLL a pagar)
4. Empréstimos e Financiamentos
5. Debêntures e Outros Títulos de Dívida
6. Outras Obrigações
7. Provisões

b) PASSIVO NÃO CIRCULANTE

O Passivo Não Circulante é composto pelos seguintes grupos de contas:

1. Empréstimos e Financiamentos
2. Debêntures e Outros Títulos de Dívida
3. Retenções Contratuais
4. IR e CS Diferidos
5. Resgate de Partes Beneficiárias
6. Provisões
7. Programa de Recuperação Fiscal – Refis
8. Adiantamento para Futuro Aumento de Capital

No presente capítulo, abordaremos especificamente os grupos de Fornecedores, Obrigações Fiscais e Outras Obrigações e Adiantamento para Futuro Aumento de Capital.

11.3 Fornecedores

A conta de Fornecedores representa as obrigações da empresa decorrentes das compras de produtos e serviços necessários para o desenvolvimento de suas atividades. Assim, ela não inclui apenas o registro das notas fiscais ou faturas provenientes da compra de matérias-primas, mas também de mercadorias e outros materiais, como embalagens e materiais de escritório. Nesse grupo, deve ser feita a separação em fornecedores "Nacionais" e "Estrangeiros", conforme o credor esteja sediado no país ou no exterior. Para facilitar o controle e a elaboração de conciliações periódicas, é recomendável utilizar registros individuais por fornecedor.

Não se deve utilizar essa conta para obrigações decorrentes de ativos imobilizados, participações societárias, intangíveis e outros itens que, mesmo dirigidos às operações, representam investimentos não circulantes. Para esse tipo de operação, sugere-se utilizar contas específicas, tais como Fornecedores de Imobilizado, Obrigações por Aquisições de Intangíveis, Obrigações por Aquisições de Investimentos etc.

Em relação ao momento do reconhecimento, a contabilização das compras e o registro do passivo devem ser feitos em função da data da transmissão do controle e/ou direito de propriedade, que usualmente corresponde à data do recebimento da mercadoria. É importante destacar que essa data não corresponde necessariamente à posse física do bem, mas ao momento em que o controle da mercadoria é transferido para o comprador. Nas situações em que o fornecedor é responsável por todos os riscos e benefícios com a entrega da mercadoria, a transferência do controle para o comprador, em geral, ocorrerá quando da entrega física da mercadoria. Portanto, apenas nesse momento é que o ativo e a obrigação com o fornecedor serão reconhecidos.

Por outro lado, há situações em que, apesar de a mercadoria não ter sido ainda recebida pela empresa, esta já adquiriu o direito sobre ela. Nesse caso, a transferência do direito de propriedade ocorre antes da data do recebimento da mercadoria. Consequentemente, devem-se contabilizar a "mercadoria em trânsito" e a obrigação com o fornecedor no momento da transferência do direito de propriedade. Quando do recebimento físico da mercadoria, a empresa deve transferir da conta de Mercadorias em Trânsito para a conta específica de estoques. Destaca-se, porém, que a conta de mercadorias em trânsito também fica dentro do grupo de Estoques. Essa situação é comum, por exemplo, nas compras de mercadorias com o pagamento do frete marítimo na modalidade *Free on Board* (FOB), em que o comprador assume todos os riscos e custos com o transporte da mercadoria.

O valor a ser contabilizado na conta de Fornecedores, no momento do reconhecimento, é o constante nas notas fiscais ou faturas. Entretanto, ressalta-se que, no caso de compras de mercadorias no exterior, o valor em moeda nacional a ser registrado no Estoque e no Passivo deve ser o das faturas, em moeda estrangeira, convertido para moeda nacional pela taxa de câmbio da data em que houve a transmissão da propriedade das mercadorias, de acordo com os termos do contrato de compra e venda celebrado com o fornecedor estrangeiro.

11.3.1 Fornecedores Estrangeiros

A compra de mercadorias no exterior, com preço fixado em moeda estrangeira, configura uma transação em moeda estrangeira e, portanto, está sujeita aos efeitos da variação cambial. O CPC 02 (R2) – Efeitos das Mudanças nas Taxas de Câmbio e Conversão das Demonstrações Contábeis, determina que, no término de cada período, os itens monetários fixados em moeda estrangeira devem ser convertidos para moeda funcional da entidade, usando-se

a taxa de câmbio de fechamento. Assim, quando existirem obrigações junto a fornecedores que devam ser pagas em moeda estrangeira, a dívida deverá ser atualizada com base na taxa cambial da data do balanço, e a variação cambial reconhecida na Demonstração do Resultado do Exercício, em conformidade com o item 28 do CPC 02 (R2). As variações cambiais (e outras, o fornecedor pode estar com seu crédito sujeito ao IPCA, por exemplo) são despesas do exercício, não podendo ser adicionadas ao Ativo, a não ser no caso de estoques de longa maturação para produção.

11.3.2 Adiantamento a Fornecedores

Nas situações em que a empresa realizar adiantamentos aos fornecedores de matérias-primas ou mercadorias, tais adiantamentos devem ser contabilizados no próprio grupo de Estoques, porém em uma conta específica denominada "Adiantamento a Fornecedores". É importante destacar que, caso tal adiantamento seja realizado para um fornecedor no exterior, configurando transação em moeda estrangeira, o item 8 da Interpretação Técnica ICPC 21 – Transação em Moeda Estrangeira e Adiantamento determina que a taxa de câmbio a ser utilizada na conversão do valor em moeda estrangeira é a da data em que a entidade reconhece inicialmente o ativo não monetário decorrente do pagamento antecipado. Daí para a frente, vale a última frase da seção anterior.

11.4 Obrigações Fiscais

As obrigações da companhia com o Governo relativas a impostos, taxas e contribuições são registradas em contas específicas dentro desse subgrupo.

As contas mais comuns que constam do Modelo de Plano de Contas são:

ICMS a Recolher

IPI a Recolher

IR a Pagar

CS a Pagar

IR e CS Diferidos

IOF a Pagar

ISS a Recolher

PIS a Recolher

Cofins a Recolher

Imposto de Renda Retido na Fonte a Recolher

Contribuições Sociais Retidas na Fonte a Recolher

Obrigações Fiscais – Refis a Pagar

Receita Diferida (Refis)

Ajuste a Valor Presente (conta devedora)

Outros Impostos e Taxas a Recolher

11.4.1 Impostos incidentes sobre a receita

11.4.1.1 IPI a Recolher

O saldo dessa conta representa a obrigação da companhia com o governo federal, relativa ao Imposto sobre Produtos Industrializados (IPI). Entre os impostos incidentes sobre a receita, o IPI é o único calculado "por fora", ou seja, calculado sobre o valor bruto cobrado ao cliente. Os demais impostos incidentes sobre a receita estão contidos no preço cobrado.

Ressalta-se que a conta de IPI a recolher existirá apenas para as empresas contribuintes do IPI, como é o caso das empresas industriais. Para essas empresas, o IPI pago aos fornecedores nas compras de matérias-primas e outros materiais que serão utilizados na produção é registrado em uma conta específica de tributos a compensar e recuperar, no Ativo. Porém, quando seus produtos forem vendidos, essas empresas terão o direito de cobrar dos seus clientes o valor do IPI incidente sobre as vendas. Assim, a obrigação da empresa contribuinte do IPI representa o valor do imposto calculado sobre as vendas efetuadas, deduzido do valor pago por ocasião das compras com direito a crédito.

O controle, bem como a apuração do imposto líquido a pagar (passivo) ou a recuperar (ativo), deve ser processado em livros fiscais específicos para as entradas e para as saídas. É importante que a empresa analise periodicamente a conta de IPI a recolher, fazendo a conciliação do seu saldo com a posição dos livros fiscais. Mais detalhes e exemplos estão no Capítulo 18 – Receitas de Vendas.

O Decreto nº 7.212/2010, que regulamenta o IPI, em seu art. 262, estabelece os prazos de recolhimento desse imposto.

Para as empresas não contribuintes do IPI, sem direito ao crédito do imposto pago sobre as mercadorias adquiridas, para fins de registro contábil o valor do imposto deverá ser agregado ao valor do bem ou mercadoria adquiridos. Esse tratamento é aplicável especialmente a empresas comerciais. O mesmo tratamento deve ocorrer no caso de compra de bens do imobilizado, quando não houver o direito ao crédito.

11.4.1.2 ICMS a Recolher

O saldo dessa conta representa a obrigação da companhia com o governo estadual, relativa ao Imposto sobre Circulação de Mercadorias e Serviços (ICMS). Especificamente, o ICMS incide sobre o valor agregado em cada etapa do processo de industrialização e comercialização da mercadoria ou produto, até chegar ao consumidor final, e sobre prestações de serviços de transporte interestadual e intermunicipal e de comunicação.

Sendo um imposto não cumulativo, a apuração do ICMS ocorre pela diferença entre o valor incidente sobre as vendas e o imposto sobre as compras em determinado período (mês). Se a apuração resultar em ICMS a recolher, tal obrigação deverá ser paga nos meses subsequentes, dependendo dos prazos concedidos pelo governo estadual. Na hipótese de a empresa ter saldo de ICMS a seu favor, este deve ser classificado na conta Tributos a Compensar e Recuperar, dentro do Ativo Circulante, como consta do Capítulo 2 – Disponibilidades e Contas a Receber.

As mesmas considerações feitas em relação ao IPI a recolher cabem também ao ICMS, particularmente em relação ao controle e apuração do imposto líquido a pagar ou a recuperar em livros fiscais especiais, bem como a análise e conciliação periódica da conta de ICMS a recolher.

Há formas diversas de contabilizar o ICMS a recolher. Todavia, deve-se sempre seguir o regime de competência, ou seja, registrar o imposto já ocorrido, mas a recolher nos meses subsequentes. Temos demonstrado uma forma adequada e completa de contabilização nos Capítulos 18 – Receitas de Vendas e 3 – Estoques.

11.4.1.3 Cofins e PIS/Pasep a Recolher

Essas contas representam o valor mensal a recolher da Cofins e do PIS/Pasep, respectivamente. A Cofins e o PIS/Pasep seguem, atualmente, duas regras gerais de apuração: incidência não cumulativa e incidência cumulativa. Estas metodologias de apuração, que são aplicáveis dependendo do tipo de empresa, têm diferenças quanto às alíquotas aplicáveis e suas respectivas bases de cálculo. Adicionalmente, existem diversos regimes especiais de apuração.

De modo geral, pode-se dizer que as pessoas jurídicas de direito privado, e as que lhes são equiparadas pela legislação do imposto de renda, que apuram o IRPJ com base no lucro presumido ou arbitrado, estão sujeitas à incidência cumulativa. Nesse regime, a base de cálculo é o total das receitas da pessoa jurídica, sem deduções em relação a custos, despesas e encargos.

Para mais informações sobre os contribuintes, as metodologias de apuração, as bases de cálculo e a contabilização da Cofins e do PIS/Pasep, consultar os Capítulos 18 – Receitas de Vendas e 3 – Estoques. Vale lembrar que as exceções às regras são muitas, portanto, para a adequada apuração do valor a recolher de PIS/Pasep e Cofins, sempre se deve consultar a legislação vigente.

Destaca-se, por fim, que a apuração e o pagamento da Contribuição para o PIS/Pasep e da Cofins serão efetuados mensalmente, de forma centralizada, pelo estabelecimento matriz da pessoa jurídica. Em geral, o pagamento deverá ser efetuado até o vigésimo quinto dia do mês subsequente ao de ocorrência do fato gerador.

11.4.1.4 ISS a Recolher

O saldo dessa conta representa a obrigação da companhia, com o governo municipal, relativa ao imposto incidente sobre os serviços prestados, que deve ser apurado e contabilizado pela competência.

11.4.2 Impostos incidentes sobre o lucro

11.4.2.1 Imposto de Renda a Pagar

A conta Imposto de Renda a Pagar deve consignar o valor do imposto de renda sobre o lucro devido pela empresa e ainda não pago. Representa, portanto, uma obrigação efetiva com o governo federal. De acordo com o art. 222 do RIR/1999, as pessoas jurídicas contribuintes com base no lucro real poderão optar pelo pagamento do imposto e do adicional, em cada mês, determinados sobre a base de cálculo estimada, a partir de 1º-1-1996, cuja opção será manifestada com o pagamento do imposto correspondente ao mês de janeiro ou início da atividade, sendo irretratável para todo o ano-calendário, conforme preceitua o art. 232 do referido regulamento.

Se exercida essa opção, a empresa ficará obrigada à apuração do lucro real somente em 31 de dezembro, ocasião em que serão comparados o valor do imposto efetivamente devido sobre o lucro real do ano e a soma dos pagamentos mensais calculados por estimativa, apurando-se saldo a pagar ou a ser restituído ou compensado.

Se tal opção não for exercida, com base no art. 217 do RIR/2018, o imposto de renda será determinado com base no lucro real, presumido ou arbitrado, por períodos de apuração trimestrais, encerrados em 31 de março, 30 de junho, 30 de setembro e 31 de dezembro de cada ano-calendário. A base de cálculo do imposto de renda pode ser o lucro real, lucro presumido ou lucro arbitrado, de acordo com as situações previstas na referida lei e alterações posteriores.

O pagamento do imposto apurado na forma do art. 217 será feito em quota única, até o último dia útil do mês subsequente ao do encerramento do período de apuração (art. 919 do RIR/2018), podendo, à opção da pessoa jurídica, ser pago em até três quotas mensais, iguais e sucessivas, vencíveis no último dia útil dos três meses subsequentes ao do encerramento do período de apuração a que corresponder, acrescidos de juros equivalentes à taxa referencial do Sistema Especial de Liquidação e Custódia (Selic), não podendo as quotas ser inferiores a R$ 1.000,00 cada.

No caso de opção pelo pagamento mensal, o imposto devido, apurado na forma do art. 219, deverá ser pago até o último dia útil do mês subsequente ao de apuração, conforme preceitua o art. 921 do RIR/2018. O saldo do imposto apurado em 31 de dezembro terá o seguinte tratamento art. 922 do RIR/2018): "I – se positivo, pago em quota única, até o último dia útil de março do ano subsequente, observado o disposto no § 1º; ou II – se negativo, restituído ou compensado com o imposto sobre a renda devido a partir do ano-calendário subsequente ao do encerramento do período de apuração, acrescido de juros equivalentes à taxa Selic para títulos federais, acumulada mensalmente, calculados a partir do mês subsequente ao do encerramento do período de apuração até o mês anterior ao da restituição ou da compensação e de um por cento relativamente ao mês em que for efetuada." Conforme o § 1º, o saldo do imposto sobre a renda a pagar de que trata o inciso I do *caput* será acrescido de juros calculados à taxa Selic, para títulos federais, a partir de 1º de fevereiro até o último dia do mês anterior ao do pagamento e de um por cento no mês do pagamento.

Adicionalmente, é válido mencionar que o art. 480 do RIR/2018 determina que, em contratos de longo prazo com entidades governamentais, a empresa pode postergar o pagamento do imposto de renda incidente sobre o lucro contabilizado, mas não realizado financeiramente.

Para maior detalhamento sobre a apuração e contabilização do imposto de renda, e especificamente sobre Imposto de Renda Diferido, veja Capítulo 12 – Tributos sobre o Lucro, Provisões, Passivos Contingentes e Ativos Contingentes.

11.4.2.2 Contribuição Social a Pagar

a) ASPECTOS GERAIS

Os valores registrados nessa conta representam a obrigação da companhia referente à Contribuição Social sobre o Lucro Líquido (CSLL), criada pela Lei nº 7.689, de 15 de dezembro de 1988.

Em relação ao prazo de pagamento desse tributo, os mesmos comentários feitos para o pagamento do IRPJ, na Seção 11.4.2.1, também são válidos para a CSLL, tanto na apuração trimestral quanto para a opção do pagamento mensal. Mais informações a respeito, incluindo a Contribuição Social Diferida, serão encontradas no Capítulo 12 deste *Manual*.

Assim como no caso do IRPJ, o art. 3º da Lei nº 8.003, de 1990, menciona que a empresa também pode diferir o pagamento da CSLL em decorrência da contabilização de lucros não realizados financeiramente, em contratos de longo prazo com entidades governamentais.

11.4.3 Retidos na Fonte

11.4.3.1 IRRF – Imposto de Renda Retido na Fonte a Recolher

O saldo dessa conta representa a obrigação da empresa relativa a valores retidos de empregados e terceiros a título de imposto de renda incidente sobre os salários ou rendimentos pagos a terceiros.

Nesses casos, a sociedade atua simplesmente como responsável pela retenção e respectivo recolhimento, não representando tal operação qualquer despesa para a empresa. As retenções de terceiros podem ser de serviços prestados por autônomos, remessa ou crédito relativo a juros ou *royalties* para o exterior, além de uma série de outras hipóteses previstas na legislação. A alíquota de incidência varia dependendo da natureza jurídica dos rendimentos.

11.4.3.2 Contribuições Sociais Retidas na Fonte a Recolher

Essa conta deve contemplar o montante retido pela entidade no momento do pagamento efetuado a outras pessoas jurídicas de direito privado, pela prestação de serviços profissionais, serviços de limpeza, conservação, manutenção, segurança, vigilância (inclusive escolta), transporte de valores e locação de mão de obra, bem como serviços de assessoria creditícia, mercadológica, gestão de crédito, seleção e riscos, administração de contas a pagar e a receber.

A retenção corresponde à alíquota de 4,65% (1% de Contribuição Social sobre o Lucro Líquido – CSLL, 3% de Contribuição para o Financiamento da Seguridade Social – Cofins e 0,65% de Contribuição para o PIS/Pasep) e o prazo de recolhimento vence no último dia do segundo decêndio do mês subsequente àquele mês em que ocorreu o pagamento do rendimento à pessoa jurídica, conforme o art. 35 da Lei nº 10.833/2003, alterado pela Lei nº 13.137/2015.

Há uma série de outras previsões legais que devem ser analisadas sobre a retenção na fonte das contribuições sociais aqui citadas, tomando como ponto de partida a Lei nº 10.833/2003.

11.4.4 Outros

11.4.4.1 IOF a Pagar

a) NATUREZA

O imposto sobre operações de Crédito, Câmbio e Seguros ou Relativo a Títulos e Valores Mobiliários, conhecido pela sigla IOF (Imposto sobre Operações Financeiras), é de competência da União, e toda a legislação encontra-se consolidada no Regulamento do IOF (Decreto nº 6.306/2007, alterado pelo Decreto nº 8.731/2016).

O IOF incide sobre operações de crédito (IOF Crédito), operações de câmbio (IOF Câmbio), operações de seguro (IOF Seguros), operações relativas a títulos ou valores mobiliários (IOF Títulos de Crédito) e operações com ouro, ativo financeiro ou instrumento cambial. Tal imposto veio aumentar os custos de todas essas operações, surgindo daí a necessidade de definir tratamento contábil a ser dado a tal custo adicional, à luz dos princípios de contabilidade e da própria legislação tributária.

Por ser um imposto que incide sobre diversas operações, tanto as alíquotas aplicáveis quanto os critérios e prazos de cobrança e recolhimento também são diferentes, dependendo da natureza da operação. Para mais informações sobre esses critérios específicos, consultar Regulamento do IOF mencionado. O Decreto-Lei nº 2.434/1988, em seu art. 6º, determina que ficam isentas do IOF as operações de câmbio realizadas para aquisição de bens importados. Assim, a partir desse decreto-lei, deixou de existir o IOF sobre a maioria das operações de importações.

11.4.4.2 Programa de Recuperação Fiscal (Refis)

Por meio da Lei nº 9.964/2000 e legislação complementar a esta, foi instituído o Programa de Recuperação Fiscal (Refis). Essa legislação permitiu às empresas, com algumas restrições, parcelar suas dívidas com a União, no tocante a tributos e contribuições gerenciados pela Secretaria da Receita Federal (SRF) e Instituto Nacional do Seguro Social (INSS) (atualmente, esses órgãos formam a Receita Federal do Brasil). Diversos outros programas semelhantes vêm acontecendo ao longo do tempo. Alguns permitiam o pagamento da dívida repactuada com base em percentual da receita e outros oferecem descontos sobre multas e/ou juros.

Esses programas de refinanciamento dos débitos tributários trouxeram à tona questões relacionadas com a contabilização dessas dívidas consolidadas. Para tanto, em 29 de setembro de 2000 a Comissão de Valores Mobiliários emitiu a Instrução CVM nº 346, hoje revogada, que dispunha sobre a contabilização e a divulgação de informações pelas companhias abertas que optaram pela adesão ao Refis da época. Como o programa permitia o pagamento da dívida com base em percentual da receita, era necessário calcular-se o valor presente da dívida para sua reinscrição no Passivo Exigível de natureza tributária pelo novo valor. Assim, havia o problema de registrar a diferença entre a dívida já reconhecida e o novo valor agora calculado. Por prudência, a CVM não admitiu o registro direto dessa diferença no resultado, obrigando ao seu registro como "Receita Diferida" no Passivo, só vindo a ser reconhecida como receita no resultado à medida de sua efetiva realização.

Mas, mesmo nos casos mais recentes de perdão de parte da dívida, a mesma prudência leva à discussão sobre reconhecer a diferença entre o passivo anterior e o atual como resultado do período, ou o seu diferimento para apropriação futura. Em ambos os casos, o que ocorre é o seguinte: o programa existe porque é significativo o número de empresas inadimplentes com a liquidação de suas obrigações tributárias. Ora, se não pagaram antes, e o benefício do programa só se completa se existirem as liquidações em ordem dos novos compromissos assumidos, não seria imprudente reconhecer agora um ganho que só se materializa à medida que se cumpre com os compromissos?

Consideremos o seguinte raciocínio: o fato de a empresa assinar um acordo para pagar menos não significa que economicamente ela já esteja devendo menos. Pagará menos apenas se conseguir cumprir com suas novas obrigações. Assim, deverá separar o passivo em duas parcelas: o novo valor contratado a liquidar, e deixar como Passivo a Apropriar à Receita, mas obviamente no Passivo Exigível, o efeito da redução da obrigação. E, à medida que de fato conseguir ir liquidando o novo acordo, aí sim irá transferindo para o resultado a parcela efetivamente ganha. Mas de tal forma que a soma das duas contas no Passivo represente o que passaria a dever caso se tornasse inadimplente com o Fisco.

O que não é prudente é a empresa liquidar o passivo pela assinatura de um novo contrato, se este determina que a redução está subordinada a algum evento futuro. O mais correto, prudentemente falando, é que se entenda que a dívida efetivamente se reduzirá quando a empresa cumprir com as novas obrigações assumidas. Não é prudente e nem nos parece formalmente válido afirmar que a empresa reduziu, sim, sua dívida agora, e dessa forma reconhecer o ganho, e que, se inadimplir no futuro, aí reconhecerá a perda do direito conquistado. Parece-nos muito mais adequada a representação que sugerimos extraída inclusive daquela norma da CVM revogada, mas revogada porque se referia especificamente ao programa Refis de então, como fonte de informação a terceiros, mas, acreditamos nós, não pelo seu mérito.

Por fim, ressaltamos que, se houver qualquer tipo de incerteza em relação ao cumprimento do contrato, em relação às obrigações assumidas, ou alguma incerteza de que se o contrato não for integralmente cumprido os benefícios obtidos quando da assinatura do acordo serão integralmente revertidos, o reconhecimento no resultado deverá ser efetuado apenas ao final, após cumpridas todas as obrigações.

11.4.4.3 Outros Impostos e Taxas a Recolher

Essa conta recebe as obrigações fiscais da empresa que não estiverem já inclusas nas demais contas desse subgrupo e que foram descritas anteriormente. Serão, usualmente, impostos e taxas pagáveis mais esporadicamente, tais como o imposto predial e territorial, imposto de transmissão e outros, além de taxas e contribuições.

11.5 Outras Obrigações

Esse subgrupo deve englobar as obrigações da empresa para com empregados e respectivos encargos sociais, além de outras obrigações definidas com terceiros não inclusas nos subgrupos anteriores.

O Modelo de Plano de Contas apresenta as seguintes contas:

Adiantamentos de Clientes

Faturamento para Entrega Futura

Contas a Pagar

Ordenados e Salários a Pagar

Encargos Sociais a Pagar

FGTS a Recolher

Honorários da Administração a Pagar

Comissões a Pagar

Gratificações a Pagar

Retenções Contratuais

Dividendos e Juros sobre o Capital Próprio a Pagar

Juros de Empréstimos e Financiamentos a Pagar

Outras Contas a Pagar

Ajuste a Valor Presente (conta devedora)

Autorizações de Pagamentos a Liquidar

11.5.1 Adiantamentos de Clientes

Nos casos de empresas fornecedoras de bens, usualmente equipamentos, ou serviços, tais como os de empreiteiros de obras, transporte a executar e outros, é comum o recebimento dos clientes que contrataram os bens ou serviços, de parcelas em dinheiro antecipadamente à produção dos bens ou execução de tais serviços. É válido mencionar que tais adiantamentos ocorrem também nas operações de vendas de mercadorias e produtos, principalmente na produção de bens de capital (máquinas principalmente), considerando o longo período de tempo necessário para a construção do bem e/ou prestação do serviço.

Essas antecipações recebidas devem ser registradas como um passivo, classificado nessa conta. Esse passivo está usualmente representado pela obrigação contratual de produzir tais bens ou prestar serviços e, caso isso não se concretize, pela devolução do dinheiro recebido. Assim, o recebimento de adiantamento de clientes representa uma obrigação de desempenho da empresa para com o cliente e, portanto, é uma obrigação presente e que se espera resultar na saída de recursos da entidade (entrega do bem e/ou prestação do serviço).

A conta de Adiantamento de Clientes foi prevista no Passivo Circulante, mas poderá ocorrer a situação de tal obrigação ser um exigível a prazo maior, dependendo do período de produção do bem e/ou prestação do serviço, sendo então classificada no Passivo Não Circulante. Há critérios muito diversificados e incorretos de contabilização desse tipo de operação; algumas empresas registram as antecipações como receita diferida em vez de exigível, o que não consideramos correto.

Caso tal adiantamento seja recebido em decorrência de um contrato com cliente no exterior, a ICPC 21 – Transação em Moeda Estrangeira e Adiantamento, em seu item 8, determina que o valor em moeda estrangeira deve ser convertido pela taxa de câmbio da data em que a entidade reconhece inicialmente o passivo não monetário decorrente do recebimento antecipado. E o mesmo raciocínio deve ser aplicado caso o passivo esteja subordinado a qualquer outro indicador.

11.5.2 Contas a Pagar

Devem ficar nessa conta outros valores de natureza operacional ou não cabíveis nas contas já comentadas. Por exemplo, aquisição de ativos imobilizados.

11.5.3 Ordenados e Salários a Pagar

Os salários e ordenados, quando pagos no mês seguinte a que forem incorridos, devem ser reconhecidos como passivo. Esse registro deve incluir todos os benefícios a que o empregado tenha direito, como horas extras adicionais, prêmios etc. e a contabilização deve ser feita com base na folha de pagamento do mês.

O registro da obrigação de salários não reclamados pode ser feito em subconta específica. Somente depois de dado período de tempo, caso não sejam finalmente reclamados, serão baixados, a crédito da conta de outras receitas.

11.5.4 Encargos Sociais a Pagar e FGTS a Recolher

As obrigações de previdência social resultante dos salários pagos ou creditados pela sociedade deverão ser registradas nessa conta, com base nas taxas de encargos incidentes. Tais encargos englobam principalmente as contribuições ao INSS e ao FGTS, calculadas com base na folha de pagamento e recolhidas por meio de guias específicas.

O registro desses passivos deve ser no mês de competência da folha de pagamento a que se referem, e com base nas guias de recolhimento, se já preparadas, ou nos cálculos efetuados, mesmo por valores estimados, devendo-se ajustar a diferença mensalmente.

A parcela do INSS a pagar engloba não só o valor do encargo da empresa, mas também a contribuição devida pelo empregado, retida pela empresa e por ela recolhida.

11.5.5 Retenções Contratuais

Em determinados contratos assinados com fornecedores de bens ou empreiteiros, poderá haver a condição da retenção de uma parcela das faturas ou medições apresentadas. Essa retenção representa uma garantia da empresa e, portanto, só é paga no término da obra ou na entrega do bem e na respectiva aprovação. Assim, essas retenções devem figurar em conta específica do Passivo, que deve estar prevista tanto no circulante como no não circulante conforme o prazo estimado para a conclusão da obra ou do bem e a correspondente liberação para pagamento ao fornecedor.

11.5.6 Dividendo e Juros sobre o Capital Próprio a Pagar

A conta de Dividendos e Juros sobre o Capital Próprio a Pagar representa as obrigações da empresa decorrentes das distribuições de lucros para os seus acionistas. Para mais informações sobre os conceitos, bases de cálculo e contabilização dos dividendos e dos Juros sobre o Capital Próprio, consultar o Capítulo 15 – Patrimônio Líquido.

A Lei das Sociedades por Ações, em seu art. 176, § 3º, determina que: "As demonstrações financeiras registrarão a destinação dos lucros segundo a proposta dos órgãos da administração, no pressuposto de sua aprovação pela assembleia geral." Assim, a referida Lei pressupõe a aprovação pela assembleia geral para que as distribuições de lucros sejam reconhecidas nas demonstrações financeiras.

A ICPC 08 (R1) – Contabilização da Proposta de Pagamento de Dividendos, em seu item 20, explica, porém, que apenas o dividendo mínimo obrigatório definido no estatuto da empresa representa um compromisso contratual já definido, sendo, portanto, uma obrigação presente na data das demonstrações contábeis. Mesmo reconhecendo que a assembleia dos acionistas é soberana em suas deliberações, podendo deliberar por pagamento acima ou abaixo daquele proposto pela administração, o CPC entende que os limites para uma deliberação quanto ao seu não pagamento são muito estreitos e recomenda o registro desse dividendo mínimo obrigatório como passivo na data das demonstrações contábeis, mesmo antes da aprovação pela assembleia geral; afinal, a Lei e o estatuto assim determinam.

A parcela da proposta de dividendo da administração que ultrapassar o dividendo mínimo obrigatório deverá, entretanto, ser mantida dentro do patrimônio líquido, em conta específica denominada "dividendo adicional proposto" ou semelhante, até que a assembleia defina seu destino. Conforme o item 24 da ICPC 08 (R1), o dividendo adicional, por ainda não ter sido aprovado pela assembleia geral, não se caracteriza como uma obrigação presente na data de encerramento das demonstrações contábeis, já que a assembleia poderá deliberar ou não pelo seu pagamento ou por pagamento em valor diferente do proposto. Assim, os dividendos adicionais propostos que ainda não foram aprovados pela assembleia geral não atendem a definição de Passivo e, portanto, devem ser mantidos no Patrimônio Líquido até a sua aprovação pela assembleia.

Assim, na data do balanço, apenas os dividendos mínimos obrigatórios serão registrados na conta de Dividendo Obrigatório a Pagar. Sugerimos que se utilize essa conta específica para esse tipo de dividendo de modo a ficar bem claro que eventual dividendo adicional proposto está registrado em outro lugar (Patrimônio Líquido).

11.5.7 Comissões a Pagar

Essa conta deverá registrar as comissões normalmente devidas aos vendedores. No caso de a empresa pagar parte das comissões no momento da venda e parte no recebimento das respectivas duplicatas, pode haver necessidade de criação de contas semelhantes. Essa segregação será efetuada quando houver a necessidade de controle dessas informações.

Mencionamos, no Capítulo 17, que as comissões de vendas devem ser lançadas por seu total como despesas no mesmo mês do registro das vendas a crédito do Passivo. O restante da comissão, cujo pagamento depende do recebimento das duplicatas ou de outro fator, e não está ainda disponível ao vendedor, pode ficar segregado em outra conta, por exemplo, Comissões a Pagar – pós-recebimento.

O importante é o registro da despesa de comissões no mês das vendas a que se refere.

De acordo com o Parecer Normativo CST nº 7/1976, as comissões ainda não disponíveis ao vendedor, por estarem condicionadas ao recebimento das faturas, não são dedutíveis do lucro real.

11.5.8 Juros de Empréstimos e Financiamentos

Os juros devem ser registrados como passivo à medida do tempo transcorrido. Serão aqui registrados os juros incorridos a pagar relativos a empréstimos e financiamentos. No Capítulo 14 – Empréstimos, Financiamentos, Debêntures e Outros Títulos de Dívida, os juros e seu tratamento contábil são analisados mais detalhadamente.

O Plano de Contas prevê a conta de juros de empréstimos e financiamentos a pagar somente no Passivo Circulante. Todavia, há casos em que os juros são pagáveis a longo prazo, após período de carência ou junto com o principal. Nesse caso, deve-se ter uma conta correspondente no Passivo Não Circulante para sua correta classificação no Balanço.

11.5.9 Autorizações de Pagamento a Liquidar

Nessa conta devem ser registradas as obrigações decorrentes principalmente de despesas previstas no fundo fixo, mas ainda não reembolsadas para o responsável pelo fundo. Pode também ser utilizada, por exemplo, para gastos com viagem autorizada, mas ainda não aprovados ou reembolsados.

11.6 Provisões

As provisões estão tratadas no Capítulo 12, mas obviamente são também passivos. E devem estar distribuídas conforme a natureza da dívida a que se referem: Provisões para Riscos Fiscais, nas Obrigações Fiscais; Provisões para Indenizações Trabalhistas, junto com as obrigações com o pessoal etc. Chamamos a atenção para algumas às vezes relevantes, como a de Benefícios Pós-Emprego.

Apenas alertamos o que está exposto nesse capítulo: quando as diferenças entre valor previsto e valor efetivado depois no pagamento são irrelevantes, não se faz uso das provisões. São obrigações que nascem por competência (*accruals*) por valores muito próximos ao definitivo e devem ficar essas obrigações dentro do grupo a que se referem como valores a pagar, sem a utilização da palavra **provisão**. Assim, não se utiliza mais "provisão para férias, provisão para 13º salário, provisão para imposto de renda" etc.

11.7 Adiantamento para Futuro Aumento de Capital

Esse tipo de adiantamento tem sua classificação bastante discutida e a dúvida reside em ser classificado como Passivo ou Patrimônio Líquido. Em verdade, as duas alternativas podem ser válidas. Quando os valores recebidos a esse título não tiverem qualquer alternativa de devolução outra que não participação no lucro, se houver, sua classificação deve ser no Patrimônio Líquido. Por outro lado, em não havendo essa certeza, sua classificação deverá ser no Passivo.

11.8 Tratamento para as pequenas e médias empresas

Todos os conceitos abordados neste capítulo também são aplicáveis a entidades de pequeno e médio portes. Para mais detalhamento, consulte Pronunciamento Técnico PME – Contabilidade para Pequenas e Médias Empresas.

12

Tributos sobre o Lucro, Provisões, Passivos Contingentes e Ativos Contingentes

12.1 Introdução

O Imposto sobre a Renda e a Contribuição Social sobre o Lucro Líquido são o ponto de partida deste capítulo. Os valores apurados e que devem ser recolhidos são reconhecidos no Passivo, mas, por força também do regime de competência, podem existir reflexos em outras contas do Balanço Patrimonial, como Tributos Sobre o Lucro diferidos no Passivo e no Ativo.

A fonte básica de determinação para o lucro objeto da apuração dos tributos sobre o lucro é o lucro contábil, quando do regime de tributação conhecido como Lucro Real. Ao lucro contábil são adicionados e excluídos valores nos moldes da legislação fiscal, e é obtido então o resultado fiscal, que será a base de cálculo dos tributos sobre o lucro. Podem existir adições e exclusões que não são calculadas a partir do resultado contábil e dependem principalmente da legislação fiscal, mas esse não é o foco no presente capítulo. A base para esta parte é o CPC 32 – Tributos Sobre o Lucro.

Há outras formas de tributação sobre o lucro, como o presumido, que não são tratadas a partir do lucro do exercício. Igualmente, não são objeto deste capítulo; somente lembramos que também precisam atender ao regime de competência.

Tratamos também neste capítulo de outros assuntos. Os passivos normalmente são compostos por obrigações definidas, certas e normalmente suportadas por documentação que não deixa incerteza quanto a valor e data prevista de pagamento. Todavia, há passivos que também devem ser registrados, apesar de não terem data fixada para pagamento ou mesmo não conterem expressão exata de seus valores. Tais passivos, com prazo e/ou valores incertos, são denominados provisões.

Todavia, há possíveis obrigações que, diferentemente das provisões, não são reconhecidas no Passivo; são os passivos contingentes, divulgados apenas em nota explicativa, já que representam obrigações cuja expectativa de saída de recursos é possível ao invés de provável ou que não podem ser mensuradas com confiabilidade. De forma semelhante, os ativos contingentes também não devem ser reconhecidos nas demonstrações contábeis, apenas são divulgados em nota explicativa se relevantes, pois representam a possibilidade de entrada de benefícios econômicos para a entidade, mas que ainda dependem de eventos futuros incertos que não estão sob controle da entidade. Tanto as provisões quanto os passivos contingentes e os ativos contingentes estão sob o escopo do CPC 25 – Provisões, Passivos Contingentes e Ativos Contingentes, e serão também abordados neste capítulo.

12.2 Imposto sobre a Renda das Pessoas Jurídicas (IRPJ) e Contribuição Social sobre o Lucro Líquido (CSLL)

12.2.1 Aspectos contábeis gerais

Os encargos com o Imposto sobre a Renda da Pessoa Jurídica (IRPJ) e com a Contribuição Social sobre o Lucro

Líquido (CSLL) devem ser reconhecidos e contabilizados no próprio período da ocorrência do lucro a que se referem, embora possam ser pagos parcial ou integralmente em período seguinte ao da apuração. A declaração que formaliza os valores devidos é a Escrituração Contábil Fiscal (ECF), que substituiu a Declaração de Informações Econômico-Fiscais da Pessoa Jurídica (DIPJ) a partir do ano-calendário de 2014, e é entregue no exercício fiscal seguinte ao da apuração.

O art. 184 da Lei nº 6.404/1976, ao tratar do passivo, define que

> "obrigações, encargos e riscos, conhecidos ou calculáveis, **inclusive imposto sobre a renda a pagar com base no resultado do exercício**, serão computados pelo valor atualizado até a data do balanço".

A referida lei cuida desse mesmo assunto em outros artigos, como no art. 187, que trata da Demonstração do Resultado do Exercício, ao mencionar que deve estar lançado como despesa o encargo do imposto de renda antes de chegar ao lucro líquido do exercício. Entende-se que o tratamento dedicado ao imposto de renda das pessoas jurídicas seja igualmente aplicável à Contribuição Social sobre o Lucro Líquido, por ambos se enquadrarem no conceito de tributos sobre o lucro.

12.2.2 Reconhecimento do encargo

Uma empresa, ao apurar os tributos sobre o lucro com base no lucro real (lucro contábil ajustado por adições e exclusões), pode fazê-lo com utilização do lucro real trimestral, no qual cada trimestre é um período fiscal com encerramento próprio, ou então com utilização do lucro real anual, e nesse caso deve antecipar valores a título de tributos sobre o lucro durante o ano, com base em balancetes ou no lucro estimado. Ao final do exercício, no lucro real anual apura-se o montante devido de Imposto de Renda e de Contribuição Social sobre o Lucro, e é feito o abatimento do que já foi recolhido durante o exercício a título da antecipação, podendo acontecer eventualmente que o valor antecipado supere o efetivamente devido, o que enseja tributo a recuperar no exercício seguinte.

Caso a empresa apure os tributos com base no lucro presumido (fundamentado nas receitas brutas e não no lucro do período), que é uma opção não aplicável a todos os contribuintes, a periodicidade de apuração é obrigatoriamente trimestral.

12.2.3 Classificação no balanço

Como regra geral, no balanço de publicação, os tributos sobre o lucro a pagar - IRPJ e CSLL - devem ser apresentados destacadamente de outros passivos.

Ao final de cada período de apuração, anual ou trimestral no caso de lucro real, os tributos sobre o lucro devem ser calculados considerando todas as adições e exclusões necessárias e permitidas pela legislação, e seus valores devidos são contabilizados a débito de despesa e a crédito de Imposto de Renda a Pagar e Contribuição Social sobre o Lucro Líquido a Pagar. Nesse caso, são denominados tributos correntes sobre o lucro.

Não obstante o valor apurado seja a base da contabilização, deve-se, também, considerar os tributos sobre o lucro incidentes sobre as adições e exclusões de natureza temporária, cuja incidência fiscal fica diferida para períodos seguintes, ou vêm de postergações de períodos passados. Esse encargo/benefício fiscal deve ser reconhecido no resultado do período com contrapartida em Imposto de Renda Diferido e Contribuição Social Sobre o Lucro Líquido Diferido, ambos no Ativo ou no Passivo conforme sua natureza. Destaque-se que essas contas, de acordo com a regra internacional, até que haja modificação por parte do IASB e do CPC, só poderão ser classificadas no Passivo ou Ativo Não Circulante – longo prazo.

12.2.4 Redução do imposto por incentivos fiscais

A empresa pode estar sujeita a incentivos fiscais que lhe permitam, em vez de dirigir todo o dinheiro do tributo para o Estado, decidir que parte dele vá para determinado investimento, desde que atendidas diversas condições legais. A parcela do imposto destinada a incentivos fiscais deve transitar pelo resultado do exercício no momento em que as condições para o reconhecimento da receita tenham sido atendidas. O tratamento contábil aplicável é o que vem a seguir. Contabilização pela aplicação nos referidos fundos de investimentos no encerramento do período de apuração:

a) Débito no resultado do valor **bruto** do imposto.

b) Crédito no passivo pelo mesmo valor na conta Imposto de Renda a Pagar.

Pelo recolhimento do imposto e do incentivo fiscal:

a) Débito do passivo pela parcela que se refere ao valor **bruto** do imposto.

b) Crédito de disponibilidades.

Pelo reconhecimento do direito a deter participação no investimento objeto do incentivo:

a) Débito de ativo realizável a longo prazo ou circulante pelo valor agora efetivamente aplicado no investimento, que pode ser temporário ou permanente.

b) Crédito em rubrica redutora de receita a ser evidenciada como redução da despesa do imposto se as condições para o seu reconhecimento já tiverem sido atendidas. Caso contrário, o valor será reconhecido contra o passivo enquanto as eventuais condições para o pleno direito ao benefício do incentivo ainda não forem atendidas. Entendemos que, no Balanço Patrimonial, essa conta poderá ser apresentada como retificadora da respectiva conta reconhecida no Realizável a Longo Prazo.

Essa é a contabilização exigida para atendimento da Lei das Sociedades por Ações e também atende ao requerido pelo CPC 07 (R1) – Subvenção e Assistência Governamentais. Outros detalhes a respeito da contabilização tratada por esse Pronunciamento estão comentados no Capítulo 15.

Em notas explicativas, devem ser divulgadas pelas companhias informações sobre a existência de benefícios fiscais, de qualquer natureza, contemplando, no mínimo, o tipo do benefício, o prazo ou vencimento e o montante da economia tributária realizada no exercício e a acumulada, quando cabível.

No Capítulo 5 – Realizável a Longo Prazo e Investimentos em Outras Sociedades, discutimos mais detalhadamente os aspectos contábeis e fiscais sobre os investimentos com incentivos fiscais e seus critérios de classificação e de avaliação.

12.2.5 Cálculo do imposto de renda e da contribuição social sobre o lucro

12.2.5.1 Apuração do lucro real

A legislação tributária, consolidada no Regulamento do Imposto de Renda, Decreto nº 9.580, de 22-11-2018 (RIR/2018), prevê que o Imposto de Renda a Pagar pelas pessoas jurídicas seja calculado com base no lucro real, presumido ou arbitrado. Lucro real é definido como segue:

> "O lucro real é o lucro líquido do período de apuração ajustado pelas adições, exclusões ou compensações prescritas ou autorizadas por este Regulamento" (art. 258, RIR/2018).

No caso do lucro real, é necessário para o seu cálculo conhecer o valor do lucro ou prejuízo do período antes do tributo e os valores que devem ser acrescidos, excluídos ou compensados a esse lucro, de acordo com a legislação fiscal.

De acordo ainda com a legislação fiscal, o lucro ou prejuízo do período deve ser apurado de acordo com o que estabelece a Lei nº 6.404/1976, e conforme a contabilidade. Durante as últimas décadas, infelizmente, o próprio Fisco chegou a desobedecer a essa norma, obrigando ou induzindo ao uso de critérios que feriam a Lei das Sociedades por Ações e os princípios contábeis, conforme comentários

em vários capítulos deste *Manual* em suas edições anteriores. Felizmente, essa postura foi deixada para trás e hoje, graças à Lei nº 11.941/2009, na parte que trata do Regime Tributário de Transição (RTT), e posteriormente a edição da Lei nº 12.973/2014, a legislação fiscal não deverá mais interferir nos critérios e nas regras contábeis. Sobre o RTT, veja a próxima seção.

No decorrer do ano de 2017, foi publicada a Instrução Normativa RFB nº 1.700, que dispôs sobre a determinação e o pagamento do IRPJ e da CSLL, tratando os dois tributos de forma conjunta. Historicamente, os dois tributos não chegam a ser idênticos juridicamente, mas possuem uma proximidade significativa entre si, e essa proximidade pode ser comprovada pelo tratamento unificado que recebem por esse dispositivo legal. Não são idênticos e a Instrução Normativa, apesar de tratá-los em conjunto em grande parte do texto, deixa bem claro que há casos específicos em que ambos devem ser tratados de maneira distinta, ao prescrever em seu art. 3º:

> "Ressalvadas as normas específicas, aplicam-se à CSLL as normas de apuração e de pagamento estabelecidas para o IRPJ e, no que couber, as referentes à administração, ao lançamento, à consulta, à cobrança, às penalidades, às garantias e ao processo administrativo, mantidas a base de cálculo e as alíquotas previstas na legislação da CSLL."

12.2.5.2 O RTT e o LALUR

Em 28 de dezembro de 2007, foi sancionada a Lei nº 11.638, que modificou a Lei das Sociedades por Ações, de nº 6.404/1976, principalmente em suas disposições de natureza contábil. Alguns ajustes relativos à tributação e de outra natureza também foram inseridos. O objetivo dessa Lei foi levar o Brasil à adoção das normas internacionais de contabilidade.

Um problema sério para que a Lei nº 11.638/2007 pudesse entrar em plena vigência era relativo às questões fiscais que mudanças dessa natureza acabam por provocar. Mesmo tendo o texto da referida Lei feito referência expressa (art. 177, § 7º) de que os registros de ajustes efetuados com o objetivo da harmonização às regras internacionais não poderiam ser base de incidência de impostos e contribuições ou quaisquer outros efeitos tributários, não chegou a ser detalhada para resolver o problema e não normatizava a sua aplicação. Assim, buscando resolver rapidamente as dúvidas e pendências que o mercado e os próprios técnicos do Governo tinham, foi editada a Medida Provisória nº 449/2008. Essa MP, digna de aplausos, representou um real e verdadeiro grande passo no sentido da convergência às normas internacionais de contabilidade. Produziu duas grandes inovações: consertaram-se os maiores erros ou desvios contábeis que remanesceram após a Lei nº 11.638/2007 e implantou-se a efetiva neutralidade tributária que essa Lei nº 11.638/2007 havia tentado introduzir.

Ao instituir o Regime Tributário de Transição (RTT) no Capítulo III dessa MP, o governo federal genuinamente deu o maior dos saltos, porque passou a separar a contabilidade para fins informacionais, societários, de divulgação do que ocorre com a empresa para o mundo exterior (credores, investidores, sindicatos e tantos outros interessados), da contabilidade para fins tributários.

Jamais se poderá negar o papel importante da contabilidade para fins de tributação. Todavia, amarrá-la aos interesses apenas do Estado como ser tributante e ignorar os demais usuários sempre foi uma posição contra a qual tanto nos colocamos ao longo de décadas. Inclusive neste *Manual*, desde o seu início há décadas.

Isso permite que a contabilidade continue seu rumo, e acelere seus passos em direção às normas internacionais, sem que as modificações necessárias para isso signifiquem, de imediato e automaticamente, aumento ou redução da carga tributária das empresas em geral. E nenhuma norma fiscal pode também significar qualquer alteração na contabilidade.

Esse era o grande problema até então: qualquer modificação na contabilidade tinha, como regra, implicação direta no cálculo do lucro tributável (quer para fins de imposto de renda, quer de Contribuição Social sobre o Lucro Líquido, PIS, Cofins etc.). Daí as enormes dificuldades nas modificações. Por outro lado, muitas modificações fiscais implicavam ajustes indevidos na contabilidade. Agora, cada uma segue o seu caminho. Se uma modificação contábil precisar ter influência fiscal, serão necessárias duas normas: a contábil e a fiscal.

Em resumo, o que dizem essas novas disposições trazidas pela legislação fiscal?

Em primeiro lugar, foi extinto, sem nunca ter de fato sido aplicado, o "livro de apuração do lucro contábil (LALUC)". A Lei nº 11.638/2007 o havia criado permitindo que a empresa escriturasse suas operações segundo os critérios fiscais para que depois, noutro livro ou no mesmo diário, mas à parte, ajustasse essa escrituração às normas contábeis sem que esses ajustes provocassem reflexos fiscais. Essa era uma alternativa ao atual Livro de Apuração do Lucro Real (LALUR).

A Receita Federal, todavia, preferiu manter este último apenas, mas mudando, e drasticamente, o seu uso. Com isso, a partir de então ficaram automaticamente autorizados todos os ajustes em função de todas as alterações contábeis trazidas pela Lei nº 11.638/2007 e pela própria MP nº 449/2008 (transformada na Lei nº 11.941/2009) e todas as normas contábeis introduzidas em convergência às normas internacionais de contabilidade.

Importante frisar, mesmo com todas as modificações já implantadas por meio da legislação e dos pronunciamentos técnicos aprovados pelo CPC, que ainda não podíamos afirmar que nossa contabilidade já estivesse emparelhada com as normas internacionais. Óbvio, demos, no ano de 2008, enormes e importantes passos nesse sentido, mas ainda restavam outros não menos importantes a serem dados. Em outras palavras, um bom caminho ainda restava para a completa convergência. Só que esse caminho acabou de ser completado com o CPC emitindo todas as normas internacionais durante 2009, a valerem para as demonstrações contábeis de 2010 em diante. Assim, atualmente nossas demonstrações contábeis estão totalmente conforme as disposições do IASB.

A Medida Provisória nº 449/2008 trouxe a seguinte alteração à Lei nº 6.404/1976:

> "Art. 177. [...]
>
> § 2º A companhia observará exclusivamente em livros ou registros auxiliares, sem qualquer modificação da escrituração mercantil e das demonstrações reguladas nesta Lei, as disposições da lei tributária, ou de legislação especial sobre atividade que constitui seu objeto que prescrevam, conduzam ou incentivem a utilização de métodos ou critérios contábeis diferentes ou determinem registros, lançamentos ou ajustes ou a elaboração de outras demonstrações financeiras."

Note-se que nesse parágrafo estão expressões do tipo **conduzam**, **incentivem**, além de **determinem**. Isso significa que o Fisco passou a admitir um número muito maior de ajustes do que anteriormente. Por exemplo, as taxas fiscais de depreciação "conduziam", "induziam" as empresas a utilizá-las na contabilidade para obterem efeitos tributários desejados. Com essa nova redação, o Fisco admite que essas taxas fiscais sejam utilizadas para fins tributários, mesmo que, na contabilidade, as taxas utilizadas sejam diferentes, tanto maiores quanto menores.

O que se percebe é que esse posicionamento se mantém ao longo dos anos que seguem a adoção dos padrões emitidos pelo IASB. A Receita Federal do Brasil, por exemplo, manifestou-se sobre dúvidas relacionadas com o tratamento fiscal das taxas de depreciação diferenciadas, em função da aplicação da taxa adequada à vida útil do bem, através do Parecer Normativo nº 1, de 29 de julho de 2011, em que explicitamente reitera a nulidade tributária das mudanças para atendimento às normas contábeis.

Ou seja, a RFB confirmou sua fantástica mudança de posicionamento: declarou que as depreciações, para fins contábeis, são as que devem ser calculadas utilizando-se os parâmetros econômico-contábeis, sem que isso traga qualquer prejuízo tributário; afinal, para cálculo dos tributos sobre o lucro, a entidade deve continuar utilizando os limites fiscais. Tal posicionamento é reforçado no art. 40 da Lei nº 12.973/2014, ao permitir exclusão da diferença entre a taxa fiscal de depreciação e a taxa contábil de depreciação, quando a fiscal for maior, do lucro tributável. Quando o montante fiscal acumulado das quotas de depreciação atingir o limite previsto na legislação, o valor da depreciação registrado contabilmente deverá ser adicionado ao lucro tributável.

Registramos aqui nossa enorme satisfação com a posição da Receita Federal, a quem aplaudimos por essa postura, de incomensurável importância para o sucesso da implantação das IFRS no Brasil.

Para reforço dessa disposição do governo federal, veja-se o que diz o § 1º do art. 15 da Lei nº 11.941/2009:

"§ 1º O RTT vigerá até a entrada em vigor de lei que discipline os efeitos tributários dos novos métodos e critérios contábeis, **buscando a neutralidade tributária.**" (grifo nosso)

Veja-se que a nova postura faz com que se busque o seguinte: tudo o que tiver havido de normas contábeis das Leis nºs 11.638/2007 e 11.941/2009 e de toda a regulamentação contábil derivada do processo de convergência às normas internacionais terá que ser obedecido contabilmente, mas não terá consequência imediata e automática para fins fiscais. Ou seja, para que uma regra contábil nova, desde que convergente às normas internacionais, tenha efeito fiscal, será necessária também a emissão de outra norma tributária. Veja-se que não significa isso tudo que as normas fiscais não mudarão, mas que elas mudarão por emissão de atos tributários próprios, e não por mudanças nas regras contábeis, se estas forem introduzidas por convergência às normas internacionais. A Lei nº 12.973/2014, em seu art. 58, manteve essa postura.

Para quem precisar ou quiser conhecer legislações específicas que vigoraram durante alguns anos de transição nesse período, sugerimos consultar as versões do *Manual* à época. Por exemplo, o Regime Transitório de Tributação (RTT) teve um papel importante durante os anos de 2008 a 2014 (com algumas variações), determinando que as regras fiscais continuassem seguindo as vigentes em final de 2007 por alguns anos até que se completou a nova legislação fiscal.

12.2.5.3 Adições ao lucro líquido para apuração de IRPJ e CSLL

De acordo com a legislação fiscal, para determinação do lucro real (tributável para fins de IRPJ), devem ser **adicionados** ao lucro líquido do exercício:

a) Custos, despesas, encargos, perdas, provisões, participações e quaisquer outros valores deduzidos na apuração do lucro líquido que, de acordo com a legislação tributária, não sejam dedutíveis. Exemplos desses valores são:

– multas fiscais pagas pela empresa: (a) por infrações fiscais, salvo as de natureza compensatória (multas de mora) e as impostas por infrações de que não resulte falta ou insuficiência de pagamento de tributo (art. 352, § 5º, do RIR/2018 e art. 132 da Instrução Normativa RFB nº 1.700/2017); e (b) por transgressões a normas de natureza não tributária, tais como as previstas em leis administrativas (de trânsito, de vigilância sanitária, de controle de poluição ambiental, de controle de pesos e medidas etc.), trabalhistas etc. (art. 133 da IN RFB nº 1.700/2017);

– participações pagas a administradores e partes beneficiárias (art. 527 do RIR/2018);

– débitos em despesas relativos à constituição de provisões não dedutíveis, como a provisão para garantia e para riscos fiscais (art. 339 do RIR/2018);

– resultados negativos de participações societárias avaliadas pelo método de equivalência patrimonial (art. 426 do RIR/2018);

– pagamentos efetuados a sociedades simples quando controladas direta ou indiretamente por pessoas físicas que sejam diretores, gerentes ou controladores da pessoa jurídica que pagar ou creditar os rendimentos, bem como pelo cônjuge ou parente de primeiro grau das referidas pessoas (art. 260 § 1º, inciso II, do RIR/2018);

– perdas incorridas em operações iniciadas e encerradas no mesmo dia (*day trade*), realizadas em mercado de renda fixa ou variável (art. 260 § 1º, inc. III, do RIR/2018);

– despesas com alimentação de sócios, acionistas ou administradores, exceto a aquisição de alimentos ou de outros bens para utilização pelo beneficiário fora do estabelecimento da empresa (art. 260 § 1º, inciso IV, do RIR/2018);

– contribuições não compulsórias, exceto as destinadas a custear seguros e planos de saúde, e benefícios complementares assemelhados aos da previdência social, instituídos em favor dos empregados e dirigentes da pessoa jurídica (art. 260 § 1º, inc. V, do RIR/2018);

– doações, exceto as referidas nos arts. 377 e 385, *caput*, do Regulamento do Imposto de Renda (art. 260 § 1º, inc. VI, do RIR/2018);

– despesas com brindes (art. 260 § 1º, inc. VII, do RIR/2018);

– valor da contribuição social sobre o lucro, registrado como custo ou despesa operacional (art. 260 § 1º, inc. VIII, do RIR/2018);

- perdas apuradas nas operações realizadas nos mercados de renda variável e de *swap*, que excederem os ganhos auferidos nas mesmas operações (art. 260 § 1º, inc. IX, do RIR/2018);

- amortização de ágio pago na aquisição de participações societárias sujeitas à avaliação pela equivalência patrimonial, quando tal amortização for permitida (ex.: pequenas e médias empresas) cujo valor deve ser registrado na Parte "B" do LALUR para ser computado no lucro real do período de apuração em que ocorrer a alienação ou a liquidação do investimento (arts. 20, 25 e 33 do Decreto-lei nº 1.598/77, com nova redação pela Lei nº 12.973/14);

- reserva de reavaliação baixada no período-base e não computada em conta de resultado (art. 516 do RIR/2018);

- parcela do lucro decorrente de contratos com entidades governamentais que haja sido excluída do lucro real em período de apuração anterior, proporcional ao valor das receitas desses contratos recebidas no período-base (art. 480 do RIR/2018);

- parcela do ganho de capital auferido na alienação de bens do ativo não circulante classificados como investimentos, imobilizado ou intangível cuja tributação tenha sido diferida para fins de determinação do lucro real, proporcional à parcela do preço da alienação recebida no período-base (art. 503 do RIR/2018).

b) Resultados, rendimentos, receitas e quaisquer outros valores não incluídos na apuração do lucro líquido que, de acordo com a legislação tributária, devam ser computados na determinação do lucro real, por exemplo:

- créditos que sejam tributáveis diretamente na conta de Lucros Acumulados relativos a Ajustes de Exercícios Anteriores (e não tributados anteriormente).

A Instrução Normativa RFB nº 1.700, de 14-3-2017, apresenta em seu anexo I uma extensa relação de adições ao lucro líquido. Importante notar que há casos nos quais o tratamento é distinto com relação à apuração dos dois tributos – IRPJ e CSLL –, como, por exemplo: CSLL apurada; despesas com propaganda que não atendam às condições previstas no art. 54 da Lei nº 4.506/1964; perda apurada na alienação ou baixa de investimento adquirido mediante dedução do IRPJ devido pela pessoa jurídica, conforme disposto no art. 6º do Decreto-Lei nº 1.648/1978; pagamentos efetuados a sociedade simples quando esta for controlada, direta ou indiretamente, por pessoas físicas que sejam diretores, gerentes ou controladores da pessoa jurídica que pagar ou creditar os rendimentos, bem como pelo cônjuge ou parente de primeiro grau das referidas pessoas; e perdas incorridas em operações iniciadas e encerradas no mesmo dia (*day trade*), realizadas em mercados de renda fixa ou de renda variável, conforme previsto no §

3º do art. 76 da Lei nº 8.981/1995. Nestes casos (são apenas alguns), é realizada a adição para cálculo de IRPJ, mas não para cálculo de CSLL.

12.2.5.4 Exclusões do lucro líquido para apuração de IRPJ e CSLL

De acordo com a legislação fiscal, podem ser ajustados para determinação do lucro real:

a) Valores cuja dedução seja autorizada pela legislação tributária e que não tenham sido computados na apuração do lucro líquido do período de apuração. Exemplos:

- depreciação acelerada incentivada (art. 324 do RIR/2018);

- provisões não dedutíveis, constituídas e adicionadas ao lucro real de período de apuração anterior, que tenham sido utilizadas para absorver os gastos provisionados.

b) Resultados, rendimentos, receitas e quaisquer outros valores incluídos na apuração do lucro que, de acordo com a legislação tributária, não sejam computados no lucro real, como:

- dividendos recebidos de participações societárias não sujeitas à avaliação pela equivalência patrimonial (art. 418 do RIR/2018);

- resultados positivos de participações societárias avaliadas pelo método de equivalência patrimonial, exceto no caso de investimento em sociedades localizadas no exterior (art. 426 do RIR/2018);

- lucro na venda de Ativo Não Circulante classificados como investimentos, imobilizado ou intangível, que deve ser registrado integralmente na contabilidade no mês da venda, mas que poderá ser tributado somente quando do recebimento (art. 503 do RIR/2018);

- lucro na alienação de bens desapropriados. Tal lucro é reconhecido na contabilidade quando da desapropriação, mas, atendidos certos quesitos, o pagamento do imposto de renda pode ser postergado (art. 504 do RIR/2018);

- provisões não dedutíveis, constituídas em período de apuração anterior, que tenham sido revertidas a crédito do resultado do período encerrado (art. 261, parágrafo único, inc. V, do RIR/2018);

- rendimentos e ganhos de capital nas transferências de imóveis desapropriados para fins de reforma agrária, quando auferidos pelo desapropriado (art. 261, parágrafo único, inc. I, do RIR/2018);

- dividendos anuais mínimos distribuídos pelo Fundo Nacional de Desenvolvimento (art. 261, parágrafo único, inc. II, do RIR/2018);

- juros reais produzidos por Notas do Tesouro Nacional, emitidas para troca compulsória no âmbito do Programa Nacional de Privatização (PND), controlados na parte "B" do LALUR, que deverão ser computados na determinação do lucro real no período de seu recebimento (art. 261, parágrafo único, inc. III, do RIR/2018);
- valor dos investimentos em atividades audiovisuais, observada a legislação de regência do incentivo (art. 386 do RIR/2018);
- encargos financeiros incidentes sobre créditos vencidos e não recebidos, auferidos após decorridos dois meses do vencimento do crédito, observadas as condições previstas na legislação (*caput* do art. 349 do RIR/2018).

Os valores constantes dos itens anteriores que venham a afetar o lucro real de períodos futuros devem, se não foram registrados contabilmente, de acordo com a legislação fiscal, ser controlados no LALUR. Esses valores são objeto de contabilização em Imposto de Renda Diferido, quando representarem receitas temporariamente não tributáveis.

O cálculo do Imposto de Renda a pagar é feito com base no lucro real pela alíquota e adicional do imposto a que estiver sujeita a pessoa jurídica, após compensado o prejuízo fiscal originado em períodos de apuração anteriores, mas limitado à compensação de 30% do lucro real do exercício corrente.

12.2.5.4.1 CSLL

A Instrução Normativa RFB nº 1.700, de 14-3-2017, apresenta em seu anexo II uma extensa relação de exclusões do lucro líquido. Assim como ocorre com relação às adições, também há casos nos quais o tratamento é distinto com relação à apuração dos dois tributos – IRPJ e CSLL –, como, por exemplo: os rendimentos tributados exclusivamente na fonte nas operações com os ativos a que se refere o art. 2º da Lei nº 12.431, de 2011, conforme previsto no § 3º do mesmo dispositivo legal; e o capital das apólices de seguros ou pecúlio em favor da pessoa jurídica, pago por morte do sócio segurado, de que trata a alínea "f" do § 2º do art. 43 do Decreto-Lei nº 5.844, de 1943, a ser excluído no período de apuração em que for contabilizado como receita. Nesses casos (são apenas alguns), é realizada a exclusão para cálculo de IRPJ, mas não para cálculo de CSLL. Como podemos perceber, a base de cálculo da Contribuição Social sobre o Lucro Líquido (CSLL) não se confunde com o lucro real, porquanto tem regras próprias de apuração, previstas na legislação pertinente, embora deva ser apurada com a mesma periodicidade adotada na apuração do lucro real (anual ou trimestral).

12.2.5.5 Alíquotas aplicáveis

O imposto de renda é calculado (em 2021) aplicando-se uma alíquota de 15% sobre o lucro real. Existe também a incidência do adicional de imposto de renda, que é calculado aplicando-se uma alíquota de 10% sobre a parcela do lucro real que exceder R$ 240.000,00 no ano. Em períodos de apuração inferiores a um ano, o limite a partir do qual incide o adicional de imposto de renda é de R$ 20.000,00 multiplicado pelo número de meses compreendidos no período. No lucro real trimestral, por exemplo, o adicional de imposto de renda incide sobre o lucro real que exceda R$ 60.000,00 no trimestre.

A contribuição social devida será calculada à alíquota legalmente prevista que, para pessoas jurídicas em geral, é de 9%. Há atividades com alíquotas específicas.

Durante 2021, estão sendo alteradas ou propostas as alterações das alíquotas do IR e da CSLL.

Recentemente, a Receita Federal do Brasil publicou a Instrução Normativa nº 1.700, de 14-3-2017, que dispõe de forma conjunta sobre a apuração do IRPJ e da CSLL. Porém, há normas específicas e, ressalvados esses casos, o texto dessa Instrução Normativa prescreve em seu art. 3º que

> "aplicam-se à CSLL as normas de apuração e de pagamento estabelecidas para o IRPJ e, no que couber, as referentes à administração, ao lançamento, à consulta, à cobrança, às penalidades, às garantias e ao processo administrativo, mantidas a base de cálculo e as alíquotas previstas na legislação da CSLL".

12.2.5.6 Bônus de adimplência fiscal

A Lei nº 10.637/2002 instituiu, no § 1º do art. 38, um bônus de adimplência fiscal, a partir do ano-calendário de 2003, correspondente a 1% da base de cálculo da CSLL, determinada segundo o regime de apuração com base no lucro presumido e aplicável às pessoas jurídicas submetidas ao regime de tributação com base no lucro real ou presumido.

A mesma lei estabeleceu que não terá direito ao bônus a pessoa jurídica que, nos últimos cinco anos-calendário, esteja enquadrada em uma das seguintes situações em relação a tributos e contribuições administrados pela Receita Federal: (a) lançamento de ofício; (b) débitos com exigibilidade suspensa; (c) inscrição em dívida ativa; (d) recolhimentos ou pagamentos em atraso; e (e) falta ou atraso no cumprimento de obrigação acessória.

A contabilização imposta pela lei foi definida no § 9º da referida lei, como descrito a seguir:

> "§ 9º O bônus será registrado na contabilidade da pessoa jurídica beneficiária:

I – na aquisição do direito, a débito de conta de Ativo Circulante e a crédito de Lucro ou Prejuízos Acumulados;

II – na utilização, a débito da provisão para pagamento da CSLL e a crédito da conta de Ativo Circulante referida no inciso I." [Ah! Os tempos em que a Receita interferia na contabilidade...]

Tal como disciplinado pelo art. 273 da Instrução Normativa RFB nº 1.700/2017, o bônus será utilizado deduzindo-se da CSLL devida: (a) no último trimestre do ano-calendário, no caso de pessoa jurídica tributada com base no lucro real trimestral ou lucro presumido; e (b) no ajuste anual, na hipótese da pessoa jurídica tributada com base no lucro real anual.

De acordo com a Lei nº 10.637/2002 e com a IN RFB nº 1.700/2017 em seu art. 276, o crédito relativo ao bônus de adimplência fiscal deve ser contabilizado na conta de Lucros Acumulados e não em conta de resultado. Notadamente, o procedimento fiscal proposto não atende à adequada prática contábil, pois, na medida em que a empresa atenda, em 31/12/20X1, a todos os requisitos estabelecidos pela norma fiscal, já teria condições de reconhecer o referido crédito em contrapartida da conta de resultado do período, o que deve ser feito.

12.2.6 Postergação do Imposto de Renda (diferimento)

12.2.6.1 Receitas não realizadas

Temos de considerar, relativamente ao imposto calculado com base no lucro real, que o valor representa somente o imposto devido fiscalmente para recolhimento no período. Do ponto de vista contábil, em face do regime de competência, a despesa do imposto de renda relativa às receitas já registradas contabilmente, mas cujo imposto é postergado, deve ser contabilizada no próprio período. De fato, o passivo já existe e é unicamente pagável em períodos posteriores.

Se na contabilidade já reconhecemos uma receita ou lucro, a despesa de imposto de renda deve estar também reconhecida no próprio período, mesmo que seja pagável no futuro.

Temos, portanto, um **passivo postergado** de imposto de renda, cujo valor deve ser contabilizado em despesa de imposto de renda no próprio período em que contabilizamos a receita, e a crédito de grupo correspondente no Passivo Circulante ou no Exigível a Longo Prazo.

Realmente, essa forma de contabilização surge de situações previstas na legislação tributária, que permitem tal postergação do imposto, pois a filosofia da tributação fiscal é simplesmente, conforme muitos, a da incidência

sobre o lucro disponível financeiramente, ou seja, o lucro já realizado em termos de recursos.

Nessa situação, temos como exemplos as seguintes possibilidades de postergação do imposto, conforme a legislação do imposto de renda (sem, entretanto, alterar o lucro líquido da contabilidade, pois o Regime de Competência impede a postergação do reconhecimento do resultado, como é admitido fiscalmente):

a) Contratos a longo prazo de construção por empreitada ou de fornecimento de bens ou serviços na parte da receita já contabilizada, mas não recebida, quando contratados com empresas do governo ou com ele próprio. Para esse caso, conforme o art. 480 do RIR/2018, o diferimento é feito somente para fins fiscais no LALUR.

b) Venda a prazo de bens do Ativo Não Circulante cujo resultado já é contabilizado no momento da venda, mas que poderá, para fins fiscais, ser reconhecido na proporção da parcela do preço recebida em cada período (art. 503 do RIR/2018).

Para esses casos, como a contabilidade já registrou a receita ou lucro no período pelo Regime de Competência, deve também registrar sua despesa do imposto de renda no mesmo período, creditando a conta de Imposto de Renda Diferido, que é classificada no Passivo Não Circulante. Futuramente, quando a receita ou lucro tornar-se tributável, os valores classificados no longo prazo serão transferidos para a conta de Imposto de Renda a Pagar no Passivo Circulante, não distorcendo também a despesa de imposto de renda do mês ou exercício futuro.

Temos estudos mais completos, com exemplo e contabilização, para o caso de **Contratos a Longo Prazo** no Capítulo 11 – Passivo Exigível, sendo que tais exemplos são extensivos, com as adaptações necessárias, aos demais itens de diferimento.

12.2.6.2 Depreciação incentivada

A depreciação incentivada, cuja dedução pode ser feita pela empresa para fins de imposto de renda, mas não representa um desgaste efetivo dos bens, visto que é mero incentivo fiscal, também gera o diferimento do imposto. Na contabilidade, devemos registrar a depreciação efetiva e normal; o complemento, a título de incentivo, será computado somente para fins de imposto de renda, devendo esse ajuste ser controlado à parte no Livro de Apuração do Lucro Real. No caso da depreciação incentivada, ocorre que, na contabilidade, as parcelas mensais de depreciação seriam sempre iguais durante a vida útil do bem, enquanto, para fins de imposto de renda, haveria depreciação maior nos primeiros anos, reduzindo o imposto, mas não haveria depreciação fiscal posteriormente. A depreciação contabilizada, somada à depreciação incentivada, será dedutível até serem atingidos 100% do valor do bem objeto dessas depreciações. Dessa forma, nos primeiros anos, seria contabilizado a débito de despesa de imposto de renda um imposto de renda diferido passivo que, em períodos futuros, será baixado quando ainda houver depreciação contábil, mas não depreciação para fins fiscais.

A depreciação incentivada ocorre por decorrência de legislação específica, para incentivar implantação, renovação ou modernização de instalações e equipamentos, de acordo com a Lei nº 4.506/1964, art. 57, § 5º. São exemplos a Lei nº 11.196/2005, que em seus arts. 17 e 26 ampliou os benefícios fiscais à inovação tecnológica vigentes na legislação anterior (art. 39 da Lei nº 10.637/2002), e também a Lei nº 12.788/2013, que permite a depreciação acelerada dos veículos automóveis para transportes de mercadorias e dos vagões, locomotivas, locotratores e tênderes.

12.2.6.3 Postergação da Contribuição Social sobre o Lucro Líquido (diferimento)

Os procedimentos contábeis preconizados para o imposto de renda diferido são aplicáveis, também, à contribuição social sobre o lucro líquido diferida.

Deve ser observado, porém, que nem todas as hipóteses de diferimento do imposto de renda são extensivas à contribuição social, mas apenas aquelas expressamente previstas na legislação pertinente à contribuição.

12.2.7 Antecipação da Despesa do Imposto de Renda – IR Diferido Ativo

12.2.7.1 O conceito – regime de competência

Se na contabilidade já foram considerados certos custos ou despesas no mês, mas a dedutibilidade para fins do imposto de renda só ocorrerá em períodos posteriores, quando efetivamente pagos ou comprovados, a situação será inversa da anterior; há imposto de renda pago ou a pagar, mas deve ser apropriado como despesa em períodos posteriores. Isto é, no período em que a despesa está contabilizada, apesar de ainda não dedutível, já se reconhece a redução correspondente na contabilização de despesa do imposto de renda, tendo como contrapartida uma conta de ativo denominada Imposto de Renda Diferido no Ativo Não Circulante – Realizável a Longo Prazo. Assim, o passivo fica por seu valor correto, que é o imposto efetivo a pagar, e a despesa de Imposto de Renda fica por valor menor dentro do regime de competência.

Nos exercícios seguintes, quando a despesa tornar-se dedutível, essa conta de ativo será baixada a débito de despesa de imposto de renda.

12.2.7.2 Provisões dedutíveis no futuro

Alguns custos ou despesas devem ser adicionados ao lucro líquido para determinar o lucro real, uma vez que somente são dedutíveis no cálculo do imposto de renda quando atenderem às condições da legislação fiscal. Alguns exemplos são:

a) Perdas estimadas sobre estoques registradas na contabilidade, mas dedutíveis para fins fiscais somente quando realizadas.

b) Provisão para despesas com manutenção e reparos de equipamentos registrada contabilmente quando conhecida, mas dedutível, para fins fiscais, quando efetivamente realizada.

c) Provisão para garantia de produtos.

d) Provisão para riscos e outros passivos contingentes

e) Provisões contabilizadas acima dos limites permitidos pela legislação em vigor.

Os valores são registrados normalmente na contabilidade, mas fazem-se ajustes nos livros fiscais de apuração dos tributos sobre o lucro. Dessa maneira, os tributos correntes apurados deixam de considerar os valores que a legislação fiscal ainda não permita que sejam considerados. Nesse período há despesa contábil, mas não há despesa fiscal.

Posteriormente, quando os critérios da legislação fiscal para dedutibilidade forem atendidos, tais valores podem fazer parte do cálculo dos tributos sobre o lucro. Haverá então a dedução dos custos e despesas da base dos tributos sobre o lucro, ainda que o custo ou despesa contábil tenham sido considerados em exercícios anteriores. Nesse período há despesa fiscal, mas não há despesa contábil.

As diferenças temporárias afetam diretamente os tributos correntes sobre o lucro. Para que essa variação não afete o resultado líquido contábil, utilizamos a figura dos tributos correntes sobre o lucro. Se uma despesa é contabilizada em um exercício, e é considerada dedutível em outro, há o registro no ativo desse benefício que se espera ter no futuro, pela utilização fiscal dessa despesa, e recebe o nome de ativo fiscal diferido.

Por outro lado, se há uma apuração de tributo sobre o lucro menor no presente, e é decorrente de uma diferença temporária que aumentará o valor a ser recolhido no futuro, registra-se no passivo o valor desse valor que se espera apurar e recolher no futuro, e recebe o nome de passivo fiscal diferido.

Exemplo: uma empresa apura no período 1 resultado antes dos tributos sobre o lucro no montante de R$ 5.000,00. Há na apuração de resultado da empresa R$ 100,00 relacionados a provisões indedutíveis. No período 2, a empresa apura R$ 5.000,00 de resultado antes dos tributos sobre o lucro, e neste período as provisões indedutíveis contabilizadas no período 1 preencheram os requisitos legais para dedutibilidade. Estamos diante de uma diferença temporária, e devemos calcular, além dos tributos correntes sobre o lucro, os tributos diferidos sobre o lucro.

As apurações dos tributos sobre o lucro sob alíquota de 15%, considerando-se os dois períodos, ficariam conforme apresentado no Quadro 12.1.

Os tributos correntes são os apurados e devidos pela empresa. No exemplo acima, oscilam em função das diferenças temporárias provocadas pela legislação fiscal. Se não utilizássemos a figura dos tributos diferidos sobre o lucro, o resultado líquido seria afetado pelas diferenças temporárias. Como utilizamos, os resultados líquidos apresentados não sofrem interferência das diferenças temporárias.

Como constatamos, ao adotar o diferimento, a despesa fica registrada numa base mais justa e proporcional ao lucro contabilizado, eliminando as distorções que aparecem no lucro quando o diferimento não é adotado.

12.2.7.3 Regime de competência e realização

Todas as considerações anteriores sobre o diferimento do imposto de renda estão baseadas no regime de competência, pelo qual devemos contrapor às receitas realizadas e registradas todos os custos e despesas a elas correspondentes. Assim, não fazendo o diferimento, estaríamos alocando a despesa de imposto de renda a períodos diferentes dos lucros contabilizados a que se referem. Nesse sentido, é necessária a adoção dessa técnica contábil. Todavia, temos que considerar, ainda, o aspecto da efetiva realização. De fato, quando diferimos uma despesa de imposto de renda, geramos um ativo, que deve atender a tal princípio, ou seja, é um ativo que deve ter condições de recuperação nos exercícios seguintes. Dessa forma, cada empresa deve analisar sua situação particular na avaliação desse ativo. Assim, não havendo tais condições de efetiva recuperação, a empresa não deve fazer o diferimento da despesa de imposto de renda.

12.2.7.4 Mudança de alíquota ou de legislação

As eventuais modificações na legislação tributária, seja por alterações de alíquotas do imposto, seja por outro dispositivo que afete o cálculo do Imposto de Renda Diferido, devem ser reconhecidas no momento de sua ocorrência.

Nesses casos, o tratamento a ser dado é como se o Imposto de Renda Diferido fosse um "crédito" ou uma "obrigação" como os demais, e qualquer evento que modifique seu valor deve ter o reconhecimento contábil no momento em que for conhecido.

12.2.7.5 Ativo fiscal diferido relativo a prejuízos fiscais

Esse tema é tratado no CPC 32 – Tributos sobre o Lucro, cuja adoção passou a ser obrigatória a partir de 1º-1-2010. Esse regimento prevê que um ativo diferido fiscal relativo a prejuízos fiscais somente seja reconhecido mediante a verificação e o atendimento de certas condições. Essas condições, que estão detalhadas no item 36 do mencionado Pronunciamento e que já eram praticamente iguais àquelas previstas na Deliberação CVM nº 273/1998 (item 21), são as seguintes:

a) Existência de valores de diferenças temporárias tributáveis que possam ser compensadas com saldos de prejuízos ou créditos fiscais, antes de suas prescrições.

b) Provável ocorrência de lucros tributáveis antes que os saldos dos prejuízos e créditos fiscais expirem.

c) Natureza dos saldos dos prejuízos fiscais não utilizados decorrente de eventos específicos cuja probabilidade de uma nova ocorrência é remota.

d) Existência de oportunidades de aproveitamento dos saldos dos prejuízos e créditos fiscais mediante a realização de planejamentos tributários.

De maneira geral, entendemos que essas condições para o reconhecimento do ativo estão relacionadas com a identificação de evidências a respeito do grau de certeza

Quadro 12.1

	Período 1		Período 2	
Lucro antes dos tributos s/lucro	5.000,00		5.000,00	
(–) Tributos correntes	(765,00)	(5.000,00 + 100,00) × 15%	(735,00)	(5.000,00 – 100,00) × 15%
(+/–) Tributos diferidos	15,00	100,00 × 15% Ativo gera pagamento menor no futuro	(15,00)	100,00 × 15% Abatimento do valor pago a maior anteriormente
(=) Lucro líquido	4.250,00		4.250,00	

(probabilidade) e a capacidade de uma entidade apurar futuros lucros tributáveis com os quais esse ativo possa ser compensado. É a cuidadosa análise dessas evidências e a conclusão sobre a probabilidade de sua ocorrência que sustentarão o registro contábil do Ativo Fiscal.

Outro aspecto a ser mencionado é o fato de o Pronunciamento Técnico não ser analítico, como era a Instrução CVM nº 371/2002, em relação às condições necessárias para a comprovação dessa probabilidade, como, por exemplo, a existência de um estudo formal de viabilidade, o período mínimo necessário para a análise do histórico de rentabilidade da empresa etc. Contudo, entendemos que tanto essa Instrução como a Deliberação CVM nº 273/1998 representam referência para a adequada aplicação do CPC 32.

Devido a este entendimento, apresentam-se alguns aspectos desses atos normativos que podem contribuir para a análise dos critérios do CPC 32.

Sendo que a condição básica era, e continua sendo, a probabilidade futura de existência de lucro tributável suficiente para a compensação, a CVM exigia, pelo art. 2º da referida Instrução, que as empresas atendessem, **cumulativamente**, às seguintes condições:

"I – apresentar histórico de rentabilidade; e

II – apresentar expectativa de geração de lucros tributáveis futuros, [...] fundamentada em estudo técnico de viabilidade, que permitam a realização do ativo fiscal diferido em um prazo máximo de dez anos.

Parágrafo único. O disposto no inciso I deste artigo não se aplica às companhias recém-constituídas ou em processo de reestruturação operacional e reorganização societária, cujo histórico de prejuízos sejam decorrentes de sua fase anterior."

A CVM presumia que uma empresa que não tivesse obtido lucro tributável em três dos últimos cinco exercícios sociais não possuía o histórico tributável solicitado no inciso I, mas possibilitava à empresa que apresentasse uma justificativa fundamentada, mediante nota explicativa, indicando ações que estejam sendo implementadas para a geração de lucro tributável.

Quanto ao estudo técnico citado no inciso II, este devia ser objeto de avaliação pelo Conselho Fiscal e de aprovação pelos órgãos da administração da empresa. Adicionalmente, de acordo com o art. 5º da Instrução, o auditor independente deveria avaliar a adequação dos procedimentos utilizados para a constituição e a manutenção do ativo e do passivo fiscal diferido, inclusive no que se refere às premissas utilizadas para a elaboração e atualização do estudo. Esse estudo deve ser revisado a cada exercício pela empresa a fim de se ajustar o valor do ativo fiscal diferido sempre que a expectativa de sua realização se altere. Também é solicitado que toda a documentação e memórias de cálculo desse estudo sejam mantidas em arquivo, pelas empresas, por um prazo mínimo de cinco anos.

Conforme mencionado, acredita-se que as determinações da Deliberação CVM nº 273/1998 e da Instrução CVM nº 371/2002, não mais vigentes, possam contribuir para a aplicação do CPC 32 – Tributos sobre o Lucro, mas ressalta-se que não existe obrigatoriedade de aplicação desses dispositivos. Além disso, a análise não deve se pautar exclusivamente nessas normas, principalmente no que se refere às rígidas condições impostas para o reconhecimento do ativo fiscal diferido decorrente de benefícios de prejuízos fiscais que não se encontram presentes no CPC 32. Esse Pronunciamento (Tributos sobre o Lucro), em seu item 36, não determina de forma objetiva um prazo relacionado com a avaliação da probabilidade de haver disponibilidade de lucro tributável, contra o qual os prejuízos fiscais ou créditos fiscais não utilizados possam ser utilizados. A CVM, por outro lado, por meio da Instrução nº 371/2002, prescreve como limite objetivo para essa avaliação um horizonte de dez anos. Em seu Ofício-Circular CVM/SNC/SEP nº 01/2018, a CVM esclarece que não se trata de uma contradição entre as duas normas, mas um diálogo entre ambas, sendo que há maior rigor na Instrução CVM nº 371/2002 quanto ao período de tempo capaz de assegurar uma estimativa confiável da probabilidade de existência de lucros tributáveis futuros em montante suficiente para compensar o ativo fiscal diferido.

Outro aspecto relevante é o contido no item 37 do CPC 32. Ele determina que, ao final de cada período de apresentação, a entidade avalie se os ativos fiscais diferidos, não reconhecidos em períodos anteriores, atendem aos critérios de reconhecimento, instrução que se aplica ao reconhecimento de qualquer ativo fiscal diferido, não somente àqueles provenientes de prejuízos fiscais. Nesse caso, reconhece-se quando presentes as condições de probabilidade de efetivo aproveitamento.

12.2.7.6 Ajuste a valor presente na determinação dos lucros tributáveis futuros

Ressalta-se que tanto o CPC 12 – Ajuste a Valor Presente, como o CPC 32 – Tributos sobre a Renda, especificam que o Imposto de Renda Diferido Ativo e o Imposto de Renda Diferido Passivo não são passíveis de ajuste a valor presente, com a alegação, exposta no CPC 32, da impraticabilidade ou complexidade de programação da reversão de cada diferença temporária, para base de aplicação do desconto.

É uma determinação que tem toda a chance de desrespeitar a figura da representação fidedigna. Principalmente no Brasil onde esses valores assumem, não raro, valores muito relevantes.

12.2.7.7 Diferimento da despesa com a Contribuição Social sobre o Lucro Líquido

O tratamento contábil do diferimento de despesa com o imposto de renda é aplicável, também, ao diferimento da despesa com a contribuição social sobre o lucro líquido.

12.2.8 Recolhimentos mensais e trimestrais do imposto de renda

A legislação fiscal atual estabelece o recolhimento do imposto de renda mensal ou trimestralmente. O imposto de renda poderá ser determinado com base em lucro real ou estimado (no caso de recolhimento mensal).

Tratando-se de imposto com base no lucro real trimestral, ao final do exercício não deve haver imposto de renda a pagar ou a recuperar além daqueles já apurados nos trimestres fiscalmente encerrados. No entanto, tratando-se do imposto de renda com base em lucro estimado, ao final do ano o total recolhido mensalmente deve ser comparado àquele apurado com base no lucro real anual, e a eventual diferença deve ser recolhida ou compensada (ou restituída).

12.2.8.1 Recolhimento trimestral em bases reais

Nesse caso, a empresa deve levantar quatro balanços durante o ano (encerrados nos dias 31 de março, 30 de junho, 30 de setembro e 31 de dezembro) e, sobre os resultados apurados, recolher os tributos correspondentes. Nessa hipótese, a declaração de imposto de renda a ser feita não deve apresentar saldo de tributo nem a pagar, nem a restituir.

Contabilmente, o imposto de renda a pagar, ao final de cada trimestre com base no resultado, é computado no passivo. O imposto de renda apurado em cada trimestre deverá ser recolhido até o último dia útil do mês subsequente ao do encerramento do período de apuração, e o contribuinte poderá optar por dividir esse valor em até três quotas com vencimentos mensais e sucessivos, desde que cada quota não tenha valor inferior a R$ 1.000,00. No caso do pagamento parcelado, a primeira quota não sofrerá acréscimo, a segunda sofrerá acréscimo de 1%, e a terceira sofrerá acréscimo de 1% mais juros Selic do mês anterior.

Na Demonstração do Resultado do Exercício, a despesa com o imposto de renda deve estar considerada antes de chegar ao lucro líquido do exercício.

12.2.8.2 Recolhimento por estimativa

Opcionalmente, a empresa pode realizar os recolhimentos mensais do imposto de renda baseados em cálculos por estimativa, sobre o faturamento, ou fazê-los com base no **Lucro Real** com base em balancetes de suspensão ou redução, se o imposto devido sobre o lucro real do período em curso, líquido dos pagamentos já efetuados, for comprovadamente menor.

A tributação por estimativa requer a apuração do lucro real em 31 de dezembro de cada ano, ou na data de encerramento de suas atividades; os tributos recolhidos mensalmente são considerados antecipação do devido na declaração.

Os recolhimentos efetuados a título de antecipação devem reduzir o Imposto de Renda a Pagar do Passivo, pois, não obstante o recolhimento ser por estimativa, a entidade deve reconhecer o passivo sobre o resultado do período. A opção de recolhimento por estimativa é fiscal e não altera o conceito contábil.

Ao final do exercício, quando apurarmos o valor efetivo do imposto de renda, revertemos ou complementamos os registros anteriores efetuados em Imposto de Renda a Pagar.

Os valores dos pagamentos antecipados devem ficar registrados no ativo para compensação ao final do exercício do efetivo imposto devido.

12.2.8.3 Recolhimentos mensais ou trimestrais da Contribuição Social sobre o Lucro Líquido

De acordo com o art. 28 da Lei nº 9.430/1996, aplicam-se à contribuição social as mesmas periodicidade e forma de apuração adotadas pelas empresas para o imposto de renda (apuração em bases reais, trimestral ou anualmente, nessa segunda hipótese com pagamentos mensais por estimativa). Na Instrução Normativa RFB nº 1.700/2017, essa previsão se encontra no art. 31, § 7º.

Se uma empresa optar pela apuração anual do lucro real, no mês em que suspender ou reduzir o pagamento do imposto de renda mensal, com base em balanço ou balancete periódico, deverá, obrigatoriamente, calcular a CSLL pelo mesmo critério adotado para o IR.

Desse modo, são válidos para a contribuição social sobre o lucro líquido os mesmos procedimentos contábeis preconizados para o imposto de renda.

12.2.9 Lucro presumido

A tributação com base no lucro presumido é uma modalidade que dispensa a apuração do resultado contábil para se calcular o IRPJ e a CSLL. O lucro é encontrado com base no faturamento e nas demais receitas da empresa, sendo que são aplicados percentuais de presunção sobre o faturamento, de acordo com cada atividade desenvolvida. Há também receitas que compõem integralmente a base de cálculo dos tributos sobre o lucro, como é o caso de receitas decorrentes de aplicações financeiras e ganhos de capital, por exemplo.

Há restrições para que a empresa possa se enquadrar na modalidade e esse enquadramento é uma opção do contribuinte. Ao optar, em sendo o caso, o contribuinte deve estar ciente de que não apenas os tributos sobre o lucro são impactados, mas eventualmente a apuração do PIS e da Cofins também. Necessário, então, conhecer em detalhes os cenários para poder escolher adequadamente. Importante lembrar que nem todas as empresas podem optar pelo regime de tributação sobre o lucro, uma vez que há determinadas características, como atividade desenvolvida ou então faturamento, que podem obrigar a empresa a tributar seu lucro com base no lucro real.

A escrituração contábil, mais especificamente o resultado contábil, não é componente do cálculo dos tributos sobre o lucro nessa modalidade, mas há diversos fatores que levam à necessidade de escrituração contábil completa, não apenas a modalidade de tributação do lucro. Um exemplo é a apuração de lucro a ser distribuído aos sócios/acionistas sem incidência de imposto de renda, em casos em que o lucro contábil apurado é superior ao limite presumido de distribuição previsto na legislação fiscal.

Normalmente, a diminuição na complexidade na apuração dos tributos e na elaboração das obrigações acessórias são apontadas como vantagens dessa modalidade. Informações detalhadas sobre a apuração podem ser verificadas no Regulamento do Imposto de Renda – Decreto nº 9.580/2018, na Instrução Normativa RFB nº 1.700/2017 e nas leis relacionadas com o tema, destacando-se as Leis nos 8.898/1995, 9.430/1996 e Decreto-Lei nº 1.598/1977. Tem havido discussão sobre a classificação desses tributos na contabilidade das empresas sujeitas a esse regime. Afinal, se são calculados tais tributos diretamente sobre a receita, e fazem com que essa parte da receita não esteja à disposição da empresa, precisando ser recolhidos ao Tesouro, não compõem o conceito de Receita para fins contábeis (ver Capítulo 18). Precisam esses tributos ser reconhecidos, portanto, como redutor da Receita Bruta e não como despesas ao final da demonstração do resultado.

12.3 Provisões, passivos contingentes e ativos contingentes

12.3.1 Provisões

12.3.1.1 Conceitos iniciais

Conforme o CPC 25 – Provisões, Passivos Contingentes e Ativos Contingentes, as provisões são obrigações presentes, derivadas de eventos passados, em que existe uma expectativa provável de saída de recursos para a liquidação da obrigação e que possam ser mensuradas com confiabilidade. Em sua essência, portanto, as provisões atendem ao conceito de passivo e, consequentemente, devem ser reconhecidas nas demonstrações contábeis como tal.

Na verdade, as provisões são passivos com prazos ou valores incertos. Portanto, as provisões se diferenciam dos demais passivos, como impostos a pagar ou fornecedores, porque há incerteza sobre o prazo ou o valor do desembolso futuro necessário para a sua liquidação. Essa incerteza, todavia, não descaracteriza a existência de uma obrigação que deve ser reconhecida no Passivo. Podemos citar como exemplos as provisões para riscos fiscais, trabalhistas e cíveis, as provisões para danos ambientais, as provisões para reestruturação, para limpeza de sítios, entre outros.

Desde a adoção das normas internacionais no Brasil, deixaram de ser chamados provisões alguns tipos de passivos. É o caso de obrigações já existentes, registradas no período de competência, em que não existe grau de incerteza relevante. Assim, pode-se dizer que já se caracterizam como passivos genuínos e não devem ser reconhecidos como "provisões". São exemplos desses passivos as férias e o 13º salário devidos aos funcionários, bem como os respectivos encargos sociais, os dividendos mínimos obrigatórios propostos, as gratificações e participações devidas aos empregados e administradores, as participações de partes beneficiárias e outros. Esses devem ser contabilizados como "férias a pagar", "décimo terceiro a pagar", "encargos sociais a pagar", "dividendos a pagar" etc.

Adicionalmente, também desde a adoção das IFRS no Brasil, deixou-se de utilizar o termo **provisão** para o caso de redução do valor de um ativo (por exemplo, depreciação acumulada e desvalorização de ativos) cuja mensuração decorra de alguma estimativa. Assim, o termo **provisão** refere-se apenas aos passivos com prazo ou valor incertos e não deve ser utilizado para estimativa de perdas em ativos, como perdas por crédito de liquidação duvidosa, depreciação acumulada, perdas por *impairment* etc.

Por fim, é importante também diferenciar as provisões dos passivos contingentes, já que as primeiras são contabilizadas e os últimos são apenas divulgados em nota explicativa. Conforme o item 13(b) do CPC 25, os passivos contingentes não são reconhecidos como passivos porque são obrigações em que a probabilidade de saída de recursos é apenas possível e não provável ou porque não pode ser feita uma estimativa suficientemente confiável do seu valor. Portanto, os passivos contingentes devem ser apenas divulgados em nota explicativa.

O que diferencia a probabilidade que leva à classificação como provável ou possível para o fim discutido é simplesmente: mais provável que sim do que não, ou o inverso. Dessa forma, a provisão só assume essa natureza se for mais provável que haverá o futuro desembolso do que não.

12.3.1.2 Reconhecimento e mensuração

Alinhadas com as definições expostas, são definidas três condições que devem ser satisfeitas para o reconhecimento das provisões (item 14 do CPC 25):

"a) a entidade tem uma obrigação presente (legal ou não formalizada) como resultado de um evento passado;

b) seja provável que será necessária uma saída de recursos que incorporam benefícios econômicos para liquidar a obrigação; e

c) possa ser feita uma estimativa confiável do valor da obrigação."

A **obrigação presente** caracteriza-se por evidência disponível de que é mais provável que vá existir a obrigação do que não. Na maioria dos casos, essas evidências serão claras, mas quando as evidências não forem tão claras, pode-se recorrer, como no caso de processos judiciais, à opinião de peritos. Ainda com relação às evidências, qualquer evidência adicional proporcionada por eventos após a data do balanço deve ser considerada.

Um **evento passado** é aquele que tem condições de criar obrigações. As obrigações são criadas quando a entidade não tem outra alternativa senão liquidar a obrigação gerada do evento, seja por imposição legal ou pelo fato de o evento criar expectativas válidas em terceiros de que a entidade cumprirá a obrigação, dadas as práticas passadas da empresa, política de atuação ou declaração. Não são reconhecidas contabilmente obrigações a derivarem de fatos geradores contábeis futuros, como no caso de expectativa de se decidir por fazer uma reestruturação na empresa em futuro mesmo que próximo.

Não são também contabilizáveis as obrigações que estejam vinculadas a direitos, em que nenhuma das partes cumpriu o que lhe cabe. São os denominados contratos executórios ou contratos a executar. Por exemplo, a assinatura de um contrato de compra de uma mercadoria é um evento que não gera, por si só, obrigação reconhecível contabilmente, porque há desde já a obrigação de pagar pela mercadoria, mas há o direito de recebê-la. Há direitos e obrigações, mas não há ainda um ativo sob controle a ser registrado e não há obrigação a ser reconhecida. Pode também ser o caso de assinaturas de contratos para construção de um ativo, de obtenção de financiamento junto a um banco etc. Os contratos executórios só são contabilizáveis quando derivados de uma norma contábil específica. É o caso, por exemplo, do CPC 06 (R2), que determina a obrigação de registro da obrigação **derivada de aluguel, de arrendamento e semelhantes em determinadas situações**. Ver Capítulo 13.

Para o reconhecimento do passivo, além de uma obrigação presente decorrente de um evento passado, é condicionante a **probabilidade de saída de recursos** que incorporam benefícios econômicos futuros (ativos) para sua liquidação, sendo que a probabilidade é maior de ocorrer do que de não ocorrer (ou seja, saída provável).

As estimativas são essenciais quando se trata de provisões devido à sua característica intrínseca de incerteza. A **estimativa confiável** é resultante da capacidade de a entidade determinar um conjunto de desfechos possíveis. A estimativa aplicada para mensuração do valor é a "melhor estimativa" do desembolso para liquidação existente na data do balanço, ou seja, o valor requerido na hipótese de a entidade pagar para liquidar a obrigação ou transferi-la para terceiros nesse momento. Ou seja, quando uma única obrigação estiver sendo mensurada, o desfecho a ser considerado deve ser o mais provável, com a devida divulgação das incertezas sobre o valor, cronograma de desembolsos e premissas utilizadas.

Porém, quando a provisão a ser mensurada envolve grande quantidade de itens, deve ser utilizando o método do "valor esperado", que consiste em estimar a provisão ponderando-se todos os possíveis desfechos pelas suas probabilidades associadas. Quando houver uma escala contínua de desfechos possíveis, e cada ponto nessa escala é tão provável como qualquer outro, usa-se o ponto médio da escala.

As estimativas levam em consideração os **riscos** e as **incertezas**, sendo que o risco representa a variabilidade dos desfechos possíveis. Entretanto, as condições de incerteza não devem servir de argumento para a escolha arbitrária do desfecho mais adverso, com criação excessiva de provisões e com uma postura conservadora que chegue a reduzir a relevância do valor divulgado. E nem pode também ser considerado o cenário mais otimista escolhido por mera deliberação. Uma postura conservadora que resulte em criação excessiva de provisões, assim como a escolha por mera deliberação do cenário mais favorável, contraria a neutralidade preconizada pelo Pronunciamento Conceitual Básico (R2) do CPC, impedindo a representação fidedigna da realidade. Prudência é uma coisa, conservadorismo é outra. Este, às vezes caracterizado como excesso de prudência, deforma a demonstração contábil.

É importante observar que, quando a liquidação da provisão for esperada para ocorrer em um prazo superior a um ano, o valor da provisão deve ser o valor presente dos desembolsos que se espera que sejam exigidos para liquidar a obrigação. Nesse caso, o valor da provisão deve aumentar em decorrência da passagem do tempo, sendo que esse aumento deve ser reconhecido como despesa financeira no resultado do exercício.

Adicionalmente, a reavaliação periódica é de extrema importância em um passivo mensurado por meio de estimativas, como as provisões. Sendo assim, ao final de cada exercício as provisões devem ser reavaliadas e ajustadas para refletir a melhor estimativa corrente sobre sua classificação, montante e data de exigibilidade. Se há uma alteração nas estimativas da empresa e não for mais provável a expectativa de saída de recursos para liquidar a obrigação, tal provisão deve ser revertida.

Algumas outras considerações importantes sobre provisões são:

a) Uma obrigação envolve sempre outra parte a quem se deve a obrigação, mesmo que não seja identificável (público em geral), o que implica que uma decisão da administração não dá origem por si só a uma obrigação, a menos que a decisão tenha sido comunicada antes da data do balanço aos afetados de forma a gerar uma expectativa válida de seu cumprimento (item 20); é o caso de obrigações derivadas de plano de reestruturação que não esteja ainda formalmente aprovado e dado a conhecer aos interessados.

b) Um evento que não gera imediatamente uma obrigação pode gerá-la em data posterior, por força de alterações em alguma lei (obrigação legal) ou pelo fato de algum ato da entidade (obrigação não formalizada) dar origem a uma obrigação (itens 21 e 22).

c) No caso de várias obrigações semelhantes, a avaliação da probabilidade de saída de recursos deverá considerar o tipo de obrigação como um todo (exemplo, garantias sobre produtos), pois a probabilidade de saída de recursos pode ser pequena para o item isoladamente, mas provável quando se considera o tipo de obrigação como um todo (item 24).

d) A provisão é mensurada antes dos impostos e as consequências fiscais da provisão são tratadas no CPC 32 – Tributos sobre o Lucro (item 41).

e) Eventos futuros que possam afetar o valor de liquidação de uma obrigação devem estar refletidos no valor de uma provisão quando existir evidência objetiva suficiente de que eles ocorrerão, tais como mudanças tecnológicas que alterem algum custo no futuro (itens 48, 49 e 50).

f) Ganhos de alienação esperada de ativos não devem ser levados em consideração ao se mensurar uma provisão, mesmo se estiverem intimamente ligados ao evento que dá origem à provisão (itens 51 e 52).

g) Uma provisão deve ser utilizada somente para os desembolsos para os quais fora originalmente reconhecida e apenas esses desembolsos devem ser compensados (itens 61 e 62).

12.3.2 Passivo contingente

Os passivos contingentes são definidos pelo CPC 25, item 10, como "uma obrigação possível que resulta de eventos passados e cuja existência será confirmada apenas pela ocorrência ou não de um ou mais eventos futuros incertos não totalmente sob controle da entidade" ou como uma obrigação presente que resulta de eventos passados, mas que não é reconhecida porque não é provável que uma saída de recursos seja necessária para sua liquidação ou porque o seu valor não pode ser mensurado com confiabilidade. Ou seja, se a probabilidade de não haver o desembolso for maior do que a de haver, tem-se o passivo contingente (a não ser que a probabilidade chegue ao ponto de ser considerada remota).

Os passivos contingentes, portanto, não devem ser reconhecidos como obrigações nas demonstrações contábeis, sendo necessária, todavia, a sua divulgação em notas explicativas. Entretanto, quando a possibilidade de saída de recursos for remota, a divulgação não será exigida.

Os requisitos de divulgação dos passivos contingentes estão previstos no item 86 do CPC 25, que determina que a empresa deve divulgar, para cada classe de passivo contingente, uma breve descrição da natureza desse passivo. Além disso, quando praticável, deve divulgar também uma estimativa do seu efeito financeiro, as incertezas relacionadas com a estimação do valor e do momento de ocorrência de qualquer saída de recursos e também qualquer possibilidade de reembolso.

Os passivos contingentes devem ser avaliados periodicamente, pois uma saída de recursos pode tornar-se "inesperadamente" provável, com necessidade, nesse caso, do reconhecimento de uma provisão nas demonstrações contábeis do período em que ocorreu a mudança na estimativa, logicamente considerando as demais condições para seu reconhecimento.

Em resumo, as obrigações presentes tratadas neste capítulo devem ser avaliadas e classificadas, segundo a probabilidade de saída de recursos, em: (a) provável; (b) possível; ou (c) remota. Sendo, respectivamente: (a) uma provisão; (b) um passivo contingente divulgado; e (c) um passivo contingente não divulgado. Quando a obrigação for classificada como provável, mas não existir estimativa confiável, divulga-se um passivo contingente. O esquema apresentado a seguir, com base no Apêndice A do CPC 25, ilustra essa classificação, bem como o tratamento contábil que deve ser utilizado.

Probabilidade de ocorrência do desembolso		Tratamento contábil
Obrigação presente provável	Mensurável por meio de estimativa confiável	Uma provisão é reconhecida e é divulgada em notas explicativas
	Não mensurável por inexistência de estimativa confiável	Divulgação em notas explicativas
Possível (mais provável que não tenha saída de recursos do que sim)		Divulgação em notas explicativas
Remota		Não divulga em notas explicativas

12.3.3 Ativo contingente

Os ativos contingentes surgem da possibilidade de entrada de benefícios econômicos para entidade de eventos não esperados ou não planejados. Esses ativos não são reconhecidos nas demonstrações contábeis até que a realização de ganho seja praticamente certa, o que deixa de caracterizá-lo como contingente. Como exemplo de ativos contingentes, podemos citar reivindicações que a empresa esteja fazendo por meio de processos legais, em que o desfecho é incerto e dependa de eventos futuros que não estão sob seu controle. Mesmo que as expectativas sejam consideradas prováveis, não se registram esses direitos; somente quando "virtualmente certos".

Enquanto caracterizados como ativo contingente, deve-se divulgar em notas explicativas quando for provável e relevante a entrada de benefícios econômicos futuros. Diante disso, a avaliação periódica do ativo contingente é necessária, sendo reconhecido um ativo somente quando for praticamente certa a entrada dos benefícios econômicos no período em que ocorrer a mudança de estimativa. Como decorrência desse tratamento previsto, segue o esquema abaixo, com base no Apêndice A do CPC 25:

Probabilidade de ocorrência da entrada de recursos	Tratamento contábil
Praticamente certa	O ativo não é contingente, um ativo é reconhecido
Provável, mas não praticamente certa	Nenhum ativo é reconhecido, mas existe divulgação em notas explicativas
Não é provável	Nenhum ativo é reconhecido, não divulga em notas explicativas

12.3.4 Reembolso

Uma entidade pode esperar que outra pague parte ou todo o desembolso necessário para liquidar uma obrigação reconhecida como provisão em virtude de contratos de seguro, cláusulas de indenização garantias de fornecedores etc. Os valores podem ser reembolsados ou pagos diretamente por essa outra parte. No caso de a entidade permanecer comprometida pela totalidade do valor em questão, ou seja, a entidade tem a responsabilidade de liquidar o valor, é reconhecida uma provisão para o valor inteiro do passivo e é reconhecido um ativo separado pelo reembolso esperado, desde que seu recebimento seja praticamente certo se a entidade liquidar o passivo.

A característica do reembolso é a possibilidade de algum ou todos os desembolsos necessários para liquidar uma provisão serem reembolsados por outra parte. Deve ser **praticamente certo** o recebimento do reembolso no caso de liquidação da obrigação para seu reconhecimento **como ativo**, não podendo ultrapassar o valor da provisão. Apenas na demonstração do resultado é que existe a possibilidade de reconhecimento líquido (despesa de provisão líquida do reembolso). No balanço, devem aparecer o ativo e o passivo, sem compensação de saldos.

Quando a entidade não estiver comprometida diretamente pela liquidação e sim uma terceira parte, se apenas conjunta e solidariamente assumirá a obrigação no caso de não ser efetuado o pagamento pela terceira parte, não existe nenhum passivo relativo ainda. Não existe uma provisão, mas um passivo contingente, uma vez que se espera que a obrigação seja liquidada pelas outras partes.

12.3.5 Exemplos de provisões

Alguns exemplos típicos que podem gerar o reconhecimento de provisões são:

a) Provisão para garantias de produtos, mercadorias e serviços.

b) Provisão para riscos fiscais, trabalhistas e cíveis.

c) Provisão para reestruturação.

d) Provisão para danos ambientais causados pela entidade.

e) Provisão para compensações ou penalidades por quebra de contratos (contratos onerosos).

f) Obrigação por retirada de serviço de ativos de longo prazo (*Asset Retirement Obligation* – ARO).

g) Provisão para benefícios a empregados (CPC 33 – Benefícios a Empregados).

h) Provisão para obrigação por devolução (CPC 47 – Receita de Contrato com Clientes).

O registro contábil será na maioria dos casos a débito de despesa do exercício no qual se registrou a receita (a origem da perda no caso de garantias concedidas, acordo de recompra etc.), ou quando ficar caracterizada a existência de uma obrigação presente e, quando isso não for possível, no exercício em que a empresa identificar a existência do respectivo passivo. Há casos nos quais o débito não será em conta de despesa, como acontece com a obrigações vinculadas ao processo de fabricação de bens, quando integra o custo desses bens no Ativo; ou a obrigação por retirada de serviço de ativos de longo prazo (ARO), e nesse caso especificamente o débito será na conta do Ativo Imobilizado que originou a obrigação a ser liquidada no futuro, conforme previsto no CPC 27 – Ativo Imobilizado (ver Seção 12.3.5.6). A conta de provisão poderá, dependendo da época prevista para sua liquidação, ser inserida tanto no Passivo Não Circulante como no Passivo Circulante. Como mencionado anteriormente, quando necessário, o

Ajuste a Valor Presente deverá ser uma conta retificadora da conta de provisões em contrapartida da rubrica de despesa utilizada, sendo reconhecida como despesa financeira a cada período *pro rata temporis*.

12.3.5.1 Provisão para garantias

Quando há várias obrigações semelhantes, a avaliação da probabilidade de que uma saída de recursos ocorra deverá considerar o tipo de obrigação como um todo. Em alguns casos, embora possa ser pequena a probabilidade de uma saída de recursos para qualquer item isoladamente, é provável que alguma saída de recursos ocorra para o tipo de obrigação quando avaliado no conjunto, ou seja, para alguns itens é provável que seja necessário o desembolso. A provisão para garantias é um desses casos, conforme observado no exemplo extraído do item 39 do CPC 25 e apresentado a seguir.

> **Exemplo**
>
> A entidade vende bens com uma garantia segundo a qual os clientes estão cobertos pelo custo da reparação de qualquer defeito de fabricação que se tornar evidente dentro dos primeiros seis meses após a compra. Se forem detectados defeitos menores em todos os produtos vendidos, a entidade irá incorrer em custos de reparação de R$ 1 milhão. Se forem detectados defeitos maiores em todos os produtos vendidos, a entidade irá incorrer em custos de reparação de R$ 4 milhões. A experiência passada da entidade e as expectativas futuras indicam que, para o próximo ano, 75% dos bens vendidos não terão defeito, 20% dos bens vendidos terão defeitos menores e 5% dos bens vendidos terão defeitos maiores. Assim, o valor esperado do custo das reparações é: (75% × R$ 0) + (20% × R$ 1 milhão) + (5% de R$ 4 milhões) = R$ 400.000.
>
> Esta pode ser considerada a melhor estimativa do desembolso exigido para liquidar a obrigação presente na data do balanço. Quando se está mensurando ampla quantidade de itens, deve-se estimar a provisão, ponderando-se todos os possíveis desfechos em relação à possibilidade de sua ocorrência.

12.3.5.2 Provisão para riscos fiscais, trabalhistas e cíveis

É muito comum o reconhecimento de provisões relacionadas com a existência de ações judiciais exigindo o pagamento de autuações fiscais, reclamações trabalhistas ou indenizações a fornecedores ou clientes. Nos casos em que a administração, em conjunto com seus advogados, considere provável o desembolso futuro, e sejam atendidos os requisitos estabelecidos no CPC 25, a empresa deve reconhecer as respectivas provisões.

> **Exemplo**
>
> Existe um processo trabalhista contra a empresa e é provável que ocorra o pagamento da indenização trabalhista. A probabilidade de ocorrência dos desembolsos futuros é dada pela tabela a seguir:
>
> | Cenários | Desembolso (R$ Mil) | Probabilidade de ocorrência |
> |----------|---------------------|-----------------------------|
> | A | 100 | 10% |
> | B | 90 | 60% |
> | C | 80 | 30% |
>
> Como o cenário B apresenta a maior probabilidade de ocorrência, é recomendável que essa provisão seja reconhecida pelo valor de $ 90, pois representa a melhor estimativa. Entretanto, pode ocorrer uma situação em que a distribuição de valores e de probabilidades seja conforme a tabela a seguir:
>
> | Cenários | Desembolso (R$ Mil) | Probabilidade de ocorrência |
> |----------|---------------------|-----------------------------|
> | A | 150 | 35% |
> | B | 90 | 40% |
> | C | 70 | 25% |
>
> Nesse caso, o cenário B apresenta a maior probabilidade de ocorrência, mas existe grande variabilidade na expectativa dos desembolsos futuros, além de as diferenças entre as probabilidades de ocorrência serem pequenas. Nota-se que o valor médio esperado (ponderação entre desembolso e a probabilidade) apresenta um montante de $ 106, isto é, superior ao valor com maior probabilidade ($ 90). Adicionalmente, a probabilidade de ocorrência do cenário A não é nada desprezível (35% de chance de o desembolso ser de $ 150).
>
> Como as expectativas, nos cenários A e B, são muito parecidas, em circunstâncias como essas, o julgamento da administração, baseado na experiência passada e na expectativa futura, é fundamental para a determinação do montante de provisão mais adequado.

12.3.5.3 Provisão para reestruturação (inclusive a relativa à descontinuidade de operações)

Entende-se por **reestruturação**, nos termos da norma, o programa planejado e controlado pela administração que altera materialmente o âmbito do negócio empreendido pela entidade ou a maneira como o negócio é conduzido. O CPC 25 trata das condições e características da provisão para reestruturação decorrente de **obrigações não formalizadas**. Enquadram-se na definição de reestruturação os eventos oriundos da venda ou extinção de uma linha de negócios; fechamento de fábricas ou locais de negócios de um país ou região ou sua realocação; mudanças na estrutura da administração, como, por exemplo, a eliminação de níveis gerenciais; e reorganizações com efeito relevante na natureza e foco das operações da entidade.

O CPC 25 determina que os critérios gerais para o reconhecimento de provisão devem ser atendidos nas reestruturações. Com relação às condições para que o processo de reestruturação dê origem ao reconhecimento de uma provisão, devem existir: (a) um plano formal detalhando a operação de reestruturação; (b) uma expectativa válida naqueles que serão afetados pelo processo de reestruturação, seja iniciando a implementação do plano ou pelo anúncio das principais características e impactos do referido plano.

Uma provisão para reestruturação deve incluir somente os desembolsos diretos decorrentes da operação de reestruturação, que são: (a) necessariamente ocasionados pela reestruturação; e (b) não associados às atividades em andamento da entidade. Com isso, a provisão não deve incluir custos relacionados com: (a) novo treinamento ou remanejamento da equipe permanente; (b) propaganda e marketing; ou (c) investimentos em novos sistemas e redes de distribuição.

> **Exemplo**
>
> Em reunião da administração da entidade em dezembro de 20X1, ficou decidido que seria efetuada uma reestruturação com redução de níveis hierárquicos, demissões e fechamento de unidades deficitárias. Foram aprovadas as principais linhas do plano de reestruturação, mas ainda sem divulgação às partes envolvidas. Em 31 de dezembro de 20X1, a provisão ainda não deve ser constituída, pois o plano não foi divulgado para as partes envolvidas. No caso de a comunicação ser feita antes de 31 de dezembro de 20X1, o balanço deve contemplar provisão para fazer face à melhor estimativa dos custos a incorrer por conta da reestruturação.

12.3.5.4 Provisão para danos ambientais

Algumas obrigações podem ser originadas por penalidades ou custos para reparação de danos ambientais ilegais, com provável saída de recursos que incorporam benefícios econômicos para liquidação, independentemente das ações futuras da entidade. Assim, a entidade reconhece uma provisão em virtude dos custos de descontinuidade de um poço de petróleo ou de uma central elétrica nuclear na medida em que a entidade é obrigada a retificar danos já causados, ou então vegetação já retirada para a colocação de equipamentos que depois serão removidos etc.

Podem-se causar danos ambientais, mas não haver obrigação para reparos. Porém, o fato de ter havido o dano torna-se um evento que cria obrigações quando uma nova lei exige que o dano existente seja retificado ou quando a entidade publicamente aceita a responsabilidade pela retificação de modo a criar uma obrigação não formalizada. Entretanto, enquanto os detalhes da nova lei proposta não estiverem finalizados, a obrigação surgirá somente quando for **praticamente certo** que a legislação será promulgada. Em muitos casos, será impossível estar praticamente certo da promulgação da legislação até que ela seja efetivamente promulgada.

Quando existe relação de dependência de ações futuras e a entidade pode evitar os gastos futuros pelas suas próprias ações (exemplo: alterando o seu modo de operar), ela não tem nenhuma obrigação presente relativamente a esse gasto futuro e nenhuma provisão é reconhecida. Um exemplo seria a necessidade, seja por pressões comerciais ou exigências legais, de a entidade operar de determinada forma no futuro, o que geraria gastos (exemplo: montagem de filtros de fumaça em certo tipo de fábrica), mas ela poder ter a possibilidade de trocar de tecnologia, o que evitaria a troca dos filtros.

> **Exemplo**
>
> Uma entidade realiza extração de minério em que o contrato de licença prevê a restauração do local. Os custos eventuais são relativos e proporcionais ao percentual da área explorada de extração. Na data do balanço, a extração ainda não foi iniciada efetivamente, mesmo sendo praticamente certo o planejamento de extração. Obrigação presente como resultado de evento passado que gera obrigação – ainda não tem, pois na data do balanço ainda não há obrigação de corrigir o dano que será causado pela extração do petróleo. Uma provisão não é reconhecida nesse momento.
>
> No caso de extração, em que a sondagem do solo já foi responsável por 10% de dano que será causado, existe a necessidade de reconhecimento de 10% da melhor estimativa dos custos eventuais, pois esses estão relacionados com a sondagem do solo e a restauração dos danos causados por esse evento. O restante será reconhecido enquanto for sendo completado o imobilizado. E todo esse custo é debitado ao custo do imobilizado, a crédito da provisão. Afinal, quando o imobilizado estiver pronto, mesmo antes de começar a efetiva extração do minério, a obrigação integral já existirá, e dessa forma estará reconhecida no passivo.

12.3.5.5 Provisão para compensações ou penalidades por quebra de contratos (contratos onerosos)

De acordo com CPC 25, item 10, um contrato oneroso "é um contrato em que os custos inevitáveis de satisfazer as obrigações do contrato excedem os benefícios econômicos que se espera sejam recebidos ao longo do mesmo contrato". No caso de existir um contrato oneroso, será reconhecida a obrigação presente de acordo com o contrato e deve ser reconhecida e mensurada como provisão. Os custos inevitáveis refletem o menor custo líquido de sair do contrato, e este é determinado com base em: (a) custo de cumprir o contrato; ou (b) custo de qualquer compensação ou de penalidades provenientes do não cumprimento do contrato, dos dois o menor.

Contratos podem ser cancelados sem pagar compensação à outra parte e, portanto, não há obrigação. Outros contratos estabelecem direitos e obrigações para cada uma das partes. Quando os eventos tornam esse contrato oneroso, deve ser reconhecido um passivo. Entretanto, antes de ser estabelecida uma provisão separada para um contrato oneroso, a entidade deve reconhecer qualquer perda decorrente de desvalorização que tenha ocorrido nos ativos relativos a esse contrato.

> **Exemplo**
>
> Uma entidade assina contrato para a produção de um bem sob encomenda, orça os custos e define o preço de forma irrevogável e irretratável. Se a empresa percebe que essa encomenda lhe dará prejuízo, precisa reconhecer a perda pelo contrato oneroso como a diferença entre tudo que gastou e pretende gastar, contra tudo que recebeu e tenha direito a receber.
>
> Um contrato pode ser oneroso e não exigir a constituição de um novo passivo. Por exemplo, uma entidade tem sua sede em imóvel alugado e durante dezembro de 20X5 muda o local de sua sede. Porém, o aluguel da antiga sede terá que ser pago por mais dois anos em virtude de cláusula que impede o cancelamento e a sublocação. A obrigação pelo aluguel já está reconhecida por efeito do CPC 06 (R2) Arrendamentos; o contrato se tornará oneroso porque o ativo direito de uso terá que ser baixado pela renúncia a ele; talvez o passivo possa ser diminuído se o prazo relativo à indenização for inferior ao prazo total do contrato na sua origem. Nesse caso, não há provisão a constituir, mas eventual ajuste no passivo e a baixa do ativo.

12.3.5.6 Obrigação por retirada de serviço de ativos de longo prazo (*Asset Retirement Obligation* – ARO)

A obrigação para retirada de serviço de ativos de longo prazo (ARO) é um exemplo bem característico em companhias que atuam no segmento de extração de minérios metálicos, de petróleo e termonuclear. Os custos e as despesas a serem incorridos no futuro para retirada de serviço de seus ativos de longo prazo devem ser incorporados ao custo dos ativos com o reconhecimento de uma provisão. Esse tópico foi tratado em mais detalhes no Capítulo 7 – Ativo Imobilizado e Propriedade para Investimento.

12.3.5.7 Provisão para benefícios a empregados (CPC 33 – Benefícios a Empregado)

Os benefícios a empregados que são tratados pelo CPC 33 (R1) incluem benefícios de curto prazo, como ordenados, salários e contribuições para a previdência social, licença anual remunerada, licença médica remunerada e participação nos lucros e bônus, e benefícios pós-emprego relacionados com aposentadoria, seguro de vida e assistência médica pós-emprego; também inclui benefícios de longo prazo, tais como ausências remuneradas de longo prazo, benefícios por tempo de serviço e benefícios por invalidez de longo prazo; sem deixar de lado benefícios rescisórios.

No caso de benefícios de curto prazo aos empregados, quando estes tiverem prestado serviço à entidade durante o período contábil, devem ser reconhecidos a despesa e o passivo no montante não descontado dos benefícios de curto prazo que se espera pagar em troca desse serviço. Exemplo: uma empresa possui um plano de participação nos lucros segundo o qual 2,0% do resultado é distribuído aos empregados que trabalharam durante todo o ano. Em função da rotatividade dos empregados, a empresa tem como realizar uma estimativa confiável, pois, segundo informações de que dispõe, é provável que o valor a ser pago será em torno de 1,5%. Nesse caso, a empresa deve reconhecer no passivo e na despesa o valor que espera efetivamente pagar.

Outro exemplo seria a concessão de benefícios rescisórios a empregados, segundo os quais eles passam a ter o direito de receber determinado montante pela rescisão do contrato. No caso de concessão de benefícios rescisórios sem contraprestação de serviços por parte dos empregados, a entidade deve reconhecer o passivo e a despesa com benefícios rescisórios. O momento desse reconhecimento deve ser quando a entidade não puder mais cancelar a oferta desses benefícios, ou quando a entidade reconhecer os custos de reestruturação que estiverem no alcance do CPC 25 e envolverem o pagamento de benefícios rescisórios.

Há circunstâncias nas quais a mensuração se torna mais complexa, como em casos de benefícios pós-emprego caracterizados como planos de benefício definido, uma vez que são necessárias premissas atuariais para mensurar a obrigação e a despesa do plano e existe a possibilidade de existência de ganhos e perdas atuariais. Consulte o Capítulo 19.

12.3.5.8 Obrigação por devolução (CPC 47 – Receita de Contrato com Cliente)

Em alguns casos, a venda é realizada e o cliente tem direito de devolver o produto e receber algo por essa devolução, como reembolso total ou parcial do que já foi pago, créditos a serem compensados com valores devidos, ou outro produto em troca. Nesses casos, a empresa deve reconhecer a receita pelo valor que espera efetivamente receber, enquanto o valor relacionado a produtos que espera que sejam devolvidos deve figurar no passivo. A empresa também deve reconhecer em seu ativo o valor dos produtos que espera recuperar por ocasião da liquidação da obrigação junto ao cliente. Trocas por produtos do mesmo tipo, qualidade, preço e condição não são consideradas devolução para as finalidades de aplicação do procedimento contábil aqui descrito.

> Com o passar do tempo, as devoluções se concretizarão ou não, e a empresa procederá os devidos lançamentos contábeis para refletir a realidade da situação conforme o caso.

Exemplo

Uma empresa vende 100 produtos a R$ 1.000 cada, sendo que o custo unitário é de R$ 700. A empresa permite que seus clientes efetuem devoluções e sejam reembolsados pelos valores já pagos. Tem como estimar com segurança que espera devolução de 2% do que foi vendido.

Ao realizar a venda, a empresa vai reconhecer inicialmente como receita bruta o valor total da transação, R$ 100.000 (100 unidades a R$ 1.000 cada), com contrapartida no caixa (venda à vista). Na sequência, será registrado o valor de R$ 2.000 relacionado com a estimativa de devolução a débito em conta retificadora da receita bruta e a crédito em conta de passivo, denominada "obrigação por devolução", que representa o valor que a empresa espera ter que devolver ao cliente. O valor que nesse momento figura como receita líquida corresponde, então, à parte a que a empresa espera ter direito, os 98% da venda.

O valor do custo deve ser igualmente ajustado a 98% da transação, pois esse é o custo que deve ser confrontado com a receita. Da mesma forma, o valor correspondente ao custo das duas unidades (R$ 1.400) que a empresa espera serem devolvidas deve ficar registrado no ativo, em conta específica de "Estoques a recuperar". Portanto, a empresa deve fazer um lançamento de débito na conta de "Estoques a recuperar" e a crédito em uma conta retificada do CVM, denominada "CVM – por devoluções prováveis", no valor de R$ 1.400.

12.3.6 O exemplo 4-a do Anexo II da NPC 22 do Ibracon

O exemplo 4-a do Anexo II da NPC 22 do Ibracon, norma que foi aprovada pela Deliberação CVM nº 489/2005 (já revogada), relatava o caso de introdução de um novo tributo ou alteração de alíquota, inserido por dispositivo legal, que a empresa considerava inconstitucional. O caso referenciado afirmava que, por existir uma obrigação legal de pagar à União, essa deveria ser registrada, inclusive com os juros e outros encargos, se aplicáveis, sem a necessidade de nenhum tipo de avaliação quanto à existência efetiva de um passivo (com o que não concordamos). O exemplo ainda afirmava que se tratava de uma obrigação legal e não de uma provisão ou de uma contingência passiva, considerando os conceitos da NPC 22 do Ibracon.

Assim, segundo esse exemplo, não poderiam deixar de ser registradas, e como passivo, quaisquer obrigações derivadas de lei mesmo que a empresa e/ou a jurisprudência afirmassem serem os tributos indevidos.

Jamais concordamos com essa interpretação, e consideramos o assunto encerrado com as novas normas. Para quem quiser mais detalhes, consulte-se a versão anterior deste *Manual*.

12.4 Tratamento para as pequenas e médias empresas

Os conceitos abordados neste capítulo também são aplicáveis às entidades de pequeno e médio portes. Para mais detalhamento, consulte o CPC PME – Contabilidade para Pequenas e Médias Empresas.

13

Arrendamentos Mercantis, Aluguéis e Outros Direitos de Uso

13.1 Introdução

Os Capítulos 13 e 24 da 3ª edição do *Manual de contabilidade societária* trataram das operações que envolvem determinados aluguéis, arrendamentos, concessões, parcerias, cessões de uso etc. O nome do Pronunciamento Técnico CPC 06 (R2) é Arrendamentos, mas ele cuida de muito mais do que isso. Trata-se da contabilização de determinadas operações que, independentemente do nome e da forma jurídica, transferem o direito de uso de um ativo para uma empresa sob determinadas condições.

Até 2019 só se dava esse tratamento especial ao denominado "arrendamento mercantil financeiro", como consta no Capítulo 13 da 3ª edição. Essas regras ainda valem para as entidades arrendadoras. Assim, seja uma entidade de arrendamento mercantil submetida ao Banco Central, seja uma empresa que empresta um ativo a terceiros, na figura de arrendadora, faz-se necessário obedecer aos critérios que já estavam em vigência no Brasil desde 2008. Portanto, tudo o que está nos Capítulos 13 e 24 (Seção 24.4) da edição anterior deste *Manual*, relativo à arrendadora, continua valendo.

Mas a contabilização na arrendatária não só sofreu enorme ampliação, como foi muito modificada. O próprio Capítulo 13 da 3ª edição, ao final da Seção 13.9.1, já alertava para essas mudanças. Portanto, de 2019 em diante, nada mais do que está na Seção 13.9 da 3ª edição tem validade para o arrendatário.

O Capítulo 24 da 3ª edição, por outro lado, já mostrava tudo o que iria acontecer a partir de 2019, e assim, tudo o que nele está escrito permanece em vigência para o arrendatário. Aqui, vamos cuidar apenas de alguns pontos que se tornaram mais relevantes no decorrer de 2019, principalmente a partir de discussões que culminaram no Ofício-circular/CVM/SNC/SEP/nº 02/2019 e em parte do Ofício-circular/CVM/SNC/SEP/nº 01/2020.

13.2 Objetivo e alcance

O objetivo do CPC 06 (R2) é estabelecer os princípios para reconhecimento, mensuração, apresentação e divulgação de arrendamentos de forma a garantir que arrendatários e arrendadores forneçam informações relevantes que representem fielmente essas transações. Essas informações fornecem a base para que usuários de demonstrações contábeis avaliem o efeito que os arrendamentos têm sobre a posição financeira, o desempenho financeiro e os fluxos de caixa da entidade.

De acordo com o item 3, a entidade deve aplicar o CPC 06 (R2) a todos os arrendamentos, incluindo arrendamentos de ativos de direito de uso em subarrendamento, **exceto** para:

a) arrendamentos para explorar ou usar minerais, petróleo, gás natural e recursos não renováveis similares;

b) arrendamentos de ativos biológicos dentro do alcance do CPC 29 – Ativo Biológico e Produto Agrícola, mantidos por arrendatário;

c) acordos de concessão de serviço dentro do alcance da ICPC 01 – Contratos de Concessão;

d) licenças de propriedade intelectual concedidas por arrendador dentro do alcance do CPC 47 – Receita de Contrato com Cliente; e

e) direitos detidos por arrendatário previstos em contratos de licenciamento dentro do alcance do CPC 04 – Ativo Intangível para itens como: filmes, gravações de vídeo, reproduções, manuscritos, patentes e direitos autorais.

Além disso, o arrendatário pode, mas não é obrigado a, aplicar o CPC 06 (R2) a arrendamentos de ativos intangíveis que não sejam aqueles descritos no item (e) anterior.

É importante destacar que, em razão da crítica ao modelo contábil anterior de *leasing*, o IASB acabou por alterar o modelo contábil dos arrendatários; porém, o modelo dos arrendadores permaneceu essencialmente o mesmo. Desse modo, veremos, inicialmente, o modelo contábil dos arrendatários e, posteriormente, o dos arrendadores.

Mas antes disso cabe-nos ressaltar novamente que não apenas as transações "formais" de arrendamento (de aluguel ou outro contrato que transfira o direito de uso) devem ser contabilizadas segundo o CPC 06 (R2). Segundo os itens 9 e B9 a B31 do CPC 06 (R2), um contrato é, ou contém, um arrendamento se ele transmite o direito de controlar o uso de ativo identificado por um período de tempo em troca de contraprestação. Isso significa que até um contrato de fornecimento de mercadorias, caso se encaixe nessas definições do CPC 06 (R2), deverá ser contabilizado como operação de arrendamento. Por exemplo, caso a entidade A celebre um contrato de fornecimento de mercadorias para a entidade B e disponibilize a esta um ativo para viabilizar tal fornecimento, caso a entidade B detenha o direito de obter substancialmente todos os benefícios econômicos do uso do ativo e o direito de direcionar o seu uso, então a entidade A será um arrendador e a entidade B será um arrendatário, nos termos do CPC 06 (R2).

O fluxograma apresentado no item B31 do CPC 06 (R2) e reproduzido na Figura 13.1 resume os passos para que tal avaliação possa ser realizada.

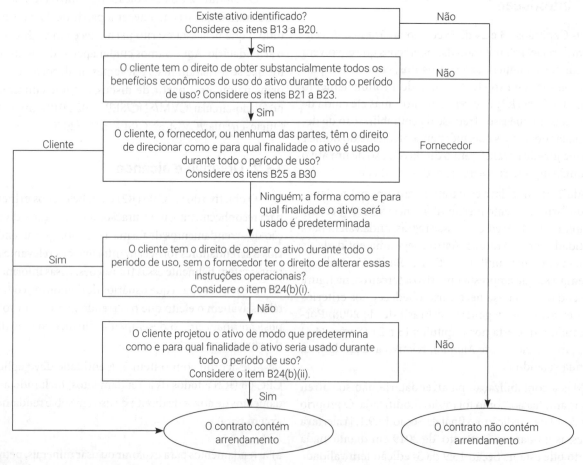

Figura 13.1 Esquema para identificação de operação de *leasing*.

Essa análise já era realizada antes da adoção da IFRS 16 (CPC 06 (R2)), porém estava descrita em uma interpretação do IASB, a IFRIC 4. Com a revisão do tema, o IASB acabou incorporando esse assunto na própria norma, o que fez com que a IFRIC 4 fosse revogada.

13.3 Arrendamento mercantil (aluguel ou outro contrato) no arrendatário (locatário ou outro contratante)

A partir das discussões iniciadas em 2006 pelo IASB e concluídas com a emissão da IFRS 16 (CPC 06 (R2)), o arrendatário, ou outro adquirente do direito de uso, reconhece o contrato com base na denominada abordagem do direito de uso do ativo. Segundo essa abordagem, na data de início do arrendamento (data em que o arrendador disponibiliza o ativo subjacente para uso pelo arrendatário), o arrendatário deve reconhecer o **ativo de direito de uso** e o **passivo de arrendamento**.

Vamos daqui para frente utilizar **arrendador, arrendatário** e **arrendamento**, mas deve-se sempre entender como o **cedente do direito de uso, o adquirente do direito de uso** e o **contrato do direito de uso**, respectivamente.

13.3.1 Reconhecimento e mensuração inicial

O **ativo de direito de uso** é o ativo que representa o direito do arrendatário de usar o ativo subjacente durante o prazo do arrendamento, e o **passivo de arrendamento** representa a obrigação do arrendatário de pagar as prestações ao arrendador durante o prazo do arrendamento.

O **ativo de direito de uso** deve ser mensurado inicialmente ao custo, e, de acordo com o item 24 do CPC 06 (R2), o custo desse ativo deve compreender:

a) O valor da mensuração inicial do passivo de arrendamento, conforme descrito no item 26.

b) Quaisquer pagamentos de arrendamento efetuados até a data de início, menos quaisquer incentivos de arrendamento recebidos.

c) Quaisquer custos diretos iniciais incorridos pelo arrendatário.

d) A estimativa de custos a serem incorridos pelo arrendatário na desmontagem e remoção do ativo subjacente, restaurando o local em que está localizado ou restaurando o ativo subjacente à condição requerida pelos termos e condições do arrendamento (ver Capítulo 7 – Ativo Imobilizado e Propriedade para Investimento, Seção 7.2.3.3 – Obrigação por retirada de serviço de ativos de longo prazo), salvo se esses custos forem incorridos para produzir estoques. O arrendatário incorre na obrigação por esses custos seja na data de início ou como consequência de ter usado o ativo subjacente durante um período específico.

Ou seja, no Balanço Patrimonial, a contabilização do item (a) terá como contrapartida o passivo, que veremos a seguir. Os demais itens serão contabilizados de forma distinta, dependendo de cada transação.

Há algo interessante a se notar: na norma anterior do arrendamento financeiro, ativa-se o bem propriamente dito, o que, inclusive, acarretava, não raro, problemas em casos de recuperações judiciais, falências e outros em que credores se arvoravam a querer colocar esse ativo como parte dos recursos a serem utilizados na liquidação de dívidas. E também trazia muitos problemas tributários para diversos países (no Brasil, o assunto foi muito bem tratado pela legislação fiscal). Agora, o que fica ativado é o **direito de uso**, e não o bem propriamente dito.

O **passivo de arrendamento** deve ser mensurado, inicialmente, pelo valor presente dos pagamentos do arrendamento (exceto, é claro, aqueles já efetuados na data de início do arrendamento). O valor presente deve ser calculado a partir de fluxos de caixa futuros (que serão a seguir descritos) e uma taxa de desconto, que será, em princípio, a taxa de juros implícita no arrendamento. Mas se essa taxa não puder ser determinada imediatamente, deve ser utilizada a taxa incremental sobre empréstimo do arrendatário, ou seja, a taxa que o arrendatário teria de pagar ao pedir emprestado, por prazo semelhante e com garantia semelhante, os recursos necessários para obter o ativo com valor similar ao ativo de direito de uso em ambiente econômico similar.

O item 27 do CPC 06 (R2) determina que os pagamentos do arrendamento incluídos na mensuração do passivo de arrendamento compreendem os seguintes pagamentos, para o direito de usar o ativo subjacente durante o prazo do arrendamento, os quais não efetuados na data de início:

a) Pagamentos fixos (incluindo pagamentos fixos na essência, conforme descrito no item B42), menos quaisquer incentivos de arrendamento a receber.

b) Pagamentos variáveis de arrendamento que dependem de índice ou de taxa, inicialmente mensurados utilizando o índice ou a taxa da data de início (conforme descrito no item 28).

c) Valores que se espera que sejam pagos pelo arrendatário de acordo com as garantias de valor residual.

d) O preço de exercício da opção de compra se o arrendatário estiver razoavelmente certo de exercer essa opção (considerando os fatores descritos nos itens B37 a B40).

e) Pagamentos de multas por rescisão do arrendamento, se o prazo do arrendamento refletir o arrendatário exercendo a opção de rescindir o arrendamento.

Para ilustrar a contabilização inicial, vamos admitir que a empresa X tenha contratado arrendamento de um equipamento. As características do contrato são as seguintes:

> Valor da contraprestação anual, vencível no final de cada ano = $ 100.000
>
> Prazo do arrendamento = 3 anos
>
> Valor residual a ser pago no final do 3º ano para adquirir o ativo = $ 8.000
>
> Taxa de juros implícita no contrato = 10% ao ano

A partir dessas características, a empresa X deve calcular o valor presente dos fluxos de caixa futuros, incluindo o valor residual, chegando ao valor de $ 254.695,72. Esse valor será contabilizado no Ativo e em contrapartida ao Passivo. Porém, no caso do Passivo, deve-se segregar a parcela de curto prazo para registro no Passivo Circulante, sendo o restante contabilizado no Passivo Não Circulante. Assim, fazendo as contas, a parcela do ano 1 de $ 100.000, a valor presente, totaliza $ 90.909,09. Portanto, a diferença entre $ 254.695,72 e $ 90.909,09 representa o valor presente das demais prestações mais o valor residual, $ 163.786,63.

Com isso, temos o seguinte lançamento contábil no início do contrato:

	Débito	Crédito
Direito de Uso da Máquina (Ativo)	254.695,72	
Encargos Financeiros a Transcorrer (Passivo Circulante)	9.090,91	
Encargos Financeiros a Transcorrer (Passivo Não Circulante)	44.213,37	
a Financiamento por Arrendamento Financeiro (Passivo Circulante)		100.000,00
a Financiamento por Arrendamento Financeiro (Passivo não Circulante)		208.000,00

A segregação dos juros ($ 53.304,28) em circulante ($ 9.090,91) e não circulante ($ 44.213,37) é importante para que a mensuração do passivo de curto e de longo prazos seja feita adequadamente. Afinal, a parcela de curto prazo, $ 100.000, ajustada a valor presente totaliza $ 90.909,09, portanto há $ 9.090,91 de juros embutidos na prestação do Passivo Circulante. E o mesmo raciocínio pode ser feito para as parcelas de longo prazo, $ 208.000. Esses valores ajustados a valor presente representam $ 163.786,63; portanto, temos $ 44.213,37 de juros embutidos nas prestações do longo prazo.

Note-se, também, que a inclusão do valor residual no Passivo indica que a empresa está razoavelmente certa de

que irá exercer a opção de compra para adquirir o bem no final do contrato.

Na Seção 13.3.2.3 – Exemplo numérico, retomaremos esse exemplo para demonstrar os lançamentos contábeis em decorrência da mensuração subsequente tanto do Ativo quanto do Passivo.

É importante lembrar que, caso a empresa A tivesse incorrido em outros custos necessários para a aquisição do direito de uso do ativo, esses custos seriam também registrados no Ativo, conforme descrito anteriormente no item 24 do CPC 06 (R2), só que a contrapartida seria caixa, redução de algum outro ativo ou reconhecimento de algum outro passivo.

13.3.1.1 Isenção de reconhecimento

A grande novidade trazida pela IFRS 16 (CPC 06 – R2) para os arrendatários foi o fim da classificação do *leasing* entre operacional e financeiro e, com isso, em princípio, todas as operações de arrendamento devem ser reconhecidas de acordo com a abordagem do direito de uso do ativo. Porém, o IASB trouxe duas exceções a essa regra geral, motivado por simplificações de ordem prática.

A **primeira exceção** diz respeito a arrendamentos de curto prazo, ou seja, arrendamentos que, na data de início, possuem prazo igual ou inferior a 12 meses. O IASB considerou que os benefícios advindos do reconhecimento como ativo e passivo desses tipos de contrato não superariam os custos e, assim, dispensou o uso dessa contabilização para eles. É importante destacar que, se o arrendamento contiver opção de compra, ele não pode ser considerado arrendamento de curto prazo.

Além disso, o prazo do arrendamento é definido como o prazo não cancelável, durante o qual o arrendatário tem o direito de usar o ativo subjacente, juntamente com períodos cobertos por opção de prorrogar o arrendamento, se o arrendatário estiver razoavelmente certo de exercer essa opção, e períodos cobertos por opção de rescindir o arrendamento, se o arrendatário estiver razoavelmente certo de não exercer essa opção. Isso significa que, caso o arrendatário assine um contrato de menos de 12 meses, porém com uma opção de extensão com alta probabilidade de ocorrer, e o prazo formal do contrato mais o prazo previsto da extensão passa de 12 meses, então esse contrato não poderá ser elegível para essa exceção.

Ressalte-se que o arrendatário pode ou não reconhecer arrendamentos de curto prazo na forma de ativos e passivos, ou seja, trata-se de uma escolha contábil. Porém, essa escolha deve ser feita por classe de ativo subjacente ao qual se refere o direito de uso. Portanto, se a empresa decidir não reconhecer, por exemplo, um arrendamento de curto prazo de uma máquina, não poderá reconhecer nenhum outro arrendamento de curto prazo de outras máquinas.

A **segunda exceção** refere-se a arrendamentos para os quais o ativo subjacente é de baixo valor. A avaliação em relação ao valor do ativo subjacente deve ser realizada em base absoluta e considerando o valor do ativo quando este é novo. Isso significa que a avaliação não é afetada pelo porte, natureza ou circunstâncias do arrendatário. Exemplos desses ativos subjacentes podem incluir computadores pessoais, *tablets*, pequenos itens de mobiliário de escritório e telefones.

É importante destacar que, segundo o item B5 do CPC 06 (R2), o ativo subjacente pode ser de baixo valor somente se o arrendatário puder beneficiar-se de seu uso por si só ou juntamente com outros recursos que estiverem imediatamente disponíveis ao arrendatário; e se o ativo subjacente não for altamente dependente de outros ativos ou não estiver altamente inter-relacionado a outros ativos. Caso contrário, ele se soma a esses outros ativos.

O IASB considerou que o reconhecimento desses contratos relacionados com ativos de baixo valor poderia requerer um grande esforço das organizações, mas, potencialmente, com baixo impacto na informação contábil, ou seja, novamente uma relação custo-benefício desfavorável.

Essa exceção também se caracteriza como uma escolha, ou seja, o arrendatário pode ou não reconhecer tais contratos. Entretanto, diferentemente da primeira exceção, essa escolha pode ser feita contrato a contrato.

Caso as exceções sejam aplicáveis, o arrendatário não irá reconhecer o ativo decorrente do direito de uso nem o passivo decorrente da obrigação de pagar as prestações do contrato. Em vez disso, os pagamentos associados ao contrato serão reconhecidos como Despesa (ou custo de um produto ou de outro ativo, se for o caso) em base linear ao longo do contrato ou em alguma outra base sistemática que represente melhor o padrão do benefício do arrendatário. Em outras palavras, a contabilização de tais operações será feita com base no modelo anterior do arrendamento mercantil operacional.

13.3.2 Mensuração subsequente

13.3.2.1 Mensuração subsequente do ativo de direito de uso

Uma vez realizado o registro inicial do ativo, a mensuração subsequente será feita com base no **método de custo** (descrito a seguir), a menos que sejam aplicáveis outros modelos de mensuração, como o de valor justo de propriedades para investimento ou o de reavaliação de Ativo Imobilizado (não permitida no Brasil). O primeiro será aplicável caso o arrendatário admita o método do valor justo do CPC 28 para suas próprias propriedades para investimento, e o segundo será aplicável caso os ativos de direito de uso se refiram à classe de Imobilizado em que

o arrendatário aplique o método de reavaliação do CPC 27. Porém, reforçamos que, atualmente, o método da reavaliação é vedado pela legislação societária brasileira.

O método de custo, conforme descrito nos itens 30 a 33 do CPC 06 (R2), faz com que o arrendatário mensure o ativo de direito de uso ao custo inicial (conforme já visto na Seção 13.3.1 deste capítulo) menos: (a) qualquer depreciação acumulada e perdas por *impairment*; e (b) corrigido por qualquer remensuração do passivo de arrendamento.

Os requisitos de depreciação são aqueles descritos no CPC 27 e discutidos no Capítulo 7 – Ativo Imobilizado e Propriedade para Investimento. Porém, o item 32 do CPC 06 (R2) adiciona que, se o arrendamento transferir a propriedade do ativo subjacente ao arrendatário no fim do prazo do arrendamento ou se o custo do ativo de direito de uso refletir que o arrendatário exercerá a opção de compra, então o arrendatário deve depreciar o ativo de direito de uso desde a data de início até o fim da vida útil do ativo subjacente. Em razão disso, a depreciação deve ser calculada considerando a vida útil do ativo subjacente. Caso nenhuma dessas condições ocorrer, então o arrendatário deve depreciar o ativo de direito de uso desde a data de início até o fim da vida útil do ativo de direito de uso ou o fim do prazo de arrendamento, o que ocorrer primeiro.

Ou seja, se existirem as condições que, basicamente, constituem a maior parte das hipóteses de arrendamento mercantil financeiro na versão anterior, a depreciação é pela vida útil do bem. Se como arrendamento mercantil operacional ou outra forma qualquer de direito de uso, é pela vida do contrato.

O tratamento contábil relativo às perdas por *impairment* está previsto no CPC 01 e também é discutido no Capítulo 7 – Ativo Imobilizado e Propriedade para Investimento.

O item (b) do método de custo (remensuração do passivo de arrendamento) será discutido a seguir.

13.3.2.2 Mensuração subsequente do passivo de arrendamento

O passivo de arrendamento tem sua mensuração subsequente definida pelo item 36 do CPC 06 (R2), segundo o qual o passivo deverá ir sendo (a) aumentado para refletir os juros sobre o passivo; (b) diminuído para refletir os pagamentos do arrendamento; e (c) remensurado para refletir qualquer reavaliação ou modificações do arrendamento (correção monetária, variação cambial, por exemplo), ou para refletir pagamentos fixos na essência revisados (pagamentos inevitáveis). Note-se que o contido no item (c) é denominado **remensuração** do contrato.

Os itens (a) e (c) da mensuração subsequente do passivo de arrendamento são a mera aplicação do Regime de Competência. Afinal, à medida que o tempo passa, o passivo aumenta pela apropriação dos juros e eventuais atualizações monetárias; o item (b) diminui em razão dos pagamentos da dívida.

O item (c), denominado remensuração, será aplicável em razão de mudanças que possam vir a ocorrer no contrato ao longo do tempo. Essas mudanças podem incluir alterações:

a) No prazo do arrendamento.

b) Na avaliação da opção de compra do ativo subjacente.

c) Nos valores que se espera sejam pagos em razão da garantia de valor residual.

d) Nos pagamentos futuros do arrendamento resultante de alteração em índice ou em taxa utilizada para determinar tais pagamentos (já comentado).

Conforme destacado anteriormente, o valor da remensuração do passivo deve ser reconhecido em contrapartida ao ativo de direito de uso (item 30 [b] do CPC 06 (R2)). Entretanto, se o valor contábil do direito de uso for reduzido a zero e houver redução adicional na mensuração do passivo, o ajuste adicional será levado ao resultado do exercício.

Note-se que as modificações do passivo que forem enquadradas no item (c) citado, denominadas remensuração do passivo, mudam completamente com relação às práticas contábeis brasileiras vigentes até 2017. As correções cambiais, atualizações por índices de preço e outras remensurações do passivo não são mais registradas diretamente no resultado, e sim incluídas como variações (para cima ou para baixo) do valor do ativo, e depreciadas pelo restante do prazo desse ativo.

Adicionalmente, destaca-se a emissão da Revisão CPC 16, que estabeleceu alterações pontuais do CPC 06 (R2) em decorrência de benefícios relacionados com a Covid-19 concedidos para arrendatários em contratos de arrendamento. Tais alterações decorrem de um expediente prático emitido pelo IASB e com validade de um ano, em fase de prorrogação por mais um ano.

O expediente prático procura simplificar o tratamento contábil dos contratos de arrendamento que passaram por revisões decorrentes da pandemia, por exemplo, suspensões ou reduções de pagamentos de prestações, permitindo que o arrendatário possa optar por não avaliar se esses benefícios se caracterizam como uma modificação do contrato de arrendamento (itens 46A e 46B do CPC 06 (R2)). Caso tenha adotado o referido expediente prático, a empresa deve realizar divulgações específicas, conforme o item 60A do CPC 06 (R2).

13.3.2.3 Exemplo numérico

Retomando o exemplo descrito na Seção 13.3.1 deste capítulo, veremos a seguir a mensuração subsequente do ativo de direito de uso e do passivo de arrendamento.

Em relação à depreciação do ativo, inicialmente a empresa A precisaria definir se há ou não certeza razoável de que irá ficar com o ativo subjacente no final do contrato. Se a resposta a essa questão for sim, então a depreciação do direito de uso do ativo respeitaria a vida útil do ativo subjacente. Em caso negativo, o ativo deve ser depreciado pelo prazo do arrendamento, a menos que a vida útil do ativo seja inferior a esse prazo.

No exemplo, devemos lembrar que a entidade registrou o valor residual no passivo, indicando claramente que há prévia intenção de aquisição do ativo no final do contrato. Porém, apenas para simplificação do período de depreciação, vamos considerar que a vida útil desse ativo é de três anos (coincidente ao período do contrato) e o valor residual é de $ 8.000,00 (coincidente ao valor residual do contrato). Com isso, o valor da despesa de depreciação anual seria de $ 82.231,91 (saldo contábil inicial de $ 254.695,72 menos o valor residual de $ 8.000,00, dividido por três anos). Logicamente, esse modelo de depreciação deve ser adequado a cada situação. Por exemplo, caso a empresa soubesse que a vida útil desse ativo fosse de sete anos (sem valor residual relevante), então, mantendo o modelo da depreciação linear, a despesa de depreciação anual seria de $ 36.385,10. E também poderia haver a hipótese de não intenção de aquisição do ativo, o que nos levaria a calcular a depreciação com base no tempo do contrato ou na vida útil do ativo, dos dois o menor.

Além disso, a empresa deve ajustar os cálculos de depreciação à medida que tenha evidências de alteração desse padrão sistemático de consumo. O mesmo comentário vale para eventuais testes de *impairment* que podem ser necessários, dependendo das evidências internas e externas que a empresa identifique. Para mais detalhes, consultar o CPC 27 e o Capítulo 7 – Ativo Imobilizado e Propriedade para Investimento.

No final do 3º ano, seguindo a depreciação anual de $ 82.231,91, teremos um saldo contábil do ativo de $ 8.000,00. Agora, vejamos o que acontece com a evolução do passivo do arrendamento ao longo desse período.

Apenas para fins de demonstração dos cálculos financeiros, apresentamos na Tabela 13.1 a evolução do saldo do passivo ao longo dos três anos.

O saldo da dívida no momento 0 (na contratação do *leasing*) já havia sido calculado e representa os pagamentos anuais trazidos a valor presente utilizando-se a taxa de 10% ao ano. Os valores dos pagamentos foram definidos em contrato. A despesa de juros é calculada aplicando-se 10%

Tabela 13.1

Momento	Pagamento anual	Despesa de juros	Redução da dívida	Saldo da dívida do arrendamento
0				254.695,72
1	100.000,00	25.469,57	74.530,43	180.165,29
2	100.000,00	18.016,53	81.983,47	98.181,82
3	108.000,00	9.818,18	98.181,82	–
Total	**308.000,00**	**53.304,28**	**254.695,72**	–

sobre o saldo da dívida. Nas demais linhas, o procedimento é o mesmo, mas os valores de juros vão caindo, pois o saldo da dívida está sendo amortizado ao longo do tempo. Finalmente, o valor da redução da dívida é obtido a partir da diferença entre o pagamento anual e o valor de juros do ano. Ou seja, no primeiro ano, ao pagar $ 100.000,00, o arrendatário está pagando $ 25.469,57 de juros da dívida e o restante serve para amortizar o saldo da dívida. Por essa razão, a dívida no final do ano 1 foi reduzida para $ 180.165,29. Nos demais anos, os procedimentos de cálculo são os mesmos.

Para fins ilustrativos, apresentamos em razonetes, na Figura 13.2, todos os lançamentos contábeis da operação até o final do terceiro ano.

Para explicar melhor os lançamentos, indicamos por (in) o lançamento inicial, e os demais lançamentos contêm a indicação de um número e uma letra. O número se refere ao ano do lançamento. A letra se refere a cada tipo de lançamento: a letra "a" se refere à apropriação da despesa de juros; "b" demonstra o pagamento da prestação; "c" e "d" evidenciam a transferência dos valores da dívida bruta e dos juros a apropriar do longo prazo para o curto prazo; e o item "e" simboliza a despesa de depreciação.

Como pode ser visto nos razonetes, seguindo o contrato até o final do 3º ano, teremos o ativo de direito de uso com saldo de $ 8.000,00 e, da mesma forma, o passivo do arrendamento restará com um saldo de $ 8.000,00. Nesse momento, cumpre à empresa X decidir se ficará com o

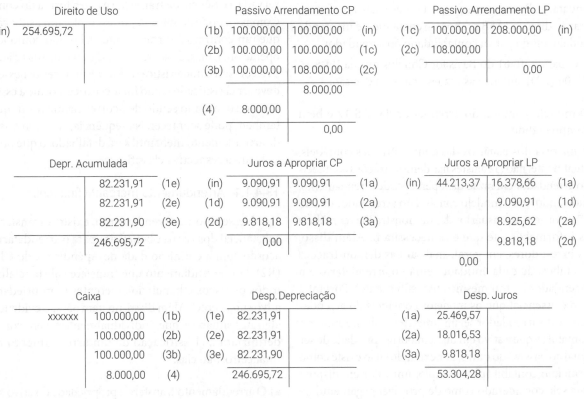

Figura 13.2

bem ou irá devolver ao arrendador. Caso decida ficar com o ativo (situação já prevista desde o início do registro do passivo, e evidenciada no lançamento "4"), deverá fazer o pagamento de $ 8.000,00, quitando o passivo; o ativo se apresentará com o saldo líquido contábil de $ 8.000,00 (lembrar que o prazo da vida útil é igual ao prazo da liquidação do passivo), composto de R$ 254.695,72 de custo e R$ 246.695,72 de depreciação acumulada.

Se, apesar da existência de pagamento do valor residual de $ 8.000,00, a empresa desde o início não tivesse a intenção de permanecer com o ativo, teria calculado o valor presente só das três prestações de $ 100.000,00, chegando ao valor presente ativável do direito de uso de $ 248.685,20, a ser depreciado nos três anos do contrato, mesmo que a vida útil fosse superior. E esse seria, é claro, o saldo inicial do passivo. Assim, após três anos, o ativo estaria com valor líquido zerado, a ser baixado pela devolução do bem.

13.4 Arrendamento mercantil no arrendador

A mudança vinda a partir da adoção da IFRS 16 (CPC 06 (R2)) começou a ser discutida em virtude da falha conceitual do modelo contábil do arrendatário. Porém, durante a execução do projeto da IFRS 16 (CPC 06 (R2)), o IASB chegou a propor também alterações no modelo contábil do arrendador, de modo a tornar "simétrico" o reconhecimento contábil do arrendador, diante das alterações contábeis do arrendatário. Porém, essas propostas não surtiram efeito e, em razão disso, o IASB acabou essencialmente mantendo o modelo antigo para a contabilidade do arrendador.

O parágrafo 61 do Basis for Conclusions da IFRS 16 (CPC 06 (R2)) sintetiza as razões para essa decisão:

a) O modelo contábil do arrendador da IAS 17 é bem compreendido.

b) A maioria dos usuários das demonstrações contábeis, atualmente, não faz ajustes nas demonstrações contábeis do arrendador em razão das operações de arrendamento, indicando que o modelo contábil do arrendador da IAS 17 já fornece aos usuários das demonstrações contábeis as informações de que eles necessitam. Além disso, os investidores, em geral, analisam as demonstrações contábeis de cada entidade (e não o arrendatário e o arrendador de um mesmo ativo subjacente). Portanto, não é essencial que os modelos contábeis do arrendatário e do arrendador sejam simétricos; aliás, a simetria contábil (o que é ativo em um tem obrigatoriedade de ser igual ao passivo do outro, por exemplo) não existe como princípio contábil (por exemplo, um valor em disputa que seja considerado como de provável pagamento de A para B exigirá o reconhecimento da obrigação em A,

mas não o direito em B; esta só reconheceria o ativo se não for mais provável, mas sim virtualmente certo).

c) Ao contrário da contabilidade do arrendatário, a contabilidade do arrendador da IAS 17 não é fundamentalmente falha e não deveria ser alterada apenas em razão da alteração da contabilidade do arrendatário.

Foram feitas apenas algumas pequenas alterações, como na contabilização de subarrendamentos, na definição de um arrendamento, no tratamento dos custos diretos iniciais e nas divulgações do arrendador (parágrafo BC 64).

13.4.1 Classificação do arrendamento mercantil

Inicialmente, o arrendador deve classificar o arrendamento em financeiro ou operacional, de acordo com suas características, devendo a classificação ser feita no início do contrato. A classificação adotada pelo CPC 06 (R2) leva em consideração de quem são os riscos e benefícios inerentes à propriedade do bem, do arrendador ou do arrendatário. De acordo com esse Pronunciamento Técnico, perdas decorrentes de capacidade ociosa ou obsolescência tecnológica, bem como as geradas por alterações nas condições econômicas, representam os riscos, e os benefícios são representados pela capacidade lucrativa durante a vida econômica do ativo, bem como por ganhos derivados de valorização ou realização do valor residual. Ainda, na classificação, é observada a essência da transação e não a forma do contrato. Com isso, pode acontecer, por exemplo, uma situação em que um contrato é formalmente elaborado como *leasing* operacional, mas, de acordo com algumas de suas cláusulas, percebe-se a característica de *leasing* financeiro; nesse caso, deve ser classificado como financeiro, conforme a essência. O inverso, mesmo sendo de ocorrência menos frequente, também pode acontecer. Na sequência, cada um dos tipos de arrendamento mercantil será detalhado, o que nos será útil para a respectiva classificação.

13.4.1.1 Arrendamento mercantil financeiro

Nesse tipo de arrendamento, existe a transferência substancial dos riscos e benefícios para o arrendatário. De acordo com a definição dada no Apêndice A do CPC 06 (R2), "é o arrendamento que transfere substancialmente todos os riscos e benefícios inerentes à propriedade do ativo subjacente". Além disso, no item 63, são evidenciadas algumas situações que, individualmente ou em conjunto, definiriam a classificação de um arrendamento como financeiro. São elas:

a) O arrendamento transfere a propriedade do ativo subjacente ao arrendatário no final do prazo do arrendamento.

b) Arrendatário tem a opção de comprar o ativo subjacente a preço que se espera seja suficientemente mais baixo do que o valor justo na data em que a opção se tornar exercível para que seja razoavelmente certo, na data de celebração do arrendamento, que a opção será exercida.

c) Prazo do arrendamento é equivalente à maior parte da vida econômica do ativo subjacente, mesmo se a propriedade não for transferida.

d) Na data da celebração do arrendamento, o valor presente dos pagamentos do arrendamento equivale substancialmente à totalidade do valor justo do ativo subjacente.

e) Ativo subjacente é de natureza tão especializada que somente o arrendatário pode usá-lo sem modificações importantes.

O item 64 do CPC 06 (R2) menciona alguns indicadores de situações que, individualmente ou em conjunto, também podem levar à classificação de um arrendamento como financeiro. Esses indicadores são:

a) Se o arrendatário puder cancelar o arrendamento, as perdas do arrendador associadas ao cancelamento são arcadas pelo arrendatário.

b) Ganhos ou perdas provenientes da flutuação no valor justo residual são gerados para o arrendatário (por exemplo, na forma de desconto no aluguel que seja equivalente à maior parte dos rendimentos de venda no final do arrendamento).

c) Se o arrendatário tiver a capacidade de continuar o arrendamento por período secundário, com aluguel que seja substancialmente menor que o aluguel de mercado.

Embora haja relação entre as situações que levariam um contrato a ser classificado como arrendamento financeiro, elas podem não ser conclusivas, tratando-se mais de indícios do que de fatores determinantes para a classificação; mas basta que o contrato de arrendamento não transfira substancialmente todos os riscos e benefícios ao arrendatário para que seja classificado como arrendamento operacional, mesmo que contemple algumas das situações enunciadas.

13.4.1.2 Arrendamento mercantil operacional

É um arrendamento em que, de acordo com a classificação do CPC 06 (R2), seus riscos e benefícios permanecem no arrendador. "O arrendamento é classificado como arrendamento operacional se não transferir substancialmente todos os riscos e benefícios inerentes à propriedade do ativo subjacente" (item 62). Um fato interessante a ser observado se refere aos ativos arrendados que tenham vida útil indefinida, como é o caso de um terreno, e que por isso não sofre depreciação. Nesses casos, de acordo com os itens B55 e B56, o ativo deve ser classificado como arrendamento mercantil operacional, a não ser que se espere que a propriedade passe para o arrendatário no final do prazo do arrendamento mercantil. Quando o arrendamento se refere aos elementos terreno e edifício, deve-se analisar separadamente sua classificação, mesmo que o contrato seja único. Isso pelo fato de que as características de ambos são diferentes, por exemplo, o terreno não tem vida útil definida; já o edifício tem, por isso um pode ser classificado como operacional e o outro como financeiro. Se os pagamentos do arrendamento não puderem ser alocados com segurança entre terrenos e edifícios, deve ser classificado na totalidade como arrendamento financeiro, a não ser que esteja claro que ambos os elementos são arrendamentos operacionais.

13.4.2 Contabilização do arrendamento mercantil financeiro no arrendador

No seu reconhecimento inicial, o CPC 06 (R2) menciona que "o arrendador deve reconhecer os ativos mantidos em arrendamento financeiro em seu Balanço Patrimonial e deve apresentá-los como recebível, ao valor equivalente ao investimento líquido no arrendamento". Nesse tipo de operação, a titularidade jurídica do bem arrendado permanece com o arrendador; dessa forma, na compra do ativo, o registro contábil é feito em conta de Ativo que represente o bem e a contrapartida é a forma de pagamento, podendo ser disponibilidades ou obrigação no passivo. Entretanto, se o arrendador transfere substancialmente os riscos e benefícios ao arrendatário, ele reclassifica esse valor como Contas a Receber e considera os valores recebidos como Amortização de Capital (pelo investimento feito) e Receita Financeira (recompensa pelo investimento e serviço) (item 75).

Os custos diretos iniciais envolvidos na negociação – como comissões, honorários legais e custos internos que sejam diretamente atribuíveis à negociação e ao arranjo do contrato de arrendamento – devem ser incluídos na mensuração inicial das Contas a Receber, reduzindo o valor da receita reconhecida durante o prazo do arrendamento mercantil. A taxa de juros implícita no contrato de arrendamento deve ser definida de tal forma que os custos diretos iniciais sejam automaticamente incluídos nas Contas a Receber.

Um modelo dessa operação, previsto no CPC 06 (R2), mas ainda restrito no Brasil em virtude da legislação, se refere ao arrendamento feito pelo próprio fabricante ou comerciante. Esse tipo de operação se diferencia daquele feito por empresa específica de arrendamento, pois, no caso de empresa fabricante, ela fabrica o bem, estoca-o e depois arrenda e, no caso da empresa comerciante, esta compra o bem na intenção de vendê-lo; portanto, ele é estocado e depois ela o arrenda, em vez de vendê-lo. Nesses casos, o CPC 06 (R2), em seu item 74, menciona que os custos incorridos pelos arrendadores comerciantes ou fabricantes relacionados com a negociação e a estruturação do arrendamento mercantil estão excluídos da definição de custos diretos iniciais, sendo reconhecidos como despesas quando o lucro da venda for reconhecido, e normalmente isso se dá no começo do prazo do arrendamento.

Quanto ao reconhecimento subsequente da receita financeira pelo arrendador, deve se basear em modelo que reflita a taxa de retorno periódica constante sobre o investimento líquido, pois deve ser apropriada durante o prazo do arrendamento em base sistemática e racional (itens 75 e 76). Dessa forma, os pagamentos do arrendamento relacionados com o período são aplicados ao investimento bruto para reduzir tanto o principal quanto as receitas financeiras não realizadas. O item 77 ainda menciona que os valores residuais não garantidos usados no cálculo do investimento bruto devem ser revisados regularmente, pois, se houver redução nesse valor, a apropriação da receita durante o prazo do arrendamento deve ser revista, e qualquer redução relacionada com valores apropriados, imediatamente reconhecida.

No caso de arrendadores fabricantes ou comerciantes, deve-se reconhecer o lucro ou prejuízo de venda no período de acordo com a mesma política usada para as vendas diretas, conforme o CPC 47 – Receita de Contrato com Cliente. Segundo o item 71, a receita de vendas reconhecida no começo do prazo do arrendamento é o valor justo do ativo subjacente, ou, se inferior, o valor presente dos pagamentos do arrendamento devidos pelo arrendatário ao arrendador, calculado a uma taxa de juros de mercado. O custo de venda reconhecido no início do prazo do arrendamento é o custo, ou o valor contábil, se diferente, da propriedade arrendada menos o valor presente do valor residual não garantido. A diferença entre a receita de venda e o custo de venda é o lucro bruto da venda, reconhecido, como mencionado, de acordo com a política usada para as vendas diretas. No caso de contratos com utilização de taxas de juros artificialmente baixas pelos fabricantes ou comerciantes, para atrair clientes, o lucro de venda fica restrito ao que se aplicaria se fosse usada uma taxa de juros de mercado (item 73).

13.4.3 Contabilização do arrendamento mercantil operacional no arrendador

É importante lembrar que, nesse tipo de operação, o ativo é de propriedade do arrendador, como no arrendamento financeiro, mas a essência da operação não é de compra e venda financiada, e sim como um aluguel, pois os riscos e benefícios não são substancialmente transferidos para o arrendatário. Por isso, além da receita, o arrendador deve reconhecer a depreciação do bem.

A receita deve ser reconhecida em base linear durante o prazo do arrendamento, mesmo que o contrato estabeleça fluxos de pagamentos desiguais ao longo do tempo, a menos que outra base sistemática seja mais representativa do modelo temporal em que o benefício do uso do ativo arrendado seja diminuído (item 81). Os custos, incluindo a depreciação, incorridos na obtenção da receita devem ser reconhecidos como Despesas (item 83). Quanto aos custos diretos iniciais incorridos pelos arrendadores, estes devem ser adicionados ao valor contábil do ativo arrendado e reconhecidos como Despesas durante o prazo do arrendamento mercantil na mesma base da receita (item 83).

A política de depreciação para os ativos arrendados deve ser consistente com a política de depreciação normal do arrendador (item 84). Os ativos arrendados também devem ser submetidos ao teste de valor recuperável (*impairment*), de acordo com o Pronunciamento Técnico CPC 01 (R1) – Redução ao Valor Recuperável de Ativos (item 85).

No caso de arrendador comerciante ou fabricante, quando se tratar de arrendamento operacional, não é reconhecido qualquer lucro de venda porque ele não é equivalente a uma venda (item 86).

13.4.4 Apresentação e divulgação

O arrendador deve realizar a **apresentação** dos ativos decorrentes das operações de arrendamento dependendo do tipo de classificação. Caso o *leasing* seja classificado como financeiro, o ativo é apresentado como um recebível, pois a transação é vista como uma operação de empréstimo. Porém, se a classificação for de um arrendamento operacional, o ativo deve ser apresentado de acordo com a natureza do ativo subjacente, ou seja, se o ativo subjacente for um Ativo Imobilizado, então o ativo decorrente da operação de arrendamento operacional estará classificado no Ativo Imobilizado.

Os requisitos de **divulgação** estão descritos nos itens 89 a 97 do CPC 06 (R2). O objetivo de tal divulgação, à semelhança do objetivo da divulgação do arrendatário, é fornecer uma base para os usuários das demonstrações contábeis avaliarem o efeito que os arrendamentos têm sobre a posição financeira, desempenho financeiro e fluxos de caixa do arrendador.

Dentre tais requisitos, destacam-se os seguintes valores que o arrendador deve divulgar para o período:

a) para arrendamentos financeiros:

   i) resultado na venda;

   ii) receita financeira sobre o investimento líquido no arrendamento; e

iii) receita referente a recebimentos variáveis de arrendamento não incluída na mensuração do investimento líquido no arrendamento;

b) para arrendamentos operacionais, receita de arrendamento, divulgando separadamente a receita referente a recebimentos variáveis de arrendamento que não dependem de índice ou taxa.

Além disso, quando o arrendamento é classificado como financeiro, o arrendador deve divulgar a análise de vencimento das parcelas do arrendamento, mostrando os recebimentos do arrendamento não descontados a serem recebidos anualmente para cada um dos primeiros cinco anos, no mínimo, e o total dos valores para os anos remanescentes. O arrendador deve conciliar os recebimentos do arrendamento não descontados ao investimento líquido no arrendamento. A conciliação deve identificar a receita financeira não auferida referente aos recebimentos do arrendamento a receber e qualquer valor residual não garantido descontado.

Já para arrendamentos classificados como operacionais, caso o ativo subjacente seja um item do Imobilizado, o arrendador deve aplicar os requisitos de divulgação do CPC 27. Ao aplicar tais requisitos, o arrendador deve desagregar cada classe do imobilizado em ativos sujeitos a arrendamentos operacionais e ativos não sujeitos a arrendamentos operacionais. Consequentemente, o arrendador deve fornecer as divulgações requeridas pelo CPC 27 para ativos sujeitos a arrendamento operacional (por classe de ativo subjacente) separadamente de ativos próprios detidos e utilizados pelo arrendador. Além disso, os requisitos de divulgação dos CPC relativos aos ativos subjacentes são também aplicáveis a ativos arrendados por meio de um arrendamento operacional. Também é necessário que o arrendador divulgue a análise de vencimento de recebimentos do arrendamento, mostrando os recebimentos do arrendamento não descontados a serem recebidos anualmente para cada um dos primeiros cinco anos, no mínimo, e o total dos valores para os anos remanescentes.

13.5 Transação de venda e *leaseback*

O *leaseback* representa o retroarrendamento pelo vendedor junto ao comprador, ou seja, envolve a venda de um ativo e o concomitante arrendamento mercantil do mesmo ativo pelo comprador ao vendedor (item 98).

O tratamento contábil irá depender, fundamentalmente, da possibilidade de reconhecimento da transferência do ativo como uma venda. Para tal, deve ser aplicada a IFRS 15/CPC 47 – Receita de Contrato com Cliente. Em especial, deve-se determinar quando a obrigação de desempenho é satisfeita para estabelecer se a transferência do ativo é contabilizada como venda desse ativo.

13.5.1 Transferência do ativo é uma venda

Conforme os itens 100 a 102 do CPC 06 (R2), se a transferência do ativo pelo vendedor-arrendatário satisfaz aos requisitos do CPC 47 para ser contabilizado como venda do ativo, então:

a) O vendedor-arrendatário deve mensurar o ativo de direito de uso resultante do retroarrendamento proporcionalmente ao valor contábil anterior do ativo referente ao direito de uso retido pelo vendedor-arrendatário. Consequentemente, o vendedor-arrendatário deve reconhecer somente o valor de qualquer ganho ou perda referente aos direitos transferidos ao comprador-arrendador.

b) O comprador-arrendador deve contabilizar a compra do ativo utilizando os pronunciamentos aplicáveis e o arrendamento, aplicando os requisitos de contabilização do arrendador nesse pronunciamento.

Se o valor justo da contraprestação pela venda do ativo não equivale ao valor justo do ativo, ou se os pagamentos pelo arrendamento não são a taxas de mercado, a entidade deve fazer os seguintes ajustes para mensurar os rendimentos da venda ao valor justo:

a) Quaisquer termos abaixo do mercado devem ser contabilizados como antecipação de pagamentos do arrendamento.

b) Quaisquer condições acima do mercado devem ser contabilizadas como financiamento adicional fornecido pelo comprador-arrendador ao vendedor-arrendatário.

A entidade deve mensurar qualquer potencial ajuste requerido pelo item 101 com base no valor mais facilmente determinável entre:

a) A diferença entre o valor justo da contraprestação pela venda e o valor justo do ativo.

b) A diferença entre o valor presente dos pagamentos contratuais pelo arrendamento e o valor presente dos pagamentos pelo arrendamento a taxas de mercado.

13.5.2 Transferência do ativo não é uma venda

De acordo com o item 103 do CPC 06 (R2), se a transferência do ativo pelo vendedor-arrendatário não satisfaz os requisitos do CPC 47 para ser contabilizada como venda do ativo, a operação é tratada como se fosse a de um empréstimo, em que o bem pode até estar sendo transferido para o nome do credor, mas, por questão de garantia, continuará no ativo da arrendadora. Assim:

a) O vendedor-arrendatário deve continuar a reconhecer o ativo transferido e deve reconhecer o passivo financeiro equivalente aos valores recebidos decorrentes da transferência. Ele deve contabilizar o passivo financeiro aplicando o CPC 48 – Instrumentos Financeiros.

b) O comprador-arrendador não deve reconhecer o ativo transferido e deve reconhecer o ativo financeiro equivalente aos valores pagos decorrentes da transferência. Ele deve contabilizar o ativo financeiro aplicando o CPC 48 – Instrumentos Financeiros.

Ou seja, não há contabilização de operação de arrendamento, e sim de empréstimo.

13.5.3 Exemplo numérico sobre *leaseback*

A seguir, iremos desenvolver um exemplo que ilustra a aplicação dos requerimentos dos itens 99 a 102 da IFRS 16 (CPC 06 (R2)) para o vendedor-arrendatário e o comprador-arrendador.

Uma entidade (vendedor-arrendatário) vende um imóvel que possui o valor justo de $ 500.000 para outra entidade (comprador-arrendador), exatamente pelo valor de $ 500.000 (valor da transação). Nesse exemplo, vamos supor que, imediatamente antes da transação, o imóvel estava contabilizado também por $ 500.000 (claro que, na prática, dificilmente isso vai ocorrer, mas vamos fazer essa suposição inicial para ilustrar a lógica da contabilização do *leaseback*).

Concomitantemente, o vendedor-arrendatário realiza um contrato com o comprador-arrendador para obter o direito de utilizar o imóvel por 15 anos, com parcelas anuais de $ 50.000, pagas no final de cada ano. Os termos e condições da transação permitem a conclusão de que a transferência do imóvel pelo vendedor-arrendatário satisfaz aos requerimentos para determinar quando uma obrigação de desempenho é satisfeita, conforme a IFRS 15/CPC 47. Assim, o vendedor-arrendatário e o comprador-arrendador contabilizam a transação como uma venda e retroarrendamento mercantil. O exemplo ignora quaisquer custos diretos iniciais.

A taxa de juros implícita no arrendamento é 10% ao ano, determinada pelo vendedor-arrendatário. O valor presente das parcelas anuais (15 pagamentos de $ 50.000, descontados a 10% ao ano) totaliza $ 380.304. O comprador-arrendador classifica o arrendamento do imóvel como um arrendamento operacional.

13.5.3.1 Vendedor-arrendatário

A contabilização da transação no vendedor-arrendatário é extremamente simples. Como pode ser visto nos razonetes a seguir, o imóvel é baixado contra o rece-

bimento do dinheiro (lançamento 1). Não há qualquer resultado na transação. Já o direito de uso, calculado em $ 380.304, é reconhecido em contrapartida ao passivo do arrendamento, segregado em valor bruto menos os juros a apropriar (lançamento 2). Uma análise interessante que se pode fazer é que o vendedor-arrendatário está retendo 76,06% do valor do ativo, ou seja, o "antigo" imóvel, que valia $ 500.000, está "transformando-se" em direito de uso, no valor de 76,06% dos $ 500.000. Isso decorre da taxa de juros sendo utilizada e do prazo de aluguel contratado.

Imóvel		Direito de Uso	
SI 500.000		(2) 380.304	
	500.000 (1)		
=	=	380.304	

Caixa		Passivo Arrendamento	
(1) 500.000			750.000 (2)
500.000			750.000

Juros a Apropriar	
(2) 369.696	
369.696	

O ativo será amortizado ao longo do tempo e, por sua vez, o passivo será ajustado pela despesa de juros e pelos pagamentos. Ressalte-se que, para fins de simplificação, o passivo não está sendo dividido em curto e longo prazos.

13.5.3.2 Comprador-arrendador

Na data de início do arrendamento, considerando que o comprador-arrendador classificou o arrendamento como operacional, este simplesmente contabiliza a saída do caixa, em contrapartida ao imóvel adquirido. E, posteriormente, os recebimentos do arrendamento serão contabilizados como entrada de caixa, em contrapartida à receita do arrendamento.

Repare que tudo vale, mesmo que o contrato seja denominado aluguel, e não arrendamento.

13.6 Alerta e lembrete

Já foi dito várias vezes neste capítulo que, apesar do uso contínuo da palavra **arrendamento** aqui e no texto

Cap. 13 · Arrendamentos Mercantis, Aluguéis e Outros Direitos de Uso | **279**

original do Pronunciamento, aplicam-se exatamente os mesmos procedimentos aos demais contratos que dão o direito de uso de um ativo a alguém, com exceção dos casos mencionados na Seção 13.3.1.1.

Assim, se alguém contrata pagamento de aluguel de automóveis ou edifícios, ou contrata o pagamento por direito de uso de uma marca ou patente, ou o direito de uso de propriedade rural etc., há que visitar este capítulo e o Pronunciamento na sua versão completa para ver se está ou não obrigado a reconhecer a operação como direito de uso e como passivo.

E lembrar que há casos em que há opção de assim proceder, e não obrigação de fazê-lo.

13.7 Algumas discussões especiais

Vamos aqui discutir, rapidamente, alguns itens que se tornaram mais claros (ou com complexidade que não se via antes) após o início da implantação do novo Pronunciamento Técnico CPC 06 (R2) – Arrendamentos. E também tecer alguns comentários adicionais aos já efetuados no Capítulo 24 da 3ª edição deste *Manual*.

13.7.1 A expressão *direito de uso*

Queremos, primeiramente, mencionar que a expressão **direito de uso** passou a ser utilizada no Ativo, inclusive para os casos dos antigos arrendamentos mercantis financeiros. O fato de as empresas registrarem no seu balanço, até há pouco tempo, no caso dos então arrendamentos financeiros, o próprio bem, deu muita confusão em casos de recuperações judiciais, falências, retomadas de bens pelos arrendadores como já dito etc. Afinal, o bem estava no Balanço Patrimonial da arrendatária, mas pertencia, juridicamente, à arrendadora no caso dos arrendamentos mercantis financeiros. Assim, a nova expressão passou a facilitar muito e reduzir os possíveis conflitos judiciais.

(O interessante é que, no caso dos arrendamentos mercantis financeiros, o ativo também não está no balanço da arrendadora, já que foi substituído por ativo financeiro.)

Ficou muito claro agora que o que se ativa é o **direito de uso do ativo**, não o **ativo** em si, mesmo no caso daqueles em que a empresa seguramente ficará com eles após determinado tempo. Aliás, o novo CPC não leva em conta se o contrato de arrendamento, aluguel ou quejandos é por prazo significativo comparativamente à vida útil do ativo ou não, se parcela substancial do valor do ativo é ou não paga, se o ativo vai pertencer ao arrendatário ou este tem opção de comprá-lo ou não. Basta haver a transferência de uso de uma entidade para outra (lembrar que as exceções são contratos de pequeno valor e contratos por prazo inferior a um ano).

13.7.2 Alguns pontos fiscais

Também problemas de natureza fiscal existiram aqui e em alguns países, já que, para fins tributários, é comum haver alguns privilégios no tratamento do arrendamento mercantil financeiro. No Brasil, por exemplo, o assunto já havia sido solucionado quando a legislação tributária passou a permitir que o registro contábil produzisse as despesas de depreciação e de juros, mas que, para efeito fiscal, ambas fossem substituídas pelos valores dos pagamentos devidos como contraprestações desses arrendamentos. Muitos países permaneceram com o que foi a regra brasileira fiscal no passado: se mudasse a regra contábil, mudaria também a regra fiscal. Ou seja, um contrato de arrendamento de quatro anos poderia, para fins fiscais, provocar despesas dedutíveis por quatro anos. No entanto, se contabilizada a operação como se fosse compra e venda, o arrendatário só poderia depreciar o ativo pelo prazo mínimo dado para fins fiscais e apropriar as despesas financeiras, essas sim, pela vida do contrato. Para muitos desses países a substituição da ativação do bem pela criação do direito de uso ajudou também na solução dos problemas fiscais. Apesar de que essas normas do IASB, para a grande maioria dos países, só se aplicam às demonstrações consolidadas, o que faz com que, em princípio, não existam conflitos com as normas tributárias nos países em que a adoção se dá apenas no consolidado.

Para fins fiscais, no Brasil, continua prevalecendo a devida neutralidade nessa contabilização como direito de uso; a empresa pode, no LALUR, substituir as despesas de juros e de depreciação do bem de uso pelas contraprestações devidas ao arrendador, e assim postergar pagamento de tributos sobre o lucro.

13.7.3 Dúvidas sobre a determinação do prazo do contrato

Como já mencionado na Seção 13.3.1, "o prazo do arrendamento é definido como o prazo não cancelável, durante o qual o arrendatário tem o direito de usar o ativo subjacente, juntamente com períodos cobertos por opção de prorrogar o arrendamento, se o arrendatário estiver razoavelmente certo de exercer essa opção, e períodos cobertos por opção de rescindir o arrendamento, se o arrendatário estiver razoavelmente certo de não exercer essa opção. Isso significa que, caso o arrendatário assine um contrato de menos de 12 meses, porém com uma opção de extensão com alta probabilidade de ocorrer, e o prazo formal do contrato mais o prazo previsto da extensão passa de 12 meses, então esse contrato não poderá ser elegível para essa exceção". (Para melhor entendimento desta parte final, é preciso lembrar que não são obrigatoriamente ativados os ativos embutidos em contratos inferiores a 12 meses.)

O problema que tem dado muita dificuldade é o caso de considerar ou não os exercícios de direito de opção de renovação de contrato, já que o prazo estendido precisa ser considerado se o arrendatário estiver razoavelmente certo de que exercerá essa opção. E isso é muito subjetivo. E também se discute sobre que prazo tomar no caso de opções por renovações sucessivas. Na prática, aparentemente, são poucos os que se dispõem a formalizar que estão razoavelmente certos de que exercerão as opções.

De qualquer forma, é importante, para os usuários, saber que esses ativos e passivos podem ser muito diferentes empresa a empresa, conforme sejam distintos também os prazos de arrendamentos, aluguéis e outros entre elas. Empresa que costuma fazer contrato de aluguel por três anos fica com ativo e com passivo totalmente diferentes de outra entidade que costuma fazer contrato por 10 anos.

Por isso, os índices de liquidez das empresas, conforme a magnitude desses valores no Balanço Patrimonial, podem se alterar de maneira que talvez se possa denominar de falsa. O que está por trás da norma, por outro lado, é o seguinte: a empresa efetuou um contrato e tem uma obrigação já firmada na data do balanço por certo tempo; assim, deve evidenciar no passivo essa obrigação firmada. Quem contrata por prazo curto tem obrigação formal diferente de quem contrata por prazo longo. Dessa forma, uma grande rede de varejo que tem por política alugar suas lojas terá como passivo o resultado dos prazos médios desses aluguéis.

13.7.4 O problema da taxa de desconto

Este talvez tenha sido o maior problema na implantação do novo Pronunciamento. Isso porque as Bases para Conclusão originais do IASB declararam que seria aceitável descontar-se fluxos *reais* pela taxa de desconto *nominal*. O que é uma heresia do ponto de vista contábil, financeiro e econômico.

Ora, como diz o próprio CPC 12 – Ajuste a Valor Presente, e muitos outros CPC e IFRS, se há um fluxo nominal de recursos, que não será alterado contratualmente, é necessário que se calcule o valor presente usando-se a taxa nominal de desconto. Deve estar embutido um efeito de preços no fluxo contratado e, por isso, a taxa de desconto deve ser a corrente que também inclui esse efeito. Agora, se o fluxo é denominado real, ou seja, as parcelas são dependentes de variação de preços, como o IPC, o INPC, até o IGP-M etc., então o fluxo é denominado em valores de poder aquisitivo constantes, ou fluxo real. A taxa de desconto precisa ser, obrigatoriamente do ponto de vista técnico, também real, ou seja, sem que contenha qualquer previsão inflacionária.

Mas o problema da IFRS 16 (CPC 06 (R2)) começa com os seguintes pontos: a taxa de desconto a ser utilizada deve ser, preferencialmente, aquela que estiver, explicita-mente ou de forma clara, no contrato ou em informações disponíveis acessoriamente. Ou seja, deve-se utilizar a taxa de juros implicitamente estabelecida pelo arrendador no negócio (e aceita, implicitamente, pelo arrendatário, é claro).

Mas quando não há isso, e essa situação é absolutamente normal nos casos de aluguéis (o aluguel deriva de contratação onde os fatores são o valor de mercado do imóvel, sua depreciação e a renda real que o locador pretende obter sobre esse valor de mercado) e não há taxa de juros propriamente dita, há que se procurar outra alternativa, denominada *incremental borrowing rate* (IBR). Ou seja, a taxa de juros que a empresa pagaria caso fizesse um financiamento para a aquisição do ativo em questão ou um ativo de magnitude semelhante. O que por si só já é um exercício que exige grande esforço para ser bem-feito. Afinal, essa taxa incremental é igual à efetivamente praticada no mercado para os ativos de menor risco possível (governo, como regra) acrescida da taxa de risco da própria empresa.

No entanto, essa taxa praticada no mercado é, como regra, a taxa nominal, que, além do risco, já embute alguma expectativa inflacionária. Assim, a IBR é sempre entendida como taxa nominal. Mas a norma internacional não diz que deve ser utilizada a taxa **real de IBR**, e sim simplesmente a IBR, que é nominal. Ou seja, leva ao uso da taxa nominal para trazer a valor presente fluxos constantes ou que desconsideram de alguma forma os efeitos da inflação (fluxos reais). O IASB admite essa "maluquice financeira" (na verdade, indiretamente ele exige isso).

A CVM, em seu Ofício-circular/CVM/SNC/SEP/nº 02/2019, diz expressamente que isso se deve à atual situação dos países desenvolvidos: as taxas nominais de juros praticadas no mercado estão muito baixas, muitas vezes inferiores à taxa de inflação. Assim, trabalhar-se com taxa real de juros significaria, para todos esses países, trabalhar com taxa negativa de desconto. E isso, é claro, mesmo para eles, provocaria algo difícil de se "engolir". O valor presente dos pagamentos seria maior do que a soma dos pagamentos nominais contratados!

Ou seja, apesar de taxas baixas de juros e de inflação (quando comparadas com nosso passado), no Brasil as taxas de juros são maiores (por vezes, bem maiores) do que as de inflação; nossos juros são reais. Ou alguém consegue tomar emprestado, hoje, no mercado a taxas inferiores à inflacionária?

A saída para solucionar esse problema seria adicionar aos fluxos de pagamento futuros os efeitos da inflação, para se ter então valor presente de fluxos nominais por taxa nominal. Isso faz sentido, mas é expressamente proibido pela norma, tanto pelo CPC 06 (R2) quanto pela IFRS. O IASB diz que isso poderia levar a previsões muito diferentes umas das outras pelas diferentes empresas (não se lembraram que existem dados objetivos das expectativas inflacionárias do mercado como um todo, captados e divulgados, como ocorre no Brasil).

Daí essa esdrúxula decisão de induzir ao desconto de fluxos reais por taxas nominais. Como fazer, então? Proibido trazer fluxos reais a valor presente pela taxa real de desconto. E proibido utilizar fluxos nominais para trazê-los a valor presente pela taxa nominal. Que *non-sense*!

A CVM, pelo ofício mencionado, afirma, categoricamente, essa impropriedade econômica, de matemática financeira e também contábil, e diz que só admite isso se os efeitos dessa adoção não forem relevantes para as demonstrações financeiras como um todo. Assim, as companhias abertas ficaram com o risco de utilizar essa impropriedade – fluxos reais/taxa nominal – e apresentar demonstrações distorcidas que podem sujeitá-las a republicações ou sanções.

Essa definição da CVM deriva do CPC 26 – Apresentação das Demonstrações Contábeis, que, em seus itens 19 e 20, determinam que a entidade não pode atender a uma norma contábil se esta produzir efeitos materiais distorcendo a posição patrimonial ou o desempenho da entidade. A essência da apresentação fidedigna prevalece sobre a forma, mesmo que a forma seja uma IFRS! Só que, é claro, nota explicativa deve justificar o procedimento e evidenciar as diferenças entre os procedimentos adotado e "oficial". Tem esse procedimento o nome de *true and fair override*. E ele é simplesmente detestado pelos auditores.

Essa substituição de prática contábil não é aplicável apenas quando uma legislação local impedir esse procedimento. Acontece que, no Brasil, nada impede, e a própria CVM deixa claríssimo que não só concorda como orienta para que se deixe de assim proceder.

Só que esse Ofício adota uma opção também ímpar: diz que a melhor prática contábil que elege é a do uso dos fluxos futuros nominais, contendo a inflação **estimada** (obtida a partir de dados do próprio mercado, e não determinados pela própria empresa), trazida a valor presente pela taxa nominal. Ou seja, se o contrato diz que os valores são em moeda constante, mas atualizáveis pela inflação, há que se projetar esses valores nominalmente no futuro conforme as expectativas inflacionárias, para depois se trazer a valor presente pela IBR nominal!

A CVM não faz a adoção de fluxos reais serem descontados a valor presente por uma taxa real de desconto. Não proíbe, mas inibe por exigir que isso seja aceito apenas no caso de diferenças imateriais com relação ao nominal/nominal.

Não está expresso em lugar algum, mas, aparentemente, a CVM tem um motivo para essa adoção: quando se aplica a taxa nominal sobre um passivo, tem-se uma despesa financeira nominal, e as despesas financeiras normalmente reportadas nas demonstrações contábeis são as nominais. Mesmo quando uma empresa paga uma taxa real de juros sobre um passivo atualizado monetariamente, os juros são de fato reais, mas as variações monetárias do passivo também integram as despesas financeiras, e assim seu conjunto acaba virando nominal.

Ocorre que, no caso do CPC 06 (R2), as variações monetárias do passivo arrendamento a pagar derivados de índices de preços (exceto moeda estrangeira) são adicionadas ao ativo para depreciação posterior. Ou seja, as despesas financeiras são exclusivamente reais, e os efeitos inflacionários afetam a despesa de depreciação. Realmente, isso provoca dificuldade de comparabilidade.

No entanto, isso poderia ser facilmente resolvido com a determinação de que as despesas financeiras reais fossem evidenciadas em notas explicativas e segregadas das nominais. Mas a CVM preferiu não adotar essa forma, a não ser que, no conjunto, isso não traga efeitos materiais sobre as demonstrações contábeis. Com as baixas taxas de inflação dos últimos anos, isso é fácil de ocorrer, mas com taxas mais altas as diferenças podem ser significativas.

Um problema adicional que ocorre com o uso dos fluxos nominais que contêm expectativas inflacionárias é que as taxas efetivas de inflação serão, seguramente, diferentes das estimadas. Assim, há que se refazer os cálculos, e as diferenças entre inflação estimada e inflação real têm que ser registradas e afetam, também, o ativo direito de uso (para mais ou para menos), para mudanças nas depreciações restantes, e não afetam as despesas do período.

Esse ofício da CVM acabou de ter suas intenções aclaradas no começo de 2020, quando aquela autarquia emitiu seu Ofício-circular/CVM/SNC/SEP/nº 01/2020. Ficou então bem mais fácil de entender o que ela quer.

Resumidamente, abomina, como já dito, a norma IFRS (e CPC 06 (R2)) de desconto de fluxos reais pela taxa nominal. E, nesse caso, se isso trouxer deformações significativas nas demonstrações contábeis (no Ativo, ou no Passivo, ou na Demonstração do Resultado), prescreve a adoção de outro critério, sendo o *benchmark*, o preferido, a técnica da projeção dos fluxos nominais com o valor presente calculado pela taxa nominal. Mas tudo com as devidas explicações exigidas pelo CPC 26. De qualquer maneira, até admite o uso da técnica normatizada. Ou, na pior das hipóteses, aceita a adoção da técnica de fluxos reais/taxa nominal nas demonstrações, desde que explicitadas, em nota explicativa, as diferenças com o que considera *benchmark*.

E, também, admite o uso do fluxo real descontado pela taxa real de juros, desde que as diferenças com o critério *benchmark* do parágrafo anterior não sejam relevantes. Mas continua exigindo, em notas, as diferenças com o *benchmark*.

E as notas explicativas, no lugar de conterem os valores monetários das diferenças de critérios, podem oferecer insumos (fluxos agrupados por famílias e anos e taxas de desconto) de tal forma que os usuários possam efetuar os recálculos, se quiserem.

13.7.5 Alguns dos efeitos no balanço e no resultado

Com relação à diferença entre trazer fluxos constantes, reais, pela taxa nominal ou pela taxa real, admitamos um exemplo bastante extremado: uma empresa concessionária de rodovia adquire o direito de concessão por 30 anos, pagando $ 100 milhões por ano por conta dessa concessão. Mas cada parcela irá sofrer correção pelo IPCA. E a taxa de juros que a empresa teria que arcar, caso fosse financiar para pagar à vista, suponha-se em 7% ao ano.

Pela norma, na sua literalidade, o valor presente inicial do ativo será de $ 100 milhões trazidos a valor presente por 7% ao ano. E quando ocorrerem as variações monetárias, elas serão adicionadas ao ativo para depreciação pelo prazo restante desse ativo. Assim, o valor presente desses pagamentos, por essa esdrúxula fórmula será de $ 1.240.904.118 (afinal, os 7% contêm expectativas de inflação futura, mas os $ 100 milhões são o valor real; seus valores nominais serão alterados periodicamente). Por esse montante começarão o ativo **Direito de Uso** e o passivo **Arrendamentos a Pagar**.

Agora, se a inflação for de 4% ao ano, a taxa de juros real será de $(1 + 0,07)/(1 + 0,04) -1 = 2,8846\%$. Dessa forma, o correto (e outras normas IFRS e do CPC – ver CPC 12 – Ajuste a Valor Presente – assim o dizem, não somos só nós; a exceção está valendo apenas para esses casos de arrendamento) é trazer as 30 parcelas de $ 100 milhões a valor presente por essa taxa real. E, com isso, o valor presente será de $ 1.989.603.956, ou seja, "apenas" 60% a mais!

Na última alternativa, que a CVM dá como preferencial, os fluxos nominais são ajustados por uma taxa esperada de inflação e divididos pela taxa nominal. No primeiro momento, isso provoca exatamente o mesmo valor que fluxo nominal/taxa real, ou seja, $ 1.989.603.956 para o ativo Direitos de Uso e o passivo Arrendamentos a Pagar. Mas, ao final do primeiro período, já haverá diferenças, porque tenderá sempre a haver diferença entre a taxa de inflação projetada e a real e isso terá que ser ajustado, e contra Direitos de Uso.

Outra consequência importante para o usuário da demonstração contábil é no resultado. Ao final, todos os pagamentos nominais de um contrato como esses terão que gerar o mesmo valor total em despesas. Quando sem a norma, na forma de aluguéis (exceto os *leasings* financeiros), sua soma ao longo do tempo é o valor nominal. Com a norma, há a divisão entre despesa de depreciação e despesa financeira, mas com distribuição diferente da linearidade

de aluguéis em cada período (ou "escadinha" quando de valores ajustados, mas lineares durante cada ano). E mais, se se utilizar a taxa nominal, as despesas financeiras serão uma taxa maior sobre uma base menor ($ 86.863.288 no exemplo, iguais a 7% de juros sobre $ 1.240.904.118 de passivo). E, no caso de taxa real de desconto, uma base maior e uma taxa de juros menor, mas de qualquer forma uma despesa financeira menor (no exemplo, $ 57.392.422, iguais a 2,88462% sobre $ 1.989.603.956). Em compensação, as depreciações no uso da taxa real de desconto serão maiores já que incidentes sobre um ativo Direitos de Uso maior. Coitados dos usuários!

No final, repetimos, ao longo de todo o tempo do contrato, a soma das despesas de depreciação e financeiras terá que ser absolutamente igual ao total que seria de despesas de aluguel ou da concessão caso não tivesse havido a ativação. A distribuição é diferente geográfica e historicamente (entre linhas e ao longo do tempo).

Do ponto de vista da análise financeira, há diversos pontos a comentar. Por exemplo, com essa política contábil muda o valor do EBITDA (a despesa de aluguel ou arrendamento ou semelhante é operacional, mas as depreciações e as despesas financeiras não entram no cálculo desse indicador) sem que qualquer fluxo de caixa da entidade seja ou vá ser modificado. Isto é, nada muda no valor da empresa; consequentemente, há que se mudar o multiplicador desse famigerado EBITDA para se ter o mesmo número que antes (cuidado com esse método!).

As taxas de retorno sobre o ativo podem ficar muito modificadas. O ativo é incrementado, sem que qualquer recurso novo lhe seja aplicado, e o lucro operacional gerado por esse ativo é diminuído porque um pedaço dos aluguéis vira depreciação e o outro se torna despesa financeira. E esta última não é computada no retorno sobre os ativos. Assim, na comparação dessas demonstrações após a entrada em vigência da nova norma com as anteriores, isso pode ficar complicado para o analista. Principalmente no caso das demonstrações de 2019, já que muitas empresas se utilizaram do expediente prático permitido de poder aplicar as normas nesse ano apenas no primeiro dia do exercício social, sem reapresentar as dos exercícios anteriores.

Para se ter uma ideia, vejam as demonstrações de 2019 de determinada empresa, uma das primeiras a divulgar esse tipo de operação. Ela adicionou (consolidado) $ 1.880 milhões ao ativo por conta de direitos de uso, e seu ativo não circulante era, antes disso, de $ 3.256 milhões (73% de aumento), e o ativo total passou de $ 9.912 milhões para $ 11.792 milhões (19% de aumento). O ativo apresentado ao lado para comparação, relativo a 2018, foi de $ 8.821 milhões, mas sem direitos de uso. Fácil, não, essa comparação? Seu passivo Arrendamentos a Pagar, Curto e Longo Prazos, apresentou-se por $ 2.114 milhões, o que demonstra que seu Patrimônio Líquido foi afetado negativamente em $ 234 milhões (lembrar que o ativo decresce linearmente pela depreciação, mas o passivo exponencialmente pelo decréscimo dos juros; no início, direitos de uso e arrendamentos a pagar nascem iguais, mas a partir do primeiro mês começam a ser diferentes porque têm vidas independentes). Nas despesas financeiras, ela revela (todos estão fazendo?) que os juros sobre o passivo de arrendamento são de $ 86 milhões; e nas despesas gerais e administrativas diz que a depreciação do direito de uso foi de $ 29 milhões. Mas a soma dessas despesas financeiras e de depreciação não é igual ao que seria a soma dos aluguéis porque, como já dito, os aluguéis e a depreciação são lineares, mas as despesas financeiras não. Vejam-se as necessidades de ajuste para cálculos de taxa de retorno sobre o ativo e comparação com exercícios anteriores. E o pior é que, a partir desse primeiro ano de aplicação, parece que tudo será comparável, mas há algo de essencial a ser analisado: quando a empresa efetua o contrato de aluguel de seu imóvel, isso realmente lhe acrescenta um ativo? Como calcular o *impairment* desse ativo? E se esse aluguel estiver acima ou abaixo do efetivo valor de mercado? Se estiver abaixo, não vale mais? Substituir despesa de aluguel por depreciação e juros faz sentido economicamente? Teremos todos que nos aproximar mais desse problema para tirar conclusões mais à frente com mais dados às mãos.

Os efeitos dessa contabilização são por demais significantes, sem necessariamente atender-se à exigência de representação fidedigna, e as consequências ainda não bem digeridas.

13.7.6 PIS e Cofins embutidos nas contraprestações; imposto de renda e contribuição social

Por força de alguns entendimentos (que rejeitamos), algumas situações ocorreram durante 2019 no sentido de sugestões e posições para que as contraprestações fossem líquidas desses tributos. Isso não faz o menor sentido, já que o passivo corresponde ao provável desembolso financeiro total por parte da entidade, e não de como os recebimentos serão tratados no recebedor. A CVM, felizmente, vetou essa contabilização.

Também chegou a ser sugerida a ideia de se tratar a taxa de desconto pelo seu valor após o imposto de renda e a contribuição social. Poderia fazer sentido se os fluxos de pagamento também fossem tratados pelo seu valor líquido desses tributos. De qualquer forma, essa não é a prática contábil aceita. Alguém já viu a conta Fornecedores líquida desses tributos porque o que foi comprado foi, está sendo ou será dedutível fiscalmente?

13.7.7 Adoção inicial

Finalmente, voltando ao exercício específico de 2019, temos os problemas da adoção inicial.

O ideal seria que as empresas refizessem os contratos e reapresentassem as demonstrações do ano anterior a 2019 para serem comparáveis com os de 2019. Mas essa missão é praticamente impossível, já que, provavelmente, não serão encontradas as informações sobre que taxas deveriam ter sido utilizadas às épocas dos contratos. Mas quem tiver condições, e quiser, pode fazer.

Em função dessas práticas, adotou-se um expediente prático possível: apresentar esses contratos, mesmo que com as taxas do início do ano de 2019, mas apenas no Balanço de Abertura; ou seja, já teríamos Direitos de Uso e Arrendamento a Pagar no Balanço de Abertura, por valores diferentes, com a diferença ajustada no Patrimônio Líquido. Mas sem reapresentação do balanço de 2018.

E adotou-se outro efeito prático ainda mais simples: apresentar esses contratos no Balanço de Abertura de 2019, mas como se tivessem sido feitos nessa época pelos prazos contratuais remanescentes. Assim, os saldos de Direitos de Uso e Arrendamentos a Pagar ajustados no Balanço de Abertura de 2019 são iguais, sem afetação do Patrimônio Líquido.

Mas também foi dada alternativa adicional: na verdade, só aplicar a partir dos novos contratos, remanescendo ativados apenas os que anteriormente eram arrendamento mercantil financeiro.

Em função disso, seja qual for a opção adotada pela entidade que reporta, é fundamental que haja plena divulgação da escolha contábil relacionada com os saldos do Balanço de Abertura.

Haja usuário capaz de entender, manipular e analisar todas essas situações aqui comentadas!

13.7.8 Comentários adicionais

Toda a discussão que levou à edição da IFRS 16 derivou do fato de que, na prática contábil anterior, só eram ativados os arrendamentos mercantis financeiros, ou seja, aqueles contratos que, na essência, significavam uma espécie de compra financiada. Como isso incrementava os passivos, aparentemente muitas empresas foram renegociando contratos ou negociando contratos novos com características de tal forma que fossem interpretados como arrendamentos mercantis operacionais. Assim não eram ativados.

Esse gerenciamento das operações e dos contratos com fins de embelezamento da apresentação foi provocando descrédito nas demonstrações contábeis de determinadas empresas com contratos significativos dessa natureza.

Daí a iniciativa extremada levada a cabo pelo IASB de obrigar à ativação da grande maioria dos contratos de arrendamento, aluguéis, direitos de concessão, direitos de uso, parcerias etc. (ver as exceções na Seção 13.3.1.1). Isso levou então à essa expansão da obrigação de contabilização dos contratos executórios que, em princípio, não são registrados no Balanço Patrimonial. Mas, agora, firmou-se a política contábil de que esses contratos a executar não são contabilizáveis no ativo e no passivo a não ser quando houver uma norma contábil específica. E o CPC 06, que já era a grande regra específica, continua, mas com uma abrangência agora muito maior. Nada impede que outras situações venham a ocorrer.

Já mostramos que, de qualquer forma, haverá enorme disparidade entre os balanços por causa dos prazos médios desses contratos abrangidos pelo CPC 06 (R2). Será que não deveriam ser trazidos ao valor presente aqueles que praticamente existirão sempre, dada a hipótese da continuidade da vida da empresa? Afinal, a rede de supermercados que aluga loja tenderá sempre a manter esses tipos de aluguéis, independentemente dos contratos atuais. Por que não trazer a valor presente a folha de pagamento como se fosse também perpétua?

É claro, são comentários talvez indevidos, mas os fazemos apenas para forçar o leitor a pensar e analisar melhor sobre a adequação ou não dessa norma chamada simplesmente Arrendamentos. Na verdade, deveríamos ser sempre críticos com relação a todas as normas contábeis. É uma forma de crescimento profissional e de aumento dessa capacidade crítica tão fundamental na Contabilidade e na vida.

13.7.9 Exemplos

Nesta parte, para encerrar, mostraremos exemplos de contabilização das três formas discutidas de descontos quando há previsão de ajustes por índices de preços: fluxos reais trazidos a valor presente pela taxa nominal (norma original do IASB), fluxos reais trazidos pela taxa real e a norma preferida da CVM de projeção dos fluxos para se tornarem nominais e daí trazê-los a valor presente pela taxa nominal, considerando uma inflação projetada.

Com intenção meramente didática, vamos evidenciar apenas parte dos cálculos do primeiro exemplo ao final da Seção 13.7.9.1.

É claro que não precisamos discutir a hipótese de valores prefixados, sem quaisquer outras influências de índices futuros de preços, porque daí só resta mesmo uma alternativa: como esses fluxos passam a fazer parte do mundo dos fluxos nominais, é preciso trazê-los a valor presente pela taxa nominal. E pronto!

13.7.9.1 Primeiro exemplo: fluxo real/taxa nominal

Vamos admitir as seguintes informações:

> Taxa nominal de juros mais taxa de risco da empresa: 7,12% a.a.
>
> Inflação corrente e estimada a se perpetuar: 4,0% a.a.
>
> Consequentemente, taxa real de juros de: 3,0% a.a.
>
> Prazo do contrato com pagamentos anuais: 10 anos
>
> Contraprestações anuais: $ 10.000.000 corrigidas pela inflação

Mas vamos trabalhar, no exemplo, em milhares de reais.

A norma do IASB, como discutido, leva à adoção dessa heresia: trazer os fluxos constantes, reais, de $ 10 milhões anuais, a valor presente pela taxa nominal de 7,12%. Isso nos dá as seguintes demonstrações e informações para os 10 anos, conforme a Tabela 13.2.

O primeiro quadro nos mostra os balanços, considerando que a empresa vá tomar dinheiro emprestado para pagar as prestações, que não há outras operações. O Direito de Uso e o Passivo começam com o valor presente de $ 69.848 mil.

As variações de preços vão sendo ativadas nos Direitos de Uso, e não despejadas no resultado, e depreciadas a partir do período seguinte (no último há, nesse pressuposto "IASBiano", que se ter duas depreciações, porque a do último pagamento terá que ir para despesa; o correto seria começar a depreciação de cada variação monetária no próprio período de sua incorrência).

Para mostrar como é trabalhoso esse procedimento, veja o último quadro onde estão mostradas as depreciações, de cada ano, relativas ao valor original, ao primeiro acréscimo, ao segundo etc.

No segundo quadro, o resultado, com as despesas financeiras representando sempre 7,12% do valor do passivo inicial; e esse passivo vai recebendo as atualizações monetárias contratadas. No terceiro quadro, as informações do valor de cada um desses acréscimos ao ativo e ao passivo por conta da variação de preços e a informação dos pagamentos efetivos conforme tais variações.

Note-se que, é óbvio, a soma dos desembolsos, tomados nominalmente, ao longo do tempo, fornecem o mesmo total de $ 126.800 mil que o total das despesas somadas financeiras e de depreciação. Caso não houvesse a capitalização dos contratos, esse seria o mesmo valor das despesas, só que reconhecidas em cada ano pelo valor dos pagamentos (supondo competência e pagamento juntos).

Como dito anteriormente, na sequência apresentamos alguns dos cálculos que foram efetuados:

Direito de uso (saldo anterior + inflação de arrendamento a pagar)

Tabela 13.2

Em milhares de R$	Ano 0	Ano 1	Ano 2	Ano 3	Ano 4	Ano 5	Ano 6	Ano 7	Ano 8	Ano 9	Ano 10	
Inflação Efetiva		4,5%	4,0%	4,5%	3,0%	4,5%	5,5%	4,5%	3,5%	4,5%	5,0%	
Bem de Uso	**69.848**	72.991	75.701	78.607	80.436	82.936	85.684	87.644	88.879	90.012	90.692	
Dep. Acumulada	–	(6.985)	(14.319)	(21.992)	(30.080)	(38.472)	(47.365)	(56.945)	(67.178)	(78.028)	(90.692)	
Ativo	69.848	66.006	61.382	56.616	50.356	44.463	38.319	30.699	21.701	11.984	–	
Empréstimo	–	10.450	21.318	32.675	44.373	56.597	69.494	82.970	96.919	111.495	126.800	
Arrendamento a Pagar	69.848	67.738	64.595	60.951	55.552	49.961	43.565	35.290	25.177	13.607	(0)	
Resultado Acumulado	–	(12.182)	(24.532)	(37.011)	(49.568)	(62.094)	(74.740)	(87.561)	(100.395)	(113.119)	(126.800)	
P+PL	69.848	66.006	61.382	56.616	50.356	44.463	38.319	30.699	21.701	11.984	–	
Despesa Financeira		(5.197)	(5.016)	(4.806)	(4.470)	(4.133)	(3.753)	(3.241)	(2.601)	(1.873)	(1.017)	**(36.108)**
Desp. Depreciação		(6.985)	(7.334)	(7.673)	(8.088)	(8.393)	(8.893)	(9.580)	(10.233)	(10.851)	(12.664)	**(90.692)**
Despesa Total		(12.182)	(12.350)	(12.479)	(12.558)	(12.526)	(12.646)	(12.821)	(12.834)	(12.724)	(13.681)	(126.800)
Inflação do Arrendamento a Pagar		(3.143)	(2.710)	(2.907)	(1.829)	(2.500)	(2.748)	(1.960)	(1.235)	(1.133)	(680)	(20.845)
Pagamentos Efetivos		(10.450)	(10.868)	(11.357)	(11.698)	(12.224)	(12.897)	(13.477)	(13.949)	(14.576)	(15.305)	(126.800)
Inflação acum. Passivo		(3.143)	(5.853)	(8.759)	(10.588)	(13.088)	(15.836)	(17.796)	(19.031)	(20.164)	(20.845)	
Depreciação do valor original		(6.985)	(6.985)	(6.985)	(6.985)	(6.985)	(6.985)	(6.985)	(6.985)	(6.985)	(6.985)	
Depreciação do primeiro acréscimo		–	(349)	(349)	(349)	(349)	(349)	(349)	(349)	(349)	(349)	
Depreciação do segundo acréscimo				(339)	(339)	(339)	(339)	(339)	(339)	(339)	(339)	
.....					(415)	(415)	(415)	(415)	(415)	(415)	(415)	
.....						(305)	(305)	(305)	(305)	(305)	(305)	
.....							(500)	(500)	(500)	(500)	(500)	
.....								(687)	(687)	(687)	(687)	
.....									(653)	(653)	(653)	
.....										(618)	(618)	
.....											(1.133)	
.....											(680)	
Depreciação do último acréscimo												
Depreciação total de cada ano		(6.985)	(7.334)	(7.673)	(8.088)	(8.393)	(8.893)	(9.580)	(10.233)	(10.851)	(12.664)	(90.692)

Manual de Contabilidade Societária

- Ano 0 – 69.848
- Ano 1 – 72.991 = (69.848 + 3.143)
- Ano 2 – 75.701 = (72.991 + 2.710)

Depreciação acumulada (saldo anterior + depreciação do valor original + depreciações dos acréscimos)

- Ano 1 – 6.985
- Ano 2 – 14.319 = (6.985 + 7.334)

Empréstimo (saldo anterior + valor da prestação atualizada) Como estabelecido, a empresa tomou empréstimo para pagar as prestações. Por simplificação, estamos admitindo que esses não estão sujeitos a encargos financeiros.

- Ano 1 – 10.450 = (10.000 × 1,045)
- Ano 2 – 21.318 = (10.450 + 10.450 × 1,04)

Arrendamento a pagar (saldo anterior + inflação de arrendamento a pagar + despesa financeira – pagamentos efetivos)

- Ano 0 – 69.848
- Ano 1 – 67.738 = (69.848 + 3.143 + 5.197 – 10.450)
- Ano 2 – 64.595 = (67.738 + 2.710 + 5.016 – 10.868)

Resultado acumulado (saldo anterior + despesa total do período)

- Ano 1 – (12.182)
- Ano 2 – (24.532) = (12.182) + (12.350)

Despesa financeira (soma do saldo anterior de arrendamento a pagar + inflação do arrendamento a pagar multiplicada por 7,12%)

- Ano 1 – 5.197 = (69.848 + 3.143) × 7,12%
- Ano 2 – 5.016 = (67.738 + 2,710) × 7,12%

Despesa de depreciação (10% do valor original + o valor do primeiro acréscimo dividido por 9, para o segundo ano; mais o valor do segundo acréscimo dividido por 8 para o terceiro ano e assim por diante)

- Ano 1 – 6.985 = (10% de 69.848)
- Ano 2 – 7.334 = (10% de 69.848) + 3.143/9
- Ano 3 – 7.673 = (10% de 69.848) + 3.143/9 + 2.710/8

Inflação do arrendamento a pagar (saldo de arrendamento a pagar do ano anterior multiplicado pela inflação do período atual)

- Ano 1 – 3.143 = 69.848 × 4,5%

- Ano 2 – 2.710 = 67.738 × 4,0%
- Ano 3 – 2.907 = 64.595 × 4,5%

13.7.9.2 Segundo exemplo: fluxo real/taxa real

Essa técnica, que reputamos a de melhor qualidade (considerando a devida ênfase de que ela provoca despesas financeiras reais, e não nominais como a grande maioria ou quase totalidade das demais despesas dessa natureza – e também as receitas), provocaria as demonstrações e informações da Tabela 13.3.

Note-se que o Direito de Uso e o Passivo começam por R$ 85.302 mil, 22% a mais do que a alternativa do IASB. O total do resultado tem que ser o mesmo, como o total dos desembolsos, mas a composição do resultado é bem diferente: as despesas financeiras são bem menores (51% menores), e as depreciações serão 20% maiores. Para quem conhece ou se lembra da Correção Integral de Balanços, esses seriam os valores efetivos de cada um dos anos em moeda desse final de ano (somente que, na coluna total, essas despesas seriam corrigidas desde sua formação até a data final, mas apareceriam os ganhos pela inflação sobre o passivo de financiamento a compensar e o resultado não seria diferente).

Note-se que a distribuição temporal do total das despesas também é diferente: começam menores e, depois, se tornam maiores do que na versão anterior.

13.7.9.3 Terceiro exemplo: fluxo nominal/taxa nominal

Vamos agora à alternativa preferida da CVM: projetam-se os fluxos de caixa futuros considerando-se as inflações esperadas (dados de mercado até onde for possível) e daí são trazidos a valor presente pela taxa nominal. Como já dito, isso deve trazer o mesmo valor inicial que o modelo fluxo real/taxa real, e é isso mesmo que ocorre. Os fluxos esperados futuros estão no último quadro.

Só que, ao final do primeiro balanço, os números começam a se diferenciar. E como há diferenças entre os fluxos de pagamentos previstos e efetivados, essas são as diferenças entre inflação estimada e inflação real a serem ajustadas no ativo Direitos de Uso. Elas aparecem no terceiro quadro como *Diferenças no Passivo*; os ajustes delas decorrentes são ajustes nos Direitos de Uso e no Arrendamento a Pagar. Afinal, esse precisa também ir sendo devidamente ajustado.

Vamos aos números. Observe a Tabela 13.4.

Note-se que as despesas financeiras e as depreciações acabaram ficando bem próximas do resultado pelo modelo IASB (primeiro exemplo), apesar de os Direitos de Uso e o Arrendamento a Pagar terem iniciado por valores tão diferentes.

Tabela 13.3

Em milhares de R$	Ano 0	Ano 1	Ano 2	Ano 3	Ano 4	Ano 5	Ano 6	Ano 7	Ano 8	Ano 9	Ano 10	
Inflação Efetiva		4,5%	4,0%	4,5%	3,0%	4,5%	5,5%	4,5%	3,5%	4,5%	5,0%	
Bem de Uso	**85.302**	**89.141**	92.395	95.828	97.951	100.803	103.882	106.039	107.373	108.574	109.282	
Dep. Acumulada	–	(8.530)	(17.487)	(26.850)	(36.704)	(46.912)	(57.690)	(69.238)	(81.505)	(94.439)	(109.282)	
Ativo	85.302	80.610	74.908	68.978	61.247	53.890	46.191	36.801	25.868	14.135	–	
Empréstimo	–	10.450	21.318	32.675	44.373	56.597	69.494	82.970	96.919	111.495	126.800	
Arrendamento a Pagar	85.302	81.365	76.290	70.758	63.369	55.983	47.938	38.121	26.690	14.152	(0)	
Resultado Acumulado	–	(11.204)	(22.700)	(34.455)	(46.495)	(58.690)	(71.240)	(84.290)	(97.741)	(111.512)	(126.800)	
P+PL	85.302	80.610	74.908	68.978	61.247	53.890	46.191	36.801	25.868	14.135	–	
Despesa Financeira		(2.674)	(2.539)	(2.392)	(2.186)	(1.987)	(1.772)	(1.503)	(1.184)	(837)	(446)	**(17.518)**
Desp. Depreciação		(8.530)	(8.957)	(9.364)	(9.854)	(10.208)	(10.778)	(11.548)	(12.267)	(12.934)	(14.843)	**(109.282)**
Despesa Total		(11.204)	(11.495)	(11.755)	(12.040)	(12.194)	(12.550)	(13.051)	(13.451)	(13.771)	(15.288)	(126.800)
Inflação do arrendamento a Pagar		(3.839)	(3.255)	(3.433)	(2.123)	(2.852)	(3.079)	(2.157)	(1.334)	(1.201)	(708)	(23.980)
Pagamentos Efetivos		(10.450)	(10.868)	(11.357)	(11.698)	(12.224)	(12.897)	(13.477)	(13.949)	(14.576)	(15.305)	(126.800)
Inflação acum. Passivo		(3.839)	(7.093)	(10.526)	(12.649)	(15.501)	(18.580)	(20.737)	(22.071)	(23.272)	(23.980)	
Depreciação do valor original		(8.530)	(8.530)	(8.530)	(8.530)	(8.530)	(8.530)	(8.530)	(8.530)	(8.530)	(8.530)	
Depreciação do primeiro acréscimo		–	(427)	(427)	(427)	(427)	(427)	(427)	(427)	(427)	(427)	
Depreciação do segundo acréscimo				(407)	(407)	(407)	(407)	(407)	(407)	(407)	(407)	
.....					(490)	(490)	(490)	(490)	(490)	(490)	(490)	
.....						(354)	(354)	(354)	(354)	(354)	(354)	
.....							(570)	(570)	(570)	(570)	(570)	
.....								(770)	(770)	(770)	(770)	
.....									(719)	(719)	(719)	
.....										(667)	(667)	
.....											(1.201)	
Depreciação do último acréscimo											(708)	
Depreciação total de cada ano		(8.530)	(8.957)	(9.364)	(9.854)	(10.208)	(10.778)	(11.548)	(12.267)	(12.934)	(14.843)	(109.282)

Tabela 13.4

Em milhares de R$	Ano 0	Ano 1	Ano 2	Ano 3	Ano 4	Ano 5	Ano 6	Ano 7	Ano 8	Ano 9	Ano 10	
Inflação Efetiva		4,5%	4,0%	4,5%	3,0%	4,5%	5,5%	4,5%	3,5%	4,5%	5,0%	
Bem de Uso	**85.302**	**85.352**	85.404	85.512	85.512	85.569	85.813	86.130	86.393	86.736	87.239	
Dep. Acumulada	–	(8.530)	(17.066)	(25.608)	(34.166)	(42.724)	(51.293)	(59.923)	(68.658)	(77.526)	(87.239)	
Ativo	85.302	76.822	68.338	59.904	51.346	42.846	34.520	26.207	17.734	9.210	–	
Empréstimo	–	10.450	21.318	32.675	44.373	56.597	69.494	82.970	96.919	111.495	126.800	
Arrendamento a Pagar	85.302	80.976	75.925	70.082	63.373	55.719	47.033	37.223	26.187	13.819	(0)	
Resultado Acumulado	–	(14.604)	(28.905)	(42.853)	(56.401)	(69.470)	(82.007)	(93.986)	(105.372)	(116.103)	(126.800)	
P+PL	85.302	76.822	68.338	59.904	51.346	42.846	34.520	26.207	17.734	9.210	–	
Despesa Financeira		(6.074)	(5.765)	(5.406)	(4.990)	(4.512)	(3.967)	(3.349)	(2.650)	(1.865)	(984)	**(39.561)**
Desp. Depreciação		(8.530)	(8.536)	(8.542)	(8.558)	(8.558)	(8.569)	(8.630)	(8.736)	(8.867)	(9.713)	**(87.239)**
Despesa Total		(14.604)	(14.301)	(13.948)	(13.548)	(13.070)	(12.536)	(11.979)	(11.386)	(10.732)	(10.697)	(126.800)
Diferença no Passivo		50	52	108	(1)	58	243	318	263	343	503	1.937
Pagamentos Efetivos		(10.450)	(10.868)	(11.357)	(11.698)	(12.224)	(12.897)	(13.477)	(13.949)	(14.576)	(15.305)	(126.800)
Infl. que deveria ser do Passivo		–	–	–	–	–	–	–	–	–	–	
Depreciação do valor original		(8.530)	(8.530)	(8.530)	(8.530)	(8.530)	(8.530)	(8.530)	(8.530)	(8.530)	(8.530)	
Depreciação do primeiro acréscimo		–	(6)	(6)	(6)	(6)	(6)	(6)	(6)	(6)	(6)	
Depreciação do segundo acréscimo				(7)	(7)	(7)	(7)	(7)	(7)	(7)	(7)	
⋮					(15)	(15)	(15)	(15)	(15)	(15)	(15)	
⋮						0	0	0	0	0	0	
⋮							(12)	(12)	(12)	(12)	(12)	
⋮								(61)	(61)	(61)	(61)	
⋮									(106)	(106)	(106)	
⋮										(131)	(131)	
⋮											(343)	
Depreciação do último acréscimo											(503)	
Depreciação total de cada ano		(8.530)	(8.536)	(8.542)	(8.558)	(8.558)	(8.569)	(8.630)	(8.736)	(8.867)	(9.713)	(87.239)
Pagamento Previsto		(10.400)	(10.816)	(11.249)	(11.699)	(12.167)	(12.653)	(13.159)	(13.686)	(14.233)	(14.802)	(124.864)

Vejamos agora, nas Figuras 13.3 a 13.7, como ficariam os gráficos.

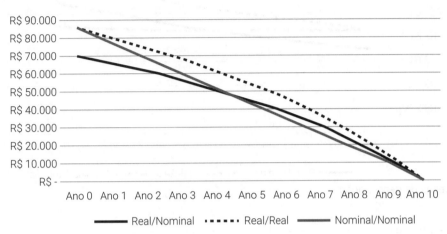

Figura 13.3 Bens de uso.

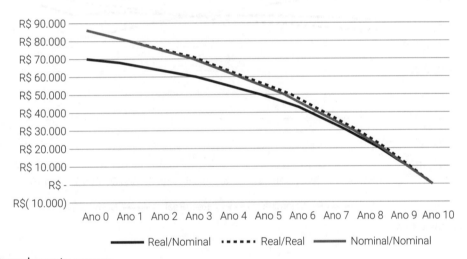

Figura 13.4 Arrendamento a pagar.

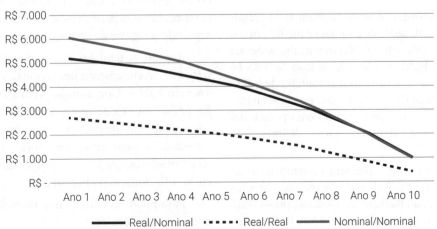

Figura 13.5 Despesas financeiras.

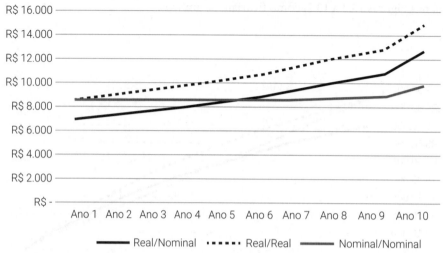

Figura 13.6 Despesas de depreciação.

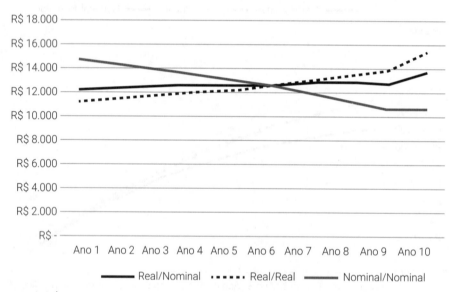

Figura 13.7 Despesas totais.

13.8 Tratamento para as pequenas e médias empresas

Os conceitos abordados neste capítulo são parcialmente aplicáveis às entidades de pequeno e médio portes, isso porque nem o IASB nem o CPC fizeram alterações na norma contábil das PME em razão da adoção da IFRS 16 (CPC 06 – R2). Desse modo, o modelo contábil de transferência significativa de riscos e benefícios e a consequente classificação do arrendamento mercantil em operacional ou financeiro continua valendo para arrendadores e arrendatários.

Para os arrendadores que apliquem o Pronunciamento Técnico PME – Contabilidade para Pequenas e Médias Empresas, portanto, não há maiores impactos, pois a IFRS 16 (CPC 06 – R2) manteve tal classificação. Já os arrendatários que sejam PME ainda continuam mantendo o modelo anterior da IAS 17: caso o *leasing* seja classificado como operacional, não se reconhece nem o ativo nem o passivo, apenas as prestações periodicamente como despesa, seguindo o regime de competência.

Ressalte-se também que, no que diz respeito aos contratos de arrendamento operacional, o Pronunciamento Técnico PME – Contabilidade para Pequenas e Médias Empresas não exige que o arrendatário reconheça os pagamentos em uma base linear se os pagamentos para o arrendador são estruturados de modo a aumentar de acordo com inflação esperada, para compensar o arrendador pelo custo inflacionário no período.

Para maior detalhamento, consulte o referido Pronunciamento Técnico.

14

Empréstimos, Financiamentos, Debêntures e Outros Títulos de Dívida

14.1 Empréstimos e financiamentos

As operações de empréstimos e financiamentos estão atreladas às necessidades de caixa das empresas para a manutenção ou expansão de suas atividades. Normalmente, os empréstimos e financiamentos estão suportados por contratos que estipulam as características contratadas, como valor total, forma de liberação dos recursos, condições de pagamento, taxa de juros, moeda, garantias, *covenants* (condições a serem mantidas ou obtidas) e outras.

Os Empréstimos e Financiamentos são compostos, comumente, pelas seguintes contas: Credores por Financiamentos; Financiamentos Bancários; Duplicatas Descontadas; Empréstimos em Moeda Nacional; Empréstimos em Moeda Estrangeira; Títulos a Pagar; Juros a Pagar de Empréstimos e Financiamentos; Encargos Financeiros a Transcorrer (contra devedora); dentre outras. Essas contas serão classificadas no Passivo Circulante ou no Não Circulante, de acordo com seus respectivos vencimentos.

14.1.1 Empréstimos e financiamentos a longo prazo

a) GERAL

As contas de Empréstimos e Financiamentos, tanto no Passivo Circulante quanto no Não Circulante, registram as obrigações da empresa junto a instituições financeiras do país e do exterior, cujos recursos podem estar destinados para financiar não só imobilizações, como também capital de giro e outros fins. Assim, as contas desses empréstimos podem ser subdivididas entre as **em moeda nacional** e as **em moeda estrangeira**, dependendo do país de origem da instituição financeira. Essa separação é importante para facilitar o controle e determinar as contas sujeitas à atualização por correção monetária ou variação cambial.

Para melhor controle, as operações de empréstimos e financiamentos junto a instituições financeiras devem ser registradas em contas diferentes das operações de financiamentos a longo prazo, feitas diretamente pelo fornecedor, para aquisição de bens e equipamentos. Nesse segundo caso, tais operações devem ser registradas na conta de Credores por Financiamentos (veja Seção 14.1.2).

Todos os empréstimos firmados pela empresa, cujo prazo de pagamento seja superior ao encerramento do exercício social seguinte, deverão ser contabilizados primeiramente como de longo prazo. Posteriormente, quando o período a transcorrer até o vencimento da dívida for inferior ao encerramento do exercício social seguinte, a dívida deverá ser reclassificada para o Passivo Circulante. No caso de empréstimos e financiamentos que serão pagos em parcelas, é necessário fazer a segregação entre as parcelas (e respectivos encargos) que serão pagas no curto prazo, e registrá-las no Passivo Circulante, e as parcelas (e respectivos encargos) que serão liquidadas apenas após o encerramento do exercício social seguinte, sendo contabilizadas, portanto, no Passivo Não Circulante. Para mais informações sobre a segregação das parcelas em curto e longo prazo, veja Seção 14.1.1, letra (e).

Normalmente, tais empréstimos e financiamentos estão suportados por contratos que estipulam seu valor total, forma e época de liberação das parcelas, finalidade dos recursos, cláusulas de pagamento em moeda estrangeira, arcando a empresa com a variação cambial, ou correção monetária, se em moeda nacional. Além dos juros e comissões a que estão sujeitos, especificam também a forma de pagamento (carência, se houver, e datas de vencimento), além de outras cláusulas contratuais, como garantias, encargos por inadimplências etc.

Os empréstimos de grande porte, que usualmente são de prazo mais extenso e para grandes projetos, possuem contratos mais complexos, cobrindo todo o detalhamento técnico do projeto, a origem prevista de todos os recursos necessários e sua aplicação, a obrigatoriedade de auditoria independente, a cláusula de cobertura de seguro dos bens financiados e os itens contratuais com restrições ou limites sobre dividendos, índices de liquidez e outros. Esse é o caso, por exemplo, de certas operações do Banco Nacional de Desenvolvimento Econômico e Social (BNDES), Banco Interamericano de Desenvolvimento (BID), Banco Internacional de Reconstrução e Desenvolvimento (Bird) e outros.

A contabilidade e, especificamente, as demonstrações contábeis devem refletir todas as cláusulas contratuais e condições que afetam sua análise e interpretação; portanto, devem estar adequadamente expostas no Balanço e correspondente nota explicativa.

B) REGISTRO DOS EMPRÉSTIMOS E FINANCIAMENTOS

O passivo deve ser contabilizado quando do recebimento dos recursos pela empresa, o que, na maioria das vezes, coincide com a data do contrato. No caso dos contratos com liberação do total em diversas parcelas, o registro do passivo correspondente deve ser feito à medida do recebimento das parcelas, ou seja, não se deve reconhecer um passivo cuja contrapartida ainda não se tenha recebido. Pode-se, todavia, controlar contabilmente os empréstimos em conta redutora do montante total de empréstimos e financiamentos contratados. Essa informação é útil para gerar divulgação em notas explicativas.

Em relação ao montante a ser inicialmente registrado, ele deve corresponder ao seu valor justo, líquido dos custos de transação diretamente atribuíveis à emissão do passivo financeiro.

C) ENCARGOS FINANCEIROS

I. Conceitos iniciais

Os encargos financeiros incluem não apenas as despesas de juros, mas todas as despesas (e receitas) incrementais que se originaram da operação de captação, como taxas

e comissões, eventuais prêmios recebidos, despesas com intermediários financeiros, com consultores financeiros, com elaboração de projetos, auditores, advogados, escritórios especializados, gráfica, viagens etc.

Assim, o CPC 08 (R1), item 3, define:

"Encargos financeiros são a soma das despesas financeiras, dos custos de transação, prêmios, descontos, ágios, deságios e assemelhados, a qual representa a diferença entre os valores recebidos e os valores pagos (ou a pagar) a terceiros."

Em conformidade com o referido pronunciamento, o montante a ser registrado no momento inicial da captação de recursos junto a terceiros deve corresponder aos valores líquidos recebidos pela entidade, **sendo a diferença para com os valores pagos ou a pagar tratada como encargo financeiro**. Esses encargos devem ser apropriados ao resultado em função da fluência do prazo, pelo custo amortizado, usando o método da taxa de juros efetivos (à base do método dos juros compostos). Conforme item 12 do CPC 08 (R1), esse método considera a taxa interna de retorno (TIR) da operação para a apropriação dos encargos financeiros durante o tempo de vigência da operação.

Pelo método do custo amortizado, os encargos financeiros apropriados ao resultado refletem o custo efetivo da operação de captação e não somente a taxa de juros contratual. Portanto, incluem não apenas os juros, mas também os custos de transação, prêmios recebidos, ágios, deságios, descontos, atualização monetária e outros.

Cabe destacar que, para os passivos classificados e avaliados pelo valor justo, com contrapartida reconhecida diretamente no resultado, os encargos são amortizados na primeira avaliação ao valor justo e não ao longo da operação, de forma indireta, em função exatamente dessa avaliação ao valor justo. Ainda, em conformidade com o CPC 08 (R1), no caso dos instrumentos de dívida avaliados ao valor justo contra o Patrimônio Líquido, em cada data de avaliação ao valor justo a diferença entre o custo amortizado e o valor justo deve ser registrada na conta de Ajuste de Avaliação Patrimonial, no Patrimônio Líquido.

Enquanto não captados os recursos a que se referem os custos de transação incorridos, estes devem ser apropriados e mantidos em conta específica do ativo, como Pagamento Antecipado. Essa conta será reclassificada para conta também específica, no passivo, assim que concluído o processo de captação. Já os encargos incorridos em operações de captação não concretizadas devem ser reconhecidos como perda, diretamente no resultado do período.

II. Tratamento dos encargos

Os encargos financeiros devem ser contabilizados como despesa financeira, período a período, conforme fluência do prazo, exceto no caso de encargos financeiros incorridos para financiamento de ativos qualificáveis, situação em que devem ser capitalizados. O CPC 20 (R1), em seu item 8, menciona:

> "A entidade deve capitalizar os custos de empréstimo que são diretamente atribuíveis à aquisição, construção ou produção de ativo qualificável como parte do custo do ativo. A entidade deve reconhecer os outros custos de empréstimos como despesa no período em que são incorridos."

O referido pronunciamento define ativo qualificável como "um ativo que, necessariamente, demanda um período de tempo substancial para ficar pronto para seu uso ou venda pretendidos". O mesmo pronunciamento menciona que os seguintes itens podem ser considerados ativos qualificáveis: estoques, planta para manufatura, usina de geração de energia, ativo intangível, propriedade para investimento e plantas portadoras, desde que demandem tempo razoável para serem produzidos ou construídos. Sendo um ativo qualificável, o CPC 20 (R1) explica que os custos de empréstimos que são elegíveis à capitalização são aqueles que seriam evitados se os gastos com o ativo qualificável não tivessem sido feitos.

Ressalta-se que o valor a ser capitalizado corresponde aos encargos financeiros totais e não apenas às despesas financeiras, ou seja, além dos juros, também devem ser capitalizados todos os gastos incrementais originados da transação de captação de recursos diretamente atribuíveis ao financiamento do ativo. Nesse sentido, o CPC 20 (R1) determina que os custos de empréstimos incluem: (a) encargos financeiros calculados com base no método da taxa efetiva de juros como descrito nos Pronunciamentos Técnicos CPC 08 (R1) – Custos de Transação e Prêmios na Emissão de Títulos e Valores Mobiliários e CPC 48 – Instrumentos Financeiros; (b) encargos financeiros relativos aos passivos por arrendamentos mercantis, incluindo aluguéis e outros; e (c) variações cambiais decorrentes de empréstimos em moeda estrangeira.

A capitalização dos encargos financeiros no custo do ativo qualificável deverá ocorrer somente durante o período de construção. A partir do momento em que o ativo estiver pronto para uso ou venda, a capitalização dos encargos deve cessar. Quaisquer encargos financeiros incorridos após o término do período de construção do ativo devem ser reconhecidos no resultado do exercício. Uma vez capitalizados, a alocação desses encargos para o resultado do período é feita dentro da depreciação, amortização, exaustão ou baixa dos ativos aos que foram incorporados. Dessa forma, não aparecem na Demonstração do Resultado sob o título de Despesa Financeira. Essa informação é muito relevante para fins de análise. Por isso, a necessidade de, em nota explicativa, ser evidenciada a parcela dos encargos financeiros capitalizados no período.

III. Encargos financeiros prefixados ou pós-fixados

Os empréstimos e financiamentos podem ser contratados na modalidade de juros prefixados ou pós-fixados. Essa diferenciação é relevante, já que influencia a forma de apuração dos encargos financeiros e, consequentemente, os montantes que serão desembolsados para a liquidação da dívida. Assim, a forma de contabilização dos encargos financeiros também será diferente, dependendo da modalidade do empréstimo.

A principal diferença entre juros prefixados e juros pós-fixados é que, enquanto no primeiro caso as taxas de juros são previamente definidas e permanecem fixas durante todo o contrato, permitindo que o contratante conheça exatamente o valor que será pago, no segundo caso a taxa nominal de juros é vinculada a índices de inflação ou outros indexadores, por exemplo, a taxa referencial do Sistema Especial de Liquidação e Custódia (Selic). Assim, no caso de empréstimos com taxas pós-fixadas, o contratante fica exposto às variações do cenário econômico, como as possíveis oscilações na taxa de inflação.

Na modalidade prefixada, os encargos são preestabelecidos, sendo recebido pela empresa somente o líquido do empréstimo. Assim, a empresa pode registrar o valor total das parcelas que serão pagas no passivo e reconhecer os encargos financeiros a transcorrer em uma conta redutora de empréstimos e financiamentos, chamada **Encargos Financeiros a Transcorrer**. Essa conta deverá ser apropriada posteriormente para Despesa Financeira à medida do tempo transcorrido. É lógico que a empresa também pode registrar o passivo pelo valor original recebido, conforme regras já comentadas, e ir apropriando os encargos financeiros normalmente, o que não fará qualquer mudança no passivo ou na despesa financeira. A classificação dos encargos financeiros a transcorrer em uma conta devedora, no passivo, se assim registrada, é realizada em função de a parcela dos encargos ainda não transcorridos, e inclusa por contrapartida na conta de empréstimo, não representar ainda um passivo para a empresa. Por esse motivo, o Plano de Contas já apresenta a conta Encargos Financeiros a Transcorrer (conta devedora) como redução dos empréstimos e financiamentos, estando ela prevista tanto no Circulante como no Não Circulante. Para fins de publicação, o Balanço deve mostrar os empréstimos pelo valor líquido, ou seja, já deduzidos dos encargos a transcorrer. É **relevante** separar a conta de Despesa Financeira em subcontas, mostrando os juros separadamente das variações monetárias, principalmente para elaboração de nota explicativa própria.

IV. Composição dos encargos financeiros

Uma importante modificação decorrente da introdução do CPC 08 (R1) – Custos de Transação e Prêmios na Emissão de Títulos e Valores Mobiliários está relacionada com a composição dos encargos financeiros. Conforme explicado na Seção 14.1.1, letra (c), I, os encargos financeiros englobam não apenas as despesas de juros, mas também todas as despesas incrementais decorrentes da operação de captação, e devem ser apropriados ao resultado do período pelo método do custo amortizado, usando a taxa de juros efetivos.

Para melhor entendimento da matéria, veja o exemplo a seguir. Suponha que no final de 20X0 a empresa B faça uma captação de recursos no valor de $ 2.000.000 e incorra em despesas bancárias no valor de $ 10.000 e gastos com consultores no valor de $ 120.000. A taxa de juros contratual é de 10% ao ano, e a empresa liquidará o empréstimo com um único pagamento no final de dois anos, no valor de $ 2.420.000.

Com a aplicação do CPC 08 (R1), as despesas incorridas e diretamente relacionadas com a captação de recursos fazem parte dos encargos financeiros, visto que elas não teriam surgido se a operação de captação não fosse realizada. Isso implica dizer que a taxa de juros inicialmente contratada (10% ao ano) não reflete o efetivo custo dessa operação financeira. Considerando-se que o montante disponibilizado para a entidade é de $ 1.870.000 ($ 2.000.000 – $ 130.000) e o valor a ser pago no futuro é de $ 2.420.000, o total de encargos financeiros a incorrer ao longo do período do empréstimo é de $ 550.000 ($ 420.000 de juros e $ 130.000 de despesas diversas).

Assim, a taxa efetiva de juros passará a ser 13,76% ao ano e não mais 10% ao ano, como inicialmente contratado. A taxa de 13,76% ao ano (TIR) é a que reflete o custo efetivo da operação de captação de recursos junto a terceiros[1] ao considerar todos os gastos inerentes à operação realizada.

Os encargos financeiros totais (não apenas as despesas de juros) serão contabilizados no passivo, em uma conta retificadora (**Encargos Financeiros a Transcorrer**), de tal maneira que o valor líquido inicial no exigível seja o valor líquido recebido pela empresa, como demonstrado a seguir:

Controle de Captação (taxa efetiva = 13,76%)				
Ano	Saldo Inicial	Efeitos na DRE	Pagamentos	Saldo Final
1	1.870.000	(257.299)	–	2.127.299
2	2.127.299	(292.701)	(2.420.000)	–
Despesa Financeira Total =	**(550.000)**			
Despesas de Juros =	(420.000)			
Despesas com Gastos Diversos =	(130.000)			

As despesas financeiras totais, agora mais adequadamente apropriadas, podem ser desdobradas ano a ano da seguinte forma, bastando-se aplicar os 13,76% sobre o saldo inicial de $ 1.870.000, o que dá o total de $ 257.299, e 13,76% sobre o saldo intermediário, no final do primeiro ano, de $ 2.127.299 ($ 1.870.000 + $ 257.299).

Despesas Desdobradas Ano a Ano			
Ano	Despesa com Juros 10% a.a.	Despesas com Amortização dos Gastos Diversos	Encargo Financeiro Total na DRE
1	(200.000)	(57.299)	(257.299)
2	(220.000)	(72.701)	(292.701)
Total	**(420.000)**	**(130.000)**	**(550.000)**

Como demonstrado, a taxa interna de retorno considera todos os fluxos de caixa, desde o valor líquido recebido pela entidade até os pagamentos feitos ou a serem efetuados para a liquidação da transação. Com isso, os encargos financeiros presentes na Demonstração de Resultados da entidade refletem o verdadeiro custo de captação de recursos financeiros.

Quando a empresa tiver juros já transcorridos, mas pagáveis posteriormente à data do balanço, tais juros e outros encargos na mesma situação devem ser reconhecidos. Para tanto, o Plano de Contas apresenta nesse mesmo subgrupo, dentro do Passivo Circulante, uma conta específica de **Juros a Pagar de Empréstimos e Financiamentos**. Usualmente, os juros transcorridos são pagos no curto prazo, mas, se houver situação em que seja liquidado no longo prazo, a empresa deve abrir conta similar no grupo do Passivo Não Circulante.

D) VARIAÇÕES MONETÁRIAS

I. Variação cambial de empréstimos em moeda estrangeira

Os empréstimos contratados em instituições financeiras do exterior configuram operações em moeda estrangeira e, conforme o CPC 02 (R2), estão sujeitos aos efeitos da

---

[1] A taxa interna de retorno (TIR) iguala o valor presente dos pagamentos futuros ao valor da captação líquida. A TIR é calculada da seguinte forma:

$I = \sum_{t=1}^{n} \dfrac{FC_t}{(1 + tir)^t}$, em que I: montante da captação líquida; FC: fluxos de pagamentos em cada período de tempo t; TIR: taxa interna de retorno. Com o uso de uma calculadora financeira ou planilha eletrônica, tem-se: $ 1.870.000 em PV; $ (–) 2.420.000 em FV; 2 em n; pressionando-se i, obtém-se 13,76%.

variação cambial. O referido Pronunciamento Técnico determina que uma transação que é fixada ou requer sua liquidação em moeda estrangeira deve ser reconhecida, no momento inicial, pela conversão do montante em moeda estrangeira usando a taxa de câmbio na data da transação.

Posteriormente, no encerramento de cada período, a empresa deve converter os saldos de empréstimos em moeda estrangeira pela taxa de câmbio de fechamento. A diferença resultante da conversão do montante em moeda estrangeira, a diferentes taxas cambiais, representa a variação cambial a ser reconhecida no resultado do período como parte das despesas financeiras, exceto se decorrer de empréstimos destinados a financiar bens em implantação ou em pré-operação, conforme explicado no item III a seguir. Ainda, como exceção, o item 32 do CPC 02 (R2) determina que as variações cambiais resultantes dos itens monetários que fazem parte do investimento líquido da entidade e que se refiram a investimentos no exterior também não devem ser reconhecidas no resultado do período, mas sim em conta específica do Patrimônio Líquido (Outros Resultados Abrangentes) e aí mantidas até a baixa do respectivo investimento.

Especificamente em relação aos empréstimos em moeda estrangeira, o montante registrado no passivo é afetado tanto pelos juros incorridos quanto pela variação cambial. Ambos os valores (juros e variação cambial) devem ser contabilizados como resultado financeiro, na Demonstração do Resultado do período. Porém, a empresa deve registrar esses valores de forma segregada, em contas específicas de variação cambial e de encargos financeiros, ambas dentro do grupo do resultado financeiro. Para melhor entendimento sobre essa questão, veja o exemplo a seguir.

No dia 31/03/X0, uma empresa brasileira fez uma operação de empréstimo, no montante de US$ 500.000, junto a uma instituição financeira localizada nos Estados Unidos. A taxa de juros contratual é de 1% ao mês, e o pagamento foi realizado em uma parcela única, três meses após a data de contratação. Assim, a liquidação do empréstimo ocorreu no dia 30/06/X0. Durante o período (de 31/03/X0 até 30/06/X0), a taxa de câmbio oscilou bastante: passou de R$ 3,00 na data da contratação do empréstimo (31/03/X0) para

R$ 3,10 em 30/04/X0, R$ 3,40 no dia 31/05/X0 e, por fim, reduziu para R$ 3,20 na data da liquidação (30/06/X0).

Conforme mencionado, no momento do registro inicial, o montante em moeda estrangeira deve ser convertido usando-se a taxa de câmbio da data da operação. Após a conversão, o valor do empréstimo em reais seria de R$ 1.500.000 (US$ 500.000 pela taxa de R$ 3,00) registrados como disponíveis e em contrapartida à conta de Empréstimos e Moeda Estrangeira. No final do mês subsequente (30/04/X0), considerando a taxa de juros de 1% ao mês, o valor da dívida em moeda estrangeira passou para US$ 505.000 (US$ 500.000 × R$ 1,01). Como a taxa de câmbio em 30/04/X0 era de R$ 3,10, o montante da dívida convertida para reais era de R$ 1.565.500 (US$ 505.000 × R$ 3,10). A variação total no saldo de Empréstimos em Moeda Estrangeira foi de R$ 65.500 (R$ 1.565.500 – R$ 1.500.000). Porém, parte dessa variação decorre do efeito dos juros e parte é composta pela variação cambial, sendo necessário fazer essa separação.

Para fins de simplificação, consideramos que os juros são contabilizados apenas no encerramento de cada período e, portanto, convertidos pela taxa de câmbio de fechamento de cada mês. Ressalta-se, porém, que isso pode variar dependendo do que estiver definido no contrato de empréstimo. Assim, no exemplo em questão, se os juros em moeda estrangeira incorridos no mês de abril foram de US$ 5.000 e a taxa de fechamento (30/04/X0) é R$ 3,10, o valor de juros reconhecido no mês é de R$ 15.500. Adicionalmente, o saldo de empréstimos sofreu com a alteração da taxa de câmbio de R$ 3,00 para R$ 3,10, sendo necessário, portanto, reconhecer uma variação cambial de R$ 50.000 (US$ 500.000 × R$ 0,10). Assim, a variação total do saldo de empréstimos em 30/04/X0 de R$ 65.500 é composta pelo efeito da variação cambial de R$ 50.000 e pelos juros incorridos no período (R$ 15.500).

Seguindo o mesmo raciocínio para os meses subsequentes, a movimentação da conta de Empréstimos, no encerramento de cada período, será conforme a Tabela 14.1.

É importante destacar que, considerando que os juros foram pagos apenas no momento da liquidação do empréstimo (30/06/X0), a partir do segundo mês a variação cambial afetou não apenas o valor do principal, mas

Tabela 14.1

Data	Saldo (US$)	Cotação	Saldo (R$)	Juros (R$)	Variação Cambial – Principal (R$)	Variação Cambial – Juros (R$)	Variação Total (R$)
31/03/X0	500.000	3,00	1.500.000	–	–	–	–
30/04/X0	505.000	3,10	1.565.500	15.500	50.000	–	65.500
31/05/X0	510.050	3,40	1.734.170	17.170	150.000	1.500	168.670
30/06/X0	515.150	3,20	1.648.480	16.320	(100.000)	(2.010)	(85.690)

também o valor dos juros que não foram pagos. Portanto, a tabela apresenta o valor da variação cambial segregado em duas colunas: uma para o efeito no principal e outra específica para a variação cambial dos juros.

Assim, as despesas de juros em 30/04/X0, 31/05/X0 e 30/06/X0, seriam, respectivamente, R$ 15.500, R$ 17.170 e R$ 16.320. Por sua vez, as despesas com variações cambiais seriam R$ 50.000 em 30/04 e R$ 151.500 em 31/05. Observe que a taxa de câmbio, que era de R$ 3,40 em 31/05, caiu para R$ 3,20 em 30/6, data da liquidação. Isso provoca redução do valor da dívida e requer o registro a crédito de despesa de variação cambial em contrapartida à conta Empréstimos em Moeda Estrangeira no valor de R$ 102.010. Em relação ao reconhecimento da variação cambial como receita ou despesa financeira do período, um aspecto merece atenção. Como as taxas de câmbio são flutuantes, pode ocorrer, por exemplo, de a atualização de um empréstimo ou de uma conta a receber reduzir o respectivo valor. Ou ainda, situações em que a taxa de câmbio aumenta nos primeiros meses do ano, porém, reduz substancialmente no segundo semestre, tornando o efeito acumulado do ano negativo (saldo final de um empréstimo, por exemplo, menor que o saldo inicial). Nesses casos, recomendamos que a natureza patrimonial do item objeto da atualização seja mantida, isto é, poderá haver despesas com saldo credor ou receitas com saldo devedor na Demonstração do Resultado.

II. Variação monetária de empréstimos em moeda local

Os Empréstimos que serão liquidados Em Moeda Nacional, mas que são corrigidos por algum índice de inflação, por exemplo, também são afetados pela variação monetária. Normalmente, esses empréstimos são atualizados pela variação percentual do valor nominal de algum índice de variação de preço, tais como Índice Geral de Preços do Mercado (IGPM), Índice de Preços ao Consumidor Ampliado (IPCA), ou mesmo uma moeda estrangeira e outros. Tais variações monetárias devem ter o mesmo tratamento contábil que as variações cambiais decorrentes de empréstimos em moeda estrangeira, mas são chamadas de variação monetária, mesmo quando a indexação for em uma moeda estrangeira.

III. Tratamento contábil das variações monetárias e cambiais

– Bens em operação

As variações monetárias e cambiais de empréstimos captados para financiamento de ativos que não são ativos qualificáveis (veja Seção 14.1.1, letra (c), II), como é o caso de bens em operação, devem ser lançadas no resultado do exercício, no subgrupo Despesas Financeiras. Conforme mencionado, a contabilidade deve ter contas segregadas para abrigar somente as variações monetárias e cambiais, sendo os juros e demais encargos de financiamentos, que

também são despesas financeiras, registrados em contas à parte. Veja Modelo de Plano de Contas, que prevê essa segregação.

O registro das variações monetárias e cambiais como despesa financeira relativas a financiamento de bens que tenham entrado em operação independe da aplicação dos recursos do empréstimo. Assim, o tratamento é o mesmo, seja de empréstimo para financiar bens do ativo não circulante ou para financiar o capital de giro da empresa.

Mas há uma importante exceção que passou a existir a partir do CPC 06 (R2) – Arrendamentos. Nesses casos, geradores dos ativos na forma de Direitos de Uso, a atualização das variações monetárias e cambiais dos correspondentes passivos é ativada, acrescida ao direito de uso, e amortizada pela vida útil contratual remanescente do ativo. Consideramos tecnicamente bastante correta essa alternativa, porque se assemelha à contabilização com fundamento na moeda constante (correção integral de balanços – que, hoje, só se aplica, pelas normas atuais, aos países com hiperinflação; veja o Capítulo 28).

Na correção integral, corrige-se a dívida pela condição contratual, o que pode produzir variação monetária por inflação, variação cambial etc., mas corrige-se também o ativo não monetário (imobilizado, direitos de uso etc.), só que utilizando-se o índice de inflação; o modelo da correção integral é muito mais perfeito, porque corrige ativo e passivo pelo que a inflação afeta o ativo e o contrato pelo que afeta o passivo. Mas no modelo do CPC 06 (R2), o que se tem é a capitalização da variação do passivo, independentemente do valor do ativo. Sabemos que, no direito de uso, ambas as contas nascem com mesmo valor: Bem de Uso no ativo e Arrendamento (ou Aluguel a Pagar) no passivo. Mas a partir do momento seguinte esses números não se igualam mais, já que o ativo decresce pela depreciação em quotas constantes, e o passivo decresce exponencialmente em função dos juros efetivos que vão sendo sobre saldos da dívida cada vez menores. Dessa forma, o valor adicionado ao ativo pela variação monetária ou cambial depende do saldo do passivo, e nada a ver com o valor do imobilizado. Mas é menos ruim do que jogar toda a variação desses passivos contra o resultado.

– Bens em implementação ou em pré-operação

Conforme o CPC 20 (R1), no caso de empréstimos destinados a financiar ativos qualificáveis, como a construção de bens do Ativo Não Circulante ou para a produção de Estoques de Longa Maturação, os custos do empréstimo devem ser capitalizados, sendo registrados em conta específica que evidencie sua natureza. Cabe destacar que os valores a serem capitalizados correspondem não apenas aos juros, mas aos encargos financeiros totais, incluindo as variações cambiais e monetárias decorrentes de empréstimos em moeda estrangeira. Para mais informações sobre esse tema, veja a Seção 14.1.1, letra (c), II.

– Tratamento de maxidesvalorizações

Pode ocorrer, eventualmente, de determinado período ser "brindado" com uma maxidesvalorização, ou algo parecido, como de fato já ocorreu no Brasil, e não uma vez só. Tivemos práticas contábeis incorretas algumas vezes, que esperamos não repetir. Pelas normas contábeis internacionais (há países que pleiteiam mudanças, mas nada se alterou até hoje), nada muda com relação aos financiamentos de capital de giro ou bens em operação: efeito direto no resultado (alguns pleiteiam o registro da maxidesvalorização em uma conta de Patrimônio Líquido como Outros Resultados Abrangentes para apropriação ao resultado ao longo da vida do contrato, mas isso é só pleito por enquanto).

A discussão, hoje, se restringe ao caso de financiamento de bens em construção, com a dificuldade de aceitação de uma maxidesvalorização sendo ativada, e possivelmente gerando a obrigação do reconhecimento de *impairment* desse ativo. Acreditamos que o melhor é, nesses casos, considerar diretamente como resultado a parte da maxidesvalorização que exceder ao que seria a desvalorização considerada como mais normal e aceitável, o que é subjetivo, mas provavelmente menos errôneo do que as duas outras alternativas: jogar toda a maxi contra o resultado ou tudo contra o ativo em construção.

E) PARCELA DE CURTO PRAZO DOS EMPRÉSTIMOS E FINANCIAMENTOS

A parcela dos empréstimos e financiamentos a longo prazo que se for tornando exigível dentro do exercício social seguinte deverá ser transferida para o Passivo Circulante. Dessa forma, no Balanço, todos os empréstimos que figuram no longo prazo deverão ser analisados quanto às datas de vencimentos das parcelas de cada contrato, e as parcelas que serão liquidadas até o encerramento do exercício social seguinte devem ser reclassificadas, por seus valores atualizados até o momento, para o curto prazo. Para tanto, o Plano de Contas apresenta no Circulante, no subgrupo Empréstimos e Financiamentos, a conta **Parcela a Curto Prazo dos Empréstimos e Financiamentos**.

Apesar de a segregação das parcelas dos empréstimos e financiamentos em curto e longo prazo ser um procedimento relativamente simples, cuidado adicional é necessário com a separação e reconhecimento dos juros. Devem ser reconhecidos no curto prazo apenas os juros relativos às parcelas das dívidas que serão liquidadas no curto prazo. Assim, com o passar do tempo, quando as parcelas de longo prazo forem transferidas para o curto prazo, os juros embutidos nessas parcelas também devem ser transferidos.

F) CLÁUSULAS CONTRATUAIS (*COVENANTS*)

Alguns contratos de empréstimos estão atrelados ao cumprimento de determinadas cláusulas restritivas (*covenants*), por exemplo, a manutenção de um nível mínimo do indicador de liquidez e de capital de giro, além de limitações no nível de endividamento da empresa. Ou, então, a obtenção de determinada *performance* em vendas etc. O acompanhamento do cumprimento dessas cláusulas é bastante relevante, já que o não cumprimento poderá ter reflexos significativos na situação econômico-financeira da empresa.

O não cumprimento de determinadas cláusulas restritivas poderá gerar, dependendo do contrato, penalidades que variam desde multas até a exigência de vencimento imediato da dívida. Se forem penalidades monetárias, como é o caso das multas, seu valor deverá ser contabilizado. Se for vencimento imediato da dívida, será necessário reclassificar todo o financiamento para o circulante. Esse procedimento está previsto no CPC 26 (R1) – Apresentação das Demonstrações Contábeis, em seu item 74, que estabelece:

> "Quando a entidade quebrar um acordo contratual (*covenant*) de um empréstimo de longo prazo (índice de endividamento ou de cobertura de juros, por exemplo) ao término ou antes do término do período de reporte, tornando o passivo vencido e pagável à ordem do credor, o passivo deve ser classificado como circulante mesmo que o credor tenha concordado, após a data do balanço e antes da data da autorização para emissão das demonstrações contábeis, em não exigir pagamento antecipado como consequência da quebra do *covenant*. O passivo deve ser classificado como circulante porque, à data do balanço, a entidade não tem direito incondicional de diferir a sua liquidação durante pelo menos doze meses após essa data."

De acordo, entretanto, com o item 75 do referido pronunciamento, esse passivo deve ser mantido como Não Circulante se o credor tiver concordado, **até a data do balanço**, em proporcionar um período de carência, a terminar pelo menos 12 meses após a data do balanço, dentro do qual a entidade pode retificar o descumprimento e durante o qual o credor não pode exigir a liquidação imediata do passivo em questão.

Consideramos esse procedimento contábil uma grave falha no atingimento do objetivo das demonstrações contábeis de bem informar. Se, após a data do balanço, mas antes de sua emissão, uma reforma contratual não mais exigir a liquidação da dívida de curto prazo, por que deixá-la no Passivo Circulante? Qualquer usuário de bom senso irá, para sua análise, desconsiderar esse balanço e refazê-lo transferindo a dívida para o Não Circulante. No lugar de deixar no Passivo Circulante, como exige, hoje, a norma, e colocar na nota explicativa que na hora que o usuário lê aquilo não é mais verdade, por que não deixar a dívida no Não Circulante e exigir que a nota explique o que ocorreu? Seria esse excesso de formalismo apenas para penalizar e chamar a atenção de quem estava inadimplente da data do balanço? Não consideramos que se deva cometer o que chamamos de erro para atender a esse objetivo; mas a realidade normativa está aí vigente. De qualquer forma, em situações como essa, se os efeitos forem relevantes para a empresa, devem ser mencionados e esclarecidos nas demonstrações contábeis por meio de notas explicativas.

G) REFINANCIAMENTO DE EMPRÉSTIMOS

Em determinadas situações, poderá haver o caso do refinanciamento de empréstimos com reescalonamento das dívidas. Essa reformulação somente deverá ser contabilizada e reconhecida nas demonstrações contábeis quando assinado o novo contrato ou termo aditivo. Se as negociações para tal refinanciamento estiverem adiantadas e forem concluídas após o período de encerramento das demonstrações contábeis, mas antes da data de autorização para publicação, tal fato deverá ser esclarecido em nota explicativa, com a indicação das novas bases do empréstimo, conforme requerido pelo CPC 24 – Evento Subsequente.

14.1.2 Credores por Financiamentos

Na conta Credores por Financiamentos devem estar registrados todos os financiamentos de bens e equipamentos do Ativo Imobilizado concedidos à empresa pelos próprios fornecedores de tais bens. Assim, as operações de financiamento feitas diretamente pelo fornecedor para aquisições de bens e equipamentos, para fins de controle, devem ser registradas em conta separada das operações de Empréstimos e Financiamentos mencionadas anteriormente.

Apesar dessa separação, todos os aspectos contábeis e de classificação mencionados na Seção 14.1.1 – Empréstimos e Financiamentos a Longo Prazo são válidos para esses financiamentos diretos, inclusive quanto à segregação entre curto e longo prazos, tratamento dos juros e variações monetárias, momento de contabilização, divulgação em notas explicativas etc.

14.1.3 Financiamentos Bancários a Curto Prazo

Nessa conta são registrados os empréstimos obtidos de instituições financeiras cujo prazo total para pagamento seja inferior a um ano; entre eles, destacam-se: desconto de duplicatas, desconto de notas promissórias, empréstimos garantidos por caução de duplicatas a receber ou estoques e outros.

Além desses exemplos, outro tipo de transação que pode se enquadrar como um financiamento bancário de curto prazo é a operação de risco sacado (ou *forfait*). Su-

ponha uma situação em que uma grande empresa adquira mercadorias de um dos seus fornecedores para pagamento em 90 dias. A operação de risco sacado é feita por meio de uma instituição financeira, que avalia a capacidade de pagamento da empresa compradora e, com base nessa análise, antecipa o pagamento para o fornecedor. Em troca, a empresa compradora passa a dever diretamente para o banco, e não mais para o fornecedor. Essa operação é diferente do desconto de duplicatas, que será abordado mais adiante, pois, em caso de inadimplência da empresa compradora, o fornecedor não é responsável por fazer o pagamento ao banco. O banco deverá cobrar diretamente da empresa compradora.

Considerando o aumento na quantidade de operações de risco sacado por empresas brasileiras, a CVM emitiu o Ofício-circular CVM/SNC/SEP nº 01/2017. Um dos temas abordados é o tratamento contábil dessas operações. Conforme o item 2 do referido Ofício-circular, nesse tipo de operação a empresa compradora contrata um banco e organiza um esquema de antecipação dos pagamentos aos seus fornecedores. Assim, a empresa compradora deveria reconhecer um passivo oneroso junto ao banco, em vez de uma obrigação operacional com fornecedores.

Do lado oposto, existe o argumento de que, em algumas operações de risco sacado, a empresa compradora apenas aceita trocar de credor, mas não existe nenhuma alteração de prazo ou condição de pagamento. Assim, para a empresa compradora, a essência da operação não foi alterada e continua sendo de natureza operacional. Porém, em outras situações, tal operação de risco sacado é realizada com a finalidade de alongamento da dívida, o que poderia caracterizar uma operação de financiamento.

Veja-se que o fornecedor vendeu seus créditos e não mais assume risco pela adimplência deles. Assim, caracterizar-se-á uma genuína venda de ativos, que deve assim ser contabilizada; ou seja, o fornecedor baixa seus créditos, reconhece o recebimento e eventual diferença vai para o resultado. Se o crédito estiver ajustado a valor presente, essa diferença deverá ser mínima, imaterial. Se for prática da fornecedora fazer esses tipos de vendas de créditos, deverá, obrigatoriamente, já estar ajustando esses recebíveis a seu valor justo desde o nascedouro desses créditos, e normalmente não deverá haver diferença entre o valor baixado da carteira e o valor recebido do banco. Todavia, se for operação esporádica de venda de recebíveis não ajustados a valor presente, a diferença poderá ter materialidade. De qualquer forma, essas diferenças compõem as despesas financeiras do fornecedor.

Nas operações de desconto de duplicatas, notas promissórias ou outros títulos, a empresa procura uma instituição financeira para antecipar o recebimento desses títulos. Como contrapartida, o banco cobra uma taxa e a empresa recebe um valor menor pelo título. Diferentemente da operação de risco sacado, no caso de descontos de duplicatas, caso o cliente não cumpra a obrigação, a empresa deverá pagar ao banco o valor da duplicata.

Em geral, o valor dos títulos já inclui todos os encargos financeiros (juros, correção monetária prefixada e outras despesas). Assim, a diferença entre o valor efetivamente recebido pela empresa e o valor do título negociado representa os encargos financeiros que deveriam ser deduzidos do valor do passivo e somente acrescidos à medida que o tempo fosse transcorrendo. O que deve ser feito, portanto, é registrar o valor total do título como passivo e as despesas de juros, bancárias e a correção monetária prefixada na conta Encargos Financeiros a Transcorrer, que será apropriada para o resultado durante o período do empréstimo, pela taxa de juros efetiva. Essa conta devedora deve ser classificada como redução do passivo (veja Modelo de Plano de Contas).

A essência econômica dessa transação considera que a empresa realiza tal operação, incorrendo em encargos financeiros, para financiar seu capital de giro, portanto configura-se em uma operação de financiamento. As duplicatas acabam funcionando, de fato, como garantia da operação de financiamento; assim, o desconto deve ser classificado no passivo. A empresa é responsável pelo pagamento das duplicatas ao banco, caso seu cliente não o faça; assim, a empresa tem coobrigação na transação efetuada.

Admita-se a existência de duplicatas a receber no valor de $ 1.000, não ajustados a valor presente, descontadas por um banco 60 dias antes de seu vencimento, pelas quais foram recebidos $ 900, sendo retidos $ 30 a título de despesas bancárias e $ 70 de juros. Assim, a empresa registrará na conta de Bancos a entrada dos R$ 900, em contrapartida a Duplicatas Descontadas (Passivo Circulante) por R$ 1.000 e R$ 100, em conta retificadora desse passivo, denominada Encargos Financeiros a Transcorrer. Após 30 dias, essa conta de Encargos será baixada pela taxa efetiva de juros em R$ 48,68 (5,41% × 900,00) contra Despesas Financeiras. No final do segundo mês, esse registro se repetirá pelo valor de R$ 51,32 (5,41% × 948,68). Por fim, admitindo-se que o cliente pague essa dívida no vencimento, a empresa simplesmente baixará a conta de Duplicatas Descontadas contra a conta de Clientes. Ressalte-se que ainda existe a hipótese de o cliente não pagar a dívida. Nesse caso, o banco cobrará a dívida da própria empresa e a conta Duplicadas Descontadas será baixada contra a conta de Bancos.

14.1.4 Títulos a Pagar

As obrigações resultantes de financiamentos obtidos junto a pessoas físicas ou outras empresas que não sejam instituições financeiras são registradas nessa conta. Os critérios de avaliação observarão as condições estabelecidas por ocasião do financiamento, atualizando a obrigação, se for o caso, até a data do balanço.

Como exemplo de títulos que podem ser registrados nessa conta, pode-se citar a obrigação decorrente da compra de imóveis que serão pagos em diversas parcelas. Essa mesma conta é prevista no curto e no longo prazos. Da mesma forma como já visto: se a dívida é por valor prefixado, há que se fazer o ajuste a valor presente (a não ser que seja dívida de curto prazo e com encargo não relevante) e apropriar-se a despesa financeira por competência pela taxa efetiva de juros. Veja o Capítulo 7 – Ativo Imobilizado e Propriedade para Investimento para as informações sobre o controle do efeito do ajuste a valor presente na compra; para efeito contábil, a depreciação será sobre o valor do imobilizado ajustado a valor presente, e existirá a despesa financeira. Para efeito fiscal, a depreciação é sobre o valor nominal da aquisição, e a despesa financeira não é dedutível.

14.2 Debêntures

14.2.1 Características básicas

As debêntures são títulos negociáveis, normalmente de longo prazo, que asseguram a seus detentores (chamados debenturistas) o direito de crédito contra a companhia emitente. Esses títulos de dívida costumam ser de longo prazo e emitidos como regra por sociedades anônimas e oferecidos diretamente aos investidores (debenturistas), que se tornam credores da empresa e recebem uma remuneração (em geral, na forma de juros) até o vencimento do título.

A emissão de debêntures é uma forma de a companhia obter recursos de longo prazo para financiar suas atividades. Uma das principais vantagens é o menor custo na captação, além da maior flexibilidade, já que essa operação permite que a empresa emissora adapte os fluxos de pagamentos, incluindo prazos e taxas de juros, conforme suas necessidades.

Todas as informações sobre a emissão de debêntures estão presentes em um documento que se chama **Escritura de Emissão**. Esse documento inclui informações sobre direitos dos detentores, obrigações da companhia emissora, montante da emissão, datas de emissão e vencimento, remuneração recebida pelos debenturistas, prêmios, possibilidade de conversão em ações etc.

É importante mencionar que as companhias podem emitir títulos sem data de vencimento, que também são chamados debêntures perpétuas. Nesses casos, o vencimento ocorre apenas em situações de inadimplemento da obrigação de pagar juros, dissolução da companhia e outras condições previstas na Escritura de Emissão, conforme determina o § 4º do art. 55 da Lei nº 6.404/1976. Esses títulos de dívida podem ser emitidos por sociedades anônimas abertas ou fechadas. Entretanto, apenas as companhias abertas podem fazer a emissão pública de debêntures. Já a emissão privada, voltada para um grupo restrito de investidores, pode ser feita também por sociedades anônimas fechadas.

A diferença entre a emissão de debêntures e a emissão de ações é que, enquanto as ações são títulos de participação, as debêntures são títulos que geram rendimentos para os debenturistas (veja a Seção 14.2.3) e que deverão ser liquidados quando de seu vencimento, podendo a companhia emitente reservar-se o direito de resgaste antecipado. Assim, enquanto os acionistas são proprietários de parte das ações da empresa e recebem rendimentos que dependem da capacidade de geração de lucro da empresa, os debenturistas são credores remunerados, geralmente, por meio de juros.

Já a diferença entre a emissão de debêntures e as operações de empréstimos e financiamentos discutidas na Seção 14.1 é que as debêntures são emitidas diretamente aos investidores e, portanto, os recursos não são captados por meio de instituições financeiras (como ocorre no caso de empréstimos e financiamentos). Consequentemente, os custos de captação geralmente são menores e a empresa pode adaptar as características da operação às suas necessidades (em termos de prazos, juros etc.).

No Plano de Contas, o grupo de Debêntures e Outros Títulos de Dívida é composto pelas seguintes contas, previstas tanto no Passivo Circulante quanto no Não Circulante: Conversíveis em Ações, Não Conversíveis em Ações, Juros e Participações, Deságio a Apropriar (conta devedora), Custos de Transação a Apropriar (conta devedora) e Prêmios na Emissão de Debêntures a Apropriar.

14.2.2 Gastos com colocação

Para possibilitar a colocação das debêntures no mercado, é necessária a realização de determinados gastos, que, normalmente, envolvem a contratação de uma instituição para coordenar o processo de divulgação e captação de recursos. Pela normatização atual, esses gastos fazem parte, obrigatoriamente, do custo efetivo da captação via debêntures. Portanto, passam a integrar os Encargos Financeiros e devem ser amortizados durante o prazo de vigência das debêntures e, assim, as despesas reconhecidas representarão o custo efetivo da operação.

O CPC 08 (R1) – Custos de Transação e Prêmios na Emissão de Títulos e Valores Mobiliários, em seu item 13, determina que:

> "Os custos de transação incorridos na captação de recursos por meio da contratação de instrumento de dívida (empréstimos, financiamentos ou títulos de dívida tais como debêntures, notas comerciais ou outros valores mobiliários) devem ser contabilizados como redução do valor justo inicialmente reconhecido do instrumento financeiro emitido, para evidenciação do valor líquido recebido."

Ou seja, o registro do montante inicial deve corresponder aos valores líquidos recebidos pela entidade, e o diferencial, tratado como encargo financeiro. É importante lembrar que os encargos financeiros incluem o pagamento de juros, variações monetárias e todos os gastos diretos e incrementais que surgirem da operação de captação (como os gastos de colocação), reduzidos dos prêmios eventualmente existentes. Como mencionado, tais encargos são apropriados ao resultado em função da fluência do prazo, com base no método do custo amortizado. Tal método considera a taxa interna de retorno (TIR) da operação para a apropriação dos encargos financeiros durante a vigência da operação.

Para melhor entendimento desse assunto, veja exemplo na Seção 14.2.5 – Emissão de Debêntures com Prêmio/Deságio.

14.2.3 Remuneração das debêntures e contabilização

Em geral, as debêntures concedem juros, fixos ou variáveis, pagos periodicamente, e atualização monetária a ser amortizada juntamente com o valor do título por ocasião de seu vencimento. Segundo o art. 56 da Lei nº 6.404/1976, ainda poderão conceder aos debenturistas participação no lucro da companhia e prêmio de reembolso.

Por esse motivo, no subgrupo Debêntures, seja no Passivo Circulante ou no Passivo Não Circulante, deve ser prevista a conta Juros e Participações. Os juros devem ser registrados pelo tempo transcorrido a débito de despesas financeiras. As participações no lucro do exercício devem ser contabilizadas, na verdade, como despesas no próprio ano, a crédito dessa conta Juros e Participações, no Passivo, e a débito no resultado do período, no subgrupo Participações e Contribuições, na conta específica para Debêntures.

14.2.4 Conversão em ações

Um dos atrativos para o investidor adquirir debêntures é a possibilidade de sua conversão em ações. Com esse tipo de título (debêntures conversíveis em ações), o investidor adquire a possibilidade de: (a) receber o valor da debênture (principal mais remuneração), por ocasião do vencimento; ou (b) exercer a opção de conversão, na época estabelecida para conversão conforme a Escritura de Emissão, e receber ações da companhia emissora.

Nesse caso, a Escritura de Emissão de debêntures especificará as bases da conversão e o prazo ou época para exercer esse direito. O art. 57 da Lei nº 6.404/1976 menciona que as seguintes informações devem estar especificadas:

"I – as bases de conversão, seja em número de ações em que poderá ser convertida cada debênture, seja como relação entre o valor nominal da debênture e o preço de emissão das ações;

II – a espécie e a classe das ações em que poderá ser convertida;

III – o prazo ou época para o exercício do direito à conversão;

IV – as demais condições a que a conversão acaso fique sujeita."

Pela importância da existência ou não dessa possibilidade de conversão, no Plano de Contas, as Debêntures, quanto a seu principal, estão subdivididas em Conversíveis em Ações e Não Conversíveis em Ações. Essa segregação é mantida no Plano de Contas, tanto no longo como no curto prazo.

É importante mencionar que as companhias que emitirem debêntures conversíveis em ações deverão considerar as possibilidades de conversão na determinação do lucro por ação. Adicionalmente, as debêntures também podem ser permutáveis, que são aquelas que podem ser convertidas em ações de outras empresas que não a emissora dos papéis. Geralmente, a empresa emissora das ações objeto de permuta faz parte do mesmo grupo econômico da empresa que emitiu as debêntures permutáveis.

As debêntures conversíveis somente poderão ser classificadas como Patrimônio Líquido se a conversão for obrigatória, ou a possibilidade de não conversão for um direito exclusivo da emitente e a quantidade de ações a ser emitida for prefixada. Veja a Seção 14.3.3 e o Capítulo 10.

14.2.5 Emissão de debêntures com prêmio/deságio

As companhias podem emitir debêntures com prêmio, ou seja, valores recebidos na emissão de debêntures acima do valor nominal determinado para a liquidação desses valores mobiliários. O CPC 08 (R1) define prêmio na emissão de debêntures ou de outros títulos e valores mobiliários como "o valor recebido que supera o de resgate desses títulos na data do próprio recebimento ou o valor formalmente atribuído aos valores mobiliários".

Esse prêmio pode vir a ocorrer quando as condições de emissão das debêntures forem tão vantajosas que os investidores estejam dispostos a pagar pelo título um valor superior ao valor nominal a ser recebido ao final. Tais situações ocorrem, por exemplo, quando a remuneração da debênture inclui atualização monetária, juros acima da média de mercado e, ainda, eventual participação nos lucros.

Antes das alterações promovidas pelas Leis nº 11.638/2007 e nº 11.941/2009, o prêmio era tratado diretamente no Patrimônio Líquido, como Reserva de Capital. Entretanto, este *Manual* já apresentava uma discussão sobre o correto tratamento do prêmio, aconselhando na época o registro na conta de Receita a Apropriar, em Resultados de Exercícios Futuros, o que retificaria as despesas financeiras a incorrer posteriormente.

A Lei nº 11.638/2007 revogou a possibilidade de registrar o prêmio na emissão de debêntures em Reserva de Capital. As empresas que possuírem saldos nessas reservas devem mantê-los até sua total utilização. Assim, a partir do exercício de 2008, o valor do prêmio recebido deve ser registrado em conta de Passivo (Prêmios na Emissão de Debêntures a Apropriar). Posteriormente, tal valor será alocado para o resultado do período, ao longo do período de vigência das debêntures. Assim, será feito um débito na conta de Prêmios na Emissão de Debêntures a Apropriar e um crédito no resultado, que reduzirá o valor das despesas financeiras e as mostrará pelo seu custo efetivo.

Nesse sentido, o item 14 do CPC 08 (R1) determina que os prêmios na emissão de debêntures devem ser acrescidos ao valor justo inicialmente reconhecido na emissão, para evidenciação do valor líquido recebido, e apropriados ao resultado do período em função da fluência do prazo, com base no método do custo amortizado.

Para melhor entendimento, veja o exemplo a seguir.

Exemplo

Suponha que no final de 20X0 a empresa C tenha feito uma captação de recursos no mercado financeiro, via debêntures, no valor de $ 2.000.000, incorrendo em custos de transação no valor de $ 110.000. As condições de emissão das debêntures eram tão vantajosas que os investidores pagaram um prêmio pelo título no valor de $ 200.000 na data da emissão.

A taxa de juros contratual dessa operação é de 10% ao ano, e os títulos serão resgatados por meio de um único pagamento no final de dois anos, no valor de $ 2.420.000.

Pelas regras atuais, os prêmios na emissão de debêntures devem ser contabilizados como passivo e apropriados para o resultado do período ao longo do prazo das debêntures, como redutores das despesas financeiras. Assim, as despesas financeiras totalizam, nesse exemplo, $ 330.000, constituídos de $ 420.000 de despesas de juros, mais $ 110.000 de custos de transação, menos $ 200.000 referentes ao prêmio na emissão das debêntures.

O valor líquido recebido pela empresa é de $ 2.090.000 ($ 2.000.000 + $ 200.000 – $ 110.000), fazendo com que a taxa efetiva de juros (TIR)[2] dessa operação de captação seja de 7,6055% ao ano, e não mais 10%, como inicialmente contratado. Veja o controle dessa operação pelas normas atuais:

---

[2] Taxa efetiva: PV = 2.090.000; FV = (–) 2.420.000; n = 2; i = 7,6055% a.a.

Fluxo do Financiamento	
Ano	Fluxo de Caixa Líquido
0	2.090.000
1	–
2	(2.420.000)
TIR =	**7,6055%**

Pelas regras atuais, no entanto, os encargos financeiros totais e o prêmio recebido serão contabilizados no passivo, de tal maneira que o valor líquido inicial no passivo seja o valor líquido recebido pela empresa. Assim, considerando que o valor líquido recebido foi de $ 2.090.000 e a taxa efetiva de juros de 7,6055% ao ano, as despesas financeiras totais ao longo do período serão: no primeiro e segundo ano, R$ 158.955 e R$ 171.045, respectivamente, totalizando os $ 330.000.

As despesas financeiras totais ($ 330.000) podem ser desdobradas, ano a ano, da seguinte forma:

	Despesas Desdobradas Ano a Ano			
Ano	Despesas com Juros	Amortização dos Custos de Transação	Amortização do Prêmio	Encargo Financeiro Total na DRE
1	(200.000)	(50.166)	91.211	(158.955)
2	(220.000)	(59.834)	108.789	(171.045)
Total	(420.000)	(110.000)	200.000	(330.000)

A separação entre o valor da amortização dos custos de transação e da amortização do prêmio foi feita com base na curva de amortização. Assim, do valor total de custos de transação e prêmio ($ 200.000 – $ 110.000 = $ 90.000), o valor apropriado para o resultado no primeiro ano foi de $ 41.045 ($ 200.000 – $ 158.955), o que representa aproximadamente 45,6% (41.045/90.000). A aplicação desse percentual sobre o valor total dos custos de transação ($ 110.000) resulta no valor a ser apropriado no primeiro ano ($ 50.166), assim como a aplicação do mesmo percentual sobre o valor do prêmio ($ 200.000) resulta em uma apropriação no primeiro ano de $ 91.211.

No final dos dois anos, o total da amortização do prêmio recebido, somado com a amortização dos custos de transação ($ 200.000 – $ 110.000), reduziu as despesas de juros em $ 90.000.

Os registros contábeis iniciais seriam os seguintes:

---

i) Final de 20X0 – Momento "0" (captação):

Débito – Custos de transação a apropriar (passivo)	$ 110.000
Crédito – Caixa (pelas despesas de colocação)	$ 110.000
Débito – Caixa (pela captação líquida)	$ 2.200.000
Crédito – Debêntures	$ 2.000.000
Crédito – Prêmios na emissão de debêntures a apropriar (passivo)	$ 200.000
Saldo no Balanço Patrimonial – Debêntures	$ 2.090.000

Essas duas contas do passivo, Ajustes das Debêntures, de Custos de Transação a Apropriar (devedora) e de Prêmios na Emissão de Debêntures a Apropriar (credora), irão, então, sendo baixadas conforme descrito anteriormente, bem como deverão ser apropriados os juros propriamente ditos. Dessa forma, as despesas financeiras presentes na Demonstração do Resultado representam o efetivo custo de captação junto a terceiros (diferença líquida entre dinheiro recebido e dinheiro desembolsado).

Nos termos da legislação fiscal, não serão computados na determinação do lucro real os valores que o contribuinte, com a forma de companhia, recebeu dos subscritores de valores mobiliários de sua emissão, a título de prêmio na emissão de debêntures; valores estes que antes eram creditados diretamente em Reserva de Capital. Em consonância com o que era feito anteriormente, o art. 31 da Lei nº 12.973/2014 determina que a entidade deverá reconhecer o valor do prêmio na emissão de debêntures no resultado do período pelo regime de competência. Porém, esse valor não deve ser computado na determinação do lucro tributável, denominado fiscalmente de lucro real. Assim, a empresa deverá excluir esse valor no Livro de Apuração do Lucro Real (LALUR); na distribuição do resultado do período, a empresa deverá transferir esse valor da conta de Lucros ou Prejuízos Acumulados para Reserva de Lucros específica, que somente poderá ser utilizada para absorção de prejuízos ou aumento do capital social. Dessa forma, o valor do prêmio não será tributado, mas também não poderá ser distribuído aos sócios, como já ocorria anteriormente à referida lei.

Conforme o § 2º do art. 31 da Lei nº 12.973/2014, o prêmio na emissão de debêntures será tributado caso seja dada destinação diversa da que está prevista no art. 31 mencionado, inclusive nas hipóteses de:

"I – capitalização do valor e posterior restituição de capital aos sócios ou ao titular, mediante redução do capital social, hipótese em que a base para a incidência será o valor restituído, limitado ao valor total das exclusões decorrentes de prêmios na emissão de debêntures;

II – restituição de capital aos sócios ou ao titular, mediante redução do capital social, nos 5 (cinco) anos anteriores à data da emissão das debêntures, com posterior capitalização do valor do prêmio na emissão de debêntures, hipótese em que a base para a incidência será o valor restituído, limitada ao valor total das exclusões decorrentes de prêmios na emissão de debêntures; ou

III – integração à base de cálculo dos dividendos obrigatórios."

Caso a colocação seja efetuada por valor inferior ao nominal (deságio), essa diferença deve ser contabilizada em uma conta retificadora do passivo, denominada Deságio a Apropriar, cuja transferência ao resultado far-se-á ao longo do prazo de vigência das debêntures, adicionando-se aos juros e demais encargos para também se ter no resultado o custo efetivo da transação.

14.3 Outros títulos de dívida

14.3.1 Notas promissórias

Outra modalidade de financiamento para as sociedades anônimas com utilização do mercado de capitais é a emissão de notas promissórias (*commercial papers*), instrumentos de dívida emitidos por uma companhia no mercado nacional ou internacional para o financiamento de curto prazo. A principal diferença entre a debênture e o *commercial paper* é em relação ao prazo de vencimento, já que as debêntures são títulos de médio e longo prazo e o *commercial paper* é destinado ao financiamento do capital de giro (curto prazo). O prazo de vencimento do *commercial paper*, quando emitido por companhias fechadas, é de 30 a 180 dias e, se emitidos por companhias abertas, pode variar de 30 a 360 dias.

O tratamento contábil das notas promissórias é bastante similar ao das debêntures. Os gastos efetuados na emissão das notas promissórias devem ser contabilizados como encargos financeiros, reduzindo o montante inicial captado, e apropriados ao resultado em função da fluência do prazo, com base no método do custo amortizado. O prêmio ou deságio na emissão também tem tratamento similar ao das debêntures (ver Seção 14.2.5). As despesas de juros associadas ao instrumento devem ser apropriadas *pro rata temporis* ao resultado em relação ao vencimento do título.

14.3.2 Eurobonds e outros títulos de dívida emitidos no exterior

Além dos tradicionais financiamentos advindos do mercado de capitais nacional (debêntures e *commercial papers*), as empresas brasileiras podem realizar captações de recursos no exterior. Assim, companhias que necessitam de montantes mais significativos de recursos a taxas mais competitivas realizam emissões de títulos de renda fixa de longo prazo no mercado internacional. Esses títulos são denominados *bonds* (longo prazo) ou *notes* (médio prazo).

Os *eurobonds,* títulos emitidos no mercado internacional sem destinação específica, têm representado parcela significativa dos recursos captados por empresas brasileiras no mercado de renda fixa. Esses títulos podem pagar taxas fixas ou flutuantes, além da variação cambial. Em geral, a remuneração dos títulos é definida a partir de um *spread* (que varia conforme o risco do emissor) baseado nos títulos do Tesouro norte-americano de prazo similar e o título é, normalmente, negociado em dólares norte-americanos. Uma das principais vantagens dessas captações é a relativa desburocratização do processo. Não há necessidade de Assembleia Geral para aprovar a emissão, diferentemente das debêntures, pois compete à diretoria da empresa deliberar sobre o assunto. Adicionalmente, não existem regras específicas de registro junto a CVM, Bacen ou SEC.

No que tange à contabilização desses títulos, suas características são similares às já discutidas para as debêntures e para as notas promissórias. Contudo, é importante que se saiba qual o fluxo de pagamentos estipulado dos cupons do título. Estes podem ser basicamente: (a) não realizados durante a existência do título (negociado com deságio), sendo o principal pago no vencimento, o chamado zero cupom; (b) da maneira tradicional, em que os cupons são pagos periodicamente e, no vencimento do título, paga-se o principal mais o cupom; ou (c) de maneira conjunta, em que o principal e o cupom são pagos no decorrer do prazo do título.

A contabilização das despesas de juros e da variação cambial deve respeitar o regime de competência, registrando-se esses valores como despesa financeira do período, porém em subgrupos específicos. Importante salientar que, no caso de o principal e o pagamento dos cupons estarem indexados a uma moeda estrangeira, a variação cambial terá impactos nos juros a serem incorridos e na atualização do valor do principal. Essas variações devem ser reconhecidas separadamente, cada uma em sua respectiva rubrica, mesmo que, por questões de variações cambiais, seus valores se tornem negativos. Deve-se também contabilizar, caso exista, o ágio na emissão como Receita a Apropriar e o deságio como conta retificadora do passivo, denominada Deságio a Apropriar. Ambos os saldos serão apropriados ao resultado do período de acordo com o prazo e o tipo do título.

14.3.3 Títulos perpétuos

Existe a possibilidade de as empresas emitirem tanto debêntures com vencimento indefinido (§ 4º do art. 55 da Lei nº 6.404/1976) ou outros títulos de dívida (como os *euronotes*) com vencimento indeterminado. Esses são os chamados títulos perpétuos e têm características especiais quanto à sua contabilização. A partir do ano de 2005, algumas captações de empresas brasileiras foram realizadas com essa característica. Normalmente, essas emissões possuem cláusulas de resgate antecipado em datas predefinidas, ficando a cargo do emissor exercê-las ou não, conforme as condições da empresa e do mercado na data estabelecida.

Existem duas discussões sobre o correto tratamento contábil desses instrumentos. A primeira delas, mais simples de ser resolvida, diz respeito à sua mensuração. Os títulos perpétuos normalmente pagam juros fixos ou com crescimento constante, durante um período indeterminado. Essas duas maneiras de pagamento permitem o cálculo do valor presente desse título na emissão e na data do balanço, que será quanto o investidor está disposto a pagar (e, consequentemente, quanto a empresa receberá), considerando-se uma taxa de desconto. Contudo, pode haver títulos perpétuos com fluxos de caixa não uniformes, mas sua avaliação se tornaria demasiadamente complexa, o que poderia até mesmo inviabilizar sua colocação no mercado. Assim, nesta seção trataremos apenas da mensuração de títulos perpétuos com pagamentos fixos de juros e com taxa de crescimento constante.

Dentro do mesmo conceito, a empresa poderia emitir um título que tivesse um fluxo de pagamento com crescimento constante e com vida indeterminada. Nesse caso, o cálculo do valor presente do título é obtido pela divisão do fluxo de pagamentos esperados no período pela diferença entre a taxa de desconto atribuída pelos investidores para o título e a taxa de crescimento contratada (Valor do título = cupom/(taxa de desconto – taxa de crescimento)). Além disso, uma empresa que pretende fazer uma emissão de títulos perpétuos em moeda estrangeira deve ter em mente a adequada política de *hedge* que poderá realizar para neutralizar os efeitos da variação cambial no seu fluxo de pagamentos e no seu balanço, se quiser evitar esse risco.

Tratamos até agora, entretanto, da etapa de mensuração do instrumento. Outra etapa do processo contábil refere-se ao reconhecimento. E como deve ser reconhecido um título perpétuo? No Passivo ou no Patrimônio Líquido? Via de regra, esses títulos são itens do Passivo Não Circulante. Porém, alguns títulos podem ter embutidas cláusulas que façam com que suas características sejam híbridas ou até mesmo mais próximas de um título patrimonial do que de um passivo, e, portanto, deveriam ser reconhecidos como tal.

No caso de se analisar a fundo a essência econômica da transação, alguns títulos perpétuos podem ter características de itens de Patrimônio Líquido, mesmo que isso seja a exceção. Por isso, para a contabilidade é importante que se conheçam adequadamente as cláusulas contratuais do título em análise. Isso porque, em algumas situações, um título perpétuo em que não há a possibilidade de recompra pela empresa e em que há a possibilidade de conversão em ações poderia ser interpretado como mais próximo a um item patrimonial do que de passivo, por exemplo.

A Lei nº 6.404/1976 não prevê, porém, este tipo de instrumento e não deixa espaço para sua classificação como item de Patrimônio Líquido sem prévia autorização de órgãos reguladores com direito legal para isso, como a CVM e o Banco Central. Quando houver cláusulas de resgate antecipado e a intenção da empresa em resgatar seu título perpétuo, este deve ser reclassificado para o Passivo Circulante no exercício anterior ao vencimento da cláusula.

14.4 Tratamento para as pequenas e médias empresas

Os conceitos abordados neste capítulo relativos aos empréstimos e financiamentos, debêntures e outros títulos de dívida também são aplicáveis às entidades de pequeno e médio portes. Entretanto, conforme o item 25.2 do Pronunciamento Técnico PME – Contabilidade para Pequenas e Médias Empresas, tais empresas devem reconhecer todos os custos de empréstimos como Despesa no resultado do período em que são incorridos. Tal tratamento é distinto do aplicável às demais sociedades, que devem capitalizar, como parte do custo do ativo, os custos de empréstimo que são diretamente atribuíveis à aquisição, construção ou produção de ativo qualificável (como Imobilizado ou Estoques de Longa Maturação). Para mais detalhamento, consulte o Pronunciamento Técnico PME – Contabilidade para Pequenas e Médias Empresas.

15

Patrimônio Líquido

15.1 Introdução

15.1.1 Conceituação

No Balanço Patrimonial, a diferença entre o valor dos ativos e o dos passivos representa o Patrimônio Líquido, que é o valor contábil pertencente aos acionistas ou sócios. E, exatamente por ser definido assim, ele tem definição mas não tem critério próprio de mensuração; é dependente das mensurações dos ativos e dos passivos. Assim, ele tem parte ao custo original, parte ao custo amortizado, parte a valor justo e, quando permitido, até parte do custo reavaliado. E o CPC 00 (R2) – Estrutura Conceitual para Relatório Financeiro destaca que, normalmente, numa base de continuidade operacional, somente por coincidência o valor pelo qual o Patrimônio Líquido é apresentado no Balanço Patrimonial será igual ao valor de mercado das ações da companhia, ou igual à soma que poderia ser obtida pela venda de seus ativos e liquidação de seus passivos isoladamente, ou da entidade como um todo em funcionamento. De acordo com a Lei nº 6.404/1976, com redação modificada pela Lei nº 11.941/2009, o Patrimônio Líquido é dividido em:

a) Capital Social: representa valores recebidos dos sócios e também aqueles gerados pela empresa que foram formalmente (juridicamente) incorporados ao Capital (lucros a que os sócios renunciaram e incorporaram como capital).

b) Reservas de Capital: representam valores recebidos que não transitaram e não transitarão pelo resultado como receitas, pois derivam de transações de capital com os sócios.

c) Ajustes de Avaliação Patrimonial: representam as contrapartidas de aumentos ou diminuições de valor atribuído a elementos do ativo e do passivo, em decorrência de sua avaliação a valor justo, enquanto não computadas no resultado do exercício em obediência ao regime de competência; algumas poderão não transitar pelo resultado, sendo transferidas diretamente para lucros ou prejuízos acumulados.

d) Reservas de Lucros: representam lucros obtidos e reconhecidos pela empresa, retidos com finalidade específica.

e) Ações em Tesouraria: representam as ações da companhia que são adquiridas pela própria sociedade emitente (podem ser quotas, no caso das sociedades limitadas).

f) Prejuízos Acumulados: representam resultados negativos gerados pela empresa à espera de absorção futura; no caso de sociedades que não por ações, podem ser Lucros ou Prejuízos Acumulados, pois podem também abranger lucros à espera de destinação futura.

O CPC 26 (R1) – Apresentação das Demonstrações Contábeis dispõe que, após a identificação do Patrimônio Líquido da entidade, deve ser apresentada de forma destacada a participação de não Controladores, ou minoritários, no Patrimônio Líquido das Controladas, no caso das demonstrações consolidadas.

Cumpre salientar que a Lei nº 6.404/1976, em seu art. 202, § 6º, com redação dada pela Lei nº 10.303/2001, determina que os lucros que não forem destinados para as reservas previstas nos arts. 193 a 197 (reserva legal, reserva estatutária, reserva para contingências, reserva de incentivos fiscais, reserva para retenção de lucros, reserva de lucros a realizar) deverão ser distribuídos a título de dividendos.

No caso das sociedades que não sejam por ações, podem existir lucros retidos ainda não destinados a reservas ou à distribuição aos sócios. Nesse caso, como já dito, podem ficar sob a rubrica de Lucros Acumulados. A partir da adoção das normas internacionais de contabilidade, diversas contas de Patrimônio Líquido surgiram e, mesmo não estando previstas na Lei das S.A., se tornaram obrigatórias em função da própria exigência da nova da Lei das S.A., de que nos encaminhemos em direção às normas internacionais de contabilidade. É o caso de "Gastos com Emissão de Ações", "Ações Outorgadas", "Dividendo Adicional Proposto" e outras que estão comentadas em diversas partes deste *Manual*.

15.1.2 Diferença entre reservas e provisões

Para melhor entendimento, faz-se necessário estabelecer as distinções existentes entre provisões e reservas:

Provisões: são acréscimos de exigibilidade que reduzem o Patrimônio Líquido e cujos valores ou prazos não são ainda totalmente definidos. Representam, assim, estimativas de valores a desembolsar que, apesar de financeiramente ainda não efetivadas, derivam de fatos geradores contábeis já ocorridos (como o risco por garantias oferecidas em produtos já vendidos, estimativas de valores a pagar a título de indenizações relativas a tempo de serviço já transcorrido, probabilidade de ônus futuro em função de problemas fiscais já ocorridos etc.).

O Regime de Competência e a necessidade de confrontação entre as receitas e as despesas necessárias à obtenção dessas receitas representam a maior causa de constituição de Provisões. Portanto, a quase totalidade das Provisões origina-se de uma despesa; excepcionalmente, pode ocorrer de se originar de uma conta do Patrimônio Líquido, como é o caso de alguns Ajustes de Exercícios Anteriores, debitados a Lucros ou Prejuízos Acumulados, das Provisões para Custos de Desmontagem de Ativos, debitadas ao custo do respectivo Ativo Imobilizado Pode também nascer do Patrimônio Líquido no caso de reconhecimento de algum *outro resultado abrangente*; na sua origem, normalmente se constitui a provisão para o imposto de renda diferido diretamente contra esse resultado abrangente.

À medida que essas obrigações se tornam totalmente definidas, devem deixar de ser consideradas Provisões. É

de se notar que obrigações líquidas e certas, que tenham seus valores já definidos, não são Provisões, como Salários a Pagar, ICMS a Recolher e outras. E também não são provisões os passivos de muito pouca incerteza quanto ao valor, mas de total certeza quanto ao pagamento, como férias, imposto de renda etc.

Reservas: correspondem a valores recebidos dos sócios ou de terceiros que não representam aumento de capital, mas se destinam a reforçá-lo, ainda que não formal e juridicamente incorporado a ele (capital social) e não derivam da atividade da empresa no seu processo de gerar receitas e resultado (Reservas de Capital); ou que se originam de lucros não distribuídos aos proprietários (Reservas de Lucros). Não possuem qualquer característica de exigibilidade imediata ou remota. Se, em algum momento, houver essa característica de exigibilidade, deixam de ser Reservas para passarem a ser reconhecidos como Passivo, como no caso de decisão de distribuição de dividendo, utilização de saldo para resgate de ações ou partes beneficiárias etc.

É também costume, no Brasil, denominar-se como Provisão aquelas reduções de ativos que são reconhecidas com base em estimativas e expectativas ("Provisão para Depreciação" – mais bem denominada "Depreciação Acumulada"), ou que podem ser revertidas no futuro ("Provisão para Perda no Valor Recuperável de Ativo" – mais bem denominada "Ajuste por Expectativa de Perda" ou assemelhado). No entanto, as normas internacionais de contabilidade utilizam o termo "Provisão" somente para o reconhecimento de Passivo e, nesse sentido, este *Manual* adota semelhante concepção terminológica, não mais utilizando "Provisão" para as retificações de ativos.

15.2 Capital social

15.2.1 Conceito

O investimento efetuado na companhia pelos sócios é representado pelo Capital Social e mais Reservas e outras contas do Patrimônio Líquido que, por decisões dos proprietários, são incorporados ao Capital Social, representando, no caso das Reservas de Lucros, uma espécie de investimento derivado da renúncia à sua distribuição na forma de dinheiro ou de outros bens.

Trata-se o Capital Social, na verdade, de uma figura mais jurídica que econômica, já que, do ponto de vista econômico, também os lucros não distribuídos, mesmo que ainda na forma de Reservas, representam uma espécie de investimento dos acionistas. Sua incorporação ao Capital Social é uma formalização em que os proprietários renunciam à sua distribuição; é como se os acionistas recebessem essas reservas e as reinvestissem na sociedade. Mesmo essa renúncia é também relativa, já que existe a possibilidade da devolução do capital aos acionistas.

15.2.2 Capital realizado

O valor que deve constar do Patrimônio Líquido no subgrupo de Capital Social é o do Capital Realizado, ou seja, o total efetivamente integralizado pelos acionistas. O art. 182 da Lei nº 6.404/1976 estabelece que "a conta do capital social discriminará o montante subscrito, e, por dedução, a parcela ainda não realizada". Assim, a empresa deve ter a conta de Capital Subscrito e a conta devedora de Capital a Integralizar, sendo que o líquido entre ambas representa o Capital Realizado.

Cabe aqui um breve comentário acerca dos atos de subscrever e integralizar aumento de capital. A subscrição é o ato pelo qual o interessado formaliza sua vontade de adquirir um valor mobiliário. Ex.: subscrever ações, subscrever debêntures, subscrever cotas de fundos de investimento como o PIBB – Papéis Índice Brasil Bovespa, lançado pela BNDESPAR, entre outros.

No caso do aumento de capital, o ato de subscrever é irrevogável, estando o subscritor, porventura inadimplente com a obrigação, sujeito às sanções previstas em lei. Nos termos do § 2º, art. 106, da Lei nº 6.404/1976, aquele que não honrar a prestação que lhe compete ficará de pleno direito constituído em mora e obrigado a quitá-la com juros, correção monetária e multa fixada em Estatuto Social, não superior a 10% do valor da prestação. Ainda de acordo com a Lei nº 6.404/1976, em seu art. 107, há a previsão de equiparação do boletim de subscrição e o aviso de chamado a um título executivo extrajudicial, nos termos do Código de Processo Civil, possibilitando que a companhia ingresse em juízo com um processo de execução em face daquele que não integralizar as ações subscritas na data prevista (se a integralização for à vista) ou nos prazos estipulados (se a integralização for a prazo).

A integralização é o cumprimento desse compromisso assumido na subscrição, com entrega de Ativos ou renúncia a Passivos. Logo, na verdade só a integralização realmente altera o Patrimônio Líquido.

15.2.3 Sociedades anônimas com capital autorizado

Algumas S.A. têm Capital Autorizado. Denomina-se Capital Autorizado o limite estabelecido em valor ou em número de ações, pelo qual o Estatuto autoriza o Conselho de Administração a aumentar o capital social da companhia, independentemente de reforma estatutária, dando mais flexibilidade à empresa, o que é particularmente útil em época de expansão, que periodicamente requer novas injeções de capital.

A informação do valor do Capital Autorizado é útil e deve ser divulgada nas Demonstrações Contábeis, podendo ser no próprio balanço, na descrição da conta Capital, ou de outra forma, mesmo em nota explicativa.

15.2.3.1 Contabilização

A empresa pode controlar contabilmente o Capital Autorizado e sua ainda não subscrita por meio da própria conta Capital Subscrito, que funcionaria como conta sintética, tendo duas subcontas, como previsto no Modelo do Plano de Contas, a saber:

Capital subscrito	
1. Capital autorizado	500.000.000
2. Capital a subscrever (Devedora)	(400.000.000)
3. Capital subscrito	100.000.000
4. Capital a integralizar (Devedora)	(30.000.000)
5. Capital integralizado	70.000.000

15.2.4 Aspectos contábeis com relação a ações

a) AÇÕES – CONCEITO

A ação é a menor parcela em que se divide o capital social da companhia. As ações podem ser ordinárias, ou preferenciais, ou de fruição,[1] de acordo com a natureza dos direitos ou vantagens conferidos a seus titulares. A Lei nº 6.404/1976, em seu art. 176, estabelece que informações sobre o número, espécies e classes das ações do capital social devem ser evidenciadas em notas explicativas para melhor compreensão sobre capital.

As ações podem ou não ter valor nominal definido. São as chamadas ações sem valor nominal.

b) VALOR EXCEDENTE ("ÁGIO") NA EMISSÃO DE AÇÕES

I – Ações com Valor Nominal

Denomina-se Desdobramento de Ações a substituição de ações de elevado valor nominal por maior quantidade de ações com valor nominal inferior, em montantes equivalentes. Grupamento de Ações é o fenômeno inverso, ou seja, a substituição de grande quantidade de ações nominais, por uma quantidade mais reduzida em montantes equivalentes.

II – Ações sem Valor Nominal

A Lei nº 6.404/1976 criou as ações sem valor nominal, cujo preço de emissão é fixado, na Constituição, pelos fundadores, e, nos aumentos de capital, pela assembleia geral ou pelo conselho de administração, conforme dispuser o estatuto. O preço de emissão das ações sem valor nominal pode ser fixado com parte destinada à formação de reserva de capital. Nesse caso, a Lei das Sociedades por Ações define, na letra a do § 1º do art. 182, que a parte do preço de emissão das ações sem valor nominal que ultrapassar

---

[1] O titular de ações de fruição perde os direitos políticos, mas mantém os direitos econômicos.

a importância destinada à formação do capital social será classificada como Reserva de Capital.

Por exemplo, a sociedade emite 50.000.000 de ações sem valor nominal, a serem vendidas por $ 1,30 cada uma, e destina ao capital social apenas $ 1,10 por ação.

c) REEMBOLSO DE AÇÕES

A operação em que a companhia paga aos acionistas o valor de suas ações por razões de dissidência nos casos previstos na legislação societária é denominada reembolso de ações. As ações reembolsadas podem ser consideradas pagas à conta de lucros ou reservas, exceto a legal, isto é, sem redução do Capital Social. Durante sua permanência em tesouraria, o valor pago no reembolso dessas ações será, para fins de apresentação no Balanço Patrimonial, deduzido das contas de reservas utilizadas para o reembolso.

É de se notar que esse uso de reservas para compra de ações é em sentido figurado. Basta haver saldo nessas contas para se poder escolher uma delas (ou mais de uma, se necessário).

De acordo com o art. 45 da Lei nº 6.404/1976, com nova redação dada pela Lei nº 9.457/1997, o valor do reembolso para acionistas dissidentes poderá ser estipulado com base no valor econômico da companhia, caso o estatuto assim o possibilite. Ou o valor econômico será fixado com base em avaliação realizada por peritos, e poderá ser menor que o valor patrimonial da companhia, calculado com base no Patrimônio Líquido constante do último balanço aprovado em Assembleia Geral. Quando esta ocorrer após 60 (sessenta) dias da data do último balanço aprovado, é facultado ao sócio dissidente pedir, juntamente ao reembolso, um balanço especial em data que atenda àquele prazo, garantido o direito de receber, imediatamente, 80% do valor com base no último balanço aprovado e o restante com base no balanço especial, no prazo de 120 (cento e vinte) dias, a contar da data da deliberação da assembleia geral.

Se o estatuto determinar a avaliação da ação para efeito de reembolso, o valor será o determinado por três peritos ou empresa especializada indicados em lista sêxtupla ou tríplice, respectivamente, pelo Conselho de Administração ou, se não houver, pela diretoria, sendo escolhidos pela assembleia geral em deliberação tomada por maioria absoluta de votos, sem se computarem os votos em branco, e cabendo a cada ação, independentemente de sua espécie ou classe, o direito a um voto.

A Lei nº 6.404/1976 estabelece que o reembolso de ações será feito com redução do capital social somente quando, no prazo de 120 dias da data de publicação da ata da assembleia em função da qual houve a dissidência, não forem substituídos os acionistas cujas ações tenham sido reembolsadas à **conta de Capital Social**. Nesse caso, enquanto permanecer **em tesouraria**, o valor do custo de aquisição dessas ações, para fins de apresentação no Balanço Patrimonial, será deduzido da conta de Capital Social.

O art. 137 da Lei nº 6.404/1976, que trata do Direito de Retirada, estabelece outros fatores a serem considerados sobre o reembolso de ações.

d) RESGATE DE AÇÕES

A compra das próprias ações pela companhia, para retirá-las definitivamente de circulação, é denominada resgate de ações. Ressalta-se que, enquanto essas ações forem mantidas em tesouraria, não terão direito a dividendo nem a voto.

Tal operação poderá ser realizada com redução ou não do capital social. Quando o valor do capital social for mantido e as ações forem com valor nominal, deverá atribuir-se um novo valor nominal às ações remanescentes. Mantendo-se o capital social, o resgate das ações se processará com a utilização de reservas. Assim, o registro contábil será, por exemplo:

	Débito	Crédito
Reserva Estatutária de Lucros	X	
a Caixa ou Bancos		X

Imediatamente se procederá à determinação do novo valor nominal das ações, com base no capital social e na quantidade de ações remanescentes.

Por outro lado, se o resgate efetuar-se com redução do capital social, o registro contábil será o seguinte:

	Débito	Crédito
Capital Social	X	
a Caixa ou Bancos		X

O valor nominal das ações, nesse caso, permanecerá o mesmo.

e) AMORTIZAÇÃO DE AÇÕES

Denomina-se amortização de ações a operação pela qual a companhia distribui ao acionista, por suas ações, a quantia que lhe poderia caber em caso de liquidação da sociedade. Essa amortização **pode ser integral ou parcial, pode abranger todas as classes de ações ou apenas uma delas** e somente poderá ser feita sem redução do capital social.

As ações integralmente amortizadas poderão ser substituídas por ações de fruição, desde que respeitadas as restrições fixadas pelo estatuto ou pela assembleia geral que deliberar a amortização. No caso de liquidação da companhia, as ações amortizadas só concorrerão ao acervo líquido depois de asseguradas as ações não amortizadas.

Entende-se como ações de fruição aquelas que podem ser emitidas em substituição às ações amortizadas integralmente, as quais atribuem a seus titulares direitos estabelecidos no estatuto, normalmente dividendos, não representando parcela de capital nem direito a voto.

15.2.4.1 Gastos na emissão de ações

Os gastos com captação de recursos por emissão de ações ou outros valores mobiliários pertencentes ao Patrimônio Líquido (bônus de subscrição, por exemplo) devem ser registrados em conta retificadora do grupo Capital Social ou, quando aplicável, na Reserva de Capital que registrar o prêmio recebido na emissão das novas ações. Em função disso, a alteração do Patrimônio Líquido, ou seja, o efetivo Capital Social pela emissão de novas ações é reconhecida pelo valor líquido efetivamente recebido. Essa conta retificadora pode ser Gastos com Emissão de Ações ou semelhante.

Os saldos pertencentes à conta Gastos com Emissão de Ações poderão ser utilizados apenas para compensação com Reservas de Capital ou para redução do próprio Capital Social. Em casos de gastos infrutíferos, quando não há sucesso na captação de ações, tais gastos devem ser baixados como perdas do exercício.

Esse procedimento baseia-se no fato de que não é encargo da empresa o que se gasta para obter mais recursos dos sócios. Essa é uma transação de capital, e não uma atividade operacional da entidade. E é uma transação de capital entre a empresa e os sócios, que redunda num ingresso líquido de recursos, estes sim reconhecidos como aumento líquido de capital.

Transações de capital são aquelas entre a empresa e os sócios, quando estes agem na sua capacidade de proprietários (e não de clientes ou fornecedores da empresa, por exemplo). Assim, são registradas diretamente no Patrimônio Líquido as transações de aumento de capital, devolução de capital, distribuição de lucros, aquisição de ações próprias que a empresa faz junto aos sócios etc. E os gastos dessas transações não devem compor as despesas da atividade da empresa. Por isso, os resultados das transações com ações próprias (ações em tesouraria) são também diretamente acréscimos ou reduções do Patrimônio Líquido, e não receitas ou despesas da entidade.

15.2.5 Correção monetária do capital realizado

A Lei nº 9.249/1995, em seu art. 4º, parágrafo único, vetou a utilização de qualquer sistema de correção monetária de demonstrações contábeis, inclusive para fins societários, o que é deplorável, porque, do ponto de vista efetivo, real, lucro é o que o Patrimônio Líquido ganha acima do montante utilizado devidamente corrigido monetariamente. Esse é o verdadeiro lucro, o que se ganha acima da pura inflação. O que se ganha até a taxa de inflação é mera recomposição do capital aplicado.

Assim era na Contabilidade brasileira até 1995, quando essa lei nos fez voltar à contabilidade nominal, como se todo e qualquer aumento nominal patrimonial fosse efetivo lucro. Veja o Capítulo 28 para mais detalhes.

15.3 Reservas de Capital

15.3.1 Conceito

As Reservas de Capital são constituídas de valores recebidos pela companhia e que não transitam pelo Resultado como receitas, por se referirem a valores destinados a reforço de seu capital, sem terem como contrapartida qualquer esforço da empresa em termos de entrega de bens ou de prestação de serviços. Constam como tais reservas o "ágio" na emissão de ações, mais bem denominado como excedente do capital, a alienação de partes beneficiárias e de bônus de subscrição. Essas são transações de capital com os sócios.

15.3.2 Conteúdo e classificação das contas

a) O PLANO DE CONTAS

Em face da classificação das Reservas de Capital, como definido no § 1º do art. 182 da Lei nº 6.404/1976, com redação alterada pela Lei nº 11.638/2007, e no § 1º do art. 6º da Instrução CVM nº 319/1999, o Plano apresenta as seguintes contas nesse subgrupo: Excedente ("ágio") na emissão de ações, Reserva especial de ágio na incorporação, Alienação de partes beneficiárias e Alienação de bônus de subscrição. Nos tópicos a seguir são analisadas as contas descritas, exceto a de "Ágio" na Emissão de Ações, já vista na Seção 15.2.4-b deste capítulo (não confundir com o ágio pago pelo adquirente de ações; aqui estamos tratando de outra coisa totalmente diferente, na verdade já vista, que é o montante recebido dos sócios que ultrapassa o que se destinar especificamente à conta Capital Social).

b) RESERVA ESPECIAL DE ÁGIO NA INCORPORAÇÃO (INCORPORAÇÃO REVERSA)

A Reserva Especial de Ágio na Incorporação é uma inovação trazida pela CVM, em suas Instruções nº 319/1999 e nº 349/2001. Essa conta aparece no Patrimônio Líquido da incorporadora como contrapartida do montante do ágio (líquido de seu benefício fiscal, quando existente) resultante da aquisição do controle da companhia aberta que incorporar sua controladora. Assunto visto no Capítulo 23.

c) ALIENAÇÃO DE PARTES BENEFICIÁRIAS E BÔNUS DE SUBSCRIÇÃO

As partes beneficiárias e os bônus de subscrição são valores mobiliários que podem ser alienados e, nesse caso, o produto da alienação é contabilizado em Reserva de Capital específica. Se forem emitidos gratuitamente, não haverá contabilização. Caberia aí, apenas, no caso das partes beneficiárias, a menção em Nota Explicativa de sua existência e do direito que lhes for atribuído. Aliás, essa menção deve ser feita mesmo que tais partes beneficiárias sejam alienadas.

Cabe ressaltar que a participação das partes beneficiárias, inclusive para formação de reserva para resgate, não pode ultrapassar 0,1 (um décimo) dos lucros e é vedado conferir a elas (partes beneficiárias) qualquer direito privativo de acionistas, salvo o de fiscalizar, nos termos da Lei nº 6.404/1976, os atos dos administradores.

A emissão dos bônus de subscrição está condicionada ao limite de capital autorizado previsto no estatuto da empresa. Ressalta-se que a Lei nº 10.303/2001 vedou às companhias abertas emitir partes beneficiárias (parágrafo único do art. 47), persistindo os procedimentos contábeis para as partes beneficiárias existentes.

15.3.3 Destinação das reservas de capital

As reservas de capital somente podem ser utilizadas para:

a) Absorver prejuízos, quando estes ultrapassarem as reservas de lucros. Convém observar que, no caso da existência de reservas de lucros, os prejuízos serão absorvidos primeiramente por essas contas.

b) Resgate, reembolso ou compra de ações. Na Seção 15.2.4, Capital Social, já foram abordados o resgate, o reembolso e a amortização de ações.

c) Resgate de partes beneficiárias. O art. 200 da Lei nº 6.404/1976, em seu parágrafo único, determina que o produto da alienação de partes beneficiárias, registrado na reserva de capital específica, poderá ser utilizado para resgate desses títulos (ver observação logo a seguir).

d) Incorporação ao capital.

e) Pagamento de dividendo cumulativo a ações preferenciais, com prioridade no seu recebimento, quando essa vantagem lhes for assegurada pelo estatuto social (art. 17, § 6º, da Lei nº 6.404/1976, conforme nova redação dada pela Lei nº 10.303/2001).

Atenção especial precisa ser dada às "reservas" de resgate de partes beneficiárias. Elas constam dessa forma na Lei como reservas, mas esse é um erro técnico. Afinal, se há a obrigação de resgate desses valores mobiliários, a obrigação deve estar registrada no seu devido lugar: Passivo, e não Patrimônio Líquido. Assim, apesar da expressa colocação legal, o correto, contabilmente, é a classificação desses valores destinados ao resgate de partes beneficiárias como Provisão no Passivo, Circulante ou Não Circulante conforme a circunstância.

As contrapartidas de registro, como despesa, dos valores relativos a pagamentos baseados em ações (*stock options*, especificamente) não criam reservas de capital exatamente como previstas na lei, mas se afiguram como muito próximas a elas; talvez daí a exigência de que esses Instrumentos Patrimoniais Outorgados sejam classificados junto às reservas de capital. Ver exemplo no item 94 da OCPC 02.

15.4 Ajustes de avaliação patrimonial

15.4.1 Considerações gerais

A conta Ajustes de Avaliação Patrimonial foi introduzida na contabilidade brasileira pela Lei nº 11.638/2007 para receber as contrapartidas de aumentos ou diminuições de valor atribuído a elementos do ativo e do passivo, em decorrência de sua avaliação a valor justo, enquanto não computadas no resultado do exercício em obediência ao regime de competência.

São registradas nessa conta, por exemplo, as variações de preço de mercado dos instrumentos financeiros, quando mensurados pelo valor justo por meio de outros resultados abrangentes nos termos do Pronunciamento CPC 48, item 4.1.2A, e as diferenças no valor de ativos e passivos avaliados a preço de mercado nas reorganizações societárias, podendo o seu saldo ser credor ou devedor.

Cabe salientar que a conta Ajustes de Avaliação Patrimonial não corresponde a uma conta de reserva de lucros, uma vez que seus valores ainda não transitaram pelo resultado. Assim, ela não deverá ser considerada quando do cálculo do limite referente à proporção das reservas de lucros em relação ao capital.

Como regra geral, os valores registrados nessa conta deverão ser transferidos para o resultado do exercício à medida que os ativos e passivos forem sendo realizados.

Todavia, há alguns registros derivados das normas internacionais de contabilidade que exigem o reconhecimento de valores que, por algum motivo, não irão jamais transitar pelo resultado do exercício, podendo ser transferidos, atendidos certos quesitos, diretamente para Lucros ou Prejuízos Acumulados. Como são normas posteriores à Lei nº 11.638/2007, não estão formalmente referidas na lei, mas, em função da exigência desta que se abracem as normas internacionais, é de se registrar, também nesse grupo de Ajustes de Avaliação Patrimonial, os lançamentos contábeis derivados de ajuste a valor justo de valores que não transitarão obrigatoriamente pelo resultado.

Essa conta é, na normatização contábil, normalmente chamada de Outros Resultados Abrangentes, mas a definição legal, como já dito, não se encaixa perfeitamente a esse conceito das IFRS. Seja como for, o que prevalece é o conceito dos Outros Resultados Abrangentes em caso de conflito, já que essa mesma Lei obriga a CVM a adotar as normas internacionais nas normatizações posteriores à Lei (e o CFC acompanha essa mesma orientação).

15.4.2 Constituição e realização

a) ATUALIZAÇÃO DO VALOR DOS INSTRUMENTOS FINANCEIROS

Conforme já mencionado, os instrumentos financeiros destinados à venda futura, quando mensurados pelo valor justo por meio de outros resultados abrangentes, deverão ter seus valores atualizados pelo seu valor justo. Isso significa que os valores desses ativos serão ajustados a preço de mercado ou outra forma de valor justo, conforme o caso, e as contrapartidas são feitas parte em conta de resultado e parte em outros resultados abrangentes, na conta de Ajustes de Avaliação Patrimonial. Em conta de Resultado, será registrada a variação do ativo financeiro como se ele fosse mensurado ao custo amortizado; e em outros resultados abrangentes será reconhecido o ganho ou a perda resultante do total da variação do ativo financeiro deduzido da parcela já reconhecida no resultado do exercício. Entretanto, os valores registrados em outros resultados abrangentes serão deslocados para o resultado quando os ativos forem transferidos para venda imediata, quando a nomenclatura oficial é **ativo financeiro mensurado ao valor justo por meio do resultado**, ou quando efetivamente forem negociados se esta alternativa ocorrer primeiro. Mas há a exceção já mencionada de não transferência para o resultado, gerando um problema societário: esse valor no Patrimônio Líquido não é considerado nunca, nem para o bem nem para o mal, no cálculo do dividendo obrigatório (a base desse dividendo é o lucro líquido com alguns ajustes, mas esse não está estipulado legalmente). O que não impede que seja, quando da efetiva realização final, ser transferido para Lucros ou Prejuízos Acumulados e, no caso de valor positivo, ser destinado a dividendos.

b) REORGANIZAÇÕES SOCIETÁRIAS

Assim como ocorre com os instrumentos financeiros, em casos de cisões, fusões e incorporações, os ativos e passivos deverão ser avaliados a valor justo, sendo as contrapartidas registradas na conta Ajustes de Avaliação Patrimonial, não passando pelo resultado do período. Veja detalhes no Capítulo 23.

15.4.3 Exemplo prático

Admita-se que a companhia "X" tenha adquirido um instrumento financeiro para venda futura, ou seja, que seja mensurado ao valor justo por meio de outros resultados abrangentes, por $ 1.000, que após determinado período renda juros de $ 300 e passe a ter valor de mercado de $

1.500. No momento inicial, a companhia X faz o seguinte registro contábil:

Aquisição do instrumento financeiro	Débito	Crédito
Instrumentos Financeiros	1.000	
a Caixa ou Bancos		1.000

Depois de decorrido certo período, a companhia X deverá promover o registro dos juros e da atualização a valor de mercado:

Registro do juro e atualização a valor de mercado	Débito	Crédito
Instrumentos Financeiros	500	
a Receita de juros (DRE)		300
a Ajustes de Avaliação Patrimonial (PL)		200

Admitindo-se que a Cia. X venda o instrumento financeiro 30 dias após a compra, os registros contábeis serão os seguintes:

Venda do instrumento financeiro	Débito	Crédito
Caixa ou Bancos	1.500	
a Instrumentos Financeiros		1.500
Ajustes de Avaliação Patrimonial (PL)	200	
a Ganho na venda de Instrumentos Financeiros (conta dentre as Receitas Financeiras)		200

É importante frisar que a conta Ajustes de Avaliação Patrimonial deverá ter contas analíticas com títulos específicos para registro de cada item patrimonial passível de atualização, possibilitando assim controles próprios e identificação facilitada quando da sua realização.

Ainda sobre detalhamento em contas específicas, igualmente importante é a observação de que os ganhos ou as perdas decorrentes de avaliação de ativo ou passivo com base no valor justo não serão computados na determinação do lucro real no momento de seu registro, desde que os respectivos valores das variações do ativo ou do passivo sejam evidenciados contabilmente em subcontas vinculadas a esse ativo ou passivo, nos moldes dos arts. 13 e 14 da Lei nº 12.973/2017. O efeito tributário de tais variações se dará no momento da realização do ativo ou liquidação do passivo.

15.5 Reservas de lucros

15.5.1 Conceito

Reservas de lucros são as constituídas pela apropriação de lucros da companhia, como previsto pelo § 4º do art. 182 da Lei nº 6.404/1976. Conforme § 6º do art. 202 dessa lei, adicionado pela Lei nº 10.303/2001, caso ainda existam lucros remanescentes, após a segregação para pagamentos dos dividendos obrigatórios e após a destinação para as diversas reservas de lucros, estes devem ser também distribuídos como dividendos. Esse novo parágrafo (com relação à disposição original) acaba por determinar que as companhias sempre deem destinação total para os lucros auferidos. Assim, no caso das sociedades por ações, elas devem, em princípio, distribuir todos os lucros obtidos; só não podem ser distribuídos os determinados pela lei (reserva legal), os autorizados pela lei (reserva de contingências e reserva de lucros a realizar), os determinados pelo estatuto social (reserva estatutária) e aqueles que a assembleia dos acionistas concordar em não distribuir após justificativa fundamentada pela administração (reserva de lucros para expansão – para novos investimentos, por exemplo). No caso da retenção para expansão há a obrigatoriedade da apresentação à assembleia, e aprovação desta, de orçamento que justifique essa retenção. A sociedade anônima não pode, em hipótese alguma, reter lucros sem total justificativa. No caso das sociedades limitadas e outras a obrigatoriedade dessa distribuição não existe, já que se trata de assunto exclusivo da alçada dos sócios.

A adequada segregação e movimentação (formação e reversão) das reservas de lucros é importante, particularmente, para fins de cálculo do dividendo obrigatório. Além disso, é muito importante o conhecimento do valor dessas reservas, que são ou poderão vir a ser disponíveis para distribuição futura na forma de dividendos, para capitalização ou mesmo para outras destinações.

Quanto a limites, o art. 199 da Lei nº 6.404/1976, alterado pela Lei nº 11.638/2007, estabelece que o somatório das Reservas de Lucros, excetuando-se as Reservas para Contingências, de Incentivos Fiscais e de Lucros a Realizar, não poderá ser superior ao montante do Capital Social da sociedade. Caso o referido somatório ultrapasse o Capital Social, caberá à assembleia deliberar sobre a aplicação do excedente, que poderá ser utilizado para integralização ou aumento de capital, desde que com a devida fundamentação, ou distribuído como dividendos.

15.5.2 Contas de reservas de lucros

Tendo em vista seu conceito e as definições da própria Lei das Sociedades por Ações, podemos ter as seguintes Reservas de Lucros: Reserva Legal, Reservas Estatutárias, Reservas para Contingências, Reserva de Lucros a Realizar, Reserva de Lucros para Expansão, Reservas de Incentivos Fiscais e Reserva Especial para Dividendo Obrigatório Não Distribuído.

15.5.3 Reserva legal

Essa reserva, basicamente instituída para dar proteção ao credor, é tratada no art. 193 da Lei nº 6.404/1976 e deverá ser constituída com a destinação de 5% do lucro líquido do exercício. Será constituída obrigatoriamente, pela companhia, até que seu valor atinja 20% do capital social realizado, quando então deixará de ser acrescida; ou poderá, a critério da companhia, deixar de receber créditos, quando o saldo dessa reserva, somado ao montante das Reservas de Capital, atingir 30% do capital social.

A utilização da reserva legal está restrita à compensação de prejuízos e ao aumento do capital social. Essa incorporação ao capital pode ser feita a qualquer momento a critério da companhia. A compensação de prejuízos ocorrerá obrigatoriamente quando ainda houver saldo de prejuízos após terem sido absorvidos os saldos de Lucros Acumulados e das demais Reservas de Lucros (parágrafo único do art. 189 da Lei nº 6.404/1976).

15.5.4 Reservas estatutárias

As reservas estatutárias são constituídas por determinação do estatuto da companhia, como destinação de uma parcela dos lucros do exercício. A empresa deverá criar subcontas conforme a natureza a que se refere, e com intitulação que indique sua finalidade. Para cada reserva estatutária, todavia, a empresa terá que, em seu estatuto:

a) Definir sua finalidade de modo preciso e completo.

b) Fixar os critérios para determinar a parcela anual do lucro líquido a ser utilizada.

c) Estabelecer seu limite máximo.

Essas Reservas não podem, todavia, restringir o pagamento do dividendo obrigatório, nos termos do art. 198 da Lei das Sociedades por Ações (LSA). Outro aspecto a ser considerado é que diversas empresas têm reservas previstas em seus estatutos, mas cujas finalidades já estão cobertas nas demais reservas de lucros previstas pela Lei das Sociedades por Ações. Deve, nesse caso, prevalecer sempre a tratada pela lei. Desse modo, são registradas como estatutárias somente as definidas pelo estatuto, que não estejam previstas em lei.

15.5.5 Reserva para contingências

a) OBJETIVO

O art. 195 da Lei nº 6.404/1976 estabelece a forma para constituição da reserva para contingências, como segue:

"A assembleia geral poderá, por proposta dos órgãos da administração, destinar parte do lucro líquido à formação de reserva com a finalidade de compensar, em exercício futuro, a diminuição do lucro decorrente de perda julgada provável, cujo valor possa ser estimado.

§ 1º A proposta dos órgãos da administração deverá indicar a causa da perda prevista e justificar, com as razões de prudência que a recomendem, a constituição da reserva.

§ 2º A reserva será revertida no exercício em que deixarem de existir as razões que justificaram a sua constituição ou em que ocorrer a perda".

O objetivo da constituição dessa reserva é segregar uma parcela de lucros, inclusive com a finalidade de não a distribuir como dividendo, correspondente a prováveis perdas extraordinárias futuras, que acarretarão diminuição dos lucros (ou até o surgimento de prejuízos) em exercícios futuros. Assim, com sua constituição, está-se fortalecendo a posição da Sociedade para fazer frente à situação prevista.

No exercício em que ocorrer tal perda efetivamente – quando o lucro será, portanto, menor –, efetua-se a reversão da Reserva para Contingências anteriormente constituída para a conta de Lucros Acumulados, a qual integrará, no período em que a reversão foi realizada, a base de cálculo do dividendo obrigatório. Como se verifica, essa prática visa equalizar a distribuição de dividendos intertemporalmente, quando se preveem significativas baixas (ou eventualmente prejuízos) no lucro líquido, oriundas de fatos extraordinários por ocorrer.

b) CASOS DE CONTINGÊNCIAS E PERDAS FUTURAS EXTRAORDINÁRIAS

É, portanto, em função desse objetivo que sua adoção tem maior aplicação nos casos em que sejam previsíveis, com certa segurança, perdas cíclicas. Tais perdas cíclicas podem ser de natureza variada, como os seguintes casos de fenômenos naturais que afetam diretamente as operações e rentabilidade da empresa:

- Geadas ou secas, que podem atingir empresas com plantações, criações ou estoques nessas áreas, ou ainda as que dependem desses produtos para suas operações, como no caso de empresas comerciais ou industriais que utilizem tais produtos como matérias-primas em seu processo produtivo.

- Cheias, inundações e outros fenômenos naturais que podem ocorrer ciclicamente nas áreas onde se localizam estoques ou instalações da empresa, gerando prejuízos efetivos por perdas de bens, por paralisação temporária das operações etc.

É ainda o caso de empresas cujo produto ou operações sejam de consumo cíclico ou de duração limitada, para as quais certos períodos são muito lucrativos e os períodos a seguir, de prejuízos, quando isso é previsível, ou até de menor rentabilidade, se isso se dever a algum evento futuro.

Pode ocorrer também, por exemplo, na iminência de uma desapropriação dos imóveis da empresa com expectativas de perdas significativas, quer pelo valor da indenização, quer pela perda de potencial de geração de lucros. É também cabível essa reserva quando há expectativas de paralisações temporárias grandes e extraordinárias devido a substituições anormais de equipamentos, perspectivas anômalas de escassez de matérias-primas etc.

Veja-se a Nota Explicativa da Instrução CVM nº 59/1986.

c) EXEMPLO – PERDAS CÍCLICAS

Suponha que uma empresa esteja em uma das situações supracitadas e que seus lucros e dividendos sejam como segue:

		Dividendo		
	Lucro	Obrigatório 25%	Adicional	Total
1º ano	100,0	25,0	75,0	100,0
2º ano	100,0	25,0	75,0	100,0
3º ano	10,0	2,5	7,5	10,0
4º ano	100,0	25,0	75,0	100,0
5º ano	100,0	25,0	75,0	100,0
6º ano	10,0	2,5	7,5	10,0

Nesse caso, tendo perdas cíclicas a cada três anos (ou alguma aproximação) por geada, seca, cheia ou outra perda extraordinária, a empresa poderia no primeiro e segundo anos constituir reserva para contingências, como apresentado no Quadro 15.1.

Verifica-se que, nesse caso de perdas cíclicas, constituindo a reserva para contingências, há a uniformização dos dividendos totais distribuídos ano a ano, pois nos anos de maior lucro forma-se a reserva e, no ano em que a perda ocorre, reverte-se a reserva e mantém-se a possibilidade de pagamento de dividendos mesmo com queda acentuada nos resultados.

d) DIFERENÇA ENTRE RESERVA PARA CONTINGÊNCIAS E PROVISÃO PARA CONTINGÊNCIAS

Finalmente, cabe ressaltar que não se pode confundir a Reserva para Contingências (que integra o Patrimônio Líquido) com a Provisão para Contingências (que é uma conta de Passivo), pois a Provisão destina-se a dar cobertura a perdas ou despesas **já incorridas**, mas ainda não

Quadro 15.1

	Lucro	Reserva para contingências		Valor-base para dividendos	Dividendos		Total
		Formação	Reversão		Obrigatórios 25%	Adicionais	
1º ano	100,0	30,0		70,0	17,5	52,5	70,0
2º ano	100,0	30,0		70,0	17,5	52,5	70,0
3º ano	10,0		60,0	70,0	17,5	52,5	70,0
4º ano	100,0	30,0		70,0	17,5	52,5	70,0
5º ano	100,0	30,0		70,0	17,5	52,5	70,0
6º ano	10,0		60,0	70,0	17,5	52,5	70,0

desembolsadas e que, dentro do regime de competência, devem ser lançadas no Resultado, na constituição dessa Provisão. Provisão, nos moldes do Pronunciamento CPC 25, é um passivo com prazo ou valor incerto, e um passivo é uma obrigação presente da entidade, decorrente de eventos passados, cuja liquidação se espera que resulte em saída de ativos, o que deixa bem clara a vinculação de uma Provisão com eventos já incorridos. Não é demais lembrar que a norma estabelece que o passivo contingente não é reconhecido na contabilidade, mas sua divulgação é exigida. A Reserva para Contingências é, por outro lado, uma expectativa de perdas ou prejuízos ainda não incorridos; por ser possível antevê-los, e por precaução e prudência empresariais, segrega-se uma parte dos lucros já existentes, não os distribuindo para suportar financeiramente o período em que o prejuízo ocorrer efetivamente. Na data em que tal prejuízo ocorrer, será reconhecido contabilmente como despesa, dentro do regime de competência, e a Reserva será transferida para Lucros ou Prejuízos Acumulados.

15.5.6 Reservas de lucros a realizar

a) CONCEITO

Essa reserva é constituída por meio da destinação de uma parcela dos lucros do exercício, sendo, todavia, optativa sua constituição. O objetivo de constituí-la é não distribuir dividendos obrigatórios sobre a parcela de lucros ainda não realizada financeiramente (apesar de contábil e economicamente realizada) pela companhia, quando tais dividendos excederem a parcela financeiramente realizada do lucro líquido do exercício.

Como a Contabilidade considera, para a apuração do lucro, não somente os fatos financeiros, mas também os econômicos, dificilmente todo o lucro apurado da companhia resulta em um aumento correspondente em seu Ativo Circulante.

b) O TEXTO DA LEI DAS SOCIEDADES POR AÇÕES

O art. 197 da Lei nº 6.404/1976, alterado pela Lei nº 10.303/2001 e pela Lei nº 11.638/2007, trata da Reserva de Lucros a Realizar, como segue:

"Art. 197. No exercício em que o montante do dividendo obrigatório, calculado nos termos do estatuto ou do art. 202, ultrapassar a parcela realizada do lucro líquido do exercício, a assembleia-geral poderá, por proposta dos órgãos de administração, destinar o excesso à constituição de reserva de lucros a realizar.

§ 1º Para os efeitos deste artigo, considera-se realizada a parcela do lucro líquido do exercício que exceder da soma dos seguintes valores:

I – o resultado líquido positivo da equivalência patrimonial (art. 248); e

II – o lucro, rendimento ou ganho líquidos em operações ou contabilização de ativo e passivo pelo valor de mercado, cujo prazo de realização financeira ocorra após o término do exercício social seguinte.

§ 2º A reserva de lucros a realizar somente poderá ser utilizada para pagamento do dividendo obrigatório e, para efeito do inciso III do art. 202, serão considerados como integrantes da reserva os lucros a realizar de cada exercício que forem os primeiros a serem realizados em dinheiro".

Assim, a nova redação da Lei nº 6.404/1976 alterou o procedimento de cálculo da Reserva de Lucros a Realizar, o qual passa a ser em função do dividendo obrigatório, e não mais das diversas reservas de lucro. A Reserva de Lucros a Realizar será constituída quando não existirem lucros realizados suficientes para o pagamento do dividendo obrigatório. Portanto, antes do cálculo da Reserva de Lucros a Realizar, os dividendos obrigatórios devem ser calculados, pois são parâmetros a serem utilizados no cálculo da reserva. A parcela do lucro do período que pertencer ao dividendo obrigatório, mas que ainda não tiver sido financeiramente realizada será registrada em Reserva de Lucros a Realizar, para quando financeiramente realizada (integral ou parcialmente), em períodos posteriores, possa então ser distribuída como dividendos. Ressalta-se que a alteração da forma de cálculo da Reserva de Lucros a Realizar em função dos dividendos não implica que essa reserva seja de dividendos, mas sim de lucros. A reserva especial para dividendo obrigatório é tratada na Seção 15.5.9 deste livro.

c) INCLUSÃO DE GANHOS CAMBIAIS COMO LUCROS A REALIZAR

O Parecer de Orientação CVM nº 13/1987, item 4, e a Exposição de Motivos nº 196, de 24.6.1976, relacionada à Lei nº 6.404/1976, que identifica a regulação da reserva de lucros a realizar com a finalidade de eliminar risco de criação de problemas financeiros para a companhia por ocasião da determinação do dividendo obrigatório, dão suporte para a inclusão dos resultados positivos auferidos com variações cambiais no rol das previsões de lucros a realizar. A esse respeito, as Superintendências de Relações com Empresa e de Normas Contábeis e Auditoria da CVM, ao expedirem o Ofício-Circular CVM/SNC/SEP nº 01/06, documento que orienta às companhias abertas e seus auditores independentes na elaboração das demonstrações contábeis no encerramento do exercício social, manifestarem seu entendimento no item 26.5, "Efeito no Cálculo dos Dividendos Obrigatórios Decorrentes do Tratamento Contábil dos Ganhos Cambiais da CVM".

d) AUMENTO DO VALOR DO INVESTIMENTO EM COLIGADAS E CONTROLADAS

Quando o investimento em coligadas e controladas for avaliado pelo método da equivalência patrimonial, o resultado líquido positivo apurado por esse método não é considerado resultado líquido financeiramente realizado, nos moldes do art. 197, § 1º, I, da Lei nº 6.404/1976. Esse acréscimo ao lucro do exercício não representa um lucro realizado financeiramente enquanto não recebido o lucro a que se refere, e, portanto, poderá ser destinado para a formação da Reserva de Lucros a Realizar.

O método de equivalência patrimonial foi abordado detalhadamente no Capítulo 6 do presente *Manual*.

e) LUCRO EM VENDAS A PRAZO E LUCRO, RENDIMENTO OU GANHO LÍQUIDOS EM OPERAÇÕES OU CONTABILIZAÇÃO DE ATIVOS E PASSIVOS A VALOR DE MERCADO REALIZÁVEIS FINANCEIRAMENTE A LONGO PRAZO

O lucro auferido em vendas a prazo, assim como o lucro, rendimento ou ganho líquidos em operações ou contabilização de ativos e passivos avaliados a valor justo, cuja realização financeira ocorrerá após o término do exercício seguinte, poderão ser segregados também nessa conta de Reserva de Lucros a Realizar, pois ocasionam o aumento do resultado do exercício, sem o respectivo ingresso de recursos financeiros, e, portanto, apenas estarão disponíveis para serem distribuídos como dividendos em períodos futuros.

f) REVERSÃO DA RESERVA DE LUCROS A REALIZAR

De acordo com o inciso III do art. 202 da Lei nº 6.404/1976, alterado pela Lei nº 10.303/2001, "os lucros registrados na reserva de lucros a realizar, quando realizados e se não tiverem sido absorvidos por prejuízos em exercícios subsequentes, deverão ser acrescidos ao primeiro dividendo declarado após a realização". Por essa razão, tais valores deverão, à medida de sua realização financeira, ser imediatamente adicionados aos primeiros dividendos que forem declarados em momento posterior à realização financeira.

Assim, a parcela realizada da Reserva de Lucros a Realizar será transferida para a conta de Lucros Acumulados e, daí, diretamente para dividendos a pagar. Ou seja, adiciona-se aos dividendos obrigatórios do período a parcela da Reserva de Lucros a Realizar que for realizada.

No que diz respeito à parcela de Lucros a Receber a Longo Prazo e o Ganho com Variação Cambial, não haverá muito problema. Se a constituição se deu por valores de lucros contidos em contas a receber ou aumento de ativos em moeda estrangeira também realizáveis em exercício posterior ao próximo, bastará que tais direitos caiam dentro do valor a receber ou a realizar no próximo exercício, para serem adicionados aos dividendos. Quando o lucro a realizar é decorrente da receita de equivalência patrimonial, sua realização se dará quando a companhia receber dividendos desses investimentos ou, então, quando aliená-los ou baixá-los, o que ocorrer primeiro. Já nos casos de lucro, rendimento ou ganho líquidos provenientes da avaliação de ativos e passivos a valor de mercado, a realização ocorrerá à medida que tais ativos e passivos forem realizados, ou transferidos para o Ativo Circulante.

Entretanto, é importante lembrar, mais uma vez, que a criação da Reserva de Lucros a Realizar é optativa. As empresas que possuírem recursos para pagar os dividendos podem pagá-los e não constituir a Reserva.

15.5.7 Reserva de lucros para expansão (retenção de lucros)

Para atender a projeto de investimento, a companhia poderá reter parte dos lucros do exercício, conforme disciplinado pelo art. 196 da Lei nº 6.404/1976, que trata da reserva de Retenção de Lucros. Essa retenção deverá estar justificada com o orçamento de capital da companhia, ser proposta pela administração e aprovada pela assembleia geral. Entretanto, essa Reserva também não pode ser constituída em detrimento do pagamento do dividendo obrigatório (art. 198 da Lei nº 6.404/1976).

O § 1º do art. 196 da Lei nº 6.404/1976 ressalta que esse orçamento deverá compreender todas as fontes de recursos e aplicações de capital, fixo ou circulante, e po-

15.5.8 Reserva de incentivos fiscais

a) CONSIDERAÇÕES GERAIS

A Reserva de Incentivos Fiscais foi criada pela Lei nº 11.638/2007, que adicionou à Lei nº 6.404/1976 o art. 195-A, com a seguinte redação: "A assembleia geral poderá, por proposta dos órgãos de administração, destinar para a reserva de incentivos fiscais a parcela do lucro líquido decorrente de doações ou subvenções governamentais para investimentos, que poderá ser excluída da base de cálculo do dividendo obrigatório (inciso I do *caput* do art. 202 desta Lei)". Complementarmente, a Lei nº 11.638/2007 revogou a Reserva de Capital – Doações e Subvenções para Investimentos, provocando a necessidade de alteração no tratamento contábil que era dispensado às doações e subvenções.

A partir do exercício social de 2008, conforme o CPC 07 – Subvenção e Assistência Governamentais, as doações e subvenções recebidas pela companhia deverão transitar pelo resultado, e terão seus registros contábeis determinados em função das condições estabelecidas para recebimento dessas doações e subvenções. Apesar de transitarem pelo resultado do exercício, não serão computadas na determinação do lucro real (tributável), desde que sejam registradas como reserva de incentivos fiscais, que somente poderá ser utilizada para absorção de prejuízos, desde que anteriormente já tenham sido totalmente absorvidas as demais Reservas de Lucros, com exceção da Reserva Legal; ou então para aumento do capital social. Essa previsão consta no art. 30 da Lei nº 12.973/2014.

b) TRATAMENTO CONTÁBIL QUANDO A SUBVENÇÃO É CONDICIONAL

Havendo contraprestação a ser realizada, primeiro deve-se atender às condições estabelecidas para, só então, as subvenções serem reconhecidas no resultado da companhia. Assim, se uma empresa recebe uma subvenção de uma prefeitura na forma de um terreno a ser utilizado para a construção de uma fábrica, e a legislação e/ou contratação dizem que esse terreno será da empresa unicamente depois de passados dez anos, e desde que ela gere pelo menos 1.000 novos empregos, a entidade deverá, então, contabilizar o terreno no seu imobilizado assim que adquirir sua posse, seu controle e puder utilizá-lo para as finalidades negociadas (não a sua propriedade que ainda não será transferida). O valor de registro deverá ser o valor justo, ou seja, o valor de mercado que a empresa normalmente pagaria se adquirisse o Imobilizado de outrem, a não ser que tal informação seja indisponível. A obtenção do valor justo deverá preferencialmente ser feita com consulta a terceiros, como a registros em cartórios, corretoras de imóveis etc., mas tudo devidamente documentado, suportado e justificado. A contrapartida desse registro será uma conta de Passivo, ou uma conta de Ativo retificadora do próprio Imobilizado (as duas alternativas são aceitas). Dessa conta, será feita a transferência ao resultado da empresa tão somente quando forem eliminadas todas as restrições que impeçam a plena e final incorporação desse terreno ao patrimônio da companhia. Assim, se ao final do décimo ano a empresa não houver cumprido, por exemplo, a exigência da contratação dos 1.000 novos empregados, não poderá reconhecer a receita, a não ser que haja perdão dessa cláusula por quem de direito.

No caso de recebimento de máquinas, o procedimento será um pouco diferente: mesmo que estejam elas já totalmente sob sua propriedade, a companhia não poderá reconhecer a receita, tendo em vista que essas máquinas provocarão depreciações no futuro. Assim, a apropriação à receita se dará paulatinamente, na medida em que forem sendo efetuadas as depreciações de tais ativos. Esse crédito ao resultado poderá ser feito na forma de receitas ou de redução das despesas de depreciação.

c) TRATAMENTO CONTÁBIL QUANDO A SUBVENÇÃO É INCONDICIONAL

Se a entidade receber subvenções ou outros tipos de incentivos e não houver absolutamente nenhuma obrigação adicional a cumprir, o reconhecimento como receita será imediato. Assim, por exemplo, se a empresa destina um pedaço do seu imposto de renda nas quotas de um fundo por conta de um incentivo fiscal, e desde que, ao efetuar o pagamento do imposto não haja obrigações, ou tenha cumprido a última de suas obrigações, nesse momento, reconhecerá essa parcela como receita de subvenção. Se o imposto for apropriado por competência de um período, mas o pagamento se der em outro, a despesa será lançada como antes se fazia, quando do registro dos resultados que a geraram, e a receita com a subvenção será reconhecida apenas no período em que cumprida então a última das obrigações para fazer jus a tal incentivo. Não poderá a empresa, quando do reconhecimento da despesa com o imposto de renda, registrar um ativo relativo a um direito a ser exercido no futuro, contra o resultado, já que não cumpriu ainda com todas as suas obrigações.

d) BENEFÍCIOS SOB A FORMA DE REDUÇÃO OU ISENÇÃO TRIBUTÁRIA

Há situações em que o benefício é dado pelo não pagamento do imposto (redução, isenção etc.), quando da existência de lucro que normalmente exigiria tal tributo, não havendo compromissos de investimento e outros que já terão sido cumpridos pela entidade. Nesse caso, registra-se a despesa do imposto que deveria ser pago, mas, imediatamente depois, registra-se como redução dessa despesa, uma receita pela subvenção. Isso faz com que sejam devidamente evidenciados, na Demonstração do Resultado, a todos os usuários, que há um resultado incentivado a compor o desempenho da empresa. Anteriormente, o procedimento adotado evidenciava uma despesa com o tributo, como se esse tributo fosse efetivamente ser pago, e o crédito era no Patrimônio Líquido, distorcendo-se o desempenho da entidade.

e) TRIBUTOS FINANCIADOS PELO ESTADO

Há uma situação especial em alguns casos no Brasil: tributos que são financiados pelo próprio Estado por longo prazo com taxas de juros muito abaixo das praticadas no mercado. Trata-se de efetivas subvenções que precisam ser devidamente divulgadas para que se tenha ideia de quanto do resultado da entidade se deve a tais benefícios.

Se a empresa tem o direito de pagar seu ICMS pelo prazo de 15 anos, obtendo para isso um financiamento do Estado, de uma entidade (um banco, por exemplo) que lhe pertence, por ele é controlado ou, de qualquer maneira, que dele obtenha a devida compensação, se for o caso, mas tal financiamento possui condições muito divergentes das praticadas no mercado, há que se registrar o incentivo. Por exemplo, se o pagamento do imposto é diferido totalmente nesses 15 anos, para pagamento com juros simples de 1% ao ano, a companhia não poderá registrar o ICMS devido pelo seu valor nominal e ainda registrar reduzidíssimas e irrealistas despesas financeiras pelos 15 anos. Além disso, a entidade registrará nos seus resultados normais todos os benefícios desse não pagamento do tributo ao longo dos 15 anos, em decorrência do que esse não pagamento lhe trouxer de redução de despesas financeiras, quando comparado ao que a companhia teria caso precisasse tomar dinheiro emprestado para pagar o imposto, ou então de receitas financeiras a taxas de mercado pela aplicação desse dinheiro etc.

Com isso, a contabilização, conforme CPC 07 (R1) – Subvenção e Assistência Governamentais, deverá ser realizada da seguinte forma: no período em que a empresa passa a dever o tributo, ela reconhece a despesa (ou redução da receita, como se faz no caso do ICMS no Brasil) normalmente no resultado contra o passivo relativo ao financiamento. Calcula o valor final a pagar, considerando, por exemplo, a taxa de juros de 1% ao ano, e a seguir traz a valor presente pelas taxas normais de mercado que representam as condições econômicas do momento e o seu risco no processo de obtenção de empréstimos. Dessa forma, ficará evidenciado o valor do ganho por essa subvenção. Na sequência, debitará o passivo, em conta retificadora, por essa diferença, de modo que seu passivo registre o valor presente da obrigação referente aos 15 anos. A contrapartida será um crédito, direto no resultado, reduzindo o valor do seu tributo ao que ele de fato representa econômica e financeiramente, ou então contra outra conta de passivo, para apropriação ao resultado futuramente, se ainda existirem condições a serem cumpridas para efetivamente poder gozar do benefício do empréstimo a taxas de juros subsidiadas.

f) INCENTIVOS FISCAIS DE IMPOSTO DE RENDA (FINAM/FINOR)

Os incentivos fiscais de imposto de renda, FINAM/FINOR, também deverão ser reconhecidos no resultado no momento do recebimento dos respectivos certificados, ou quando, realmente, não mais existirem dúvidas quanto ao exercício dos direitos adquiridos.

g) CONSTITUIÇÃO DA RESERVA DE INCENTIVOS FISCAIS

A Lei nº 11.941/2009 deliberou no sentido de evitar que as empresas sejam prejudicadas, do ponto de vista tributário, por conta da nova forma de registro contábil das doações e subvenções, da seguinte maneira: permitindo que a entidade registre, em cada exercício em que reconhecer esse tipo de receita, a transferência da conta de Lucros Acumulados para a conta de Reserva de Incentivos Fiscais o exato valor de tal receita, de modo a não distribuir esse valor como lucros ou dividendos aos sócios. Esse controle deverá ser efetuado com a utilização do LALUR para que a empresa possa ajustar seu lucro tributável, tanto para fins de cálculo do imposto de renda, quanto da CSLL. Por fim, também determina a não tributação dessa receita contábil pelo PIS e pela Cofins. Os artigos que tratavam dessa matéria foram revogados pela Lei nº 12.973/2014, que está em vigor e aborda a questão da mesma forma, excluindo a receita de doações e subvenções governamentais da base tributável. Adicionalmente, a Instrução Normativa RFB nº 1.700/2017 disciplina a questão em seu art. 198.

A Lei nº 12.973/2014, em seu art. 30, § 3º, destaca que a transferência do valor da receita de subvenções, por meio da conta Lucros Acumulados, para a Reserva de Incentivos Fiscais está limitada ao valor do lucro líquido do exercício. Nos períodos em que a empresa apurar prejuízo contábil ou lucro líquido inferior à parcela da receita de subvenções registrada no resultado, não podendo, nesse caso, constituir a Reserva de Incentivos Fiscais no montante devido, deverá tal constituição ocorrer nos exercícios subsequentes.

Quando houver destinação diversa da determinada pela Lei nº 12.973/2014, deverá a companhia considerar tributável a receita decorrente de doações e subvenções governamentais, conforme o art. 30, § 2º, reproduzido a seguir:

"§ 2º As doações e subvenções de que trata o *caput* serão tributadas caso não seja observado o disposto no § 1º ou seja dada destinação diversa da que está prevista no *caput*, inclusive nas hipóteses de:

I – capitalização do valor e posterior restituição de capital aos sócios ou ao titular, mediante redução do capital social, hipótese em que a base para a incidência será o valor restituído, limitado ao valor total das exclusões decorrentes de doações ou subvenções governamentais para investimentos;

II – restituição de capital aos sócios ou ao titular, mediante redução do capital social, nos 5 (cinco) anos anteriores à data da doação ou da subvenção, com posterior capitalização do valor da doação ou da subvenção, hipótese em que a base para a incidência será o valor restituído, limitada ao valor total das exclusões decorrentes de doações ou de subvenções governamentais para investimentos; ou

III – integração à base de cálculo dos dividendos obrigatórios".

Importante salientar que a Lei nº 12.973/2014 determina que o mesmo tratamento e os benefícios fiscais concedidos às receitas de subvenções deverão ser concedidos aos prêmios na emissão de debêntures, quando transferidos ao resultado, sendo válidos os procedimentos de constituição da reserva aqui descritos, embora, no caso dos prêmios na emissão de debêntures, estes devam ser registrados em reserva de lucros específica, conforme determina o art. 31 da referida lei. Do ponto de vista contábil, esses prêmios são discutidos no Capítulo 14.

h) EXEMPLO PRÁTICO

A empresa "X", em 31-12-XX, apurou lucro antes do IR e da CSLL no valor de $ 30.000, sabendo-se que, no período, houve o registro de receitas de subvenções no montante de $ 2.000. A apuração do lucro líquido do exercício e o registro da constituição da Reserva de Incentivos Fiscais são como segue (considere uma alíquota de IR/CSLL de 25%):

Cálculo de IR e CSLL:		DRE:	
LAIR	30.000	LAIR	30.000
(–) Rec. Subvenções	(2.000)	(–) IR/CSLL	(7.000)
Lucro Tributável	28.000	LLE	23.000
IR e CSLL (25%)	7.000	Constituição da Reserva de Incentivos Fiscais:	
		D – Lucros Acumulados	
		C – Reserva de Incentivos	
		Fiscais	2.000

15.5.9 Reserva especial para dividendo obrigatório não distribuído

A companhia deverá constituir essa Reserva de Lucros quando tiver dividendo obrigatório a distribuir, mas sem condições financeiras para seu pagamento, situação em que se utilizará do expediente previsto nos §§ 4º e 5º do art. 202 da Lei das Sociedades por Ações.

Nesse caso, o dividendo deixa de ser pago naquele exercício e, para tanto, já no balanço, dever-se-á apurar o valor desse dividendo obrigatório e apropriá-lo para essa reserva especial de lucros a débito de Lucros Acumulados. Tais dividendos serão pagos aos acionistas no futuro, assim que a situação financeira o permitir, desde que não tenham sido absorvidos por prejuízos dos exercícios seguintes.

15.5.10 Reserva de lucros – benefícios fiscais

O art. 504 do RIR/2018 faculta ao contribuinte o diferimento do ganho de capital obtido na desapropriação de bens, mediante sua transferência para uma conta de Reserva Especial de Lucros. Tal diferimento está condicionado a que a empresa aplique importância igual ao ganho de capital na aquisição de outros bens do ativo permanente, no prazo máximo de dois anos do recebimento da indenização. Exige-se ainda que a empresa discrimine na reserva de lucros os bens objeto dessa aplicação do ganho de capital, de modo a permitir a determinação do valor realizado em cada período de apuração.

Ressalve-se que é isento de tributação o ganho de capital obtido na transferência de imóveis desapropriados para fins de reforma agrária (art. 505 do RIR/2018). Evidentemente, por se tratar de alienação de ativo fixo, o lucro caracteriza-se como um ganho de capital e, como tal, deve ser classificado, contábil e fiscalmente, como uma Receita (o incentivo fiscal dar-se-á com uma exclusão no LALUR).

Por se tratar de uma destinação do lucro, a reserva citada deverá ser constituída mediante uma destinação da conta de Lucros Acumulados, pelo mesmo montante apurado na Demonstração de Resultados, oriundos da operação de baixa do Ativo Imobilizado, nas condições previstas na lei. Essa reserva especial de lucros assim constituída será considerada realizada, sendo computada na determinação do lucro real nos seguintes casos (art. 504, § 1º, e art. 516 do RIR/2018):

a) Quando for utilizada para distribuição de dividendos.

b) No período em que for utilizada para aumento do capital social, no montante capitalizado.

c) Em cada período de apuração, na proporção em que os ativos adquiridos pela aplicação do ganho de capital diferido sejam realizados por alienação, depreciação, amortização ou exaustão ou por baixa por perecimento.

15.5.11 Dividendos propostos

A definição de Passivo constante do Pronunciamento Conceitual do CPC, e do CPC 25 – Provisões, Passivos

Contingentes e Ativos Contingentes exige a existência de uma obrigação legal ou não formalizada (construtiva) na data do balanço. Com isso, os dividendos propostos a serem pagos que estão fundamentados em obrigação estatutária (dividendo mínimo obrigatório) atendem a essa definição e devem ficar registrados no Passivo Circulante.

Já os dividendos propostos pela administração excedentes a esse mínimo obrigatório não atendem ainda àquela definição de Passivo, por que a decisão será exclusivamente da assembleia dos acionistas, e, por isso, não podem mais figurar no Passivo Circulante da companhia. Mas, como a Lei das S.A. exige a contabilização da proposta da destinação integral do resultado, esse dividendo excedente ao mínimo obrigatório deve ser efetivamente registrado, com débito a Lucros ou Prejuízos Acumulados, mas a crédito de conta especial do Patrimônio Líquido, do tipo "Dividendo Adicional Proposto". Consulte-se a respeito o CPC 08 (R1) – Contabilização da Proposta de Pagamento de Dividendos.

15.6 Ações em tesouraria

15.6.1 Conceito

As ações da companhia que forem adquiridas pela própria sociedade são denominadas Ações em Tesouraria. A aquisição de ações de emissão própria e sua alienação são transações de capital da companhia com seus sócios, não devendo afetar o resultado. No entanto, não é permitido às companhias (abertas ou fechadas) adquirir suas próprias ações, a não ser quando houver:

a) Operações de resgate, reembolso ou amortizações de ações.

b) Aquisição para permanência em tesouraria ou cancelamento, desde que até o valor do saldo de lucros ou reservas (exceto a legal) e sem diminuição do capital social ou recebimento dessas ações por doação.

c) Aquisição para diminuição do capital (limitado às restrições legais).

Essas operações com as próprias ações estão previstas no art. 30 da Lei nº 6.404/1976. Em se tratando de companhia aberta, deverão ser obedecidas as normas expedidas pela CVM, particularmente as disposições sobre aquisição de ações de sua própria emissão, contidas nas Instrução CVM nº 567/2015, inclusive as relativas ao conteúdo das notas explicativas que deverão ser divulgadas sobre o assunto. A Instrução CVM nº 567/2015, em seu art. 7º, ressalta que é vedada a aquisição das próprias ações, quando:

a) Tiver por objeto ações pertencentes ao acionista controlador.

b) For realizada em mercados organizados de valores mobiliários a preços superiores aos de mercado.

c) Estiver em curso o período de oferta pública de aquisição de ações de sua emissão, conforme definição das normas que tratam desse assunto.

d) Requerer a utilização de recursos superiores aos disponíveis.

Entende-se por recursos disponíveis o total das reservas de lucros ou capital, exceto as reservas legal, de lucros a realizar, especial de dividendo obrigatório não distribuído e incentivos fiscais; assim, como o resultado já realizado do exercício social em andamento, segregadas as destinações às reservas mencionadas anteriormente.

A Instrução CVM nº 567/2015 ressalta que as companhias abertas não poderão manter em tesouraria ações da própria empresa em quantidade superior a 10% de cada classe de ações em circulação no mercado, incluindo aquelas mantidas em tesouraria de controladas e coligadas, e também as ações de emissão da companhia aberta correspondentes à exposição econômica assumida em razão de contratos derivativos ou de liquidação diferida, celebrados pela própria companhia ou pelas sociedades mencionadas controladas e coligadas.

É conveniente lembrar que o conceito de ações em circulação, embora já houvesse sua previsão na Instrução CVM nº 59/1986, foi incorporado ao texto legal, com a Lei nº 10.303/2001. Assim, a Lei nº 6.404/1976, em seu art. 4º-A, § 2º, considera ações em circulação no mercado todas aquelas emitidas, exceto as de propriedade do acionista controlador, de membros de diretoria, de conselheiros de administração e as em tesouraria.

O preço de aquisição das ações não poderá ser superior ao valor de mercado e, na hipótese de aquisição de ações que possuam prazo predeterminado para resgate, o preço de compra não poderá ser superior ao valor fixado para resgate. As ações, enquanto mantidas em tesouraria, não terão direitos patrimoniais ou políticos, conforme art. 10 da Instrução CVM nº 567/2015.

As ações que excederem o saldo de recursos disponíveis devem ser vendidas no prazo de seis meses, a contar da data da divulgação das demonstrações contábeis que serviram de base para apuração do excesso, nos moldes do art. 9º da Instrução CVM nº 567/2015.

15.6.2 Classificação contábil

Na Seção 15.2.4, foi abordado que, na operação de reembolso de ações, seu custo de aquisição é registrado em conta própria, mas para fins de apresentação de Balanço, deve ser deduzido da conta de Capital ou de Reserva, cujo saldo tiver sido utilizado para tal operação, durante o período em que tais ações permanecem em tesouraria.

A operação de compra de ações pela própria companhia é como se fosse uma devolução de Patrimônio Líquido, motivo pelo qual a conta que as registra (devedora) deve ser apresentada como conta redutora do patrimônio. O § 5º do art. 182 da Lei das Sociedades por Ações determina que "as ações em tesouraria deverão ser destacadas no balanço como dedução da conta do Patrimônio Líquido que registrar a origem dos recursos aplicados na sua aquisição".

Para fins de contabilização, durante o exercício, o plano de contas da companhia poderá ter a conta Ações em Tesouraria à parte de qualquer reserva, na forma prevista no Plano de Contas apresentado, sendo que na data do balanço é feita sua apresentação como redução da conta que lhe deu origem. As ações adquiridas devem ser contabilizadas nessa conta por seu custo de aquisição, ou seja, pelo preço pago por elas, acrescido dos custos de transação incorridos no processo de aquisição das ações.

Um ponto à parte: estamos vendo neste capítulo determinações fundamentadas basicamente na nossa Lei, com apenas algumas incursões às IFRS. E isso é porque nestas não existe qualquer distinção entre Reservas de Capital e de Lucros, sendo que, em apenas algumas situações, menciona contas especiais, como outros resultados abrangentes, ações em tesouraria, contrapartida de despesa de *stock option*. E é importante também saber que todas essas legislações e discussões variam de país para país. Por exemplo: nos EUA é possível encontrar empresa com Patrimônio Líquido negativo devido à conta de Ações em Tesouraria, porque lá não existem essas limitações legais aqui discutidas. Lá também não existe a classificação de Reservas de Capital e de Lucros.

15.6.3 Resultados nas transações com ações em tesouraria

a) CRITÉRIO DE CONTABILIZAÇÃO

À medida que a companhia alienar Ações em Tesouraria, tal operação gerará resultados positivos ou negativos, registrados dentro do Patrimônio Líquido, sem transitar pelo resultado. Os custos de transação incorridos na alienação devem ser tratados como redução do lucro ou acréscimo do prejuízo dessa operação, também no Patrimônio Líquido. Essas transações não fazem parte das operações normais ou acessórias da companhia e não devem ser contabilizadas como receitas ou despesas, ou seja, tais resultados não integram a Demonstração de Resultados do Exercício.

Ocorrendo "lucro", deverá ser registrado a crédito de uma reserva de capital, pois sua natureza é similar à do ágio na emissão de ações. Se ocorrer "prejuízo", tal diferença deverá ser debitada na mesma conta de reserva de capital que registrou ganhos anteriores nessas transações, até o limite de seu saldo, e o excesso (prejuízos apurados nas transações superiores aos lucros já registrados) deverá

ser considerado a débito da própria conta de reserva que originou os recursos para aquisição das próprias ações.

b) APURAÇÃO DO GANHO OU PERDA NAS TRANSAÇÕES

As compras das próprias ações são contabilizadas por seu custo de aquisição e a baixa pela alienação deve ser feita pelo mesmo valor de compra. Como a companhia pode ter diversas operações de aquisição das próprias ações e com preços unitários variados, o controle pode ser feito pelo preço médio, desde que as ações sejam da mesma espécie e classe.

15.6.4 Aspectos fiscais

Os aspectos fiscais relacionados com as transações que envolvem ações em tesouraria encontram-se estabelecidos atualmente no art. 520 do RIR/2018.

15.7 Prejuízos acumulados

A partir da vigência da Lei nº 11.638/2007, foi extinta a possibilidade de manutenção e apresentação de saldos a título de Lucros Acumulados no Balanço Patrimonial, mas apenas para o caso das sociedades por ações, o que não significa que a referida conta deverá ser eliminada dos planos de contas dessas entidades.

A conta Lucros ou Prejuízos Acumulados que, na maioria dos casos, representa a interligação entre Balanço Patrimonial e Demonstração do Resultado do Exercício, continuará sendo utilizada pelas companhias para receber o resultado do período, se positivo, e destiná-lo de acordo com as políticas da empresa, servindo de contrapartida para as constituições e reversões de reservas de lucros, assim como para a distribuição de dividendos. Mas, no Balanço Patrimonial, só poderá aparecer quando tiver saldo negativo, e será denominada Prejuízos Acumulados. Nas demais sociedades, poderá aparecer também com saldo positivo e terá seu nome completo de Lucros ou Prejuízos Acumulados ou simplesmente Lucros Acumulados, como pode ser observado na OCPC 02 – Esclarecimentos sobre as Demonstrações Contábeis, de 2008, em seus itens 115 e 116.

A tendência da total distribuição de resultados (não manutenção de saldos em lucros acumulados) pode ser verificada no art. 8º da Instrução CVM nº 59/1986 e, posteriormente, no § 6º do art. 202 da Lei nº 6.404/1976, incluído pela Lei nº 10.303/2001, onde foi estabelecido que todo o resultado do exercício das companhias abertas ou fechadas não destinado para reservas deve ser distribuído como dividendos.

A Lei nº 11.638/2007, ratificada pela Lei nº 11.941/2009, ao estabelecer a nova estrutura do Patrimônio Líquido, prevê apenas a apresentação de resultados remanescentes no Balanço Patrimonial se estes forem negativos, devendo ser utilizada, nesses casos, a conta Prejuízos Acumulados (devedora). Entretanto, salienta-se que a Lei nº 6.404/1976, no parágrafo único do art. 189, determina que "o prejuízo do exercício será obrigatoriamente absorvido pelos lucros acumulados, pelas reservas de lucros e pela reserva legal, nessa ordem", além de explicitar, no inciso I do art. 200 que as reservas de capital poderão ser utilizadas para absorver prejuízos quando as reservas de lucros não forem suficientes. Assim, depreende-se que a apresentação da conta Prejuízos Acumulados no Patrimônio Líquido das companhias só deverá ocorrer se as empresas não mais possuírem reservas de lucros que possam ser utilizadas para absorver tais prejuízos, podendo ainda ser utilizadas para absorção as reservas de capital.

Para melhor compreensão da movimentação contábil das contas Lucros Acumulados e Prejuízos Acumulados, veja o Capítulo 16 - Demonstração das Mutações do Patrimônio Líquido.

15.8 Outras contas do Patrimônio Líquido

Além dos itens previstos na Lei nº 6.404/1976, o grupo Patrimônio Líquido pode apresentar outras contas para melhor evidenciar a situação patrimonial da companhia, bem como para atender a outras normatizações que estabeleçam a necessidade da divulgação. São exemplos de outras contas que podem ser encontradas no Patrimônio Líquido: Opções Outorgadas Reconhecidas, Gastos na Emissão de Ações, Ajustes Acumulados de Conversão, assim como contas extintas, mas possuidoras de saldos remanescentes (Reservas de Reavaliação e Reservas de Capital: Prêmio na Emissão de Debêntures e Doações e Subvenções para Investimentos).

15.8.1 Opções Outorgadas Reconhecidas

As Opções Outorgadas Reconhecidas representam uma conta especial que deve ser utilizada nos casos em que as sociedades negociam serviços de seus administradores e empregados, cujo valor de mercado não é facilmente obtido. Ela deve ser apresentada junto às Reservas de Capital, no Patrimônio Líquido, quando os serviços negociados tiverem como contraprestação pagamentos baseados em ações a serem liquidados com instrumentos patrimoniais. Caso a liquidação tenha realização prevista em dinheiro, o registro deve ser reconhecido no passivo.

O registro contábil das opções outorgadas deverá ter como contrapartida uma conta de ativo (custo para formação de estoques, por exemplo), ou uma conta de despesa (despesa operacional, no caso de o custo do serviço corresponder a esse tipo de despesa, ou participação nos lucros, nos casos

em que o direito aos instrumentos outorgados estiver relacionado à obtenção de lucro líquido conforme contabilizado pela empresa). Destaca-se ainda que, quando a previsão do pagamento é exclusivamente em ações da companhia, a mensuração do valor da opção se dá na data da outorga, o qual não é alterado durante o período de aquisição. Para maiores detalhes ver CPC 10 (R1) – Pagamento Baseado em Ações e Capítulo 19 deste *Manual*.

Essa conta é, conceitualmente, mais próxima de uma Reserva de Capital do que de uma Reserva de Lucro. Por isso, deve ser apresentada juntamente às Reservas de Capital ou, então, em separado, apesar da não previsão legal (a Lei sempre se restringe, como regra, às normas de quando é criada, daí a necessidade de adaptações). E, como a Lei nº 6.404/1976, com a modificação pela Lei nº 11.941/2009, determinou que as novas normas contábeis emitidas pela CVM fossem no sentido da convergência às normas internacionais de contabilidade, há todo o respaldo legal para a inserção dessas contas que passaram a ser necessárias a partir da adoção dessas normas internacionais no Brasil (a partir dos Pronunciamentos Técnicos do CPC).

15.8.2 Gastos na emissão de ações

Os gastos incorridos no processo de emissão de ações e outros valores mobiliários patrimoniais não mais poderão ser tratados como despesas do período da emissão, mas sim como uma redução dos valores efetivamente obtidos na captação junto aos sócios. Para mais detalhes, ver Seção 15.2.4.1 – Gastos na emissão de ações.

15.8.3 Ajustes Acumulados de Conversão

A conta Ajustes Acumulados de Conversão representa uma conta transitória do Patrimônio Líquido que deve ser utilizada para registrar as variações cambiais dos investimentos em controladas (aquelas que não possuem a característica de filial, sucursal ou extensão das atividades da controladora), controladas em conjunto e coligadas em outra moeda funcional que não o real (R$), pois tais variações não podem, em função do que determina o CPC 02 (R2) – Efeitos das Mudanças nas Taxas de Câmbio e Conversão de Demonstrações Contábeis, afetar o resultado do exercício quando geradas. O reconhecimento no resultado dos valores registrados na conta Ajustes Acumulados de Conversão ocorrerá apenas quando da baixa do investimento.

É importante salientar que essa conta não é uma reserva. Ela pode ter saldo positivo ou negativo e pode ser apresentada logo após a conta "Ajustes de Avaliação Patrimonial", não se confundindo, entretanto, com esta.

15.8.4 Contas extintas

Algumas contas não mais listadas nas normas contábeis como pertencentes ao Patrimônio Líquido ainda podem ser encontradas nesse grupo em função da existência de saldos remanescentes; nelas não é permitida, entretanto, a inclusão de novos valores. As contas mais comuns são: Reservas de Reavaliação, Reserva de Capital, Prêmios na Emissão de Debêntures e a Reserva de Capital, Doações e Subvenções para Investimentos.

a) RESERVAS DE REAVALIAÇÃO

A Lei nº 11.638/2007 eliminou a opção de realização de reavaliações dos bens das companhias, possibilitando que os saldos existentes em 2008 fossem estornados ou fossem mantidos até a sua efetiva realização.

Quando realizadas, eram obrigatoriamente reconhecidas em contrapartida à reavaliação do ativo a que se referia. E, depois, transferidas diretamente para Lucros ou Prejuízos Acumulados, à medida que essa reavaliação do ativo fosse sendo baixada por depreciação, venda etc. Aliás, esse é o procedimento adotado pelas IFRS que admitem essa reavaliação.

b) RESERVA DE CAPITAL – PRÊMIO NA EMISSÃO DE DEBÊNTURES

Os prêmios na emissão de debêntures eram escriturados diretamente numa Reserva de Capital, sem nunca transitar pelo resultado. Este capítulo já discutiu o procedimento de agora, mas os saldos existentes quando da adoção inicial das normas internacionais ficaram na Reserva original, podendo ser utilizadas somente para aumento de capital ou absorção de prejuízo excedente às Reservas de Lucros.

c) RESERVA DE CAPITAL – DOAÇÕES E SUBVENÇÕES PARA INVESTIMENTOS

As doações e subvenções para investimentos também eram escriturados diretamente numa Reserva de Capital, sem nunca transitar pelo resultado. Este capítulo já discutiu o procedimento de agora, mas os saldos existentes quando da adoção inicial das normas internacionais ficaram na Reserva original, podendo ser utilizadas somente para aumento de capital ou absorção de prejuízo excedente às Reservas de Lucros.

15.9 Dividendos

15.9.1 Considerações iniciais

Ao fazer um estudo mais aprofundado da matéria "dividendos", tem-se contato com um universo de disposições legais e regulamentares e, principalmente, manifestações jurídicas emanadas da Procuradoria Federal Especializada da Comissão de Valores Mobiliários, disponíveis no *site* da autarquia.

A leitura de compêndios em matéria societária escrita por célebres doutrinadores da área é indispensável, assim como uma incursão histórica pelas alterações às quais o instituto foi submetido, da mesma maneira, se faz imperiosa, para deslinde de tão importante tema no campo da Contabilidade das Sociedades por Ações.

15.9.1.1 Conceituação e taxonomia

É senso comum, ao se falar em dividendos, associar-se a figura do dividendo "mínimo" obrigatório, insculpido no art. 202 da Lei nº 6.404/1976. A bem da verdade, deve-se ressaltar que muito antes do dividendo "mínimo" obrigatório já existiam o dividendo mínimo e o dividendo fixo, mas somente para os detentores de ações preferenciais, ambos atualmente previstos no art. 17 da mesma lei.

Essa figura, muito pouco utilizada no mundo, teve como objetivo atrair mais investidores ao mercado nacional, compelindo as companhias a obrigatoriamente distribuírem pelo menos uma parte do lucro. E o dividendo obrigatório, diz a Lei, é o definido no estatuto com precisão e minúcia. Diz o art. 202:

> "§ 1º O estatuto poderá estabelecer o dividendo como porcentagem do lucro ou do capital social, ou fixar outros critérios para determiná-lo, desde que sejam regulados com precisão e minúcia e não sujeitem os acionistas minoritários ao arbítrio dos órgãos de administração ou da maioria".

Ou seja, não pode o estatuto, por exemplo, dizer que o dividendo obrigatório será pago pela quantia definida pela assembleia dos acionistas, já que seria subordinação à maioria. Em silenciando o estatuto social a respeito, a lei societária vigente determina:

> "Art. 202. Os acionistas têm direito de receber como dividendo obrigatório, em cada exercício, a parcela dos lucros estabelecida no estatuto ou, **se este for omisso**, a importância determinada de acordo com as seguintes normas:
>
> I – **metade do lucro líquido do exercício** diminuído ou acrescido dos seguintes valores:
>
> a) importância destinada à constituição da reserva legal (art. 193); e
>
> b) importância destinada à formação da reserva para contingências (art. 195) e reversão da mesma reserva formada em exercícios anteriores;
>
> II – o pagamento do dividendo determinado nos termos do inciso I poderá ser limitado ao montante do lucro líquido do exercício que tiver sido realizado,

desde que a diferença seja registrada como reserva de lucros a realizar (art. 197);

III – os lucros registrados na reserva de lucros a realizar, quando realizados e se não tiverem sido absorvidos por prejuízos em exercícios subsequentes, deverão ser acrescidos ao primeiro dividendo declarado após a realização.

[...]" (grifos nossos).

Outra salvaguarda importante, conferida pela Lei nº 6.404/1976 aos acionistas, em termos de dividendo obrigatório, consta do § 2º do art. 202. Aquelas companhias já constituídas, cujos estatutos sociais sejam omissos quanto à matéria, e que porventura sofram alteração ulterior para sua disciplina, não poderão prever um dividendo obrigatório inferior a 25% do lucro líquido ajustado. Assim está escrito:

"§ 2º Quando o estatuto for omisso e a assembleia-geral deliberar alterá-lo para introduzir norma sobre a matéria, **o dividendo obrigatório não poderá ser inferior a 25% (vinte e cinco por cento) do lucro líquido ajustado** nos termos do inciso I deste artigo" (grifos nossos).

Assim, para as companhias constituídas após o referido diploma legal, não há obrigatoriedade de seus estatutos sociais conferirem a título de dividendo obrigatório 25% do lucro líquido ajustado, sendo livre a sua fixação, uma vez que seus acionistas irão deliberar a respeito. Muitos casos desses existem na prática.

Com o dividendo obrigatório, cumpre esclarecer, o legislador conferiu vantagem econômica não só para as ações preferenciais, mas também para as ações ordinárias. O art. 202 não particulariza o acionista ao qual será conferido o dividendo obrigatório. O dividendo obrigatório alcança todo e qualquer acionista, seja ele preferencialista ou ordinarista, minoritário ou controlador.

Avançando um pouco mais no estudo do dividendo obrigatório, *vis-à-vis* disposições da Lei nº 6.404/1976, tem-se contato com o § 3º do art. 202. Há duas situações excepcionalíssimas sob as quais não se torna imperativo distribuir o dividendo obrigatório, quer seja parcialmente ou na sua totalidade, nos termos previstos no Estatuto Social. Para aquelas companhias abertas que distribuam publicamente tão só debêntures não conversíveis em ações ou para aquelas companhias fechadas, exceto nas controladas por companhias abertas que não se enquadrem na situação retromencionada, a Assembleia Geral de Acionistas é soberana para deliberar a distribuição de dividendo inferior ao obrigatório ou a retenção de todo o lucro líquido.

Conforme já abordado neste capítulo, há previsões legais que permitem a postergação do dividendo obrigatório, o que é diferente da sua não distribuição ou da sua distribuição em um montante inferior ao previsto estatutariamente. Logo, o regime legal vigente impõe a distribuição de um dividendo "mínimo" obrigatório ao término de cada exercício social, em se apurando lucro, mas admite também a sua não distribuição, a sua distribuição em montante inferior ao devido ou a sua postergação além das duas exceções do parágrafo anterior.

No entanto, além do dividendo obrigatório, pode haver o dividendo preferencial, o prioritário etc. Quanto à ordem na "fila" de recebimento de parte dos lucros destinada a tal fim:

a) Dividendo prioritário.

b) Dividendo não prioritário.

Quanto ao direito ao seu recebimento, ainda que não se apure lucro em dado exercício:

a) Dividendo cumulativo.

b) Dividendo não cumulativo.

Quanto à forma de apropriação dos lucros a serem distribuídos:

a) Dividendo mínimo.

b) Dividendo fixo.

c) Dividendo obrigatório.

A definição de dividendo prioritário é semântica. Os detentores de ações que conferem dividendo prioritário aos seus titulares têm prioridade sobre os demais acionistas na participação dos lucros sociais. *A contrario sensu*, os detentores de ações que não conferem dividendo prioritário aos seus titulares não têm essa prioridade. Objetivamente, se não houver lucro suficiente para fazer face ao pagamento de dividendos a todos os acionistas, aqueles que estiverem "na frente da fila" serão beneficiados.

Em regra, os acionistas preferencialistas gozam do direito de receber dividendos prioritários, o que parece lógico e justo em termos de regulação. Se estes (os preferencialistas) não dispõem de direitos políticos (direito de voto), a prioridade sobre os lucros a serem distribuídos constitui-se no fiel da balança, visto que, do contrário, não haveria incentivos econômicos suficientes para que esse investidor (sem direitos políticos) aportasse sua poupança em sociedades de capital aberto.

A Lei nº 6.404/1976, alterada pela Lei nº 10.303/2001, em seu art. 17, assim orienta quanto às preferências e vantagens conferidas aos acionistas preferencialistas:

"Art. 17. As preferências ou vantagens das ações preferenciais podem consistir:

I – em **prioridade na distribuição** de dividendo, fixo ou mínimo;

II – em prioridade no reembolso do capital, com prêmio ou sem ele; ou

III – na acumulação das preferências e vantagens de que tratam os incisos I e II.

§ 1º Independentemente do direito de receber ou não o valor de reembolso do capital com prêmio ou sem ele, as ações preferenciais sem direito de voto ou com restrição ao exercício deste direito, **somente serão admitidas à negociação no mercado de valores mobiliários** se a elas for atribuída pelo menos uma das seguintes preferências ou vantagens:

I – direito de participar do dividendo a ser distribuído, correspondente a, pelo menos, 25% (vinte e cinco por cento) do lucro líquido do exercício, calculado na forma do art. 202, de acordo com o seguinte critério:

a) **prioridade no recebimento dos dividendos** mencionados neste inciso correspondente a, no mínimo, 3% (três por cento) do valor do patrimônio líquido da ação; e

b) direito de participar dos lucros distribuídos em igualdade de condições com as ordinárias, depois de a estas assegurado dividendo igual ao *mínimo prioritário* estabelecido em conformidade com a alínea *a*; ou

II – direito ao recebimento de dividendo, por ação preferencial, pelo menos 10% (dez por cento) maior do que o atribuído a cada ação ordinária; ou

III – direito de serem incluídas na oferta pública de alienação de controle, nas condições previstas no art. 254-A, assegurado o dividendo pelo menos igual ao das ações ordinárias" (grifos nossos).

Quanto ao dividendo cumulativo e ao dividendo não cumulativo, do mesmo modo, semanticamente, chega-se às suas definições. Dividendo cumulativo é aquele que dá o direito ao seu beneficiário de recebê-lo no exercício em que houver lucros suficientes para sua distribuição, quando não for possível distribuí-lo no exercício social de sua competência. O não cumulativo, por dedução, não permite ao seu beneficiário enquadrar-se nessa situação. Objetivamente, se em um dado exercício social não houver lucros suficientes para distribuição dos dividendos estatutariamente previstos, aqueles acionistas com direito a dividendos cumulativos não terão prejudicada a sua vantagem econômica. Cumulá-la-ão para exercícios futuros.

Por fim, quanto aos dividendos fixos e mínimos, estes podem ser conceituados à luz da figura dos lucros remanescentes. Salvo disposição estatutária em contrário, o dividendo fixo não possibilita aos seus beneficiários participação em lucros remanescentes ("excedente" após todas as destinações legais de lucro) a serem distribuídos,

e o dividendo mínimo possibilita aos seus beneficiários participação nos lucros remanescentes a serem distribuídos em igualdade de condições com as ordinárias, depois de ter a estas assegurado dividendo igual ao mínimo. Assim orienta o art. 17, § 4º, da Lei nº 6.404/1976, com nova redação dada pela Lei nº 10.303/2001, a seguir reproduzido:

"§ 4º **Salvo disposição em contrário no estatuto**, o dividendo prioritário não é cumulativo, a ação com dividendo fixo não participa dos lucros remanescentes e a ação com dividendo mínimo participa dos lucros distribuídos em igualdade de condições com as ordinárias, **depois de a estas assegurado dividendo igual ao mínimo**" (grifos nossos).

Como regra geral, o dividendo mínimo ou fixo é atribuído aos acionistas preferencialistas. Um aspecto interessante que pode ser percebido da leitura do § 4º do art. 17 é que, mesmo que estatutariamente, as ações ordinárias não façam jus a um dividendo mínimo, se houver distribuição de lucros remanescentes a estas, será conferida dita vantagem, salvo disposição em contrário no próprio estatuto social.

Pode parecer, em uma primeira impressão, que o dividendo obrigatório prejudique o pagamento do dividendo fixo ou do mínimo. Em verdade, o acionista que faça jus a ambos (mínimo e obrigatório ou fixo e obrigatório) deve recebê-los sem prejuízo, obviamente caso haja lucro suficiente para tal, e nas situações em que não haja postergação, redução ou não pagamento do dividendo obrigatório. Por vezes, o dividendo fixo ou mínimo pode ficar "por dentro" do dividendo obrigatório (quando o dividendo obrigatório for maior que o fixo ou mínimo); por vezes, o dividendo obrigatório pode ficar "por dentro" do dividendo fixo ou mínimo (quando ocorrer o inverso, estes últimos sendo maiores que aquele).

Avançando um pouco mais, constata-se um aspecto de extrema relevância que envolve os dividendos fixos ou mínimos devidos às ações preferenciais. As retenções de lucro disciplinadas pela lei societária (todas as reservas de lucro com exceção da reserva legal) prejudicam tão só a distribuição de dividendos obrigatórios. Dividendos mínimos e fixos de ações preferenciais não são afetados pelas regras de retenção de lucro (com exceção da constituição da reserva legal) ou mesmo pelo próprio cômputo do dividendo obrigatório. Isso está explicitamente disciplinado pelo art. 203 da Lei nº 6.404/1976, a seguir reproduzido:

"Art. 203. O disposto nos artigos 194 a 197, e 202, **não prejudicará o direito dos acionistas preferenciais** de receber os dividendos fixos ou mínimos a que tenham prioridade, inclusive os atrasados, se cumulativos" (grifos nossos).

Nesse sentido, merece comentário à parte a previsão do art. 203. O legislador, ao tentar salvaguardar direitos de acionistas minoritários preferencialistas de participar dos lucros sociais contra possíveis abusos de acionistas controladores, acabou por deixar consignado na lei dispositivo que permite colocar em risco a continuidade da própria sociedade. E esse evento vai contra os interesses tanto de acionistas controladores como de acionistas não controladores, quer sejam preferencialistas ou não.

Admitindo, por hipótese, que dada companhia apure um lucro no exercício social, que em sua totalidade não esteja realizado financeiramente (reserva de lucros a realizar), ou, ainda, que hipoteticamente parte desse lucro esteja realizada financeiramente, porém não possa ser distribuída de modo a não comprometer o capital de giro da sociedade (reserva especial para dividendo obrigatório não distribuído), a destinação do resultado apurado dependerá da maneira pela qual esteja distribuído o capital social da sociedade no mercado.

Caso a sociedade não possua acionistas preferencialistas que façam jus a dividendos fixos ou mínimos, na hipótese em tela, a lei societária lhe faculta reter seus lucros em uma rubrica de reserva de lucros a realizar, ou em uma rubrica de reserva especial de dividendos não distribuídos. Por outro lado, caso a sociedade possua acionistas preferencialistas que façam jus a dividendos fixos ou mínimos, na hipótese em tela, a lei lhe obriga a distribuí-los (os dividendos fixos ou mínimos), ainda que, para tanto, tenha que se endividar ou comprometer as finanças da sociedade. Nesse ponto em particular, a lei societária é deveras prejudicial.

Vale dizer que há casos concretos de companhias abertas que tiveram que se submeter a esse rigor da lei, extremamente nefasto para os negócios sociais.

Antes de entrar no desenvolvimento de exemplos numéricos para ilustrar o que foi discorrido até o momento, convém apresentar proposta de destinação hierárquica dos lucros, considerando as espécies de dividendos apreciadas.

Art. da Lei SA		
1º	Prejuízos Acumulados	189
2º	Reserva Legal	193
3º	Div. fixo/mínimo prioritários preferencial, inclusive cumulativos	203
4º	Reserva Contingências	195
5º	Reserva Especial Div. não Distribuídos	202 (§§ 4º e 5º)
6º	Reserva Lucros a Realizar	197/202 (inc. II)
7º	Dividendo Obrigatório	202
8º	Reserva Retenção de Lucros e Reserva Estatutária	194, 196 e 198

15.9.1.2 Exemplos práticos

Objetivando elucidar numericamente o que foi tratado, serão apreciados exemplos contemplando situações em que as espécies de dividendos possam ser exploradas.

Dividendo Prioritário versus *Não Prioritário*

Uma companhia aberta possui seu capital distribuído entre acionistas preferencialistas, classes A e B, e acionistas ordinaristas. As ações preferenciais classe A dão direito a um dividendo mínimo prioritário de 10% do valor patrimonial, com relação às ações preferenciais classe B e às ações ordinárias. As ações preferenciais classe B dão direito a um dividendo mínimo prioritário de 6% do valor patrimonial, com relação às ações ordinárias. O dividendo obrigatório é de 25% do lucro líquido ajustado, nos termos da lei. O valor patrimonial das ações é de $ 1,50. A companhia apura no exercício social corrente lucro líquido de $ 60.

Procedendo-se aos cálculos, chega-se ao Quadro 15.2.

Analisando os resultados do exemplo, verifica-se preliminarmente que foi utilizado como limite para distribuição dos dividendos o montante de $ 57 (total da coluna "a pagar"), que representa o lucro apurado no exercício social, líquido do montante destinado à constituição da reserva legal. Esse procedimento está em linha com o que

Quadro 15.2

			Ações	VPA	Base	%	Dividendo	Ajuste	A pagar
Lucro líquido	60								
Reserva legal (5%)	(3)	Pref. "A"	250	1,50	375,00	10%	37,50	(3,00)	37,50
Base de cálculo	57	Pref. "B"	250	1,50	375,00	6%	22,50		19,50
Percentual	25%	Ord.	500				0,00		–
Dividendo obrigatório	14	Total	1.000				60,00		57,00
$ 0,014 por ação									

prescreve o art. 203 da lei societária, visto que se trata de dividendos mínimos.

Observa-se também que os acionistas ordinaristas nada receberam, pois os dividendos mínimos dos preferencialistas consumiram todo o lucro disponível; na verdade, os acionistas preferencialistas classe B, embora fizessem jus a $ 22,50 de dividendos, receberam tão somente $ 19,50. Houve injustiças? Não, o tratamento dispensado encontra amparo no instituto ora analisado do dividendo prioritário.

Como o "bolo" a ser distribuído, no montante de $ 57,00 (lucro líquido após constituição da reserva legal), não foi suficiente para cobrir o total de dividendos devidos, a distribuição atentou para a ordem de prioridade na "fila". Nesse particular, o estatuto social da companhia prevê que acionistas preferencialistas classe "A" têm prioridade sobre acionistas preferencialistas classe "B" e sobre acionistas ordinaristas, e, sobre estes, os acionistas preferencialistas classe "B" têm prioridade.

E quanto ao dividendo obrigatório, este foi pago a todos os acionistas? Mais uma vez, há que se atentar para o que prescreve o art. 203 da lei societária. Como se trata de dividendos mínimos, o dividendo obrigatório não prejudicará sua distribuição.

Todavia, em verdade, o que ocorreu foi o seguinte: (i) acionistas preferencialistas "A" receberam $ 3,50 de dividendo obrigatório; (ii) acionistas preferencialistas "B" receberam $ 3,50 de dividendo obrigatório; e (iii) acionistas ordinaristas nada receberam de dividendo obrigatório. Isso pode ser mais bem visualizado com a composição dos dividendos mínimos pagos a cada acionista, a seguir demonstrada:

Acionistas Pref. "A"	$	%
Dividendo obrigatório	3,50	9,33%
Complemento	34,00	90,67%
Dividendo mínimo	37,50	100,00%

Acionistas Pref. "B"	$	%
Dividendo obrigatório	3,50	17,95%
Complemento	16,00	82,05%
Dividendo mínimo	19,50	100,00%

Pode-se concluir que, no caso em tela, o dividendo obrigatório "ficou por dentro" do dividendo mínimo. Por outro lado, deve-se salientar que há situações em que é o dividendo mínimo que "fica por dentro" do dividendo obrigatório.

Dividendo Cumulativo versus Não Cumulativo

Admitindo-se o mesmo exemplo, sejam consideradas as seguintes alterações: (1) a ação preferencial B faz jus a um dividendo mínimo **cumulativo** de 6% do VPA, e não recebeu $ 3,00 relativos ao ano anterior; (2) a ação ordinária faz jus tão só ao dividendo obrigatório; (3) em exercício social subsequente, a companhia apura lucro líquido de $ 66 (Quadro 15.3).

Analisando os números, observa-se que as ações preferenciais classe "A" e classe "B" receberam em sua totalidade os dividendos mínimo e obrigatório a que faziam jus. Um aspecto importante a se considerar é o de que a ação preferencial classe "B", por ter dividendo cumulativo, foi contemplada ainda com parte do dividendo mínimo do exercício anterior, que não havia sido distribuído por insuficiência de lucros para tal à época (1º exercício social), e que, por consequência, havia acumulado, no montante de $ 3,00.

Além disso, a distribuição do dividendo cumulativo para as ações preferenciais classe "B" prejudicou a distribuição do dividendo obrigatório às ações ordinárias. Caso o dividendo das preferenciais classe "B" fosse não cumulativo, as ordinárias fariam jus aos $ 3,00, que são parte dos $ 8,00 de dividendo obrigatório ($ 0,01575 × 500). Houve injustiça? Objetivamente, não! Mais uma vez, há que se aplicar a inteligência do art. 203 da Lei nº 6.404/1976.

Dividendo Fixo versus Mínimo versus Obrigatório

Admitindo-se o mesmo exemplo, sejam consideradas as seguintes alterações: (1) as ações preferenciais classe "A" fazem jus a dividendos fixos prioritários de 10% do VPA; (2) a companhia apurou lucro líquido, antes da reserva legal, de $ 100; (3) a companhia distribuiu todo o lucro líquido após a reserva legal (Quadro 15.4).

Analisando os números, e supondo, como dito, que todo o lucro será distribuído, observa-se que todos os acionistas receberam o dividendo obrigatório, uma vez que

Quadro 15.3

			Ações	VPA	Base	%	Dividendo	Ajuste	A pagar
Lucro líquido	66								
Reserva legal (5%)	(3)	Pref. "A"	250	1,50	375,00	10%	37,50	3,00	37,50
Base de cálculo	63	Pref. "B"	250	1,50	375,00	6%	22,50	-3,00	25,50
Percentual	25%	Ord.	500				3,00?		–
Dividendo obrigatório	15,75	Total	1.000				63,00		63,00
$ 0,01575 por ação									

Quadro 15.4

			Ações	VPA	Base	%	Dividendo	p/ ação	Ajuste	A pagar
Lucro líquido	100									
Reserva legal (5%)	(5)	Pref. "A"	250	1,50	375,00	10%	37,50	0,15	3,00	37,50
Base de cálculo	95	Pref. "B"	250	1,50	375,00	6%	22,50	0,09	-3,00	25,50
Percentual	25%	Ord.	500				35,00?	0,07		32,00
Dividendo obrigatório	23,75	Total	1.000				95,00			95,00

este ficou "por dentro" do dividendo fixo da preferencial classe "A" e do dividendo mínimo da preferencial classe "B". Dessa vez, o "bolo" foi mais do que suficiente para o pagamento dos dividendos fixo, mínimo e obrigatório, tanto que remanesceram $ 51,00 de lucros a serem distribuídos, e, no caso, apenas aos ordinaristas. Por quê?

Os acionistas preferencialistas "A" fazem jus a um dividendo fixo, e não participam de lucros remanescentes, nos termos do art. 17, § 4º, da Lei nº 6.404/1976. (Salienta-se que há uma corrente na doutrina societária que entende que, caso os preferencialistas "A" tivessem recebido dividendo fixo inferior ao obrigatório (fato que não se configurou), e se, por hipótese, o obrigatório por ação fosse $ 0,15 e o fixo por ação fosse $ 0,0285, a eles seria devida a diferença.) Assim, só recebem o total de $ 37,50. Os de classe "B" recebem o seu "normal" de $ 22,50, e mais ainda os $ 3,00 do ano anterior porque são cumulativos seus dividendos (nesse caso, os ordinaristas é que têm reduzido esses $ 3,00).

Como o máximo distribuível é $ 95,00, já terão sido distribuídos $ 63,00, sobrando $ 32,00, já que se vai distribuir o lucro todo. Podem ir só para os ordinaristas? Se estes receberem por ação mais do que o preferencial "B", deverão distribuir também a eles para que o dividendo por ação desses preferencialisitas e o dos ordinaristas seja o mesmo. Calculando, os ordinaristas, se recebessem os $ 35,00 teriam $ 0,07 por ação, que é menos do que os $ 0,09 de "B". Mas há mais ainda, os ordinaristas receberão só $ 32,00, o que resulta em $ 0,064 por ação. Dessa maneira, todos os $ 32,00 serão dirigidos apenas aos detentores de ações ordinárias.

Voltamos a alertar que, se o dividendo por ação do ordinarista for maior do que o do preferencialista "B", que tem dividendo mínimo, e não fixo, precisaria haver outra redistribuição. Por exemplo, refaça os cálculos supondo lucro de $ 120, a ser todo seu disponível distribuído, e encontrará para os ordinaristas um lucro por ação maior do que para o preferencialista "B". Assim, dever-se-ia aumentar o dividendo desse preferencialista até que se igualasse ao do ordinarista (obviamente o deste iria caindo conforme aumentasse o do preferencialista). Bastaria somar o dividendo total de "B" com o total que sobra para distribuir, e

dividir pela soma das quantidades de ações preferencialistas "B" com a quantidade de ações ordinárias.

15.9.1.3 Direito de voto de ações preferenciais

Seguindo toda a linha de atuação externada na exposição de motivos, os mentores do projeto da lei societária, ao garantirem mais uma salvaguarda para as minorias, estatuíram no art. 111, § 1º, da Lei nº 6.404/1976, o direito de voto para aqueles acionistas titulares de ações preferenciais, ainda que sem previsão a esse direito no Estatuto Social da companhia, caso tenham frustrado o direito a receberem dividendos fixos ou mínimos, por determinado prazo. Assim consta a redação do dispositivo legal:

"§ 1º As ações preferenciais sem direito de voto adquirirão o exercício desse direito se a companhia, **pelo prazo previsto no estatuto, não superior a 3 (três) exercícios consecutivos**, deixar de pagar os dividendos fixos ou mínimos a que fizerem jus, direito que conservarão até o pagamento, se tais dividendos não forem cumulativos, ou até que sejam pagos os cumulativos em atraso" (grifos nossos).

As ações preferenciais com direito de voto restrito a determinadas matérias, sob mesma condição do dispositivo retromencionado, terão suspensas as limitações estatuídas, momento que passarão a gozar do direito de voto pleno. Assim consta no art. 111, § 2º, da Lei nº 6.404/1976:

"§ 2º Na mesma hipótese e sob a mesma condição do § 1º, as ações preferenciais com direito de voto restrito terão suspensas as limitações ao exercício desse direito".

15.9.1.4 Dividendos intermediários

Flexibilizando a forma pela qual o dividendo de dado exercício possa ser conferido ao acionista, o legislador previu no art. 204, *caput*, da Lei nº 6.404/1976, a possibilidade de a companhia declarar dividendos com base em balanço semestral apurado para tal fim. Para tanto, há que cumprir determinadas condições não excludentes, a saber: (1) deve haver disposição legal ou estatutária que dê poderes para companhia assim proceder; (2) deve ser levantado balanço semestral; (3) a distribuição deve ser objeto de deliberação pelos órgãos de administração; (4) deverá ser pago à conta de lucro apurado nesse período.

Há também, nos termos do § 2º do citado artigo, a faculdade conferida aos órgãos de administração de declararem dividendos intermediários, à conta de reservas de lucros ou lucros acumulados existentes no último balanço anual ou semestral. Para tanto, deve haver também previsão estatutária.

Caso a companhia deseje levantar balanços e distribuir dividendos em períodos menores, havendo previsão estatutária, nos termos do § 1º do art. 204, poderá fazê-lo, desde que o total dos dividendos pagos em cada semestre do exercício social não exceda o montante das reservas de capital.

15.9.1.5 Prazo para pagamento dos dividendos

Não havendo deliberação em contrário em Assembleia Geral de Acionistas, o dividendo deverá ser pago no prazo de 60 dias da data em que for declarado e, em qualquer caso, dentro do exercício social (Lei nº 6.404/1976, art. 205, § 3º). É de se salientar que, uma vez declarados os dividendos, operacionalmente, as ações transacionadas em mercado passam a ficar "ex" dividendos, devendo o agente de custódia processar o ajuste no preço negociado da ação.

15.10 Juros sobre o Capital Próprio

15.10.1 Considerações gerais

Com o advento da Lei nº 9.249/1995, o governo federal, em linha com o programa de desindexação da economia brasileira, extinguiu toda e qualquer sistemática de correção monetária de demonstrações contábeis, inclusive para fins societários. Assim está previsto no art. 4º da lei (importante destacar que, ao mesmo tempo em que se está revisando esta edição do *Manual*, há um projeto de lei sendo discutido no Congresso que altera profundamente partes da Lei nº 9.249/1995, inclusive os juros sobre o capital próprio):

"Art. 4º Fica revogada a correção monetária das demonstrações financeiras de que tratam a Lei nº 7.799, de 10 de julho de 1989, e o art. 1º da Lei nº 8.200, de 28 de junho de 1991.

Parágrafo único. Fica vedada a utilização de qualquer sistema de correção monetária de demonstrações financeiras, inclusive para fins societários".

Com a adoção dessa medida, o meio encontrado pelo governo para evitar um possível aumento da carga tributária incidente sobre as empresas foi instituir, na lei, a figura dos juros sobre o capital próprio (JCP), a serem utilizados como despesa dedutível para fins de apuração

do lucro real e da base de cálculo da contribuição social sobre o lucro líquido (CSLL), conforme explicita o art. 75 da Instrução Normativa RFB nº 1.700/2017:

"Art. 75. Para efeitos de apuração do lucro real e do resultado ajustado a pessoa jurídica poderá deduzir os juros sobre o capital próprio pagos ou creditados, individualizadamente, ao titular, aos sócios ou aos acionistas, limitados à variação, *pro rata die*, da Taxa de Juros de Longo Prazo (TLP) e calculados, exclusivamente, sobre as seguintes contas do patrimônio líquido:

I - capital social;

II - reservas de capital;

III - reservas de lucros;

IV - ações em tesouraria; e

V - prejuízos acumulados.

§ 1º Para fins de cálculo da remuneração prevista neste artigo:

I - a conta capital social, prevista no inciso I do *caput*, inclui todas as espécies de ações previstas no art. 15 da Lei nº 6.404, de 1976, ainda que classificadas em contas de passivo na escrituração comercial da pessoa jurídica;

II - os instrumentos patrimoniais referentes às aquisições de serviços nos termos do art. 161 somente serão considerados depois da transferência definitiva da sua propriedade.

§ 2º O montante dos juros remuneratórios passível de dedução nos termos do *caput* não poderá exceder o maior entre os seguintes valores:

I - 50% (cinquenta por cento) do lucro líquido do exercício antes da dedução dos juros, caso estes sejam contabilizados como despesa; ou

II - 50% (cinquenta por cento) do somatório dos lucros acumulados e reservas de lucros.

§ 3º Para efeitos do disposto no inciso I do § 2º, o lucro será aquele apurado após a dedução da CSLL e antes da dedução do IRPJ. [...]".

Sem se ater a muitos detalhes do instituto, já que não é o propósito deste *Manual* discorrer profundamente sobre questões tributárias, e à parte discussões conceituais acerca de impropriedades associadas ao seu cálculo, releva destacar os seguintes pontos:

1. O § 1º do art. 9º da Lei nº 9.249/1995, alterado pela Lei nº 9.430/1996, determina que "o efetivo pagamento ou crédito dos juros fica condicionado à existência de lucros, computados antes da dedução dos juros, ou de lucros acumulados e reservas de lucros, em montante igual ou

superior ao valor de duas vezes os juros a serem pagos ou creditados".

2. O montante máximo do JCP, passível de dedução como despesa operacional na apuração do lucro real e na base de cálculo da CSLL, limita-se ao **menor** valor entre as duas alternativas (*vide* exemplo no Capítulo 17):

a) o valor obtido por meio da aplicação da variação da TLP, *pro rata dia*, sobre o total do Patrimônio Líquido, sendo que, para fins de cálculo de JCP, a Receita Federal do Brasil esclarece quais contas podem ser consideradas nesse grupo, como observado no trecho da Instrução Normativa nº 1.700/17 mencionada; e

b) o maior valor entre 50% do lucro apurado no exercício (após a CSLL, e antes do IR e do próprio JCP) e 50% do somatório dos lucros acumulados com as reservas de lucro.

Assim, o valor dos JCP calculados pela aplicação da variação da TJP, *pro rata dia*, com base no Patrimônio Líquido ajustado (conforme mencionado acima) para fins de dedutibilidade, fica limitado ao menor valor entre 50% do lucro apurado no exercício e 50% do somatório dos lucros acumulados com as reservas de lucro.

3. Os JCP, pagos ou creditados ao seu beneficiário, ficam sujeitos à alíquota de 15% de Imposto de Renda Retido na Fonte (IRRF), exceto em alguns casos em que a natureza do beneficiário impede tal tributo.

4. Os JCP podem ser imputados ao valor do dividendo de que trata o art. 202 da Lei nº 6.404/1976, ou seja, ao dividendo obrigatório. Essa possibilidade é apenas para permitir, de fato, essa substituição. O que não implica dizer que o restante não possa ser considerado como parte do dividendo excedente ao obrigatório.

Prosseguindo, a Secretaria da Receita Federal entendia também que, para que fossem passíveis de dedutibilidade, os JCP deveriam ser contabilizados a título de despesa financeira. Atualmente, a Instrução Normativa RFB nº 1.700/2017 prevê que nos casos nos quais o valor dos JCP não esteja contabilizado como despesa, a exclusão de seu valor da base tributável, tanto para imposto de renda como para contribuição social sobre o lucro, poderá ser feita por meio de registros fiscais, não ficando assim prejudicada a dedutibilidade. Vejamos:

"Art. 75. [...]

§ 6º O montante dos juros sobre o capital próprio passível de dedução nos termos deste artigo poderá ser excluído na Parte A do e-LALUR e do e-LACS, desde que não registrado como despesa".

O procedimento contábil de registro do montante dos JCP como despesa não pode mais ser seguido por nenhuma entidade, em vista das novas normas contábeis brasileiras a partir de 2008, já que esse é um registro totalmente de natureza fiscal. Afinal, esses pagamentos, ou créditos, são genuínas distribuições do resultado. Assim, não podem ser registrados pela forma jurídica de juros se, na essência, são distribuições do lucro. Nesse mesmo sentido, prevê a ICPC 08 (R1) – Contabilização da Proposta de Pagamento de Dividendos:

"Juros sobre o capital próprio (JCP)

10. Os juros sobre o capital próprio – JCP são instituto criado pela legislação tributária, incorporado ao ordenamento societário brasileiro por força da Lei 9.249/95. É prática usual das sociedades distribuírem-nos aos seus acionistas e imputarem-nos ao dividendo obrigatório, nos termos da legislação vigente.

11. Assim, o tratamento contábil dado aos JCP deve, por analogia, seguir o tratamento dado ao dividendo obrigatório. O valor de tributo retido na fonte que a companhia, por obrigação da legislação tributária, deva reter e recolher não pode ser considerado quando se imputam os JCP ao dividendo obrigatório".

Veja-se que a Comissão de Valores Mobiliários já entendia isso desde o nascimento dessa figura. Ao regulamentar a matéria, por intermédio da Deliberação CVM nº 207/1996, que atualmente encontra-se revogada pela Deliberação CVM 683/2012 que aprovou a ICPC 08 (R1) – Contabilização da Proposta de Pagamento de Dividendos, entendeu que, dadas as condições impostas em lei aos JCP – ser função do lucro, ser imputado ao dividendo e não refletir de fato o custo de capital próprio –, estes, em essência, nada mais são do que uma destinação de parte do resultado apurado em um exercício social, razão pela qual devem ser assim evidenciados em demonstração de mutações do Patrimônio Líquido como parte dos dividendos.

Um aspecto não menos importante para o qual a CVM atentou diz respeito à compensação de dividendos com JCP. A CVM obriga que os JCP sejam imputados líquidos de IRRF ao dividendo.

15.10.2 Exemplo

Admitamos que uma empresa com lucro antes do imposto de renda e da contribuição social de $ 1.000, tenha tido um Patrimônio Líquido inicial reconhecido para cálculo do JCP de $ 5.000, e que a TLP tenha sido de 10% no ano; e ainda, que as reservas de lucros sejam de $ 1.500. Supondo 34% de alíquota conjunta de IR e CSL, teremos o seguinte cálculo do tributo, admitindo que nenhum ajuste mais precise ser feito aos $ 1.000 de lucro antes do tributo:

Lucro antes dos tributos	$ 1.000
(−) JCP = 10% × $ 1.000	($ 500)
Lucro real (tributável)	$ 500
Alíquota conjunta de IR + CSLL	34%
Tributos sobre o lucro	$ 170

Como o JCP não ultrapassa 50% do lucro antes do tributo, nem a 50% das reservas de lucros de $ 1.500, os $ 500 poderão ser distribuídos a esse título.

Agora, contabilmente, a demonstração do resultado vai mostrar:

Lucro antes dos tributos	$ 1.000
(−) IR e CSLL	($ 170)
Lucro Líquido	$ 830

Os 500 de JCP serão debitados em Lucros Acumulados e creditados aos sócios. Ao mesmo tempo, pela retenção do IR, $ 75 serão debitados aos sócios e creditados à União (IRRF). E, é óbvio, o JCP altera o lucro tributável, mas não altera o lucro líquido, a não ser pelo efeito da redução da carga tributária. Mais uma vez, repetimos, para a CVM a compensação do JCP com os dividendos deve ser efetuada pelo valor líquido do imposto de renda. Se a empresa tiver só ações ordinárias com direito ao dividendo obrigatório de 30%, aparecerá a esse título $ 249, ou seja, 30% × $ 830 de lucro líquido (supondo não mais necessidade de Reservas Legal); entretanto o JCP líquido de $ 425 suplantou esse montante. Assim, o dividendo obrigatório estará computado como parte do JCP, nada mais restando de dividendo obrigatório a pagar. Desse modo, os $ 425 de JCP conterão os $ 249 de dividendo obrigatório.

Cabe lembrar que o máximo de dividendo adicional a ser distribuído seria o lucro líquido de $ 830 diminuído do JCP de $ 500; e este estará debitado em Lucros Acumulados como dividendo distribuído por conta desses $ 830. E também que o JCP, como dito, é opção, e que segundo as normas pode ser considerado dentro do pagamento dos dividendos, inclusive do obrigatório.

Caso existissem ações preferenciais com dividendo mínimo ou fixo, tudo se procederia como já discutido. Por exemplo, se a ação preferencial tivesse direito a um dividendo fixo de 6% sobre o Patrimônio Líquido, e constituíssem metade do capital social, teríamos:

a) O dividendo mínimo fixo seria de $ 300 (6% × $ 5.000).

b) O JCP de $ 500, cujo líquido é $ 425, seria distribuído $ 212,50 para os preferencialistas e o mesmo valor para os ordinaristas.

c) Assim, precisariam ainda ser pagos $ 87,50 para os preferencialistas para que totalizasse o mínimo fixo de $ 300.

d) Os $ 300 de dividendo obrigatório precisam ser pagos em $ 150 aos preferencialistas e $ 150 aos ordinaristas. Porém, os preferencialistas já receberam $ 300, assim, nada de obrigatório seria devido a eles. Desse modo, só faltaria pagar os $ 150 de obrigatório aos ordinaristas. Mas como já receberam $ 212,50 de JCP, nada mais lhes é devido.

Teríamos em Lucros Acumulados:

Lucro Líquido	$ 830,00
(−) JCP	($ 500,00) (só $ 425 na forma de dividendo)
(−) Complemento de dividendo fixo aos preferencialistas	($ 87,50)
Valor a ser destinado: reserva de lucro/dividendo adicional	$ 242,50

Repare-se que não aparece, nesse caso, a figura do dividendo obrigatório de $ 300 explicitamente; na verdade, $ 150 estão dentro do JCP líquido de $ 212,50 para cada classe de acionista.

15.11 Adiantamentos para aumento de capital

15.11.1 Natureza

Adiantamentos para aumento de capital são os recursos recebidos pela empresa de seus acionistas ou quotistas destinados a serem utilizados para aumento de capital. No recebimento de tais recursos, a empresa deve registrar o ativo recebido, normalmente disponibilidades, a crédito da conta específica "Adiantamento para Futuro Aumento de Capital (Afac)".

Quando formalizar o aumento de capital, o registro contábil será a baixa (débito) dessa conta de Adiantamento a crédito do Capital Social.

15.11.2 Classificação contábil dos adiantamentos para aumento de capital

a) LEI DAS SOCIEDADES POR AÇÕES E DETERMINAÇÕES DO FISCO

A Lei nº 6.404/1976 é omissa no tratamento dos valores recebidos por conta de futuros aumentos de capital; as interpretações do Fisco têm sido de considerá-los sempre, em qualquer circunstância, como exigibilidades. Tais interpretações fiscais estão contidas no Parecer Normativo CST nº 23/1981, que, em suma, estabelece o seguinte posicionamento:

"1. Ocorrendo a eventualidade de adiantamento para futuro aumento de capital, qualquer que seja a forma pela qual os recursos tenham sido recebidos – mesmo que sob a condição para utilização exclusiva em aumento de capital –, esses ingressos deverão ser mantidos fora do patrimônio líquido, por serem esses adiantamentos considerados obrigação para com terceiros, podendo ser exigidos pelos titulares enquanto o aumento de capital não se concretizar.

2. O patrimônio líquido fica definitivamente aumentado quando, após a subscrição, ocorrer o recebimento de cada parcela de integralização".

Note-se, entretanto, que esse entendimento fiscal estava vinculado ao sistema de correção monetária do balanço, derrogado a partir de 1996, e poderia influenciar o cálculo dos JCP. Quanto ao cálculo dos JCP, nos dias atuais a Receita Federal do Brasil esclarece, por meio de instrução normativa, quais contas do Patrimônio Líquido servem de base para esse cálculo, e o adiantamento para aumento de capital não figura dentre essas contas.

b) CONSIDERAÇÕES TÉCNICAS SOB A ÓTICA CONTÁBIL

Vimos que o Fisco determina a alternativa única de considerar os adiantamentos como exigibilidades. Todavia, muitas vezes, pode-se admitir esses adiantamentos como parte do Patrimônio Líquido: quando, por exemplo, são recebidos com cláusulas de absoluta condição de permanência na sociedade, na opinião dos autores deste *Manual*, não há por que considerá-los exigíveis.

Isso ocorre, por exemplo, com os valores que as sociedades controladas pelo poder público recebem a esse título, destinados muitas vezes, até por disposição legal relativa ao orçamento público, à futura incorporação jurídica ao capital social subscrito.

Logicamente, quando houver injeções de recursos por parte dos sócios, caso possam vir a ser reclamadas de volta, não se deve, na existência de tal dúvida, usar essa classificação, precisando então figurar como exigíveis. Em geral, utiliza-se o argumento da possível não incorporação ao capital e de sua devolução ao investidor. Contudo, o

próprio capital integralizado também pode ser devolvido aos sócios, conforme sua deliberação; e muitas reservas de lucros podem muito mais facilmente tornar-se exigíveis.

Comenta-se também o fato de que tais adiantamentos não são necessariamente de todos os sócios, na proporção que detêm sobre o capital, e que, frequentemente, pertencem a apenas um deles. Em outros países, isso ocorre normalmente. O que seria necessário, nesse caso, é a completa evidenciação, por meio de nota explicativa, se for o caso, da parcela do Patrimônio Líquido que não é de todos e, eventualmente, até o *disclosure* dos valores patrimoniais diferentes de determinadas ações ou acionistas. Apesar desses problemas, nessas circunstâncias descritas, ainda consideramos preferível enfrentá-los, apresentando dentro do Patrimônio Líquido, do que distorcer a situação patrimonial, fazendo aparecer exigibilidades às vezes vultosas, inexistentes na prática. Excesso de conservadorismo pode gerar, e gera, distorções significativas.

A clara intenção de não devolução deve estar documentada por instrumentos formais irrevogáveis dos acionistas e órgãos diretivos da empresa. Como se pode constatar, essas conclusões, embasadas na técnica contábil, divergem das definidas pelo Fisco, como apresentadas no item "a".

O CPC 39 – Instrumentos Financeiros, em seu item 16, estabelece que um instrumento financeiro é um instrumento patrimonial se, e somente se, não possuir obrigação contratual de entregar caixa ou trocar ativos financeiros em condições desfavoráveis, e se for ou poderá ser liquidado por instrumentos patrimoniais do próprio emitente. Na hipótese de qualquer dúvida sobre essa devolução, prevalece a classificação no passivo.

15.12 Tratamento para as pequenas e médias empresas

Os conceitos abordados neste capítulo também são aplicáveis às entidades de pequeno e médio portes. No que diz respeito às subvenções governamentais, o Pronunciamento Técnico PME não prevê o confronto da receita decorrente da subvenção com as respectivas despesas, isto é, todas as subvenções governamentais devem ser mensuradas utilizando-se um método único e simples: reconhecimento como receita quando as condições de desempenho forem atendidas (ou quando devidas se não existirem condições de desempenho - itens 24.4 e 24.5 do CPC PME) e mensuradas pelo valor justo do ativo recebido ou recebível. Para mais detalhamento, consulte o Pronunciamento Técnico PME – Contabilidade para Pequenas e Médias Empresas.

16

Demonstração das Mutações do Patrimônio Líquido

16.1 Introdução

16.1.1 Histórico

A Lei nº 6.404/1976, das Sociedades por Ações, nunca colocou a Demonstração das Mutações do Patrimônio Líquido (DMPL) como uma demonstração contábil obrigatória. O art. 176 da referida Lei determina a elaboração da Demonstração dos Lucros ou Prejuízos Acumulados (DLPA), que tem a finalidade justamente de demonstrar a movimentação dessa conta, incluindo a evidenciação do resultado do período, as transferências e reversões para reservas, bem como as distribuições de lucros e parcelas destinadas ao aumento de capital (art. 186 da Lei nº 6.404/1976).

Entretanto, a Lei nº 6.404/1976 permite que a DLPA seja incluída na DMPL, conforme § 2º do art. 186.

Em 1986, a Comissão de Valores Mobiliários (CVM) emitiu a Instrução nº 59/1986, que determinava a obrigatoriedade de elaboração e publicação da DMPL pelas companhias abertas. Entretanto, é por meio da vigência do Pronunciamento Técnico CPC 26 – Apresentação das Demonstrações Contábeis, aprovado pela Deliberação CVM nº 595/2009 e tornado obrigatório para aplicação pelos demais profissionais pela Resolução CFC nº 1.185/2009, que a DMPL passa a fazer parte do conjunto completo de demonstrações contábeis. É nosso entendimento, portanto, que com a entrada em vigor do CPC 26, atualmente, em sua segunda versão (R1), tal demonstração passou a ser obrigatória para praticamente todas as empresas e substitui, de forma definitiva, a DLPA.

16.1.2 Utilidade

A DMPL é de muita utilidade, pois fornece a movimentação ocorrida durante o exercício nas diversas contas componentes do Patrimônio Líquido, como Reservas de Capital, Opções Outorgadas, Ações em Tesouraria, Reservas de Lucros, Resultados Abrangentes etc. Ainda, faz clara indicação do fluxo de uma conta para outra e indica a origem e o valor de cada acréscimo ou diminuição no Patrimônio Líquido durante o exercício. Trata-se, portanto, de informação que complementa os demais dados constantes do Balanço Patrimonial, da Demonstração do Resultado e da Demonstração dos Resultados Abrangentes do Exercício. É particularmente importante para as empresas que tenham seu Patrimônio Líquido formado por diversas contas e mantenham com elas inúmeras transações.

Se comparada com a DLPA, a importância da DMPL torna-se mais acentuada, pois além de evidenciar a movimentação de todas as contas do Patrimônio Líquido, e não somente de Lucros ou Prejuízos Acumulados, também indica claramente a formação e a utilização de todas as reservas, e não apenas das originadas por lucros. Serve, inclusive, para melhor compreensão sobre o cálculo dos dividendos obrigatórios.

Finalmente, para as empresas que possuem investimentos em coligadas, controladas e *joint ventures* e que, portanto, aplicam o método de equivalência patrimonial, torna-se de muita utilidade receber a DMPL dessas investidas. Ao demonstrar a natureza de todas as movimentações ocorridas no Patrimônio Líquido das investidas, a DMPL dessas empresas possibilita que a empresa investidora possa utilizar o tratamento contábil adequado para aplicação do método de equivalência patrimonial e, assim, reconhecer as variações patrimoniais das investidas de forma reflexa, conforme a natureza de cada mutação.

16.2 Conteúdo da Demonstração das Mutações do Patrimônio Líquido (DMPL)

O Pronunciamento Técnico CPC 26 (R1) trata dos requisitos gerais, diretrizes para estrutura e conteúdo mínimo para a apresentação das demonstrações contábeis. Especificamente sobre a DMPL, o item 106 do mencionado Pronunciamento Técnico define que as seguintes informações deverão ser apresentadas:

a) O resultado abrangente do período, apresentando separadamente o montante total atribuível aos proprietários da entidade controladora e o montante correspondente à participação de não controladores.

b) Para cada componente do Patrimônio Líquido, os efeitos da aplicação retrospectiva ou da reapresentação retrospectiva, reconhecidos de acordo com o Pronunciamento Técnico CPC 23 – Políticas Contábeis, Mudança de Estimativa e Retificação de Erro (ver mais detalhes na Seção 16.7.1).

c) Para cada componente do Patrimônio Líquido, a conciliação do saldo no início e no final do período, demonstrando-se separadamente (no mínimo) as mutações decorrentes:

i) do resultado líquido;

ii) de cada item dos outros resultados abrangentes; e

iii) de transações com os proprietários realizadas na condição de proprietário, demonstrando separadamente suas integralizações e as distribuições realizadas, bem como modificações nas participações em controladas que não implicaram perda do controle.

O item "a" supracitado aborda dois aspectos importantes introduzidos pelo CPC 26 (R1): a divulgação do resultado abrangente e a divulgação da participação dos acionistas não controladores no Patrimônio Líquido das controladas. Em relação ao resultado abrangente, o item 106A requer que a empresa apresente, para cada componente do Patrimônio Líquido, uma análise dos outros resultados abrangentes por item, podendo ser feita tanto na própria DMPL quanto nas notas explicativas. Assim, a apresentação dos outros resultados abrangentes deve ser feita na DMPL, utilizando uma coluna específica. Essa coluna pode demonstrar a movimentação detalhada de cada um dos itens; ou apresentar de forma agrupada, mas com a divulgação da abertura de cada um dos itens em nota explicativa. É importante mencionar que a divulgação da Demonstração do Resultado Abrangente (DRA), discutida no Capítulo 17, não pode ser feita única e exclusivamente dentro da DMPL.

O segundo aspecto é a apresentação da participação dos acionistas não controladores dentro do Patrimônio Líquido consolidado, mas de forma segregada do Patrimônio Líquido da controladora. Portanto, na DMPL consolidada, a participação dos acionistas não controladores deverá ser evidenciada mediante a inserção de uma coluna. Geralmente, as empresas apresentam uma coluna evidenciando o total do Patrimônio Líquido da controladora e, logo na coluna ao lado, apresentam a participação dos acionistas não controladores, para então na última coluna da DMPL obter-se o valor do Patrimônio Líquido (total) consolidado.

Ainda, o Pronunciamento Técnico CPC 26 (R1), item 107, requer que a empresa apresente, na própria DMPL ou em nota explicativa, "o montante de dividendos reconhecidos como distribuição aos proprietários durante o período e o respectivo montante dos dividendos por ação". Para mais informações, ver Seção 16.7.3.

Em relação ao aspecto de divulgação, o item 79 do mesmo Pronunciamento Técnico estabelece que as seguintes informações sobre as ações do capital social e contas de reservas também devem ser divulgadas, podendo ser tanto na própria DMPL quanto no Balanço Patrimonial ou ainda em notas explicativas:

"a) para cada classe de ações do capital:

i) a quantidade de ações autorizadas;

ii) a quantidade de ações subscritas e inteiramente integralizadas, e subscritas mas não integralizadas;

iii) o valor nominal por ação, ou informar que as ações não têm valor nominal;

iv) a conciliação entre as quantidades de ações em circulação no início e no fim do período;

v) os direitos, preferências e restrições associados a essa classe de ações, incluindo restrições na distribuição de dividendos e no reembolso de capital;

vi) ações ou quotas da entidade mantidas pela própria entidade (ações ou quotas em tesouraria) ou por controladas ou coligadas; e

vii) ações reservadas para emissão em função de opções e contratos para a venda de ações, incluindo os prazos e respectivos montantes; e

b) uma descrição da natureza e da finalidade de cada reserva dentro do Patrimônio Líquido".

16.3 Mutações das contas patrimoniais

As contas que formam o Patrimônio Líquido podem sofrer variações por inúmeros motivos, tais como:

Itens que afetam o patrimônio total:

1. Acréscimo pelo lucro ou redução pelo prejuízo líquido do exercício.
2. Redução por dividendos.
3. Redução por pagamento ou crédito de juros sobre o capital próprio.
4. Acréscimo por reavaliação de ativos (quando permitida por Lei).
5. Acréscimo por doações e subvenções para investimentos recebidos (após transitarem pelo resultado).
6. Acréscimo por subscrição e integralização de capital.
7. Acréscimo pelo recebimento de valor que exceda o valor nominal das ações integralizadas ou o preço de emissão das ações sem valor nominal.
8. Acréscimo pelo valor da alienação de partes beneficiárias e bônus de subscrição.
9. Acréscimo por prêmio recebido na emissão de debêntures (após transitar pelo resultado).
10. Redução por ações próprias adquiridas ou acréscimo por sua venda.
11. Acréscimo ou redução por ajustes de exercícios anteriores.
12. Redução por reversão da Reserva de Lucros a Realizar para a conta de Dividendos a Pagar.
13. Acréscimo ou redução por outros resultados abrangentes.
14. Redução por gastos na emissão de ações.
15. Ajuste de avaliação patrimonial.
16. Ganhos ou perdas acumulados na conversão etc.

Itens que não afetam o total do patrimônio:

1. Aumento de capital com utilização de lucros e reservas.
2. Apropriações do lucro líquido do exercício, por meio da conta de Lucros Acumulados, para a formação de reservas, como Reserva Legal, Reserva de Lucros a Realizar, Reserva para Contingência e outras.
3. Reversões de reservas patrimoniais para a conta de Lucros ou Prejuízos Acumulados.
4. Compensação de prejuízos com Reservas.

5. Transferências (reciclagens) de valores de Outros Resultados Abrangentes para o Resultado do Exercício.

As mutações patrimoniais mencionadas podem ser classificadas em grupos. O exemplo apresentado no Apêndice A do Pronunciamento Técnico CPC 26 (R1) evidencia a separação em três grupos de mutações, numa formatação que se presta muito bem à análise do usuário:

1. Transações de capital com os sócios (mutações que afetam o Patrimônio Líquido total).
2. Resultados abrangentes (mutações que afetam o Patrimônio Líquido total):
   a) resultado líquido do exercício;
   b) outros resultados abrangentes;
3. Mutações internas, que não afetam o Patrimônio Líquido total.

As mutações do Patrimônio Líquido que decorrem de transações de capital com os sócios são aquelas em que os sócios agem nessa condição, e não na de clientes, fornecedores, financiadores, aplicadores e incluem, por exemplo, aumentos de capital com novos recursos, devolução de capital, distribuição de lucros, gastos com emissão de novas ações, compra de ações ou quotas da própria entidade (ações ou quotas em tesouraria), venda de ações ou quotas em tesouraria e outras. Tais mutações ficam agrupadas e apresentam um subtotal próprio.

O resultado abrangente, segundo definição do próprio Pronunciamento Técnico CPC 26 (R1), item 7, representa a "mutação que ocorre no Patrimônio Líquido durante um período que resulta de transações e outros eventos que não sejam derivados de transações com os sócios na sua qualidade de proprietários". Esse grupo aparece, na mutação patrimonial, subdividido em resultado líquido do período, outros resultados abrangentes e reclassificações para o resultado.

Assim, os resultados abrangentes começam com o resultado líquido do período, sendo acrescidos dos outros resultados abrangentes, que podem ser formados por variações na reserva de reavaliação (quando permitidas legalmente), ganhos e perdas atuariais dos planos de pensão na modalidade de benefício definido, remensuração de instrumentos financeiros mensurados ao valor justo por meio de outros resultados abrangentes, efeitos da conversão de demonstrações contábeis etc.

É importante notar que a grande maioria dos valores inicialmente reconhecidos em outros resultados abrangentes é posteriormente reclassificada (reciclada) para o resultado do período. Uma transação que pode resultar em reclassificações de resultados abrangentes para o resultado do período é caso de uma variação cambial de investimento no exterior; nesse caso, a variação cambial é reconhecida não no resultado do exercício, e sim como outros resultados abrangentes, diretamente, então, no Patrimônio Líquido, e é transferida (reciclada ou reclassificada) para o resultado quando o investimento, por exemplo, é vendido. Com isso, o Patrimônio Líquido como um todo não se modifica quando dessa reclassificação, mas altera-se o valor do resultado líquido do período. Ainda, o Pronunciamento Técnico CPC 26 (R1) exige que tanto o resultado líquido do período quanto os outros resultados abrangentes sejam evidenciados com relação a quanto pertence aos sócios da entidade controladora e quanto aos sócios não controladores das controladas.

Além desses dois grupos, transações de capital com os sócios e resultados abrangentes, aparece um terceiro que trata exclusivamente das demais mutações internas, que não alteram o Patrimônio Líquido nem o resultado do período. Nesse grupo, enquadram-se, por exemplo, a formação de reservas de lucros a partir de lucros ou prejuízos acumulados, aumento de capital a partir de reserva de lucros ou de capital, reversões de reservas para lucros ou prejuízos acumulados etc.

16.4 Técnicas de preparação

A preparação da DMPL é relativamente simples, pois basta representar, de forma sumária e coordenada, a movimentação ocorrida durante o exercício nas diversas contas ou subgrupos do Patrimônio Líquido, isto é, Capital Social, Reservas de Capital, Reservas de Lucros, Reservas de Reavaliação (quando permitida por Lei), Ajustes de Avaliação Patrimonial, Outros Resultados Abrangentes, Lucros ou Prejuízos Acumulados etc. Essa movimentação deve ser extraída dos registros contábeis.

A técnica é fazer uma planilha eletrônica, utilizando uma coluna para cada uma das contas/subgrupo do Patrimônio Líquido da empresa e abrindo uma coluna para o Patrimônio Líquido Total, que representa a soma dos saldos ou transações de todas as contas/subgrupos individuais. É importante que a empresa avalie a relevância e a materialidade de cada conta/subgrupo do Patrimônio Líquido, podendo optar por apresentar a movimentação agrupada das contas principais e divulgar a movimentação detalhada de cada subgrupo em quadros específicos auxiliares e/ou notas explicativas. Tal preocupação é relevante para evitar a apresentação de uma DMPL excessivamente longa, que dificulta a leitura e compreensão das mutações patrimoniais ocorridas no período (o que, infelizmente, tem ocorrido muito na prática).

O Pronunciamento Técnico CPC 26 (R1) introduziu a necessidade de apresentação de três colunas específicas na estrutura da DMPL, a saber: Outros Resultados Abrangentes (estamos optando por incluir nessa coluna todos

os saldos das contas que representam outros resultados abrangentes), Patrimônio Líquido dos Sócios da Companhia e Participação dos Não Controladores no Patrimônio Líquido das Controladas. Destaca-se, novamente, que é vedada a apresentação da DRA apenas na DMPL. Assim, o fato de a empresa incluir na DMPL uma coluna específica para os resultados abrangentes não significa que a DRA não deve ser divulgada.

As transações e seus valores são transcritos nas colunas respectivas, mas de forma coordenada. Por exemplo, se temos um aumento de capital com lucros e reservas, na linha correspondente a essa transação transcreve-se o acréscimo na coluna de Capital Social pelo valor do aumento, e, na mesma linha, as reduções nas contas de reservas e lucros utilizadas no aumento de capital pelos valores correspondentes.

16.5 Modelos de demonstração

O exemplo divulgado no Apêndice A do Pronunciamento Técnico CPC 26 (R1) sugere que as contas do Patrimônio Líquido sejam agrupadas nos seguintes elementos para elaboração da DMPL (formato sintético): (i) Capital social; (ii) Reservas de capital, opções outorgadas e ações em tesouraria; (iii) Reservas de lucros; (iv) Lucros ou prejuízos acumulados; e (v) Outros resultados abrangentes. Para as demonstrações consolidadas, as três últimas colunas da DMPL correspondem, respectivamente, ao Patrimônio Líquido dos controladores, à participação dos acionistas não controladores e, por fim, ao valor do Patrimônio Líquido consolidado. Posteriormente, o referido exemplo apresenta o detalhamento da composição dos agrupamentos (ii), (iii) e (v), sendo que essa abertura pode ser feita tanto em notas explicativas quanto por meio de quadros auxiliares. Para maiores informações sobre o exemplo acima mencionado, veja a seção a seguir).

Para decidir se determinadas contas serão apresentadas analiticamente na própria estrutura da DMPL ou em quadros e notas complementares, a empresa deve levar em consideração sua relevância e materialidade. É importante destacar que a questão da materialidade também é válida para a composição das linhas da DMPL. Por exemplo, havendo dividendos em quatro momentos diferentes ao longo do período, em vez de apresentar na própria estrutura da DMPL quatro linhas separadas, a empresa pode apresentar uma única linha na DMPL com o valor total de todas as distribuições de dividendos realizadas no período e, em nota explicativa específica, divulgar o detalhamento de cada uma das distribuições (se esta informação, de fato, for relevante).

Por fim, a coluna relativa ao Capital Social deve representar efetivamente o movimento no **Capital Realizado**. Caso a empresa tenha Capital a Realizar, que é uma conta redutora do Patrimônio Líquido, pode-se, por simplificação, apresentar uma só coluna para o Capital, já deduzida do Capital a Realizar.

16.6 Exemplo de DMPL do CPC 26 (R1)

Nesta seção será apresentado o exemplo do Apêndice A do Pronunciamento Técnico CPC 26 (R1), de como poderia ser elaborada a DMPL (Quadro 16.1). Importante salientar que, apenas por simplicidade, o exemplo do referido Pronunciamento Técnico foi apresentado de maneira sucinta, sem a devida divulgação das demais informações obrigatórias, como dividendo por classe e por espécie de ação, informações de períodos comparativos etc.

A seguir, são transcritas as observações extraídas do próprio exemplo apresentado no Pronunciamento Técnico CPC 26 (R1):

"a) **O patrimônio líquido consolidado** (última coluna) evoluiu de $ 1.808.000 para $ 2.520.400 em função de apenas dois conjuntos de fatores: as transações de capital com os sócios ($ 269.800) e o resultado abrangente ($ 442.600). E o resultado abrangente é formado de três componentes: resultado líquido do período ($ 272.000), outros resultados abrangentes ($ 160.000) e mais o efeito de reclassificação ($ 10.600). É interessante notar que as reclassificações para o resultado do período não alteram, na verdade, o Patrimônio Líquido total da entidade, mas, por aumentarem ou diminuírem o resultado líquido, precisam ter a contrapartida evidenciada. No exemplo dado, há a transferência de $ 10.600 de prejuízo que constava como outros resultados abrangentes para o resultado do período. Imediatamente antes da transferência, o resultado líquido era de $ 260.600, que, diminuído do prejuízo de $ 10.600, agora reconhecido no resultado, passou a $ 250.000; e o saldo dos outros resultados abrangentes, que estava em $ 404.000, passou para $ 414.600. Assim, a transferência do prejuízo de $ 10.600 dos outros resultados abrangentes para o resultado do período não muda, efetivamente, o total do Patrimônio Líquido, mas como o resultado líquido é mostrado pelo valor diminuído dessa importância, é necessário recolocá-la na mutação do Patrimônio Líquido.

b) Na demonstração do **resultado do período,** a última linha será mostrada por $ 272.000, porque, a partir desse Pronunciamento Técnico CPC 26 – Apresentação das Demonstrações Contábeis, o lucro líquido consolidado do período é o global, incluindo a parte pertencente aos não controladores no resultado das controladas, mas é obrigatória a evidenciação de ambos os valores: o pertencente aos sócios da controladora e o pertencente aos que são sócios apenas

nas controladas, como se vê na mutação do Quadro 16.1 ($ 250.000 e $ 22.000, respectivamente nas antepenúltima e penúltima colunas).

c) O Pronunciamento exige a mesma evidenciação quanto ao **resultado abrangente** total, o que está evidenciado também no exemplo anterior: $ 414.600 é a parte dos sócios da controladora e $ 28.000 a parte dos sócios não controladores nas controladas, totalizando $ 442.600 para o período.

d) As mutações que aparecem após o resultado abrangente total correspondem a **mutações internas do patrimônio líquido**, que não alteram, efetivamente, seu total. Poderia, inclusive, esse conjunto ser intitulado 'mutações internas do patrimônio líquido' ou semelhante, ou ficar sem título como está no próprio exemplo".

O exemplo mencionado apresentou a DMPL no formato sintético, sendo que os seguintes agrupamentos foram formados: (1) Reservas de capital, opções outorgadas e ações em tesouraria; (2) Reservas de lucros; e (3) Outros resultados abrangentes. Portanto, é necessário fazer o detalhamento das contas que foram incluídas nesses agrupamentos, sendo que essa divulgação pode ser feita tanto em notas explicativas quanto em quadros auxiliares. Se a opção for pelas notas explicativas, tal divulgação pode ser feita da seguinte maneira:

(1) Reservas de capital, opções outorgadas e ações em tesouraria:

Saldo inicial $ 80.000;

Valor destinado para aumento de capital ($ 50.000), sendo $ 35.000 com Reserva de Excedente de Capital e $ 15.000 com Reserva de Subvenção de Investimentos;

Gastos com emissão de ações ($ 7.000);

Opções outorgadas reconhecidas $ 30.000;

Ações em tesouraria adquiridas ($ 20.000);

Ações em tesouraria vendidas $ 60.000;

Saldo final $ 93.000.

(2) Reserva de lucros:

Saldo inicial $ 300.000;

Valor destinado para aumento de capital ($ 100.000), sendo utilizada a Reserva de Incentivos Fiscais;

Constituição de reservas $ 140.000, sendo $ 12.500 para Reserva Legal, $ 108.500 para Reserva p/ Expansão e $ 19.000 para Reserva de Incentivos Fiscais;

Saldo final $ 340.000.

(3) Outros resultados abrangentes:

Saldo inicial $ 270.000;

Quadro 16.1 Exemplo extraído do Apêndice A do Pronunciamento Técnico CPC 26 (R1)

	Capital Social Integralizado	Reservas de Capital, Opções Outorgadas e Ações em Tesouraria (1)	Reservas de Lucros (2)	Lucros ou Prejuízos Acumulados	Outros Resultados Abrangentes (3)	Patrimônio Líquido dos Sócios da Controladora	Participação dos Não Controladores no PL das Controladas	Patrimônio Líquido Consolidado
Saldos Iniciais	**1.000.000**	**80.000**	**300.000**	**0**	**270.000**	**1.650.000**	**158.000**	**1.808.000**
Aumento de Capital	500.000	(50.000)	(100.000)			350.000	32.000	382.000
Gastos com Emissão de Ações		(7.000)				(7.000)		(7.000)
Opções Outorgadas Reconhecidas		30.000				30.000		30.000
Ações em Tesouraria Adquiridas		(20.000)				(20.000)		(20.000)
Ações em Tesouraria Vendidas		60.000				60.000		60.000
Dividendos				(162.000)		(162.000)	(13.200)	(175.200)
Transações de Capital com os Sócios						**251.000**	**18.800**	**269.800**
Lucro Líquido do Período				**250.000**		**250.000**	**22.000**	**272.000**
Ajustes Instrumentos Financeiros					(60.000)	(60.000)		(60.000)
Tributos sobre Ajustes Instrumentos Financeiros					20.000	20.000		20.000
Equivalência Patrimonial s/ Ganhos Abrang. de Coligadas					24.000	24.000	6.000	30.000
Ajustes de Conversão do Período					260.000	260.000		260.000
Tributos sobre Ajustes de Conversão do Período					(90.000)	(90.000)		(90.000)
Outros Resultados Abrangentes						**154.000**	**6.000**	**160.000**
Reclassificações para Resultado – Aj. Instrum. Financ.					10.600	**10.600**		**10.600**
Resultado Abrangente Total						**414.600**	**28.000**	**442.600**
Constituição de Reservas			140.000	(140.000)				
Realização da Reserva Reavaliação				78.800	(78.800)			
Tributos sobre Realização da Reserva de Reavaliação				(26.800)	26.800			
Saldos Finais	**1.500.000**	**93.000**	**340.000**	**0**	**382.600**	**2.315.600**	**204.800**	**2.520.400**

Cap. 16 · Demonstração das Mutações do Patrimônio Líquido | **339**

Ajustes Instrumentos Financeiros ($ 60.000) e Tributos s/ Ajustes de Instrumentos Financeiros $ 20.000;

Equivalência Patrimonial s/ Ganhos Abrangentes de Coligadas $ 24.000;

Ajustes de Conversão do Período $ 260.000 e Tributos s/ Ajustes de Conversão do Período ($ 90.000);

Reclassificações para Resultado – Ajustes Instrumentos Financeiros $ 10.600;

Realização da Reserva de Reavaliação ($ 78.800) e Tributos s/ Realização da Reserva de Reavaliação $ 26.800;

Saldo final $ 382.600.

Alternativamente, caso a opção seja pela apresentação em quadros auxiliares, com suas movimentações analiticamente evidenciadas, o exemplo do Pronunciamento Técnico CPC 26 (R2) sugere o formato de divulgação dos Quadros 16.2 a 16.4.

Quadro 16.2

Reservas de Capital, Opções Outorgadas e Ações em Tesouraria (1)	Reserva de Excedente de Capital	Gastos com Emissão de Ações	Reserva de Subvenção de Investimentos	Ações em Tesouraria	Opções Outorgadas Reconhecidas	Contas do Grupo (1)
Saldos Iniciais	**50.000**	**(5.000)**	**100.000**	**(70.000)**	**5.000**	**80.000**
Aumento de Capital	(35.000)		(15.000)			**(50.000)**
Gastos com Emissão de Ações		(7.000)				**(7.000)**
Opções Outorgadas Reconhecidas					30.000	**30.000**
Ações em Tesouraria Adquiridas				(20.000)		**(20.000)**
Ações em Tesouraria Vendidas				60.000		**60.000**
Saldos Finais	**15.000**	**(12.000)**	**85.000**	**(30.000)**	**35.000**	**93.000**

Quadro 16.3

Reservas de Lucros (2)	Reserva Legal	Reserva p/ Expansão	Reserva de Incentivos Fiscais	Contas do Grupo (2)
Saldos Iniciais	**110.000**	**90.000**	**100.000**	**300.000**
Aumento de Capital			(100.000)	**(100.000)**
Constituição de Reservas	12.500	108.500	19.000	**140.000**
Saldos Finais	**122.500**	**198.500**	**19.000**	**340.000**

Quadro 16.4

Outros Resultados Abrangentes (3)	Reservas de Reavaliação	Ajustes de Avaliação Patrimonial	Ajustes de Conversão Acumulados	Contas do Grupo (3)
Saldos Iniciais	**195.000**	**125.000**	**(50.000)**	**270.000**
Ajustes Instrumentos Financeiros		(60.000)		**(60.000)**
Tributos s/ Ajustes Instrumentos Financeiros		20.000		**20.000**
Equiv. Patrim. s/ Ganhos Abrang. de Coligadas		24.000		**24.000**
Ajustes de Conversão do Período			260.000	**260.000**
Tributos s/ Ajustes de Conversão do Período			(90.000)	**(90.000)**
Reclassif. p/ Resultado – Aj. Instrum. Financ.		10.600		**10.600**
Realização da Reserva Reavaliação	(78.800)			**(78.800)**
Tributos sobre a Realização da Reserva de Reavaliação	26.800			**26.800**
Saldos Finais	**143.000**	**119.600**	**120.000**	**382.600**

16.7 Ajustes de exercícios anteriores e outros pontos

16.7.1 Ajustes de exercícios anteriores

A Lei das Sociedades por Ações estabeleceu o critério de que o lucro líquido do exercício não deve estar influenciado por efeitos que, na verdade, não pertencem ao exercício corrente, para que o resultado do período reflita um valor que possa ser o mais comparável possível ao de outros períodos em bases similares. Daí decorre a importância da consistência na aplicação das políticas contábeis. Assim, os valores relativos a ajustes de exercícios anteriores devem ser lançados diretamente na conta de Lucros ou Prejuízos Acumulados, sem afetar o resultado do período.

Sobre esse assunto, o § 1º do art. 186 da Lei nº 6.404/1976 determina:

"§ 1º Como ajustes de exercícios anteriores serão considerados apenas os decorrentes de efeitos da mudança de critério contábil, ou da retificação de erro imputável a determinado exercício anterior, e que não possam ser atribuídos a fatos subsequentes".

O Pronunciamento Técnico CPC 23 esclarece a diferença entre mudança de política contábil, mudança de estimativa contábil e retificação de erro. Para mais informações sobre esses conceitos, veja o Capítulo 22 – Políticas Contábeis, Mudança de Estimativa, Retificação de Erro e Evento Subsequente. O referido Pronunciamento Técnico determina que, no caso de mudança de política contábil (critério contábil, na linguagem da lei) ou de retificação de erro, sejam reapresentadas as demonstrações comparativas anteriores, como se a nova política tivesse sido sempre aplicada ou como se o erro nunca tivesse ocorrido.

Em decorrência da aplicação retrospectiva, o Pronunciamento Técnico CPC 23 determina que a empresa deverá ajustar o saldo de abertura de cada componente do Patrimônio Líquido afetado do período anterior mais antigo apresentado. Para tanto, a DMPL deverá apresentar duas novas linhas. A primeira continua informando os valores apresentados para as contas do Patrimônio Líquido como o foram na apresentação anterior, sem a mudança da política e/ou sem a retificação de erro. Porém, a seguir apresentam-se os efeitos das mudanças de política contábil e os das retificações de erro (que precisam ser evidenciados em notas explicativas, conforme o CPC 23). Por fim, deverão ser evidenciados os subtotais, que representam os saldos devidamente ajustados de todas as contas. Para fins ilustrativos, veja o exemplo do Quadro 16.5.

16.7.2 Reversões e transferências de reservas

Uma movimentação importante na coluna de Lucros ou Prejuízos Acumulados é a **reversão de reservas**. O destaque das reversões de reservas, bem como a identificação de sua origem, é uma informação relevante, pois tais reversões passam muitas vezes a ser incluídas no cálculo dos dividendos a distribuir.

Para Lucros ou Prejuízos Acumulados são revertidas apenas as Reservas de Lucros, pois só essas saíram de Lucros ou Prejuízos Acumulados e, por isso, podem retornar. Podem, também, ocorrer transferências quando houver passagem de saldo da Reserva de Reavaliação, se permitida pela legislação ou em outros casos raros.

Quadro 16.5

	Capital Social Integralizado	Reservas de Capital, Opções Outorgadas e Ações em Tesouraria	Reservas de Lucros	Lucros ou Prejuízos Acumulados	Outros Resultados Abrangentes	Patrimônio Líquido dos Sócios da Controladora	Participação dos Não Controladores no PL das Controladas	Patrimônio Líquido Consolidado
Saldos Iniciais Anteriormente Publicados	1.000.000	138.000	300.000	0	200.000	1.638.000	117.000	1.755.000
Mudanças de Política Contábil (Nota x)					70.000	70.000	41.000	111.000
Retificação de Erros (Nota y)		(58.000)				(58.000)		(58.000)
Saldos Iniciais Ajustados	1.000.000	80.000	300.000	0	270.000	1.650.000	158.000	1.808.000

Critérios para reversão de algumas Reservas de Lucros:

a) **Reserva de Lucros a Realizar**: constituída em anos anteriores, em vez de ser revertida para Lucros Acumulados, a partir da alteração da Lei nº 6.404/1976 pela Lei nº 10.303/2001, passa a ser revertida diretamente para a conta de dividendos a pagar do passivo. Conforme inciso III do art. 202 da Lei nº 10.303/2001, quando os lucros contidos nessa reserva tornarem-se realizados financeiramente, se não tiverem sido absorvidos por prejuízos, deverão ser acrescidos ao primeiro dividendo obrigatório declarado após a realização.

b) **Reserva de Lucros para Expansão**: abrigou parcelas de lucros de períodos anteriores para permitir os investimentos na expansão. Pode ser revertida se a empresa julgar que reteve parcela mais que necessária ao investimento e decidir distribuir o excesso.

c) **Reserva para Contingências**: deve também ser revertida para Lucros Acumulados no exercício em que ocorrer a perda que a originou, ou quando deixar de existir o fundamento para o qual foi criada. O valor da reversão integrará, no período em que a reversão foi realizada, a base de cálculo do dividendo obrigatório.

d) **Reservas Especiais de Lucros**: principalmente as citadas no art. 202 da Lei das Sociedades por Ações, §§ 4º e 5º, também podem ser revertidas, obedecidas a lei ou o estatuto que as autoriza.

e) **Reserva Especial de Ágio na Incorporação**: é transferida para o resultado do período na medida da amortização do ágio que lhe deu origem, podendo, ainda, na proporção dessa amortização, ser incorporada ao capital da incorporadora (Instrução CVM nº 319/1999, art. 6º, § 1º – alterado pela Instrução CVM nº 349/2001).

Tais transferências são apresentadas destacadamente na coluna de Lucros ou Prejuízos Acumulados. Para mais informações, veja critérios de constituição de todas as reservas e de suas reversões no Capítulo 15 – Patrimônio Líquido.

16.7.3 Dividendos e dividendo por ação

O item 107 do Pronunciamento Técnico CPC 26 (R1) determina que a empresa deve apresentar "na demonstração das mutações do Patrimônio Líquido ou nas notas explicativas, o montante de dividendos reconhecidos como distribuição aos proprietários durante o período e o respectivo montante dos dividendos por ação". Observa-se que a obrigatoriedade de divulgação dessa informação já era exigida pela Lei nº 6.404/1976, no § 2º do art. 186, que menciona que "a demonstração de lucros ou prejuízos acumulados deverá indicar o montante do dividendo por ação do capital social". Assim, deve ser divulgado o quanto

está sendo destinado para pagamento por ação e, se existir diferença de dividendos por espécie e/ou classe de ações, deve ser especificado o valor atribuído a cada uma delas.

A divulgação do Dividendo por Ação é informação de grande utilidade, particularmente para companhias abertas. De fato, um investidor, ao ver o valor total dos dividendos propostos, pode não saber quanto realmente lhe caberá, já que podem existir várias classes e espécies de ações dessa empresa, além de poderem existir ações em tesouraria e ações sem valor nominal. Assim, tomando conhecimento do valor do dividendo que cabe a cada ação, o investidor saberá de imediato o valor total do dividendo que receberá, se aprovado pela Assembleia Geral.

Essa informação pode ser dada na própria linha da DMPL que indica o valor dos Dividendos. Tal informação poderia, alternativamente, ser fornecida por meio de Nota Explicativa, quando forem muitas as classes de ações com valores diferentes de dividendos.

Sobre a forma de cálculo, o valor do Dividendo por Ação é a divisão do valor total dos dividendos contabilizados no ano pelo número de ações em circulação de que é formado o capital social.

Todavia, quando a empresa tem seu capital formado por ações de espécies e classes diversas, que possuem direito a dividendos diferentes, nesse caso, deverá ser divulgado o Dividendo por Ação de cada espécie e de cada classe. Isso ocorre quando há ações com dividendo preferencial mínimo e/ou fixo. Para detalhes sobre o cálculo de dividendos, veja o Capítulo 15 deste *Manual*. Chamamos a atenção para casos especiais discutidos nesse capítulo.

16.7.4 Outros comentários

a) RESERVA DE REAVALIAÇÃO

Quando permitida por Lei, recomenda-se que a reserva de reavaliação seja apresentada em duas colunas, contemplando as contrapartidas de reavaliação de ativos próprios e as de ativos de coligadas e controladas, conforme era previsto pela Deliberação CVM nº 183/1995, apesar de hoje revogada.

b) AÇÕES EM TESOURARIA

Pode-se optar por englobar Ações em Tesouraria entre as reservas que originaram recursos para sua compra, sem destaque, ou, se preferir, pode-se dar-lhes um destaque especial, em uma conta específica. Em caso de venda dessas ações, deve-se explicar na primeira coluna da DMPL o ocorrido e o resultado obtido. Lembrar que a aquisição de ações próprias depende de saldo em reserva, conforme art. 30, letra *b*, da Lei nº 6.404/1976: "desde que até o valor do saldo de lucros ou reservas, exceto a legal, e sem diminuição do capital social, ou por doação".

16.8 Tratamento para as pequenas e médias empresas

Os conceitos abordados neste capítulo relativos à "demonstração das mutações do Patrimônio Líquido" também são aplicáveis às entidades de pequeno e médio portes. Ressalta-se, entretanto, que o item 3.18 do Pronunciamento Técnico PME – Contabilidade para Pequenas e Médias Empresas permite que tal tipo de entidade apresente uma única DLPA no lugar da DRA e da DMPL, quando "as únicas alterações no Patrimônio Líquido durante os períodos para os quais as demonstrações contábeis são apresentadas derivarem do resultado, de distribuição de lucro, de correção de erros de períodos anteriores e de mudanças de políticas contábeis". Para maior detalhamento, consulte o Pronunciamento Técnico PME – Contabilidade para Pequenas e Médias Empresas.

17

Demonstração do Resultado, do Resultado Abrangente e Despesas Operacionais

17.1 Introdução

Segundo o CPC 26 (R1) – Apresentação das Demonstrações Contábeis, as empresas devem apresentar todas as mutações do Patrimônio Líquido reconhecidas em cada exercício que não representem transações entre a empresa e seus sócios em duas demonstrações: a Demonstração do Resultado do Período e a Demonstração do Resultado Abrangente do Período. E permite a junção das duas numa só, o que não é aceito no Brasil por conta da Lei das S.A.

A Demonstração do Resultado do Exercício (DRE) é a apresentação, em forma resumida, das receitas e despesas decorrentes das operações realizadas pela empresa durante o exercício social, com o objetivo de demonstrar a formação do resultado líquido do período. Neste capítulo (Seções 17.5 e 17.6), discutiremos com mais detalhes os conceitos relacionados com as despesas apresentados na DRE. Já no Capítulo 18, são apresentados os critérios de reconhecimento, mensuração e divulgação das receitas.

As mutações do Patrimônio Líquido que não representem receitas e despesas realizadas no exercício, e não sejam derivadas de transações de capital com os sócios, são denominadas "Outros Resultados Abrangentes" (ORA) e incluem alterações que poderão afetar o resultado de períodos futuros ou, em alguns casos, nem mesmo circularem pelo resultado. Por exemplo, a reavaliação de ativos era contabilizada no Brasil a débito do imobilizado e a crédito direto de conta específica do Patrimônio Líquido (que era denominada Reserva de Reavaliação). Essa mutação patrimonial caracterizava um "Outro Resultado Abrangente" e não era retornada ao resultado, mas transferida diretamente para a conta Lucros ou Prejuízos Acumulados à medida da baixa dos ativos a que se referiam (ainda assim procedem as empresas que mantêm saldos do passado; assim determinam também as normas internacionais de contabilidade, só que novas reavaliações estão vedadas no Brasil).

Às vezes, a definição sobre se uma mutação do Patrimônio Líquido é considerada como parte da DRE ou Outro Resultado Abrangente, é simplesmente um arbítrio do órgão normatizador. O IASB nunca definiu o que é esse ORA e por isso não há posição conceitual básica a ser analisada; assim, cada uma das ORAs até hoje assim estabelecidas tiveram, é claro, sua razão de ser na cabeça dos normatizadores, mas a decisão partiu de um arbítrio e não da obediência à definição do que é esse Outro Resultado Abrangente, simplesmente porque não há tal definição. Assim, há que se verificar a normatização, partindo-se do seguinte raciocínio: se há uma determinação específica de a mutação ser considerada ORA, será assim registrada. Não havendo, por definição, é receita ou despesa, é parte da DRE. Não há espaço para inclusão como ORA de algum item não citado especificamente como tal. E, da mesma forma, há que se verificar se o resultado registrado como ORA está determinado normativamente como reciclável para a DRE um dia, e como, ou não.

Na verdade, na história da contabilidade, há até pouco tempo, o único item a ser tratado como ORA era a reavaliação de ativos de uso, quando permitida pela legislação local, funcionando a contabilização como já comentado. Mais recentemente é que se passou a utilizar essa figura para outras situações, muitas vezes com base num fundamento lógico muito aceitável, como é a situação de variação cambial de um investimento societário no exterior. Nesse caso, ao se aplicar a equivalência patrimonial, tem-se uma parte da mutação do valor do investimento por causa do desempenho da empresa no exterior que mudou seu Patrimônio Líquido por conta de resultado, e outra parte que mudou o valor do investimento por conta de uma variação cambial. Esta última não faz parte, genuinamente, do desempenho da investida, mas faz parte do que o investimento como um todo terá produzido, incluindo o ganho ou a perda pela mutação cambial. Mas, quando investidora e investida têm moeda forte, o que hoje é um ganho poderá amanhã ser uma perda e a mistura dos efeitos numa única linha de equivalência pode iludir quanto ao real desempenho da investida. Assim, deliberou-se, ou seja, arbitrou-se, que essa variação cambial seria considerada um ORA e só iria para o resultado quando o investimento fosse desreconhecido no balanço, como no caso de sua venda. Percebe-se toda uma lógica econômica e de informação ao usuário nesse caso.

Mais uma prova da arbitrariedade é o fato de que certos instrumentos financeiros avaliados a valor justo passaram, a partir de 2018, com o CPC 48 – Instrumentos Financeiros, a ser um item denominado de Outro Resultado Abrangente Não Recicláveis. Ou seja, nunca passarão essas variações classificadas como ORA pela DRE da empresa porque ela nunca será reclassificada para o resultado. A não ser quando isso provocar descasamento contábil, o que é mais bem visto no Capítulo 10. Parece-nos puro arbítrio e, diga-se de passagem, um desserviço em algumas situações.

O outro exemplo de ORA não reciclável para o resultado hoje em vigência diz respeito às mutações do Passivo relativo a Benefícios Pós-Emprego (complementação de pensão e aposentadoria, por exemplo). E isso passou a ser feito assim porque as variações dessa provisão são tão sensíveis a mínimas mudanças nas taxas de desconto dos pagamentos esperados futuros, ou mesmo nas outras premissas atuariais, que sua inserção na DRE vinha provocando volatilidades enormes no resultado do período. Mas sua reciclagem para o resultado ficou vedada porque se achou que seria muito difícil escolher um critério para isso...

Note-se que tanto a transferência do saldo da conta Reserva de Reavaliação para a conta Lucros ou Prejuízos Acumulados como outras baixas de ORAs não recicláveis, quanto a realização do ajuste a valor justo para o resultado do período, não representam mais mutações no valor total do Patrimônio Líquido, e por isso precisam de evidenciação específica. Os primeiros por conta de uma transferência direta da conta de ORA para Lucros ou Prejuízos Acumulados, e os outros por conta de transferência para o resultado do exercício, obviamente parte integrante do Patrimônio Líquido. Ou seja, a hora em que um item reconhecido como ORA afeta o Patrimônio Líquido é também óbvia: quando registrado pela primeira vez.

A Demonstração do Resultado Abrangente do Exercício (DRA) corresponde à soma do resultado líquido apresentado na DRE com os Outros Resultados Abrangentes, conforme determina o CPC 26 (R1) – Apresentação das Demonstrações Contábeis. Logo, o Resultado Abrangente Total corresponde à total modificação no Patrimônio Líquido que não seja constituída pelas transações de capital entre a empresa e seus sócios (aumento ou devolução de capital social, distribuição de lucros ou compra e venda de ações e quotas próprias dos sócios). A DRA pode ser feita à parte, lado a lado com a DRE, ou pode ser uma única demonstração que começa com a DRE e é complementada, lá embaixo, com os Outros Resultados Abrangentes do período e as reciclagens (transferências de saldos de ORAs para o resultado ou outras contas do Patrimônio Líquido). Porém, esta última forma, prevista pela IAS 1, não foi acolhida pelo CPC 26 (R1), por conta da Lei das S.A., ficando as companhias do mercado brasileiras restritas ao modelo de apresentação de duas demonstrações: DRE e DRA.

17.2 Critérios contábeis básicos relacionados com contas de resultado

17.2.1 Conceituação da legislação

O art. 187 da Lei das Sociedades por Ações estabelece a ordem de apresentação das receitas e despesas, na Demonstração do Resultado do Exercício, para fins de publicação. Observamos que às vezes utilizamos a palavra **custo** no resultado, e até mesmo nas leis e nas normas contábeis, mas nesse momento o correto mesmo é **despesa**; chamamos de "custo da mercadoria vendida", mas deveria ser literalmente "despesa avaliada pelo custo de aquisição da mercadoria vendida". Mas neste *Manual* também fazemos um pouco dessa utilização não ortodoxa da palavra *custo*.

Antes de abordarmos mais detalhadamente seus componentes, cabe destacar dois aspectos fundamentais que devem nortear a contabilidade das empresas no reconhecimento contábil das receitas e despesas, aspectos esses expressos no § 1º do art. 187 da referida Lei, como segue:

"§ 1º Na determinação do resultado do exercício serão computados:

a) as receitas e os rendimentos ganhos no período, independentemente da sua realização em moeda; e

b) os custos, despesas, encargos e perdas, pagos ou incorridos, correspondentes a essas receitas e rendimentos."

Essas conceituações da Lei enquadram-se em um dos pressupostos básicos presentes no Pronunciamento Conceitual Básico (R2) – Estrutura Conceitual para Relatório Financeiro, denominado Regime de Competência, conforme descrito no item 1.17 do Pronunciamento Técnico do CPC supracitado:

"1.17 O regime de competência reflete os efeitos de transações e outros eventos e circunstâncias sobre reivindicações e recursos econômicos da entidade que reporta nos períodos em que esses efeitos ocorrem, mesmo que os pagamentos e recebimentos à vista resultantes ocorram em período diferente. Isso é importante porque informações sobre os recursos econômicos e reivindicações da entidade que reporta e mudanças em seus recursos econômicos e reivindicações durante o período fornecem uma base melhor para a avaliação do desempenho passado e futuro da entidade do que informações exclusivamente sobre recebimentos e pagamentos à vista durante esse período."

É por decorrência desse pressuposto que, por exemplo:

a) A receita de venda é contabilizada por ocasião da transferência do controle, e não quando de seu recebimento.

b) A despesa de pessoal (salários, encargos, complemento de aposentadora etc.) é reconhecida no mês em que se recebeu tal prestação de serviços, mesmo sendo paga no mês seguinte ou anos após.

c) A despesa do imposto de renda é registrada no mesmo período dos lucros a que se refere e não no exercício seguinte, quando é formalmente declarada.

Como se nota ainda no texto do art. 187, nos mesmos períodos em que forem registrados as receitas e os rendimentos, deverão estar registrados todos os custos, despesas, encargos e riscos correspondentes àquelas receitas. Por essa determinação, também denominada "confrontação entre receitas e despesas", ao se contabilizar, por exemplo, a receita da venda de determinado produto, deverão ser registrados no mesmo período todos os custos e as despesas em que se incorre relativamente àquela receita, tais como: o custo do produto vendido, que englobaria material, mão de obra e demais custos de sua fabricação; e as despesas incorridas, sejam de comercialização, financeiras ou de administração.

Nesse sentido, também, se a empresa der, por exemplo, um período de garantia ao produto vendido, tal custo de garantia deverá ser apropriado nesse mesmo período, por estimativa e não no período futuro, quando realizará

a substituição de peças. Por esse motivo, havendo essa cláusula de venda, deve-se constituir uma provisão para despesas com garantia.

Dentro dessa filosofia, a comissão dos vendedores deve ser registrada como despesa no mesmo período do reconhecimento da venda, mesmo sendo paga, total ou parcialmente, em períodos posteriores.

Entretanto, é importante destacar que a confrontação entre as receitas e as despesas não é um objetivo por si só, mas uma consequência dos critérios de reconhecimento e mensuração de ativos e passivos, conforme detalhado no item 5.5 do já citado Pronunciamento Conceitual Básico (R2):

"O reconhecimento inicial de ativos ou passivos decorrentes de transações ou outros eventos **pode resultar** no reconhecimento simultâneo tanto de receitas como das respectivas despesas. Por exemplo, a venda de produtos à vista resulta no reconhecimento de receita (do reconhecimento do ativo – caixa) e da despesa (do desreconhecimento de outro ativo – produtos vendidos). O reconhecimento simultâneo das receitas e das respectivas despesas, às vezes, é referido como a confrontação entre custos e receitas. A aplicação dos conceitos nesta Estrutura Conceitual leva a essa confrontação quando resulta do reconhecimento de mudanças nos ativos e nos passivos. Contudo, **a confrontação entre custos e receitas não é objetivo desta Estrutura Conceitual**. Esta Estrutura Conceitual não permite o reconhecimento no balanço patrimonial de itens que não atendam à definição de ativo, passivo ou Patrimônio Líquido." (grifo nosso).

Uma aplicação direta desse conceito é a vedação, pelo CPC 04 (R1), de gastos com pesquisa. Se avaliássemos tais gastos apenas considerando a perspectiva da confrontação entre receitas e despesas, chegaríamos à conclusão de que o gasto com pesquisa não deveria ser registrado como despesa no momento de sua ocorrência, já que não há, ainda, a receita correspondente. Entretanto, isso nos levaria a reconhecer um ativo intangível que não atende aos critérios de definição e reconhecimento de um ativo intangível, conforme o CPC 04 (R1). Portanto, o gasto com pesquisa deve ser levado ao resultado, mesmo não havendo receita correspondente. Mais detalhes podem ser consultados no Capítulo 8 – Ativos Intangíveis e Ativos Biológicos.

Com relação à apresentação da demonstração do resultado do exercício em moeda de poder aquisitivo constante, ver Capítulo 28.

17.2.2 Juros embutidos

Conforme disposto em diversos outros capítulos, os ajustes de recebíveis e pagáveis a valor presente produzem o surgimento de despesas e receitas financeiras. É necessário o cuidado de se evidenciar separadamente dentre essas despesas e receitas no resultado as que derivam de contas de aplicação de dinheiro ou de captação de dinheiro e financiamentos das relativas a contas operacionais (clientes, fornecedores, provisões etc.).

17.2.3 Extinção da correção monetária

A Lei nº 9.249/1995 proibiu a utilização de qualquer sistema de correção monetária nas demonstrações financeiras. O IASB determina que a correção monetária seja utilizada exclusivamente quando de hiperinflação, como no caso de esse índice alcançar, acumuladamente em três anos, algo perto de 100% ou quando incorrerem outras condições. Essas normas estão na IAS 29 do IASB e no CPC 42 no Brasil. Veja-se o Capítulo 28.

17.3 Critérios básicos de apresentação da DRE

O objetivo da DRE é fornecer aos usuários das demonstrações contábeis da empresa, como já indicado, as informações essenciais sobre a formação do resultado (lucro ou prejuízo) do exercício, que evidencia o desempenho da entidade.

O art. 187 da Lei das Sociedades por Ações disciplina a apresentação dessa demonstração, estabelecendo que se inicie com o valor total da **receita bruta** apurada nas operações de vendas e serviços, subtraindo-se as deduções das vendas, os abatimentos e os impostos sobre estas receitas, apurando-se a receita líquida das vendas e serviços. Todavia, as normas internacionais (ver CPC 47 – Receita de Contrato com Cliente) determinam que a divulgação se inicie pelas receitas líquidas; para conciliar o determinado pela Lei das S.A., bem como o exigido pela legislação fiscal, escrituram-se as receitas brutas e as diminuições destas receitas, mas a demonstração é feita a partir das receitas líquidas, sendo que a conciliação entre ambas é evidenciada em notas explicativas.

Da receita líquida deduz-se o **custo total** correspondente a essas vendas e serviços e chega-se ao resultado bruto, comumente denominado **lucro bruto ou margem bruta**.

Após esse resultado são apresentadas, como exigência da nossa Lei das S.A. brasileira, as despesas necessárias ao desenvolvimento das atividades da empresa e outras receitas complementares ao negócio e segregadas por subtotais, conforme sua **função**, quais sejam:

a) Despesas com vendas.

b) Despesas financeiras deduzidas das receitas financeiras.

c) Despesas gerais e administrativas.

d) Outras despesas e receitas operacionais.

Assim, deduzindo-se estas despesas do lucro bruto, obtém-se o que antigamente era denominado **lucro operacional**. Essa denominação é ainda mencionada na lei, mas não é mais reconhecida nas demonstrações fundamentadas nas normas internacionais e nos CPCs. Na prática, não se deve mais usar essa terminologia, inclusive porque ela foi objeto de grandes discussões sobre a classificação de vários dos seus componentes em algumas situações no passado. E, além disso, a própria Lei das S.A. (art. 177, § 5º) determinou que especificamente as empresas sob jurisdição da CVM passassem, a partir de 2008, a seguir as normas internacionais de contabilidade que fossem aprovadas por essa autarquia; e assim especificamente foi. No fundo, interpreta-se que a própria Lei obrigou à utilização das regras novas. E o Conselho Federal de Contabilidade, mesmo sem obrigação legal, adotou a mesma postura.

A Lei das S.A. determina que, após isso, apresentem-se as **outras receitas e despesas** (estas se resumem, principalmente, aos resultados derivados de operações descontinuadas), apurando-se então o **resultado antes dos tributos e participações** (imposto de renda e contribuição social sobre o lucro). Mas as normas internacionais implicam essas participações serem consideradas despesas antes do resultado antes dos tributos, e isso acaba prevalecendo pelo já comentado artigo da Lei mencionado em parágrafo anterior (veja o Capítulo 4 deste livro).

Deduzem-se, a seguir, o **imposto de renda e a contribuição social reconhecidos** (apropriados por regime de competência e não de pagamento), chegando-se, assim, ao **lucro (ou prejuízo) líquido do exercício**, que é o valor final da Demonstração.

A Lei exige ainda a apresentação do montante do **lucro por ação**.

Note-se também que o CPC 26 (R1) – Apresentação das Demonstrações Contábeis fala na possibilidade de a demonstração apresentar as contas não pela sua função (administrativas, vendas, custo dos produtos vendidos etc.), mas pela **natureza** (material consumido, mão de obra, contribuições sociais, energia elétrica, aluguéis etc.). Nossa Lei, no entanto, determina o uso do critério **função**.

Ainda de acordo com o CPC 26 (R1), devem ser divulgados na Demonstração Consolidada do Resultado do Exercício, como alocação do resultado do exercício, resultados líquidos atribuíveis:

- à participação de sócios não controladores; e
- aos detentores do capital próprio da empresa controladora.

O referido Pronunciamento Técnico aborda ainda dois outros aspectos relativos à Demonstração do Resultado do Exercício, a saber:

A necessidade de divulgação, de forma separada, da natureza e montantes dos itens de receita e despesa quando estes são relevantes, conforme descrito no item 98:

"98. As circunstâncias que dão origem à divulgação separada de itens de receitas e despesas incluem:

a) reduções nos estoques ao seu valor realizável líquido ou no ativo imobilizado ao seu valor recuperável, bem como as reversões de tais reduções;

b) reestruturações das atividades da entidade e reversões de quaisquer provisões para gastos de reestruturação;

c) baixas de itens do ativo imobilizado;

d) baixas de investimento;

e) unidades operacionais descontinuadas;

f) solução de litígios; e

g) outras reversões de provisão."

- A necessidade de subclassificação das despesas, como pode ser constatada no item 101:

"101. As despesas devem ser subclassificadas a fim de destacar componentes do desempenho que possam diferir em termos de frequência, potencial de ganho ou de perda e previsibilidade. Essa análise deve ser proporcionada em uma das duas formas descritas a seguir, obedecidas as disposições legais."

As formas de análise citadas no item 101 do CPC 26 (R1) são as seguintes:

- Método da natureza da despesa – utiliza como elemento agregador das despesas a sua natureza, o que torna simples o seu uso por representar uma espécie de "listagem" das despesas incorridas no período, não classificadas com relação à finalidade (vendas, administrativas etc.) e, sim, pela sua natureza. Por exemplo, depreciações e amortizações; consumo de matéria-prima e materiais; despesas com transporte; despesa com benefícios a empregados etc.

- Método da função da despesa ou do "custo dos produtos e serviços vendidos" – utiliza a função da despesa como elemento agregador e classificador. Nesse método, a companhia deve divulgar separadamente, no mínimo, o montante do custo dos produtos e serviços vendidos das demais despesas incorridas, que podem ser classificadas como de vendas, administrativas etc. Quando comparado ao método da natureza da despesa, a segregação das despesas por funções pode demandar alocações arbitrárias e considerável julgamento.

A título de exemplo, as demonstrações, por um e outro método, seriam apresentadas conforme o Quadro 17.1.

Sobre a subclassificação das despesas, a norma estabelece ainda que cabe à administração escolher o método a ser utilizado, em função de fatores históricos, setoriais e da natureza da entidade. Porém, quando a entidade classifica as despesas por função, ela deve divulgar, adicionalmente, informações acerca da natureza de certas despesas, incluindo as despesas de depreciação, amortização e despesas com benefícios a empregados. De qualquer forma, a legislação brasileira induz diretamente à demonstração com as despesas por função.

Quadro 17.1

Método – Função da Despesa		Método – Natureza da Despesa		
Receita de Vendas	3.000	Receitas de VENDAS		3.000
Custo dos Produtos Vendidos	(700)	Variação do Estoque de Produtos Acabados e em Elaboração	300	
Lucro Bruto	2.300	Consumo de Matérias-primas e de Materiais	400	
Despesas de Vendas	(50)	Salários e Benefícios a Empregados	80	
Despesas Administrativas	(230)	Depreciações e Amortizações	150	
Outras Despesas	(100)	Despesas com Comissões	50	
Resultado Antes dos Tributos	1.920	Outras Despesas	100	
		Total das Despesas		(1.080)
		Resultado antes dos Tributos		1.920

Por fim, cumpre-nos registrar que está em discussão pelo IASB uma alteração no formato de apresentação da DRE. O tema está sendo discutido desde 2019 e se insere num projeto mais amplo do IASB, intitulado "*Primary Financial Statements*". Dado que as propostas de alteração ainda estão em curso e devem levar algum tempo para que sejam implementadas, não iremos discuti-las aqui. Convidamos o leitor a acessar os documentos e as discussões diretamente no *site* do IASB, em: https://www.ifrs.org/projects/work-plan/primary-financial-statements/.

17.4 Demonstração do Resultado Abrangente do Exercício (DRA)

Além da elaboração da Demonstração do Resultado do Exercício, o CPC 26 (R1) – Apresentação das Demonstrações Contábeis, seguindo as normas internacionais de contabilidade, instituiu a obrigatoriedade de elaboração da Demonstração do Resultado Abrangente do Exercício. Essa demonstração apresenta receitas, despesas e outras mutações que afetam o Patrimônio Líquido, mas que não são reconhecidas (ou não foram reconhecidas ainda) na Demonstração do Resultado do Exercício, conforme determinam Pronunciamentos, Interpretações e Orientações que regulam a atividade contábil. Tais receitas e despesas são identificadas como "outros resultados abrangentes" e, de acordo com o CPC 26 (R1), compreendem os seguintes itens:

> "a) variações na reserva de reavaliação quando permitidas legalmente veja CPC 27 – Ativo Imobilizado e CPC 04 – Ativo Intangível;
>
> b) ganhos e perdas atuariais em planos de pensão com benefício definido reconhecidos conforme item 93A do CPC 33 – Benefícios a Empregados;
>
> c) ganhos e perdas derivados de conversão de demonstrações contábeis de operações no exterior, CPC 02 (R2) – Efeitos das Mudanças nas Taxas de Câmbio e Conversão de Demonstrações Contábeis;
>
> d) ajuste de avaliação patrimonial relativo aos ganhos e perdas na remensuração de ativos financeiros mensurados a valor justo por meio de outros resultados abrangentes (ver CPC 48 – Instrumentos Financeiros);
>
> e) ajuste de avaliação patrimonial relativo à efetiva parcela de ganhos ou perdas de instrumentos de *hedge* em *hedge* de fluxo de caixa (ver também CPC 48)."

A Demonstração do Resultado Abrangente pode ser apresentada dentro da Demonstração das Mutações do Patrimônio Líquido (DMPL) (ver exemplo no Capítulo 16), ou por meio de relatório próprio, sendo que o CPC sugere que se faça uso da apresentação na DMPL. Quando apresentada em demonstrativo próprio, a DRA tem como valor inicial o resultado líquido do período apurado na DRE, seguido dos outros resultados abrangentes, conforme estrutura mínima para a Demonstração do Resultado Abrangente estabelecida pelo CPC 26 (R1):

a) Resultado líquido do período.

b) Cada item dos outros resultados abrangentes classificados conforme sua natureza (exceto montantes relativos ao item *c*.

c) Parcela dos outros resultados abrangentes de empresas investidas reconhecida por meio do método de equivalência patrimonial.

d) Resultado abrangente do período.

A DRA, pelas normas internacionais, pode ainda ser apresentada como continuidade da DRE, mas no Brasil o CPC determinou que seja como um relatório à parte. Utilizando os mesmos números que estão como exemplo no CPC 26 (R1), se fossem apresentadas juntas, ter-se-ia a seguinte demonstração, que não foi recepcionada no Brasil pelo CPC, nem pela CVM nem pelo CFC (mostramos apenas para demonstrar como ficaria – ela contraria a nossa legislação e por isso essa forma **não** foi adotada; mas pode vir a sê-lo no futuro).

Note-se que, apresentadas separadamente, bastaria a DRA começar a partir do Lucro Líquido.

O Pronunciamento Técnico do CPC sugere ainda que a DRA seja adicionada à Mutação do Patrimônio Líquido.

As empresas devem, de acordo com o CPC 26 (R1), divulgar como alocações do resultado do exercício na DRA consolidada os resultados abrangentes totais do período atribuíveis à participação de sócios não controladores e os atribuíveis aos detentores do capital próprio da empresa controladora. O referido Pronunciamento Técnico dispõe também que os outros resultados abrangentes podem ser evidenciados líquidos de seus respectivos efeitos tributários ou antes de tais efeitos, sendo estes divulgados em montante único, que totalize os tributos dos componentes.

No momento em que ocorre a realização contábil dos itens registrados como outros resultados abrangentes (por exemplo, baixa de investimentos em companhias no exterior, baixa de ativos financeiros disponíveis para venda, ou quando operação anteriormente prevista e sujeita a *hedge* de fluxo de caixa afetar o resultado líquido do exercício etc.), configura-se a necessidade de divulgação dos **ajustes de reclassificação**, que são tratados no item 93 do CPC 26 (R1), conforme transcrito a seguir:

> "93. Alguns Pronunciamentos, Interpretações e Orientações especificam se e quando itens anteriormente registrados como outros resultados abrangentes devem ser reclassificados para o resultado do período. Tais

Tabela 17.1

Demonstração do Resultado Abrangente (em R$)		
Receita de Vendas		1.879.400
Tributos sobre Vendas		(300.000)
Receita Líquida de Vendas		1.579.400
Custo dos Produtos Vendidos		(820.000)
Lucro Bruto		759.400
Despesas com Vendas		(180.000)
Despesas Administrativas		(125.000)
Receita de Equivalência Patrimonial		35.000
Lucro Antes Rec. Desp. Financeiras		489.400
Receitas Financeiras		93.000
Despesas Financeiras		(124.500)
Lucro Antes Tributos sobre o Lucro		457.900
Tributos sobre o Lucro		(185.900)
Lucro Líquido do Período		272.000
Parcela dos sócios da Controladora	250.000	
Parcela dos não controladores	22.000	
Ajustes Instrumentos Financeiros		(60.000)
Tributos s/ Ajustes Instrumentos Financeiros		20.000
Equiv. Patrim. s/ Ganhos Abrangentes de Coligadas		30.000
Ajustes de Conversão do Período		260.000
Tributos s/ Ajustes de Conversão do Período		(90.000)
Outros Resultados Abrangentes Antes Reclassificação		160.000
Ajustes de Instrumentos Financ. Reclassificados p/ Resultado		10.600
Outros Resultados Abrangentes		170.600
Parcela dos sócios da Controladora	164.600	
Parcela dos não controladores	6.000	–
Resultado Abrangente Total		442.600
Parcela dos sócios da Controladora	414.600	
Parcela dos não controladores	28.000	

ajustes de reclassificação são incluídos no respectivo componente dos outros resultados abrangentes no período em que o ajuste é reclassificado para o resultado líquido do período. Por exemplo, o ganho realizado na alienação de ativo financeiro disponível para venda é reconhecido no resultado quando de sua baixa. Esse ganho pode ter sido reconhecido como ganho não realizado nos outros resultados abrangentes do período ou de períodos anteriores. Dessa forma, os ganhos não realizados devem ser deduzidos dos outros resultados abrangentes no período em que os ganhos realizados são reconhecidos no resultado líquido do período, evitando que esse mesmo ganho seja reconhecido em duplicidade."

A entidade pode optar por apresentar os ajustes de reclassificação em notas explicativas, não os divulgando na DRA, mas, nesse caso, ela deverá apresentar os itens de outros resultados abrangentes após os respectivos ajustes de reclassificação.

Cabe salientar que não devem ser tratadas como ajustes de reclassificação as mutações na reserva de reavaliação, quando permitida por Lei, instrumento patrimonial avaliado a valor justo ou os ganhos e perdas atuariais de planos de benefício a empregados. Todos são reconhecidos como outros resultados abrangentes, mas não são reclassificados para o resultado líquido em exercícios posteriores. Na medida em que ocorrer a realização da reserva de reavaliação, suas mutações devem ser transferidas para Reserva de Retenção de Lucros ou para Lucros ou Prejuízos Acumulados. Certos ganhos e perdas atuariais de planos de benefício a empregados podem ser registrados na Reserva de Retenção de Lucros ou em Lucros ou Prejuízos Acumulados no exercício em que forem reconhecidos como outros resultados abrangentes.

Por fim, o CPC 26 (R1) – Apresentação das Demonstrações Contábeis destaca que, quando for relevante para a compreensão dos resultados da companhia, outras rubricas, contas, títulos e subtotais devem ser apresentados na DRA e na DRE. Entretanto, a entidade não deve apresentar nas referidas demonstrações, ou em notas explicativas, rubricas, receitas ou despesas sob a forma de itens extraordinários. Também não se admite mais a figura das receitas e despesas não operacionais. A única discriminação é a dos resultados derivados das atividades descontinuadas.

Nas seções seguintes, são debatidos, em detalhe, critérios contábeis e a forma de apresentação dos custos e despesas operacionais, que são contas que compõem a DRE em face da Lei das Sociedades por Ações. Já as receitas de vendas serão discutidas no Capítulo 18.

17.5 Custo das mercadorias e dos produtos vendidos e dos serviços prestados

Como já mencionado, o custo das mercadorias e dos produtos vendidos ou o custo dos serviços prestados a serem computados no exercício devem ser correspondentes às receitas de vendas das mercadorias, dos produtos e serviços reconhecidos no mesmo período. De fato, como menciona o item II do art. 187 da Lei nº 6.404/1976, deve ser computado na Demonstração do Resultado do Exercício "o custo das mercadorias e serviços vendidos" no exercício, o qual, deduzido das receitas correspondentes, gera o **lucro bruto**.

No Capítulo 3 – Estoques (Seção 3.3), é abordada com maior profundidade a avaliação de estoques e, consequentemente, a apuração do custo das mercadorias e dos produtos vendidos. Não obstante isso, no presente capítulo apresentamos um sumário para melhor entendimento e algumas considerações complementares. É importante mencionar que, devido à utilização do conceito de valor presente (CPC 12 – Ajuste a Valor Presente), mudança significativa de prática contábil é observada na contabilização dos estoques e, por consequência, no valor do custo das mercadorias, dos produtos e dos serviços vendidos, ressalvando que, para este último, deve-se admitir que parte dos custos não transita, necessariamente, pelos estoques.

17.5.1 Apuração do custo das mercadorias e dos produtos vendidos

A apuração do custo das mercadorias vendidas é mais bem vista no Capítulo 3, sobre estoques. Aqui, cuida-se preponderantemente do custo dos produtos fabricados e vendidos; e isso está diretamente relacionado com a mensuração de custos registrados nos estoques da empresa, pois representa a baixa efetuada nas contas dos estoques por vendas realizadas no período. Daí decorre a fórmula simplificada de sua apuração; no caso das empresas industriais:

$$CPV = EIPAE + CP - EFPAE$$

em que:

$$CPV = \text{Custo dos Produtos Vendidos}$$

$$EIPAE =$$
Estoques dos produtos acabados e em elaboração no início do período

$$CP = \text{Custos de Produção incorridos no período}$$

$$EFPAE =$$
Estoques dos produtos acabados e em elaboração no final do período

Em empresas comerciais, a fórmula muito conhecida (CMV = EI + Compras – EF) é mais simples do que nas industriais, bem como sua apuração é muito menos trabalhosa, pois as entradas são representadas somente pelas compras de mercadorias destinadas à revenda e os estoques iniciais e finais são só os de mercadorias para revenda.

Na fórmula dos custos dos produtos vendidos para empresas industriais, todavia, os estoques iniciais e finais não são compostos somente pelos produtos acabados, mas também pelos em elaboração e as entradas representam todo o custo incorrido no processo de produção no período, e para tais empresas é necessário um sistema de contabilidade de custos cuja complexidade vai depender da estrutura do sistema de produção, das necessidades internas para fins gerenciais etc.

Na verdade, a formulação mais analítica e mais completa para o caso das empresas industriais é a seguinte:

Define-se CPA como o Custo total da produção que tiver sido acabada no período:

$$CPA = EIPE + CP - EFPE$$

em que:

$$CPA = \text{Custo da Produção Acabada}$$

$$EIPE = \text{Estoque Inicial de Produtos em Elaboração}$$

$$CP = \text{Custos de Produção incorridos no período}$$

$$EFPE = \text{Estoque Final de Produtos em Elaboração}$$

Os Custos de Produção incorridos no período, por sua vez, são:

$$CP = MPOMC + \text{Mão de obra} + \text{Encargos sociais} + \text{Energia} + \text{Depreciações} + \text{Aluguéis na produção} + \text{Outros custos da produção}$$

em que:

$$MPOMC = \text{Matérias-primas e outros materiais}$$
consumidos = Estoque inicial de matérias-primas e outros materiais + Compras de matérias-primas e outros materiais – Estoque final de matérias-primas e outros materiais

E o Custo dos Produtos Vendidos é:

$$CPV = EIPA + CPA - EFPA$$

em que:

$$CPV = \text{Custo dos Produtos Vendidos}$$

$$EIPA = \text{Estoque Inicial dos Produtos Acabados}$$

$$CPA = \text{Custo da Produção Acabada}$$

$$EFPA = \text{Estoque Final da Produção Acabada}$$

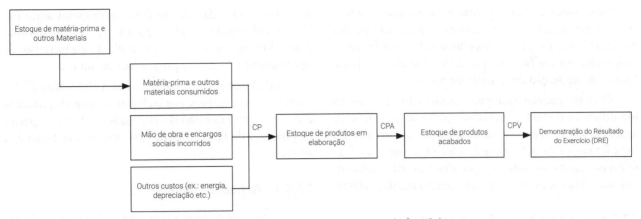

Figura 17.1 Esquematização básica dos fluxos dos custos em empresas industriais.

A Figura 17.1 representa uma esquematização básica dos fluxos dos custos em empresas industriais:

Como pode ser percebido no esquema básico reproduzido, o consumo de matéria-prima e outros materiais (MPOMC) representa a soma das saídas dos estoques de matéria-prima e outros materiais vinculadas à obtenção das receitas. O custo da produção (CP) é composto pelo somatório do custo de materiais e outros componentes consumidos, custos de mão de obra e outros custos incorridos no período. O custo da produção é debitado (entrada) no estoque de produtos em elaboração. À medida que os produtos são acabados, os itens e seus respectivos custos dos produtos acabados (CPA) são creditados (baixados) do estoque de produtos em elaboração, sendo estes debitados (entrada) no estoque de produtos acabados. Quando os produtos acabados são vendidos, os itens e seus respectivos custos do produto vendido (CPV) são creditados (baixados) do estoque de produtos acabados e debitados no resultado do exercício.

Esta seção deve ser analisada complementarmente ao capítulo de Estoques quanto a método de custeio, métodos de avaliação etc., que são alguns daqueles conceitos aqui sumariados.

A produção do período nas indústrias é representada basicamente por dois tipos de custos, quais sejam:

a) Custos diretos (matéria-prima, mão de obra direta, embalagens etc.).

b) Custos indiretos.

17.5.2 Custeio real por absorção

Há inúmeros métodos de custeio e critérios de avaliação da produção e dos estoques, e dentro dos princípios contábeis, consagrados pela Lei nº 6.404/1976 e pelo CPC 16 (R1) – Estoques, o método de **custeio real por absorção** é o indicado. Isso significa dizer que devem ser adicionados ao custo da produção os **custos reais incorridos**, obtidos pela contabilidade geral e pelo **método por absorção**, o que significa a inclusão de todos os gastos relativos à produção, quer diretos, quer indiretos em relação a cada produto. Segundo o citado Pronunciamento, os custos a serem incluídos são os referentes à aquisição (preço de compra, tributos não recuperáveis, transporte, seguros, gastos de manuseio, materiais, serviços etc.) e transformação (custos indiretos de fabricação, sejam fixos ou variáveis), além de quaisquer custos diretamente atribuíveis ao processo de trazer os estoques ao seu local e condições atuais.

17.5.3 Custeio direto (ou custeio variável)

Nesse método, somente são considerados na avaliação dos estoques em processo e acabados os custos variáveis, sendo os custos fixos lançados diretamente nos resultados. Por isso, o custeio variável não é ainda um critério plenamente consagrado e não é aceito pelas normas internacionais de contabilidade; no Brasil, nunca foi aceito na legislação societária e também na tributária.

Todavia, não se pode deixar de reconhecer que o método tem inúmeros méritos, particularmente para fins gerenciais, por permitir melhor análise da lucratividade de produtos e serviços, sem a influência dos rateios dos custos indiretos.

17.5.4 Custo-padrão

O custo-padrão é também utilizado por inúmeras empresas para avaliação de sua produção e estoques, pois permite melhor instrumentação para fins gerenciais. Sua aplicação pode ser feita com a utilização do mesmo princípio do método por absorção, isto é, levando em conta todos os elementos de custo. Pode também ser utilizado o método de custeio variável, não incluindo os custos fixos, procedimento este que também não tem sido aceito como prática contábil.

Nesse sistema, o custo padrão é predefinido com base em parâmetros técnicos de volume e custo unitário, porém, como já vimos, a avaliação dos estoques deve ser feita pelo custo real, seja em face dos princípios contábeis, seja em função da legislação do imposto de renda.

O custo padrão, que pode auxiliar fortemente na identificação de ineficiências na produção, por meio da análise dos desvios entre o custo esperado e incorrido, pode ser adotado na contabilidade financeira, desde que sejam feitos os ajustes ao custo real por absorção para efeito de publicação (lei societária) e atendimento à legislação fiscal.

17.5.5 Custeio baseado em atividades

Conhecido como ABC (de *activity-based costing*), esse método consiste em direcionar os custos indiretos aos produtos não por centros de custos ou por departamentos, mas por **atividades** (daí sua denominação).

Na prática, a implementação do método ABC requer dois estágios de alocação de custos, sendo o primeiro o custeio das atividades e o segundo o custeio dos produtos. No primeiro estágio, devem ser identificados os direcionadores de consumo de recursos, sob a premissa de que os recursos são consumidos para executar determinadas atividades. No segundo estágio, devem ser identificados os direcionadores de consumo de atividades, considerando que as atividades existem para produzir os produtos ou prestar os serviços. O objetivo final do método ABC é tentar reduzir as distorções na análise de lucratividade de produtos e serviços provocadas por alocações subjetivas e/ou arbitrárias dos custos indiretos aos objetos de custeio, bem como identificar atividades que não agregam valor e, assim, gerenciar a eficiência operacional.

O método ABC não está restrito à alocação dos custos de fabricação ou prestação de serviços, podendo ser aplicado também para alocação de despesas administrativas e comerciais aos objetos de custeio. Nesses casos, o método ABC não pode ser utilizado para elaboração de demonstrações contábeis, uma vez que as despesas não devem ser alocadas aos produtos, mas aos períodos. E não podem ser retirados custos vinculados à produção, como admitido em certas circunstâncias pelo método ABC.

17.5.6 RKW

Abreviação da expressão alemã *Reichskuratorium für Wirtschaftlichkeit*, esse método consiste em alocar, aos produtos, **todos** os gastos da empresa; não só custos, mas também despesas comerciais, administrativas e até mesmo as despesas financeiras e os juros sobre o capital próprio podem ser incluídos (custos imputados).

O procedimento de alocação de custos é igual ao custeio por absorção, com a diferença de que também são alocadas ou rateadas aos produtos as despesas administrativas e de vendas. Como é para uso gerencial, permite ainda alocação dos encargos financeiros e até um custo de oportunidade do capital próprio aos produtos.

O RKW também não é aceito para elaboração de demonstrações contábeis, por incluir no custeio de produtos e serviços gastos que não são vinculados de forma explícita ao processo de fabricação de produtos ou prestação dos serviços.

17.5.7 Aspectos fiscais

A legislação do imposto de renda, editada para adaptação aos critérios da Lei nº 6.404/1976, introduziu também algumas inovações a esse respeito, as quais estão dispostas no Regulamento do Imposto de Renda (RIR/2018, em seus arts. 301 a 317).

Todavia, de forma geral, tal legislação fiscal aceita a avaliação da produção pelo método do custo real por absorção, sendo fator importante o que estabelece que **as empresas deverão manter um sistema de contabilidade de custo integrado e coordenado com a contabilidade geral**, ou seja, um sistema de custos cujo ponto de partida sejam os custos de produção apurados na contabilidade geral, e a contabilização dos custeios da produção seja refletida na contabilidade geral. Não satisfazendo a tais condições, a legislação estabelece critérios globais de avaliação dos produtos em processo e acabados. Tais critérios são arbitrários, de forma que normalmente penalizam a empresa que não tiver sistema de custo integrado e coordenado. Assim, as empresas deverão analisar cuidadosamente também esse aspecto, ao adotarem um sistema de contabilidade de custos. Deve-se novamente lembrar que na contabilidade, de acordo com a Lei das Sociedades por Ações, serão sempre adotados critérios dentro dessa lei e dos princípios contábeis.

Para complementar tal matéria, consultar o Capítulo 3 – Estoques (Seção 3.4), onde esse assunto é analisado em maior profundidade e com exemplos.

17.5.8 Plano de Contas

O Modelo de Plano de Contas apresentado neste *Manual*, relativamente ao custo de produção e ao custo dos produtos vendidos, bem como ao das mercadorias vendidas e serviços prestados, consta de dois grupos de contas. O primeiro refere-se aos custos necessários para elaboração dos produtos, por isso, está contido no grupo I – Ativo Circulante, subgrupo 5 – Estoques, na conta de Produtos em Elaboração, e seu detalhamento é estipulado a seguir. O segundo está no grupo de contas de resultado VII – Custo dos produtos vendidos. Esses grupos são detalhados da seguinte forma:

VII – CUSTO DAS MERCADORIAS E DOS PRODUTOS VENDIDOS E DOS SERVIÇOS PRESTADOS
(Resultado) e
I – (5) – PRODUTOS EM ELABORAÇÃO (Ativo)

O Custo das Mercadorias Vendidas (CMV) representa a baixa das mercadorias vendidas nas empresas comerciais ou de mercadorias adquiridas para revenda que podem existir mesmo em empresas industriais ou de prestação de serviços. O grupo de custo dos produtos vendidos e dos serviços prestados apresenta duas subcontas, conforme determina o art. 187 da Lei nº 6.404/1976, quais sejam:

Custos das Mercadorias Vendidas (CMV) e dos Produtos Vendidos (CPV)

Custo dos Serviços Vendidos (CSV)

Observe-se que o texto legal acabou por omitir a menção ao Custo dos Produtos Vendidos (CPV), expressão mais utilizada para produtos industrializados pela empresa. De qualquer forma, essas contas (CMV, CSV e CPV) aparecerão na Demonstração do Resultado do Exercício e receberão simplesmente os débitos correspondentes à baixa nos estoques de Mercadorias e de Produtos Acabados e, no caso dos serviços prestados, os custos que normalmente são apropriados diretamente por sua ocorrência.

Os Custos de Produção segregam na contabilidade geral todos os custos relacionados com o sistema produtivo, visando facilitar a apuração do custeio da produção, e que deverá ser utilizado pela contabilidade de custos. Foram subdivididos em oito subgrupos, como segue:

5. Estoques

Produtos em Elaboração

1. matéria-prima direta;
2. outros materiais diretos;
3. mão de obra direta;
4. outros custos diretos;
5. custos indiretos;
6. ocupação;
7. utilidades e serviços;
8. outros custos.

No caso de mão de obra direta e de custos indiretos, foram relacionadas as diversas subcontas por natureza de gastos.

Logicamente, cabe sempre lembrar, esse rol de contas é uma sugestão que deverá ser adaptada às necessidades e particularidades de cada empresa, para incluir contas para custos de natureza específica. Além disso, poderá ser necessário detalhamento, seja na contabilidade geral, seja

em registros auxiliares ou na contabilidade de custos, no caso das empresas com diversidade de linhas de produção, em que as contas de custos poderiam ser segregadas por linha ou ordens; ou em empresas com diversas fábricas ou locais de produção, em que poderiam ser as contas seccionadas por fábrica ou por área geográfica e, ainda, segregadas por departamento ou seção de produção, também denominados centros de custos. Isso simplificaria o plano de contas, propriamente dito, pois ele registraria os gastos por natureza (salários, aluguéis etc.) e o centro de custos (Departamento A, filial Z etc.) registraria os gastos por produtos, departamentos, filiais etc. Esse procedimento evita a abertura de contas de mesma natureza repetidas vezes. A utilização dos dois planos, de contas e centros de custos, seria feita por sua combinação.

Exemplo: Salários   Salários
                Departamento A   Departamento B

Adicionalmente, poderiam ser segregados os custos entre fixos e variáveis, assim como outros desmembramentos julgados necessários.

Dentro do modelo apresentado, teríamos:

a) As contas de matéria-prima, outros materiais diretos e material indireto seriam debitadas por seu consumo, ou seja, pela requisição e baixa de contas de estoques correspondentes.

b) As contas de mão de obra direta e indireta e suas diversas subcontas seriam debitadas pela incorrência em tais custos em cada mês pelas apropriações feitas da folha de pagamento e dos encargos sociais. Usualmente, é necessária a segregação dos custos do pessoal entre diretos e indiretos e também por departamento ou seção a que pertencem. Uma adequada apropriação da mão de obra é feita por meio de sistema de apontamento de horas.

c) As demais contas de custos indiretos serão debitadas diretamente na contabilização dos gastos por sua ocorrência, quando forem identificadas com a produção. Outros custos, quando comuns com as despesas operacionais administrativas ou de vendas, são, muitas vezes, apropriados por meio de rateios, cálculos e critérios que deem uma adequada distribuição, tais como:

– **Depreciação** – Deve corresponder à depreciação dos bens utilizados na produção.

– **Refeitório** – Proporcional ao número de funcionários de cada setor.

– **Aluguéis e condomínio** – Proporcional ao espaço e custo de cada área.

– **Transporte de pessoal** – Proporcional ao número de funcionários de cada setor.

Os Custos de Produção que recebem os débitos expostos são depois apropriados ao estoque de produtos em elaboração e daí ao de acabados, e então são baixados para o Custo dos Produtos Vendidos.

Essas contas, portanto, são encerradas, e transformadas em ativo denominado Estoques (em elaboração ou acabados), ou ainda no resultado, como custo do produto vendido, no caso das unidades vendidas no período. Poderá haver também apropriação de parte dos Custos de Produção para outras contas que não a de Estoques de Produtos em Processo. Isso deverá ocorrer, por exemplo, quando a empresa desenvolver bens ou serviços não relacionados com sua produção de estoques, tal como quando a empresa utilizar seus funcionários da fábrica para produzir máquinas ou outros bens destinados ao Ativo Imobilizado. Nesse caso, o custo das horas do pessoal alocado nessa tarefa deve ser apropriado ao custo do bem do imobilizado produzido.

Se a empresa tiver receita por serviços prestados, o custo de tais serviços deve ser também apropriado para a conta de Custo de Serviços Prestados.

17.5.9 Recuperação de custos no Plano de Contas

Há alguns tipos de receitas cuja melhor classificação é como redução das despesas ou custos a que correspondem, em vez de serem registradas como outras receitas.

Um exemplo dessa situação ocorre com o refeitório das empresas, que normalmente cobra pelas refeições fornecidas um preço inferior a seu custo. Assim, a receita auferida deve ser mostrada como dedução das contas que registram os custos do refeitório, seja próprio seja no caso de compra de refeições de terceiros.

Para fins de controle interno, a empresa poderia registrar tal receita em subconta da despesa de refeitório.

Outros casos que devem ter tratamento similar são os abatimentos e descontos conseguidos nas compras de matérias-primas por defeitos de qualidade, faltas ou erros de preços unitários. Nesses casos, tais abatimentos ou descontos devem ser deduzidos diretamente da conta de estoque correspondente.

As vendas de sucatas e aparas ou de subprodutos devem ser também apresentadas como subcontas redutoras dos custos correspondentes, quando tais sucatas ou subprodutos forem normais e oriundos do processo produtivo da empresa. Esses tipos de receitas, todavia, quando forem esporádicos, devem ser registrados em Outras Receitas.

Em todos os casos expostos, o Modelo de Plano de Contas não inclui contas credoras dentro das despesas correspondentes, e as empresas que as tiverem deverão criá-las ou creditar os valores diretamente na própria conta de despesas. O Plano de Contas apresenta a conta de Venda de Sucatas em Outras Receitas e Despesas, que abriga tais receitas, mas somente quando não normais ou não atinentes ao processo produtivo.

17.6 Despesas e outros resultados das operações continuadas

As despesas das operações continuadas constituem-se das despesas pagas ou incorridas para vender produtos e administrar a empresa e, dentro do conceito da Lei nº 6.404/1976, abrangem também as despesas líquidas para financiar suas operações; os resultados líquidos das atividades acessórias da empresa são também considerados como tais.

O art. 187 da Lei nº 6.404/1976, item III, estabelece que, para chegarmos ao lucro ou prejuízo "operacional", devem ser consideradas as "despesas com as vendas, as despesas financeiras, deduzidas das receitas, as despesas gerais e administrativas, e outras despesas operacionais".

O inciso IV menciona "o lucro ou prejuízo operacional, as outras receitas e as outras despesas".

Ressalta-se que a nova lei societária não menciona mais a expressão **receita ou despesa não operacional**, mas somente a expressão **outras receitas e outras despesas**. As normas internacionais, adicionalmente, não mencionam mais a palavra **operacional**.

Dentro dessa conceituação, consta do Modelo do Plano de Contas:

DESPESAS DAS OPERAÇÕES CONTINUADAS

A. DE VENDAS

B. ADMINISTRATIVAS

C. RESULTADO FINANCEIRO LÍQUIDO

D. OUTRAS RECEITAS E DESPESAS DAS OPERAÇÕES CONTINUADAS

17.6.1 Despesas de vendas e administrativas

17.6.1.1 Despesas de vendas

As despesas de vendas representam os gastos relacionados com os esforços da empresa para vender, tais como promoção, colocação e distribuição dos produtos, bem como os riscos assumidos por vendas a prazo. Constam dessa categoria despesas como marketing, distribuição, pessoal da área de vendas, pessoal administrativo interno de vendas, comissões sobre vendas, propaganda e publicidade, perdas estimadas em créditos de liquidação duvidosa etc.

Conforme anteriormente mencionado, nos mesmos períodos em que forem registrados as receitas e os rendimentos, deverão estar registrados todos os custos, despesas, encargos e riscos correspondentes àquelas receitas. As despesas de vendas, em geral, são mais facilmente identificáveis com as receitas correspondentes, como é o caso das comissões sobre vendas.

17.6.1.2 Despesas administrativas

As despesas administrativas representam os gastos incorridos, pagos ou não, necessários para direção ou gestão da empresa, e são relacionadas com várias atividades gerais que beneficiam todas as fases do negócio ou objeto social. Constam dessa categoria itens como honorários da administração (diretoria e conselho), salários e encargos do pessoal administrativo, despesas legais e judiciais, material de escritório etc.

17.6.1.3 Plano de Contas das despesas de vendas e administrativas

Para dar melhor ordenação e classificação, o Plano de Contas apresenta os seguintes agrupamentos para as Despesas de Vendas, Despesas Administrativas e as que lhes são similares:

DESPESAS DAS OPERAÇÕES CONTINUADAS	
A. DE VENDAS	**B. ADMINISTRATIVAS**
1. Despesas com Pessoal	1. Despesas com Pessoal
2. Comissões de Vendas	2. Ocupação
3. Ocupação	3. Utilidades e Serviços
4. Utilidades e Serviços	4. Honorários
5. Propaganda e Publicidade	5. Despesas Gerais
6. Despesas Gerais	6. Tributos e Contribuições
7. Tributos e Contribuições	7. Despesas com Provisões
8. Perdas Estimadas em Créditos de Liquidação Duvidosa	

Percebe-se que há algumas contas comuns às atividades de vendas e administrativas, sendo que as despesas devem ser apropriadas de forma segregada. Para essa segregação, podem ser utilizados os critérios a seguir:

a) Por **identificação direta**, quando possível, como é o caso de alocar as despesas com o pessoal da área de vendas para Despesas de Vendas. Normalmente, a própria folha de pagamento já é feita segregando os valores por departamento, facilitando sua alocação. Os encargos sociais devem acompanhar os ordenados e salários correspondentes também por identificação direta ou, se não for possível, por critérios de distribuição (rateios). Muitas empresas já controlam todas as despesas por área; para tanto, toda despesa incorrida, como viagens, material de escritório, condução, serviços etc., já é identificada na documentação para ser contabilizada ao setor adequado.

b) Por **rateio**, quando certos gastos são comuns às vendas, à administração ou à produção e, nesse caso, pode ser feito rateio internamente em bases razoáveis e adequadas.

Algumas vezes, as dificuldades nessas classificações são enormes, e até resolvidas por certos arbítrios. Por exemplo, como separar os gastos de TI se esse setor trabalha num único centro, para a produção de bens (custo dos produtos), para vendas e para administração? O mesmo com os departamentos de recursos humanos (cuida do pessoal de fábrica e os demais) e a própria contabilidade (controla os custos de produção e o restante). Quando esses centros de custos são relevantes, uma alocação à fabricação, à administração e às vendas acaba sendo arbitrada. Alguns jogam todos esses gastos diretamente na administração exatamente por essa dificuldade.

Por isso, a preferência em tantos países pela classificação das despesas, no resultado para fins externos, pela sua natureza (materiais consumidos, pessoal, energia e utilidades, propaganda etc.) e não pela sua função, como orienta a lei brasileira.

a) DESPESAS COM O PESSOAL

As despesas com o pessoal devem ser contabilizadas no próprio mês a que se referem, mesmo sendo pagas posteriormente, registrando-se o passivo correspondente (veja Capítulo 11 – Passivo Exigível).

Esse agrupamento está subdividido em subcontas, segregando as despesas com o pessoal, conforme demonstramos a seguir.

I – Salários e Ordenados

Para registro dos salários normais brutos, inclusive as horas extras e outros adicionais.

II – Gratificações

Englobam todas as gratificações concedidas pela empresa, espontaneamente, as quais não integram o salário normal e horas extras.

III – Férias

Correspondem aos salários e ordenados do período de férias dos funcionários e, dentro do princípio da competência, tal despesa de férias deve ser reconhecida como encargo adicional nos 11 meses anteriores ao período de gozo, ou seja, no período da efetiva prestação de serviços, e não quando paga ou gozada pelos funcionários. Nesse caso, deve-se constituir mensalmente, ou ao menos na data do balanço, uma conta de Férias a Pagar no Passivo.

IV – Plano Complementar de Aposentadoria e Pensão

Também obrigatório o regime de competência, em decorrência do qual o custo estimado dos benefícios a serem proporcionados no futuro deve ser apropriado durante o período em que os serviços do beneficiário do plano são prestados à empresa (ver Capítulo 19 – Benefícios a Empregados e Pagamento Baseado em Ações).

V – Décimo Terceiro Salário

Esta despesa deve ser contabilizada mensalmente com base no tempo transcorrido, sendo que o valor total é apropriado proporcionalmente aos 12 meses do ano.

Esse procedimento implica o registro na conta 13º Salário a Pagar, no Passivo, a débito de despesas, sendo que o valor é constituído mensalmente na base mínima de 1/12 da folha de pagamento.

VI – INSS

Deve contemplar somente a parte do encargo social computada sobre a folha de pagamento, que representa ônus efetivo para a empresa, pois o recolhimento total feito para o INSS engloba também a parte que é ônus do empregado, deduzida do mesmo na folha de pagamento.

VII – FGTS

Representa o encargo da empresa relativo ao Fundo de Garantia do Tempo de Serviço. O registro como despesa deve ser feito no próprio mês de competência da folha de pagamento.

VIII – Indenizações

São devidas a funcionários relativamente ao tempo de serviço anterior ao Fundo de Garantia, ou relativos aos percentuais obrigatórios à base de um percentual sobre o FGTS, e a não optantes (se ainda existirem), e pagáveis quando da demissão sem justa causa ou quando negociadas com os funcionários. Por se tratar de uma contingência que somente se materializa se houver demissão sem justa causa, essa despesa é normalmente contabilizada quando da decisão da dispensa ou da negociação. Todavia, se houver, por parte da empresa, intenção e prática de liquidar tal contingência fixada formalmente, como muitas vezes na construção civil, por negociação com os funcionários ou por sua demissão, deve-se então reconhecer o passivo pela formação de uma Provisão para Indenização, cuja apuração deve ser feita na base de cálculo individual por funcionário. Ver no Capítulo 12 quando ela é contabilizável.

De qualquer forma, deve a empresa evidenciar por meio de uma Nota Explicativa o valor total da contingência trabalhista, quando significativa, e se constitui ou não a correspondente provisão.

IX – Assistência Médica e Social, Seguros etc.

É bastante comum as empresas contratarem assistência médico-assistencial e odontológica para seus empregados, com empresas especializadas como seguradoras e operadoras de planos de assistência à saúde, nos chamados contratos coletivos ou empresariais. Nesses casos, os valores mensais devidos pela empresa a título de contraprestação pecuniária, por exemplo, devem ser reconhecidos como despesas pelo regime de competência.

Da mesma forma, o regime de competência também deve ser observado pelas empresas que prestam, diretamente aos empregados, alguma forma de assistência médica ou social. Para mais informações sobre Benefícios a Empregados, consulte-se o Capítulo 19 – Benefícios a Empregados e Pagamento Baseado em Ações. Nesse capítulo, são tratados os benefícios pós-emprego, como complementação de aposentadoria, saúde na aposentadoria e outros, os relativos aos benefícios de curto prazo e também os que dizem respeito aos encargos assumidos no caso de desligamento de empregados. Como o assunto é bastante complexo, será tratado em capítulo à parte.

b) COMISSÕES DE VENDAS

Esse grupo aplica-se somente às Despesas de Vendas e engloba todos os gastos com comissões devidas sobre vendas. Os respectivos encargos sociais são atribuídos a esse subgrupo, caso em que diversas subcontas poderiam ser usadas, no mesmo grau de segregação adotado para as **Despesas com o Pessoal**.

As despesas de comissões devem ser contabilizadas no mesmo período das vendas respectivas. Veja também o Capítulo 11 – Passivo Exigível, Seção 11.2 – Conceitos gerais.

Em função do que dispõe o CPC 47 – Receita de Contrato com Cliente, vigente a partir de 2018, essas comissões e outras despesas incrementais vinculadas à obtenção de contratos que serão cumpridos em período superior a um ano obrigatoriamente serão ativadas como parte do custo para incorporação futura ao custo da execução do contrato. Só são ativáveis tais custos se efetivamente incorridos apenas por causa da obtenção desses contratos; e, no caso de frustração dessa obtenção, serão imediatamente descarregados para o resultado. No caso de contratos com execução com prazo inferior a um ano, essa ativação é opcional.

c) OCUPAÇÃO

Nesse subgrupo, estarão registradas as despesas com a ocupação física dos imóveis e as instalações representadas por aluguéis e despesas de condomínio. No caso de a empresa se utilizar de imóveis ou instalações por meio de um contrato de arrendamento (*leasing*) ou de aluguel sujeito a ativação (a partir de 2019, todos esses contratos obrigatoriamente gerarão um ativo na forma de Direito de Uso, a ser amortizado ao longo do prazo de utilização), deve ser criada conta de despesa específica. Para os bens próprios e para os obtidos por meio de operação de arrendamento, a despesa será de **Depreciação e Amortização**. E do passivo de arrendamento derivará a despesa financeira.

A apropriação dessas despesas entre Administrativas, de Vendas ou de Produção deve ser em função da utilização, pelos setores, dos bens a que se referem. O cálculo e a contabilização das depreciações e amortizações são analisados em detalhe no Capítulo 7 – Ativo Imobilizado e Propriedade para Investimento (Seção 7.2.6).

No caso da subconta de Manutenção e Reparos em Despesas de Vendas e Administrativas, seriam tais despesas relativas a conserto de máquinas de escritório, de instalações, pinturas etc.

d) UTILIDADES E SERVIÇOS

Esse subgrupo, também comum às Despesas de Vendas e Administrativas, além dos Custos de Produção, compreende as contas:

Energia Elétrica

Água e Esgoto

Telefone

Correio e Malotes

Reprodução

Seguros

Transporte de Pessoal

Outras

Sua contabilização deve ser feita no mês do recebimento da utilidade ou serviço, registrando-se, ao final do mês, a conta a pagar correspondente.

e) PROPAGANDA E PUBLICIDADE

É também subgrupo específico de Despesas de Vendas, mas, em certas circunstâncias, pode ser considerada como Despesas Administrativas. É o caso de campanha não vinculada à promoção de vendas de produtos, como, por exemplo, propaganda institucional para a melhoria da imagem da empresa ou, com sentido mais social, visando facilitar e estimular o recrutamento de pessoal etc. Seria o caso, também, de promoções feitas para captação de recursos.

A despesa com propaganda e publicidade deve ser, em princípio, reconhecida como despesa no momento em que é veiculada, por ser esse um gasto de difícil relacionamento com as vendas de determinado mês ou de período posterior. Entretanto, em certos casos, tais despesas poderiam ser ativadas e apropriadas a despesas nos meses seguintes que correspondessem ao registro das receitas respectivas. Seria o caso de propagandas identificadas, como, por exemplo, a propaganda antecipada feita pelas editoras de revistas da Edição nº x ou y. Assim, esse gasto seria registrado como Despesa Antecipada no Ativo e apropriada no período em que fosse reconhecida a receita.

Outro caso poderia ser o de uma forte campanha promocional para o lançamento de um produto, a ser desencadeada por mais de um período (normalmente). Nesse caso, a empresa deveria determinar o(s) período(s) em que devem ser apropriadas as despesas para os resultados, numa base conservadora.

f) HONORÁRIOS

As contas de Honorários foram previstas somente no grupo de Despesas Administrativas e segregadas em:

Diretoria

Conselho de Administração

Conselho Fiscal

Comitê de Auditoria

Essas contas receberiam os débitos de *pro labore*, honorários ou salários correspondentes; as gratificações espontâneas podem ser registradas em conta separada. Todavia, o somatório desses valores deve normalmente ser apresentado em subtítulo específico na Demonstração do Resultado, particularmente nas companhias abertas.

Note-se que nessas contas não seriam lançadas as participações no lucro a que tiverem direito, as quais são registradas em despesas do ano em título à parte.

A Lei nº 11.638/2007 determina que as participações de empregados e administradores, mesmo na forma de instrumentos financeiros, que não se caracterizem como despesas, devem ser classificadas como resultado de participações, após a linha do imposto de renda. Assim, as remunerações a empregados e administradores que não forem definidas em função do lucro da entidade são classificadas como custo ou despesa "operacional" (CPC 13 – Adoção Inicial das Leis nº 11.638/2007 e dada Medida Provisória nº 449/2008 [convertida na Lei nº 11.941/2009]).

Atenção especial precisa ser dada às situações de existência de planos de benefícios a empregados baseados em *stock options*, ou seja, benefícios cujos pagamentos são baseados em ações, abrangendo tanto os pagamentos em dinheiro como em ações propriamente ditas. No caso dos benefícios em ações, estes correspondem à possibilidade de os administradores e empregados poderem subscrever e integralizar ações por valor abaixo do valor justo ou algo semelhante. Esses planos são de entendimento e contabilização complexos e, por isso, também são tratados em capítulo especial, à parte. Veja-se, então, o Capítulo 19 – Benefícios a Empregados e Pagamento Baseado em Ações.

g) DESPESAS GERAIS

É outro subgrupo comum às Despesas de Vendas e Administrativas. O Plano de Contas apresenta o seguinte rol de contas classificáveis:

Viagens e Representações

Material de Escritório

Materiais Auxiliares e de Consumo

Higiene e Limpeza

Copa, Cozinha e Refeitório

Conduções e Lanches

Revistas e Publicações

Donativos e Contribuições

Legais e Judiciais

Serviços Profissionais e Contratados

Auditoria

Consultoria

Recrutamento e Relação

Segurança e Vigilância

Treinamento de Pessoal

Como se nota, há inúmeros tipos de despesas aqui classificáveis, devendo cada empresa fazer, como aliás em todos os grupos, as adaptações, inclusões ou exclusões de contas para suas necessidades internas e de controle.

Os critérios de registro das despesas seguem os mesmos princípios gerais já mencionados de reconhecê-las nos períodos em que são incorridas.

h) TRIBUTOS

Aqui são registradas as despesas com Imposto sobre Propriedade Territorial Rural, Imposto sobre a Propriedade Predial e Territorial Urbano, Imposto sobre a Propriedade de Veículos Automotores, a contribuição sindical, as contribuições para o PIS/Pasep e para a Cofins, exceto sobre faturamento etc. É importante destacar que os valores recuperáveis dessas contribuições, relativos às despesas do exercício, podem ser contabilizados de diferentes maneiras e, dentre elas, podemos citar três: (a) contabilização da despesa pelo seu valor líquido, com a utilização da conta "impostos e contribuições a recuperar" para registrar o valor que poderá ser compensado; (b) contabilização da despesa pelo seu valor total e, simultaneamente, sendo estornado da despesa, contra "impostos e contribuições a recuperar", o valor que será compensado; (c) contabilização da despesa pelo total e sendo criada uma conta retificadora dessa despesa onde serão lançados os valores que poderão ser compensados com os valores a pagar; neste caso, a contrapartida também é a conta de "Impostos e Contribuições a Recuperar".

i) PERDAS ESTIMADAS EM CRÉDITOS DE LIQUIDAÇÃO DUVIDOSA

A forma de cálculo e contabilização das perdas estimadas em créditos de liquidação duvidosa, cuja contrapartida é registrada nessa conta em Despesa de Vendas,

é abordada no Capítulo 2 – Disponibilidades e Contas a Receber (Seção 2.5.3).

O valor a ser registrado em despesa de vendas é somente a diferença entre o saldo anterior das perdas (deduzido das baixas por contas incobráveis) e o novo saldo calculado. *Não* se deve registrar a reversão do saldo não utilizado das perdas para outra conta, tal como Outras Receitas, e em Despesas de Vendas se registrar somente a contrapartida da constituição da nova estimativa. Essa despesa é não dedutível da base de cálculo do Imposto de Renda e da Contribuição Social (art. 13, inciso I, da Lei nº 9.249/1995).

Para evitar dúvidas, portanto, o Plano de Contas apresenta a conta de despesa com Perdas Estimadas para Créditos de Liquidação Duvidosa com duas subcontas, sendo que o líquido entre ambas é a despesa por ano:

Constituição do Novo Saldo (conta devedora).

Reversão do Saldo Anterior (conta credora).

17.6.2 Resultados financeiros líquidos

17.6.2.1 Conceito inicial e legislação

A Lei das Sociedades por Ações, em seu art. 187, define a apresentação desta rubrica como "[...] as despesas financeiras deduzidas das receitas [...]".

Dentro da filosofia contábil, seria melhor classificar as despesas e as receitas financeiras após o Resultado Operacional, desde que este representasse o resultado gerado pelas operações produzidas pelos ativos vinculados às operações que são a razão de ser da empresa; as receitas financeiras representariam resultados adicionais e não vinculados à operação (a não ser, é claro, no caso das instituições financeiras e outras que tivessem como objeto a obtenção desse tipo de receita) e as despesas financeiras mostrariam o efeito dos passivos financiadores desses ativos. Saliente-se, todavia, que o termo **resultado operacional**, ainda presente na lei societária, não é mais adotado na nomenclatura contábil, sendo substituído pelo termo **resultado das atividades continuadas**.

O texto da Lei não prevê, mas permite a segregação do resultado das operações continuadas (apesar de não mencionar essa expressão) em duas partes: antes e depois dos encargos financeiros. A mesma Lei não distingue as despesas financeiras das variações monetárias (distinção trazida pela legislação do imposto de renda) e, assim, ambas, somadas, representam as despesas (ou receitas) financeiras. Procuramos, nos tópicos seguintes, discutir o assunto, tentando harmonizar ambos os textos legais.

É importante atentar para o modelo apresentado pelo CPC 26 (R1) – Apresentação das Demonstrações Contábeis, aprovado pela CVM e pelo CFC, onde se tem, no item 82, a seguinte composição da Demonstração do Resultado:

"82. Além dos itens requeridos em outros Pronunciamentos do CPC, a demonstração do resultado do período deve, no mínimo, incluir as seguintes rubricas, obedecidas também as determinações legais:

(a) receitas, apresentando separadamente receita de juros calculada utilizando o método de juros efetivos; (Alterada pela Revisão CPC 12)

(aa) ganhos e perdas decorrentes do desreconhecimento de ativos financeiros mensurados pelo custo amortizado; (Alterada pela Revisão CPC 12)

(b) custos de financiamento;

(ba) perda por redução ao valor recuperável (incluindo reversões de perdas por redução ao valor recuperável ou ganhos na redução ao valor recuperável), determinado de acordo com a Seção 5.5 do CPC 48; (Incluída pela Revisão CPC 12)

(c) parcela dos resultados de empresas investidas, reconhecida por meio do método da equivalência patrimonial;

(ca) se o ativo financeiro for reclassificado da categoria de mensuração ao custo amortizado de modo que seja mensurado ao valor justo por meio do resultado, qualquer ganho ou perda decorrente da diferença entre o custo amortizado anterior do ativo financeiro e seu valor justo na data da reclassificação (conforme definido no CPC 48); (Incluída pela Revisão CPC 12)

(cb) se o ativo financeiro for reclassificado da categoria de mensuração ao valor justo por meio de outros resultados abrangentes de modo que seja mensurado ao valor justo por meio do resultado, qualquer ganho ou perda acumulado reconhecido anteriormente em outros resultados abrangentes que sejam reclassificados para o resultado; (Incluída pela Revisão CPC 12)

(d) tributos sobre o lucro;

(e) (eliminada);

(ea) um único valor para o total de operações descontinuadas (ver Pronunciamento Técnico CPC 31);

(f) em atendimento à legislação societária brasileira vigente na data da emissão deste Pronunciamento, a demonstração do resultado deve incluir ainda as seguintes rubricas:

(i) custo dos produtos, das mercadorias e dos serviços vendidos;

(ii) lucro bruto;

(iii) despesas com vendas, gerais, administrativas e outras despesas e receitas 'operacionais';

(iv) resultado antes das receitas e despesas financeiras;

(v) resultado antes dos tributos sobre o lucro;

(vi) resultado líquido do período. (Item alterado pela Revisão CPC 06)."

17.6.2.2 Classificação

a) RECEITAS E DESPESAS FINANCEIRAS

Nesse título, são incluídos os juros, o desconto e a atualização monetária prefixada, além de outros tipos de receitas ou despesas, como as oriundas de aplicações temporárias em títulos.

Como se verifica, nas despesas financeiras (ou receitas) só se incluem os juros, mas não as atualizações monetárias ou variações cambiais de empréstimos, as quais são registradas separadamente nas Variações Monetárias.

Todavia, quando se tratar de atualização prefixada, será considerada como despesa (ou receita) financeira e não como variação monetária.

Quanto aos juros sobre o capital próprio, não obstante o termo **Juros**, é importante ressaltar que não se trata de Despesa Financeira, mas de destinação do lucro (veja Capítulo 15).

b) VARIAÇÕES MONETÁRIAS DE OBRIGAÇÕES E CRÉDITOS

No passado, a legislação fiscal considerava como "variações monetárias" as variações cambiais e as correções monetárias (exceto as prefixadas).

Sua contabilização em contas segregadas das demais despesas ou receitas financeiras era necessária para fins fiscais para apurar o lucro inflacionário e consequente tributação do saldo credor da Correção Monetária do Balanço.

Atualmente, para efeitos do IR, as variações monetárias devem ser consideradas como receitas ou despesas financeiras (art. 404, parágrafo único, do RIR/2018). Todavia, nada impede que a contabilidade mantenha seus registros separadamente, o que a auxiliará na divulgação clara das informações.

A legislação estabelece que as receitas e despesas financeiras e as variações monetárias fazem parte do lucro das operações na legislação fiscal, e são tributáveis (se receitas) ou dedutíveis (se despesas), desde que as despesas sejam registradas no regime de competência. Se houver, por exemplo, juros pagos antecipadamente, sua apropriação em despesa (dedutível) deve ser *pro rata temporis*. Mas há circunstâncias em que a tributação ocorre em função do regime de caixa.

Em outros capítulos deste *Manual*, discutimos o tratamento contábil das despesas financeiras, particularmente no Capítulo 14 – Empréstimos, Financiamentos, Debêntures e Outros Títulos de Dívida, de sorte que aqui nos preocupamos mais em examinar a composição e a classificação dessas despesas e receitas financeiras.

17.6.2.3 Conteúdo das contas

a) PLANO DE CONTAS DOS RESULTADOS FINANCEIROS LÍQUIDOS

O modelo de Plano de Contas apresenta no grupo de Despesas das Operações Continuadas o subgrupo Resultados Financeiros Líquidos, composto das seguintes contas:

RESULTADOS FINANCEIROS LÍQUIDOS

1. RECEITAS E DESPESAS FINANCEIRAS

   a) *DESPESAS FINANCEIRAS*

     Juros reais pagos ou incorridos

     Descontos concedidos

     Despesas financeiras nominais de valores prefixados de captação de recursos

     Despesas financeiras nominais de outros valores prefixados (provisões, fornecedores etc.)

     Comissões e despesas bancárias

     Variação monetária de obrigações

   b) *RECEITAS FINANCEIRAS*

     Descontos obtidos

     Juros reais recebidos ou auferidos

     Receitas financeiras nominais de valores prefixados de aplicação de recursos

     Receitas financeiras nominais de outros valores prefixados (contas a receber etc.)

     Receitas de títulos vinculados ao mercado aberto

     Receitas sobre outros investimentos temporários

     Prêmio de resgate de títulos e debêntures

2. VARIAÇÕES MONETÁRIAS DE OBRIGAÇÕES E CRÉDITOS

   a) *VARIAÇÕES DE OBRIGAÇÕES*

     Variação cambial

     Variação monetária, passiva, exceto prefixada

   b) *VARIAÇÕES DE CRÉDITOS*

     Variação cambial

     Variação monetária ativa

3. PIS SOBRE RECEITAS FINANCEIRAS

4. COFINS SOBRE RECEITAS FINANCEIRAS

b) DESPESAS FINANCEIRAS

As despesas financeiras englobam:

- **Juros** de empréstimos, financiamentos, descontos de títulos e outras operações sujeitas a despesa de juros.

- **Descontos concedidos** a clientes por pagamentos antecipados de duplicatas e outros títulos. Não devem incluir descontos no preço de venda concedidos incondicional-mente, ou abatimentos de preço, que são Deduções de Vendas.

- **Comissões e despesas bancárias**, que são despesas cobradas pelos bancos e outras instituições financeiras nas operações de desconto, de concessão de crédito, comissões em repasses, taxas de fiscalização etc. Elas precisam ser consideradas como acréscimo às despesas financeiras não quando pagas, mas ao longo do tempo dessas operações de captação de recursos. Ver o Capítulo 14. No fundo, representam ajuste da taxa nominal de juros pactuada.

- **Despesas financeiras nominais de valores prefixados**, que ocorre nos empréstimos prefixados, ajustes a valor presente de fornecedores, provisões e outras contas a pagar.

c) RECEITAS FINANCEIRAS

Como receitas financeiras, há:

- **Descontos Obtidos**, oriundos normalmente de pagamentos antecipados de duplicatas de fornecedores e de outros títulos.

- **Juros Recebidos ou Auferidos**, conta em que se registram os juros cobrados pela empresa de seus clientes, por atraso de pagamento, postergação de vencimento de títulos e outras operações similares.

- **Receitas Financeiras Nominais de Valores Prefixados**, que ocorrem nas aplicações prefixadas, ajustes a valor presente de clientes e outras contas a receber.

- **Receitas de Títulos Vinculados ao Mercado Aberto**, que abrigam toda receita financeira nas aplicações em *open market*, ou seja, a diferença total entre o valor de resgate e o de aplicação. Veja critérios de contabilização no Capítulo 10 - Instrumentos Financeiros.

- **Receitas sobre Outros Investimentos Temporários**, em que são registradas as receitas totais nos demais tipos de aplicações temporárias de Caixa, como em Letras de Câmbio, Depósito a Prazo Fixo etc. Veja Capítulo 10 - Instrumentos Financeiros.

- **Prêmio de Resgate de Títulos e Debêntures**, conta que registra os prêmios auferidos pela empresa em tais resgates, operações essas relativamente incomuns.

Segundo o CPC 12 – Ajuste a Valor Presente, devem ser apropriadas como receitas ou despesas financeiras as reversões dos ajustes a valor presente dos ativos e passivos monetários qualificáveis, a não ser que a entidade possa fundamentar que o financiamento feito a seus clientes faz parte de suas atividades operacionais, quando, então, as reversões são apropriadas como parte da receita bruta. Esse é o caso, por exemplo, quando a entidade opera com venda de produtos e serviços a prazo.

d) VARIAÇÕES DE OBRIGAÇÕES

Englobam:

- **Variação Cambial**, conta em que são lançadas todas as alterações cambiais incorridas pela atualização periódica dos empréstimos e financiamentos pagáveis em moeda estrangeira. A Instrução Normativa RFB nº 1.753, de 30-10-2017, buscando adaptar-se aos novos métodos ou critérios contábeis adotados a partir de 12-11-2013, estabelece que a pessoa jurídica que utilizar taxas de câmbio divergentes das divulgadas pelo Banco Central, para os efeitos dos cálculos do imposto de renda e da contribuição social, deverá fazer os respectivos ajustes (adição e/ou exclusão) no e-LALUR. Referidos ajustes também devem ser realizados quando da apuração do PIS/Pasep e da Cofins pelo regime não cumulativo relativo às receitas financeiras com origem em variações cambiais ativas.

- **Atualização Monetária**, conta similar à de variação cambial, que registra todas as atualizações monetárias (exceto prefixadas) sobre empréstimos e financiamentos sujeitos à cláusula de atualização monetária por índice de inflação ou assemelhado.

e) PIS E COFINS SOBRE RECEITAS FINANCEIRAS

Com a edição do Decreto nº 8.426/2015, foram restabelecidas as alíquotas de 0,65% (sessenta e cinco centésimos por cento) para o PIS e de 4% (quatro por cento) para a Cofins, incidentes sobre as receitas financeiras. Para as receitas financeiras provenientes de juros sobre o capital próprio, as alíquotas são de 1,65% (um inteiro e sessenta e cinco centésimos por cento) para o PIS e de 7,6% (sete inteiros e seis décimos por cento) para a Cofins.

17.6.2.4 Classificação na Demonstração do Resultado do Exercício

Não obstante a Lei das Sociedades por Ações mencione que serão apresentadas "as despesas, deduzidas das receitas", para fins de publicação deve-se divulgar qual o valor das despesas e o das receitas financeiras, o que pode ser feito indicando-se somente o líquido, mas mencionando-se o valor das receitas deduzidas na própria intitulação da conta, como segue:

Despesas financeiras (deduzidas de $ 800 de receitas financeiras)	600

Outra forma seria:

Resultados financeiros líquidos:		
Despesas financeiras	1.400	
Menos: Receitas financeiras	800	600

Por outro lado, uma alternativa mais explícita seria:

Resultados financeiros líquidos:		
Despesas financeiras	200	
Receitas financeiras	(700)	
	(500)	
Variações monetárias		
De obrigações	1.200	
De créditos	(100)	
	1.100	600

Importante registrar uma minuta de Ofício Circular da CVM em andamento, que aborda a necessidade de preenchimento de informações referentes a empréstimos e financiamentos em subitens específicos dos formulários da informações trimestrais (ITR) e demonstrações financeiras padronizadas (DFP).

Se for aprovada, a proposta fará com que as empresas tenham que divulgar o seu passivo financeiro e as suas despesas financeiras com maior grau de detalhamento, inclusive segregando as despesas financeiras relacionadas diretamente aos passivos financeiros (tais como juros, atualizações monetárias, variações cambiais e resultado líquido de derivativos para *hedge* de tais dívidas) daquelas não diretamente relacionadas, como despesas com serviços bancários, com partes relacionadas, com derivativos não diretamente ligados a contratos de endividamento, variações monetárias e cambiais passivas e despesas com multas e juros decorrentes de atividades operacionais e despesas com impostos e tributos sobre operações financeiras.

Com tal segregação, será possível que os usuários consigam reconhecer de forma mais clara as despesas financeiras estão efetivamente ligadas aos passivos financeiros, permitindo assim um cálculo mais correto do custo do capital oneroso de terceiros.

17.6.3 Outras receitas e despesas das operações continuadas

17.6.3.1 Conteúdo e significado

Com a edição da Lei nº 11.941/2009, que alterou o art. 187, inciso IV, da Lei nº 6.404/1976, deixou de existir a segregação das receitas e despesas em operacionais e não operacionais. A partir do exercício de 2008, os normativos fazem referência apenas à segregação das atividades em continuadas e não continuadas. Assim, passaram a ser reconhecidos como outras receitas e despesas das operações continuadas os ganhos ou perdas que decorram de transações que não constituam as atividades ordinárias de uma entidade, mas que não se enquadrem entre as operações descontinuadas (CPC 31). Ou seja, o conceito de lucro das operações continuadas engloba os resultados das atividades principais e **acessórias**, e essas **outras receitas e despesas** são atividades **acessórias** do objeto da empresa.

Nesse mesmo sentido, a OCPC 02 – Esclarecimentos sobre as Demonstrações Contábeis, de 2008, alerta, nos itens 136 e 137, sobre a exclusão da segregação dos resultados em operacionais e não operacionais. O pressuposto para essa não segregação é que, de uma forma ou de outra, todas as atividades e transações realizadas pela empresa contribuem para o incremento de sua operação ou de seu negócio. Essa alteração da legislação contábil, no entanto, não altera o critério usado para fins de apuração e compensação de prejuízos fiscais (art. 43 da Lei nº 12.973/2014). Permanece válida a definição, exclusivamente para fins fiscais, de que somente farão parte dos resultados "não operacionais" os lucros ou prejuízos na venda ou baixa de bens do ativo imobilizado, investimento e intangível, ainda que reclassificados para o Ativo Circulante com intenção de venda.

Note-se que, no modelo mostrado anteriormente da demonstração do resultado (Seção 17.6.2.1) trazido pelo CPC 26 (R1) – Apresentação das Demonstrações Contábeis, o resultado das operações descontinuadas aparece à parte, no final da demonstração. Para melhor esclarecimento desse conceito, veja-se o Capítulo 4.

17.6.3.2 Lucros e prejuízos de participações em outras sociedades

Serão registrados ainda como resultados das operações continuadas os lucros ou prejuízos oriundos dos investimentos em outras empresas, normalmente de caráter **permanente**, ou seja, oriundos dos investimentos de risco, e não dos de caráter especulativo.

Em face das formas previstas pela Lei das Sociedades por Ações de contabilização de investimentos, o plano prevê as seguintes contas:

a) PARTICIPAÇÃO NOS RESULTADOS DE COLIGADAS E CONTROLADAS PELO MÉTODO DE EQUIVALÊNCIA PATRIMONIAL

Os acréscimos (ou diminuições) na conta dos Investimentos Avaliados pela Equivalência Patrimonial, oriundos de lucros (ou prejuízos) nas coligadas ou controladas, são registrados nessa conta. Para fins de publicação, essa conta deverá sempre aparecer destacadamente na Demonstração do Resultado do Exercício. Veja Capítulo 6 – Investimentos em Coligadas, Controladas e *Joint Ventures*, onde os critérios de avaliação e apuração dos valores são analisados em detalhe.

b) DIVIDENDOS E RENDIMENTOS DE OUTROS INVESTIMENTOS

As receitas oriundas de outros investimentos, não avaliados pelo método da equivalência patrimonial, são aqui registradas. Originam-se dos dividendos recebidos, mas também deverão ser registradas na data do balanço, quando a investida contabilizar o passivo relativo ao dividendo mínimo obrigatório e não for provável que deixarão de ser pagas. Nesse caso, a investidora registrará a parte correspondente à sua participação, debitando uma conta de circulante denominada Dividendos a Receber. Veja o Capítulo 5 – Realizável a Longo Prazo e Investimentos em Outras Sociedades. Dividendos apenas propostos pela investida não geram direito e receita na investidora.

17.6.3.3 Vendas diversas

Outro tipo de resultado das operações continuadas poderia ser o oriundo de venda esporádica de sucatas ou sobras de estoques, nesse caso, líquido do ICMS correspondente. Se, todavia, as vendas forem de sucatas normais e inerentes ao processo produtivo, essa receita deve ser registrada como redução do custo de produção.

a) GANHOS E PERDAS DE CAPITAL NOS INVESTIMENTOS

Aqui, são contabilizados os resultados oriundos dos itens a seguir enumerados.

I – Ganhos e Perdas na Alienação de Investimentos

Lucros ou prejuízos apurados na venda de investimentos permanentes a terceiros.

O valor do ganho ou da perda será determinado pelo valor total da venda, deduzido do valor total líquido pelo qual o investimento estiver contabilizado na data da transação. Esse valor total líquido é o saldo do custo (que pode abranger a equivalência patrimonial, mais-valia de ativos líquidos e o ágio pago por expectativa de rentabilidade futura), deduzido o saldo de eventual estimativa para perdas contabilizada na mesma data.

O texto da legislação do imposto renda estabelece que:

"O valor contábil, para fins de determinar o ganho ou a perda de capital na alienação ou na liquidação do investimento avaliado pelo valor de Patrimônio Líquido de acordo com o disposto no art. 420 , será a soma algébrica dos seguintes valores." (art. 507 do RIR/2018)

Vejamos um exemplo:

Venda do Investimento na Cia. A	
Preço de Venda	3.000
Valor Contábil Líquido do Investimento –	
Custo (ou valor patrimonial)	2.000
Ágio	200
Estimativa de Perdas	(500)
Valor Contábil	1.700
Ganho na Alienação	1.300

Nessa situação, a contabilização deverá ser:

	Débito	Crédito
Bancos ou Títulos a Receber	3.000	
Estimativa de Perdas	500	
a Investimentos – Custo		2.000
a Investimentos – Ágio		200
a Outros resultados das operações descontinuadas – Ganhos e perdas na alienação de investimentos		1.300

Repare-se que não se registram receitas na demonstração do resultado na venda desses itens. Apenas e diretamente o ganho ou a perda. Para fins de imposto de renda, não é dedutível a perda na venda de investimentos adquiridos com incentivos fiscais (art. 510 do RIR/2018).

Deve-se notar que, no caso de investimentos que sejam efetivamente descontinuados, o resultado da sua baixa deve ser evidenciado no grupo específico de atividades descontinuadas, ao final da demonstração do resultado, líquido dos tributos.

II – Estimativa de Perdas Prováveis na Realização de Investimentos

No Capítulo 6 - Investimentos em Coligadas, Controladas e *Joint Ventures*, é discutida em detalhes a constituição da Estimativa de Perdas Permanentes em Investimentos cuja contrapartida é registrada nesta conta.

III – Outros Resultados em Investimentos pela Equivalência Patrimonial

A parte proporcional que cabe a uma empresa investidora no lucro ou prejuízo apurado em coligadas e controladas é registrada como Outros Resultados (Equivalência Patrimonial), conforme já visto. E apenas ela.

Todavia, nesse método de avaliar investimentos poderão ocorrer acréscimos ou reduções na conta de investimento, em face de uma alteração da porcentagem de participação resultante de modificação do capital social com diluição da participação de certos acionistas ou de outra natureza. Essas variações não mais podem ser reco-

nhecidas no Resultado, e sim diretamente no Patrimônio Líquido, porque independem do desempenho da investida. Só são reciclados para o resultado quando da baixa do investimento. De acordo com o art. 509 do RIR/2018, não será computado na determinação do lucro real o acréscimo ou a diminuição do valor do Patrimônio Líquido de investimento, decorrente de ganho ou perda de capital por variação na percentagem de participação da empresa no capital social da coligada ou controlada. Veja mais explicações e exemplos no Capítulo 6.

b) GANHOS E PERDAS DE CAPITAL NO IMOBILIZADO

Aqui, devem ser registrados os resultados líquidos na baixa (por perecimento, obsoletismo etc.) ou na venda de bens do ativo imobilizado, tais como imóveis, equipamentos, veículos etc. O Plano de Contas apresenta duas subcontas.

I – Ganhos e Perdas na Alienação de Imobilizado

Abriga os resultados apurados pela venda dos bens a terceiros. O ganho ou perda é o resultado apurado, como segue:

Preço de Venda	1.000
Valor Contábil –	
Custo	1.600
Depreciação Acumulada	800
Valor Contábil	800
Ganho: Lucro	200

No Capítulo 7 - Ativo Imobilizado e Propriedade para Investimento, discute-se em mais detalhes a apuração dos valores expostos nas baixas e sua contabilização.

II – Valor Líquido de Bens Baixados

Representa as baixas simples de bens do Imobilizado, ou seja, as não oriundas de vendas a terceiros. Tal valor líquido é o saldo do bem na data da baixa, isto é, custo menos depreciação e perda por *impairment* acumuladas, baixados tendo como contrapartida essa conta.

Todos os resultados derivados de baixa de ativos imobilizados trocados na atividade normal da entidade fazem parte do seu resultado das operações continuadas. É absolutamente normal a empresa trocar veículos, máquinas, às vezes até imóveis, dentro de sua atividade normal.

Somente nos casos raros de descontinuação de um ramo de negócios, venda de uma planta industrial com descontinuidade daquele tipo de negócio etc. é que se tem o resultado de uma atividade descontinuada que deve ser segregada na demonstração do resultado, mostrada ao seu final, conforme modelo anteriormente exposto e discussão no capítulo próprio.

Não há a conta de Receita na Demonstração do Resultado pela venda desses bens, apenas surgindo o ganho ou a perda (ganho ou perda que, na realidade, são, normalmente, depreciações efetuadas a maior ou a menor no passado).

17.6.4 Contribuição Social

Essa conta deve registrar o valor da contribuição social apurada ao final do exercício. Veja mais detalhes no Capítulo 11 – Passivo Exigível. O valor desse tributo incidente sobre o resultado das operações descontinuadas fica segregado, diminuindo o resultado dessas operações.

17.6.5 Imposto de Renda

Nessa conta, será lançada a despesa de imposto de renda registrada no próprio exercício. Veja Capítulo 12 – Tributos sobre o Lucro, Provisões, Passivos Contingentes e Ativos Contingentes. O valor desse tributo incidente sobre o resultado das operações descontinuadas fica segregado, diminuindo o resultado dessas operações.

17.6.6 Participações e contribuições

17.6.6.1 Tratamento como despesa

As participações de terceiros nos lucros, não relativas ao investimento dos acionistas, devem ser registradas como despesas da entidade. O item VI do art. 187 da Lei das Sociedades por Ações define que, antes de se apurar o lucro líquido do exercício, deve-se deduzir

"as participações de debêntures, de empregados e administradores, mesmo na forma de instrumentos financeiros, e de instituições ou fundos de assistência ou previdência de empregados, que não se caracterizem como despesa".

Já as participações de empregados ou de administradores no lucro representam uma espécie de parcela complementar de salários cujo valor, todavia, é apurado com base no lucro, mas não deixa de ser um custo adicional da prestação de serviço recebida. A participação das debêntures é também uma espécie de despesa financeira adicional, pois é a parte variável da remuneração devida a esses títulos. E a das partes beneficiárias normalmente também representa uma espécie de remuneração por serviços prestados por terceiros. No caso das "contribuições para instituições ou fundos de assistência ou previdência de empregados", o texto da Lei das Sociedades por Ações é genérico, podendo entender-se que seriam registradas nessa conta todas as contribuições dessa natureza, independentemente de seu valor ser ou não apurado em função do lucro do exercício. Todavia, não teria sentido, nesse caso, estarem juntas com as participações; por isso, devem-se aqui classificar tais con-

tribuições somente quando apuradas por uma porcentagem do lucro, ou pelo menos se dependerem de sua existência, sendo que as concedidas por valor fixo, por venda, por percentual da folha de pagamento ou por outra forma, devem ser contabilizadas como despesas administrativas.

Chama-se a atenção novamente para o caso das participações no resultado que estejam ligadas aos planos de benefícios com pagamento baseado em ações. Veja-se o Capítulo 19.

17.6.6.2 Contabilização no balanço

Essas participações e contribuições devem ser contabilizadas na própria data do balanço, debitando-se as contas respectivas de Participações em Resultados e creditando-se as contas no Passivo Circulante.

Essas participações nos lucros também devem ser registradas, mesmo quando não previstas estatutariamente, desde que façam parte de algum plano de remuneração estabelecido com os empregados que seja do seu conhecimento e tenha neles gerado a expectativa e, provavelmente, o direito de seu recebimento. A proposição e a aprovação de uma participação na Assembleia Geral Ordinária (AGO) não contabilizada anteriormente implicam a alteração do lucro, acarretando a reabertura do balanço e a republicação das demonstrações financeiras (art. 134, § 4º, da Lei nº 6.404/1976).

Tendo em vista certa divergência entre a Lei das S.A. e as normas contábeis vigentes no Brasil derivadas das internacionais emitidas pelo IASB, mas considerando-se a prevalência destas conforme a própria Lei (apesar de obrigatório pela Lei apenas às sociedades abertas, o CFC as expandiu às demais sociedades), sugere-se que tais participações e contribuições fiquem destacadas entre as despesas e receitas das operações continuadas, ficando como as últimas delas, mas antes do Resultado Antes dos Tributos Incidentes Sobre o Lucro.

17.6.6.3 Forma de cálculo e exemplo de contabilização

O art. 189 da Lei das Sociedades por Ações estabelece:

"Do resultado do exercício serão deduzidos, antes de qualquer participação, os prejuízos acumulados e a provisão para o imposto sobre a renda."

De início, cabe ressaltar que esse artigo trata somente da forma de cálculo das participações e, posteriormente, das reservas e dividendos. Dessa forma, não significa que os Prejuízos Acumulados anteriormente devam ser mostrados como redução na Demonstração do Resultado do Exercício, o que estaria totalmente incorreto.

Cap. 17 · Demonstração do Resultado, do Resultado Abrangente e Despesas Operacionais | **365**

Assim, toma-se o lucro líquido depois do imposto de renda e contribuição social (mas antes das participações) e dele deduz-se o saldo eventual de prejuízos acumulados. Esse valor torna-se a base inicial de cálculo das participações.

Por seu turno, o art. 190 da citada Lei, que trata das participações, define que

> "as participações estatutárias de empregados, administradores e partes beneficiárias serão determinadas, sucessivamente e nessa ordem, com base nos lucros que remanescerem depois de deduzida a participação anteriormente calculada".

Esse artigo, por lapso, deixou de mencionar as debêntures, mas, pela sequência do art. 187, elas seriam incluídas antes da participação dos empregados.

Dessa forma, os cálculos das participações não serão feitos sobre o mesmo valor, mas se calculará primeiramente a participação das debêntures; do lucro restante, após deduzir a participação das debêntures, calcula-se a participação dos empregados; do lucro agora remanescente, a dos administradores e, do saldo, a das Partes Beneficiárias.

Exemplo

Suponha que uma Empresa X tenha definido, em seu estatuto social, que as debêntures, empregados, administradores e partes beneficiárias têm direito (cada uma) a 10% do lucro do exercício. Suponha ainda que a empresa tenha saldo de prejuízo acumulado de $ 100.000 e que sua Demonstração de Resultado do exercício indique:

Lucro antes do Imposto de Renda e Contribuição Social	449.000
Imposto de Renda e Contribuição Social a Pagar	(90.000)
Lucro após Imposto de Renda e Contribuição Social (mas antes das participações)	359.000

Assim, a base de cálculo, que é extracontábil, será:

Lucro após Imposto de Renda e Contribuição Social	359.000
Menos: Prejuízos Acumulados	(100.000)
Base de cálculo inicial	259.000
Cálculo das Participações:	
1. Debêntures – 10% de $ 259.000	(25.900)
Nova base de cálculo	233.100
2. Empregados – 10% de $ 233.100	(23.310)
Nova base de cálculo	209.790
3. Administradores – 10% de $ 209.790	(20.979)
Nova base de cálculo	188.811
4. Partes beneficiárias – 10% de $ 188.811	(18.881)
	169.930

Essas participações seriam contabilizadas como segue:

	Débito	Crédito
1. Participação das Debêntures		
Participações – Debêntures	25.900	
Juros e participações – Debêntures a pagar – Passivo circulante		25.900
2. Participação dos empregados		
Participações – Empregados	23.310	
Gratificações e participações a empregados a pagar		23.310
3. Participação aos Administradores		
Participações – Administradores	20.979	
Gratificações e participações a Administradores a pagar		20.979
4. Participação das Partes Beneficiárias		
Participações – Partes Beneficiárias	18.881	
Participação de Partes Beneficiárias a pagar		18.881

Como se verifica, os valores apurados são bem divergentes entre si, em face da mecânica de cálculo da Lei.

A Demonstração do Resultado do Exercício aparecerá, então, como segue:

Lucro antes do Imposto de Renda e Contribuição Social		449.000
Imposto de Renda e Contribuição Social		(90.000)
		359.000
Participações	25.900	
Debêntures	23.310	
Empregados	20.979	89.070
Administradores	18.881	269.930
Partes Beneficiárias		
Lucro Líquido do Exercício		

Como se vê, os Prejuízos Acumulados não foram deduzidos do Resultado. Eles permanecerão na conta própria – Lucros ou Prejuízos Acumulados – aguardando a chegada do lucro líquido para sua absorção, resultando em:

Lucros ou Prejuízos Acumulados			
Saldo inicial	100.000	269.930	Lucro líquido do exercício
		169.930	Saldo antes da formação de reservas

Não se deve confundir o Resultado de um exercício com o de outros.

17.7 Tratamento para as pequenas e médias empresas

Os conceitos abordados neste capítulo também são aplicáveis às entidades de pequeno e médio portes. Para maior detalhamento, consulte o Pronunciamento Técnico PME – Contabilidade para Pequenas e Médias Empresas.

18

Receitas de Vendas

18.1 Receita de vendas de produtos e serviços

18.1.1 Substituição das normas e interpretações sobre reconhecimento de receitas pelo CPC 47 (IFRS 15)

Até 2014, os Pronunciamentos Técnicos do CPC continham várias normas que abordavam questões relacionadas com identificação, reconhecimento, mensuração e divulgação de receita de vendas. Diversos foram os pronunciamentos e interpretações que vigoraram até 2017 e que foram substituídos pelo CPC 47/IFRS 15 a partir de 2018.

Fez-se necessário, nesse contexto, o desenvolvimento de uma abordagem única, baseada em princípios e com orientações mais abrangentes, o que terminou por ocorrer de forma conjunta entre o IASB (órgão emissor das IFRS) e o FASB (órgão emissor das normas no US GAAP) e convergiu para a emissão de uma única norma para os dois organismos em maio de 2014, a IFRS 15, recepcionada posteriormente no Brasil por meio do CPC 47 – Receita de Contrato com Cliente.

Como regra geral, o CPC 47 aplica-se à contabilização de receitas de todos os contratos com clientes, nos quais se vendam produtos ou serviços, inclusive de construção. Entretanto, algumas transações de compra e venda em particular estão fora do escopo desta norma, a saber:

a) Contratos de arrendamento mercantil.

b) Contratos de seguro.

c) Instrumentos financeiros e outros direitos e obrigações contratuais abrangidas pelos pronunciamentos de Instrumentos Financeiros, Demonstrações Financeiras Consolidadas, Acordos Conjuntos, Demonstrações Financeiras Separadas e Investimentos em Associadas e Joint Ventures.

d) Trocas de itens não monetários entre partes de uma mesma linha de negócios realizadas com o fito de facilitar vendas a clientes e potenciais clientes.

18.1.2 Conceitos fundamentais

No CPC 00 (R2) – Estrutura Conceitual para Relatório Financeiro, a receita é definida no item 4.68 (a) como "aumentos nos ativos, ou reduções nos passivos, que resultam em aumentos no Patrimônio Líquido, exceto aqueles referentes a contribuições de detentores de direitos sobre o patrimônio".

Como vimos, a norma em tela neste capítulo trata das receitas de vendas de bens e de serviços; inclusive receitas oriundas de contratos de construção, que eram tratadas em capítulo específico deste *Manual* em edições anteriores e que nesta edição fazem parte do presente capítulo.

O CPC 47 tem como princípio básico que a entidade deve reconhecer receitas para refletir a transferência de bens ou serviços a clientes no valor que reflita a contraprestação que a entidade espera receber em troca desses bens ou serviços. Uma relação contratual de natureza mercantil entre um fornecedor e um cliente, em termos gerais, estabelece uma obrigação do fornecedor de entregar bens e/ou serviços e, ao cumprir tal obrigação, ele tem direito ao reconhecimento contábil da receita. Essa obrigação do fornecedor de bens/serviços, isto é, a entidade que reporta receitas, o CPC denomina de obrigação de *performance* (ou desempenho).

Pela ótica da Lei nº 6.404/1976, em seu art. 187, itens I e II, estabelece-se que as empresas deverão, na Demonstração do Resultado do Exercício, discriminar "a receita bruta das vendas e serviços, as deduções das vendas, os abatimentos e os impostos" e "a receita líquida das vendas e serviços". E o Regulamento do Imposto de Renda (art. 208 do RIR/2018) define a receita líquida como a receita bruta diminuída das devoluções e vendas canceladas, dos descontos concedidos incondicionalmente e dos tributos sobre ela incidentes.

Com isso, criou-se a seguinte situação: para fins de imposto de renda, o ICMS faz parte das Receitas Brutas, mas o IPI não! Se considerarmos que o IPI, de fato, é o único dos tributos sobre vendas que é calculado sobre o valor bruto cobrado ao cliente, ou seja, "por fora", já que o ICMS, o PIS, a Cofins, o ISS e outros estão contidos no preço cobrado, ou seja, seu cálculo é "por dentro", temos que, ao olharmos o que dizem as normas do CPC, o IPI é, sem dúvida alguma, o tributo que não deve estar incluído no conceito de receita bruta. Por isso algumas empresas criam a conta de "Faturamento Bruto" e depois desse valor deduzem o IPI no faturamento para chegarem à receita bruta.

Mas é importantíssimo ressaltar: para as normas internacionais de contabilidade, e o CPC 47 especificamente, a divulgação na demonstração do resultado não começa pela receita bruta, e sim pela receita líquida. Como decorrência desse fato, escrituram-se na contabilidade as contas com receitas brutas e suas deduções, mas na DRE só se utiliza o valor das receitas líquidas. Por isso a exigência do CPC 47 de, em nota explicativa, constar a conciliação entre esses dois valores.

As notas fiscais, por seu lado, são padronizadas de forma a apresentarem o valor nominal de venda (receita bruta), o IPI adicionado a esse preço de venda e o valor total a ser recebido do comprador.

E é preciso lembrar que, conforme analisado no Capítulo 3 – Estoques, os tributos sobre a venda na vendedora provocam, na compradora, a necessidade de assim proceder: os tributos recuperáveis não compõem o custo do estoque ou do serviço e são contabilizados em conta própria a ser cotejada com os tributos que vierem a ocorrer nas vendas nessa segunda empresa. Os não recuperáveis integram-se ao custo do ativo ou do serviço.

Outro aspecto a considerar é que, se a empresa tiver coligadas, controladas, controladas em conjunto ou controladora, recomenda-se abrir subcontas para registrar as vendas de produtos e serviços realizados com tais empresas, informação essa necessária para divulgação em nota explicativa no caso de ter investimentos em coligadas e controladas, que terão que ser avaliados pela equivalência patrimonial (veja art. 247 da Lei nº 6.404/1976). E também é útil e necessário isso para o caso de eliminações na aplicação da equivalência patrimonial e na consolidação, ou seja, para apurar os resultados não realizados decorrentes de negócios da empresa com coligadas, controladas, controladas em conjunto, ou com sua controladora. Além disso, há que se verificar ainda a necessidade de subcontas para auxiliar no atendimento às normas discutidas no Capítulo 25 - Informações por Segmento e Transações com Partes Relacionadas.

É importante também lembrar que subcontas retificadoras da Receita Bruta podem e devem ser utilizadas também para outros fins, como veremos ao longo do capítulo.

18.2 Reconhecimento e mensuração de receitas de vendas

O CPC 47 traz os requerimentos para reconhecimento e mensuração de receita de contratos com clientes. O modelo adotado pela norma contábil define cinco passos que devem ser percorridos para se identificar, reconhecer e mensurar receitas de operações mercantis que estejam dentro do escopo da norma. Não obstante, é importante sublinhar que essa divisão em cinco passos tem caráter substancialmente didático e não implica que esses passos são ou serão sequenciais em todas as situações. Muitas vezes, alguns passos ocorrerão em paralelo. Vejamos quais são esses passos nas próximas seções:

18.2.1 Identificação de contrato com cliente

Um contrato mercantil será reconhecido de acordo com o CPC 47 se fizer parte do escopo de transações abrangidas por essa norma (como vimos, contratos de arrendamento mercantil e de seguro, por exemplo, estão fora do escopo do CPC 47) e se atender aos seguintes critérios:

a) As partes devem ter aprovado o contrato, quer seja por escrito ou oralmente, e devem estar comprometidas a cumprir com suas respectivas obrigações.

b) A entidade deve conseguir identificar os direitos de cada parte em relação aos bens ou serviços a serem transferidos.

c) A entidade deve conseguir identificar o valor e as condições de recebimento dos bens ou serviços a serem transferidos.

d) O contrato deve ter substância comercial, isto é, espera-se que o risco, os prazos ou os montantes dos fluxos de caixa futuros da entidade sofram mudanças como resultado da execução do contrato.

Deve ser provável que a entidade receberá a contraprestação a que tem direito em troca dos bens ou serviços que está obrigada a transferir ao seu cliente. Vendas com significativa dúvida quanto ao seu recebimento não podem ser reconhecidas para fins contábeis. Como para fins fiscais isso não é normalmente aceito, a empresa precisa contabilizar essa venda, mas considerar o recebível como retificação da receita, anulando contabilmente o efeito do registro. Para fins da norma e do reconhecimento de receitas, um contrato não precisa ser necessariamente um instrumento escrito.

Outrossim, deve-se observar que, no contexto dessa norma, um contrato não existe se cada parte no arranjo contratual tiver o direito executável e unilateral de cancelá-lo quando ainda estiver integralmente não realizado (ou "não performado") e não houver necessidade de compensar ou indenizar a(s) outra(s) parte(s). Um contrato está integralmente não realizado na circunstância em que a entidade "vendedora" ainda não transferiu os bens ou serviços prometidos ao cliente e quando a entidade "compradora" ainda não recebeu e não possui direito a receber qualquer contraprestação em troca dos bens ou serviços prometidos. Portanto, não existindo qualquer realização das partes (entrega de produtos ou serviços e pagamento da contraprestação) e tampouco penalidades ou indenizações pelo cancelamento do contrato por qualquer uma das partes, o contrato não existe para fins do CPC 47 e nenhum de seus requerimentos será aplicável até que alguma dessas condições se modifique (por exemplo, caso a entidade vendedora entregue parte dos produtos contratados por seu cliente).

18.2.2 Identificação das obrigações contratuais de *performance*

Dentro de um contrato, a obrigação da entidade vendedora pode se resumir à entrega de um único produto ou serviço. Não obstante, encontraremos frequentemente situações em que um contrato enseja a entrega de mais de um produto e/ou serviço e que poderão ser consideradas obrigações de *performance* distintas.

Um bem ou serviço é distinto de outros quando:

a) O cliente pode se beneficiar do bem ou serviço isoladamente ou em conjunto com outros recursos que estão prontamente disponíveis ao cliente.

b) A promessa da entidade de transferir o bem ou serviço é identificável separadamente de outras promessas no contrato.

Tomem-se como exemplo os contratos de fornecimentos de bens e serviços em conexão com a telefonia celular. São frequentes as situações em que um cliente firma com a operadora de telefonia móvel um contrato pelo qual terá não só a prestação do serviço de telefonia (a linha de telefone habilitada para fazer e receber chamadas, enviar mensagens de texto etc.), mas também inclui o contrato a venda de um aparelho portátil (o telefone) pelo qual o cliente, "aparentemente", não paga nada. Pela ótica do cliente adquirente dos bens/serviços, essa transação ocorreu por meio de um único "pacote" negociado cuja implicação para ele é o compromisso de realização de pagamento mensal de determinado valor. Pela ótica da entidade vendedora dos bens/serviços, há claramente diferentes obrigações. Pela contraprestação que o cliente pagará, a empresa de telefonia comprometeu-se e já entregou um aparelho de telefone celular. Também se comprometeu a prestar serviços de telefonia, cujo desempenho exerce ao longo do tempo e provavelmente iniciou no instante em que o contrato foi firmado. Nesse caso, apesar de ser um único contrato, há obrigações de diferentes naturezas e padrões de cumprimento, o que evidentemente tem impactos sobre o reconhecimento e a mensuração de receitas da entidade vendedora.

Portanto, é fundamental identificar os bens ou serviços distintos que fazem parte de um mesmo contrato. Como vimos, serão distintos os bens/serviços dos quais o cliente poderá se beneficiar isoladamente (ou em conjunto com recursos prontamente disponíveis) e que representem uma promessa identificável separadamente das outras promessas do contrato.

Alguns fatores nos ajudam a identificar quando diferentes promessas contratuais são identificáveis separadamente. Por exemplo, há situações em que a entidade vendedora fornece serviços significativos de integração dos bens e serviços prometidos no contrato e, portanto, o bem ou serviço individual é uma espécie de "matéria-prima" para produzir ou entregar um produto resultante da combinação de vários elementos a serem entregues. Nessas circunstâncias, é possível que esses elementos individuais não sejam separáveis nos termos da norma e, por essa razão, não seriam distintos.

Veja-se o caso em que o automóvel é vendido com direito a "revisão gratuita" futura. Nesse caso há a venda, por um único preço e num único contrato, de um bem e de um serviço, a serem transferidos ao cliente em momentos diferentes. Assim, existirão, obrigatoriamente, duas receitas e não uma só no ato da entrega do veículo, a não ser que um deles tenha valor imaterial.

Também não será identificável separadamente (e, portanto, não seria distinto) o bem ou serviço que modifica outro bem ou serviço prometido no contrato, como ocorre no caso de "customizações" de um *software* vendidas juntamente com a licença do aplicativo. Se for esse o caso, apesar de o *software* parecer um item dissociável do serviço de implementação, os riscos de fornecê-lo passam a ser inseparáveis dos riscos associados à customização, fazendo com que *software* e implementação não sejam identificáveis separadamente, pelo que serão tratados conjuntamente como um único item para fins de reconhecimento de receitas.

Tampouco são identificáveis separadamente aqueles bens ou serviços prometidos no contrato com o cliente quando são altamente dependentes ou inter-relacionados. Portanto, mesmo que não tenham sido vendidos elementos de integração ou serviços de modificação/customização, se os bens ou serviços forem altamente dependentes entre si ou inter-relacionados, não poderão ser considerados separáveis e, portanto, em seu conjunto configurarão uma única obrigação de *performance*.

18.2.3 Determinação do preço da transação

O princípio geral elementar do CPC 47 define que o preço de uma transação mercantil é o montante de contraprestação que a entidade espera ter direito a receber em troca do bem ou serviço transferido para o cliente.

A contraprestação definida em contrato pode ser fixa, variável ou parte fixa e parte variável. Também poderá conter um componente financeiro quando houver diferimento (ou antecipação) relevante da contraprestação em relação ao cumprimento da obrigação de desempenho pela entidade vendedora.

18.2.3.1 Componente financeiro – vendas a prazo

Como sabemos, numa venda a prazo, na qual há juros embutidos no montante a receber, o valor justo da transação geralmente é menor que seu valor nominal, uma vez que os juros não fazem parte do valor justo. Por essa razão, o CPC 47 determina que a entidade vendedora deve ajustar o valor prometido da contraprestação para refletir o valor do dinheiro no tempo, independentemente se esse componente financeiro do preço a prazo é expressamente declarado no contrato ou está implícito nos termos de pagamentos pactuados pelas partes. A não ser quando, em operações a curto prazo e em ambientes de baixas taxas de juros, esse montante for imaterial, irrelevante.

Portanto, para efeito contábil, nesses casos o valor constante no documento fiscal ou de qualquer outro representativo da operação deve ser decomposto, separando-se o montante da receita (calculado a valor presente) e os juros

(diferença entre o valor nominal e o valor presente), que serão considerados como receita financeira até a data do recebimento, por regime de competência.

Mister ressaltar que, de acordo com o Pronunciamento CPC 12 – Ajuste a Valor Presente e com a própria lei societária, o ajuste a valor presente deve ser observado sempre que houver operações de longo prazo, ou de curto prazo, desde que resultem em efeitos relevantes. O item 22 do CPC 12 menciona que "a quantificação do ajuste a valor presente deve ser realizada em base exponencial *pro rata dia*, a partir da origem de cada transação, sendo os seus efeitos apropriados nas contas a que se vinculam". Esses efeitos não são lançados no resultado de forma imediata, e sim ao longo do período do recebimento, com base na taxa efetiva de juros ("juros compostos"); por isso, normalmente a melhor técnica contábil é a utilização de contas retificadoras, como "Ajustes a Valor Presente de Ativos e Passivos" contempladas no nosso plano de contas. São essas contas retificadoras que serão apropriadas, ao longo do tempo, para o resultado como receita financeira. O item 12 do CPC 12 menciona ainda que a abordagem corrente deve ser usada como método de alocação dos juros para o resultado, salientando que, por essa sistemática, deve ser utilizada para desconto a taxa contratual ou implícita e, uma vez aplicada, deve ser adotada consistentemente até a realização do ativo.

Para esclarecer como a receita deve ser mensurada e contabilizada, vamos utilizar o seguinte exemplo: uma empresa faz uma venda a prazo no valor total de $ 10.000, a ser recebida em 10 prestações mensais iguais de $ 1.000. Se fosse uma venda à vista, a mesma mercadoria teria um valor de negociação de $ 8.000, sendo este seu valor justo, inclusive porque o diferencial corresponde a uma taxa de juros aplicável à entidade. Assim, essa receita seria contabilizada pelos $ 8.000, que é seu valor justo. Como a operação foi a prazo, sua contabilização fica da seguinte forma, já considerando a exigência fiscal do registro da receita bruta:

	(em R$)	
Clientes	10.000,00	
a Receita Bruta de Vendas		10.000,00

E, a seguir:

	(em R$)	
Retificação da Receita Bruta – Ajuste a Valor Presente	2.000,00	
a Ajuste de Clientes – Ajuste a Valor Presente		2.000,00

A conta credora Ajuste de Clientes – Ajuste a Valor Presente fica como conta retificadora de Clientes e será apropriada ao resultado paulatinamente como receita financeira, enquanto a conta Retificação da Receita Bruta – Ajuste a Valor Presente deve ser encerrada no final do exercício.

Quando do recebimento de cada parcela, deve-se calcular a taxa de juros da operação para verificar os valores que serão lançados como receita financeira de acordo com a competência. Nesse caso, os juros calculados foram de 4,2775% ao mês (basta fazer uso de uma máquina de calcular financeira ou de uma planilha que efetue esses cálculos; por exemplo, numa HP12C, coloca-se – 8.000 no PV, 1.000 no PMT, 10 no *n* e pressiona-se *i*, que fornecerá essa taxa de juro). Fazendo-se os cálculos dos juros (coluna "C") de cada prestação, tem-se o seguinte:

Data	Parcelas	Juros	Principal	Saldo
A	B	C	D	E
1	1.000,00	342,20	657,80	7.342,20
2	1.000,00	314,06	685,94	6.656,26
3	1.000,00	284,72	715,28	5.940,98
4	1.000,00	254,13	745,87	5.195,11
5	1.000,00	222,22	777,78	4.417,33
6	1.000,00	188,95	811,05	3.606,28
7	1.000,00	154,26	845,74	2.760,54
8	1.000,00	118,08	881,92	1.878,62
9	1.000,00	80,36	919,64	958,98
10	1.000,00	41,02	958,98	0,00
Total	10.000,00	2.000,00	8.000,00	

Consequentemente, quando do pagamento da primeira parcela a contabilização fica:

	(em R$)	
Caixa	1.000,00	
a Clientes		1.000,00
Ajuste de Clientes – Ajuste a Valor Presente	342,20	
a Receita Financeira		342,20

Com essa forma de cálculo e contabilização, a receita foi reconhecida pelo seu valor justo e os juros embutidos na transação foram reconhecidos *pro rata die* e, pelo cálculo exponencial como receita financeira, sendo lançados para o resultado o valor dos juros referente a cada parcela, conforme calculado na coluna "C" da tabela. A coluna "E" representa o saldo líquido de contas a receber dessa transação a cada mês.

18.2.3.2 Contraprestação variável

Como já foi exposto, a receita será reconhecida pelo montante da contraprestação a que se espera ter direito pela transferência de um bem ou serviço ao cliente. Portanto, se a contraprestação prometida no contrato incluir um valor variável, a entidade deverá estimar o valor ao qual terá direito em troca dos bens ou serviços transferidos.

Diversas poderão ser as fontes de variabilidade da contraprestação a ser recebida por um produto e/ou serviço entregues. Entre os exemplos de elementos variáveis no preço de um bem ou serviço vendido, podem-se citar: descontos, "rebates", reembolsos, créditos, incentivos, bônus por desempenho, penalidades. Também é considerada variável a contraprestação que depende de um evento futuro incerto, como nos casos de descontos por volumes atingidos, venda de um produto com o direito de devolução, descontos ou recompensas relacionadas com o atingimento de metas de qualidade, prazo ou quantidade do bem ou serviço a ser transferido.

Esses elementos que produzem variabilidade na contraprestação podem estar explícitos no contrato. Não obstante, mesmo que não exista previsão formal e explícita no contrato com o cliente, a contraprestação prometida também será considerada variável se: (a) o cliente tiver uma expectativa válida embasada nas práticas de mercado, políticas publicadas ou declarações específicas de que a entidade vendedora aceitará uma contraprestação menor do que a que foi definida em contrato ou (b) outros fatos e circunstâncias indicarem que a intenção da entidade vendedora ao entrar no contrato é a de oferecer ao cliente uma redução no preço.

A mensuração de contraprestação variável deve ser realizada pelo método do valor esperado ou pelo método do valor mais provável. O método do valor esperado, que é mais adequado em cenários onde há um grande número de contratos com características semelhantes, consiste em somar os montantes possíveis de se receber, ponderados pelas suas respectivas probabilidades de ocorrência.

Tomemos, por exemplo, uma situação em que o preço contratual de determinado produto é $ 1.000, mas que, em decorrência de descontos concedidos em função da qualidade do produto (mensurado quando do recebimento do produto pelo cliente), passa a existir variabilidade na contraprestação paga pelo cliente que adquire o produto. Nesse caso, é necessário estimar as probabilidades associadas aos percentuais de descontos esperados. Com base no histórico e no conhecimento acerca da variabilidade da qualidade da produção, estimou-se que existe uma probabilidade de 30% de que o valor a receber pelo produto seja de $ 800, uma probabilidade de 40% de que receberá $ 900 pelo produto e, finalmente, uma probabilidade de 30% de que a entidade vendedora receba $ 999 pelo produto.

A estimativa da contraprestação segundo o método do valor esperado é a seguinte:

Valor ($)	Probabilidade	Valor ponderado ($)
800,00	30%	240,00
900,00	40%	360,00
999,00	30%	299,70
Valor esperado		899,70

Outra situação relevante que impõe variabilidade sobre a contraprestação de vendas e que poderá utilizar o valor da abordagem do valor esperado diz respeito às devoluções. Como sabemos, em muitos contratos de venda o cliente tem o direito de devolver o produto por diversas razões e receber de volta dinheiro, um crédito ou outro produto. Nesses casos, a mensuração da receita deve ocorrer em consonância com os critérios de reconhecimento de parcela variável da contraprestação. Trocas feitas pelo cliente por produto do mesmo tipo, qualidade, condição e preço não são consideradas devoluções de acordo com o CPC 47.

Tomem-se, por exemplo, as vendas de produtos realizadas pela internet. O Código de Defesa do Consumidor estabelece que o consumidor tem o direito de arrependimento nessa modalidade de vendas e pode devolver o produto adquirido, dentro de determinadas condições e prazos, sem ônus e com reembolso total se tiver pagado pelo produto. Nesses casos, novamente será necessário estimar qual é o volume de vendas que se espera não ser devolvido e que deve, portanto, ser reconhecido como receita, pois corresponde a uma contraprestação que se espera receber pelo cumprimento das obrigações de *performance*.

Tomemos, por exemplo,[1] uma empresa dedicada à confecção de camisetas, que as comercializa pela internet e que tem como prática aceitar devoluções de produtos até 30 dias após a entrega do produto ao cliente. Essa empresa celebrou 100 contratos com clientes, sendo que cada contrato inclui a venda de uma camiseta por $ 100 (total de 100 produtos × $ 100 = $ 10.000 de contraprestação total). O dinheiro é recebido quando o controle de um produto é transferido. O custo de cada produto para a entidade é de $ 60.

Dado que o contrato permite a devolução dos produtos pelos clientes no prazo de 30 dias, a contraprestação recebida do cliente é variável. Para estimar a contraprestação variável à qual a entidade terá direito, utiliza-se o método do valor esperado (parágrafo 53(a) do CPC 47), porque esse é o método que a entidade espera que forneça a me-

lhor previsão do valor de contraprestação ao qual ela terá direito. Utilizando o método do valor esperado, com base em dados históricos e experiência acumulada no segmento em que atua, a entidade estima que 97 produtos não serão devolvidos.

Assumindo-se que os custos de recuperar os produtos não serão relevantes e que os produtos devolvidos possam ser revendidos com lucro, os lançamentos contábeis que deve essa entidade realizar quando da entrega (transferência) dos produtos correspondentes aos 100 contratos são como segue (vai-se aqui utilizar a conta "Receita Bruta" também para efeito de atender à legislação fiscal e ao CPC 47, que assim determina no seu item 112A):

	(em R$)	
Caixa	10.000,00	
a Receita Bruta de Vendas		10.000,00
CMV	6.000,00	
a Estoques		6.000,00
Receita de Vendas – Devoluções prováveis	300,00	
a Obrigação de reembolso		300,00
Estoques a recuperar	180,00	
a CMV – por Devoluções prováveis		180,00

Os lançamentos apresentados refletem, por ocasião da transferência de controle das 100 camisetas:

a) A receita de $ 10.000 ($ 100 × 100 pela venda total dos produtos).

b) Custo total referente à respetiva receita.

c) Registro da obrigação de reembolso de $ 300 ($ 100 de reembolso × 3 produtos que se espera serem devolvidos).

d) Valor recuperável de estoque de $ 180 ($ 60 × 3 produtos), por seu direito de recuperar produtos de clientes ao liquidar a obrigação de reembolso.

Não se pode esquecer que os registros feitos em "Receitas de Vendas - Devoluções prováveis" e "CMV - por Devoluções prováveis" são contas analíticas utilizadas no sentido de auxiliar a apuração do registro fiscal, pois a tributação será exigida, até que melhores dias cheguem, sobre a Receita Bruta.

Já no método do valor mais provável, a receita será mensurada pelo valor individual mais provável dentro de um conjunto de valores possíveis de contraprestação. Este método é aplicável, por exemplo, quando um contrato tem apenas dois possíveis cenários em termos dos montantes de contraprestação a receber pelo cumprimento da obrigação de *performance*.

---

[1] Este exemplo foi embasado no Exemplo 22 dos Exemplos Ilustrativos que acompanham a IFRS 15.

Suponhamos, por exemplo, que uma entidade firme contrato para construir um navio por $ 1 milhão. Ao término da construção, haverá uma inspeção realizada por entidade especializada e independente e, se os parâmetros de qualidade estabelecidos no contrato forem atingidos ou superados, a entidade que construiu o navio terá direito a um pagamento adicional de 20% sobre o preço definido em contrato de $ 1 milhão. O preço da transação tem, portanto, uma parcela fixa de $ 1 milhão e uma parcela variável, que tem dois cenários possíveis: zero se os parâmetros de qualidade não forem atingidos e $ 200 mil se esses parâmetros forem atingidos ou superados. Nesse cenário, considera-se mais apropriado utilizar o método do valor mais provável. Levando em consideração seus controles de qualidade no processo produtivo, essa entidade estima que a probabilidade de atingir ou superar as metas de qualidade é de 75%, que é maior do que a probabilidade estimada de não atingir as metas (100% − 75% = 25%). Consequentemente, estima-se a contraprestação variável $ 200 mil e a contraprestação total em $ 1,2 milhão.

Se, por hipótese, no encerramento do primeiro exercício desde o início da construção do navio for observado que a obra está 50% concluída, que a *performance* parcial será liquidada pelo cliente no prazo de 30 dias e que é aplicável o critério de reconhecimento de receitas ao longo da obra por se tratar de uma obrigação de *performance* que se cumpre ao longo do tempo (ver Seção 18.2.5.1), teremos os seguintes lançamentos para reconhecer a receita desse contrato:

	(em R$)	
Clientes	600.000	
a Receita de Vendas		600.000

Observe-se que, por termos estimado uma receita total de $ 1.200.000, que inclui uma parcela variável de $ 200.000, e termos um avanço de 50% no cumprimento da obrigação ensejada nesse contrato, a receita a ser reconhecida corresponde a 50% de $ 1.200.000. Como já mencionado, discutiremos em maior profundidade as condições para se reconhecerem receitas com base no percentual de conclusão de uma construção. É claro que, se não se confirmar essa previsão, um ajuste deverá ser efetuado quando se descobrir essa falha. E isso será sempre feito na linha de receita, aumentando-a ou diminuindo-a conforme o caso.

É importante observar que a norma determina uma restrição (ou limite) para as estimativas de contraprestação variável. A entidade deve incluir no preço da transação parte (ou o todo) da contraprestação variável apenas se for altamente provável que uma reversão significativa no montante de receita cumulativa reconhecida não ocorrerá. Dito de outra forma, tem que ser altamente provável que

as incertezas associadas à variabilidade não se resolverão de maneira desfavorável à entidade vendedora, o que ocasionaria uma reversão de receitas. Como sempre, a devida prudência precisa ser considerada na hora de se definir o valor provável de uma receita variável.

Alguns fatores são indicativos de um aumento na probabilidade de reversão de receitas cuja contraprestação é incerta. Por exemplo, quando a contraprestação variável é altamente suscetível a fatores sobre os quais a entidade não tem influência, como seria o caso de variáveis de mercado, julgamento de terceiros ou condições climáticas. Outra situação exemplificada na norma que pode indicar um aumento na probabilidade de reversão é quando a entidade não possui experiência prévia com a variabilidade da contraprestação ou possui experiência limitada, o que tem impacto sobre a confiabilidade das estimativas.

18.2.4 Alocação do valor do contrato nas obrigações de *performance*

Um contrato de venda pode conter a promessa de entrega de mais de um bem e/ou serviço e, consequentemente, pode conter diversas obrigações de *performance*. Portanto, uma vez que o contrato de venda teve seu valor determinado no tópico anterior, caso haja mais de uma obrigação de *performance* no contrato é necessário alocar o valor total da transação a cada obrigação de *performance* distinta que o contrato englobar. Consequentemente, se um contrato de venda possuir apenas uma única obrigação de *performance*, esta quarta etapa não é necessária pois o preço da transação já é o preço da obrigação individual.

É fundamental salientar a importância dessa etapa de alocação no caso de múltiplas obrigações de *performance* pela entidade vendedora. O cumprimento das obrigações de *performance* pode ocorrer em distintos pontos no tempo ou distintos períodos de tempo, o que faz com que seja crítico que o valor do contrato seja alocado a cada uma das obrigações de sorte a expressar de forma fidedigna quando cada obrigação é cumprida e a receita de cada produto/serviço entregue. O objetivo é que essa alocação do preço da transação reflita o montante que a entidade espera ter direito a receber como contrapartida pela transferência de bens ou serviços associados a cada obrigação de *performance* individualmente. Isso é necessário tanto para a parte fixa do preço, se houver, quanto para a eventual parcela variável que pode existir no preço total da transação.

Existe um princípio elementar que norteia essa etapa: do valor total de um contrato com duas ou mais obrigações de *performance*, a alocação para cada obrigação distinta deve se dar tomando como base os preços de venda que cada bem ou serviço tem isoladamente. Nesse contexto, a situação mais simples de operacionalizar é quando todas as obrigações dentro de um preço global de transação possuem preço de venda observável isoladamente. Se esse for o caso, o preço global é alocado proporcionalmente aos preços de venda dos bens e serviços tomados isoladamente, como descrito no exemplo a seguir.

Suponhamos que uma entidade assine contrato com um cliente para entregar os bens X, Y e Z por um valor total de $ 190 em momentos diferentes. Sabe-se que, se um cliente comprasse esses produtos (X, Y e Z) isoladamente, pagaria um total de $ 200, dado que os preços isolados desses produtos são de $ 60, $ 100 e $ 40, respectivamente.

Com essas informações, é possível calcular, com base no preço isolado de cada produto, as proporções de X, Y e Z em relação ao valor total da compra se fosse feita de forma isolada para os três produtos. Essas proporções, demonstradas na tabela a seguir, de 30%, 50% e 20%, respectivamente, são o critério básico da norma para se alocar o valor total do contrato de $ 190 a cada obrigação.

Produto	Preço Isolado ($)	Proporções dos preços isolados em relação ao total	Alocação do preço do contrato total nas obrigações individuais ($)
X	60,00	30%	57,00
Y	100,00	50%	95,00
Z	40,00	20%	38,00
TOTAL	200,00	100%	190,00

É importante sublinhar a relevância dessa alocação. Se, por exemplo, a entidade cumprir a obrigação de transferir Z antes dos demais, a receita que se reconhecerá primeiro terá sido influenciada por essa alocação.

Entretanto, há situações em que o preço de um bem ou serviço isoladamente não é observável. Portanto, será necessário estimar o preço de um bem ou serviço que faça parte de um contrato com duas ou mais obrigações de *performance* para que se possa fazer a alocação do preço total da transação em seus componentes; e isso para preservar o princípio geral que é o de avaliar as obrigações de *performance* pelo valor que se espera receber ou ter direito a receber ao transferir o bem ou serviço prometido.

Alguns métodos podem ser utilizados para se estimar o preço de um bem ou serviço isoladamente tendo em vista o princípio de alocação já descrito. Uma opção é utilizar uma abordagem de avaliação de mercado ajustada, estimando-se em condições de mercado quanto um cliente estaria disposto a entregar como contraprestação pelo bem ou serviço, analisando, por exemplo, os preços correspondentes de concorrentes para produtos similares e ajustados, quando necessário, para refletir as condições da entidade em termos de custos e margens. Ou, ainda, poderia se adotar a abordagem de custo mais margem, na

qual a entidade apura os custos previstos para satisfazer a obrigação de *performance* e sobre estes aplica uma margem compatível com o mercado do bem ou serviço sob análise.

Finalmente, a abordagem residual poderia ser adotada. De acordo com essa abordagem, o preço de um bem ou serviço que não é observável diretamente também poderia ser obtido "por diferença", desde que os preços isolados dos demais bens ou serviços do contrato sejam observáveis. Em outras palavras, quando se sabe o valor total de um contrato com X obrigações de *performance* distintas e é possível se ter o preço isolado de X menos 1 obrigações, a última obrigação pode ter seu valor estimado pela diferença do total do contrato e o valor de todas (menos uma) as obrigações distintas. Entretanto, essa abordagem somente é aceitável se: (a) a entidade que vende o bem ou serviço cujo preço está sendo estimado pelo método residual o faz por preços dentro de uma ampla faixa de valores, ou seja, o preço de venda é amplamente variável; ou (b) a entidade ainda não definiu um preço para o bem ou serviço ou ainda não existiram vendas isoladas desse bem/serviço, o que faz com que o preço de venda desse bem/serviço seja incerto.

Como já mencionado, o princípio geral da norma no processo de alocação do valor de um contrato quando há duas ou mais obrigações de *performance* distintas é a distribuição proporcional desse valor com base nos preços isolados dos bens/serviços do "pacote" que o contrato englobou. Entretanto, pode ocorrer que um pacote de bens/serviços tenha contemplado um desconto que não se aplica a todos os bens/serviços do contrato, ou seja, o desconto pode guardar relação com um ou mais bens ou serviços em particular dentro do "pacote". Por essa razão, o CPC 47 determina que a entidade deve alocar um desconto inteiramente a um bem ou serviço (ou mais de um) do contrato se todos os critérios abaixo forem atendidos:

a) A entidade vende regularmente todos os bens e serviços distintos do contrato em forma isolada.

b) A entidade também vende regularmente em bases isoladas "pacote" (ou "pacotes") com alguns dos bens ou serviços distintos com desconto em relação aos preços isolados dos bens ou serviços que integram cada "pacote".

c) O desconto atribuível a cada pacote descrito no tópico anterior é substancialmente o mesmo desconto do contrato e a análise dos bens e serviços em cada pacote fornece evidência observável da(s) obrigação(ões) de *performance* à (às) qual(is) o desconto se refere.

Para ilustrar essa questão de um desconto que se refere à parte dos bens ou serviços do contrato, mas não todos, vejamos o exemplo 34 que consta da norma do IASB, a IFRS 15.

Nesse exemplo tem-se uma entidade que vende regularmente os produtos A, B e C, isoladamente, pelos preços para venda isolada de $ 40, $ 55 e $ 45, respectivamente. Sabe-se que a entidade também vende regularmente um pacote com B e C, conjuntamente, por $ 60. O contrato que contempla a venda combinada de A, B e C tem valor total de $ 100.

Nesse caso, é possível observar que o somatório dos preços para venda isolada de A, B e C totaliza $ 140, que é $ 40 superior ao valor cobrado pelo pacote de A + B + C, cujo preço é de $ 100. Esse desconto para a compra de A + B + C precisa ser analisado para se determinar se é adequado alocá-lo proporcionalmente aos três produtos ou se deve ser integralmente alocado a um ou dois produtos em particular. O que se pode observar nesse particular é que existem evidências significativas de que o desconto está concentrado em B e C, posto que o somatório dos preços isolados de B e C totaliza $ 100, mas, quando vendidos B e C em um pacote, o preço praticado é de $ 60, ou seja, os $ 40 de desconto no pacote de A + B + C pode ser explicado integralmente pela combinação de B + C apenas. Note-se que seria inadequado alocar qualquer desconto a A, já que o pacote de B e C já teria a totalidade do desconto de $ 40, cabendo sua alocação integral em B e C. Evidentemente, na ausência de informações adicionais, a distribuição entre B e C deverá ser feita proporcionalmente, usando como base seus preços isolados.

Tal como ocorre nos descontos, é possível que outras fontes de variabilidade na contraprestação esperada pelo cumprimento das obrigações de *performance* não encontrem na alocação proporcional a todos os componentes do contrato uma expressão fidedigna da realidade econômica do contrato. Se um contrato tivesse duas obrigações de desempenho distintas e um bônus (ou penalidade) associado ao prazo de entrega de apenas uma delas, não faria sentido alocar essa parte variável da contrapartida global do contrato às duas obrigações. Para tratar dessas situações, o CPC 47 prevê que a parte variável da contraprestação deve ser alocada integralmente a uma obrigação de *performance* (ou a um bem ou serviço distinto que faça parte de uma obrigação) se:

a) As condições da contraprestação variável se relacionarem especificamente com os esforços da entidade em satisfazer essa obrigação particular (ou em transferir um bem ou serviço particular).

b) Essa alocação na íntegra para um componente do contrato é compatível com o objetivo de que o valor alocado à obrigação expresse a expectativa do que a entidade espera receber ou ter direito a receber como contraprestação pelo cumprimento da sua obrigação de transferir os bens e serviços prometidos.

18.2.5 Reconhecendo a receita

Conceitualmente, uma receita deve ser reconhecida quando "merecida", ou seja, a entidade vendedora cumpre sua obrigação de *performance*, de seu desempenho, pela entrega/transferência dos bens ou serviços prometidos ao cliente. O CPC 47 esclarece que os bens/serviços são transferidos ao cliente quando (ou na medida em que) o cliente obtém controle sobre esses recursos. E controle de um ativo é definido na norma como a capacidade de direcionar seu uso e obter seus benefícios remanescentes. Ou, ainda, controla-se um ativo quando se é capaz de evitar que outras entidades direcionem seu uso e obtenham benefício do ativo.

Portanto, quando (ou na medida em que) o cliente obtém o controle do ativo, o bem/serviço que é objeto do contrato de venda, a obrigação de *performance* é satisfeita e a receita passa a ser "merecida" e, portanto, deve ser reconhecida.

Em diversas circunstâncias, a transferência do controle do ativo negociado ocorre em um ponto específico no tempo e, portanto, é no ponto do tempo em que a transferência de controle ocorrer que a receita deve ser reconhecida. Contudo, há outras situações em que a transferência não ocorre de maneira discreta, binária, e sim de maneira contínua ou, no mínimo, numa sucessão de pontos ao longo de um período. Nesses casos, o reconhecimento de receita ocorre também ao longo de um período, acompanhando essa "curva" (e não um ponto único) de "entregas" parciais.

Portanto, na última etapa do processo é necessário identificar se uma obrigação de *performance* é do tipo que se satisfaz **em um ponto no tempo** ou se é do tipo que se satisfaz **ao longo do tempo**.

18.2.5.1 Obrigações de *performance* satisfeitas ao longo do tempo

Uma entidade transfere o controle de um ativo ao longo do tempo e, portanto, reconhece receita também ao longo do tempo se um dos critérios abaixo for satisfeito:

a) O cliente recebe e consome o benefício do ativo transferido de maneira simultânea. Um exemplo seria o serviço de limpeza prestado por uma empresa especializada em residências. O benefício do serviço é transferido ao contratante e consumido por ele simultaneamente.

b) O desempenho da entidade vendedora cria ou melhora um ativo que o cliente controla à medida que o ativo é criado ou melhorado. Um exemplo seria a construção de obra civil de expansão de uma planta manufatureira sob o acompanhamento da empresa contratante e cujos serviços ocorrem dentro de sua propriedade. Para atender a esse critério, a entidade precisa estar limitada

376 | MANUAL DE CONTABILIDADE SOCIETÁRIA • *Santos, Iudícibus, Martins e Gelbcke*

contratualmente ou praticamente a redirecionar o ativo que está construindo ou melhorando para uso alternativo ao que foi originalmente previsto.

c) O desempenho das atividades da entidade vendedora nos termos do contrato não cria um ativo que tenha uso alternativo e a entidade tem direito executável a pagamento pelo desempenho proporcional à sua execução. É o caso de entidades que fabricam ativos altamente especializados, feitos sob especificações fornecidas pelo cliente e adequadas às suas necessidades, sendo feitas "medições" de progresso da fabricação e pagamentos proporcionais. No particular aspecto do direito ao pagamento proporcional, o importante é que, por contrato ou lei, a entidade deve ter o direito a receber montante ao longo da execução do contrato que a compense pelo desempenho proporcional, por exemplo, no caso de o contrato ser rescindido pela contratante ou terceiros.

Para os contratos em que se conclua que as obrigações de desempenho são satisfeitas ao longo do tempo, a receita deverá ser reconhecida pela mensuração do progresso em direção à liquidação completa da obrigação, o que é também conhecido como método do percentual de conclusão ou Percentage of Completion (POC).

A operacionalização desse método pode ocorrer de distintas formas e a entidade deve implementar o método da forma apropriada que permita mensurar o progresso do cumprimento da obrigação. A mensuração do progresso poderá se valer de observações de resultados (*outputs*) do contrato (por exemplo, unidades produzidas, metas intermediárias atendidas, "medições" de obra etc.), se por meio do resultado observável se puder capturar de forma fidedigna o progresso do contrato. Outra forma possível de medir o progresso pode ser por meio das entradas (*inputs*) ao processo, representando o esforço incorrido para a execução do contrato que eventualmente poderá ter correlação significativa com o progresso em direção ao cumprimento total da obrigação de desempenho.

18.2.5.1.1 Exemplo de contrato de construção

Vejamos então um exemplo simplificado de como se deve proceder à contabilização, no caso de contratos de construção em que se conclua que ocorre a transferência progressiva de controle ao longo do tempo.

Suponhamos que uma empresa tenha negociado um contrato para construção de uma ponte pelo valor de $ 10.000, reajustável, e cujo custo atual total estimado seja de $ 6.000, prevendo-se, assim, uma margem bruta de $ 4.000. O contrato prevê também o recebimento de 20% no ato, 30% após um ano e os 50% restantes na entrega da obra, prevista para ocorrer em dois anos.

A contabilização inicial seria:

	Débito	Crédito
Na assinatura do contrato, pelo recebimento dos 20% no ato		
Disponível	2.000	
a Adiantamentos de Clientes		2.000

Digamos que, no encerramento desse primeiro exercício, a empresa tenha incorrido em custos de produção dessa obra no total de $ 2.200, os quais devem ser apropriados ao resultado, e que a estimativa original de $ 6.000 tenha sido reajustada para $ 6.600. Pelas disposições contratuais, suponhamos ainda uma atualização de preço sobre a parcela não recebida ($ 8.000) de $ 1.000. No final desse exercício, tem-se então:

$$\frac{\text{Previsão de custos atualizada}}{\text{Preço atualizado}} = \frac{\$\ 6.600}{\$\ 11.000} = 60\%$$

Adicionalmente, a empresa adota a prática de determinar o estágio de execução de suas obras e, portanto, o reconhecimento de sua receita, com base na proporção dos custos incorridos até a data-base, em relação à última estimativa dos custos totais do empreendimento. Dessa forma, temos o seguinte cálculo para as receitas proporcionais ao período, de acordo com o regime de competência previsto pela Lei das Sociedades por Ações, e também conforme a legislação tributária:

$$\frac{\text{Custo incorrido}}{\text{Custo previsto atualizado}} = \frac{\$\ 2.200}{\$\ 6.600} = 1/3$$

Receita apropriável = 1/3 da receita total atualizada = 1/3 de $ 11.000 = $ 3.667

A contabilização será, no que diz respeito à receita:

	Débito	Crédito
Contas a Receber – serviços executados a faturar	1.667	
Adiantamentos de Clientes	2.000	
a Receita		3.667

Na Demonstração do Resultado, teríamos:

Receita $ 3.667
(−) Custo ($ 2.200)
Lucro bruto $ 1.467

No segundo exercício, suponha-se o recebimento dos originais $ 3.000 contratados, que seriam então registrados da seguinte forma:

	Débito	Crédito
Disponível	3.000	
a Contas a Receber – serviços executados a faturar		1.667
a Adiantamentos de Clientes		1.333

Admitindo que no segundo exercício incorra-se em mais $ 3.900 de custos, e o preço seja alterado para $ 14.000, e os valores mais atualizados agora sejam:

Custos que faltam para completar a obra = $ 3.000.

Nova estimativa de custo total = $ 2.200 (1º exercício) + $ 3.900 (2º exercício) + $ 3.000 (previstos) = $ 9.100.

Preço contratado que falta ainda receber, atualizado até o fim do 2º período = $ 14.000 – $ 2.000 (na assinatura) – $ 3.000 (2º exercício) = $ 9.000.

Nova relação custo da obra/preço de venda = $ 9.100 ÷ $ 14.000 = 65%.

O custo incorrido, lançado no resultado do 2º período, foi de $ 3.900, que, somado aos $ 2.200 do 1º período, dão o custo total acumulado até o 2º período de $ 6.100.

Dessa forma, a nova relação do custo incorrido sobre o custo total estimado (previsto) é como segue:

$$ \$ 6.100 \div \$ 9.100 = 67,0330\% $$

É exatamente com base nesse percentual que a receita será calculada e registrada. Vejamos:

Receita total até o 2º período = 67,0330% de $ 14.000 = $ 9.385

(−) Receita já apropriada no 1º período = ($ 3.667)

Receita a apropriar no 2º período = $ 5.718

Os lançamentos relativos ao 2º período serão os seguintes:

	Débito	Crédito
Adiantamentos de Clientes	1.333	
Contas a Receber – serviços executados a faturar	4.385	
a Receita		5.718

A Demonstração do Resultado do 2º período ficará:

Receita $ 5.718
(−) Custo ($ 3.900)
Lucro bruto $ 1.818

Note-se que o lucro do 2º período fica em apenas $ 1.818, quando talvez devesse ser $ 2.100. Isso porque, no primeiro ano, deveria ter sido reconhecida receita de $ 3.385 se já se soubesse da nova relação; mas, como na época a hipótese era de que o custo era equivalente a 60% da receita, apropriaram-se $ 3.667, ou seja, $ 282 a mais. Nesse critério, a cada nova previsão faz-se o novo cálculo e ajusta-se o passado no resultado do exercício em que se verifica a nova relação percentual. Não se deve tratar esses acertos como correção de erro, pois na época não houve erro, ocorrendo apenas fatos subsequentes que alteraram as estimativas (veja o Capítulo 22 – Políticas Contábeis, Mudança de Estimativa, Retificação de Erro e Evento Subsequente).

Para o 3º e último período, ter-se-á simplesmente a apropriação do restante dos custos e do restante da receita.

Há situações, e não tão incomuns, em que o uso de um percentual geral não seja boa representação da realidade econômica. Por exemplo, uma construtora contrata a execução de um edifício por $ 10 milhões, com o custo total estimado de $ 7 milhões. Só que $ 1 milhão desses $ 7 milhões diz respeito a um elevador especial que não é produzido pela construtora, que o subcontrata. Assim, a relação de $ 1 de receita para cada $ 0,7 de custo, ou de $ 1,43 de receita para cada $ 1,00 de custo, se aplicada ao mês em que se instala o elevador, apropriaria um resultado anormal a essa etapa, sem que houvesse qualquer desempenho anormal para a construtora. Nesses casos, é mais adequado verificar-se o seguinte: qual deveria ser a margem de lucro normal pela operação em que a construtora "compra" um elevador e o "vende" ao dono do edifício? Digamos que 10% sobre o custo representasse uma boa margem. Nesse caso, se o elevador custa $ 1 milhão, deveria uma receita de $ 1,1 milhão ser apropriada quando da instalação do elevador. Relação de $ 1,1 de receita para $ 1,0 de custo. Dessa forma, a receita total a apropriar ao processo de construção do edifício propriamente dito seria R$ 10 milhões menos $ 1,1 milhão relativo ao elevador = $ 8,9 milhões. E o custo total da construção propriamente dita seria $ 7 milhões menos o custo do elevador de $ 1 milhão = $ 6 milhões. Assim, a relação de preço/custo a apropriar a receita ao longo do tempo conforme o custo da construção seria de $ 8,9/$ 6,0 = $ 1,48 de receita para cada $ 1,0 de custo (exceto na instalação do elevador).

18.2.5.1.2 Postergação do pagamento do imposto de renda em contratos a longo prazo

A atual legislação do imposto de renda permite que, no caso de empreitada ou fornecimentos contratados com pessoa jurídica de direito público, ou com empresa sob seu controle, empresa pública, sociedade de economia mista ou sua subsidiária, a empresa possa postergar o pagamento do imposto de renda correspondente ao lucro contabilizado, mas não realizado financeiramente. Esse valor é determinado pela parcela proporcional registrada como receita, mas ainda não recebida até a data do balanço, e poderá ser deduzido do lucro líquido para apurar o lucro real (tributável). Com isso, há que se fazer o registro, como despesa, do imposto como se fosse devido agora para confrontação com o lucro que o gerou. Mas a contrapartida ainda a ser reconhecida ficará na conta de Imposto de Renda Diferido no Passivo.

O diferimento do Imposto de Renda é previsto no art. 478 do RIR/2018 e normatizado pela Instrução Normativa SRF nº 21/1979. Atualmente, o diferimento da Contribuição Social está regulado pelo art. 3º da Lei nº 8.003/1990, que manda observar as mesmas normas do diferimento do Imposto de Renda. Sobre diferimento contábil de IR e CS, consulte o Capítulo 12.

18.2.5.2 Obrigações de *performance* satisfeitas em um ponto no tempo

Se a entidade vendedora não satisfaz suas obrigações de *performance* ao longo do tempo, então o CPC 47 define, por exclusão, que as obrigações são satisfeitas em um ponto no tempo. Um dos aspectos críticos nesse particular é justamente determinar em que ponto a obrigação foi satisfeita. Relembrando, o princípio geral é que uma obrigação de *performance* se satisfaz quando o cliente obtém controle do ativo (bens/serviços) prometido.

É importante observar que a maioria das normas anteriores sobre receita exigia que uma entidade reconhecesse receita de vendas considerando a transferência dos riscos e benefícios da propriedade. No CPC 47, o foco está no controle, ou seja, uma entidade deve avaliar a transferência de um bem ou serviço considerando quando o cliente obtém o controle desse bem ou serviço. Isso porque os produtos ou serviços adquiridos por um cliente são ativos (ainda que muitos serviços não sejam reconhecidos como um ativo porque são recebidos e consumidos simultaneamente pelo cliente) e a definição de ativo tem no controle elemento

fundamental. É coerente, conceitualmente falando, portanto, que a atenção do reconhecimento de receitas esteja voltada para o momento em que o controle sobre o bem ou serviço é obtido pelo cliente.

Adicionalmente, deve-se observar que uma abordagem anterior, baseada nos riscos e benefícios, poderia conflitar com a identificação de obrigações de desempenho. Por exemplo, se uma entidade transferir um produto a um cliente, mas retiver alguns riscos associados a esse produto (por exemplo, uma obrigação de manutenção a preço fixo), uma avaliação baseada nos riscos e benefícios poderia resultar em que a entidade identificasse uma única obrigação de desempenho a ser satisfeita, situação na qual a receita de vendas somente seria reconhecida após todos os riscos serem eliminados. Na abordagem do CPC 47, baseada no controle, pode-se identificar com maior clareza a existência de duas obrigações de desempenho (uma para o produto e outra para um serviço remanescente, o serviço de manutenção a preço fixo), que são satisfeitas em épocas diferentes e que terão, por consequência, reconhecimento de receita de vendas também em momentos distintos.

A descrição de controle baseia-se na estrutura conceitual do IASB, recepcionada no Brasil pelo CPC 00. Um cliente controla um bem ou serviço prometido pelo seu fornecedor quando tem a capacidade de determinar o uso desse recurso prometido e de obter substancialmente todos os benefícios remanescentes do recurso. Nesse contexto, um cliente deve ter o direito presente de determinar o uso de um ativo e obter substancialmente todos os benefícios remanescentes desse ativo para que uma entidade reconheça receita. A capacidade de um cliente de determinar o uso de um ativo refere-se ao direito de o cliente usar esse ativo em suas atividades, de permitir que outra entidade use esse ativo em suas atividades ou de restringir o uso desse ativo por outra entidade.

Outrossim, o cliente também deve ter a capacidade de obter substancialmente todos os benefícios remanescentes de um ativo para exercer seu controle. Em termos conceituais, os benefícios de um bem ou serviço são fluxos de caixa potenciais (seja um aumento nos fluxos de entrada de caixa ou uma redução nos fluxos de saída). Um cliente pode obter esses benefícios direta ou indiretamente de muitas formas, como, por exemplo, utilizando, consumindo, alienando, vendendo, trocando, empenhando ou mantendo um ativo.

O CPC 47 oferece alguns indicadores da transferência de controle que deverão ser observados na determinação do momento para o reconhecimento de receita de vendas, os quais incluem, entre outros, os seguintes (logo, listagem não exaustiva e, além disso, o fato de atender a um dos requisitos não significa automaticamente a transferência do controle):

a) Direito presente a pagamento pelo ativo: se um cliente estiver presentemente obrigado a pagar por um ativo, isso **pode** indicar que o cliente obteve a capacidade de direcionar o uso do ativo sujeito a troca e de obter substancialmente a totalidade dos benefícios remanescentes desse ativo.

b) Titularidade legal do ativo: titularidade legal **pode** indicar qual parte de um contrato tem a capacidade de direcionar o uso de um ativo e de obter substancialmente a totalidade dos benefícios remanescentes desse ativo ou de restringir o acesso de outras entidades a esses benefícios. Se uma entidade retém a titularidade legal exclusivamente como proteção (o que frequentemente se denomina nas normas como direitos protetivos – *vide* discussão de controle de uma entidade para fins de consolidação) contra o não pagamento pelo cliente, esses direitos da entidade não impedem necessariamente o cliente de obter o controle de um ativo.

c) Posse física do ativo: a posse física de um ativo pelo cliente **pode** indicar que o cliente tem a capacidade de direcionar o uso do ativo e de obter substancialmente a totalidade dos benefícios remanescentes desse ativo ou de restringir o acesso de outras entidades a esses benefícios. Entretanto, importante observar que a posse física pode não coincidir com o controle de um ativo. Por exemplo, um consignatário recebe um conjunto de produtos, mas só tem autorização de vender parte dele. Em alguns acordos nos quais há o faturamento, mas não há a entrega, a entidade pode ter a posse física de um ativo que o cliente já controla.

d) Riscos e benefícios significativos da propriedade do ativo: ainda que, como dissemos, os riscos e benefícios da propriedade deixaram de ser o foco central da discussão do momento mais apropriado para se reconhecer receita de uma venda, a transferência dos riscos e benefícios significativos da propriedade de um ativo para o cliente **pode** indicar que o cliente obteve a capacidade de direcionar o uso do ativo e de obter substancialmente a totalidade dos benefícios remanescentes desse ativo. Contudo, ao avaliar os riscos e benefícios significativos da propriedade de um ativo prometido, uma entidade deve excluir quaisquer riscos que deem origem a uma obrigação de desempenho separada adicional à obrigação de desempenho que consiste em transferir o ativo. Como mencionado anteriormente a título de exemplo, uma entidade pode ter transferido o controle de um ativo a um cliente, mas ainda não ter satisfeito uma obrigação de desempenho adicional que consiste em prestar serviços de manutenção relacionados ao ativo transferido.

e) Aceite do ativo: a aceitação de um ativo pelo cliente *pode* indicar que ele obteve a capacidade de direcionar o uso do ativo e de obter substancialmente a totalidade dos benefícios remanescentes desse ativo.

Em muitas empresas industriais e comerciais, a contabilização das vendas pode ser feita pelas notas fiscais de vendas, já que o momento da entrega dos produtos é praticamente simultâneo ao da emissão das notas fiscais. Ocorre comumente, todavia, uma pequena defasagem entre a data da emissão da nota fiscal e a da entrega dos produtos, quando a condição da venda é a entrega no estabelecimento do comprador. Nesse caso, devem ser registradas como receitas somente na entrega dos produtos, ou seja, quando da passagem da posse e do controle do ativo para o comprador, como é normalmente a venda *on-line*. Essa defasagem, na verdade, pode gerar algum problema nas datas das demonstrações mensais e, principalmente, na data do balanço, relativamente às vendas já faturadas, mas ainda não entregues. Recomenda-se o controle e a coordenação do levantamento físico dos estoques, devendo-se tomar cuidado para que não sejam registradas como receitas as notas emitidas, mas não entregues e, nesse caso, os produtos devem ser computados como produtos acabados nos estoques nas datas das Demonstrações. Esse cuidado é obrigatório, de fato, apenas no encerramento de cada período contábil, não sendo obrigatório, por exemplo, fazê-lo diariamente.

Se, todavia, a empresa considerar tais notas como vendas do período, por não serem significativas, os produtos correspondentes devem ser segregados fisicamente e não computados como estoques nas datas das Demonstrações.

Na hipótese de exportações de produtos manufaturados nacionais, a receita bruta de vendas, de acordo com o Pronunciamento CPC 02 (R2) – Efeito das Mudanças nas Taxas de Câmbio e Conversão de Demonstrações Contábeis, no item 24, deve ser contabilizada na moeda funcional, determinada pela conversão de seu valor expresso em moeda estrangeira à taxa de câmbio fixada no boletim de abertura pelo Banco Central do Brasil para compra, em vigor na data de embarque dos produtos para o exterior, entendida esta como a data averbada pela autoridade aduaneira, na Guia de Exportação ou documento de efeito equivalente, e se esse momento representar a efetiva transferência do controle para o comprador. As diferenças decorrentes de alteração na taxa de câmbio, ocorridas entre a data do fechamento do contrato de câmbio e a data do embarque, serão consideradas variações monetárias ativas ou passivas, de acordo com o item 28 do CPC 02.

Vale mencionar que, naquelas situações em que os recursos são adiantados em relação ao cumprimento da obrigação de *performance*, esses adiantamentos são claramente passivos, pois expressam justamente a obrigação de a empresa entregar os bens e serviços prometidos pelos quais já recebeu recursos financeiros. Colocados no Passivo, esses adiantamentos não se modificam mesmo que o câmbio se altere. Esses adiantamentos irão se transformar em receita pelo valor original em reais (supondo-se real a moeda funcional da empresa) quando do recebimento do dinheiro. Assim, não há registro de variação cambial nas contas de adiantamentos de clientes. Isso provocará, é claro, diferença entre o valor em reais registrado como receita pela empresa e os documentos oficiais de exportação.

Adicione-se a isso que, no âmbito das exportações, é comum que empresas exportadoras obtenham, com base no histórico e perspectivas de embarques futuros (e, portanto, de cambiais a receber no futuro), adiantamentos de recursos de instituições financeiras, que também são passivos, nesse caso financeiros, os chamados Adiantamentos de Contratos de Câmbio (ACC). Nesses casos, não se trata de uma obrigação especificamente com um cliente, mas com a instituição financeira que adiantou os recursos e que, em última instância, ficará com o direito sobre as cambiais a receber quando a exportação ocorrer e a obrigação junto ao cliente for satisfeita. Enquanto a exportação não ocorre, esses recursos são mantidos como passivos financeiros, pois dependem da realização de uma venda ao exterior que permitirá à empresa exportadora "pagar" o recurso que lhe foi adiantado com exportações que realizará. Se o contrato for feito de forma que o adiantamento recebido do banco será liquidado pelo cliente diretamente a esse banco, aí o adiantamento funciona como se tivesse sido feito diretamente pelo cliente. Passa a ser um adiantamento comercial e não um empréstimo bancário. Julgamento é necessário para se verificar a essência dos contratos comercial e financeiro.

18.2.5.3 Reconhecimento de receitas de incorporação imobiliária

A operação conhecida como incorporação imobiliária, que no Brasil é regulamentada pela Lei nº 4.591/1964, prevê a construção de uma ou mais edificações com unidades autônomas que podem ser comercializadas ainda na planta, ou seja, em construção. A incorporação de um imóvel a um terreno também acontece quando a empresa realiza uma obra dentro do terreno que pertence a outra pessoa, que geralmente receberá, pela cessão do terreno, algumas unidades dentro da edificação que se incorporará ao terreno.

Nesse contexto, dado que unidades autônomas podem e geralmente são vendidas pela incorporadora antes mesmo de a obra se iniciar ou durante o transcurso da obra, faz-se necessário determinar se o reconhecimento de receitas será feito à medida que a obra progride (pelo método do POC, como vimos na Seção 18.2.5.1) ou se a receita de venda das unidades autônomas será reconhecida em um ponto no tempo (como discutido na Seção 18.2.5.2), pelo método conhecido como 'chaves', ou seja, quando o comprador recebe as chaves do imóvel cuja construção foi concluída.

Na verdade, é preciso primeiramente atentar para o seguinte quanto ao reconhecimento do POC: ele se aplica somente se o valor da receita estiver definido contratualmente, e a entidade possuir sólidos critérios de orçamento de custos. Se uma das duas condições não estiver presente, receita só nas chaves.

É mister observar que, como não poderia deixar de ser, por qualquer um dos métodos, seja POC, seja chaves, ao final da obra toda a receita terá sido reconhecida, independentemente do fluxo financeiro e dos critérios de reconhecimento da receita, já que 100% da obrigação de *performance* terá sido satisfeita.

Não há dúvida em afirmar que o reconhecimento progressivo de receitas, com base na evolução da obra, tende a produzir informação de caráter preditivo possivelmente muito relevante para investidores, pois o desempenho será evidenciado paulatinamente. Não obstante, outros usuários, como, por exemplo, credores, talvez entendam mais relevante que as receitas sejam reconhecidas somente nas "chaves", quando os riscos e benefícios das unidades vendidas são integralmente transferidos aos compradores. Inclusive, por nada ser apurado de resultado durante a construção, nenhum lucro será distribuído, o que é maior segurança para o credor.

Nesse contexto, observe-se que há diferentes visões possíveis para o melhor tratamento contábil da atividade de incorporação imobiliária no Brasil. Sem termos a pretensão de sermos exaustivos nem de elencarmos todas as visões neste debate, entendemos ser relevante mencionar a posição de dois organismos importantes, a saber: a Comissão de Valores Mobiliários (CVM), que fiscaliza, normatiza, disciplina e desenvolve o mercado de valores mobiliários no Brasil (ou seja, cuida do mercado dos acionistas minoritários), e o Comitê de Interpretações IFRS, organismo de interpretação das normas do IASB, emissor das IFRS adotadas no Brasil e em mais de uma centena de países ao redor do mundo.

Por um lado, a CVM manifestou ser inegável que a adoção do método POC resulta em uma contabilidade mais sofisticada e informação de melhor qualidade. Segundo a autarquia, os procedimentos de apropriação sistemática e tempestiva de custos e despesas, controle e acompanhamento periódico de orçamentos (*vis-à-vis* com evolução física dos projetos) e a adoção de direcionadores de alocação de receita (em regra derivados da razão entre custos incorridos e custos orçados) permitem uma quebra de assimetria informacional por meio da avaliação periódica do desempenho dos projetos imobiliários, ou seja, do sucesso ou insucesso do projeto. Em relação ao método das "chaves", é entendimento da área técnica da CVM que esse método termina por promover assimetrias informacionais, ao invés de reduzi-las, posto que o sucesso ou insucesso de um projeto imobiliário só é revelado ao seu término (na verdade, se existir perspectiva de prejuízo na obra, terá que já ser provisionado).

Por outro lado, o Comitê de Interpretações do IASB (anteriormente denominado IFRIC) manifestou uma visão distinta, posição que tem sido geralmente acompanhada pelos auditores independentes. Esse comitê analisou as três situações previstas no parágrafo 35 da norma (IFRS 15 e CPC 47) e concluiu que o reconhecimento de receitas deve ser nas "chaves". Vejamos o raciocínio desse comitê para cada um dos itens do parágrafo 35 do CPC 47. Primeiramente, o texto da norma diz o seguinte:

"A entidade transfere o controle do bem ou serviço ao longo do tempo e, portanto, satisfaz à obrigação de *performance* e reconhece receitas ao longo do tempo, se um dos critérios a seguir for atendido:

(a) o cliente recebe e consome simultaneamente os benefícios gerados pelo desempenho por parte da entidade à medida que a entidade efetiva o desempenho (ver itens B3 e B4);

(b) o desempenho por parte da entidade cria ou melhora o ativo (por exemplo, produtos em elaboração) que o cliente controla à medida que o ativo é criado ou melhorado (ver item B5); ou

(c) o desempenho por parte da entidade não cria um ativo com uso alternativo para a entidade (ver item 36) e a entidade possui direito executável (enforcement) ao pagamento pelo desempenho concluído até a data presente (ver item 37)."

No tocante ao critério do parágrafo 35 (a), o comitê entendeu que não é atendido porque a *performance* da incorporadora cria um ativo (imóvel) que não é consumido imediatamente.

No caso do parágrafo 35 (b), a avaliação recai na capacidade que o cliente tem de direcionar a utilização e obter substancialmente todos os benefícios remanescentes da unidade imobiliária parcialmente construída. Nesse contexto, o comitê observou que não há efetivo controle sobre o ativo, mesmo que ele possa revender ou penhorar seu **direito** contratual (por exemplo, não pode alterar o projeto estrutural da unidade imobiliária nem pode usá-la enquanto ainda parcialmente construída).

Finalmente, ao analisar o parágrafo 35 (c), o comitê observou que ele é atendido, porém apenas parcialmente, no que tange à não possibilidade de venda para outro por parte da incorporadora. Mas o comitê concluiu, na segunda parte, que a incorporadora não tem um direito executável ao pagamento pela *performance* proporcional concluída até a data, já que há precedentes legais relevantes (isto é, decisões judiciais em favor dos distratos com devolução, mesmo que parcial, dos valores colocados pelo adquirente).

Consequentemente, o Comitê de Interpretações do IASB concluiu que nenhum dos critérios do parágrafo 35

da IFRS 15 está sendo atendido, motivo pelo qual entende que o método adequado para o reconhecimento de receitas é na entrega das "chaves". Mas a CVM manteve sua posição, entendendo que a legislação brasileira é peculiar ao permitir a venda ou a penhora do bem durante a construção e que a lei dá caráter de irrevogabilidade ao contrato de construção, e que os distratos têm acontecido dentro de certos limites e dentro de um período de turbulência econômica.

Por isso, no Brasil, os pareceres dos auditores independentes aceitam a posição da CVM como consistente com as IFRS (parecer "limpo"), mas colocam uma ênfase dizendo que isso se deve à interpretação da CVM.

18.3 Custos contratuais incrementais ativáveis

O pronunciamento CPC 47 prevê o reconhecimento como ativo dos custos incrementais para a obtenção de um contrato com cliente, no caso em que a entidade espera que recuperará tais custos. Outrossim, também está previsto o reconhecimento como ativo dos custos incorridos para atender um contrato que não estejam no escopo das normas de estoques, imobilizado ou intangível. Denominamos, para fins deste *Manual*, tais ativos de custos contratuais incrementais.

Os custos incrementais para se obter um contrato são os custos nos quais uma entidade incorre para obter um contrato e nos quais a entidade não incorreria se o contrato não tivesse sido obtido. Por exemplo, comissões a pagar a pessoal de vendas pela concretização de um contrato são potencialmente custos contratuais passíveis de ativação. Ou pagamento a um escritório de consultoria por conta de uma análise de crédito e de análises jurídicas de contratos vinculados a um negócio em particular, que não existiriam se não houvesse esse contrato de venda.

Só podem ser ativados aqueles custos que estão relacionados diretamente com um contrato (ou um contrato identificável que já pode ser antevisto), que geram ou melhoram recursos que a entidade usará para satisfazer as obrigações de performance do contrato e cujos custos se espera recuperar. Por exemplo, custos de testes incorridos no sentido de permitir que obrigações de *performance* de um contrato sejam satisfeitas são candidatos à capitalização como custos contratuais.

Os custos contratuais devem ser amortizados de forma sistemática e coerente com a transferência aos clientes dos bens e serviços a que esses custos contratuais ativados digam respeito, ou seja, conforme as alocações das receitas relativas a esses itens.

A norma oferece um expediente prático com o propósito de simplificação dos controles. Esse expediente determina que a entidade que reporta pode optar por reconhecer esses gastos diretamente como despesa quando incorridos se a amortização total do custo contratual for estimada em período de um ano ou menos.

18.4 Vendas canceladas, abatimentos e impostos incidentes sobre vendas

18.4.1 Vendas Canceladas

Vendas Canceladas é conta devedora que deve incluir todas as devoluções de vendas. Nesse sentido, tais devoluções não devem ser deduzidas diretamente da conta Vendas, mas registradas nessa conta devedora específica. Esse procedimento é também útil para fins internos da administração no sentido de acompanhar o volume das vendas efetuadas, mas devolvidas posteriormente pelos clientes. Veja-se Contraprestação Variável na Seção 18.2.3.2.

18.4.2 Abatimentos

A conta Abatimentos deve abrigar os descontos concedidos a clientes, posteriormente à entrega dos produtos, por defeitos de qualidade apresentados nos produtos entregues, ou por defeitos oriundos do transporte ou desembarque etc. Dessa forma, os abatimentos não se referem a descontos financeiros por pagamentos antecipados, que são tratados como despesas financeiras quando não se ajustam as receitas a seu valor presente, e não incluem também descontos de preço dados no momento da venda, que são deduzidos diretamente nas notas fiscais. Todavia, há empresas que adotam sistemas de contabilização das vendas de forma a registrar as vendas brutas pelos preços normais e a debitar em conta especial de Descontos Comerciais as reduções dadas no preço, relativas a clientes especiais, grandes volumes etc., para controle desses descontos.

Nesse caso, tal conta deve também figurar-se como redução das vendas brutas para apurar a receita líquida.

18.4.3 Impostos incidentes sobre vendas

Os impostos incidentes sobre vendas devem ser deduzidos da receita bruta de vendas.

A receita bruta deve ser registrada pelos valores totais, incluindo os impostos sobre ela incidentes (exceto, conforme já mencionado, o Imposto sobre Produtos Industrializados), os quais são assim registrados em contas devedoras, apresentadas como redução das vendas brutas (ou faturamento bruto) na Demonstração do Resultado do Exercício.

a) ISS

Nas receitas de serviços, temos a conta devedora do Imposto sobre Serviços de Qualquer Natureza (ISS). Todavia, se houver ISS incidente sobre outras receitas que não as Receitas Brutas de Vendas, deverá ele ser deduzido especificamente dessas receitas.

b) ICMS COMO DEDUÇÃO DAS VENDAS

O ICMS é um imposto incidente sobre o valor agregado em cada etapa do processo de industrialização e comercialização da mercadoria ou produto, até chegar ao consumidor final. O valor do imposto a ser pago pelas empresas é representado pela diferença entre o imposto incidente nas vendas e o imposto pago na aquisição das mercadorias que integram o processo produtivo, ou para serem revendidas.

Por definição legal, o ICMS integra o preço de venda a ser cobrado do comprador.

A Lei nº 8.981/1995, referida anteriormente, determina que a receita líquida seja obtida considerando-se a receita bruta de vendas diminuída das vendas canceladas, dos descontos e abatimentos concedidos incondicionalmente e dos impostos incidentes sobre as vendas. Para esse fim, consideram-se incidentes sobre as vendas os impostos que guardam proporcionalidade com o preço da venda ou dos serviços, mesmo que o respectivo montante integre a base de cálculo, tais como o ICMS, o ISS etc.

O montante do imposto destacado nas notas fiscais de compra deve ser excluído do custo de aquisição das mercadorias para revenda e das matérias-primas no caso das indústrias. Portanto, a conta de estoque deve registrar o valor da compra líquida do ICMS. O valor do imposto deverá ser debitado em conta do ativo circulante – ICMS a Recuperar. Essa conta deverá ser compensada com a conta ICMS a Recolher, que registra o valor desse imposto sobre as vendas, e o saldo, a Recuperar ou a Recolher, figurará no ativo ou passivo, dependendo de sua natureza e deverá ser conciliado com os livros fiscais da empresa.

Há outra forma de se ver essa incidência: afinal, como o imposto efetivamente pago será a diferença entre o ICMS sobre a venda diminuído do ICMS sobre a compra, o que de fato ocorre é que o tributo incide, na essência, sobre a diferença, o que o transforma numa espécie de tributo sobre o valor adicionado. Assim, poder-se-ia deduzir das receitas apenas essa diferença de imposto, o efetivamente a recolher, o tributo sobre o valor adicionado; isso deixaria a receita maior, mas, por outro lado, o estoque seria registrado pelo valor com o tributo, o que provocaria um custo da mercadoria vendida também maior. E produz-se o mesmo lucro bruto. Parece-nos uma forma muito mais lógica, mas totalmente em desuso no Brasil. Para mais detalhes, veja-se o Capítulo 3 – Estoques.

c) O PIS/PASEP E A COFINS COMO DEDUÇÕES DAS VENDAS

O fato gerador do PIS/Pasep e da Cofins, tanto cumulativo como não cumulativo, é a receita auferida pela pessoa jurídica de direito privado e as que lhe são equiparadas pela legislação do IR.

Detalhando um pouco mais o PIS/Pasep e a Cofins, tais tributos podem ser recolhidos pela apuração por dois regimes: cumulativo e não cumulativo. O regime não cumulativo é aquele no qual é possível se aproveitar de valores incidentes nas etapas anteriores, assim como acontece normalmente com o ICMS e o IPI, conforme legislação específica. Por outro lado, no regime cumulativo os valores de PIS/Pasep e de Cofins são calculados sem abatimento algum com relação aos tributos incidentes em etapas anteriores. Em geral, empresas optantes pelo lucro real são tributadas pelo regime não cumulativo com relação às suas receitas, mas há casos em que receitas de empresas sempre serão tributadas pelo regime cumulativo, ainda que a empresa esteja no lucro real, como, por exemplo, as receitas decorrentes da prestação de serviços de telecomunicações, serviços das empresas jornalísticas e de radiodifusão sonora e de sons e imagens, e de operações de comercialização de pedra britada, de areia para construção civil e de areia de brita.

Há casos em que as empresas são vedadas de apurar PIS/Pasep e Cofins pelo regime não cumulativo, como é o caso de instituições financeiras.

A legislação que fundamenta a tributação de PIS/Pasep e Cofins com base no regime cumulativo é a Lei nº 9.718/1998, e as Leis nº 10.637/2002 e nº 10.833/2003 fundamentam a tributação de PIS/Pasep e Cofins com base no regime não cumulativo.

Via de regra, as despesas com o PIS/Pasep e a Cofins devem ser reconhecidas contabilmente como retificação das receitas a que se referem.

c.1) PIS/PASEP E COFINS NO REGIME CUMULATIVO

A Lei nº 9.715/1998, com as alterações introduzidas pela Lei nº 9.718/1998 e Medida Provisória nº 2.158-35/2001, determina as bases de cálculo dessas contribuições (a receita bruta), excluindo-se, como regra geral, os valores:

a) Das vendas canceladas e dos descontos incondicionais concedidos.

b) Das reversões de provisões e das recuperações de créditos baixados como perda, que não representem ingresso de novas receitas, o resultado positivo da avaliação de investimentos pelo valor do Patrimônio Líquido e os lucros e dividendos derivados de participações societárias, que tenham sido computados como receita.

c) Das receitas decorrentes da venda de bens do ativo não circulante, classificado como investimento, imobilizado ou intangível.

d) Das receitas reconhecidas pela construção, recuperação, ampliação ou melhoramento da infraestrutura, cuja contrapartida seja ativo intangível representativo de direito de exploração, no caso de contratos de concessão de serviços públicos.

Há receitas isentas da contribuição para o PIS/Pasep e para a Cofins, nos moldes da IN SRF nº 247/2002, como receitas de exportação de mercadorias, de transporte internacional etc. (consulte-se a legislação tributária).

A alíquota do PIS/Pasep/cumulativo é, como regra geral, de 0,65%. Para a Cofins/cumulativa, a alíquota é de 3%. A legislação prevê uma série de outras alíquotas diferenciadas, que devem ser tratadas caso a caso.

c.2) PIS/PASEP E COFINS NO REGIME NÃO CUMULATIVO – CRÉDITOS (OU DEDUÇÕES)

As Leis nºs 10.637/2002 (não cumulatividade do PIS/Pasep) e 10.833/2003 (não cumulatividade da Cofins) seguem os mesmos parâmetros e a não cumulatividade passou a ser a regra básica para as sociedades por ações.

As receitas não sujeitas a PIS/Pasep e Cofins não cumulativas não são exatamente o mesmo conjunto do cumulativo, e damos como exemplo a exportação de mercadorias para o exterior; consultem-se os arts. 5º da Lei nº 10.637/2002 e 6º da Lei nº 10.833/2003. Também não incidem PIS/Pasep e Cofins (exclusão) sobre vendas canceladas, descontos incondicionais concedidos, reversões de provisões e recuperações de créditos baixados como perda, resultado positivo da avaliação de investimentos pelo valor do Patrimônio Líquido, lucros e dividendos recebidos e outros fatores.

A não cumulatividade do PIS/Pasep e da Cofins faz com que a contribuição devida seja apurada pela diferença entre:

a) O valor da aplicação das alíquotas de 1,65% (para o PIS/Pasep) e de 7,6% (para a Cofins) sobre a base de cálculo já subtraída das isenções e exclusões legais.

b) Os créditos (ou deduções) cuja regra geral de cálculo é a aplicação das alíquotas de 1,65% (PIS/Pasep) e 7,6% (Cofins), conforme art. 3º das respectivas Leis sobre os valores incidentes na aquisição de bens para revenda, bens e serviços, utilizados como insumo na prestação de serviços e na fabricação ou produção de bens ou produtos destinados à venda, inclusive combustíveis e lubrificantes, energia elétrica, depreciação e amortização em outros (consultar a legislação) incorridos.

O IPI incidente sobre o faturamento não integra as bases de cálculo do PIS/Pasep e da Cofins, em ambos os regimes cumulativo e não cumulativo. É mister ressaltar que decisões do STF de 2017 e 2021 declararam que o PIS/Pasep e a Cofins não incidem sobre o ICMS. Assim, agora o cálculo daqueles tributos se faz sobre o valor da receita bruta diminuída do ICMS incidente sobre essa receita bruta.

Na hipótese de a pessoa jurídica sujeitar-se a incidência não cumulativa do PIS/Pasep e da Cofins em relação apenas a parte de suas receitas, o crédito deve ser apurado, exclusivamente, em relação à parcela dos custos, despesas e encargos vinculados a essas receitas, determinada, a critério da empresa e observado o art. 100 da IN/SRF nº 247/2002, por um dos seguintes métodos (que deve ser aplicado consistentemente, por todo o ano-calendário):

a) Apropriação direta, inclusive em relação aos custos, por meio de sistema de contabilidade de custos integrado e coordenado com a escrituração.

b) Rateio proporcional, aplicando-se aos custos, despesas e encargos comuns a relação percentual existente entre a receita bruta sujeita à incidência não cumulativa e a receita bruta total, auferidas em cada mês.

Os bens e serviços que ensejam a recuperação do PIS/Pasep e da Cofins no ato da aquisição devem ser contabilizados pelo valor líquido de tais contribuições como regra geral, mas as despesas que ensejam recuperação do PIS/Pasep e da Cofins, como é o caso dos incisos IV e V do art. 3º das Leis nºs 10.637/2002 e 10.833/2003, devem ser contabilizadas, inicialmente, pelo seu valor bruto e, a seguir, deve ser reconhecido o crédito do PIS/Pasep e da Cofins a compensar no Ativo, tendo como contraprestação a conta de resultado redutora da despesa que lhe deu origem.

A fim de viabilizar a adoção desse procedimento para as despesas, os bens cujo direito de recuperação só se efetiva com o uso (tal como o imobilizado, cujo direito de recuperação só é reconhecido na razão da depreciação) devem ser reconhecidos pelo valor bruto, excluído o ICMS quando for o caso. Veja o Capítulo 7, Seção 7.2.3.1.

Para as empresas sujeitas à tributação não cumulativa do PIS/Pasep e da Cofins, e que queiram utilizar seus créditos na compensação com outros tributos administrados pela Secretaria da Receita Federal, ou queiram obter seu ressarcimento em dinheiro, é exigido que tais créditos estejam reconhecidos contabilmente, conforme determinado pela IN RFB nº 1.717/2017, pois a Autoridade Fiscal sempre pode confirmar o direito do contribuinte na sua escrituração contábil.

c.4) ALGUMAS OBSERVAÇÕES

Importante frisar que a recuperação do PIS/Pasep e da Cofins não é uma receita, propriamente dita, mas uma redução da despesa. Sugere-se, então, criar uma conta denominada Recuperação de PIS/Pasep e Recuperação de Cofins para cada subgrupo de despesas, mas, se o valor de tal recuperação for relevante, nada impede que a empresa crie subcontas de Recuperação para cada conta de despesa.

Esses exemplos abordam situações relativas a empresas mercantis, mas os mesmos procedimentos são aplicáveis a entidades fabris. Cabe ressaltar que não é necessário criar uma conta de Recuperação de PIS/Pasep e Cofins para o Custo dos Produtos ou das Mercadorias Vendidos, pois tanto as matérias-primas quanto os demais insumos de produção serão contabilizados em Estoques, inclusive de Produtos em Elaboração, por seu valor líquido.

Um esquema bastante resumido a respeito da contabilização do PIS/Pasep e da Cofins não cumulativos é exposto no Quadro 18.1.

Quadro 18.1

Operação	Ativos	A débito de	A crédito de
Receita bruta		Dedução da receita bruta	Passivo tributário
Outras receitas		Despesas administrativas	Passivo tributário
Aquisição de ativos	Estoques Imobilizado	Ativo tributário Ativo tributário	Estoque Redutora de depreciação
Despesas		Ativo tributário	Redutora da despesa de origem

c.5) RETENÇÃO NA FONTE DE PIS/PASEP E COFINS

O art. 30 da Lei nº 10.833/2003 impõe que os pagamentos efetuados pelas pessoas jurídicas de direito privado a outras pessoas jurídicas de direito privado pela prestação de serviços de limpeza, conservação, manutenção, segurança e outros estão sujeitos à retenção na fonte da Contribuição Social sobre o Lucro Líquido (CSLL), da Contribuição para o Financiamento da Seguridade Social (Cofins) e da contribuição para o PIS/Pasep.

O art. 31 estipula uma alíquota de retenção de 4,65%, abrangendo as três contribuições (1%, 3% e 0,65%, respectivamente, para as contribuições do parágrafo anterior). O § 1º deste artigo inclui, no caso do PIS/Pasep e da Cofins, as prestadoras dos serviços acima que estejam enquadradas no regime de não cumulatividade.

A Receita Federal detalhou a retenção tripla por meio da IN SRF nº 459, de 18-10-2004. O inciso II do art. 3º desonera de serem retidas as prestadoras de serviço optantes pelo Simples. O § 2º do art. 2º determina que as retenções devem ser feitas considerando-se as isenções e as alíquotas zero.

c.6) PIS/PASEP IMPORTAÇÃO E COFINS IMPORTAÇÃO

A Lei nº 10.865, de 30-4-2004, ampliou o âmbito do PIS/Pasep e da Cofins, que passa a alcançar: (a) a entrada de bens estrangeiros no território nacional; e (b) o pagamento, o crédito, a entrega, o emprego ou a remessa de valores a residentes ou domiciliados no exterior como contraprestação por serviço prestado.

O art. 15 desta Lei também institui o sistema de créditos na importação de:

a) Bens adquiridos para revenda.

b) Bens e serviços utilizados como insumos na prestação de serviços e na produção ou fabricação de bens ou produtos destinados à venda, inclusive combustível e lubrificantes.

c) Energia elétrica consumida nos estabelecimentos da pessoa jurídica.

d) Aluguéis e contraprestações de arrendamento mercantil de prédios, máquinas e equipamentos, embarcações e aeronaves, utilizados na atividade da empresa.

e) Máquinas, equipamentos e outros bens incorporados ao ativo imobilizado, adquiridos para locação a terceiros ou para utilização na produção de bens destinados à venda ou na prestação de serviços.

De maneira geral, a Lei nº 10.865/2004 segue os mesmos padrões das Leis nºs 10.637/2002 e 10.833/2003 (inclusive quanto à complexidade) estudadas anteriormente, razão pela qual não nos estenderemos neste item.

d) IPI E OUTROS TRIBUTOS

Da mesma forma que o PIS/Pasep e a Cofins não cumulativos, o ISS, o ICMS, todos já vistos, existem outros impostos que são dedutíveis da receita bruta, em atendimento não só à Lei das S.A., como também à legislação fiscal, como, por exemplo, o imposto de exportação (IE).

Quanto ao IPI, o mecanismo contábil é igual ao do ICMS, só lembrando que ele é registrado antes da receita bruta, como visto neste capítulo. E segue as mesmas regras: o IPI pago recuperável é retirado do custo do bem e fica em conta à parte a compensar com o tributo na venda. E o não recuperável integra o custo do bem adquirido.

e) OUTRAS DEDUÇÕES

Apesar de não serem impostos, também devem ser considerados como deduções os valores cobrados de terceiros que não pertençam à empresa, pois o correto tecnicamente é não incluir nenhum desses itens como parte da receita da sociedade. O melhor seria mostrar o faturamento bruto e dele deduzir todos esses impostos que não pertencem à empresa, e só chamar de receita o que de fato lhe sobra. Tudo que incide sobre o preço de venda e que é do governo não deveria nunca ser incluído como receita da sociedade. Todavia, a Lei das Sociedades por Ações optou pela inclusão e o Fisco ainda complicou um pouco mais, com uma divisão de impostos economicamente não válida.

18.5 Tratamento para as pequenas e médias empresas

O Pronunciamento Técnico PME – Contabilidade para Pequenas e Médias Empresas determina de forma mais prática a utilização do método de reconhecimento de receitas em base ao percentual de conclusão, que é aplicável basicamente para a prestação de serviços e os contratos de construção. Para elas, não é ainda obrigatória a adoção do CPC 47.

19

Benefícios a Empregados e Pagamento Baseado em Ações

19.1 Introdução

O presente capítulo apresenta os procedimentos contábeis relativos à contabilização de benefícios a empregados, conforme disposto no CPC 33 – Benefícios a Empregados, bem como o tratamento contábil relativo aos pagamentos baseados em ações, disposto no CPC 10 – Pagamento Baseado em Ações. As Seções 19.2 a 19.6 tratam dos benefícios a empregados, e as Seções 19.7 a 19.10 abordam os pagamentos baseados em ações.

19.2 Considerações iniciais sobre benefícios a empregados

Por meio da Deliberação CVM nº 371/2000, foi referendado o Pronunciamento do Ibracon nº 26 (NPC 26) sobre benefícios a empregados, ou seja, 10 anos antes da introdução das IFRS no Brasil.

19.2.1 Pronunciamento Técnico CPC 33

O CPC 33, emitido em 2009, tem o objetivo de tratar da contabilização e da divulgação dos benefícios concedidos aos empregados, em alinhamento com os tratamentos previstos na IAS 19 (IASB) e com as adaptações e previsões necessárias à realidade brasileira.

De maneira geral, a empresa deve reconhecer um passivo quando o empregado presta o serviço em troca dos benefícios a serem pagos no futuro, e uma despesa quando a empresa se utiliza do benefício econômico proveniente do serviço recebido. E isso diz respeito desde o salário propriamente dito, curtíssimo prazo, até complementações de aposentadoria décadas após. A partir da Seção 19.7, será tratado um caso especial, relativo a pagamentos baseados em entrega de ações.

19.3 Benefícios a empregados

Conforme previsão do CPC 33, os benefícios a empregados incluem as seguintes categorias:

a) Benefícios de curto prazo a empregados.
b) Benefícios pós-emprego.
c) Outros benefícios de longo prazo aos empregados.
d) Benefícios rescisórios.

Cada categoria identificada possui características próprias que repercutem nos tratamentos contábeis a serem aplicados.

19.3.1 Benefícios de curto prazo a empregados

Segundo definição contida no CPC 33, benefícios de curto prazo a empregados são benefícios (exceto benefícios rescisórios) que se espera que sejam integralmente liquidados em até 12 meses após o balanço do final do período em que os empregados prestarem o respectivo serviço.

Os benefícios de curto prazo a empregados são representados por:

a) Ordenados, salários e contribuições para seguridade social.

b) Ausências remuneradas permitidas de curto prazo e esperadas dentro de 12 meses após o final do período em que os empregados prestam o serviço (por exemplo: férias, licença anual e licença por doença, todas remuneradas).

c) 13º salário.

d) Participação nos lucros e gratificações que serão pagas no prazo de 12 meses após o final do período em que os empregados prestam o serviço.

e) Benefícios não monetários para os atuais empregados (por exemplo: assistência médica, moradia e outros bens ou serviços gratuitos ou subsidiados).

O reconhecimento do benefício ocorre na prestação do serviço do empregado à empresa durante o exercício, sendo necessário que a empresa reconheça a **quantia não descontada a valor presente** (lembrar que aqui se está falando de benefícios de curto prazo) de benefícios, a qual será paga em troca do serviço prestado. A contrapartida é um passivo comum, e não uma provisão, porque as eventuais diferenças entre valor estimado e a pagar são pequenas e a obrigação é líquida e certa, como no caso das férias e do 13º salário. Reconhece-se um passivo, ou a quantia já paga, e uma despesa. No caso de a quantia paga exceder o valor dos serviços recebidos, a empresa deve reconhecer o excesso como um ativo (despesa paga antecipadamente), desde que proporcione uma redução de pagamentos futuros ou a restituição desse valor. Tudo, portanto, em obediência ao regime de competência.

19.3.1.1 Licenças remuneradas

No caso de licenças remuneradas (férias, doença e invalidez de curto prazo, maternidade e paternidade, serviço a tribunais e serviço militar), a empresa tem duas situações distintas para o reconhecimento do custo esperado de benefícios: (a) licenças remuneradas cumulativas; e (b) licenças remuneradas não cumulativas.

No primeiro caso, o serviço prestado pelo empregado aumenta o seu direito a ausências remuneradas que podem ser utilizadas futuramente caso não sejam totalmente utilizadas no período. Essas ainda podem ser classificadas como adquiridas (direito a pagamento pelas licenças não gozadas quando do desligamento) ou não adquiridas (sem direito a pagamento pelas licenças não gozadas). A obrigação surge na proporção do serviço prestado pelo empregado e

aumento do direito a licenças futuras, sendo reconhecida uma obrigação mesmo no caso das não adquiridas. Entretanto, para as não adquiridas, a mensuração é afetada pela possibilidade de saída do empregado antes de usufruir da ausência. Em suma, a empresa deve mensurar o custo adicional que espera pagar pelo direito acumulado não utilizado no período contábil, ou seja, o montante dos pagamentos adicionais esperados pelo acúmulo do benefício.

No segundo caso, não acumuláveis, as licenças expiram se não utilizadas no período corrente e não podem ser consideradas direitos adquiridos. Como exemplo de licenças passadas não utilizadas que não aumentam direitos futuros têm-se as licenças por doença, licença-maternidade ou paternidade, licença por serviço em tribunais ou para serviço militar. O serviço prestado não tem relação com o direito, mas sim com o evento que gera o direito, não sendo necessário reconhecer passivo ou despesa até o momento da efetiva ausência.

19.3.1.2 Participação nos lucros e bônus

As participações nos lucros e as gratificações que exigirem pagamento em até, no máximo, 12 meses após o final do período de prestação do serviço configuram-se benefícios de curto prazo. O custo esperado deve ser reconhecido quando existir obrigação legal ou construtiva presente de fazer pagamentos em consequência de eventos passados e existir possibilidade de estimativa confiável dos pagamentos. Destaca-se o seguinte: se existe a previsão da obrigação por se adotar normalmente a prática, ou seja, se a empresa concede participação nos lucros e bônus normalmente, mesmo que sem previsão formal para isso, existe obrigação construtiva.

Alguns planos exigem a permanência do empregado na empresa por determinado período mínimo para fazer jus à parcela do lucro, sendo estabelecida uma obrigação construtiva na proporção da prestação do serviço. Na mensuração das obrigações pode estar refletida a possibilidade de saída de alguns empregados antes do período final diante de estimativa de rotatividade de pessoal, ou seja, a possibilidade de alguns não receberem a participação. Caso uma empresa tenha plano de participação nos lucros tendo como referência, por exemplo, 5% do lucro líquido, mas, em virtude de estimativa de rotatividade de pessoal, os pagamentos se reduzam a 3% do lucro líquido, o passivo e despesa a serem reconhecidos terão como base o segundo percentual.

19.3.2 Benefícios pós-emprego

Os benefícios pós-emprego incluem benefícios de aposentadoria e pensão e outros pagáveis a partir do final do vínculo empregatício, por exemplo, assistência médica e seguro de vida na aposentadoria. Os acordos, denominados planos, normalmente envolvem uma entidade separada de previdência (aberta ou fechada) que recebe as contribuições e paga os benefícios.

Preliminarmente, é interessante a visão do que leva à existência desses fundos. Uma pessoa que queira fazer uma programação de aplicações financeiras que lhe permitam constituir um fundo que lhe garanta uma aposentadoria complementar poderá até ter resultados melhores na aplicação dos recursos. Entretanto, existe um alto risco associado à definição de prazo pelo qual ela e seus dependentes (se for o caso) viverão. Nesse risco repousa a maior vantagem dos fundos de previdência, que fazem previsões com maior número de pessoas e aumentam a confiabilidade das estimativas, a "lei dos grandes números".

Existem diferentes tipos de planos de benefícios para aposentadoria e pensão, ou sua complementação, mas o principal pressuposto para a existência de um plano de benefício pós-emprego é a possibilidade de se efetuar depósitos ao longo do tempo, de tal forma que esses valores, acrescidos dos rendimentos obtidos pela sua aplicação, sejam suficientes para pagar os benefícios devidos pós-emprego. Os planos classificam-se, segundo a natureza econômica prevista em seus termos, como: **plano de contribuição definida** ou **plano de benefício definido**.

No primeiro caso, plano de contribuição definida, a empresa patrocina um programa, mas deixa o risco para os beneficiários, que podem ganhar mais ou menos conforme a gestão desses recursos e fatos futuros, como vida média do grupo de pessoas, rendimentos dos valores aplicados. A sociedade patrocinadora não tem a responsabilidade de garantir um benefício mínimo ou determinado. A obrigação legal ou construtiva da patrocinadora limita-se à quantia aceita para contribuir ao fundo, e o benefício será em função dessas contribuições e do retorno proveniente da aplicação dos recursos. As parcelas de contribuição estão definidas, mas os benefícios dependem de outras varáveis que incluem, além dos retornos dos recursos aplicados, os tempos efetivos de vida, os custos efetivos de benefícios médicos oferecidos etc. Porém, nesse caso, o risco atuarial (possibilidade de os benefícios serem menores que o esperado) e o risco de investimento (possibilidade de que os ativos não gerem o retorno suficiente para os benefícios esperados) são do empregado.

Nos planos de benefício definido, há a responsabilidade da patrocinadora em prévio acordo sobre os valores dos benefícios. As contribuições são calculadas a partir de estimativas atuariais, com a possibilidade de efetuar pagamentos adicionais em função do risco atuarial e do risco de investimento. No intuito natural de reduzir a exposição a riscos, empresas no mundo inteiro passaram a ter maior preferência por planos de contribuição definida.

A definição de valores em planos de benefício definido depende de cálculos atuariais fundamentados, principal-

mente, em estimativas de valores a pagar, de tempo de contribuição, de vida remanescente do beneficiário após aposentadoria, de vida dos dependentes (no caso da pensão), de custos futuros de serviços abrangidos pelo plano e de taxas de retorno líquidas e reais ao longo do tempo.

Os profissionais habilitados para esses cálculos são os atuários, responsáveis por projeções derivadas de dados sobre evolução da esperança de vida, da evolução salarial dos beneficiários, dos mercados em que serão aplicados os recursos etc.

A legislação que rege as entidades de previdência complementar no Brasil, por meio da Resolução MPS/CGPC nº 16/2005, prevê a existência de três tipos de planos, incluindo os dois aqui expostos e outro denominado de plano de contribuição variável, que seria um tipo híbrido que conjuga características dos dois planos.

Nas Seções a seguir, os dois tipos de planos aqui abordados serão explicados nos contextos de planos multipatrocinados, planos de previdência social e planos de benefícios segurados.

19.3.2.1 Planos multipatrocinados

Os planos multipatrocinados podem ser do tipo contribuição definida ou benefício definido. Os aspectos contábeis derivam do fato de empresas participantes estarem expostas a riscos atuariais associados aos empregados correntes e, por vezes, antigos também de outras empresas. Uma importante distinção deve ser feita dos planos multipatrocinados em relação aos planos administrados em grupo, que é apenas uma agregação de planos patrocinados individualmente combinados em uma entidade para redução de custos de administração e ganho de escala, mas com segregação dos patrimônios dos planos.

É importante salientar a classificação dada pelo art. 34 da Lei Complementar nº 109/2001, que qualifica as entidades fechadas de acordo com o plano que administram: (a) plano comum (administram plano ou conjunto de planos acessíveis ao universo de participantes); e (b) multiplano (administram planos de diversos grupos, com independência patrimonial). A lei também classifica as entidades de acordo com seus patrocinadores: (a) singulares (vinculados a apenas um patrocinador); e (b) multipatrocinada (congregam mais de um patrocinador). Diante disso, não se pode dizer que o termo "multipatrocinado", de acordo com o entendimento da lei, já qualifica os planos da entidade como "multipatrocinados", já que a entidade multipatrocinada tem a possibilidade de apenas gerenciar diversos planos independentes.

No caso de plano de benefício definido, o financiamento pode ser em **regime de repartição simples**, com contribuições suficientes para cobrir benefícios que vençam no mesmo período, com os benefícios futuros adquiridos no período corrente a serem pagos com contribuições futuras. Esse plano é considerado de benefício definido porque os benefícios são determinados pelo tempo de serviço, sendo vedado a qualquer empresa participante se retirar do plano sem a contribuição pelos benefícios adquiridos pelos empregados até a data de retirada da empresa. O risco atuarial é representado pelo fato de que a empresa terá que aumentar suas contribuições ou persuadir os empregados a aceitarem redução dos benefícios no caso de os custos desses benefícios no período contábil serem maiores do que o esperado.

Havendo informação suficiente, o plano multipatrocinado requer contabilização na empresa proporcional à parcela da obrigação de benefício definido, dos ativos do plano e do custo associado ao plano para a empresa, seguindo o princípio de qualquer outro plano de benefício definido. Entretanto, a norma possibilita contabilizar um plano de benefício definido como um plano de contribuição definida, com a divulgação de se tratar de um plano de benefício definido juntamente com a razão da indisponibilidade de informação. Essa falta de informação refere-se à falta de possibilidade de a empresa identificar a sua parte na posição financeira e no desempenho do plano, por não ter disponibilidade de informações confiáveis para fins contábeis ou de base consistente e crível para as alocações que se referem a cada empresa que participa do plano.

Empresas participantes sob controle comum, por exemplo, matriz e suas subsidiárias, não configuram a existência de um plano multipatrocinado. O plano deve ser tratado como um todo, com a possibilidade de se atribuírem valores líquidos às empresas individualmente de forma proporcional ao previsto em política ou acordo expresso. Se não houver política ou acordo expresso, o reconhecimento da variação líquida do plano deve ser realizado nas demonstrações da empresa legalmente patrocinadora do plano, restando às outras entidades do grupo reconhecer como despesa as contribuições pagáveis no período.

É importante destacar a possibilidade de existirem passivos contingentes no contexto de planos multipatrocinados, em virtude de perdas atuariais relativas a outras entidades participantes (risco compartilhado), ou por responsabilidade por insuficiências no plano pelo término da participação de outras entidades.

19.3.2.2 Planos de previdência social

Os planos de previdência social são estabelecidos pela legislação, normalmente operados pelo governo e sem controle ou influência das empresas. Esses planos são definidos como planos de benefício definido ou de contribuição definida, dependendo da obrigação da empresa em relação ao plano.

No caso brasileiro, no INSS, **o regime é de repartição simples**, onde as contribuições são fixadas no intuito de cobrir os benefícios devidos no mesmo período, ou seja, benefícios futuros serão pagos pelas contribuições futuras. Entretanto, no caso de existirem déficits, estes serão cobertos pelo governo. Esse aspecto caracteriza a falta de obrigação da empresa com relação ao pagamento de benefícios futuros, limitando a obrigação apenas ao pagamento de contribuições de acordo com a fluência do prazo e com base em alíquota e base predefinida.

19.3.2.3 Benefícios segurados

Em planos de benefícios segurados, a empresa paga prêmios, normalmente baseados em contrato de seguro, tendo esse plano o tratamento idêntico ao de contribuição definida. Existe uma apólice de seguro em nome de participante específico ou grupo de participantes, sem obrigação da empresa de cobrir perdas na apólice e de pagar benefícios aos empregados, que recai, exclusivamente, sobre a seguradora, ou seja, o risco é transferido para o segurador. O pagamento dos prêmios fixados no contrato é a liquidação da obrigação da empresa, deixando de existir ativos ou passivos relacionados com o plano.

Entretanto, o plano passa a se caracterizar como um plano de benefício definido no caso de a empresa ter obrigação legal ou construtiva de pagar benefícios diretamente ou de pagar contribuições adicionais no caso da seguradora não garantir benefícios futuros ao empregado. Essa característica pode existir no caso de a empresa contribuir para apólice de seguro que tenha previsão em contrato de algum mecanismo de fixação de prêmios futuros ou algum tipo de coobrigação.

19.3.3 Outros benefícios de longo prazo

Os outros benefícios de longo prazo a empregados, os quais se espera que sejam integralmente liquidados após 12 meses do fim do período de prestação de serviço pelos empregados, incluem:

- Licenças remuneradas de longo prazo.
- Jubileu ou outros benefícios por tempo de serviço.
- Benefícios por invalidez de longo prazo.
- Participação nos lucros e bônus.
- Remuneração diferida.

O grau de incerteza na mensuração relacionada com os exemplos citados é diferente daquele na mensuração de benefícios pós-emprego. Em virtude disso, o método de contabilização é mais simplificado, com remensurações reconhecidas diretamente no resultado e não em outros resultados abrangentes.

O passivo reconhecido é o total líquido do valor presente da obrigação de benefício definido no fim do período contábil, reduzido do valor justo dos ativos do plano no fim do período contábil. O montante líquido tem como contrapartida uma despesa, se passivo, ou uma receita, se ativo.

Consequentemente, todas as formas e regras de reconhecimento, mensuração e contabilização (Seção 19.4.2) valem para os outros benefícios de longo prazo, exceto ao que se refere às remensurações.

19.3.4 Benefícios rescisórios

Nesse tipo de benefício, o fato gerador da obrigação é a rescisão do contrato de trabalho e não a prestação de serviço. Ocorre o reconhecimento de um passivo e a despesa correspondente quando a empresa não puder mais cancelar a oferta do benefício rescisório ou quando a entidade reconhecer os custos de uma reestruturação que envolva o pagamento de benefícios rescisórios. A empresa não pode mais cancelar uma oferta que dependa da decisão do empregado de aceitá-la quando o empregado concorda com a oferta ou quando uma restrição (uma exigência legal, regulatória ou contratual ou outra restrição) impeça que ela cancele a oferta. Uma empresa não pode mais cancelar os benefícios rescisórios resultantes de sua própria decisão em rescindir o contrato de trabalho do empregado quando ela tiver comunicado aos empregados afetados um plano detalhado de rescisão.

No Brasil, a multa por conta do FGTS é um benefício rescisório, mas que só ocorre por deliberação da empresa em demitir o funcionário. Nas condições normais não é aceito o provisionamento porque não há obrigação presente até que a demissão pela empresa ocorra. A não ser no caso de contratos por tempo determinado com essa condição definida, como ocasionalmente ocorre na construção civil. É uma interpretação bastante restritiva do que seja passivo que leva a esse não provisionamento; muitas empresas têm dados suficientemente fortes de quantos serão demitidos e poderiam ir provisionando o valor; mas a interpretação vigente, hoje, é no sentido de não se efetuar esse registro.

Não confundir os benefícios de desligamento com o benefício pós-emprego, tendo sempre em mente o fato gerador. Por exemplo, consideremos indenizações pagáveis independentemente do motivo do desligamento (pagamento certo, momento incerto); trata-se de um benefício pós-emprego, o fato gerador foi ao longo da prestação de serviço, pois já sabia que iria recebê-lo de acordo com os seus requisitos de aquisição e tempo mínimo de serviço. No caso de um **plano de demissão voluntária**, o fato gerador do benefício é a formalização da decisão do desligamento do empregado que adere às condições do plano, não exis-

tindo geração de benefício à medida que a prestação de serviço é realizada.

19.4 Reconhecimento, mensuração e divulgação

19.4.1 Plano de contribuição definida

Quando se trata da contabilização de plano de contribuição definida, o importante está na ideia de que a alocação das despesas com a obrigação para os benefícios a empregados deve corresponder aos períodos de prestação do serviço, respeitando-se o regime de competência. Ou seja, caso a patrocinadora reconheça passo a passo o montante da contribuição que faz em decorrência do serviço que lhe é prestado pelo empregado, ela estará apropriando a respectiva despesa coerentemente ao regime de competência.

Normalmente, os planos são efetuados de tal forma que os desembolsos pela patrocinadora ocorrem de maneira relativamente uniforme ao longo do tempo em que recebe os serviços dos empregados. As contribuições relativas ao período corrente são tratadas normalmente como despesas do período. Pode-se, também, fazer a incorporação ao custo do produto, como no caso da indústria manufatureira.

Assim, o registro de passivos ou ativos é normalmente decorrência de descasamento entre serviço prestado (direito a benefício futuro) e contribuição realizada (pagamento ao fundo). O registro de um passivo é fruto da necessidade de se reconhecerem valores futuros que não foram desembolsados. Por exemplo, a empresa paga durante alguns anos apenas parte do valor requerido pelos cálculos, com a obrigação de efetuar os pagamentos complementares mais à frente. Já o ativo surge quando há o reconhecimento de pagamento de contribuições acima dos valores necessários para cobrir as obrigações, figurando como antecipações realizadas pela patrocinadora, ou quando, eventualmente, o fundo produz rendimentos muito acima do esperado originalmente e ela tem direito a recebimento ou compensação futura.

No caso de planos de contribuição definida, a contabilização é direta porque as contribuições de cada período são a própria obrigação da patrocinadora naquele interstício de tempo (regime de competência), sendo bem mais simplificada. Não são necessárias avaliações atuariais relativas a eventuais problemas com a capacidade de pagar os benefícios esperados. A empresa patrocinadora vai registrando os encargos de cada mês por sua competência; havendo o pagamento no próprio mês, já se tem diretamente a despesa ou o custo.

A empresa, ao implementar um plano, pode assumir o compromisso por recolhimento da parte dos serviços já recebidos do empregado no passado (custo do serviço passado). Nesse caso, temos um problema de registro dessa obrigação que, se existisse antes, deveria ter sido atribuída aos resultados desses períodos anteriores. O correto é, contabilmente, o registro diretamente no resultado contra o passivo, o que pode, em alguns casos, gerar um passivo significativo e até chegar a um passivo a descoberto (Patrimônio Líquido negativo). A primeira versão do CPC 33, em 2009, permitiu a diluição desses impactos pelo tempo remanescente. Contudo, a nova versão do CPC 33, com vigência a partir de 2013, corrigiu essa imperfeição contábil, exigindo o reconhecimento imediatamente no resultado. Esse custo do serviço passado também pode ocorrer quando há mudanças nos benefícios dados, não só quando da implementação do plano, podendo abranger, inclusive, ex-empregados aposentados.

O custo do serviço passado tem tratamento igual ao que será abordado no plano de benefício definido, em que a patrocinadora terá que reconhecer esse custo de imediato em item extraordinário (já líquido dos impostos pertinentes), no resultado do período. Não se pode esquecer que, no caso de pagamento das contribuições devidas em virtude da prestação de serviço realizada que não vençam dentro do prazo de 12 meses após essa prestação de serviço, os valores devem ser ajustados a valor presente.

19.4.2 Plano de benefício definido

A contabilização de planos de benefício definido é mais complexa pela necessidade das premissas atuariais para mensurar a obrigação e despesa do plano e pela possibilidade de existirem perdas e ganhos atuariais. Por normalmente referirem a benefícios que serão liquidados muito tempo após o serviço prestado pelo funcionário, as obrigações deverão ser mensuradas a valor presente. Poderá surgir a figura de ativos e passivos atuariais em função, normalmente, do desempenho obtido pelas aplicações dos recursos, que poderão gerar mais ou menos do que o esperado na base utilizada no cálculo atuarial. O plano é normalmente constituído por meio de um fundo (entidade legalmente separada) e podem ser total ou parcialmente cobertos pela empresa, mas também podem receber contribuições dos empregados.

Para contabilização, os seguintes passos devem ser seguidos pela empresa para cada um dos planos de benefício definido:

a) Estimativa do benefício obtido pelos empregados em virtude dos serviços prestados no período corrente e em períodos anteriores (técnicas e premissas atuariais).

b) Definição do valor presente do benefício estimado para o período corrente para determinar a obrigação de benefício definido gerada para o período corrente e o custo do serviço corrente.

c) Definição do valor presente do benefício total estimado para o período corrente e anteriores (total da obrigação).

d) Determinação do valor justo dos ativos do plano e o retorno sobre esses ativos.

e) Determinação dos juros líquidos sobre o valor líquido de passivo ou ativo de benefício definido.

f) Determinação do montante total dos ganhos e perdas atuariais.

g) Determinação do custo do serviço passado, na introdução, cancelamento, alteração ou encurtamento (redução do número de empregados cobertos) de um plano.

h) Determinação do ganho ou perda, quando um plano tiver sido liquidado.

O cálculo, próprio do atuário, é necessário para estimar o montante das obrigações futuras de um fundo que devem ser cobertas por seus ativos e pelas contribuições atuais e futuras da patrocinadora. Os retornos obtidos pela aplicação dos recursos do fundo podem não corresponder ao estimado inicialmente (daí a necessidade de se avaliar constantemente esses ativos para verificar se estão evoluindo conforme originalmente previsto). Com isso, poderá ocorrer ganhos ou perdas em virtude dos cálculos atuariais. Ao final, o saldo líquido pode resultar em obrigação e registro de um passivo.

O valor do passivo deve ser o total dos seguintes valores:

valor presente da obrigação de benefício definido

(−) valor justo dos ativos do plano (se houver).

O resultado pode ser negativo (um ativo) ou positivo (um passivo). Paralelamente, segundo o CPC 33, o cálculo no fundo deve ser feito com base no conceito atuarial conhecido por crédito unitário projetado. Se o fundo não utilizar esse critério, o atuário deverá recalcular como se o estivesse utilizando.

Por meio desse método, no passivo do fundo (não no da patrocinadora) deve estar registrado o valor das obrigações futuras por todos os benefícios definidos, trazidos devidamente a seu valor presente. Essas obrigações são aquelas já "incorridas" proporcionalmente ao tempo de serviço decorrido. Assim, se uma empresa fosse começar a funcionar hoje, com um plano de benefícios definido, o passivo atuarial desse fundo seria zero. Após um mês, já deveria haver um passivo proporcional a esse mês dentro do tempo total de trabalho esperado dos empregados atuais e assim sucessivamente. Lembre-se de que esse valor presente precisa estimar quantos desses empregados efetivamente se aposentarão, com qual salário se aposentarão (nem todos terão as mesmas promoções), por quanto tempo deverão viver etc. Ao final, quando todos os empregados de agora se aposentarem, o passivo representará o valor presente de todos os benefícios que se espera receberão (eles e os dependentes, se for o caso).

O equilíbrio se dá quando os ativos desse fundo, pelas contribuições da patrocinadora e, se for o caso, também dos empregados, mais os rendimentos líquidos auferidos, forem acompanhando o valor desse passivo atuarial. Todavia, como toda estimativa é uma aproximação, será gerada uma diferença e a necessidade do registro do passivo ou do ativo. Daí o constante acompanhamento do valor de mercado desses ativos e do valor atuarial do passivo.

O **valor justo dos ativos do plano** é, em princípio, o valor de mercado obtido em uma negociação de um ativo (ou liquidação de um passivo), sem pressões ou características compulsórias, indicando condições ideais para que ocorra. Assim, deve-se obtê-lo, segundo a norma, preferencialmente pelo valor de mercado, ou por estimativa dos benefícios econômicos futuros (fluxo de caixa descontado) na indisponibilidade do primeiro. Devem ser considerados nesse valor os ativos relacionados com o cumprimento das contribuições futuras dos empregados (desconsiderar os bens imóveis, por exemplo, que são utilizados como suporte das operações do fundo).

O **valor presente da obrigação atuarial** deve ser obtido por meio de taxa de desconto, na data do Balanço, baseada em rendimentos de mercado de títulos ou obrigações corporativas de alta qualidade (debêntures emitidas por corporações de elevada solvência) e, em caso de não existir mercado ativo desses títulos, devem-se utilizar rendimentos de títulos do Tesouro Nacional, compatíveis com a moeda e o prazo de vencimento das obrigações. A norma não estabelece o uso de taxa nominal ou real, sendo importante que a patrocinadora utilize, consistentemente, o mesmo modelo para as demais taxas a serem empregadas, como taxas de desconto, de retorno de investimento, de crescimento de salários etc. (previsto no Ofício-circular CVM nº 01/2003).

Os **ganhos (perdas) atuariais** podem surgir quando há diferença decorrente de premissas atuariais adotadas nas estimativas e o ocorrido efetivamente. Também podem ocorrer em função das mudanças nas premissas atuariais utilizadas. Tem-se um ganho (ou perda) atuarial quando há alterações nas taxas de mortalidade e rotatividade de empregados, nas premissas de opções de pagamento de benefícios, nas taxas de desconto, nas estimativas de salários, benefícios ou custos médicos, e quando há antecipação de aposentadoria.

Quanto ao **custo de serviço passado**, ele pode ocorrer quando uma empresa disponibiliza um plano de benefícios a seus empregados e assume a responsabilidade pelas contribuições passadas que não foram efetuadas, ou quando altera os benefícios de um plano já existente e, da mesma maneira, arca com o custo dessa modificação. Representa, assim, um aumento no valor presente da obrigação futura com os benefícios aos empregados. Pode ocorrer, também, em razão de um encurtamento do plano, resultante de uma redução do número de empregados cobertos pelo plano. Nesse caso, o encurtamento representa uma redução do valor presente da obrigação futura com os benefícios aos empregados.

Quando se aumenta o montante dos benefícios de aposentadoria para os empregados, por exemplo, a patrocinadora tem que reconhecer imediatamente no resultado do período (despesa) a parcela do ajuste que se refere à prestação do serviço do período passado já abrangido pelo benefício.

Esses valores devem ser calculados regularmente, com o envolvimento de atuário habilitado. É imprescindível o trabalho conjunto entre a contabilidade, o atuário independente e o auditor independente, com o objetivo de se obterem os valores adequados (as melhores estimativas) e os procedimentos mais apropriados. Ao final, o passivo representa a previsão da empresa de complementar com contribuições futuras a insuficiência dos ativos do plano, e o ativo representa o direito da patrocinadora de diminuir suas contribuições futuras ou vir, mesmo, a receber dinheiro de volta.

Com base no CPC 33 (itens 64 e 65), o ativo resultante está limitado ao teto de ativo que corresponde ao valor presente de possíveis reduções em contribuições futuras e possíveis restituições em dinheiro, a fim de que não seja reconhecido um ativo que não irá gerar benefícios econômicos futuros. Por exemplo, pode ser que, pelas regras do plano, um eventual superávit não é reembolsável à patrocinadora e, consequentemente, esse superávit não irá gerar benefícios econômicos à empresa, descaracterizando o reconhecimento de um ativo.

No resultado, o valor da despesa é influenciado pelos seguintes valores:

a) **Custo do serviço corrente**, aumento no valor presente da obrigação em função da aquisição de direito pelo empregado com a prestação de serviço no período (trata-se de um passivo novo, porque decorreu o tempo, recebeu-se o serviço e o fundo incorreu na obrigação de pagar benefícios no futuro).

b) **Custos dos serviços passados** aumentam a despesa pelo seu reconhecimento quando da alteração ou encurtamento do plano.

c) **Efeito de qualquer liquidação no plano**, ganhos e perdas decorrentes de liquidação, que corresponde à diferença entre o valor presente da obrigação de benefício definido que estiver sendo liquidada e o preço de liquidação.

d) **Custo dos juros líquidos**, resultante do desconto do valor líquido de passivo ou ativo de benefício definido pela taxa especificada como premissa atuarial.

Devem ser reconhecidas em outros resultados abrangentes, e não no resultado, conforme as normas em vigor, as remensurações do valor líquido de passivo ou ativo de benefício definido provenientes de:

a) **Ganhos ou perdas atuariais**, resultantes de aumentos ou reduções no valor presente da obrigação de benefício definido em razão de mudanças em premissas atuariais e os ajustes pela experiência.

b) **Retorno sobre os ativos do plano**, excluindo a receita de juros sobre os ativos do plano. Essa receita de juros é calculada multiplicando-se o valor dos ativos do plano pela taxa de desconto. Somente o retorno que exceder ou que faltar em relação à receita de juros sobre ativos do plano é que deve ser reconhecido em outros resultados abrangentes, em razão de a receita de juros ser um componente do retorno, e reconhecida no resultado por estar incluída dentro do custo dos juros líquidos.

c) **Mudança no efeito do teto de ativo**, excluindo os juros sobre esse efeito. O reconhecimento de ativo atuarial é limitado aos benefícios econômicos futuros que podem ser aproveitados pela patrocinadora. Os juros sobre o efeito do teto de ativo são parte da mudança total no efeito do teto de ativo e determinados multiplicando-se o efeito do teto de ativo pela taxa de desconto. A diferença entre os juros sobre o efeito do teto de ativo e a mudança total no efeito do teto de ativo é reconhecida em outros resultados abrangentes.

Remensurações do valor líquido de passivo (ativo) de benefício definido reconhecidas em outros resultados abrangentes não devem ser reclassificadas para o resultado em períodos subsequentes. Contudo, a entidade pode transferir esses montantes reconhecidos em outros resultados abrangentes dentro do Patrimônio Líquido.

Esse efeito de não reciclagem das alterações do valor dos ativos e passivos do benefício para o resultado é, de certa forma, criticável por estabelecer um descasamento no médio e longo prazo do conceito de que os elementos ora registrados como resultado abrangente deverão, em algum momento futuro, transitar pelo resultado do exercício. É uma espécie de quebra do fundamento básico de que, no longo prazo, lucro se iguala ao acréscimo de caixa da entidade pelas suas operações.

Como exemplo, considere que a Cia. ABC mantenha um plano de complementação de aposentadoria para seus empregados, o qual é administrado pela Fundação P&R. Esse plano é do tipo Benefício Definido. A seguir são apresentados dados e informações que deverão ser considerados em soluções com a abordagem dos temas em maiores detalhes:

Início período X1	Dados (R$)
Valor justo dos ativos do plano	3.000
Valor presente das obrigações atuariais	3.100
No período	
Custo do serviço passado	200
Perda atuarial	100
Retorno do ativo	350
Taxa de desconto	10%
Final período X1	
Valor presente das obrigações atuariais	4.330
Contribuições pagas	640

Pressupostos

- o custo do serviço passado refere-se às alterações no plano no início do período atual;
- não houve pagamento de benefícios no período X1.

Definição do custo do serviço corrente

O custo do serviço corrente corresponde ao aumento do valor presente das obrigações atuariais que ocorreram em X1, em função da aquisição de direito pelo empregado com a prestação de serviço no período.

Variação do valor presente das obrigações atuariais em X1: R$ 4.330 – R$ 3.100 = R$ 1.230.

Dentro da variação do valor presente das obrigações atuariais, estão contidos o custo de serviço corrente, o custo do serviço passado, a perda atuarial e os juros sobre as obrigações atuariais.

- Juros sobre as obrigações atuariais: R$ 3.100 × 0,10 = R$ 310
- Por diferença, podemos calcular:
- Custo do serviço corrente = R$ 1.230 – R$ 200 – R$ 100 – R$ 310 = R$ 620

Definição dos juros e valor justo dos ativos

- Passivo atuarial no início de X1 = R$ 3.100 – R$ 3.000 = R$ 100
- Custo dos juros líquidos em X1 = R$ 100 × 0,10 = R$ 10[1]
- Receita de juros sobre os ativos do plano em X1 = R$ 3.000 × 0,10 = R$ 300

---

[1] Os juros líquidos também poderiam ser calculados a partir da diferença entre os juros sobre as obrigações atuariais e a receita de juros sobre ativos do plano (R$ 310 – R$ 300 = R$ 10).

- Retorno do ativo que excedeu a receita de juros sobre os ativos do plano em X1 = R$ 350 − R$ 300 = R$ 50
- Valor justo dos ativos do plano no final de X1 = R$ 3.000 + R$ 350 + R$ 640 = R$ 3.990

Passivo atuarial

	(Em R$)
Valor Presente das obrigações atuariais	4.330
(−) Valor justo dos ativos	(3.990)
Passivo Atuarial	340

Como já existia um passivo atuarial no início de X1 igual a R$ 100, verifica-se que a Cia. ABC terá que reconhecer em X1 um passivo atuarial de R$ 240 (e as respectivas contrapartidas em despesas e outros resultados abrangentes), o que representa, efetivamente, a probabilidade de um sacrifício futuro:

	Débito	Crédito
Despesa Operacional com Provisão para Benefícios a Empregados − Custo do serviço corrente	620	
Despesa Operacional com Provisão para Benefícios a Empregados − Custo do serviço passado	200	
Despesa Financeira com Provisão para Benefícios a Empregados − Custo dos juros líquidos	10	
Outros Resultados Abrangentes (PL) − Perdas atuariais	100	
a Outros Resultados Abrangentes (PL) − Retornos excedentes sobre os ativos do plano		50
a Provisão para Benefícios a Empregados (Passivo Circulante ou Não Circulante)		240
a Caixa − Contribuições Pagas		640

Ressalte-se que o exemplo é simplificado por uma questão didática, mas deve-se ter em mente que a adoção de premissas atuariais distintas (taxas, tábuas biométricas ou métodos de cálculo) pode gerar diferenças tais que, em vez de se ter um passivo, obtém-se um ativo atuarial. Veja o mesmo exemplo, em que, com a utilização de um conjunto de premissas atuariais diferentes, foram encontrados os seguintes valores:

	(Em R$)
Valor presente das obrigações atuariais	2.900
(−) Valor justo dos ativos do plano	(3.000)
(=) Ativo atuarial	(100)

Ao contrário da situação anterior, a Cia. ABC poderia reconhecer um ativo atuarial (valor negativo) pelo fato de o Fundo P&R ter um valor justo de seus ativos mais do que suficiente para fazer frente às obrigações previstas com os benefícios avaliados a seu valor presente. Porém, destaca-se que existe limite para reconhecimento do ativo atuarial.

Teto de ativo = Valor presente de benefícios econômicos futuros disponíveis na forma de restituição ou reduções de contribuições futuras, por exemplo, permissão de reembolso de superávit.

O CPC 33 não chega a definir, explicitamente, que o ativo deve estar claramente evidenciado, porém esse critério deve estar implícito no reconhecimento de ativos, pois a contabilização deve estar baseada em estimativas confiáveis sobre a probabilidade de receber o benefício econômico de redução de suas contribuições futuras.

A seguir, estão tratados com maiores detalhes os conceitos e as definições até aqui referendados e que foram trabalhados em nosso exemplo geral. Aspectos dos exemplos poderão ser detalhados nesses itens para melhor entendimento.

1. Valor presente de obrigação e custo do serviço corrente

Para mensurar o valor presente das obrigações de um plano de benefício definido pós-emprego e o respectivo custo do serviço corrente, é necessário: (a) aplicar um método de avaliação atuarial; (b) atribuir benefício aos períodos de serviço; e (c) adotar premissas atuariais.

O Método de Avaliação Atuarial definido pelo CPC 33 é o **Método de Crédito Unitário Projetado**, que observa **cada período de serviço como origem de uma unidade adicional do direito ao benefício** e mensura cada unidade separadamente para constituir a obrigação final, descontada a valor presente. Na determinação desse valor presente, a empresa deve atribuir o benefício aos períodos de serviço em que surge a obrigação de proporcionar benefícios, à medida que os empregados prestam serviço. Assim, a empresa deve atribuir o benefício ao período corrente para determinar o custo do serviço corrente, utilizando-se das técnicas atuariais. O custo do serviço corrente e de serviços passados deve determinar o valor presente das obrigações de benefício definido.

Como exemplo, considere que foi estimado um valor de benefício aos empregados de R$ 1.000.000. Esse seria o valor ao final do período de prestação de serviço pelos empregados necessário para fazer frente aos benefícios adquiridos, de acordo com as técnicas atuariais. Considerando um período de 10 anos de trabalho, deve-se ter R$ 100.000 para cada ano de trabalho (direito adquirido):

Considerando taxa de desconto de 9%:

Final do Ano	Valor atribuído ao ano corrente	Custos do serviço corrente[2]	Custos dos juros[3]	Valor presente da obrigação[4]
1	100.000,00	46.042,78		46.042,78
2	100.000,00	50.186,63	4.143,85	100.373,26
3	100.000,00	54.703,42	9.033,59	164.110,27
4	100.000,00	59.626,73	14.769,92	238.506,93
5	100.000,00	64.993,14	21.465,62	324.965,69
6	100.000,00	70.842,52	29.246,91	425.055,13
7	100.000,00	77.218,35	38.254,96	540.528,44
8	100.000,00	84.168,00	48.647,56	673.343,99
9	100.000,00	91.743,12	60.600,96	825.688,07
10	100.000,00	100.000,00	74.311,93	1.000.000,00

Como vimos, o benefício é atribuído a períodos contábeis individuais. Porém, não é rara a situação de benefícios condicionados a uma situação futura em que, até seu cumprimento, o direito ainda não tenha sido adquirido. No exemplo anterior, os benefícios poderiam tornar-se elegíveis somente após 10 anos de prestação de serviço. O serviço prestado, antes da data de aquisição do direito, dá origem a uma obrigação construtiva, com redução do montante de serviço futuro necessário. Nesses casos, a mensuração da empresa deve considerar a probabilidade de que alguns empregados não satisfaçam aos requisitos para tornarem os benefícios elegíveis, ou seja, o custo do serviço corrente e o valor presente da obrigação devem refletir a probabilidade de o empregado completar ou não o prazo mínimo de anos de serviço.

> **Exemplo**
>
> Considere o caso anterior com a probabilidade de apenas 70% dos empregados completarem os 10 anos de serviço mínimo.

---

[2] Valor presente do valor atribuído ao período corrente. Para o ano 1 é igual a 100.000,00/1,09^9 = 46.042,78.

[3] Taxa de desconto de 9% multiplicada pelo valor presente da obrigação do período anterior. Para o ano 2 é igual a 46.042,78^0,09 = 4.143,85.

[4] Custos do serviço corrente multiplicado pelo número de períodos transcorridos até o período atual.

Final do Ano	Valor atribuído ao ano corrente	Custos do serviço corrente	Custos dos juros	Valor presente da obrigação
1	70.000,00	32.229,94		32.229,94
2	70.000,00	35.130,64	2.900,70	70.261,28
3	70.000,00	38.292,40	6.323,52	114.877,19
4	70.000,00	41.738,71	10.338,95	166.954,85
5	70.000,00	45.495,20	15.025,94	227.475,99
6	70.000,00	49.589,76	20.472,84	297.538,59
7	70.000,00	54.052,84	26.778,47	378.369,91
8	70.000,00	58.917,60	34.053,29	471.340,80
9	70.000,00	64.220,18	42.420,67	577.981,65
10	70.000,00	70.000,00	52.018,35	700.000,00

Outra situação típica é o serviço do empregado em anos posteriores conduzir a um nível materialmente mais elevado de benefício em comparação com anos anteriores. Nesse caso, a empresa deve atribuir o benefício de maneira linear até a data em que o serviço adicional do empregado torna-se imaterial, devendo-se também considerar a probabilidade de o empregado prestar ou não o serviço nos anos posteriores.

2. Premissas atuariais

São muitas as variáveis que influenciam o custo final de plano de benefício definido, sendo um valor sempre incerto. As premissas atuariais são as melhores estimativas no período contábil para as variáveis que determinarão o custo final para empresa na concessão dos benefícios, não podendo ser nem excessivamente conservadoras nem imprudentes, ou seja, sem viés. Essas premissas compreendem:

a) Premissas demográficas (mortalidade, rotatividade dos empregados, taxa de invalidez, aposentadoria antecipada, dependentes elegíveis aos benefícios, sinistralidade etc.).

b) Premissas financeiras (taxa de desconto, níveis salariais, níveis de benefícios futuros, custos médicos futuros, custo de administração, taxa de retorno de ativos do plano etc.).

Outro aspecto importante quanto às premissas atuariais, além da inexistência de viés, é a compatibilidade entre as premissas, ou seja, ao se utilizar uma taxa de desconto em termos nominais, cabe também utilizar a premissa sobre aumento de benefícios em termos nominais. A seguir são apresentados alguns exemplos de aspectos a serem considerados com relação a algumas premissas atuariais.

Taxa de desconto

Reflete o valor do dinheiro no tempo e não o risco atuarial de investimento ou de crédito. O que se espera com a taxa de desconto é o reflexo do fluxo temporal dos pagamentos das contribuições e dos benefícios. Na prática, a taxa é utilizada para descontar a valor presente as obrigações de benefícios, sendo determinada com base em rendimentos de mercado (debêntures, títulos do Tesouro Nacional etc.), compatibilizando moeda e prazo dos títulos com a moeda e prazo esperados das obrigações relativas ao benefício.

Aumentos salariais

As obrigações de benefícios devem refletir aumentos salariais, com estimativas que levem em consideração aspectos, tais como: inflação, promoções, oferta e demanda do mercado de trabalho etc. O próprio plano pode prever alteração de benefícios futuros de forma a mitigar efeitos de inflação que repercutirão no custo do serviço passado e no custo do serviço presente.

Custo médico

As premissas com relação a custo médico levam em consideração as estimativas de alterações futuras no custo de serviços médicos resultantes da inflação e aspectos específicos. Requer, ainda, premissas acerca do tipo e frequência de sinistros no futuro e os custos atrelados a estes, considerando dados históricos, efeito de avanços tecnológicos, alterações nos modelos de prestação de serviços e alterações nas condições de saúde dos participantes. As estimativas de tipo e frequência de sinistros sofrem efeitos de variáveis, como idade, sexo, condições de saúde, localização geográfica etc.

3. Ganhos e perdas atuariais

Os ganhos e as perdas atuariais podem resultar de aumentos ou diminuições no valor presente da obrigação de benefício definido em razão das mudanças em premissas atuariais e os ajustes pela experiência, decorrente de: (a) taxas "inesperadamente" altas ou baixas, de rotatividade de empregados, de aposentadoria ou mortalidade antecipada, de aumento de salários, de aumento de benefícios e/ou de aumento de custos médicos; (b) alterações de estimativas futuras dessas mesmas taxas; (c) efeito de mudanças nas premissas em relação às opções de pagamento de benefícios; e (d) alteração da taxa de desconto.

Os ganhos ou perdas atuariais são reconhecidos em outros resultados abrangentes, em conta do Patrimônio Líquido (ver o Capítulo 15).

4. Custo do serviço passado

O custo do serviço passado é a variação no valor presente da obrigação de benefício definido por serviço prestado por empregados em períodos anteriores. O surgimento de custo do serviço passado deve-se à alteração (introdução, mudanças ou cancelamento) de um plano de benefício definido ou a um encurtamento proveniente de uma redução significativa, pela entidade, no número de empregados cobertos por um plano, onde os serviços prestados anteriormente são causa de benefícios para o empregado agora introduzidos ou alterados, levando ao reconhecimento de um passivo.

Na mensuração do passivo de benefício definido, o custo do serviço passado deve ser reconhecido como uma despesa quando ocorrer alteração ou encurtamento do plano.

O que **não deve** ser entendido como custo do serviço passado:

a) Efeitos de diferenças entre aumento de salários e salários previstos na programação de pagar os benefícios relativos aos anos anteriores.

b) Subestimativas ou superestimativas de concessão de aumentos discricionários de benefícios, quando existe a obrigação da empresa de conceder tais aumentos (as premissas atuariais já devem admitir esses acontecimentos prováveis).

c) Estimativas de melhorias de benefícios que resultem de ganhos atuariais, no caso de previsão pelo plano de converter qualquer excedente em benefício dos participantes (esse aumento é uma perda atuarial, anulando os ganhos atuariais para a empresa).

d) Aumento de benefícios adquiridos em virtude de os empregados completarem requisitos de aquisição (esse custo estimado já foi reconhecido anteriormente como custo do serviço corrente à medida que o serviço foi prestado).

5. Ativos do plano

Para mensuração da obrigação a ser reconhecida no Balanço Patrimonial é necessário deduzir o valor justo dos ativos do plano. O valor justo dos ativos do plano coincide com o valor de mercado disponível. No caso de inexistência do valor de mercado, pode ser estimado por meio dos fluxos de caixa futuros esperados dos ativos, descontados por uma taxa que reflita o risco associado a esses ativos e sua maturidade.

Os direitos do plano frente à empresa patrocinadora, ou seja, as contribuições não pagas e devidas, não são considerados como ativos do plano. Também devem ser deduzidos dos ativos do plano (reduzidos) os passivos do fundo que não estão relacionados com os benefícios dos empregados (por exemplo: contas a pagar). No caso do plano (fundo) possuir **apólices de seguros elegíveis** para equilíbrio do montante e temporalidade de alguns ou de todos os benefícios pagáveis pelo plano, o valor justo dessas apólices é considerado e mensurado pelo valor presente das respectivas obrigações cobertas pela apólice.

O que se observa é a preocupação do legislador em considerar como valor do ativo do plano o valor que terá que suportar os benefícios a serem pagos, reduzindo valores já comprometidos (contas a pagar), considerando o valor de obrigações já suportadas por apólices de seguros e não levando em conta os valores que devem figurar no passivo da empresa patrocinadora.

Apólice de seguro elegível é aquela emitida por uma seguradora que não seja parte relacionada da empresa patrocinadora e se a apólice somente puder ser usada na cobertura dos benefícios a empregados do plano de benefício definido, sem disponibilidade para outras quitações, a não ser no caso de excedentes.

No caso de um direito de reembolso (quantia virtualmente certa) para liquidação de uma obrigação de benefícios definidos, a empresa reconhece como um ativo separado, pelo seu valor justo, não como um ativo do plano. Como exemplo pode ser citado o caso de uma **apólice de seguro que não é elegível**, que deve ser considerada como um ativo separado e não reduz o valor do passivo de benefício definido a ser reconhecido.

6. Ganhos e perdas na liquidação

O ganho ou perda em uma liquidação é a diferença entre o valor presente da obrigação de benefício definido que estiver sendo liquidada e o preço de liquidação, incluindo quaisquer ativos do plano transferidos e quaisquer pagamentos feitos diretamente pela entidade referente à liquidação.

A liquidação representa a eliminação total ou parcial de obrigações relativas a benefícios do plano, tal como pagamento em dinheiro aos beneficiários em troca de direitos de recebimento de benefícios. Como exemplo, o pagamento pela aquisição de uma apólice de seguro **elegível** é uma liquidação, pois existe um pagamento em dinheiro em contraposição aos direitos de recebimento de benefícios, que deixa de ser obrigação do plano.

Com relação à possibilidade de compensação entre ativos e passivos oriundos de planos diferentes, deve existir previsão legal para a empresa utilizar o excedente de um plano para liquidar obrigações do outro e se existe a intenção de realizar a liquidação das obrigações.

19.5 Tratamento para as pequenas e médias empresas

Os conceitos abordados neste capítulo relativos aos **benefícios a empregados** também são aplicáveis às entidades de pequeno e médio porte. Contudo, de acordo com o Pronunciamento Técnico PME – Contabilidade para Pequenas e Médias Empresas, existem algumas diferenças no reconhecimento e mensuração dos benefícios a empregados para tais tipos de empresa; são elas:

a) Os ganhos e perdas atuariais devem ser reconhecidos imediatamente no resultado do exercício ou em outros resultados abrangentes.

b) Os custos de serviços passados (incluídos aqueles que se relacionam com os benefícios ainda não adquiridos) devem ser reconhecidos imediatamente no resultado quando um plano de benefício definido é introduzido ou alterado, ou seja, não é permitido o diferimento nos planos de benefício definido.

c) Não é exigida a utilização do método da unidade de crédito projetada, caso isso acarrete demasiado esforço e/ou custo para a empresa.

d) Tampouco existe necessidade de uma avaliação compreensiva das premissas utilizadas para o cálculo do valor relativo aos benefícios aos empregados todos os anos.

Para maior detalhamento, consultar o Pronunciamento Técnico PME – Contabilidade para Pequenas e Médias Empresas.

19.6 Noções preliminares sobre transações com pagamento baseado em ações

Algumas empresas optam por remunerar seus executivos, administradores ou outros colaboradores por meio de pacotes que incluem ações e opções de ações. A ideia subjacente à remuneração com base nas ações é fazer com que sejam incentivados a atingir determinadas metas e, assim, se tornem, também, donos da entidade ou tenham a oportunidade de ganhar pela diferença entre o valor de mercado das ações que subscrevem e o valor da subscrição. Esse tipo de remuneração visa incentivar os empregados ao comprometimento com a maximização do valor da empresa, alinhando seus interesses aos dos acionistas. Isso é necessário, pois, de acordo com a Teoria da Agência, os empregados e gestores (agentes) e os acionistas (principais) possuem objetivos que, muitas vezes, podem ser conflitantes.

Por outro lado, as entidades também podem emitir ações ou opções de ações para pagamento aos seus fornecedores de produtos e prestadores de serviços profissionais, o que é, na verdade, muito raro na prática brasileira.

As transações com pagamento baseado em ações podem tomar diferentes formas, especialmente no tocante às formas de liquidação que podem se dar, fundamentalmente, por meio da entrega de instrumentos patrimoniais da empresa ou em dinheiro. Tais especificidades impactam o reconhecimento e a mensuração desses tipos de transação. Do mesmo modo, existe uma discussão, no meio acadêmico e também no meio profissional, acerca de quem deveria arcar com o ônus da **despesa** de pagamento baseado em ações: a empresa ou seus acionistas. E isso porque afinal, não há, quando a remuneração está baseada no direito à subscrição, desembolso efetivo de caixa da empresa, apenas custo de oportunidade porque ela receberá menos do que deverão valer as ações quando da efetiva subscrição e integralização (ver Seção 19.6.3.1 mais à frente). O ônus dos acionistas, por outro lado, é visível: cada um deles perde um percentual de participação sobre o capital da empresa, por diluição, já que novas ações são subscritas e entregues aos beneficiários do plano.

No cenário norte-americano, por exemplo, houve grande *lobby* envolvendo diversas partes interessadas, inclusive o congresso dos Estados Unidos, para que os custos relativos a esses benefícios não fossem registrados na contabilidade, sob a premissa de que tais custos eram dos acionistas e não da empresa. Contudo, também em razão dos escândalos corporativos envolvendo companhias como Enron, Worldcom etc. no início do ano 2000, prevaleceu a corrente que exigia o reconhecimento dessa despesa pela empresa. Não que a contabilização estivesse associada aos escândalos, mas ficou evidente que não havia transparência nas remunerações a esses executivos via *stock options*, além da desconfiança de que essas remunerações poderiam, elas sim, ser incentivos aos fatos desencadeados.

Essas discussões levantaram diversas questões de caráter contábil, sendo que, até o início do ano 2000, havia pouca transparência por parte das empresas acerca de tais transações. A falta de critérios específicos para o tratamento dessas operações chamou a atenção da *International Organization of Securities Commissions* (IOSCO), organização internacional das CVM, que, no seu relatório sobre normas internacionais de 2000, mencionou a necessidade de uma norma específica sobre o tema.

Nesse cenário, o *International Accounting Standards Board* (IASB) iniciou, em julho de 2001, um projeto para desenvolvimento de uma norma internacional de contabilidade sobre as transações de pagamento em ações, que culminou com a publicação, no ano de 2004, da IFRS 2 – *Share-based Payment*. (Para quem se interessar, também existe no FASB com algumas diferenciações.)

Em âmbito nacional, aspectos relacionados com reconhecimento, mensuração e divulgação das transações com pagamento baseado em ações são tratados pelo CPC 10 (R1) – Pagamento Baseado em Ações

De maneira geral, o objetivo do CPC 10 (R1) é especificar procedimentos para reconhecimento, mensuração e divulgação, nas demonstrações contábeis, das transações de pagamento baseado em ações realizadas por uma entidade. Especificamente, ele exige que os efeitos das transações de pagamentos baseados em ações estejam refletidos nos resultados (pelo menos, parcialmente) e na posição patrimonial e financeira da entidade.

19.6.1 Características das transações com pagamento baseado em ações

Uma transação de pagamento baseado em ações (Figura 19.1) pode ser definida como uma transação na qual a entidade: (a) recebe produtos ou serviços em troca de seus instrumentos patrimoniais; ou (b) adquire produtos ou serviços e assume a obrigação com o fornecedor de efetuar o pagamento de determinado valor que é baseado no preço dos seus instrumentos patrimoniais.

Figura 19.1 Transação de pagamentos baseados em ações.

Conforme já mencionado, a maior parte das transações de pagamentos baseados em ações é realizada com executivos e administradores da empresa, mas desde que na condição de prestadores de serviços. No caso de transações envolvendo funcionário ou gestor, mas atuando essa pessoa como investidora, não se caracteriza como uma transação de pagamento baseada em ações. Sobre esse aspecto o item 4 do CPC 10 (R1) afirma que, se a entidade outorga a todos os detentores de uma classe específica de instrumentos patrimoniais o direito de adquirir instrumentos patrimoniais adicionais da entidade a um preço menor que seu valor justo, e um empregado ou gestor recebe tal direito por ser detentor dessa classe específica de instrumentos patrimoniais, essa concessão não é classificada como uma transação de pagamento baseado em ações, não estando, portanto, no escopo do referido Pronunciamento.

Do mesmo modo, a emissão de um instrumento patrimonial em uma combinação de negócios para obtenção do controle tampouco é considerada uma transação de pagamento baseado em ações, à medida que existem critérios específicos de reconhecimento e mensuração para essas operações (ver CPC 15 (R1) – Combinação de Negócios).

Também não são consideradas transações de pagamentos baseados em ações, e consequentemente, não são abordadas pelo CPC 10 (R1) – nem por este capítulo – aquelas transações nas quais os produtos ou serviços são adquiridos ou recebidos pela entidade em função de contrato de compra e venda de itens não financeiros que podem ser liquidados em dinheiro ou outro instrumento financeiro ou, ainda, pela troca de instrumentos financeiros. Tais transações estão dentro do escopo do CPC 48 – Instrumentos Financeiros.

Assim, somente são consideradas transações de pagamento baseado em ações as transferências de instrumentos patrimoniais de uma entidade, pelos seus acionistas, para as partes (empregados, executivos, consultores, fornecedores etc.) que forneceram os produtos (estoques, materiais de consumo, itens do imobilizado etc.) e/ou serviços (mão de obra, consultoria etc.) que tenham por objetivo remunerar as partes pelos produtos e serviços fornecidos à entidade, ou quando há pagamento em dinheiro com base em valor vinculado ao das ações da entidade.

Nas transações de pagamento baseado em ações, o conceito de "empregado" ou "funcionário", e que aqui vai ser utilizado, é entendido de uma forma mais ampla, incluindo empregados propriamente ditos, administradores, diretores, membros do conselho de administração etc. Do mesmo modo, são considerados empregados todos aqueles indivíduos que prestam serviços personalizados à entidade, por exemplo, um consultor externo.

No tocante à liquidação desses tipos de transações, é importante salientar que deve ser considerado o grupo de empresas como um todo, ou seja, as transações liquidadas com instrumentos patrimoniais da empresa controladora ou de outra entidade pertencente ao grupo controlador também se enquadram dentro da definição de transações com pagamento baseado em ações. Isso ocorre, por exemplo, quando executivos de uma empresa investida (sem ações em Bolsa) recebem *stock options* da controladora, que é companhia aberta.

19.6.2 Tipos de transações com pagamento baseado em ações

Conforme mencionado anteriormente, as transações com pagamento baseado em ações podem tomar diferentes formas. O CPC 10 (R1) estabelece princípios de mensuração e exigências específicas para três tipos de transações de pagamentos baseados em ações:

a) Transações de pagamentos baseados em ações liquidadas pela entrega de instrumentos patrimoniais.

b) Transações de pagamentos baseados em ações liquidadas em caixa.

c) Transações em que a entidade recebe ou adquire produtos e serviços e cujos termos do acordo conferem à entidade ou ao fornecedor desses produtos ou serviços a liberdade de escolha da forma de liquidação da transação, a qual pode ser em caixa (ou outros ativos) ou mediante a emissão de instrumentos patrimoniais.

Note-se que a principal diferença entre as duas primeiras modalidades de transação de pagamento baseado em ações diz respeito à forma de liquidação: instrumentos patrimoniais ou caixa. Do mesmo modo, existe uma terceira modalidade que permite a possibilidade de a entidade ou fornecedor dos produtos ou serviços escolher a forma de liquidação (instrumentos patrimoniais ou dinheiro).

No que concerne aos procedimentos de reconhecimento desses tipos de transação, o item 7 do CPC 10 (R1), afirma que "a entidade deve reconhecer os produtos ou os serviços recebidos ou adquiridos em transação de pagamento baseado em ações quando ela obtiver os produtos ou à medida que receber os serviços".

Na maioria dos casos, esses bens e serviços são contabilizados como despesas. Isso ocorre, principalmente, no tocante aos serviços, haja vista que, em geral, são consumidos imediatamente. Já os produtos – por exemplo, os estoques ou maquinários adquiridos – devem ser contabilizados como ativos, desde que se qualifiquem para tal reconhecimento, conforme as exigências dos pronunciamentos específicos sobre tais ativos.

Algo interessante: quando a liquidação se dá com a emissão e entrega de ações, a norma exige o registro da despesa no Patrimônio Líquido e, em contrapartida, o aumento em outra conta especial do mesmo Patrimônio Líquido.

Assim, com base no CPC 10 (R1), os três tipos de transação de pagamento baseado em ações podem ser apresentados conforme ilustra a Figura 19.2.

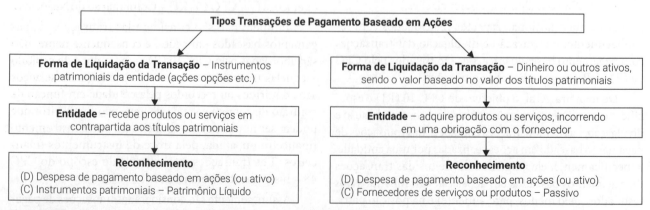

Figura 19.2 Tipos de transação de pagamentos baseados em ações.

19.6.3 Avaliação dos instrumentos patrimoniais outorgados

Um instrumento patrimonial pode ser definido como um título que confere participação nos ativos líquidos (Patrimônio Líquido) de uma entidade.

No caso dos acordos de pagamento baseado em ações, os instrumentos patrimoniais mais utilizados pelas empresas são as ações e as opções de ações. Enquanto as ações representam a menor parcela que divide o capital de uma empresa, as opções de ações são contratos que conferem aos seus detentores o direito, mas não a obrigação, de subscrever ações da entidade a um preço fixado ou determinável em um período de tempo específico. Assim, enquanto a ação é um "pedaço" (o menor) do capital social da empresa, a opção de compra é o direito de comprar, em data futura, esse "pedaço" a um preço predeterminado.

Um aspecto importante diz respeito à mensuração das ações e opções de ações concedidas pelas empresas nos acordos de pagamento baseado em ações. A normatização sobre o tema exige que esses instrumentos patrimoniais sejam mensurados pelo valor justo, definido como o valor pelo qual um ativo poderia ser negociado ou trocado, ou um instrumento patrimonial outorgado entre partes conhecedoras do assunto em transação sem favorecimento. Especificamente sobre esse aspecto, importante destacar, conforme o item 6A do CPC 10 (R1), que o normativo sobre pagamento baseado em ações usa o termo "valor justo" de forma diferente em alguns aspectos da definição dessa expressão do CPC 46 – Mensuração do Valor Justo. Portanto, quando for aplicar esse Pronunciamento Técnico, a entidade deve mensurar o valor justo de acordo com este Pronunciamento Técnico, e não pelo CPC 46. Conforme será demonstrado mais à frente neste capítulo, o valor justo mensurado conforme o CPC 10 (R1) considera aspectos específicos da entidade, e não apenas a "visão do mercado". Esse é o caso, por exemplo, das expectativas de *vesting* dos instrumentos patrimoniais concedidos a funcionários.

A priori, para determinação desse valor justo, a entidade deve basear-se nos preços disponíveis no mercado. Aparentemente, quando uma empresa concede ações aos seus empregados e esses se tornam detentores desses instrumentos imediatamente, parece não existir grandes problemas para mensurar o valor justo, assumindo-se, obviamente, que as ações da empresa sejam negociadas em Bolsa de Valores e que seus preços estejam disponíveis. Por exemplo, se a empresa concedeu 100 ações a um empregado e essas ações possuem um preço, cotado em Bolsa, de R$ 10, o custo dessa remuneração, que é a despesa de pagamento baseado em ações, é de R$ 1.000.

Por outro lado, nos casos em que a empresa concede opções de ações que permitem à contraparte adquirir ações em uma data futura, a mensuração do valor justo torna-se mais difícil. Isso ocorre porque esses tipos de opções que são concedidas a executivos – com prazos de aquisição longos, preços de exercícios específicos, períodos de *lock up* (sem poder vender) etc. – praticamente não são negociadas em Bolsa, em razão de suas especificidades (inclusive, isso normalmente é vedado). Em decorrência, não possuem preço de mercado disponível. Logo, seus valores justos não são diretamente observáveis.

Do mesmo modo, à medida que o período de exercício transcorre, e o detentor possui a opção de esperar até o limite do período para exercê-la, o valor das ações subjacentes, e consequentemente o valor da opção, tende a sofrer alterações. Nesse cenário, surge a seguinte questão: como avaliar as opções de ações concedidas a empregados sob transações de pagamento baseado em ações quando não existe preço de mercado disponível? Mas é bom dizer, desde agora, que o valor contábil a ser reconhecido como despesa será o valor justo das opções calculado na data da assinatura do contrato, não mais se alterando na contabilidade, mesmo que esse valor justo vá mudando.

O item B4 do Apêndice B do CPC 10 (R1) menciona que "em muitos casos não existe preço de mercado disponível, em decorrência de as opções outorgadas estarem sujeitas a termos e condições que não são aplicáveis às opções negociadas no mercado. Se opções negociadas com termos e condições similares não existem, o valor justo das opções outorgadas deve ser estimado pela aplicação de modelo de precificação de opções".

Dentre os modelos de precificação de opções geralmente aceitos pelos participantes do mercado, merecem destaque o modelo Black-Scholes-Merton, que rendeu aos professores Robert Merton e Myron Scholes o prêmio Nobel de Economia em 2007, e o modelo binomial. Ressalte-se que o CPC 10 (R1) não especifica qual modelo de precificação deve ser utilizado, mas menciona ambos os métodos como "válidos" para mensuração do valor justo das opções.

O referido Apêndice também destaca que a entidade deve levar em conta fatores que seriam considerados por participantes do mercado (conhecedores do assunto e dispostos a negociar) para seleção do modelo a ser aplicado na precificação de opções.

A ideia subjacente é que o modelo utilizado pela empresa seja consistente com as metodologias utilizadas na prática, ou seja, aquelas geralmente aceitas para precificar esses tipos de instrumentos financeiros. Do mesmo modo, nota-se a preocupação da norma com a incorporação de fatores e premissas que seriam consideradas pelos participantes do mercado no estabelecimento do valor justo da opção.

Sobre esses fatores, o referido Apêndice, no item B6, destaca que devem ser considerados nos modelos de precificação, no mínimo, os seguintes fatores: (a) o preço de exercício da opção; (b) a vida da opção; (c) o preço corrente da ação subjacente; (d) a volatilidade esperada no preço de ação; (e) os dividendos esperados sobre as ações (se apropriado); e (f) a taxa de juros livre de risco para o prazo de vida da opção.

Por outro lado, ressalte-se que fatores que afetam o valor das opções apenas na perspectiva dos empregados (ou outras contrapartes), e consequentemente não são levados em conta pelos participantes do mercado, também são desconsiderados na determinação do valor justo das opções outorgadas. A ideia é que o valor justo é um valor de mercado, que não leva em consideração as especificidades de determinada contraparte.

19.6.3.1 Cálculo do valor das opções de compra de ações

O objetivo desta seção é ilustrar os conceitos relacionados com o cálculo do valor das opções de compra de ações. Em razão da complexidade desse tema e, também, dado o escopo deste livro, o assunto não será tratado de maneira aprofundada. Ao contrário, a ideia é, apenas, apresentar os fundamentos que envolvem a precificação de opções.

Comecemos com um exemplo bastante simples. Uma opção de compra da ação da ABC que vence em um ano tem preço de exercício de R$ 110. O valor atual (hoje) da ação da ABC é de R$ 100. Consequentemente, a opção só terá valor ao final de um ano caso o valor da ação da ABC aumente e ultrapasse a barreira dos R$ 110. Para fins didáticos, vamos assumir que, ao final de um ano, o valor da ação da ABC pode atingir um entre dois valores: R$ 80 ou R$ 120. Por último, supomos que a taxa de juros livre de risco é de 10% ao ano.

O ponto-chave para se avaliar uma opção de ação é encontrar uma combinação de empréstimos e investimentos em ações que consigam replicar exatamente a opção, isto é, uma combinação que apresente os mesmos fluxos de caixa líquidos. Assim, neste exemplo, temos que considerar as seguintes opções de investimento e financiamento:

Comprar a ação da ABC		Comprar a opção da ação da ABC	
Hoje	1 ano	Hoje	1 ano
R$ 100	$R 120	?	R$ 10
	R$ 80		R$ 0

A primeira opção é comprar as ações da ABC pelo preço atual de R$ 100, sendo que, dentro de um ano, o resultado será: ou um ganho de R$ 20 (R$ 120 – R$ 100) ou uma perda de R$ 20 (R$ 80 – R$ 100). A segunda opção é adquirir a opção de compra da ação da ABC, que, dentro

de um ano, valerá R$ 10 (R$ 120 – R$ 110) ou "zero", visto que se o preço da ação cair para R$ 80 a opção não terá valor. Assume-se, também, que é possível contrair um empréstimo a uma taxa de 10% ao ano, sendo que o valor a ser pago ao final de um ano será o mesmo, independentemente de o preço da ação subir ou descer. Assim, o ganho de R$ 20, diminuído do juro de R$ 10, produz um resultado líquido de R$ 10.

A partir desses cenários é possível estabelecer o quociente que permite replicar uma opção de compra, que possibilite encontrar seu valor. Para isso, divide-se a distribuição dos preços possíveis da opção de compra da ação pela distribuição dos preços possíveis da ação. Essa fração é conhecida na literatura como o quociente de proteção da opção, utilizado, por vezes, para operações de *hedge* que combinam ações e opções. Assim, temos: (R$ 10 – R$ 0)/ (R$ 120 – R$ 80) = 10/40 = 0,25. Portanto, para replicar uma opção de compra da ação da ABC, é necessário comprar 0,25 de uma ação da ABC.

Uma vez encontrado o quociente que permite replicar a opção, podemos agora encontrar o valor da opção. Para fins didáticos, vamos assumir que se deseje adquirir quatro opções de compra da ação da ABC. Consequentemente, será necessário comprar uma ação (0,25 × 4) dessa mesma empresa. Para comprar a ação da ABC, contrai-se um empréstimo igual ao seu valor presente, de R$ 80 (isto é, R$ 80/1,10 = R$ 72,73), em um banco. Assim, temos os seguintes fluxos de caixa:

Opções de investimento	Fluxo de caixa hoje	Fluxo de caixa daqui a um ano	
		Ação = R$ 80	Ação = R$ 120
A. Comprar quatro opções	?	R$ 0	R$ 40 (4 × R$ 10)
B. Comprar uma ação	– R$ 100,00	R$ 80	R$ 120
Emprestar (R$ 80)	+ R$ 72,13	– R$ 80	– R$ 80
Caixa Líquido	– R$ 27,27	R$ 0	R$ 40

Note que as duas opções de investimentos têm o mesmo fluxo de caixa líquido daqui um ano, isto é: R$ 0, se o preço da ação cair para R$ 80, e R$ 40, se a ação subir para R$ 120. Em outras palavras, seria possível replicar exatamente um investimento em uma opção de compra por meio da combinação de um investimento em ações e um empréstimo bancário.

Portanto, se essas duas opções de investimento rendem os mesmos fluxos de caixa líquidos, daqui a um ano, seus valores precisam ser os mesmos no dia de hoje. Essa é uma premissa central dos modelos de precificações de opções, e de derivativos em geral, qual seja a de que dois fluxos de caixas iguais no futuro devem ter, hoje, o mesmo valor; caso contrário, haveria oportunidade para arbitragem, que pode ser definida como lucro sem risco. A diferença entre os valores das opções de investimento, caso existisse, geraria possibilidade de arbitragem, já que um investidor poderia comprar "A" e vender "B" (ou vender "B" e comprar "A"), obtendo lucro sem risco.

Colocando de outra maneira, o custo de se adquirir quatro opções da ação da ABC precisa ser o mesmo de se emprestar o valor presente de R$ 80 e comprar uma ação da ABC. Logo, o preço de quatro opções de compra da ação da ABC é de R$ 27,27 e uma opção de compra dessa mesma ação vale R$ 6,82 (R$ 27,27/4).

A lógica apresentada neste exemplo é bem simples, visto que o preço da ação assume apenas dois valores na data de exercício da opção e analisou-se apenas um período de tempo. Obviamente, essas suposições não são muito realistas. Contudo, a abordagem apresentada neste exemplo, conhecida como precificação de opções de dois estados ou modelo de dois estados, é, na verdade, uma versão simplificada do modelo binomial.

Para levar em conta os diversos cenários possíveis, o modelo binomial utiliza uma árvore de decisão que representa os diferentes caminhos que podem ser seguidos pelo preço da ação ao longo da vigência da opção. Por meio desse modelo é possível encontrar o valor da ação e da opção da ação em cada período de tempo. Para isso, avalia-se a probabilidade, que depende da volatilidade, do valor de a ação atingir determinados patamares.

Do mesmo modo, a abordagem de dois estados, na qual se busca encontrar o equivalente da opção por meio de investimentos em ações e em empréstimos, também, serviu de base para o desenvolvimento do modelo Black-Scholes-Merton. Importante ressaltar que os dois modelos tendem a produzir valores bastante similares para a opção, à medida que se aumenta o número de períodos do modelo binomial. Uma das principais contribuições do modelo Black-Scholes-Merton foi a redução do período de tempo, isto é, os autores demonstraram que a combinação específica da ação com um empréstimo pode de fato duplicar uma opção de compra em um horizonte de tempo infinitesimal.

A ideia é que, como o preço da ação irá variar no primeiro instante, outra combinação será necessária para duplicar a opção de compra no segundo instante e assim por diante. Assim, esse modelo é capaz de determinar a combinação equivalente a qualquer momento e, também, avaliar a opção com base em tal estratégia.

Pode-se dizer que o modelo Black-Scholes-Merton é representado por fórmula bastante imponente, sendo que a demonstração dessa fórmula não é escopo desta Seção. Contudo, a ideia subjacente a esse modelo é a de que o valor de uma opção de ações é função de alguns fatores, sendo possível sumarizar essas relações da seguinte forma:

Aumento	Opção de compra (*call*)	Opção de venda (*put*)
Preço da ação	Aumento	Diminuição
Preço de exercício	Diminuição	Aumento
Volatilidade	Aumento	Aumento
Prazo até o vencimento	Aumento	Aumento
Taxa de juros	Aumento	Diminuição
Dividendos	Diminuição	Aumento

A fórmula original do modelo Black-Scholes-Merton para encontrar o valor de uma opção de compra europeia (isto é, aquela que não pode ser liquidada antes do vencimento) tem cinco parâmetros e pode ser expressa da seguinte maneira:

$$C = N(d_1)S - N(d_2)Ee^{-rT}$$
$$d_1 = \frac{In(S/E) + (r + \sigma^2/2)T}{\sigma\sqrt{T}}$$
$$d_2 = d_1 - \sigma\sqrt{T}$$

em que:

C = preço da opção de compra;

S = preço da ação;

E = preço de exercício;

r = taxa de juros livre de risco;

T = tempo até o vencimento da opção em anos;

σ = desvio-padrão da taxa de retorno composto da ação anualizado continuamente;

e = base da função logarítmica, que é aproximadamente 2,7182;

$N(d)$ = probabilidade de que a variável aleatória de certa distribuição normal seja menor que 1.

Note-se que o retorno esperado da ação não aparece explicitamente na fórmula. Logo, o preço da opção pode ser obtido sem o conhecimento do retorno esperado da ação. Ressalte-se, também, que esse modelo original Black-Scholes-Merton assume que nenhum dividendo é pago durante a vida da opção. Esse mesmo modelo foi posteriormente generalizado de modo a permitir um rendimento de dividendo constante.

Em suma, apesar de sua aparente complexidade em razão de derivações matemáticas, o modelo Black-Scholes-

Merton é de fácil aplicação, sendo amplamente utilizado na prática. Para encontrar o valor de uma opção de compra do tipo europeia, é necessário apenas inserir os cinco dados de entrada na fórmula utilizando uma planilha ou uma calculadora eletrônica. Por exemplo, dado:

Preço atual da ação (S) = R$ 100

Preço de exercício (E) = R$ 110

Vencimento (T) = 1 ano

Volatilidade (σ) = 0,2 (20% ao ano)

Taxa livre de risco = 0,1 (10% ao ano)

Preço da opção de compra = 8,1831

Finalmente, é importante ressaltar que a validade interna de qualquer modelo de precificação de opções, isto é, sua capacidade de refletir o valor justo de determinada opção, depende, fundamentalmente, da qualidade dos dados utilizados. Afinal, a função desses modelos é apenas realizar os cálculos matemáticos. Nesse sentido, se os dados de entrada forem ruins, o resultado também será. Assim, cabe um alerta especial àqueles que confiam cegamente nos modelos matemáticos, afinal, como todos os modelos, são simplificações da realidade, sendo necessário o conhecimento de suas restrições e limitações.

No caso dos modelos de precificação de opções, o principal *input*, que não é diretamente observável, refere-se justamente à volatilidade esperada para a ação no período. A volatilidade possui relação positiva com o preço da opção; quanto maior a volatilidade, maior a chance de exercício e, consequentemente, maior o prêmio da opção. Isso tanto para a opção de compra (*call*) quanto para a opção de venda (*put*). Portanto, caso esse parâmetro não seja corretamente estimado, o valor justo da opção ficará sub ou superestimado.

19.6.4 Condições de aquisição de direitos (*vesting conditions*)

Geralmente, quando uma empresa remunera seus empregados por meio de pacotes que incluem instrumentos patrimoniais, ela também estabelece determinadas condições para a entrega desses instrumentos. Essas exigências podem se referir, por exemplo, ao empregado permanecer na empresa por um período específico de tempo (por exemplo: três anos) ou, ainda, ao cumprimento de determinada meta econômico-financeira (por exemplo: crescimento médio das vendas de 30% nos próximos três anos).

Dentro das normas de contabilidade, as exigências para que uma contraparte receba o instrumento patrimonial, sob um acordo de pagamento baseado em ações, são denominadas condições de aquisição de direitos (*vesting conditions*). O CPC 10 (R1), no seu Apêndice A, define as condições de aquisição de direitos como "as condições que

determinam se a entidade recebe os serviços que habilitam a contraparte a receber caixa, outros ativos ou instrumentos patrimoniais da entidade, por força de pagamento baseado em ações. As condições de aquisição de direito são condições de serviço ou são condições de desempenho". A compreensão das condições de aquisição de direitos é extremamente importante, pois tais condições devem ser levadas em consideração na determinação do número de instrumentos patrimoniais que serão concedidos pela empresa. Por exemplo, se a empresa concedeu opções de ações a 100 empregados e estabeleceu como condição de aquisição que eles permaneçam na empresa pelos próximos cinco anos, ela deverá estimar também quantos desses empregados não cumprirão essa condição. Do mesmo modo, caso as expectativas da entidade se alterem ao longo do período, a entidade deve realizar os devidos cálculos de maneira a ajustar as estimativas de concessão de instrumentos patrimoniais ao final do período de aquisição.

De maneira geral, as condições de aquisição de direitos podem ser divididas em dois grandes grupos: condições de serviço ou metas de desempenho, cujas definições constam no Apêndice A do CPC 10 (R1):

"**Condição de serviço** é a condição de aquisição que exige que a contraparte complete um período específico de serviço durante o qual os serviços são prestados à entidade. Se a contraparte, independentemente da razão, deixar de prestar o serviço durante o período de aquisição, ela não foi capaz de satisfazer a condição. A condição de serviço não requer que a meta de desempenho seja cumprida."

"**Meta de desempenho** é a condição de aquisição que exige que:

(a) a contraparte complete um período específico de serviço (ou seja, condição de serviço); o requisito de serviço pode ser explícito ou implícito; e

(b) a meta específica de desempenho a ser cumprida, enquanto a contraparte está prestando o serviço exigido em (a)."

Note que as condições de serviço exigem que a contraparte complete um período específico de tempo na prestação dos serviços. Já as metas ou condições de desempenho requerem que a contraparte complete um período específico de tempo na prestação dos serviços, e também que a contraparte atinja metas estipuladas de desempenho, por exemplo, um aumento nos lucros da entidade ao longo de um período especificado de tempo. Ressalte-se que uma condição de desempenho pode incluir uma condição de mercado, geralmente relacionada com o preço do instrumento patrimonial da entidade. No tocante a esses aspectos, o Guia de Implementação da IFRS 2 apresenta uma figura (Figura 19.3) que visa auxiliar na avaliação do

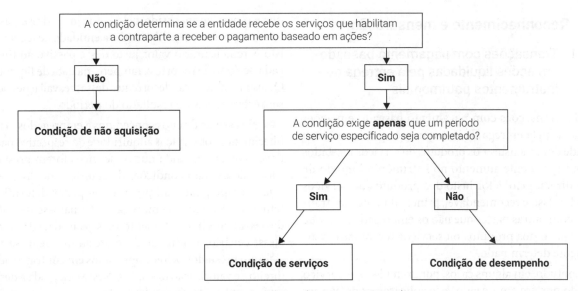

Figura 19.3 Avaliação das condições de aquisição de direitos (*vesting conditions*).

tipo de condição estabelecida sob um acordo de pagamento baseado em ações.

Note-se que se não existir uma condição que exija que a contraparte complete um período de tempo específico de prestação de serviço para se tornar detentora dos direitos, ela torna-se titular incondicional desses direitos no momento em que os instrumentos patrimoniais são outorgados. Em contrapartida, se existirem condições de aquisição de direitos, a entidade deve assumir que os serviços são prestados durante o período de aquisição. Isso ocorre porque os instrumentos patrimoniais serão entregues apenas depois de atendidas tais condições de aquisição.

Ressalte-se que as condições de desempenho também podem estar relacionadas com o mercado, por exemplo, o preço da ação da empresa atingir um valor específico. Na norma, essa condição é denominada "condição de mercado", sendo definida no Apêndice de CPC 10 (R1) como se segue:

> "**Condição de mercado** é a meta de desempenho da qual o preço de exercício, a aquisição de direito (*vesting*) ou a exercibilidade do instrumento patrimonial dependem, que esteja relacionada com o preço (ou valor) de mercado dos instrumentos patrimoniais da entidade (ou instrumentos patrimoniais de outra entidade do mesmo grupo), como, por exemplo:
>
> (a) atingir um preço de ação especificado, ou atingir um montante especificado de valor intrínseco da opção de ação; ou
>
> (b) alcançar a meta especificada que seja baseada no preço (ou valor) de mercado dos instrumentos patrimoniais da entidade (ou instrumentos patrimoniais de outra entidade do mesmo grupo) em relação a algum índice de preços de mercado de instrumentos patrimoniais de outras entidades."

Sobre esse aspecto, o item 21 do CPC 10 (R1) afirma que "as condições de mercado, tal como um preço-meta sobre o qual a aquisição (ou direito de exercício) das ações ou opções, devem ser consideradas na estimativa do valor justo dos instrumentos patrimoniais outorgados".

A ideia é que, na determinação do valor justo dos instrumentos patrimoniais, a entidade considere a possibilidade de as condições de aquisição de direitos não serem atendidas. Especificamente, no caso de opções de ações, a determinação do valor justo da opção deve considerar a possibilidade de a ação não superar a meta estabelecida, o que, consequentemente, tornará a opção não exercível.

Com base nos aspectos aqui discutidos e, também, no item 19 do CPC 10 (R1), é possível extrair algumas conclusões:

a) As condições de aquisição de direitos devem ser consideradas para determinação do número de instrumentos patrimoniais incluídos na mensuração do valor justo da transação de tal forma que o valor dos produtos e serviços, recebidos em contrapartida aos instrumentos outorgados, seja estimado com base na quantidade de instrumentos que será, efetivamente, concedida.

b) As condições de mercado devem ser consideradas para determinação do valor justo das ações e opções na data de mensuração.

19.7 Reconhecimento e mensuração

19.7.1 Transações com pagamento baseado em ações liquidadas pela entrega de instrumentos patrimoniais

Nas transações com pagamento baseado em ações liquidadas pela entrega de instrumentos patrimoniais, a entidade deve mensurar os produtos ou serviços recebidos e o correspondente aumento no Patrimônio Líquido de forma direta, pelo valor justo dos produtos ou serviços recebidos. Isso é recomendável, principalmente, nas transações com outras partes que não os empregados, em que o valor justo dos produtos ou serviços recebidos é mais facilmente determinado.

Contudo, em alguns casos, por exemplo, o de serviço prestado por um empregado, essa aplicação pode não ser possível, pois, frequentemente, esse valor não pode ser estimado de maneira confiável. Isso ocorre porque, na maioria dos casos, os instrumentos patrimoniais são concedidos aos empregados como parte de suas remunerações, que também incluem salários, participação nos resultados da empresa e outros benefícios. Nesses casos, o CPC 10 (R1) recomenda que a entidade mensure essa transação de forma indireta, tomando como base o valor justo dos instrumentos patrimoniais outorgados.

O valor justo dos instrumentos patrimoniais deve ser mensurado na respectiva data de outorga, que corresponde à data na qual a entidade e a outra parte firmam um acordo de pagamento baseado em ações. Isso ocorre porque é nessa data que a entidade confere à contraparte o direito ao recebimento do instrumento patrimonial, sendo que é necessário que a entidade e a outra parte tenham entendimento dos termos e acordos do contrato. Ressalte-se que, se o acordo de pagamento baseado em ações estiver sujeito a um processo de aprovação – por exemplo, a aprovação pelo Conselho de Administração ou pelos acionistas da empresa na Assembleia Geral –, considera-se como data de outorga a respectiva data de aprovação nesses órgãos.

19.7.2 Transações com pagamento baseado em ações liquidadas em caixa

Algumas empresas podem, no lugar de outorgar instrumentos patrimoniais, outorgar direitos sobre a valorização de suas ações aos empregados, como forma de remuneração. Nesse tipo de modalidade, os empregados passam a ter direito ao recebimento futuro de dinheiro que será liquidado pela entidade com base no aumento de preço das ações da entidade.

Nesses tipos de transações, denominadas transações de pagamentos baseadas em ações liquidadas em caixa, a entidade deve mensurar os produtos ou serviços adquiri-

dos e o passivo incorrido pelo valor justo desse passivo. Até que o passivo seja liquidado, a entidade deve reavaliar, isto é, remensurar o valor justo desse passivo ao final de cada período de reporte e, também, na data de liquidação. Quaisquer mudanças decorrentes dessas reavaliações devem ser reconhecidas no resultado do período.

No caso de direitos concedidos a empregados, o reconhecimento dos serviços adquiridos e do respectivo passivo deve ocorrer à medida que os serviços forem prestados. Caso não existam condições de aquisição de direitos, ou seja, o empregado não precisa completar determinado tempo de serviço, os empregados tornam-se detentores desses direitos imediatamente, ou seja, na data da outorga. Nesse cenário, a entidade deve presumir que os serviços já foram prestados pelos empregados em contrapartida ao direito de valorização das ações. Nesse caso, toda a despesa será reconhecida no resultado do exercício, uma vez que não há qualquer condição para aquisição do direito.

No tocante à mensuração do passivo, o CPC 10 (R1), no item 33, afirma que tal mensuração deverá ser realizada "mediante a aplicação de modelo de precificação de opções e considerando os termos e condições sob os quais os direitos sobre a valorização de ações foram outorgados, e na medida em que os serviços tenham sido prestados pelos empregados até a data".

19.7.3 Transações com pagamento baseado em ações liquidadas em caixa ou mediante emissão de instrumentos patrimoniais, conforme a escolha da entidade ou do fornecedor de serviços

De acordo com o item 34 do CPC 10 (R1), no caso de transações de pagamento baseado em ações nas quais os termos do acordo estabelecem que ou a entidade ou a contraparte tem a opção de escolher se a liquidação será em caixa (ou outros ativos) ou pela emissão de instrumentos patrimoniais, "a entidade deve contabilizar essas transações, ou seus componentes, como transação com pagamento baseado em ações com liquidação em caixa se, e na extensão em que, a entidade tiver incorrido em passivo para ser liquidado em caixa ou outros ativos, ou como transação com pagamento baseado em ações com liquidação em instrumentos patrimoniais se, e na extensão em que, nenhum passivo tenha sido incorrido pela entidade". Note-se que, nesse caso, não há uma resposta única, e a contabilização dependerá da análise da essência econômica da transação.

Em suma, a transação deve ser contabilizada como uma transação a ser liquidada em instrumentos patrimoniais quando não existir uma obrigação exigível em dinheiro por parte da empresa. Em contrapartida, no momento em que essa obrigação exigível passa a existir, a entidade passa a contabilizar a transação como uma transação a ser liquidada em dinheiro. Em muitos casos, a contabilização dependerá de quem tem o poder de escolha acerca da forma de liquidação: a contraparte ou a entidade.

Se a entidade tiver outorgado à contraparte o direito de escolher se a transação será liquidada em dinheiro ou pela emissão de instrumentos patrimoniais, a entidade terá outorgado um instrumento financeiro composto. Isso ocorre porque quem tem o direito de escolha é apenas a contraparte, e não a entidade. O instrumento financeiro outorgado possui um componente de dívida (direito da contraparte de exigir o pagamento em dinheiro) e um componente de capital (direito da contraparte de exigir a liquidação em instrumento patrimonial). O CPC 10 (R1) exige que as entidades mensurem esse instrumento financeiro pelo valor justo, que é justamente a soma do valor justo do componente de dívida e do componente de Patrimônio Líquido.

Já nos casos em que a entidade pode escolher a forma de liquidação, isto é, nas transações de pagamento baseado em ações em que os termos e as condições do acordo estabelecem que a entidade pode optar pela liquidação da transação em dinheiro ou pela emissão de instrumentos patrimoniais, a entidade deve determinar se ela tem uma obrigação presente a ser liquidada em dinheiro e contabilizar a transação em conformidade com essa determinação.

Sobre esse aspecto, o CPC 10 (R1), no seu item 41, afirma que "a entidade possui uma obrigação presente a ser liquidada em dinheiro se a escolha pela liquidação em instrumento patrimonial não tem substância comercial (em decorrência, por exemplo, de a entidade estar legalmente proibida de emitir ações), ou a entidade tem por prática ou política a liquidação em dinheiro, ou geralmente efetua a liquidação em dinheiro sempre que a contraparte assim o solicita".

19.8 Exemplos de transações de pagamento baseado em ações

O objetivo desta seção é ilustrar os conceitos apresentados nos itens anteriores, no tocante ao reconhecimento e à mensuração dos eventos econômicos presentes nas transações de pagamento baseado em ações. Também

são apresentadas as respectivas contabilizações para as referidas transações. Ressalte-se que os exemplos a seguir são baseados no Guia de Implementação (*Guidance on Implementing*) da IFRS 2 – *Share-based Payment*.

19.8.1 Exemplo de transação de pagamento baseado em ações liquidadas pela entrega de instrumentos patrimoniais – condições de serviço para aquisição de direitos

A empresa ABC concedeu 100 opções de ações para cada um dos seus 500 empregados. O acordo de pagamento baseado em ações exige que o empregado permaneça trabalhando na empresa nos próximos três anos. A entidade estima que o valor justo de cada opção de ações, mensurado de acordo com um modelo de precificação que leva em conta os fatores que seriam considerados pelo mercado, é de R$ 15. Com base na probabilidade média ponderada, a ABC estima que cerca de 20% dos empregados deixarão a empresa nos próximos três anos e, consequentemente, não estarão aptos a receber as opções.

a) CENÁRIO A

Suponha-se que, ao longo do tempo, as previsões vão sendo confirmadas. Para calcular o valor da despesa de pagamento baseado em ações, é necessário multiplicar o número de opções a serem concedidas pelo valor justo delas. Já para encontrar o valor justo das opções a serem concedidas, utiliza-se o número de opções concedidas a cada empregado e o número total de empregados, levando-se em consideração o número esperado de empregados que irá, efetivamente, adquirir o direito à aquisição após o período de três anos. Finalmente, deve-se assumir que os serviços serão prestados no decorrer dos três anos, sendo que o valor da despesa a ser apropriada em cada período seguirá essa mesma premissa.

Com base nessa metodologia, têm-se, no Quadro 19.1, os valores de despesa de pagamento baseado em ações.

A ABC deve contabilizar os serviços prestados pela contraparte (empregados) ao longo do período de aquisição (três anos), com o correspondente aumento do Patrimônio Líquido. Assim, ao final de cada exercício social, a entidade

Quadro 19.1

Ano	Opções	Empregados*	Valor Justo	Parcela Período	Período(s) Anterior(es)	Despesa Período	Despesa Acumulada
1	100	400	15	1/3	–	200.000	200.000
2	100	400	15	2/3	200.000	200.000	400.000
3	100	400	15	3/3	400.000	200.000	600.000

* (500 × 80% = 400).

efetuaria o seguinte lançamento contábil, pelo valor da despesa de pagamento baseado em ações:

	Débito	Crédito
Despesa de Remuneração	R$ 200.000	
a Instrumentos Patrimoniais Outorgados – PL		R$ 200.000

Para efeito de controle, poderia a empresa fazer o lançamento inicial pelo valor total de R$ 600.000 e efetuar, concomitantemente, outro lançamento com contas retificadoras de mesmo valor, com saldo zero. No final de cada período iria reduzindo o saldo da conta retificadora do PL Instrumentos Patrimoniais Outorgados e debitando o resultado do exercício. O efeito seria o mesmo.

b) CENÁRIO B

As expectativas da ABC foram se alterando ao longo dos anos da seguinte maneira:

Ano 1 – 20 empregados deixaram a empresa. Para o período de três anos, a ABC revisou a estimativa inicial de 20% (100 empregados) para 15% (75 empregados).

Ano 2 – 22 empregados deixaram a empresa. Para o período de três anos, a ABC revisou a estimativa do ano anterior de 15% (75 empregados) para 12% (60 empregados).

Ano 3 – 15 empregados deixaram a empresa. Assim, no período de três anos, 57 empregados (20 + 22 + 15) deixaram a empresa e não terão direito ao pagamento baseado em ações. Consequentemente, um total de 44.300 opções de ações (443 empregados × 100 opções de ações por empregado) serão concedidas ao final do ano 3.

O cálculo da despesa de pagamento baseado em ações é o mesmo do cenário A, isto é, multiplica-se o número esperado de opções a serem outorgadas ao final do período de aquisição (três anos) pelo valor justo das mesmas, respeitando o princípio da competência. Contudo, o número esperado de opções a serem outorgadas será distinto em cada ano em razão das mudanças de expectativa da entidade em relação ao número de empregados que iriam deixar a empresa ao final do período de aquisição.

Note-se, também, que o valor da despesa de pagamento baseado em ações a partir do segundo ano é ajustado para levar em conta o montante reconhecido no ano anterior. Isso é necessário para que o valor acumulado represente a melhor estimativa atual da despesa de remuneração. Com base no exposto, a despesa de pagamento baseado em ações é calculada conforme apresentado no Quadro 19.2.

Assim como no cenário A, a ABC assume que os serviços serão prestados no decorrer dos três anos, sendo que o valor da despesa a ser apropriada em cada período seguirá essa mesma premissa. Ao final de cada exercício social, a ABC contabilizará os valores de R$ 212.500 (ano 1), R$ 227.500 (ano 2) e R$ 224.500 (ano 3) no seguinte lançamento contábil, pelo valor da despesa de pagamento baseado em ações:

	Débito	Crédito
Despesa de Remuneração	R$	
a Instrumentos Patrimoniais Outorgados – PL		R$

Idem cenário A.

19.8.2 Exemplo de transação de pagamento baseado em ações liquidadas pela entrega de instrumentos patrimoniais – condições de desempenho para aquisição de direitos

A empresa XYZ concedeu 100 ações para cada um de seus 500 empregados, os quais deverão continuar trabalhando na empresa até o final do período de aquisição de direitos, de três anos. Adicionalmente, como meta de desempenho, a XYZ estabeleceu que esses empregados se tornarão detentores desses direitos:

a) Ao final do ano 1, se o lucro da empresa crescer mais de 18%.

b) Ao final do ano 2, se o lucro da empresa crescer, em média, mais de 13% ao ano, ao longo dos dois primeiros anos.

Quadro 19.2

Ano	Opções	Empregados	Valor Justo	Parcela Período	Período(s) Anterior(es)	Despesa Período	Despesa Acumulada
1	100	425	15	1/3	–	212.500	212.500
2	100	440	15	2/3	212.500	227.500	440.000
3	100	443	15	3/3	440.000	224.500	664.500

Cap. 19 · Benefícios a Empregados e Pagamento Baseado em Ações | **409**

c) Ao final do ano 3, se o lucro da empresa crescer, em média, mais de 10% ao ano, ao longo do período de três anos.

No início do ano 1, que é a data de outorga dos direitos, as ações têm um valor justo de R$ 30 cada, calculado utilizando-se como base os preços cotados em Bolsa. Ressalte-se que a XYZ não espera pagar dividendos nesse período.

Ano 1 – os lucros da empresa cresceram 14% e 30 empregados deixaram a entidade. A XYZ espera que os lucros continuarão crescendo a uma taxa similar no ano 2. A entidade também espera que outros 30 empregados deixem a empresa até o final do ano 2.

Com base nessas expectativas, a entidade acredita que 440 empregados (500 – 30 – 30) se tornarão detentores dos direitos de aquisição ao final do ano 2. Isso ocorre, pois, com o crescimento dos lucros esperados para o ano 2 (14%), a entidade deve atingir a condição de crescimento médio de 13% ao longo dos dois primeiros anos. Com base nessas expectativas, a demonstração do cálculo do valor da despesa de pagamento baseado em ações e o respectivo lançamento contábil seriam os apresentados no Quadro 19.3.

Ano 2 – os lucros da empresa cresceram apenas 10%. Consequentemente, a condição de aquisição de direitos das ações não foi atendida. Um total de 28 empregados deixaram a empresa durante o ano. A XYZ espera que outros 25 deixem a empresa no ano 3. Adicionalmente, a entidade espera que os lucros cresçam 6% no ano 3.

Com base nos fatos ocorridos no ano 2 e nas expectativas da empresa para o ano 3, espera-se que um total de 417 empregados (500 – 30 – 28 – 25) tornem-se detentores de direitos das ações à medida que, com o crescimento esperado (6%), a condição de crescimento médio do lucro de 10% ao ano seja atingida. Assim, no ano 2, a demonstração do cálculo do valor da despesa de pagamento baseado em ações e o respectivo lançamento contábil seriam os apresentados no Quadro 19.4.

Ano 3 – o lucro da empresa cresceu 8% e 23 empregados deixaram a XYZ. Logo, um total de 419 empregados (500 – 30 – 28 – 23) tornaram-se detentores de direitos do pagamento baseado em ações, haja vista que o crescimento médio do lucro no período foi de 10,67% [(14 + 10 + 8)/3].

Ao final do ano 3, tem-se o último cálculo do valor da despesa de remuneração e o lançamento contábil (Quadro 19.5).

Quadro 19.3

Ano	Ações	Empregados	Valor Justo	Parcela Período	Período(s) Anterior(es)	Despesa Período	Despesa Acumulada
1	100	440	30	1/2	–	660.000	660.000

	Débito	Crédito
Despesa de Remuneração	660.000	
a Instrumentos Patrimoniais Outorgados – PL		660.000

Quadro 19.4

Ano	Ações	Empregados	Valor Justo	Parcela Período	Período(s) Anterior(es)	Despesa Período	Despesa Acumulada
1	100	440	30	1/2	–	660.000	660.000
2	100	417	30	2/3	660.000	174.000	834.000

	Débito	Crédito
Despesa de Remuneração	174.000	
a Instrumentos Patrimoniais Outorgados – PL		174.000

Quadro 19.5

Ano	Ações	Empregados	Valor Justo	Parcela Período	Período(s) Anterior(es)	Despesa Período	Despesa Acumulada
1	100	440	30	1/2	–	660.000	660.000
2	100	417	30	2/3	660.000	174.000	834.000
3	100	419	30	3/3	834.000	423.000	1.257.000

	Débito	Crédito
Despesa de Remuneração	423.000	
a Instrumentos Patrimoniais Outorgados – PL		423.000

19.8.3 Exemplo de transação de pagamento baseado em ações liquidadas pela entrega de instrumentos patrimoniais – condições de mercado

No início do ano 1, a empresa ABC concedeu 10.000 opções de ações, ao valor de *strike* R$ 50 cada uma, ao seu presidente com a condição de que ele permaneça na empresa até o final do ano 3. Essas opções de ações não podem ser exercidas pelo executivo a não ser que o preço das ações da empresa aumente de R$ 50, no início do ano 1, para R$ 82, ao final do ano 3. Caso o preço das ações supere R$ 82 ao final do ano 3, as opções podem ser exercidas em qualquer momento dos sete anos seguintes, ou seja, até o final do ano 10.

Para mensurar as opções, a ABC utiliza o modelo de precificação binomial, que leva em consideração a possibilidade de o preço da ação superar R$ 82 ou não ao final do ano 3. Com base nesse modelo e nas condições estabelecidas, estima-se que o valor justo de cada opção é de R$ 24.

Um ponto interessante no tocante à contabilização desse tipo de transação é que a possibilidade de o preço alvo de R$ 82 ser atingido ao final do ano 3 não é levada em conta no reconhecimento dos serviços recebidos pelo presidente. Isso ocorre porque, de acordo com o item 21 do CPC 10 (R1), "para a outorga de instrumentos patrimoniais com condições de mercado, a entidade deve reconhecer os produtos ou serviços recebidos da contraparte que satisfaça todas as demais condições de aquisição de direito (por exemplo, serviços recebidos de empregado que prestou serviços ao longo do período especificado), **independentemente de as condições de mercado terem sido satisfeitas**" [grifo nosso]. Portanto, para fins de reconhecimento dos serviços prestados, não faz diferença se a meta de preço da ação é atingida; isso porque essa é uma condição mercado.

Nesse sentido, apesar de ser levada em conta na determinação do valor justo da opção, a possibilidade de que o preço da ação não ultrapasse os R$ 82 não é considerada no reconhecimento dos serviços. Assim, caso a ABC espere que o executivo permaneça na entidade ao longo dos três anos (uma condição de serviço que deve ser levada em conta), ela

Quadro 19.6

Ano	Opções	Empregados	Valor Justo	Parcela Período	Período(s) Anterior(es)	Despesa Período	Despesa Acumulada
1	10.000	1	24	1/3	–	80.000	80.000
2	10.000	1	24	2/3	80.000	80.000	160.000
3	10.000	1	24	3/3	160.000	80.000	240.000

	Débito	Crédito
Despesa de Remuneração	80.000	
a Instrumentos Patrimoniais Outorgados – PL		80.000

deverá reconhecer os valores apresentados no Quadro 19.6 nesse período e realizar o respectivo lançamento contábil.

Conforme mencionado anteriormente, os valores pelos serviços prestados são reconhecidos independentemente do resultado da condição de mercado (o valor da ação da empresa ultrapassar R$ 82 ao final do ano 3). Contudo, caso o presidente da ABC tivesse deixado a empresa durante o período de aquisição dos direitos (três primeiros anos), os valores reconhecidos seriam revertidos. Isso ocorre porque se trata de uma condição de serviço, que, diferentemente da condição de mercado, não foi levada em consideração na determinação do valor justo das opções na data de outorga. Ao contrário, conforme mencionado nos itens 19 e 20 do CPC 10 (R1), as condições de serviço são utilizadas, justamente, para adequar o valor da transação de modo a considerar o número de instrumentos patrimoniais que, eventualmente, serão adquiridos.

Para efeitos didáticos, vamos admitir as seguintes hipóteses:

a) CENÁRIO X

Ao final do ano 3, o preço da ação chegou a R$ 90. Consequentemente, a condição de mercado foi atendida. Assim, o presidente tem a opção de exercer seus direitos em qualquer momento dos sete anos seguintes, isto é, até o final do ano 10. No início do ano 5, o presidente optou por exercer os direitos. Nesse momento, a ABC deverá realizar o seguinte lançamento contábil:

	Débito	Crédito
Caixa	500.000	
a Capital Integralizado		500.000

Note-se que o caixa é debitado em R$ 500.000, que é o preço de exercício (R$ 50) pago pelo presidente, vezes o número de opções exercidas (10.000). No caso em tela, ele está pagando R$ 50 por uma ação que vale R$ 90 no mercado. Perceba-se, igualmente, que o custo de oportunidade da empresa (e/ou de seu acionista) foi de R$ 900.000, e não R$ 500.000, já que ela poderia vender as 10.000 ações a R$ 90 no mercado (ver Seção 19.9 ao final deste capítulo). Mas esse custo de oportunidade não é levado em conta para fins contábeis.

b) CENÁRIO Y

Ao final do ano 3, o preço da ação caiu para R$ 45. Consequentemente, a condição de mercado não foi atendida. Contudo, a entidade não deverá fazer nenhuma reversão dos valores contabilizados anteriormente.

Sobre esses casos, o item 23 do CPC 10 (R1) menciona que "após o reconhecimento dos produtos e serviços recebidos em conformidade com os itens 10 a 22, e o correspondente aumento no Patrimônio Líquido, a entidade não deve fazer nenhum ajuste subsequente no Patrimônio Líquido após a data da aquisição dos instrumentos patrimoniais. Por exemplo, a entidade não deve subsequentemente reverter o montante reconhecido dos serviços recebidos de empregado se os instrumentos patrimoniais que gerarem o direito de aquisição tiverem, mais tarde, prescrito referido direito, ou ainda, no caso de opções de ações, se estas não forem exercidas (expirarem)". Note-se que, nesse caso, apesar do reconhecimento da despesa, o custo de oportunidade da empresa (e/ou do seu acionista) foi zero, uma vez que nenhuma ação foi emitida, não havendo, portanto, qualquer diluição.

c) CENÁRIO Z

A empresa ABC também poderia ter optado em adquirir suas próprias ações no mercado (ações em tesouraria) em vez de conceder as ações ao executivo mediante o aumento de capital, conforme ilustrou o cenário X.

Interessante notar que eventuais diferenças entre caixa investido e caixa recebido quando da entrega das ações não é receita ou despesa por não dizer respeito à atividade da empresa, e sim a uma negociação de capital entre os sócios. Portanto, essa diferença fica registrada diretamente no Patrimônio Líquido e não transita pelo resultado.

Para ilustrar a diferença em relação ao cenário X, considere que, pouco antes do exercício da opção pelo executivo, a companhia tivesse adquirido as referidas ações no mercado pelo valor de R$ 70. Neste caso, teria desembolsado R$ 700.000 e o registro contábil seria o seguinte:

	Débito	Crédito
Ações em tesouraria (PL)	700.000	
a Caixa		700.000

Importante salientar, a conta **Ações em Tesouraria** apresenta saldo devedor e deve ser apresentada no Patrimônio Líquido como redutora da conta **Capital Social**.

No momento em que o presidente da companhia exercer suas opções e pagar o valor do *strike* (R$ 50) por cada uma das 10.000 ações a que tem direito, teríamos o seguinte registro contábil:

	Débito	Crédito
Caixa	500.000	
Resultado de Operação com Ações em Tesouraria (PL)	200.000	
a Ações em Tesouraria (PL)		700.000

Conforme mencionado, a despesa no valor de R$ 200.000 fica alocada no Patrimônio Líquido e não transita pelo resultado – por ser considerada uma transação de capital envolvendo a empresa e seus sócios.

Note-se ainda que, diferentemente do cenário X, não foi necessário realizar qualquer aumento de capital. Neste sentido, as participações no capital dos acionistas existentes não foram diluídas. Contudo, a companhia teve um custo "caixa" de R$ 200.000 – justamente a diferença entre o preço pago pelo presidente para adquirir as ações (*strike*) e o valor pago pela companhia para comprá-las no mercado.

19.8.4 Exemplo de transação de pagamento baseado em ações liquidadas pela entrega de dinheiro

Em alguns casos, uma entidade pode optar em remunerar seus empregados com um direito, que não é uma opção de ações, mas que possui uma ação como ativo subjacente. Esses direitos são denominados direitos de apreciação (valorização) sobre as ações, também conhecidos como *stock appreciation rights* ou *cash share appreciation rights*.

Os direitos de apreciação sobre as ações são direitos de receber um valor sobre a valorização do preço da ação da empresa ao longo de um período específico de tempo. De maneira similar a uma opção de ações, os detentores desse título se beneficiam da valorização da ação da empresa.

Contudo, os detentores não precisam pagar o preço de exercício, como acontece com as opções. Pelo contrário, eles apenas recebem, geralmente em dinheiro, o correspondente à valorização da ação no período estipulado. Nesse sentido, esses acordos, quando liquidados em dinheiro, caracterizam-se como uma transação de pagamento baseado em ações liquidadas em caixa. O exemplo a seguir ilustra esse tipo de transação.

A entidade XYZ concedeu 100 direitos de apreciação sobre ações, a cada um dos seus 500 empregados, com a condição de que eles permaneçam na empresa pelos próximos três anos.

Ano 1 – 35 empregados deixaram a XYZ, sendo que empresa estima que outros 60 também deixarão o emprego nos anos 2 e 3.

Ano 2 – 40 empregados deixaram a empresa e a estimativa é de que outros 25 o farão no ano 3.

Ano 3 – 22 empregados deixaram a XYZ. Também ao final desse ano, 150 empregados exerceram seus direitos de valorização sobre as ações. Do restante, 140 exerceram seus direitos ao final do ano 4 e 113 ao final do ano 5.

Conforme preconizado pelos itens 30 e 33 do CPC 10 (R1), a entidade deve reconhecer, inicialmente, os serviços prestados por esses empregados, e o passivo referente ao pagamento desses serviços, à medida que os serviços são prestados. Essa transação deve ser mensurada pelo valor justo do passivo. Até que o passivo seja integralmente liquidado, a entidade deve **remensurar** as alterações no seu valor justo, que, consequentemente, são reconhecidas no resultado. Ressalte-se que o cálculo desse passivo utiliza como base o valor justo dos direitos de apreciação sobre as ações, calculado por meio de um modelo de precificação.

Ao final do ano 3, todos os empregados que permanecerem na empresa terão adquirido os direitos. Portanto, a XYZ deve estimar, ao final de cada ano, o valor justo dos direitos de apreciação sobre as ações até que o passivo seja integralmente liquidado, ou seja, ao longo dos anos 1 a 5. Após o final do ano 5, não deverá existir saldo remanescente no passivo já que a obrigação terá sido integralmente liquidada à medida que todos os empregados intitulados terão exercido seus direitos.

Do mesmo modo, a entidade deverá determinar o valor intrínseco desses direitos nas respectivas datas de exercício. Esse valor intrínseco é justamente o valor que a entidade deverá pagar aos seus empregados, representando, assim, saídas de caixa. Nesse exemplo, os valores justo e intrínseco desses direitos são:

Ano	Valor Justo	Valor Intrínseco
1	14,40	
2	15,50	
3	18,20	15,00
4	21,40	20,00
5		25,00

Já ao final do ano 3, dois tipos de cálculo devem ser realizados para determinar o valor da despesa de pagamento baseado ações. Isso ocorre porque o valor da despesa e do passivo deve levar em conta: (i) o número total de empregados que adquiriu os direitos, no caso 403 (500 – 35 – 40 – 22); e (ii) a parcela desses empregados que exerceu os direitos ao final do ano 3, no caso, 150. Assim, como esses 150 empregados exerceram seus direitos, existe uma saída de caixa. Então, tem-se o resultado apresentado no Quadro 19.8.

Ao final do ano 3, tem-se um valor de despesa de pagamento baseado em ações de R$ 272.127. Contudo, o valor do passivo é acrescido em apenas R$ 47.127, pois os outros R$ 225.000 foram pagos pela empresa, haja vista que os direitos de valorização sobre ações foram exercidos

Quadro 19.7

Ano	Direito	Empregados	Valor Justo	Parcela Período	Passivo(s) Anterior(es)	Despesa Período	Passivo
1	100	405*	14,40	1/3	–	194.400	194.400
2	100	400*	15,50	2/3	194.400	218.933	413.333

* (500 − 35 − 60).

** (500 − 35 − 40 − 25).

	Débito	Crédito
Despesa de Remuneração	194.400	
a Remuneração a Pagar – Passivo		194.400

	Débito	Crédito
Despesa de Remuneração	218.933	
a Remuneração a Pagar – Passivo		218.933

Quadro 19.8

Ano	Direito	Empregados	Valor Justo	Parcela Período	Passivo(s) Anterior(es)	Despesa Período	Passivo
3	100	253*	18,20	3/3	413.333	47.127	460.460
3	100	150	15,00**	–	–	225.000***	
Total da despesa no ano 3						272.127	

* (500 − 35 − 4 − 22 − 150).

** Valor intrínseco.

*** Saída de caixa.

por 150 funcionários, e são liquidados em dinheiro. Nesse sentido, o lançamento contábil, ao final do ano 3, seria:

	Débito	Crédito
Despesa de Remuneração	272.127	
a Remuneração a Pagar – Passivo		47.127
a Caixa		225.000

Seguindo essa mesma linha de raciocínio, no ano 4, o cálculo da despesa de pagamento baseado em ações e o respectivo lançamento contábil seriam os apresentados no Quadro 19.9.

Como se percebe, a obrigação da empresa passa a ser reduzida à medida que o tempo transcorre e os direitos começam a ser exercidos pelos empregados. Novamente, existe uma saída de caixa por pagamentos efetuados aos funcionários que exerceram seus direitos no ano 4. Finalmente, no ano 5, teríamos o apresentado no Quadro 19.10.

Ao final do período de cinco anos, constata-se que:

a) O valor do passivo é zero, haja vista que a empresa não possui obrigações remanescentes perante os funcionários. Isso ocorre porque todos os funcionários exerceram seus direitos.

b) O valor total da despesa de pagamento baseado em ações, no período de cinco anos, é de R$ 787.500: R$ 194.400 (ano 1), R$ 218.933 (ano 2), R$ 272.127 (ano 3), R$ 61.360 (ano 4) e R$ 40.680 (ano 5).

c) O valor total das saídas de caixa, no período de cinco anos, é justamente o valor total da despesa de pagamento baseado em ações, ou seja, R$ 787.500: R$ 225.000 (ano 3), R$ 280.000 (ano 4) e R$ 282.500 (ano 5).

Importante destacar que, diferentemente das transações liquidadas em ações, as liquidadas em caixa têm seu valor justo ajustado em cada período. Por essa razão, o total da despesa de remuneração "fecha" com o total da saída de caixa. Nas liquidadas em ações, ao contrário, o

Quadro 19.9

Ano	Direito	Empregados	Valor Justo	Parcela Período	Passivo(s) Anterior(es)	Despesa Período	Passivo
4	100	113*	21,40	–	460.460	(218.640)	241.820
4	100	140	20,00**	–	–	280.000***	
Total da despesa no ano 4						61.360	

* (253 – 140).
** Valor intrínseco.
*** Saída de caixa.

	Débito	Crédito
Despesa de Remuneração	61.360	
a Remuneração a Pagar – Passivo	218.640	
a Caixa		280.000

Quadro 19.10

Ano	Direito	Empregados	Valor Justo	Parcela Período	Passivo(s) Anterior(es)	Despesa Período	Passivo
5	100	0		–	241.820	(241.820)	0
5	100	113	25,00	–		282.500	
Total da despesa no ano 5						40.680	

	Débito	Crédito
Despesa de Remuneração	40.680	
a Remuneração a Pagar – Passivo	241.820	
a Caixa		282.500

total da remuneração, apenas por coincidência, será o valor do custo de oportunidade de se "vender" aquela ação no mercado (ver a Seção 19.9).

19.9 Críticas ao modelo

Conforme se viu, nesses modelos há duas formas de contabilização a depender se o pagamento é em instrumento patrimonial ou em dinheiro. O interessante é que, econômica e financeiramente, podem ser situações iguais tratadas, contabilmente, de forma muitíssimo diferente, o que inquieta fortemente quem se preocupa com a melhoria da qualidade da informação contábil.

O problema reside no seguinte, visto a partir de um simples exemplo: admita-se que, na data t0, uma empresa outorgue, para metade de seus administradores, a opção de adquirir, três anos após, ações da empresa que nesse momento valem R$ 10,00 cada, por esse valor, se conseguir duplicar as vendas nesse período. À outra metade outorga o direito de receber, em dinheiro, a diferença entre esses R$ 10,00 do valor da ação agora e o valor da ação que estiver no mercado três anos depois, atendidas as mesmas condições.

Pelas normas dadas, para a primeira metade, com o direito de subscrição futura por R$ 10,00, calcula-se quanto deveria valer essa opção na data t0, da outorga. Admita-se que o modelo chegue ao valor de R$ 6,00, sugerindo que esse seria o valor pelo qual a empresa conseguiria, teoricamente, vender essa opção no mercado, ou melhor, que o administrador conseguiria vendê-la se achasse mercado para isso. Assim, a despesa total a ser atribuída aos três anos será de R$ 6,00, ou seja, R$ 2,00 por ano por ação.

Agora, suponha-se que, quando todos adquirirem o direito, três anos depois, as ações valham no mercado

R$ 21,00 cada. Assim, os administradores com a opção pela subscrição subscreverão cada ação pagando R$ 10,00 e poderão vendê-las por R$ 21,00, ganhando R$ 11,00, mas a empresa terá reconhecido uma despesa total de R$ 6,00, porque o modelo utilizado leva em conta apenas o custo de oportunidade da empresa na data da outorga: valor de venda da opção de R$ 6,00 entregue sem qualquer recebimento em dinheiro. Na data em que o direito à subscrição é adquirido pelos administradores, o custo de oportunidade da empresa é R$ 11,00, porque poderia vender as ações no mercado por R$ 21,00, mas a entrega aos administradores por R$ 10,00. Esse custo de oportunidade final é "olimpicamente" desconsiderado no modelo adotado pelo IASB e pelo FASB.

Todavia, a outra metade dos administradores receberá em dinheiro os R$ 11,00 em caixa diretamente da empresa, conforme contratado, por ação. Nesse caso, a empresa terá reconhecido os R$ 11,00 ao longo dos três anos, conforme a oscilação do valor de mercado da ação.

Veja que estranho: em um caso, o custo de oportunidade é medido unicamente no começo do processo e, no outro, no final.

O modelo mais completo poderia ser, em ambos os casos, reconhecer-se, de início, que o mínimo a ser lançado como despesa seria o custo de oportunidade na outorga das ações, ou seja, R$ 6,00, mas com o reconhecimento, em cada um dos três anos, da variação do preço de mercado da opção outorgada, o que totalizaria os R$ 11,00 ao longo do tempo. Assim, o resultado seria impactado da mesma forma em ambas as situações. Não parece haver sentido no modelo atual, a não ser uma espécie de compromisso "político" para não introduzir, na prática, esse critério contábil de reconhecimento da despesa com valores muito altos. Esperam-se modificações futuras.

Um trabalho de dissertação de Mestrado na FEA/USP efetua duras críticas, incluindo o problema bastante sério de o conceito de despesa existente na Estrutura Conceitual não ser compatível com a despesa reconhecida no resultado por esse Pronunciamento.

Essa dissertação vai mais além: questiona, e fortemente, que se possa chamar de despesa o valor, no exemplo, de R$ 6,00 dos administradores que receberão as ações. Afinal, não há, nesse caso, qualquer alteração no Ativo da companhia, no seu Passivo e, consequentemente, no seu Patrimônio Líquido que não o aumento de caixa tendo como contrapartida o aumento de capital social. Tanto que a contabilização da "despesa" é débito no resultado (Patrimônio Líquido) e crédito na reserva (Patrimônio Líquido). Ou seja, registra-se uma despesa quando nunca se alterou e nunca se alterará qualquer caixa da empresa ou qualquer outro ativo ou mesmo um passivo. Isso não condiz, absolutamente, com o próprio conceito de despesa nas

normas internacionais. Veja-se o CPC 00 (R2) – Estrutura Conceitual para Relatório Financeiro, por exemplo. Esse lançamento é talvez o único das normas internacionais que não condiz com qualquer conceito teórico contábil. Não deixa de ser certa aberração. Foi instituído com o objetivo de forçar o registro do benefício dado aos administradores que, se não contabilizado dessa forma, poderia no máximo ser mencionado em nota explicativa. E o pior é que o faz por valor incorreto.

Assim, quando do pagamento em dinheiro, existe de fato uma redução de caixa da empresa pelo efetivo pagamento. Mas no caso de entrega em ações, não.

Na verdade, quando da entrega em ações, o que existe é uma transação entre os sócios: os sócios atuais entregam uma parte do capital da empresa para os administradores em troca do que eles produziram de aumento de riqueza na empresa. Se fosse em uma companhia fechada com poucos sócios, poderia cada um deles entregar um percentual de suas ações diretamente aos administradores. O efeito é exatamente o mesmo. E transação de capital entre os sócios não deve e não poderia nunca – a se seguir rigidamente os princípios contábeis – ser registrada como alteradora do lucro da entidade. Tanto que, quando uma empresa compra de sócios ações dela mesma e depois as vende, o diferencial é um ajuste direto no Patrimônio Líquido, jamais um ganho (receita) ou uma perda (despesa).

E, finalmente, no caso de pagamento com ações em tesouraria, existe mesmo a possibilidade de haver uma saída líquida de caixa (se o valor subscrito pelo beneficiário for inferior ao pago na aquisição da ação em tesouraria), mas esse valor pode não representar o verdadeiro custo de oportunidade da empresa e, além disso, esse valor não vai para o resultado. Fica no Patrimônio Líquido por derivar formalmente de transação de capital com os sócios. Até poderia ter havido ganho de caixa!!! Veja o Cenário Z na Seção 19.8.3.

19.10 Tratamento para as pequenas e médias empresas

Os conceitos abordados neste capítulo relativos ao "pagamento baseado em ações" também são aplicáveis às entidades de pequeno e médio portes. A única diferença relativa ao reconhecimento e à mensuração dessas transações é que as empresas de pequeno e médio portes podem utilizar o julgamento da administração na estimação do valor do pagamento baseado em ações liquidado em instrumentos patrimoniais quando os preços de mercado não forem diretamente observáveis. Para maior detalhamento, consulte o Pronunciamento Técnico PME – Contabilidade para Pequenas e Médias Empresas.

20

Demonstração dos Fluxos de Caixa e Demonstração do Valor Adicionado

20.1 Introdução

Neste capítulo, serão discutidas duas demonstrações contábeis de extrema relevância ao usuário da informação contábil: a Demonstração dos Fluxos de Caixa (DFC) e a Demonstração do Valor Adicionado (DVA).

20.2 Demonstração dos Fluxos de Caixa (DFC)

20.2.1 Aspectos introdutórios

A Demonstração dos Fluxos de Caixa (DFC), até a publicação da Lei nº 11.638/2007, não era obrigatória no Brasil, exceto em casos específicos, como, por exemplo, as empresas de energia elétrica (por exigência da Aneel) e empresas participantes do Novo Mercado (por exigência da Bovespa). No entanto, o Ibracon, por meio da NPC 20, de abril de 1999, e a própria Comissão de Valores Mobiliários (CVM) já recomendavam que tal Demonstração fosse apresentada como informação complementar.

Com a promulgação da Lei nº 11.638/2007, a elaboração da Demonstração dos Fluxos de Caixa (DFC) em substituição à Demonstração das Origens e Aplicações de Recursos (Doar) se tornou obrigatória. Entretanto, não se tratou de sua forma de apresentação de maneira detalhada.

Para estabelecer regras de como as entidades devem elaborar e divulgar a DFC, o Comitê de Pronunciamentos Contábeis (CPC) emitiu o CPC 03 – Demonstração dos Fluxos de Caixa.

20.2.1.1 Objetivo e benefícios das informações dos fluxos de caixa

O objetivo primário da DFC é prover informações relevantes sobre pagamentos e recebimentos, em dinheiro, de uma empresa, ocorridos durante determinado período, e com isso ajudar os usuários das demonstrações contábeis na análise da capacidade da entidade de gerar caixa e equivalentes de caixa, bem como suas necessidades para utilizar esses fluxos de caixa.

As informações da DFC, principalmente quando analisadas em conjunto com as demais demonstrações financeiras, podem permitir que investidores, credores e outros usuários avaliem:

a) A capacidade de a empresa gerar futuros fluxos líquidos positivos de caixa.

b) A capacidade de a empresa honrar seus compromissos, pagar dividendos e retornar empréstimos obtidos.

c) A liquidez, a solvência e a flexibilidade financeira da empresa.

d) A taxa de conversão de lucro em caixa.

e) A *performance* operacional de diferentes empresas, por eliminar os efeitos de distintos tratamentos contábeis para as mesmas transações e eventos.

f) O grau de precisão das estimativas passadas de fluxos futuros de caixa.

g) Os efeitos, sobre a posição financeira da empresa, das transações de investimento e de financiamento etc.

20.2.1.2 Requisitos

Para o cumprimento de sua finalidade, o modelo de DFC adotado deve atender aos seguintes requisitos:

a) Evidenciar o efeito periódico das transações de caixa segregadas por atividades operacionais, atividades de investimento e atividades de financiamento, nessa ordem.

b) Evidenciar separadamente, em notas explicativas que façam referência à DFC, as transações de investimento e financiamento que afetam a posição patrimonial da empresa, mas não impactam diretamente os fluxos de caixa do período, como compra de imobilizado a prazo.

c) Conciliar o resultado líquido (lucro/prejuízo) com o caixa líquido gerado ou consumido nas atividades operacionais.

20.2.1.3 Disponibilidades – caixa e equivalentes de caixa

Para fins da DFC, o conceito de caixa é ampliado para contemplar também os investimentos qualificados como **equivalentes de caixa**. Isso ocorre porque faz parte da gestão básica de qualquer empresa a aplicação tempestiva das sobras de caixa em investimentos de curto prazo, para livrá-las das perdas a que estariam sujeitas se expostas em contas não remuneradas.

Assim, para o CPC 03, caixa

"compreende numerário em espécie e depósitos bancários disponíveis, **e equivalentes de caixa** são aplicações financeiras de curto prazo, de alta liquidez, que são prontamente conversíveis em um montante conhecido de caixa e que estão sujeitas a um insignificante risco de mudança de valor".

As disponibilidades compreendem o caixa puro (dinheiro à mão ou em conta corrente em bancos) e as aplicações se relacionam aos equivalentes de caixa, que discutiremos a seguir.

20.2.1.3.1 Equivalentes de caixa

De acordo com o CPC, equivalentes de caixa são "investimentos de altíssima liquidez, prontamente conversíveis

em uma quantia conhecida de dinheiro e que apresentam risco insignificante de alteração de valor".

Para reconhecer um investimento como um equivalente de caixa, é necessário o atendimento cumulativo de três requisitos: ser de curto prazo, ser de alta liquidez e apresentar insignificante risco de mudança de valor.

Quanto ao entendimento de curto prazo, o CPC 03 não menciona o limite, mas usa, como exemplo, os equivalentes de caixa que tenham vencimento de até três meses de sua aquisição. Considera que apenas os investimentos resgatáveis em até três meses, **em relação à sua aquisição**, enquadram-se na definição de equivalentes de caixa. Assim, por exemplo, um título do governo federal com prazo de vencimento de três meses, ou de dois anos, mas comprado três meses antes de sua maturidade, é equivalente de caixa. Todavia, um título do governo comprado há dois anos não se transforma em equivalente de caixa quando estiverem faltando três meses para seu vencimento. Um investimento não pode ser reclassificado como equivalente de caixa quando estiver a três meses ou menos de seu vencimento pelo fato de essa reclassificação sugerir efetivo fluxo de caixa, o que não ocorre.

Conquanto o significado de "investimentos de curto prazo" pareça bastante claro, persistem problemas de interpretação sobre quais investimentos têm **altíssima liquidez** e, portanto, possam ser considerados equivalentes de caixa. E persistem problemas com relação aos arbitrários três meses dados como prazo, já que muitas vezes a interpretação literal disso foge à lógica principiológica enraizada nas normas do IASB. Por exemplo, faz algum sentido não incluir como equivalentes de caixa aplicações em títulos do Tesouro Nacional de total liquidez no mercado, independentemente de prazo de vencimento?

No Brasil, as aplicações financeiras no mercado primário em títulos de renda fixa, públicos ou privados, por um prazo de até 90 dias contados da data da aquisição do título, podem ser enquadradas na categoria de equivalentes de caixa. São exemplos: caderneta de poupança, CDB/RDB prefixados, títulos públicos de alta liquidez etc.

É importante destacar que os investimentos em equivalentes de caixa não têm caráter especulativo, de obter lucros anormais com tais aplicações, e não podem estar sujeitos a risco significativo de alteração de valor, mas apenas o de assegurar a essas sobras temporárias a remuneração correspondente ao preço do dinheiro no mercado. Logo, investimentos sujeitos à flutuação de valor, por geralmente não serem mantidos para suprir necessidades de caixa de curto prazo, não devem ser considerados equivalentes de caixa.

É necessário observar as práticas da entidade na gestão de caixa e o objetivo da manutenção dos referidos investimentos para a sua correta classificação. O IASB exige a descrição dos próprios investimentos (não dos critérios) em notas explicativas, e o CPC 03 exige que a entidade não somente divulgue os componentes de caixa e equivalentes de caixa, como também a política que adota para sua determinação. Mudanças na política para determinar os componentes de caixa e equivalentes de caixa devem ser apresentadas conforme CPC 23 – Políticas Contábeis, Mudanças de Estimativa e Retificação de Erro (ver detalhes no Capítulo 22).

Registra-se a emissão do Ofício-Circular CVM/SNC/SEP nº 1/2018, que indica em seu item 10 uma rica discussão sobre a aplicação do conceito de equivalente de caixa às LTFs e, ao final, conclui que os preparadores das demonstrações contábeis devem exercer seu julgamento para a correta classificação desses títulos. E, mais ainda, deixa claro que apenas a observação do prazo de vencimento superior a três meses não é necessariamente determinante para tal conclusão, conforme pode ser observado no texto extraído do referido Ofício:

"Não nos parece apropriado interpretar os dispositivos acima [itens 6 e 7 do CPC 03] de um modo exacerbadamente formal, ao entender que todo título cujo prazo de vencimento exceda a 3 meses não se qualifique para fins de enquadramento como um equivalente de caixa."

Essa posição da CVM reforça o nosso descontentamento com relação à classificação de equivalentes de caixa com base apenas no prazo de vencimento, (de três meses) definido de forma arbitrária pelo IASB, e corrobora a conclusão de que a aplicação das IFRS deve sempre primar pela essência econômica das transações.

20.2.1.4 Classificação das movimentações de caixa por atividade

O formato adotado para a DFC é o de classificação das movimentações de caixa por grupos de atividades. A classificação dos pagamentos e recebimentos de caixa relaciona-se, normalmente, com a natureza da transação que lhe dá origem. Assim, por exemplo, a compra de matéria-prima para a produção é uma atividade operacional; a compra de uma máquina utilizada na geração de outros produtos é uma atividade de investimento; e a emissão de ações da própria empresa é uma atividade de financiamento.

A natureza da transação deve levar em consideração sua **intenção subjacente** para fins de classificação. Por exemplo, os desembolsos de caixa efetuados em investimentos adquiridos com a intenção de revenda (títulos, máquinas, terrenos etc.) não devem ser classificados como atividades de investimento, mas como atividades operacionais.

Reproduzimos a seguir os elementos constituintes de cada grupo, segundo o CPC 03.

20.2.1.4.1 Atividades operacionais

O montante dos fluxos de caixa decorrentes das atividades operacionais é um indicador de como a operação da empresa tem gerado suficientes fluxos de caixa para amortizar empréstimos, manter a capacidade operacional da entidade, pagar dividendos e juros sobre o capital próprio e fazer novos investimentos sem recorrer a fontes externas de financiamento. Envolvem todas as atividades relacionadas com a produção e entrega de bens e serviços e os eventos que não sejam definidos como atividades de investimento e financiamento. Normalmente, **relacionam-se com as transações que aparecem na Demonstração de Resultados**.

Exemplos de Entradas:

a) Recebimentos pela venda de produtos e serviços à vista; no caso de venda com prazos curtos normais praticados no mercado, o valor nominal recebido é dado como receita das atividades operacionais quando do recebimento; se for o caso de venda a longo prazo ou mesmo que a curto, em prazo anormal, em que as contas a receber foram ajustadas a valor presente, parte deve ser classificada, no recebimento, como receita de venda e parte como receita financeira. No caso de desconto de duplicatas, sugerimos considerar, no ato do desconto e recebimento do dinheiro pelo banco, como se fossem recebimentos de clientes; se, no vencimento, a empresa precisar ressarcir o banco por valor não pago pelo cliente, essa importância será considerada redução dos recebimentos de clientes desse período (o recebimento de clientes, então, será o valor líquido recebido nesse período, descontando-se os pagamentos ao banco). Essa alternativa confronta com a forma de contabilização, já que, nesta, os valores descontados são considerados operações de empréstimos; mas, se não se proceder como sugerido, e registrar, no fluxo de caixa, o desconto como empréstimo tomado, quando da liquidação da dívida pelo cliente junto ao banco, a empresa nada registrará, porque não há alteração física no seu caixa (da empresa); assim, jamais aparecerão esses valores como recebimentos operacionais das vendas, o que não faz sentido. A rigidez das normas na montagem do fluxo de caixa faz com que não se admita o registro de fluxos virtuais de caixa, já que o mais correto seria, no desconto, considerar os valores recebidos do banco como empréstimos, e na liquidação pelos clientes junto aos bancos, dois fluxos de caixa virtuais: um como recebimento dos clientes, e outro como pagamento do empréstimo junto ao banco (com a subdivisão do que é principal e do que é despesa financeira).

b) Recebimento de juros sobre empréstimos concedidos e sobre aplicações financeiras em outras entidades (embora também possa ser classificado nas atividades de investimento, conforme será discutido na Seção 20.2.1.5.2).

c) Recebimento de dividendos e juros sobre capital próprio pela participação no patrimônio de outras empresas (embora também possa ser classificado nas atividades de investimento, conforme será discutido na Seção 20.2.1.5.2).

d) Qualquer outro recebimento que não se origine de transações definidas como atividades de investimento ou financiamento, como: recebimentos decorrentes de sentenças judiciais; reembolso de fornecedores; indenizações por sinistros, exceto aquelas diretamente relacionadas a atividades de investimento, como o sinistro em uma edificação, por exemplo.

e) Recebimentos de aluguéis, *royalties*, direito de franquia e vendas de ativos produzidos ou adquiridos para esse fim (como no caso da venda de carros destinados a aluguel).

Exemplos de Saídas:

a) Pagamentos a fornecedores referentes ao suprimento de mercadorias ou de matérias-primas e outros materiais para a produção de bens para venda. Se a compra for a longo prazo ou, mesmo que a curto, mas o prazo for anormal para o tipo de atividade, o pagamento do **principal** dos títulos a que se refere a compra deve ser classificado como saída de caixa das atividades operacionais e os excedentes devem ser considerados pagamentos de despesas financeiras, e não de compras.

b) Pagamentos aos fornecedores de outros insumos de produção, incluídos os serviços prestados por terceiros.

c) Pagamentos aos governos federal, estadual e municipal, referentes a impostos, multas, alfândega e outros tributos e taxas, exceto quando especificamente identificados com as atividades de financiamento ou de investimento.

d) Pagamentos dos juros (despesas financeiras) dos financiamentos (comerciais e bancários) obtidos (embora também possa ser classificado nas atividades de financiamento, conforme será discutido na Seção 20.2.1.5.1).

e) Pagamentos para a produção ou aquisição de ativos destinados a aluguel e subsequente venda (como no caso das compras de veículos destinados a aluguel e, na sequência, venda).

20.2.1.4.2 Atividades de investimento

Relacionam-se primeiramente com o aumento e a diminuição dos Ativos de longo prazo (Não Circulantes) que a empresa utiliza para produzir bens e serviços. Incluem a concessão e o recebimento de empréstimos, a aquisição e a venda de instrumentos financeiros e patrimoniais de outras entidades e a aquisição e alienação de imobilizados e de participações societárias classificadas como investimentos. Mas incluem também todas as aplicações financeiras, inclusive as de curto prazo (exceto as que geram ativos classificáveis como equivalentes de caixa), destinadas a dar remuneração a recursos temporariamente ociosos ou a especulação.

Exemplos de Entradas:

a) Recebimentos resultantes da venda de imobilizado, intangível e de outros Ativos Não Circulantes utilizados na produção.

b) Recebimento pela venda de participações em outras empresas ou instrumentos de dívidas de outras entidades e participações societárias em *joint ventures*, exceto os recebimentos referentes a títulos classificados como equivalentes de caixa ou mantidos para negociação imediata ou futura.

c) Resgates do principal de aplicações financeiras não classificadas como equivalentes de caixa.

d) Recebimentos referentes a contratos futuros, a termo, de opções e *swap*, exceto quando tais contratos forem mantidos para negociação imediata ou venda futura ou quando classificados como atividades de financiamento.

e) Recebimentos de caixa por liquidação de adiantamentos ou amortização de empréstimos concedidos a terceiros (exceto adiantamentos e empréstimos de uma instituição financeira).

Exemplos de Saídas:

a) Pagamentos de caixa para aquisição de terrenos, edificações, equipamentos ou outros ativos fixos utilizados na produção (referentes à aquisição de Ativo Imobilizado), intangível e propriedade para investimento.

b) Pagamentos pela aquisição de títulos patrimoniais de outras empresas ou instrumentos de dívida de outras entidades e participações societárias em *joint ventures*, exceto os desembolsos referentes a títulos classificados como equivalentes de caixa ou mantidos para negociação imediata ou futura.

c) Desembolsos dos empréstimos concedidos pela empresa e pagamento pela aquisição de títulos de investimento de outras entidades.

d) Pagamentos de contratos futuros, a termo, de opções e *swap*, exceto quando tais contratos forem mantidos para negociação imediata ou venda futura, exceto quando classificados como atividades de financiamento (quando um contrato é contabilizado como *hedge* de uma posição

Cap. 20 · Demonstração dos Fluxos de Caixa e Demonstração do Valor Adicionado | 421

identificável, os fluxos de caixa do contrato devem ser classificados da mesma forma como foram classificados os fluxos de caixa da posição que está sendo protegida).

e) Adiantamentos de caixa e empréstimos feitos a terceiros (exceto adiantamentos e empréstimos feitos por instituição financeira).

20.2.1.4.3 Atividades de financiamento

Os fluxos de caixa provenientes das atividades de financiamento são úteis para prever as exigências sobre futuros fluxos de caixa pelos fornecedores de capital à entidade, bem como da capacidade que a empresa tem, utilizando recursos externos, para financiar as atividades operacionais e de financiamento. **Relacionam-se com os empréstimos de credores e investidores da entidade.** Incluem a obtenção de recursos dos proprietários e o pagamento a estes de retornos sobre seus investimentos, ou do próprio reembolso do investimento; incluem também a obtenção de empréstimos junto a credores e a amortização ou liquidação destes, bem como a obtenção e o pagamento de recursos de/a credores via créditos de longo prazo.

Exemplos de Entradas:

a) Venda de ações emitidas.

b) Empréstimos obtidos no mercado, via emissão de letras hipotecárias, notas promissórias, debêntures ou outros instrumentos de dívida, de curto ou longo prazos.

c) Recebimento de contribuições, de caráter permanente ou temporário, que, por expressa determinação dos doadores, têm a finalidade estrita de adquirir, construir ou expandir a planta instalada, aí incluídos equipamentos ou outros ativos de longa duração necessários à produção.

Exemplos de Saídas:

a) Pagamento de dividendos e juros sobre o capital próprio ou outras distribuições aos donos, incluindo o resgate de ações da própria empresa (embora também possa ser classificado nas atividades operacionais, conforme será discutido na Seção 36.1.6.1).

b) Pagamento dos empréstimos obtidos (exceto juros).

c) Pagamentos do principal referente a imobilizado adquirido a prazo.

20.2.1.4.4 Transações de investimento e financiamento sem efeito no caixa

As transações de investimento e financiamento que afetam ativos e passivos, mas não impactam o caixa, devem ser evidenciadas em notas explicativas. Isso pode ser feito tanto de forma narrativa como resumida em tabela específica. São exemplos:

a) Dívidas convertidas em aumento de capital.

b) Aquisição de imobilizado via assunção de passivo específico (letra hipotecária, contrato de alienação fiduciária etc.).

c) Aquisição de direito de uso via contrato de arrendamento.

d) Bem obtido por doação (que não seja dinheiro).

e) Troca de ativos e passivos não caixa por outros ativos e passivos não caixa.

20.2.1.5 Pontos polêmicos presentes na classificação do IASB

20.2.1.5.1 Juros e dividendos pagos

Os fluxos de caixa referentes a juros, dividendos e juros sobre o capital próprio recebidos e pagos devem ser apresentados separadamente e classificados de maneira consistente, de período a período, quer como atividade operacional, quer como de investimento ou de financiamento, segundo o IASB.

Os juros pagos durante o período devem ser divulgados na demonstração do fluxo de caixa quer tenham sido considerados despesa na demonstração do resultado, quer tenham sido capitalizados ou não conforme orientações do CPC 20 – Custos de Empréstimos.

Os juros, os dividendos e os juros sobre o capital próprio pagos podem compor o grupo das atividades operacionais, ou o grupo dos financiamentos. Os juros pagos, assim como os dividendos e juros sobre o capital próprio pagos, representam um custo pela obtenção do financiamento, e se os fluxos de obtenção de financiamento via capital de terceiros (dívidas) ou de capitais próprios (integralização de ações ou quotas, por exemplo) são classificados nas atividades de financiamento, também assim poderiam ser classificados esses fluxos de caixa de pagamentos de juros e de dividendos. Por outro lado, os juros pagos acabam por transitar na demonstração de resultado, tornando-os vinculados às atividades operacionais. Todavia, o IASB, por não ver consenso nas práticas mundiais, acabou facultando que os juros e os dividendos pagos sejam classificados como atividades operacionais **ou** de financiamento.

É de se notar que, apesar dessas permissões, o CPC 03, no seu item 34A, recomenda, para nós, no Brasil, e **fortemente** que os juros pagos sejam classificados como fluxo de caixa das atividades operacionais, e os dividendos e juros sobre o capital próprio pagos sejam classificados como fluxo de caixa das atividades de financiamento.

20.2.1.5.2 Juros e dividendos recebidos

Do mesmo modo que os juros pagos, os juros e os dividendos recebidos são classificáveis, segundo o IASB, no grupo das operações ou no dos investimentos. Ocorre que os juros, dividendos e juros sobre o capital próprio recebidos correspondem à remuneração do capital investido, e, por isso, alguns autores entendem que deveriam integrar o grupo das atividades de investimento, classificação esta facultada pelo IASB. Contudo, o CPC 03 encoraja "fortemente" que as entidades classifiquem tanto os juros quanto os dividendos e os juros sobre o capital próprio recebidos como atividades operacionais, acrescentando que qualquer alternativa diferente da recomendada deve ser evidenciada em notas explicativas.

20.2.1.5.3 Duplicatas descontadas

O FASB não faz referência às transações de desconto de duplicatas para fins da demonstração de fluxos de caixa. Mas o IASB e o CPC 03 – Demonstração dos Fluxos de Caixa tocam, mesmo que indiretamente, nas transações relativas ao desconto de duplicatas ao indicar que as antecipações de caixa feitas junto a instituições financeiras sejam classificadas nas atividades operacionais, quando estas derivarem de transações que envolvam o negócio principal da empresa. Contudo, há interpretações diferentes sobre a classificação das movimentações relativas ao desconto de duplicatas. Seu fato gerador, vendas a prazo, faz parte das operações, mas o desconto do título respectivo (duplicata) em um banco é uma forma de obter financiamento, e, por isso, essa entrada de caixa poderia ser tratada nas atividades de financiamento. São duas atividades de naturezas diferentes, uma delas (vendas a prazo) gerando a outra (desconto), com a entrada de caixa vinculada a essa última. Mas, se a entrada do dinheiro originado do desconto for classificada nas atividades de financiamento, é necessário transitar pelas operações com o valor pago pelo cliente ao banco. Isso implica um lançamento **virtual** de caixa, sem efeito no fluxo real (entrada nas atividades operacionais e simultânea saída nas atividades de financiamento), o que o CPC 03, por princípio, não admite.

20.2.1.5.4 Pagamento de investimento adquirido a prazo

Como já visto, o IASB não admite a figura do **caixa virtual**. Assim, as transações de investimento e financiamento sem efeito no caixa devem constar apenas nas Notas Explicativas. Como consequência, os investimentos adquiridos a prazo nunca figurarão nas atividades de investimento, já que as saídas de caixa decorrentes de seus pagamentos serão lançadas nas atividades de financiamento. Se o tratamento desses casos permitisse o reconhecimento do caixa virtual, a empresa lançaria a "entrada" (virtual) do dinheiro como atividade de financiamento e simultaneamente registraria a "saída" (também virtual) pela aquisição do investimento. Quando do pagamento efetivo do investimento, haveria a saída efetiva de caixa, baixando o financiamento obtido. Mas isso é vedado pelo IASB. Há várias outras situações em

que a não adoção da figura do caixa virtual pode esconder importantes aspectos relacionados com a natureza de outras atividades envolvidas na transação.

20.2.1.6 Fluxos de caixa em moeda estrangeira

Os fluxos de caixa de transações em moeda estrangeira devem ser registrados na moeda em que estão expressas as demonstrações contábeis da entidade, convertendo-se o montante em moeda estrangeira à taxa cambial na data do fluxo de caixa.

Ganhos e perdas não realizados resultantes de mudança nas taxas de câmbio de moeda estrangeira não são fluxos de caixa. No entanto, os efeitos resultantes das mudanças da taxa de câmbio sobre os saldos de caixa e equivalentes de caixa devem ser demonstrados separadamente dos fluxos de caixa das atividades operacionais, de investimento e de financiamento, como parte da conciliação das movimentações do saldo. Por exemplo, uma subsidiária no exterior tem, como fluxo de caixa, uma única movimentação, um recebimento operacional de US$ 1.000.000 que, somada ao saldo inicial de US$ 200.000, têm o saldo final de US$ 1.200.000. Suponha-se que o dólar inicial estivesse cotado a R$ 5,00, no recebimento fosse de R$ 4,90, e no fechamento fosse de R$ 5,20. Admita-se que o saldo inicial de caixa da controladora fosse de R$ 1.000.000 e ele não sofresse qualquer movimentação durante o período.

Certamente, sabemos que o saldo inicial consolidado do caixa era, à época, no seu balanço em reais, de R$ 2.000.000 (R$ 1.000.000 + US$ 200.000 a 5,00); vemos que a movimentação lá fora, na taxa de R$ 4,90, dá uma entrada de R$ 4.900.000. No entanto, o saldo em reais consolidado inicial mais essa movimentação resultam em R$ 6.900.000 (R$ 2.000.000 + R$ 4.900.000); todavia, o saldo efetivo final é dado por R$ 7.240.000 (US$ 1.200.000 × R$ 5,20 + R$ 1.000.000). Assim, no fluxo de caixa consolidado em reais deverá aparecer o ajuste de R$ 340.000 derivado das mudanças cambiais (US$ 200.000 × (R$ 5,20 – R$ 5,00) + US$ 1.000.000 × (R$ 5,20 – 4,90)).

Esse ajuste é incluído ao final da demonstração dos fluxos de caixa, somado aos fluxos de caixa das três atividades, para que o total desses fluxos somado ao ajuste da variação cambial do saldo de caixa e equivalentes de caixa resulte na variação do saldo. Assim, no exemplo acima, teríamos um fluxo de caixa operacional de R$ 4.900.000 somado ao ajuste da variação cambial de R$ 340.000, totalizando R$ 5.240.000, que por sua vez explica a variação do saldo de caixa e equivalentes de caixa (que saiu de R$ 2.000.000 para R$ 7.240.000).

20.2.1.7 Imposto de Renda e Contribuição Social sobre o Lucro Líquido

Os fluxos de caixa referentes ao imposto de renda e contribuição social sobre o lucro líquido devem ser apresentados separadamente no fluxo de caixa das atividades operacionais, a menos que possam ser especificamente identificados com determinada transação, da qual resultem fluxos de caixa que sejam classificados como atividades de investimento ou de financiamento.

Pelo uso do método indireto para a apresentação do fluxo de caixa das atividades operacionais, os valores do Imposto de Renda e da Contribuição Social sobre o Lucro Líquido pagos durante o período devem ser informados detalhadamente em notas explicativas. O pagamento dos valores retidos na fonte de terceiros e apenas recolhidos pela empresa deve ser classificado conforme sua origem.

20.2.1.8 Aquisição e vendas de controladas e outras unidades de negócios

Os fluxos de caixa decorrentes da obtenção e da perda do controle de controladas ou outros negócios devem ser apresentados separadamente e classificados como atividades de investimento, junto à apresentação separada dos valores dos ativos e passivos adquiridos ou alienados também identificados.

No entanto, quando a mudança no percentual de participação em uma controlada não acarretar a perda do controle, a classificação deve ser como atividade de financiamento, do mesmo modo que outras transações entre sócios ou acionistas. Isso porque a compra ou venda de participação em uma controlada sem a perda do controle significa que os acionistas não controladores estão diminuindo ou aumentando a sua parcela de financiamento na sociedade. A única exceção a esse tratamento se refere a um investimento em controlada detido por entidade de investimento e que seja mensurado a valor justo, pois, nesse caso, essa controlada não será consolidada; assim, a lógica do financiamento dos acionistas não controladores perde o sentido. Para mais detalhes sobre entidades de investimento, consultar o Capítulo 21 deste *Manual*.

20.2.1.9 Informações complementares requeridas

De acordo com a norma internacional emitida pelo IASB, para que os usuários entendam a posição financeira e a liquidez da empresa devem ser atendidos os seguintes critérios de classificação e divulgação de informações adicionais, em notas explicativas à demonstração dos fluxos de caixa:

a) Os juros, dividendos e juros sobre o capital próprio, pagos e recebidos, e os tributos sobre o lucro pagos devem ser individualizadas na demonstração dos fluxos de caixa, independentemente de se utilizar o método direto ou indireto. No caso dos tributos, destacam-se os montantes relativos à tributação da entidade daqueles retidos na fonte de terceiros e apenas recolhidos pela entidade.

b) Exige a divulgação dos componentes que a empresa está considerando caixa e equivalentes de caixa e deve apresentar uma conciliação entre os valores em sua demonstração dos fluxos de caixa com os itens do Balanço Patrimonial. Deve ser divulgado o efeito de qualquer mudança na política para determinar os componentes de caixa e equivalentes de caixa.

c) Saldos de caixa e equivalentes de caixa indisponíveis, juntamente com os comentários da administração.

Adicionalmente, o IASB também encoraja a divulgação do valor de empréstimos obtidos, mas não utilizados, o valor dos fluxos de caixas derivados de aumentos na capacidade operacional separadamente daqueles necessários para manter a capacidade operacional e o valor dos fluxos por segmento de negócios passível de reporte.

É importante destacar que o CPC 03 proíbe a divulgação de qualquer índice relacionado com o fluxo de caixa por ação, bem como requer a divulgação dos critérios utilizados para classificar os *hedges* de transações identificáveis na mesma categoria dos itens que o originaram. No caso dos juros (líquido das quantias capitalizadas) e tributos pagos, devem ser evidenciados em destaque apenas se for utilizado o método indireto; dividendos pagos podem ser agrupados com outras distribuições aos proprietários; e juros e dividendos recebidos podem também constituir um único subitem.

No caso das instituições financeiras, algumas atividades normalmente classificadas como investimento e financiamento se confundem com as operações da empresa. Assim, o IASB apresenta um modelo de DFC para uma instituição financeira em que os fluxos de caixa relacionados com a intermediação financeira são classificados como operacionais. Destaca-se também que os recebimentos e pagamentos de juros não possuem flexibilidade de classificação pois, para as instituições financeiras, tais fluxos são puramente operacionais, dada a natureza da atividade.

20.2.2 Métodos de elaboração

A movimentação das disponibilidades do caixa (caixa e equivalentes de caixa) da empresa, em dado período, deve ser estruturada na DFC, conforme já comentado, em três grupos, cujos títulos buscam expressar as entradas e saídas de dinheiro relacionadas com as atividades: (a) operacionais; (b) de investimento; e (c) de financiamento. A soma algébrica dos resultados líquidos de cada um desses grupamentos (eventualmente acrescida da variação cambial do saldo de caixa e equivalentes de caixa, conforme visto na Seção 20.2.1.6) totaliza a variação no caixa do período, que deve ser conciliada com a diferença entre os saldos respectivos das disponibilidades, constantes no Balanço, entre o início e o fim do período considerado.

Para divulgar o fluxo de caixa oriundo das atividades operacionais, pode ser utilizado o método direto ou o indireto. IASB e CPC recomendam que as empresas utilizem o método direto, mas é facultada a elaboração do fluxo das operações pelo método indireto, ou **método da conciliação**.

O CPC 03 exige para a empresa que utilize o método direto e a conciliação entre o lucro líquido e o fluxo de caixa líquido das atividades operacionais. A conciliação deve apresentar, separadamente, por categoria, os principais itens a serem conciliados, à semelhança do que deve fazer a entidade que use o método indireto em relação aos ajustes ao lucro líquido ou prejuízo para apurar o fluxo de caixa líquido das atividades operacionais. Provavelmente porque, por mais que possa não parecer ser o melhor à primeira vista, o método indireto é muito mais rico na explicação das mutações no caixa, o que será comentado à frente.

20.2.2.1 Método direto

O método direto explicita as entradas e saídas brutas de dinheiro dos principais componentes das atividades operacionais, como os recebimentos pelas vendas de produtos e serviços e os pagamentos a fornecedores e empregados. O saldo final das operações expressa o volume líquido de caixa provido ou consumido pelas operações durante um período.

As empresas, ao utilizarem o método direto, devem detalhar os fluxos das operações, no mínimo, nas classes seguintes:

a) Recebimentos de clientes, incluindo os recebimentos de arrendatários, concessionários e similares.

b) Recebimentos de juros e dividendos.

c) Outros recebimentos das operações, se houver.

d) Pagamentos a empregados e a fornecedores de produtos e serviços, aí incluídos segurança, propaganda, publicidade e similares.

e) Juros pagos.

f) Impostos pagos.

g) Outros pagamentos das operações, se houver.

O CPC incentiva, mas não obriga, as empresas a adicionarem outras informações que considerem úteis ao evidenciar o fluxo de caixa das operações.

20.2.2.2 Método indireto

O método indireto faz a conciliação entre o lucro líquido e o caixa gerado pelas operações. Para tanto, é necessário:

a) Ajustar esse lucro líquido por lançamentos contábeis no resultado que não tenham a ver com desembolso ou entrada de caixa, como depreciações, amortizações, receita/despesa de equivalência patrimonial (nestas últimas o que interessa para o fluxo de caixa é o eventual recebimento de dividendos) e outros.

b) Ajustar por decorrência de valores recebidos no passado, mas frutos de receitas contabilizadas em período anterior, bem como por decorrência de receitas contabilizadas no período a serem recebidas no futuro. O mesmo com as despesas pagas antes do período ou a serem pagas após ele; esses ajustes se fazem de forma simplificada pela simples diferença entre os saldos dos valores a receber inicial e final, e dos valores a pagar, para o caso das contas cuja contrapartida são no resultado.

c) Ajustar por decorrência de determinadas contas no resultado cujo efeito no caixa é bastante díspar, como no caso de lucros na venda de imobilizado; no fluxo de caixa interessa apenas o valor da venda; há ainda outros ajustes menos comuns.

20.2.2.3 Conciliação lucro líquido *versus* caixa das operações

Caso seja utilizado o método direto para apurar o fluxo líquido de caixa gerado pelas operações, exige-se a evidenciação em Notas Explicativas da conciliação deste com o lucro líquido do período. Essa conciliação deve refletir, de maneira segregada, as principais classes dos itens a conciliar. É obrigatório evidenciar separadamente as variações nos saldos das contas Clientes, Fornecedores e Estoques.

Se for utilizado o método indireto, é exigida a evidenciação em Notas Explicativas dos montantes de juros pagos (exceto as parcelas capitalizadas), juros, dividendos e juros sobre capital próprio recebidos e valores do imposto de renda e da contribuição social sobre o lucro líquido pagos durante o período.

20.2.3 Técnica de elaboração

20.2.3.1 Método direto de apuração do caixa das atividades operacionais

A ideia desse método é apurar e informar as entradas e saídas de caixa das atividades operacionais por seus volumes brutos. É bastante simples de ser entendido pelo usuário, pois as movimentações de dinheiro seguem uma ordem direta, como se faz com a administração do caixa pessoal.

O modelo utiliza a sequência básica a seguir para calcular o fluxo de caixa das operações. Parte dos componentes da Demonstração de Resultados e os ajusta pelas variações nas contas circulantes do balanço vinculadas às operações. Por isso, é útil criar uma coluna para expressar as variações positivas ou negativas de cada conta dos balanços comparados.

Assim:

DFC – Sequência para apuração das movimentações de caixa – Método direto:

Receita ou despesa (DRE) ± Ajustes pelas variações nas contas do Balanço = Valores para registrar na DFC

Genericamente, um aumento no saldo das contas do Ativo Circulante vinculadas às operações diminui o Caixa, e uma diminuição no saldo dessas contas aumenta o Caixa. Do mesmo modo, um acréscimo no saldo das contas do Passivo Circulante vinculadas às operações aumenta o Caixa, e uma diminuição produz uma saída (redução) no Caixa. Esse esquema é genérico, e deve ser utilizado com cuidado, pois podem existir transações no circulante que não pertençam às atividades operacionais (empréstimo de curto prazo, por exemplo) e também eventos fora do circulante que fazem parte das operações (juros e impostos a pagar no longo prazo, créditos de longo prazo etc.).

20.2.3.2 Método indireto

Esse método faz a ligação entre o lucro líquido constante na Demonstração de Resultados (DRE) e o caixa gerado pelas operações. A principal utilidade desse método é mostrar as origens ou aplicações de caixa decorrentes das alterações temporárias de prazos nas contas relacionadas com o ciclo operacional do negócio (normalmente, Clientes, Estoques e Fornecedores). Outra vantagem é permitir que o usuário avalie quanto do lucro está se transformando em caixa em cada período. Essa análise, todavia, deve ser feita com cuidado, pois é comum existirem recebimentos e pagamentos no período corrente de direitos e obrigações que se originaram fora do exercício a que se refere o lucro que está sendo apurado.

O método de obtenção indireta do caixa gerado pelas atividades operacionais é um método de conciliação, preparado a partir das demonstrações contábeis já elaboradas pela empresa. Por isso, a grande maioria das empresas de países com DFC obrigatória prefere utilizar o método indireto, em razão inclusive da facilidade de ser automatizado e informatizado. Ressalve-se, contudo,

que os órgãos normatizadores das práticas contábeis em todo o mundo recomendam, mesmo não sendo o mais rico para efeito de análise, a adoção do método direto, principalmente pela maior facilidade de compreensão deste por parte do usuário.

A lógica do método indireto é bastante simples. Em princípio, assumimos que todo o lucro afetou diretamente o caixa. Sabemos que isso não corresponde à realidade, e daí procedemos aos ajustes. Partimos do lucro líquido extraído da DRE e fazemos as adições e subtrações dos itens que, no exercício, afetam o lucro, mas não afetam o caixa, e dos que afetam o caixa, mas não afetam o lucro. Como o que estamos apurando é o fluxo de caixa das atividades operacionais, se, eventualmente, constarem da DRE eventos referentes a outras atividades, estes também deverão ser ajustados ao lucro líquido, pois serão reportados em seus grupos respectivos. É o caso, por exemplo, de um ganho (ou perda) na venda de um imobilizado, que normalmente é uma atividade de investimento.

A grande vantagem do método indireto é sua capacidade de deixar claro que certas variações no caixa geradas pelas operações se dão por alterações nos prazos de recebimentos e de pagamentos, ou por incrementos, por exemplo, dos estoques. Assim, num exercício pode haver aumento no caixa das operações porque reduziu-se o prazo de recebimento dos clientes ou porque aumentou-se o prazo de pagamento dos fornecedores. Esse fato pode ocorrer apenas em um período e não tender a se repetir no futuro. Por isso, é relevante sua evidenciação, o que não ocorre de maneira transparente no método direto.

20.2.3.2.1 Regra básica

1. Registrar o lucro líquido (transcrever da DRE).
2. Excluir (somar, se for uma despesa, ou subtrair, se for uma receita) os lançamentos que afetam o lucro, mas que não têm efeito no caixa, ou cujo efeito no caixa se reconhece em outro lugar da demonstração ou num prazo muito longo (depreciação, amortização, resultado de equivalência patrimonial, despesa financeira de longo prazo etc.).
3. Excluir (somar se for uma despesa ou subtrair se for uma receita) os lançamentos que, apesar de afetarem o caixa, não pertencem às atividades operacionais (por exemplo, ganho e perda na venda, à vista, de imobilizado ou de outro ativo não pertencente ao grupo circulante).
4. Somar as reduções nos saldos das contas do Ativo Circulante e Realizável a Longo Prazo vinculadas às operações.
5. Subtrair os acréscimos nos saldos das contas do Ativo Circulante e Realizável a Longo Prazo vinculados às operações.

426 | MANUAL DE CONTABILIDADE SOCIETÁRIA • *Santos, Iudícibus, Martins e Gelbcke*

6. Somar os acréscimos nos saldos das contas do Passivo Circulante e Exigível a Longo Prazo vinculados às operações.

7. Subtrair as reduções nos saldos das contas do Passivo Circulante e Exigível a Longo Prazo vinculadas às operações.

A lógica dos itens 4 a 7 é a seguinte:

a) Redução nas contas do Ativo Circulante e Realizável a Longo Prazo – o caixa aumenta pelo valor dessa variação negativa em relação ao registro constante na DRE. Por exemplo, uma redução em Contas a Receber mostra, como regra, que foi recebida dos clientes **toda** a receita de vendas lançada na DRE **mais** parte das duplicatas já registradas naquela conta (se não tiverem sido baixadas contra as perdas estimadas em créditos de liquidação duvidosa).

b) Aumento nas contas do Ativo Circulante e Realizável a Longo Prazo – o caixa diminui pelo valor dessa variação positiva em relação ao registro constante na DRE. Por exemplo, um aumento em Contas a Receber mostra que só foi recebida **parte** das receitas de vendas. A outra parte foi vendida a prazo e ativada naquela conta.

c) Aumento nas contas do Passivo Circulante e Exigível a Longo Prazo – significa que os pagamentos em dinheiro foram menores que as respectivas despesas lançadas na DRE. Esta deve ser reduzida para igualar-se ao desembolso correspondente. Isso é feito indiretamente, adicionando-se a diferença ao lucro. Por exemplo, se Fornecedores aumenta é porque não houve desembolso de dinheiro para pagar esse passivo. Logo, foram compradas mais mercadorias a prazo do que as que foram pagas, e esse excesso de despesa em relação ao caixa está no CMV. A diferença é compensada indiretamente por meio de seu acréscimo ao lucro.

d) Redução nas contas do Passivo Circulante – raciocínio inverso ao do item *c*. No caso, o desembolso é maior que a despesa lançada na DRE, devendo o lucro ser diminuído da diferença correspondente.

Permite-se também que a conciliação seja iniciada pelo lucro antes do imposto de renda e contribuição social. Essa forma de apresentação parte da lógica de que se o imposto de renda e a contribuição social serão ajustados ao lucro líquido, então parte-se do lucro antes desses tributos.

20.2.3.3 Exemplo completo

Vamos agora elaborar uma Demonstração dos Fluxos de Caixa, comentando todos os passos, visando à fixação dos conceitos teóricos discutidos antes. Considerem-se as demonstrações contábeis a seguir:

Balanços (em $)

	31-12-X0	31-12-X1	Variação
Caixa	100	100	0
Bancos	500	5.000	4.500
Aplicações Financeiras	5.000	12.200	7.200
Duplicatas a Receber	10.000	20.000	10.000
Perdas Estimadas em Créditos de Liquidação Duvidosa	(1.000)	(1.500)	(500)
Estoques	12.000	15.000	3.000
Despesas Pagas Antecipadamente	3.000	5.000	2.000
Imobilizado	30.000	35.000	5.000
Depreciação Acumulada	(6.000)	(4.500)	1.500
TOTAL DO ATIVO	**53.600**	**86.300**	**32.700**
Fornecedores	10.000	23.000	13.000
Imposto de Renda e CS a pagar	2.000	1.300	(700)
Salários a Pagar	15.000	8.000	(7.000)
Duplicatas Descontadas	–	5.000	5.000
Empréstimo Curto Prazo	20.000	30.000	10.000
Capital	5.000	15.000	10.000
Reservas de Lucros	1.600	4.000	2.400
TOTAL DO PASSIVO + PL	**53.600**	**86.300**	**32.700**

Demonstração do Resultado X1 (em $)

Vendas	40.000
Custo das Mercadorias Vendidas	(20.000)
Lucro Bruto	20.000
Despesa de Salários	(14.000)
Depreciação	(1.500)
Despesas Financeiras	(1.000)
Desp. Perdas Estimadas em Créditos Liq. Duvidosa	(1.000)
Despesas Diversas	(600)
Receitas Financeiras	300
Lucro na Venda de Imobilizado	3.000
Lucro Antes do IR/CS	5.200
Imposto de Renda e Contribuição Social	(1.300)
Lucro Líquido	3.900

Demonstração das Mutações do Patrimônio Líquido X1

	Capital	Reservas de Lucros Acumulados	Total
Saldo em 31-12-X0		1.600	6.600
Aumento de Capital	5.000		10.000
Lucro Líquido	10.000	3.900	3.900
Dividendos pagos	15.000	(1.500)	(1.500)
Saldo em 31-12-X1		4.000	19.000

Cap. 20 · Demonstração dos Fluxos de Caixa e Demonstração do Valor Adicionado | 427

Outras Informações Adicionais:

a) Custo do imobilizado vendido = $ 15.000, já depreciado em $ 3.000.

b) As despesas financeiras foram pagas.

c) As despesas diversas se referem à apropriação de despesas pagas antecipadamente.

d) Aplicações financeiras em CDBs de 30 e 60 dias e em caderneta de poupança.

Solução:

Nesse exemplo, será comentado cada um dos lançamentos com destaque entre parênteses nas contas "T". Os registros que não possuem letras entre parênteses referem-se aos saldos inicial e final da conta, transcritos do balanço.

I – Movimentações de Caixa das Atividades Operacionais

Receita de Juros – na DRE consta uma receita financeira de $ 300 sem que haja uma conta de Juros a Receber no Ativo. Consequentemente, todo o valor da receita financeira foi recebido. Observamos, contudo, que o valor de $ 300 está incorporado no saldo final da conta Aplicações Financeiras, no balanço. Os elementos dessa conta (veja informação adicional 3-c) são equivalentes de caixa. Relembrando, as movimentações entre as contas que compõem o grupo das Disponibilidades não alteram o saldo dessas disponibilidades e não são destacados na DFC.

(a-1) – Transcrição da receita de vendas da DRE; (a-2) – baixa de duplicatas incobráveis; (a-3) – valor recebido. Como o saldo final de Duplicatas a Receber aumentou em $ 10.000 em relação ao saldo inicial e foram baixados no período $ 500 de duplicatas incobráveis (baixa de PECLD), significa que, no período, foram recebidos apenas $ 29.500 (lançamento a-3).

(b-1) – Dado o CMV de $ 20.000 transcrito da DRE, obtemos o valor da compra por meio da seguinte equação: C = CMV – Ei + Ef; (b-1), que, confrontado com o saldo inicial e final de Fornecedores, leva à apuração dos $ 10.000 pagos no período pelas mercadorias adquiridas (b-2).

(c-1) – Valor transcrito da DRE referente à fração dos gastos antecipados que foram caixa no passado e que são despesas do período ($ 600).

(c-2) – Valor das despesas antecipadas pagas no período. Como o saldo final de Despesas Pagas Antecipadamente é de $ 5.000, então houve um desembolso pela

Dupl. a Receber			Estoques			Fornecedores	
10.000	500 (a-2)		12.000	20.000 (CMV)		(b-2) 10.000	10.000
(a-1) 40.000	29.500 (a-3)		Compras – (b-1) 23.000				23.000 (b-1)
20.000			15.000				23.000

Desp. Pagas Antecipadamente			Imobilizado			Depr. Acumulada	
3.000	600 (c-1)		30.000	15.000 (d-1)		(d-2) 3.000	6.000
(c-2) 2.600			(d-3) 20.000				1.500 (d-4)
5.000			35.000				4.500

PECLD			Dupl. Descontadas			IR e Contribuição Social a Pagar	
(a-2) 500	1.000			0		(g-2) 2.000	2.000
	1.000 (e-1)			5.000 (f-1)			1.300 (g-1)
	1.500			5.000			1.300

Salários a Pagar			Empréstimos			Capital	
(h-2) 21.000	15.000		(i-2) 1.000	20.000			5.000
	14.000 (h-1)			1.000 (i-1)			10.000 (j-1)
				10.000 (i-3)			
	8.000			30.000			15.000

Reserva de Lucros			Dividendos a Pagar	
(l-2) 1.500	1.600			0	1.500 (l-2)
	3.900 (l-1)		(Pagamento) 1.500	
	4.000			0

Figura 20.1 Lançamentos em contas T.

aquisição de um novo ativo dessa natureza, no valor de $ 2.600 (lançamento c-2).

(e-1) – Despesa com Perdas Estimadas para Créditos de Liquidação Duvidosa no período. Não tem efeito no Caixa. Observe, contudo, que a baixa de $ 500 de duplicatas incobráveis contra Duplicatas a Receber (lançamento a-2) afetou o valor líquido recebido de clientes no período.

(f-1) – Desconto de Duplicatas. A entrada de caixa do desconto de duplicatas ($ 5.000) será tratada aqui nas atividades operacionais, como sugere o IASB.

(g-1) – Valor do Imposto de Renda e Contribuição Social ($ 1.300), transcrito da DRE; (g-2) como o valor do Imposto de Renda e Contribuição Social constante na DRE é igual ao saldo final dessa conta no passivo, isso indica que foi pago no período todo o saldo anterior, de $ 2.000 (lançamento g-2).

(h-1) – Despesa com salários lançada no período (DRE); (h-2) como o saldo final da conta Salários a Pagar foi reduzido em $ 7.000, significa que, no período, foram pagos $ 21.000 (lançamento h-2).

(i-1) e (i-2) – No exemplo, considera-se que a despesa financeira compõe a conta de Empréstimos (não existe uma conta de Juros a Pagar no passivo). Como essa despesa financeira foi paga (dado adicional do exemplo), então o novo empréstimo é de $ 10.000, o qual faz parte das atividades de financiamento.

II – Movimentações de Caixa das Atividades de Investimento

(d-1) e (d-2) – Trata-se da baixa do imobilizado de custo histórico igual a $ 15.000 (informação adicional a).

(d-2) – Baixa do depreciado do imobilizado vendido (informação adicional a) no valor de $ 3.000. Assim, o valor contábil do imobilizado vendido era de $ 12.000 ($ 15.000 – $ 3.000). Como existe um ganho de $ 3.000 pela venda desse imobilizado na DRE, então a venda foi feita por $ 15.000, sendo este o valor que deverá ser registrado na DFC.

(d-3) – O cruzamento do saldo inicial da conta Imobilizado com seu saldo final, considerando a baixa anterior, mostra a aquisição de um novo imobilizado, no valor de $ 20.000.

(d-4) – A despesa de depreciação, de $ 1.500, não representa, nesse momento, uma saída de caixa, e portanto, não comporá a DFC.

III – Movimentações de Caixa das Atividades de Financiamento

(i-1) – No exemplo, considera-se que a despesa financeira compõe a conta de Empréstimos.

(i-2) – Pagamento das despesas financeiras (informação adicional b).

(i-3) – Dado o aumento de $ 10.000 em relação ao saldo inicial e o pagamento das despesas financeiras, conclui-se que essa variação é decorrente de novos empréstimos.

(j-1) – Aumento de capital em dinheiro ($ 10.000). Se esse aumento tivesse ocorrido por meio de outro ativo, haveria essa informação. Esse aumento também não foi realizado pela capitalização de Reservas, fato que seria evidenciado na DMPL.

(l-1) – Transcrição do lucro do período, conforme DRE.

(l-2) – Do lucro do período de $ 3.900 (l-1) foram distribuídos $ 1.500 como dividendos, conforme evidenciado na DMPL.

A Demonstração dos Fluxos de Caixa deste exemplo será, então:

a) Pelo método direto

Companhia X – Demonstração dos Fluxos de Caixa, ano X1

Atividades Operacionais		
Recebimento de clientes	29.500	
Recebimento de juros	300	
Duplicatas descontadas	5.000	
Pagamentos		
– a fornecedores de mercadorias	(10.000)	
– de impostos	(2.000)	
– de salários	(21.000)	
– de juros	(1.000)	
– despesas pagas antecipadamente	(2.600)	
CAIXA Líquido Consumido nas Atividades Operacionais		**(1.800)**
Atividades de Investimento		
Recebimento pela venda de imobilizado	15.000	
Pagamento pela compra de imobilizado	(20.000)	
Caixa Líquido Consumido nas Atividades de Investimento		**(5.000)**
Atividades de Financiamento		
Aumento de capital	10.000	
Empréstimos de curto prazo	10.000	
Pagamento de dividendos	(1.500)	
Caixa Líquido Gerado nas Atividades de Financiamento		**18.500**
Aumento Líquido no Caixa e Equivalente de Caixa		**11.700**
Saldo de Caixa + Equivalente de Caixa em X0		**5.600**
Saldo de Caixa + Equivalente de Caixa em X1		**17.300**

Cap. 20 · Demonstração dos Fluxos de Caixa e Demonstração do Valor Adicionado | 429

Composição do Caixa e Equivalente de Caixa
(Conciliação entre DFC e BP)

	31-12-X0	31-12-X1
Caixa	100	100
Bancos	500	5.000
Aplicações Financeiras	5.000	12.200
Total	**5.600**	**17.300**

b) Pelo método indireto

Companhia X – Demonstração dos Fluxos de Caixa, ano X1

Atividades Operacionais		
Lucro líquido	3.900	
Mais: depreciação	1.500	
Menos: lucro na venda de imobilizado	(3.000)	
Lucro ajustado	2.400	
Aumento em duplicatas a receber	(10.000)	
Aumento em PECLD	500	
Aumento em duplicatas descontadas	5.000	
Aumento em estoques	(3.000)	
Aumento em despesas pagas antecipadamente	(2.000)	
Aumento em fornecedores	13.000	
Redução em IR a pagar	(700)	
Redução em salários a pagar	(7.000)	
Caixa Líquido Consumido nas Atividades Operacionais		**(1.800)**
Atividades de Investimento		
Recebimento pela venda de imobilizado	15.000	
Pagamento pela compra de imobilizado	(20.000)	
Caixa Líquido Consumido nas Atividades de Investimento		**(5.000)**
Atividades de Financiamento		
Aumento de capital	10.000	
Empréstimos de curto prazo	10.000	
Distribuição de dividendos	(1.500)	
Caixa Líquido Gerado nas Atividades de Financiamento		**18.500**
Aumento Líquido no Caixa e Equivalente de Caixa		**11.700**
Saldo de Caixa + Equivalente de Caixa em X0		**5.600**
Saldo de Caixa + Equivalente de Caixa em X1		**17.300**

Informações Complementares:

Juros pagos	$ 1.000
Juros recebidos	$ 300
Impostos pagos	$ 2.000

Obs.: Relembramos que existe a necessidade de divulgação em Notas Explicativas do valor dos juros e imposto de renda pagos no período e do valor dos juros recebidos no período, caso seja utilizado o método indireto, bem como da conciliação entre o lucro líquido e o fluxo de caixa líquido das atividades operacionais, no caso da utilização do método direto.

Outra alternativa de apresentação da DFC igualmente válida seria a seguinte:

Companhia X – Demonstração dos Fluxos de Caixa, ano X1

Atividades Operacionais		
Lucro antes do IR/CS	5.200	
Mais: depreciação	1.500	
Menos: lucro na venda de imobilizado	(3.000)	
Lucro ajustado	3.700	
Aumento em duplicatas a receber	(10.000)	
Aumento em PECLD	500	
Aumento em duplicatas descontadas	5.000	
Aumento em estoques	(3.000)	
Aumento em despesas pagas antecipadamente	(2.000)	
Aumento em fornecedores	13.000	
Redução em salários a pagar	(7.000)	
Pagamento de IR/CS	(2.000)	
Caixa Líquido Consumido nas Atividades Operacionais		**(1.800)**
Atividades de Investimento		
Recebimento pela venda de imobilizado	15.000	
Pagamento pela compra de imobilizado	(20.000)	
Caixa Líquido Consumido nas Atividades de Investimento		**(5.000)**
Atividades de Financiamento		
Aumento de capital	10.000	
Empréstimos de curto prazo	10.000	
Distribuição de dividendos	(1.500)	
Caixa Líquido Gerado nas Atividades de Financiamento		**18.500**
Aumento Líquido no Caixa e Equivalente de Caixa		**11.700**
Saldo de Caixa + Equivalente de Caixa em X0		**5.600**
Saldo de Caixa + Equivalente de Caixa em X1		**17.300**

Note-se que, nesse caso, ao partirmos do lucro antes do IR/CS, não faz mais sentido ajustar o lucro pela variação da conta IR/CS a pagar, pois tal variação seria correspondente ao ajuste necessário à despesa de IR/CS embutida no lucro de $ 1.300 para se chegar ao efetivo pagamento de IR/CS de $ 2.000. Por outro lado, se não se fizer ajuste algum, ficará faltando no fluxo de caixa operacional o pagamento de IR/CS. Por essa razão, a linha do pagamento de IR/CS deve ser adicionada do valor de $ 2.000.

Uma vantagem desse tipo de apresentação é que a informação requerida do pagamento de IR/CS não precisará ser colocada em notas explicativas, uma vez que já estará apresentada no corpo da DFC.

20.2.3.3.1 Análise do exemplo

No início deste capítulo, mostramos a finalidade da DFC para seus usuários. A apresentação das movimentações de caixa segregadas por atividades operacionais, de investimento e financiamento contém informações muito ricas para apoio às decisões econômicas de investidores, credores, gestores e outros usuários, principalmente quando essas informações são analisadas em conjunto com os demais relatórios contábeis. A título ilustrativo, faremos breve análise do exemplo apresentado:

a) Pelo método indireto, observa-se que apesar de a empresa ter tido um lucro líquido de $ 3.900 ela só conseguiu internalizar $ 2.400 de recursos (lucro líquido + depreciação – lucro na venda de imobilizado) para girar em seus negócios. Ocorre que, como a conta de Clientes, líquida da PECLD, aumentou $ 9.500, isso significa que, desses $ 2.400 contábeis, $ 9.500 não viraram caixa; assim, estamos com (–) $ 7.100. Por outro lado, o aumento em Fornecedores diz que deixaram de ser pagos $ 13.000, e, assim, chegamos, por enquanto, ao caixa de $ 5.900. Mas o aumento em estoques e despesas antecipadas reduz o caixa para $ 900. A redução em IR e salários a pagar reduz o caixa para (–) $ 6.800. Como descontaram-se $ 5.000 de duplicatas, o caixa de fato das atividades operacionais foi de (–) $ 1.800.

b) Assim, o déficit operacional de caixa, de $ 1.800, não foi motivado por um desequilíbrio nos prazos do ciclo financeiro da empresa, já que o aumento de Fornecedores iguala o acréscimo em Estoques e em Contas a Receber ($ 13.000). Por outro lado, as atividades de investimento também apresentaram déficit líquido de caixa, de $ 5.000, situação bastante comum em empresas em expansão. Tal situação motivou a empresa a recorrer a financiamentos de risco ($ 10.000) e a capital próprio ($ 10.000) para tocar seus negócios, substituir bens de capital depreciados e pagar dividendos.

c) Observamos, pelo método direto, que os juros pagos e recebidos, de $ 1.000 e $ 300, respectivamente, foram classificados nas atividades operacionais. Se essas transações fossem remanejadas para as atividades de investimento ($ 300) e financiamento ($ 1.000), como faculta a norma do IASB, a movimentação líquida de caixa dos três grupos seria diferente. Devemos ter presente que o caixa líquido gerado pelas operações, assim como o lucro, independe de como os ativos são financiados; logo, a classificação dos juros pagos no grupo das operações pode não ser o procedimento mais adequado. Do mesmo modo, os juros recebidos por aplicação em títulos patrimoniais ou não patrimoniais de outras entidades estariam mais bem classificados nas atividades de investimento. A não consideração desses aspectos pode levar a distorções na análise do desempenho financeiro da empresa.

d) O aumento líquido das disponibilidades no período, de $ 11.700, parece exagerado proporcionalmente aos negócios da empresa. A gestão financeira não está boa, pois, aparentemente, a empresa está obtendo recursos remunerados à taxa de captação, de investidores e credores, e os deixando expostos a uma remuneração menor em aplicações financeiras (variação de $ 7.200) ou parados em Caixa/Bancos (variação de $ 4.500).

e) Informações históricas da DFC, seja pelos volumes brutos de dinheiro movimentados nas operações, como são evidenciadas no método direto, ou pelas variações nas contas operacionais ativas e passivas, como mostrado no método indireto, isoladas ou em conjunto com a DRE, permitem estimativas razoáveis dos fluxos futuros de caixa da entidade, que no fundo são as informações mais fundamentais desejadas pelos usuários que tomam decisões econômicas sobre a empresa.

20.2.4 Considerações sobre a DFC

Quando a DFC foi tornada obrigatória nos Estados Unidos, muitos profissionais da área contábil temiam que ela pudesse vir a substituir a contabilidade com base na competência. Preocupado com essa hipótese, o Fasb tratou de proibir a divulgação de qualquer índice relacionado a caixa por ação na DFC, por entender ser a Demonstração de Resultados mais indicada para a avaliação de *performance* da empresa, sendo, por conseguinte, a informação lucro por ação mais útil para o usuário. Adicionalmente, a norma americana referiu-se ainda à Demonstração de Resultados como um potencial preditivo dos fluxos de caixa futuros da empresa superior à DFC.

Seguindo essa mesma linha de raciocínio, o CPC 03 – Demonstração dos Fluxos de Caixa determina que não deve ser divulgado o valor dos fluxos de caixa por ação. Nem o fluxo de caixa líquido nem quaisquer de seus componentes substituem o lucro líquido como indicador de desempenho da entidade.

Pesquisas empíricas posteriores, contudo, concluíram que os fluxos de caixa passados das operações permitem melhores previsões dos fluxos futuros de caixa para períodos curtos, sendo superados pela DRE para períodos mais longos. Trabalhos mais recentes, contudo, mostram aumento do uso da DRE nos Estados Unidos. O que os estudos empíricos vêm sistematicamente comprovando é, na verdade, uma grande complementaridade entre essas duas demonstrações (DRE e DFC), e não que elas sejam mutuamente excludentes.

Há dois aspectos na DFC que devem ser objeto de maior preocupação, tanto por quem a elabora como pelo analista: a classificação adequada das movimentações de caixa das diversas transações pelos três grupos de atividades e a criteriosa seleção dos investimentos de curto prazo considerados como equivalentes de caixa.

Quanto à classificação das transações, cabe um comentário, além dos aspectos controversos já discutidos, sobre as movimentações de caixa envolvendo instrumentos financeiros derivativos, hoje muito comuns. A regra geral é que sejam classificadas nas atividades de investimento. Contudo, se houver clara intenção de revenda dos instrumentos adquiridos, estes devem ser lançados no grupo das operações e, se os contratos de futuros puderem ser identificados claramente com os ativos e passivos que eles visam proteger, então a classificação deverá ser no grupo a que se refere o ativo ou o passivo original. Por exemplo, um *hedge* para proteger um empréstimo com encargos vinculados à variação cambial integrará as atividades de financiamento; se for para garantir preço de matéria-prima para produção a ser adquirida no futuro, então a classificação será nas atividades operacionais etc.

Quanto aos investimentos classificados como equivalentes de caixa, é importante que os usuários possam julgar se os ativos considerados são tão líquidos que podem **equivaler** ao caixa. Por isso, o IASB e o CPC requerem a descrição de tais ativos em Notas Explicativas. A propósito de equivalente de caixa, no Brasil, temos a figura bastante comum do cheque especial. O IASB e o CPC os consideram equivalentes de caixa, requerendo que os saldos devedores dos cheques especiais sejam abatidos das disponibilidades. Essa situação é curiosa, porque pode levar a uma disponibilidade negativa, bastando que o saldo devedor do cheque especial supere os ativos líquidos.

Vale destacar, também, que, regra geral, os pagamentos e recebimentos de caixa devem ser divulgados por seus valores brutos. Existe exceção para as movimentações de rápido *turnover*, prazo de vencimento curto e valores significativos ou quando os recebimentos e pagamentos de caixa em favor ou em nome de clientes reflitam mais as atividades dos clientes do que as da própria entidade. No primeiro caso, por exemplo, enquadram-se pagamentos e recebimentos relativos aos cartões de crédito de clientes e empréstimos obtidos sob a modalidade de créditos rotativos. No segundo caso, tem-se, por exemplo, os fluxos de depósitos à vista em bancos ou de empréstimos obtidos sob a modalidade de créditos rotativos, os quais podem ser evidenciados na DFC por seus valores líquidos.

Finalmente, há a questão do tratamento a ser dado aos fluxos de caixa vinculados às operações externas ou conversão de moeda estrangeira. O IASB e o CPC têm entendimentos convergentes sobre esse assunto. Eles consideram que os ganhos e as perdas decorrentes da tradução para uma única moeda de fluxos de caixa em outras moedas não representam um fluxo físico de dinheiro, apesar de produzirem impacto no saldo do caixa. Por isso, requerem que o efeito líquido dessas transações seja lançado em uma só linha, após o grupo das atividades de financiamento. O critério de conversão deve ser o câmbio do dia de cada transação ou uma taxa média ponderada periódica que aproxime os dois resultados.

20.2.5 Tratamento para as pequenas e médias empresas

Os conceitos abordados neste capítulo também são aplicáveis às entidades de pequeno e médio porte. Para maior detalhamento, consultar o Pronunciamento Técnico PME – Contabilidade para Pequenas e Médias Empresas.

20.3 Demonstração do Valor Adicionado (DVA)

Para orientar a elaboração e divulgação da DVA, foi emitido o CPC 09 – Demonstração do Valor Adicionado.

20.3.1 Aspectos introdutórios

A DVA, assim como a DFC, também não era obrigatória no Brasil até a promulgação da Lei nº 11.638/2007, que introduziu alterações à Lei nº 6.404/1976, tornando obrigatória, para as companhias abertas, a elaboração e divulgação da DVA como parte das demonstrações contábeis divulgadas ao final de cada exercício.

Antes de se tornar obrigatória para companhias abertas, a DVA era incentivada e sua divulgação apoiada pela Comissão de Valores Mobiliários (CVM), por meio do Parecer de Orientação CVM nº 24/1992. No Ofício-Circular CVM/SNC/SEP nº 1/2000, a CVM sugeriu a utilização do modelo elaborado pela Fundação Instituto de Pesquisas Contábeis, Atuariais e Financeiras (Fipecafi), reforçando novamente o incentivo e apoio em Ofícios-Circulares relacionados com períodos de elaboração nos quais era incentivada a publicação voluntária de informações de natureza social. O último que explicitava tal incentivo e sugeria a utilização do modelo elaborado pela Fipecafi foi o Ofício-Circular CVM/SEP nº 01/2008, que dispunha sobre orientações gerais sobre procedimentos a serem observados pelas companhias abertas quando do encaminhamento das informações periódicas e eventuais relacionadas com o exercício de 2007. A partir do exercício seguinte, a DVA passou a ser obrigatória para companhias abertas. O Conselho Federal de Contabilidade (CFC) também estabeleceu procedimentos para evidenciação voluntária de informações econômicas e financeiras relacionadas com o valor adicionado pela entidade e sua distribuição por meio da NBC T 3.7 – Demonstração do Valor Adicionado, de 21-1-2005 e atualmente revogada, sugerindo um modelo que muito se assemelha ao proposto pela Fipecafi.

20.3.1.1 Objetivo e benefícios das informações da DVA

A DVA tem por objetivo demonstrar o valor da riqueza econômica gerada pelas atividades da empresa como resultante de um esforço coletivo e sua distribuição entre os elementos que contribuíram para a sua criação. Desse modo, a DVA acaba por prestar informações a todos os agentes econômicos interessados na empresa, tais como empregados, clientes, fornecedores, financiadores e governo.

Segundo o CPC 09 – Demonstração do Valor Adicionado, "valor adicionado representa a riqueza criada pela empresa, de forma geral medida pela diferença entre o valor das vendas e os insumos adquiridos de terceiros. Inclui também o valor adicionado recebido em transferência, ou seja, produzido por terceiros e transferido à entidade".

A DVA está fundamentada em conceito macroeconômico, que busca apresentar, sem dupla contagem, a parcela de contribuição que a empresa tem na formação do Produto Interno Bruto (PIB). Todavia, existem diferenças entre a forma de cálculo do valor adicionado entre os modelos contábil e econômico. Sob o ponto de vista econômico, o cálculo do PIB baseia-se na produção, enquanto a contabilidade utiliza o conceito contábil da realização da receita, ou seja, baseia-se no regime de competência. Logo, há uma diferença temporal entre os dois conceitos. Algumas outras pequenas diferenças também existem.

A riqueza gerada pela empresa, medida com utilização do conceito contábil, é assim calculada:

Vendas (–) Insumos adquiridos de terceiros (–) Depreciação

Isso corresponde à diferença entre o valor recebido de terceiros pelas receitas menos o valor desembolsado a terceiros para aquisição dos insumos utilizados nesse processo. Logo, corresponde ao valor agregado pela empresa. Em princípio, a soma dos valores adicionados pelas empresas, profissionais liberais, governo e demais agentes econômicos dá o Produto Interno Bruto (PIB).

Essa riqueza gerada é mostrada, na DVA, como se distribui entre o capital (juros a financiadores externos e lucro dos sócios), o trabalho (mão de obra) e o governo (tributos). Quando se calcula de forma agregada para o país, a parte que vai para o governo se distribui da mesma forma, exceto para si mesmo (tributos). Assim, quando se olha a economia como um todo, o valor agregado geral do país (PIB) é distribuído entre juros, lucros e salários.

As informações disponibilizadas nessa demonstração são importantes para:

a) Analisar a capacidade de geração de valor e a forma de distribuição das riquezas de cada empresa.

b) Permitir a análise do desempenho econômico da empresa.

c) Auxiliar no cálculo do PIB e de indicadores sociais.

d) Fornecer informações sobre os benefícios (remunerações) obtidos por cada um dos fatores de produção (trabalhadores e financiadores – acionistas ou credores) e governo.

e) Auxiliar a empresa a informar sua contribuição na formação da riqueza à região, Estado, país etc. em que se encontra instalada.

20.3.1.2 Elaboração e apresentação

A elaboração e divulgação da DVA, para atender aos requisitos estabelecidos no CPC 09 e na legislação societária, deverá:

a) Ser feita com base no princípio contábil da competência.

b) Ser apresentada de forma comparativa (período atual e anterior).

c) Ser feita com base nas demonstrações consolidadas, e não pelo somatório das Demonstrações do Valor Adicionado individuais, no caso da divulgação da DVA consolidada.

d) Incluir a participação dos acionistas não controladores no componente relativo à distribuição do valor adicionado, no caso da divulgação da DVA consolidada.

e) Ser consistente com a demonstração do resultado e conciliada em registros auxiliares mantidos pela entidade.

f) Ser objeto de revisão ou auditoria se a entidade possuir auditores externos independentes que revisem ou auditem suas Demonstrações Contábeis.

20.3.2 Modelo e técnica de elaboração

Para elaborar e apresentar a DVA, devem ser seguidos o modelo e as orientações do CPC 09, apresentado a seguir. Salientamos que as informações necessárias para a elaboração da DVA são extraídas da contabilidade, especialmente da Demonstração do Resultado e, portanto, devem seguir o regime de competência de exercícios (ver Quadro 20.1).

Cap. 20 · Demonstração dos Fluxos de Caixa e Demonstração do Valor Adicionado | **433**

Quadro 20.1   DVA – Empresas em geral

DESCRIÇÃO	Em milhares de reais 20X1	Em milhares de reais 20X0
1 – RECEITA		
1.1) Vendas de mercadorias, produtos e serviços		
1.2) Outras receitas		
1.3) Receitas relativas à construção de ativos próprios		
1.4) Perdas estimadas com créditos de liquidação duvidosa – Reversão/(Constituição)		
2 – INSUMOS ADQUIRIDOS DE TERCEIROS		
(inclui os valores dos impostos – ICMS, IPI, PIS e COFINS)		
2.1) Custos dos produtos, das mercadorias e dos serviços vendidos		
2.2) Materiais, energia, serviços de terceiros e outros		
2.3) Perda/Recuperação de valores ativos		
2.4) Outras (especificar)		
3 – VALOR ADICIONADO BRUTO (1 – 2)		
4 – DEPRECIAÇÃO, AMORTIZAÇÃO E EXAUSTÃO		
5 – VALOR ADICIONADO LÍQUIDO PRODUZIDO PELA ENTIDADE (3 – 4)		
6 – VALOR ADICIONADO RECEBIDO EM TRANSFERÊNCIA		
6.1) Resultado de equivalência patrimonial		
6.2) Receitas financeiras		
6.3) Outras		
7 – VALOR ADICIONADO TOTAL A DISTRIBUIR (5 + 6)		
8 – DISTRIBUIÇÃO DO VALOR ADICIONADO*		
8.1) Pessoal		
8.1.1 – Remuneração direta		
8.1.2 – Benefícios		
8.1.3 – FGTS		
8.2) Impostos, taxas e contribuições		
8.2.1 – Federais		
8.2.2 – Estaduais		
8.2.3 – Municipais		
8.3) Remuneração de capitais de terceiros		
8.3.1 – Juros		
8.3.2 – Aluguéis		
8.3.3 – Outras		
8.4) Remuneração de capitais próprios		
8.4.1 – Juros sobre o capital próprio		
8.4.2 – Dividendos		
8.4.3 – Lucros retidos/Prejuízo do exercício		
8.4.4 – Participação dos não controladores nos lucros retidos (só p/ consolidação)		

* O total do item 8 deve ser exatamente igual ao item 7.

Instruções para elaboração

1 – RECEITAS (soma dos itens 1.1 a 1.4)

1.1 – Vendas de mercadorias, produtos e serviços

Inclui os valores do ICMS, IPI, PIS e COFINS incidentes sobre essas receitas, ou seja, corresponde à receita bruta ou faturamento bruto, mesmo quando na demonstração do resultado tais tributos estejam fora do cômputo dessas receitas.

1.2 – Outras receitas

Inclui valores oriundos, principalmente, de baixas por alienação de ativos não circulantes, tais como: ganhos ou perdas na baixa de imobilizados, ganhos ou perdas na baixa de investimentos etc.

1.3 – Receitas relativas à construção de ativos próprios

Inclui valores relativos à construção de ativos para uso próprio, tais como: materiais, mão de obra, aluguéis, serviços terceirizados etc. Para evitar que a depreciação tenha que ser dividida entre esses diversos componentes do ativo construído, os valores gastos na construção são reconhecidos como receitas na construção de ativos próprios. Simultaneamente, os gastos relativos a essa construção devem ser apropriados na DVA obedecendo-se a natureza de cada um deles. Vale destacar que esse tratamento visa simplificar controles adicionais que poderiam ser bastante complexos, além de aproximar os conceitos contábil e econômico de valor adicionado. A aproximação mais completa seria se o ativo construído para uso próprio fosse valorado, na DVA, pelo valor de mercado, e a diferença incluída como resultado da entidade; isso porque, na Economia, o valor agregado é calculado em função da produção, mas pelo valor de mercado.

1.4 – Perdas estimadas com créditos de liquidação duvidosa

Inclui os valores relativos às perdas estimadas apropriadas ao resultado, bem como sua respectiva reversão.

2 – INSUMOS ADQUIRIDOS DE TERCEIROS (soma dos itens 2.1 a 2.4)

2.1 – Custos dos produtos, das mercadorias e dos serviços vendidos

Embora o CPC 09 utilize a terminologia "custo dos produtos", neste item da DVA, devem ser considerados apenas os insumos adquiridos de terceiros, tais como: matéria-prima, material de embalagem e outros, tratados como custo dos produtos vendidos. Raciocínio idêntico deve ser utilizado para as mercadorias e serviços adquiridos de terceiros, quando vendidos. Nesses valores, diferentemente do tratamento dado na demonstração de resultado, devem ser considerados os tributos incluídos no momento da compra, recuperáveis ou não.

2.2 – Materiais, energia, serviços de terceiros e outros

Inclui valores relativos à utilização de materiais diversos, utilidades e serviços adquiridos de terceiros. Esses itens, geralmente, são considerados despesas na DRE. Assim como no item 2.1, devem ser considerados os impostos incidentes na compra, recuperáveis ou não.

2.3 – Perda/Recuperação de valores ativos

Inclui valores reconhecidos no resultado do período, tanto da constituição quanto da reversão de perdas estimadas com desvalorização e redução ao valor recuperável de ativos, conforme CPC 01 – Redução ao Valor Recuperável de Ativos.

2.4 – Outras (especificar)

Inclui demais valores reconhecidos no resultado do período, compreendendo respectivos tributos recuperáveis ou não, caracterizados como insumos adquiridos de terceiros e eventualmente não discriminados nas demais classificações do presente grupo.

3 – VALOR ADICIONADO BRUTO (diferença entre os itens 1 e 2)

4 – DEPRECIAÇÃO, AMORTIZAÇÃO E EXAUSTÃO

Inclui as despesas e custos com depreciação, amortização e exaustão contabilizadas no período.

5 – VALOR ADICIONADO LÍQUIDO PRODUZIDO PELA ENTIDADE (diferença entre os itens 3 e 4)

6 – VALOR ADICIONADO RECEBIDO EM TRANSFERÊNCIA (soma dos itens 6.1 a 6.3)

Corresponde à riqueza gerada por outras empresas, porém recebida em transferência.

6.1 – Resultado de equivalência patrimonial

Inclui o resultado da equivalência patrimonial, seja positiva ou negativa.

6.2 – Receitas financeiras

Inclui todas as receitas financeiras independentemente de sua origem, inclusive as variações cambiais ativas, desde que consideradas no resultado do exercício.

6.3 – Outras

Inclui demais receitas recebidas em transferência, que transitaram em resultado, como, por exemplo, dividendos de empresas investidas avaliadas pelo método de custo, aluguéis e direitos de franquia.

7 – VALOR ADICIONADO TOTAL A DISTRIBUIR (soma dos itens 5 e 6)

Corresponde à riqueza gerada pela empresa acrescida da riqueza gerada por outras empresas e recebida em transferência.

8 – DISTRIBUIÇÃO DO VALOR ADICIONADO (soma dos itens 8.1 a 8.4)

8.1 – Pessoal

Este item corresponde à parcela da riqueza distribuída ao corpo funcional da empresa, o que na DRE pode estar apropriado ao custo do produto vendido ou como despesa do exercício. A distribuição da riqueza obtida deve ser evidenciada da seguinte forma:

8.1.1 – Remuneração direta

Inclui salários, 13º salário, férias, horas extras, participação de empregados nos lucros, honorários etc. Salientamos que neste item não devem ser incluídos os encargos patronais com INSS.

8.1.2 – Benefícios

Inclui valores relativos a assistência médica, alimentação, transporte, planos de aposentadoria etc.

8.1.3 – FGTS

Representado pelos valores depositados em conta vinculada dos empregados.

8.2 – Impostos, taxas e contribuições

Inclui imposto de renda, contribuição social sobre o lucro, contribuições ao INSS que sejam ônus do empregador e quaisquer outros impostos e contribuições a que a empresa esteja sujeita. Para os impostos compensáveis, tais como ICMS, IPI, PIS e COFINS, devem ser considerados apenas os valores devidos ou já recolhidos, representado pela diferença entre os impostos incidentes sobre as receitas e os impostos considerados juntamente com os insumos adquiridos de terceiros, no item 2. A apresentação dos impostos, taxas e contribuições deve ser segregada da seguinte forma:

8.2.1 – Federais

Inclui IRPJ, CSLL, IPI, Cide, PIS, Cofins e contribuição sindical patronal.

8.2.2 – Estaduais

Inclui ICMS e IPVA.

8.2.3 – Municipais

Inclui ISS e IPTU.

8.3 – Remuneração de capitais de terceiros

Corresponde aos valores pagos ou creditados aos financiadores externos de capital e deve ser apresentada da seguinte forma:

8.3.1 – Juros

Inclui as despesas financeiras, inclusive as variações cambiais passivas, relativas a quaisquer tipos de emprésti-

mos e financiamentos junto a instituições financeiras, empresas do grupo ou outras formas de obtenção de recursos.

8.3.2 – Aluguéis

Inclui os aluguéis, como as despesas com arrendamento operacional, pagos ou creditados a terceiros.

8.3.3 – Outras

Inclui outras remunerações que configurem transferência de riqueza a terceiros, tais como *royalties*, franquias, direitos autorais etc.

8.4 – Remuneração de capitais próprios

Corresponde à remuneração atribuída aos acionistas e sócios e deve ser evidenciada da seguinte forma:

8.4.1 – Juros sobre o capital próprio

Inclui os valores pagos ou creditados aos sócios a título de juros sobre o capital próprio por conta do resultado do exercício, exceto os juros sobre o capital próprio contabilizados como reserva que devem ser considerados "lucros retidos".

8.4.2 – Dividendos

Inclui os valores distribuídos, pagos ou creditados, aos acionistas e sócios com base no resultado do exercício.

8.4.3 – Lucros retidos e prejuízos do exercício

Inclui a parcela do lucro do exercício destinada às reservas, bem como os juros sobre o capital próprio contabilizados como reservas. Havendo prejuízo, deve ser incluído com sinal negativo.

8.4.4 – Participação dos não controladores nos lucros retidos

Este item é exclusivo para a DVA consolidada e evidencia a parcela da riqueza obtida destinada aos sócios não controladores.

20.3.3 Aspectos conceituais discutíveis

20.3.3.1 Depreciação, amortização, exaustão e *impairment*

A depreciação (considere os mesmos conceitos para amortização, exaustão e perdas reconhecidas em decorrência do teste de recuperabilidade, disciplinadas pelo CPC 01 (R1) – Redução ao Valor Recuperável de Ativos) é um item bastante discutível e pode ser tratada, na DVA, de três maneiras, quais sejam: (a) considerada distribuição do valor adicionado; (b) deduzida do valor das receitas, de modo semelhante aos insumos adquiridos de terceiros; (c) não considerada no cálculo do valor adicionado a distribuir, nem na distribuição do valor adicionado.

Os defensores da depreciação como distribuição do valor adicionado justificam essa conduta pela subjetividade do cálculo da depreciação e no entendimento da depreciação como uma constituição de fundo para o autofinanciamento, ou seja, consideram a depreciação como retenção do lucro necessária para a manutenção do capital físico da empresa. Segundo esse ponto de vista, a depreciação deveria figurar no subgrupo de remuneração de capitais próprios. Mas, na contabilidade, depreciação é recuperação de valor investido no passado, muito mais correto; haveria igualdade entre recuperação e fundo para renovação se os preços dos bens a serem adquiridos fossem exatamente os mesmos dos ativos depreciados quando comprados.

Assim, a segunda forma de tratar a depreciação na DVA, conceitualmente mais correta e adotada pelo CPC 09, é aquela em que é dado o mesmo tratamento que o dos insumos adquiridos de terceiros. Afinal, a diferença existente entre depreciação e os demais insumos adquiridos de terceiros consiste basicamente no prazo de consumo. Enquanto os demais insumos são consumidos normalmente em curto espaço de tempo ou mesmo imediatamente, a depreciação representa o consumo do ativo em períodos mais longos.

A terceira alternativa para o tratamento da depreciação, não a considerando no cálculo do valor adicionado, nem na distribuição, sem dúvida, é inadequada e não apresenta sustentação teórica.

20.3.3.2 Ativos reavaliados ou avaliados ao valor justo

A reavaliação de ativos, quando permitida pela legislação, e a avaliação de ativos ao seu valor justo provocam alterações na estrutura patrimonial da empresa e podem apresentar, em circunstâncias estabelecidas no conjunto de normas fiscais, efeitos tributários. Quando isso ocorre, tais efeitos devem ser reconhecidos nas demonstrações contábeis. Do mesmo modo , como a realização de ativos reavaliados ou avaliados ao valor justo afetará os resultados da empresa, devem-se incluir os respectivos valores como outras receitas na DVA.

Deve ser lembrado que o valor dos tributos (IR e CS) também deverá ser ajustado na linha da DVA que totaliza os de impostos, taxas e contribuições.

20.3.3.3 Ativos construídos pela própria empresa para uso próprio

Para a elaboração da DVA, um ativo construído para uso próprio equivale a um ativo adquirido da própria empresa. Como a venda de um ativo caracteriza a obtenção de uma receita, assim devem ser tratados os gastos com a construção do ativo para uso próprio, ou seja, como receita, compondo o valor adicionado bruto. Os valores gastos nessa construção devem, no período respectivo de formação do ativo, ser reconhecidos como **Receitas relativas à construção de ativos próprios** (item 1.3 da DVA).

Para a construção desses ativos são utilizados diversos fatores de produção, por exemplo, materiais, mão de obra e juros, os quais devem ser tratados, na DVA, segundo suas respectivas naturezas. Assim, os materiais adquiridos de terceiros terão o mesmo tratamento que os insumos adquiridos de terceiros, ou seja, farão parte dos componentes do valor adicionado bruto; já a mão de obra e os juros serão tratados como distribuição de riqueza.

Para facilitar o entendimento, suponha que determinada empresa tenha um gasto de R$ 200.000 com a construção de um imóvel para uso próprio, sendo R$ 120.000 referentes a materiais adquiridos de terceiros, R$ 60.000 gastos com a mão de obra própria e R$ 20.000 a juros. Nesse exemplo, deverá ser reconhecido como receita relativa à construção de ativos próprios o valor de R$ 200.000. Simultaneamente, R$ 120.000 serão incluídos em insumos adquiridos de terceiros, logo, o valor adicionado a distribuir é de R$ 80.000 (R$ 200.000 – R$ 120.000), os quais serão distribuídos da seguinte maneira: $ 60.000 para pessoal e R$ 20.000 como remuneração de capitais de terceiros.

Quando a construção é concluída e o ativo entra em operação, passa a receber tratamento idêntico ao dos demais ativos adquiridos de terceiros, portanto, deve ter reconhecida sua depreciação.

20.3.3.4 Distribuição de lucros relativos a exercícios anteriores

A estrutura da DVA foi desenvolvida de modo a permitir que os dados necessários à sua elaboração fossem extraídos, em sua maioria, da DRE. Esse elo entre as duas demonstrações permite averiguar a consistência da DVA, comparando-a com DRE, bem como garante maior credibilidade às informações prestadas. Quanto à parcela do valor adicionado destinada à remuneração do capital próprio, os dados podem ser obtidos diretamente da Demonstração das Mutações do Patrimônio Líquido.

Dentro dos limites legais, as empresas são livres para distribuir lucros, sejam eles oriundos do próprio exercício ou de exercícios anteriores. Destacamos que, para fins da elaboração da DVA, somente devem ser considerados, na distribuição do valor adicionado, os dividendos, pagos ou creditados, relativos aos lucros do próprio exercício. Tratamento idêntico deve ser dado aos Juros sobre o Capital Próprio. Em outras palavras, lucros distribuídos relativos a períodos anteriores não devem constar na DVA como distribuição de riqueza, pois já figuraram como lucros retidos em períodos anteriores. Observem que, na DVA, os lucros retidos somados à remuneração de capitais próprios correspondem ao resultado líquido apurado na DRE.

20.3.3.5 Substituição tributária

A legislação brasileira, por meio de dispositivos legais próprios, permite a transferência da responsabilidade pelo crédito tributário a terceira pessoa, desde que esteja vinculada ao fato gerador da respectiva obrigação. Essa transferência de responsabilidade, total ou parcial, tem por finalidade garantir o recolhimento do tributo e evitar sonegação e dá-se de duas maneiras: progressiva e regressiva. No primeiro caso, ocorre a antecipação do pagamento do tributo que só será devido na operação seguinte. Essa forma é bastante utilizada quando o fabricante é considerado o substituto tributário e, nesses casos, o valor do imposto pago antecipadamente é incluído no faturamento bruto e deduzido para se chegar à receita bruta. No segundo caso, ocorre a postergação do pagamento do tributo para uma etapa seguinte em relação à ocorrência do fato gerador. Nesse caso, o responsável pelo recolhimento do imposto, se tiver direito ao crédito, deverá tratá-lo como imposto a recuperar e na DVA deve considerar o valor dos impostos pelo total. Quando o imposto pago antecipadamente não gerar direito à compensação futura, deverá ser tratado como custo dos estoques.

Resumindo, nos casos em que ocorrer substituição tributária, seja ela progressiva ou regressiva, deverá constar na DVA do responsável pelo recolhimento o imposto total devido, ou seja, considerando-se a substituição tributária. Há exceções nos casos em que o referido recolhimento incorporar o custo da transação; nesse caso, o valor do imposto será acrescido ao custo dos estoques. Um exemplo dessa exceção seria a compra de uma mercadoria de outro Estado sem a aplicação do regime de substituição tributária de ICMS por parte do vendedor, mas em um caso específico no qual o comprador tem a obrigação de recolher o tributo para inserir a mercadoria na sistemática, pois sua venda será abrangida pela substituição tributária e não haverá incidência do tributo nessa etapa. A mercadoria, por estar então na substituição tributária, será vendida sem nova incidência do tributo, e aquele valor recolhido pela sua entrada no estabelecimento é considerado custo, por não ser recuperável.

Exemplo em caso de substituição tributária progressiva

Uma indústria adquire insumos por R$ 100.000, e nessa compra há ICMS recuperável de R$ 18.000. A indústria que adquire os insumos, após a industrialização, vende os produtos acabados por R$ 180.000, com incidência de 18% de ICMS, resultando em ICMS próprio de R$ 32.400. Porém, nesse exemplo a indústria é responsável pelo recolhimento do ICMS das etapas subsequentes de comercialização, o que a caracteriza como substituta tributária de ICMS, e calcula também o ICMS das etapas subsequentes, por exemplo, no montante de R$ 12.960,00, conforme legislação específica.

A indústria emitirá, então, pela venda dos produtos, nota fiscal com as seguintes informações:

Dados da nota fiscal de venda:

Valor dos produtos	180.000
Valor do ICMS próprio	32.400
Valor do ICMS substituição tributária	12.960
Total da nota fiscal	192.960

O valor do ICMS próprio não aumentou o valor da nota fiscal, pois está incluído no valor dos produtos. Mas o valor do ICMS substituição tributária aumentou o valor da nota fiscal, uma vez que se trata de ICMS que a indústria recolhe pelos demais participantes da cadeia comercial, no caso, os comerciantes que revenderão os produtos até que cheguem ao consumidor final.

O valor do ICMS efetivamente suportado pela empresa será: R$ 32.400 + R$ 12.960 − R$ 18.000 = R$ 27.360. E esse é o valor que aparecerá da DVA na destinação relativa a tributos estaduais.

Apresentação destes valores na DVA:

1 – RECEITA	
1.1 Vendas de mercadorias, produtos e serviços	192.960
2 – INSUMOS ADQUIRIDOS DE TERCEIROS	
2.1 Custo dos produtos, das mercadorias e dos serviços vendidos	100.000
3 – VALOR ADICIONADO BRUTO	92.960
4 – DEPRECIAÇÃO, AMORTIZAÇÃO E EXAUSTÃO	‒‒‒‒‒
5 – VALOR ADICIONADO LÍQUIDO PRODUZIDO PELA ENTIDADE	92.960
6 – VALOR ADICIONADO RECEBIDO EM TRANSFERÊNCIA	‒‒‒‒‒
7 – VALOR ADICIONADO TOTAL A DISTRIBUIR	92.960
8 – DISTRIBUIÇÃO DO VALOR ADICIONADO	92.960
8.1 PESSOAL	‒‒‒‒‒
8.2 IMPOSTOS, TAXAS E CONTRIBUIÇÕES	27.360
8.2.2 Estaduais	27.360
8.3 REMUNERAÇÃO DE CAPITAL DE TERCEIROS	‒‒‒‒‒
8.4 REMUNERAÇÃO DE CAPITAIS PRÓPRIOS	65.600
8.4.3 Lucros retidos	65.600

Por meio desse exemplo, é possível identificar a estreita vinculação entre a DVA e a DRE, que teria apresentado

> lucro bruto de R$ 65.600 relacionado com essa operação. Cabe ressaltar que não estão presentes os demais componentes da operação, tais como despesas, custos indiretos, demais tributos, pois o objetivo foi o de evidenciar a apresentação do ICMS próprio e também o ICMS "cobrado" de terceiros por substituição tributária na DVA.

20.3.4 Análise da DVA

A DVA não difere das demais demonstrações contábeis, logo, também, é passível de análise. É possível analisar a DVA isoladamente, em conjunto com outras peças contábeis, ou ainda comparando-a com as de empresas do mesmo setor ou região.

A análise isolada da DVA pode ser realizada por meio das análises vertical (análise de cada item em relação ao total) e horizontal (evolução dos itens ao longo do tempo). Esses mesmos indicadores também podem ser utilizados para comparação com empresas do mesmo ramo de atividade ou região.

As informações contidas na DVA são úteis para entender a relação da empresa com a sociedade por meio da sua participação na formação de riqueza e no modo como a distribui entre empregados, financiadores, governo e detentores do capital. Essa compreensão é possível, por meio da análise de quocientes ou indicadores de geração de riqueza e de distribuição de riqueza.

Os indicadores de geração de riqueza fornecem informações sobre a capacidade da empresa em gerar riqueza. São exemplos de indicadores de geração de riqueza:

a) Quociente entre valor adicionado e ativo total.

b) Quociente entre valor adicionado e número de empregados.

c) Quociente entre valor adicionado e Patrimônio Líquido.

Os indicadores de distribuição de riqueza demonstram como e a quem a empresa destina a riqueza criada. São exemplos:

a) Quociente entre gastos com pessoal e valor adicionado.

b) Quociente entre gastos com tributos e valor adicionado.

c) Quociente entre gastos com remuneração de capital de terceiros e valor adicionado.

d) Quociente entre dividendos e valor adicionado.

e) Quociente entre lucros retidos e valor adicionado.

Salientamos que, além dos indicadores apresentados, diversos outros podem ser utilizados para a análise da DVA.

Sugerimos que sejam consideradas as variações da inflação do período, como forma de atualizar os valores da DVA para uma mesma base, tornando a análise mais eficiente e menos propensa a erros, mesmo não sendo a correção monetária um procedimento obrigatório.

20.3.5 Considerações finais

A Lei nº 11.638/2007 alterou a Lei nº 6.404/1976, que passou a exigir a elaboração e divulgação da DVA para companhias abertas. Com a alteração, a Lei nº 6.404/1976 passou a considerá-la da mesma forma que as demais demonstrações contábeis, no entanto, não tratou de como deve ser preparada.

Para sua elaboração, o Comitê de Pronunciamentos Contábeis (CPC) emitiu o CPC 09 – Demonstração do Valor Adicionado, estabelecendo o critério de elaboração e divulgação. O referido pronunciamento enfatiza que a DVA é um dos elementos componentes do balanço social e que os dados para sua elaboração, em sua grande maioria, são obtidos principalmente da Demonstração do Resultado.

Embora as informações utilizadas na DVA sejam normalmente extraídas da DRE, não apresentam objetivos semelhantes, mas complementares. A DRE tem por prioridade enfatizar o lucro líquido, última linha da referida demonstração. Por sua vez, a DVA tem por objetivo demonstrar a riqueza total gerada pela empresa e sua distribuição entre os elementos que contribuem para a geração dessa riqueza, assim, o lucro líquido corresponde à parcela do valor da riqueza criada e destinada aos detentores do capital e/ou retida na empresa. Quanto às demais parcelas do valor adicionado, destinadas a empregados, governo e financiadores externos, na DRE, aparecem normalmente como despesas.

De modo simplificado, pode-se dizer que a DRE utiliza o critério da natureza e a DVA o critério do benefício. Por exemplo, na DRE, os salários de funcionários envolvidos no processo produtivo são considerados custos, e os salários da administração, como despesas. Já na DVA, independentemente da natureza, custo ou despesa, salários pagos correspondem ao valor da riqueza criada destinado aos empregados, ou seja, é utilizado o critério de benefício da renda.

20.3.6 Tratamento para as pequenas e médias empresas

O Pronunciamento Técnico PME – Contabilidade para Pequenas e Médias Empresas não contém disposições específicas sobre tal demonstração, e pela legislação brasileira ela não é exigida dessas entidades.

21

Consolidação das Demonstrações Contábeis e Demonstrações Separadas

21.1 Introdução

No Capítulo 6, Seção 6.1, vimos que a forma de avaliação dos investimentos por participação no capital de outra companhia depende do tipo de relacionamento entre o investidor e sua investida: (a) pouca ou nenhuma influência; (b) influência significativa ou controle compartilhado; e (c) controle. No primeiro caso, os títulos patrimoniais são classificados como ativo financeiro e, portanto, avaliados a valor justo; no segundo caso, são considerados investimentos em coligadas ou *joint ventures* (empreendimentos controlados em conjunto) e avaliados por equivalência patrimonial; e, no terceiro caso, temos investimentos em controladas, avaliados também por equivalência patrimonial nos balanços individuais, mas fazendo-se necessário elaborar as demonstrações consolidadas, que são o objeto de estudo do presente capítulo.

21.1.1 Controladas

a) ASPECTOS LEGAIS

A Lei nº 6.404/1976 define controlada como "a sociedade na qual a controladora, diretamente ou através de outras controladas, é titular de direitos de sócio que lhe assegurem, de modo permanente, preponderância nas deliberações sociais e o poder de eleger a maioria dos administradores" (art. 243, § 2º). Por sua vez, o art. 116 da Lei define como controlador a pessoa (física ou jurídica), ou o grupo de pessoas vinculadas por acordo de voto, ou

sob controle comum, que é titular de direitos de sócio que lhe assegurem, de modo permanente, a maioria dos votos nas deliberações da assembleia geral e o poder de eleger a maioria dos administradores da companhia; e usa efetivamente seu poder para dirigir as atividades sociais e orientar o funcionamento dos órgãos da companhia.

Assim como na definição legal de coligada, a Lei não especifica o tipo de sociedade ou a proporção da participação na controlada, abrangendo todos os tipos de sociedade. Todavia, há a clara referência quanto à qualidade dos títulos representativos do investimento (ações ou quotas), no sentido de que tenham "direitos de sócio" que lhes assegure a "maioria dos votos". Não há dúvida de que esses direitos são conferidos aos títulos patrimoniais com direito a voto, como as ações ordinárias ou quotas com direito a voto e, em casos específicos, certos tipos de ações preferenciais.

A "preponderância nas deliberações sociais e o poder de eleger a maioria dos administradores" de modo permanente ocorre, presumidamente, quando a empresa investidora possui o controle acionário representado por mais de 50% do capital votante da outra sociedade, mas fatos ou circunstâncias excepcionais podem permitir demonstrar que essa participação não implica controle. Por outro lado, pode existir controle abaixo desse percentual, também excepcionalmente, como no caso de acordo formalizado entre acionistas (normalmente, sob a liderança de um deles) ou de capital da investida estar muito pulverizado, ou seja, muitos acionistas com pequenos investimentos individuais. No Brasil, há muitos casos desses acionistas e poucos casos como este último. Como percebido, cada caso em particular deve ser analisado, verificando-se a classe e a espécie de ação possuída, a porcentagem do capital detido, principalmente quando de empresas com muitos acionistas.

b) ASPECTOS COMPLEMENTARES

Adicionalmente aos aspectos legais mencionados em relação ao controle, questão-chave para definir as entidades controladas por uma empresa, devem-se observar os pronunciamentos do CPC.

A norma contábil que trata das questões relativas à consolidação de demonstrações contábeis é o CPC 36 (R3) – Demonstrações Consolidadas: "um investidor controla a investida quando está exposto a, ou tem direitos sobre, retornos variáveis decorrentes de seu envolvimento com a investida e tem a capacidade de afetar esses retornos por meio de seu poder sobre a investida". Note-se que essa noção de controle está incorporada na definição legal de controladora. A definição de controlada permite abranger todos os tipos de entidade (sociedades e associações), incluindo aquelas não organizadas como entidade legal (pessoa jurídica distinta). Dessa forma, os aspectos relevantes para caracterizar o controle são:

a) Poder sobre a investida: provém de direitos que conferem ao investidor a capacidade para dirigir as atividades relevantes da investida (aquelas que afetam significativamente seu desempenho). Mas um investidor que tenha somente direitos de proteção sobre uma investida não tem poder sobre a investida e, portanto, não a controla.

b) Exposição (ou direitos) a retornos variáveis em razão de seu envolvimento com a investida: ocorre na medida em que os retornos do investidor provenientes do seu envolvimento com a investida variam em função do desempenho da investida e da participação da investidora no capital da investida.

c) Capacidade para utilizar seu poder sobre a investida para afetar seus rendimentos sobre o investimento: implica que o investidor tem poder sobre a investida e usa esse poder para influenciar o retorno sobre seu investimento por meio do seu envolvimento com a investida.

Como se pode perceber, a determinação do controle baseia-se no poder (sobre as atividades relevantes da investida), nos retornos (para o investidor) e na relação entre eles (o uso desse poder para obter retornos sobre o investimento). Isso implica dizer que, sempre que houver evidências que indiquem mudanças em um ou mais dos três elementos de controle (poder, exposição a retornos variáveis e uso do poder para afetar seus retornos), o investidor deverá reavaliar se ainda controla a investida.

Quando a investida é gerida por poder de voto, a parte que possui direta ou indiretamente mais da metade do poder de voto, presume-se, tem controle sobre essa investida. Entretanto, podem existir situações em que a investida não seja gerida por poder de voto, ou só pelo poder de voto, caso em que se torna necessário analisar a natureza dos "direitos" das partes, bem como quais são as "atividades relevantes" dessa investida e como são geridas pelas partes. Nos casos em que os direitos de voto não tenham efeito significativo sobre os retornos da investida, como quando, por exemplo, eles se refiram somente a tarefas administrativas, e as atividades relevantes são dirigidas por meio de acordos contratuais entre as partes, cada investidor precisa avaliar esses acordos contratuais a fim de determinar se possui direitos substantivos para lhe dar poder sobre a investida.

Para ter poder sobre a investida, o investidor deve ter direitos que lhe confiram prontamente a capacidade de dirigir as atividades relevantes. Esse poder advém somente de **direitos substantivos**. Para o direito ser substantivo, seu titular deve ter a capacidade prática de exercê-lo; e esse direito precisa também ser exercível quando as decisões para dirigir as atividades relevantes precisam ser tomadas. Determinar se os direitos de uma parte são substantivos requer julgamento (orientações adicionais figuram no item B23 do CPC 36 (R3)).

O item B15 do CPC 36 (R3) menciona alguns exemplos de direitos que podem conferir, individualmente ou combinados, poder ao investidor e que, portanto, constituem evidências de controle. São eles:

a) Direitos na forma de direitos de voto (ou direitos de voto potenciais) da investida (*vide* itens B34 a B50).

b) Direitos de nomear, realocar ou destituir membros do pessoal-chave da administração da investida que tenham a capacidade de dirigir as atividades relevantes.

c) Direitos de nomear ou destituir outra entidade que dirija as atividades relevantes.

d) Direitos de instruir a investida a realizar transações, ou vetar quaisquer mudanças a essas transações, em benefício do investidor.

e) Outros direitos (tais como direitos de tomada de decisões especificados em contrato de gestão) que deem ao titular a capacidade de dirigir as atividades relevantes.

Essas evidências, em linha com a definição legal de controlador (art. 116 da Lei nº 6.404/1976), implicam que uma entidade possa controlar outra com menos de 50% do capital votante.

A título de exemplo, suponhamos que a Cia. X possui 35% dos direitos de voto da Cia. Z e que a Cia. X fez um arranjo com outros acionistas da Cia. Z, com os quais a Cia.

X não está relacionada, para a utilização de seus direitos de voto sobre a Cia. Z (digamos, 30%). Esses acionistas assinaram um acordo com a Cia. X, pelo qual ela pode votar em nome deles nas assembleias gerais, elegendo os conselheiros de administração, órgão responsável pela determinação das estratégias e políticas financeiras e operacionais da Cia. Z. Nesse caso, com apenas 35% de participação efetiva no capital votante, a Cia. X controla a Cia. Z.

A determinação do controle exige também que se faça a distinção entre direitos substantivos, que conferem poder (sobre a investida) a seu detentor, e direitos de proteção. Direitos de proteção, como o nome indica, destinam-se a proteger os interesses da parte que os detém, mas não lhe conferem poder sobre a investida. Em geral, os direitos de proteção referem-se a mudanças fundamentais nas atividades da investida ou aplicam-se em situações específicas, sem, contudo, dotar seu detentor de poder sobre a investida; tampouco conferem poder para impedir outra parte de ter poder sobre a investida. O CPC 36 (R3), item B28, cita alguns exemplos de direitos de proteção. São eles:

a) Direito de credor de impor limites ao tomador de empréstimos com relação à realização de atividades que podem modificar significativamente o risco de crédito do tomador em detrimento do credor.

b) Direito de parte titular de participação não controladora na investida de aprovar investimentos capitalizáveis superiores ao exigido no curso normal dos negócios ou de aprovar a emissão de instrumentos patrimoniais ou de dívida.

c) Direito de credor de apropriar-se legalmente de ativos do tomador de empréstimo se este deixar de satisfazer condições especificadas de amortização de empréstimo.

Em determinadas circunstâncias, todavia, pode ser difícil concluir se os direitos de um investidor são suficientes para dar a ele poder sobre a investida, principalmente quando existirem evidências de que ele tem a capacidade prática para dirigir as atividades relevantes unilateralmente, independentemente ou em conjunto com direitos correntes. Nesse sentido, o item B18 do CPC 36 (R3) esclarece que alguns dos fatores envolvendo a capacidade prática de um investidor para fazer algo sem que ele tenha direitos contratuais para fazê-lo devem ser considerados, sendo eles:

a) O investidor pode, sem ter o direito contratual de fazê-lo, nomear ou aprovar o pessoal-chave da administração da investida que tem a capacidade de dirigir as atividades relevantes.

b) O investidor pode, sem ter o direito contratual de fazê-lo, instruir a investida a realizar transações significativas em benefício do investidor ou pode vetar quaisquer mudanças nessas transações.

c) O investidor pode dominar o processo de nomeações para a eleição de membros do órgão de administração da investida ou a obtenção de procurações de outros titulares de direito de voto.

d) O pessoal-chave da administração da investida é formado por partes relacionadas do investidor (por exemplo, o presidente executivo da investida e o presidente executivo do investidor são a mesma pessoa).

e) A maioria dos membros do órgão de administração da investida consiste em partes relacionadas do investidor.

Outro aspecto (também mencionado na lei) é que o controle acionário pode ser direto ou indireto, ou seja, por meio de outras controladas. É o caso da Cia. A, que controla B e esta controla C. C é controlada indireta de A. Nesse ponto, também, o assunto pode se tornar complexo. Vejamos outros exemplos a seguir, em que o capital das companhias é formado apenas por ações ordinárias, e que não existam outras evidências de controle além dos efetivos direitos de voto em poder das partes.

Exemplo I

A Empresa A tem diretamente 70% do capital votante da empresa B; logo, B é controlada de A. Adicionalmente, a Empresa A possui diretamente 20% do capital votante da empresa C, e a empresa B possui 40% do capital votante de C. Logo, C também é controlada de A, o que significa que, nas assembleias de C, o que predomina é a decisão de A pela soma de seu poder de voto direto (20%) com o poder de voto de sua controlada B (40%). O importante é o conceito de controle e não de propriedade. Então, os direitos de voto de C controlados por A somam 60%.

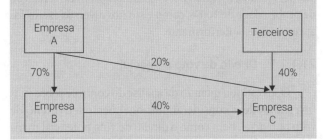

Exemplo II

Assumindo que os percentuais de participação indicados são relativos ao capital votante e que não existam outras evidências de controle, temos a seguinte situação:

- B é controlada direta de A.
- Também é controlada indireta de A, pois é controlada por B.
- C não é controlada de A, apenas sua coligada direta.
- D também é uma coligada de A, só que indireta, pois B possui 40% de seu capital votante, apesar de D ser controlada de C (que não é controlada de A).

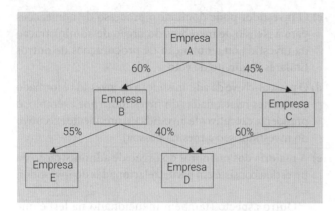

Em termos de uma relação de propriedade estrita, pode-se dizer que A é proprietária de 51% do capital votante de D (45% de 60% = 27%, por meio de C, e 60% de 40% = 24%, por intermédio de B), mas esta não é sua controlada. Por outro lado, A é proprietária de 33% (60% de 55%) de E, mas esta é sua controlada.

O racional desses cálculos envolve expurgar a participação que "pertence" aos demais acionistas. Por exemplo, a empresa A tem 60% de B, que tem 55% de E, o que resulta em propriedade de 33% de E por parte de A; portanto, 40% de 55%, que resulta em 22% (de E), pertence aos não controladores da empresa B. Todavia, o que está sob o controle de A é a totalidade da participação que B possui em E (55% do poder de voto).

Veja-se, portanto, que são dois conceitos diferentes: relação de propriedade e controle. Podem igualar-se em alguns casos ou ser muito díspares em outros. Em outras palavras, quem tem controle comanda o conjunto total de ativos líquidos, mas não necessariamente tem uma relação de propriedade de 100%, como visto nos diversos exemplos apresentados anteriormente.

21.1.1.1 Direito de voto potencial

O investidor, quando da análise do controle sobre suas investidas, deve considerar adicionalmente seu direito de voto potencial, bem como o direito de voto potencial mantido por outras partes, mas somente se forem substantivos. Direito de voto potencial consiste em direitos de obter mais poder de voto da investida, por exemplo, os decorrentes de instrumentos conversíveis ou cujo exercício confira a seu detentor uma quantidade adicional de capital votante.

Quaisquer valores mobiliários cujo exercício ou conversão permita às partes obter poder de voto adicional (reduzindo ou não o poder de voto de outras partes) devem, portanto, ser levados em conta quando dessa análise do controle (somente aqueles prontamente exercíveis ou conversíveis), independentemente da intenção ou da capacidade financeira das partes para exercê-los ou convertê-los. Adicionalmente, devem-se ainda considerar o objetivo e a estrutura do instrumento, incluindo a avaliação dos diversos termos e condições do instrumento, bem como as expectativas, motivos e razões evidentes do investidor para concordar com esses termos e condições (item B48 do CPC 36 (R3)). Para ilustrar, considere a composição acionária na Cia. D apresentada na Figura 21.1.

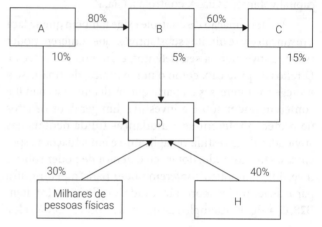

Figura 21.1

Considerando que cada ação confere direito a um voto, que não existam acordos entre quaisquer acionistas nem outras evidências de controle, bem como que a participação total em poder dos sócios pessoas físicas está pulverizada em grande quantidade de pessoas, então, a Cia. D é muito provavelmente controlada da Cia. H, uma vez que possui a maior parte do capital votante comparativamente às demais partes. Todavia, a preponderância da Cia. H é suscetível a acordos com os demais acionistas (entre as Cias. A e C e/ou entre A e pessoas físicas).

Em relação ao grupo econômico controlado pela Cia. A, ele é formado por A e suas controladas B (direta) e C (indireta); a Cia. D é coligada, uma vez que a Cia. A possui 30% do poder de voto (10% diretamente e 20% indiretamente por meio de suas controladas B e C), conforme previsto no CPC 18 e, portanto, a avaliação deve ser feita pelo método de equivalência patrimonial.

Assumindo-se que a Cia. H controla a Cia. D, portanto, pela lei, além de avaliar esse investimento pela equivalência patrimonial em suas demonstrações individuais, a Cia. H deverá preparar e apresentar as demonstrações consolidadas, tal como o fará a Cia. A, incluindo-se as controladas B e C.

Vamos agora, contudo, considerar que o capital social da Cia. D seja formado por 500 mil ações ordinárias (não existem ações preferenciais) e que a Cia. A possua opções de compra de ação, prontamente exercíveis, que impliquem a emissão de 100 mil novas ações.

Com isso, a análise de controle e influência significativa deve considerar o direito potencial de voto, tal como a seguir:

- Cia. A: possui 50.000 ações (10% de 500 mil ações) e, com o exercício de sua opção, terá 150.000 ações, o que representará 25% de participação (150 mil/600 mil).
- Cia. B: possui 25.000 ações (5% de 500 mil ações) antes ou depois do exercício da opção da Cia. A, mas sua participação será diluída para 4,17% (25 mil/600 mil).
- Cia. C: possui 75.000 ações (15% de 500 mil ações) antes ou depois do exercício da opção da Cia. A, mas sua participação será diluída para 12,5% (75 mil/600 mil).
- Cia. H: possui 200.000 ações (40% de 500 mil ações) antes ou depois do exercício da opção da Cia. A, mas sua participação será diluída para 33,3% (200 mil/600 mil).
- Outros investidores (diversas pessoas físicas não relacionadas): ao todo, possuem 150.000 ações (30% de 500 mil ações) antes ou depois do exercício da opção da Cia. A, mas essa participação será diluída para um total de 25% (150 mil/600 mil).

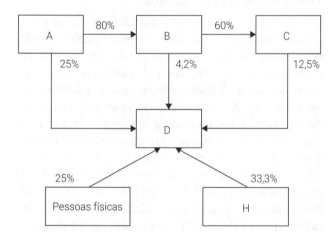

Figura 21.2

Após a consideração do direito potencial de voto, há uma mudança e, agora, em relação ao grupo controlado pela Cia. A, a Cia. D é uma controlada, já que a Cia. A tem controle sobre 41,67% do poder de voto recalculado (25% diretamente e 16,67% indiretamente por meio de suas controladas); aqui, considera-se a dispersão dos acionistas pessoas físicas. Certamente, isso não altera em nada a obrigatoriedade, pela lei, de que todas as companhias (A, B, C e H) avaliem seus investimentos na Cia. D pela equivalência patrimonial em suas demonstrações contábeis individuais; mas, como percebido, haverá uma alteração em relação à consolidação, na medida em que, pelo disposto no CPC 36 (R3), a Cia. A é capaz de controlar a Cia. D, sua controlada, e, portanto, deve integrar suas demonstrações consolidadas.

Sempre que houver direitos de voto potenciais (instrumentos conversíveis em capital votante ou cujo exercício proporcionará a seu detentor uma quantidade adicional de capital votante), será necessário avaliar se o direito (de conversão ou de exercício) é substantivo, não apenas no sentido de que sejam exercíveis quando as decisões para dirigir as atividades relevantes precisarem ser tomadas pela parte (ou partes) que detêm tais direitos, mas também no sentido de analisar como a parte (ou partes) será beneficiada pelo exercício desses direitos.

Por exemplo, o titular de direitos de voto potenciais na investida pode ter opções de compra de ações e, portanto, a obtenção de capital votante adicional depende do pagamento do preço de exercício da opção mantida pela parte. De acordo com o CPC 36 (R3), item B23, letra c, é mais provável que os termos e as condições de direitos de voto potenciais sejam substantivos quando o instrumento está dentro do preço[1] ou quando o investidor se beneficiar do exercício do instrumento por outras razões, tal como pela obtenção do controle, permitindo-lhe desenvolver sinergias entre o investidor e a investida.

Vale lembrar que, de forma contrária ao CPC 36 (R3), a Lei nº 6.404/1976 exige que se considere apenas a **participação efetiva,** na medida em que define como controladora a entidade "titular de direitos de sócio que lhe assegurem, de modo permanente, preponderância nas deliberações sociais e o poder de eleger a maioria dos administradores" (art. 243, § 2º). Note-se que, no exemplo apresentado, o "direito de sócio" existirá somente se a Cia. A exercer efetivamente sua opção de compra de ações e obtiver as 100 mil ações adicionais. Apesar de esta não ser uma situação tão frequente no Brasil, considerar os direitos de voto potencial é relevante na medida em que permite antecipar movimentos que alterariam a posição atual de controle e de influência significativa, o que já estaria refletido nas demonstrações contábeis, mesmo antes de se efetivar o exercício ou a conversão. Nesse sentido, cumpre lembrar o que dispõe a Lei nº 6.404/1976 sobre a alienação de controle (seção VI), em seu artigo 254-A (§ 1º):

> "Entende-se como alienação de controle a transferência, de forma direta ou indireta, de ações integrantes do bloco de controle, de ações vinculadas a **acordos de acionistas** e de **valores mobiliários conversíveis em ações com direito a voto, cessão de direitos de subscrição de ações e de outros títulos ou direitos relativos a valores mobiliários conversíveis em ações** que venham a resultar na alienação de controle acionário da sociedade". (Grifo nosso.)

---

[1] Uma opção de compra de ações está "dentro do preço" (*in the money*) quando seu preço de exercício está abaixo do valor de mercado das ações que o instrumento proporcionará ao ser exercido.

Pode-se dizer que, de certa forma, parece existir total inconsistência entre a definição legal de controladora (e a forma pela qual a lei define a alienação de controle) e o CPC 36 (R3), já que para esta última os direitos potenciais de voto devem ser considerados. Essa inconsistência parece agravar-se na medida em que o art. 118, em seu § 2º, dispõe que os acordos de acionistas (sobre a compra e venda de suas ações, preferência para adquiri-las, exercício do direito a voto ou do poder de controle) "não poderão ser invocados para eximir o acionista de responsabilidade no exercício do direito de voto (art. 115) ou do **poder de controle** (arts. 116 e 117)" (Grifo nosso).

Por outro lado, essa e outras tantas questões surgem do fato de que nossa legislação, baseada no direito romano, é bastante centrada na forma, enquanto as normas internacionais o são na essência. Mas existe certa ligação. Veja-se que, no caso de existirem opções de compra de ações que podem mudar o controle, isso significa que, de fato, quem ainda está formalmente com o controle o tem de maneira totalmente temporária, não permanente, o que também descaracteriza a figura do controlador conforme a própria Lei das S.A. Veja-se que já foi transcrito o seguinte trecho dessa Lei: "a sociedade na qual a controladora, diretamente ou através de outras controladas, é titular de direitos de sócio que lhe assegurem, de modo permanente, preponderância nas deliberações sociais e o poder de eleger a maioria dos administradores" (art. 243, § 2º). (Grifo nosso.)

Assim, uma coisa é verdade e comum às duas formas de ver: quem era controlador não é mais. A diferença é que, pela nossa Lei, o novo controlador assumirá essa condição apenas quando efetivamente exercer seu direito; já pelas normas internacionais e CPC 36 (R3), passa a ser o controlador antes mesmo desse exercício, desde que tais direitos de voto potenciais sejam substantivos.

Pode até acontecer de, em determinadas circunstâncias, o direito de voto potencial não estar prontamente exercível, mas ser considerado substantivo na análise do controle sobre a investida. O CPC 36 (item B24, exemplo 3B) exemplifica uma situação em que isso ocorre:

"O investidor é parte de contrato a termo para a aquisição da maioria das ações da investida. A liquidação do contrato a termo se dará em 25 dias. Os acionistas existentes não são capazes de modificar as políticas existentes em relação às atividades relevantes, já que uma assembleia extraordinária não pode ser realizada antes de decorridos 30 dias, ocasião em que o contrato a termo já terá sido liquidado. Assim, o investidor tem direitos que são essencialmente equivalentes aos do acionista majoritário do exemplo 3A (ou seja, o investidor que detém o contrato a termo pode tomar decisões sobre a direção das atividades relevantes quando elas precisarem ser tomadas). O contrato a

termo do investidor é um direito substantivo que lhe dá a capacidade atual de dirigir as atividades relevantes mesmo antes que o contrato a termo seja liquidado."

Logo, há que se entender: para fins legais, do direito societário, o conceito de controlador e controlada pode ser diferente do conceito contábil. Para fins das demonstrações financeiras, prevalece o que estiver definido pelos Pronunciamentos Técnicos aprovados pela CVM e pelo CFC. A própria Lei exige que a CVM siga as normas internacionais. Aliás, por isso a consolidação de balanços é obrigatória no Brasil mesmo entre as denominadas limitadas, por exemplo (consultar exceções contidas na própria norma).

21.1.1.2 Relação de agência

De acordo com o CPC 36 (R3), Apêndice A, "decisor" é uma entidade com poderes de decisão, um principal ou um agente para outras partes. Portanto, um investidor com direitos de tomada de decisão acerca das atividades relevantes de sua investida deve determinar se ele é um principal ou um agente. Caso seja um agente, então ele não controla a investida quando exercer os direitos de decisão a ele delegados por um principal.

Os direitos substantivos mantidos por outras partes podem afetar a capacidade do decisor para dirigir as atividades relevantes da investida (item B64 do CPC 36 (R3)). Por exemplo, direitos substantivos de destituição podem indicar que o tomador de decisões é agente, ou seja, se determinada parte tem o direito de destituir a qualquer tempo o referido decisor, então este é na verdade um agente, sendo a parte com poderes de destituição o principal. Isso significa dizer que o agente, no exercício de sua autoridade – delegada por um principal –, não controla a investida, mas o principal que delegou tal autoridade. O item B65 do CPC 36 (R3) menciona que, "quando uma única parte detém direitos substantivos de destituição e pode destituir o tomador de decisões sem justa causa, isto, por si só, é suficiente para concluir que o tomador de decisões é agente". Entretanto, quando mais de uma parte detiver direitos substantivos de remoção ou destituição, considerá-los isoladamente não será conclusivo na determinação do decisor como um agente.

Nesse sentido, o CPC 36 (R3) esclarece que, "quanto maior o número de partes que precisam agir em conjunto para exercer o direito de destituição do tomador de decisões e quanto maior a dimensão e a variabilidade associada aos demais interesses econômicos do tomador de decisões (ou seja, remuneração e outros interesses), menor o peso que deve ser atribuído a esse fator".

A natureza do relacionamento entre o investidor e outras partes também deve ser levada em conta quando da análise do controle sobre determinada investida, bus-

Cap. 21 · Consolidação das Demonstrações Contábeis e Demonstrações Separadas | **445**

cando-se determinar se essas outras partes estão ou não agindo em nome do investidor. Se estiverem, então, essas outras partes serão "agentes de fato". O CPC 36 (R3), item B73, esclarece que "determinar se outras partes estão agindo como agentes de fato exige julgamento, considerando-se não apenas a natureza do relacionamento, mas também como essas partes interagem entre si e com o investidor".

De acordo com o CPC 36 (R3), uma parte será agente de fato quando o investidor possuir a capacidade de fazer que essa parte aja em nome do investidor. Se for esse o caso quando da avaliação do controle sobre a investida, o investidor deverá considerar os direitos decisórios de seu agente de fato e a sua exposição indireta a retornos variáveis por meio do agente de fato, juntamente com seus próprios direitos e retornos variáveis diretos. O CPC 36 (R3) apresenta em seu item B75 exemplos de situações em que outras partes, pela natureza de seu relacionamento, podem atuar como agentes de fato do investidor. São elas:

a) Partes relacionadas do investidor.

b) Parte que recebeu sua participação na investida como contribuição ou empréstimo do investidor.

c) Parte que concordou em não vender, transferir ou onerar suas participações na investida sem a aprovação prévia do investidor (salvo em situações em que o investidor e a outra parte tenham o direito de aprovação prévia e os direitos se baseiem em termos mutuamente convencionados por partes independentes e interessadas).

d) Parte que não possa financiar suas operações sem o suporte financeiro subordinado do investidor.

e) Investida cuja maioria dos membros de seu órgão de administração ou cujo pessoal-chave da administração seja o mesmo que o do investidor.

f) Parte que tenha relacionamento de negócio estreito com o investidor, como, por exemplo, o relacionamento entre prestador de serviços profissionais e um de seus clientes significativos.

21.2 Noções preliminares de consolidação

21.2.1 Introdução

A consolidação das demonstrações contábeis foi uma das importantes inovações introduzidas no Brasil pela Lei das S.A. e, à época, nos tornamos o primeiro país não saxônico a adotá-la, bem como a equivalência patrimonial. A consolidação é adotada em muitos outros países há vários anos, particularmente naqueles em que o sistema de captação de recursos, por meio da emissão de ações ao público pelas bolsas de valores, é importante para as empresas. Somente por meio dessa técnica é que se pode realmente conhecer a posição financeira da empresa controladora e das demais empresas de um grupo econômico.

A leitura de demonstrações contábeis não consolidadas de uma empresa com investimentos relevantes em controladas perde muito de sua significação, pois essas demonstrações não fornecem elementos completos para o real conhecimento e entendimento da situação financeira em sua totalidade e do volume total das operações (motivo pelo qual há países onde é até vedada a divulgação das demonstrações individuais quando há investimento em controlada). Nesse sentido, deve prevalecer o conceito de controle ao efetuar-se a consolidação. E, como vimos, o "controle" envolve o poder sobre a investida para dirigir suas atividades relevantes e usar esse poder em benefício do investidor. Portanto, o controle não abrange apenas o acionário, mas também o poder decisório acerca das atividades relevantes da investida.

Alerta-se para o seguinte: no caso do credor, o Balanço Consolidado pode não satisfazer plenamente, porque seu crédito será especificamente contra determinada entidade jurídica, não contra o conjunto consolidado. Mas conhecer a situação econômica/financeira do grupo a que pertence seu cliente é fundamental, bem como permite a visão de garantias a serem ampliadas nas operações de empréstimo ou financiamento.

No Balanço Patrimonial consolidado, deve-se apresentar o conjunto de ativos, passivos, receitas e despesas sob controle da entidade controladora e não os de sua propriedade, o que envolve seus próprios ativos, passivos, receitas e despesas, como também os 100% das entidades que ela controla. Então, ao trazer 100% dos ativos e passivos, mas considerando que a controladora tenha somente 80% de participação efetiva na controlada, isso faz surgir a necessidade de incluir no Patrimônio Líquido consolidado a participação dos não controladores, relativa aos 20% restantes de participação diretamente nas controladas.

As diversas empresas de um mesmo grupo econômico podem formar um conjunto de atividades econômicas complementares umas às outras, mas às vezes isso não ocorre (a entidade opera em mais de um segmento econômico). Assim, é dentro dessa visão e contexto que as demonstrações contábeis devem ser analisadas.

21.2.2 Objetivo da consolidação e quem a faz

O objetivo da consolidação é apresentar aos usuários da informação contábil, principalmente acionistas e credores, os resultados das operações e a posição financeira da sociedade controladora e de suas controladas, como se o grupo econômico fosse uma única entidade. Isso permite uma visão mais geral e abrangente e melhor compreensão do que inúmeros balanços isolados de cada empresa do grupo. De acordo com o CPC 36 (R3), grupo econômico é definido como constituído pela "controladora e todas as suas controladas" e isso independe de o grupo estar ou não constituído formalmente, nos termos do Capítulo XXI da Lei das Sociedades por Ações (Grupo de Sociedades).

Efetivamente, a análise individual das diversas demonstrações contábeis faz perder a visão do conjunto, do desempenho global do grupo ou do conjunto completo de ativos e passivos que estão sob controle da entidade controladora. E ainda pode incluir transações e relações de crédito/débito entre entidades do mesmo grupo. Por isso, as inúmeras transações realizadas e os saldos entre empresas pertencentes a um mesmo grupo econômico necessitam ser eliminadas nas demonstrações consolidadas, obtendo-se, assim, apenas os valores apurados em função de operações efetuadas com terceiros alheios ao grupo.

A consolidação, de acordo com a Lei das Sociedades por Ações, é obrigatória para as companhias abertas (art. 249) e para os grupos de sociedades formalmente constituídos na forma do Capítulo XXI da Lei nº 6.404/1976, independentemente de serem ou não companhias abertas (aplicando-se a consolidação mesmo que a sociedade de comando não seja uma sociedade por ações, tal como no caso de uma empresa limitada). Como, porém, a norma contábil que determina em que casos devem ser elaboradas as demonstrações consolidadas, o CPC 36 (R3) – Demonstrações Consolidadas foi aprovado não só pela CVM, mas também pelo CFC, isso significa que todas as demais sociedades, por ações, limitadas e outras estão também obrigadas à consolidação.

a) APRESENTAÇÃO DAS DEMONSTRAÇÕES CONSOLIDADAS

O CPC 36 (R3) deve ser aplicado na elaboração e apresentação de demonstrações contábeis consolidadas de um grupo econômico de entidades sob o controle de uma controladora. Portanto, a controladora deve apresentar as demonstrações contábeis consolidadas, em que os investimentos em controladas estão consolidados, de acordo com as exigências do CPC 36.

De acordo com o item 4 do CPC 36 (R3), uma controladora pode vir a ser dispensada da apresentação das demonstrações contábeis consolidadas, o que hoje é praticamente impossível no Brasil para as companhias abertas. Se for esse o caso, ela deverá apresentar as demonstrações contábeis separadas, em conformidade com o CPC 35 – Demonstrações Separadas (esse assunto será tratado na Seção 21.14).

b) ABRANGÊNCIA DAS DEMONSTRAÇÕES CONSOLIDADAS

O processo de consolidação da investida começa na data em que o investidor obtém o controle da investida e cessa quando o investidor perde o controle da investida.

Assim, considerando que a norma não tem nenhum dispositivo prevendo a possibilidade de exclusão de alguma controlada, salvo na situação em que a controladora se enquadre nos requerimentos de uma entidade de investimento (ver Seção 21.2.5), pode-se dizer que as demonstrações contábeis consolidadas devem incluir todas as controladas de uma controladora, inclusive aquelas cuja participação estiver classificada como mantida para venda conforme os critérios do CPC 31 – Ativo Não Circulante Mantido para Venda e Operação Descontinuada. Todavia, as controladas mantidas para venda devem integrar as demonstrações consolidadas de acordo com as exigências do CPC 31 (Veja-se Capítulo 4 – Outros Ativos e Operações Descontinuadas) e não em consonância com as exigências do CPC 36 (R3), uma vez que a base de avaliação e a forma de apresentação são diferentes.

Isso implica dizer que uma controlada também não pode ser excluída da consolidação simplesmente porque sua controladora é uma organização de capital de risco, fundo mútuo, unidade fiduciária ou entidade similar, tal como ocorre em relação ao método de equivalência patrimonial relativo aos investimentos em coligadas ou *joint ventures* mantidos por esses tipos de empresas. Da mesma forma, uma controlada não pode ser excluída da consolidação simplesmente porque suas atividades de negócio são diferentes daquelas das demais entidades do grupo.

c) ENTIDADES DE PROPÓSITO ESPECÍFICO

Uma entidade pode ser criada visando ao cumprimento de objetivos específicos, tais como um arrendamento, atividades de pesquisa ou a securitização de ativos financeiros. Esse tipo de entidade é denominado entidade de propósito específico (EPE) e pode assumir a forma de sociedade por ações, unidade fiduciária, sociedade de pessoas ou até uma entidade sem personalidade jurídica. Muitas vezes, as EPEs são criadas com acordos legais que impõem limites definidos e algumas vezes permanentes sobre os poderes de tomada de decisão de seu conselho de administração, depositário (*trustee*) ou administração em relação às operações da EPE. Normalmente, essas disposições especificam que as políticas que orientam as atividades em andamento da EPE não podem ser modificadas, exceto talvez por seu criador ou patrocinador, situação em que se diz que operam no "piloto automático".

O patrocinador (ou entidade em cujo interesse a EPE foi criada) frequentemente transfere ativos à EPE, detém o direito de usar os ativos da EPE, enquanto outras partes ("provedores de capital") podem fornecer recursos à EPE. Uma entidade que esteja envolvida em transações com uma EPE (normalmente, o criador ou patrocinador) pode, em essência, controlar a EPE. É o caso do proprietário de um terreno que se junta a uma incorporadora para a construção de um edifício.

Atualmente, a norma que orienta o tratamento contábil das EPEs é o CPC 36 (R3) – Demonstrações Consolidadas. Dessa forma, as orientações do CPC 36 (R3) para determinar o controle devem ser utilizadas também para determinar se uma das partes controla a EPE e, se sim, elaborar e divulgar as demonstrações consolidadas em conformidade com as exigências do referido Pronunciamento Técnico. Como outro exemplo, podemos citar a EPE formada como fundo de investimentos exclusivos e utilizada como veículo de diversificação de investimentos, do qual administra seu fluxo de caixa e rentabilidade/risco.

Outro exemplo de EPE é a entidade criada para a captação de recursos por meio dos Fundos de Investimentos em Direitos Creditórios (FIDCs). A empresa detentora dos recebíveis (direitos creditórios) cede ao fundo os fluxos futuros de seus títulos a receber originados de suas vendas a prazo, captando recursos para suprir suas necessidades de capital de giro. Entretanto, na maioria dos casos, o controle dos recebíveis cedidos remanesce com a entidade, de forma que a operação se caracteriza como um empréstimo. Sendo assim, os valores dos recebíveis devem ser mantidos no Ativo de quem os produziu, ou seja, não devem ser baixados, e o valor recebido do fundo deve figurar em conta do Passivo, representativa da obrigação financeira correspondente, e os custos financeiros serão apropriados *pro rata tempore* em Despesa Financeira. Ao consolidar o FDIC, os recebíveis são apresentados no grupo dos recebíveis de clientes e, após eliminação do eventual saldo das quotas subordinadas detidas pela companhia, o Patrimônio Líquido remanescente do fundo deverá ser refletido como financiamento consolidado.

Outro tipo de EPE são as entidades criadas com o objetivo de conjugar esforços e recursos financeiros e/ou tecnológicos para o desenvolvimento e exploração de determinada atividade comercial, industrial e de serviços (parcial ou integral) de uma única empresa ou de um grupo de empresas distintas com interesses em comum, por exemplo, as EPEs criadas nos ramos de petróleo e gás, geração e distribuição de energia elétrica, transportes aéreo e ferroviário, exploração de contratos de concessão de serviços públicos, desenvolvimento tecnológico, entre outras. Essas EPEs podem ser criadas por meio do recebimento de recursos financeiros e/ou transferência de ativos tangíveis e intangíveis de seus patrocinadores.

Uma companhia também pode constituir EPE para a construção de um parque industrial, para manutenção de instalações utilizadas nas atividades empresariais, ou mesmo para reestruturação societária de empresas endividadas e/ou em processo de negociação da participação acionária. Uma EPE, portanto, deve integrar as demonstrações consolidadas de uma companhia sempre que a essência do relacionamento entre elas indicar que a EPE é controlada por essa companhia.

De acordo com o conceito de controle, a determinação de qual parte controla uma EPE deve considerar que parte detém poder para dirigir as atividades relevantes da EPE e usa esse poder em seu benefício. Portanto, pode existir controle de uma EPE mesmo no caso em que uma entidade detém pequena ou até mesmo nenhuma parcela do Patrimônio Líquido da EPE. Assim, a aplicação do conceito de controle exige, em cada caso, julgamento no contexto de todos os fatores relevantes.

21.2.3 Obrigatoriedade da consolidação nas empresas fechadas

Já afirmamos antes, mas ressaltamos: com a edição das Leis nos 11.638/2007 e 11.941/2009, que promoveram alterações na Lei das S.A., e a emissão do CPC 36 (R3), todas as sociedades por ações, mesmo as fechadas, e as limitadas e outras estão obrigadas à elaboração das demonstrações consolidadas (ver raríssimas exceções na própria norma) quando tiverem investimentos em controladas.

21.2.4 Diferença na data de encerramento do exercício

Muitas vezes, pode ocorrer que a controladora encerre seu balanço em determinada data, e que uma ou mais de suas controladas encerrem seus balanços em datas diferentes. Logicamente, essa diferença não justifica a não consolidação, pois a controlada pode preparar demonstrações contábeis para fins de consolidação para períodos coincidentes com o da controladora. A respeito desse problema, a Lei nº 6.404/1976 (art. 250, § 4º) determina que "as sociedades controladas, cujo exercício social termine mais de **sessenta dias antes** da data do encerramento do exercício da companhia, elaborarão com observância das normas desta lei, demonstrações contábeis extraordinárias em data compreendida neste prazo". E o CPC 36 (R3) também admite essa defasagem, mas menciona que utilizada apenas se impraticável o uso da mesma data. Mas desde que: (a) sejam ajustadas para refletir os efeitos de transações ou eventos significativos ocorridos entre a data dessas demonstrações contábeis defasadas e a data das demonstrações consolidadas; e (b) a duração dos períodos abrangidos nas demonstrações contábeis e alguma diferença entre as respectivas datas de encerramento seja igual de um período para outro. Assim, é possível incluir controladas com datas diferentes, mas deve-se atentar para esclarecer em nota explicativa que as demonstrações contábeis da controlada estão sendo consolidadas com base em demonstrações de data anterior, indicando o período de defasagem, e verificar nesse período a ocorrência, na controlada, de eventos com efeitos relevantes nas demonstrações consolidadas; se houver, eles devem ser considerados na consolidação e esclarecidos em notas explicativas.

21.2.5 Entidades de investimento

Em outubro de 2012, o IASB aprovou uma emenda à IFRS 10, recepcionada no Brasil por meio do CPC 36 (R3), que introduziu um conceito novo: o das entidades de investimento (fundos de investimento, por exemplo). Entidade de investimento é aquela que: (a) obtém recursos de um ou mais investidores com o intuito de prestar a esses investidores serviços de gestão de investimento; (b) se compromete com seus investidores no sentido de que seu propósito comercial seja investir recursos exclusivamente para retornos de valorização do capital, receitas de investimentos ou ambos; e (c) mensura e avalia o desempenho de substancialmente todos os seus investimentos com base no valor justo.

Como visto, o princípio geral é que se devem consolidar todas as entidades controladas. Não obstante, diversos investidores argumentaram junto ao IASB que as demonstrações financeiras consolidadas de uma entidade de investimento podem prejudicar a capacidade dos usuários de avaliar a posição financeira e os resultados de uma entidade como essa, pois enfatizam a posição financeira, as operações e o fluxo de caixa da investida, não os da entidade de investimento. Com frequência, uma entidade de investimento detém participações de não controladores em algumas entidades apresentadas ao valor justo, bem como participações controladoras em outras entidades que seriam consolidadas de acordo com o princípio geral da IFRS 10. Argumentaram ainda que a apresentação de investimentos em mais de uma base prejudica a comparabilidade dentro das demonstrações financeiras, uma vez que todos os investimentos são detidos por uma entidade de investimento para um fim similar – retornos da valorização do capital, receita de investimento ou ambos. Além disso, alguns dos itens consolidados podem ser mensurados ao custo histórico, o que distorce a avaliação do desempenho da entidade de investimento e não reflete a forma pela qual o negócio da entidade é administrado.

Nesse contexto, o IASB decidiu por criar uma exceção ao princípio geral de consolidação de entidades controladas e passou a requerer que não sejam consolidadas as demonstrações de entidades controladas por uma entidade de investimento. Adotou-se, portanto, uma abordagem baseada na entidade para a exceção à consolidação, isto é, a exceção à consolidação baseia-se no tipo de entidade que detém o investimento na controlada. Como visto por meio da definição de uma entidade de investimento, trata-se de um tipo de entidade que possui três elementos essenciais que a diferenciam de outros tipos de entidades, a saber:

a) SERVIÇOS DE GESTÃO DE INVESTIMENTO

Uma das atividades essenciais de uma entidade de investimento é que ela obtém recursos de investidores a fim de prestar a esses investidores serviços de gestão de investimento. Essa prestação de serviços de gestão de investimento diferencia entidades de investimento de outras entidades.

b) PROPÓSITO COMERCIAL

Uma entidade de investimento obtém recursos de investidores e investe esses recursos para obter retornos exclusivamente da valorização do capital, da receita de investimentos ou de ambos, para prestar serviços de gestão de investimento e investir recursos exclusivamente para retornos da valorização do capital, receitas de investimento ou ambos. Ela não tem a característica de uma *holding* que administra um conjunto de controladas para obter resultado pelo desempenho dessas controladas, para receber seus dividendos.

Nesse contexto, é importante destacar que uma característica que diferencia entidade de investimento de outras entidades é que a entidade de investimento não planeja deter seus investimentos indefinidamente: ela os detém por prazo limitado e deve, portanto, ter uma estratégia de saída documentada para que possa se qualificar à exceção de consolidação em tela. Outrossim, mister esclarecer que uma entidade de investimento pode ter estratégia de investir em mais de uma investida no mesmo setor, mercado ou área geográfica a fim de se beneficiar de sinergias que aumentem a valorização do capital e a receita de investimentos dessas investidas. Em outras palavras, a entidade não fica impedida de ser classificada como entidade de investimento pelo simples fato de que essas investidas negociam umas com as outras.

c) MENSURAÇÃO PELO VALOR JUSTO

Outra característica distintiva significativa de uma entidade de investimento é que os investidores de uma entidade de investimento estão principalmente interessados no valor justo e tomam suas decisões de investimento com base no valor justo dos investimentos subjacentes da entidade de investimento.

21.3 Procedimentos de consolidação

21.3.1 Introdução

Como já comentado, o objetivo básico da consolidação é apresentar a posição financeira e os resultados das operações das diversas empresas do grupo como se fossem uma única entidade. Assim, tendo em mãos as demonstrações contábeis das empresas que serão consolidadas, a técnica básica é, primeiramente, somar os saldos das contas.

Dessa forma, por exemplo, o saldo consolidado do subgrupo Disponível será a soma do Disponível das empresas consolidadas. O mesmo para as demais contas patrimoniais,

Cap. 21 · Consolidação das Demonstrações Contábeis e Demonstrações Separadas | 449

e as de resultado também. Já os demais procedimentos de consolidação visam promover os ajustes para que os saldos consolidados representem adequadamente a posição financeira e patrimonial do grupo, considerando apenas as transações realizadas junto a terceiros. Por esse motivo, os efeitos das transações realizadas entre as empresas do grupo (saldos patrimoniais, receitas e despesas) devem ser eliminados no processo de consolidação.

As receitas e despesas de uma controlada são incluídas nas demonstrações consolidadas somente a partir da data de aquisição do controle. Se houver alienação ou perda do controle, elas serão consideradas também somente até essa data.

21.3.2 Necessidade de uniformidade de políticas e critérios contábeis

É necessário que as empresas tenham critérios contábeis uniformes, e esse é o procedimento exigido pelo CPC 36 (R3) e pela Lei. Caso contrário, poderemos estar somando ativos, passivos, receitas e despesas apuradas com critérios de avaliação e classificação diferentes entre si. Se uma entidade do grupo econômico, portanto, utiliza políticas contábeis diferentes daquelas adotadas nas demonstrações contábeis da controladora para transações e eventos de mesma natureza, em circunstâncias semelhantes, serão necessários ajustes, mesmo que extracontábeis, para adequar as demonstrações das controladas quando da elaboração das demonstrações contábeis consolidadas.

Esse assunto já foi abordado com mais detalhes na Seção 6.6.1, em que verificamos a necessidade e a própria determinação legal dessa uniformidade na avaliação de investimentos. Na consolidação, isso assume uma importância ainda maior, inclusive quanto à própria uniformidade na classificação dos ativos, passivos, receitas e despesas, para que os saldos consolidados representem valores da mesma natureza. Nesse processo, os planos de contas já podem prever o controle segregado das contas e operações que serão objeto de eliminação na consolidação, o que permite alta qualidade e confiabilidade dos valores consolidados.

Ressaltamos, ainda, que é requerido um cuidado maior com controladas que operam no exterior se não aplicarem as normas internacionais de contabilidade. Esses aspectos estão também analisados na Seção 6.12.2.

21.3.3 Controle das transações entre as empresas do grupo

Apenas para ressaltar: em função da exigência de eliminar as operações realizadas entre as empresas do mesmo grupo econômico para fins de consolidação, faz-se necessário, durante o ano, manter um controle adequado dessas transações e dos saldos entre as empresas do mesmo grupo econômico (intragrupo). Por meio desse controle, será possível apurar os valores das vendas, despesas, juros, comissões e outras receitas ocorridas durante o exercício entre as empresas que integram as demonstrações consolidadas.

Com relação aos saldos de balanço, também devem ser controlados à parte e destacados para facilitar a consolidação, precisando também ser conciliados, comparando-se os saldos de uma empresa com os que acusam as outras empresas do grupo. Esses controles são normalmente feitos com o uso adequado de um Plano de Contas que preveja o registro desses saldos e dessas transações intragrupo em contas específicas. Na data da consolidação, os eventuais itens de conciliação devem ser eliminados, não na contabilidade, mas em papéis de trabalho que levem às demonstrações consolidadas. É importantíssimo efetuar conciliações periódicas das contas intragrupo e ajustá-las na data da consolidação.

21.4 Eliminações e ajustes de consolidação

Para que as demonstrações contábeis consolidadas apresentem informações sobre o grupo econômico como uma única entidade econômica, exige-se que os seguintes procedimentos sejam adotados:

a) Combinar itens similares de ativos, passivos, Patrimônio Líquido, receitas, despesas e fluxos de caixa da controladora com os de suas controladas (isso corresponde à soma dos saldos das contas, como visto na Seção 21.3.1).

b) Eliminar o valor contábil do investimento da controladora em cada controlada e a parte dessa controladora no Patrimônio Líquido das controladas (considerando-se a participação efetiva da controladora). Nesse processo, deve-se reclassificar o ágio por expectativa de rentabilidade futura (*goodwill*) contido no investimento para o grupo do Intangível, e o saldo remanescente de alguma mais-valia bruta de ativos deve ser reclassificada para os ativos e passivos que lhes deram origem, devendo-se reconhecer o valor do passivo fiscal diferido correspondente no Passivo Consolidado (o CPC 15 fornece orientações nesse sentido).

c) Identificar a participação dos não controladores nos ativos líquidos das controladas consolidadas, separadamente da parte pertencente à controladora no Patrimônio Líquido consolidado. A participação dos não controladores nos ativos líquidos é composta: (a) pelo montante da participação dos não controladores na data da combinação inicial (CPC 15); e (b) pela parte dos não controladores nas variações patrimoniais das controladas consolidadas desde a data da combinação.

d) Os saldos, fluxos de caixa, receitas e despesas decorrentes de transações intragrupo, incluindo dividendos, devem ser totalmente eliminados. Os resultados auferidos nas transações intragrupo que estiverem reconhecidos nos ativos, tais como um estoque ou um Ativo Imobilizado, devem ser totalmente eliminados, reconhecendo-se os tributos diferidos no Ativo ou Passivo, conforme o caso, por conta de impostos e contribuições decorrentes de diferenças temporárias quando da eliminação dos resultados auferidos nas transações intragrupo, em conformidade com o CPC 32 – Tributos sobre o Lucro. Os prejuízos intragrupo são eliminados desde que não indiquem uma redução no valor recuperável de ativos.

e) Após determinar o resultado consolidado, identificar a parte pertinente à controladora e aos não controladores no lucro ou prejuízo consolidado do exercício social de apresentação das demonstrações contábeis.

Adicionalmente ao já disposto, se a controlada tiver ações preferenciais em circulação com direito a dividendos cumulativos e que sejam classificadas como instrumentos patrimoniais, as quais estejam em poder de acionistas não controladores, a controladora deve calcular a parte que lhe cabe nos lucros e prejuízos da controlada após efetuar ajuste para refletir os dividendos sobre essas ações, independentemente de eles terem sido declarados ou não. Vale dizer que essa questão deve ser observada também quando da equivalência patrimonial sobre os investimentos em controladas.

Vale comentar que, quando da obtenção do controle, por força do CPC 15 – Combinação de Negócios, os ativos identificados adquiridos e os passivos assumidos da controlada foram avaliados a valor justo (regra geral). Portanto, nas demonstrações consolidadas, os saldos dos ativos e passivos das controladas devem ser ajustados por essas mais-valias atribuídas a ativos e passivos. Outro aspecto relevante é que a mais-valia contida no saldo contábil do investimento em controladas nas demonstrações individuais da controladora está líquida do passivo fiscal pertinente (constituído quando da obtenção do controle pela aplicação do CPC 15).

Da mesma forma, as receitas e despesas da controlada devem estar baseadas nos valores dos ativos e passivos reconhecidos na data da aquisição (obtenção do controle). Por exemplo, despesas de depreciação, reconhecidas no resultado do período consolidado, devem estar baseadas nos valores justos dos ativos depreciáveis reconhecidos na posição consolidada da data da aquisição.

Para efetiva assimilação do assunto, vamos agora explicar melhor os procedimentos de consolidação, já usando exemplos práticos, começando com situações mais simples e avançando para outras complexas.

21.4.1 Eliminação de saldos e transações intragrupo

Vamos, inicialmente, ver um caso simples, em que a única eliminação é a dos investimentos. Para tanto, suponha que a controladora A tenha constituído, em novembro de 20X1, uma controlada B (da qual A detém 100% do capital); que a controladora A tenha integralizado em dinheiro todo o capital da controlada B, que é de $ 125.000; e que esta não tenha ainda começado suas operações. A primeira eliminação é a desse investimento (lançamento 1), pois é como se fosse transferido dinheiro de um bolso para outro da mesma entidade, e a segunda é a eliminação do que uma tem a pagar à outra (lançamento 2). Vamos admitir que, até a data do balanço, tenha existido uma venda de $ 100.000 de estoques, a preço de custo, da controladora à controlada. E que esta tenha vendido esses estoques por $ 130.000 para terceiros. Nesse caso, no Patrimônio Líquido de A não houve qualquer alteração pela venda à B, assim não há ajuste a ser feito (o que ocorreria se a venda de A para B tivesse sido com lucro). E não há estoque nos balanços fruto de transações entre elas. Mas há o registro da equivalência de $ 30.000 em Investimento na Controlada B e no Patrimônio Líquido da controladora A.

A consolidação da posição patrimonial fica conforme o Quadro 21.1 na data do balanço.

Em primeiro lugar, esses lançamentos de eliminação são feitos apenas no papel de trabalho, não nos livros Diário e Razão. Mas esses papéis de trabalho são de natureza contábil e devem se revestir das formalidades exigidas, como rubrica ou assinatura dos responsáveis, guarda entre os documentos contábeis etc.

Além desses lançamentos, referentes somente ao balanço, temos ainda de eliminar, na Demonstração Consolidada dos Resultados do Exercício, as vendas realizadas intragrupo, pois, logicamente, a controladora A, ao efetuar a venda de $ 100.000 à controlada B, registrou tal operação como sua receita (vendas) e, em contrapartida, deu baixa no estoque do custo das mercadorias vendidas. Do ponto de vista do grupo, essa venda não foi realizada junto a terceiros, de forma que a receita e a despesa (custo da mercadoria vendida) devem ser eliminadas. O lançamento 3 é o seguinte:

Lançamento nº 3	Débito	Crédito
Receita com Vendas (Cia. A)	100.000	
a CMV (Cia. A)		100.000

Outra eliminação que deve ser feita é a do resultado da equivalência que foi adicionado.

A consolidação da Demonstração dos Resultados do Exercício fica conforme demonstrado no Quadro 21.2.

Cap. 21 · Consolidação das Demonstrações Contábeis e Demonstrações Separadas | **451**

Quadro 21.1

CONTAS	Controladora A	Controlada B	Eliminação de Consolidação		Saldos Consolidados
			Débito	Crédito	
ATIVO					
Disponível	75.000	255.000	–	–	330.000
Clientes – Terceiros	150.000	–	–	–	150.000
Clientes – Controlada B	100.000	–	–	(2) 100.000	–
Estoques	200.000	–	–	–	200.000
Investimento na Controlada B	155.000	–	–	(1) 155.000	–
Ativo Imobilizado	350.000	–	–	–	350.000
Total Ativo	**1.030.000**	**255.000**	**–**	**225.000**	**1.030.000**
PASSIVO + PL					
Fornecedores – Terceiros	450.000	–	–	–	450.000
Fornecedores – Controladora A	–	100.000	100.000 (2)	–	–
Capital	500.000	125.000	125.000 (1)	–	500.000
Lucros Retidos (Reservas)	80.000	30.000	30.000 (1)	–	80.000
Total Passivo + PL	**1.030.000**	**255.000**	**225.000**	**–**	**1.030.000**

Quadro 21.2

CONTAS	Controladora A	Controlada B	Eliminação de Consolidação		Saldos Consolidados
			Débito	Crédito	
Receita com Vendas	1.300.000	130.000	(3) 100.000	–	1.330.000
(–) Custo das Mercadorias Vendidas	(700.000)	(100.000)	–	(3) 100.000	(700.000)
(=) Lucro Bruto	600.000	30.000			630.000
(–) Despesas	(400.000)	–	–	–	(400.000)
Receita de Equivalência Patrimonial	30.000		30.000		–
(=) **Lucro Líquido**	**230.000**	**30.000–**	**100.000**	**100.000**	**230.000**

Nesse exemplo, vimos como fazer as eliminações de investimentos de uma empresa em outra, de saldos patrimoniais decorrentes de operações intragrupo, bem como do efeito dessas operações no resultado, apesar de se ter assumido que a venda foi a preço de custo, não gerando lucro para a empresa do grupo que vendeu as mercadorias, e que a controlada não tenha ainda tido qualquer lucro ou prejuízo porque não começou suas operações. Por sua vez, a receita de equivalência é eliminada, pois esse resultado é substituído pela soma das diversas contas (receitas e despesas) que o compõem.

Ponto fundamental na consolidação é que as demonstrações consolidadas não devem incluir lucros decorrentes de transações efetuadas entre as empresas do grupo. Se tiver havido prejuízo, isso é evidência da possibilidade de constituir evidência de *impairment* do estoque no individual da vendedora e no consolidado.

Os tipos mais comuns de operações intragrupo são:

a) Receitas auferidas por uma empresa por transações com outra do grupo, tais como: juros incorridos, comissões de vendas, aluguéis etc.

b) Lucros de operações de vendas entre as empresas do grupo.

A seguir, veremos em detalhe os casos citados.

a) JUROS, COMISSÕES E OUTRAS RECEITAS INTRAGRUPO

Essas parcelas estão registradas como receitas em uma das empresas e, por outro lado, como despesas em outra empresa do grupo, e não representam receitas e despesas efetivas com terceiros; portanto, a Demonstração Consolidada dos Resultados do Exercício deve excluí-las.

b) DIVIDENDOS

No caso dos dividendos registrados, é necessário verificar como a sociedade investidora os contabilizou. Como o investimento em controlada é avaliado pelo método de equivalência patrimonial, os dividendos recebidos não estarão contabilizados em receita, mas como redução da conta do investimento e, portanto, não haverá eliminação a fazer na Demonstração do Resultado do Exercício nem no Balanço.

c) LUCROS OU PREJUÍZOS NOS ATIVOS

É comum que, havendo diversas sociedades em um mesmo grupo econômico, existam transações entre elas relativas às vendas de produtos ou mercadorias (estoques) e, em casos menos comuns, de ativos dos subgrupos Investimentos, Imobilizado e Intangível, com lucro. Nas seções seguintes, trataremos dessas eliminações.

21.5 Lucros nos estoques

21.5.1 Introdução

Já vimos, em exemplo anterior, que tanto as vendas quanto os custos dos produtos vendidos são eliminados na consolidação. Todavia, naquele exemplo, a venda de mercadorias foi feita ao preço de custo, ou seja, sem lucro ou prejuízo para fins de simplificação. Queremos agora verificar casos em que vendas desse tipo são feitas a preços normais, como se fossem para terceiros, incluindo lucros. Nessas condições, no caso de mercadorias, poderiam ocorrer duas situações:

a) A empresa compradora já vendeu as mercadorias para terceiros, ou seja, não tem, na data-base da consolidação, nenhum saldo daquelas mercadorias em estoque.

b) A empresa compradora ainda tem saldo daquelas mercadorias em estoque, na data-base da consolidação.

No primeiro caso, em que não há mais estoque, logicamente não haverá **lucro nos estoques** decorrente das operações entre as sociedades. Assim, a eliminação da consolidação será unicamente a das vendas contra o custo das vendas. Esse foi o caso do exemplo visto atrás. Assim, já vimos o registro, com ajuste apenas na receita e no custo da mercadoria vendida.

Veja-se que os saldos consolidados de vendas e custos das mercadorias vendidas representam efetivamente as operações realizadas **com terceiros**. Nesse caso, o lucro consolidado não sofreu alterações (soma do lucro da A com o da B), pois não remanesceu lucro nos estoques a eliminar.

No segundo caso, em que há saldo em estoque de mercadorias compradas de empresa do grupo econômico, na data da consolidação haverá **lucro nos estoques.**

Esse lucro nos estoques deverá ser eliminado, pois não representa um lucro efetivamente **realizado** em operações com terceiros. A eliminação dos lucros não realizados em transações intragrupo deve ser feita tanto nas demonstrações individuais da controladora (via MEP ou pelo diferimento do lucro não realizado auferido pela controladora, conforme determina o item 28A do CPC 18) quanto nas demonstrações consolidadas.

Quando de lucros não realizados auferidos pelas controladas, a eliminação via MEP se dá: (a) no Resultado, por meio da receita (ou despesa) de equivalência patrimonial; e (b) no Ativo, pelo ajuste do saldo da conta de Investimentos em Controladas. Isso, entretanto, não elimina a necessidade de ajustes adicionais na consolidação, em que o lucro é eliminado: (a) no Resultado, pelo ajuste das contas de receitas e despesas pertinentes à transação; e (b) no Ativo, pela redução do saldo das contas que contenham o lucro ainda não realizado.

No caso de lucros não realizados auferidos pela controladora em venda para controlada, o item 28A do CPC 18 (R2) – Investimento em Coligada, em Controlada e em Empreendimento Controlado em Conjunto exige esses lucros não sejam reconhecidos no resultado do período da controladora (devendo ficar como conta redutora do investimento no Ativo não circulante de A como Lucros a Apropriar ou semelhante até a sua realização). Isso porque a competência correta para o reconhecimento contábil desse lucro, na perspectiva da entidade "grupo", é o período em que tais ativos forem realizados (pelo uso ou pela venda a terceiros) e não o período em que a controladora vendeu ("transferiu") tais ativos para suas controladas. Isso implica também reconhecer o ativo fiscal diferido correspondente ao diferimento dos lucros não realizados.

Assim, note-se que, após aplicar o CPC 18 (R2) via MEP, o resultado do exercício da controladora corresponderá exatamente à parte da controladora no resultado do exercício consolidado e, portanto, antecipando os efeitos da consolidação, cumprindo o exigido no item 28C do CPC 18 (R2), de que se gere nesse tipo de operação "o mesmo resultado líquido e o mesmo patrimônio líquido para a controladora obtidos a partir das demonstrações consolidadas dessa controladora e suas controladas". Apesar de o lucro líquido da controladora estar ajustado pela aplicação do CPC 18 (R2), adicionalmente, na consolidação, será necessário ajustar linha a linha as receitas e despesas que comporão o lucro consolidado.

Essa exigência de igualdade entre lucro líquido individual da controladora e lucro consolidado, bem como seus patrimônios líquidos, deve ser, em termos gerais, considerada uma meta, já que, tratada como obrigação, sempre pode distorcer significativamente a demonstração individual. Esse assunto está mais bem tratado no Capítulo

Cap. 21 · Consolidação das Demonstrações Contábeis e Demonstrações Separadas | **453**

23 – Combinação de Negócios, Fusão, Incorporação e Cisão. Nesse exemplo, parece-nos correto o tratamento dado.

21.5.2 Fundamento

O motivo pelo qual se torna necessária a eliminação dos lucros decorrentes de transações intragrupo remanescentes nos ativos das sociedades consolidadas é que as demonstrações contábeis consolidadas apresentem informações sobre o grupo econômico como uma única entidade econômica, de forma que os saldos das contas patrimoniais e de resultado devem ser aqueles decorrentes de transações com terceiros, alheios ao grupo de sociedades; então, o Balanço Consolidado deve ter seus ativos avaliados de acordo com as práticas contábeis brasileiras como se ele fosse uma entidade jurídica; assim, os estoques nele contidos devem corresponder a quanto custaram na sua aquisição junto a terceiros. O critério de **custo** aqui é o **custo para o grupo econômico** como se fosse uma única entidade.

21.5.3 Casos práticos de lucro nos estoques

a) EXEMPLO 1

Suponha-se que a controlada B venda por $ 140.000 mercadorias que lhe custaram $ 100.000, mas que a controladora A não tenha vendido nada para terceiros, estando a totalidade das mercadorias compradas em seus estoques na data da consolidação; as eliminações são, considerando a necessidade de reduzir os $ 40.000 dos estoques consolidados relativos ao lucro na operação interna ao grupo:

	Débito	Crédito
Receita com Vendas (Cia. B)	140.000	
a CMV (Cia. B)		100.000
a Estoques (Cia. A)		40.000

Uma visão parcial da consolidação do resultado (só até o lucro bruto e restrito à transação entre as partes) será como segue, supondo que a única transação ocorrida tanto numa como na outra sociedade tenha sido a apresentada no Quadro 21.3.

Como vemos, os saldos consolidados das contas de resultado são nulos, já que, no caso, não houve qualquer venda a terceiros e, portanto, nenhum lucro pertinente a essa transação poderá ser reconhecido no resultado consolidado. E note-se que há um desequilíbrio entre débito e crédito, porque os estoques estão fora, no Balanço Consolidado.

Por isso, no Balanço Consolidado há também que se fazer o expurgo do lucro não realizado (já líquido dos tributos sobre o lucro) junto ao Patrimônio Líquido. Esse crédito a Estoques no valor de $ 40.000 não aparece nesse papel de trabalho de consolidação, pois se refere apenas à Demonstração do Resultado, mas aparecerá no papel de trabalho do Balanço Patrimonial. No caso de se trabalhar com balancetes da controladora e da controlada, imediatamente antes da apuração do resultado, os débitos, obviamente, igualarão os créditos. No Balanço Consolidado se fará, então, crédito ao estoque e débito ao resultado acumulado para se ajustar o primeiro e trazer-se o lucro ao valor decorrente apenas de transações com terceiros.

b) EXEMPLO 2

Na hipótese do caso anterior, mas admitindo-se que a controladora A tenha vendido para terceiros a metade do lote de mercadorias, ao preço de $ 80.000, então o lucro no estoque seria calculado como segue:

a) Cálculo da margem de lucro	
Preço de venda pela B	140.000
Menos: Custo das mercadorias vendidas na B	(100.000)
Lucro bruto	40.000
Margem de lucro (lucro bruto: preço de venda) × 100	*28,57%*
b) Cálculo do lucro no estoque	
Estoques adquiridos da controlada B	140.000
Menos: Vendidos a terceiros	(70.000)
Saldo em estoque na controladora A	70.000
Menos: Lucro não realizado contido no estoque de A	
(calculado pela margem de 28,57% acima)	(20.000)
Estoque remanescente excluindo-se o lucro de B	50.000

Como verificamos, para apurar, na data da consolidação, o valor do lucro nos estoques a eliminar, pode-se fazer tal cálculo com base na margem de lucro bruto da empresa que vendeu a mercadoria, aplicada sobre o saldo existente desses produtos na data da consolidação.

Quadro 21.3

CONTAS	Controladora A	Controlada B	Eliminações de Consolidação		Saldos Consolidados
			Débito	Crédito	
Receita com Vendas	–	140.000	140.000 (1)	–	–
(–) Custo das Mercadorias Vendidas	–	100.000	–	100.000 (1)	–
(=) Lucro Bruto	**–**	**40.000**	**140.000**	**100.000**	**–**

454 | MANUAL DE CONTABILIDADE SOCIETÁRIA • *Santos, Iudícibus, Martins e Gelbcke*

Nesse caso, a eliminação de consolidação passa a ser:

	Débito	Crédito
Receita com Vendas (a prazo)	140.000	
a Custo das mercadorias vendidas		120.000
a Estoques		20.000

As vendas da controlada para a controladora são totalmente eliminadas, bem como o custo de $ 100.000. E, do custo da mercadoria vendida da controladora, são excluídos $ 20.000, porque, perante o consolidado, o custo das mercadorias não é de $ 70.000, mas de $ 50.000; assim, o CMV é ajustado por $ 120.000. E o estoque remanescente é ajustado pelos $ 20.000 porque, no consolidado, ele é $ 50.000, não $ 70.000. E o resultado acumulado no balanço também estará devidamente ajustado.

Um fator importante a considerar agora, nesse exemplo, prende-se ao fato de que a consolidação é adotada posteriormente à adoção do método da equivalência patrimonial na contabilização dos investimentos em controladas (o que é obrigatório, no Brasil, por força das Lei das S.A.). Isso significa que o investimento da controladora A já foi ajustado ao valor da equivalência patrimonial na controlada B, de forma que os lucros não realizados não foram reconhecidos nas demonstrações individuais de A.

Lembrando os dados iniciais do caso, apresentados no início da Seção 21.4.1, a controlada é uma subsidiária integral da Cia. A, que integralizou $ 125.000 de capital social no início do período. Adicionalmente, vamos admitir que a única movimentação de resultado da con-

trolada tenha sido essa venda para sua controladora, mas não considerando os tributos sobre o lucro para fins de simplificação, de forma que o lucro líquido da controlada B teria sido de $ 40.000. Então, sendo essa a única mutação de patrimônio líquido na controlada, a receita de equivalência patrimonial a ser registrada pela controladora A teria sido de $ 20.000,00 [(lucro do período de $ 40.000 – lucros não realizados auferidos pela controlada de $ 20.000) × percentual de participação de 100%)].

Dessa forma, o saldo final do Investimento em Controlada, no Ativo de A, seria de $ 145.000 [saldo inicial de $ 125.000 + a equivalência patrimonial de $ 20.000], deixando de incluir o lucro não realizado na transação entre as partes. Veja-se o Capítulo 6 – Investimentos em Coligadas, Controladas e *Joint Ventures*, em que são apresentados os lançamentos desses ajustes por lucros não realizados tanto na controladora quanto na controlada. Nesse capítulo, parte-se sempre do pressuposto de que se conhecem tais registros nos balanços individuais, apesar de serem rapidamente revisitados.

Vemos, portanto, que nesse sistema, primeiro, ajustamos a Demonstração do Resultado, já que, com base no valor do lucro consolidado, fazemos também um acerto no Balanço Consolidado. Esses fatos são mais bem compreendidos analisando-se a consolidação do balanço e da demonstração de resultados mostrada a seguir (lembrando que foram desconsiderados os tributos sobre o lucro). Os lançamentos de consolidação são apresentados no Quadro 21.4.

Há que se considerar que eventuais pagamentos sobre lucros intercompanhias (IR e CSLL) são, para fins conso-

Quadro 21.4

	Débito	Crédito
1. BP: Eliminação dos saldos intragrupo:		
Contas a Pagar (Passivo da Controladora A)	140.000	
a Contas a Receber (Ativo da Controlada B)		140.000
2. BP: Eliminação do investimento		
(100%) e do lucro não realizado contido nos estoques:		
Capital Social (PL da Controlada B)	125.000	
Lucros Retidos (PL da Controlada B)	40.000	
a Investimentos (Ativo da Controladora A)		145.000
a Estoques de Mercadorias (Ativo da Controladora A)		20.000
3. DRE: Eliminação das vendas intragrupo:		
Receita com Vendas	140.000	
a Custo das mercadorias vendidas		120.000
4. DRE: Eliminação da Receita de Equivalência Patrimonial:		
Receita de Equivalência Patrimonial (da Controladora A)	20.000	

Cap. 21 · Consolidação das Demonstrações Contábeis e Demonstrações Separadas | **455**

lidados, considerados como Tributos Diferidos (como se fossem despesas de impostos pagas antecipadamente), o que será mais bem examinado à frente. E no consolidado só poderão aparecer como tributos a recuperar ou a pagar os que genuinamente forem devidos ao erário; é o caso de ICMS, IPI, PIS/Cofins quando recuperáveis na venda, a aparecerem nas compras, e os devidos se houver saldo a pagar.

21.6 Lucro nos ativos não circulantes

21.6.1 Introdução

Tratamos primeiro dos lucros nos estoques, por ser o caso mais comum de lucros remanescentes nos ativos e, portanto, não realizados. Todavia, há casos de lucros remanescentes em outras contas de ativos oriundos de transações entre as empresas do grupo.

Entre os subgrupos do Ativo Não Circulante (Realizável no Longo Prazo, Investimentos, Imobilizado e Intangível), são raros os casos de vendas de ativo intangível de uma para outra empresa do grupo em que possa haver lucro ou prejuízo a eliminar na consolidação. O mesmo pode-se dizer dos direitos classificados no realizável a longo prazo. Assim, vamos discorrer sobre os casos de transações de investimentos e de Ativo Imobilizado.

21.6.2 Lucro ou prejuízo em investimentos

Exemplo 1

Propriedades para Investimento

Quando uma empresa vende para outra empresa do grupo uma propriedade para investimento avaliada ao custo, provavelmente haverá lucro nessa transação, e tudo funciona igual à venda de estoques.

Por outro lado, se a política contábil for o valor justo, a situação é outra. Nesse sentido, vale apresentar um exemplo.

Suponhamos que a controlada Beta, em suas demonstrações contábeis de 31-12-20X0, apresentou uma propriedade para investimento, avaliada a valor justo, no montante de $ 5.000.000; e que, no final de janeiro de 20X1, Beta a tenha vendido para sua controladora Alfa à vista e pelo respectivo valor de mercado na data da venda, que foi de $ 5.500.000.

Aparentemente, somos levados a dizer que houve um lucro não realizado de $ 500.000 nessa transação entre a controlada e sua controladora. Entretanto, essa afirmativa está incorreta. Isso porque se trata de um ativo cuja política contábil de mensuração é o valor justo. Mesmo no individual, o resultado é reconhecido sem transação com terceiros, mas em função de sua manutenção e variação de seus valores de venda no mercado. Assim, no consolidado há que se manter exatamente a mesma filosofia. Dessa forma, não se eliminam os lucros e prejuízos ocorridos com a propriedade para investimento. Então, o correto a se fazer é remensurar o ativo imediatamente antes da venda, o que significa que seu saldo contábil terá um aumento de $ 500.000 e, consequentemente, essa transação intragrupo não irá gerar resultados não realizados.

Esse é o procedimento correto até porque, se a transação não tivesse ocorrido, e se na data da venda um Balanço Patrimonial consolidado tivesse de ser levantado, por quanto estaria apresentada essa propriedade para investimento nesse balanço? Exatamente por $ 5.500.000, que é seu valor justo na data do referido reporte.

É importante nesse caso verificar que, na venda, provavelmente ocorrerão despesas da transação, já que a propriedade para investimento é avaliada ao valor justo e não a valor justo diminuído das despesas de venda, como no estoque. Assim, na venda há o registro da última variação de valor justo do ativo e das despesas vinculadas à operação, se existirem.

Exemplo 2

Investimento em Outra Sociedade

Se uma empresa vende para outra empresa do grupo uma participação acionária numa terceira empresa, e há lucro nessa transação, tal lucro deverá ser eliminado, pois não representa um resultado efetivo realizado com terceiros. Todavia, toda transação deverá ser cuidadosamente analisada para se determinar como contabilizar a eliminação. Em essência, não faz sentido apurar lucro ou prejuízo em operações entre empresas sob o mesmo controle, bem como não faz qualquer sentido apurar *goodwill* nessas transações ou mesmo ajustar ativos e passivos a valores justos em transações dessa natureza, quando a vendedora é a controladora. Na venda entre controladas ou destas para a controladora, é essa também a regra geral, apesar de existirem exceções praticadas (por falta de normatização, há práticas variadas no mundo; o IASB estava, inclusive, discutindo – em 2021 – a matéria).

Podem de fato existir, todavia, situações em que uma empresa venda, para outra empresa do grupo, participações de capital em coligadas, em controladas e até mesmo em controladas em conjunto com lucro. Até porque não existem impedimentos para que tais transações sejam realizadas a preço de mercado, muito pelo contrário, porque de outra forma os sócios não controladores participantes no capital das controladas poderiam ser prejudicados. Reforçamos, tais casos não estão abrangidos pela CPC 15 – Combinação de Negócios, mas pela CPC 18 (R2) – Investimento em Coligada, em Controlada e em Empreendimento Controlado em Conjunto.

Da mesma forma que na venda de estoques, se a alienação de investimento societário com influência ou controle conjunto for entre controladora e controlada, ou entre controladas da mesma controladora, não se pode, já no balanço e no resultado individuais, reconhecer qualquer lucro proveniente dessa transação. Cabem os mesmos procedimentos contábeis discutidos neste capítulo para o caso de transação com estoques e também no Capítulo 6, sobre Investimento em Coligadas e em Controladas. O ponto

> relevante, nesse caso de transação com investimentos, é o controle subsequente para o reconhecimento do lucro não realizado quando este se realizar.
>
> Entretanto, mesmo em se tratando de transações de venda de investimentos em coligadas ou *joint ventures*, mas sendo estas realizadas entre empresas do grupo, novamente faz-se necessário lembrar o disposto nos itens 28A, 28B e 28C do CPC 18 (R2), como a seguir reproduzido, até porque isso terá implicações específicas no caso em questão.

"28A. Os resultados decorrentes de transações descendentes (*downstream*) entre a controladora e a controlada não devem ser reconhecidos nas demonstrações contábeis individuais da controladora enquanto os ativos transacionados estiverem no balanço de adquirente pertencente ao mesmo grupo econômico. O disposto neste item deve ser aplicado inclusive quando a controladora for, por sua vez, controlada de outra entidade do mesmo grupo econômico.

28B. Os resultados decorrentes de transações ascendentes (*upstream*) entre a controlada e a controladora e de transações entre as controladas do mesmo grupo econômico devem ser reconhecidos nas demonstrações contábeis da vendedora, mas não devem ser reconhecidos nas demonstrações contábeis individuais da controladora enquanto os ativos transacionados estiverem no balanço de adquirente pertencente ao grupo econômico.

28C. O disposto nos itens 28A e 28B deve produzir o mesmo resultado líquido e o mesmo patrimônio líquido para a controladora que são obtidos a partir das demonstrações consolidadas dessa controladora e suas controladas. Devem também, para esses mesmos itens, ser observadas as disposições contidas na ICPC 09 – Demonstrações Contábeis Individuais, Demonstrações Separadas, Demonstrações Consolidadas e Aplicação do Método da Equivalência Patrimonial."

O ponto mais relevante é dado pelo item 28C, que diz que a aplicação dos itens 28A e 28B deve reproduzir o mesmo resultado líquido e o mesmo Patrimônio Líquido para a controladora em suas demonstrações consolidadas.

Em resumo, o efeito final da transação nas demonstrações consolidadas é o que deve orientar a contabilização dessa transação nas demonstrações individuais das empresas do grupo (controladora e controladas).

No caso da aquisição de um investimento em controlada, coligada ou *joint venture*, o saldo contábil do investimento é dividido em até três partes (subcontas): Valor Patrimonial do Investimento, Mais-valia de Ativos Líquidos e o *Goodwill*.

Há que se considerar individualmente, portanto, o comportamento de cada parte para fins do tratamento contábil do lucro não realizado em transações intragrupo.

a) **Valor Patrimonial do Investimento**: correspondente à proporção adquirida sobre o patrimônio líquido contábil da investida. Assunto já discutido.

b) **Mais-valia de Ativos Líquidos**: essa parte do investimento original (imediatamente antes da venda do investimento para outra empresa do grupo) corresponde à diferença entre a parte do investidor original no valor justo dos ativos líquidos da investida e o valor patrimonial dessa participação. Essa mais-valia original, contida no saldo contábil do investimento da empresa que vendeu essa participação, suponha-se obtida economicamente por meio de uma transação com terceiros, alheios ao grupo. Portanto, nas demonstrações consolidadas, essa é a única mais-valia que integra o saldo contábil do investimento em coligada ou *joint venture*, ou ainda é a única mais-valia remanescente, e deverá ajustar os ativos e passivos que a originaram para fins de consolidação de balanço (na maioria dos casos, a participação relativa do grupo na investida, antes e depois da transação, é a mesma). Qualquer outra mais-valia (nova ou adicional) resultante de transações intragrupo não poderá ser considerada nas demonstrações consolidadas, o que significa que, na consolidação, essa mais-valia adicional paga pela empresa do grupo compradora deverá ser eliminada em contrapartida à eliminação do lucro não realizado auferido pela empresa do grupo vendedora. Apesar disso, o resultado da transação intragrupo obtido pela controlada vendedora será reconhecido no seu resultado do período em suas demonstrações individuais (item 28B do CPC 18), mas, para fins de equivalência patrimonial e de elaboração das demonstrações consolidadas, será considerado um lucro não realizado. Já se a vendedora for a própria controladora, esta não reconhece, mesmo individualmente, os lucros da transação intragrupo enquanto os ativos transacionados permanecerem nas demonstrações consolidadas (item 28A do CPC 18). Então, o lucro não realizado e a mais-valia gerada internamente pela transação intragrupo, controlados em subcontas específicas em cada uma das empresas envolvidas, poderão ser realizados na medida da realização dos ativos e passivos que deram origem a essa mais-valia. (Esse procedimento passou a ser adotado a partir de 2012.)

c) *Goodwill*: essa parte do investimento é constituída pelo ágio por expectativa de rentabilidade futura (*goodwill*). No investimento original, assumindo-se que seja um investimento em controlada, essa parte do investimento corresponde à diferença entre a parte do investidor original do valor justo dos ativos líquidos e o valor pago pela compra dessa participação. Então, da mesma forma que para a mais-valia, não faz sentido reconhecer um *goodwill* novo ou complementar sabendo-se que somente o *goodwill* original é que deverá ser apresentado nas demonstrações consolidadas. Todavia, é bom lembrar que eventual *goodwill* nascido de operações intragrupo não pode também aparecer no consolidado, pois será eliminado contra o lucro não realizado da vendedora.

Nos casos em que a transação intragrupo implicar mudança na participação relativa da controladora na controlada cujo controle direto tenha sido vendido por uma empresa do grupo para outra, vale lembrar, adicionalmente, que o CPC 36 (R3) (item B96) estabelece que o efeito final da transação deverá ser reconhecido diretamente no Patrimônio Líquido, na parte atribuível à controladora. (Veja detalhes na Seção 21.12.)

No exemplo apresentado no Quadro 21.5, em que foram desconsiderados impostos e distribuição de dividendos para poder isolar apenas a visão dos efeitos contábeis das transações intragrupo, apresenta-se um caso em que o lucro não realizado teve origem em mais-valia de ativos líquidos (item b acima), partindo dos balanços a seguir apresentados para as entidades A, B e C e sua consolidação, antes e após a venda. A empresa A controla diretamente a empresa B, a qual, por sua vez, controla diretamente a empresa C.

Após a venda da participação em C detida por B para A, com lucro por mais-valia de ativos líquidos da investida C, temos o resultado apresentado no Quadro 21.6.

Mudaram os balanços da Controladora A e da Controlada B, mas nada mudou no Balanço Consolidado, já que

a operação, mesmo que com "lucro", foi realizada dentro do mesmo grupo econômico.

Admita-se, agora, que no mesmo período a Controlada C tenha depreciado seu imóvel em $ 300 e tenha tido um lucro líquido de $ 1 milhão. Isso implica dizer que, dos $ 3.000 mil de lucros não realizados na transação intragrupo, com origem em mais-valia de ativos intragrupo, 5% ($ 150 mil) foram realizados nesse período. Da mesma forma, $ 150 mil dos lucros não realizados auferidos por B foram realizados, de forma que a eliminação passa agora para $ 2.850 mil ($ 3.000 mil – $ 150 mil). Como visto, esse valor de $ 150 mil decorre do seguinte: para a controlada, a depreciação de $ 300 mil corresponde a 5% do saldo contábil nessa data, porque há 40% de valor residual e os 60% a serem depreciados o serão em 20 anos; mas, para a controladora, o saldo integral de $ 3.000 precisa ser amortizado nos 20 anos, ou seja, à razão de 5%, ou $ 150 mil por ano.

Refazendo os procedimentos com essas novas condições, teremos os resultados a seguir.

Após a depreciação do ativo, temos o apresentado no Quadro 21.7.

Mudaram os balanços da Controladora A e da Controlada C, mas o Balanço Consolidado mudou exclusivamente pelo lucro da Controlada C, já que a operação de venda de B para A, mesmo que com "lucro", encontra-se dentro do mesmo grupo econômico. A única transação com terceiros que havia era a compra do imobilizado que agora foi depreciado, e há uma nova transação que gerou caixa de $ 1,3 milhão, tudo na Controlada C. Veja-se como o Balanço Consolidado representa bem a realidade econômica perante terceiros e não os balanços individuais de A e B.

Quadro 21.5 Antes da venda para A do investimento que B tem em C

CONTAS (valores em mil)	Controladora A	Controlada B	Controlada C	Eliminações e Ajustes de Consolidação		Saldos Consolidados
				Débito	Crédito	
ATIVO						
Investimento na Controlada B	10.000	–	–	–	10.000 [(1)]	–
Imóvel (líquido da depreciação)	–	–	10.000	–	–	10.000
Investimento na Controlada C	–	10.000	–	–	10.000 [(2)]	–
Total Ativo	**10.000**	**10.000**	**10.000**	**–**	**20.000**	**10.000**
PASSIVO + PL						
Capital	10.000	10.000	10.000	20.000 [(1,2)]	–	10.000
Lucros Retidos (Reservas)	–	–	–	–	–	–
Total Passivo + PL	**10.000**	**10.000**	**10.000**	**20.000**	**–**	**10.000**

(1) Para eliminar investimento de A em B.

(2) Para eliminar investimento de B em C.

Quadro 21.6

CONTAS (valores em mil)	Controladora A	Controlada B	Controlada C	Eliminações e Ajustes de Consolidação		Saldos Consolidados
				Débito	Crédito	
ATIVO						
Contas a Receber de A	–	13.000	–	–	13.000 [3]	–
Investimento na Controlada B	10.000	–	–	–	10.000 [1]	–
Imóvel (líquido da depreciação)	–	–	10.000	–	–	10.000
Investimento na Controlada C	13.000	–	–	–	–	–
Equival. Patrim.	10.000	–	–	–	10.000 [2]	–
Mais-Valia Intragrupo	3.000	–	–	–	3.000 [4]	–
Total Ativo	**23.000**	**13.000**	**10.000**	**–**	**36.000**	**10.000**
PASSIVO + PL						
Contas a Pagar para B	13.000	–	–	13.000 [3]	–	–
Capital	10.000	10.000	10.000	20.000 [1, 2]	–	10.000
Lucros Retidos (Reservas)	–(*)	3.000	–	3.000 [4]	–	–
Total Passivo + PL	**23.000**	**13.000**	**10.000**	**36.000**	**–**	**10.000**

(*) Considerando o disposto no item 28B do CPC 18, ao se fazer a equivalência patrimonial, a totalidade dos lucros ainda não realizados é eliminada. Com isso, a receita líquida de equivalência patrimonial será zero.

(1) Para eliminar investimento de A em B.

(2) Para eliminar investimento de A em C.

(3) Para eliminar contas a receber de B contra A.

(4) Para eliminar lucro não realizado na venda de B para A.

21.6.3 Lucro ou prejuízo em Ativo Imobilizado

Outro caso típico é o de lucro remanescente no Ativo Imobilizado, que ocorre quando uma empresa vende terrenos, máquinas, equipamentos, veículos ou outros bens do Ativo Imobilizado a outra empresa do conjunto. A existência de lucros no Ativo Imobilizado, oriundos de transações intragrupo, a serem eliminados na consolidação, é bastante complexa e gera a necessidade de controles à parte.

A apuração do valor do lucro não é difícil. O problema é que tal lucro, por estar incorporado ao valor de custo do bem adquirido na empresa que o comprou, passa a sofrer depreciação, valor esse que pode variar de ano para ano e que, a cada consolidação efetuada, deve ser restabelecido para em seguida ser eliminado na consolidação. Se nos estendermos no problema, verificaremos que tal depreciação será debitada em despesas operacionais ou será considerada parte do custo da produção, integrando o valor dos estoques da empresa. Isso significa que para cada consolidação devem ser apurados todos os reflexos em todas as contas e efetuada a devida eliminação.

a) EXEMPLO PRÁTICO ENVOLVENDO BENS NÃO DEPRECIÁVEIS E TRIBUTO NA OPERAÇÃO

A Controladora Alfa vende por $ 10.000.000 um terreno para sua Controlada Beta, da qual detém 90% das ações. Esse terreno estava registrado na Controladora pelo método do custo e seu saldo contábil na data da venda era de $ 6.600.000. Assim, a venda foi registrada como segue:

(valores em mil)	Débito	Crédito
Bancos	10.000	
Despesa c/ Tributos sobre o Lucro	1.156	
a Terrenos – Custo		6.600
a Ganho na alienação de Imobilizado		3.400
a Tributos sobre o Lucro a Pagar		1.156

Em cumprimento ao disposto no item 28A do CPC 18 (R2), o lucro líquido obtido pela controladora de $ 2.244 (valor líquido do tributo) deverá ser considerado não realizado enquanto o terreno permanecer nos ativos da controlada adquirente. Entretanto, o lucro contido no

Cap. 21 · Consolidação das Demonstrações Contábeis e Demonstrações Separadas | 459

Quadro 21.7

CONTAS (valores em mil)	Controladora A	Controlada B	Controlada C	Eliminações e Ajustes de Consolidação		Saldos Consolidados
				Débito	Crédito	
ATIVO						
Caixa	–	–	1.300	–	–	1.300
Contas a Receber de A	–	13.000	–	–	13.000 [3]	–
Investimento na Controlada B	10.000	–		–	10.000 [1]	–
Imóvel (líquido da depreciação)	–	–	9.700	–	–	9.700
Investimento na Controlada C	13.850	–	–	–	–	–
Equival. Patrimonial	11.000	–	–	–	11.000 [2]	–
Mais-valia Intragrupo	2.850	–	–		2.850 [4]	–
Total Ativo	**23.850**	**13.000**	**11.000**	**–**	**36.850**	**11.000**
PASSIVO + PL						
Contas a Pagar para B	13.000	–	–	13.000 [3]	–	–
Capital	10.000	10.000	10.000	20.000 [1, 2]		10.000
Lucros Retidos (Reservas)	(*) 850	3.000	1.000	1.000 [2]	–	850
				2.850 [4]		
Total Passivo + PL	**23.850**	**13.000**	**11.000**	**36.850**	**–**	**11.000**

(*) Considerando o disposto nos itens 28B e 28C do CPC 18, ao fazer a equivalência patrimonial, teremos (a) sobre o resultado do período, uma receita de equivalência de $ 1.000 mil relativa ao lucro de C; (b) sobre os demais componentes do Patrimônio Líquido, teremos um efeito líquido de $ 150 mil, pois, apesar de não existirem mutações nos saldos contábeis (capital social e lucros retidos), a eliminação de lucros não realizados é agora de $ 2.850 e não mais de $ 3.000. Assim, no resultado do período de A teremos: $ 1.000 mil de receita de equivalência patrimonial e $ 150 de despesa de equivalência patrimonial pela realização parcial da Mais-Valia Intragrupo contida no investimento. Em consequência, o resultado do período líquido foi de $ 850 mil.

(1) Para eliminar investimento de A em B.

(2) Para eliminar investimento de A em C.

(3) Para eliminar contas a receber de B contra A.

(4) Para eliminar lucro não realizado na venda de B para A. Observe que, na equivalência patrimonial em A, a parte realizada do lucro intragrupo de $ 150 já foi computada (cumprindo a exigência do item 28C do CPC 18 (R2) de que o lucro de A seja exatamente a parte do lucro consolidado que lhe seja atribuível), então, a eliminação integral dos $ 2.850 de lucro de B na transação intragrupo deve ser feita para não causar duplicidade.

ativo e que na consolidação será eliminado é de $ 3.400 e, adicionalmente, no consolidado deverá ser reconhecido um Ativo Fiscal Diferido de $ 1.156 pela diferença temporária entre o lucro fiscal e o lucro contábil. Então, para cumprir também o item 28C do CPC 18 (R2), a controladora deve efetuar o seguinte lançamento na sua contabilidade:

(valores em mil)	Débito	Crédito
Lucro Líquido Intragrupo Diferido (Resultado)	2.244	
a Lucro Intragrupo a Apropriar (retif. Ativo)		2.244

Assim, do resultado é diminuído o valor líquido de $ 2.244 do lucro na venda intragrupo, e a conta Lucro Intragrupo a Apropriar é então utilizada para fazer o diferimento do lucro gerado na venda do terreno para a controlada, que, apesar de já estar realizado financeiramente, não está realizado economicamente, considerando

a entidade "grupo". O imposto devido pela operação (pago ou a pagar pela vendedora) fica como ativo fiscal diferido, a ser baixado proporcionalmente ao que for realizado desse lucro diferido. Esse lucro somente poderá ser reconhecido quando o terreno for baixado por *impairment* ou pela venda do ativo a terceiros. A conta Lucro Intragrupo a Apropriar é uma conta redutora da equivalência patrimonial, uma vez que é considerado como se temporariamente uma parte do investimento efetuado na controlada houvesse retornado em função da transferência de recursos da controlada à controladora.

Note-se que o tributo diferido (a crédito) irá anular o efeito no resultado da despesa com tributo decorrente do ganho de capital, mas nada altera o passivo relativo aos tributos a pagar. Isso porque, para o grupo, o momento correto, por competência, de reconhecer o ganho e, portanto, a despesa com tributo correspondente não é agora, mas quando o ativo subjacente à transação for realizado pelo uso ou pela venda a terceiros (mas note-se que, no caso em questão, o ativo é um terreno).

Por seu turno, a Controlada registrou a aquisição como:

(valores em mil)	Débito	Crédito
Terrenos – Custo	10.000	
a Bancos		10.000

Como o terreno não sofre depreciação e considerando que não houve perdas por redução ao valor recuperável, as eliminações necessárias no processo de consolidação, no final do período em que ocorreu a venda, serão as seguintes:

(valores em mil)	Débito	Crédito
Pela eliminação do lucro no ativo:		
Lucro Intragrupo a Apropriar	3.400	
a Terrenos – Custo		3.400
Imposto de Renda Diferido Ativo	1.156	
a Lucro Intragrupo a Apropriar		1.156
Pelo ajuste de linhas na DRE:		
Ganho na alienação de Imobilizado	3.400	
a Despesa c/ Tributos sobre o Lucro		1.156
a Lucro Líquido Intragrupo Diferido		2.244

Lembre-se que, na controladora, o lucro não realizado pela venda do imobilizado reduz a equivalência patrimonial, ajustando-se, no resultado individual da controladora, o saldo final do resultado auferido com investimentos em controladas. Essa conta **Lucro Intragrupo a Apropriar** pode ficar com duas subcontas para registro separado do resultado bruto e do tributo.

O exemplo apresentado foi o da venda de um terreno da controladora para sua controlada e, nesse caso, o ativo não sofre depreciação. Havendo lucro intragrupo em ativos que sofram depreciação, amortização ou exaustão (ou ainda redução ao seu valor recuperável), as eliminações de consolidação tornam-se mais complexas, pois variam a cada ano, exigindo a manutenção de controles adequados para apuração do efeito. Todavia, o esquema é igual ao visto na seção anterior (21.6.2).

Como o exemplo anterior envolveu uma venda da controladora para sua controlada, verificamos que o lucro não realizado foi auferido pela controladora, e foi então necessária a utilização de contas específicas para fazer o diferimento do resultado não realizado intragrupo. Por outro lado, sabendo-se que os investimentos em controladas nas demonstrações individuais da controladora são avaliados pelo método de equivalência patrimonial, os resultados não realizados auferidos pelas controladas serão

Quadro 21.8 Controladora Alfa e sua Controlada Beta

CONSOLIDAÇÃO DE BALANÇOS

CONTAS (valores em mil)	Controladora Alfa	Controlada Beta	Eliminações e Ajustes de Consolidação		Saldos Consolidados
			Débito	Crédito	
ATIVO					
Disponível	82.100	50.000	–	–	132.100
Clientes	100.104	75.000	–	–	175.104
Estoques	200.040	125.000	–	–	325.040
Ativo Fiscal Diferido	–		(3) 1.156	–	1.156
Investimento – Controlada B (*)	267.756	–	(2) 3.400	(1) 270.000	–
			–	(3) 1.156	
Ativo Imobilizado	350.000	250.000		(2) 3.400	596.600
Total Ativo	**1.000.000**	**500.000**	**4.556**	**274.556**	**1.230.000**
PASSIVO + PL					
Contas a Pagar	348.000	200.000	–	–	548.000
Capital	500.000	300.000	(1) 270.000	–	500.000
			(4) 30.000	–	
Reservas	152.000	–	–	–	152.000
Participação de Não Controladores	–			(4) 30.000	30.000
Total Passivo + PL	**1.000.000**	**500.000**	**300.000**	**30.000**	**1.230.000**

(*) Equivalência patrimonial de $ 270.000 menos o lucro não realizado de $ 2.244.

Cap. 21 · Consolidação das Demonstrações Contábeis e Demonstrações Separadas | 461

eliminados, via equivalência, quando do reconhecimento da parte da controladora nos resultados de sua controlada.

Com isso, deve-se cuidar para que os registros de eliminação na consolidação sejam complementares para evitar alguma duplicidade, pois parte do registro apresentado já seria feito quando da eliminação do investimento. Para ilustrar esses cuidados, vamos supor as posições patrimoniais apresentadas no Quadro 21.8 e de resultado para ambas as empresas e proceder à consolidação.

No exemplo em questão, estamos considerando que no final do exercício anterior a Controladora Alfa tenha integralizado 90% do capital social (composto apenas por ações ordinárias) da Empresa Beta. Para fins de simplificação, considerou-se também que o lucro do período corrente da controlada ($ 40.000) tenha sido integralmente distribuído para os sócios dentro do período, de forma que no Patrimônio Líquido da controlada permaneça apenas o capital social de $ 300 milhões. Assim, nas demonstrações individuais da controladora, o resultado auferido pela controladora com seu envolvimento com a controlada Beta foi de 90% sobre os $ 40.000; a movimentação na conta do Investimento, Equivalência Patrimonial, terá sido a seguinte (valores em milhares):

Saldo Inicial	$ 270.000
Equivalência sobre o Resultado do Período [$ 40.000 × 90%]...	$ 36.000
Lucro Líquido Intragrupo a Apropriar	$ (2.244)
Dividendos recebidos	$ (36.000)
Saldo Final	**$ 267.756**

Note-se que, apesar de ter somente 90% de participação no capital da Empresa B, a eliminação foi da totalidade dos lucros não realizados (líquido dos impostos), diferentemente do que se faria em caso de um investimento em coligada, já que neste caso a coligada é controlada por terceiros. E porque se trata de avaliação de investimento em controlada nas demonstrações individuais da controladora. Para a consolidação do Balanço Patrimonial, portanto, foram necessários os seguintes lançamentos (valores em milhares):

Lançamento nº 1: Eliminação do Investimento	Débito	Crédito
Capital Social (Controlada Beta)	270.000	
a Investimentos – Controlada B (Controladora A)		270.000

Lançamento nº 2: Ajuste de Linhas no BP	Débito	Crédito
Investimentos – Controlada B Lucros Intragrupo a Apropriar	3.400	
a Ativo Imobilizado (Consolidado)		3.400

Lançamento nº 3: Ajuste de Linhas no BP	Débito	Crédito
Ativo Fiscal Diferido a Investimentos – Controlada B	1.156	
Lucros Intragrupo a Apropriar		1.156

Lançamento nº 4: Ajuste de Linhas no BP	Débito	Crédito
Capital	30.000	
a Participação de Não Controladores		30.000

Além desses lançamentos, referentes ao balanço, temos ainda de eliminar, na Demonstração Consolidada do Resultado do Exercício, as vendas realizadas intragrupo e o resultado da equivalência patrimonial. Então, os lançamentos são os seguintes (em milhares):

Lançamento nº 1: Eliminação da Equiv. Patrim.	Débito	Crédito
Receita de Equivalência Patrimonial (DRE de Alfa) *(esse lançamento não tem contrapartida, porque estamos trabalhando com um papel de trabalho para o balanço e outro para o resultado)*	36.000	

Lançamento nº 2: Ajuste de Linhas na DRE	Débito	Crédito
Ganho na alienação de Imobilizado (Alfa)	3.400	
a Despesa c/ Tributos Sobre o Lucro (Alfa)		1.156
a Lucro Líquido Intragrupo Diferido (Alfa)		2.244

Assim, a consolidação da Demonstração dos Resultados do Exercício fica como apresentado no Quadro 21.9.

Como se observa, portanto, os lançamentos de consolidação são apenas complementares, uma vez que os ajustes no resultado (eliminação do ganho na alienação do imobilizado e respectivo efeito fiscal) e no ativo já foram antecipados pela aplicação do método de equivalência patrimonial nas demonstrações individuais da Controladora A, os quais já estão contemplados em seu Patrimônio Líquido.

b) EXEMPLO PRÁTICO ENVOLVENDO BENS DEPRECIÁVEIS

Suponha-se que uma controlada, a empresa F, no início do ano venda um equipamento para outra controlada do grupo, a empresa G, por $ 50 milhões, e que tal imobilizado esteja registrado em F ao custo líquido de $ 30 milhões, cuja vida útil remanescente é de 10 anos e cujo valor residual é de $ 15 milhões. No final do ano, G depreciou o equipamento. Para fins de simplificação, não foram considerados os efeitos fiscais e assumiu-se que controladora e suas

Quadro 21.9

CONTAS (valores em mil)	Controladora A	Controlada B	Eliminações e Ajustes de Consolidação		Saldos Consolidados
			Débito	**Crédito**	
Vendas	900.000	400.000	–	–	1.300.000
(–) Custo das Mercadorias Vendidas	(750.000)	(300.000)	–	–	(1.050.000)
(=) Lucro Bruto	**150.000**	**100.000**			**250.000**
Despesas	(53.030)	(39.394)	–	–	(92.424)
Ganho na venda de imobilizado	3.400	–	(2) 3.400	–	–
Rec. de Equivalência Patrimonial	36.000	–	(1) 36.000	–	–
Lucro Líquido Intragrupo Diferido	(2.244)		–	(2) 2.244	–
Tributos sobre o Lucro Corrente	(32.970)	(20.606)	–		(53.576)
Tributos sobre o Lucro Diferido	(1.156)	–		(2) 1.156	
Lucro Líquido	**100.000**	**40.000**	**39.400**	**3.400**	**104.000**
Atribuível aos Controladores					100.000
Atribuível aos Não Controladores					4.000

controladas elaboraram duas demonstrações contábeis, ambas na mesma data. Na data da primeira consolidação, a controladora procede à seguinte análise:

	$ (em mil)
Determinação do Lucro não realizado intragrupo remanescente no ativo de G:	
Lucro não realizado inicial (na data da venda)	20.000
(–) Realização parcial no período (10% de $ 20 milhões)	(2.000)
(=) Lucro remanescente de F no Imobilizado de G	**18.000**

Isso significa que, caso o equipamento tivesse sido transferido por seu valor contábil, não teria sido aumentado em $ 20 milhões pelo lucro na transação, e também não teria havido depreciação sobre esse lucro; logo, seu valor contábil em G seria menor, mais precisamente, $ 18 milhões menor. Em G, o saldo líquido do imobilizado será $ 46,5 milhões após contabilizar uma depreciação para o período de $ 3,5 milhões [($ 50 milhões – $ 15 milhões) × 10%)]. Isso porque o ponto de partida foi o valor de $ 50 milhões (custo de compra para G). Se a venda não tivesse ocorrido, no momento presente esse bem estaria nas demonstrações consolidadas por um saldo líquido de $ 28,5 milhões, após a depreciação do período de $ 1,5 milhões [($ 30 milhões – $ 15 milhões) × 10%). A diferença é, portanto, de $ 18 milhões ($ 46,5 milhões – $ 28,5 milhões). Assim, pode-se dizer que houve a realização de $ 2 milhões do total do lucro gerado na venda do imobilizado.

Quando da consolidação, esse incremento do imobilizado precisa ser, então, eliminado, bem como o lucro na transação e o excesso de depreciação. Entretanto, como já comentado nas seções anteriores, a equivalência patrimonial nas demonstrações individuais da controladora antecede à consolidação e, ao ajustar o investimento em controlada pela equivalência, a controladora já faz todos os ajustes necessários para não reconhecer lucros não realizados auferidos pelas suas controladas, bem como expurga de seu próprio resultado quaisquer lucros não realizados decorrentes de ativos vendidos ou contribuídos para suas controladas.

Pelas disposições vigentes do CPC 18 (R2), a controlada que auferiu lucro em transação intragrupo não terá seu resultado do período afetado, mas, por outro lado, a controladora deverá expurgar o lucro não realizado quando da aplicação da equivalência patrimonial sobre suas controladas. Se a geração do lucro não realizado, portanto, não afetou o resultado do período da controlada que o gerou, a realização parcial ou total desse lucro não realizado também não irá interferir no resultado das controladas envolvidas (compradora ou vendedora).

Assumindo-se que (a) a controladora tenha 100% de ambas as controladas; (b) a única mutação de Patrimônio Líquido das controladas seja o resultado do período; e (c) o lucro líquido da controlada F e da controlada G tenham sido, respectivamente $ 200 milhões e $ 100 milhões, a controladora aplicaria a equivalência patrimonial como a seguir indicado:

Equivalência Patrimonial em F (valores em mil):	
Lucro líquido da controlada F	$ 200.000
Lucros Não Realizados Intragrupo (na data da transação)	($ 20.000)
Realização parcial de lucros intragrupo ($ 20.000 x 10%)	$ 2.000
Receita de Equivalência Patrimonial – Controlada F	**$ 182.000**

Equivalência Patrimonial em G (valores em milhares):	
Equivalência sobre o Resultado do Período [$ 100.000 × 100%]	$ 100.000
Receita de Equivalência Patrimonial – Controlada G	**$ 100.000**

Observe-se que, se o equipamento fosse transferido ao custo, não haveria ganho na alienação do imobilizado em F, e seu lucro seria $ 180 milhões ($ 200 milhões – 20 milhões), assim como a despesa de depreciação em G seria menor em $ 2 milhões, fazendo com que seu lucro ficasse em $ 102 milhões ($ 100 milhões + 2 milhões).

Assumindo-se que o Patrimônio Líquido de cada controlada (F e G), no início do período, tenha sido respectivamente $ 500 milhões e $ 300 milhões, na consolidação os lançamentos seriam então os seguintes:

(valores em mil)	Débito	Crédito
1. BP: Eliminação do investimento (100%) e do lucro não realizado contido no imobilizado:[1]		
Patrimônio Líquido da Controlada F	700.000	
Patrimônio Líquido da Controlada G	400.000	
a Investimentos – Controlada F		682.000
a Investimentos – Controlada G		400.000
a Imobilizado – Custo (Controlada G)		20.000
a Imobilizado – Depreciação Acumulada (Controlada G)	2.000	
2. DRE: Eliminação dos efeitos da transação intragrupo:[2]		
Ganho na Alienação de Imobilizado (na Controlada F)	20.000	
a Despesa de Depreciação (na Controlada G)		2.000
3. DRE: Eliminação da Receita de Equivalência Patrimonial:[3]		
Receita de Equivalência Patrimonial – Controladora F	182.000	
Receita de Equivalência Patrimonial – Controladora F	100.000	

(1) Lembre-se de que, quando da aplicação da equivalência patrimonial, da equivalência sobre o lucro da controlada foram expurgados 100% dos lucros não realizados ($ 20.000), que estão contidos no saldo do custo do imobilizado em G. E. Como o equipamento foi depreciado, parte do lucro gerado na transação intragrupo foi realizada, devendo-se ajustar

o saldo da depreciação acumulada, já que está maior do que estaria se o equipamento não fosse vendido para G (ou, alternativamente, se ele tivesse sido transferido). Então, quando da eliminação do investimento, é preciso lembrar que seu saldo contábil (no balanço individual da controladora) está menor que a parte da controladora no Patrimônio Líquido da controlada, exatamente pelo valor remanescente dos lucros não realizados expurgados quando da equivalência patrimonial. Assim, o investimento é eliminado juntamente com o expurgo dos lucros não realizados do imobilizado consolidado.

(2) Como estamos utilizando papéis de trabalho separados para o resultado do período (DRE) e para o balanço (BP), e considerando que a equivalência patrimonial (no resultado individual da controladora) já ajustou a parte da controladora no lucro consolidado, resta somente ajustar as linhas corretas das receitas e despesas: o estorno do ganho na alienação do imobilizado em F e o ajuste da despesa em G, expurgando a parcela de lucro não realizado contido na despesa de depreciação de G. Note-se que as contrapartidas desses débito e crédito seriam as mesmas incluídas no lançamento anterior pela eliminação do investimento (lembre-se que são papéis de trabalho separados).

(3) Esses dois débitos não têm contrapartida, pois, na medida em que as receitas e despesas da controladora são somadas às receitas e despesas da controlada, o lucro consolidado, nesse ponto, passa a ser a soma dos lucros das empresas do grupo, de forma que a receita de equivalência patrimonial representa uma duplicidade. Isso ocorrerá sempre que se utilizarem um papel de trabalho para o resultado do período e outro para o balanço.

No exercício seguinte, novamente dever-se-á efetuar, no Imobilizado, um crédito de $ 20 milhões para reduzir o custo do equipamento vendido para G, mas o débito na conta de Depreciação Acumulada será agora de $ 4 milhões, já que, com mais um ano de depreciação, foram então realizados mais 10% do lucro gerado na transação intragrupo. Note-se que, na ausência de novas transações intragrupo, o saldo contábil do investimento na controlada F também será menor que a parte da controladora no Patrimônio Líquido de F em $ 16 milhões. Após os 10 anos, se tudo ocorrer como previsto, o lucro torna-se totalmente realizado. Entretanto, se o ativo estiver 100% depreciado, mas ainda em uso, nas consolidações posteriores, ainda será necessário expurgar $ 20 milhões do custo do equipamento e, por sua vez, $ 20 milhões da depreciação acumulada enquanto se mantiver nessa condição, desaparecendo todo e qualquer procedimento apenas quando da baixa total desse ativo.

21.7 Participação dos acionistas não controladores

21.7.1 Fundamento

Anteriormente, vimos exemplos em que a eliminação dos investimentos era feita diretamente contra o capital ou patrimônio da controlada, o que ocorria em função de a controladora ter em seu poder a totalidade das ações da controlada (100%). Todavia, o que ocorre na prática, na maioria das vezes, é que a controladora não possui, direta ou indiretamente, os 100% do capital social, mas um percentual menor, tal como ocorreu no exemplo da Seção 21.6.3 (a).

O restante dessas ações ou quotas da controlada pertence a outras pessoas jurídicas ou físicas, denominadas sócios não controladores. Na consolidação do Balanço, o valor pertinente à participação dos sócios não controladores deve integrar o Patrimônio Líquido consolidado, uma vez que tais sócios possuem direitos residuais sobre os ativos líquidos da controlada. Todavia, o Patrimônio Líquido consolidado deve apresentar a participação dos não controladores separadamente da parte que pertence aos proprietários da empresa controladora, como determina o item 22 do CPC 36 (R2).

Os sócios não controladores efetuaram contribuições de capital ou adquiriram ações ou cotas de terceiros e possuem efetivamente direitos residuais sobre os ativos líquidos das controladas. Contudo, não são sócios do grupo econômico como um todo. Apenas são sócios (não controladores) de algumas das empresas do grupo (as controladas das quais eles detêm instrumentos patrimoniais).

A lógica desse procedimento é simples: a investidora possui, por exemplo, 70% do Patrimônio Líquido de uma empresa que acaba de comprar. Apesar disso, como tem poder de controle sobre o conjunto completo de ativos líquidos, ela consolida 100% dos ativos e 100% dos passivos dessa controlada, apresentando num único conjunto de demonstrações contábeis a totalidade dos ativos e passivos sob seu controle. Os 30% restantes não são de sua propriedade. Então, ao consolidar 100% dos ativos líquidos da controlada, traz mais do que é de sua propriedade e, por isso, evidencia o valor relativo aos 30% de participação dos demais sócios dessa controlada, como "Participação de Não Controladores". O mesmo ocorre na consolidação do resultado. De qualquer forma, são todos, controlador e não controladores, sócios de certo conjunto de empresas, e, por isso, hoje todos são apresentados dentro do mesmo total do Patrimônio Líquido. Trata-se de uma modificação no conceito de Entidade trazida pelo IASB, passando a entendê-la como de natureza global (Patrimônio Líquido total), e não como era antes da adoção das novas normas em 2010. Antes, o Patrimônio Líquido consolidado era o consolidado pertencente à controladora, e a participação dos não controladores ficava entre o Passivo e o Patrimônio Líquido, inclusive como induzido pela Lei das S.A. E a participação dos não controladores no lucro líquido era diminuída para se chegar ao lucro líquido consolidado pertencente à controladora consolidadora.

21.7.2 Apresentação no balanço

Corroborando o dito anteriormente, a Seção IV da Lei nº 6.404/1976, que trata das demonstrações contábeis, disciplina a matéria em seu tópico intitulado **Normas sobre**

Consolidação. E, no § 1º do art. 250, diz que: "A participação dos acionistas não controladores no Patrimônio Líquido e no lucro do exercício será destacada, respectivamente, no Balanço Patrimonial e na demonstração do resultado do exercício".

Já no CPC 36, em seu Apêndice A, uma participação de não controlador é definida como "a parte do Patrimônio Líquido **da controlada** não atribuível, direta ou indiretamente, à **controladora**". Vale lembrar que o item 22 do CPC 36 dispõe que a participação de não controladores seja apresentada "no balanço patrimonial consolidado dentro do patrimônio líquido, separadamente do patrimônio líquido dos proprietários da controladora".

A separação da participação dos não controladores, no Patrimônio Líquido consolidado, deve ser feita pela criação de uma conta específica, como segue:

PATRIMÔNIO LÍQUIDO DOS SÓCIOS DA CONTROLADORA
CAPITAL REALIZADO
RESERVAS DE CAPITAL
RESERVAS DE LUCRO
AJUSTES DE AVALIAÇÃO PATRIMONIAL
PARTICIPAÇÃO DOS SÓCIOS NÃO CONTROLADORES
TOTAL DO PATRIMÔNIO LÍQUIDO CONSOLIDADO

Veja-se que a denominação dada ao subgrupo de contas do Patrimônio Líquido dos Sócios da Controladora significa o que os sócios da investidora-mãe, a controladora, detêm no Patrimônio Líquido desse grupo econômico. Por sua vez, a conta "Participação dos Sócios Não Controladores" significa o que os demais sócios das Controladas detêm de direitos residuais nos ativos líquidos das controladas, mas eles não participam em nada no Patrimônio Líquido da controladora propriamente dita.

21.7.3 Apuração do valor da participação dos não controladores

Como já comentado no início do presente capítulo, a determinação do valor da participação dos não controladores se faz, muito comumente, pela primeira vez, quando da obtenção do controle, pela aplicação do CPC 15 – Combinação de Negócios. E esse pronunciamento, em seu item 19, permite que a participação dos não controladores seja mensurada, na data da aquisição, por um dos seguintes valores, a critério da adquirente (entidade que está obtendo o controle):

> "Em cada combinação de negócios, o adquirente deve mensurar qualquer participação de não controladores na adquirida pelo valor justo dessa participação ou pela parte que lhes cabe no valor justo dos ativos identificáveis líquidos da adquirida".

(Até a entrada em vigor dos pronunciamentos do CPC, essa participação era reconhecida nas demonstrações consolidadas pelo seu valor patrimonial contábil apenas. Portanto, essa mudança de tratamento foi bastante significativa.)

Então, caso a adquirente opte por mensurar essa participação pela parte que lhes cabe no valor justo dos ativos líquidos, parte da diferença de valor justo para valor contábil dos ativos líquidos da controlada (mais-valia de ativos líquidos), na data da aquisição, será atribuída aos sócios não controladores, mas nenhum *goodwill* (ágio por rentabilidade futura). Com isso, os ativos líquidos da controlada na posição consolidada da data da aquisição estarão pela integralidade dos respectivos valores justos e não apenas ajustados pela mais-valia atribuível à controladora, como era feito antes no Brasil.

Por outro lado, caso a adquirente opte pela mensuração da participação dos não controladores pelo valor justo dessa participação, a diferença entre esse valor justo e a parte que lhes cabe no valor justo dos ativos líquidos da adquirida, na data da combinação, corresponderá à parte dos não controladores no *goodwill* (ágio por rentabilidade futura), de forma que o *goodwill* da combinação reconhecido inicialmente corresponderá ao *goodwill* atribuível à controladora, somado ao *goodwill* atribuível aos sócios não controladores. Então, enquanto for mantido o controle, esse valor somente sofrerá alteração em caso de perda por redução ao valor recuperável ou por transações de capital entre os sócios (controladores comprando partes dos não controladores ou vice-versa); em resumo, quando ocorrerem variações no percentual de participação relativa das partes, desde que essas operações não impliquem a perda de controle.

Outro ponto importante: não necessariamente existe relação proporcional entre o *goodwill* da controladora e o dos sócios não controladores, já que normalmente, quando há compra de participação adicional para obtenção do controle, a parte paga pelo controlador inclui um prêmio de controle.

Após o reconhecimento inicial pelo CPC 15, o valor da participação dos não controladores nas demonstrações consolidadas é composto do montante reconhecido na data da combinação acrescido da parte que lhes cabe nas variações patrimoniais das controladas consolidadas posteriores à combinação. Veja o item B94 do CPC 36 (R3), que estabelece o seguinte:

> "A entidade deve atribuir os lucros e os prejuízos e cada componente de outros resultados abrangentes aos proprietários da controladora e às participações de não controladores. A entidade deve atribuir também o resultado abrangente total aos proprietários da controladora e às participações de não controladores,

ainda que isto resulte em que as participações de não controladores tenham saldo deficitário".

Na data da aquisição e nas demonstrações consolidadas posteriores à combinação, em resumo, o valor da participação dos não controladores poderá vir a ser formado por até três componentes:

a) **O valor patrimonial da participação dos não controladores**: determinado pela aplicação do percentual efetivo de participação dos sócios não controladores sobre o Patrimônio Líquido da controlada. Com esse procedimento já estará sendo agregada a parte que lhes cabe nas variações patrimoniais da controlada consolidada desde a data da combinação até o momento presente, incluindo sua parte no resultado do período e em cada componente de outros resultados abrangentes da controlada.

b) **A parte dos não controladores no valor da mais-valia de ativos líquidos da controlada**: determinado pela mais valia atribuível aos não controladores na data da aquisição, deduzida da parcela realizada dessa mais-valia (o que depende da realização dos ativos e passivos que deu origem à mais-valia).

c) **O ágio por rentabilidade futura (*goodwill*)**: determinado pela parte que lhe foi atribuída do *goodwill* da combinação, na data da aquisição, deduzida de qualquer perda por redução ao valor recuperável. Lembre-se de que, se a controladora não optar pela mensuração ao valor justo para essa participação, nenhum *goodwill* será atribuído aos não controladores.

A seguir serão discutidas a apuração e a apresentação da participação dos não controladores no Balanço Consolidado e nas demonstrações consolidadas do resultado do período e do resultado abrangente total.

a) NO BALANÇO CONSOLIDADO

Como já vimos, a participação dos acionistas não controladores é formada por diversos componentes. O primeiro deles é o valor patrimonial correspondente à parte que lhes cabe no Patrimônio Líquido das controladas consolidadas. Para um exemplo, vamos considerar os dados a seguir para determinada combinação de negócios: Alfa adquire, por $ 610, 70% do capital votante da empresa Beta (210 ações), cujo capital social é formado somente por ações ordinárias:

- O Patrimônio Líquido contábil de Beta, na data da aquisição, era $ 500 ($ 800 de ativos e $ 300 de passivos).

- O valor justo dos ativos identificados do negócio adquirido na combinação era de $ 1.000, e o valor justo dos passivos desse negócio, assumidos na combinação, era de $ 300.

- A diferença entre o valor contábil e o valor justo dos ativos líquidos deve-se unicamente a um bem do Ativo Imobilizado, cujo saldo contábil era $ 750, mas foi avaliado em $ 950 na transação (com vida útil remanescente de cinco anos e valor residual zero).
- A controladora optou por mensurar a participação dos não controladores pelo valor justo dessa participação (preço de cotação das ações), o qual, na data da aquisição, era de $ 240.

Apesar de o *goodwill* (ágio por expectativa de rentabilidade futura) ou o ganho de compra vantajosa (antigamente chamado deságio) ser objeto do tópico seguinte, para entendermos os procedimentos de consolidação desse tópico, será necessário antecipar essa questão.

O *goodwill* da combinação será determinado pela diferença positiva entre o valor atribuído ao negócio como um todo, $ 850 ($ 610 + $ 240), e o valor justo dos ativos líquidos da adquirida, $ 700 ($ 1.000 – $ 300); o que, no exemplo, resulta em $ 150. Utilizando esses dados, o valor patrimonial da participação de não controladores (PNC) é constituído como segue:

Valor Patrimonial da PNC		
Patrimônio Líquido contábil de Beta na data da aquisição	$ 500	
Vezes: a Participação relativa dos sócios não controladores	30%	
(=) Valor Patrimonial da Participação		$ 150

Esse mesmo Patrimônio Líquido, porém, tendo os ativos e passivos mensurados a valor justo, resulta em um valor líquido de $ 700 ($ 1.000 de ativos e $ 300 de passivos, desconsiderando para fins de simplificação o passivo fiscal diferido sobre a mais-valia bruta que deve ser reconhecido na data da aquisição). Assim, para os sócios controladores

e não controladores, temos os valores apresentados no Quadro 21.10.

Observe que o valor da mais-valia de ativos da combinação é $ 200 ($ 700 – $ 500), sendo que 70% ($ 140) são atribuídos aos sócios controladores, integrando o valor do seu investimento em Beta, e 30% ($ 60) são atribuídos aos sócios não controladores, cujo valor deve ser mantido em controle extracontábil, pois não estará refletido nas demonstrações contábeis de Beta (os saldos contábeis nas demonstrações individuais de Beta não serão ajustados pelos seus respectivos valores justos em função da combinação de negócios).

Analogamente, o valor do *goodwill* da combinação é $ 150, sendo $ 120 ($ 610 – $ 700 × 70%) atribuídos aos sócios controladores, cujo valor integra o investimento em Beta, e $ 30 ($ 240 – $ 700 × 30%) aos sócios não controladores, o que também não está contemplado em nenhuma das demonstrações contábeis e deve ser controlado extracontabilmente. No item seguinte esse tema será abordado em detalhes. Assim, os lançamentos de ajuste no Balanço Patrimonial, para a primeira consolidação (na data da aquisição do controle), serão, considerando que os não controladores têm 30% de cada rubrica do Patrimônio Líquido contábil da controlada:

1: Valor Patrimonial da Participação	Débito	Crédito
Capital Social (Controlada Beta)	132	
Reservas de Lucros (Controlada Beta)	18	
a Participação de Não Controladores		150

2: Mais-Valia de Ativos e *Goodwill*	Débito	Crédito
Ativo Imobilizado (Controlada Beta)	60	
Ágio por Rentabilidade Futura (*Goodwill*)	30	
a Participação de Não Controladores		90

Quadro 21.10

	TOTAL	Controladores	Não Controladores
Valor justo pago pelas ações adquiridas por Alfa (70%)	610	610	–
(+) Valor justo da partic. dos não controladores de Beta (30%)	240	–	240
(=) Valor justo atribuído ao negócio (Empresa Beta)	**850**	–	–
(–) Valor justo dos ativos líquidos de Beta [$ 1.000 – $ 300]	(700)	(490)	(210)
(=) Goodwill da Combinação	**150**	**120**	**30**
Valor justo dos ativos líquidos de Beta	700	490	210
(–) Valor do Patrimônio Líquido de Beta	(500)	(350)	(150)
(=) Mais-valia por Diferença de Valor dos Ativos Líquidos	**200**	**140**	**60**

NOTA

1. Nesse exemplo, para fins de simplificação, foi omitido o reconhecimento dos tributos sobre o lucro diferidos incidentes sobre a diferença de valor justo para valor contábil dos ativos líquidos da adquirida. Isso porque a base fiscal desses ativos líquidos para o grupo econômico é de $ 700, mas a base fiscal desses ativos líquidos para a sociedade cujo controle foi obtido (que continuará existindo como entidade distinta de sua controladora) é $ 500. Portanto, o procedimento correto é reconhecer um imposto de renda diferido passivo de $ 68 (0,34 × $ 200), o que reduziria o valor justo dos ativos líquidos para $ 632 ($ 1.000 de ativos a valor justo e $ 368 de passivos a valor justo). Então, quando da realização da mais-valia dos ativos e passivos que lhes deram origem, deve-se também realizar proporcionalmente o passivo fiscal diferido correspondente. Esse assunto é tratado no Capítulo 23 – Combinação de Negócios, Fusão, Incorporação e Cisão.

Como resultado desses lançamentos, a participação dos não controladores no Balanço Consolidado da combinação estará por $ 240, que é o valor justo dessa participação e que, adicionalmente ao valor patrimonial ($ 150), integra $ 60 de mais-valia de ativos e $ 30 de *goodwill*.

Note-se que, com o ajuste ao Ativo Imobilizado de $ 60, ele aparecerá no Balanço Consolidado da combinação não pelo valor contabilizado na controlada, mas por esse valor acrescido de $ 200, que é seu valor justo na data da combinação. Isso porque, dos $ 610 pagos pela controladora, $ 140 referem-se à mais-valia desse ativo que, somados aos $ 60 da mais-valia dos não controladores, resultam na mais-valia bruta total para ajustar o ativo ao seu valor justo na data da combinação.

Nas consolidações subsequentes, supondo-se que o *goodwill* da combinação ($ 150) não venha a sofrer ajustes por redução ao valor recuperável (conforme CPC 01 – Redução ao Valor Recuperável de Ativos), o valor de $ 30 (*goodwill* atribuído aos sócios não controladores) deverá ser sempre adicionado ao saldo contábil da participação dos não controladores em contrapartida à conta de Ágio por Rentabilidade Futura (*goodwill*), no Intangível do Balanço Consolidado.

Vale destacar que, caso a controladora tivesse optado por mensurar a participação dos não controladores pela parte que lhes cabe no valor justo dos ativos líquidos ($ 210), não haveria o reconhecimento de um *goodwill* para os sócios não controladores. Ela ficaria registrada pelos 30% do Patrimônio Líquido da controlada com seus ativos e passivos a valor justo, ou seja, por $ 210, ficando no ativo consolidado apenas o *goodwill* atribuível ao controlador, que no caso em questão integra o valor pago pela participação comprada. Um tanto quanto incoerente, mas é assim.

A mais-valia de ativos (diferença de valor justo e valor contábil dos ativos líquidos da empresa cujo controle foi adquirido) será realizada (baixada) com base na realização dos ativos (e passivos) que lhes deram origem, ajustando-se: (i) nas demonstrações individuais da controladora, a receita de equivalência patrimonial; e (ii) nas demonstrações consolidadas, as despesas (ou receitas) que lhes correspondam.

Nesse exemplo, a mais-valia de $ 200 (da qual 70% foram atribuídos aos sócios controladores e 30% aos sócios não controladores) teve origem em um bem do Ativo Imobilizado. Portanto, sua realização será com base na realização desse ativo. Supondo-se que o ativo seja, no futuro, realizado pela depreciação, a uma taxa de 20% ao ano, isso implica dizer que a realização dessa mais-valia por diferença de valor de ativos deverá ser realizada em $ 40, sendo $ 28 atribuíveis ao controlador e $ 12 aos não controladores. Com isso, o custo do ativo consolidado é ajustado (pelo acréscimo da depreciação acumulada), bem como o resultado consolidado (pelo acréscimo da despesa de depreciação).

Essa questão pode se tornar ainda mais complexa, e aqui o assunto foi tratado de forma bastante simplificada. Veja no item seguinte exemplos mais detalhados.

b) NA DEMONSTRAÇÃO DO RESULTADO DO EXERCÍCIO

O exemplo do tópico anterior considerou apenas a primeira consolidação, na data da combinação, a qual é feita apenas para fins de controle interno, pois a exigência da Lei das Sociedades por Ações é a da publicação das demonstrações consolidadas do final do exercício social (ou na primeira informação trimestral se for uma companhia aberta e assim por diante).

Na data da aquisição (que é quando a adquirente obtém o controle da entidade combinada), portanto, não haverá a divulgação de demonstrações consolidadas, uma vez que o valor pago pela adquirente e o valor atribuído à participação dos não controladores já integram todo o resultado gerado pela empresa adquirida até a data da aquisição. Somente as receitas e despesas a partir da aquisição integrarão a demonstração consolidada do resultado.

Então, continuando o exemplo do item anterior, vamos supor que a combinação tenha ocorrido em 1º-1-X0 e que o Balanço Patrimonial e a demonstração de resultados para as duas empresas (Alfa e Beta) em 31-12-X0 eram os apresentados no Quadro 21.11.

468 | MANUAL DE CONTABILIDADE SOCIETÁRIA • *Santos, Iudícibus, Martins e Gelbcke*

Quadro 21.11

Balanços Patrimoniais				Demonstrações do Resultado		
CONTAS	**Alfa**	**Beta**		**CONTAS**	**Alfa**	**Beta**
Ativos Circulantes	248	200		Vendas Líquidas	1.000	650
Ativos Não Circulantes:				(–) CMV	(450)	(300)
Investimentos em Beta (1)	652			(=) Lucro Bruto	550	350
Imobilizado Líquido	400	600		Despesas Gerais	(191)	(48)
Total do Ativo	**1.300**	**800**		Despesa de Depreciação	(120)	(150)
Passivos Circulantes	250	200		Receita de Equiv. Patrimonial	42	–
Capital Social	700	440		Lucro Antes dos Tributos	281	152
Lucros Retidos (2)	350	160		Tributos sobre o Lucro	(81)	(52)
Total do Passivo + PL	**1.300**	**800**		**Lucro Líquido**	**200**	**100**

NOTA

1. O saldo final do investimento na Controlada Beta nas demonstrações contábeis **individuais** da Controladora Alfa no final do período foi apurado como segue:

Investimento de Alfa em Beta (valores em mil)		$
Saldo Inicial (pelo custo de aquisição)		610
Lucro do Exercício da Controlada Beta	100	
Participação de Alfa no Lucro de Beta: 70%	70	
Menos: Realização da mais-valia de ativos [$ 200 × 70% × 20%]	(28)	
(=) Receita de Equivalência Patrimonial		42
Saldo Final (pela equivalência patrimonial)		**652**

A realização da mais-valia de ativos ($ 28) representa um complemento parcial da despesa de depreciação do ativo que deu origem à mais-valia na aquisição. O complemento total que deve ser considerado é $ 40 ($ 200 × 20%), pois, para o grupo, a despesa de depreciação do Ativo Imobilizado deve ser $ 190 (20% do valor justo do imobilizado na data da aquisição, que foi de $ 950), e não os $ 150 contabilizados em Beta (20% do valor contábil líquido do imobilizado, que é de $ 750). Com isso, na medida da realização do ativo pelo uso, a despesa de depreciação, para o grupo, deve ser complementada em $ 40: $ 28 (70%) por parte da Controladora e $ 12 (30%) por parte dos sócios não controladores.

Podemos ver de outra forma: os $ 610 originais ficaram assim subdivididos na contabilidade da Alfa:

Equivalência Patrimonial sobre o Patrimônio Líquido de Beta: 70% × $ 500 =	$ 350
Mais-valia de ativos líquidos de Beta, conforme já mostrado:	$ 140
Goodwill na aquisição	$ 120
Investimento em Beta:	$ 610

Pelo resultado da equivalência patrimonial, os $ 350 passam a $ 420, valor igual a 70% do PL de Beta de $ 600. A mais-valia, que era de $ 140, realiza-se em $ 28, como visto, e passa a $ 112. E o *goodwill* não se modifica. O investimento de Alfa em Beta fica agora assim:

Equivalência Patrimonial sobre o Patrimônio Líquido de Beta: $ 350 + $ 70 =	$ 420
Mais-valia de ativos líquidos de Beta, conforme já mostrado: $ 140 – $ 28 =	$ 112
Goodwill na aquisição	$ 120
Investimento em Beta:	$ 652

a) O método de equivalência patrimonial permite antecipar, nas demonstrações individuais da controladora, a parte desse ajuste correspondente à realização parcial da mais-valia por diferença de valor de ativos líquidos ($ 28) contida no saldo contábil do investimento em Beta. A parte desse ajuste pertinente aos sócios não controladores somente será tratada quando da consolidação.

b) O valor do resultado do período foi totalmente incluído no Patrimônio Líquido para fins de simplificação. Dessa forma foram desconsideradas as retenções e distribuições.

c) Não há operações entre a Controladora e a Controlada.

Assim, a consolidação da Demonstração dos Resultados do Exercício fica como apresentado no Quadro 21.12.

NOTAS

1. Eliminação da receita de equivalência patrimonial (que está em duplicidade com as receitas e despesas da Controlada B que foram incorporadas ao resultado consolidado). Vale lembrar que esse papel de trabalho é específico para as contas de resultado. Note que a soma dos débitos provenientes desse lançamento ($ 28 e $ 42) reflete a parte dos controladores no lucro do período

Quadro 21.12

CONTAS	Controladora Alfa	Controlada Beta	Eliminações e Ajustes de Consolidação		Saldos Consolidados
			Débito	Crédito	
Receita com Vendas	1.000	650	–	–	1.650
(–) Custo das Mercadorias Vendidas	(450)	(300)	–	–	(750)
(=) Lucro Bruto	550	350			900
Despesas Gerais	(191)	(48)	–	–	(239)
Despesa de Depreciação	(120)	(150)	(2) 28; (3) 12		(310)
Rec. de Equivalência Patrimonial	70	–	(1) 70		
(desdobrando os $ 42)	(28)			(2) 28	
Lucro Antes dos Tributos	281	152			351
Tributos sobre o Lucro	(81)	(52)			(133)
Lucro Líquido	**200**	**100**	**82**	**–**	**218**
Atribuível aos Controladores					*200*
Atribuível aos Não Controladores					*18*

Obs.: Não estamos criando imposto de renda diferido ativo por conta de eventual dedutibilidade futura da baixa da mais-valia.

da controlada ($ 100 × 70%). Então, esse registro será como a seguir indicado:

	Débito	Crédito[1]
Receita de Equivalência Patrimonial (Alfa)	70	

[1] O lançamento está sem contrapartida a crédito porque estamos trabalhando com um papel de trabalho específico para o resultado.

2. Transferência da baixa da mais-valia para a linha das depreciações.

	Débito	Crédito
Despesa de Depreciação (Consolidado)	28	
a Receita de Equivalência Patrimonial (Alfa)		28

3. Realização da mais-valia de ativos atribuída aos não controladores. A mais-valia total era $ 200, mas a parte dos não controladores era $ 60 ($ 200 × 30%). Como a origem da mais-valia foi um bem do imobilizado, cuja depreciação no período foi de 20%, o valor da realização atribuída aos não controladores será de $ 12 ($ 60 × 20%). Então, esse lançamento será:

	Débito	Crédito[1]
Despesa de Depreciação (Consolidado)	12	

[1] O lançamento está sem contrapartida a crédito porque estamos trabalhando com um papel de trabalho específico para o resultado.

A visualização dos lançamentos anteriores em conjunto com os de consolidação da posição patrimonial permitirá um melhor entendimento. São eles:

1. Eliminação do Investimento – Valor Patrimonial	Débito	Crédito
Capital (Controlada Beta)	440	
Lucros Retidos (Controlada Beta)	160	
a Investimentos em Beta (Controladora Alfa)		420
a Participação de Não Controladores (Consolidado)		180

2. Eliminação da Mais-Valia de Ativos e do *Goodwill* (parte do sócio Controlador)	Débito	Crédito
Ativo Imobilizado Líquido (Controlada Beta)	112	
Ágio por Rentab. Futura – *Goodwill* (Controoladora Alfa)	120	
a Investimentos em Beta (Controladora Alfa)		232

3. Complemento da Mais-Valia de Ativos e *Goodwill* (parte dos sócios Não Controladores)	Débito	Crédito
Ativo Imobilizado Líquido (Controlada Beta)	48	
Ágio por Rentab. Futura – *Goodwill* (Controladora Alfa)	30	
a Participação dos Sócios Não Controladores		78

Cumpre lembrar que 20% do valor da diferença do valor justo para o valor contábil dos ativos líquidos da adquirida (mais-valia de ativos no valor de $ 200) já foi realizado. Portanto, os ativos líquidos devem ser ajustados em $ 160 ($ 112 do controlador e $ 48 dos não controladores).

Desse valor de $ 160, 70% estão contidos no valor contábil do investimento em Beta, nas demonstrações individuais da Controladora Alfa ($ 112 = $ 140 – $ 28) e 30% não estão contidos em nenhuma das duas demonstrações contábeis (controladora ou controlada), de forma que se deve incluí-lo nas demonstrações consolidadas em contrapartida ao saldo da participação dos sócios não controladores ($ 48 = $ 60 – $ 12).

Observe que a realização de $ 28, pela parte da controladora Alfa, e de $ 12, pela parte dos não controladores, já foram contemplados no papel de trabalho da consolidação do resultado do período.

Considerando adicionalmente que o *goodwill* da combinação ($ 150) foi testado e não houve perdas em relação ao seu valor recuperável, então nenhum ajuste deverá ser feito nessa conta.

Agora, podemos apresentar, no Quadro 21.13, o papel de trabalho para consolidação da posição patrimonial (balanço) das empresas Alfa e Beta, o qual reflete os ajustes comentados:

c) NA DEMONSTRAÇÃO DO RESULTADO ABRANGENTE TOTAL

No exemplo do tópico anterior não houve o reconhecimento de outros resultados abrangentes, tal como pela variação de valor justo de um ativo financeiro disponível para venda, cujo ganho ou perda seriam reconhecidos diretamente no Patrimônio Líquido em subconta específica de Ajustes de Avaliação Patrimonial. Outros exemplos de resultados abrangentes são a constituição ou realização de reserva de reavaliação, os ganhos e as perdas atuariais em planos de pensão com benefício definido, reconhecidos diretamente no Patrimônio Líquido como outros resultados abrangentes (itens 57 e de 127 a 130 do CPC 33 – Benefícios a Empregados), ganhos e perdas por conversão de demonstrações contábeis de operações no exterior, e a efetiva porção de ganhos ou perdas de instrumentos de

Quadro 21.13 Controladora Alfa e sua Controlada Beta– consolidação de balanços

Balanços Patrimoniais			SOMA	ELIMINAÇÕES E AJUSTES				SALDOS CONSOLIDADOS
CONTAS	Alfa	Beta		Lçt.	Débito	Lçt.	Crédito	
Ativos Circulantes	248	200	448		–		–	448
Ativos Não Circulantes								1.310
Investimentos em Beta	652							
Equival. Patrimonial	420	–	652		–	1	420	–
Mais-Valia de Ativos Líquidos	112							
Goodwill	120				–	2	232	
Imobilizado Líquido	400	600	1.000	2	112		–	1.160
				3	48		–	
Intangível (*Goodwill*)	–	–	–	2	120		–	150
				3	30		–	
Total do Ativo	**1.300**	**800**	**2.100**		**310**		**652**	**1.758**
Passivos Circulantes	250	200	450		–		–	450
Patrimônio Líquido Consolidado								1.308
Patrimônio Líquido dos Sócios de Alfa								1.050
Capital Social	700	440	1.140	1	440		–	700
Lucros Retidos	350	160	510	1	160		–	350
Participação dos Não Controladores	–	–	–		–	1	180	258
					–	3	78	
Total do Passivo + PL	**1.300**	**800**	**2.100**		**600**		**258**	**1.758**

hedge em um *hedge* de fluxo de caixa (item 95 do CPC 38 – Instrumentos Financeiros: Reconhecimento e Mensuração).

Assim, sempre que a controlada reconhecer outros resultados abrangentes em seu Patrimônio Líquido, por equivalência patrimonial a controladora reconhecerá, de forma reflexa, a parte que lhe cabe nesses saldos. Assim, o saldo contábil do investimento em controladas será ajustado, e a contrapartida, na controladora, será em conta de mesma natureza em seu Patrimônio Líquido.

Da mesma forma, quando a controlada realizar, parcial ou integralmente, o saldo dos outros resultados abrangentes, a controladora também deve realizar, de forma proporcional, os valores que reconheceu de forma reflexa em seu Patrimônio Líquido. Isso ocorrerá quando da aplicação do método de equivalência patrimonial, de forma que, por ocasião da consolidação das demonstrações contábeis, nenhum outro ajuste será necessário além da eliminação do investimento contra o Patrimônio Líquido da controlada. Justifica-se, pois, a parte pertinente à controladora já foi reconhecida em seu próprio Patrimônio Líquido quando da aplicação da equivalência patrimonial.

21.7.4 O efeito do lucro não realizado na controlada sobre o valor da participação dos não controladores

Já vimos que quando a controlada vende para a controladora, pelo CPC 18 (R2) a controlada precisa reconhecer o resultado dessa venda, já que ela possui outros sócios, não integrantes do grupo controlador dessa controlada, que não podem ser prejudicados pelo fato de a empresa em que participam vender ativo para a controladora ou outra controlada do grupo. O prejuízo estaria no seguinte: se não fosse reconhecido o resultado na controlada na venda, ele o seria apenas na proporção da realização desse lucro. No caso dos estoques, isso representaria quase sempre apenas uma postergação de um ano sobre a parcela remanescente nos estoques com lucro não realizado, já que a realização se dá, como regra, rapidamente pela sua venda pela adquirente, ou seu consumo. Mas, pensando no extremo, no caso de terrenos, se a controlada vender um deles para a controladora e o valor justo produzir lucro na controlada, se esse lucro for diferido, quando é que os minoritários da controlada receberão a parte que lhes cabe nesse lucro? Só quando for vendido e, muitas vezes, isso poderá significar décadas.

Já vimos que a controladora não reconhece qualquer lucro nessas transações, mas a controlada vendedora precisa fazê-lo. A novidade está, na consolidação, no seguinte: se a controlada vende para o grupo com lucro, e este está mantido no ativo ainda não baixado, a participação do não controlador terá que ser ajustada, pois para ele esse lucro é genuíno (não o é do ponto de vista do grupo). Assim, há

que se ajustar essa participação de não controladores no balanço, e a ICPC 09, Item 56B determina que seja contra o valor do imobilizado, como representação de um acréscimo de custo dos controladores.

21.8 Considerações adicionais sobre *goodwill* e mais-valia de ativos

Esse assunto já foi previamente tratado no Capítulo 6. Portanto, neste tópico a questão será abordada especificamente nos aspectos complementares inerentes aos procedimentos de consolidação. Na consolidação, o tratamento da mais-valia por diferença de valor dos ativos líquidos e do ágio por rentabilidade futura (*goodwill*) será em função de sua origem e natureza. Todavia, considerando que a controladora é exigida pela legislação societária a aplicar o método de equivalência patrimonial, o tratamento da parte atribuída à controladora já terá sido realizado antes mesmo da consolidação.

A adoção, pela controladora, de subcontas distintas para cada componente do investimento (valor patrimonial, mais-valia de ativos e *goodwill*) facilita o processo de consolidação. A realização da mais-valia por diferença de valor de ativos líquidos será feita de acordo com a realização dos ativos e passivos que lhes deram origem. Já a realização do *goodwill* será somente pela baixa (venda do investimento) ou pelo reconhecimento de uma redução ao valor recuperável (conforme CPC 01 – Redução ao Valor Recuperável de Ativos). O *goodwill* determinado conforme o CPC 15 na data da obtenção do controle não pode ser amortizado, exceto o que está previsto no ICPC 09 para circunstâncias muito específicas de vida útil econômica determinada.

Vale lembrar que, nas demonstrações consolidadas, o valor do ajuste nos ativos e passivos da controlada (em função da mais-valia de ativos e passivos) deve ocorrer pelos seus valores totais, e não somente pela parcela atribuída à controladora e que integra o valor do seu investimento na controlada. O mesmo acontece com o *goodwill*, quando a participação dos não controladores é avaliada a valor justo no seu reconhecimento inicial (*vide* exemplos na Seção 21.7.3).

Se a participação dos não controladores for avaliada a valor justo, como nos exemplos mostrados na Seção 21.7.3, o valor atribuído ao negócio ($ 850) é composto por dois itens de naturezas diferentes: o valor justo do montante dado em troca do controle de Beta ($ 610) e o valor justo da participação dos não controladores ($ 240). Esse valor atribuído ao negócio deu origem ao *goodwill* da combinação, na data da aquisição, de $ 150 ($ 120 pagos pela Controladora Alfa e $ 30 atribuídos aos não controladores).

O valor atribuído ao negócio pode, todavia, ter até três componentes. Para ilustrar, suponha que a Empresa Alfa, na data em que obteve o controle de Beta, já possuísse 30% das ações de Beta, cujo valor justo será o mesmo da participação dos não controladores, que também é de 30%, ou seja, $ 240. Nessa condição, vamos admitir que o valor pago pela aquisição dos 40% adicionais, evento que lhe proporcionou a obtenção do controle, tenha sido de $ 370 (o qual inclui um prêmio pelo controle).

Assim, o valor pago para comprar 40% de Beta não é proporcional ao valor justo da participação preexistente, dado que contém o pagamento do prêmio do controle de $ 50, já que o valor justo das ações seria de 320. Com isso, o *goodwill* da combinação seria calculado como segue:

Valor justo pago pelas ações adquiridas por Alfa (40%)	370
(+) Valor justo da participação preexistente de Alfa em Beta (30%)	240
(+) Valor justo da participação dos não controladores de Beta (30%)	240
(=) Valor justo atribuído ao negócio (Empresa Beta)	**850**
(−) Valor justo dos ativos líquidos de Beta	(700)
(=) Valor do *Goodwill* da Combinação	**150**

A determinação do *goodwill* e da mais-valia de ativos da combinação e os valores desses atribuídos à Controladora Alfa e aos sócios não controladores, por origem e natureza, são os apresentados no Quadro 21.14.

Note que o resultado foi um *goodwill* atribuível à adquirente (Alfa) de $ 120, tal como no exemplo da Seção 21.7.3 (a). A única diferença é que o valor do ágio pago, no exemplo em questão, foi somente de $ 90 ($ 370 pelo valor pago pelas ações adicionais menos $ 280 relativos a 40% do valor justo dos ativos líquidos de Beta).

Se Alfa, entretanto, tivesse optado pela mensuração da participação dos não controladores pelo critério alternativo (a parte dos não controladores no valor justo dos ativos líquidos), então o *goodwill* da combinação não seria mais $ 150. Vejamos, no Quadro 21.15, quanto seria.

Note que o *goodwill* atribuído à Controladora Alfa continua o mesmo: $ 120, sendo $ 90 pagos quando da compra da participação de 40% que lhe permitiu obter o controle e $ 30 pela mensuração da participação preexistente de Alfa em Beta pelo valor justo, na data da aquisição. Contudo, o *goodwill* da combinação passou de $ 150 para $ 120, sendo a diferença os $ 30 do *goodwill* dos não controladores, que agora foi para zero.

Quadro 21.14

	TOTAL	Controlador (Alfa)	Sócios Não Controladores
Valor justo pago pelas ações adquiridas por Alfa (40%)	370	370	–
(+) Valor justo da partic. preexistente de Alfa em Beta (30%)	240	240	–
(+) Valor justo da partic. dos não controladores de Beta (30%)	240	–	240
(=) Valor justo atribuído ao negócio (Empresa Beta)	**850**	–	–
(−) Valor justo dos ativos líquidos de Beta	(700)	(490)	(210)
(=) Valor do *Goodwill* da Combinação	**150**	**120**	**30**
Valor justo dos ativos líquidos de Beta	700	490	210
(−) Valor do Patrimônio Líquido de Beta	(500)	(350)	(150)
(=) Mais-valia por Diferença de Valor dos Ativos Líquidos	**200**	**140**	**60**

Quadro 21.15

	TOTAL	Controlador (Alfa)	Sócios Não Controladores
Valor justo pago pelas ações adquiridas por Alfa (40%)	370	370	–
(+) Valor justo da partic. preexistente de Alfa em Beta (30%)	240	240	–
(+) Valor justo da partic. dos não controladores de Beta (30%)	210	–	210
(=) Valor justo atribuído ao negócio (Empresa Beta)	**820**	–	–
(−) Valor justo dos ativos líquidos de Beta	(700)	(490)	(210)
(=) Valor do *Goodwill* da Combinação	**120**	**120**	**0**
Valor justo dos ativos líquidos de Beta	700	490	210
(−) Valor do Patrimônio Líquido de Beta	(500)	(350)	(150)
(=) Mais-valia por Diferença de Valor dos Ativos Líquidos	**200**	**140**	**60**

21.9 Consolidação na existência de defasagem nas datas dos balanços

Nos itens anteriores, analisamos as eliminações de saldos de balanço e de resultados (receitas e despesas) intragrupo e partimos da premissa da coincidência de datas de encerramento das empresas incluídas na consolidação. Apesar de não recomendável, é possível e aceitável que se possam incluir na consolidação as demonstrações contábeis de uma controlada, cuja data-base de encerramento seja anterior à da controladora. Essa defasagem é, porém, aceitável somente quando for pequena a diferença de tempo, de sorte que os efeitos nas demonstrações contábeis consolidadas não sejam significativos.

O § 4º do art. 250 da Lei nº 6.404/1976 e o item 23 do CPC 36 permitem uma defasagem de até dois meses, mas sempre antes da data do balanço da controladora, prazo esse igual ao concedido para fins da contabilização dos investimentos pelo método da equivalência patrimonial (CPC 18). Não há dúvida de que é sempre preferível a coincidência de datas de encerramento para fins de consolidação. Assim, mesmo que uma controlada tenha seu exercício social com defasagem de um ou dois meses, é preferível que prepare adicionalmente demonstrações contábeis na data-base de consolidação (encerramento da controladora). Além de permitir uma consolidação mais adequada, evita inúmeros problemas que surgem quando há defasagem.

Havendo a defasagem, devem ser cuidadosamente tratadas as operações entre as diversas sociedades e, não raro, são necessárias certas técnicas que tornam a tarefa de consolidar extremamente complexa. Por exemplo, se uma controladora A encerra seu Balanço em 31/12 e sua controlada B o faz em 30/11, pode ter ocorrido uma venda de mercadoria de A para B, durante dezembro, com os seguintes reflexos:

a) Há uma receita e um lucro em A não correspondidos, por compra (em estoques ou em custo das mercadorias vendidas), em B.

b) Há um provável valor a receber no ativo de A não correspondido por um passivo em B (ou há um disponível talvez em duplicidade).

c) Pode a sociedade B ter vendido ou não esse produto em 31/12, realizando ou não o resultado registrado em A.

Nesse caso, teria a empresa A de efetuar, na consolidação, um ajuste, simplesmente eliminando a operação, para fazer desaparecer o valor a receber de seu ativo, o lucro de seu Patrimônio Líquido, e fazer voltar o produto a seu estoque. Se a operação fosse inversa, isto é, se durante dezembro a controlada B tivesse vendido esse estoque para A, ocorreria:

a) Caso A ainda o tivesse em estoque, faria um ajuste na consolidação, creditando Estoques e debitando Fornecedores, para eliminar a dupla contagem do inventário de 30/11 de B com 31/12 de A, e a dívida intragrupo.

b) Caso A já o tivesse vendido para terceiros, o lançamento também seria o mesmo, para dar baixa do estoque em B em 30/11 e eliminar a dívida.

Contudo, e se esse estoque tivesse sido adquirido de terceiros no próprio mês de dezembro? Ele não estaria então no ativo de B, em 30/11. Aí o lançamento de ajuste teria de ser: débito a Fornecedores e crédito a Fornecedores, aquele para eliminar a dívida de A para com B e este para registrar a dívida de B (não existente em 30/11, mas em 31/12) para com seu fornecedor. E se já tivesse havido o pagamento, então o acerto seria em disponibilidades. Por essas complicações e outras muito piores, deve-se evitar essa defasagem.

Em outro exemplo, se essa mesma controlada B tivesse prestado um serviço para A, em dezembro, cujo valor tivesse sido pago nesse mesmo mês, teríamos:

a) Uma despesa em A não correspondida ainda por uma receita em B.

b) Um decréscimo de disponibilidade em A não correspondido pelo ingresso em B.

Deverá ser feito, nessa situação, para fins de consolidação, um estorno do registro da despesa em A, e o disponível no consolidado aparecerá, pois, com valor superior ao da soma dos disponíveis dos balanços individuais de A e B. Em compensação, deverá essa despesa ser considerada na consolidação do exercício seguinte para ser eliminada contra a receita.

21.10 Reavaliação de ativos e outros resultados abrangentes

Atualmente, a reavaliação de ativos não é permitida pela Lei das Sociedades por Ações. Todavia, existem saldos do passado em algumas empresas. Se a controladora ou qualquer das controladas mantiver ativo reavaliado, deverá espelhar em seu balanço Reservas de Reavaliação com saldos exatamente iguais aos valores líquidos acrescidos, ainda existentes nesses ativos.

No caso de a controlada ter, em seu Patrimônio Líquido, outros resultados abrangentes, tais como ajustes de avaliação patrimonial por mudança de valor justo de ativos financeiros disponíveis para venda, a parte da controladora nesses componentes já terá sido reconhecida de forma reflexa, quando da aplicação do método de equivalência patrimonial. Veja-se o tratamento nas demonstrações individuais da controladora (veja Capítulo 11). Então,

21.11 Tributos na consolidação

Sempre que houver uma transação entre empresas do grupo, além da eliminação normal dos lucros (ou prejuízos) não realizados contidos nos ativos, a controladora deve reconhecer um ativo ou passivo fiscal diferido pela diferença temporária entre o momento em que o imposto é devido, pela regra fiscal, e o momento em que o imposto deve ser considerado contabilmente incorrido.

Vale lembrar, entretanto, que um lucro não realizado auferido pela controlada é eliminado primeiro via método de equivalência patrimonial (MEP) sobre o investimento em controlada e, posteriormente, na consolidação, faz-se somente o ajuste de linhas. Nesse caso, via MEP, o lucro não realizado que foi eliminado já deve estar líquido do efeito fiscal e, na consolidação, o valor que foi reduzido do investimento pelo expurgo dos lucros não realizados será desdobrado em dois valores: um para a redução do custo do ativo que contém lucros não realizados e outro para o reconhecimento do ativo fiscal diferido (já que o lucro retirado do ativo também foi retirado do resultado do período, mas não alterou o tributo corrente sobre o lucro).

Nos casos em que o lucro não realizado foi auferido pela controladora, esta fará o diferimento desse lucro, já que por competência ele deverá ser reconhecido somente quando o ativo transacionado for realizado (pelo uso ou pela venda). Entretanto, como demonstrado no exemplo da Seção 21.6.3 (a), ao reconhecer o Lucro a Apropriar, ela já reconhece o Ativo Fiscal Diferido em contrapartida a um crédito em Tributos sobre o Lucro Diferido.

21.11.1 Tributos sobre o lucro nas transações com ativos

Já utilizamos um exemplo anterior com a figura desse tributo, mas sem muita explicação. Vamos detalhar melhor. O resultado consolidado é ajustado pela exclusão dos lucros não realizados. Todavia, tais lucros normalmente são tributáveis na sociedade que os auferiu. Na consolidação, o lucro não realizado é eliminado, mas a despesa com tributos sobre o lucro corrente permanece. Logo, temos de considerar o que segue:

a) Se esse lucro for eliminado agora (por não estar realizado junto a terceiros), mas incluído, no futuro, como lucro na consolidação (por ter sido realizado junto a tercei-

ros), dever-se-ão também eliminar, agora, os tributos sobre ele incidentes (imposto de renda e contribuição social), de tal forma que sejam incluídos apenas quando o lucro também voltar a ser reconhecido, futuramente, na consolidação.

b) Se tal lucro for eliminado agora e nunca mais aparecer na consolidação, então não haverá ajuste a fazer, pois a despesa com a incidência dos tributos sobre o lucro é, de fato, uma despesa para o grupo no momento presente ou o ajuste se concretizará na forma de acréscimo ao custo do bem (aumento do custo do ativo para o grupo).

Por exemplo, pensando somente no processo de consolidação, ou seja, o MEP não foi aplicado nas demonstrações individuais da controladora: se uma controlada vendeu estoques à sua controladora, obtendo lucro e sofrendo incidência dos tributos correntes pertinentes, mas esse estoque ainda permanece nos ativos da adquirente, então a eliminação da parcela do lucro não realizado também acarretará a necessidade de ajustar o valor dos tributos sobre o lucro que lhe é proporcional. Tais ajustes seriam (pensando-se somente no processo de consolidação):

a) No balanço: (i) eliminação dos lucros não realizados contidos no estoque; e (ii) reconhecimento do ativo fiscal diferido pelo tributo diferido sobre os lucros não realizados.

b) No resultado do exercício: (i) estorno da operação de venda intragrupo (receita de venda, impostos sobre venda e custo da venda); (ii) crédito no resultado pela parte realizada do lucro intragrupo, se houver; (iii) crédito na conta Tributos sobre o Lucro Diferidos (redução da despesa com o Imposto de Renda e Contribuição Social sobre o Lucro).

Esse procedimento está em conformidade com as exigências do CPC 32 – Tributos sobre o lucro.

Como sabemos, todavia, o tratamento das transações intragrupo ocorre primeiro nas demonstrações individuais da controladora (via MEP ou diferimento de lucros não realizados auferidos pela venda ou contribuição de ativos a suas controladas). Portanto, os ajustes e as eliminações de consolidação dependerão de como essas transações foram tratadas: se via MEP ou se via o diferimento dos lucros não realizados auferidos pela própria controladora.

Como já consta um exemplo em que a controladora é que vendeu ativos para sua controlada na Seção 21.6.3 (a), é melhor partirmos para um exemplo em que foi a controlada quem auferiu lucros em transações intragrupo. Então, para nosso novo exemplo, suponhamos os seguintes valores:

- Lucro obtido pela controlada vendedora (Beta), ainda existente nos estoques da controladora (Alfa), com uma

Cap. 21 · Consolidação das Demonstrações Contábeis e Demonstrações Separadas | **475**

participação de 80%: $ 3 milhões, sendo o valor da venda de $ 10 milhões.

- Tributos correntes incorridos por Beta sobre esse lucro intragrupo: $ 1,02 milhões (34% × $ 3 milhões).

  a) **No Balanço Consolidado**: ajuste por débito de $ 1,02 milhões no Ativo Fiscal Diferido (no realizável a longo prazo); (iv) débito de $ 1,98 milhões nas reservas para eliminar o lucro líquido não realizado; (v) crédito de $ 3 milhões no estoque (expurgando o lucro bruto não realizado contido no ativo); e débito nos estoques por $ 0,396 milhão pela parte dos não controladores no lucro líquido do estoque vendido à controladora a crédito na participação dos não controladores.

  b) **Na demonstração consolidada do resultado**: eliminação da receita, do custo da mercadoria vendida e do tributo sobre esse lucro.

A realização do ativo fiscal diferido (assumindo-se que houve lucros não realizados e não prejuízos não realizados) ocorrerá na medida da realização do lucro intragrupo, ou seja, pela realização do ativo subjacente pelo uso (ou baixa por *impairment*) ou pela venda a terceiros. Quando se tratar de venda de ativos imobilizados, por exemplo, o procedimento será o mesmo, já que a realização por competência dos tributos sobre o lucro ocorrerá na proporção em que tais ativos forem sendo baixados por depreciação, amortização, alienação, perda etc.

Continuando com o exemplo, se no exercício seguinte a controladora adquirente vender para terceiros todos os produtos que comprou de sua controlada, estará fazendo aparecer no resultado consolidado aquele lucro de $ 3 milhões (além do lucro adicional que houver agregado), e por consequência da despesa correspondente com os tributos sobre o lucro. Então, na posição patrimonial consolidada, devemos agora dar baixa do ativo fiscal diferido de $ 1,02 milhões (a crédito), em contrapartida ao reconhecimento desse mesmo valor na conta Despesa com Tributos sobre Lucro Diferidos (a débito). Com tais ajustes, estamos eliminando, no primeiro exercício, o resultado líquido da transação interna e transferindo-o para o segundo, quando de fato ocorreu sua realização, do ponto de vista da controladora e das demonstrações consolidadas.

Pode ocorrer exatamente o inverso, isto é, existir um prejuízo em operação semelhante. Nesse caso, deve-se verificar se o prejuízo representa ou não efetiva redução no valor recuperável do ativo vendido. Caso não represente perda efetiva, o que é raro, o prejuízo deverá ser eliminado da mesma forma que o lucro. Caso contrário, o prejuízo permanecerá no resultado consolidado.

Todas as considerações relativas ao imposto de renda valem também para a contribuição social sobre o lucro líquido. Adicionalmente, as orientações do CPC 32 –

Tributos Sobre o Lucro devem ser seguidas em relação a reconhecimento e mensuração subsequentes do ativo fiscal diferido sobre lucros não realizados intragrupo (ou do passivo fiscal diferido se houver prejuízo não realizado intragrupo).

Quando esses resultados são totalmente realizados dentro do mesmo exercício, não há ajustes nos tributos sobre o lucro, já que o eventual acréscimo de imposto incidente no resultado de uma sociedade será compensado com a redução no da outra, uma vez que esta terá um custo de produto vendido maior em sua demonstração de resultado (o lucro da vendedora estará contido no custo da venda da compradora).

21.11.2 ICMS, IPI, PIS e Cofins

Esses tributos, quando recuperáveis, não fazem parte do custo de aquisição dos estoques da compradora. Não fazem parte, também, da receita líquida da vendedora. Todavia, surge a necessidade de alguns ajustes:

Suponhamos que uma controlada venda, por $ 1.000.000 (valor que contém 18% de ICMS, 1,65% de PIS e 7,6% de Cofins), mais $ 200.000 de IPI, estoque que lhe custara (líquido do ICMS, do IPI e do PIS) $ 600.000. O resultado dessa transação será:

Faturamento Bruto com IPI	1.200.000
(−) IPI	(200.000)
Faturamento Bruto sem IPI	1.000.000
(−) ICMS	(180.000)
(−) PIS	(13.530)
(−) Cofins	(62.320)
Receita Líquida de Venda	744.150
(−) Custo dos Produtos Vendidos	600.000
Lucro Bruto	144.150

Os valores de ICMS, IPI, PIS e Cofins terão sido aqui debitados e creditados às contas próprias. (Veja a Seção 3.3.4 – O ICMS e os estoques.)

Se tal estoque permanecer no balanço da controladora adquirente, ocorrerá:

a) **No Balanço Consolidado**: necessidade da eliminação do lucro não realizado de $ 127.500, mas nenhum ajuste em termos dos tributos a recolher relativos ao IPI, ICMS, PIS e Cofins. Saldos a recolher ou a recuperar desses tributos são obrigações ou direitos também válidos no consolidado.

b) **Na demonstração consolidada do resultado do exercício**: necessidade da eliminação da Receita Bruta (Faturamento com IPI), do Custo dos Produtos Vendidos, e dos tributos incidentes sobre a venda: Cofins, PIS,

ICMS, IPI. Basicamente, haverá o estorno do lançamento contábil efetuado quando da venda intragrupo pela empresa vendedora. Adicionalmente, se parte do lucro gerado na transação intragrupo estiver realizada, deve-se ajustar por esse valor o resultado da empresa do grupo que revendeu para terceiros os produtos.

Acertando-se o Faturamento Bruto, o IPI, o ICMS, o PIS, a Cofins e o CPV, estarão automaticamente ajustados a Receita Bruta, a Receita Líquida e o Lucro Bruto. Se esses tributos não forem recuperáveis pela empresa compradora, já estarão por ela acrescidos ao custo dos estoques e o ajuste será similar ao visto anteriormente.

Recordemos que, se os tributos forem recuperáveis, a empresa compradora terá estocado $ 727.500 ($ 1.200.000 menos $ 200.000 de IPI, menos $ 76.000 de Cofins, menos $ 16.500 de PIS e menos $ 180.000 de ICMS, estes debitados às contas próprias) e, se não forem recuperáveis para ela, terá ativado em estoques o total de $ 1.200.000.

Nesta última hipótese, ao eliminarmos o lucro não realizado de $ 127.500, o estoque consolidado cairá de $ 1.200.000 para $ 1.072.500, correspondentes aos originais $ 600.000 mais os $ 472.500 de tributos incididos não recuperáveis. Esse acréscimo de valor está correto, já que tal procedimento de adição para o ICMS, o PIS, a Cofins e o IPI é o exatamente indicado para a mensuração do custo de aquisição de estoques, tanto para as demonstrações individuais quanto para as consolidadas. Sempre que a compradora não puder recuperar algum imposto, ela incorrerá nesses custos mesmo nas transações com terceiros.

21.11.3 ISS e outros

No caso do ISS, pode ocorrer:

a) A sociedade compradora do serviço considera-o como despesa e a sociedade vendedora apura o custo do serviço prestado para fins de determinação do seu resultado bruto. Nesse caso, nenhum ajuste deve ser feito além da eliminação normal, no resultado consolidado, isto é:

- Débito: Receita Bruta (na vendedora dos serviços), pelo valor dos serviços prestados.
- Crédito: Despesas com Serviços (na compradora), pelo valor das despesas reconhecidas.
- Sobrará no resultado do período consolidado o valor do ISS correspondente, que representa, de fato, uma despesa efetiva para o grupo, por incidir sobre transferência interna de serviços e de recursos. O que não devemos é manter esse valor como dedução da receita na demonstração consolidada do resultado, pois nada tem a ver com as receitas auferidas junto a terceiros. Então, esse valor precisa ser transferido para o grupo de despesas operacionais.
- Quando a sociedade vendedora apura o custo do serviço prestado, esse valor integra os recursos consumidos na prestação dos serviços, de forma que o lançamento descrito não é completo, pois a despesa de "custo do serviço prestado", na empresa vendedora dos serviços, não se refere a uma transação com terceiros. Portanto, nesse caso, deve-se adicionalmente eliminar essa despesa, transferindo os valores de seus componentes para contas representativas de suas respectivas naturezas: os materiais consumidos no serviço seriam transferidos para despesa com materiais, a mão de obra consumida no serviço seria transferida para despesas de pessoal e assim por diante.

b) A sociedade compradora do serviço ativou-o, como pode ocorrer se ele se referir à colocação do imobilizado em condições de funcionamento, custo de produção etc. Isso implica dizer que o lucro auferido pela vendedora não está realizado, pois está contido no valor dos ativos da sociedade compradora. Então, a eliminação será como segue:

- Débito: Receita Bruta (na vendedora dos serviços), pelo valor total dos serviços prestados.
- Crédito: Custo do Serviço Prestado (na vendedora dos serviços), pelo valor total dos serviços prestados, supondo esse detalhamento.
- Crédito: custo do ativo a que se referir (na compradora), pelo valor do lucro auferido na transação.

As mesmas hipóteses quando há incidência de tributos sobre o lucro são válidas, agora, para a prestação de serviços. Então, o valor dos tributos incidentes sobre o lucro obtido pela sociedade que prestou o serviço são despesas normais e não precisa ser ajustado se a empresa que adquiriu os serviços tratá-los diretamente como despesa do período. Caso, todavia, a empresa compradora dos serviços os tenha ativado e ela seja contribuinte do imposto de renda, então, o tributo incidente sobre o lucro da transação deve ser considerado antecipado (debitado no ativo e creditado no resultado do período consolidado, reduzindo o valor da despesa com tributos sobre o lucro).

De forma semelhante, ajustes podem ser necessários nas despesas suportadas pela vendedora, tais como de transporte, comissões incidentes sobre as vendas etc., que ou continuam como despesas no consolidado, ou agregam-se ao custo dos ativos (quando a recebedora desses bens ou serviços os ativa).

21.12 Mudanças na participação relativa da controladora

Diversos eventos podem fazer com que a entidade controladora tenha redução ou aumento em sua participação relativa no capital da sociedade controlada. Tais eventos incluem, por exemplo, venda parcial da parte que possui no capital votante da controlada, aquisição de novas ações, diluição ou concentração de sua participação no capital votante proveniente de uma subscrição de ações em uma proporção menor ou maior do que aquela a que tem direito nos aumentos de capital etc.

Essas mudanças no percentual de participação podem, todavia, não resultar em perda de controle. Isso ocorrerá, por exemplo, quando a controladora alienar parte das ações com direito a voto que possui, mas em uma quantidade tal que a parte que sobra ainda seja suficiente para manter seu controle.

Quando for esse o caso, o item 23 do CPC 36 (R3) dispõe:

"Mudanças na participação societária detida por controladores de controladora na controlada que não resultam na perda de controle da controlada pela controladora constituem transações patrimoniais (ou seja, transações com os sócios, tais quais operações de aquisição de suas próprias ações para manutenção em tesouraria)."

Diferentemente, portanto, do que se vinha praticando no Brasil antes do processo de convergência para as normas internacionais, como transações de capital entre sócios, tudo será acertado no próprio Patrimônio Líquido consolidado. Em resumo, haverá alteração na participação relativa dos não controladores, que ficará maior ou menor, e isso implicará ter de ajustar o valor contábil da participação dos não controladores. Nesse sentido, vale reproduzir o disposto no item B96 do CPC 36 (R3):

"Quando a proporção do patrimônio líquido detida por participações de não controladores sofrer modificações, a entidade deve ajustar os valores contábeis das participações de controladoras e de não controladores para refletir as mudanças em suas participações relativas na controlada. A entidade deve reconhecer diretamente no patrimônio líquido qualquer diferença entre o valor pelo qual são ajustadas as participações de não controladores e o valor justo da contrapartida paga ou recebida e deve atribuir essa diferença aos proprietários da controladora."

Isso implica dizer que nenhum ganho ou perda proveniente dessas transações será reconhecido no resultado consolidado do período. Assim, para fins de consolidação, os ativos líquidos da controlada não serão mensurados novamente a valor justo, ou seja, não cabe uma apuração de nova mais-valia. O mesmo cabe para o *goodwill* da combinação. Nas demonstrações consolidadas nenhuma alteração será feita no valor remanescente da mais-valia bruta total e no valor remanescente do *goodwill* da combinação (remanescente significa o valor originalmente computado na data da aquisição menos o valor realizado até o momento).

Como o poder da controladora para dirigir as atividades relevantes da controlada não foi afetado, o que muda, de fato, é o tamanho da fatia do bolo que fica para a controladora. Por exemplo, se ela tiver participação relativa de 90% em uma controlada e comprar os 10% restantes, ficando com a totalidade das ações da controlada, isso significa que, se ela ficava com 90% do desempenho da investida, agora ela passará a ficar com 100% (o inverso seria verdadeiro se ela tivesse 100% e vendesse 10%).

Justifica-se tal procedimento, pois, conforme já visto, para o IASB, a participação dos não controladores representa um direito residual sobre os ativos líquidos da controlada mantido por alguns dos sócios dessa controlada, atendendo, portanto, à definição de Patrimônio Líquido (IFRS 10). Por esse motivo, ela integra o Patrimônio Líquido Consolidado. Como já visto, o conceito de entidade no consolidado é agora relativo ao do conglomerado econômico. Assim, considera-se que, quando a controladora adquire mais ações da controlada (ou quotas), está, na verdade, nessa acepção, comprando instrumentos patrimoniais de outros sócios nessa controlada. É uma transação semelhante a uma compra de ações para tesouraria, cujo efeito é a redução de seu Patrimônio Líquido (as ações adquiridas não são registradas como ativos), mesmo que o valor pago por essas ações seja superior ao seu valor contábil (compra com ágio). E o valor do custo total é redução do Patrimônio Líquido sem qualquer subdivisão entre equivalência patrimonial, mais-valia e *goodwill*.

Além disso, para o grupo, esse tipo de transação não afeta o potencial de benefícios econômicos futuros dos ativos líquidos da controlada, que já estavam sob controle da controladora do grupo, independentemente de ela não ter a propriedade sobre a totalidade desses ativos líquidos (participação inferior a 100%). Vale lembrar que, no conjunto de pronunciamentos técnicos do CPC que tratam dos investimentos em coligadas, controladas e *joint ventures*, o evento relevante é a obtenção ou a perda de controle. Portanto, somente a obtenção do controle é que permite ao investidor mensurar novamente a valor justo os ativos e passivos da investida e alguma participação já existente na investida (participação que a controladora já tinha antes da data da aquisição do controle).

Assim, caso uma entidade controladora, que detém 60% do capital votante de outra sociedade, sua controlada, venha a adquirir mais ações dessa sua controlada, 20%, por exemplo, nenhum *goodwill* adicional será reconhecido, bem como os ativos líquidos não serão mensurados novamente a valor justo, apesar de o valor pago corresponder ao quanto vale efetivamente essa participação adicional, na ótica dos participantes do mercado. O entendimento, portanto, é que a controladora não está investindo em novos ativos, mas adquirindo o direito de ficar com uma porção maior dos resultados gerados por esses ativos, os quais já estão sob seu controle.

Vale comentar que, antes da entrada em vigor do CPC 36, esse não era o tratamento contábil adotado no Brasil. Havia, sim, o reconhecimento de um novo ágio quando da aquisição adicional de ações das sociedades coligadas e controladas. A partir do disposto no CPC 36, isso não é mais possível.

Isso levou a um entendimento, na obsessão de se igualar lucro e Patrimônio Líquido de controladora e consolidados, a se exigir, na ICPC 09, que igual procedimento fosse utilizado nas demonstrações individuais, o que vem sendo seguido. Todavia, isso não é norma do IASB e sim uma criação brasileira que está em discussão por, segundo alguns, produzir demonstrações individuais possivelmente deformadas. Afinal, do ponto de vista da controladora, no seu balanço individual, os demais investidores na controlada são genuinamente terceiros. Não se confunde o patrimônio da controladora individual com o dos não controladores. Se a controladora adquirisse mais ações de não controladores, estaria fazendo novo investimento, com novas mais ou menos-valias, com *goodwill* etc. no seu balanço individual. Considerar as aquisições adicionais como redução do seu Patrimônio Líquido pode parecer algo sem sentido econômico. Poder-se-ia até chegar a Patrimônio Líquido negativo! Pior, vender ações ou ter participação diluída por não participar de aumento de capital (tudo sem perda de controle) e, em contrapartida, haver aumento de Patrimônio Líquido parece mais fortemente ainda sem sentido econômico. De qualquer forma, há materiais discutindo isso no mercado. Há algumas contestações inclusive quanto ao procedimento no consolidado, mas são bem menores.

Outro ponto: quando do reconhecimento, no Patrimônio Líquido atribuído à controladora, da diferença entre o valor justo pago ou recebido na transação e o ajuste da participação dos não controladores, necessariamente deve-se considerar como parte do ajuste da participação dos não controladores a transferência de parte dos resultados abrangentes reflexos para fazer refletir corretamente o novo valor contábil da participação de não controladores. Isso, automaticamente, aumenta ou diminui os resultados abrangentes reflexos contabilizados no Patrimônio Líquido atribuível à controladora em função do novo percentual de participação. O procedimento indicado não menciona diretamente esse ponto porque está implícito no procedimento para se chegar ao novo saldo contábil da participação de não controladores. Portanto, no consolidado, o valor que será debitado diretamente no Patrimônio Líquido atribuível à controladora é a diferença final, mesmo considerando a nova participação das partes em todos os aspectos, como os resultados abrangentes reflexos e, também, a mais-valia bruta remanescente e até o *goodwill* da combinação quando parte dele for atribuível aos não controladores.

Adicionalmente, somente poderão ser reconhecidas diretamente no Patrimônio Líquido da controladora a parte dessa controladora em outros resultados abrangentes gerados pela controlada após a data da aquisição do controle. Isso porque, por exemplo, numa combinação em que houve a compra do controle, o valor pago pela participação adquirida já contempla a posição de Patrimônio Líquido até a data da combinação.

Assim, há mais casos que podem ser complexos, e uma análise cuidadosa e detalhada deve ser feita para determinar se haverá ou não algum ajuste a se fazer por força do item B96 do CPC 36, o que certamente ocorrerá, caso a transação envolva terceiros.

21.13 Perda do controle

A perda do controle sobre outra entidade pode ocorrer por diversos motivos, tais como:

a) Alienação do controle por meio da venda integral ou parcial da participação que possuía.

b) Diluição de sua participação por emissão de novas ações integralizadas por terceiros, a ponto de o poder de voto restante não conferir mais o controle sobre a investida.

c) Quando a controlada fica sujeita ao controle do governo, órgão regulador ou tribunal.

d) Celebração de um acordo de controle compartilhado, de forma que a investida deixa de ser uma controlada integral e passa a ser uma controlada em conjunto.

e) Celebração de acordos entre outros acionistas da investida de forma que o poder de voto desses outros acionistas seja maior que o da investidora.

Como se observa, uma investidora pode perder o controle sobre sua investida com ou sem alteração em sua participação relativa. Nesse sentido, sugere-se a leitura do CPC 36 (R3), itens B97 a B99.

Se um conjunto de acordos e contratos celebrados entre a controladora e outras partes (terceiros alheios ao grupo) tiver como efeito final a perda do controle, mesmo que em data futura, a controladora deve considerá-los uma única transação e, desde já, reconhecer a perda do controle (item B97).

São exigidos diversos procedimentos quando da perda do controle. Em resumo, a controlada deve deixar de ser consolidada e, adicionalmente, o resultado do período da controladora será afetado por diversos fatores:

a) O ganho ou perda proveniente da alienação (parcial ou total) da participação, ou ainda, a perda por diluição de sua participação relativa se for esse o evento que levou à perda do controle.

b) O ganho ou perda decorrente da mensuração da participação remanescente na investida (se houver) a valor justo, na data em que o controle foi perdido, e esse valor será considerado o valor justo no reconhecimento inicial de um ativo financeiro ou o custo no reconhecimento inicial de um investimento em coligada ou *joint venture*.

c) A realização da parte da investidora nos resultados abrangentes da ex-controlada (anteriormente reconhecidos de forma reflexa diretamente no Patrimônio Líquido dessa investidora.

Vale lembrar que nem todos os resultados abrangentes reconhecidos de forma reflexa são realizados contra resultado do período. Os resultados abrangentes reconhecidos de forma reflexa pela controladora, por exemplo, provenientes de ativos financeiros disponíveis para venda da controlada, quando da perda do controle, devem ser reclassificados para o resultado do período. Da mesma forma, os valores de reavaliação de ativos reconhecidos de forma reflexa pela controladora, os quais integram o conjunto de outros resultados abrangentes, quando da perda do controle, devem ser transferidos diretamente para lucros acumulados.

Observe-se que esses procedimentos são os mesmos que seriam adotados caso a controladora não tivesse perdido o controle, mas sua controlada tivesse realizado os ativos que deram origem a tais resultados abrangentes, reconhecidos de forma reflexa pela controladora, ou seja, diretamente em seu Patrimônio Líquido. Cumpre lembrar que o reconhecimento da perda do controle, incluindo a realização dos resultados abrangentes reflexos reconhecidos diretamente no Patrimônio Líquido da controladora, já teria ocorrido nas demonstrações individuais da controladora quando da aplicação do método de equivalência patrimonial sobre os investimentos em controladas.

Fica novamente evidente que o evento relevante é a obtenção do controle, que implica fazer uma avaliação dos ativos líquidos da investida; e a perda de controle, que justifica a realização de ganhos e perdas provenientes das transações que implicaram a perda do controle.

Caso a controladora, apesar da perda do controle, mantenha uma participação remanescente na ex-controlada, deve-se avaliar se o que restou confere influência significativa ou empreendimento controlado em conjunto (*joint venture*), situação em que o saldo do investimento remanescente, ajustado ao valor justo na data em que o controle foi perdido, deve ser considerado como o custo (atribuído) no reconhecimento inicial de um investimento em coligada (ou *joint venture*), e subsequentemente deve-se aplicar o CPC 18 (R2) – Investimento em Coligada, em Controlada e em Empreendimento Controlado em Conjunto.

De outra forma, se a perda de controle ocorreu porque a ex-controladora celebrou um acordo de controle compartilhado com outros sócios da ex-controlada, em termos de que a investida possa ser classificada como uma operação conjunta (*joint operation*), então deve-se observar o tratamento contábil estabelecido no CPC 19 – Negócios em Conjunto.

Se, porém, o investimento remanescente não conferir influência ou não se caracterizar como uma participação em *joint venture*, deve-se tratá-lo como um ativo financeiro, aplicando-se subsequentemente o CPC 38 – Instrumentos Financeiros: Reconhecimento e Mensuração. Vale comentar que, no Capítulo 6, já tratamos da perda de influência, e os procedimentos são similares. Todavia, a perda do controle é sempre considerada sob a perspectiva da entidade grupo.

Para ilustrar, partindo do exemplo da Seção 21.12, suponhamos que a controladora Alfa, que agora detém 100% do capital votante de Beta, venda para terceiros 80% de sua participação em Beta, recebendo por isso $ 950 à vista. Adicionalmente, vamos considerar que o valor justo da participação remanescente de 20% seja $ 210, a qual conferiu influência significativa para Alfa (ver Quadro 21.16).

21.14 Demonstrações contábeis separadas

Em primeiro lugar, que novidade é essa? Demonstrações "separadas" – e estamos praticamente traduzindo a expressão inglesa *separate financial statements* – originalmente eram aquelas apresentadas por uma entidade com investimentos em sociedades controladas, coligadas ou empreendimentos em conjunto, mas fazendo suas demonstrações de forma "separada" desses investimentos, como se os tivesse a título apenas de investimento, avaliando-os pelo valor justo (forma preferencial) ou pelo custo. Como se fossem fundos de investimento. Com isso, a equivalência patrimonial era proibida. Assim era quando ingressamos nas normas internacionais em 2010. A demonstração separada era algo totalmente diferente do que conhecemos por demonstração individual.

O problema é que os balanços individuais brasileiros não estavam, assim, dentro das IFRS, recebendo sempre a ressalva dos auditores, já que nossa Lei obriga ao uso da equivalência patrimonial. Mas, por conta de pleitos internacionais, inclusive fortes no Brasil, o IASB foi levado a admitir,

Quadro 21.16 · Balanço patrimonial de Alfa – reconhecimento da perda do controle

Balanços Patrimoniais			SOMA	ELIMINAÇÕES E AJUSTES				SALDOS CONSOLIDADOS
CONTAS	Alfa	Beta		Lçt.	Débito	Lçt.	Crédito	
Ativos Circulantes	48	–	48	1	950		–	998
Ativos Não Circulantes								610
Investimentos em Beta[1 e 2]	910	–	910		–	2	480	210
				3	28	2	248	
Imobilizado Líquido	400	–	400		–		–	400
Total do Ativo	**1.358**	**–**	**1.358**		**978**		**728**	**1.608**
Passivos Circulantes	350	–	350		–		–	350
Patrimônio Líquido								1.258
Capital Social	700	–	700		–		–	700
Mudança na Particip. Relativa em Beta	(60)	–	(60)		–			(60)
Lucros Retidos (saldo anterior)	368	–	368					368
Lucros Retidos (ganho de alienação)	–	–	–	2	728	1	950	222
Lucros Retidos (outros resultados)	–	–	–		–	3	28	28
Total do Passivo + PL	**1.358**	**800**	**1.358**		**728**		**978**	**1.608**

(1) Os $ 910 têm a seguinte composição: $ 600 de valor patrimonial, $ 160 de saldo remanescente da mais-valia e $ 150 de *goodwill*. Como 80% foram vendidos para terceiros, então, a baixa proporcional é de $ 728 ($ 910 × 80%), o que inclui $ 480 de valor patrimonial.

(2) Os $ 210 são o valor justo da participação remanescente na data em que o controle foi perdido. Como o saldo remanescente do investimento ficou em $ 182 após a baixa de 80% pela participação vendida ($ 728), o ganho pelo ajuste a valor justo do saldo remanescente é de $ 28 ($ 210 – $ 182).

em 2014, que as demonstrações separadas pudessem avaliar esses investimentos também pela equivalência patrimonial, e de lá para cá as demonstrações individuais e as separadas são, na prática, a mesma coisa no Brasil. Todavia, se uma entidade quiser fazer seu balanço com seus investimentos avaliados a valor justo, e não por equivalência, pode fazê-lo, mas não no balanço individual e sim na demonstração a ser nomeada como separada. E estará também dentro das IFRS. Poderiam então existir três demonstrações divulgadas: individual, consolidada e separada.

As demonstrações financeiras separadas (e as "nossas" individuais aqui no Brasil) não substituem as consolidadas, mas são aquelas que, no âmbito das normas internacionais, a entidade decide apresentar adicionalmente às demonstrações financeiras consolidadas. A razão original para o IASB conceder essa opção de apresentação adicional foi entender que, para alguns investidores, os balanços consolidados não produzem informações que necessariamente refletem da melhor maneira como a administração gerencia sua carteira de investimentos em outras empresas. Ou, então, mesmo seus investimentos em coligadas poderiam ser mais bem apresentados não pela equivalência.

Veja-se também que o espírito original da opção de apresentação adicional de demonstrações financeiras

separadas era para os casos em que uma empresa de participações, por exemplo, investisse nessas sociedades, não para fazer do conjunto um conglomerado econômico (logo, o Balanço Consolidado não expressa a visão da gestão da investidora), mas para ter um portfólio, uma carteira de investimentos. É o caso, no Brasil, por exemplo, do BNDESPAR, cujo Balanço Consolidado não teria muito significado no caso de alguma entidade, mesmo que extraordinariamente se transformasse em sua controlada, já que seus investimentos não são feitos para a formação de um grupo econômico que interage, que tem um propósito global específico etc. O BNDES-PAR participa em cada uma de suas investidas por razão específica, e trabalha com cada uma de forma própria, não procurando, como regra, trabalhar o conjunto empresarial todo como se fosse uma entidade econômica. Pode até ser que cada investimento avaliado a valor justo desse melhor representação do que com base no valor do Patrimônio Líquido contábil. Pela Lei, precisa usar equivalência, e não pode mudar. Para fazer pelo valor justo, teria que adicionar às suas demonstrações as denominadas **separadas**.

O CPC 35 (R2) não exige que as entidades elaborem demonstrações contábeis separadas para divulgação ao público. Todavia, conforme previsto na Seção 21.13, caso a entidade opte por divulgar as demonstrações separadas (adicionalmente) ou esteja dispensada de publicar suas demonstrações consolidadas ou da aplicação da equivalência patrimonial em investimentos em coligadas e/ou empreendimentos controlados em conjunto (*joint ventures*) em suas demonstrações individuais, ela deve apresentar o conjunto todo das demonstrações contábeis nesse sentido. Mas vimos que esta última situação praticamente inexiste no Brasil.

Há detalhes específicos sobre essas demonstrações (como os dividendos que são reconhecidos, se pelo custo, quando efetivamente recebidos), mas não vamos aqui detalhar o que praticamente não utilizamos.

21.15 Tratamento para as pequenas e médias empresas

Os conceitos abordados neste capítulo relativos à "consolidação das demonstrações contábeis e demonstrações separadas" também são aplicáveis às entidades de pequeno e médio portes. Para mais detalhamento, consulte o Pronunciamento Técnico PME – Contabilidade para Pequenas e Médias Empresas.

22

Políticas Contábeis, Mudança de Estimativa, Retificação de Erro e Evento Subsequente

22.1 Introdução

A Lei das S.A. estabeleceu em seu art. 186, mantido pela Lei nº 11.638/2007, que "como ajustes de exercícios anteriores serão considerados apenas os decorrentes de efeitos da mudança de critério contábil, ou da retificação de erro imputável a determinado período anterior, e que não possam ser atribuídos a fatos subsequentes". Entretanto, a Lei das S.A. nunca determinou a reelaboração das demonstrações passadas afetadas pelos ajustes, o que passou a ser previsto no Brasil a partir de 2007, em virtude da Deliberação CVM nº 506/2006, que aprovou e tornou obrigatório, a partir de 1º de janeiro de 2007, para as companhias abertas, o Pronunciamento "NPC 12 – Práticas Contábeis, Mudanças nas Práticas Contábeis e Correção de Erros", emitido pelo Ibracon e elaborado em conjunto com a CVM.

Esse pronunciamento, já convergente com as práticas contábeis internacionais (IAS 8), estabeleceu critérios para o tratamento contábil e a divulgação de mudanças em práticas contábeis, mudanças em estimativas contábeis e a correção de erros cometidos em períodos ou exercícios anteriores. Já estava introduzida a ideia de adequação das demonstrações anteriores, com apresentação de algumas circunstâncias gerais.

A Deliberação CVM nº 592, de 15 de setembro de 2009, revogou a Deliberação CVM nº 506/2006 e aprovou e tornou obrigatório, para os exercícios encerrados a partir de 2010 e para as demonstrações contábeis de 2009, a serem divulgadas em conjunto com as demonstrações de 2010 para fins de comparação, para as companhias abertas, o Pronunciamento Técnico CPC 23 – Políticas Contábeis, Mudança de Estimativa e Retificação de Erro. Essa norma está totalmente convergente com a IAS 8 e também é obrigatória, pela Resolução CFC nº 1.179/2009, para os profissionais de contabilidade das entidades não sujeitas a alguma regulação contábil específica.

22.1.1 CPC 23

O Pronunciamento Técnico CPC 23 – Políticas Contábeis, Mudança de Estimativa e Retificação de Erro tem o objetivo de "definir critérios para a seleção e a mudança de políticas contábeis, juntamente com o tratamento contábil e divulgação de mudança nas políticas contábeis, a mudança nas estimativas contábeis e a retificação de erro". A norma tem o intuito de "melhorar a relevância e a confiabilidade das demonstrações contábeis da entidade, bem como permitir sua comparabilidade ao longo do tempo com as demonstrações contábeis de outras entidades".

Esse pronunciamento compreende os requisitos de divulgação que dizem respeito à **mudança** nas políticas contábeis, sendo que "os requisitos de divulgação relativos a políticas contábeis são estabelecidos no Pronunciamento Técnico CPC 26 (R1) – Apresentação das Demonstrações Contábeis".

O CPC 23 deve ser "aplicado na seleção e na aplicação de políticas contábeis, bem como na contabilização de mudança nas políticas contábeis, de mudança nas estimativas contábeis e de retificação de erros de períodos anteriores". Efeitos tributários em virtude de "retificação de erros de períodos anteriores e de ajustes retrospectivos feitos para a aplicação de alterações nas políticas contábeis são contabilizados e divulgados de acordo com o Pronunciamento Técnico CPC 32 – Tributos sobre o Lucro".

22.1.2 Mudança de política, de estimativa ou retificação de erro?

De acordo com o CPC 23, "Políticas contábeis são os princípios, as bases, as convenções, as regras e as práticas específicas aplicados pela entidade na elaboração e na apresentação de demonstrações contábeis".

O mesmo Pronunciamento Técnico define que

"mudança na estimativa contábil é um ajuste nos saldos contábeis de ativo ou de passivo, ou nos montantes relativos ao consumo periódico de ativo, **que decorre de nova avaliação na situação atual e das obrigações e dos benefícios futuros esperados associados aos ativos e passivos.** As alterações nas estimativas contábeis **decorrem de nova informação ou inovações** e, portanto, não são retificações de erros".

Assim, uma estimativa envolve julgamento baseado na última informação disponível e confiável, que pode necessitar de revisão em virtude de alterações nas circunstâncias em que tal estimativa se baseou, por estarem disponíveis novas informações ou por maior experiência adquirida posteriormente. Nesse sentido, uma revisão de estimativa não se relaciona com períodos anteriores e nem é retificação de erro. Por exemplo, se uma nova tecnologia na manutenção de um equipamento faz com que ele tenha, a partir de agora, uma mudança na vida útil econômica originalmente estimada, a alteração das taxas de depreciação é uma mudança de estimativa, e não retificação de erro, já que nada tinha de errado até então. O mesmo aconteceria caso a entidade revisasse o valor residual da máquina implicando a alteração das taxas de depreciação; neste caso, tampouco haveria qualquer retificação de erro.

No entanto, uma mudança **na base de avaliação** é uma mudança na política contábil e não na estimativa contábil. Aqui se configura uma mudança de prática contábil em que a forma de avaliação foi alterada em virtude de alteração em princípios, bases, convenções, regras e/ou práticas específicas aplicadas. Por exemplo, optar por sair do PEPS e passar para o custo médio ponderado móvel para a avaliação dos estoques é uma mudança de política contábil. Note-se que a mudança de política contábil, conforme será discutido mais

à frente neste capítulo, demandará ajustes retrospectivos de forma a se garantir a comparabilidade entre períodos. No exemplo, o resultado do período anterior que foi apurado utilizando-se o PEPS precisará ser ajustado e reapresentado com base no custo médio ponderado móvel; só assim os resultados desses períodos serão comparáveis.

Também é definido pelo referido pronunciamento que: "Erros de períodos anteriores são omissões e incorreções nas demonstrações contábeis da entidade de um ou mais períodos anteriores **decorrentes da falta de uso, ou uso incorreto, de informação confiável** que: (a) **estava disponível** quando da autorização para divulgação das demonstrações contábeis desses períodos; e (b) **pudesse ter sido razoavelmente obtida** e levada em consideração na elaboração e na apresentação dessas demonstrações contábeis."

Os erros "incluem os efeitos de erros matemáticos, erros na aplicação de políticas contábeis, descuidos ou interpretações incorretas de fatos e fraudes". A omissão ou incorreção **material** pode, individual ou coletivamente, influenciar as decisões econômicas dos usuários baseadas em demonstrações contábeis. Nesse caso, avaliar se a omissão ou o erro é ou não material requer análise das características dos usuários e deve levar em conta a maneira como os usuários, com seus respectivos atributos, poderiam ser razoavelmente influenciados na tomada de decisão econômica. Por exemplo, o fato de se descobrir em maio que o estoque de celulares utilizados para repor os avariados está errado desde outubro do ano anterior, e só existem 50 e não 120 como contabilizados, provavelmente não ensejará qualquer tratamento contábil para esse ajuste como retificação de erro, pela imaterialidade dos valores envolvidos e não relevância da informação para o usuário das demonstrações contábeis. Mas se acontecer o mesmo com os estoques totais da sociedade, que representam, por exemplo, 25% do Ativo, não há dúvida de que será necessário contabilizar o ajuste como retificação de erro.

22.2 Políticas contábeis

Quando uma transação tiver a aplicação específica de algum Pronunciamento, Interpretação ou Orientação, a política ou políticas contábeis aplicadas a esse item devem ser determinadas pela aplicação da norma específica. Na ausência desta, está previsto no item 10 do CPC 23 que

"a administração exercerá seu julgamento no desenvolvimento e na aplicação de política contábil que resulte em informação que seja:

a) **Relevante** para a tomada de decisão econômica por parte dos usuários.

b) **Confiável**, de tal modo que as demonstrações contábeis (i) representem adequadamente a posição patrimonial e financeira, o desempenho financeiro e os fluxos de caixa da entidade; (ii) reflitam a essência econômica de transações, outros eventos e condições e, não, meramente a forma legal; (iii) sejam neutras, isto é, que estejam isentas de viés; (iv) sejam prudentes; e (v) sejam completas em todos os aspectos materiais."

Ao exercer julgamentos, a administração deve consultar e considerar a aplicabilidade em ordem preferencial: (1º) dos Pronunciamentos, Interpretações e Orientações que tratem de assuntos semelhantes e relacionados; e (2º) das definições, critérios de reconhecimento e conceitos de mensuração da Estrutura Conceitual. As posições técnicas mais recentes de outros órgãos normatizadores contábeis e a literatura contábil que estejam alinhadas com o CPC também podem ser levados em consideração no julgamento da administração.

O CPC 23 (item 8) prevê que mesmo que Pronunciamentos, Interpretações e Orientações estabeleçam políticas contábeis que resultem em demonstrações com informação relevante e confiável, esses não precisam ser aplicados quando o efeito for imaterial. Porém, não é apropriado utilizar essa prerrogativa para deixar de produzir informação ou deixar de realizar correções com o intuito de alcançar determinada apresentação do balanço, da DRE ou dos fluxos de caixa da entidade. Em outras palavras, erros devem ser sempre ajustados, mas, se não forem materiais, poderão ser ajustados diretamente contra o resultado do período. O que a norma isenta, neste caso, é da necessidade de ajustes retrospectivos em períodos anteriores. Portanto, não existe nas normas, e nem deveria, qualquer dispensa de se ajustarem erros sob uma suposta "imaterialidade".

A norma ainda considera que a aplicação inicial da política de reavaliação de ativos, quando permitida pela legislação e regulação vigente (o que já foi, mas não é mais permitido no Brasil), é uma mudança na política contábil a ser tratada de acordo com o pronunciamento específico (CPC 04 (R1) ou CPC 27) e não de acordo com o CPC 23 (item 17).

O item 13 do CPC 23 prevê ainda que:

"A entidade deve selecionar e aplicar suas políticas contábeis uniformemente para transações semelhantes, outros eventos e condições, a menos que Pronunciamento, Interpretação ou Orientação especificamente exija ou permita a classificação de itens para os quais possam ser aplicadas diferentes políticas. Se um Pronunciamento, Interpretação ou Orientação exigir ou permitir tal classificação, uma política contábil apropriada deve ser selecionada e aplicada uniformemente para cada categoria."

Os usuários devem ter a possibilidade de comparar as demonstrações contábeis da entidade ao longo do tempo para identificar tendências. A partir dessa visão, o meio de garantir essa possibilidade é aplicar as mesmas políticas contábeis em cada período ao longo do tempo. Entretanto, uma mudança na política contábil pode ser necessária, conforme veremos na Seção 22.2.1.

22.2.1 Mudança nas políticas contábeis

A mudança de política contábil pode resultar de duas situações: (a) exigida por norma, pronunciamento, interpretação ou orientação; ou (b) mudança voluntária que resulte em informação mais confiável e mais relevante para melhor apresentação dos efeitos de transações ou de outros eventos na posição patrimonial e financeira da entidade, no seu desempenho e na sua movimentação financeira.

Como já comentado, não constituem mudanças nas políticas contábeis as mudanças de estimativas contábeis. A adoção de uma política contábil para transações ou outros eventos que diferem em essência das transações e dos eventos que ocorriam anteriormente, assim como para transações ou outros eventos que não ocorriam anteriormente ou que eram imateriais, também não constitui mudanças de políticas contábeis. Até porque, se a transação ou evento é novo, não havia uma política contábil definida. Logo, não há que se falar em mudança de política contábil nesses casos.

No caso das disposições transitórias das normas, pronunciamentos, interpretações e orientações específicas expressarem a forma de adoção inicial (como no caso, só para mencionar alguns dos mais recentes, dos CPCs 06 (R2) e 47), esses regulamentos específicos devem servir de base para contabilizar uma mudança de política contábil. Quando essas disposições transitórias não são incluídas ou quando a mudança for voluntária, esta deve ser aplicada retrospectivamente, o que significa a reapresentação das demonstrações passadas.

Com relação aos aspectos citados anteriormente, dois conceitos precisam ser definidos:

a) **Mudança voluntária:** o julgamento sobre a necessidade de mudança parte do entendimento da administração sobre a melhor confiabilidade e relevância das demonstrações contábeis, o que inclui a adoção por vontade da administração de pronunciamentos de outros órgãos reguladores aos quais a entidade não se submete obrigatoriamente. Entretanto, não é considerada mudança voluntária a adoção antecipada de alguma norma.

b) **Aplicação retrospectiva:** a entidade deve ajustar o saldo de abertura de cada componente patrimonial afetado para o período mais antigo apresentado para fins de comparação, bem como os demais valores comparativos apresentados, como se a nova política contábil tivesse sempre sido aplicada. Para aplicação de nova política contábil retrospectivamente, a entidade deve aplicá-la à informação comparativa para períodos anteriores tão antigos quanto for praticável.

22.2.2 Limitações à reapresentação retrospectiva

Quando a aplicação retrospectiva for exigida, a mudança na política contábil deve ser aplicada retrospectivamente. Porém, podem existir limitações à aplicação retrospectiva de nova política contábil, quando o CPC 23 prescreve os seguintes tratamentos:

a) **Quando for impraticável determinar o período específico dos efeitos da mudança**: a entidade deverá aplicar a nova política contábil aos saldos de abertura dos ativos e passivos do exercício mais antigo apresentado para o qual a aplicação retrospectiva é praticável, que pode ser o período corrente, e deverá proceder ao correspondente ajuste ao saldo de abertura de cada componente do Patrimônio Líquido do referido período.

b) **Quando for impraticável determinar o efeito cumulativo da mudança nos saldos de abertura do período corrente pela aplicação da nova política contábil a todos os períodos anteriores**: a entidade deverá ajustar as informações comparativas para aplicar a nova política contábil prospectivamente a partir do período mais antigo que for praticável. "Ignora-se a parcela do ajuste cumulativo em ativos, passivos e patrimônio líquido correspondente a períodos anteriores."

A aplicação retrospectiva a um período anterior pode ser considerada impraticável se não for viável determinar o efeito cumulativo nos montantes dos balanços de abertura e de encerramento desse período. O ajuste resultante, relativo a períodos anteriores àqueles apresentados para fins comparativos, é registrado no saldo de abertura de cada componente do Patrimônio Líquido afetado do período anterior mais antigo apresentado. Normalmente, esse ajuste é feito na conta de Lucros ou Prejuízos Acumulados, no Patrimônio Líquido, salvo se houver determinação específica diferente.

Note-se que estamos falando de uma exceção. Em outras palavras, a regra, quando de uma alteração de política contábil, é a reapresentação dos valores; a exceção será o ajuste prospectivo quando a reapresentação for impraticável.

22.3 Mudança nas estimativas contábeis

As estimativas são parte essencial do processo de reconhecimento e mensuração contábil, já que a incerteza é uma característica inerente à atuação das empresas e à dinâmica de mercado. Com isso, muitos itens da posição patrimonial da entidade não são mensurados com precisão, mas sim com utilização de estimativas confiáveis, como, por exemplo: perdas estimadas para créditos de liquidação duvidosa; provisões para obrigações decorrentes de garantias; determinação da vida útil econômica de ativos depreciáveis, valor justo de ativos ou passivos financeiros etc. As estimativas contábeis podem necessitar de revisão à medida que se alteram as circunstâncias em que foram realizadas, aumente o nível de experiência e/ou informações adicionais ficam disponíveis.

O CPC 23 reforça que a revisão de uma estimativa contábil não se relaciona com períodos anteriores. As alterações de estimativas são passíveis de acontecer em decorrência da própria situação de incerteza em que foi realizada a estimativa anterior, em que o próprio nível de incerteza pode alterar-se ou novas circunstâncias não previstas possam ser incluídas na mensuração. De fato, o mais comum no ambiente de negócios é que as estimativas sejam alteradas. Perdas estimadas com créditos de liquidação duvidosa, com estoques, com processos judiciais e tantas outras são revisadas e alteradas de forma recorrente. Incomum, e provavelmente incorreto, seria estabelecer uma estimativa contábil e nunca mais revisá-la. Por essa razão, é fundamental que as estimativas sejam revisadas de forma frequente pelas empresas; no mínimo anualmente, por conta do encerramento do exercício.

Por isso, não se pode confundir alteração de estimativa com retificação de erro, sendo que este significa a utilização incorreta ou falta de uso de informação confiável disponível à época.

Ressalta-se que uma mudança nas bases de avaliação é uma alteração na política contábil, e não uma mudança na estimativa contábil. Porém, o referido Pronunciamento Técnico prevê que "quando for difícil distinguir uma mudança na política contábil de uma mudança na estimativa contábil, a mudança é tratada como mudança na estimativa contábil".

De forma geral, o efeito da mudança em uma estimativa contábil deve ser reconhecido prospectivamente (aplicada a transações, a outros eventos e a condições a partir da data da mudança na estimativa), com a sua inclusão no período da mudança (quando afetar apenas esse) ou também em períodos futuros (quando a mudança também afetá-los). Se a mudança afetar ativos e passivos, ou relacionar-se com componente do Patrimônio Líquido, ajusta-se o correspondente item do Ativo, Passivo e Patrimônio Líquido, no período da mudança.

Exemplo I

Alteração da forma de cálculo para definição das obrigações com provisões de garantia, a qual deverá ser ajustada a valor presente. A base de avaliação foi alterada e, portanto, representa uma mudança de política contábil e não de estimativas. O ajuste contábil, nesse caso, deverá ser retrospectivo para permitir a comparabilidade entre os períodos.

Exemplo II

Mudança na estimativa de perdas com estoques afeta apenas os resultados do período corrente. Por exemplo, o supermercado usa um percentual estimado de perda de estoques em seus balanços trimestrais, e faz inventário apenas ao final de outubro de cada ano. Ao verificar, nessa data, qual o montante efetivo do ajuste, trata a diferença entre o estimado e o real como receita ou despesa dessa data do ajuste, não implicando qualquer ajuste retrospectivo da perda estimada originalmente reconhecida.

22.4 Retificação de erros

A contabilidade não é isenta de erros, e as demonstrações contábeis podem conter erros acidentais ou intencionais (que, na verdade, são fraudes). Erros podem ser identificados em período subsequente, quanto ao registro, à mensuração, à apresentação ou à divulgação de elementos que compõem as demonstrações contábeis, fazendo com que essas demonstrações não estejam em conformidade com as normas pertinentes. Assim, erros materiais de períodos anteriores devem ser corrigidos nas informações apresentadas para fins comparativos, tais como os "erros intencionais" imateriais (são fraude assim mesmo) que tenham sido cometidos com intuito de gerar uma apresentação específica e enviesada da situação econômico-financeira da empresa. A norma tem uma exigência maior quanto à retratação quando o erro é classificado como intencional, qual seja, a fraude, já que esse deve ser corrigido mesmo se for considerado imaterial.

O CPC 23 exige que erros materiais de períodos anteriores sejam corrigidos retrospectivamente no primeiro conjunto de demonstrações após a descoberta do erro, com a previsão de duas situações:

"(a) por reapresentação dos valores comparativos para o período anterior apresentado em que tenha ocorrido o erro; ou (b) se o erro ocorreu antes do período anterior mais antigo apresentado, da reapresentação dos saldos de abertura dos ativos, dos passivos e do patrimônio líquido para o período anterior mais antigo apresentado".

O efeito do erro referente a um ou mais períodos anteriores deve ser excluído na determinação do lucro ou prejuízo do período em que o erro foi descoberto. Qualquer outra informação contábil apresentada para períodos anteriores, tal como resumo histórico de informações contábeis, deve ser corrigida para a data mais antiga que for praticável. Salienta-se igualmente a necessidade de divulgação de informações acerca da correção de erro efetuada pela entidade nas notas explicativas às demonstrações contábeis, em linha com as exigências do CPC 23.

22.4.1 Limitações à reapresentação retrospectiva

Pode ser impraticável determinar o efeito nos períodos específicos ou o efeito cumulativo do erro. Duas situações podem acontecer: (a) ser impraticável determinar os efeitos de erro em um período específico na informação comparativa para um ou mais períodos anteriores apresentados; (b) impraticável determinar o efeito cumulativo, no início do período corrente, de erro em todos os períodos anteriores.

Para a situação do item *a*, a entidade deve retificar os saldos de abertura de Ativos, Passivos e Patrimônio Líquido para o período mais antigo para o qual seja praticável a reapresentação retrospectiva. Quanto ao item *b*, a entidade deve retificar a informação comparativa para corrigir o erro prospectivamente a partir da data mais antiga praticável e ignorar a parcela da retificação cumulativa de Ativos, Passivos e Patrimônio Líquido relativa a períodos anteriores à data em que a retificação do erro foi praticável. De qualquer forma, a retificação de erro de período anterior deve ser excluída dos resultados do período em que o erro é descoberto, a não ser quando efetivamente impossível.

Assim como no caso da alteração de políticas contábeis, estamos aqui falando de uma exceção. Em outras palavras, a regra, quando da descoberta de um erro ou fraude, é a de reapresentação dos valores; a exceção será o ajuste prospectivo quando a reapresentação não for possível.

22.5 Impraticabilidade da aplicação e reapresentação retrospectiva

De acordo com o CPC 23, as mudanças de políticas contábeis são permitidas mesmo que seja impraticável aplicar a nova política a qualquer período anterior. A aplicação torna-se impraticável quando uma entidade não pode aplicá-la após fazer todo o esforço possível.

No caso de adoção de nova política contábil ou correção de erro de período(s) anterior(es), o referido ato normativo requer, na aplicação retrospectiva, que se faça distinção entre: (a) a informação que fornece evidência das circunstâncias que existiram à época em que a transação ou o evento ocorreu, e que estavam presentes e disponíveis quando as demonstrações contábeis relativas àquele período anterior foram preparadas; e (b) a informação que teria estado disponível quando as demonstrações contábeis desse período anterior foram autorizadas para divulgação. No caso de uma aplicação retrospectiva exigir uma estimativa significativa para a qual seja impossível distinguir esses dois tipos de informação, é impraticável aplicar a nova política contábil ou retificar o erro de período anterior retrospectivamente.

Essa preocupação está bem clara no CPC 23 (item 53), que traz a seguinte redação:

> "Não se deve usar percepção posterior ao aplicar nova política contábil ou ao corrigir erros atribuíveis a período anterior, nem para fazer suposições sobre quais teriam sido as intenções da administração em período anterior nem para estimar os valores reconhecidos, mensurados ou divulgados em períodos anteriores."

Exemplo III

Suponha-se que a empresa descubra, no processo de revisão das demonstrações contábeis do exercício de 20X2, que no ano anterior errou no cálculo da despesa de depreciação, pois não considerou uma nova máquina adquirida no início de 20X1. A diferença identificada foi de R$ 20.000.

Considerando as seguintes peças contábeis elaboradas antes da identificação do erro contábil:

Balanço Patrimonial	31-12-20X1	31-12-20X2
Ativo		
Caixa	10.000	15.000
Estoques	20.000	125.000
Máquinas e Equipamentos	500.000	500.000
Depreciação Acumulada	(30.000)	(80.000)
	500.000	560.000
Passivo + PL		
Fornecedores	5.000	51.000
Imposto de Renda a Pagar	16.000	12.000
Capital	455.000	455.000
Lucros Acumulados	24.000	42.000
	500.000	560.000
Demonstração do Resultado	20X1	20X2
Vendas Líquidas	150.000	400.000
(−) CMV	(80.000)	(320.000)

(continua)

Balanço Patrimonial	31-12-20X1	31-12-20X2
(=) Lucro Bruto	70.000	80.000
(−) Despesa de Depreciação	(30.000)	(50.000)
(=) LAIR	40.000	30.000
(−) Imposto de Renda (40%)	(16.000)	(12.000)
(=) Lucro líquido	24.000	18.000

Em 20X2, no momento da identificação do erro, a empresa deve efetuar a correção com o seguinte registro contábil, líquido dos tributos (40%, neste exemplo):

	Débito	Crédito
Lucros ou Prejuízos Acumulados (Ajuste de Exercícios Anteriores)	12.000	
Crédito Fiscal	8.000	
a Depreciação acumulada		20.000

Assuma-se que em 20X2 tenham sido pagos os R$ 16.000 que estavam como Imposto de Renda a pagar em 31-12-20X1 antes do descobrimento do erro. Assim, surge o crédito fiscal pela dedutibilidade da depreciação agora registrada.

O CPC 23 exige que o montante da correção de um erro de períodos anteriores deverá ser corrigido retrospectivamente nas demonstrações contábeis publicadas comparativamente. Assim, as demonstrações contábeis publicadas deverão ser apresentadas como segue:

Balanço Patrimonial	31-12-20X1	31-12-20X2
		(Reelaborado)
Ativo		
Caixa	10.000	15.000
Estoques	20.000	125.000
Crédito Fiscal	**8.000**	
Máquinas e Equipamentos	500.000	500.000
Depreciação Acumulada	**(50.000)**	**(100.000)**
	488.000	540.000
Passivo + PL		
Fornecedores	5.000	51.000
Imposto de Renda a Pagar	**16.000**	**4.000**
Capital	455.000	455.000
Lucros Acumulados	**12.000**	**30.000**
	488.000	**540.000**

(continua)

Balanço Patrimonial	31-12-20X1	31-12-20X2
Demonstração do Resultado	**20X1**	**20X2**
		(Reelaborada)
Vendas Líquidas	150.000	400.000
(–) CMV	(80.000)	(320.000)
(=) Lucro Bruto	70.000	80.000
(–) Despesa de Depreciação	**(50.000)**	**(50.000)**
(=) LAIR	20.000	30.000
(–) Imposto de Renda (40%)	**(8.000)**	**(12.000)**
(=) Lucro líquido	**12.000**	**18.000**

Percebe-se que a empresa divulgou as demonstrações contábeis considerando o ajuste no saldo inicial das contas do ativo, passivo e de lucros ou prejuízos acumulados do período mais antigo apresentado, de forma que as demais demonstrações contábeis sejam apresentadas como se o erro não tivesse ocorrido.

Destaca-se o reconhecimento do crédito fiscal decorrente do pagamento a maior de Imposto de Renda do ano de 20X1. Obviamente, o reconhecimento desse crédito depende da retificação da declaração de Imposto de Renda, bem como o atendimento da legislação fiscal em vigor. Dado que esse crédito poderá ser compensado com o imposto apurado no exercício seguinte no momento de seu pagamento, já aparece em 20X2 deduzindo o passivo.

A empresa também deve discriminar, na conta de Lucros ou Prejuízos Acumulados, dentro das mutações do Patrimônio Líquido, os efeitos da correção do erro e o lucro líquido originalmente apurado.

Mutação do Patrimônio Líquido no exercício de 20X2

	Capital	Lucros Acumulados	Total
Saldo Inicial, Conforme Publicação Original	455.000	24.000	479.000
(–) Ajustes de Exercícios Anteriores			
(Nota Explicativa X)		**(12.000)**	**(12.000)**
Saldo Inicial Ajustado, Conforme esta Publicação	455.000	**12.000**	**467.000**
(+) Lucro do Período		**18.000**	**18.000**
Saldo Final	**455.000**	**30.000**	**485.000**

Naturalmente, deve ser feita ampla divulgação em notas explicativas dos efeitos decorrentes da correção do erro, bem como as demonstrações contábeis refeitas devem evidenciar, de forma bem visível, essa condição, como mostrado no exemplo com a palavra "Reelaborado(a)" ou "Reapresentado(a)".

22.6 Evento subsequente

Os assuntos aqui tratados baseiam-se no Pronunciamento Técnico CPC 24 – Evento Subsequente, aprovado pela Deliberação CVM nº 593/2009 e tornado obrigatório para as demais empresas pela Resolução CFC nº 1.184/2009. É mister salientar que esse Pronunciamento foi elaborado a partir da IAS 10 – *Events after the Reporting Period*, em razão do processo de convergência das normas contábeis brasileiras às normas internacionais de contabilidade, emitidas pelo *International Accounting Standards Board* (IASB).

22.6.1 O que é evento subsequente?

Evento subsequente é aquele evento, favorável ou desfavorável, que ocorre entre a data final do período a que se referem as demonstrações contábeis e a data na qual é autorizada a emissão dessas demonstrações.

Os eventos, entre a data do balanço e a data em que é autorizada a emissão das demonstrações, podem ser agrupados em dois blocos, isto é, são de dois tipos:

a) Os que evidenciam condições que já existiam na data do balanço.

b) Os que evidenciam condições que surgiram subsequentemente à data do balanço.

22.6.2 O que é data de autorização para emissão das demonstrações contábeis – obrigatoriedade de divulgação dessa data?

Data na qual é autorizada a emissão das demonstrações contábeis é aquela em que essas demonstrações são apresentadas, pela primeira vez, a algum órgão ao qual pessoa(s) externa(s) à diretoria e ao corpo funcional da entidade participa(m). Assim, nas sociedades por ações, a apresentação das demonstrações contábeis ao conselho de administração, por exemplo, caracteriza a data da autorização para a sua emissão. Note-se que não é a data da divulgação ao público, da publicação em jornal etc. Em cada entidade pode haver variação em função de sua estrutura administrativa e do processo seguido para a finalização das demonstrações.

Se houver apresentação, em primeiro lugar, ao comitê de auditoria, e como ele provavelmente possui pessoa(s) externa(s), essa é a data da autorização para emissão. No caso de informações não anuais, pode ser a data em que a diretoria autoriza a entrega das demonstrações à bolsa de valores, à CVM etc.

É obrigatório, pelo CPC 24, que a empresa divulgue, em nota explicativa, a data em que houve a autorização para a emissão das demonstrações, de forma que o usuário tenha conhecimento desse momento de corte das informações e dos registros contábeis. Isso porque, como essa é a data de "corte" para fins de evento subsequente, o usuário necessita saber quais "eventos" estão sendo considerados naquelas demonstrações.

22.7 Evento subsequente com efeito retroativo ao balanço

Os eventos da primeira categoria, mostrados atrás, ou seja, os que evidenciam condições que já existiam na data do balanço, obrigam a entidade a reconhecer os efeitos no balanço, mesmo que a definição, por exemplo, dos valores ocorra após essa data, desde que reflita condição que já estava presente na data do balanço. É o caso, por exemplo, de em janeiro a empresa descobrir que um cliente abriu falência em dezembro. A condição falimentar já existia e, mesmo que o fato seja conhecido depois, obriga a empresa a reconhecer os efeitos dessa falência no balanço como, por exemplo, a constituição de uma perda estimada por créditos de liquidação duvidosa.

Ou pode ser a situação de a empresa descobrir, 40 dias após o balanço, que grande parte do estoque de um produto (feijão, por exemplo) estava deteriorada há mais de 60 dias, só que isso só foi percebido quando o volume desse estoque baixou.

Pode também ser o caso de gratificações definidas após a data do balanço, mas que já eram negociadas, contratadas ou até mesmo esperadas por tradição da entidade na data do balanço. Pode ter sido necessário esperar o resultado da empresa para fazer essa definição, mas a obrigação já existia à data do balanço. Portanto, tais efeitos devem ser ajustados no balanço sendo reportado.

22.7.1 Evento subsequente sem efeito retroativo ao balanço

Os da segunda categoria, que dizem respeito a fatos ocorridos após a data do balanço, não permitem a retroação dos efeitos ao balanço, mas podem exigir notas explicativas sobre a matéria, inclusive com quantificação. Por exemplo, uma enorme deterioração do estoque aconteceu durante

uma tempestade ocorrida 15 dias após a data do balanço. Se material, nota explicativa a respeito precisa ser divulgada.

Outro exemplo: O balanço da entidade é de 31 de dezembro, e um cliente abre falência em início de fevereiro, antes da autorização para a emissão das demonstrações contábeis, mas por causa de uma inundação que danificou todo o estoque desse cliente ocorrida no início de janeiro. Na data do balanço, tudo estava normal com o cliente e nada há a ajustar no balanço da entidade credora. Se material, nota explicativa a respeito precisa ser divulgada. Outro exemplo: o conselho de administração tem poderes para declarar certos dividendos, e o faz no final de janeiro; esse evento não pode retroagir ao balanço. Se material, nota explicativa a respeito precisa ser divulgada.

A única exceção admitida é o caso de um evento subsequente que leve à descontinuidade da entidade. Se a falência do cliente que sofreu a inundação for de tal monta que leva a entidade credora à total descontinuidade, o balanço não pode ser divulgado sob o pressuposto da continuidade; assim, o balanço precisará já adotar essa condição de descontinuidade com todos os ativos reconhecidos ao valor líquido de realização, bem como devem ser provisionados todos os gastos relativos à desativação da empresa, como quebra de contratos, indenizações a empregados etc. Para esse caso, consulte-se o CPC Entidades em Liquidação.

22.8 Tratamento para pequenas e médias empresas

Os conceitos abordados neste capítulo relativos às "políticas contábeis, mudança de estimativa, retificação de erro e evento subsequente" também são aplicáveis às entidades de pequeno e médio porte. Entretanto, ressalta-se que algumas políticas contábeis são distintas para esses tipos de empresa. Alguns tratamentos contábeis são opcionais apenas às pequenas empresas, não sendo permitidos às demais sociedades. Já outras políticas contábeis são vedadas para as pequenas e médias empresas, como a não amortização de *goodwill*, a ativação de gastos com desenvolvimento de produtos etc.

Para mais detalhamento, consulte o Pronunciamento Técnico PME – Contabilidade para Pequenas e Médias Empresas.

23

Combinação de Negócios, Fusão, Incorporação e Cisão

23.1 Introdução

Este capítulo aborda os conceitos básicos do CPC 15 (R1) – Combinação de Negócios. Depois cuida das figuras jurídicas da Fusão, da Incorporação e da Cisão de empresas.

No referido Pronunciamento, uma combinação de negócio é definida como segue:

"Combinação de negócios é uma operação ou outro evento por meio do qual um adquirente obtém o controle de um ou mais negócios, independentemente da forma jurídica da operação. Neste Pronunciamento, o termo abrange também as fusões que se dão entre partes independentes (inclusive as conhecidas por *true mergers* ou *merger of equals*)". (Apêndice A do CPC 15)

Para melhor entendimento, é necessário destacar inicialmente que esse Pronunciamento cuida exclusivamente de quando se adquire o controle de algum negócio (não necessariamente uma empresa). É essencial observar sempre estes dois pontos:

a) A obtenção do controle de outra sociedade pode se dar por outros meios que não a "compra" de capital votante, como, por exemplo, mediante assinatura de acordo de acionistas ou outra forma pela qual a entidade venha a ter poder sobre a investida a ponto de dirigir suas atividades relevantes, inclusive usando esse poder em seu próprio benefício; o CPC 15 (R1) não discute as situa-

ções em que não há, de fato, transferência de controle. Assim, não estão obrigados a segui-lo os casos em que um grupo de empresas faz com que uma das empresas do grupo "compre" outra empresa que já pertença ao mesmo grupo. E nem as transações de compra de parte da empresa sem adquirir seu controle. Esses pontos não são discutidos neste capítulo.

b) O negócio sobre o qual se obtel o controle não deve necessariamente ser uma sociedade com personalidade jurídica distinta, ou seja, também será denominada de combinação de negócios a obtenção do controle sobre um conjunto líquido de ativos que constitua um negócio, tal como quando uma empresa compra uma divisão de outra empresa; uma operação como essa pode atender à definição de negócio.

Torna-se evidente que um aspecto de grande importância para a aplicação do citado ato normativo é o entendimento dos termos utilizados, dentre os quais destacamos os seguintes: "negócio", "controle" e "poder". A definição de "negócio" é dada pelo CPC 15 (R1) (Apêndice A), já as definições de "controle" e "poder" são dadas pelo CPC 36 – Demonstrações Consolidadas (Apêndice A) e esses termos serão discutidos na Seção 23.3.

De forma geral, a expressão "combinação de negócio" não era comumente empregada no Brasil para representar a obtenção de controle, mas sim "fusões e aquisições". Entretanto, não podem ser literalmente tomadas como sinônimas essas expressões. Isso porque os termos "fusão", "incorporação" e "cisão" são operações de natureza jurídica, pelas quais sociedades são modificadas formalmente, conforme regulamentação dada pela Lei nº 6.404/1976, mas que podem ser realizadas independentemente de aquisição de controle. É muito comum grupos de sociedades efetuarem reorganizações societárias utilizando-se dessas formas jurídicas, sem que, de fato, qualquer negócio novo esteja sendo adquirido ou vendido pelo grupo. Há, pois, que se distinguir entre uma operação de aquisição de controle e outra que pode, muitas vezes na sequência, ou não, provocar incorporação, fusão etc.

Assim, se uma Entidade A compra 60% do capital votante de outra, o controle é obtido pela Empresa A e o CPC 15 (R1) deve ser aplicado na data da obtenção do controle, independentemente de a Empresa A decidir efetuar uma incorporação da adquirida.

A transferência do controle sobre uma controlada A para outra controlada (digamos B), sendo que ambas constituem negócio e são controladas pela mesma entidade, constitui outro exemplo de reorganização societária e, apesar de se constituir em uma efetiva combinação de negócio, esse caso está fora do escopo obrigatório de aplicação do CPC 15 (R1), já que, antes e depois da transação, nada mudou na relação de controle considerando-se o conjunto de empresas de determinado grupo econômico, ou seja, os ativos líquidos de ambas as empresas continuam sob comando da controladora do grupo e, portanto, não houve uma efetiva transferência de controle. Assim, a aplicação do CPC 15 (R1) é obrigatória na operação de combinação de negócio entre entidades economicamente independentes, pela qual o controle é transferido de uma parte para outra.

Entretanto, vale lembrar que o controle que aqui mencionamos é o controle total e não o controle compartilhado. Assim, se um acordo entre dois ou mais acionistas resultar em participação conjunta com poder de controle e esse acordo estabelecer que as decisões sejam tomadas somente pelo consenso das partes que compartilham o controle, então, temos um caso de formação de negócio em conjunto (isto é, acordo segundo o qual duas ou mais partes têm o controle conjunto), o qual também está fora do escopo de aplicação do CPC 15 (R1).

23.2 Aspectos contábeis

23.2.1 Introdução e escopo da norma

O tratamento contábil das combinações de negócios, as quais constituem operações por meio das quais se obtém o controle de um ou mais negócios, é dado pelo CPC 15 (R1) – Combinação de Negócios, como já comentado na Introdução. Aplica-se a norma obrigatoriamente quando uma operação ou evento constituir uma combinação de negócios, desde que essa combinação não seja entre entidades sob controle comum e desde que o conjunto de ativos líquidos sobre o qual se está obtendo o controle se constitua em um negócio, nos termos da norma (lembre-se que essa norma não se aplica na formação de um negócio em conjunto, ou seja, de um negócio controlado conjuntamente por duas ou mais partes).

Para se entender melhor a própria norma, é importante dizer que, como praticamente todas as normas do IASB, ela se dirige às demonstrações consolidadas, não às individuais. Raríssimas vezes cuida destas últimas; na verdade, cuida é das demonstrações que denomina de separadas, e ambas não são sinônimas. Veja o CPC 33 (Capítulo 21). Assim, quando a norma diz, por exemplo, que o adquirente faz isso ou aquilo, é no consolidado. No individual da adquirente, o tratamento não é o mesmo.

Por exemplo, a norma diz que o adquirente registra no seu balanço os ativos adquiridos numa combinação de negócios; ora, isso é válido apenas se estivermos falando das demonstrações consolidadas, já que no individual o adquirente não pode, obviamente, registrar os ativos da adquirida. Assim, no consolidado realmente se registram os ativos adquiridos, mas no individual se registra o valor do Investimento, e este subdividido em: (a) equivalência patrimonial contábil da parte adquirida; (b) mais ou menos-valia dos ativos líquidos adquiridos (a soma de ambos corresponde ao que, no consolidado, se tem como o valor contábil dos ativos e passivos adquiridos); (c) o *goodwill*. Este último, no balanço individual, não aparece ostensivamente no material divulgado, porque está contido como uma subconta dentro da conta de Investimento. Já no consolidado, como a equivalência desaparece, ele aparece, e individualmente, dentro do Intangível (não mais no Investimento).

O CPC 15 (R1) dispõe sobre os princípios e as exigências em relação à forma como o adquirente age:

"a) reconhece e mensura, em suas demonstrações contábeis [consolidadas, entenda-se], os ativos identificáveis adquiridos, os passivos assumidos e as participações societárias de não controladores na adquirida;
b) reconhece e mensura o ágio por expectativa de rentabilidade futura (*goodwill*) da combinação de negócios ou o ganho proveniente de compra vantajosa; e
c) determina as informações que devem ser divulgadas para possibilitar que os usuários das demonstrações contábeis avaliem a natureza e os efeitos financeiros da combinação de negócios" (CPC 15 (R1), item 01).

O entendimento dos procedimentos exigidos depende da compreensão dos termos e conceitos subjacentes, os quais se encontram no Apêndice A do CPC 15 (R1), dentre os quais destacamos inicialmente os seguintes:

a) **Adquirida**: negócio ou negócios cujo controle é obtido pelo adquirente por meio de combinação de negócios.

b) **Adquirente**: entidade que obtém o controle da adquirida.

c) **Negócio**: um conjunto integrado de atividades e ativos, capaz de ser conduzido e gerenciado para gerar retorno (na forma de dividendos, redução de custos ou outros benefícios econômicos) diretamente a seus investidores ou outros proprietários, membros ou participantes.

d) **Proprietário**: termo utilizado tanto para incluir os detentores de participação societária em uma sociedade quanto os proprietários, membros ou participantes de entidade de mútuo[1] (associação, cooperativa etc.).

Igualmente importantes são os termos encontrados no Apêndice A do CPC 36:

a) **Controle sobre a investida**: um investidor controla uma investida quando ele é exposto ou tem direito a retornos variáveis em função de seu envolvimento com a investida e quando tem a habilidade para afetar esses retornos por meio do seu poder sobre a investida.

b) **Poder**: direitos existentes que prontamente conferem ao seu detentor a habilidade para dirigir as atividades relevantes.

c) **Atividades relevantes**: atividades que afetam de forma significativa o retorno sobre a investida.

Assim, podemos dizer que o adquirente em uma combinação de negócios será a entidade que obtiver o controle sobre os negócios combinados ou adquiridos, ou seja, será a entidade que passar a ter o poder para dirigir as atividades relevantes dos negócios adquiridos e utilizar esse poder para afetar seu retorno sobre esses negócios.

Em linhas gerais, o tratamento contábil exigido pelo CPC 15 (R1) é a aplicação do método de aquisição, o qual envolve resumidamente os seguintes procedimentos: (a) identificar o adquirente; (b) determinar a data de aquisição; (c) reconhecer e mensurar os ativos identificáveis adquiridos, os passivos assumidos e as participações societárias de sócios não controladores na adquirida; e (d) reconhecer e mensurar o ágio por rentabilidade futura (*goodwill*) ou, alternativamente, o ganho por compra vantajosa.

Para o reconhecimento dos ativos líquidos do negócio adquirido, o CPC 15 (R1) estabelece três critérios gerais, sujeitos a exceções: (a) atender à definição de ativo e passivo conforme definidos na Estrutura Conceitual (CPC 00

(R2)); (b) ser identificável nos termos da norma, no caso dos ativos adquiridos; e (c) fazer parte da transação de troca. E o critério geral de mensuração exigido pelo CPC 15 (R1) é o valor justo, determinado conforme orientações do CPC 46 – Mensuração do Valor Justo.

O detalhamento e a discussão da aplicação do método de aquisição e das regras gerais de reconhecimento e mensuração acontecem na Seção 23.3.

Quando uma combinação de negócios envolve a compra de uma participação acionária, o montante dado em troca (denominado contraprestação) pode abranger diversos componentes, tais como:

a) Entrega de dinheiro ou equivalentes de caixa.

b) Transferência de outros ativos (incluindo ativos líquidos que se constituam em um negócio).

c) Assunção de passivos.

d) Emissão e entrega de instrumentos de capital.

e) Conjunto combinado de mais de um desses tipos de contraprestação.

Entretanto, também é possível obter o controle de um negócio sem que se transfira contraprestação alguma, ou seja, sem a "compra" de instrumentos de capital de outra sociedade. Isso pode ocorrer, por exemplo, quando:

a) A adquirida recompra um número tal de suas próprias ações de forma que determinado investidor (o adquirente) acaba obtendo o controle sobre ela, desde que o exercício do poder de controle não seja transitório.

b) Da perda de efeito do direito de veto de não controladores, o qual antes impedia o adquirente de controlar a adquirida.

c) Adquirente e adquirida combinam seus negócios por meio de arranjos puramente contratuais. O adquirente não efetua nenhuma contraprestação em troca do controle da adquirida e também não detém nenhuma participação societária na adquirida, nem antes, nem depois da combinação. Exemplos de combinação de negócios alcançada por contrato independente incluem, quando permitido legalmente, juntar dois negócios por meio de arranjo vinculante (contrato no qual há o compartilhamento de todos os riscos e benefícios por empresas distintas) ou da formação de companhia listada simultaneamente em bolsas de valores distintas (*dual listed corporation*).

d) Uma entidade deter o poder para dirigir as atividades relevantes de outra sociedade sem que essa entidade tenha qualquer instrumento de capital da outra sociedade (essas possibilidades são exploradas no Capítulo 21).

---

[1] No Apêndice A do CPC 15, uma entidade de mútuo é definida como "uma entidade, exceto aquela cuja propriedade integral é de um investidor, que gera distribuição de resultados, custos baixos ou outros benefícios econômicos diretamente para seus proprietários, membros ou participantes (tal como uma entidade de seguros mútuos, associação ou uma cooperativa)".

Lembre-se que, adicionalmente, o conjunto de ativos líquidos sobre o qual se obteve o controle deve atender à definição de negócio. Nesse sentido, também é relevante lembrar que quase todos os negócios têm passivos, apesar de a existência de passivos não ser uma característica essencial (itens B8 e B9 do CPC 15 (R1)).

A norma dispõe que a determinação de dado conjunto de atividades e ativos como um negócio deve ser baseada na capacidade de esse conjunto ser conduzido e gerenciado como tal por um participante do mercado. Dessa forma, ao se avaliar se o conjunto é um negócio, não é relevante se o vendedor operou o conjunto como um negócio ou se o adquirente pretende operar o conjunto como um negócio.

Adicionalmente, o normativo determina que, na ausência de evidência em contrário, quando o *goodwill* (ágio por expectativa de rentabilidade futura) estiver presente, é possível supor que o conjunto de ativos e atividades constitui um negócio, apesar de sua presença não ser uma característica essencial.

23.3 Combinações de negócios entre partes independentes

23.3.1 Introdução

Como já comentado, mudando a parte que controla determinada sociedade, tecnicamente e em linha com as melhores práticas internacionais, esse evento, considerando que as partes envolvidas sejam independentes, é relevante a ponto de se permitir a mudança na base de avaliação dos ativos e passivos do negócio cujo controle mudou de mãos, mas na contabilidade da adquirente e, consequentemente, no consolidado.

Em outras palavras, a nova base de avaliação reflete a realidade econômica consumada pelo novo controlador, tanto em termos de reconhecer os ativos e passivos do negócio adquirido a valor justo na data da combinação (como regra geral), quanto pelo reconhecimento do *goodwill* da combinação. E, no Brasil, como já visto, a norma que trata os procedimentos contábeis relativos às combinações de negócio é o CPC 15 (R1) – Combinação de Negócios.

O CPC 15 (R1) deve ser aplicado obrigatoriamente sempre que determinada operação ou outro evento resultar na obtenção do controle de um ou mais negócios, desde que (a) o conjunto de ativos líquidos adquiridos atenda à definição de negócios, nos termos da norma; (b) a combinação não envolva entidades que antes e depois da transação sejam controladas pela mesma parte ou partes (pessoas físicas ou jurídicas); e (c) a transação não seja relativa à formação de negócios em conjunto.

O CPC 15 (R1) contempla o estabelecimento de princípios e exigências em relação à aplicação do método de aquisição, bem como determina as informações que devem ser divulgadas para permitir que os usuários das demonstrações contábeis avaliem a natureza e os efeitos financeiros da combinação de negócios.

A aplicação do método de aquisição envolve quatro passos:

1. Identificar o adquirente.
2. Determinar a data de aquisição.
3. Reconhecer e mensurar os ativos identificáveis adquiridos, os passivos assumidos e as participações societárias de não controladores na adquirida.
4. Reconhecer e mensurar o ágio por rentabilidade futura (*goodwill*) ou o ganho proveniente de compra vantajosa ("deságio", na linguagem anterior).

Apesar de a determinação do *goodwill* já ter sido abordada no Capítulo 6 – Investimentos em Coligadas, Controladas e *Joint Ventures* e no Capítulo 21 – Consolidação das Demonstrações Contábeis e Demonstrações Separadas, faz-se necessário um detalhamento maior, em função das diversas regras (e exceções) contidas no CPC 15 e também porque agora o foco passa a abranger as demonstrações consolidadas e não somente as demonstrações individuais da controladora.

Não obstante, antes de partirmos para os quatro passos mencionados para o tratamento de uma combinação de negócios entre partes independentes, é importante lembrarmos que, para estar dentro do escopo do CPC 15 (R1), é necessário que uma entidade esteja adquirindo um NEGÓCIO, o que não é sinônimo de entidade jurídica. Pode haver a aquisição de controle de uma entidade por outra entidade sem que necessariamente se esteja adquirindo um negócio.

Um negócio consiste em insumos e processos aplicados a esses insumos, que possuem a capacidade de contribuir para gerar produção. Insumo é qualquer recurso econômico que gere produção, ou que tenha a capacidade de contribuir para gerar produção, quando um ou mais processos são aplicados a ele. Processo é qualquer sistema, padrão, protocolo, convenção ou regra que, quando aplicado a um insumo ou insumos, gera produção ou tenha a capacidade de gerar produção. E produção é o resultado de insumos e processos aplicados a esses insumos, que forneça produtos ou serviços a clientes, gere receitas de investimentos (tais como dividendos ou juros) ou gere outras receitas de atividades normais. Assim, para ser considerado um negócio, um conjunto integrado de atividades e ativos deve incluir, no mínimo, um insumo e um processo substantivo que, juntos, contribuem significativamente para a capacidade de gerar produção. Comprar uma frota de automóveis é comprar ativos e não comprar um negócio. Já adquirir uma locadora que tenha essa frota funcionando para geração de resultado é comprar um negócio. E adquirir a frota de automóveis de uma locadora, recebendo também todo o sistema que administra essa frota e pessoal que opera esse sistema, é adquirir um negócio, mesmo que não se tenha adquirido a pessoa jurídica da locadora.

Considerando-se que identificar insumos e processos pode ser por vezes desafiador, a norma oferece um teste opcional de concentração para identificar se um negócio foi adquirido. O teste de concentração indica que a transação não é um negócio se, substancialmente, todo o valor justo dos ativos brutos adquiridos estiver concentrado em um único ativo identificável ou grupo de ativos identificáveis similares.

A vantagem de realizar o teste (opcional) de concentração é poder evitar a análise e o julgamento, geralmente mais complexo, sobre a existência de processos significativos que possam levar à conclusão de que a aquisição é uma combinação de negócios.

Se o teste de concentração, que é opcional, indica que não há concentração, isso não quer dizer que necessariamente a transação é uma combinação de negócios. Seja porque a entidade adquirente optou por não realizar o teste de concentração, ou porque o teste não indicou concentração, as características da aquisição deverão ser analisadas para se avaliar se há ou não um negócio na aquisição. Geralmente, o julgamento mais complexo a se realizar é concluir se o processo adquirido é substantivo, particularmente no caso em que as atividades e os ativos adquiridos não estejam em operação, ou seja, não possuem produção. Nesses casos, um processo será considerado substantivo se for essencial para a capacidade de desenvolver ou converter um insumo ou insumos adquiridos em produção.

Quando não há produção, a exigência de que haja transferência de mão de obra organizada para que exista um negócio é flexibilizada, mas a aquisição precisa incluir um ou mais processos que sejam singulares ou escassos ou que não possam ser substituídos sem custo ou esforço expressivo ou mesmo sem impactos relevantes de atraso na capacidade de continuar produzindo. Quando há processo(s) com essa característica, presume-se que sejam valiosos, o que indicaria que são substantivos, mesmo sem haver transferência de empregados.

23.3.2 Identificação do adquirente

De acordo com os itens 6 e 7 do CPC 15 (R1), uma das partes (entidades envolvidas na combinação) sempre deve ser identificada como o adquirente, que é a parte que obteve o controle da adquirida. Para esse fim, primeiro devem-se aplicar as orientações do CPC 36 (R3) – Demonstrações Consolidadas, inerente à identificação da parte que assumiu o controle dos negócios. Portanto, faz-se necessário enten-

der a definição de controle e todas as questões inerentes (veja o Capítulo 21).

Todavia, pode acontecer de tais orientações não serem suficientes para se identificar claramente o adquirente. Nesse sentido, o CPC 15 (R1) fornece orientações adicionais (itens B14 a B18 do CPC 15 (R1)).

Em resumo, deve-se observar o que segue:

a) Quando a combinação de negócios é efetivada fundamentalmente pela transferência de ativos ou assunção de passivos, o adquirente normalmente é a entidade que transfere dinheiro ou outros ativos.

b) Quando a combinação de negócios é efetivada fundamentalmente pela troca de ações, o adquirente normalmente é a entidade que emite tais instrumentos patrimoniais, desde que a operação não se caracterize como uma aquisição reversa.

c) O adquirente, normalmente, é a entidade da combinação cujos proprietários retêm ou recebem a maior parte dos direitos de voto na entidade combinada, inclusive considerando o direito de voto potencial (opções, bônus de subscrição ou outros títulos prontamente conversíveis em capital votante).

d) Quando nenhum outro proprietário ou grupo organizado de proprietários tiver uma participação relativa significativa no poder de voto da entidade combinada, isso dará origem a uma grande participação minoritária, de forma que o adquirente será a entidade da combinação cujos proprietários são detentores da maior parte do direito de voto minoritário na entidade combinada, desde que essa participação confira controle.

e) O adquirente, normalmente, é a entidade da combinação cujos proprietários têm capacidade ou poder para eleger ou destituir a maioria dos membros do conselho de administração (ou órgão equivalente) da entidade combinada ou, de outra forma, têm poder para dirigir as atividades relevantes do negócio adquirido.

f) O adquirente, normalmente, é a entidade da combinação cuja alta administração (anterior à combinação) comanda a gestão da entidade combinada.

g) O adquirente, normalmente, é a entidade da combinação que paga um prêmio sobre o valor justo pré-combinação das ações (participação de capital) das demais entidades da combinação.

h) O adquirente, normalmente, é a entidade da combinação cujo tamanho relativo (mensurado, por exemplo, em ativos, receitas ou lucros) é significativamente maior em relação às demais entidades da combinação.

i) Em combinações envolvendo mais de duas entidades, deve-se considerar adicionalmente qual das entidades iniciou a combinação e o tamanho relativo das entidades antes e depois da combinação.

j) Quando uma nova entidade é formada e ela é quem emite instrumentos de participação societária para efetivar a combinação de negócios, uma das entidades da combinação de negócios que existia antes da combinação deve ser identificada como adquirente, exceto quando a nova entidade formada for a entidade que transferiu ativos (ou assume passivos) em troca do controle da adquirida.

A aquisição reversa, como tratada pelo CPC 15 (R1), item citado, será abordada na Seção 23.4.

23.3.3 Determinação da data de aquisição

A data da aquisição é a data em que o adquirente obtém efetivamente o controle da adquirida (Apêndice A do CPC 15 (R1)). Normalmente, essa data é aquela em que o adquirente transfere o montante dado em troca do controle da adquirida (contraprestação), a qual é normalmente chamada de "data de fechamento", por caracterizar-se pelo cumprimento do acordado entre as partes para efetivar a combinação de negócios (CPC 15 (R1), item 09).

Todavia, o adquirente pode obter o controle em dia anterior ou posterior à data de fechamento. Isso pode ocorrer, por exemplo, em função de uma data acordada formalmente entre as partes, na qual o adquirente assume unilateralmente o controle da adquirida e essa data é diferente da de fechamento.

Na determinação da data da aquisição, além de se considerarem todos os fatos e as circunstâncias pertinentes, adicionalmente à aprovação da operação nas assembleias das empresas envolvidas na combinação, deve-se observar também a aprovação, quando for o caso, da agência reguladora. Por exemplo, uma combinação de negócios envolvendo uma ou mais instituições financeiras dependerá da aprovação do Banco Central do Brasil (Bacen); já uma combinação envolvendo empresas seguradoras dependerá da aprovação da Superintendência de Seguros Privados (Susep).

23.3.4 Reconhecimento e mensuração dos ativos líquidos adquiridos

23.3.4.1 Condições gerais de reconhecimento e classificação

Tendo como base a data da aquisição, o adquirente deve reconhecer separadamente do ágio por rentabilidade futura (*goodwill*) os ativos identificáveis adquiridos, os passivos assumidos e quaisquer participações de não controladores na adquirida.

Há considerações e exceções a discutir quanto a esses ativos e passivos. Se uma contingência não contabilizada na investida (por não ser considerada provável) é significativa e interfere no valor da negociação, a entidade adquirente precisa reconhecer como passivo esse valor negociado, mesmo que seja contingência classificada originalmente como possível ou remota. Afinal, esse montante terá sido diminuído do preço da negociação e sua desconsideração altera o valor do *goodwill*. A recíproca não é considerada pelo IASB. Apesar de ter tentado o mesmo tratamento no caso de ativo contingente no documento levado à discussão pública e que resultou na norma propriamente dita, não houve a aceitação de tal tratamento. Assim, se o adquirente pagar a mais por um negócio porque atribui valor a um ativo contingente não contabilizado na investida, não poderá computar esse montante como ativo para fins da contabilidade. Isso significa que esse valor pago será considerado parte do *goodwill*.

Essa é a grande exceção à ideia de que ativos e passivos adquiridos são os que a adquirente entende como efetivos ativos e passivos sob o seu ponto de vista. Por exemplo, se a adquirida possui uma provisão que a adquirente simplesmente desconsidera porque não pretende implementá-la (provisão para demissões voluntárias), e desde que efetivamente possa assim agir, essa provisão não será objeto de registro na adquirente. Vejam-se outras exceções na Seção 23.3.4.3.

Por outro lado, os ativos identificáveis adquiridos e os passivos assumidos serão reconhecidos como parte da aplicação do método de aquisição mesmo que eles não tenham sido reconhecidos anteriormente nas demonstrações contábeis da adquirida. Isso implica o reconhecimento de ativos intangíveis identificáveis (marcas, patentes, direitos de exploração etc.), os quais podem não ter sido reconhecidos como ativos pela adquirida por terem sido desenvolvidos internamente e os respectivos custos terem sido registrados como despesa. E abrange, também, os passivos contingentes (lembre-se que um passivo contingente, pelo disposto no CPC 25, não está provisionado contabilmente), desde que atendam à definição de passivo e cujo valor justo possa ser mensurado com confiabilidade, mesmo que isso ocorra por diferença de percepção e avaliação entre a adquirida e a adquirente.

Cumpre lembrar que a forma como uma entidade classifica ou faz a designação de determinado ativo ou passivo pode implicar tratamentos contábeis distintos entre adquirida e adquirente (ativos financeiros ao valor justo por meio do resultado, propriedade para investimento ao custo e outros exemplos).

O item 15 do CPC 15 (R1) dispõe que o adquirente deve fazer as classificações ou designações dos ativos identificáveis adquiridos e dos passivos assumidos com base nos termos contratuais, nas condições econômicas, nas políticas contábeis ou operacionais e em outras condições pertinentes que existiam na data da aquisição. Contudo, o item 17 do CPC 15 (R1) prevê duas exceções a essa condição geral de classificação (ou designação):

"a) classificação de um contrato de arrendamento em que a adquirida é arrendadora como arrendamento operacional ou financeiro, conforme a IFRS 16; e

b) classificação de um contrato como contrato de seguro, conforme o CPC 11 – Contratos de Seguro".

Em consequência dessas duas exceções, o adquirente deve classificar tais contratos com base nas cláusulas contratuais e outros fatores existentes no início do contrato (ou na data da alteração contratual, caso os termos do contrato tenham sido modificados de forma a mudar sua classificação, sendo que essa data pode mesmo ser a data da aquisição). Adicionalmente, o CPC 15 (R1) prevê regras específicas, discutidas a seguir, para o reconhecimento de (a) arrendamento mercantil no caso em que a adquirida é arrendatária, já se considerando o texto da nova norma IFRS 16, (b) ativos intangíveis e (c) direitos readquiridos.

Os custos diretamente relacionados com a aquisição (também denominados "custos de transação")[2] devem ser contabilizados como despesa no período em que se apresentem e os serviços sejam recebidos, exceto os custos para emissão de títulos de dívida e/ou títulos patrimoniais que devem ser contabilizados como encargos a apropriar ou redução do Patrimônio Líquido, respectivamente, de acordo com os CPCs 08, 24 e 39.

a) ARRENDAMENTO MERCANTIL

A partir de 2019, com a edição do CPC 06 (R2), o adquirente deve reconhecer no ativo os direitos de uso de ativos e os passivos decorrentes de contratos de arrendamento mercantil em que a adquirida é arrendatária, com exceções dos de valor imaterial, prazo inferior a 12 meses.

Nos casos em que a adquirida seja arrendatária e consideradas as exceções que apresentamos, a adquirente deverá reconhecer a obrigação (passivo) de arrendamento pelo valor presente dos pagamentos remanescentes do contrato, como se fosse um novo contrato na data da aquisição (logo, podem mudar os valores com relação aos da adquirida). O ativo (direito de uso) deverá ser mensurado por esse mesmo montante do passivo, ajustado pela vantagem ou desvantagem econômica do contrato *vis-à-vis* com as condições de mercado.

---

[2] São custos nos quais o adquirente incorre para efetivar a combinação de negócios e incluem honorários de profissionais e consultores, tais como advogados, contadores, peritos, avaliadores; custos administrativos, inclusive custos decorrentes da manutenção de departamento de aquisições; e custos de registro e emissão de títulos de dívida e patrimoniais (CPC 15 (R1), item 53).

b) ATIVO INTANGÍVEL

De acordo com o item B31 do CPC 15 (R1), o adquirente deve reconhecer separadamente do ágio por rentabilidade futura (*goodwill*) os ativos intangíveis identificáveis em combinação de negócios.

No Apêndice A desse Pronunciamento, um ativo intangível é definido como "um ativo não monetário identificável sem substância física". Adicionalmente, no referido apêndice, consta que um ativo é identificável quando ele:

"a) for separável, ou seja, capaz de ser separado ou dividido da entidade e vendido, transferido, licenciado, alugado ou trocado, individualmente ou em conjunto com outros ativos e passivos ou contrato relacionado, independentemente da intenção da entidade em fazê-lo; ou

b) surge de contrato ou da lei, independentemente de esse direito ser transferível ou separável da entidade e de outros direitos e obrigações."

Portanto, um ativo intangível será identificável, para fins de combinação de negócios, sempre que ele atender ao critério de separação ou ao critério legal-contratual. Um ativo intangível que atende ao critério legal-contratual é identificável mesmo se ele não puder ser transferido ou separado da adquirida ou de outros direitos e obrigações (item B32 do CPC 15 (R1)), como, por exemplo:

a) A adquirida possui e opera uma unidade geradora de energia elétrica ou uma ferrovia. A licença de operação ou o direito de concessão da unidade é um ativo intangível que atende ao critério contratual-legal para seu reconhecimento separado do *goodwill*, como direito de concessão, mesmo que o adquirente não possa vender ou transferir essa licença separadamente da unidade adquirida. O adquirente pode reconhecer o valor justo da licença de operação e o valor justo da unidade de geração de energia como único ativo para fins de demonstrações contábeis, caso a vida útil econômica de ambos os ativos seja similar.

b) A adquirida possui a patente de determinada tecnologia que foi licenciada para terceiros exclusivamente para uso fora do mercado doméstico e, em contrapartida, a adquirida recebe determinado percentual das receitas geradas por esses terceiros. Nesse caso, a patente e a licença atendem ao critério contratual-legal para o reconhecimento como ativo, separadamente do *goodwill*, mesmo não sendo possível vender ou trocar a patente separadamente da licença.

Adicionalmente, o item B33 do CPC 15 (R1) esclarece que o ativo intangível em que o adquirente é capaz de vender, licenciar ou trocar atende ao critério da separação mesmo que o adquirente não pretenda vender, licenciar ou trocar esse ativo. O ativo intangível adquirido atenderá ao critério de separação quando existirem evidências de operações de troca para esse tipo de ativo ou similar, mesmo que essas operações não sejam frequentes e independentemente de o adquirente estar, ou não, envolvido nessas operações (por exemplo, a carteira de clientes ou de assinantes é frequentemente licenciada e, portanto, atende ao critério da separação, exceto se os termos e condições de confidencialidade ou de outros acordos restringirem ou proibirem a entidade de vender, arrendar ou trocar informações sobre esses clientes).

Por outro lado, o item B34 do CPC 15 (R1) esclarece que um ativo intangível que não é individualmente separável da adquirida (ou das demais entidades combinadas) ainda pode atender ao critério de separação quando ele for separável em conjunto com um contrato, ativo ou passivo identificável. Os seguintes exemplos são citados na norma:

"a) Em operações de troca observáveis, participantes do mercado, como no caso de bancos, podem trocar depósitos passivos e o ativo intangível decorrente do relacionamento com os depositantes. Portanto, o adquirente deve reconhecer o ativo intangível relativo ao relacionamento com os depositantes separadamente do ágio por rentabilidade futura (*goodwill*).

b) A adquirida possui uma marca registrada e uma especialização técnica documentada a qual não está patenteada, sendo que ambas são utilizadas na fabricação de produtos para exportação. Para transferir a titularidade da marca registrada, seu proprietário precisa também transferir tudo o mais que for necessário para que o novo proprietário possa fabricar o mesmo produto. Assim, em razão de ser possível a segregação e a venda da especialização técnica não patenteada da adquirida em conjunto com a venda da marca registrada, esse ativo intangível atende ao critério de separação".

Em relação à força de trabalho e outros itens não identificáveis na data da aquisição, os itens B37 e B38 do CPC 15 (R1) preveem que eles sejam abrangidos no ágio por rentabilidade futura (*goodwill*). Em resumo, o *goodwill* integra quaisquer itens que não se qualificarem como ativos identificáveis na data da aquisição.

c) DIREITO READQUIRIDO

Em decorrência da combinação de negócios, o adquirente pode estar readquirindo direitos de uso que havia anteriormente vendido à adquirida por meio de contrato, licenças e outros arranjos. O direito readquirido é um ativo intangível identificável que o adquirente deve reconhecer separadamente do ágio por rentabilidade futura (*goodwill*)

quando da aplicação do método de aquisição. Conforme a circunstância, isso pode gerar ganho (itens B36 e B53 do CPC 15 (R1)).

23.3.4.2 Regra geral de mensuração

Tendo como base a data da aquisição, o adquirente deve mensurar os ativos identificáveis adquiridos, os passivos assumidos pelos respectivos valores justos da data da aquisição (item 18 do CPC 15 (R1)), mensurados em conformidade com o CPC 46 – Mensuração do Valor Justo, o qual define valor justo como "O preço que seria recebido pela venda de um ativo ou que seria pago pela transferência de um passivo em uma transação não forçada entre participantes do mercado na data de mensuração".

De forma geral, as orientações para determinação do valor justo são aquelas constantes no CPC 46 (*vide* Capítulo 9 – Mensuração ao Valor Justo e Mudanças nas Taxas de Câmbio). Entretanto, dada a especificidade de uma combinação de negócios, o CPC 15 (R1) fornece orientações pontuais sobre a mensuração a valor justo de determinados ativos identificáveis (itens B40 a B43), as quais são comentadas a seguir:

a) ATIVO INTANGÍVEL

Como já comentado, um ativo intangível será reconhecido separadamente do ágio por rentabilidade futura (*goodwill*) quando ele for identificável. O item B40 do CPC 15 (R1) exige que o adquirente considere premissas que um participante do mercado consideraria para essas mensurações, tais como expectativa de futuras renovações contratuais na mensuração do valor justo, apesar de não ser requerido que sejam renováveis para atenderem ao critério de identificação.

Adicionalmente, também é exigido que se observem as orientações dispostas nos itens 36 e 37 do CPC 04 (R1) – Ativo Intangível para determinar se um ativo intangível deve ou não ser combinado em uma única unidade de registro contábil ou em conjunto com outro ativo (tangível ou intangível).

b) INCERTEZA NA REALIZAÇÃO FINANCEIRA DE ATIVOS (ESTIMATIVA DE PERDAS ESPERADAS)

O adquirente não deve reconhecer uma avaliação separada de abatimentos, reduções e descontos na data da aquisição para ativos adquiridos na combinação de negócios que são mensurados ao valor justo na data da aquisição, uma vez que os efeitos de incertezas acerca do fluxo de caixa futuro já estão inclusos no valor justo mensurado (CPC 15 (R1), item B41).

c) ATIVO OBJETO DE ARRENDAMENTO OPERACIONAL QUANDO A ADQUIRIDA FOR A ARRENDADORA

Quando, em uma combinação de negócios, a adquirida for a arrendadora, a mensuração do valor justo na data da aquisição dos ativos objetos de arrendamentos operacionais (um edifício ou uma patente, por exemplo) deverá ser feita considerando somente os termos e as condições do contrato de arrendamento (CPC 15 (R1), item B42). Isso se justifica porque, pela regra geral de mensuração dada pela CPC 15 (R1), bem como pelas orientações do CPC 46, dependendo da técnica empregada para mensuração do valor justo de um ativo (como o valor presente do fluxo de caixa futuro), seria normal considerar as prováveis renovações contratuais. Entretanto, quando a adquirida é a arrendadora, na mensuração do valor justo de um ativo objeto de arrendamento operacional devem-se considerar os termos e condições vigentes do contrato de arrendamento.

A norma também deixa claro que, diferentemente de quando a adquirida é o arrendatário (veja Seção 23.3.4.1, letra *a*), nos casos em que a adquirida for a arrendadora, o adquirente não poderá reconhecer um ativo (ou passivo) separado quando as condições do arrendamento operacional forem favoráveis (ou desfavoráveis) em relação às condições correntes de mercado na data da aquisição.

d) ATIVO QUE O ADQUIRENTE NÃO PRETENDE UTILIZAR

Em uma combinação de negócios, podem ser adquiridos ativos que o adquirente não pretenda utilizar no futuro ou, ainda que pretenda, faça-o de forma diferente do uso pretendido por outro participante do mercado, o que pode ocorrer por razões competitivas, por exemplo. Independentemente das razões pelas quais o adquirente não pretenda utilizar um ativo adquirido (ou pretenda fazê-lo de forma diferente de outro participante do mercado), o adquirente deve mensurar tal ativo pelo seu respectivo valor justo na data da aquisição, o qual deve ser determinado de acordo com o uso por outros participantes do mercado (CPC 15 (R1), item B43).

23.3.4.3 Exceções às regras gerais de reconhecimento e mensuração

Como visto, pelas regras gerais, um ativo identificável adquirido ou um passivo assumido será reconhecido como parte da aplicação do método de aquisição somente se atender às definições de ativos e passivos, se for identificável e se fizer parte da transação de troca entre as partes para obtenção do controle da adquirida. E a regra geral de mensuração é o valor justo do ativo ou passivo na data da aquisição. Entretanto, o CPC 15 (R1), nos itens 22 a 31, prevê limitadas exceções às regras gerais de reconhecimento e/ou mensuração, de forma que alguns itens terão condições adicionais de reconhecimento ou, de outra forma, serão mensurados por montante diferente do seu valor justo na data da aquisição. Essas exceções são comentadas a seguir.

a) PASSIVO CONTINGENTE

Este item já foi comentado na Seção 23.3.4.1.

b) TRIBUTOS SOBRE O LUCRO

Pelo disposto no item 24 do CPC 15 (R1), o adquirente deve reconhecer e mensurar os tributos diferidos sobre o lucro (IR e CS Diferidos: ativo ou passivo) em função dos ativos adquiridos e passivos assumidos em uma combinação de negócios, de acordo com o CPC 32 – Tributos sobre o Lucro. Da mesma forma, o adquirente deve contabilizar os efeitos tributários por diferenças temporárias e prejuízos passíveis de compensação com lucros futuros de uma adquirida existentes na data da aquisição ou originados da aquisição, de acordo com o CPC 32 – Tributos sobre o Lucro (veja Capítulo 12 – Tributos Sobre o Lucro, Provisões, Passivos Contingentes e Ativos Contingentes).

c) BENEFÍCIO A EMPREGADOS

De acordo com o item 26 do CPC 15 (R1), o adquirente deve reconhecer e mensurar um passivo (ou ativo, se houver) proveniente de acordos da adquirida relativos aos benefícios a empregados conforme as exigências do CPC 33 – Benefícios a Empregados (veja Capítulo 19 – Benefícios a Empregados e Pagamento Baseado em Ações).

d) ATIVO DE INDENIZAÇÃO

É comum, em combinação de negócios, a parte vendedora assumir contratualmente um compromisso de indenizar a parte compradora (o adquirente) por conta de alguma incerteza ou contingência relacionada a um item específico (em parte ou todo um ativo ou passivo). Se for esse o caso, o adquirente deverá então reconhecer um ativo por indenização ao mesmo tempo em que ele reconhece o ativo ou passivo objeto da indenização. O ativo de indenização deve ser mensurado nas mesmas bases do item a ser indenizado e está sujeito à avaliação separada de valores incobráveis. Por exemplo, a parte vendedora pode indenizar o adquirente contra perdas que fiquem acima de determinado valor ou pode indenizar o adquirente por um passivo decorrente de contingência específica (CPC 15 (R1), item 27).

Portanto, se a indenização é relativa a um ativo ou passivo reconhecido na combinação e mensurado ao valor justo, o adquirente deve reconhecer, na data de aquisição, o ativo de indenização pelo seu valor justo na mesma data (a data da aquisição). Caso o ativo de indenização seja mensurado a valor justo, os efeitos de incertezas sobre o fluxo de caixa futuro dos valores que se espera receber já integram o valor justo calculado, de forma que uma ava-

500 | MANUAL DE CONTABILIDADE SOCIETÁRIA • *Santos, Iudícibus, Martins e Gelbcke*

liação separada de valores incobráveis não é necessária (CPC 15 (R1), item 27).

A indenização pode estar relacionada com um ativo ou passivo abrangido pelas exceções aos princípios de reconhecimento e mensuração (CPC 15 (R1), item 28), como, por exemplo, uma indenização relacionada com um passivo contingente que não foi reconhecido na combinação por não ter sido possível mensurar o seu valor justo com confiabilidade, ou ainda uma indenização relacionada com um ativo ou passivo não mensurado ao valor justo na data da aquisição (como os provenientes de benefícios a empregados em atendimento às exigências do CPC 33 (R1)).

A norma exige que os ativos de indenização sejam reconhecidos e mensurados com base em premissas consistentes com aquelas utilizadas para mensurar o item objeto da indenização e sujeito à avaliação da administração quanto às perdas potenciais por valores incobráveis relativas ao ativo de indenização, bem como às limitações contratuais para o montante da indenização (*vide* adicionalmente o disposto na Seção 23.3.4.2, letra *b*).

e) DIREITO READQUIRIDO

O CPC 15 (R1) (item 29) exige que o adquirente mensure o valor de um direito readquirido, reconhecido como ativo intangível, com base no prazo contratual remanescente do contrato que lhe deu origem, independentemente do fato de que outros participantes do mercado possam considerar a potencial renovação do contrato na determinação do valor justo desse ativo intangível (*vide* adicionalmente o disposto na Seção 23.3.4.1, letra *c*).

f) PAGAMENTO BASEADO EM AÇÕES

Conforme o item 30 do CPC 15 (R1), o adquirente deve mensurar um passivo ou um instrumento patrimonial relacionado com planos de pagamentos baseados em ações da adquirida ou decorrente da substituição de planos com pagamentos baseados em ações da adquirida por planos com pagamentos baseados em ações da adquirente de acordo com o método previsto no CPC 10 (R1) – Pagamento Baseado em Ações (*vide* Capítulo 19 – Benefícios a Empregados e Pagamento Baseado em Ações).

g) ATIVO MANTIDO PARA VENDA

O item 31 do CPC 15 (R1) exige que o adquirente mensure pelo seu valor justo menos despesas de venda os ativos não circulantes da adquirida (ou um grupo destinado à alienação) que estiverem classificados como mantidos para venda, na data da aquisição, de acordo com o CPC 31 – Ativo Não Circulante Mantido para Venda e Operação Descontinuada (itens 15 a 18 do CPC 31 ou o Capítulo 4 – Outros Ativos e Operações Descontinuadas).

23.3.5 Reconhecimento e mensuração da participação dos não controladores

A participação de não controladores é definida no Apêndice A do CPC 15 (R1) como "a parte do patrimônio líquido de controlada não atribuível direta ou indiretamente à controladora". Em outras palavras, os sócios não controladores, apesar de não serem sócios do grupo controlador, são sócios de alguma empresa do grupo, de forma que eles contribuíram com parte do capital que financiou as operações do grupo.

São dois os critérios previstos no CPC 15 (item 19) para mensurar a participação de não controladores em cada combinação de negócios: (a) pelo valor justo dessa participação ou, alternativamente, a critério do adquirente; (b) pela parte que lhes cabe nos montantes reconhecidos dos ativos identificáveis líquidos da adquirida (percentual de participação dos não controladores multiplicado pelo valor dos ativos identificáveis adquiridos deduzidos dos passivos assumidos – como na equivalência patrimonial).

A avaliação da participação dos não controladores a valor justo é rara na prática, inclusive porque a mensuração do valor justo em si pode ser difícil; além disso, implica avaliar a valor justo em cada balanço na adquirente. Se houver a avaliação a valor justo (ver detalhes na própria norma), a contrapartida estará registrada no *goodwill* da adquirente, porque terá, além do seu, o dos não controladores. Sugerimos a consulta aos detalhes na própria norma e o exemplo na Seção 23.3.11, *f*.

No caso de avaliação dos não controladores pelo valor contábil, trata-se simplesmente de avaliar essa participação pela equivalência patrimonial. Além de variar por conta dessa equivalência, tal participação se altera em função de vendas ou compras de participação posteriores para o controlador.

23.3.6 Reconhecimento e mensuração dos ativos e passivos adquiridos e do *goodwill* ou ganho por compra vantajosa

O ágio por rentabilidade futura (*goodwill*) é definido no Apêndice A do CPC 15 (R1) como "um ativo que representa benefícios econômicos futuros resultantes dos ativos adquiridos em combinação de negócios, os quais não são individualmente identificados e separadamente reconhecidos". E ele é mensurado por diferença. Primeiro, avaliam-se os ativos e passivos líquidos da adquirida aos seus valores justos; e a diferença entre esses valores e seus valores contábeis é chamada de **mais valia** ou **menos-valia**. E, agora, à diferença entre o valor da aquisição e esses ativos líquidos avaliados a valor justo, dá-se o nome de *goodwill* (ou ágio por expectativa de rentabilidade futura) ou de **ganho por compra vantajosa**, conforme os sinais dessa diferença.

Assim, o *goodwill* é determinado pela diferença positiva entre:

a) O valor justo da contraprestação transferida em troca do controle da adquirida somado ao valor das participações de não controladores na adquirida e, se houver, ao valor justo de alguma participação preexistente do adquirente na adquirida.

b) O valor justo líquido dos ativos identificáveis adquiridos dos passivos assumidos.

Caso a diferença seja negativa (o valor dos ativos líquidos supera o montante da soma do valor da contraprestação transferida com o valor de alguma participação preexistente e com o valor da participação dos não controladores), então, na data da aquisição o adquirente deverá reconhecer um ganho por compra vantajosa no resultado do período. Apesar de não ser comum, uma compra vantajosa pode acontecer, por exemplo, na combinação de negócio que resulte de uma venda forçada. O interessante é que, exatamente por essa situação excepcional, o item 36 do CPC 15 (R1) requer que, antes de reconhecer o ganho decorrente de compra vantajosa, o adquirente promova uma revisão para se certificar de que todos os ativos adquiridos e todos os passivos assumidos foram corretamente identificados e mensurados, bem como rever os procedimentos de mensuração utilizados para mensurar a participação dos não controladores, de alguma participação preexistente da adquirente na adquirida e da contraprestação transferida em troca do controle da adquirida. A finalidade é garantir que as mensurações reflitam adequadamente todas as informações disponíveis tendo como base a data da aquisição.

A contraprestação transferida em troca do controle da adquirida deve ser mensurada pelo seu valor justo na data da combinação, determinado pela soma dos seguintes valores: (a) ativos transferidos pelo adquirente, tais como dinheiro ou outros ativos (inclusive provenientes de acordos de contraprestação contingente) ou negócios (uma controlada, por exemplo); (b) passivos incorridos pelo adquirente junto aos ex-proprietários da adquirida (inclusive provenientes de acordos de contraprestação contingente); e (c) instrumentos patrimoniais emitidos pelo adquirente, tais como ações ordinárias, ações preferenciais, quotas de capital, opções, bônus de subscrição e participações em entidades de mútuo.

A única exceção a essa regra geral de mensuração a valor justo da contraprestação transferida em troca do controle é o caso dos planos de pagamentos baseados em ações do adquirente dados em troca de planos de pagamentos baseados em ações da adquirida em poder dos empregados e incluídos na determinação da contraprestação, situação em que a mensuração deve ser aquela prevista no CPC 10 (R1) – Pagamento Baseado em Ações (*vide* Seção 23.3.4.3, letra *f*).

A contraprestação dada em troca do controle, portanto, pode incluir itens de ativo ou passivo do adquirente cujos valores contábeis são diferentes de seus valores justos na data da aquisição, situação em que o adquirente deve reconhecer o ganho ou a perda de capital no resultado do período (diferença entre o valor contábil do item e o valor justo do mesmo na data da aquisição). Todavia, quando os ativos e passivos transferidos permanecerem na entidade combinada após a combinação de negócios (por exemplo, porque foram transferidos para a adquirida e não para os ex-proprietários da adquirida), então o adquirente irá permanecer no controle dos mesmos, ou seja, antes e depois da combinação os itens são controlados pela mesma parte. Nesse caso, o adquirente deve mensurar tais ativos e passivos pelos seus respectivos valores contábeis imediatamente antes da data da aquisição e nenhum ganho ou perda deverá ser reconhecido. Isso porque o adquirente já controlava antes e continua a controlar após a combinação de negócios tais ativos e passivos.

A situação em que o adquirente que obtém o controle de outra entidade (ou negócio) já possuía uma participação preexistente na adquirida (ou seja, antes da data da aquisição) é denominada combinação de negócios realizada em estágios. A determinação do *goodwill* nas combinações realizadas em estágios considera a participação preexistente na adquirida pelo seu valor justo na data da aquisição (independentemente de como ela estava avaliada em suas demonstrações contábeis individuais). Em consequência, deverá reconhecer no resultado do período o ganho (ou perda) resultante, se houver.

Se for esse o caso, e adicionalmente a participação preexistente consistia em um investimento em coligada ou controlada em conjunto; então, adicionalmente ao reconhecimento do ganho (ou perda) pela mensuração a valor justo dessa participação na data da combinação, o adquirente deverá realizar os outros resultados abrangentes que porventura tenham sido reconhecidos de forma reflexa em seu próprio Patrimônio Líquido, nas mesmas bases que seriam exigidas caso o adquirente tivesse alienado sua participação anterior na adquirida.

Outro aspecto relevante é que a contraprestação transferida em troca do controle sobre a adquirida pode incluir algum ativo ou passivo resultante de acordos de contraprestação contingente, os quais, como já exposto, devem ser reconhecidos pelo respectivo valor justo na data da aquisição. É o caso de haver obrigação de transferir **ativos adicionais aos ex-proprietários da adquirida, caso certos eventos futuros ocorram ou determinadas condições sejam satisfeitas. Contudo, uma contraprestação contingente também pode dar ao adquirente o direito de** reaver parte da contraprestação previamente transferida ou paga, caso determinadas condições sejam satisfeitas. O adquirente deve classificar a obrigação de pagar uma contraprestação contingente como um passivo ou como um componente do Patrimônio Líquido (baseando-se nas definições de instrumento patrimonial e de passivo financeiro, dadas pelo item 11 do CPC 39). O adquirente deve classificar uma contraprestação contingente como ativo quando o acordo conferir ao adquirente o direito de reaver parte da contraprestação já efetuada, se certas condições específicas para tal forem satisfeitas.

Podem ocorrer combinações de negócios em que o adquirente e os ex-proprietários da adquirida somente trocam participações societárias, como é o caso, por exemplo, de uma incorporação de ações. A adquirente paga pela aquisição com emissão de ações de sua própria emissão. O critério de avaliação do custo de aquisição é o valor justo das ações transferidas aos vendedores. Somente em caso excepcional de o valor justo das ações adquiridas ser mensurado com maior confiabilidade é que se utiliza este último.

Por outro lado, podem ocorrer combinações de negócio em que nenhuma contraprestação é transferida para obtenção do controle da adquirida. Pode ser o caso de a própria adquirida adquirir ações de outros acionistas para cancelamento. Se for esse o caso, a determinação do *goodwill* (ou ganho por compra vantajosa), no lugar do valor da contraprestação transferida, será feita utilizando o valor justo da participação do adquirente na adquirida empregando alguma técnica de avaliação, adequada às circunstâncias e para as quais estejam disponíveis dados suficientes.

Há outras formas de combinação de negócios bem específicas tratadas pelo CPC 15 (R1).

23.3.7 Determinação do que faz parte da combinação de negócios

Os ativos adquiridos e os passivos assumidos que não fizerem parte da transação de troca para obtenção do controle da adquirida, bem como aqueles que resultarem de **transações separadas**, devem ser contabilizados conforme suas respectivas naturezas com base nos Pronunciamentos, Interpretações e Orientações aplicáveis.

Uma transação separada caracteriza-se como transação firmada entre as partes (comprador e vendedor ou adquirente e ex-proprietários da adquirida) por força de relacionamentos prévios à combinação. O item 50 do CPC 15 (R1) contém orientações para determinar se uma operação é parte da operação de troca entre adquirente e adquirida (ou seus ex-proprietários) para obtenção do controle da adquirida ou se é uma operação separada da combinação de negócios. São exemplos de transações separadas que **não** devem ser incluídas na aplicação do método de aquisição:

a) LIQUIDAÇÃO DE UMA RELAÇÃO PREEXISTENTE

Quando, por meio da combinação de negócios, um relacionamento preexistente entre o adquirente e a adquirida for liquidado, o adquirente deve reconhecer o ganho (ou perda) mensurado ao valor justo, no caso de uma relação contratual (como uma ação judicial, por exemplo). De outra forma, no caso de uma relação não contratual, o adquirente deve reconhecer o ganho (ou perda) decorrente pelo menor valor entre:

a) O montante pelo qual o contrato é favorável (ou desfavorável), na perspectiva do adquirente quando comparado com operações correntes no mercado para itens iguais ou similares.

b) O montante de alguma provisão para liquidação estabelecida no contrato (multa rescisória, por exemplo) e que esteja disponível à contraparte para quem o contrato seja desfavorável. Caso o valor da provisão seja menor que o valor apurado no item anterior (a), a diferença deve ser incluída como parte da combinação de negócios.

O valor do ganho ou da perda reconhecido pode depender, em parte, de o adquirente ter previamente reconhecido um ativo ou um passivo relacionado, de forma que o ganho ou perda informado pode ser diferente do valor calculado conforme as exigências mencionadas.

b) PAGAMENTOS A EMPREGADOS OU EX-PROPRIETÁRIOS DA ADQUIRIDA POR SERVIÇOS FUTUROS

Dependendo de sua natureza e condições, os acordos para pagamentos contingentes aos empregados ou ex-proprietários da adquirida podem se constituir em uma contraprestação contingente (integrando a contraprestação da combinação de negócios) ou podem se constituir em transações separadas. Para determinar a natureza do acordo, é preciso entender as razões pelas quais as partes firmaram tal acordo ou operação que resultou nos pagamentos contingentes, bem como quando foi firmado o acordo ou operação e qual das partes o iniciou. E é necessário julgamento para separar o que é remuneração do que é valor integrante do custo de aquisição do negócio.

É necessário determinar se o acordo de remuneração contingente deve fazer parte da contraprestação dada em troca do controle ou se deve ser tratado como operação separada, tal como uma remuneração por serviços pós-combinação. Para tal, devem ser consideradas as indicações a seguir, e não individualmente, podendo haver vinculações entre duas ou mais:

- **Condição de permanência**: as condições para a permanência dos acionistas vendedores como empregados na entidade combinada podem indicar a essência de acordo de contraprestação contingente. A contraprestação contingente em que os pagamentos são prescritos (extintos) automaticamente quando os empregados são desligados constitui remuneração para serviços pós-combinação (e, portanto, transações separadas), desde que não vinculada a outros fatores, por exemplo, uma condição de desempenho do negócio. Caso exista uma condição de permanência conjugada com uma condição de desempenho (metas de resultado em termos de lucro líquido, por exemplo) ou de mercado (metas de certo nível de preço das ações ou de valorização), a determinação de se o pagamento contingente é ou não remuneração pós-combinação envolverá julgamento. Por outro lado, os acordos em que os pagamentos contingentes não são afetados pelo desligamento do empregado podem indicar que o pagamento contingente constitui contraprestação adicional da operação de troca para obtenção do controle da adquirida, em vez de remuneração por serviços prestados.
- **Prazo de permanência**: quando o período exigido de permanência, como empregado, coincidir com (ou não exceder a) o período do pagamento contingente, esse fato pode indicar que o pagamento contingente, em essência, é uma remuneração por serviços prestados.
- **Nível de remuneração**: se a remuneração dos empregados, exceto pelos pagamentos contingentes, estiver estabelecida em nível razoável (comparativamente à de outros empregados da entidade combinada).
- **Pagamento incremental**: se o valor por ação dos pagamentos contingentes dos acionistas vendedores que não permanecerão como empregados for menor que o dos acionistas vendedores que permanecerão como empregados (da entidade combinada), tal fato pode indicar que o valor incremental dos pagamentos contingentes dos acionistas vendedores que permanecerão como empregados constitui uma remuneração por serviços prestados.
- **Número de ações**: o número de ações em poder dos acionistas vendedores que permanecerão como empregados (na entidade combinada) pode indicar a essência de acordo de contraprestação contingente. Por exemplo, o fato de os acionistas vendedores que possuíam substancialmente todas as ações da adquirida permanecerem como empregados pode indicar que o acordo é, em essência, um acordo de participação nos lucros firmado para remunerar esses acionistas por serviços pós-combinação (e, portanto, uma transação separada). Alternativamente, se os acionistas vendedores que permanecerão como empregados possuíam somente pequeno número de ações da adquirida, mas o valor por ação da contraprestação contingente de todos os acionistas for o mesmo, tal fato pode indicar que os pagamentos contingentes são contraprestações adicionais.
- **Conexão com a avaliação**: o fato de a contraprestação inicialmente transferida na data da aquisição estar baseada no mais baixo valor de uma faixa de valores estabelecida na avaliação da adquirida e de a regra do pagamento contingente estar relacionada àquela abordagem de avaliação sugere que os pagamentos contingentes são compensações adicionais. Alternativamente, o fato de a regra do pagamento contingente ser consistente com acordos anteriores de participação nos lucros sugere que a essência do acordo é produzir remuneração por serviços prestados.
- **Critério para determinação da contraprestação**: a regra de cálculo utilizada para determinar o pagamento contingente pode ser útil na avaliação da essência do acordo. Por exemplo, o fato de o pagamento contingente ser determinado com base em múltiplos de algum indicador de lucro (ou de geração de caixa) pode sugerir que a obrigação é uma contraprestação contingente na combinação de negócio e a regra constitui uma forma de estabelecer ou verificar o valor justo da adquirida. De forma contrária, um pagamento contingente que é um percentual específico de lucros pode sugerir que a obrigação com empregados é um acordo de participação nos lucros para remunerar os empregados por serviços prestados.
- **Outros acordos e questões**: as condições de outros acordos com os acionistas vendedores (tais como acordos de não competição, contratos executórios, contratos consultivos e acordos de arrendamento de propriedade), bem como o tratamento do tributo sobre o lucro desses pagamentos contingentes, podem indicar que tais pagamentos contingentes não se constituem em contraprestações para obtenção do controle da adquirida.

Outro tipo de remuneração a empregados da adquirida que pode se constituir em uma contraprestação contingente (integrando a contraprestação da combinação de negócios) ou em transação separada é aquele relativo à substituição dos planos de pagamentos baseados em ações. Em outras palavras, o adquirente pode entregar planos com pagamentos baseados em suas ações (referenciados como planos de substituição) em troca de planos em poder dos empregados da adquirida.

As trocas de opções de ações ou outros planos com pagamentos baseados em ações relacionados com a combinação de negócios devem ser contabilizados como modificações de pagamentos baseados em ações em conformidade com o disposto no CPC 10 (R1) – Pagamento Baseado em Ações (veja a parte relativa aos planos de substituição no Capítulo 19 – Benefícios a Empregados e Pagamento Baseado em Ações).

Caso o adquirente esteja obrigado a substituir os planos da adquirida, parte ou todo o valor resultante da aplicação das regras de mensuração previstas no CPC 10 (R1) (medida baseada no mercado) dos planos de substituição do adquirente deve ser incluído na mensuração da contraprestação transferida para efetivar a combinação de negócios. O adquirente é obrigado a substituir os planos da adquirida quando esta ou seus empregados tiverem a capacidade de forçar essa substituição, como exemplo pelos termos previstos nos planos de pagamentos baseados em ações da adquirida, ou nos termos do contrato de aquisição (ou estatuto) ou, ainda, por força de legislação aplicável ao caso.

Quando o adquirente não estiver obrigado a substituir tais planos, mas por liberalidade decidir fazê-lo, o resultado da mensuração, pela aplicação do CPC 10 (R1) dos planos de substituição (pagamentos baseados em ações do adquirente entregues em troca dos pagamentos baseados em ações da adquirida) deve ser reconhecido como despesa de remuneração nas demonstrações contábeis pós-combinação.

Os itens B57 a B62 do CPC 15 (R1) orientam acerca da determinação da parte dos planos de substituição que integra a contraprestação transferida para obtenção do controle da adquirida e da parte que constitui remuneração por serviços pós-combinação. Em resumo, o adquirente deve mensurar, na data da aquisição, os planos da substituição outorgados pelo adquirente e os planos outorgados pela adquirida de acordo com o disposto no CPC 10 (R1) – Pagamento Baseado em Ações. A parte da medida baseada no mercado dos planos da substituição que integra a contraprestação transferida (em troca do controle da adquirida) é aquela atribuível aos serviços pré-combinação. A parte dos planos de substituição ainda não adquiridos (*non-vested*) atribuível aos serviços pós-combinação é igual à medida baseada no mercado dos planos de substituição deduzida do valor atribuído aos serviços pré-combinação e deve ser reconhecida como despesa de remuneração nas demonstrações contábeis pós-combinação.

O adquirente deve atribuir parte dos planos de substituição aos serviços pós-combinação caso sejam exigidos serviços pós-combinação pelo adquirente, independentemente de os empregados terem prestado todos os serviços exigidos para aquisição dos planos da adquirida antes da data da aquisição.

c) PAGAMENTOS POR REEMBOLSO DE CUSTOS DO ADQUIRENTE RELATIVOS À AQUISIÇÃO

Como visto, uma operação realizada em essência para reembolsar a adquirida ou seus ex-proprietários por custos do adquirente relativos à aquisição é uma transação separada. Em resumo, são custos diretamente relacionados com a aquisição (*vide* Seção 23.3.4.1) incorridos pelo adquirente para efetivar a combinação e que serão contabilizados de acordo com as normas aplicáveis (despesas do período ou custos de emissão de títulos de dívida ou de capital). O fato de tais custos serem pagos pela adquirida ou seus ex-proprietários e posteriormente reembolsados pelo adquirente não altera sua natureza.

23.3.8 Período de mensuração

Período de mensuração é o período que se segue à data da aquisição. Ele termina assim que o adquirente obtiver as informações de que precisa sobre fatos e circunstâncias existentes na data da aquisição, ou quando for concluído que mais informações não podem ser obtidas, ou um ano após a data da aquisição, o que vier primeiro (CPC 15 (R1), item 45). Em consequência, uma combinação de negócios é inicialmente contabilizada por valores provisórios. Na medida em que as informações de que necessita são obtidas durante o período de mensuração, a adquirente deverá ajustar retrospectivamente os valores provisórios inicialmente reconhecidos para a combinação de negócios.

O período de mensuração fornece um tempo razoável para que a adquirente obtenha informações sobre fatos e circunstâncias que existiam à data da aquisição para cumprir com as exigências de reconhecimento e mensuração do CPC 15 (R1) em relação aos ativos identificáveis adquiridos, os passivos assumidos, a contraprestação transferida em troca do controle da adquirida (ou outro montante utilizado em seu lugar), da participação dos não controladores, da participação preexistente do adquirente na adquirida, se houver, e do ágio por rentabilidade futura (*goodwill*) ou o ganho por compra vantajosa.

Todavia, o adquirente deve determinar se a informação obtida após a combinação é relativa à data da aquisição, situação em que a informação poderá afetar os valores provisórios reconhecidos; ou se a informação é proveniente de eventos subsequentes à combinação, situação em que a informação deverá ser contabilizada no resultado, se necessário, como correção de erro. Dessa forma, quando a contabilização inicial da combinação estiver incompleta no final do período de reporte em que ocorreu a combinação, a adquirente deverá reportar em suas demonstrações contábeis os valores provisórios dos ativos e passivos cuja contabilização estiver incompleta.

O adquirente reconhece um aumento (ou redução) nos valores provisórios reconhecidos para um ativo identificável (ou passivo assumido) por meio do aumento (ou redução) no ágio por rentabilidade futura (*goodwill*). O mesmo procedimento deverá ser seguido se houver necessidade de ajustar os valores provisórios dos demais componentes determinantes do *goodwill*, tais como a contraprestação transferida, a participação dos não controladores e a participação preexistente do adquirente na adquirida.

Durante o período de mensuração, o adquirente deve reconhecer os ajustes nos valores provisórios como se a contabilização da combinação de negócios tivesse sido completada na data da aquisição. Portanto, o adquirente deve revisar e ajustar a informação comparativa para períodos anteriores ao apresentado em suas demonstrações contábeis, sempre que necessário, incluindo mudança na depreciação, na amortização ou em qualquer outro efeito reconhecido no resultado na finalização da contabilização.

Após o encerramento do período de mensuração, o adquirente deve revisar os registros contábeis da combinação de negócios somente para corrigir erros, em conformidade com o CPC 23 – Políticas Contábeis, Mudança de Estimativa e Retificação de Erro (CPC 15 (R1), item 50).

23.3.9 Mensuração e contabilização subsequentes

Os ativos adquiridos e passivos assumidos na combinação (ou incorridos por conta dela) e os instrumentos patrimoniais emitidos em razão da combinação de negócios devem ser mensurados subsequentemente em conformidade com as normas e pronunciamentos dos CPC aplicáveis, dependendo de suas respectivas naturezas. Todavia, alguns componentes têm sua mensuração subsequente regulamentada pelo próprio CPC 15 (R1), conforme indicado no item 54, os quais serão comentados a seguir. São eles: **(a) direitos readquiridos; (b) passivos contingentes reconhecidos na data da aquisição; (c) ativos de indenização; (e) contraprestações contingentes**.

a) DIREITOS READQUIRIDOS

O direito readquirido reconhecido como ativo intangível deve ser amortizado pelo tempo remanescente do contrato pelo qual o direito foi outorgado. O adquirente que, subsequentemente, vender ou licenciar o direito readquirido para terceiros deve incluir o valor contábil líquido do ativo intangível na determinação do ganho ou perda de capital decorrente da alienação do mesmo.

b) PASSIVOS CONTINGENTES

Após o reconhecimento inicial e até que o passivo seja liquidado, cancelado ou extinto, o adquirente deve mensurar um passivo contingente reconhecido na combinação de negócios pelo maior valor entre: (a) o montante pelo qual esse passivo seria reconhecido pelo disposto no CPC 25 – Provisões, Passivos Contingentes e Ativos Contingentes e (b) o montante pelo qual o passivo foi inicialmente reconhecido. Essa exigência não se aplica aos contratos contabilizados de acordo com o CPC 48 – Instrumentos Financeiros.

c) ATIVOS DE INDENIZAÇÃO

Ao final de cada exercício social subsequente, o adquirente deve mensurar qualquer ativo de indenização reconhecido na data da aquisição nas mesmas bases do ativo ou passivo indenizável, sujeito a qualquer limite contratual de valor, bem como aos descontos provenientes de avaliação da administração acerca de valores incobráveis (perdas de crédito) no caso dos ativos de indenização que não são mensurados pelo valor justo. O adquirente deve baixar o ativo de indenização somente se o ativo for realizado pelo recebimento, venda ou perda do direito à indenização.

d) CONTRAPRESTAÇÕES CONTINGENTES

Sempre que uma alteração no valor justo da contraprestação contingente após a data da aquisição for resultado da obtenção de informações adicionais após a combinação, mas relativas a fatos e circunstâncias existentes na data da aquisição, constituirá um ajuste nos valores provisórios que são feitos durante o período de mensuração. Todavia, se houver alterações decorrentes de eventos ocorridos após a data de aquisição, como por mudança das probabilidades inicialmente consideradas ou quando da ocorrência do evento futuro (alcance de um preço por ação especificado, cumprimento de meta de lucros, alcance de determinado estágio de projeto de pesquisa e desenvolvimento etc.), então não se trata de ajustes do período de mensuração, mas de mudança da estimativa ou do desfecho da obrigação contingente assumida na data da combinação junto aos ex-proprietários da adquirida (CPC 15 (R1), item 58).

O adquirente deve contabilizar as alterações no valor justo da contraprestação contingente que não constituam ajustes do período de mensuração da seguinte forma:

a) Caso a contraprestação contingente seja classificada como componente do Patrimônio Líquido, ela não está sujeita a uma nova mensuração e sua liquidação subsequente deve ser contabilizada dentro do Patrimônio Líquido.

b) Caso a contraprestação contingente seja classificada como ativo ou passivo financeiro (dentro do escopo de aplicação do CPC 48), ela deve ser mensurada ao valor justo, sendo qualquer ganho ou perda resultante reconhecido no resultado do período, de acordo com procedimento previsto no CPC 48.

c) Caso a contraprestação contingente não esteja dentro do escopo de aplicação do CPC 48, ela deve ser mensurada ao seu valor justo a cada período de relatório e as variações do valor justo devem ser reconhecidas no resultado do período em que ocorrerem.

23.3.10 Alguns aspectos legais da alienação e aquisição de controle

Diz a Lei das S.A.:

"Art. 254-A A alienação, direta ou indireta, do controle de companhia aberta somente poderá ser contratada sob a condição, suspensiva ou resolutiva, de que o adquirente se obrigue a fazer oferta pública de aquisição das ações com direito a voto de propriedade dos demais acionistas da companhia, de modo a lhes assegurar o preço no mínimo igual a 80% (oitenta por cento) do valor pago por ação com direito a voto, integrante do bloco de controle.

§ 1º Entende-se como alienação de controle a transferência, de forma direta ou indireta, de ações integrantes do bloco de controle, de ações vinculadas a acordos de acionistas e de valores mobiliários conversíveis em ações com direito a voto, cessão de direitos de subscrição de ações e de outros títulos ou direitos relativos a valores mobiliários conversíveis em ações que venham a resultar na alienação de controle acionário da sociedade".

A alienação do controle, nos termos da Lei Societária, implica que alguma pessoa (física ou jurídica) esteja transferindo o controle normalmente por sua venda, ou seja, a alienação de controle implica que um alienante (efetivo controlador) esteja vendendo o controle para um comprador, e nessa transação a parte compradora e a parte vendedora são claramente identificadas. Por outro lado, a aquisição de controle (art. 257 da Lei Societária) pode não exigir a identificação do alienante, quando a operação ocorre mediante oferta pública dirigida indistintamente a acionistas titulares de ações com direito a voto objetivando adquirir um número suficiente de ações para assegurar o controle da sociedade.

Em qualquer dos casos citados, a parte que adquiriu o controle de outra sociedade deverá aplicar o CPC 15 (R1), desde que a sociedade cujo controle se obteve atenda à definição de negócio, nos termos da norma. Nesse sentido, vale mencionar que os dispositivos mencionados (alienação do controle e oferta pública de aquisição para controle) não são os únicos meios pelos quais uma entidade pode obter o controle de outra sociedade.

Assim, a obtenção do controle também poderia ocorrer, por exemplo, pela celebração de um acordo de acionista por meio do qual simplesmente o poder de voto venha a ser transferido para outra parte sem que as ações estejam sendo compradas por essa parte e sem que as partes estabeleçam um controle compartilhado.

23.3.11 Exemplo prático

O exemplo a seguir considera que todos os quesitos precedentes à aquisição já foram atendidos, de forma que, o próximo passo é a aplicação do método de aquisição previsto no CPC 15 (R1) (*vide* Seções 23.3.2 a 23.3.8).

a) DADOS

Suponhamos que a Cia. Alfa tenha iniciado entendimentos em julho de X0 com os acionistas da Empresa Beta, para compra à vista de 50% de suas ações, o que irá lhe conferir o controle, uma vez que, antes dessa aquisição, já possuía 20% de participação nessa companhia. Alfa e Beta são empresas que operam no mercado em linhas de negócio diferentes, bem como Alfa e os ex-proprietários de Beta que venderam suas ações são partes independentes.

As discussões preliminares foram feitas até fins de agosto de X0 com base no Balanço de junho de X0 da Empresa Beta; e, numa fase final já no mês seguinte, formalizou-se a compra das ações (em 30-9-X0), cujo preço praticado foi de $ 6,00 por ação (com base nas avaliações econômicas que foram realizadas por Alfa e que incluem o prêmio do controle). O Patrimônio Líquido de Beta, na data da aquisição, era formado por 3.000.000 de ações ordinárias.

Em 30-9-X0, a Cia. Alfa assumiu o controle da Cia. Beta, que se tornou sua controlada. No quadro a seguir, temos o detalhamento dos valores justos e patrimoniais das ações de Beta que foram considerados no fechamento da transação. Nesse sentido, vale destacar que estamos falando do preço por ação acertado entre as partes (comprador e vendedor):

	Cia. Beta	Aquisição de 50%
Valor Justo Negociado das Ações	$ 18.000.000 (3.000.000 de ações a $ 6,00/ação)	$ 9.000.000 (1.500.000 de ações a $ 6,00/ação)
Valor Patrimonial das Ações	$ 12.000.000 (3.000.000 de ações a $ 4,00/ação)	$ 6.000.000 (1.500.000 de ações a $ 4,00/ação)
Valor do Ágio Total	$ 6.000.000	$ 3.000.000

b) DETERMINAÇÃO DA ADQUIRENTE

No exemplo dado, não há dificuldade alguma de identificação da parte adquirente (Cia. Alfa). Todavia, nem sempre isso é tão claro, dependendo da complexidade da combinação, como já visto anteriormente.

c) DETERMINAÇÃO DA DATA DA AQUISIÇÃO

A data da aquisição, para fins de aplicação do método de aquisição, é a data em que o controle foi transferido para Alfa e que, no caso em questão, coincidiu com a data de fechamento (30-9-X0). Apesar de na maioria dos casos haver tal coincidência, a data em que o controle é transferido pode ser antes ou depois da data de fechamento, principalmente se assim for acordado entre as partes.

d) RECONHECIMENTO E MENSURAÇÃO DOS ATIVOS LÍQUIDOS ADQUIRIDOS

No Quadro 23.1, apresentam-se as avaliações dos ativos identificáveis adquiridos e dos passivos assumidos na combinação, para fins de aplicação do método de aquisição.

Admitindo-se que não existam diferenças entre os saldos contábeis dos ativos e passivos da Cia. Beta indicados e suas respectivas bases fiscais[3] na Cia. Beta, a qual continuará existindo após a combinação, então, deve-se reconhecer o passivo fiscal diferido (itens 24 e 25 do CPC 15 (R1)), já que os ativos líquidos na Cia. Beta somam $ 12 milhões e o valor considerado na combinação (valor justo, como regra geral) é de $ 17 milhões. Como o valor justo dos ativos líquidos supera seu valor contábil em $ 5 milhões, deve-se reconhecer o passivo fiscal diferido correspondente, que é de $ 1,7 milhão (assumindo 25% e 9%, respectivamente, como alíquotas de IR e CSLL).

Em consequência, o total de passivos assumidos passa para $ 6.700.000 ($ 5 milhões + $ 1,7 milhão) e o valor justo dos ativos líquidos adquiridos na combinação passa para $ 15.300.000 ($ 22 milhões – $ 6,7 milhões). Dessa forma, a diferença entre o valor justo e o valor contábil dos ativos líquidos adquiridos passa para $ 3.300.000 ($ 15,3 milhões – $ 12 milhões), caracterizando mais-valia. Observe que estamos falando da totalidade dos ativos líquidos, mas a participação adquirida por meio da qual o controle foi obtido é somente de 50%.

No exemplo, os ativos intangíveis foram reconhecidos porque são efetivamente identificáveis (no sentido de serem separáveis, inclusive pelo critério legal/contratual), apesar de não estarem contabilmente reconhecidos nas demonstrações contábeis da Cia. Beta.

e) RECONHECIMENTO E MENSURAÇÃO DA PARTICIPAÇÃO DOS NÃO CONTROLADORES

De acordo com o CPC 15 (R1) (itens 19 e B44), existem somente duas opções para a mensuração da participação dos não controladores: (a) o valor justo dessa participação com base nos preços de cotação em mercado ativo (ou, na sua ausência, pelo uso de alguma técnica de avaliação); e (b) o valor correspondente à parte que lhes cabe no valor justo dos ativos líquidos da combinação. O valor justo por ação da participação do controlador na adquirida pode ser diferente do valor justo por ação da participação de não controladores, sendo que a diferença pode decorrer do prêmio de controle incluído no valor justo por ação da participação do adquirente na adquirida e que não está presente no valor justo por ação da participação de não controladores.

Assim, pelos dados apresentados, existem somente duas possibilidades de mensuração dessa participação: (1) valor justo determinado pelo preço de cotação das ações na data da aquisição ($ 5,40); e (2) o valor correspondente à parte que lhes cabe no valor justo dos ativos líquidos da combinação, ou seja, $ 4.590 mil (30% de $ 15,3 milhões).

Quadro 23.1

(valores em mil)	Valor justo	Valor contábil	Diferença bruta	IR/CS diferido	Diferença líquida
ATIVOS					
Disponível	2.000	2.000	0		
Recebíveis	5.500	5.000	500	170	330
Imobilizado	12.500	10.000	2.500	850	1.650
Intangível	2.000	0	2.000	680	1.320
Total dos Ativos	*22.000*	*17.000*	*5.000*	*1.700*	*3.300*
PASSIVOS					
Empréstimos	3.500	3.500	0	–	–
Contas a Pagar	1.500	1.500	0	–	–
Total dos Passivos	*5.000*	*5.000*	*0*	–	–
VALOR TOTAL LÍQUIDO	**17.000**	**12.000**	**5.000**	**1.700**	**3.300**

---

[3] Base fiscal de ativo ou passivo é o valor atribuído àquele ativo ou passivo para fins fiscais (item 5 do CPC 32 – Tributos sobre o Lucro).

A opção escolhida pela adquirente, no exemplo, foi o valor justo da participação, dado pelo preço de cotação. Portanto, o valor atribuído à participação dos sócios não controladores foi de $ 4,86 milhões ($ 5,4 × 900.000 ações).

f) DETERMINAÇÃO DO *GOODWILL*

O ágio por rentabilidade futura (*goodwill*) é determinado pela diferença positiva entre: (a) a soma do valor da contraprestação transferida em troca do controle da adquirida (mensurada a valor justo) com o valor justo da participação preexistente mantida pela adquirente e mais o valor atribuído à participação de não controladores; e (b) o valor justo dos ativos líquidos identificáveis da adquirida.

Adicionalmente, vamos admitir que a adquirente determine a participação dos não controladores com base no valor justo dessa participação, porque isso representa bem o valor econômico dessa participação (item 19 do CPC 15 (R1)). Como vimos no passo anterior, esse valor justo por ação é de $ 5,40.

Ao proceder dessa forma, parte do *goodwill* da combinação será atribuída também aos sócios não controladores, caso haja uma diferença positiva entre o valor justo dessa participação e o valor da parte que lhes cabe no valor justo dos ativos líquidos de Beta.

Assim, na data da aquisição do controle, o ágio por rentabilidade futura (*goodwill*) foi então apurado:

		R$ (em mil)
	Valor Justo da Contraprestação Transferida	9.000
	Valor Justo da Participação Preexistente	3.240
	Valor Justo da Participação dos Não Controladores	4.860
1	(=) Valor atribuído ao Negócio (Cia. Beta)	17.100
	Valor Justo dos Ativos Identificáveis	22.000
	(−) Valor justo dos Passivos Assumidos	(6.700)
2	(=) Valor Justo dos Ativos Líquidos da Cia. Alfa	15.300
3	*Goodwill* (1 − 2)	1.800

Nesse exemplo, o ágio por rentabilidade futura que foi pago na transação é diferente do ágio por rentabilidade futura da combinação, mas porque a adquirente já tinha uma participação em Beta (que era sua coligada) e também porque ela optou por mensurar a participação dos não controladores pelo valor justo dessa participação.

No caso, que é o majoritariamente feito na prática, a participação dos não controladores é mensurada pelo percentual de participação desses sócios sobre o Patrimônio Líquido da adquirida, uma equivalência patrimonial. Nesse caso, bem mais simples, não há qualquer interferência no cálculo do *goodwill* por conta desses acionistas não controladores. O ajuste atrás de R$ 4.860 não existiria e o valor do *goodwill* seria a soma do saldo anteriormente existente mas o pago na aquisição do controle.

g) VARIAÇÃO NO EXEMPLO

Suponha-se agora que a Cia. Alfa tenha sido um dos sócios iniciais quando da formação da Cia. Beta, integralizando em dinheiro 20% para formação do seu capital social, participação essa que lhe conferia influência significativa; então, esse investimento estava avaliado por equivalência patrimonial nas demonstrações contábeis de Alfa e seu saldo contábil, atualizado até a data da aquisição, era de $ 2,4 milhões ($ 12 milhões × 20%). Portanto, nenhum tipo de ágio está contido no valor contábil da participação preexistente.

Considerando-se o disposto no CPC 18 – Investimento em Coligada, Alfa perdeu a influência sobre Beta quando ela adquiriu mais ações de Beta (50%) e tornou-se sua nova controladora. Dessa forma, entre os procedimentos contábeis previstos no CPC 18 para a perda de influência está a avaliação a valor justo do investimento remanescente, no caso, os mesmos 20%. Como o preço de cotação está disponível ($ 5,40), então o valor justo da participação é $ 3,24 milhões (valor utilizado para fins de determinação do *goodwill* da combinação).

Em consequência, o saldo contábil de $ 2,4 milhões sofrerá um aumento de $ 840.000, cuja contrapartida se dará no resultado do período de Alfa.

Assim, o quanto do ágio da combinação e da mais-valia foi efetivamente "pago" na transação se restringe à participação comprada de 50%, como indicado:

Valor justo pago pelas ações adquiridas (50%)	$ 9.000.000
(−) 50% do Valor justo dos ativos líquidos de Beta	($ 7.650.000)
(=) *Goodwill* "Pago"	**$ 1.350.000**

50% do Valor justo dos ativos líquidos de Beta	$ 7.650.000
(−) 50% do Valor do Patrimônio Líquido de Beta	($ 6.000.000)
(=) Mais-valia de Ativos Líquidos "Paga"	**$ 1.650.000**

Todavia, os valores dos dois tipos de ágio atribuíveis à Alfa são maiores do que os valores mostrados em razão da participação preexistente, como a seguir demonstrado:

Valor justo pago pelas ações adquiridas (50%)	$ 9.000.000
(+) Valor justo da participação preexistente (20%)	$ 3.240.000
(−) 70% do Valor justo dos ativos líquidos de Beta	($ 10.710.000)
(=) *Goodwill*	**$ 1.530.000**

70% do Valor justo dos ativos líquidos de Beta	$ 10.710.000
(−) 70% do Valor do Patrimônio Líquido de Beta	($ 8.400.000)
(=) Mais-valia de Ativos Líquidos	$ 2.310.000

As diferenças de $ 180.000 e de $ 660.000, respectivamente no Ágio por Rentabilidade Futura (*Goodwill*) e no Ágio por Diferença de Valor dos Ativos Líquidos (Mais-valia), são provenientes da participação preexistente.

Devemos lembrar que os ágios de $ 1,53 milhão e de $ 2,31 milhões, são, respectivamente, o Ágio por Rentabilidade Futura (*Goodwill*) e o Ágio por Diferença de Valor dos Ativos Líquidos atribuíveis à Alfa (adquirente). Todavia, na posição consolidada do grupo na data da aquisição, também haverá valores atribuíveis aos não controladores para os dois tipos de ágio em função de os ativos líquidos de Beta integrarem a posição consolidada a valor justo ($ 15,3 milhões), e porque Alfa optou por avaliar a participação dos sócios não controladores pelo valor justo dessa participação (ainda que sem o prêmio de controle). Portanto, esse mesmo raciocínio deve ser utilizado para apurar os dois tipos de ágio atribuíveis aos sócios não controladores:

Valor justo da participação dos não controladores (30%)	$ 4.860.000
(−) 30% do Valor justo dos ativos líquidos de Beta	($ 4.590.000)
(=) *Goodwill*	$ 270.000

30% do Valor justo dos ativos líquidos de Beta	$ 4.590.000
(−) 30% do Valor do Patrimônio Líquido de Beta	($ 3.600.000)
(=) Mais-valia de Ativos Líquidos	$ 990.000

Portanto, o Ágio por Rentabilidade Futura (*Goodwill*) da combinação é de $ 1,8 milhão ($ 1,35 que foi pago por Alfa, mais $ 0,18 relativo à participação preexistente de Alfa e $ 0,27 atribuídos aos sócios não controladores). E o Ágio por Diferença de Valor dos Ativos Líquidos da combinação é de $ 3,3 milhões ($ 1,65 que foi pago por Alfa, mais $ 0,66 relativo à participação preexistente de Alfa e $ 0,99 atribuído aos sócios não controladores).

Após a combinação, os ativos adquiridos e passivos assumidos ou incorridos devem ser mensurados subsequentemente de acordo com as normas e pronunciamentos do CPC aplicáveis, dependendo de suas respectivas naturezas (item B63 do CPC 15 (R1)).

Finalizando, Alfa tem até um ano da data da aquisição para encerrar o período de mensuração (contabilidade da combinação). Isso significa dizer que todos os valores mencionados foram inicialmente reconhecidos de forma provisória e, na medida em que se receberem novas informações sobre fatos e circunstâncias existentes na data da aquisição, os ajustes pertinentes devem ser feitos em contrapartida ao valor do *goodwill* (*vide* Seções 23.3.8 e 23.3.9).

h) REGISTROS CONTÁBEIS DA COMBINAÇÃO

Como já comentado, em cumprimento ao CPC 18, Alfa deve reconhecer contabilmente a perda da influência, o que implica reconhecer a participação remanescente a valor justo (saldo contábil de $ 2,4 milhões na data da aquisição). Admitindo-se que até essa data não existam resultados abrangentes reconhecidos de forma reflexa no Patrimônio Líquido de Alfa por conta de sua participação em Beta, até então sua coligada, o único lançamento contábil a ser feito indicado é o seguinte:

(valores em R$ e em mil)	Débito	Crédito
1. Pelo Ajuste da Participação a Valor Justo:		
Investimentos em Coligadas – Cia. Beta	840	
a Ganhos por Avaliação a Valor Justo (Resultado)		840
2. Pela Reclassificação do Investimento:		
Investimentos em Controladas – Cia. Beta	3.240	
a Investimentos em Coligadas – Cia. Beta		3.240

Na data da aquisição, a posição consolidada da Cia. Alfa será dada a partir do seguinte lançamento contábil:

(valores em R$ e em mil)	Débito	Crédito
Disponibilidades	2.000	
Recebíveis	5.500	
Imobilizado	12.500	
Intangíveis	2.000	
Ágio por Rentabilidade Futura (*Goodwill*)	1.800	
a Passivo Fiscal Diferido		1.700
a Empréstimos		3.500
a Contas a Pagar		1.500
a Participação dos Não Controladores		4.860
a Bancos conta Movimento		9.000
a Investimento na Cia. Beta		3.240
	23.800	23.800

23.4 Aquisição reversa

23.4.1 Introdução

Uma aquisição reversa pode ocorrer na medida em que, numa combinação efetivada apenas pela troca de instrumentos patrimoniais (ações, por exemplo), a entidade que emitiu os títulos (o adquirente legal) e os entregou aos proprietários de outra entidade (a adquirida legal), o faz em tal quantidade que dilui significativamente a participação relativa dos que eram proprietários controladores da entidade emissora, permitindo que o controle passe para os ex-proprietários da adquirida legal.

O CPC 15 (R1) determina que uma das entidades que existiam antes da combinação seja identificada como adquirente; e, segundo o CPC 15 (R1), a entidade adquirente legal será considerada "adquirida contábil" e a entidade cujo controle formalmente passou para a adquirente legal será considerada "adquirente contábil", para fins contábeis. Isso porque o que ocorre é que os proprietários da adquirida legal obtêm o controle direto sobre a adquirente legal e mantêm o controle sobre a adquirida legal, só que agora indiretamente.

Um exemplo de situação em que pode ocorrer aquisição reversa é quando uma entidade de capital fechado (sem ações listadas em bolsa de valores) quer usufruir do mercado de capitais sem, contudo, realizar o processo de abertura de seu capital (sem o registro de suas ações como companhia aberta). Para esse fim, a entidade fechada entra em acordo com uma companhia aberta (normalmente, de valor e porte significativamente menores), para que esta adquira parte de seu capital (ações, por exemplo) e em troca os proprietários da entidade fechada recebem uma participação significativa de capital na entidade aberta, tornando-se seus novos controladores.

Assim, a entidade aberta que emitiu instrumentos de capital é o adquirente legal e a entidade fechada, cujos instrumentos de capital foram formalmente adquiridos, é a adquirida legal. Todavia, considerando que ambas as entidades constituam um negócio nos termos do CPC 15 (R1), a aplicação das exigências dos itens B13 a B18 do CPC 15 (R1) para identificação do adquirente revela que a entidade de capital aberto é a adquirida para fins contábeis (adquirida contábil) e a entidade de capital fechado é o adquirente para fins contábeis (adquirente contábil).

No Brasil, a normatização anterior à CPC 15 (R1) considerava apenas os aspectos legais e societários da operação, ou seja, o tratamento contábil refletia a operação sob a ótica legal. Outro fator relevante é que não se deve confundir uma **aquisição** reversa com as **incorporações** reversas.

23.4.2 Procedimentos contábeis

Em se tratando de uma combinação de negócios entre partes independentes, deve-se aplicar o método de aquisição previsto no CPC 15 (R1) também para as aquisições reversas. Todas as regras e critérios previstos para reconhecimento e mensuração são aplicáveis, porém, alguns procedimentos são específicos, por se tratar de uma aquisição reversa, como disposto a seguir:

a) MENSURAÇÃO DA CONTRAPRESTAÇÃO TRANSFERIDA

Em uma aquisição reversa, o adquirente contábil normalmente não transfere ações nem outra forma de contraprestação para a adquirida contábil. Em vez disso, a adquirida contábil é quem emite instrumentos de participação societária (ações, por exemplo) e os entrega aos ex-proprietários do adquirente contábil.

Portanto, o valor justo na data da aquisição da contraprestação transferida pelo adquirente contábil pela sua participação na adquirida deve ser baseado no número de instrumentos de participação societária (quantidade de ações, por exemplo) que a controlada legal deveria ter emitido para conferir aos proprietários da controladora legal o mesmo percentual de participação societária da entidade combinada que resulta da aquisição reversa (o procedimento indicado é semelhante à relação de substituição discutida na Seção 23.3.7). O valor justo calculado dessa forma será então utilizado como o valor justo da contraprestação transferida em troca do controle da adquirida contábil.

b) PREPARAÇÃO E APRESENTAÇÃO DAS DEMONSTRAÇÕES CONSOLIDADAS

Por se tratar de uma aquisição reversa, as demonstrações contábeis consolidadas subsequentemente devem ser emitidas em nome da controladora legal (adquirida contábil), porém descritas em notas explicativas como uma continuação das demonstrações contábeis da controlada legal (adquirente contábil), e ajustando-se retroativamente o capital social legal do adquirente contábil para refletir o capital social legal da adquirida contábil. Esse ajuste é exigido para se fazer refletir o capital da controladora legal (adquirida contábil); portanto, a informação comparativa apresentada nas demonstrações consolidadas também deve ser ajustada retroativamente para refletir o capital legal da controladora legal (adquirida contábil).

O item B22 do CPC 15 (R1) dispõe que, devido às demonstrações contábeis consolidadas representarem a continuação das demonstrações contábeis da controlada legal (exceto por sua estrutura de capital), as demonstrações contábeis consolidadas refletem:

"a) os ativos e os passivos da controlada legal (adquirente contábil), reconhecidos e mensurados pelos seus valores contábeis pré-combinação;

b) os ativos e os passivos da controladora legal (adquirida contábil), reconhecidos e mensurados de acordo com o disposto neste Pronunciamento;

c) os lucros retidos e outros saldos contábeis do patrimônio líquido da controlada legal (adquirente contábil) antes da combinação de negócios;

d) o valor reconhecido do capital realizado nas demonstrações contábeis consolidadas, determinado pela soma do capital realizado (ações em circulação, por exemplo) da controladora legal (adquirida contábil) imediatamente antes da combinação de negócios, com o valor justo da controlada legal (adquirente contábil) determinado de acordo com este Pronunciamento. Contudo, a estrutura do capital (ou seja, o número e tipos de ações emitidas) deve refletir a estrutura de capital da controladora legal (adquirida contábil), incluindo as ações que a controladora legal emitiu para efetivar a combinação. Consequentemente, a estrutura de capital da controlada legal (adquirente contábil) é restabelecida utilizando a relação de troca estabelecida no acordo de aquisição, para refletir o número de ações da controladora legal (adquirida contábil) emitidas na aquisição reversa;

e) a parte proporcional de não controladores da controlada legal (adquirente contábil) sobre os valores contábeis de lucros retidos e outros componentes do patrimônio líquido".

c) PARTICIPAÇÃO DE NÃO CONTROLADORES

Em uma aquisição reversa, alguns dos proprietários da adquirida legal (o adquirente contábil) podem não trocar suas participações societárias por participações societárias na controladora legal (a adquirida contábil). Tais proprietários são considerados como participação de não controladores para fins de determinação do *goodwill* e de emissão das demonstrações contábeis consolidadas após a aquisição reversa. De forma contrária, embora o adquirente legal seja a adquirida para fins contábeis, os ex-proprietários do adquirente legal têm participação nos resultados e nos ativos líquidos da entidade combinada.

Os ativos e os passivos da adquirida legal são mensurados e reconhecidos nas demonstrações consolidadas pelos seus respectivos valores contábeis pré-combinação, uma vez que somente os ativos identificáveis adquiridos e os passivos assumidos da adquirente legal é que serão alterados em função da combinação de negócios, para fins de determinação do *goodwill* e da elaboração das demonstrações consolidadas, por se tratar dos ativos líquidos do negócio adquirido.

Em uma aquisição reversa, a participação de não controladores reflete a parte proporcional dos acionistas não controladores nos valores contábeis – pré-combinação – dos ativos líquidos da adquirida legal, mesmo que a participação de não controladores, em outras aquisições, tenha sido mensurada pelo valor justo na data da aquisição.

d) RESULTADO POR AÇÃO

Considerando que a estrutura de capital nas demonstrações contábeis consolidadas subsequente à aquisição reversa reflete a estrutura de capital do adquirente legal (a adquirida contábil), incluindo as participações societárias emitidas pelo adquirente legal para efetivar a combinação de negócios, o cálculo do resultado por ação deve ser feito com base em regras específicas conforme a norma.

23.5 Combinações envolvendo sociedades sob controle comum

23.5.1 Introdução

Quando empresas (ou negócios) sob controle comum são transacionados, temos diversos problemas. Considerando a essência econômica da operação, em verdade, a mudança na base de avaliação dos ativos e passivos da entidade negociada só se justifica cabalmente quando da alteração do bloco de controle acionário (alteração do controlador), envolvendo arranjos negociados entre partes independentes. Tal constatação é facilmente percebida pela análise de demonstrações contábeis consolidadas. Esses processos não promovem alteração nas demonstrações contábeis consolidadas, já que, para o grupo como um todo, nada terá mudado.

De acordo com o item B1 do CPC 15 (R1), uma combinação de negócios envolvendo entidades ou negócios sob controle comum é "uma combinação de negócios em que todas as entidades ou negócios da combinação são controlados pela mesma parte ou partes, antes e depois da combinação de negócios, e esse controle não é transitório".

Portanto, não deveria, em princípio, ser alterada a base de avaliação do conjunto de ativos líquidos, mesmo que esse conjunto constitua um negócio nos termos da norma e/ou que o percentual de participação tenha sido alterado. O motivo é simples: antes e depois da operação, o conjunto de ativos líquidos continua sob controle da mesma entidade.

Mas, por vezes, a situação não parece tão clara a favor da simples transposição dos valores contábeis da entidade adquirida para o Balanço da adquirente; ou seja, o mesmo valor de investimento da vendedora se transpõe para as demonstrações da adquirente.

Está em andamento (2021) um projeto do IASB de normatização das combinações de negócio entre entidades sob um controlador comum, algo demandado há longa data, posto que a norma existente exclui essas transações de seu escopo e há, em escala mundial, diversidade no tratamento dessas transações, havendo tanto os que se utilizam do método de aquisição (isto é, aplicação do valor justo para os ativos líquidos da adquirida) quanto os que usam o valor contábil previamente registrado para os ativos líquidos adquiridos. A visão preliminar do IASB, como regra geral apresentada em seu documento de discussão (DP/2020/2), é a de que o valor contábil (*book value method*) deveria ser a base de mensuração em combinações de negócios entre entidades sob um controlador comum quando não houvesse sócios minoritários (não controladores) na entidade receptora dos ativos líquidos. Reitere-se, tudo ainda preliminar.

Não se aplica obrigatoriamente o CPC 15 (R1) quando o indivíduo ou grupo de indivíduos tem, por resultado de acordo contratual, do poder de voto ou outro instrumento, o poder coletivo individual ou final e não transitório para governar as políticas financeiras e operacionais das entidades da combinação. Note-se que o termo "grupo de indivíduos" abrange pessoas físicas ou jurídicas.

Adicionalmente, o item B3 do CPC 15 (R1) dispõe que a entidade pode ser controlada por um indivíduo (ou grupo de indivíduos agindo em conjunto sob um acordo contratual) que não é obrigado a publicar demonstrações contábeis. Dessa forma, não é necessário que as entidades da combinação sejam incluídas no mesmo conjunto de demonstrações contábeis consolidadas para que uma combinação de negócios venha a ser considerada como envolvendo entidades sob controle comum.

No Brasil, em que a legislação privilegia a figura das demonstrações contábeis individuais, em que se dá maior valor jurídico à entidade juridicamente constituída do que à entidade economicamente representativa das forças de um grupo empresarial, problemas ocorrem ao se praticar diretamente a total desconsideração dos efeitos das operações entre entidades sob controle comum.

Tivemos, inclusive, por quase duas décadas problemas contábeis enormes: transações de empresas dentro do mesmo controle foram feitas muitas vezes para geração de *goodwill*, já que era passível de dedutibilidade tributária por amortização sistemática em cinco anos. Essa possibilidade fiscal não mais existe.

23.6 Incorporações reversas

23.6.1 Introdução

Durante o processo de privatização de companhias estatais, em grande parte concessionárias prestadoras de serviço público de caráter essencial, foram engendradas operações extremamente peculiares que receberam por parte da CVM uma disciplina específica, dados os seus desdobramentos societários: as denominadas incorporações reversas. A Instrução CVM nº 319/1999, na sua versão consolidada, dedica especial atenção a esse tipo de operação em seus arts. 6º, 9º e 16º.

Esquematicamente, na maioria das operações observa-se a presença de sucessivos arranjos distribuídos em três fases: (1) aquisição do controle acionário da concessionária; (2) constituição de sociedade veículo mediante integralização de seu capital com participação acionária mais ágio total advindo da aquisição do controle acionário da concessionária; (3) incorporação da sociedade veículo pela concessionária. Mas o processo pode se dar sem essa figura da sociedade veículo, com uma controlada simplesmente incorporando de forma direta a controladora.

Cumpre destacar, todavia, que a prática de incorporações reversas é anterior ao início de vigência do CPC 15 (R1) – Combinação de Negócios. Portanto, preliminarmente, as incorporações reversas serão abordadas tal como praticadas; no exemplo, o tema será abordado levando em conta a nova prática contábil brasileira, incluindo o CPC 15 (R1) e demais pronunciamentos, interpretações e orientações do CPC.

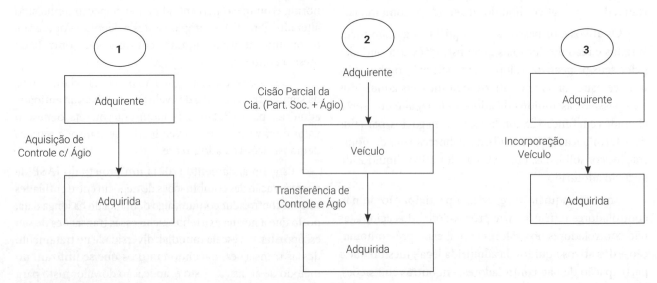

Figura 23.1 Incorporação reversa. Forma mais complexa.

No início, as operações de incorporação reversa ficaram circunscritas às privatizações de concessionárias de serviço público de caráter essencial. Em um momento subsequente, foram experimentadas por sociedades sob controle privado e dos mais variados setores. A Figura 23.1 procura sintetizar sua definição.

A motivação para uma incorporação reversa era muitas vezes "meramente" tributária, no sentido do melhor aproveitamento econômico, por parte dos acionistas controladores da sociedade controladora, do ágio derivado do processo de aquisição da sociedade controlada. Resumindo, visava à amortização do ágio para fazer face aos lucros tributáveis a serem gerados pela sociedade controlada, redundando com isso em aumento da capacidade de geração de caixa do investimento.

A explicação para a forma pela qual se processava uma incorporação reversa, ou seja, por intermédio de uma empresa veículo (via indireta), encontra amparo também em aspectos tributários. O maior motivo, muitas vezes, é uma estranha e ilógica, no nosso entender, exigência. A de que só é possível deduzir-se fiscalmente (não contabilmente) a amortização do *goodwill* se houver um processo de fusão, de incorporação ou de cisão. Além disso, de acordo com a legislação tributária, o processo de incorporação de sociedades tem por implicação a perda do direito de compensação de prejuízos fiscais e de bases negativas de contribuição social da sociedade incorporada, fato que inviabiliza a operação por via direta. Se esses prejuízos estão na controlada, a incorporação reversa não provoca essas consequências de perda de direitos.

As operações de incorporação reversa, ativamente praticadas no início do Plano Nacional de Desestatização (PND), tomavam por base, em termos de surgimento de ágio, efetivamente a negociação entre partes independentes em igualdade de condições, sem preponderância de uma sobre a outra. Todavia, não tardou a aparecer outra modalidade de incorporação reversa praticada no mercado, a qual fez surgir um fenômeno extremamente *sui generis*: o ágio gerado internamente.

Isso ocorreu em função de a Lei nº 10.637/2002, em seu art. 36, admitir, para fins tributários, a reavaliação de participações societárias, quando da integralização de ações subscritas, com o diferimento da tributação do IRPJ e da CSLL. A questão foi disciplinada pelas Instruções Normativas da SRF nº 11/1999 e nº 390/2004, art. 75.

Com isso, era possível que dada companhia ("A"), que possuísse participação societária em outra companhia ("B"), pudesse constituir uma terceira companhia ("C"), integralizando ações subscritas de "C" com a participação societária em "B", já avaliada a valor de mercado. Em consequência do disposto no art. 36 da Lei nº 10.637/2002, o "ganho" apurado por "A" na integralização das ações subscritas de "C" (diferença entre o valor contábil e o valor de mercado

da participação acionária em "B") não era tributado de imediato, para fins de IRPJ e CSLL.

Isso porque o § 1º do referido artigo permitia que o valor da diferença apurada fosse controlado na parte B do LALUR e somente computado na determinação do lucro real e da base de cálculo da CSLL (a) quando da alienação, liquidação ou baixa da participação subscrita, proporcionalmente ao montante realizado ou (b) proporcionalmente ao valor realizado, no período de apuração em que a pessoa jurídica para a qual a participação societária tivesse sido transferida realizasse o valor dessa participação (alienação, liquidação, conferência de capital em outra pessoa jurídica, ou baixa a qualquer título).

Assim, o "ganho" apurado em "A" seria tributado em duas situações: (a) quando "A" alienasse, liquidasse ou baixasse, a qualquer título, sua participação societária em "C", entidade na qual foram subscritas ações; e (b) quando "C" alienasse, liquidasse, integralizasse subscrição de ações de outra pessoa jurídica, ou baixasse a qualquer título sua participação societária em "B".

Adicionalmente, o § 2º do referido artigo dispunha: "Não será considerada realização a eventual transferência da participação societária incorporada ao patrimônio de outra pessoa jurídica, em decorrência de fusão, cisão ou incorporação, observadas as condições do § 1º."

Em resumo, utilizando o mesmo exemplo, caso a Cia. "C" fosse incorporada, por hipótese, pela agora sua controlada, a Cia. "B", o "ganho" registrado na Cia. "A" não seria tributado para fins de IRPJ e CSLL, a não ser futuramente. Ademais, o ágio carreado de "C" para "B" seria dedutível tanto na apuração do lucro real quanto na base de cálculo da CSLL a ser apurada em "B".

Considerando que na época não havia uma normatização contábil similar ao CPC 15 (R1), a consequência direta da prática desse tipo de incorporação (reversa) era a geração de um benefício fiscal bem como o reconhecimento contábil de um ágio gerado internamente (contra o qual, nós, os autores deste *Manual*, sempre nos insurgimos).

Dessa forma, era fortemente criticada a racionalidade econômica do art. 36 da Lei nº 10.637/2002, que permitia que grupos econômicos, em operações de combinação de negócios (sob controle comum), criassem de forma artificial ágios internamente por intermédio da constituição de "sociedades veículo", que surgem e são extintas em curto lapso de tempo, ou pela utilização de sociedades de participação denominadas "casca", com finalidade meramente elisiva.

Nesse sentido, vale lembrar que a CVM vedava fortemente esse tipo de prática (*vide* Ofício-Circular CVM SNC/SEP nº 01/2007), uma vez que a operação se realizava entre entidades sob controle comum e, portanto, careciam, talvez na maioria das vezes, de substância econômica (nenhuma riqueza era gerada efetivamente em tais operações).

514 | MANUAL DE CONTABILIDADE SOCIETÁRIA • *Santos, Iudícibus, Martins e Gelbcke*

Além disso, o ágio fundamentado em rentabilidade futura (*goodwill*) proveniente de combinações entre entidades sob controle comum era eliminado nas demonstrações consolidadas da controladora final, tornando inconsistente o reconhecimento desse tipo de ágio gerado internamente (na ótica do grupo econômico, não houve geração de riqueza).

Atualmente, o art. 36 da Lei nº 10.637/2002 foi revogado pela Lei nº 11.196/2005 (art. 133, inciso III), bem como, com a entrada em vigor do CPC 15 (R1), para fins de publicação de demonstrações contábeis, não é mais possível reconhecer contabilmente um ágio gerado internamente em combinações de negócio envolvendo entidades sob controle comum.

23.6.2 A questão trazida pela CVM que não é de natureza tributária

Suponha-se uma controladora M que tenha investimento na controlada F, adquirido com *goodwill*. Se for decidido que a controlada F incorporará a controladora M, tudo se processará como no já visto caso da incorporação normal: só que quem agora elimina todas as suas contas é a controladora, contra INCORPORAÇÃO, zerando tudo e fazendo desaparecer as contas e a empresa.

A controlada F, no entanto, terá que também proceder como já visto: receber todos os ativos e todos os passivos de sua controladora M, incluindo seu Patrimônio Líquido. Receberá também a conta de Investimento, que agora passa a ser nela mesma. Ora, irá fazer a eliminação dessa conta de investimentos da seguinte forma: (a) a parte relativa à equivalência patrimonial será anulada contra o Patrimônio Líquido recebido; (b) mas a parte relativa à mais-valia (suponhamos existente) que M tinha com relação a ativos de F será adicionada aos ativos de F; (c) e a parte do *goodwill* será mantida no ativo de F.

Com isso, existirão aumentos do Patrimônio Líquido de F pela soma de: (a) saldo líquido entre ativos diversos e passivos diversos recebidos; (b) mais-valia dos ativos de F pagos por M; (c) *goodwill* recebido. Como esses valores de Patrimônio Líquido aumentado vêm da Cia. M, controladora, beneficiam os sócios de M. Ou seja, estes deixam de ter participação em M, que desaparece, e passam a deter participação diretamente em F. E esse aumento de Patrimônio Líquido todo em F pode ser utilizado como aumento de capital de F, sendo as ações entregues aos antigos sócios de M.

Até aqui tudo bem, dentro das regras normais. Ocorre que o *goodwill* era, antes das normas internacionais, amortizado contábil e fiscalmente, o que fazia com que o lucro de F sofresse o efeito dessa amortização para definição dos dividendos de F, mas se beneficiava pelo tributo economizado pela amortização do *goodwill*. Veja-se que os minoritários (não controladores) de F passavam, de qualquer

forma, a ter menos resultado líquido do que teriam caso não houvesse a incorporação de M por F, por causa dessa amortização. Obviamente, muito problema no mercado.

E a CVM, para resolver esse problema, deliberou que o *goodwill* trazido de M para F não pudesse ser mantido no Balanço de F, permitindo apenas como ativo em F o benefício fiscal que F teria por pagar menos tributos pela amortização fiscal. E, para isso, determinou que, após a incorporação, se efetuasse uma redução do *goodwill* mediante um ajuste em conta retificadora lançado diretamente contra o Patrimônio Líquido como redutor das reservas, ficando no ativo de F, como saldo líquido, não mais o *goodwill*, mas o direito fiscal sob o nome de Tributo Diferido. Com isso, os minoritários de F não sofreriam prejuízo por essa incorporação. E mais, o valor que poderia ser capitalizado em F em prol dos sócios de M seria só esse mesmo saldo líquido, e ainda permitia isso apenas após o efetivo aproveitamento fiscal.

Para melhor se entender, suponhamos os seguintes Balanços de M (verificar que ela só tem o investimento em F como ativo) e de F e, após a incorporação de M por F (incorporação reversa), o Balanço somado que apareceria em F antes dos ajustes necessários:

Balanços

	Cia. M	Cia. F	Soma
Ativos Diversos		R$ 8.000	R$ 8.000
Invest. em F	R$ 6.000		R$ 6.000
Equivalência Pat.	R$ 3.500		R$ 3.500
Mais Valia Ativos	R$ 700		R$ 700
Goodwill	R$ 1.800		R$ 1.800
Ativo Total	R$ 6.000	R$ 8.000	R$ 14.000
Passivos Diversos		R$ 3.000	R$ 3.000
Capital	R$ 5.000	R$ 2.500	R$ 2.500
Reservas	R$ 1.000	R$ 2.500	R$ 8.500
Pat. Líquido	R$ 6.000	R$ 5.000	R$ 11.000
Pas. + PL	R$ 6.000	R$ 8.000	R$ 14.000

Esses valores da coluna "Soma" seriam o Balanço de F após incorporação caso o investimento de M não fosse em F e sim em outra empresa. Só não alteramos ainda o capital de F, já que esse é um ponto a ser tratado logo a seguir. Assim, jogamos o PL de M de R$ 6.000, por enquanto, como acréscimo das reservas de F. Por isso, o capital se mantém em R$ 2.500, e as reservas que, somadas, dariam R$ 3.500 aparecem por R$ 8.500 por comportarem, por enquanto, o valor do PL de M.

Cap. 23 · Combinação de Negócios, Fusão, Incorporação e Cisão | **515**

Note-se que, de qualquer forma, o Patrimônio Líquido de F (R$ 11.000), por enquanto, é a soma do seu com o de M, só que isso obviamente não está correto, porque temos que eliminar a relação de uma em outra, que é o saldo da equivalência patrimonial de M em F (R$ 3.500, no caso). E há também que se transferir a mais-valia dos ativos de F paga por M como acréscimo de custo dos ativos de F (R$ 700). Pegando o quadro anterior e adicionando as duas novas colunas, temos o conteúdo apresentado no Quadro 23.2.

O Balanço de F, agora, está dentro totalmente das regras que chamaríamos de internacionais. E o Patrimônio Líquido de F terá inicialmente crescido de R$ 5.000 para R$ 11.000, mas, ajustado pelos R$ 3.500 de equivalência, chega aos R$ 7.500. Faltaria apenas aumentar o capital de F para entregar as ações aos antigos sócios de M em lugar das ações que tinham em M.

Só que o *goodwill* de R$ 1.800 está no Balanço de F, e sua baixa prejudicará os minoritários de F. Assim, a CVM determinou, pela Instrução 319, no trecho que ainda está em vigor, um ajuste que não consta nas normas internacionais. Manda que o valor desse *goodwill* seja baixado até o valor do que efetivamente é um genuíno ativo novo na F após a incorporação, que é o direito de abater tributos no futuro pela dedutibilidade fiscal desse *goodwill* (supondo que as demais formalidades fiscais tenham sido atendidas). Admitindo-se que os tributos sejam de 30% sobre o lucro, então a determinação é para que se tire 70% desse *goodwill* no Balanço mediante redução no seu saldo, via conta redutora, contra uma conta redutora das reservas no mesmo montante, diretamente, sem qualquer trânsito pelo

resultado. Teremos então, na penúltima coluna os dados do Quadro 23.3.

Agora, vemos que o Patrimônio Líquido de F aumentou, desde antes da incorporação, de R$ 5.000 para R$ 6.240. Essa diferença de R$ 1.240 corresponde à soma da mais-valia recebida de R$ 700 mais 30% do *goodwill* baixado (30% × R$ 1.800 = R$ 540). Assim, o máximo de aumento de capital que poderá ocorrer agora será R$ 700 da mais-valia, porque os R$ 540 só poderão ser capitalizados conforme o Tributo Diferido de mesmo valor no ativo for sendo de fato utilizado por F para pagar menos tributos sobre o lucro. E o interessante é que, para fins fiscais, continua valendo o valor original do *goodwill* de R$ 1.800.

Facilitamos aqui o exemplo admitindo que a Cia. M não teria nenhum outro ativo nem passivo. Se tivesse, essa diferença entre ativos diversos menos passivos diversos de M também aumentaria o Patrimônio Líquido de F.

Claro que é possível discutir essa contabilização criada pela CVM, já que fora das normas internacionais de contabilidade, mas, por outro lado, a extinção da possibilidade de amortizar contabilmente o *goodwill* faz com que o risco dos minoritários de verem seu lucro e dividendos diminuídos se dá apenas quando de *impairment* desse ativo. Por outro lado, os benefícios fiscais da amortização para fins de tributação desse *goodwill* podem ocorrer normalmente (em cinco anos, como habitualmente ocorre). Mas é importante ressaltar que a CVM permite o não ajuste mostrado no *goodwill* se ficar caracterizado que não haverá prejuízo aos minoritários da controlada incorporadora.

Quadro 23.2

Balanços

	Cia. M	Cia. F	Soma	Eliminação Equival. Pat. (+) Aj. Mais-Valia	Cia. F Após Incorp.
Ativos Diversos		R$ 8.000	R$ 8.000	**R$ 700**	R$ 8.700
Invest. em F	R$ 6.000		R$ 6.000		
Equivalência Pat.	R$ 3.500		R$ 3.500	**−R$ 3.500**	
Mais-valia Ativos	R$ 700		R$ 700	**−R$ 700**	
Goodwill	R$ 1.800		R$ 1.800		R$ 1.800
Ativo Total	R$ 6.000	R$ 8.000	R$ 14.000	−R$ 3.500	R$ 10.500
Passivos Diversos		R$ 3.000	R$ 3.000		R$ 3.000
Capital	R$ 5.000	R$ 2.500	R$ 2.500		R$ 2.500
Reservas	R$ 1.000	R$ 2.500	R$ 8.500	**−R$ 3.500**	R$ 5.000
Pat. Líquido	R$ 6.000	R$ 5.000	R$ 11.000		R$ 7.500
Pas. + PL	R$ 6.000	R$ 8.000	R$ 14.000	−R$ 3.500	R$ 10.500

Quadro 23.3

Balanços (em R$)

	Cia. M	Cia. F	Soma	Eliminação Equival. Pat. (+) Aj. Mais-Valia	Cia. F Após Incorp.	AJUSTE DA CVM	Cia. F Após Aj. CVM
Ativos Diversos		8.000	8.000	700	8.700		8.700
Invest. em F	6.000		6.000				
Equivalência Pat.	3.500		3.500	−3.500			
Mais-valia Ativos	700		700	− 700			
Goodwill	1.800		1.800		1.800	−1.260	540
Ativo Total	6.000	8.000	14.000	−3.500	10.500	−1.260	9.240
Passivos Diversos		3.000	3.000		3.000		3.000
Capital	5.000	2.500	2.500		2.500		2.500
Reservas	1.000	2.500	8.500	−3.500	5.000	−1.260	3.740
Pat. Líquido	6.000	5.000	11.000		7.500		6.240
Pas. + PL	6.000	8.000	14.000	−3.500	10.500	−1.260	9.240

23.7 Fusões, incorporações e cisões

As formas a seguir comentadas de modificação das sociedades (incorporação, fusão e cisão) são situações simples que podem levar a uma alteração na estrutura da sociedade ou de um grupo de empresas. Entretanto, podem existir operações complexas envolvendo diversas entidades e um processo de modificação envolvendo várias fases.

Adicionalmente, vale lembrar que, de acordo com o § 3º do art. 226 da Lei nº 6.404/1976, cabe à CVM estabelecer normas especiais de avaliação e contabilização aplicáveis às operações de fusão, incorporação e cisão que envolvam companhia aberta.

É importante ressaltar: os processos de fusão, cisão ou incorporação não significam, em si, combinação de negócios; por exemplo, uma controladora constituiu uma controlada e, após certo tempo, resolve incorporar essa controlada, tornando-se no conjunto uma única pessoa jurídica. Mudança jurídica, mas nem sombra de qualquer transação que possa lembrar combinação de negócios. Por outro lado, uma empresa pode negociar e incorporar outra, que não era do seu grupo econômico, emitindo, por exemplo, ações próprias em prol dos vendedores. Nesse caso, há, concomitantemente, a instituição jurídica da incorporação e a figura da combinação de negócios. Ocorre comumente, também, uma combinação de negócios seguida, logo após ou muito tempo após, de algum processo de incorporação.

Ou, ainda, duas empresas do mesmo grupo promovem sua fusão ou uma delas promove uma cisão, mas tudo dentro do mesmo grupo econômico. Transações jurídicas, mas não de negócios. Mas, se uma empresa promove uma cisão e um minoritário na cindida fica como controlador da empresa criada na cisão, temos também a presença concomitante do processo jurídico e da combinação de negócios, e assim por diante.

Neste capítulo, tratamos exclusivamente dos aspectos legais e contábeis de fusão, incorporação e cisão, sem qualquer discussão sobre combinação de negócios. Ou seja, se houver ao mesmo tempo, por exemplo, uma fusão e uma combinação de negócios, aqui tratamos de como se contabiliza o processo de fusão; a adquirente já terá feito todos os registros contábeis relativos à combinação de negócios.

23.7.1 Incorporação

"É a operação pela qual uma ou mais sociedades são absorvidas por outra, que lhe sucede em todos os direitos e obrigações" (art. 227 da Lei nº 6.404/1976).

Ou seja, uma empresa absorve todo o patrimônio de outra, trazendo seus ativos e passivos para dentro do patrimônio da incorporadora, desaparecendo a incorporada. Então, caso a controladora incorpore sua única controlada, em termos contábeis as novas demonstrações contábeis da incorporadora serão praticamente iguais ao que eram antes suas demonstrações consolidadas com a controlada. Apenas no Patrimônio Líquido individual haverá mudança, porque os que eram não controladores passam agora a participar no capital social da incorporadora, aumentando, portanto, o Patrimônio Líquido da incorporadora.

Do ponto de vista contábil, o processo de incorporação se dá da seguinte forma:

- A empresa incorporada abre uma conta que pode ter o título de INCORPORAÇÃO, e contra ela joga todos os saldos de contas do Ativo, do Passivo e do Patrimônio Líquido; o mesmo com as contas de Resultado do Período até então. Com isso, todas as contas de Balanço e resultado estarão zeradas e a própria conta de INCORPORAÇÃO também.

Exemplo

Em 31-12-X1, a sociedade A incorporou a sociedade B. Seus Balanços, representados por grupo de contas, são os seguintes:

	A	B
Ativo		
Circulante	18.000	5.000
Não Circulante	62.000	16.000
	80.000	21.000
Passivo	8.000	4.000
Circulante	5.000	3.000
Não Circulante	67.000	14.000
Patrimônio Líquido	80.000	21.000

NA SOCIEDADE B

Para se processar a incorporação, na B fazem-se os seguintes dois conjuntos de registros contábeis pela TRANSFERÊNCIA DE ATIVOS E PASSIVOS PARA A SOCIEDADE "A" (INCORPORADORA):

	Débito	Crédito
Conta de incorporação	$ 21.000	
a Ativos Circulantes		$ 5.000
a Ativos Não Circulantes		$ 16.000
Passivos Circulantes	$ 4.000	
Passivos Não Circulantes	$ 3.000	
Patrimônio Líquido	$ 14.0000	$ 21.000
a Conta de Incorporação		

Como verificamos, cria-se uma conta transitória de Incorporação que receberá as contrapartidas dos saldos das contas ativas e passivas transferidas à sociedade A. Nesse momento, todas as contas da sociedade estarão zeradas, inclusive a de Incorporação. E desaparece a empresa B. No caso escrevemos, por exemplo: ATIVOS CIRCULANTES; na verdade, creditam-se todas as contas constantes dos ativos circulantes, individualmente (Caixa, Estoques etc., e assim também com os demais grupos apresentados (incluindo as de Capital Social, Reservas etc.).

NA SOCIEDADE A

Lançamentos contábeis na incorporadora PELO RECEBIMENTO DOS ATIVOS E PASSIVOS DA SOCIEDADE "B" (INCORPORADA):

	Débito	Crédito
Ativos Circulantes	$ 5.000	
Ativos Não Circulantes	$ 16.000	
a Conta de Incorporação		$ 21.000
Conta de Incorporação	$ 21.000	
a Passivos Circulantes		$ 4.000
a Passivos Não Circulantes		$ 3.000
a Patrimônio Líquido		$ 14.000

Ao final, teríamos o seguinte Balanço na empresa "A", imediatamente após a incorporação de "B", que agora não mais existe:

Ativo	
Circulante	23.000
Não Circulante	78.000
	101.000
Passivo	
Circulante	12.000
Não Circulante	8.000
Patrimônio Líquido	81.000
	101.000

Após esses registros, verificam-se as possíveis existências de relação entre as partes; por exemplo, se A tinha a receber algum valor de B, estarão neste momento os dois valores no balanço de A, no Ativo e no Passivo; debita-se então o passivo e credita-se o ativo para que sejam eliminados esses valores que não podem existir dentro da mesma pessoa jurídica. Se A tiver investimento em B, também se elimina esse investimento contra o Patrimônio Líquido de B incorporado. E se nesse investimento existir, por exemplo, registro de mais-valia sobre ativos da incorporada, esses valores são contabilizados como ajustes ao custo desses ativos. E a parte do investimento correspondente ao *goodwill* será transferido para o ativo intangível com essa denominação.

A empresa B terá que, imediatamente antes desses lançamentos, haver zerado suas receitas e despesas e apurado seu resultado (inclusive para fins de tributação). Assim, não haverá receitas e despesas da incorporada no balanço da incorporadora. Se forem controladora e controlada, e se existirem ativos negociados entre si e ainda permanecendo no ativo da adquirente, há que se ajustar esses ativos contra a equivalência patrimonial, que já deverá ter considerado o lucro não realizado.

23.7.2 Fusão

"É a operação pela qual se unem duas ou mais sociedades para formar sociedade nova, que lhes sucederá em todos os direitos e obrigações" (art. 228 da Lei nº 6.404/1976).

Nesse caso, duas empresas se juntam, vertendo seus ativos e passivos para a constituição de uma terceira, desaparecendo as duas anteriores.

Valem os comentários feitos na seção anterior, no caso de incorporação, com as seguintes diferenças: (a) as duas empresas fazem, primeiro, o encerramento de suas receitas e despesas, e depois fazem os lançamentos de eliminação de suas contas de Ativo, Passivo e Patrimônio Líquido contra a conta de FUSÃO, e ambas as empresas desaparecem. Quem reconhece os ativos e passivos recebidos é a nova empresa criada. E a pessoa jurídica nova resultante da fusão tem nesse balanço o inicial de sua vida.

23.7.3 Cisão

"É a operação pela qual a companhia transfere parcelas do seu patrimônio para uma ou mais sociedades, constituídas para esse fim, ou já existentes, extinguindo-se a companhia cindida, se houver versão de todo o seu patrimônio, e dividindo-se o seu capital, se parcial a versão" (art. 229, Lei nº 6.404/1976).

Nessa situação, parcelas dos ativos e/ou dos passivos de uma empresa são transferidas para outra(s) empresa(s), criada(s) para essa finalidade ou já existente(s). Caso todos os ativos líquidos sejam vertidos para outras empresas, a entidade cindida será extinta.

Aqui cabe lembrar, o que vale para os casos anteriores também, que operações de reorganização societária que envolvam uma cisão podem culminar na aplicação do CPC 15 (R1), mas na perspectiva de uma entidade que venha a adquirir a parte cindida, desde que essa parte se constitua em um negócio, como já comentado.

No caso da cisão, a empresa cindida cria a conta de FUSÃO e contra ela joga apenas as contas de Ativo, Passivo e Patrimônio Líquido a serem transferidos (nada impede que sejam todos). E a empresa que recebe esses ativos, passivos e Patrimônio Líquido procede como no caso de uma incorporadora, se já existisse antes, ou como a resultante de fusão se criada agora.

23.7.4 Transformação

"A transformação é a operação pela qual a sociedade passa, independentemente de dissolução e liquidação, de um tipo para outro" (art. 220 da Lei nº 6.404/1976).

Esse é o caso, por exemplo, de uma sociedade anônima ser transformada em uma sociedade limitada, desde que assim deliberado pelo voto de acionistas. Entretanto, como previsto na lei, a transformação requer o consentimento unânime dos sócios ou acionistas, salvo se prevista no estatuto ou no contrato social, caso em que o sócio dissidente terá o direito de retirar-se da sociedade.

A lei ainda prescreve que a transformação obedecerá aos preceitos que regulam a constituição e o registro do tipo a ser adotado pela sociedade (empresa de responsabilidade limitada ou outro).

23.7.5 Formalidades que antecedem a cisão, a fusão e a incorporação

A incorporação, a fusão e a cisão podem ser operadas entre sociedades de tipos iguais ou diferentes, mas, de acordo com o art. 223 da Lei nº 6.404/1976, a operação deve ser deliberada em conformidade com as disposições previstas para tal nos respectivos estatutos ou contratos sociais das empresas envolvidas.

Dentre as formalidades fiscais necessárias, vale observar que a Instrução Normativa SRF nº 303/2003 exige que a DIPJ, a Dirf e a DCTF relativas à cisão, à fusão ou à incorporação sejam entregues até o último dia útil do mês subsequente à data da operação.

Antes de se efetivar um processo de incorporação, fusão ou cisão, requer-se uma série de medidas preliminares de caráter legal e fiscal que, por serem dessa natureza, não serão aqui detalhadas. Mas chamamos a atenção para elas, e estão contempladas na Lei das S.A. e nas leis tributárias. Lembrar também que há regras especiais para o caso de determinadas instituições subordinadas a certos órgãos reguladores (como é o caso das instituições reguladas pelo Bacen, pela Susep, pela Aneel etc.).

23.8 Tratamento para as pequenas e médias empresas

Os conceitos abordados neste capítulo também são aplicáveis às entidades de pequeno e médio portes. Para mais detalhamento, consulte o Pronunciamento Técnico PME – Contabilidade para Pequenas e Médias Empresas.

24

Notas Explicativas – OCPC 07

24.1 Aspectos introdutórios

Um dos grandes desafios da Contabilidade, relativamente à evidenciação, tem sido o dimensionamento da quantidade e, principalmente, da qualidade de informações que atendam às necessidades dos usuários das demonstrações contábeis, principalmente os externos, em determinado momento.

Como parte do esforço desenvolvido nesse campo, surgiram as notas explicativas, que são informações complementares às demonstrações contábeis, representando parte integrante delas. Podem estar expressas tanto na forma descritiva como na forma de quadros analíticos, ou mesmo englobar **outras demonstrações contábeis** que forem necessárias ao melhor e mais completo esclarecimento dos resultados e da situação financeira da empresa, tais como: balanço social, relato integrado, demonstrações contábeis em moeda constante. As notas podem ser usadas para descrever práticas contábeis utilizadas pela companhia, para explicações adicionais sobre determinadas contas ou operações específicas e, ainda, para composição e detalhes de certas contas. A utilização de notas para dar composição de contas auxilia também a estética do balanço, facilitando a visualização rápida do que é mais relevante. Por exemplo, pode fazer constar dele determinada conta por seu total, com os detalhes necessários expostos por meio de uma nota explicativa, como no caso de Estoques, Ativo Imobilizado, Investimentos, Empréstimos e Financiamentos e outras contas.

Outro aspecto a ser sempre considerado é que a menção de um erro contábil em uma nota explicativa não justifica esse erro; é interessante sua menção para esclarecimento do leitor das demonstrações contábeis; porém, o erro persiste, apesar de mencionado em uma nota explicativa. Por exemplo, efetuar-se o diferimento de uma despesa que deveria estar considerada como tal no resultado é um erro; e esse erro não é sanado simplesmente com uma nota explicativa que evidencie o fato. A nota, nesse caso, é obrigatória, mas as demonstrações continuam erradas e não se deve considerar a evidenciação como atenuante.

É de se destacar que, nos últimos anos, a busca por uma forma adequada de apresentação das notas explicativas tem sido uma constante preocupação não só no Brasil, mas também no exterior. Nesse aspecto, há que se elogiar a vanguarda que o Comitê de Pronunciamentos Contábeis (CPC) acabou assumindo: a edição da OCPC 07 – Evidenciação na Divulgação dos Relatórios Contábil-financeiros de Propósito Geral é a demonstração cabal dessa afirmação.

Essa OCPC colocou fim, ao menos no Brasil, na discussão de como abordar o assunto, afinal, como descrito na própria orientação, tudo o que precisávamos era ler com atenção aquilo que já estava descrito em diversos Pronunciamentos do CPC e na própria legislação societária. A simples leitura dessa orientação deixa absolutamente claro que o conjunto de normas atualmente existente é suficiente para abrirmos o caminho para que as notas explicativas efetivamente expliquem aquilo a que se propõem.

Ao afirmarmos que a simples leitura deixa absolutamente claro que é necessário ter-se em mente para elaborar as notas explicativas, não queremos afirmar que essa leitura tenha se transformado em boa prática. Apesar dos avanços após a Orientação, infelizmente, a prática ainda não se coaduna exatamente com o que está nela exposto.

Dois aspectos são primordiais na elaboração de uma nota: materialidade e relevância. Na normatização presente, a palavra "relevância" é utilizada para fins gerais, e materialidade para quando se trata das demonstrações contábeis propriamente ditas. Aqui, todavia, vamos tratá-las como sinônimas, como a própria OCPC 07 faz. É importante ter-se em mente que, quando se elabora uma nota, deve-se deixar de lado os aspectos "professorais", afinal uma nota não deve se transformar em uma aula, mas sim em um conjunto de informações que possam auxiliar o usuário no entendimento e na tomada de decisão.

A OCPC 07 trouxe profunda contribuição à discussão de conceitos e buscou auxiliar e estimular o diálogo entre os profissionais de contabilidade, principalmente contadores, reguladores e auditores. Destaca-se que a iniciativa de se buscar o atingimento do objetivo principal – isto é, informar apenas aquilo que é material e relevante – cabe primordialmente às empresas, enquanto aos auditores compete relevante responsabilidade de assegurar a qualidade da informação.

Conforme o item 2.11 do CPC 00 (R2), a informação "é material se sua omissão, distorção ou obscuridade puder influenciar, razoavelmente, as decisões que os principais usuários de relatórios financeiros [...]". Por sua vez, considera-se que as informações são relevantes se forem capazes de influenciar as eventuais decisões tomadas pelos usuários (item 22.6 do CPC 00 (R2)).

Diz o CPC 26 (R1): "31. A entidade não precisa fornecer uma divulgação específica, requerida por um Pronunciamento Técnico, Interpretação ou Orientação do CPC, se a informação não for material." Ou seja, algo de extremamente relevante: mesmo que um Pronunciamento diga que é necessário divulgar isso ou aquilo, deve-se sempre entender "divulgar isso ou aquilo, se relevante".

E chamamos ainda a atenção para a OCPC 07:

"Depreende-se desses dispositivos que todas as informações próprias de demonstrações contábil-financeiras de conhecimento da entidade que possam de fato influenciar investidores e credores e, apenas essas, devem ser divulgadas. A divulgação de informações irrelevantes costuma causar o mau efeito de desviar a atenção do usuário, o que contraria frontalmente o objetivo da divulgação fidedigna".

O documento também chama a atenção para o fato de que diversos desses princípios já constam da Lei das S.A. (Lei nº 6.404/1976) desde sua versão original!

Por sua importância, a seguir reproduziremos o texto integral da OCPC 07 e chamamos a atenção dos preparadores e auditores para que se faça das notas explicativas um instrumento que, efetivamente, auxilie usuários com informações materiais e relevantes. Ressaltamos que cada Pronunciamento Técnico apresenta normalmente o conjunto de notas que deve, desde que material (relevante), ser apresentado quando da divulgação das demonstrações contábeis.

É necessário ressaltar que só existe até esta edição do *Manual* a versão original dessa OCPC 07; e ela tem muitas referências a documentos da época (2014), como o CPC 00 – Estrutura Conceitual para Relatório Financeiro e o CPC 26 – Apresentação das Demonstrações Contábeis. O CPC 00, todavia, sofreu modificações, e com isso as referências a ele feitas pela OCPC 07 podem não representar a efetiva leitura *ipsis literis* atual do CPC 00 em vigência. Todavia, nada se alterou na substância do que está tratado na OCPC 07.

A leitura da OCPC 07 é praticamente suficiente para o total entendimento do que se pretende transmitir. E os comentários mais relevantes estão feitos logo atrás. Por isso, raros comentários adicionais à frente.

Por último, aqui só se cuida das notas explicativas. Mas os princípios básicos dessa divulgação são totalmente válidos para as demonstrações propriamente ditas. Ou seja, no balanço, por exemplo, os mesmos princípios precisam ser utilizados: clareza, materialidade (não inscrever valores imateriais no seu montante que também não sejam relevantes no seu significado para o leitor).

Diga-se de passagem que pesquisas mostram que no Brasil ainda temos número excessivo de itens imateriais no balanço, um pouco menos na Demonstração do Resultado e uma enormidade na Demonstração dos Fluxos de Caixa. Basta escolher dois ou três casos na prática para se notar isso.

24.2 OCPC 07 – Evidenciação na Divulgação dos Relatórios Contábil-financeiros de Propósito Geral

Apresentamos, nesta seção, alguns trechos da OCPC 07.

Sumário	Item
RAZÕES DA EMISSÃO DESTA ORIENTAÇÃO SOBRE A ELABORAÇÃO DAS NOTAS EXPLICATIVAS	IN1 – IN7
OBJETIVO	1 – 2
ALCANCE	3 – 5
EVIDENCIAÇÃO JÁ REGULAMENTADA	6 – 30
Principais diretrizes gerais contidas no Pronunciamento Conceitual Básico	6-19
Principais diretrizes gerais contidas no Pronunciamento Técnico CPC 26	20 – 28
Principais diretrizes gerais contidas na Lei das Sociedades por Ações	29 – 30
DIRETRIZES ADICIONAIS	31 – 39

Razões da emissão desta Orientação sobre a elaboração das notas explicativas

IN1. O volume de informações contido na divulgação dos relatórios contábil-financeiros de propósito geral tem provocado grandes questionamentos pelos agentes do mercado em relação à extensão do material apresentado. Muitos agentes têm notado a existência de informações irrelevantes, ao mesmo tempo em que se comentam faltas de informações relevantes.

IN2. A reprodução de informações muitas vezes dadas como desnecessárias estaria trazendo como consequência o aumento do custo da elaboração e da divulgação, o que também é foco de reclamações dos diversos agentes do mercado, desde os preparadores dos relatórios contábil-financeiros até os analistas, passando pelos conselheiros das companhias.

IN3. A apresentação das demonstrações contábeis, segundo muitos, parece adotar a técnica de *checklist* nas divulgações requeridas pelos Pronunciamentos, Interpretações e Orientações do Comitê de Pronunciamentos Contábeis – CPC, não sendo observados, muitas vezes, os critérios de **relevância**. Vem sendo afirmado, inclusive, que o excesso de informações dificulta a adequada tomada de decisão por parte dos usuários das demonstrações contábeis.

IN4. Pelo que se tem conhecimento, essa não é uma situação tipicamente brasileira. Está havendo forte movimento mundial no sentido de se chegar a caminhos que tragam para as demonstrações contábeis apenas as informações que realmente interessam aos usuários no sentido de orientar as suas decisões sobre uma entidade. Tanto que discussões e documentos recentes têm surgido a respeito, como, por exemplo:

- O European Financial Reporting Advisory Group (EFRAG), que recomenda à União Europeia a adoção ou não dos documentos emitidos pelo IASB (IFRSs), emitiu em 2012 o documento: *Towards a Disclosure Framework for the Notes*, discutindo e coletando opiniões especificamente sobre a divulgação das notas explicativas. Como conclusão, propõe a elaboração de Estrutura Conceitual específica para a apresentação dessas notas.

- O *Accounting Standards Advisory Forum* (ASAF), do próprio *International Accounting Standards Board* (IASB), em sua reunião de setembro de 2013, discutiu intensamente o problema e deliberou propor ao *board* do IASB ações na direção de disciplinar as diretrizes gerais sobre divulgação e notas explicativas.

- O IASB divulgou o documento *Discussion Forum – Financial Reporting Disclosure*, em maio de 2013, reportando várias manifestações de usuários, preparadores e auditores a respeito de dificuldades relativas à qualidade das notas explicativas e recentemente criou um grupo para discutir exatamente *Disclosure Initiative*.

- O FASB, em março de 2014, numa ação concreta, emitiu, para discussão, o *Proposed Statement of Financial Accounting Concepts* intitulado *Conceptual Framework for Financial Reporting, Chapter 8: Notes to Financial Statements* (41 páginas), como estrutura conceitual para a emissão das notas explicativas.

- O IASB, também em março de 2014 e também numa ação concreta, divulgou o *staff paper* sobre o projeto *Disclosure Iniciative* sobre *Materiality*, e o *exposure draft ED/2014/1 Disclosure Initiative – proposed amendments to IAS 1*, com o objetivo de introduzir modificações no IAS 1, Pronunciamento Técnico CPC 26 – Apresentação das Demonstrações Contábeis, resultado de uma série de projetos de curto e médio prazos que visam melhorar os princípios de apresentação e divulgação por meio do uso de julgamento e do conceito de materialidade por parte das entidades.

Nossos comentários: em 2014, o CPC deliberou emitir a OCPC 07 exatamente porque sabia que no IASB esse assunto muito duraria. Tanto que até hoje (2021) não saiu norma específica como esta Orientação. Está em gestação, atualmente, no IASB documento sobre melhor comunicação nas demonstrações contábeis e materialidade, mas ainda nada de concreto.

522 | MANUAL DE CONTABILIDADE SOCIETÁRIA • *Santos, Iudícibus, Martins e Gelbcke*

Voltando à OCPC 07:

IN5. Este CPC decidiu, então, efetuar alguns levantamentos e concluiu que já existem diretrizes sobre a evidenciação, especialmente nas notas explicativas, em diversos Pronunciamentos, Interpretações e Orientações, principalmente no Pronunciamento Conceitual Básico – Estrutura Conceitual para Elaboração e Divulgação de Relatório Contábil-Financeiro e no Pronunciamento Técnico CPC 26, bem como na própria Lei das Sociedades por Ações (6.404/76) e em documentos de diversos órgãos reguladores.

IN6. E concluiu também que há possibilidade de emissão de algumas orientações sobre essa evidenciação.

IN7. Após analisar essa situação e considerando que possa levar certo tempo até que o IASB conclua os projetos em andamento relacionados a esse tema e efetue as modificações que podem acelerar esse processo, este Comitê deliberou considerar a emissão desta Orientação a fim de esclarecer e reforçar que, nas demonstrações contábeis e nas respectivas notas explicativas, sejam divulgadas informações relevantes (e apenas elas) que de fato auxiliem os usuários, considerando as normatizações já existentes, sem que os requerimentos mínimos existentes em cada Pronunciamento Contábil emitido por este CPC deixem de ser atendidos."

Objetivo

1. O objetivo desta Orientação é tratar dos requisitos básicos de elaboração e evidenciação a serem observados quando da divulgação dos relatórios contábil-financeiros de propósito geral.

2. Esta Orientação está tratando, especificamente, da evidenciação das informações próprias das demonstrações contábil-financeiras anuais e intermediárias, em especial das contidas nas notas explicativas.

Alcance

3. Esta Orientação trata essencialmente de questões de divulgação, não alcançando questões de reconhecimento e de mensuração.

4. Ela consolida exigências já existentes em Pronunciamentos, em Interpretações e em outras Orientações deste Comitê, bem como na Lei, sem alterar tais exigências.

5. Para fins desta Orientação, utiliza-se sempre a palavra **relevância** lembrando que esse conceito abrange o da **materialidade** e o da palavra **significativa**. E utiliza-se a expressão **políticas contábeis**, que também abrange **práticas e critérios contábeis**.

Evidenciação já regulamentada

Principais diretrizes gerais contidas no Pronunciamento Conceitual Básico

6. O objetivo do relatório contábil-financeiro de propósito geral, conforme já estabelecido no item OB2 do Pronunciamento Conceitual Básico – Estrutura Conceitual para Elaboração e Divulgação de Relatório Contábil-Financeiro, "é fornecer informações contábil-financeiras acerca da entidade que reporta essa informação **que sejam úteis a investidores** existentes e em potencial, a credores por empréstimos e a outros **credores, quando da tomada de decisão ligada ao fornecimento de recursos para a entidade.**" (grifos adicionados, abreviadamente: s.a.)

> **Nossos comentários**: apenas a título de exemplo, veja-se o que o CPC 00 fala sobre objetivo das demonstrações contábeis em item de número diferente; e note-se que a essência é exatamente a mesma da redação de 2014:
> 1.2 O objetivo do relatório financeiro para fins gerais[1] é fornecer informações financeiras sobre a entidade que reporta que sejam úteis para investidores, credores por empréstimos e outros credores, existentes e potenciais, na tomada de decisões referente à oferta de recursos à entidade.[2] Essas decisões envolvem decisões sobre:
> (a) comprar, vender ou manter instrumento de patrimônio e de dívida; (b) conceder ou liquidar empréstimos ou outras formas de crédito; ou (c) exercer direitos de votar ou de outro modo influenciar os atos da administração que afetam o uso dos recursos econômicos da entidade.

Voltando à OCPC 07:

7. Informações úteis são aquelas revestidas das características qualitativas fundamentais do relatório contábil-financeiro. Essas características, conforme esse mesmo Pronunciamento Conceitual Básico, item QC5, são "**relevância** e **representação fidedigna**". (s.a.)

8. O item QC6 dessa Estrutura Conceitual define: "Informação contábil-financeira relevante é aquela capaz de **fazer diferença nas decisões** que possam ser tomadas pelos usuários." (s.a.)

9. E o QC11 reforça: "A informação é **material se a sua omissão ou sua divulgação distorcida puder influenciar decisões** que os usuários tomam com base na informação contábil-financeira acerca de entidade específica que reporta a informação." (s.a.)

10. Depreende-se desses dispositivos que **todas** as informações próprias de demonstrações contábil-financeiras de conhecimento da entidade que possam de fato influenciar investidores e credores e, **apenas essas**, devem ser divulgadas. A divulgação de informações irrelevantes costuma causar o mau efeito de desviar

---

[1] Ao longo da Estrutura Conceitual, as expressões "relatórios financeiros" ("*financial reports*") e "relatório financeiro" ("*financial reporting*") referem-se a relatórios financeiros e relatório financeiro para fins gerais, salvo se especificamente indicado de outro modo.

[2] Ao longo da Estrutura Conceitual, o termo "entidade" refere-se à entidade que reporta, salvo se especificamente indicado de outro modo.

a atenção do usuário, o que contraria frontalmente o objetivo da divulgação fidedigna.

11. O item QC12 afirma, abordando a demonstração contábil (que inclui as notas explicativas): "para ser representação perfeitamente fidedigna, a realidade retratada precisa ter três atributos. Ela tem que ser completa, neutra e livre de erro". (s.a.)

12. Esse item evidencia a responsabilidade do preparador com relação à completude da informação, à obrigatoriedade de que a informação e os comentários relativos a ela sejam neutros, o que inclui a qualificação e a adjetivação, e o zelo para a inexistência de erros.

13. Cita o QC4: "Se a informação contábil-financeira é para ser útil, ela precisa ser relevante e representar com fidedignidade o que se propõe a representar. A utilidade da informação contábil-financeira é melhorada se ela for comparável, verificável, tempestiva e compreensível." (s.a.)

14. Chama-se a atenção, nesse item QC4, ao item **compreensibilidade**, que inclui a **nomenclatura** das contas nas demonstrações e a **redação** utilizada nas notas explicativas. O conhecimento mínimo exigido do usuário de demonstrações contábeis não necessariamente abrange a mesma profundidade dos especialistas, nem as mesmas terminologias por demais específicas da entidade ou do segmento econômico a que a entidade pertence. Assim, apenas quando absolutamente inevitável, deve ser utilizado linguajar técnico específico da entidade ou do setor. É conveniente considerar, neste caso, a apresentação de glossário completo e conciso junto com as demonstrações.

15. A **relevância**, conforme a Estrutura Conceitual, é baseada na **natureza** ou na **magnitude** da informação, ou em ambas. Consequentemente, não se pode *a priori* especificar um limite quantitativo uniforme para relevância ou predeterminar o que seria julgado relevante para uma situação particular. Em razão disso, o julgamento sobre a relevância da informação será, praticamente, caso a caso. Diz o item QC11: "a materialidade é um aspecto de relevância específico da entidade baseado na **natureza** ou na **magnitude**, ou em **ambos**, dos itens para os quais a informação está relacionada no contexto do relatório contábil-financeiro de uma entidade em particular". (s.a.)

16. Assim, normalmente os números significativos para o porte da entidade são materiais/relevantes por sua influência potencial nas decisões dos usuários, mas determinados valores, **mesmo que pequenos** em termos absolutos ou percentuais, podem ser **relevantes** em função não do seu tamanho, mas de sua **natureza**. Isso significa que podem ser de interesse para decisão dos usuários pela importância da informação em ter-

mos de governabilidade, de possível impacto futuro, de informação social etc.

17. Resumindo, a Estrutura Conceitual determina que toda a informação é **relevante** e deve ser divulgada se sua omissão ou sua divulgação distorcida puder influenciar decisões que os usuários tomam como base no relatório contábil-financeiro de propósito geral da entidade específica que reporta a informação. Consequentemente, se não tiver essa característica, a informação não é relevante e não deve ser divulgada. Além disso, a informação quando for relevante, deve ser completa, neutra, livre de erro, comparável, verificável, tempestiva e compreensível.

18. Esse conjunto citado nos itens anteriores evidencia que o foco a ser considerado na elaboração e na análise das demonstrações contábeis é o da *relevância* das informações necessárias ao processo decisório de investidores e credores.

19. Consequentemente, não podem faltar nas demonstrações contábeis as informações relevantes de que a entidade tenha conhecimento, bem como não devem ser divulgadas informações que não sejam relevantes.

Principais diretrizes gerais contidas no Pronunciamento Técnico CPC 26

20. O Pronunciamento Técnico CPC 26 – Apresentação das Demonstrações Contábeis determina, em seus itens 29 a 31, que:

29. "A entidade deve apresentar **separadamente** nas demonstrações contábeis cada classe **material** de itens semelhantes. A entidade deve apresentar separadamente os itens de natureza ou função distinta, **a menos que sejam imateriais.**" (s.a.)

30. "Se um item não for individualmente material, deve ser agregado a outros itens, seja nas demonstrações contábeis, seja nas notas explicativas." Mas observado que "um item pode não ser suficientemente material para justificar a sua apresentação individualizada nas demonstrações contábeis, mas pode ser suficientemente material para ser apresentado de forma individualizada nas notas explicativas."

31. "A entidade não precisa fornecer uma divulgação **específica**, **requerida** por um Pronunciamento Técnico, Interpretação ou Orientação do CPC, **se a informação não for material.**" (s.a.)

21. Esses três itens, resumidamente, levam à conclusão de que a evidenciação, tanto nas demonstrações, quanto nas notas explicativas, deve ser de informações relativas a itens agrupados pela semelhança (não igualdade) em sua natureza e na sua função. **Todavia, se irrelevantes, podem ficar inseridos em outros grupos para fins de apresentação.**

524 | MANUAL DE CONTABILIDADE SOCIETÁRIA • *Santos, Iudícibus, Martins e Gelbcke*

22. E outra conclusão fundamental: qualquer informação específica requisitada por qualquer Pronunciamento, Interpretação ou Orientação que não seja relevante não deve ser divulgada, inclusive para não desviar a atenção do usuário, com exceção da que for requerida expressamente por órgão regulador.

23. O item 113 do mesmo Pronunciamento determina que "as notas explicativas devem ser apresentadas, tanto quanto seja praticável, de forma sistemática. Cada item das demonstrações contábeis deve ter referência cruzada com a respectiva informação apresentada nas notas explicativas."

24. Já o item 114 afirma que "as notas explicativas são normalmente apresentadas" numa determinada ordem que explicita (declaração de conformidade, resumo das políticas contábeis, informações suporte, etc.), **mas não obriga que seja essa a ordem a ser utilizada**.

25. Pelo contrário, o item 115 é expresso: "Em algumas circunstâncias, pode ser necessário ou desejável **alterar a ordem** de determinados itens nas notas explicativas. Por exemplo, a informação sobre variações no valor justo reconhecidas no resultado pode ser divulgada juntamente com a informação sobre vencimentos de instrumentos financeiros, embora a primeira se relacione com a demonstração do resultado e a última se relacione com o balanço patrimonial. Contudo, até onde for praticável, deve ser mantida uma estrutura sistemática das notas explicativas" (s.a.). Assim, pode a ordem ser a que a administração da entidade considerar como a mais adequada; todavia, é recomendável que haja uniformidade na forma de apresentação das informações em notas explicativas em relação a períodos precedentes visando auxiliar a comparabilidade entre as demonstrações contábeis de um período em relação a períodos anteriores.

26. O item 117 do mesmo Pronunciamento determina que: "a entidade deve divulgar no resumo de políticas contábeis significativas: (a) a base (ou bases) de mensuração utilizada(s) na elaboração das demonstrações contábeis; e (b) outras políticas contábeis utilizadas que sejam **relevantes** para a **compreensão** das demonstrações contábeis."

27. O item 116 esclarece: "As notas explicativas que proporcionam informação acerca da **base para a elaboração** das demonstrações contábeis e as **políticas contábeis específicas podem** ser apresentadas como **seção separada** das demonstrações contábeis." (s.a.)

28. Depreende-se dos itens anteriores que a entidade somente deve divulgar as **bases de elaboração** das demonstrações e suas **políticas contábeis** que sejam suas particulares, suas **específicas**. Dessa forma, as políticas contábeis que não lhe sejam aplicáveis não

requerem divulgação, assim como políticas contábeis baseadas em normas que não apresentam qualquer alternativa. Isso abrange os documentos tanto em vigor quanto aqueles que vigerão futuramente.

Principais diretrizes gerais contidas na Lei das Sociedades por Ações

29. A Lei nº 6.404/76 expressamente exige notas que esclareçam sobre a situação patrimonial e os resultados, e menciona a obrigação de apresentação das políticas contábeis que sejam específicas e que se apliquem a negócios e eventos significativos. Seu art. 176 determina:

"§ 5º As notas explicativas devem:

I – apresentar informações sobre a base de preparação das demonstrações financeiras e das práticas contábeis **específicas** selecionadas e aplicadas para negócios e eventos **significativos**;

....

IV – indicar:

a) os **principais** critérios de avaliação dos elementos patrimoniais..." (s.a.)

30. Ou seja, a Lei das S/A segue na mesma linha de exigir notas sobre bases de elaboração e sobre políticas contábeis que sejam específicas da entidade que reporta e que sejam relativas a itens relevantes. A menção a bases e políticas não específicas da entidade e referentes a itens não relevantes também pode desviar a atenção do usuário.

Sumário das principais diretrizes gerais contidas nos textos citados

O CPC salienta, então, que esses documentos citados já especificam que:

A. Todas as informações evidenciadas devem ser **relevantes** para os usuários externos. E só são relevantes **se influenciarem no processo de decisão dos investidores e credores**. Consequentemente, as não relevantes não devem ser divulgadas.

B. A relevância, por sua vez, abrange os conceitos de **magnitude** e de **natureza** da informação, olhadas sob o ponto de vista dos usuários.

C. Somente as informações **relevantes** e **específicas** à entidade devem ser evidenciadas, tanto as relativas às políticas contábeis quanto a todas as demais notas, inclusive aquelas relativas a prováveis efeitos de políticas contábeis a serem adotadas no futuro.

D. A menção, em Pronunciamentos, Interpretações e Orientações do CPC e em Lei, de exigências de divulgação deve sempre ser interpretada à luz da relevância da informação a ser divulgada, mesmo que apareçam as expressões "divulgação mínima", "no mínimo" e assemelhadas.

E. Por outro lado, nenhuma informação relevante que possa influenciar o usuário das demonstrações contábeis da entidade pode deixar de ser evidenciada, mesmo que não haja explícita menção a ela em Lei ou em documento do CPC.

F. O espírito de simples cumprimento de *check-list* não atende, absolutamente, ao necessário ao atingimento dos objetivos dos relatórios contábil-financeiros de propósito geral.

Diretrizes adicionais

31. Apesar de não especificamente mencionada nesses documentos citados, no conjunto dos Pronunciamentos, Interpretações e Orientações deste CPC está sempre presente a necessidade de ênfase às informações relativas a todos os temas que possam representar *riscos* para a entidade. Por exemplo, no Pronunciamento Técnico CPC 26, isso pode ser visto explicitamente nos itens 114, 125, 126 e 128. Consequentemente, este CPC entende que dentro do conceito de relevância deve sempre ser considerada essa característica.

32. Nas notas explicativas sobre as bases de elaboração das demonstrações contábeis e as políticas contábeis específicas da entidade não devem ser repetidos os textos dos atos normativos, mas apenas resumidos os aspectos principais relevantes e aplicáveis à entidade.

33. Podem ser feitas apenas menções aos números e nomes dos documentos deste CPC e um resumo dos aspectos principais **relevantes** e **especificamente** aplicáveis à entidade.

34. Quando da existência de escolha de uma entre duas ou mais políticas contábeis permitidas à entidade e quando de mudança de política contábil, a nota deve esclarecer detalhadamente sobre tais fatos, razões da escolha ou da mudança e consequências junto às demonstrações contábeis.

35. As notas sobre políticas contábeis podem ser inseridas juntamente com as notas relativas aos itens constantes das demonstrações contábeis a que se referem.

36. A ordem de apresentação das notas explicativas, após aquelas relativas ao contexto operacional e à declaração de conformidade, pode seguir a ordem de relevância dos assuntos tratados, obedecida sempre a exigência de referência cruzada entre as notas e os itens das demonstrações contábeis ou a outras notas a que se referem.

37. Na redação das notas não deve haver, na medida do possível, repetição de fatos, políticas e informações outras para fins de não desvio da atenção do usuário.

38. A administração da entidade deve, na nota de declaração de conformidade, afirmar que todas as informações relevantes próprias das demonstrações contábeis, e somente elas, estão sendo evidenciadas, e que correspondem às utilizadas por ela na sua gestão.

39. Na avaliação de relevância, devem ser consideradas, de maneira segregada, as informações das demonstrações individuais e as informações das demonstrações consolidadas, pois é possível que determinada informação seja relevante para um caso e não seja no outro.

Contrariando expressamente essa Orientação, quanta descrição de práticas contábeis relativas a itens imateriais consome espaço e tempo do leitor ainda hoje? Quanta repetição de textos? Quanta especificação das práticas contábeis deixa de ser exposta no item a que se refere (por que falar em práticas do Imobilizado no início das notas e não na nota sobre Imobilizado? Isso facilita muito o leitor); por vezes, até distração, quando notas de anos anteriores são repetidas, mas perderam relevância ou não mais deveriam existir; quanto descumprimento da obrigação de somente divulgar informações relevantes, e divulgar todas as relevantes; etc.

24.3 Tratamento para as pequenas e médias empresas

As exigências específicas de notas explicativas para as pequenas e médias empresas são bem menores do que para as demais sociedades, mas o que está definido na OCPC 07 também deve ser observado por elas.

Para mais detalhamento, consulte o Pronunciamento Técnico PME – Contabilidade para Pequenas e Médias Empresas.

25

Informações por Segmento e Transações com Partes Relacionadas

25.1 Introdução

Neste capítulo, são apresentados dois temas que têm, essencialmente, impactos em divulgações: Informações por Segmento e Transações com Partes Relacionadas.

25.1.1 Informações por Segmento

Antes da aprovação do CPC 22 – Informações por Segmento, havia no Brasil poucas iniciativas para a divulgação de informações por segmento. Da parte das empresas, algumas faziam esse tipo de divulgação de maneira tímida e incipiente, geralmente condicionada à emissão de ações, debêntures ou títulos no exterior. Prova disso são os prospectos fornecidos pelas empresas na emissão inicial de ações (IPO) que, em geral, possuem um nível de detalhamento bem maior do que o fornecido usualmente nas demonstrações contábeis. As empresas que possuíam ações em bolsa americana já faziam uma parte desse trabalho, uma vez que, para terem seus títulos lá negociados, precisavam emitir suas demonstrações contábeis conforme os princípios de contabilidade geralmente aceitos nos Estados Unidos (USGAAP) e, por isso, deveriam seguir a recomendação do SFAS 131 – *Disclosures about Segments of an Enterprise and Related Information*. E também havia algumas iniciativas pontuais de órgãos reguladores de setores específicos.

Visando ao alinhamento das práticas contábeis adotadas no Brasil com as normas internacionais de contabi-

lidade, foi aprovado, em 26 de junho de 2009, o CPC 22 – Informações por Segmento, seguindo o prescrito na IFRS 8. Esse pronunciamento traz diretrizes para a caracterização, agregação e divulgação de informações por segmento operacional, sendo esses dados relevantes, uma vez que possibilitam aos usuários da informação o amparo necessário às análises envolvendo operações de risco e retorno das atividades operacionais, *mix* de produtos e serviços, presença em mercados ou áreas geográficas específicas etc.

O princípio básico a nortear essa orientação é que as informações apresentadas por segmentos, em conjunto com as demonstrações contábeis, possibilitem aos usuários a melhor avaliação possível da natureza das atividades do negócio e seus respectivos efeitos financeiros, conhecendo de fato o ambiente econômico em que a empresa está inserida. Isso pode contribuir positivamente para que um investidor tenha uma opinião mais precisa quando optar por investir em determinada empresa durante um processo de abertura de capital, por exemplo. E propicia ao credor essa mesma visão, ampliando sua capacidade de avaliação de riscos. A ideia principal é que sejam propiciadas aos usuários informações com caráter gerencial, ou seja, informações utilizadas pelos gestores da empresa nas decisões cotidianas. Em outras palavras, a divulgação de informação por segmentos visa permitir que os usuários visualizem a entidade por meio dos olhos da administração.

As diretrizes apresentadas pelo CPC são obrigatórias para companhias que possuam ações ou outros instru-

25.1.2 Transações com Partes Relacionadas

As transações com partes relacionadas podem ser definidas, conforme o item 9 do CPC 05 (R1) – Divulgação sobre Partes Relacionadas, como a transferência de recursos, serviços ou obrigações entre uma entidade que reporta a informação e uma parte relacionada, independentemente de ser cobrado um preço justo ou não em contrapartida. A divulgação de informações não apenas sobre os saldos e transações entre partes relacionadas, mas também sobre o relacionamento existente entre essas partes, é de grande importância para o processo de tomada de decisão.

Entre os tomadores de decisões, dois tipos de usuários estão interessados nas informações sobre partes relacionadas: o credor e o acionista não controlador. Tais usuários podem ser significativamente afetados pela existência de operações relevantes entre partes relacionadas, principalmente em decorrência das condições estabelecidas nessas negociações. A falta de independência de determinada empresa, por exemplo, pode levar efetivamente à imposição de condições pela empresa detentora do controle.

Destaca-se que não há absolutamente qualquer vedação para a realização de transações com partes relacionadas, já que tais operações são uma característica normal dos negócios. É comum que a investidora realize parte de suas atividades por meio de suas investidas e, para tal, a investidora normalmente determina ou afeta as políticas financeiras e operacionais das investidas por meio de sua capacidade de controle, controle conjunto ou influência significativa. O importante é divulgar tais informações, para que os usuários possam avaliá-las e levá-las em consideração no processo de tomada de decisão.

Essa importância é justificada pelo fato de que o relacionamento com partes relacionadas pode ter efeito nos resultados e na posição financeira das entidades. Por exemplo, as partes relacionadas podem efetuar transações que não realizariam normalmente com partes não relacionadas, ou ainda, determinadas transações podem ser realizadas por valores diferentes daqueles envolvidos em transações com partes não relacionadas. Mesmo na ausência de transações, o simples relacionamento com partes relacionadas pode influenciar as decisões financeiras e operacionais da entidade. Por exemplo, uma controlada pode deixar de operar com determinado cliente (ou fornecedor) em função de determinações de sua controladora.

Em função disso, o conhecimento da natureza dos relacionamentos, das transações e dos saldos existentes entre partes relacionadas pode afetar as avaliações das operações da entidade por parte dos usuários das demonstrações contábeis, inclusive as avaliações de riscos e das oportunidades que se oferecem à entidade. Os aspectos relacionados com tal divulgação serão apresentados na Seção 25.3.

Cabe lembrar que tais exigências de divulgação aplicam-se igualmente às demonstrações contábeis consolidadas, separadas e individuais das empresas, inclusive nas demonstrações da controladora. Mas cabe lembrar que nas demonstrações contábeis consolidadas, as transações e os saldos entre a entidade que reporta a informação e suas controladas são eliminadas, já que tais investidas são incluídas na consolidação.

25.2 Informações por Segmento

25.2.1 Finalidade

Junto a essa postura, é necessária maior maturidade na análise das demonstrações financeiras, examinando-as em sua plenitude, procurando extrair delas toda a gama de informações que seja possível para avaliar um negócio. A sociedade, por meio dos auditores, do mercado de capitais, dos demais usuários das demonstrações contábeis e das empresas, terá grande influência nesse processo de mudanças ao incentivar a aplicação correta das novas diretrizes e demandar informação contábil de alta qualidade.

Nesse contexto, a separação por segmento torna-se importante para compreender o histórico e as tendências da companhia para períodos futuros, entender o contexto regional de um produto ou serviço, avaliar a influência de aspectos políticos, mensurar a contribuição de um cliente relevante para as receitas da empresa etc. Também se torna útil ao revelar aos investidores informações que possam ser utilizadas quando da realização de projeções sobre o desempenho da empresa, como aumento da lucratividade, limitações na capacidade de expansão, entre outros.

Outra situação relevante nesse contexto é o grande número de negócios combinados, expressos pelos grandes conglomerados econômico-financeiros. Esse tipo de empresa geralmente agrega produtos, serviços e/ou mercados distintos, tornando relevante para o usuário que as demonstrações apresentem as informações individualmente e, mais ainda, com foco gerencial. Isso torna possíveis estudos das influências do câmbio, variações nos preços de *commodities*, planejamento de importações e exportações, projeções de vendas nos mercados locais e externos, verificação da evolução da receita e potenciais geradores de caixa. Nota-se, portanto, que a divulgação de informações por segmento complementa as informações apresentadas nas demonstrações contábeis consolidadas.

Ao utilizar informações com características gerenciais, a lógica é que o usuário tenha acesso às mesmas circunstâncias vividas pelo tomador de decisão, no momento da sua avaliação, e possa, assim, decidir com mais clareza por investir ou não em determinada empresa ou grupo. Nesse

Cap. 25 · Informações por Segmento e Transações com Partes Relacionadas | **529**

contexto, informações como fluxo de caixa por segmento de negócio, *mix* de produtos e serviços, regiões geográficas abrangidas pela empresa, principais clientes, entre outras, são fundamentais para uma adequada avaliação.

25.2.2 Características

O objetivo aqui é referenciar como a entidade deve divulgar informações sobre segmentos operacionais nas demonstrações contábeis anuais, lembrando que o CPC 21 – Demonstração Intermediária exige que a entidade divulgue informações sobre seus segmentos operacionais em demonstrações intermediárias.

25.2.2.1 Conceito

O CPC 22 – Informações por Segmento descreve um segmento operacional como um componente da entidade:

a) Que desenvolve atividades de negócio das quais pode obter receitas e incorrer em despesas (incluindo transações com componentes da mesma entidade).

b) Cujos resultados operacionais são regularmente revistos pelo principal gestor das operações da entidade para a tomada de decisões sobre recursos a serem alocados ao segmento e para a avaliação do seu desempenho.

c) Para o qual haja informação financeira individualizada disponível.

Outras informações podem também ser utilizadas para caracterizar um segmento operacional, como a natureza das atividades do negócio de cada um dos componentes, a existência de gestores que respondam por essas atividades e as informações divulgadas aos principais executivos da empresa. É interessante ressaltar que os segmentos operacionais podem se referir a atividades que ainda irão gerar receitas. Também pode ocorrer de uma organização ser representada por um único segmento operacional. Quando tal fato ocorrer, deve ser informado.

Essa definição é fundamental para definir o escopo dos trabalhos e conduzir as providências que deverão ser empreendidas com vistas a adequar os sistemas e relatórios contábeis e gerenciais para fornecerem a segregação desejada. Ao definir os segmentos, é importante destacar que nem todas as áreas da empresa serão consideradas segmentos operacionais, já que existem áreas que não geram receitas ou cuja receita gerada não é frequente. Em relação a esse item, o CPC 22 destaca que os planos de benefícios pós-emprego não são considerados segmentos operacionais. Sobre o tratamento a ser dado a este item, recomenda-se a consulta do Capítulo 19 – Benefícios a Empregados e Pagamento Baseado em Ações. Também pode acontecer de ser utilizado mais de um segmento para a tomada de decisão por parte dos gestores. Quando isso

ocorrer, deve prevalecer o segmento julgado pelo próprio gestor como o mais importante para a análise. Nota-se, portanto, que a caracterização de um segmento deve ser baseada em critérios gerenciais, isto é, consistentes com os relatórios internos utilizados pela administração para tomada de decisão.

25.2.2.2 Funções relacionadas

Outro termo que surge é o de "gestor das operações", cuja função é destinar recursos e avaliar o desempenho dos segmentos operacionais da companhia. Além desse, há também o "gestor de segmento", cuja função é reportar-se ao gestor das operações sobre as atividades e os processos operacionais, os resultados financeiros, as previsões e os planos para o segmento propriamente dito. É importante destacar que essas funções não se referem a cargos específicos e podem sobrepor-se ou referir-se a mais de um segmento, dependendo da maneira como a organização trabalha tais funções, matricial ou horizontalmente.

25.2.2.3 Critérios de agregação

É possível a junção de alguns segmentos operacionais em um segmento único. Para que ocorra essa associação, é necessário observar algumas características comuns entre os segmentos, a saber:

a) Características econômicas semelhantes.

b) Similaridade no que tange à natureza dos produtos e serviços ou nos processos de produção.

c) Fruição da mesma categoria/tipo de clientes para os produtos e serviços.

d) Emprego dos mesmos métodos para distribuição dos produtos ou prestação dos serviços.

e) Semelhança em relação à natureza do ambiente regulatório.

Negociação de uma parcela significativa dos produtos ou serviços entre segmentos operacionais da mesma entidade, cuja análise pelo gestor da informação não se dê individualmente.

f) Informação não considerada relevante individualmente para os usuários das demonstrações contábeis, conforme julgarem os gestores da empresa.

g) Informações que não ultrapassam os parâmetros mínimos quantitativos estabelecidos para individualização de um segmento.

Sobre os parâmetros mínimos quantitativos citados no item *h*, o CPC 22 estabelece que, quando um segmento exceder 10% da receita acumulada entre todos os segmentos, incluindo as vendas entre os próprios segmentos, deve ser divulgado separadamente. O mesmo ocorre quando o lucro ou prejuízo apurado for superior a 10% do lucro acumulado entre os segmentos que apresentaram lucros ou 10% do prejuízo acumulado entre os segmentos que apresentaram prejuízo. A mesma regra vale ainda para os ativos, ou seja, devem ser divulgados separadamente os segmentos cujo ativo supere 10% dos ativos acumulados de todos os segmentos.

Outra determinação do Pronunciamento é que se o total de receitas externas reconhecido pelos segmentos operacionais for menor que 75% das receitas da entidade, devem ser estabelecidos novos segmentos. Todos esses critérios devem ser observados até que os segmentos considerados divulgáveis contabilizem pelo menos 75% das receitas da entidade. Os remanescentes desses critérios devem ser agregados em um item denominado "outros segmentos".

É necessário fazer algumas considerações sobre a coerência da implantação desses percentuais e o processo de convergência contábil, haja vista que esse processo pretende tornar o que é contabilizado e reportado o mais próximo possível dos eventos econômicos. Ao estabelecer percentuais fixos, tem-se a impressão de que estamos sendo remetidos aos parâmetros normativos que sempre nortearam o arcabouço contábil. A análise ficaria condicionada a essas regras, em vez de realmente espelhar o que é utilizado pelo gestor na prática. No entanto, a proposta aqui é que esses percentuais sejam utilizados apenas como referências, ou seja, orientações aos profissionais para melhor estabelecer e caracterizar o que deve compor o segmento na fase inicial de transição. A essência do CPC 22 é que o profissional exercite de fato seu poder de julgamento, o que será feito quando o gestor estabelecer as receitas e despesas (lucros), os ativos e passivos de cada segmento, já que tal determinação será realizada conforme a apreciação dos gestores. O que deve prevalecer é o princípio apresentado ao longo do pronunciamento, que, nesse caso, é a informação que tem mais utilidade do ponto de vista do gestor. Portanto, acreditamos que os testes percentuais descritos no parágrafo anterior não prejudicarão o reflexo dos eventos econômicos nas informações divulgadas.

O Apêndice A – Guia de Implementação do CPC 22 apresenta um diagrama para identificação de segmentos reportáveis, com o objetivo de auxiliar na interpretação das referidas exigências. Observe a Figura 25.1.

25.2.2.4 Comparabilidade

Para fins comparativos, o ideal é reapresentar os períodos anteriores sempre que houver alteração em relação aos segmentos divulgáveis. Mesmo assim, os itens julgados relevantes podem continuar a ser divulgados, mesmo que não sejam mais obrigatórios pelas regras supracitadas. Os dados comparativos ficam condicionados à disponibilidade da informação pela entidade e ao custo incorrido pela entidade nesse processo.

25.2.2.5 Limite de segmentos

O Pronunciamento trata também de um "limite prático" quando o número de segmentos for superior a dez; deve ser revisto se este limite já não foi alcançado (talvez não devesse passar de seis, mas os limites de percentuais discutidos na Seção 25.2.2.3 obrigam à menção desse número dez). A lógica desse limite é que, dado que as informações serão utilizadas para reduzir a incerteza sobre determinado item que está sendo analisado, o excesso de informações pode prejudicar a utilidade destas, inviabilizando ou dificultando o processo de análise. Novamente, deve-se atentar ao princípio essencial que norteia esse pronunciamento: a divulgação de informações por segmento visa permitir que os usuários avaliem a natureza e os efeitos financeiros dos principais segmentos de negócio da empresa. E não que se confundam ou fiquem perdidos no meio de dezenas ou centenas de informações.

25.2.3 Divulgação

Segundo o CPC 22 – Informações por Segmento, para cada segmento operacional identificado, as informações devem ser apresentadas por resultado (incluindo receitas e despesas relacionadas), ativos e passivos; salienta-se que não deve ser evidenciada apenas a discriminação desses itens, mas também as formas de mensuração e avaliação de cada um deles. Sobre os mesmos itens ainda é solicitada uma conciliação dos valores relevantes entre os segmentos e os valores acumulados apresentados pela empresa. Essa conciliação é necessária para todos os períodos em que o Balanço Patrimonial da entidade for apresentado. Em relação ao valor do ativo especificamente, também são requeridos os valores de investimentos em coligadas e *joint ventures*, e os valores de acréscimos no Ativo Não Circulante.

Outras informações requeridas referem-se aos produtos e serviços, áreas geográficas e clientes principais, que compõem os principais elementos pelos quais se torna importante o respectivo pronunciamento. Igualmente, é necessário que cada entidade informe quais os critérios utilizados para identificar os segmentos operacionais e os produtos/serviços dos quais a receita se origina. Outra informação solicitada é a divulgação em separado das receitas de juros, para cada segmento, exceto quando as receitas do referido segmento forem relativas a juros em sua maior parte e, com isso, o gestor se utilize de saldos líquidos para avaliação do segmento. Ainda são solicitadas:

a) Receitas provenientes de clientes externos.

b) Receitas com transações entre os segmentos da própria entidade.

c) Receitas e despesas financeiras, separadamente.

d) Depreciações e amortizações.

Cap. 25 · Informações por Segmento e Transações com Partes Relacionadas | 531

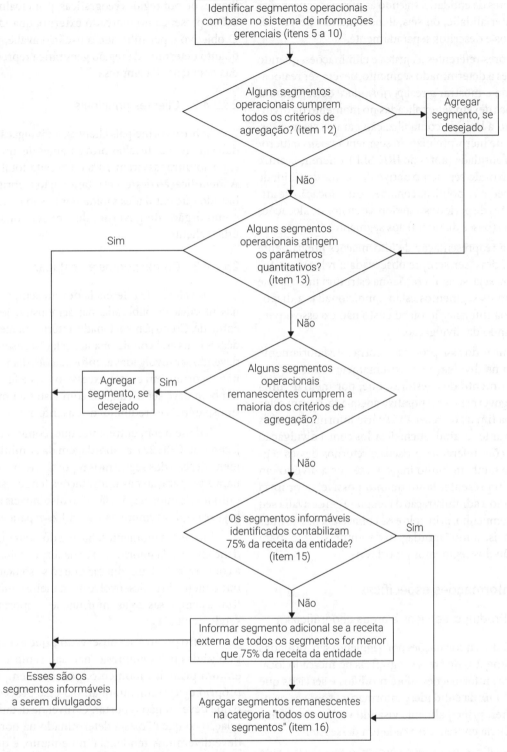

Figura 25.1 Diagrama para identificação de segmentos reportáveis.

e) Itens relevantes de receitas e despesas.

f) Participação em investimentos em coligadas ou *joint ventures* avaliados pelo método de equivalência patrimonial (MEP).

g) Despesas e receitas contendo imposto de renda e contribuição social.

h) Itens não caixa relevantes (exceção ao item *d*, já citado).

A referência para determinar o que é relevante, além da materialidade do montante envolvido, deve ser o valor de referência utilizado pelo principal gestor da operação. A conciliação sempre é esperada dos valores dos segmentos para os valores da entidade, valendo as mesmas convenções sobre a materialidade, ou seja, itens materiais devem ser identificados e descritos separadamente.

Os valores referentes a ajustes e eliminações, quando pertencentes a determinado segmento, devem ser realocados de modo a mostrar a real *performance* dele. Algumas mensurações devem ser explicadas no momento da divulgação, como a base de contabilização para os segmentos, a diferença de lucro/prejuízo do segmento *versus* o lucro/prejuízo da entidade (antes do IR/CSLL), diferenças entre ativos/passivos do segmento e ativos/passivos da entidade com as respectivas políticas contábeis e de alocação de ativos, alterações de períodos anteriores e efeitos de alocações assimétricas (bases de rateio) aos segmentos.

Sobre a reapresentação de informações previamente divulgadas, deve ser sempre observada a relação custo/benefício, ou seja, se as alterações na estrutura interna que modifiquem os segmentos estão condicionadas à disponibilidade da informação ou ao custo não excessivo para obtê-la quando da divulgação.

Para que todo esse processo ocorra satisfatoriamente e haja êxito na divulgação, é extremamente necessário o comprometimento dos gestores, que, por meio de uma política de governança corporativa adequada, devem estar envolvidos a fim de oferecer ao usuário informações mais úteis e relevantes e, ainda, beneficiá-los com a divulgação de informações referentes a riscos e retornos desses segmentos. E é também muito importante que a divisão em segmentos represente, tanto quanto possível, a própria maneira como a administração da empresa gere e avalia seu próprio desempenho, princípio esse conhecido, nas normas internacionais, como "abordagem da administração" para identificação dos segmentos reportáveis.

25.2.4 Informações específicas

25.2.4.1 Produtos, serviços e áreas geográficas

Em geral, as informações por segmento são formadas por detalhamentos de áreas geográficas no mercado local e no exterior; informações sobre produtos e serviços que compõem o *mix* da entidade; e informações sobre os principais clientes, principalmente visando verificar os graus de dependência em relação a cada um desses itens.

Na especificação dos segmentos, não necessariamente determinado segmento será composto por apenas um produto, serviço ou área geográfica específica. Os segmentos divulgáveis poderão ser compostos por diversos produtos ou serviços diferenciados, ou mesmo áreas geográficas distintas, sempre respeitando a maneira como a entidade se organiza em relação a tais atividades.

É interessante que sejam divulgadas as receitas vindas de clientes externos relativas a produtos/serviços seme-

lhantes ou por regiões geográficas, principalmente quando existe presença no mercado externo, quando relevantes. O objetivo é permitir que o usuário avalie, por exemplo, quanto determinada região geográfica representa do total das operações da empresa.

25.2.4.2 Clientes principais

Sobre os principais clientes, a divulgação é recomendada quando as receitas provenientes de um único cliente externo ultrapassarem 10% da receita total da entidade. A identificação deste, entretanto, não é obrigatória. Lembrando que entidades sabidamente sob controle comum, como órgãos do governo, devem ser consideradas um único cliente.

25.2.4.3 Outros pontos a destacar

Os valores de referência devem sempre ser baseados nas informações publicadas nas demonstrações contábeis da entidade. Como já mencionado anteriormente, a divulgação desses itens está condicionada à relação custo-benefício, só devendo ser divulgadas as informações disponíveis ou que não incorram em custos excessivos. Este fato, no entanto, também deve ser divulgado com vistas a um aumento da transparência e credibilidade das informações fornecidas.

É de se notar, entretanto, que, como o conceito subjacente ao CPC 22 é a "abordagem da administração" para identificação dos segmentos reportáveis, o custo adicional para a preparação das informações tende a ser baixo. Isso porque tais informações já estão disponíveis internamente haja vista que as empresas já as utilizam para fins gerenciais.

Em certos momentos, haverá dúvidas quanto à confidencialidade da informação e sua disponibilização perante a concorrência. É um dilema que só se soluciona à medida que o mercado se desenvolve de maneira suficiente a penalizar as empresas cujas informações importantes estejam sendo ocultadas.

Outro ponto a ser observado é que as demonstrações publicadas pelas empresas não são sempre comparáveis em um primeiro momento, pois cada empresa tem seu próprio discernimento quanto a esse processo, julgando o que deve ou não reportar. O nível de detalhamento, em relação ao que não está determinado na norma, também deve divergir. A tendência, no entanto, é que o próprio mercado incentive as convergências.

25.2.5 Considerações gerais

A experiência da aplicação da IFRS 8 no Brasil desde 2010 tem demonstrado que ainda prevalece a cultura da preservação de informações privilegiadas. Muitas empresas que, sabidamente, possuem diversas linhas de negócios, negam-se a fornecer as informações por segmento aqui discutidas. Porém, ressaltamos que, além de serem informações requeridas pelas normas, são relevantes para que o usuário possa tomar melhores decisões econômicas. Os auditores externos têm responsabilidade enorme nesse momento.

Destaca-se também que, para o adequado atendimento ao CPC 22, são necessários ajustes referentes a sistemas internos de contabilidade e controle que podem não estar parametrizados; conscientização de outros departamentos que precisem atuar nesse processo de relatórios por segmentos; investimento para adequação dos sistemas de todas as áreas envolvidas; gerenciamento de custos adicionais como divulgação e auditoria independente. Todas essas considerações precisam ser continuamente revistas, de modo a garantir que os segmentos reportados estejam dentro dos parâmetros estabelecidos pelo CPC 22, ou ainda, que sejam relevantes de acordo com o parecer dos gestores da entidade.

Finalmente, consideramos que essas informações no escopo das demonstrações contábeis agregam bastante no que tange ao potencial de análise ofertada ao usuário da informação, principalmente no contexto em que estamos: grande número de empresas transnacionais, cuja variedade de produtos, serviços, riscos, mercados e oportunidades envolvidos precisa ser analisada em um contexto global. O esperado é que, ao final desse processo, as informações disponibilizadas proporcionem aos seus usuários maior segurança sobre a dimensão e contribuição das distintas áreas, produtos ou serviços em companhias diversificadas, diminuindo a incerteza em suas avaliações. Espera-se, portanto, que a divulgação de informações por segmento contribua para o objetivo principal das demonstrações contábeis: o de fornecer informações úteis que auxiliem acionistas, credores e outros usuários na tomada de decisão econômica.

Exemplos de informações por segmento podem ser acessados em consulta aos *sites* do CPC, do CFC, da CVM e outros que contenham o CPC 22 – Informações por Segmento; neste inclusive há um Apêndice que contém o Guia de Implementação, em que existem diversos deles.

25.3 Transações com Partes Relacionadas

25.3.1 Histórico da normatização

Em função da relevância do tema, já em 1986, a CVM emitiu a Deliberação CVM nº 26, aprovando o pronunciamento do Ibracon sobre "Transações entre Partes Relacionadas". Em 2003, o assunto também foi disciplinado pelo Conselho Federal de Contabilidade por meio da NBC T 17 – Partes Relacionadas.

O tema foi revisitado em 2008, por meio da aprovação e edição do CPC 05 – Divulgação sobre Partes Relacionadas.

Em 2010, após passar por revisão, foi emitido o CPC 05 (R1), que tem como objetivo assegurar que as demonstrações contábeis da entidade contenham as divulgações necessárias para evidenciar a possibilidade de que sua posição financeira e seu resultado possam ter sido afetados pela existência de relacionamentos, transações e saldos com partes relacionadas. Portanto, o referido Pronunciamento se aplica tanto na identificação de relacionamentos, transações e saldos entre partes relacionadas, quanto na determinação das divulgações que devem ser feitas. Há que se registrar uma exceção à obrigatoriedade de divulgação de informações para entidades relacionadas com o Estado, conforme será abordado mais adiante.

25.3.2 Partes relacionadas

Um dos pontos principais do CPC 05 (R1), e também de maior dificuldade, é a identificação de quais são as partes relacionadas da empresa que reportam a informação. Para tanto, o item 9 do CPC 05 (R1) define parte relacionada como "a pessoa ou a entidade que está relacionada com a entidade que está elaborando suas demonstrações contábeis".

Especificamente, a norma segrega os critérios para definir quando uma pessoa física ou entidade é parte relacionada da entidade que reporta a informação. Assim:

a) Uma pessoa, ou um membro próximo de sua família, está relacionada com a entidade que reporta a informação se:

   i) tiver o controle pleno ou compartilhado da entidade que reporta a informação;

   ii) tiver influência significativa sobre a entidade que reporta a informação; ou

   iii) for membro do pessoal-chave da administração da entidade que reporta a informação ou da controladora da entidade que reporta a informação.

b) Uma entidade está relacionada com a entidade que reporta a informação se qualquer das condições a seguir for observada:

   i) a entidade e a entidade que reporta a informação são membros do mesmo grupo econômico (a controladora e cada controlada são relacionadas entre si, assim como são as entidades que estão sob controle comum);

   ii) a entidade é coligada ou controlada em conjunto (*joint ventures*) de outra entidade (ou coligada ou controlada em conjunto de entidade membro do grupo econômico do qual a outra entidade é membro);

   iii) ambas as entidades estão sob o controle conjunto (*joint ventures*) de uma terceira entidade;

iv) uma entidade está sob o controle conjunto (*joint venture*) de uma terceira entidade e a outra entidade for coligada dessa terceira entidade;

v) a entidade é um plano de benefício pós-emprego cujos beneficiários são os empregados de ambas as entidades, a que reporta a informação e a que está relacionada com a que reporta a informação. Se a entidade que reporta a informação for ela própria um plano de benefícios pós-emprego (uma fundação de previdência, por exemplo), os empregados que contribuem para ela serão considerados partes relacionadas com a entidade que reporta a informação;

vi) a entidade é controlada, de modo pleno ou sob controle conjunto, por uma pessoa identificada na letra (a);

vii) uma pessoa identificada na letra (a) (i) tem influência significativa sobre a entidade ou se for membro do pessoal-chave da administração da entidade (ou de controladora da entidade); ou

viii) a entidade, ou qualquer outro membro do grupo do qual ela faz parte, fornece serviços de pessoal-chave da administração da entidade que reporta ou à controladora da entidade que reporta.

Para ilustrar a definição das partes relacionadas em uma relação com controladas e coligadas, o CPC 05 (R1) apresenta a Figura 25.2.

Supondo que a Controladora é a entidade que reporta a informação, nas demonstrações individuais e separadas, tanto as Controladas A, B e C, quanto as Coligadas 1, 2 e 3 são consideradas partes relacionadas. Na demonstração consolidada da Controladora, as Coligadas 1, 2 e 3 aparecem como partes relacionadas, já que as Controladas A, B e C foram consolidadas.

Em uma segunda situação, se a entidade que reporta a informação é a Controlada A, tanto a Controladora quanto as Controladas B e C e as Coligadas 1, 2 e 3 são consideradas partes relacionadas da Controlada A. O mesmo é válido para quando as Controladas B e C forem as entidades que reportam a informação.

Se, entretanto, as Coligadas 1, 2 ou 3 são as entidades que reportam a informação, apenas a Controladora e as Controladas A, B e C são consideradas partes relacionadas. As Coligadas 1, 2 e 3 não são partes relacionadas entre si.

Por "membros próximos da família de uma pessoa" entendem-se aqueles membros da família de um indivíduo que se espera influenciem tal indivíduo ou que sejam por ele influenciados nas relações e negócios desses membros com a entidade que reporta (item 9 do CPC 05 (R1)), incluindo os filhos desse indivíduo, cônjuge ou companheiro(a), os filhos ou dependentes de seu cônjuge ou de seu companheiro(a), assim como seus próprios dependentes.

Por membro do "pessoal-chave da administração" devem ser entendidas as pessoas com autoridade e responsabilidade por planejamento, direção e controle das atividades da entidade que reporta, direta ou indiretamente, incluindo qualquer administrador (executivo ou outro) da entidade que reporta (item 9 do CPC 05 (R1)). Assim, se uma pessoa controlar (de modo pleno ou em conjunto) a entidade A e for membro do pessoal-chave da administração da entidade B, tanto nas demonstrações contábeis de A quanto de B, ambas as entidades serão consideradas partes relacionadas. Tal situação não seria verificada, entretanto, se a pessoa em questão tivesse apenas influência significativa sobre a entidade A (coligada).

Cumpre destacar que, pelos termos do CPC 05 (R1), item 11, não são classificadas como partes relacionadas:

a) Duas entidades por simplesmente possuírem administrador ou outro membro do pessoal-chave da administração em comum, ou porque um membro do pessoal-chave da administração da entidade exerce influência significativa sobre a outra entidade.

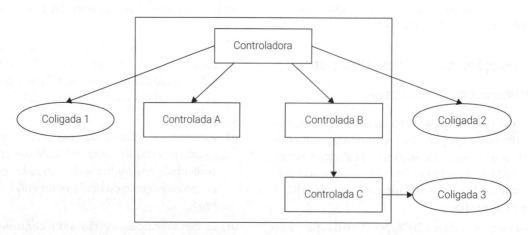

Figura 25.2 Definição das partes relacionadas em uma relação com controladas e coligadas.

b) Dois empreendedores em conjunto simplesmente por compartilharem o controle conjunto sobre um empreendimento controlado em conjunto (*joint venture*).

c) Entidades que proporcionam financiamentos para a empresa, sindicatos e entidades prestadoras de serviços. Também não são partes relacionadas departamentos e agências de Estado que não controlam, de modo pleno ou em conjunto, ou exercem influência significativa sobre a entidade que reporta a informação, simplesmente em virtude dos seus negócios normais com a entidade (mesmo que possam afetar a liberdade de ação da entidade ou participar no seu processo de tomada de decisões).

d) Cliente, fornecedor, franqueador, concessionário, distribuidor ou agente geral com quem a entidade mantém volume significativo de negócios, meramente em razão da resultante dependência econômica.

O diagrama da Figura 25.3 ilustra, de forma não exaustiva, a abrangência da definição de partes relacionadas.

No diagrama, a entidade Alfa reporta a informação, para a qual se está analisando quais são suas partes relacionadas. Conforme as definições dos itens 9 e 11 do CPC 05 (R1), as partes relacionadas da empresa Alfa estão identificadas nos quadrados de cor branca, e os elementos que não seriam classificados como partes relacionadas estão representados nos quadrados de cor cinza. Ainda, abaixo de cada quadrado identificado como parte relacionada consta a alínea do item 9 do CPC 05 (R1) que se refere à definição de partes relacionadas.

Como se pode perceber, a definição de partes relacionadas abrange qualquer pessoa natural ou entidade (com ou sem personalidade jurídica) que tiver algum tipo de vínculo com a entidade que reporta a informação e que possa envolver uma relação de dependência ou significativa influência, de forma a resultar na possibilidade de que as negociações não se realizem como se fossem praticadas com terceiros alheios à entidade que reporta. Ressalta-se que a figura da essência econômica deve prevalecer sobre a forma, já que o fator determinante é a possibilidade de dependência ou significativa influência, independentemente da forma jurídica da relação.

Analisando o diagrama, observa-se que a definição de partes relacionadas, tal como descrito no CPC 05 (R1), não abrange dois elementos: (i) as coligadas de uma pessoa que é membro do pessoal-chave da administração da entidade que reporta a informação ou da controladora da entidade que reporta a informação (item 11, "a", do CPC 05 (R1)); e (ii) o outro empreendedor em conjunto, que compartilha o

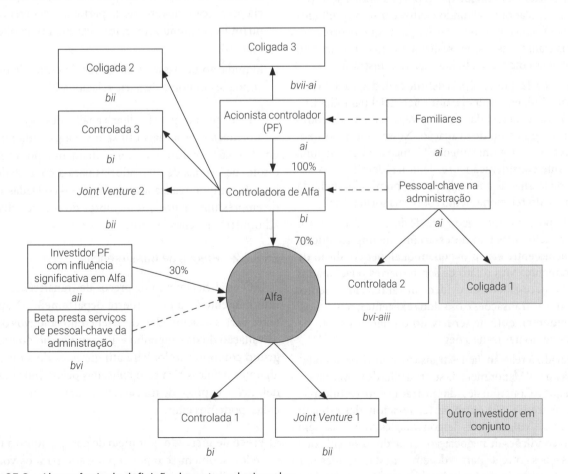

Figura 25.3 Abrangência da definição de partes relacionadas.

controle da *"joint venture 1"* com a entidade que reporta a informação (item 11, "b", do CPC 05 (R1)). Por essa razão, no diagrama, tais entidades estão em cinza.

Destaca-se, entretanto, que, pela definição dada, se uma pessoa que é membro do pessoal-chave da administração da entidade que reporta a informação (ou da controladora da entidade que reporta a informação) controla de modo pleno ou em conjunto outra empresa, essa outra empresa será considerada parte relacionada da entidade que reporta a informação.

Apesar de não estar especificamente abrangido na definição de partes relacionadas, no nosso entendimento é preferível tratar a coligada do pessoal-chave da administração da controladora de Alfa também como parte relacionada (assim como seria feito no caso de controle integral ou compartilhado), a menos que existam claras evidências de que a relação atual ou potencial não tenha qualquer impacto sobre as operações de Alfa. Justifica-se tal conclusão por força do poder exercido pelo pessoal-chave da administração da entidade que reporta a informação (ou da controladora da entidade que reporta a informação) na própria entidade que reporta. Assim, é possível que existam transações ou saldos relevantes entre a entidade que reporta a informação e as coligadas do pessoal-chave da administração da entidade que reporta a informação (ou de sua controladora), gerando efeitos em seus resultados e posição financeira diferentes daqueles que ocorreriam caso tais transações fossem realizadas com entidades não relacionadas com pessoal-chave da administração.

Isso revela que a própria definição dada pelo CPC 05 (R1) constitui, em essência, um referencial para identificar as partes relacionadas e não deve ser entendida como exaustiva para efeito de avaliação. Nesse sentido, o item 10 do referido Pronunciamento Técnico explica que uma importante consideração a ser feita na identificação das partes relacionadas é a avaliação da preponderância da substância do relacionamento sobre sua forma legal.

É importante notar que o fato de duas entidades serem partes relacionadas não necessariamente implica que as negociações entre elas provoquem qualquer condição de favorecimento. Mas o fato de serem partes relacionadas implica a necessidade de evidenciar tal relacionamento, bem como as transações e os saldos existentes; repetimos: independentemente de ter havido ou não condição de favorecimento nas transações.

Devido à relevância das transações entre partes relacionadas, a CVM, por meio da sua Cartilha de Governança, orienta que o Conselho de Administração deve certificar-se de que as transações entre partes relacionadas estejam claramente divulgadas nas demonstrações contábeis, bem como as condições de negociação. Além disso, orienta que as transações entre as partes devem ser estabelecidas por escrito, detalhando as condições de negociação (idênticas às do mercado), e que a remuneração dos contratos de prestação de serviços ou de mútuo não sejam baseadas no faturamento/receita da entidade.

25.3.3 Transações

25.3.3.1 Natureza das transações

Para melhor esclarecimento sobre os tipos de transações entre partes relacionadas, são apresentados a seguir alguns exemplos, segundo o item 21 do CPC 05 (R1):

a) Compras ou vendas de bens (acabados ou não acabados).

b) Compras ou vendas de propriedades e outros ativos.

c) Prestação ou recebimento de serviços.

d) Arrendamentos.

e) Transferências de pesquisa e desenvolvimento.

f) Transferências mediante acordos de licença.

g) Transferências de natureza financeira (incluindo empréstimos e contribuições para capital em dinheiro ou equivalente).

h) Fornecimento de garantia, avais ou fianças.

i) Assunção de compromissos para tomar alguma providência para o caso de um evento particular ocorrer ou não no futuro, incluindo contratos a executar (reconhecidos ou não).

j) Liquidação de passivos em nome da entidade ou pela entidade em nome de parte relacionada.

Efetivamente, para facilitar a análise dessas transações, a informação seria mais útil se fosse agrupada por tipo de operação e natureza do relacionamento, por exemplo: o total de vendas de mercadorias para a controladora, o total de compras realizadas com empresas coligadas, o total de empréstimos feitos aos membros do pessoal-chave da administração, entre outros.

25.3.3.2 Preços de transferência

O estabelecimento de preços de transferência, tanto internamente à empresa (entre departamentos), quanto entre partes relacionadas, deve ter como objetivos básicos a avaliação do desempenho e a maximização do lucro do grupo como um todo. Para atingir esses dois objetivos, algumas técnicas têm sido aplicadas pelas empresas para definição do preço de transferência. Entre as mais conhecidas, podemos citar:

a) Preço de mercado: por meio de cotação junto a fornecedores, obtém-se o preço praticado para os volumes pretendidos.

b) Preço de mercado ajustado: em caso de não existirem produtos idênticos ao da empresa, o preço de mercado é ajustado (ou negociado) em função das características do produto.

c) Custo mais margem: baseado no custo do produto acrescido de uma margem de lucro arbitrada ou negociada entre as partes.

d) Custo-padrão mais margem: trata-se de um refinamento da técnica anterior, visando impedir a transferência de ineficiências entre as partes.

Existem outras técnicas, mas são, basicamente, variações das anteriormente citadas. No Brasil, a técnica de preços de transferência (principalmente em termos internos) parece não ter sido utilizada em grande escala, não obstante os benefícios gerados quanto aos objetivos propostos. Em outros países, embora a literatura sobre o tema seja reduzida, o estabelecimento de preços de transferência é objeto de estudos e discussões entre os profissionais, pois sua determinação envolve uma série de fatores e não é tão simples quanto parece à primeira vista.

Para fins tributários, a Lei nº 9.430/1996 apresenta vários métodos de determinação do preço de transferência de bens, serviços e direitos no exterior. A CVM, por meio do Ofício-Circular nº 1/2006, orienta que as consequências relevantes da adoção do método estabelecido na legislação tributária devem ser divulgadas em notas explicativas. Dessa maneira, ao estabelecer preço de transferência entre partes relacionadas, é necessário divulgar o critério de cálculo adotado.

25.3.4 Divulgação

Em função dos conceitos até aqui apresentados, é necessária divulgação adequada das transações e saldos entre partes relacionadas. **Adicionalmente, é importante destacar que os relacionamentos entre controladoras e suas controladas devem ser divulgados independentemente de ter havido ou não transações entre elas.**

De acordo com o item 13 do CPC 05 (R1), em uma estrutura societária com múltiplos níveis de participações, a entidade deve divulgar o nome da entidade controladora direta e, se for diferente, o nome da controladora final. Caso a entidade controladora direta e a controladora final não elaborem demonstrações contábeis consolidadas disponíveis para uso público, o nome da controladora do nível seguinte[1] da estrutura societária que produzir tais demonstrações também deve ser divulgado.

Portanto, para permitir uma visão acerca dos efeitos dos relacionamentos com partes relacionadas aos usuários das demonstrações contábeis de uma entidade, é apropriado que esta divulgue o relacionamento com partes relacionadas, quando existir controle, tendo havido ou não transações entre as partes (item 14 do CPC 05 (R1)). Destaca-se, ainda, que a divulgação de relacionamentos com partes relacionadas entre controladoras e suas controladas (diretas ou indiretas) é uma exigência adicional ao já requerido por outros pronunciamentos do CPC, tais como o CPC 35 – Demonstrações Separadas e o CPC 45 – Divulgação de Participações em Outras Entidades.

Resumidamente, o item 17 do CPC 05 (R1) determina que as empresas devem divulgar informações sobre a remuneração do pessoal-chave da administração, evidenciando tanto o valor total, quanto os valores destinados para cada uma das seguintes categorias:

a) Benefícios de curto prazo a empregados e administradores: ordenados, salários e contribuições para a seguridade social, licença remunerada, participação nos lucros e bônus, além de benefícios não monetários.

b) Benefícios pós-emprego: pensões, outros benefícios de aposentadoria, seguro de vida pós-emprego e assistência médica pós-emprego.

c) Outros benefícios de longo-prazo: licença por anos de serviço, jubileu ou outros benefícios por anos de serviço, benefícios de invalidez de longo prazo, entre outros.

d) Benefícios de rescisão de contrato de trabalho.

e) Remuneração baseada em ações.

As informações mencionadas não precisam, porém, ser divulgadas se a entidade obtém serviços de pessoal-chave da administração de outra entidade, por exemplo, uma entidade administradora.

No caso da existência de transações com partes relacionadas durante o período a que as demonstrações contábeis se referem, a entidade deve divulgar, conforme exigência do item 18 do CPC 05 (R1), a natureza do relacionamento entre as partes e informações sobre transações e saldos existentes, incluindo compromissos, de modo a permitir aos usuários a compreensão do efeito potencial desses relacionamentos nas demonstrações contábeis. Especificamente, essas divulgações devem incluir no mínimo as seguintes informações:

a) Montante das transações, divulgando-se adicionalmente as condições em que foram efetuadas.

b) Montantes dos saldos existentes, bem como seus prazos, condições (explicitando a natureza da contraprestação a ser paga e se estão ou não cobertos por seguro) e quaisquer garantias dadas ou recebidas.

---

[1] A controladora do nível seguinte é a primeira controladora do grupo, acima da controladora direta imediata, que produza demonstrações consolidadas disponíveis para utilização pública.

c) Perdas estimadas com créditos de liquidação duvidosa (PECLD) relacionadas com o montante dos saldos existentes.

d) Valor da despesa reconhecida no período acerca de dívidas consideradas incobráveis ou de liquidação duvidosa de partes relacionadas.

Ainda, o CPC 05 (R1) requer que as divulgações mencionadas sejam feitas separadamente para cada uma das seguintes categorias: (i) controladora; (ii) entidades com controle conjunto da entidade ou influência significativa sobre a entidade que reporta a informação; (iii) controladas; (iv) coligadas; (v) empreendimentos controlados em conjunto (*joint ventures*) em que a entidade seja investidor conjunto; (vi) pessoal-chave da administração da entidade ou de sua controladora; e (vii) outras partes relacionadas.

Os itens que forem de natureza semelhante podem ser divulgados de forma agregada, exceto quando a divulgação separada for necessária para a compreensão dos efeitos das transações com partes relacionadas nas demonstrações contábeis da entidade (item 24 do CPC 05 (R1)).

É importante mencionar que, pelo disposto no item 22A do CPC 05 (R1), em qualquer tipo de transação com partes relacionadas, a empresa deve divulgar as condições em que tais transações foram realizadas. Ainda, transações atípicas com partes relacionadas que tenham sido realizadas após o encerramento do exercício também devem ser divulgadas.

Por fim, o item 23 do CPC 05 (R1) menciona que as divulgações de que as transações com partes relacionadas foram realizadas em termos equivalentes aos que prevalecem nas transações com partes independentes devem ser feitas apenas quando tais termos puderem ser efetivamente comprovados.

Conforme mencionado, as transações e os relacionamentos com partes relacionadas são característica normal dos negócios e sua existência não significa que há algo errado nessas transações e relacionamentos. O importante é divulgar informações sobre tais negociações, de modo a possibilitar o completo entendimento da extensão do impacto que essas transações acarretam ou podem vir a acarretar na posição financeira e de resultados da entidade que reporta a informação.

25.3.5 Entidades relacionadas com o Estado

A principal mudança advinda da revisão da norma IAS 24, em 2009, e trazida para o ambiente brasileiro por meio da aprovação do CPC 05 (R1), em 2010, foi a inclusão da isenção da exigência de divulgação de informações sobre as transações realizadas com partes relacionadas que envolvem o Estado. Especificamente, o item 25 do referido pronunciamento técnico determina que a entidade que reporta a informação está isenta das exigências de divulgação sobre saldos e transações com partes relacionadas, quando a parte for: (i) ente estatal que exerce controle (compartilhado ou pleno) ou influência significativa sobre a entidade que reporta a informação; ou ainda (ii) outra entidade que seja parte relacionada da entidade que reporta a informação, pelo fato de o mesmo ente estatal deter controle (pleno ou compartilhado) ou exercer influência significativa sobre ambas as partes.

Nota-se que a isenção mencionada no item 25 refere-se apenas a transações e saldo mantidos, não se referindo, contudo, às informações sobre a natureza do relacionamento existente entre a entidade e o ente estatal, que, em nosso entendimento, devem continuar a ser fornecidas. Assim, se o Banco do Brasil consome energia de Itaipu, usa os Correios, ou tem qualquer outro relacionamento com outras entidades controladas pelo governo federal, pode optar por não apresentar as informações relacionadas a transações e saldo existentes com essas partes relacionadas, porém, deve divulgar a natureza desse relacionamento.

Se a entidade que reporta a informação optar pela isenção do item 25 comentado, ela deve divulgar as seguintes informações acerca dos saldos e transações (item 26 do CPC 05 (R1)):

a) Nome do ente estatal e a natureza do seu relacionamento com a entidade que reporta a informação.

b) As seguintes informações, em detalhe suficiente para a compreensão dos efeitos das transações com partes relacionadas:

i) natureza e montante de cada transação individualmente significativa;

ii) para transações que individualmente não são significativas, mas, no conjunto, o são, uma indicação qualitativa e quantitativa de sua extensão.

Ainda sobre as informações que devem ser divulgadas pelas entidades relacionadas com o Estado, o item 27 do CPC 05 (R1) salienta que a administração da entidade deve recorrer ao julgamento para determinar o nível de detalhe a ser divulgado, levando em consideração quão próximo é o relacionamento da entidade que reporta a informação com a parte relacionada. Deve considerar, também, para a definição do nível de detalhe a ser divulgado, as seguintes informações:

a) Se a transação é significativa em termos de valor.

b) Se a transação é realizada fora das condições de mercado.

c) Se a transação foge das operações normais do dia a dia.

d) Se a transação é divulgada para autoridades de supervisão e regulação.

e) Se a transação é reportada para administradores seniores.

f) Se a transação é sujeita a aprovação dos acionistas.

25.3.6 Considerações finais

Conforme podemos constatar, as divulgações de transações entre partes relacionadas são de grande importância para os usuários das Demonstrações Contábeis e devem ser adequadamente elaboradas, com base na correta identificação das partes relacionadas. Deve-se alertar para o fato de que aos auditores compete a obrigação de introdução de um parágrafo de ênfase, quando as transações forem materiais, em seu relatório.

25.3.7 Tratamento para as pequenas e médias empresas

Em relação às informações por segmento operacional, o Pronunciamento Técnico PME – Contabilidade para Pequenas e Médias Empresas não contém disposições específicas sobre esses temas. O referido Pronunciamento Técnico apenas menciona que, caso a entidade realize tal divulgação, deverá também descrever as bases de elaboração e apresentação da informação. Em relação ao tema de partes relacionadas, os conceitos abordados neste capítulo também são aplicáveis às entidades de pequeno e médio portes.

26

Concessões

26.1 Noções preliminares sobre concessões

26.1.1 Introdução

A construção, a operação e a manutenção de alguns ativos públicos de infraestrutura, como, por exemplo, rodovias, pontes, túneis, portos, aeroportos, redes de distribuição de energia, penitenciárias e hospitais são, por legislação, responsabilidades do Estado, mas muitas vezes conduzidas por entidades particulares. Isso ocorre porque o Estado tem interesse em atrair a iniciativa privada para o desenvolvimento dessas atividades.

Em alguns casos, os ativos públicos de infraestrutura já existem. Em outros, esses ativos são construídos pela iniciativa privada ou por empresas governamentais ou mesmo de economia mista.

Esses tipos de contratos, em que o governo ou outro órgão do setor público (o concedente) contrata uma entidade privada (a concessionária, também chamada de entidade operadora) para desenvolver, aperfeiçoar, operar ou manter seus ativos de infraestrutura, são denominados contratos de concessão de serviços, ou apenas concessões. (Há outras formas jurídicas para esses contratos, mas vamos aqui nos centrar na concessão.)

Os contratos de concessão são geralmente regidos por meio de documentos formais que estabelecem níveis de desempenho, inclusive mecanismos de ajuste de preços e resolução de conflitos, base inicial de preços etc. Tais contratos podem tomar diferentes formas no que diz respeito ao envolvimento das partes e também no tocante às formas iniciais de investimento e financiamento. Essas especificidades levantam diversas questões de caráter contábil, principalmente com relação aos ativos e passivos que devem ser reconhecidos pela entidade concessionária.

Este capítulo trata de alguns tipos de concessão, especialmente os de infraestrutura que, na essência, não são da empresa operadora, mesmo que esta os tenha construído, mas pertencem, isso sim, ao Estado. A operadora explora essa infraestrutura por certo tempo e depois a devolve ao poder concedente. Para a maioria desses casos existe uma garantia tarifária ao concessionário para a remuneração negociada e também para atendimento ao zelo da economia popular. Essas e outras condições serão discutidas mais à frente. Vale mencionar que os contratos de concessão que não tenham as características especificadas não são contabilizados como disposto neste capítulo.

Em âmbito nacional, foi emitida, em 2009, a ICPC 01 – Concessões pelo Comitê de Pronunciamentos Contábeis (CPC). Tal Interpretação foi revisada no ano de 2011 pelo CPC, sendo emitida a ICPC 01 (R1). Esse documento reflete a IFRIC 12 – *Service Concession Arrangements*, elaborada pelo *International Financial Reporting Interpretations Committee* (IFRIC), que é o órgão interpretativo do IASB.

Mas há um ponto importante: se a concessionária não estiver sob tarifa controlada e estiver correndo os riscos relativos ao investimento feito, sem qualquer garantia por parte do Estado, não se aplicam a ela as normas aqui discutidas.

A ICPC 01 (R1) trata dos critérios de reconhecimento e mensuração das concessões. Já as exigências de divulgação estão dispostas na ICPC 17 – Contratos de Concessão: Evidenciação, que possui correlação com a SIC 29 – *Disclosure – Service Concession Arrangements.*

Ressalta-se que o tratamento contábil na ótica do concedente não está no alcance da Interpretação ICPC 01 (R1). Nesse sentido, os aspectos contábeis discutidos neste capítulo focam especificamente nas entidades concessionárias, isto é, aquelas responsáveis por operar as concessões.

26.1.2 Principais características dos contratos de concessão

Considere o seguinte exemplo: uma concessionária é contratada, por meio de um contrato de concessão, para recuperar determinada rodovia e posteriormente operá-la por certo número de anos. Como forma de pagamento, a concessionária possui o direito de cobrar uma tarifa dos usuários do serviço público. Assim, ela deve reformar tal rodovia e está encarregada de atender a certos critérios de qualidade, sendo que sua remuneração por tais serviços será proveniente da cobrança de uma tarifa de pedágio dos usuários da rodovia. Pergunta-se: faz algum sentido a entidade concessionária considerar a infraestrutura pública, isto é, a rodovia, como seu Ativo Imobilizado?

Considerando-se a bandeira contábil da essência econômica, é claro que não, afinal a propriedade e o controle da rodovia são do Estado e não da entidade concessionária. Mas suponha agora que, para obter a concessão, a concessionária se obrigue a construir uma extensão de 100 km dessa estrada. Deve essa parte construída pela concessionária aparecer como imobilizado dela? É possível que surja já alguma dúvida quanto a essa resposta. Mas é importante notar que, em ambos os casos, tanto a parte já existente anteriormente da estrada, quanto a parte nova, pertencem ao Estado, e não à concessionária. Esta última é apenas uma prestadora de serviços que recebe como remuneração o direito de explorar economicamente tal infraestrutura, recebendo para isso, via pedágio, não só o necessário para manter as duas partes, como para recuperar todo o investimento feito na parte nova da estrada. Contudo, no modelo contábil vigente no Brasil até a aprovação da ICPC 01 (R1), essa não era a forma de contabilização dos contratos de concessão, isto é, as empresas concessionárias reconheciam a infraestrutura pública construída por elas como seu Ativo Imobilizado, e somente essa parte. Na verdade, essa forma ainda continua no caso já mencionado de operadora que assume sozinha todos os riscos da exploração e não está subordinada a controle tarifário, mesmo que se obrigando

a entregar seus Ativos Operacionais de volta ao Estado em algum momento. Como dissemos, não estamos tratando neste capítulo dessa situação, considerada normalmente como um imobilizado comum.

Em outras situações, como no caso das concessionárias de energia elétrica, havia outro problema (na verdade isso permaneceu até o final de 2009): a concessionária construía a infraestrutura, obtinha o direito de explorá-la por, suponha-se, 30 anos, mas depreciava o ativo pela sua vida útil econômica, dada pelo órgão regulador, admita-se de 50 anos. Assim, ao final da concessão restavam 20/50 do valor da infraestrutura no balanço da concessionária que perdia o direito de continuar explorando e tinha esse valor no seu imobilizado. Por outro lado, a concessionária tinha o direito de receber, na maioria dos casos, uma indenização na hora em que entregava o ativo ao Estado, que faria uma nova licitação para continuar a exploração do serviço. Todavia, o valor da indenização poderia ser igual ao valor contábil, muito maior ou menor. Assim, seus balanços, como eram feitos, não evidenciavam a verdadeira situação patrimonial e financeira da concessionária, por não mostrarem essa parte a receber como indenização ao final da exploração, se existente. Nesse contexto, pode-se dizer que o modelo proposto pela ICPC 01 (R1) alterou substancialmente a maneira como determinados tipos de concessão são contabilizados no cenário nacional, haja vista que o foco passa ser a essência econômica da transação e não a forma. Pode-se dizer que se trata de um modelo contábil mais adequado à medida que reflete os eventos econômicos que são específicos a tais tipos de contratos.

Portanto, a ICPC 01 (R1) é destinada aos contratos de concessão nos quais a concessionária apenas administra os ativos públicos em nome do concedente, sob regime tarifário, embora, em muitos casos, possua também certa liberdade administrativa. Nesses contratos, a concessionária utiliza os ativos de infraestrutura e possui obrigação de prestar os serviços públicos.

Já o concedente controla ou regula os serviços fornecidos pela concessionária, determinando também o preço desses serviços e o público-alvo. Em alguns casos, o concedente não possui total controle sobre o preço cobrado pelos serviços, mas determina os limites. Em outros casos, os contratos de concessão não impõem um limite de preços, mas o excesso de receita auferida pela entidade concessionária é repassado ao órgão concedente; nesse cenário, apesar de não haver limite de preço estabelecido, o elemento de controle fica caracterizado, pois existe fator limitante na receita da concessionária.

Esse elemento de controle sobre o preço da tarifa cobrada do usuário é bastante intuitivo quando analisamos novamente as concessões de rodovias no cenário nacional; afinal, as concessionárias não detêm total liberdade para estabelecer o preço do pedágio. Do mesmo modo, os serviços prestados por tais concessionárias são fiscalizados de modo que as empresas atendam a certos níveis de qualidade.

O mesmo ocorre no segmento de distribuição de energia elétrica, onde as tarifas são, na maioria dos casos, estipuladas pela agência reguladora que leva em conta fatores como o custo da prestação de serviços e também o capital investido no empreendimento. Em certos segmentos, todavia, a negociação de preços entre a distribuidora e o consumidor (grandes consumidores, no caso) existe e o preço é relativamente livre. Nesses casos, podem não estar essas empresas sob a ICPC 01 (R1) e não atendem ao estipulado neste capítulo.

De maneira geral, os contratos de concessão abordados pela ICPC 01 (R1) têm quatro características comuns:

1. A parte que concede o contrato de prestação de serviços (o concedente) é um órgão público ou uma entidade pública, ou uma entidade privada para a qual foi delegado o serviço.

2. A entidade operadora da concessão (o concessionário) é responsável ao menos por parte da gestão da infraestrutura e serviços relacionados, não atuando apenas como mero agente, em nome do concedente.

3. O contrato estabelece o preço inicial a ser cobrado pelo concessionário, regulamentando suas revisões durante a vigência do contrato de prestação de serviços.

4. O concessionário fica obrigado a entregar a infraestrutura ao concedente em determinadas condições especificadas no final do contrato, por um pequeno ou nenhum valor adicional, independentemente de quem tenha sido o seu financiador.

Ressalta-se assim que a infraestrutura utilizada na concessão de serviços públicos a entidades privadas durante toda a sua vida útil (toda a vida do ativo) ou durante a fase contratual está dentro do alcance da ICPC 01 (R1) se atendidas as condições descritas, que estão listadas no item 3 da referida Interpretação. A Figura 26.1, extraída e

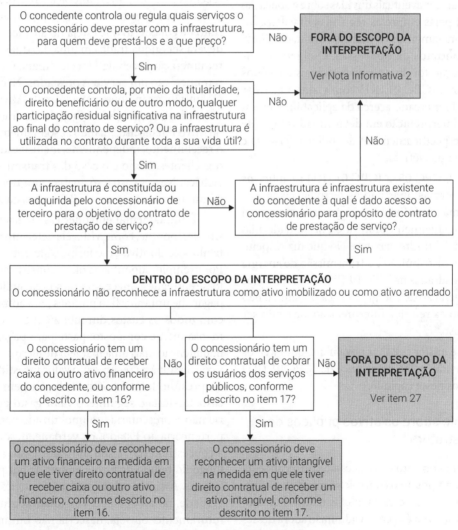

Figura 26.1 Características das concessões abordadas pela ICPC 01 (R1).

adaptada da Nota Informativa 1 da ICPC 01 (R1), ilustra as características das concessões abordadas pela interpretação.

Finalmente, os contratos de concessão podem ter certas características de arrendamento ou locação; mas a norma que trata de arrendamentos (CPC 06 (R2)) obriga a não aplicação de suas regras aos contratos de concessão submetidos à ICPC 01 (R1).

Nota-se que a Figura 26.1 apresenta os aspectos teóricos para se verificar se determinado contrato de concessão se encontra dentro do alcance da ICPC 01 (R1). Contudo, na prática esse enquadramento não é tarefa fácil.

Há situação em que os ativos de infraestrutura efetivamente pertencem e são controlados pelas empresas concessionárias. Obviamente, em tais casos, as concessionárias deverão registrar tais ativos como seus ativos imobilizados, de acordo com os respectivos Pronunciamentos Técnicos (veja-se, por exemplo, o CPC 27 – Ativo Imobilizado). Pode ocorrer ainda de certos tipos de contratos de concessão se enquadrarem como operações de arrendamento, visto que a concessionária arrenda os ativos públicos do concedente.

Visando esclarecer eventuais dúvidas sobre a aplicação da ICPC 01 (R1) pelas empresas reguladas brasileiras, o Comitê de Pronunciamentos Contábeis emitiu, em 2010, a OCPC 05 – Contratos de Concessão. O objetivo central dessa Orientação foi discutir os principais conceitos relacionados com a ICPC 01 (R1) com vistas a auxiliar os participantes do mercado acerca da aplicabilidade (ou não) da referida Interpretação em determinados tipos de concessão, mais especificamente as de rodovia, ferrovia e as do setor de energia elétrica.

Conforme a OCPC 05, a ICPC 01 (R1) se aplica às concessões rodoviárias, mas não às ferroviárias já que estas têm tarifas máximas fixadas pelo governo num nível muito acima dos efetivamente praticados; na verdade, não há tarifa definida, há limite máximo. No que diz respeito ao setor elétrico, a distribuição e a transmissão de energia elétrica estão enquadradas na ICPC 01 (R1). Já os contratos de concessão de geração de energia elétrica podem ou não estar sob o escopo da referida Interpretação, devendo ser analisado cada caso.

Finalmente, é mister ressaltar novamente que os tipos de concessão que não estão no alcance da ICPC 01 (R1) não são abordados neste capítulo.

26.1.3 Controle sobre os ativos públicos de infraestrutura

Dentro de um contrato de concessão sob alcance da ICPC 01 (R1), quem possui o controle sobre os ativos públicos de infraestrutura é o concedente (Estado), enquanto a entidade concessionária é apenas a administradora desses ativos. O controle deve ser diferenciado da administração dos ativos de infraestrutura. A entidade concessionária não possui o controle sobre o ativo subjacente; não pode vendê-lo, não pode dá-lo em garantia de empréstimo, não pode decidir sozinha deixar de operá-lo etc. Em vez disso, ela possui apenas uma permissão de conduzir o serviço público em nome do concedente de acordo com os termos especificados no contrato. Nesse contexto, o concedente retém envolvimento gerencial contínuo associado com a propriedade e o controle dos ativos de infraestrutura.

26.1.4 Remuneração dos serviços prestados pelo concessionário

Diante das características comentadas, a concessionária tem, na realidade, um direito de exploração de determinado serviço. E tudo o que pagou por ele, quer diretamente ao Estado, quer gastando na construção ou reforma de ativos, compõe o custo desse direito. Logo, esse valor todo é registrado como Ativo Intangível. E, se tiver direito ao ressarcimento do valor dos ativos (dimensionado conforme legislação e contrato), terá também no ativo um valor recebível. Assim, a remuneração recebida pela entidade concessionária pelos seus serviços prestados sob um contrato de concessão que esteja no alcance da ICPC 01 (R1) deverá ser enquadrada em uma das duas formas. Parte da remuneração recebida é receita financeira e parte é efetiva remuneração por serviços prestados. Nada impede que as circunstâncias indiquem que só exista Ativo Intangível, caso não caiba indenização ao final do contrato, ou só um tipo de Ativo Financeiro, quando absolutamente garantido todo o recebimento, independente, inclusive, de inadimplência dos clientes, como é o caso das transmissoras de energia elétrica. Nesses casos, só aparece um tipo de receita. Mas há um terceiro tipo de receita a ser vista à frente.

É fundamental entender esse mecanismo, apesar de simples, porque, como visto, ele determina a forma de contabilização do ativo e das formas diferentes de remuneração. Por exemplo, suponha-se que a construção de um presídio fosse entregue a uma empresa, sob a condição de o governo pagar-lhe um valor fixo por mês para administrá-lo e arcar com todos os custos durante 25 anos, com o valor pago mensalmente composto: parte para pagar as despesas de manutenção mais uma margem de lucro e a outra parte para a concessionária recuperar o valor investido na construção do presídio também com uma margem de lucro. Nesse caso, ter-se-ia o seguinte: o valor gasto pela concessionária não representaria um imobilizado para ela (o presídio pertenceria ao Estado, na verdade, desde o início, e não à concessionária), e sim um valor gasto a ser recebido ao longo do tempo de forma embutida nas parcelas mensais futuras. Assim, o valor gasto na construção produziria, na verdade, no ativo da concessionária, um valor a receber futuramente; ou seja, nasceria não um imobilizado, mas sim um tipo de Ativo Financeiro. Afinal, as parcelas a serem recebidas serão sempre do Estado e totalmente definidas. O valor gasto na construção corresponderia a um valor como se fosse empréstimo ao governo. Se, em vez do presídio, o objeto do contrato fosse um hotel numa ilha paradisíaca do governo, hotel esse que também pertenceria, pela forma contratada, ao Estado, mas que seria de exploração pela concessionária também por 25 anos, com preço administrado por ele, mas sem garantia pelo Estado do volume de hóspedes, não poderia a concessionária contabilizar um Ativo Financeiro, porque ela não teria, genuinamente, nenhum valor definido contra o Estado. A não ser que houvesse garantia de pagamento de valor residual após o contrato. A Figura 26.2 sintetiza essas condições.

Há outra remuneração nessa norma. Se a entidade construir um ativo ou efetuar alguma reforma que se caracterize como ativo, é obrigatório o reconhecimento de uma receita de construção. Ou seja, a norma exige a separação em duas atividades da concessionária nesse caso: uma parte é a construção do ativo, e outra é a sua operação e exploração. E sobre o custo há a obrigatoriedade de adição de um lucro compatível com essa atividade. Assim, durante a construção o que se tem é: a empresa reconhece o ativo em construção pelo custo dessa atividade, e adiciona a ele a receita de construção. A receita vai para o resultado imediatamente. E o custo total, incluindo esse lucro, vai virar o custo do intangível a ser amortizado ao longo da exploração.

Dessa forma, acaba havendo uma dificuldade às vezes significativa: de cada real sendo recebido pela prestação do serviço, parte pode ser para recuperar o Ativo Financeiro (amortização desse ativo), parte para reconhecer uma receita financeira e parte para registrar a remuneração pelo serviço prestado. E a tarifa não vem com essa distribuição, que tem que ser feita pela empresa.

26.2 Reconhecimento e mensuração

26.2.1 Ativos públicos de infraestrutura

Somente para resumir:

26.2.1.1 Entidade concessionária reconhece um Ativo Financeiro

Quando a operadora tem direito de receber um valor determinado, como é o caso da transmissora de energia elétrica como já dito, o ativo recebível é um genuíno Ativo Financeiro. Mas também o tem quando há o direito de receber indenização futura por conta da devolução do ativo ainda em funcionamento ao poder concedente.

A ICPC 01 fala em possibilidade de classificação a valor justo desses ativos. Mas ocorre que praticamente todos eles não são passíveis de qualquer negociação. Assim, estarão mantidos para recebimento nos momentos devidos. Por isso, devem ficar registrados pelo custo amortizado. Repetimos, a norma fala em possibilidade de valor justo reconhecido no resultado ou em outros resultados abrangentes, mas a característica essencial desses ativos é o seu recebimento nas datas ajustadas, e não sua negociação. Assim, seria extremamente raro um Ativo Financeiro poder ter esse tratamento. Dessa forma, devem, como regra, ficar como custo amortizado.

26.2.1.2 Entidade concessionária reconhece um Ativo Intangível

Como já explorado, todo o custo incorrido para a construção de um ativo a ser explorado como concessionária, ou de execução de reformas, adições e outros que contabilmente devam ser adicionados ao ativo, é registrado

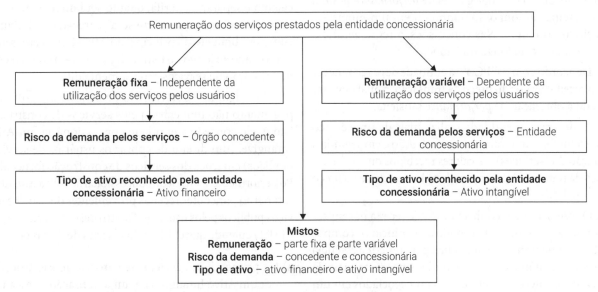

Figura 26.2 Remuneração dos serviços prestados pela entidade concessionária.

como Ativo Intangível, e somente intangível, caso não exista qualquer direito incondicional de receber algum valor no futuro. Trata-se do direito de concessão a ser baixado durante a concessão.

26.2.1.3 Entidade concessionária reconhece um Ativo Financeiro e um Ativo Intangível

Nos casos em que parte do custo do ativo seja passível de recuperação no futuro mediante indenização pelo poder concedente por ser esse ativo devolvido no final do contrato ainda em condições de funcionamento, tem-se então o duplo registro: parte do custo de obtenção do direito de concessão é Ativo Intangível e parte é Ativo Financeiro.

26.2.1.4 Entidade concessionária reconhece um ativo de contrato

A norma estabelece que, quando o recebimento pela concessionária é frente ao poder concedente, durante o processo de construção não se faz a separação entre intangível e financeiro, ficando o total como ativo de contrato. A segregação se dará ao final da construção quando então existirão melhores condições para isso.

26.2.2 Receitas de serviços de concessão, de construção e financeira

A entidade concessionária atua como uma prestadora de serviços. Nesse cenário, deve reconhecer suas receitas com base na proporção dos serviços prestados até a data de encerramento do período contábil de divulgação.

Nesse sentido, o CPC 47 estabelece que a entidade deve reconhecer receitas quando (ou à medida que) a entidade satisfizer a obrigação de *performance*. De acordo com o item 32 do CPC 47, as obrigações de *performance* podem ser satisfeitas ao longo do tempo ou em um momento específico no tempo. Nas concessões, a regra geral é o reconhecimento ao longo do tempo.

De acordo com o CPC 47, a entidade deve reconhecer como receita o valor do preço da transação, o qual deve ser alocado à obrigação de *performance* satisfeita.

Assim, caso a entidade realize mais de um serviço (por exemplo, primeiramente a construção e em seguida a operação dos serviços), os valores recebidos ou recebíveis (preço da transação) devem ser alocados com base no preço individual de cada serviço.

Os critérios de reconhecimento de receita devem ser aplicados separadamente de modo a identificar os componentes de uma transação individual para refletir a essência do evento econômico. Nesse sentido, embora na maioria dos casos os diferentes serviços sejam negociados em um único contrato, é possível separar as etapas de execução,

pois cada etapa possui suas próprias exigências, riscos e especificidades. Em razão disso, é comum a entidade concessionária possuir diferentes margens de lucro operacional nos diferentes estágios dos serviços de concessão. E veja-se que nessas concessionárias podem existir diversas *performances*: construir, financiar, operar etc.

No caso da construção, a concessionária normalmente debita o Ativo Intangível pelo custo adicionado da margem de lucro sobre esta construção, sendo que esta tem como contrapartida uma receita do período da construção. Parte-se do princípio de que a concessionária terá, nos valores a serem recebidos, não só a recuperação do custo investido, mas também a parcela relativa à margem de lucro por essa construção. É um conceito econômico, fundamentado na premissa de que, mesmo que o contrato não especifique, na forma, que na tarifa esteja embutida uma margem de lucro pela construção, isso ocorre, de fato, nos cálculos da concessionária. Em alguns casos, o débito citado não é ao intangível, e sim ao Ativo Financeiro, como no caso da transmissora de energia elétrica que tem total garantia de recebimento dos valores contratados com o governo, mesmo que ela cobre dos clientes a parcela de cada um (se houver inadimplência, o poder concedente paga), e assim só tem Ativo Financeiro. A receita é receita operacional da entidade. E o valor acrescido ao ativo será baixado conforme a depreciação ou os recebimentos dos recebíveis. E as receitas financeiras devem ser reconhecidas, é óbvio, pelo regime de competência.

A grande dificuldade, como já dito, é que a tarifa não especifica tudo isso, porque determinada por um valor global por serviço prestado. Os Ativos Financeiros trazidos a valor presente (indenização a receber, por exemplo) terão sido ajustados por taxa que será a mesma a ser aplicada sobre esses Ativos Financeiros. Logo, há que se efetuar o cálculo e separar, da tarifa, quanto será direcionado para essa receita financeira. Parte será segregada para figurar como recebimento do principal do Ativo Financeiro sendo amortizado ao longo do tempo. E parte ficará como receita de prestação de serviços propriamente dita.

Em algumas circunstâncias, o concedente provê um pagamento não monetário pelos serviços de construção, isto é, ele concede à entidade concessionária um Ativo Intangível (um direito de cobrar os usuários de serviços públicos) em troca dos serviços de construção fornecidos. Posteriormente, a entidade concessionária utiliza esse Ativo Intangível para obter receitas provenientes do uso dos serviços públicos pelos usuários. Dentro desse cenário, a ICPC 01 (R1) entende que existem duas séries de fluxos de caixa:

a) Na primeira, os serviços de construção são trocados por um Ativo Intangível em uma transação de escambo (troca) com o concedente.

b) Na segunda, o Ativo Intangível é utilizado para gerar fluxos de caixa por meio da utilização dos serviços públicos pelos usuários.

26.2.3 Custos de financiamento

Em alguns casos, a entidade concessionária pode obter financiamento para construir ou aperfeiçoar um ativo de infraestrutura. Nesses casos, ela incorrerá em custos de empréstimos relativos a esse financiamento. De acordo com o CPC 20 (R1) – Custos de Empréstimos, "os custos de empréstimos são juros e outros custos em que a entidade incorre em conexão com o empréstimo de recursos".

Note-se que a entidade deve reconhecer os custos de empréstimos como custo da construção no período em que são incorridos, atendendo o princípio da competência, para apropriação das despesas quando da geração dos serviços. O CPC 20 (R1) menciona que uma entidade "deve capitalizar os custos de empréstimo que são diretamente atribuíveis à aquisição, à construção ou à produção de ativo qualificável como parte do custo do ativo". A ICPC 01 (R1) estabelece que o Ativo Intangível recebido sob um contrato de concessão, que é o custo para obter a licença de cobrar os usuários pelos serviços prestados, se enquadra nesses casos, pois essa licença não estará disponível para uso até que os ativos de infraestrutura sejam construídos ou aperfeiçoados. Assim, nessas modalidades de concessão, a entidade deve capitalizar os custos de empréstimos durante a fase de construção do ativo de infraestrutura.

26.2.4 Custos de recuperação da infraestrutura

Em determinadas situações, a entidade concessionária pode possuir obrigações de atender certas condições do contrato, como, por exemplo, manter determinado nível de serviço ou recuperar a infraestrutura antes de entregá-la ao concedente ao final do período de vigência da concessão.

De acordo com o ICPC 01 (R1), nesses casos, a concessionária possui uma obrigação perante o concedente, visto que não tem nenhuma alternativa realista senão liquidá-la. Como provavelmente a concessionária não saberá, no início da concessão, o valor exato que desembolsará para recuperação da infraestrutura, essa obrigação deverá ser reconhecida como uma provisão. A classificação desse passivo como provisão é consistente com o CPC 25 – Provisões, Passivos Contingentes e Ativos Contingentes, que define provisão como "um passivo de prazo ou valor incerto".

Tais provisões, que são obrigações contratuais de manter e recuperar a infraestrutura, devem ser mensuradas e reconhecidas pela melhor estimativa do gasto que seria exigido para liquidar ou transferir a obrigação presente na data de encerramento do balanço. Ressalta-se que tal tratamento contábil é exigido tanto no caso de concessão reconhecida como Ativo Financeiro, como Ativo Intangível ou como parte de uma forma e parte de outra.

26.2.5 Participação residual

O controle que o concedente possui sobre qualquer participação residual nos ativos de infraestrutura restringe a capacidade da entidade concessionária de vendê-los, caracterizando como um elemento de controle. Essa participação residual nos ativos de infraestrutura pode ser estimada pelo valor corrente dos ativos da infraestrutura como se eles estivessem na condição e no período final do contrato de concessão.

26.2.6 Itens fornecidos à entidade concessionária pelo concedente

Pode acontecer de outros ativos, que não a infraestrutura pública, serem fornecidos à entidade concessionária pelo concedente. Caso a concessionária possua o controle sobre tais ativos, eles deverão ser registrados como tais. De acordo com o item 27 da ICPC 01 (R1), "se esses outros ativos fizerem parte da remuneração a ser paga pelo concedente pelos serviços, não constituem subvenções governamentais, tal como são definidas no Pronunciamento Técnico CPC 07 – Subvenção e Assistência Governamentais". De acordo com esse mesmo item, "esses outros ativos devem ser registrados como ativos do concessionário, avaliados pelo valor justo no seu reconhecimento inicial". Ressalta-se que algumas vezes também será necessário reconhecer um passivo relativo a obrigações não cumpridas que o concessionário tenha assumido em troca de tais ativos.

26.2.7 Reconhecimento de receita de construção e operação para empresas transmissoras de energia elétrica

As áreas técnicas da CVM emitiram ofício circular SNC/SEP/nº 04/2020, que trata da aplicação de alterações nas normas contábeis de receita e de instrumentos financeiros em contratos de concessão para empresas no setor de transmissão de energia elétrica.

A CVM realizou extenso levantamento para identificar o tratamento que essas empresas vinham dando à mensuração do valor presente e encontrou, nas demonstrações contábeis de 2018, cinco modelos diferentes, indicando a necessidade de advertir tais empresas em relação à necessidade de se manter a consistência na aplicação da norma contábil no setor, buscando manter a comparabilidade dessas demonstrações.

Ao aplicar o CPC 47, as entidades desse setor identificaram haver duas obrigações de *performance* claramente definidas e, em decorrência, ao aplicar a norma, deveria haver a atribuição de margens para o reconhecimento das receitas de construção e melhoria e de operação e manutenção da infraestrutura. No passado, era comum essas empresas atribuírem margem zero para as construções que realizavam. Também foi identificado que na fase de construção e melhoria apenas será cabível o reconhecimento de um ativo de contrato, por haver um direito condicional ao cumprimento das obrigações de *performance* de operação e manutenção. Assim, ao longo da construção e melhoria da infraestrutura, as empresas devem reconhecer o ativo de contrato em contrapartida ao reconhecimento de receita. Portanto, nessa fase as empresas devem considerar os custos efetivamente incorridos na obra, incrementados pela margem de construção. Por fim, para esses contratos será aplicável o reconhecimento de um Ativo Financeiro para reconhecer o direito de operação e manutenção da infraestrutura, pois o risco de demanda reside no poder concedente.

Quando do início da concessão, há o leilão da infraestrutura de transmissão com base no menor lance de receitas anuais permitidas a serem faturadas pela concessionária vencedora, para o projeto como um todo, e não segregado nas obrigações de *performance* dele; o ofício da CVM foca atenção no potencial problema da mensuração e reconhecimento contábil não refletir a essência de ganho ou perda por eficiência ou ineficiência na construção da infraestrutura segregado do ganho ou perda por revisões tarifárias a serem realizadas pelo poder concedente periodicamente.

Na busca de solucionar o problema, o ofício adentrou na esfera de qual taxa de retorno as empresas devem utilizar para o reconhecimento e mensuração do ativo de contrato, indicando a taxa implícita remanescente de cada projeto, após a alocação das margens de construção e de operação e manutenção. A taxa implícita utilizada para o desconto dos fluxos projetados da receita anual permitida deverá resultar em percentual aproximado do que seria o preço à vista que o cliente pagaria pela infraestrutura construída ou melhorada pela concessionária em uma operação de venda, refletindo assim uma transação de financiamento entre a concessionária e o cliente no início do contrato, considerando o efeito da inflação, os juros e o risco de crédito.

Uma particularidade desses contratos de concessão é a revisão tarifária periódica, que pode surgir por modificação na estrutura dos investimentos realizados, na alteração no fluxo de caixa previsto para a operação e manutenção ou por alteração na taxa de remuneração de capital. No ofício da CVM, há o expresso entendimento de que o efeito da alteração gerado por essa taxa deverá ser reconhecido como ajuste da receita em uma base cumulativa. Ou seja, não é permitida a diluição de um ganho ou perda ao longo do prazo remanescente do contrato, devendo o efeito da remensuração do ativo de contrato ser reconhecido diretamente no resultado do exercício.

O ofício apresentado nesta seção cuida de assuntos de reconhecimento, mensuração e divulgação além dos tratados aqui, cabendo a leitura desse documento na íntegra, em especial para os requerimentos explícitos de apresentação segregada na DRE e de divulgação em notas explicativas.

26.3 Exemplos de reconhecimento e mensuração de contratos de concessão

O objetivo desta seção é ilustrar os conceitos apresentados nos tópicos anteriores, no tocante ao reconhecimento e à mensuração dos eventos econômicos presentes nos contratos de concessão. Também são apresentadas as respectivas contabilizações para as referidas transações.

Ressalta-se que os exemplos abordam apenas a modalidade de concessão enquadrada na ICPC 01 (R1), haja vista que os demais tipos de concessão possuem características distintas que são alvo de outras normas contábeis.

Para fins didáticos, assumiu-se que o período do contrato é de apenas 20 anos e que os recebimentos da entidade concessionária são constantes ao longo desse período.

26.3.1 Reconhecimento de um Ativo Financeiro pela concessionária

O governo do Estado (concedente) contrata a entidade particular XYZ (entidade concessionária) para construir e operar uma rodovia. Os termos do acordo (contrato de concessão) estabelecem que:

a) A rodovia seja construída em quatro anos (isto é, anos 1-4).

b) A concessionária XYZ conduza as operações e mantenha a rodovia por um período de 16 anos (isto é, do ano 5 até o ano 20).

c) A concessionária XYZ realize o recapeamento integral da rodovia ao final do ano 20 (não é simples manutenção, e sim restauração das condições iniciais da pista, independentemente de desgaste), sendo que essa atividade será remunerada pelo concedente.

d) Por ser estrada pioneira em região economicamente inviável, não haverá cobrança de pedágio e o concedente pagará tudo diretamente à concessionária conforme contrato.

Com base nesses termos, a entidade concessionária XYZ estima que os custos a serem incorridos para atender às obrigações serão de:

Custos do contrato

Atividades	Ano	$ (milhões de reais) por ano
Serviços de construção (por ano)	1-4	1.000
Serviços de operação (por ano)	5-20	30
Recapeamento	20	250

Note-se que o custo total do contrato, em valores nominais, é de $ 4.730 milhões = $ 4.000 milhões (construção), $ 480 milhões (operação) e $ 250 milhões (recapeamento). Contudo, esses custos são projetados, sendo que, eventualmente, os valores reais podem diferir dos valores orçados. De qualquer forma, os valores orçados, inicialmente, servem de base para se estimar o custo total dos serviços, bem como os custos de cada atividade – construção, operação e recapeamento.

Já com relação às receitas da concessionária, os termos do contrato de concessão exigem que o concedente remunere a XYZ por seus serviços prestados. Durante os anos 5-20, a entidade concessionária receberá $ 400 milhões por ano. Nessa ótica, a receita total do contrato, em valores nominais é de $ 6.400 milhões ($ 400 milhões × 16). Para os propósitos deste exemplo, assumiu-se que esses fluxos de caixa ocorrem no final do ano.

a) RECONHECIMENTO DE RECEITAS E DESPESAS DE SERVIÇOS DE CONCESSÃO

Os custos de cada atividade – construção, operação e recapeamento – são reconhecidos com base nos estágios de finalização de cada atividade. As receitas do contrato (preço da transação), que são os valores a serem recebidos do concedente, são reconhecidas por competência conforme cada uma das atividades; e as despesas são reconhecidas de forma a confrontá-las. Esse método de reconhecimento de receita é denominando método da porcentagem finalizada para o serviço da construção e do recapeamento (nesse caso é também um tipo de construção). No da operação, é conforme a execução do serviço também.

De acordo com os termos do contrato, a concessionária deve realizar o recapeamento da rodovia ao final do ano 20 para entregar a estrada "no estado de nova". Nessa mesma data, a XYZ será remunerada, pelo concedente, pelo recapeamento, na última parcela de $ 400 milhões. Assim, a obrigação de recapeamento é zero no Balanço Patrimonial da concessionária e nunca será registrada. A receita e a despesa relativas a esse serviço não são reconhecidas no resultado até que o trabalho de recapeamento seja, efetivamente, realizado. Isso ocorre porque, nesse caso, há uma obrigação, mas, concomitantemente, um valor a ser recebido quando o trabalho for executado. Trata-se do denominado contrato executório, não contabilizável a não

ser que uma norma específica assim exija, o que não é o caso aqui. No momento em que o serviço de recapeamento for realizado (final do ano 20), a concessionária deve reconhecer a despesa e a respectiva receita. Nesse caso, basta, por enquanto, uma nota explicativa relatando esse fato: a obrigação e o respectivo direito (se houvesse a obrigação do recapeamento ao final, mas não houvesse pagamento por isso, aí, sim, a empresa teria que ir reconhecendo a obrigação ao longo do tempo, o que será visto no próximo exemplo).

A importância total a ser paga à concessionária XYZ pelos seus serviços, de $ 400 milhões para cada um dos anos 5-20, reflete os valores de cada um dos três tipos de serviços a serem prestados: construção, operação e recapeamento. Assim, a entidade deve alocar o preço da transação a cada obrigação de desempenho identificada no contrato com base no preço de venda individual, o qual corresponde ao preço pelo qual a entidade venderia o bem ou o serviço prometido separadamente ao cliente.

Com base nesta análise, a empresa fez a seguinte alocação:

a) PREÇO DE VENDA INDIVIDUAL

Atividades	Valor Justo
Serviços de construção	Custo projetado + 5%
Serviços de operação	Custo projetado + 20%
Serviços de recapeamento	Custo projetado + 36%
Taxa efetiva de juros	3% a.a. (aproximadamente)

Com base nessas estimativas, a concessionária deve reconhecer nos anos 1-4:

- Os custos de construção de $ 1.000 milhões.
- As receitas de construção de $ 1.050 milhões (custo mais 5%).

Portanto, o lucro bruto da construção, nesse período, é de $ 50 milhões por ano. Os lançamentos contábeis referentes a essas operações são:

	Débito	Crédito
Recebível de Serviços (*) a Receitas de Serviços Construção	1.050 milhões	1.050 milhões

(*) A ICPC 01 (R1) estabelece em seu parágrafo 19 que a contrapartida deve ser em ativo de contrato durante o período de construção ou de melhoria, de acordo com o CPC 47. Porém, o lançamento contábil foi em contrapartida a um recebível, mesmo na fase de construção, porque no caso a concessionária possui um direito incondicional à contraprestação, não estando esse direito condicionado a algo além da passagem de tempo (por exemplo, desempenho futuro da entidade).

	Débito	Crédito
Custos de Serviços de Construção	1.000 milhões	
a Caixa		1.000 milhões

Esta é uma contabilização que pode ser efetuada com base em documentação interna e sem reflexos tributários.

a) Já entre os anos 5-20, a concessionária deve reconhecer:
b) Os custos de operação de $ 30 milhões.

As receitas de operação de $ 36 milhões (custo mais 20%).

Consequentemente, o lucro bruto de operação é de $ 6 milhões por ano. Os lançamentos contábeis nos anos 5-20 são:

	Débito	Crédito
Recebível de Serviços	36 milhões	
a Receitas de Serviços Operação		36 milhões

	Débito	Crédito
Custos de Serviços de Operação	30 milhões	
a Caixa		30 milhões

• Ao final do ano 20, a concessionária deve reconhecer: o custo do serviço de recapeamento no valor de $ 250 milhões de reais.
• A receita de $ 340 milhões de reais (custo mais 36%).

O lucro bruto do serviço de recapeamento é de $ 90 milhões de reais, sendo que os registros contábeis são:

	Débito	Crédito
Recebível de Serviços	340 milhões	
a Receitas de Serviços de Recapeamento		340 milhões

	Débito	Crédito
Custos de Serviços de Recapeamento	250 milhões	
a Caixa		250 milhões

No reconhecimento das receitas e das despesas de serviços de concessão assumiu-se que os custos são pagos ao final do exercício social, em dinheiro, não gerando valores a pagar. Já as receitas são reconhecidas como recebível (Ativo Financeiro), mesmo que o recebimento efetivo do dinheiro tenha previsão de ocorrer em momento distinto. Conforme especificado anteriormente, a remuneração da entidade concessionária é de $ 400 milhões de reais durante os anos 5-20. Nesse sentido, existe um descasamento, normal nesses tipos de negócio, entre o reconhecimento contábil das receitas e a realização financeira delas.

b) MENSURAÇÃO DE ATIVO FINANCEIRO

Conforme discutido ao longo deste capítulo, nesse tipo de concessão a entidade concessionária não reconhece os ativos públicos de infraestrutura (no presente exemplo, a rodovia) como seu ativo. Como o concedente controla esses ativos, a entidade concessionária é apenas uma prestadora de serviço. Nesse sentido, ela reconhecerá, como ativo, apenas os valores recebíveis por seus serviços.

Os valores recebíveis do concedente atendem à definição de um instrumento financeiro, pois os fluxos de caixa da entidade concessionária estão garantidos, independentemente da utilização da rodovia pelos usuários. Dessa forma, a entidade concessionária não arca com o risco da demanda pelos serviços, isto é, esse risco será suportado pelo concedente.

Assim, esse instrumento financeiro é classificado como um recebível, sendo inicialmente mensurável pelo valor justo. Subsequentemente, esse recebível é mensurável pelo custo amortizado, isto é, o valor inicialmente reconhecido, menos os recebimentos, mais os juros acumulados sobre o valor, calculados utilizando o método da taxa efetiva de juros.

O Pronunciamento Técnico CPC 48 – Instrumentos Financeiros define taxa de juros efetiva como sendo "**a taxa que desconta** exatamente os recebimentos ou pagamentos futuros estimados ao longo da vida esperada do Ativo Financeiro ou passivo financeiro em relação ao valor contábil bruto de Ativo Financeiro ou ao custo amortizado de passivo financeiro".

Assumindo que os valores justos das receitas e os fluxos de caixa se mantenham iguais aos projetados, a taxa de juros efetiva será de 3% ao ano. Essa será a taxa utilizada para se calcularem os juros incorridos sobre os valores reconhecidos. Logo, esse Ativo Financeiro é acrescido pelas receitas de juros e reduzido pelas liquidações financeiras, isto é, pelo pagamento dos serviços de concessão pelo concedente.

Com base nessas informações, é possível calcular o valor do Ativo Financeiro (recebível) a cada ano. Por exemplo, ao final do ano 1, o valor desse recebível seria de $ 1.050 milhões de reais. Já ao final do ano 2, o valor do recebível é igual ao saldo inicial ($ 1.050 milhões), mais os juros calculados utilizando o método da taxa efetiva ($ 1.050 milhões × 3%), menos os recebimentos (zero, já que a concessionária somente começa a receber pelos seus serviços no quinto ano), mais o valor correspondente à receita auferida no segundo ano ($ 1.050 milhões). O recebível é mensurado dessa maneira ano a ano.

Finalmente, suponha-se que a empresa vá financiando com capital próprio o custo da construção e vá entregando aos sócios qualquer saldo positivo do caixa quando existente. Observe o Quadro 26.1.

Quadro 26.1 Mensuração do Ativo Financeiro

$ (milhões reais)

Valores devidos pela construção no ano 1	1.050
Recebível ao final do ano 1	**1.050**
Juros efetivos no ano 2 sobre o recebível ao final do ano 1 (3% × 1.050)	32
Valores devidos pela construção no ano 2	1.050
Recebível ao final do ano 2	**2.132**
Juros efetivos no ano 3 sobre o recebível ao final do ano 2 (3% × 2.132)	63
Valores devidos pela construção no ano 3	1.050
Recebível ao final do ano 3	**3.245**
Juros efetivos no ano 4 sobre o recebível ao final do ano 3 (3% × 3.245)	95
Valores devidos pela construção no ano 4	1.050
Recebível ao final do ano 4	**4.390**
Juros efetivos no ano 5 sobre o recebível ao final do ano 3 (3% × 4.390)	129
Valores devidos pela operação no ano 5	36
Caixa recebido no ano 5	(400)
Recebível ao final do ano 5	**4.155**

Percebe-se que o recebível é acrescido pelos valores das receitas, isto é, pelos valores referentes à construção ($ 1.050 milhões nos anos 1-4). Note-se, também, que houve uma redução no valor do recebível ao final do quinto ano. Isso ocorre porque à medida que a entidade concessionária recebe do concedente ($ 400 milhões nos anos 5-20), o valor desse recebível é diminuído. Desse modo, o saldo remanescente desse Ativo Financeiro decrescerá e será totalmente zerado ao final da vigência do contrato, isto é, ao final do ano 20. No final do ano 19, o saldo final recebível será apenas de $ 23 milhões; a ele serão acrescidos no ano 20 os $ 36 milhões das receitas de operações desse ano, mais a receita do recapeamento de $ 340 milhões, mais os juros de 3% sobre o saldo inicial, menos os $ 400 milhões de recebimento, zerando o saldo recebível.

Se se montar a planilha, ver-se-á que os lucros operacionais, sem receitas financeiras, serão de $ 50 milhões nos primeiros quatro anos, $ 6 milhões do quinto ao décimo nono ano, e $ 96 milhões no último, totalizando $ 386 milhões; as receitas financeiras serão de 32 milhões no segundo ano, $ 63 no segundo, $ 11 milhões no penúltimo e bem menos de $ 1 milhão no último, totalizando $ 1.284 milhões. E o lucro total será de $ 1.670 milhões, conforme originalmente previsto. E a competência muito bem apropriada, tanto na parte do lucro genuinamente operacional quanto na do lucro financeiro.

A planilha completa para a distribuição das receitas financeiras seria conforme a Tabela 26.1.

Tabela 26.1

(Em $ milhões)

Final do Ano	Fluxo de Caixa	Receita de Juros	Saldo de Contas a Receber	Lucro Operacional
1	(1.000)	–	1.050	50
2	(1.000)	32	2.132	50
3	(1.000)	63	3.245	50
4	(1.000)	95	4.390	50
5	370	129	4.155	6
6	370	121	3.912	6
7	370	114	3.661	6
8	370	106	3.404	6
9	370	99	3.139	6
10	370	91	2.866	6
11	370	83	2.585	6
12	370	75	2.296	6
13	370	67	1.999	6
14	370	58	1.693	6
15	370	49	1.378	6
16	370	40	1.054	6
17	370	30	720	6
18	370	21	377	6
19	370	11	23	6
20	120	0	(0)	96
	1.670	1.284		386

26.3.2 Reconhecimento de um Ativo Intangível pela concessionária

O governo do Estado (concedente) contrata a entidade particular ABC (entidade concessionária) para construir e operar uma rodovia. Como forma de remuneração, o concedente oferece à ABC uma licença para cobrar os usuários pelos serviços, ou seja, um Ativo Intangível. Os termos do acordo (contrato de concessão) estabelecem que:

a) A rodovia seja construída em quatro anos (isto é, anos 1-4).

b) A concessionária ABC conduza as operações e mantenha a rodovia por um período de 16 anos (isto é, do ano 5 até o ano 20).

Os termos do contrato também exigem que a entidade ABC realize o recapeamento da rodovia quando o asfalto original se desgastar para um nível inferior ao especificado. A ABC estima que terá que realizar o recapeamento da rodovia no final do ano 20. A concessão termina no final desse ano 20.

Com base nesses termos, a entidade concessionária ABC estima que os custos a serem incorridos para atender às obrigações serão de:

Custos do contrato

Atividades	Ano	$ (milhões)
Serviços de construção (por ano)	1-4	1.000
Serviços de operação (por ano)	5-20	30
Recapeamento	20	250

Os termos do contrato concedem uma licença para que a entidade ABC cobre um valor de pedágio dos usuários que utilizarem a rodovia. Conforme discutido ao longo deste capítulo, a entidade ABC arcará com o risco de demanda pelos serviços. Isso ocorre, pois, caso a rodovia não seja utilizada, a concessionária não irá auferir receita.

A ABC projeta que o número de veículos permanecerá constante ao longo da duração do contrato, sendo que suas projeções indicam uma receita de $ 400 milhões de reais por ano, durante os anos 5-20.

Ressalta-se que os custos e as receitas são projetados, sendo que os valores reais podem diferir dos valores orçados. De qualquer forma, os valores orçados inicialmente servem de base para se estimar o custo total dos serviços, e os ajustes vão sendo feitos ao longo do tempo. Para os propósitos deste exemplo, assume-se que todos os fluxos de caixa ocorrem no final do ano e são iguais aos projetados.

a) RECONHECIMENTO DE RECEITAS E DESPESAS DE SERVIÇOS DE CONCESSÃO

No presente exemplo, a concessionária ABC possui dois tipos de receita: serviços de construção (1-4 anos) e os serviços de operação (5-20 anos). Seus fluxos de caixa serão provenientes dos pedágios a serem cobrados dos usuários da rodovia, já que a entidade não será remunerada pelo órgão concedente por esses serviços. Do mesmo modo, a ABC deverá realizar o recapeamento da rodovia, sendo que tampouco será remunerada pelo concedente por esses serviços (diferentemente do exemplo anterior).

Os fluxos de caixa de entrada apenas ocorrerão a partir do quinto ano, após a construção da rodovia, visto que a rodovia necessita estar construída e em operação para que se possam auferir as receitas de pedágio. Contudo, nos primeiros quatro anos, apesar não haver entrada de caixa, a concessionária aufere, também, uma receita proveniente

da construção da rodovia. Logo, ela já começa a reconhecer suas receitas utilizando como base o estágio de finalização de cada atividade.

Note-se que, nessa modalidade de concessão, onde a entidade concessionária recebe um direito de exploração do ativo público de infraestrutura, existem duas situações:

a) A concessionária troca com o órgão concedente (transação de escambo) os serviços de construção pela licença de cobrar pedágio dos usuários (Ativo Intangível).

b) A licença é utilizada para gerar fluxo de caixa por meio da cobrança de pedágio dos usuários pela utilização da rodovia.

Assim, de maneira similar ao exemplo anterior, assume-se que a receita de construção será igual ao custo projetado mais 5%. Nesse sentido, nos anos 1-4, a ABC reconhece, no resultado do exercício, custos de construção de $ 1.000 milhões de reais, receitas de construção de $ 1.050 milhões de reais (custo + 5%), o que gera consequentemente um lucro bruto de $ 50 milhões de reais.

Assim, nos quatro primeiros anos, a concessionária reconhece uma receita de serviços de construção de $ 1.050 milhões derivada da construção da rodovia. Contudo, diferentemente do exemplo anterior, a concessionária não reconhece um instrumento financeiro (recebível), visto que não possui um direito incondicional de receber um Ativo Financeiro. Isso ocorre porque nessa modalidade de concessão a concessionária arca com o risco da demanda.

Por outro lado, ela possui um direito de cobrar os usuários pelos serviços, isto é, a concessionária possui uma licença para cobrar pedágio, e consequentemente deve registrá-la como ativo de contrato ao longo da construção e subsequentemente transferir o saldo do ativo para Ativo Intangível. Assim, no período de construção da rodovia, o valor da receita de construção é ativado, o que origina os seguintes lançamentos contábeis:

	Débito	Crédito
Ativo de Contrato	1.050 milhões	
a Receitas de Serviços		
Construção		1.050 milhões

	Débito	Crédito
Custos de Serviços de		
Construção	1.000 milhões	
a Caixa		1.000 milhões

Já as receitas de exploração dos direitos de concessão, provenientes da cobrança de pedágio dos usuários das rodovias, são reconhecidas na medida em que os valores são recebidos dos usuários. Assumindo que essas receitas ocorram de acordo com o projetado, a ABC reconhecerá como receita de serviços o valor de $ 400 milhões por ano. Como, geralmente, os clientes pagam o pedágio à vista, durante os anos 5-20, os lançamentos contábeis serão:

	Débito	Crédito
Caixa	400 milhões	
a Receitas de Serviços		
Exploração		400 milhões

Ao longo do período de vigência do contrato de concessão, as receitas provenientes do pedágio deverão ser confrontadas com a amortização dos valores de Ativo Intangível, derivados da transação de escambo que envolveu a construção da rodovia nos anos 1-4, bem como com os gastos de manutenção de 30 milhões por ano.

b) MENSURAÇÃO DE ATIVO INTANGÍVEL

Durante o estágio de construção da rodovia, esse custo de construção gera o direito da concessão, que deve ser classificado como Ativo Intangível (uma licença para cobrar os usuários pela utilização da rodovia). Assim, a ABC deve capitalizar suas receitas de serviços de construção de $ 1.050 milhões de reais ($ 1.000 milhões + 5% de margem) nos quatro primeiros anos.

Do mesmo modo, conforme discutido na Seção 26.2.4, a entidade deveria capitalizar os custos dos empréstimos durante o estágio de construção, se existissem. Isso é determinado, pois a rodovia só estará disponível para gerar benefícios futuros após o período de construção. Nesse sentido, os juros dos empréstimos devem compor o custo do Ativo Intangível.

Contudo, para fins didáticos deste exemplo, assume-se que a ABC possui dinheiro em caixa para financiar a construção e, portanto, não necessita de empréstimos. Assim, o custo do intangível é de $ 4.200 milhões de reais ($ 1.050 × quatro anos), que são o valor da receita de serviços de construção dos quatro primeiros anos do contrato.

Ao longo do período de vigência do contrato de concessão, as receitas provenientes do pedágio deverão ser confrontadas com a amortização do Ativo Intangível que deverá ser realizada ao longo do período no qual estará disponível para utilização pela ABC, ou seja, durante os anos 5-20. Utilizando uma taxa linear, o valor da amortização do Ativo Intangível será de $ 262,5 milhões de reais por ano ($ 4.200 milhões dividido por 16 anos). Isso acarretará o seguinte registro contábil durante esses anos:

	Débito	Crédito
Despesa de Amortização	262,5 milhões	
a Amortização Acumulada		262,5 milhões

Note-se que essa despesa de amortização de $ 262,5 milhões de reais, nos anos 5-20, será confrontada com a receita proveniente da cobrança de pedágio dos usuários da rodovia de $ 400 milhões de reais.

c) OBRIGAÇÃO DE RECAPEAMENTO DA RODOVIA

O contrato de concessão exige que a ABC realize o recapeamento da rodovia quando o asfalto original se desgastar em um nível menor que o especificado, sendo que a empresa estima que terá que realizar o recapeamento da rodovia ao final do ano 20. Neste caso, a entidade não será remunerada pelo concedente por esse serviço e ele será considerado necessário apenas na extensão da danificação ocorrida. Logo, será contabilizado como despesa de manutenção.

Note que a obrigação de recapeamento da rodovia surge do desgaste pela sua utilização durante a fase operacional do contrato de concessão. Portanto, uma provisão precisa ser constituída. Conforme especificado anteriormente, a concessionária estima que deverá desembolsar $ 250 milhões de reais para recapear a rodovia ao final do ano 20.

Essa obrigação deve ser reconhecida pela melhor estimativa, calculada no encerramento de cada exercício social, do valor que será exigido para liquidá-la. Para mensurá-la, faz-se necessário trazer esses montantes ao valor presente. Sobre esse aspecto, o Pronunciamento Técnico CPC 25 – Provisões, Passivos Contingentes e Ativos Contingentes, destaca que "quando o efeito do valor do dinheiro no tempo é material, o valor de uma provisão deve ser o valor presente dos desembolsos que se espera que sejam exigidos para liquidar a obrigação".

Nesse sentido, a concessionária deve mensurar, já no início do ano 5, a obrigação de recapeamento, pelo valor presente do desembolso futuro de $ 250 milhões de reais, prevista para o final do ano 20. Assim, ao final do ano 5 calculará o valor presente de 1/16 de $ 250 milhões, à taxa de 3% a.a., pelos 15 anos até chegar ao final do ano 20. Isso dará $ 10 milhões como despesa de manutenção provisionada. No sexto ano, o valor presente de 1/16 de $ 250 milhões, por 14 anos, dará uma despesa de manutenção de $ 10 milhões (parecem iguais por problemas de arredondamento, na verdade são $ 10,3 milhões), mas haverá também a despesa financeira sobre o saldo da provisão do ano anterior. No total dos 16 anos, $ 202 milhões terão sido lançados como despesa provisionada e $ 48 milhões terão sido reconhecidos como despesas financeiras, basta montar a planilha para se verificar.

Com isso, o lucro do primeiro ao quarto ano será de $ 50 milhões cada, pela construção. No quinto ano será de $ 97 milhões, correspondentes à receita de $ 400 milhões, amortização de $ 263 milhões, despesas de $ 30 milhões da operação e provisão de $ 10 milhões do recapeamento; no sexto ano esse lucro diminuirá um pouco, porque aumentará a despesa com a provisão e surgirá a despesa financeira da provisão e assim por diante, mas o total dos 20 anos mostrará o mesmo lucro global que na situação do Ativo Financeiro, ou seja, $ 1.670 milhões, mas com um resultado operacional totalmente diferente do anterior.

A planilha que visualiza esses números é a apresentada no Quadro 26.2.

Note-se que as contabilizações foram realizadas, para fins didáticos, anualmente. Por essa razão não houve reconhecimento da despesa de juros referente à provisão ao longo do ano 5, primeiro ano de utilização da rodovia. Em outras palavras, o valor reconhecido como despesa de provisão para o ano 5 já representa o valor da obrigação, ajustada a valor presente nessa data: $ 10.029 mil = $ 15.625 mil/$(1,03)^{15}$.

Na prática, no caso de contabilizações mensais, a provisão começaria a ser reconhecida ao final do mês de janeiro de X5 e no mês seguinte deveriam ser reconhecidos os respectivos juros sobre seu saldo. Esse seria o procedimento contábil mais correto, pois o fato gerador da provisão de recapeamento é o desgaste do asfalto, sendo que à medida que isso acontece reconhece-se a respectiva parcela da provisão ajustada a valor presente. Do mesmo modo, à medida que o tempo passa, são reconhecidos os respectivos juros sobre o saldo da provisão do mês anterior.

A título de exemplificação, considere os mesmos dados do exercício com os respectivos ajustes para o reconhecimento mensal ao longo do ano 5. A taxa de juros de 3% ao ano é equivalente a uma taxa mensal de 0,25% haja vista que $1,03 = (1,0025)^{12}$. O valor da despesa mensal de provisão será igual a 1/192 de $ 250 milhões (1.302 mil) a taxa de 0,25 a.m.

Por exemplo, no dia primeiro de janeiro, ela será de 813,41 mil = 1.302 mil/$(1,0025)^{191}$. Já no mês de fevereiro, teremos uma despesa de juros de 2 mil = 813,41 mil × 0,25%. E assim sucessivamente, conforme ilustra a Tabela 26.2.

Quadro 26.2

(Em $ milhões)

Final do Ano	Fluxo de Caixa	Despesa c/ Provisão p/ Recapeamento	Despesas de Juros	Saldo da Provisão	Lucro Operacional	Lucro Líquido
1	(1.000)				50,00	50,00
2	(1.000)				50,00	50,00
3	(1.000)				50,00	50,00
4	(1.000)				50,00	50,00
5	370	(10,0)	0,0	(10,0)	97,50	97,47
6	370	(10,3)	(0,3)	(20,7)	97,20	96,87
7	370	(10,6)	(0,6)	(31,9)	96,90	96,24
8	370	(11,0)	(1,0)	(43,8)	96,50	95,58
9	370	(11,3)	(1,3)	(56,4)	96,20	94,90
10	370	(11,6)	(1,7)	(69,8)	95,90	94,18
11	370	(12,0)	(2,1)	(83,8)	95,50	93,43
12	370	(12,3)	(2,5)	(98,7)	95,20	92,65
13	370	(12,7)	(3,0)	(114,3)	94,80	91,84
14	370	(13,1)	(3,4)	(130,9)	94,40	90,98
15	370	(13,5)	(3,9)	(148,3)	94,00	90,10
16	370	(13,9)	(4,4)	(166,6)	93,60	89,17
17	370	(14,3)	(5,0)	(185,9)	93,20	88,20
18	370	(14,7)	(5,6)	(206,2)	92,80	87,20
19	370	(15,2)	(6,2)	(227,5)	92,30	86,14
20	120	(15,6)	(6,8)	(250,0)	91,90	85,05
	1.670	(202,2)	(47,8)	(250,0)	1.717,80	1.670,00

Tabela 26.2

(Em $)

Meses – Ano 5	Despesa de Provisão	Juros	Saldo Provisão
Janeiro	813.416	0	813.416
Fevereiro	815.423	2.006	1.630.845
Março	817.434	4.022	2.452.301
Abril	819.450	6.048	3.277.798
Maio	821.471	8.084	4.107.353
Junho	823.497	10.130	4.940.979
Julho	825.528	12.186	5.778.693
Agosto	827.564	14.252	6.620.508
Setembro	829.605	16.328	7.466.441
Outubro	831.651	18.414	8.316.505
Novembro	833.702	20.511	9.170.718
Dezembro	835.758	22.617	10.029.093

Veja que o saldo da provisão em dezembro do ano 5 é de $ 10.029 mil, que, não por coincidência, é o mesmo valor do exemplo que utiliza a contabilização anual. Entretanto, na contabilização mensal, existe o reconhecimento de juros já no ano 5. Do mesmo modo, reconhecendo-se a provisão mensalmente, o valor total dos juros reconhecido ao longo dos anos será distinto. Isso porque o período utilizado para capitalização (diário, mensal, anual etc.) impacta no montante dos juros que é reconhecido pela empresa; o mesmo ocorre, por exemplo, quando da utilização de diferentes métodos de capitalização, como o SAC ou a Tabela Price.

Note-se, igualmente, que no modelo de Ativo Intangível a distribuição do resultado será diferente ano a ano, porque as premissas estão diferenciadas, principalmente com relação à garantia de recebimento por parte da situação em que há o Ativo Financeiro; e também por causa da diferença de premissa na característica do recapeamento. No caso do Ativo Financeiro, há uma característica quase que de operação financeira: o enorme valor do investimento foi considerado como uma espécie de empréstimo, e por isso a receita financeira foi tão grande. No fundo, são duas operações de naturezas diferentes, inclusive do ponto de vista de risco.

Os números foram propositalmente considerados para dar o mesmo resultado, mas há uma lógica que aqui, didaticamente, foi desconsiderada: na verdade, a receita garantida pelo Estado no primeiro caso não poderia dar o mesmo lucro, numa situação normal, que no segundo, já que no segundo caso a empresa está correndo risco muito maior, por depender da projeção do tráfego. Mas isso foi desconsiderado apenas por razões didáticas, como dito.

26.4 Um problema muito especial: direito de concessão pago em parcelas

Um problema bastante difícil reside na aquisição de direito de concessão com pagamento parcelado. Admita-se que uma concessionária adquira o direito de explorar por 30 anos uma rodovia já pronta para operar com as seguintes condições: paga, à vista, $ 100 milhões e pagará mais $ 1 milhão por mês, corrigível anualmente pelo IPCA.

Os $ 100 milhões pagos à vista transformam-se, obviamente, em Intangível imediatamente, a ser amortizado pelos 360 meses.

Agora vem o problema, relativo aos pagamentos mensais: deve-se contabilizar o $ 1 milhão mensal como se fosse um aluguel? Denomina-se isso contrato executório, como no caso de contratação de matéria-prima para entrega futura: não se contabiliza o ativo nem o passivo enquanto não for recebida a matéria-prima, já que a obrigação de pagar está vinculada ao direito de receber o ativo. Não se contabiliza o ativo e o passivo porque uma empresa assina um contrato de construção de um prédio com uma construtora; nem a contratante, nem a contratada. Com base nessa regra, contrato executório não é contabilizado até que seja executado (a não ser que o seu cumprimento venha a gerar um prejuízo, o que obriga ao reconhecimento da perda); a não ser quando expressamente exigido por uma norma, como é o caso do CPC 06 (R2).

Mas é mesmo um contrato executório um contrato como esse de concessão tomado como exemplo? Isso implicaria entender que a obrigação de pagar o valor do mês seguinte está subordinada ao direito de explorar a estrada durante esse mês seguinte. Ou será que o melhor é entender que o direito de explorar o mês atual e todos os próximos foi adquirido de uma única vez, e com isso deve-se reconhecer esse intangível imediatamente, com a contrapartida no Passivo?

Claro que, se reconhecidos o Ativo e o Passivo imediatamente, eles o serão pelo seu valor presente; assumindo que a taxa de desconto aplicável seja de 0,7% ao mês, o valor presente de $ 1 milhão, durante 360 meses, é de $ 131.261.560,61!! Assim, o direito aparecerá, juntado ao valor pago à vista, por $ 231.261.560,61, e o passivo (desmembrado, mas a maior parte no não circulante), no total de $ 131.261.560,61.

Quais os problemas decorrentes dessa forma de contabilização que efetivamente parece como a mais aderente à forma de contratação do ponto de vista econômico e mais conforme à teoria contábil? Em primeiro lugar aparece o problema do reconhecimento de um endividamento que tende a assustar a concessionária e que ela, provavelmente, preferiria não mostrar. E, em segundo lugar, um fantástico desbalanceamento com o decorrer do tempo pelo seguinte:

o Ativo Intangível não será corrigido, mas o passivo o será anualmente.

Admitindo que o direito tenha sido adquirido em 31 de dezembro do ano X, durante (X + 1) serão pagos $ 12 milhões de direito de concessão (por simplificação, vamos omitir a amortização mensal do valor pago à vista). Esses $ 12 milhões seriam o valor da despesa contabilizada se utilizada a forma de contrato executório (como se fosse aluguel), com nada registrado no passivo. Esse será também o valor da saída de caixa durante o ano a esse título. E, a partir de janeiro de (X + 2), o pagamento, supondo variação da inflação em 5%, será de $ 1.050.000 mensalmente.

Agora, se houver a contabilização com o reconhecimento no Ativo e no Passivo do valor presente dos pagamentos mensais futuros, os $ 12 milhões de efetivo pagamento serão contabilizados a débito do Passivo, e não como despesa, por representarem pagamento da dívida; os juros de 0,7% ao mês incidirão sobre o saldo da dívida no final de cada mês anterior. No caso, totalizariam $ 10.987.582,04 para o ano (X + 1). Nesse primeiro exercício, as despesas seriam menores do que na outra versão, apesar de que o caixa entregue terá sido exatamente o mesmo.

No início do segundo ano (X + 2), a prestação será corrigida, e também terá que ser corrigido todo o saldo devedor da dívida no final de (X + 1), que será de $ 130.249.142,65, implicando uma despesa de variação monetária da dívida de $ 6.512.457,13. Durante (X + 2), as despesas de juros serão de $ 10.875.539,57 que, somados à correção da dívida, totalizarão despesas de $ 17.387.996,70 nesse ano (X + 2). Ou seja, um acréscimo de 58% sobre as despesas do ano anterior! Já no caso de uma contabilização à base do direito creditório, as despesas serão de 12 × $ 1.050.000,00 = $ 12.600.000,00, exatamente 5% a mais do que no ano anterior nesse critério. Esses $ 12.600.000,00 serão também o desembolso de caixa durante (X + 2).

Se imaginarmos uma correção das tarifas de também 5%, veremos o total desbalanceamento contábil no resultado e no Balanço Patrimonial com a contabilidade ativando o valor presente dos pagamentos mensais. Esse valor de despesas em (X + 2) bastante majorado pode, ao longo de alguns anos, provocar enormes prejuízos contábeis, às vezes com transformação do Patrimônio Líquido em negativo, mas com enormes saldos de caixa no Ativo! Isso porque essas despesas de atualização do Passivo não são contrabalançadas por correções do Ativo Intangível, como ocorria antigamente no Brasil.

Assim, as distorções podem gerar demonstrações contábeis que não atendem ao propósito estabelecido na Estrutura Conceitual e muito menos aos objetivos da Contabilidade.

Uma solução possível, já aventada há muitos anos na Comissão Consultiva de Normas Contábeis do Brasil,

seria a ativação da variação monetária e sua amortização pela vida útil remanescente do contrato. Neste exemplo, os $ 6.512.457,13 seriam amortizados nos 348 meses subsequentes, ou seja, $ 18.713,96 por mês; com isso, em vez do total de mais de $ 6,5 milhões, seriam apropriados ao ano (X + 2) 12 × $ 18.713,96 = $ 224.567,49; esse valor, juntado às despesas de juros de $ 10.875.539,57, totalizaria despesas de $ 11.100.107,06 para esse ano (acréscimo de 10% sobre o ano anterior). Algo bem diferente dos $ 17.387.996,70 de quando se joga toda a correção da dívida diretamente no resultado.

O CPC 06 (R2) modificou o reconhecimento dos arrendamentos mercantis e aluguéis já incorporando essa forma alternativa; o problema é que esse CPC não se aplica automaticamente como um todo às concessões. De qualquer forma, em nossa opinião, é necessário trazer-se esse conceito específico para as concessões, a fim de reduzir a enorme e absurda deformação contábil que ocorre quando de sua não adoção.

Outras definições também serão tomadas ainda. Imagine-se que, além dos compromissos assumidos no exemplo dado, a vencedora assuma também a obrigação de construir a segunda pista da rodovia, num prazo de cinco anos, no valor total de $ 200 milhões. Deveria também ativar o valor presente desses desembolsos previstos como parte do direito de concessão adquirido e reconhecer o respectivo Passivo?

Por enquanto, a maioria das empresas brasileiras não está ativando nenhum desses valores presentes de pagamentos futuros.

E resta ainda o mais difícil desses aspectos: e quando os pagamentos mensais devidos durante toda a concessão não são valores prefixados, e sim um percentual da receita? Deve-se estimar esse montante e ativá-lo pelo seu valor presente? Veja-se que aqui o exercício de futurologia para estimação dos pagamentos futuros é ainda muito mais difícil.

Percebe-se, então, que há ainda muitos pontos sem solução definitiva para essas e outras questões. Com isso, acaba havendo sempre a possibilidade de tratamentos díspares na prática entre empresas concessionárias. Sugerimos, fortemente, que se leia com muita atenção as notas explicativas que resumem o tratamento contábil utilizado para o adequado entendimento do que a empresa está fazendo.

26.5 Tratamento para pequenas e médias empresas

Os conceitos abordados neste capítulo também são aplicáveis às entidades de pequeno e médio portes. Para maior detalhamento, consulte o Pronunciamento Técnico PME – Contabilidade para Pequenas e Médias Empresas.

27

Relatório da Administração

27.1 Introdução

O conjunto de informações que deve ser divulgado por uma sociedade por ações representando sua "prestação de contas" abrange:

a) O Relatório da Administração.

b) As demonstrações contábeis e as notas explicativas que as integram.

c) O Relatório do Auditor Independente, se houver.

d) O Parecer do Conselho Fiscal, se existir, incluindo os votos dissidentes.

e) O resumo do Relatório do Comitê de Auditoria, quando existente, e se constituído por pessoas independentes à sociedade.

No Brasil, esse conjunto representa uma parte dos Documentos da Administração levados à Assembleia Geral, como previsto no art. 133 da Lei nº 6.404/1976, alterado pela Lei nº 10.303/2001.

É importante lembrar que a Lei brasileira não obriga à publicação do Parecer do Conselho Fiscal; quando existir, tal parecer precisa ser oferecido à Assembleia Geral dos acionistas, mas sua publicação é optativa. A prática demonstra que ele é publicado na maioria das vezes em que existe.

O Relatório do Auditor Independente é obrigatório e precisa ser publicado juntamente com as demonstrações contábeis, no caso, das companhias abertas e de certas empresas sob regulamentação especial (instituições financeiras, seguradoras, entre outras).

O Pronunciamento Técnico CPC 26 (R1) – Apresentação das Demonstrações Contábeis, item 10, conjugado com a Lei das S.A., art. 176, determina que o conjunto completo de demonstrações contábeis é composto de, no mínimo:

a) Balanço Patrimonial no final do período.

b) Demonstração do resultado do período.

c) Demonstração do resultado abrangente do período.

d) Demonstração das Mutações do Patrimônio Líquido do período.

e) Demonstração dos Fluxos de Caixa do período.

f) Demonstração do Valor Adicionado do período para o caso da companhia aberta.

g) Notas Explicativas, compreendendo um resumo das políticas contábeis significativas e outras informações explanatórias.

h) Mesmas demonstrações do período anterior, comparativamente apresentado.

Assim, prevalecem no Brasil, como conjunto obrigatório das demonstrações contábeis, as citadas pelo Pronunciamento Técnico CPC 26 (R1), que adiciona à Lei no nosso país a Demonstração do Resultado Abrangente. Importante salientar ainda que a Demonstração do Valor Adicionado (DVA), apesar de não ser uma demonstração contábil obrigatória para fins de normas internacionais (IFRS), é obrigatória para as companhias abertas no cenário nacional em razão da Lei das S.A. e do CPC 26 (R1).

De acordo com o Pronunciamento CPC 26 (R1), o objetivo das demonstrações contábeis é proporcionar informação acerca da posição patrimonial e financeira, do desempenho e dos fluxos de caixa da entidade, que seja útil a um grande número de usuários em suas avaliações e tomada de decisões econômicas. As demonstrações contábeis também objetivam apresentar os resultados da atuação da administração, diante de seus deveres e responsabilidades na gestão diligente dos recursos que lhe foram confiados.

É importante lembrar que os usuários objetivam analisar a situação atual e de resultados passados da empresa fornecidos pelas demonstrações contábeis, visando também, até onde possível, servir de elemento preditivo da evolução e resultados futuros da empresa, que melhor orientem suas decisões no presente.

É, portanto, nesse aspecto que a administração pode fornecer importante contribuição aos usuários, ou seja, apresentar o Relatório da Administração de maneira orientada ao futuro, não só ao fornecer projeções e operações previstas para o futuro, mas também ao fazer análises do passado, indicativas de tendências futuras. Além das tendências, a administração deve munir o usuário com informações referentes a possíveis fatores que possam modificar a tomada de decisão, possibilitando a ele o desenvolvimento de suas próprias projeções, a fim de aumentar o valor da informação disponível. Nesse sentido, percebe-se que o Relatório permite a divulgação de vasta gama de informações cujo conteúdo vai além das informações de natureza puramente financeira, que incluem, por exemplo, os planos de expansão da empresa, riscos associados a suas operações, direitos dos acionistas, informações de natureza socioambiental, relação com colaboradores e fornecedores etc. De fato, a qualidade do Relatório de Administração da empresa está diretamente relacionada com o grau de transparência do seu balanço e às suas práticas de governança corporativa.

Outra característica relevante a ser considerada é que o Relatório da Administração, por ser descritivo e menos técnico que as demonstrações contábeis, reúne condições de entendimento por uma gama bem maior de usuários, em relação àquele número que consegue entender e tirar as conclusões básicas a partir das demonstrações contábeis. É comum, e normalmente muito útil, a utilização de quadros e gráficos que visam facilitar a compreensão dos resultados e das operações da companhia. Nesse contexto, a contabilidade cumpre seu papel de fornecer informações que sejam prontamente entendidas pelos usuários, aumentando a compreensibilidade do conjunto de demonstrações contábeis e a utilidade da informação (Pronunciamento Conceitual Básico do CPC (R1) – Estrutura Conceitual para Elaboração e Apresentação das Demonstrações Contábeis). Logo, o Relatório da Administração, por seu maior poder de comunicação, pode, dessa forma, fornecer tais conclusões a uma gama maior de usuários.

Como informação complementar, o Ofício-Circular CVM/SNC/SEP nº 01/2007 prevê a divulgação de métricas não contábeis, por exemplo, a do lucro antes dos juros, Imposto de Renda, depreciação e amortização (LAJIDA) – *Earnings Before Interest, Taxes, Depreciation and Amortization* (EBITDA) em comentários do Relatório da Administração e/ou em outras peças informativas apresentadas pelas companhias abertas, como, por exemplo, no *Release* de Resultados que é divulgado por diversas companhias abertas, sendo divulgadas de maneira que fique claro para o investidor o conceito que está sendo abordado. Outro exemplo é a *International Organizational of Securities Comission* (IOSCO), que em seu relatório publicado em 2003 sobre divulgação de informações gerenciais (Seção 27.2.3.2) sugere que as empresas devem ter cautela ao utilizar termos técnicos, justamente pelo potencial de falharem em prover as informações apropriadas aos investidores. Destacam-se ainda as iniciativas relacionadas com a publicação do Balanço Social, dentro do Relatório de Administração, por parte de algumas empresas no Brasil. Merecem destaque ainda as informações de caráter social e ambiental, à medida que o tema "ESG – *Environmental, Social and Governance*" ganha importância perante os usuários das demonstrações contábeis.

Por fim, apesar de o Relatório da Administração ser peça fundamental de evidenciação de informações corporativas, ressaltamos as recomendações trazidas pela Orientação Técnica OCPC 07 – Evidenciação na Divulgação dos Relatórios Contábil-Financeiros de Propósito Geral, em especial aquela relativa à determinação de que apenas informações relevantes sejam divulgadas nos balanços das empresas. Esse mesmo princípio deve nortear a elaboração e a divulgação do Relatório da Administração.

27.2 Estágio em nível internacional

27.2.1 Geral

O Relatório da Administração tem sido adotado pelas empresas em inúmeros países, voltado, basicamente, ao atendimento de tais finalidades, mas sob forma e conteúdo variados.

27.2.2 Estudo da ONU

A Conferência das Nações Unidas para o Comércio e Desenvolvimento (Unctad) publicou em 2006 um Guia de Boas Práticas de Governança Corporativa (GPCGD), como resultado de um trabalho que envolveu *experts* da área e das normas emitidas pelo *International Standards of Accounting and Reporting* (ISAR) durante o período de 2001 a 2005.

Tais orientações da ONU são aplicáveis às empresas transnacionais. Todavia, suas conclusões e orientações são de muito interesse por sua validade técnica e importância, podendo ajudar a orientar o Relatório da Administração de qualquer empresa, motivo pelo qual balizamos a presente seção naquelas conclusões.

Dessa forma, a prestação de contas dos atos praticados e as expectativas sobre desempenhos futuros é que devem nortear a elaboração desse relatório. Para tanto, os administradores devem valer-se de informações coerentes com a situação espelhada nas demonstrações contábeis e em dados consistentes para corroborar suas previsões.

O relatório deve ser um forte instrumento de comunicação entre a entidade, seus acionistas e a comunidade na qual se insere, posto que sua adequada elaboração proporcionará tomadas de decisões de melhor qualidade.

Evidentemente, devemos considerar nessa divulgação a relação custo/benefício da informação, bem como a necessidade de manter sigilo sobre certos aspectos comerciais ou estratégicos de áreas sensíveis.

27.2.2.1 Conteúdo básico

Existe consenso preliminar quanto à forma de apresentação do Relatório da Administração. Essa forma não significa padronização, para não prejudicar a flexibilidade que esse relatório deve apresentar, mas inclui os requisitos básicos a serem observados em sua elaboração. O guia é dividido em cinco seções:

1. Divulgação financeira.
2. Divulgação não financeira.
3. Assembleias.
4. Calendário e meios de divulgação.
5. Boas práticas para cumprimento.

O guia tem como objetivo ilustrar a convergência de opiniões sobre o conteúdo das divulgações de governança corporativa, em que se insere o Relatório de Administração. Incentiva também que países e empresas apliquem, da melhor forma, as práticas internacionais de divulgação, sem deixar de atender às exigências legais de cada localidade.

27.2.2.2 Divulgação financeira

Uma das principais responsabilidades da administração é garantir que os acionistas e outras partes interessadas tenham acesso a divulgações de qualidade sobre os resultados financeiros e operacionais da entidade de maneira a possibilitar a compreensão da natureza do negócio, o seu estado atual e como está sendo esperado para o futuro.

A administração pode identificar claramente riscos inerentes e estimativas utilizados na preparação e elaboração de relatórios financeiros e operacionais da empresa, a fim de dar aos investidores melhor compreensão dos riscos que correm. Por exemplo, em alguns casos, os requisitos de mensuração dos relatórios financeiros requerem a avaliação de certos ativos com base no valor justo. No entanto, enquanto o valor justo de certos ativos é obtido com objetividade razoável, com outros não acontece o mesmo. Situações desse tipo requerem que a administração utilize estimativas baseadas em modelagem de mercados hipotéticos.

Além da divulgação exigida pelas normas, a administração pode fornecer maior conforto aos acionistas e outras partes interessadas por meio da divulgação de que a diretoria ou o comitê de auditoria revisou os critérios de determinação do valor justo e que os cálculos foram conduzidos de uma forma objetiva.

O relatório também deve divulgar as funções da administração no processo de elaboração das demonstrações contábeis, deixando claro que também é responsável pela criação de um contexto global de transparência.

27.2.2.3 Divulgação não financeira

Essa parte do Relatório da Administração deve abranger as divulgações correspondentes às propriedades e direitos dos acionistas, assim como uma eventual mudança significativa na composição acionária, estrutura de controle, entre outras.

Informações sobre a composição dos Órgãos de Administração, seus membros, suas funções, deveres e qualificações devem ser amplamente divulgadas. Para facilitar o cumprimento dessas funções, tornou-se prática comum estabelecer comitês para abordar alguns potenciais conflitos de interesse. A utilização de comitês é, entre outras coisas, destinada a reforçar a independência de julgamento sobre as questões em que existe potencial conflito, e para trazer conhecimentos específicos em áreas como auditoria de gestão de risco, eleição dos membros da diretoria e remuneração dos executivos.

O Relatório da Administração também deve divulgar a eventual existência de um código de ética empresarial e qualquer estrutura de governança posta em prática para apoiar esse código de ética. A gestão da ética é importante para a promoção de boas práticas de negócios, transparência e redução dos riscos.

A administração deve divulgar o mecanismo de fixação da remuneração dos administradores e sua estrutura. Informações sobre os pacotes de remuneração devem incluir salário, bônus, pensões, opções de ações, pagamentos e todos os demais benefícios, financeiros ou não, bem como despesas reembolsadas.

A divulgação deve contemplar também o planejamento de sucessão para os executivos-chave e outros membros, demonstrando que existe uma estratégia para a continuidade das operações.

Outras questões relevantes associadas aos *stakeholders*, ao meio ambiente e à responsabilidade social devem ser divulgadas, contribuindo para o cumprimento do objetivo principal do relatório. A administração também deve divulgar os sistemas de controles internos existentes no intuito de mitigar riscos.

O conselho deve divulgar os critérios aplicados na nomeação dos auditores externos, assim como a garantia de sua independência e competência. Também devem fazer parte das divulgações o escopo de trabalho e as responsabilidades da auditoria interna e, caso a entidade não a tenha, quais as razões para tal decisão.

27.2.2.4 Outras informações

Além dos tópicos e itens mencionados, devem-se considerar os seguintes itens adicionais:

a) Divulgações sobre as assembleias gerais ordinárias e extraordinárias.

b) Calendários e meios de divulgação.

c) Existência ou não de um código local de governança corporativa, como, por exemplo, os níveis diferenciados de governança corporativa da B3 (Nível I, Nível II e Novo Mercado), seu cumprimento e explicação de suas práticas.

27.2.3 Outros estudos e normas relacionados

Diferentemente do Brasil, onde a Lei das S.A. determina a elaboração e a publicação do Relatório da Administração, as normas internacionais ainda não obrigam à divulgação desse relatório como parte integrante das informações financeiras, não existindo documento no âmbito das IFRSs que trate especificamente desse assunto. Até agora, houve apenas uma minuta divulgada pelo IASB, que ainda não se transformou em documento a ser obrigatoriamente cumprido por quem adotar as normas internacionais de contabilidade. A seguir, são mostradas outras iniciativas nesse sentido.

27.2.3.1 IAS 1

O IAS 1, cujo Pronunciamento Técnico correspondente no cenário nacional é o CPC 26 (R1), no item 1.9, afirma que o propósito principal das informações financeiras é prover ao usuário informação a respeito da posição financeira, desempenho da empresa e fluxo de caixa para tomada de decisões econômicas. Sugere ainda o que pode ser incluído no relatório, a saber: (i) os principais fatores que influenciam a *performance* financeira e as políticas de investimentos futuras; (ii) as fontes de recursos da entidade; e (iii) os recursos não reconhecidos no Balanço Patrimonial (*off-balance sheet items* são ativos e passivos que não estão, por força das normas, reconhecidos no balanço, como é o caso de obrigações por compra de mercadorias futuras, arrendamento mercantil operacional, contratos para construção de imóveis, fianças, avais, alguns tipos de contratos financeiros, obrigações e responsabilidades por determinadas operações etc.).

27.2.3.2 Relatório do comitê técnico da IOSCO

Em 2003, a *International Organization of Securities Commissions* (IOSCO) publicou relatório com alguns princípios para nortear a divulgação de informações financeiras e análise gerencial das operações. Essa iniciativa foi tomada após a recente crise financeira mundial, que fez o mercado demandar informações mais qualitativas e transparentes. Entre outros aspectos, o relatório enfatiza que os princípios básicos seriam:

a) Ênfase para as informações relevantes.

b) Clareza e concisão, usando linguagem simples e informações relevantes.

c) Formato que facilite a compreensão dos usuários, sejam eles investidores ou agências de *rating*.

d) Apresentação em conjunto com as demonstrações contábeis.

Além dos cuidados já mencionados com os jargões utilizados no relatório, são apresentadas situações de cautela, como a necessidade de desenhar situações específicas das companhias a fim de aumentar a qualidade dos relatórios e a análise dos resultados de forma objetiva, o que pode implicar na divulgação de informações que reflitam negativamente na condição econômico-financeira da companhia. Vale o princípio de que o relatório deve prover ao usuário a mesma informação relevante que o gestor utiliza para a tomada de suas decisões.

27.2.3.3 Projeto do IASB

Em 2005, o *International Accounting Standards Board* (IASB) apresentou um *discussion paper* com a IOSCO para obter um guia sobre o assunto. Entre outros tópicos, foi sugerido que o Relatório da Administração passasse a integrar o conjunto de demonstrações contábeis, por supor que a qualidade dos relatórios possivelmente melhoraria.

O IASB mantém esse assunto na pauta de discussão. Segundo esse material, o Relatório da Administração deve evidenciar não apenas o que aconteceu, mas também o porquê de a administração acreditar ter ocorrido cada fato mais relevante e quais suas implicações para o futuro.

Os atuais estudos do FASB indicam que o Relatório da Administração deve ser baseado em alguns princípios, a saber:

a) Refletir a visão da administração sobre desenvolvimento, desempenho e posição financeira da entidade.

b) Prover informações complementares e suplementares em relação às demonstrações contábeis.

c) Ser orientado ao futuro.

Além dos princípios, são destacadas as características qualitativas da informação previstas no Conceptual Framework das IFRSs, incorporado no cenário nacional por meio do CPC 00 (R2) – Estrutura Conceitual para Relatório Financeiro. Para serem úteis, as informações dos relatórios precisam ser relevantes e ter representação fidedigna. Outras características a serem maximizadas são comparabilidade, verificabilidade, tempestividade e compreensibilidade, todas condicionadas à materialidade e ao custo.

São descritas informações consideradas essenciais para o entendimento dos acontecimentos da empresa como natureza do negócio; objetivos da administração e as estratégias para alcançá-los; relações, risco e recursos mais relevantes para a entidade; resultado das operações e prospectos; e medidas de desempenho críticas e indicadores usados pelos gestores para medir a evolução da entidade em relação aos objetivos propostos.

Por fim, é importante salientar que o IASB emitiu em maio de 2021 o *Exposure Draft* "*Management Commentary*", que aborda especialmente as divulgações que são realizadas pelas empresas nos Relatórios de Administração. Na visão do órgão internacional de contabilidade, existe diversidade na forma como as empresas, na prática, têm elaborado tais relatórios, sendo que em determinados casos a informação é demasiadamente generalista e insuficiente – não atendendo ao objetivo de prover informações relevantes para os usuários das demonstrações financeiras.

O objetivo do referido *Exposure Draft*, portanto, é justamente colher informações dos *stakeholders* para permitir que o IASB desenvolva uma nova norma sobre o tema – em substituição ao IFRS *Practice Statement 1 Management*, emitido em 2010. A proposta contida documento prevê que o Relatório da Administração contenha divulgações relacionadas com (i) modelo de negócios, (ii) estratégia para manutenção e desenvolvimento da empresa, (iii) recursos e relacionamento com o modelo de negócios, (iv) riscos, (v) fatores e tendências no ambiente externo e (vi) *performance* e posição financeira da empresa.

27.2.4 Conclusão

Como observamos, é grande a importância dada ao Relatório da Administração internacionalmente, no intuito de fornecer realmente as informações úteis e necessárias à mais adequada base para tomada de decisão e avaliação por parte dos usuários.

27.3 Situação no Brasil

27.3.1 Uma avaliação geral

Já vimos que o Relatório da Administração pode e deve ser um importante e necessário complemento às demonstrações contábeis publicadas pelas empresas. Apesar de exigido para as Sociedades Anônimas, não tem sido elaborado e divulgado explorando todo o seu potencial de informação e utilidade. Temos visto no Brasil exemplos de excelentes Relatórios de Administração, porém relativos a um número muito pequeno de empresas ou grupos empresariais. Também tem sido significativo o número de empresas, particularmente as fechadas, cujo Relatório da Administração é elaborado e divulgado com esse título, meramente com a pretensão burocrática de atender à exigência legal. Em termos concretos, muitas empresas nem isso conseguem, pois o conteúdo de tais Relatórios da Administração não contempla o mínimo exigido pela Lei das S.A., ou seja, de representar um "relatório da administração sobre os negócios sociais e os principais fatos administrativos do exercício findo", conforme determina o art. 133, item I, da Lei nº 6.404/1976.

Outras empresas têm usado o Relatório da Administração como forma de alardear adjetivos de autopromoção aos próprios administradores, ou até para objetivos políticos e de promoção de governantes.

Situação ainda pior verificamos em casos em que os administradores procuram dar interpretação e análises favoráveis ou de melhoria dos resultados ou da posição financeira, quando as demonstrações contábeis anexas e às quais se refere o Relatório da Administração indicam situação diversa.

Há, por fim, uma quantidade apreciável de empresas que elaboram Relatórios da Administração de boa-fé, mas sem explorar toda sua potencialidade e sua capacidade de transmitir informações úteis.

Tendo em vista esses fatos e visando ao gradativo aprimoramento de tais Relatórios da Administração no Brasil é que reproduzimos na primeira parte deste capítulo a importância, a seriedade e a profundidade com que internacionalmente o assunto é tratado.

Veremos, a seguir, tais aspectos aplicáveis no Brasil, particularmente às companhias abertas, relembrando que tais orientações devem ser consideradas também pelas companhias fechadas, visando aprimorar o Relatório da Administração que apresentem.

27.3.2 A legislação no Brasil

Já vimos que a Lei nº 6.404/1976, em seu art. 133, item I, determina que:

"Os Administradores devem comunicar [...] que se acham à disposição dos acionistas:

• o Relatório da Administração sobre os negócios sociais e os principais fatos administrativos do exercício findo."

Além da obrigatoriedade básica descrita, temos na citada lei as seguintes exigências de divulgação no Relatório da Administração:

a) Art. 55, § 2º (aquisição de debêntures de emissão própria).

b) Art. 118, § 5º (política de reinvestimento de lucros e distribuição de dividendos, constantes de acordo de acionistas).

c) Art. 243 (modificações ocorridas no exercício nos investimentos em coligadas e controladas).

Embora a Lei nº 6.404/1976 obrigue à divulgação dos fatos indicados, de maneira geral os Relatórios da Administração não se têm apresentado na forma mais adequada e com suficiente divulgação. A melhoria na forma dos relatórios depende muito do comprometimento dos próprios gestores com a transparência e a confiabilidade, garantindo informação mais qualitativa aos seus diversos usuários. Além do comprometimento dos gestores, pode ser mencionado o desenvolvimento do próprio mercado, cuja maturidade automaticamente implicará maior demanda por informações.

27.3.3 Conteúdo proposto ou exigido pela CVM e comentários

A CVM emitiu a Deliberação nº 676/2011, e o CFC a NBC TG 26 (R4), que aprovaram o pronunciamento CPC 26 (R1), e que versa, entre outros quesitos, sobre o conteúdo mínimo do Relatório da Administração publicado pelas companhias abertas.

Segundo essa deliberação, o Relatório da Administração deve contemplar, além do solicitado por lei, as seguintes informações:

a) Dos principais fatores e influências que determinam o desempenho, incluindo alterações no ambiente em que a entidade opera, a resposta da entidade a essas alterações e o seu efeito e a política de investimento da entidade

para manter e melhorar o desempenho, incluindo a sua política de dividendos.

b) Das fontes de financiamento da entidade e a respectiva relação pretendida entre passivos e o Patrimônio Líquido.

c) Dos recursos da entidade não reconhecidos nas demonstrações contábeis de acordo com os Pronunciamentos Técnicos, Interpretações e Orientações do CPC.

A Instrução nº 480 da CVM, emitida em 7 de dezembro de 2009, com as alterações introduzidas pelas Instruções CVM nos 488/2010, 509/2011, 511/2011 e 520/2012, estabelece níveis de exigência diferentes para as empresas abertas conforme o tipo de títulos que negociam no mercado. A instrução separa as empresas em duas categorias, A e B, cuja diferença principal está em que as empresas incluídas no grupo B não podem ter ações ou títulos conversíveis em ações negociados em mercados regulamentados, seja em bolsa ou em mercado de balcão. Assim, cada empresa tem seu tratamento adequado e mais é exigido de quem mais acessa o mercado, uma vez que, para as empresas da categoria B, a divulgação de alguns itens é facultativa, conforme demonstra o Anexo 24 da Instrução. Também fica instituído o Formulário de Referência, substituindo o Formulário de Informações Anuais (IAN), como documento atualizado regularmente que reúne todas as informações sobre o emissor.

A referida Instrução reforça a preocupação quanto à análise dos riscos da empresa, materializada com a criação do Formulário de Referência, como mencionado. O documento deve ser entregue anualmente, em até cinco meses contados da data de encerramento do exercício social e em outras situações. Aos emissores pertencentes ao grupo A, uma nova entrega deve ser realizada em até sete dias úteis quando ocorrer algum dos fatos a seguir: alteração de administrador ou membro do Conselho Fiscal do emissor; alteração do capital social; emissão de novos valores mobiliários, ainda que subscritos privadamente; alteração nos direitos e vantagens dos valores mobiliários emitidos; alteração dos acionistas controladores, diretos ou indiretos, ou variações em suas posições acionárias iguais ou superiores a 5% de uma mesma espécie ou classe de ações do emissor; quando qualquer pessoa natural ou jurídica, ou grupo de pessoas representando um mesmo interesse atinja participação, direta ou indireta, igual ou superior a 5% de uma mesma espécie ou classe de ações do emissor, desde que o emissor tenha ciência de tal alteração; variações na posição acionária das pessoas mencionadas no inciso VI superiores a 5% de uma mesma espécie ou classe de ações do emissor, desde que o emissor tenha ciência de tal alteração; incorporação, incorporação de ações, fusão ou cisão envolvendo o emissor; alteração nas projeções ou estimativas ou divulgação de novas projeções e estimativas; celebração, alteração ou rescisão de acordo de acionistas arquivado na sede do emissor ou do qual o controlador seja parte referente ao exercício do direito de voto ou poder de controle do emissor; e decretação de falência, recuperação judicial, liquidação ou homologação judicial de recuperação extrajudicial.

Para os emissores da categoria B, uma nova entrega deve ser dar quando houver: alteração de administrador; emissão de novos valores mobiliários, ainda que subscritos privadamente; alteração dos acionistas controladores, diretos ou indiretos, ou variações em suas posições acionárias iguais ou superiores a 5% de uma mesma espécie ou classe de ações do emissor; incorporação, incorporação de ações, fusão ou cisão envolvendo o emissor; alteração nas projeções ou estimativas ou divulgação de novas projeções e estimativas; e decretação de falência, recuperação judicial, liquidação judicial ou extrajudicial ou homologação judicial de recuperação extrajudicial.

O Anexo 24 da referida instrução apresenta os itens a serem preenchidos pelas empresas de cada categoria, descrevendo informações específicas como os fatores de risco que possam influenciar as decisões de investimento, em especial os relacionados com: o emissor; seu controlador, direto ou indireto, ou grupo de controle; seus acionistas; suas controladas e coligadas; seus fornecedores; seus clientes; os setores da economia em que o emissor atue; a regulação dos setores em que o emissor atue; e os países estrangeiros onde o emissor atue. Ainda, é solicitada a descrição de eventuais expectativas de redução ou aumento na exposição do emissor a tais riscos; os processos judiciais, administrativos ou arbitrais em que o emissor ou suas controladas sejam parte; descrição dos itens contingenciais considerados relevantes; divergências de regras entre países em que os valores mobiliários estão custodiados. São também solicitadas informações sobre os Riscos de Mercado a que a empresa está sujeita, como riscos cambiais e taxas de juros, bem como a política adotada para gerenciamento desses riscos, entre outras informações.

A seguir, apresentaremos comentários sobre alguns dos conteúdos específicos a serem divulgados no Relatório da Administração:

a) DESCRIÇÃO DOS NEGÓCIOS, PRODUTOS E SERVIÇOS

Neste tópico, pode ser feito um resumo em que seja(m) mencionado(s) o(s) ramo(s) de atividade(s) da companhia, os principais produtos, área(s) de atuação, dados comparativos das vendas físicas dos períodos objeto do relatório e respectivos valores em moeda de poder aquisitivo da data do encerramento do último exercício social. Podem, ainda, ser apresentadas descrição e análise por segmento ou linha de produto, quando importantes para melhor compreensão e avaliação.

b) COMENTÁRIOS SOBRE A CONJUNTURA ECONÔMICA GERAL

O principal relato a ser considerado refere-se à análise de fatores exógenos cuja contribuição para o desempenho da companhia tenha sido significativa. Entre esses fatores, incluem-se atos governamentais tanto de efeito fiscal quanto de alteração no próprio contexto econômico como um todo, concorrências nos mercados, alterações climáticas etc. Também podem ser mencionados os impactos da inflação e informações sobre a flutuação da moeda estrangeira e operações de *hedge*, se relevantes. É importante que a entidade demonstre como esses fatores exógenos impactaram seu desempenho no exercício; e não apenas descrevê-los de forma genérica, sem trazer uma relação com sua operação e seus resultados.

c) RECURSOS HUMANOS

Devem ser indicados: a quantidade de empregados no encerramento do exercício e a quantidade média e sua rotação (*turnover*) nos períodos reportados; divisão da mão de obra conforme a localização geográfica; distribuição por gêneros; nível educacional; investimentos em treinamento; fundos de seguridade e outros planos sociais. Em suma, devem ser divulgados os aspectos relevantes à área de pessoal para efeito de análise do desempenho da companhia.

Cada vez mais são exigidas informações de natureza social da empresa no mundo todo.

d) INVESTIMENTOS

Este item deve abranger a descrição dos principais investimentos realizados, objetivo, montantes e origens dos recursos alocados.

Como investimentos, para efeito deste item, devem ser entendidas as inversões de recursos em bens do Ativo Imobilizado, ou mesmo aquisições de bens (terrenos etc.) cuja utilização como imobilizado far-se-á mais adiante. Importante que a apresentação dos montantes de investimentos de capital no Relatório da Administração seja passível de verificação nas informações constantes nas demonstrações contábeis e nas notas explicativas.

e) PESQUISA E DESENVOLVIMENTO

É uma breve descrição e atual estágio dos projetos, recursos alocados e montantes aplicados. Evidentemente, o aspecto relativo ao sigilo nos casos de pesquisa e desenvolvimento é um fator relevante a ser considerado. A recomendação não prevê, porém, uma divulgação detalhada dos projetos, propiciando aos usuários apenas o conhecimento em relação à filosofia administrativa em termos de busca de novas tecnologias ou seu aperfeiçoamento. Essa informação é de grande importância em relação a previsões quanto à continuidade futura da empresa em comparação com outras do mesmo ramo de atividade.

f) NOVOS PRODUTOS E SERVIÇOS

Devem ser mencionados os novos produtos e/ou serviços colocados à disposição do mercado durante o período, bem como as expectativas a eles relativas.

Essas expectativas não devem ser puramente emocionais, mas baseadas em dados que as suportem, como estudos prévios de mercado, estratégia a ser implementada, testes de demanda/consumo etc.

g) PROTEÇÃO AO MEIO AMBIENTE

Pelo fato de as discussões em torno da proteção à ecologia virem desenvolvendo-se de forma cada vez mais acelerada, este item passa a ser significativo em termos de divulgação. Para isso, deve ser feita uma descrição dos investimentos efetuados, mencionando-se o objetivo das inversões e respectivo valor dos gastos envolvidos para controle do meio ambiente (gastos com purificação de dejetos, de gases etc.) e outros.

h) REFORMULAÇÕES ADMINISTRATIVAS

Para as empresas em processo de revisão da estrutura administrativa, devem ser descritas as mudanças efetuadas, reorganizações societárias e programas de racionalização.

Uma avaliação da relevância dessas alterações deve ser feita para divulgação, pois simples modificações internas para as quais não se prevejam benefícios importantes não deverão ser mencionadas.

i) INVESTIMENTOS EM CONTROLADAS E COLIGADAS

Devem ser indicados os investimentos efetuados e objetivos pretendidos com as inversões.

Em geral, as companhias têm evidenciado os investimentos tão somente nas notas explicativas, fazendo menção a isso no Relatório da Administração. Aparentemente, esse procedimento atende à legislação; entretanto, não seria a maneira mais adequada de divulgação, pois nas notas explicativas constam apenas a composição dos valores apresentados no balanço e na demonstração de resultados (equivalência patrimonial) e alguns outros itens definidos em lei, enquanto no Relatório da Administração a menção deve ser feita no sentido de justificar os objetivos pretendidos com a inversão de recursos ou mesmo as razões pelas quais a empresa desfez-se de determinado investimento.

j) DIREITOS DOS ACIONISTAS E DADOS DE MERCADO

Os principais aspectos a serem abordados são as políticas relativas à distribuição de direitos, desdobramentos e grupamentos; valor patrimonial por ação, volume negociado no período e cotações das ações em bolsas de valores (média e no final do período).

Essas informações são muito relevantes para o investidor na análise da relação entre a cotação em bolsa e o valor patrimonial das ações, bem como em termos de retorno sobre o capital investido ou a investir, em função das políticas adotadas pela administração na distribuição de dividendos etc.

k) PERSPECTIVAS E PLANOS PARA O EXERCÍCIO EM CURSO E OS FUTUROS

Poderá ser divulgada a expectativa da administração quanto aos exercícios correntes e futuros, baseada em premissas e fundamentos explicitamente colocados.

É conveniente esclarecer o fato de que neste tópico não precisam constar quantificações, daí não poderem ser confundidas as expectativas fundamentadas com as projeções quantificadas de resultados etc.

Como fundamentação básica das expectativas, deverão constar os cenários nos quais se basearam.

l) EMPRESAS INVESTIDORAS

Para os casos de empresas de participações (principalmente as *holdings*), o relatório deve incluir as informações anteriormente recomendadas, mesmo em forma mais sucinta, relativas às empresas investidas.

m) FONTES DE OBTENÇÃO DE RECURSOS

Neste item, a entidade deve divulgar as principais formas de financiamento de suas atividades, dando destaque para a obtenção de recursos via mercado de capitais com a colocação de títulos de dívida e/ou títulos patrimoniais (ações) junto ao público investidor.

n) ITENS FORA DO BALANÇO

A entidade deve destacar e comentar sobre o montante e o risco da realização dos itens conhecidos, mas não contabilizados nas demonstrações contábeis por não se encaixarem nas atuais normas de contabilidade vigentes no Brasil. Entre esses itens, destacam-se:

i)   operações com derivativos que não constem no balanço;

ii) compromissos firmes (preço, prazo e quantidades definidos e respectiva punição no caso de não cumprimento do contrato) de compras ou vendas;

iii) cartas de fiança e outras garantias concedidas;

iv) contingências não contabilizadas;

v)   ativos intangíveis não reconhecidos.

o) ANÁLISE DE RISCOS

Apesar de o Termo de Referência da CVM exigir detalhes sobre a análise dos riscos da entidade, é de esperar que um razoável sumário (pelo menos) dessa análise seja efetuado no Relatório da Administração. Vejam-se os parágrafos finais do item *d)* na Seção 27.3.3.

27.3.4 Divulgação voluntária do LAJIDA e LAJIR

Com relação ao LAJIDA (EBITDA) – Lucro antes dos juros, Impostos sobre renda incluindo contribuição social sobre o lucro líquido, Depreciação e Amortização, e o LAJIR (EBIT) – Lucro antes dos juros e impostos sobre a renda incluindo Contribuição Social sobre o lucro líquido, a Instrução da CVM nº 480/2009 estabelece que caso a empresa tenha divulgado no último exercício social, ou deseje divulgar, informações sobre esses itens, deve informar o valor de medições não contábeis (*non gaap*); fazer as conciliações entre os valores divulgados e os valores das demonstrações financeiras auditadas; e explicar o motivo pelo qual entende que tal medição é mais apropriada para a correta compreensão da sua condição financeira e do resultado de suas operações.

Em 4 de outubro de 2012, a CVM emitiu a Instrução nº 527, com disposições sobre a divulgação voluntária do LAJIDA (EBITDA) e LAJIR (EBIT), em que foi estabelecido que o cálculo dessas medidas deve ter como base os números apresentados nas demonstrações contábeis previstas no CPC 26(R1), ou seja, não poderão ser considerados quaisquer montantes que não estejam nas demonstrações divulgadas, em especial da demonstração do resultado do exercício.

O cálculo não pode excluir quaisquer itens não recorrentes, não operacionais ou de operações descontinuadas, sendo obtido da seguinte forma:

Resultado líquido do período	Resultado líquido do período
(+) Tributos sobre o lucro	(+) Tributos sobre o lucro
(+) Despesas financeiras líquidas das receitas financeiras	(+) Despesas financeiras líquidas das receitas financeiras
(+) Depreciações, amortização e exaustões	–
= LAJIDA (EBITDA)	= LAJIR (EBIT)

Adicionalmente, a companhia pode optar por divulgar tais medidas excluindo os resultados líquidos vinculados às operações descontinuadas (CPC 31 – Ativo Não Circulante Mantido para Venda e Operação Descontinuada) e ajustadas por outros itens, de maneira que contribua para a informação sobre o potencial de geração bruta de caixa. Os outros itens citados como ajustes somente podem ser usados quando constarem dos registros contábeis que serviram de base para as demonstrações contábeis publicadas e, caso a companhia opte por realizá-los, deve divulgar:

a) A descrição de sua natureza.

b) Forma de cálculo.

c) Justificativa para o ajuste.

Nesse caso, as medidas serão divulgadas como "ajustadas".

Convém ressaltar que toda a divulgação relativa ao LAJIDA (EBITDA) e ao LAJIR (EBIT) deve ser feita fora do conjunto completo de demonstrações contábeis, de forma consistente e comparável com a divulgação de períodos anteriores. Caso a companhia venha a alterar os valores divulgados dos indicadores de períodos anteriores, deve também apresentar as justificativas e a descrição completa dos respectivos ajustes.

Um ponto relevante introduzido pela Instrução da CVM refere-se à verificação do cálculo do LAJIDA (EBITDA) e do LAJIR (EBIT) por parte do auditor independente da companhia. Caso seja identificada inconsistência relevante, de acordo com a NBC TA 720 do CFC, o auditor independente deve determinar se as demonstrações contábeis auditadas ou as outras informações precisam ser retificadas e, no caso de recusa por parte da administração da companhia, pode ocasionar até mesmo a modificação da opinião em seu relatório de auditoria independente.

Os administradores da companhia devem dispensar à divulgação das informações de natureza não contábil abordadas neste tópico o mesmo tratamento dado à divulgação das informações contábeis.

27.4 Divulgação de serviços que não de auditoria prestados pelos auditores independentes

A Instrução CVM nº 381, de 14 de janeiro de 2003, relata que as entidades auditadas deverão divulgar no Relatório da Administração informações relativas a seu relacionamento (e de suas partes relacionadas) com o Auditor Independente (com relação a todos serviços por este prestados). As informações exigidas são:

a) A data de contratação, o prazo de duração, se superior a um ano, e a indicação da natureza de cada serviço prestado.

b) O valor total dos honorários contratados e o seu percentual em relação aos honorários relativos aos serviços de auditoria externa.

c) A política ou os procedimentos adotados pela companhia para evitar a existência de conflito de interesse, perda de independência ou objetividade de seus auditores independentes.

d) Resumo das razões pelas quais, em seu entendimento (da empresa em conformidade com o auditor), a prestação de outros serviços não afeta a independência e a objetividade necessárias ao desempenho dos serviços de auditoria externa.

27.5 Considerações finais

Em função de dificuldade de concluir sobre a existência ou não de determinados itens, seria conveniente a declaração, no relatório, da não aplicabilidade à empresa dos itens específicos recomendados, visando dar maior clareza para seus acionistas e usuários em geral.

Devido ao fato de as sugestões mencionadas não esgotarem a matéria, deve-se estar atento a qualquer elemento cuja divulgação gere informação relevante para os usuários das demonstrações contábeis, para que sejam tomadas as decisões com a menor margem de erro possível.

Importante ressaltar que o IASB possui atualmente um Projeto de Norma, intitulado *Disclosure Project*, que trata de melhorias na divulgação de informação corporativa. Tal projeto decorre da preocupação do norma-tizador relativa a problemas identificados na prática contábil, mais especificamente acerca da não divulgação de informação relevante nas demonstrações contábeis, da inclusão de informação irrelevante nas referidas demonstrações e da ineficiência na comunicação de informações financeiras.

Em março de 2017, foi publicada a 1ª Minuta para Discussão (*Discussion Paper*) desse projeto – *Disclosure Initiative – Principles of Disclosure*. O IASB entende que tal projeto deve trazer modificações na IAS 1 (CPC 26) ou eventualmente até gerar a publicação de uma nova norma contábil que trate especificamente da divulgação corporativa.

27.6 Tratamento para as pequenas e médias empresas

Esse tópico não é abordado pelo Pronunciamento Técnico PME – Contabilidade para Pequenas e Médias Empresas.

28

Contabilidade em Economia Inflacionária

28.1 Introdução

Em economias com elevado grau de inflação, em que a moeda nacional sofre variações significativas em seu poder aquisitivo, o registro das transações pelo valor histórico perde sua representatividade.

No transcorrer de um período com inflação, os itens de natureza monetária, como disponível, realizáveis e exigíveis, são normalmente demonstrados em termos de moeda com poder aquisitivo atual, ou próximo do atual. No entanto, itens de natureza não monetária, por exemplo, o imobilizado, os estoques e o capital integralizado pelos acionistas, podem estar representados por valores formados em diversas datas (algumas de anos atrás) por moedas com vários níveis de poder aquisitivo.

Esses efeitos são refletidos, igualmente, na apuração do resultado de cada ano, por exemplo, nas depreciações e amortizações de certos ativos, na venda ou na baixa de ativos adquiridos há certo tempo, como no caso dos estoques, imobilizados etc.

Evidentemente, o efeito líquido das variações resultantes das mudanças no poder aquisitivo da moeda altera-se de empresa para empresa, dependendo dos investimentos em ativos de curta ou longa vida e da relação entre os ativos e passivos monetários.

Como grande número de países passou (alguns ainda passam) por altos índices de inflação nas últimas décadas, contadores, administradores, autoridades fiscais, entre outros profissionais, preocuparam-se em desenvolver e aprimorar técnicas que permitam medir adequadamente a posição financeira e o resultado das operações das empresas em uma economia inflacionária; trata-se da contabilidade com base no índice geral de preços que representa a inflação (variação do poder de compra da moeda do consumidor final).

Poucos países, entretanto, chegaram a adotar efetivamente um sistema amplo de reconhecimento dos efeitos da inflação nas demonstrações contábeis. Em geral, alguns adotam certas práticas para minimizar as distorções geradas, como a atualização de saldos em moeda estrangeira à taxa de câmbio atual, avaliação de certos estoques e outros ativos ao seu valor justo, reavaliação de itens do imobilizado técnico onde permitido etc.

Nesse contexto, as práticas contábeis brasileiras e de alguns outros países, principalmente sul-americanos, têm-se notabilizado, há alguns anos, pelos esforços desenvolvidos para aprimoramento das técnicas de reconhecimento da inflação nas demonstrações contábeis, as quais foram objeto de ampla regulamentação por parte das autoridades governamentais.

A esse respeito, existe a norma internacional IAS 29 – *Financial Reporting in Hyperinflationary Economies*, que não estava incorporada aos Pronunciamentos Técnicos do CPC até 2017. Na introdução ao edital de audiência do CPC 42 – Contabilidade em Economia Hiperinflacionária, lançado em 2018, o CPC explicou que:

"Consoante externado pelo Comitê de Pronunciamentos Contábeis (CPC) já em 2009, quando da edição do Pronunciamento Técnico CPC 43 – Adoção Inicial dos Pronunciamentos Técnicos CPCs 15 a 41, pronunciamento este que consolidou a segunda e última fase do processo de convergência das normas brasileiras de contabilidade às normas internacionais emitidas pelo IASB (as IFRS):

'O Pronunciamento Técnico CPC 42 [...] (IAS 29 do IASB) não foi emitido tendo em vista sua inaplicabilidade na situação brasileira atual e pela experiência brasileira anterior com a correção integral de demonstrações contábeis. Esta é mencionada nos Pronunciamentos Técnicos que se referem à situação de alta inflação. Não obstante, é obrigatória a aplicação do conteúdo do IAS 29, com a técnica da correção integral, para as situações de investidas em países com alta inflação.'

O entendimento do CPC é que essa afirmação continua válida e atual, tendo em vista que os níveis inflacionários no Brasil estão abaixo dos limites convencionados internacionalmente, não obstante, com base em dados divulgados publicamente nota-se que certas jurisdições têm experimentado o aumento dos índices internos de inflação, o que torna mais relevante a edição desse pronunciamento no Brasil."

Tendo em vista esse contexto de altas taxas de inflação em países onde as companhias brasileiras possuem investimentos, o CPC emitiu, ainda em 2018, o Pronunciamento Técnico CPC 42 – Contabilidade em Economia Hiperinflacionária, bem como a Interpretação Técnica ICPC 23 – Aplicação da Abordagem de Atualização Monetária Prevista no CPC 42, alinhada à Interpretação IFRIC 07, do IASB.

Neste capítulo, abordaremos inicialmente os modelos de correção monetária desenvolvidos e adotados no Brasil de forma compulsória até 1995. Ao final, abordaremos o CPC 42, destacando semelhanças e diferenças em relação ao modelo brasileiro anterior.

28.2 Resumo da evolução histórica da correção monetária no Brasil

Em países com altas taxas de inflação, as empresas enfrentam um grave problema contábil: como reconhecer os efeitos inflacionários sobre seus ativos apresentados na contabilidade a custos históricos?

No Brasil, com a finalidade de atenuar os efeitos da inflação nas demonstrações contábeis, após várias legislações fiscais de efeitos muito parciais, foi instituída a correção monetária pelo art. 185 da Lei nº 6.404/1976. Do ponto de vista fiscal, a obrigatoriedade do reconhecimento da inflação nas demonstrações contábeis veio com o Decreto-

Lei nº 1.598/1977, que determinava que todas as pessoas jurídicas sujeitas à tributação do Imposto de Renda (IR) com base no Lucro Real (Lucro Contábil ajustado para fins fiscais) eram obrigadas a adotar a sistemática de correção monetária então vigente pela lei societária.

Os efeitos dessa correção monetária eram refletidos nos resultados do exercício e no Balanço Patrimonial, por meio da atualização das contas do Ativo Permanente e do Patrimônio Líquido.

Durante o período em que essa legislação esteve em vigor, outras contas, não classificadas nos grupos citados anteriormente, também foram consideradas passíveis de atualização monetária, por exemplo:

a) Imóveis não classificados no Ativo Imobilizado.

b) Aplicações em ouro.

c) Adiantamentos a fornecedores de bens sujeitos a correção monetária.

d) Aplicações em consórcios.

e) Adiantamentos para futuro aumento de capital.

Do ponto de vista prático, a esquematização contábil então utilizada pode ser resumida da seguinte forma:

a) Toda conta do Ativo que fosse ajustada provocaria, em contrapartida a esse débito, um crédito na conta de Correção Monetária, classificada como conta de Resultado (para contas retificadoras, como no caso de Depreciação Acumulada, o registro era o inverso), como acréscimo nominal do lucro e do Patrimônio Líquido.

b) O valor do ajuste do capital era contabilizado como crédito na conta de Reserva de Capital e débito na conta de Correção Monetária.

c) O ajuste das demais contas do Patrimônio Líquido era feito por meio de débito na conta de Correção Monetária e crédito na respectiva conta do Patrimônio Líquido objeto de ajuste (também aqui, para as contas redutoras do Patrimônio Líquido, o registro era o inverso).

d) No final do período, se a conta de Correção Monetária apresentasse saldo credor, ele corresponderia a uma receita na Demonstração do Resultado.

e) Se, ao contrário, o saldo da conta de Correção Monetária fosse devedor, ele corresponderia a uma despesa na Demonstração do Resultado.

A lógica econômica e contábil era a seguinte: os acréscimos nominais dos ativos já estão normalmente no resultado, como receitas financeiras nominais, lucro bruto que representa receita menos custo nominal lá atrás, bem como os acréscimos nominais dos passivos por juros nominais, ou correção monetária, ou variação cambial, estão também no resultado. Assim, o resultado contém já grande parte de itens nominais. Corrigindo-se as contas dos ativos sujeitos à inflação, como Imobilizado, Estoque, Intangível, Investimento Societário etc., e jogando-se isso no resultado, completa-se o total do crescimento nominal do Patrimônio Líquido representado por esse lucro nominal. Basta agora diminuir-se desse acréscimo nominal o que não é crescimento efetivo, ou seja, a correção monetária do Patrimônio Líquido inicial, e tem-se como saldo o lucro que de fato aumentou, em termos reais, o Patrimônio Líquido. A pena é que a Lei mandou juntar a correção dos ativos não monetários (credora no resultado) com a correção do Patrimônio Líquido (devedora) e evidenciar-se, na demonstração do resultado, um único saldo representado pela soma algébrica das duas atualizações. E isso só provocou muita dúvida e confusão porque era difícil entender-se a lógica subjacente ao modelo. Mas o resultado final era ótimo em termos de representar o lucro (ou prejuízo) efetivo da entidade.

Mas, por esse procedimento muito simplificado, as contas de receitas, custo das mercadorias vendidas, despesas gerais, receitas e despesas financeiras etc. apareciam na demonstração pelos seus valores nominais, como se não existisse a inflação. E o saldo miraculoso da conta de correção monetária do balanço ajustava o saldo final do resultado líquido. Assim, a sistemática oficial da correção monetária então vigente apresentava distorções muito significativas nas linhas representativas dos componentes da Demonstração do Resultado.

Em função disso, foi necessária a adoção de um sistema mais completo de reconhecimento dos efeitos da inflação nas demonstrações contábeis, conhecido como Correção Monetária Integral, cujo fim era fornecer informação complementar.

Por meio da Instrução CVM nº 64/1987, passaram a ser exigidas das companhias abertas demonstrações contábeis complementares elaboradas em moeda de poder aquisitivo constante, ou seja, com correção integral.

Posteriormente, a Instrução CVM nº 191/1992 substituiu a Instrução nº 64/1987 e instituiu a Unidade Monetária Contábil (UMC) como unidade de referência a ser utilizada pelas companhias abertas para elaboração de demonstrações contábeis em moeda de capacidade aquisitiva constante.

A UMC veio substituir a Unidade Fiscal de Referência (Ufir), e a ideia básica era ter sempre um índice que representasse de forma adequada as variações de preços da economia brasileira.

Entre as vantagens decorrentes da aplicação da correção monetária integral, destacamos:

a) Apresenta os efeitos da inflação em todos os elementos das demonstrações contábeis.

b) Corrige saldos finais de itens não monetários (como estoques e despesas antecipadas) que não eram considerados obrigatórios na legislação societária.

c) Determina a inclusão do ajuste a valor presente nos valores prefixados de contas a receber e a pagar.

Outras disposições relativas à correção monetária integral foram editadas pela CVM.

Em 1995, foi editada a Lei nº 9.249, que revogou a correção monetária das demonstrações contábeis de que tratavam a Lei nº 7.799/1989 e o art. 1º da Lei nº 8.200/1991. Ficava, portanto, vedada a utilização de qualquer técnica de correção monetária, inclusive para fins societários.

Posteriormente, a CVM emitiu a Instrução nº 248/1996, em que, ao exigir a apresentação das informações trimestrais e demonstrações contábeis em consonância com a Lei nº 9.249/1995, sem correção, tornou facultativa a elaboração e divulgação das demonstrações em moeda de capacidade aquisitiva constante.

Finalmente, pelo Parecer de Orientação CVM nº 29/1996, foram estabelecidos os requisitos (tais como periodicidade, conteúdo mínimo, critérios de elaboração e índice a ser utilizado) a serem levados em consideração pelas empresas que optassem por divulgar voluntariamente informações complementares.

A Lei nº 9.249/1995 introduziu, adicionalmente, a figura dos Juros Sobre o Capital Próprio (JSCP) calculados com base na Taxa de Juros a Longo Prazo (TJLP), hoje substituída pela Taxa de Longo Prazo (TLP). Esses juros representam parcialmente a correção monetária do capital próprio, sendo esse um fator positivo, mas a possibilidade de pagá-lo aos sócios pode representar, na verdade, uma devolução do próprio capital. Além disso, a utilização dos Juros Sobre o Capital Próprio não é obrigatória, o que pode tornar as Demonstrações Contábeis pouco comparativas em relação a esse aspecto. Por isso, apesar de serem considerados os JSCP como despesas para fins tributários, não o eram para fins da contabilidade societária, são parte das distribuições dos resultados (em termos reais, às vezes, como falado, devolução de capital aos sócios).

O fato de não mais se corrigirem monetariamente os balanços provoca tributação sobre o Patrimônio Líquido (em outras palavras, tributação sobre o capital), efeito diminuído pelo JSCP, e distorções significativas nas demonstrações contábeis das empresas com não correção dos imobilizados e outros itens no balanço há muito tempo. Podemos concluir, portanto, que tudo o que se avançou com a Lei nº 6.404/1976 foi jogado fora pela Lei nº 9.249/1995.

28.2.1 Considerações gerais sobre o modelo da Correção Integral

A finalidade maior do sistema de Correção Integral é produzir demonstrações em uma única moeda para todos os itens componentes dessas demonstrações, além de explicitar os efeitos da inflação sobre cada conta.

Para termos as demonstrações contábeis com itens registrados em um mesmo padrão monetário, é necessária a adoção de um índice que reflita a perda do poder de compra da moeda corrente. Pelo mesmo índice são atualizados os saldos contábeis e reconhecidos seus efeitos no resultado do exercício. E o índice de inflação é universalmente entendido como aquele que representa a variação da capacidade de compra da moeda na mão do consumidor final do país todo, e não o de uma família ou empresa ou região geográfica em particular. Atualmente, o índice utilizado pelo governo federal e aceito generalizadamente é o Índice de Preços ao Consumidor Amplo (IPCA) do IBGE.

Devemos lembrar que a utilização do sistema de Correção Integral atualiza todos os valores históricos das demonstrações contábeis para uma única data, não devendo ser confundido com valores de mercado ou de reposição, mantendo-se, portanto, o Princípio do Custo Original como Base de Valor.

Algumas razões pelas quais a implantação do sistema de Correção Integral se faz necessária em épocas de inflação são:

a) Perda da capacidade de compra das disponibilidades e dos valores a receber. Mesmo que as aplicações financeiras e os direitos originados de vendas rendam juros e variações monetárias, não deixa a inflação de reduzir o poder de compra dos valores originais envolvidos. A cobrança de juros, a correção monetária, o acréscimo de preços na venda a prazo etc. são em grande parte compensações decorrentes dessas perdas inflacionárias. Se os acréscimos suplantarem as perdas, tem-se um ganho real; caso contrário, haverá um prejuízo na manutenção desses ativos monetários. Normalmente, a contabilidade apropria essas receitas financeiras (ou de vendas, quando redundam em aumento de preço faturado), mas sem lhes contrapor aquelas perdas; assim, na demonstração "oficial" todas as receitas financeiras aparecem por seus valores nominais, o que é altamente enganoso. Só há genuínos ganhos se forem acima da inflação. E o caixa não aplicado produz, inexoravelmente, perda de poder aquisitivo por conta da inflação.

b) Ganho de capacidade de compra nos valores a pagar. Da mesma forma, as despesas com juros, variações monetárias (por indicadores de correção da moeda nacional ou de câmbio) e outros encargos são em parte compensações que podem ou não ter o efeito da infla-ção pela manutenção das dívidas. Por exemplo, dever certa quantia com atualização de 10% a.a. de variação cambial mais 8% a.a. de juros pode representar efetivo ganho se a inflação for de 20% a.a., ou provocar um encargo real, se a inflação não ultrapassar 9% a.a.; na dúvida, coloque-se no lado do credor e ficará mais fácil separar o que é real dentro do nominal.

c) Lucro bruto distorcido quando se compara o preço de venda de hoje com o custo histórico de uma mercadoria adquirida há certo tempo. No mínimo, esse valor pago no passado precisaria ser corrigido pela inflação desse período.

d) Defasagem nos valores de ativos não monetários como estoques, ativos imobilizados, intangíveis e outros.

e) Desatualização dos valores de receitas e despesas nas demonstrações de resultado, pois são somadas importâncias dos 12 meses como se o poder de compra da moeda nacional de cada mês fosse igual. Isso provoca distorções, mesmo quando essas receitas e despesas ocorrem de forma homogênea durante o período. Quão maiores não são as distorções quando há algumas concentrações em determinados períodos, como ocorre nas vendas, compras e outros itens em determinadas empresas.

f) Com tudo isso, distorção não só nas linhas da demonstração do resultado como também no resultado líquido final.

g) Como já dito, ativos não monetários comprados antes do balanço, às vezes anos antes, mostrados pelos seus valores nominais originais; se há ativos defasados, há também Patrimônio Líquido defasado!

h) Manutenção da conta de capital social formado pela integralização de n valores formados em n datas diferentes.

i) Enormes distorções na apresentação de demonstrações contábeis comparativas do exercício anterior, por seus valores originais.

j) Por consequência, distorção nos índices de rentabilidade dos capitais aplicados, no dimensionamento do resultado operacional, das receitas e despesas financeiras, das margens de rentabilidade e outras distorções analiticamente verificáveis em trabalhos mais específicos.

28.2.2 Instrução CVM nº 64

O advento da Correção Integral no Brasil ocorreu de forma pioneira, obviamente por causa da presença de um Contador (Prof. Eliseu Martins) na diretoria da CVM, por meio da Instrução CVM nº 64/1987 (depois substituída pela Instrução nº 191/1992), que tornou obrigatória às sociedades anônimas abertas a publicação de demonstrações contábeis apuradas em correção integral, a título de "demonstrações complementares".

A institucionalização da correção integral representou sensível avanço da Contabilidade como fonte de informação, propiciando sua melhor qualidade, aos diversos usuários.

28.3 O sistema da Correção Integral com base nos dados nominais obtidos pela legislação societária

Ponto de fundamental importância é a classificação das contas patrimoniais em dois grupos: contas monetárias e contas não monetárias. O Pronunciamento Técnico CPC 02 (R2) do Comitê de Pronunciamentos Contábeis define que "A característica essencial de item monetário é o direito a receber (ou a obrigação de entregar) um número fixo ou determinável de unidades de moeda". Os itens monetários são compostos pelas contas de disponibilidades e de direitos e obrigações a serem liquidados com disponibilidades. Podem ser subdivididos em: (1) **itens monetários puros**, compostos pelas contas de valor prefixado que não contêm qualquer forma de reajuste ou atualização, como o próprio caixa em moeda nacional; (2) **itens monetários prefixados**, que também não têm atualização, mas que possuem embutida alguma expectativa de inflação já inserida em seu valor, como Contas a Receber de vendas a prazo, conta Fornecedores de compra a prazo; e (3) **itens monetários indexados**, que são as contas monetárias sujeitas a atualização por índice pós-fixado, como os empréstimos ou recebíveis em IPCA, dólar etc.

O mesmo Pronunciamento Técnico CPC 02 (R2) do Comitê de Pronunciamentos Contábeis define que "a característica essencial de item não monetário é a ausência do direito a receber (ou da obrigação de entregar) um número fixo ou determinável de unidades de moeda". Os **itens não monetários** são todos os demais, ou seja, representam bens (estoques, imobilizado etc.), despesas antecipadas (seguros, juros, aluguéis a apropriar, adiantamentos a serem liquidados em bens (a fornecedores, de clientes etc.).

28.3.1 Contas do balanço

Admitamos que a Cia. Mocoquinha tenha sido formada em 10-3-X com um capital de R$ 80.000 mil e apresente os seguintes balanços no final de X e de X+1, de acordo com as normas brasileiras baseadas nos CPCs (daqui para a frente, vamos considerar tudo em milhares de reais):

	Lei Societária	
	31-12-X	31-12-X+1
Caixa	12.000	18.160
Aplic. Financeiras	50.000	34.000
Clientes	–	60.000

(continua)

	Lei Societária	
	31-12-X	31-12-X+1
Estoques	80.000	85.000
Imobilizado	60.000	60.000
Dep. Acum.	(7.000)	(16.000)
	195.000	241.160
Fornecedores	60.000	70.000
Empréstimos	50.000	69.000
Capital	80.000	80.000
Lucros Acumulados	5.000	22.160
	195.000	241.160

O seu resultado durante o ano de X+1 foi:

	X+1
Vendas	400.000
Custo de Mercadorias Vendidas	(280.000)
Lucro Bruto	120.000
Despesas Operacionais	(80.000)
Depreciação	(9.000)
Receitas Financeiras	4.000
Despesas Financeiras	(9.000)
Lucro Antes IR	26.000
IR (34%)	(8.840)
Lucro Líquido	17.160

Ocorre que, desde que foi formada em 10-3-X até 31-12-X, houve inflação de 4%; durante X+1, a inflação foi de 5,77%, o que totaliza inflação de 10% até 31-12-X+1 (lembrar dos efeitos cumulativos da inflação, tal qual nos juros compostos = (1 + 4%) × (1 + 5,77%) – 1 = 10%).

O Patrimônio Líquido, ao final de X+1 é apresentado como sendo de R$ 102.160, com o lucro acumulado de R$ 22.160. Será verdadeiro esse lucro, e será verdadeira essa taxa de retorno de 28% acumulada desde o nascimento da empresa, se considerarmos os efeitos da inflação?

Poderíamos simplificadamente fazer a seguinte conta: investindo R$ 80.000, seriam necessários mais 10% sobre isso só para cobrir a inflação; ou seja, R$ 80.000 × 1,10 = R$ 88.000, que seriam, em 31-12-X+1, equivalentes, em termos reais, a R$ 80.000 em 10-3-X, só considerando a capacidade aquisitiva da moeda, sem levar em conta qualquer coisa relativa a juro real nesse período. E esse é o raciocínio correto.

Mas, será que podemos comparar R$ 88.000 com o Patrimônio Líquido contabilizado segundo as tais normas internacionais de contabilidade no montante de R$ 102.160 em 31-12-X+1? Seria a diferença, R$ 14.160, o verdadeiro lucro acumulado, e não R$ 22.160?

O problema está no seguinte, e aproveitando para introduzir outras informações: nesse balanço final da legislação brasileira e internacional, temos uma verdadeira salada de moedas; o caixa, as aplicações financeiras e o valor dos empréstimos estão atualizadíssimos para essa data, ou seja, estão em capacidade aquisitiva de 31-12-X+1. Mas os estoques foram comprados antes da data do balanço, e pior, a prazo, logo estão em qual moeda? Da data da compra? Da data do pagamento? O imobilizado, suponhamos, foi comprado em 31-3-X, há bastante tempo, portanto, e está registrado ao custo, ou seja, está pelo valor expresso em reais da data da sua aquisição, que foi à vista, em 31-3-X. Pode-se somar esse montante com o caixa em moeda de 31-12-X+1? As contas de clientes e de fornecedores estão a valor futuro, porque não venceram ainda; valem esses montantes, mas só no dia previsto para seu recebimento (supondo que não tenham sido trazidos ao valor presente na data do balanço, como é a prática brasileira para ativos e passivos financeiros dessa natureza de curto prazo).

Logo, para sermos bastante analíticos, precisamos, para uma boa técnica contábil e para não nos iludirmos com os efeitos inflacionários, primeiro colocar o balanço de 31-12-X+1 totalmente em moeda de capacidade aquisitiva dessa data; é preciso, em primeiro lugar, homogeneizar todas as moedas do balanço para daí podermos realmente comparar com o investimento inicial corrigido e verificar o que de fato cresceu, em termos reais, no patrimônio da empresa.

Vamos admitir que os índices de inflação, supondo 10-3-X = 100, fossem, ao longo do tempo:

10-3-X	100
31-3-X	101
30-11-X	103
31-12-X	104
31-1-X+1	104
28-2-X+1	105
31-3-X+1	105
30-4-X+1	106
31-5-X+1	106
30-6-X+1	107
31-7-/X+1	107
31-8-X+1	107
30-9-X+1	108

31-10-X+1	108
30-11-X+1	109
31-12-X+1	110

A) Vamos, então, analisar as contas do balanço de 31-12-X+1:

- O **Caixa** da empresa, **R$ 18.160**, está, obviamente, em moeda de 31-12-X+1 e não precisa de nenhum ajuste para ser colocado em moeda de capacidade aquisitiva dessa data.

- As **Aplicações Financeiras** de **R$ 34.000**, admitindo uma boa contabilidade, já estão totalmente ajustadas por competência para essa data e expressam o ativo em moeda de 31-12-X+1 também.

- A conta **Clientes**, todavia, supondo não ter sido trazida a valor presente, representa o valor a receber numa data futura; qual o seu valor em termos de moeda de capacidade aquisitiva de 31-12-X+1? O mais correto é substituir esse montante de R$ 60.000 pelo seu valor justo correspondente ao valor presente nessa data do balanço; supondo que sejam vencíveis em 31-1-X+1, e que a taxa de desconto deva ser de 1% ao mês, a conta Clientes em moeda de 31-12-X+1 é igual a: R$ 60.000/ (1 + 1%) = **R$ 59.406**.

- Os **Estoques** de R$ 85.000 foram comprados, admitamos, em duas datas: R$ 40.000 foram comprados em 30-9-X+1, para pagamento em 31-1-X+2; e R$ 45.000 foram comprados à vista em 31-12-X+1; a parcela comprada em setembro deveria, primeiro, ser trazida a valor presente para 30-9-X+1, para representar o valor justo de aquisição nessa data, e depois corrigida monetariamente até 31-12-X+1 para que o valor efetivo de custo de setembro na moeda de setembro fosse expresso em moeda de capacidade aquisitiva da data do balanço:

  Valor justo na data da aquisição de R$ 40.000 em 30-9-X+1, supondo que a taxa de desconto nessa data para passivos fosse de 1,2% ao mês: R$ 40.000/$(1 + 1,2\%)^4 =$ R$ 38.136.

  Valor justo desse lote na aquisição, corrigido para 31-12-X+1: precisamos levar esse valor acima do índice 108 (30-9-X+1) para 110 (31-12-X+1) = R$ 38.136/108 × 110 = R$ 38.842.

- Veja-se a lógica da **correção integral, que, além de considerar a inflação, trabalha fortemente com o conceito de valor presente**: na data da aquisição a prazo, o estoque está em moeda futura e precisa ser ajustado a valor presente; depois, esse montante precisa ser atualizado pela inflação daí para a frente. Na data do balanço, pode ocorrer de ficar por valor maior ou menor do que o nominal do balanço legal sem correção e sem ajuste a valor presente, conforme a circunstância.

Como o outro lote, de R$ 45.000, foi comprado à vista em 31-12-X+1, basta somarmos as duas parcelas para termos os estoques rigorosamente em moeda dessa data: R$ 38.842 + R$ 45.000 = **R$ 83.842**

- O **Imobilizado** foi adquirido à vista em 31-3-X; nesse caso, basta trazer seu montante para 31-12-X+1: R$ 60.000/101 × 110 = **R$ 65.347**

- A **Depreciação Acumulada** do Imobilizado, apesar de ter sido constituída ao longo dos meses desde abril de X, foi sempre um percentual sobre os R$ 60.000 originais na contabilidade, segundo as normas brasileiras; assim, os R$ 16.000 nominais estão, na realidade, na moeda da data da compra do Imobilizado a que se refere; para atualizar esse montante acumulado, basta trazê-lo pelo mesmo índice de correção do Imobilizado: (R$ 16.000)/101 × 110 = **(R$ 17.426)**

- Se somarmos esses valores atualizados dos **Ativos,** chegaremos a **R$ 243.329**, e não aos R$ 241.160 nominais legais. Pequeníssima a diferença, não? Afinal, a empresa foi formada há 22 meses, e o diferencial é mínimo, de 0,9%, apesar de a inflação, desde o início, ter sido de 10%. Mas continuemos para ver se é sempre assim.

- A conta de Fornecedores vence-se em 31-1-X+2; com a taxa de desconto suposta em 1,2% ao mês, precisa ser ajustada a valor presente para: R$ 70.000/(1 + 1,2%) = **R$ 69.170**

- A conta de Empréstimos, numa boa contabilidade, está já a valor presente, totalmente em moeda de 31-12-X+1; logo, permanece seu valor de **R$ 69.000**.

- O Capital Social, formado em 10-3-X, precisa ser atualizado para 31-12-X+1, como aliás já fizemos anteriormente com o imobilizado: R$ 80.000/100 × 110 = **R$ 88.000**

- A conta de Lucros Acumulados pode, por enquanto, ser extraída por diferença, ou seja, do total do Ativo diminuímos as contas do Passivo e o Capital Social, e chegamos ao seu valor; depois efetuaremos duas provas para verificar se esse número está correto; assim, por enquanto: **R$ 243.329** – R$ 69.170 – R$ 69.000 – R$ 88.000 = **R$ 17.159**

Outra forma de se fazer é seguindo o raciocínio: as contas do Ativo que sofreram modificações foram o Valor a Receber de Clientes, os Estoques e o Imobilizado Líquido; e no Passivo, a conta de Fornecedores. Assim, o Patrimônio Líquido nominal, que era de R$ 103.480 na lei societária, diminuiu com o ajuste de estoques, aumentou

com o do Imobilizado Líquido e aumentou com a Redução de Fornecedores:

Novo Patrimônio Líquido = R$ 102.160 + (R$ 59.406 – R$ 60.000) + (83.842 – 85.000) + [(R$ 65.347 – R$ 17.426) – (R$ 60.000 – R$ 16.000)] – (R$ 69.170 – R$ 70.000) = R$ 105.159

Diminuindo desse valor o Capital Corrigido, temos: Lucros Acumulados = R$ 105.159 – R$ 88.000 = **R$ 17.159**

A outra forma de comprovação será pela soma do saldo inicial de Lucros Acumulados, atualizado para 31-12-X+1, com o Lucro Líquido em moeda de 31-12-X+, mas isso será feito à frente.

De qualquer forma, aqui apareceu algo muito relevante. O Passivo Exigível é exatamente igual nas duas situações: com ou sem Correção Integral. Mas o Patrimônio Líquido não é. Passou de R$ 102.160 na versão sem correção para R$ 105.159 na versão com correção. Diferença de 2,94%; diferença pequena, só que o Capital Social aparece com diferença de 10%, e os **Lucros Acumulados com diferença de 22,6% a menor** (R$ 22.160 de lucro acumulado nominal, caindo para R$ 17.159 de lucro acumulado após extirpado o efeito da inflação). E essa diferença é muito relevante!

Veremos melhor colocando o balanço de 31-12-X+1 em moeda de capacidade aquisitiva dessa data, e compararemos com o balanço da mesma data sem qualquer atualização monetária:

	Balanço de 31-12-X+1	
	Legislação Societária	Cor. Integral em moeda de 31-12-X+1
Caixa	18.160	18.160
Aplic. Financeiras	34.000	34.000
Clientes	60.000	59.406
Estoques	85.000	83.842
Imobilizado	60.000	65.347
Dep. Acum.	(16.000)	(17.426)
	241.160	243.329
Fornecedores	70.000	69.170
Empréstimos	69.000	69.000
Capital	80.000	88.000
Lucros Acumul.	22.160	17.159
	241.160	243.329

A) Vamos agora analisar as contas do balanço de 31-12-X:

Antes de partirmos para a demonstração do resultado, precisamos fazer os mesmos ajustes para o balanço de 31-12-X. Podemos fazê-los de forma direta, colocando seus valores de uma vez para moeda de 31-12-X+1, ou podemos, até para fins didáticos, fazer isso em duas etapas: primeiro, colocamos os Ativos, os Passivos e o Patrimônio Líquido do balanço de 31-12-X em moeda dessa mesma data, e depois levamos seus valores para poder de compra de 31-12-X+1.

Escolhendo esta última alternativa, é preciso analisar o que é necessário fazer para recolocar o balanço de 31-12-X em moeda dessa mesma data, ou seja, em moeda de capacidade aquisitiva de 31-12-X, já que há elementos nele que estão em outras moedas:

- O Caixa da empresa, **R$ 12.000**, está, obviamente, em moeda de 31-12-X e não precisa de nenhum ajuste para ser colocado em moeda de capacidade aquisitiva dessa data.

- As Aplicações Financeiras de **R$ 50.000**, admitindo uma boa contabilidade, já estão totalmente ajustadas por competência para essa data e expressam o ativo em moeda de 31-12-X também.

- Os Estoques de R$ 80.000 foram comprados, admitamos, em 30-11-X, mas em dois lotes: R$ 60.000 foram comprados para pagamento em 31-1-X+1; e R$ 20.000 foram comprados à vista; a parcela comprada a prazo deve, em primeiro lugar, ser trazida a valor presente para 30-11-X, para representar o valor justo de aquisição nessa data, e depois corrigida monetariamente até 31-12-X para que o valor efetivo de custo de novembro na moeda de final de novembro seja expresso em moeda de capacidade aquisitiva da data do balanço:

    Valor justo na data da aquisição de R$ 60.000 em 30-11-X, supondo que a taxa de desconto nessa data para passivos fosse de 1,2% ao mês: R$ 60.000/(1 + 1,2%)^2 = R$ 58.586

    Valor justo desse lote na aquisição, corrigido para 31-12-X: precisamos levar esse valor acima do índice 103 (30-9-X) para 104 (31-12-X) = R$ 58.586/103 × 104 = R$ 59.154

- Como o outro lote, de R$ 20.000, foi comprado à vista em 30-11-X, precisamos ajustá-lo simplesmente por um mês de inflação: R$ 20.000/103 × 104 = R$ 20.194

- Basta somar agora as duas parcelas para termos os estoques rigorosamente em moeda dessa data: R$ 59.154 + R$ 20.194 = **R$ 79.348**

- Veja-se o porquê de, muitas vezes, até como ocorreu com a legislação brasileira da época, poder "esquecer" da correção de ativos que giram muito como certos estoques, tudo baseado na materialidade. Diferença mínima nesse exemplo entre valores com e sem correção.

- O Imobilizado foi adquirido à vista em 31-3-X; nesse caso, basta trazer seu montante para o índice de 31-12-X: R$ 60.000/101 × 104 = **R$ 61.782**

- A Depreciação Acumulada do Imobilizado, apesar de ter sido constituída ao longo dos meses desde abril de X, foi sempre um percentual sobre os R$ 60.000 originais na contabilidade segundo as normas brasileiras; assim, os R$ 7.000 nominais estão, na realidade, na moeda da data da compra do Imobilizado a que se refere; para atualizar esse montante acumulado, basta trazê-lo pelo mesmo índice de correção do Imobilizado: (R$ 7.000)/101 × 104 = **(R$ 7.208)**

- Se somarmos esses valores atualizados dos Ativos, chegaremos a **R$ 196.633**, e não aos R$ 195.000 nominais legais.

- A conta de Fornecedores vence em 31-1-X; com a taxa de desconto suposta em 1,2% ao mês, e sabendo que deverá haver o pagamento ao final de janeiro, precisa ser ajustada a valor presente para: R$ 60.000/(1 + 1,2%) = **R$ 59.289**

- A conta de Empréstimos, numa boa contabilidade, está já a valor presente, totalmente em moeda de 31-12-X; logo, permanece seu valor de **R$ 50.000**.

- O Capital Social, formado em 10-3-X, precisa ser atualizado para 31-12-X: R$ 80.000/100 × 104 = **R$ 83.200**

- A conta de Lucros Acumulados pode, por enquanto, ser extraída por diferença, ou seja, do total do Ativo (R$ 195.923) diminuímos as contas do Passivo e o Capital Social, e chegamos ao seu valor; depois, efetuaremos duas provas para verificar se esse número está correto; assim, por enquanto: R$ 195.923 – R$ 59.289 – R$ 50.000 – R$ 83.200 = **R$ 3.434**

- Outra forma de se fazer é utilizando o seguinte raciocínio: As contas do Ativo que sofreram modificações foram os Estoques e o Imobilizado Líquido; e no Passivo a conta de Fornecedores. Assim, o Patrimônio Líquido nominal, que era de R$ 85.000 na lei societária, diminuiu com o ajuste de estoques, aumentou com o do Imobilizado Líquido e aumentou com a redução de fornecedores: novo Patrimônio Líquido = R$ 85.000 + (R$ 79.348 – R$ 80.000) + [(R$ 61.782 – R$ 7.208) – (R$ 60.000 – R$ 7.000)] – (R$ 59.289 – R$ 60.000) = R$ 86.634

- Diminuindo desse valor o Capital corrigido, temos: Lucros Acumulados = R$ 86.634 – R$ 83.200 = **R$ 3.434**

Novamente um susto: as diferenças não são nada irrelevantes no lucro acumulado, que corresponde ao

lucro do primeiro exercício da empresa (10 meses): caiu do valor nominal de R$ 5.000 para o valor corrigido de R$ 3.434, ou seja, há uma parte ilusória no lucro nominal de 31%; e a inflação desses 10 meses foi de apenas 4%! Há algo muito relevante a ser explicado.

Podemos agora colocar o balanço de 31-12-X em moeda de capacidade aquisitiva dessa data:

	Balanço de 31-12-X	
	Legislação Societária	Cor. Integral em moeda de 31-12-X
Caixa	12.000	12.000
Aplic. Financeiras	50.000	50.000
Clientes		
Estoques	80.000	79.348
Imobilizado	60.000	61.782
Dep. Acum.	(7.000)	(7.208)
	195.000	195.923
Fornecedores	60.000	59.289
Empréstimos	50.000	50.000
Capital	80.000	83.200
Lucros Acumul.	5.000	3.434
	195.000	195.923

Muito bem, temos os dois balanços: o das normas internacionais e o legal brasileiro com o da correção integral com todos os seus elementos ajustados para moeda de capacidade aquisitiva de 31-12-X. Como a empresa foi formada durante o ano X, as diferenças são efetivamente mínimas, menos do lucro corrigido, que é, simplesmente, **31% menor** do que o nominal! Apesar de a inflação, da constituição da empresa até o balanço, ter sido de apenas 4%!

Mas não vamos poder analisar esse resultado porque não estão aí os dados relativos a ele.

Vamos, sim, analisar o resultado de X+1. Mas, antes, não poderemos comparar o balanço de 31-12-X, em moeda de 31-12-X, com o balanço de 31-12-X+1, em moeda de 31-12-X+1. Assim, o que deveremos fazer é, primeiro, colocar o balanço de 31-12-X, que está em moeda de 31-12-X, para moeda de 31-12-X+1.

Para isso, basta levar todos os seus elementos que estão na base do índice 104 para 110. Fazendo isso, ou seja, multiplicando todos os valores por 110/104, e já comparando com o balanço de 31-12-X+1 em moeda de 31-12-X+1, teremos:

	Correção Integral	
	31-12-X em moeda de 31-12-X+1	31-12-X+1 em moeda 31-12-X+1
Caixa	12.692	18.160
Aplic. Financeiras	52.885	34.000
Clientes	–	59.406
Estoques	83.926	83.842
Imobilizado	65.347	65.347
Dep. Acum.	(7.624)	(17.426)
	207.226	243.329
Fornecedores	62.709	69.170
Empréstimos	52.885	69.000
Capital	88.000	88.000
Lucros Acumul.	3.632	17.159
	207.226	243.329

28.3.2 Contas do resultado

Pelo balanço devidamente corrigido pela correção integral, verificamos então que o lucro acumulado desde o início da vida da empresa não é o valor nominal de R$ 22.160. Ele é, devidamente corrigido, de R$ 17.159. Nesse caso, é importante tomar cuidado porque essas proporções variam enormemente e não se pode tomar esse exemplo como base para conclusões generalizadas para todos os casos. O lucro corrigido é 22,6% inferior ao nominal, apesar de ter havido 10% de inflação no período. Veja-se que pode ser um problema muito sério o que o IASB e praticamente todos os países do mundo que não têm hiperinflação estão fazendo por não considerar os efeitos inflacionários mesmo a baixas taxas de inflação!

Agora, vejamos a taxa de retorno acumulada durante a vida da empresa: nominalmente, faríamos o seguinte cálculo para o retorno total desde 10-3-X:

- Lucro Acumulado nominal/Capital inicial = R$ 22.160/R$ 80.000 = 28% de taxa **nominal** de retorno.
- Lucro Acumulado corrigido/Capital inicial corrigido = R$ 17.159/R$ 88.000 = **19%** de taxa de retorno **real**! Enorme diferença!

O que precisamos agora é remontar a demonstração do resultado do ano X+1. Mas antes vamos ao seguinte raciocínio: se não houve distribuição de dividendos no período, nem alteração no capital social, a diferença entre os dois lucros acumulados, de 31-12-X+1 e 31-12-X, se colocados os dois na mesma moeda de 31-12-X+1, deve corresponder ao Lucro Líquido do ano X+1 em moeda do final do ano, ou seja, de 31-12-X+1:

Lucro Líquido de X+1, em correção integral, em moeda de 31-12-X+1 =

= Lucro Acumulado em 31-12-X+1 – Lucro Acumulado em 31-12-X, ambos em moeda de 31-12-X+1

Logo, o Lucro Líquido de X+1, em correção integral, é R$ 17.159 – R$ 3.632 = **R$ 13.527**

Obviamente, não se pode comparar o lucro acumulado do final de X em moeda do balanço de final de X (R$ 3.434) com o valor do lucro acumulado de final de X+1 em moeda de final de X+1; é necessário utilizar os dois valores na mesma moeda. E o Lucro Líquido, no caso de R$ 13.527, estará, então, em moeda de final de X+1.

Vamos agora à remontagem da demonstração do resultado e provar que esse é, de fato, o lucro líquido em correção integral de X+1 na moeda final desse ano.

Vendas: para remontar as vendas, precisamos partir do seguinte raciocínio: se feitas à vista, para que as vendas estejam em correção integral, é necessário que todas sejam levadas para moeda do final do período, atualizando-as a partir da data de seu registro. Se a prazo, precisam, primeiro, ser trazidas a valor presente para a data da venda, e depois atualizadas monetariamente até o final do período. Supondo que, no exemplo, todas tenham sido efetuadas com prazo de recebimento de 30 dias, admitindo-se a taxa de desconto de 1% ao mês, e que tenham ocorrido da seguinte forma:

31-3-X+1   =   90.000

30-6-X+1   =   120.000

30-9-X+1   =   130.000

31-12-X+1   =   60.000

400.000

teremos, então, ajustando cada parcela a valor presente e depois levando-as para 31-12-X+1 =

90.000/(1 + 1%)/105 × 110	=	93.352
120.000/(1 + 1%)/107 × 110	=	122.143
130.000/(1 + 1%)/108 × 110	=	131.096
60.000/(1 + 1%)/110 × 110	=	59.406
		405.998

Custo das Mercadorias Vendidas: corresponde a Estoque Inicial + Compras – Estoque Final, e já temos os Estoques. Assim, precisamos calcular as Compras. Pelos valores das demonstrações nominais são então:

Compras Nominais = Valores Nominais de: Custo das Mercadorias Vendidas + Estoque Final – Estoque Inicial

Compras Nominais = R$ 280.000 + R$ 85.000 – R$ 80.000 = R$ 285.000

Suponhamos a seguinte distribuição das compras:

31-3-X+1 = 90.000 – pagamento em 90 dias

30-6-X+1 = 80.000 – pagamento em 90 dias

30-9-X+1 = 70.000 – pagamento em 120 dias

31-12-X+1 = 45.000 – à vista

285.000

Compras ajustadas a valor presente e corrigidas:

31-3-X+1 =	90.000/(1 + 1,2%)3/105 × 110 =	90.971
30-6-X+1 =	80.000/(1 + 1,2%)3/107 × 110 =	79.352
30-9-X+1 =	70.000/(1 + 1,2%)4/108 × 110 =	67.974
31-12-X+1 =	45.000/(1 + 1,2%)0/110 × 110 =	45.000
	285.000	283.298

Custo das mercadorias vendidas ajustadas a valor presente e corrigidas:

Estoque inicial (conforme balanço de X em moeda de X+1) =	83.926
Compras ajustadas e corrigidas =	283.298
Estoque final (conforme balanço de X+1 em moeda de X+1) =	(83.842)
CMV correção integral =	**283.381**

Despesas Operacionais: para simplificar, admitamos que tenham sido, em todos os R$ 80.000,00, distribuídas uniformemente durante o ano todo, e que possamos, também por simplificação e para não exagerar nos cálculos, admiti-las como passíveis de serem atualizadas para moeda de fim de ano corrigindo o total pela variação do índice de junho até o final do ano (o certo é fazer as correções de cada mês no final do ano); teremos, então: R$ 80.000/107 × 110 = **R$ 82.243**

Depreciação: basta corrigir o valor nominal pelo índice relativo à data da aquisição do Imobilizado a que se refere: R$ 9.000/101 × 110 = **R$ 9.802**

Veja-se que esse número é exatamente a diferença entre as depreciações acumuladas dos dois balanços corrigidos para moeda de final de X+1 = R$ 17.426 – R$ 7.624 = R$ 9.802

Receitas financeiras reais: para se obter a real receita financeira, devem-se eliminar os efeitos das variações de preços sobre o poder de compra da moeda, e para isso há que se diminuir, das receitas nominais, os efeitos da inflação sobre o valor aplicado; por exemplo, aplicar R$ 1 milhão durante um ano por 10% ao ano, numa inflação de 5,5%, tem-se: receita nominal de R$ 100 mil, mas, diminuindo-se desse valor a inflação de 5,5% sobre o valor aplicado, tem-se que a receita real é de apenas R$ 45 mil (R$ 100.000 – R$ 55.000). Dessa forma, o retorno dessa aplicação financeira é de 4,26% (R$ 45.000/R$ 1.055.000) e não de 10%, como normalmente é assumido. Isso é o que corresponde à receita financeira real durante esse período. Pense nisso ao fazer suas aplicações pessoais!

No nosso exemplo, precisamos, então, diminuir das receitas nominais de R$ 4.000 o efeito da inflação sobre o valor aplicado; no caso de diversos recebimentos de receitas durante o período, é necessário que se corrija cada uma até o final.

Admitimos, por simplificação, apropriação das receitas financeiras apenas no final de cada semestre. Para se excluir o efeito da inflação, há vários caminhos, quando a movimentação é complexa como essa.

Uma forma bem prática é utilizar o seguinte artifício: como seria essa movimentação se a contabilidade fosse feita numa moeda de capacidade aquisitiva constante, em vez de em reais? Por exemplo, admitamos uma moeda constante que chamaremos de UMC (Unidade Monetária Contábil), e admitamos que ela correspondesse, em 10-3-X, a R$ 100,00, e que tivesse, então, a mesma evolução que a tabela de índices mostrada.

Faríamos agora o seguinte: iniciaríamos calculando quantas UMC existiriam no início, qual teria sido a movimentação em quantidade de UMC durante o período, mas só considerando novas aplicações e resgates, sem considerar as receitas financeiras; concluiríamos, assim, quantas UMC deveriam existir no final; aí compararíamos

com o verdadeiro saldo existente no final. A diferença corresponderia ao efetivo valor da receita financeira real em quantidade de UMC (ou perda se as receitas não compensassem a inflação).

No exemplo, faríamos: o saldo inicial de R$ 50.000 em 10-3-X compraria R$ 50.000/R$ 104,00 = 480,7692 UMC; o resgate corresponderia a R$ 50.000/R$ 104,00 = 480.7692 UMC. Somando-se esse movimento, concluiríamos (ver a seguir) que deveriam existir 285.7129 UMC no final. Todavia, dividindo-se o saldo final de R$ 34.000 pela UMC final de R$ 110,00 encontramos 309.0909 UMC. Ora, isso significa um incremento de 23,3780 UMC, que corresponde, em UMC, à soma das receitas financeiras reais. Ou seja, fazendo-se 23,3780 UMC × R$ 110,00 do valor final da UMC, temos um incremento por receitas financeiras reais de apenas **R$ 2.572**, e não de R$ 4.000. Ou seja, grande parte de toda a receita financeira foi para compensar o efeito da inflação, sobrando apenas esse montante como receita financeira efetiva, real, acima da inflação. Esquematizando melhor, vejamos o Quadro 28.1.

Despesas financeiras reais: utilizando-se o mesmo raciocínio que para as receitas financeiras, teremos, admitindo, simplificadamente, que as despesas financeiras tenham sido contabilizadas apenas em 30-6-X+1 e 31-12-X+1 (somente para evitar muitos cálculos), e que seu pagamento tenha ocorrido apenas em 31-12-X+1 (Quadro 28.2).

Ou seja, considerando o saldo inicial e o pagamento efetuado, deveria existir uma dívida de 573,3618 UMC. Como a dívida final é de 627,2727 UMC, a conta de Empréstimos cresceu, em UMC, o equivalente a 53,9109 UMC. E isso corresponde a uma despesa financeira efetiva, em reais de poder de compra, de 31-12-X+1, a 53,9109 UMC × $ 110/UC = **R$ 5.930**, e não aos R$ 9.000 nominais.

Quadro 28.1

	Aplicações Financeiras			**UMC**
31-12-X	Saldo inicial	50.000	104	480,7692
31-1-X+1	Resgate	(50.000)	104	– 480,7692
30-4-X+1	Aplicação Financeira	90.000	106	849,0566
30-6-X+1	Receitas financeiras	1.000	107	
30-6-X+1	Resgate	(90.000)	107	– 841,1215
31-10-X+1	Aplicação Financeira	30.000	108	277,7778
31-12-X+1	Receitas financeiras	3.000	110	
31-12-X+1	Deveria existir no final			285,7129
31-12-X+1	Saldo final de fato	34.000	110	309,0909
	Receita financeira real em UMC			23,3780
	Receita financeira real em reais de poder de compra de 31-12-X+1			**2.572**

Quadro 28.2

	Empréstimos			UMC
31-12-X	Saldo inicial	50.000	104	480,7692
30-6-X+1	Despesas financeiras	3.000	107	
30-6-X+1	Novo empréstimo	80.000	107	747,6636
31-7-X+1	Pagamento empréstimo	(80.000)	107	– 747,6636
30-9-X+1	Novo empréstimo	60.000	108	555,5556
31-10-X +1	Pagamento empréstimo	(50.000)	108	– 462,9630
31-12-X+1	Despesas financeiras	6.000	110	
31-12-X+1	Pagamento empréstimo	–	110	0,0000
31-12-X+1	Deveria existir no final			573,3618
31-12-X+1	Saldo final de fato	69.000	110	627,2727
	Despesa financeira real em UMC			53,9109
	Despesa financeira real em reais de poder de compra de 31-12-X+1			**5.930**

Imposto de Renda (IR): vamos admitir que tenha sido pago em 31-12-X+1, logo, seu valor nominal é seu valor pela correção integral em moeda final desse ano: **R$ 8.840**.

Receita financeira comercial: temos aqui uma figura diferente na correção integral. A empresa vendeu mercadorias a prazo; descontou seus valores a receber por 1% ao mês; logo, se a inflação for menor do que isso, a diferença entre o valor ajustado a valor presente e o valor efetivamente recebido corresponde a uma receita financeira de atividade comercial, como se houvesse um empréstimo ao cliente. Tirando dessa receita financeira nominal o efeito da inflação, tem-se uma receita financeira comercial real.

Vamos utilizar o mesmo raciocínio já visto, mas podemos usar um caminho mais rápido para o caso das vendas;

já vimos que elas corresponderam, a valor presente e já em moeda de 31-12-X+1, a R$ 405.998, valor mostrado quando atrás calculamos o valor das vendas em correção integral; e isso corresponde, na UMC dessa data, a 3.690,8876 UMC. É importante também lembrar que o saldo final, em reais, é de R$ 60.000 na conta Clientes pela lei societária; mas, pela correção integral, é, conforme balanço, R$ 59.406, o que corresponde, à UMC de R$ 110,00, a 540,0540 UMCs. Completando a movimentação, introduzindo-se as UMCs de 30 dias após cada venda, já que esse foi o prazo de venda, vejamos o Quadro 28.3.

Despesa financeira comercial: da mesma forma que no caso anterior, cada compra é descontada por 1,2% ao mês para trazê-la a valor presente. Se a inflação for menor

Quadro 28.3

	Clientes			UMC
31-12-X	Saldo inicial	–	104	0,0000
Várias	Vendas	400.000	várias	3690,8876
30-4-X+1	Recebimento	(90.000)	106	– 849,0566
31-7-X+1	Recebimento	(120.000)	107	– 1121,4953
31-10-X+1	Recebimento	(130.000)	108	– 1203,7037
31-12-X+1	Deveria existir no final			516,6319
31-12-X+1	Saldo final de fato	60.000	(*)	540,0540
	Receita financeira comercial real em UMC			23,4221
	Receita financeira real em reais de poder de compra de 31-12-X+1			**2.576**

(*) O saldo final de Clientes, em UMC, é obtido pela divisão do valor de Clientes do balanço em correção integral, que é R$ 59.406, e não o valor nominal de R$ 60.000 pela UMC de 31-12-X+1.

do que isso, é porque tem-se uma despesa financeira comercial, como se o fornecedor fosse um banco emprestando dinheiro. Considerando-se os prazos vistos quando se calcularam as compras, temos, considerando-se que também já verificamos que as compras, ajustadas a valor presente e em moeda de 31-12-X+1, corresponderam a R$ 283.298, o que equivale, na UMC final de R$ 110, a 2.575,4320 UMC (Quadro 28.4).

Da mesma forma: considerando o saldo inicial de UMCs devido a fornecedores mais as movimentações de compras e pagamentos (lembrar que o saldo inicial foi pago em janeiro, conforme informação no cálculo do valor dos estoques iniciais, no balanço de 31-12-X), deveria haver uma dívida em fornecedores de 591,7637 UMC. Como se deve mais do que isso, a diferença é despesa financeira comercial real.

Perda no Caixa: aqui também uma novidade da Correção Integral, já que é necessário lembrar o seguinte: a cada dia com inflação, o caixa tem capacidade de comprar menos produtos e serviços. Em quantidade de UMCs, a quantia diminui a cada vez que muda o valor da UMC. Logo, precisa-se do fluxo de caixa para, utilizando o mesmo raciocínio, calcular a soma das perdas durante o período em que o saldo inicial, no caso, começou com R$ 12.000 e terminou com R$ 18.160. Tem-se, então, o resultado apresentado no Quadro 28.5.

Montemos agora a demonstração do resultado, com todos os seus componentes expressos em reais de capacidade de compra de 31-12-X+1, comparativamente à demonstração nominal, sem qualquer consideração com relação aos efeitos da inflação (Quadro 28.6).

Vejam-se as diferenças, então, entre corrigir ou não corrigir o balanço e o resultado:

a) O lucro líquido nominal, logo sem correção, é de R$ 17.160.

b) O lucro líquido com correção, R$ 13.527.

c) O lucro efetivo é **21,2% menor** do que o nominal num ano em que a inflação foi de **5,77%**.

d) A taxa de retorno nominal do Patrimônio Líquido é de R$ 17.160/R$ 85.000 = 20,2% no ano.

e) A taxa de retorno real é de R$ 13.527/(R$ 88.000 + R$ 3.632) = 14,8% ao ano.

f) As vendas corrigidas diferem em apenas 1,5% dos valores nominais, e o custo das mercadorias vendidas, em 1,2%; mas o lucro bruto já tem uma diferença maior, de 2,2%.

g) As despesas operacionais diferem em 2,8% (veja-se como variam os efeitos conta a conta, mesmo nessas em que as diferenças são pequenas).

h) Mas as receitas financeiras e as despesas financeiras são **absurdamente diferentes: 35,7% e 34,1%, respectivamente!** Como estudar e analisar o efeito das dívidas e das aplicações financeiras sobre o lucro quando há inflação, mesmo tão pequena, sem se ter essa noção?

O lucro antes do IR difere em 14,0%, mas o lucro líquido tem diferença, já vista, de 21,2%. E com inflação de apenas 5,77% no ano e 10% acumulada desde o início da vida da empresa.

Realmente, o mundo gosta de ilusão!

28.3.3 Ajuste pelo IR diferido

Falta algo nesses balanços: efetuar, tanto no balanço inicial quanto no final, os ajustes pelo IR diferido conforme as normas brasileiras e internacionais de contabilidade. E a diferença precisa ser considerada no resultado.

Quadro 28.4

	Fornecedores				UMC
31-12-X	Saldo inicial	60.000	(*)		570,0821
Várias	Compras	285.000	várias		2575,4320
31-1-X+1	Pagamento	(60.000)	104		− 576,9231
30-6-X+1	Pagamento	(90.000)	107		− 841,1215
30-9-X+1	Pagamento	(80.000)	108		− 740,7407
31-12-X+1	Pagamento	(45.000)	110		− 409,0909
31-12-X+1	Deveria existir no final				577,6379
31-12-X+1	Saldo final de fato	70.000	(*)		628,8178
	Despesa financeira comercial real em UMC				51,1799
	Despesa financeira real em reais de poder de compra de 31-12-X+1				**5.930**

(*) O saldo inicial, em UMC, é igual ao valor em reais da correção integral (veja balanço), R$ 59.289, dividido pela UMC de 31-12-X; e o saldo final é também o valor final na correção integral dividida pela UMC de final de X+1.

580 | MANUAL DE CONTABILIDADE SOCIETÁRIA • *Santos, Iudícibus, Martins e Gelbcke*

Quadro 28.5

	Caixa			UMC
31-12-X	Saldo inicial	12.000	104	115,3846
31-1-X+1	Resgate	50.000	104	480,7692
31-1-X+1	Pagamento Fornecedores	(60.000)	104	− 576,9231
30-4-X+1	Recebimento Clientes	90.000	106	849,0566
30-4-X+1	Aplicação Financeira	(90.000)	106	− 849,0566
30-6-X+1	Resgate	90.000	107	841,1215
30-6-X+1	Pagamento Fornecedores	(90.000)	107	− 841,1215
30-6-X+1	Novo empréstimo	80.000	107	747,6636
30-6-X+1	Pagamento Desp. Operacionais	(80.000)	107	− 747,6636
31-7-X+1	Recebimento Clientes	120.000	107	1121,4953
31-7-X+1	Pagamento Empréstimos	(80.000)	107	− 747,6636
30-9-X+1	Novo empréstimo	60.000	108	555,5556
30-9-X+1	Pagamento Fornecedores	(80.000)	108	− 740,7407
31-10-X+1	Recebimento Clientes	130.000	108	1203,7037
31-10-X+1	Pagamento Empréstimos	(50.000)	108	− 462,9630
31-10-X+1	Aplicação Financeira	(30.000)	108	− 277,7778
31-12-X+1	Pagamento Fornecedores	(45.000)	110	− 409,0909
31-12-X+1	Pagamento IR	(8.840)	110	− 80,3636
31-12-X+1	Deveria existir no final			181,3858
31-12-X+1	Saldo final de fato	18.160	110	165,0909
	Perda no Caixa, em UMC			− 16,2949
	Perda no Caixa, em reais de poder de compra de 31-12-X+1			**(1.792)**

Quadro 28.6

	X+1, nominal	X+1, em moeda de 31-12-X+1	Diferenças
Vendas	400.000	405.998	1,5%
Custo Mercadorias Vendidas	(280.000)	(283.381)	1,2%
Lucro Bruto	120.000	122.616	2,2%
Despesas Operacionais	(80.000)	(82.243)	2,8%
Depreciação	(9.000)	(9.802)	8,9%
Perda no Caixa		(1.792)	na
Rec. Financeira Comercial		2.576	na
Desp. Financeira Comercial		(5.630)	na
Receitas Financeiras	4.000	2.572	− 35,7%
Despesas Financeiras	(9.000)	(5.930)	− 34,1%
Lucro Antes IR	26.000	22.367	− 14,0%
IR	(8.840)	(8.840)	0,0%
Lucro Líquido	17.160	13.527	− 21,2%

No balanço final, teríamos como IR diferido a diferença entre o Patrimônio Líquido corrigido e o contábil (supondo que este seja também a base para fins de IR).

Considerando a alíquota de 34%, teríamos o seguinte valor a registrar no Passivo e a diminuir de Lucros Acumulados:

a) IR Diferido no balanço final = 34% × (R$ 105.159 – R$ 102.160) = R$ 1.020.

b) IR Diferido no balanço inicial = 34% × (R$ 83.200 + R$ 3.434 – R$ 85.000)/104 × 110 = R$ 889.588 (igual ao saldo que haveria no início do período, no balanço de 31-12-X, corrigido para o final).

c) IR Diferido no resultado, a diminuir ainda mais o lucro líquido = R$ 1.020 – R$ 588 = R$ 432.

Ou seja, além de que o imposto incidiu sobre o valor do lucro nominal, e não sobre o corrigido, o que aumenta a efetiva alíquota do tributo, ainda haverá mais imposto a pagar no futuro por conta das subcorreções do passado. É só imaginar, por exemplo, que as depreciações futuras serão, para efeito fiscal, as nominais, o que implicará aumento do IR (e da contribuição social).

Há inúmeros outros pontos, como a evidenciação de que, sem correção, uma parte do IR pago a mais não é, efetivamente, sobre o lucro, e sim sobre o Patrimônio Líquido da empresa. Mas são assuntos que, apesar de importantíssimos, ficam para eventual outra edição.

28.3.4 Demonstração dos Fluxos de Caixa e Demonstração do Valor Adicionado

Não vamos aqui evidenciar, mas é claro que a Demonstração dos Fluxos de Caixa (DFC) em correção integral também fica diferente da nominal, bem como a demonstração do valor adicionado.

No caso da DFC, é só verificar, por exemplo, que nominalmente o caixa mais o equivalente de caixa (aplicações financeiras, no caso) diminuíram, durante X+1, de R$ 62.000 para R$ 52.160, ou seja, nominalmente em R$ 9.840. Mas, em correção integral, a variação foi bem diferente: esses valores caíram de R$ 65.577 para R$ 52.160, ou seja, o decréscimo real foi de R$ 13.417!

Em relação à DVA, os valores para a sua elaboração devem ser extraídos da DRE corrigida, o que obviamente também torna a sua apresentação bem diferente.

Deixamos para o leitor a elaboração dessas demonstrações!

28.3.5 Juros sobre o capital próprio

Falamos, no final da Seção 28.3.1, que antigamente o IR era calculado sobre o lucro após a correção monetária. E dissemos que, como o lucro após a correção, mas antes do imposto, era de R$ 23.352, o imposto, se calculado sobre esse número, geraria R$ 7.940 e não R$ 8.840. Por isso, o governo, na época, reduziu a alíquota e ainda criou a figura do juro sobre o capital próprio.

Esse juro faz com que o IR seja calculado de forma diferente; supondo que a TJLP ou TLP fosse, nesse período, de 7%, o imposto seria calculado de outra forma. O valor nominal da lei brasileira de hoje, antes do IR, é de R$ 26.000; são dedutíveis 7% do Patrimônio Líquido inicial, o que nos dá R$ 6.060. Assim, o lucro tributável passa a ser de R$ 19.940. O IR, então, será de 34% sobre esse valor, ou seja, R$ 6.780.

Mas não há que se achar que o imposto agora seja só isso, porque, como regra, há uma incidência de mais 15% de imposto sobre o valor do próprio JCP, ou seja, 15% sobre R$ 6.060 (R$ 909), aumentando o imposto total para R$ 7.689. Nesse caso, inferior aos R$ 7.940 acima comentados, mas isso não ocorre sempre, já que às vezes ele é superior.

De qualquer forma, os juros sobre o capital próprio são uma maneira interessante que o governo encontrou de reduzir a iniquidade fiscal, que seria a abolição completa da correção monetária sobre o balanço. Quem tem pouco capital próprio e muito capital de terceiros teria a dedutibilidade dos encargos sobre o capital alheio, e quem tem pouco capital de terceiros, não. Assim, a iniquidade fiscal seria enorme. Com a figura dos juros sobre o capital próprio, contrabalança-se em parte esse problema.

28.4 O modelo do IASB

Conforme descrito na introdução deste capítulo, no conjunto das normas do IASB, há uma norma específica tratando deste tema: a IAS 29 – *Financial Reporting in Hyperinflationary Economies*. A versão do CPC relativa a essa norma é o Pronunciamento Técnico CPC 42 – Contabilidade em Economias Hiperinflacionárias, adotado no Brasil a partir de 2018.

Em linhas gerais, **o modelo do CPC 42 segue os princípios do modelo de correção integral, adotado de forma obrigatória no Brasil até 1995,** mas permanecem algumas diferenças.

Em resumo, o CPC 42 orienta que os elementos avaliados a custo histórico devem ser segregados em monetários e não monetários (seguindo a lógica semelhante ao modelo da correção integral). Assim, os itens monetários do balanço não demandam atualização monetária, pois já estão expressos em termos da unidade monetária corrente no final do período de relatório. Já os itens não monetários precisam ser atualizados, desde a sua data de formação/aquisição, a não ser quando avaliados a valor justo, já na moeda da data do balanço.

Entretanto, para que o modelo seja aplicado, é necessário que se caracterize a hiperinflação. Essa caracterização de hiperinflação é feita segundo o item 3 do CPC 42, reproduzido a seguir:

"3. Este Pronunciamento não estabelece uma taxa absoluta em que se considere o surgimento da hiperinflação. A ocasião em que a atualização monetária das demonstrações contábeis, de acordo com este Pronunciamento, se torna necessária é uma questão de julgamento. A hiperinflação é indicada pelas características do ambiente econômico de país que incluem, entre outras, as seguintes:

(a) a população em geral prefere manter sua riqueza em ativos não monetários ou em uma moeda estrangeira relativamente estável. Os valores em moeda local detidos são imediatamente investidos para manter o poder aquisitivo;

(b) a população em geral considera os valores monetários não em termos da moeda local, mas em termos de uma moeda estrangeira relativamente estável. Os preços podem ser cotados nessa moeda;

(c) as compras e as vendas a crédito ocorrem a preços que compensam a perda esperada do poder aquisitivo durante o período do crédito, ainda que esse período seja curto;

(d) as taxas de juros, salários e preços são atrelados a um índice de preços; e

(e) a taxa de inflação acumulada no triênio se aproxima ou excede 100%."

Esses critérios são adotados pelo IASB (e agora, mais recentemente, pelo CPC) tendo em vista que a atualização monetária generalizada de todas as contas contábeis não costuma ser um procedimento simples. Adiciona-se a isso o fato de que a maioria dos países que mais influenciam as normas do IASB é composta por aqueles que não conviveram (pelo menos mais recentemente) com altas taxas de inflação, sendo assim, não costumam entender os potenciais impactos da não correção monetária das demonstrações contábeis, da mesma forma que os profissionais de países que tiveram essa experiência, como o Brasil. Veja-se, por exemplo, o item 3(e), que, em outras palavras, estabelece, como um dos critérios para a adoção da correção, que a taxa de inflação acumulada atinja 100% em três anos. Calculando a taxa de inflação anual média para obtermos 100% em três anos, chegamos a incríveis 26%. Mas, pelo

histórico que tivemos de diversas demonstrações financeiras publicadas no Brasil de 1996 em diante, quando os índices de inflação anuais já eram inferiores a este patamar, é fácil perceber que um nível de inflação bem menor do que 26% tem uma capacidade de afetar materialmente a qualidade da informação contábil.

Diante disso, os autores deste *Manual* entendem que esse critério de aplicação do modelo de correção monetária é incorreto. Em teoria, o modelo de correção monetária deveria ser adotado sempre que a sua não adoção implique perda da qualidade informativa das demonstrações contábeis.

28.4.1 Atualização monetária de investidas para MEP e Consolidação

Mesmo num país onde o ambiente econômico não seja caracterizado como hiperinflacionário segundo os critérios do CPC 42 (e, portanto, não seja aplicável a atualização monetária das demonstrações contábeis), caso a entidade possua investimentos societários em controladas, controladas em conjunto ou coligadas em país hiperinflacionário, ela deve avaliar tais investimentos pelo método da equivalência patrimonial (e, também, consolidar os investimentos em controladas), mas considerando essas demonstrações de investidas corrigidas monetariamente.

Desse modo, o CPC 42 determina, no item 20, que o cálculo da equivalência patrimonial dessas investidas deve ser feito com base nas demonstrações contábeis atualizadas monetariamente e, caso tais demonstrações estejam expressas em moeda estrangeira, elas devem ser convertidas pela taxa de câmbio de fechamento a partir dessas demonstrações corrigidas. E a consolidação tem que adotar o mesmo critério. Só pode ser feita a partir das demonstrações assim ajustadas.

28.4.2 Aplicação do CPC 42 pela primeira vez

Uma dúvida prática surge nas situações em que uma entidade passa a ter que aplicar os princípios do CPC 42 pela primeira vez por ocasião de a economia ser considerada hiperinflacionária: como fazer a transição dos números sem correção para o novo modelo, corrigido monetariamente?

Para resolver essa dúvida, o IFRIC emitiu a IFRIC 7 e, aqui no Brasil, essa interpretação também foi emitida. Trata-se da ICPC 23. Segundo essa interpretação, no momento em que a entidade identifica a necessidade de ter que aplicar o CPC 42 (ou seja, no período em que identificou a existência de hiperinflação na economia de sua moeda funcional, que não era hiperinflacionária no período anterior), ela deve aplicar os requisitos do CPC 42 como se a economia tivesse sempre sido hiperinflacionária. Logo, os itens não monetários registrados a custo histórico devem ser atualizados desde a data de sua aquisição ou formação.

Além disso, é preciso realizar os devidos ajustes no cálculo dos tributos diferidos, seguindo o CPC 32. Nesse caso, a entidade deve remensurar os itens de tributos diferidos após ter atualizado monetariamente os valores nominais de seus itens não monetários em seu balanço de abertura, ou seja, no início do período comparativo mais antigo que esteja sendo apresentado.

28.4.3 Divergências entre as normas do CPC 42 e a Correção Integral

Vimos com detalhes, na Seção 28.2, como o Brasil aplicou a correção monetária integral de balanços (recomendada, aliás, pela ONU, conforme decisão do órgão anterior ao ISAR Group de 1989).

Salientamos agora o que existe de diferença entre esse modelo e o do CPC 42. Este não determina o cálculo de todos os ganhos e perdas nos itens monetários por conta de forma analítica (perdas no caixa, em clientes, ganhos nas contas a pagar etc.). Ele estabelece que seja feito pelo cálculo dos ganhos e perdas do saldo líquido dos itens monetários. Ou seja, exige que se faça uma espécie de fluxo de itens monetários: o saldo inicial é a soma algébrica dos ativos e passivos monetários no balanço inicial; e o final, a soma dessas contas nessa outra data. Fazendo-se isso, por exemplo, mensalmente, tem-se a variação desses saldos inicial e final do mês como podendo ser aceitas pela média do mês para cálculo das perdas e dos ganhos; só precisam ser feitos ajustes por acréscimos ou diminuições nos itens não monetários se estes tiverem correção a partir do dia da aquisição, e não do mês da aquisição.

É o mesmo procedimento que o visto para cálculo das perdas no caixa na Seção 28.3.2, só que é como se o caixa fosse a soma das disponibilidades mais todos os demais itens monetários diminuída da soma de todos os passivos monetários. Assim, calcula-se o valor dos ganhos e das perdas nos itens monetários **globais** e o saldo líquido é computado no resultado. Veja-se que a correção integral é um modelo bem mais aperfeiçoado.

Interessante notar que o CPC 42 determina que devem ser retirados desse saldo único no resultado os ganhos e as perdas que se refiram a itens monetários que estejam sujeitos a índices de preço, como empréstimos em IPCA, outro índice, e também a variação cambial. Nesse caso, os ganhos e as perdas devem ser contrapostos às contas de receitas e despesas financeiras dos respectivos itens. Aliás, isso precisa também ser feito para todas as demais receitas e despesas financeiras, caso não se queira uma deformação nesses itens e falta de fidedignidade na demonstração do resultado (item 28 do CPC 42). Essas receitas e despesas financeiras são as que apresentam maiores discrepâncias quando apresentadas pelos seus valores históricos (nominais) ou seus valores corrigidos (Reais).

Mesmo fazendo esse ajuste às contas de receitas e despesas financeiras, teremos todos os demais ganhos e perdas numa única rubrica no resultado, o que também produz algumas distorções. Por exemplo, as perdas em clientes, se não houver ajuste a valor presente e o efeito inflacionário sobre essa conta for jogado contra as receitas financeiras derivadas desse ajuste, serão consideradas como parte do saldo de ganhos e perdas nos itens monetários no resultado. As vendas serão corrigidas a partir das datas das vendas, mas as perdas inflacionárias sobre os saldos não recebidos dessas vendas não aparecem detalhadamente como ajuste às receitas de vendas, mas sim emboladas na conta única no resultado. Ou o próprio saldo de caixa ou equivalente de caixa não aplicado financeiramente terá sua perda também embolada nessa conta única. Os ganhos nos salários a pagar e semelhantes, em vez de serem apresentados como redução da conta de despesas de salários e semelhantes, aparecerão naquela conta única. Num banco comercial, por exemplo, o enorme ganho inflacionário sobre os depósitos à vista não aparecerá detalhadamente, e ele costuma ser de enorme valor e importância no resultado de banco em situação inflacionária.

Assim, o CPC 42 é um avanço enorme no que diz respeito a uma forma de tratamento dos efeitos da inflação, mas de qualidade inferior à correção integral, apesar de chegarem ao mesmo balanço, ao mesmo líquido, e a muitas contas do resultado. Assim, sugerimos fortemente que se faça todo o procedimento como no modelo de correção integral e depois se faça a conversão para a moeda da investidora (se necessário), e se aplique a consolidação sobre esses saldos obtidos dessa forma. De qualquer maneira, essa divergência não altera a equivalência patrimonial e nem as contas de ativos e passivos no balanço consolidado, pois ambos, CPC 42 e correção integral, chegam aos mesmos valores em moeda corrigida para as contas patrimoniais.

É necessário, claro, que se façam também os devidos ajustes nas contas de outros resultados abrangentes e demais contas do Patrimônio Líquido.

28.4.4 Extinção da hiperinflação

Quando um país sai da hiperinflação, os saldos contábeis últimos corrigidos monetariamente de ativos e passivos passam a ser tomados como bases de valor para fim da contabilidade daí em diante. É como se passassem a representar custos históricos.

28.5 Tratamento para pequenas e médias empresas

Esse tópico de correção de balanço não é abordado pelo Pronunciamento Técnico PME – Contabilidade para Pequenas e Médias Empresas. Ignorância total! "Parece que a ignorância é a chave para a felicidade..."

Apêndice (Modelo de Plano de Contas)

Apresentação

A elaboração de um bom Plano de Contas é fundamental no sentido de utilizar todo o potencial da Contabilidade em seu valor informativo para os inúmeros usuários.

Assim, ao preparar um projeto para desenvolver um Plano de Contas, a empresa deve ter em mente as várias possibilidades de relatórios gerenciais e para uso externo e, dessa maneira, prever as contas de acordo com os diversos relatórios a serem produzidos.

Se, anteriormente, isso era de grande importância, atualmente, com os recursos tecnológicos da informática, passou a ser essencial, pois tais relatórios propiciarão tomada de decisão mais ágil e eficaz por parte dos usuários.

A Lei nº 12.973/2014 estabeleceu regras para que certas receitas e despesas, decorrentes do processo de convergência contábil, não apresentassem impacto fiscal no momento de seu reconhecimento. Uma dessas regras trata do controle em subcontas específicas em determinadas situações:

a) **Avaliação a valor justo de ativos ou passivos**: o valor do ajuste a valor justo deve ser registrado separadamente do valor do respectivo componente patrimonial.

b) **Ajuste a valor presente de ativos e passivos**: o valor do ajuste a valor presente deve ser registrado separadamente do valor do respectivo componente patrimonial.

c) **Combinação de negócios**: o custo de aquisição de participação deverá ser desmembrado em (i) valor do Patrimônio Líquido da investida na época da aquisição; (ii) mais ou menos-valia, que corresponde à diferença entre o valor justo dos ativos líquidos da investida, avaliados individualmente, na proporção da porcentagem da participação adquirida, e o valor do Patrimônio Líquido da investida na época da aquisição; e (iii) o ágio por rentabilidade futura (*goodwill*), que corresponde à diferença entre o custo de aquisição do investimento e o somatório dos valores apresentados anteriormente (i e ii).

Há também outras previsões de escrituração contábil em subcontas específicas relacionadas com a adoção inicial da Lei nº 12.973/2014. Detalhes sobre quando os valores registados nessas subcontas devem incorporar o resultado tributável (Lucro Real) podem ser encontrados nessa própria Lei e também na Instrução Normativa RFB nº 1.700/2017.

A seguir, apresentamos um modelo.

MODELO DE PLANO DE CONTAS

MODELO DE PLANO DE CONTAS – **ATIVO**

I. ATIVO CIRCULANTE

1. DISPONÍVEL

   Caixa

   Depósitos bancários à vista

   Numerário em trânsito

   Equivalentes de caixa – Aplicações de liquidez imediata

2. CLIENTES

   Duplicatas a receber

   a) Clientes

   b) Controladas e coligadas – transações operacionais

   Perdas estimadas em créditos de liquidação duvidosa (conta credora)

   Ajuste a valor presente (conta credora)

   Faturamento para entrega futura (conta credora)

   Saques de exportação

3. ATIVO DE CONTRATO

4. OUTROS CRÉDITOS

   Títulos a receber

   a) Clientes – renegociação de contas a receber

   b) Devedores mobiliários

   c) Empréstimos a receber de terceiros

   d) Receitas financeiras a transcorrer (conta credora)

   Cheques em cobrança

   Dividendos propostos a receber

   Bancos – contas vinculadas

   Juros a receber

   Adiantamentos a terceiros

   Créditos de funcionários

   a) Adiantamentos para viagens

   b) Adiantamentos para despesas

   c) Antecipação de salários e ordenados

   d) Empréstimos a funcionários

   e) Antecipação de 13º salário

   f) Antecipação de férias

Tributos a compensar e recuperar

a) IPI a compensar

b) ICMS a compensar

c) IRRF a compensar

d) IR e CS a restituir/compensar

e) PIS/PASEP a recuperar

f) COFINS a recuperar

g) Outros tributos a recuperar

Operações em bolsa

a) Depósitos para garantia de operação a termo

b) Prêmios pagos – mercado de opções

Depósitos restituíveis e valores vinculados

Perdas estimadas para créditos de liquidação duvidosa (conta credora)

Perdas estimadas para redução ao valor recuperável (conta credora)

Ajuste a valor presente (conta credora)

5. INVESTIMENTOS TEMPORÁRIOS

   Aplicação temporária em ouro

   Títulos e valores mobiliários

   Perda estimada para redução ao valor recuperável (conta credora)

   Perdas estimadas (conta credora)

6. ESTOQUES

   Produtos acabados

   Mercadorias para revenda

   Produtos em elaboração

   Matérias-primas

   Outros materiais diretos

   Mão de obra direta

   Salário

   Prêmios de produção

   Gratificações

   Férias

   13º salário

   INSS

   FGTS

   Benefícios a empregados

Aviso-prévio e indenizações

Assistência médica e social

Seguro de vida em grupo

Seguro de acidentes do trabalho

Auxílio-alimentação

Assistência Social

Outros encargos

Outros custos diretos

Serviços de terceiros

Outros

Custos indiretos

Material indireto

Mão de obra indireta

Salários e ordenados dos supervisores de produção

Salários e ordenados dos departamentos de produção

Gratificações

Férias

13º salário

INSS

FGTS

Benefícios a empregados

Aviso-prévio e indenizações

Assistência médica e social

Seguro de vida em grupo

Seguro de acidentes do trabalho

Outros encargos

Honorários da diretoria de produção e encargos

Ocupação

Aluguéis e condomínios

Depreciações e amortizações

Manutenção e reparos

Utilidades e serviços

Energia elétrica (luz e força)

Água

Transporte do pessoal

Comunicações

Reproduções

Refeitório

Outros custos

Recrutamento e seleção

Treinamento do pessoal

Roupas profissionais

Conduções e refeições

Impostos e taxas

Segurança e vigilância

Ferramentas perecíveis

Outras

Materiais de acondicionamento e embalagem

Materiais auxiliares

Materiais semiacabados

Manutenção e suprimentos gerais

Mercadorias em trânsito

Mercadorias entregues em consignação

Importações em andamento

Almoxarifado

Adiantamento a fornecedores

Perda estimada para redução ao valor recuperável (conta credora)

Ajuste a valor presente (conta credora)

Serviços em andamento

Ativos biológicos – ao custo

Ativos biológicos – ao valor justo

Produtos biológicos – ao custo

Produtos biológicos – ao valor justo

7. ATIVOS ESPECIAIS

Ativos especiais

Ativos especiais em produção

Amortização/Depreciação acumulada (conta credora)

Perda estimada para redução ao valor recuperável (conta credora)

8. DESPESAS DO EXERCÍCIO SEGUINTE PAGAS ANTECIPADAMENTE

Prêmios de seguros a apropriar

Encargos financeiros a apropriar

Assinaturas e anuidades a apropriar

Comissões e prêmios pagos antecipadamente

Aluguéis pagos antecipadamente

Outros custos e despesas pagos antecipadamente

9. ATIVO NÃO CIRCULANTE MANTIDO PARA VENDA

II. ATIVO NÃO CIRCULANTE
II.1. ATIVO REALIZÁVEL A LONGO PRAZO
1. CRÉDITOS E VALORES

Bancos – contas vinculadas

Clientes

Ativo de contrato

Títulos a receber

Créditos de acionistas – transações não recorrentes

Crédito de diretores – transações não recorrentes

Crédito de coligadas e controladas – transações não recorrentes

Adiantamentos a terceiros

Perdas estimadas com créditos de liquidação duvidosa (conta credora)

Impostos e contribuições a recuperar

Empréstimos compulsórios à Eletrobras

Empréstimos feitos com incentivos fiscais

Depósitos restituíveis e valores vinculados

Perdas estimadas para redução ao valor recuperável (conta credora)

Aplicações financeiras

Ajuste a valor presente (conta credora)

2. INVESTIMENTOS TEMPORÁRIOS A LONGO PRAZO

Aplicações em títulos e valores mobiliários

Aplicações em instrumentos patrimoniais de outras sociedades

Depósitos e aplicações para investimentos com incentivos fiscais
   a) FINOR
   b) FINAM
   c) FUNRES

Participações em fundos de investimento
   a) FINOR
   b) FINAM
   c) FUNRES

Perdas estimadas para redução ao valor recuperável (conta credora)

3. DESPESAS ANTECIPADAS

Prêmios de seguro a apropriar a longo prazo

Outros custos e despesas pagos antecipadamente

4. TRIBUTOS DIFERIDOS

IR e CS diferidos

II.2. INVESTIMENTOS
1. PARTICIPAÇÕES PERMANENTES EM OUTRAS SOCIEDADES

A. Avaliadas por equivalência patrimonial
   a) Valor da equivalência patrimonial
      1) Participações em controladas (conta por empresa)
      2) Participações em controladas em conjunto (conta por empresa)
      3) Participações em coligadas (conta por empresa)
      4) Participações em sociedades do grupo (conta por empresa)
   b) Mais-valia sobre os ativos líquidos das investidas
   c) Ágio por rentabilidade futura (*goodwill*) (conta por empresa)
   d) Perdas estimadas para redução ao valor realizável líquido (conta credora)
   e) Lucros a apropriar (conta credora)
      1) Lucro em vendas para controladas
      2) Lucro em vendas para coligadas
      3) Lucro em vendas para *joint ventures*

B. Avaliadas pelo valor justo
   a) Participações em outras sociedades (conta por empresa)

C. Avaliadas pelo custo
   a) Participações em outras sociedades (conta por empresa)
   b) Perdas estimadas (conta credora)

2. OUTROS INVESTIMENTOS PERMANENTES

Ativos para futura utilização

Obras de arte

Perdas estimadas (conta credora)

II.3. PROPRIEDADES PARA INVESTIMENTO
A. Avaliadas por valor justo
   a) Propriedades para investimento
B. Avaliadas pelo custo
   a) Propriedades para investimento

Apêndice (Modelo de Plano de Contas) | **589**

b) Depreciação acumulada (conta credora)

c) Perdas estimadas (conta credora)

II.4. ATIVO IMOBILIZADO

A. BENS EM OPERAÇÃO – CUSTO

Terrenos

Obras preliminares e complementares

Obras civis

Instalações

Máquinas, aparelhos e equipamentos

Equipamentos de processamento eletrônico de dados

Móveis e utensílios

Veículos

Ferramentas

Softwares

Ativo biológico (ao Custo)

Direitos sobre recursos naturais

Peças e conjuntos de reposição

Benfeitorias em propriedades de terceiros

Direito de uso de arrendamento

B. DEPRECIAÇÃO, AMORTIZAÇÃO ou EXAUSTÃO ACUMULADA E PERDAS POR REDUÇÃO AO VALOR RECUPERÁVEL (contas credoras)

Obras preliminares e complementares – depreciação

Obras civis – depreciação

Instalações – depreciação

Máquinas, aparelhos e equipamentos – depreciação

Equipamentos de processamento eletrônico de dados – depreciação

Móveis e utensílios – depreciação

Veículos – depreciação

Ferramentas – depreciação

Peças e conjuntos de reposição – depreciação

Benfeitorias em propriedades de terceiros – amortização

Imobilizado biológico – depreciação

Direito sobre recursos naturais – amortização

Direito de uso de arrendamento – depreciação

Perdas estimadas por redução ao valor recuperável

C. IMOBILIZADO EM ANDAMENTO – CUSTO

Bens em uso na fase de implantação

a) Custo (por conta)

b) Perdas estimadas por redução ao valor recuperável (contas credoras)

Construções em andamento

Importações em andamento de bens do imobilizado

Adiantamentos a fornecedores de imobilizado

Almoxarifado de materiais para construção de imobilizado

II.5. INTANGÍVEL

A. CUSTO

Marcas

Patentes

Concessões

Softwares

Goodwill (ágio por expectativa de rentabilidade futura) (só no Balanço Consolidado)

Direitos autorais

Direitos sobre recursos minerais – outros

Pesquisa e desenvolvimento

B. AMORTIZAÇÃO ACUMULADA E PERDAS ESTIMADAS POR REDUÇÃO AO VALOR RECUPERÁVEL (conta credora)

II.6. ATIVO DIFERIDO – CUSTO (em extinção)

A. GASTOS DE IMPLANTAÇÃO E PRÉ-OPERACIONAIS

Gastos de organização e administração

Encargos financeiros líquidos

Estudos, projetos e detalhamentos

Juros a acionistas na fase de implantação

Gastos preliminares de operação

Amortização acumulada (conta credora)

B. GASTOS DE IMPLANTAÇÃO DE SISTEMAS E MÉTODOS

Custo

Amortização acumulada (conta credora)

C. GASTOS DE REORGANIZAÇÃO

Custo

Amortização acumulada (conta credora)

590 | MANUAL DE CONTABILIDADE SOCIETÁRIA • *Santos, Iudícibus, Martins e Gelbcke*

> MODELO DE PLANO DE CONTAS – **PASSIVO + PATRIMÔNIO LÍQUIDO**

I. PASSIVO CIRCULANTE

1. SALÁRIOS E ENCARGOS SOCIAIS

   Ordenados e salários a pagar

   13º a pagar

   Férias a pagar

   INSS a pagar

   FGTS a recolher

   Honorários da administração a pagar

   Comissões a pagar

   Gratificações a pagar

   Participações no resultado a pagar

   Retenções a recolher

2. FORNECEDORES

   Fornecedores nacionais

   Ajuste a valor presente (conta devedora)

   Fornecedores estrangeiros

3. OBRIGAÇÕES FISCAIS

   ICMS a recolher

   IPI a recolher

   IR a pagar

   IR recolhido (conta devedora)

   CS a pagar

   CS recolhida (conta devedora)

   IOF a pagar

   ISS a recolher

   PIS/PASEP a recolher

   COFINS a recolher

   Impostos retidos a recolher

   Obrigações fiscais – REFIS a pagar

   Receita diferida (REFIS)

   Ajuste a valor presente (conta devedora)

   Outros impostos e taxas a recolher

4. EMPRÉSTIMOS E FINANCIAMENTOS

   Parcela a curto prazo dos empréstimos e financiamentos

   Credores por financiamento

   Financiamentos bancários a curto prazo

   Arrendamentos a pagar

   Duplicatas descontadas

   Adiantamentos de contratos de câmbio

   Títulos a pagar

   Encargos financeiros a transcorrer (conta devedora)

   Custos de transação a apropriar (conta devedora)

   Juros a pagar de empréstimo e financiamento

5. DEBÊNTURES E OUTROS TÍTULOS DE DÍVIDA

   Conversíveis em ações

   Não conversíveis em ações

   Juros e participações

   Prêmios na emissão de debêntures a apropriar

   Deságio a apropriar (conta devedora)

   Custos de transação a apropriar (conta devedora)

6. PASSIVO DE CONTRATO

7. OUTRAS OBRIGAÇÕES

   Adiantamentos de clientes

   Faturamento para entrega futura

   Contas a pagar

   Ordenados e salários a pagar

   Encargos sociais a pagar

   FGTS a recolher

   Honorários da administração a pagar

   Comissões a pagar

   Gratificações a pagar

   Retenções contratuais

   Dividendos e juros sobre o capital próprio a pagar

   Juros de empréstimos e financiamentos a pagar

   Operações em bolsa

   Ajuste a valor presente (conta devedora)

   Dividendo mínimo obrigatório a pagar

   Autorizações de pagamentos a liquidar

   Outras contas a pagar

8. PROVISÕES

   Provisões fiscais, previdenciárias, trabalhistas e cíveis

   Provisão para benefícios a empregados (aposentadorias e pensões)

   Provisão para garantias

   Provisão para reestruturação

Apêndice (Modelo de Plano de Contas) | 591

II. PASSIVO NÃO CIRCULANTE

1. EMPRÉSTIMOS E FINANCIAMENTOS

Empréstimos e financiamentos a longo prazo

a) Em moeda nacional

b) Em moeda estrangeira

Financiamento por arrendamento financeiro

Credores por financiamento

Títulos a pagar

Encargos financeiros a transcorrer (conta devedora)

Custos de transação a apropriar (conta devedora)

Juros a pagar de empréstimos e financiamentos

2. DEBÊNTURES E OUTROS TÍTULOS DE DÍVIDA

Conversíveis em ações

Não conversíveis em ações

Juros e participações

Deságio a apropriar (conta devedora)

Custos de transação a apropriar (conta devedora)

Prêmios na emissão de debêntures a apropriar

3. RETENÇÕES CONTRATUAIS

4. IR E CS DIFERIDOS

5. RESGATE DE PARTES BENEFICIÁRIAS

6. PROVISÕES

Provisões fiscais, previdenciárias, trabalhistas e cíveis

Provisão para benefícios a empregados (aposentadorias e pensões)

Provisão para garantias

Provisão para reestruturação

7. REFIS

Obrigações fiscais – REFIS a pagar

Receita diferida (REFIS)

Ajuste a valor presente (conta devedora)

8. RECEITAS A APROPRIAR

9. SUBVENÇÕES DE INVESTIMENTO A APROPRIAR

III. PATRIMÔNIO LÍQUIDO

PATRIMÔNIO LÍQUIDO DOS SÓCIOS DA CONTROLADORA (só no Balanço Consolidado)

1. CAPITAL SOCIAL

Capital subscrito

a) Capital autorizado

b) Capital a subscrever (conta devedora)

c) Capital a integralizar (conta devedora)

d) Gastos com emissão de ações (retificadora do Capital Social)

2. RESERVAS DE CAPITAL

Ágio na emissão de ações

Reserva especial de ágio na incorporação

Alienação de bônus de subscrição

Gastos na emissão de outros valores patrimoniais (conta devedora)

3. OPÇÕES OUTORGADAS EXERCIDAS

4. RESERVAS DE REAVALIAÇÃO (quando permitidas pela lei – em extinção)

Reavaliação de ativos próprios (contas por natureza dos ativos)

Reavaliação de ativos de coligadas e controladas avaliadas pelo método de equivalência patrimonial

5. RESERVAS DE LUCROS

Reserva legal

Reservas estatutárias (contas por tipo)

Reservas para contingências

Reservas de lucros a realizar

Reservas de lucros para expansão

Reservas de incentivos fiscais

Reserva especial para dividendo obrigatório não distribuído

6. LUCROS OU PREJUÍZOS ACUMULADOS

Lucros acumulados

Prejuízos acumulados (conta devedora)

7. DIVIDENDO ADICIONAL PROPOSTO

8. AÇÕES EM TESOURARIA (conta devedora)

9. OUTROS RESULTADOS ABRANGENTES

Ajuste acumulado de conversão

Ajustes de avaliação patrimonial

10. MUDANÇA NA PARTICIPAÇÃO RELATIVA EM COLIGADA, CONTROLADA E CONTROLADA EM CONJUNTO

ACIONISTAS OU SÓCIOS NÃO CONTROLADORES (Só no Balanço Consolidado)

MODELO DE PLANO DE CONTAS – **CONTAS DE RESULTADO**

I. FATURAMENTO BRUTO DE VENDAS DE PRODUTOS

II. DEDUÇÕES DO FATURAMENTO BRUTO

IMPOSTO SOBRE PRODUTOS INDUSTRIALIZADOS (IPI)[1]

III. RECEITA BRUTA DE VENDAS DE MERCADORIAS, PRODUTOS E SERVIÇOS

1. VENDAS DE PRODUTOS

   Mercado nacional

   Exportação

2. VENDAS DE SERVIÇOS

   Mercado nacional

   Exportação

IV. DEDUÇÕES DA RECEITA BRUTA

1. VENDAS CANCELADAS
2. DEVOLUÇÕES PROVÁVEIS
3. ABATIMENTOS
4. IMPOSTOS INCIDENTES SOBRE VENDAS

   ICMS

   ISS

   PIS OU PASEP (sobre a receita bruta)

   COFINS (sobre a receita bruta)

V. AJUSTE A VALOR PRESENTE DE CLIENTES
(conta devedora)

VI. CUSTO DAS MERCADORIAS VENDIDAS E DOS SERVIÇOS PRESTADOS

1. CUSTO DAS MERCADORIAS VENDIDAS
2. CUSTO DOS SERVIÇOS PRESTADOS
3. (–) CMV/CSP POR DEVOLUÇÕES PROVÁVEIS

VII. CUSTOS DOS PRODUTOS VENDIDOS

1. MATÉRIA-PRIMA DIRETA
2. OUTROS MATERIAIS DIRETOS
3. MÃO DE OBRA DIRETA
4. OUTROS CUSTOS DIRETOS
5. CUSTOS INDIRETOS
6. (–) CPV POR DEVOLUÇÕES PROVÁVEIS

VIII. DESPESAS OPERACIONAIS

A. DE VENDAS

1. DESPESAS COM PESSOAL

   Contas como subgrupo B – 1 a seguir

2. COMISSÕES DE VENDAS

   Contas como subgrupo B – 1 a seguir

3. OCUPAÇÃO

   Contas como subgrupo B – 2 a seguir

4. UTILIDADES E SERVIÇOS

   Contas como subgrupo B – 3 a seguir

5. PROPAGANDA E PUBLICIDADE

   Propaganda

   Publicidade

   Amostras

   Anúncios

   Pesquisas de mercado e de opinião

6. DESPESAS GERAIS

   Contas como subgrupo B – 5 a seguir

7. TRIBUTOS E CONTRIBUIÇÕES

8. PERDAS ESTIMADAS COM CRÉDITOS DE LIQUIDAÇÃO DUVIDOSA

   Constituição de novo saldo

   Reversão do saldo anterior (conta credora)

---

[1] Pela legislação fiscal e pelas normas do CPC, não deve integrar a Receita Bruta. Veja o Capítulo 18 – Receitas de Vendas.

Apêndice (Modelo de Plano de Contas) | **593**

B. ADMINISTRATIVAS

1. DESPESAS COM PESSOAL
   - Salários e ordenados
   - Gratificações
   - Férias
   - 13º salário
   - INSS
   - FGTS
   - Indenizações
   - Assistência médica e social
   - Seguro de vida em grupo
   - Seguro de acidentes do trabalho
   - Outros encargos

2. OCUPAÇÃO
   - Aluguéis e condomínios
   - Depreciações e amortizações
   - Manutenção e reparos

3. UTILIDADES E SERVIÇOS
   - Energia elétrica
   - Água e esgoto
   - Telefonia/Internet
   - Correios e malotes
   - Reprodução
   - Seguros
   - Transporte de pessoal

4. HONORÁRIOS
   - Diretoria
   - Conselho de administração
   - Conselho fiscal

5. DESPESAS GERAIS
   - Viagens e representações
   - Material de escritório
   - Materiais auxiliares e de consumo
   - Higiene e limpeza
   - Copa, cozinha e refeitório
   - Conduções e lanches
   - Revistas e publicações
   - Donativos e contribuições
   - Legais e judiciais
   - Serviços profissionais contratados
   - Auditoria
   - Consultoria
   - Recrutamento e seleção
   - Segurança e vigilância
   - Treinamento de pessoal
   - Despesas com pesquisas e desenvolvimento

6. TRIBUTOS E CONTRIBUIÇÕES
   - ITR
   - IPTU
   - IPVA
   - Taxas municipais e estaduais
   - Contribuição social
   - PIS
   - PASEP
   - COFINS

7. DESPESAS COM PROVISÕES
   - Constituição de provisão para perdas diversas
   - Constituição de provisões fiscais, previdenciárias, trabalhistas e cíveis
   - Constituição de provisão para benefícios a empregados
   - Constituição de perdas estimadas para redução a valor recuperável
   - Constituição de perdas estimadas nos estoques
   - Reversão de provisão para perdas diversas
   - Reversão de provisões fiscais, previdenciárias, trabalhistas e cíveis
   - Reversão de provisão para benefícios a empregados
   - Reversão de perdas estimadas para redução a valor recuperável
   - Reversão de perdas estimadas nos estoques

C. RESULTADO FINANCEIRO LÍQUIDO

1. RECEITA E DESPESAS FINANCEIRAS
   a) DESPESAS FINANCEIRAS
      - Juros pagos ou incorridos
      - Descontos concedidos
      - Comissões e despesas bancárias
      - Custos de transação
      - Variação monetária prefixada de obrigações

   b) RECEITAS FINANCEIRAS
      - Descontos obtidos

Juros recebidos ou auferidos

Receitas de títulos vinculados ao sistema financeiro

Receitas sobre outros investimentos temporários

Prêmio de resgate de títulos e debêntures

c) RESULTADO FINANCEIRO COMERCIAL

Receita financeira comercial

(Reversão de ajuste a valor presente de clientes, líquido de suas perdas monetárias)

Despesa financeira comercial

(Reversão de ajuste a valor presente de clientes, líquido de suas perdas monetárias)

2. VARIAÇÕES MONETÁRIAS DE OBRIGAÇÕES E CRÉDITOS

a) VARIAÇÕES DE OBRIGAÇÕES

Variação cambial

Variação monetária passiva, exceto prefixada

b) VARIAÇÕES DE CRÉDITOS

Variação cambial

Variação monetária ativa

3. PIS/PASEP SOBRE RECEITAS FINANCEIRAS

4. COFINS SOBRE RECEITAS FINANCEIRAS

D. OUTRAS RECEITAS E DESPESAS OPERACIONAIS[2]

1. LUCROS E PREJUÍZOS DE PARTICIPAÇÕES EM OUTRAS SOCIEDADES

Participação nos resultados de coligadas e controladas pelo método de equivalência patrimonial

Dividendos e rendimentos de outros investimentos

Amortização de ágio ou deságio de investimentos

2. VENDAS DIVERSAS

Vendas de sucatas (líquidas de ICMS)

3. GANHOS E PERDAS DE CAPITAL NOS INVESTIMENTOS

Ganhos e perdas na alienação de investimentos

Ganhos com compra vantajosa – Ágio

Perdas prováveis na realização de investimentos

Outros resultados em investimentos avaliados pela equivalência patrimonial

4. GANHOS E PERDAS DE CAPITAL NO IMOBILIZADO

Ganhos e perdas na alienação ou baixa de imobilizado

Valor líquido de bens baixados

5. GANHOS E PERDAS DE CAPITAL NO INTANGÍVEL

Baixa de ativos intangíveis

6. OUTROS GANHOS E PERDAS

Ganhos/perdas no diferido

7. RESULTADO DE OPERAÇÕES DESCONTINUADAS

Receitas e despesas das operações descontinuadas

Tributos sobre operações descontinuadas

Ganhos ou perdas reconhecidos nos ativos da operação descontinuada

Imposto de renda e contribuição social relacionados

8. GANHOS/PERDAS EM ITENS MONETÁRIOS

IX. IMPOSTO DE RENDA E CONTRIBUIÇÃO SOCIAL

X. PARTICIPAÇÕES E CONTRIBUIÇÕES

1. DEBÊNTURES

2. EMPREGADOS

3. ADMINISTRADORES

4. PARTES BENEFICIÁRIAS

5. INSTITUIÇÃO OU FUNDO DE ASSISTÊNCIA OU PREVIDÊNCIA A EMPREGADOS

XI. LUCRO (PREJUÍZO) LÍQUIDO DO EXERCÍCIO

---

[2] Muitas dessas contas, em certas circunstâncias, podem, ou até devem, ser reclassificadas para fins de demonstração do resultado do exercício.

Índice Alfabético

Ações em tesouraria, 319
    aspectos fiscais, 320
    classificação contábil, 319
    conceito, 319
    resultados nas transações com ações em tesouraria, 320
Adiantamentos a fornecedores, 239
Adiantamentos de clientes, 243
Adiantamentos para aumento de capital, 330
    classificação contábil, 330
    natureza, 330
Ajuste a valor presente, 85
    contabilização, 87
    discussão geral, 85
    mudança de lei e o CPC, 85
Ajuste pelo IR diferido, 579
Ajustes de avaliação patrimonial, 310
    atualização do valor dos instrumentos financeiros, 310
    reorganizações societárias, 310
Ajustes de exercícios anteriores, 107
Aluguéis, 267
ANEEL, 2
Aplicação do método da equivalência patrimonial, 100

Apuração do custo
    apuração do valor realizável líquido, 60
    aspectos adicionais de avaliação, 58
    comparação entre os métodos, 55
    componentes do custo, 56
    custeio direto, 56
    custeio por absorção, 56
    custo padrão, 57
    custo real, 57
    custos por ordem, 57
    de lenta rotação, 59
    devolução de venda, 55
    estoques deteriorados, 59
    extrativos, 59
    FIFO, 54
    ineficiências, quebras e perdas de produção, 58
    LIFO, 54
    matérias-primas, mercadorias e contas similares, 53
    média ponderada móvel, 54
    método do preço de venda a varejo, 55
    obsoletos, 59
    PEPS, 54
    preço específico, 54
    produtos agrícolas, 59

produtos em processo e acabados, 55

produtos em processo, 60

registro permanente de estoques, 55

sistemas de custeio, 56

UEPS, 54

Apuração do valor dos resultados não realizados, 111

lucro em investimentos, 114

lucro nos estoques, 111

lucro ou prejuízo em ativo imobilizado, 115

Aquisição

determinação da adquirente, 506

determinação da data, 506

determinação do *goodwill*, 508

reconhecimento e mensuração dos ativos líquidos, 507

registros contábeis da combinação, 509

Aquisição de controle – aspectos legais, 505

Aquisição reversa, 509

mensuração da contraprestação transferida, 510

participação de não controladores, 511

preparação e apresentação das demonstrações consolidadas, 510

procedimentos contábeis, 510

resultado por ação, 511

Arm's length, 158

Arrendamentos mercantis, 267

apresentação e divulgação, 276

classificação, 274

contabilização no arrendador, 275

determinação do prazo do contrato, 279

direito de uso, 279

discussões especiais, 279

efeitos no balanço, 282

isenção de reconhecimento, 270

leaseback, 277

mensuração inicial, 269

mensuração subsequente, 271

no arrendador, 274

no arrendatário, 269

PIS e Cofins, 283

pontos fiscais, 279

reconhecimento, 269

taxa de desconto, 280

transação de venda, 277

Atividade agrícola, 166

Ativo imobilizado, 131

Ativo não circulante mantido para venda, 72

alteração no plano de distribuição aos proprietários, 76

alteração no plano de venda, 76

apresentação e divulgação, 77

classificação, 72

conceitos iniciais, 72

critérios de mensuração, 73

reconhecimento de perdas, 74

Ativos biológicos, 157, 166

consumíveis, 167

de produção, 167

mensuração, 169

mensuração do valor justo, 169

mensuração pelo custo, 172

modelo contábil específico para atividade agrícola, 166

para pequenas e médias empresas, 173

reconhecimento de ganhos e perdas, 173

reconhecimento, 169

subvenção governamental, 173

tratamento contábil dos custos subsequentes, 171

Ativos contingentes, 247

Ativos especiais, 67

aspectos conceituais, 67

critérios de avaliação, 70

notas explicativas, 70

plano de contas, 67

Ativos intangíveis, 157, 158

aspectos conceituais, 158

aspectos fiscais, 162

definição, 159

direitos sobre recursos naturais, 164

marcas e patentes, 163

mensuração inicial, 159

mensuração subsequente, 161

para pequenas e médias empresas, 165

pesquisa e desenvolvimento, 164

reconhecimento, 159

teste de *impairment*, 163

vida útil, 161

Atualização do valor dos instrumentos financeiros, 311

Avaliação de investimentos – mudanças de critério, 121

Bacen, 6

Baixa nos estoques, 64

Balanço de abertura – elaboração, 24

Balanços consolidados, 8

Balanços individuais, 8

Benefícios a empregados, 387

    ativos do plano, 397

    aumentos salariais, 397

    benefícios pós-emprego, 388

    benefícios segurados, 390

    conceituação, 387

    CPC 33, 387

    custo do serviço prestado, 397

    custo médico, 397

    de curto prazo, 387

    de longo prazo, 390

    divulgação, 391

    ganhos e perdas na liquidação, 398

    licenças remuneradas, 388

    mensuração, 391

    para pequenas e médias empresas, 398

    participação nos lucros, 388

    passivo atuarial, 395

    plano de benefício definido, 392

    plano de contribuição definida, 391

    planos de previdência social, 390

    planos multipatrocinados, 389

    premissas atuariais, 396

    reconhecimento, 391

    rescisórios, 391

    taxa de desconto, 397

Caixa – fundo fixo, 37

Caixa e Equivalentes de Caixa, 35

Capital social, 306

Características qualitativas de informações financeiras
úteis

    comparabilidade, 15

    capacidade de verificação, 15

    compreensibilidade, 15

    relevância, 14

    representação fidedigna, 14

    tempestividade, 15

CCNC (Comissão Consultiva de Normas Contábeis), 8

Cheques em cobrança, 45

Cisão, 491, 518

Classificação de ativos financeiros, 26

Clientes

    grupos de contas contábeis, 39

    natureza dos grupos de contas contábeis, 40

CNI (Confederação Nacional da Indústria), 6

Código Civil, 4

Cofins e PIS/Pasep a recolher, 240

Coligadas

    aspectos legais, 95

    aspectos complementares, 96

Combinação de negócios, 491

    aspectos contábeis, 492

    com sociedades sob controle comum, 511

    condição de permanência, 503

    conexão com a avaliação, 503

    determinação da data de aquisição, 496

    determinação do que faz parte, 502

    entre partes independentes, 494

    identificação do adquirente, 495

    mensuração e contabilização subsequentes, 505

    nível de remuneração, 503

    número de ações, 503

    pagamento incremental, 503

    período de mensuração, 504

    reconhecimento e mensuração de ativos líquidos, 496

Comissão de Valores Mobiliários, 6

Comitê de Pronunciamentos Contábeis (CPC) – criação, 5

Compras em trânsito, 50

Concessões, 541

    características dos contratos, 542

    controle sobre ativos públicos, 544

    custos de financiamento, 547

    custos de recuperação da infraestrutura, 547

    direito de concessão pago em parcelas, 555

    mensuração de ativo intangível, 553

    mensuração, 545

    na ICPC 01 (R1), 543

    noções preliminares, 541

    obrigação de recapeamento da rodovia, 553

    participação residual, 547

    receitas de serviços de concessão, 546

    reconhecimento, 545

598 | MANUAL DE CONTABILIDADE SOCIETÁRIA • *Santos, Iudícibus, Martins e Gelbcke*

reconhecimento de um ativo intangível pela concessionária, 551

remuneração dos serviços prestados pelo concessionário, 544

Conciliações bancárias, 37

Confederação Nacional da Indústria (CNI), 6

Consolidação das demonstrações contábeis, 439

abrangência, 446

ajustes, 449

apresentação, 446

apresentação no balanço, 464

com defasagem nas datas dos balanços, 473

controladas, 439

diferença na data de encerramento do exercício, 447

eliminação, 449

eliminação de saldos, 450

entidades de investimento, 448

entidades de propósito específico, 446

goodwill, 471

lucros nos ativos não circulantes, 455

lucros nos estoques, 452

lucros ou prejuízos em ativo imobilizado, 455

lucros ou prejuízos em investimentos, 455

mais-valia de ativos, 471

mudanças na participação relativa da controladora, 477

na DRA, 470

na DRE, 465

no balanço consolidado, 465

noções preliminares, 445

objetivo, 445

obrigatoriedade em empresas fechadas, 447

outros resultados abrangentes, 473

participação dos acionistas não controladores, 463

perda do controle, 478

procedimentos, 448

quem faz, 445

reavaliação de ativos, 473

transações intragrupo, 450

tributos na consolidação, 474

Contabilidade

brasileira, 2

estrutura conceitual, 12

noções introdutórias, 1

normas internacionais, 6

Contabilidade de custos integrada, 64

critério alternativo de avaliação, 64

significado e entendimento fiscal, 64

Contabilidade de hedge, 223

aspectos conceituais, 223

de valor justo, 223

de valor justo, 227

descontinuidade do *hedge accounting*, 228

efetividade de *hedge*, 225

hedge de fluxo de caixa, 223

hedge de fluxo de caixa, 228

hedge de investimento no exterior, 228

instrumentos de *hedge*, 224

item objeto, 224

qualificação para *hedge accounting*, 225

Contabilidade de hedge, 26

Contabilidade em economia inflacionária, 567

extinção da hiperinflação, 583

modelo do IASB, 581

Contas a receber, 35

Contas bancárias negativas, 37

Contas de resultado, 575

critérios contábeis, 344

extinção da correção monetária, 346

juros embutidos, 346

Contas do balanço, 571

Contratos de concessão, 548

Contratos de seguros, 28

Contratos executórios, 20

Contribuição social a pagar, 241

Contribuição social sobre o lucro – cálculo, 249

Contribuição social, 364Controladas

aspectos complementares, 440

aspectos legais, 439

direito de voto potencial, 442

poder sobre a investida, 440

relação de agência, 442

Controladas em conjunto

aspectos complementares, 97

aspectos legais, 97

Correção monetária no Brasil, 568

COSIF, 2

CPC

adoção inicial, 23

criação, 5

CPC 00 – Estrutura Conceitual para Relatório Financeiro, 13

CPC 01 (R1), 74

CPC 01 (R1) – Redução ao Valor Recuperável de Ativos, 132

CPC 02 (R2) – Efeitos das Mudanças nas Taxas de Câmbio e Conversão de Demonstrações Contábeis, 125

CPC 04 – Ativo Intangível, 39

CPC 05 (R1) – Divulgação sobre Partes Relacionadas, 86, 157, 182

CPC 12 – Ajuste a Valor Presente, 86

CPC 13 – Adoção Inicial, 357

CPC 15 (R1) – Combinação de Negócios, 74, 101

CPC 16 – Estoques, 39, 57

CPC 18 (R2) – Investimento em Coligada, 93, 107

CPC 20 (R1) – Custos de Empréstimos, 53

CPC 22 – Informações por Segmento, 77

CPC 23 – Políticas Contábeis, Mudança de Estimativa e Retificação de Erro, 483

CPC 25 – Provisões, Passivos Contingentes e Ativos Contingentes, 143

CPC 27 – Ativo Imobilizado, 73, 143, 147, 168

CPC 31 – Ativo Não Circulante Mantido para Venda e Operação Descontinuada, 74, 101

CPC 36 – Demonstrações Consolidadas, 98

CPC 37 (R1), 24

CPC 37 (R1), 28

CPC 40 – Instrumentos Financeiros: Evidenciação, 229

CPC 47 – Receita de Contrato com Cliente, 36, 61, 64

CPC 48 – Instrumentos Financeiros, 36

Créditos de funcionários, 46

adiantamentos para viagens e despesas, 46

antecipação de 13º salário, 46

antecipação de férias, 46

antecipações de salários e ordenados, 46

classificação das contas, 46

conteúdo, 46

controles analíticos, 46

empréstimos a funcionários, 46

subcontas por natureza, 46

Criptoativos – tratamento aplicável, 39

CSLL – recolhimentos mensais ou trimestrais, 258

CSLL, 247, 253

Custeio baseado em atividades, 352

Custeio direto, 351

Custeio real por absorção, 351

Custo atribuído, 28

Custo-padrão, 351

Custos das mercadorias vendidas - apuração, 350

Custos na prestação de serviços, 64

CVM (Comissão de Valores Mobiliários), 6

Data de contabilização de cheques, 37

DCF, 417

Debêntures, 299

características básicas, 299

conversão em ações, 300

e outros títulos de dívida, 291

emissão de debêntures, 301

gastos com colocação, 300

remuneração e contabilização, 300

Decreto no 9.580/2018, 162

Decreto-lei no 1.598/1977, 120, 162

Defasagem na data do encerramento da coligada, 107

dividendos no período, 107

influência na nota explicativa, 108

Deliberação CVM no 564/2008, 85

Demonstração das mutações do patrimônio líquido (DMPL), 333

ajustes de exercícios anteriores, 340

conteúdo, 333

exemplo, 337

modelos, 336

técnicas de preparação, 336

utilidade, 333

Demonstração do resultado abrangente (DRA), 343, 348

Demonstração do resultado, 343

Demonstração do valor adicionado (DVA)

amortização, 435

análise, 438

apresentação, 432

aspectos conceituais discutíveis, 435

aspectos introdutórios, 431

ativos avaliados ao valor justo, 436

benefícios, 432

depreciação, 435

distribuição de lucros de exercícios anteriores, 436

elaboração, 432

exaustão, 435

impairment, 435

modelo, 432

objetivo, 432

substituição tributária, 437

técnica de elaboração, 432

Demonstração dos fluxos de caixa (DFC), 417

aquisição de vendas de controladas, 423

aspectos introdutórios, 417

atividades de financiamento, 421

atividades de investimento, 420

atividades operacionais, 419

benefícios, 417

considerações, 430

contribuição social sobre o lucro líquido, 423

disponibilidades, 418

duplicadas descontadas, 422

fluxos de caixa em moeda estrangeira, 422

imposto de renda, 423

juros e dividendos pagos, 421

juros e dividendos recebidos, 421

método direto, 424

método indireto, 424

métodos de elaboração, 423

objetivo, 417

requisitos, 418

técnica de elaboração, 424

Demonstrações contábeis

alcance, 16

apresentação, 22

ativo, 17

benefícios econômicos, 17

conceito de capital, 22

consolidadas, 17

contratos executórios, 20

controle, 18

direito, 17

divulgação, 22

elementos, 17

entidade com obrigação, 19

entidade que reporta, 16, 17

manutenção de capital, 22

não consolidadas, 17

objetivo, 16

passivo, 18

período de relatório, 16

perspectiva adotada, 16

premissa da continuidade operacional, 16

unidade de conta, 19

Demonstrações contábeis separadas, 479

Demonstrações separadas, 439

Depósitos bancários à vista

aplicações de liquidez imediata, 38

conciliações bancárias, 37

contas bancárias negativas, 37

contas de livre negociação, 37

data de contabilização de cheques, 37

depósitos bancários vinculados, 38

situações especiais, 38

Depreciação

critério contábil a adotar, 147

estimativa de vida útil, 148

exaustão, 150

legislação fiscal, 147

legislação societária, 146

método das quotas constantes, 149

método de unidades produzidas, 149

método soma dos dígitos dos anos, 149

métodos, 148

registro contábil, 149

valor depreciável, 148

Derivativos embutidos, 26

Despesas administrativas, 355

com pessoal, 355

comissões de vendas, 356

gerais, 357

honorários, 357

ocupação, 356

PECLD, 358

propaganda e publicidade, 357

tributos, 358

utilidades e serviços, 357

Despesas antecipadas, 70

aspectos conceituais, 70

critérios de avaliação, 71

exemplo, 71

plano de contas, 71

Despesas com pessoal

assistência médica e social, 356

décimo terceiro salário, 356

férias, 355

FGTS, 356

gratificações, 355

indenizações, 356

INSS, 356

plano complementar de aposentadoria e pensão, 355

salários e gratificações, 355

Despesas de vendas administrativas, 354

Despesas operacionais, 343

Desreconhecimento – critérios, 21

Destinação das reservas de capital, 310

Determinação do preço da transação, 370

Diferenças acumuladas de conversão, 29

Direitos de uso, 267

Direitos sobre recursos naturais, 164

Disponibilidades, 35

cheques em cobrança, 45

classificação, 37

clientes, 39

conteúdo, 37

créditos de funcionários, 46

critérios de avaliação, 39

depósitos restituíveis, 48

dividendos a receber, 46

juros a receber, 46

outros créditos, 45

perdas estimadas, 48

saldos em moeda estrangeira, 39

securitização de recebíveis, 44

títulos a receber, 45

tratamento aplicável aos criptoativos, 39

valores vinculados, 48

Dividendos, 322

a receber, 46

conceituação e taxonomia, 322

considerações iniciais, 322

cumulativos *versus* não cumulativos, 326

direito de voto de ações preferenciais, 327

distribuídos, 103

dividendos por ação, 341

intermediários, 327

prazo para pagamento, 328

prioritários *versus* não prioritários, 325

DMPL, 333

DRA, 343, 348

DRE

critérios básicos de apresentação, 346

DVA, 432

Empréstimos e financiamentos, 291

a longo prazo, 291

cláusulas contratuais, 297

composição dos encargos financeiros, 293

credores por financiamentos, 298

encargos financeiros, 292

financiamentos bancários a curto prazo, 298

parcela de curto prazo, 297

refinanciamento de empréstimos, 298

registro, 292

títulos a pagar, 299

tratamento dos encargos, 292

variações monetárias, 294

Empréstimos governamentais, 26

Encerramento da coligada, 107

Entidades em liquidação, 32

Entidades relacionadas com o estado, 538

Essência do método da equivalência patrimonial, 99

Estoque, 49

adiantamento a fornecedores, 52

almoxarifado, 52

animais, 59

apuração do custo, 53, 54

apuração do valor realizável líquido, 60

aspectos adicionais de avaliação, 58

aspectos fiscais, 64

baixa, 64

capacidade ociosa, 58

classificação, 49

comparação entre os métodos, 55

compras em trânsito, 50

conceito, 49

contabilidade de custos integrada, 64

conteúdo e planos de contas, 49

critério básico, 52

critérios de avaliação, 52

custos na prestação de serviços, 64

de lenta rotação, 59

deteriorados, 59

e o ICMS, 61

elenco sugerido de contas, 50

extrativos, 59

férias coletivas, 58

importações em andamento, 51

ineficiências, quebras e perdas de produção, 58

inventário físico e controles, 65

materiais auxiliares, 51

materiais de acondicionamento e embalagem, 51

materiais de manutenção e suprimento gerais, 51

matérias-primas e materiais diretos, 51

mercadorias para revenda, 51

método do preço de venda a varejo, 55

método do preço de venda a varejo, 55

mudança nos métodos de avaliação, 63

obsoletos, 59

peças de reposição de equipamentos, 50

peças e materiais de manutenção, 50

PIS/Pasep, 63

produtos acabados, 51

produtos agrícolas, 59

produtos em elaboração, 51

registro permanente de estoques, 55

serviços em andamento, 52

tópicos principais, 64

Estrutura conceitual da contabilidade, 1, 12

apresentação de capital, 21

definição de Patrimônio Líquido, 20

desreconhecimento, 21

manutenção de capital, 21

mensuração de capital, 21

neutralidade, 12

norma contábil, 12

objetivo do relatório financeiro, 13

prevalência da essência sobre a forma, 12

prudência, 12

reconhecimento, 21

teoria contábil, 12

Eurobonds, 303

EVA (Economic Value Added), 4

Evento subsequente, 483

com efeito retroativo no balanço, 490

Extinção da hiperinflação, 583

FIDC (Fundos de Investimento em Direitos Creditórios), 231

Fisco, 2

Fornecedores estrangeiros, 239

Fundos de Investimento em Direitos Creditórios, 231

Fusão, 491, 518

Fusões, incorporações e cisões, 516

GAAP (Generally Accepted Accounting Principles), 23

Gastos de capital, 144

Generally Accepted Accounting Principles (GAAP), 23

Goodwill, 116, 117, 120

Hedge

de fluxo de caixa, 228

de investimento no exterior, 228

Hiperinflação

extinção, 583

severa, 30

IAS 16 – Property, Plan and Equipment, 28

IAS 39 – Financial Instruments: Recognition and Measurement, 25

IASB, 5

IASC (International Accounting Standards Committee), 23

ICMS – e estoques, 61

ICPC 21 – Transação em Moeda Estrangeira e Adiantamento, 53

IFRS 10 – Consolidated Financial Statements, 26

IFRS 13 – Fair Value Measurement, 170, 175

Imobilizado, 131

amortização, 146

aparelhos, 135

atividade agrícola, 134

atividade pecuniária, 134

bens adquiridos por meio de permuta, 139

bens comprados de terceiros e tributos, 138

bens em operação, 134

bens incorporados por formação do capital social, 139

bens recebidos de clientes ou cedidos a fornecedores, 139

bens recebidos por doação, 139

biológico, 136

classificação das contas, 132

conceito, 131

construções em andamento, 136

conteúdo das contas, 132, 134

critérios de avaliação, 137

débito direto em despesas do ano, 145

depreciação, 146

direito de uso, 136

direitos sobre recursos naturais, 136

em andamento, 136

equipamentos, 135

escolha da taxa de desconto, 143

exaustão, 146

ferramentas, 135

forma de apresentação no balanço, 150

gastos de capital *versus* gastos do período, 144

gastos de capital, 144

gastos do período, 145

identificação da unidade geradora de caixa, 141

importações em andamento, 137

instalações, 135

manutenção e reparos, 145

máquinas, 135

melhorias e adições complementares, 146

móveis e utensílios, 135

obras civis, 134

obras preliminares e complementares, 134

operações de arrendamento, 150

outros fatores da segregação contábil, 133

paradas programadas, 145

redução ao valor recuperável, 140

retiradas, 146

reversão da perda por desvalorização, 142

terrenos, 134

veículos, 135

Imposto de renda

alíquotas aplicáveis, 253

antecipação da despesa, 255

bônus de adimplência fiscal, 253

cálculo, 249, 253

depreciação incentivada, 254

lucro presumido, 258

mudança de alíquota ou de legislação, 256

postergação, 254

provisões dedutíveis no futuro, 255

receitas não realizadas, 254

recolhimento por estimativa, 258

reconhecimentos mensais e trimestrais, 258

regime de competência, 255

regime de competência, 256

Impostos incidentes sobre vendas

Cofins, 382

ICMS, 382

IPI, 385

ISS, 382

PIS/Pasep, 382

Impostos retidos na fonte, 241

Incorporação, 491, 516

Incorporações reversas, 512

Índice Nacional de Preços ao Consumidor (IPCA), 3

Inflação – efeitos, 3

Informações específicas – clientes principais, 532

Informações por segmento, 517, 528

características, 529

clientes principais, 532

comparabilidade, 530

conceito, 529

critérios de agregação, 529

divulgação, 530

específicas, 532

finalidade, 528

funções relacionadas, 529

Instrução CVM nº 64, 570

Instrução Normativa RFB nº 1.700/2017, 252

Instrução Normativa RFB nº 1.700/2017, 147

Instrução normativa RFB nº 845/2008, 51

Instrumentos financeiros, 205

abordagem simplificada, 221

avaliação do modelo de negócios, 208

avaliação dos fluxos financeiros, 209

classificação, 205

compostos, 30

contabilidade de *hedge*, 223

contratos a termo, 215

contratos futuros, 215

definição, 205

evidenciação, 229

FIDC, 231

Fundos de Investimento em Direitos Creditórios, 231

mensuração, 205, 211

operações de *swap*, 213

para pequenas e médias empresas, 233

perda esperada, 217

securitização de recebíveis, 229

securitização via SPE, 229

teste de *impairment*, 217

Integralização de capital, 104

International Accounting Standards Board (IASB), 5

Interpretação ICPC 10, 29

Inventário físico e controles, 65

Investida com patrimônio líquido negativo, 128

Investimentos em coligadas, controladas e *joint ventures*, 93

Investimentos em controladas no exterior, 125

Investimentos em outras sociedades, 81

    aspectos contábeis, 89

    avaliação dos investimentos societários, 91

    classificação no balanço, 88

    conceitos iniciais, 87

    critérios de avaliação de participações permanentes, 90

    dividendos, 91

    investimentos com incentivos fiscais, 89

    investimentos voluntários, 88

    modelo do plano de contas, 90

    outros investimentos permanentes, 89

    participações permanentes em outras sociedades, 88

    pelo método do custo, 90

    propriedades para investimento, 89

Investimentos no exterior

    aplicação da equivalência patrimonial, 125

Investimentos no exterior, 125

    conversão das demonstrações contábeis para moeda nacional, 126

    integralização de capital, 125

    uniformidade de critérios contábeis, 126

Investimentos temporários a longo prazo, 83

IPCA, 3

IPI – como base de cálculo do ICMS, 63

IRPJ, 247

    classificação no balanço, 247

    reconhecimento do encargo, 247

    redução do imposto por incentivos fiscais, 247

Isenções, 27

    combinações de negócios, 27

    contratos de seguros, 28

    custo atribuído, 28

    diferenças acumuladas de conversão, 29

    hiperinflação severa, 30

    instrumentos financeiros compostos, 30

    negócios em conjunto, 31

Juntas comerciais, 5

Juros a receber, 46

Juros sobre o capital próprio, 328

LALUR, 249

Leaseback, 277

Legislações específicas, 2

Lei Complementar ICMS nº 87/1996, 63

Lei Complementar nº 109/2001, 389

Lei das S.A., 4

Lei nº 10.637/2002, 138, 253

Lei nº 10.833/2003, 51

Lei nº 10.865/2004, 138

Lei nº 11.196/2005,138

Lei nº 11.638/2007, 1, 9, 85, 95, 157, 302, 310

Lei nº 11.941/2009, 1, 70, 157, 302

Lei nº 12.973/2014, 120, 311, 317

Lei nº 6.404/1976, 3, 35, 81, 85, 89, 140, 157

Lei nº 9.249/1995, 52, 569

Lei nº 9.457/1997, 308

Lei nº 10.406/2002, 4

Lucro ou prejuízo do exercício, 103

Lucros nos ativos não circulantes, 455

Lucros nos estoques

    casos práticos, 452

    fundamento, 453

Mais-valia, 116

    data-base, 117

    determinação, 117

    patrimônio líquido, 117

    realização em ativos líquidos, 119

Manutenção e reparos, 145

    aspectos ficais, 146

    débito direto em despesas do ano, 145

    melhorias e adições complementares, 146

Mensuração

    custo corrente, 22

    custo histórico, 22

    de ativos financeiros, 26

    do valor justo, 175

Índice Alfabético | **605**

valor atual, 22

valor justo, 22

Método da equivalência patrimonial, 100

    aspectos legais, 100

    aspectos normativos, 100

    segregação inicial do investimento, 101

Método das quotas constantes, 149

Métodos de depreciação, 149

Modelo de correção integral, 570

Mudança de estimativa, 483

Mudanças nas estimativas contábeis, 486

Mudanças nas taxas de câmbio

    avaliação de investimentos societários, 195

    critério alternativo de mensuração, 201

    identificação da moeda funcional, 194

    métodos para reconhecimento, 194

    noções preliminares, 194

    reconhecimento e mensuração, 195

    tratamento para pequenas e médias empresas, 203

Mudanças nas taxas de câmbio, 175

Mutações das contas patrimoniais, 335

NBC TG 1001, 33

NBC TG 1002, 33

Negócios em conjunto, 31

Normas internacionais

    adoção inicial, 23, 24

    classificação de ativos financeiros, 26

    contabilidade de *hedge*, 26

    contratos de seguros, 28

    CPC 37 (R1), 24

    custo atribuído, 28

    derivativos embutidos, 26

    desreconhecimento de ativos financeiros, 25

    desreconhecimento de passivos financeiros, 25

    diferenças acumuladas de conversão, 29

    disposição especial, 31

    empréstimos governamentais, 26

    entidades em liquidação, 32

    estimativas, 25

    hiperinflação severa, 30

    instrumentos financeiros compostos, 30

    isenções, 27

    mensuração de ativos financeiros, 26

    não tratadas no livro, 31

    negócios em conjunto, 31

    participação de acionistas não controladores, 26

    proibições, 25

Normas Internacionais de Contabilidade

    baseadas em princípios, 6

    características básicas, 6

    controle, 7

    essência sobre a forma, 7

Notas explicativas, 519

Notas promissórias, 303

Obrigações de performance, 378

Obrigações fiscais, 239

OCPC 07, 13, 519

Operações continuadas – despesas e outros resultados, 354

Operações descontinuadas, 67, 78

    conceitos iniciais, 78

Operações intersociedades, 108

Ordenados e salários a pagar, 244

Outros ativos e operações descontinuadas, 67

    despesas antecipadas, 70

Outros resultados abrangentes, 103

Outros títulos de dívida, 303

Pagamento baseado em ações, 387

    avaliação dos instrumentos patrimoniais outorgados, 401

    características, 399

    condição de mercado, 404

    condição de serviço, 404

    condições de aquisições de direitos, 404

    críticas ao modelo, 414

    em ações liquidadas em caixa, 406

    em pequenas e médias empresas, 415

    exemplos de transações, 407

    liquidadas pela entrega de dinheiro, 412

    liquidadas pela entrega de instrumentos patrimoniais, 406

    mediante emissão de instrumentos patrimoniais, 406

    mensuração, 406

    meta de desempenho, 404

    noções preliminares, 398

    reconhecimento, 406

    tipos de transações, 400

    vesting conditions, 404

606 | MANUAL DE CONTABILIDADE SOCIETÁRIA • Santos, Iudícibus, Martins e Gelbcke

Parecer Normativo CST no 6/1979, 58

Partes relacionadas, 534

Passivo – definição, 235

Passivo exigível, 235

    adiantamento para futuro aumento de capital, 245

    adiantamentos de clientes, 243

    classificação em circulante e não circulante, 235

    Cofins e PIS/Pasep a recolher, 240

    comissões a pagar, 245

    conceitos gerais, 235

    contas a pagar, 244

    contribuição social a pagar, 241

    encargos sociais a pagar, 244

    FGTS a recolher, 244

    fornecedores, 238

    fornecedores estrangeiros, 239

    impostos incidentes sobre a receita, 240

    impostos incidentes sobre o lucro, 241

    impostos retidos na fonte, 241

    IPI a recolher, 240

    ISS a recolher, 241

    obrigações fiscais, 239

    ordenados e salários a pagar, 244

    outras obrigações, 243

    passivo circulante, 236

    passivo não circulante, 237

    plano de contas, 238

    reconhecimento e mensuração, 237

    retenções contratuais, 244

    tratamento para pequenas e médias empresas, 245

Passivos contingentes, 247

Patrimônio líquido, 305

    ações, 307

    ações em tesouraria, 305 319

    adiantamentos para aumento de capital, 330

    ajustes acumulados de conversão, 321

    ajustes de avaliação patrimonial, 305, 310

    amortização de ações, 308

    capital realizado, 307

    capital social, 305, 306

    conceituação, 305

    contabilização, 307

    contas extintas, 322

    definição conforme a Estrutura Conceitual, 20

    destinação das reservas de capital, 310

    diferença entre reservas e provisões, 306

    dividendos propostos, 318

    gastos na emissão de ações, 309, 321

    juros sobre o capital próprio, 328

    opções outorgadas reconhecidas, 321

    outras contas, 321

    prejuízos acumulados, 305, 320

    reembolso de ações, 308

    reservas de lucros, 305, 312, 318

    reservas de capital, 305, 309

    reservas de incentivos fiscais, 316

    resgate de ações, 308

    sociedades anônimas com capital autorizado, 307

    valor excedente, 307

Patrimônio líquido das investidas, 107

    critérios contábeis, 107

    defasagem na data do encerramento da coligada, 107

Peças e materiais de manutenção, 50

PECLD

    aspectos complementares, 42

    aspectos fiscais, 42

    conceito, 40

    contabilização, 42

    mensuração da perda estimada, 40

Perda da influência ou do controle conjunto, 126

Perda Estimada com Créditos de Liquidação Duvidosa (PECLD), 36, 40

    aspectos complementares, 42

    aspectos fiscais, 42

    conceito, 40

    contabilização, 42

    mensuração da perda estimada, 40

Perdas – reconhecimento, 123

Pesquisa e desenvolvimento, 164

Plano de benefício definido, 392

    ganhos atuariais, 393, 394

    perdas atuariais, 393, 394

    valor justo dos ativos, 393

    valor presente da obrigação atuarial, 393

Plano de contas

    amortização acumulada de ativos especiais, 69

    ativos especiais, 69

    ativos especiais em produção, 69

depreciação acumulada de ativos especiais, 69

estimativa de perdas para redução ao valor recuperável, 69

recuperação de custos, 352

Plano de contribuição definida, 392

Plano Real, 3

Planos de previdência social, 390

PME (pequena e média empresa)

conforme o IASB, 8

diferenças na simplificação, 9

Políticas contábeis, 483, 484

limitações à reapresentação retrospectiva, 486

mudanças, 485

mudanças nas estimativas contábeis, 486

Prejuízos acumulados, 320

Previsão – versus provisão, 5

Pronunciamento Técnico CPC 12, 71

Pronunciamento Técnico CPC 15 (R1), 160

Pronunciamento Técnico CPC 32, 29

Pronunciamento Técnico CPC 37, 23

Pronunciamento Técnico CPC 39, 26

Propriedades para investimento, 131, 150

avaliação, 151

conceituação, 150

critérios de avaliação, 151

mensurações subsequentes, 153

Provisões

ativo contingente, 262

exemplos, 262

mensuração, 259

obrigação por devolução, 265

obrigação por retirada de serviço, 265

para benefícios a empregados, 264

para compensações, 264

para danos ambientais, 264

para garantias, 263

para riscos fiscais, 263

passivo contingente, 261

reconhecimento, 259

reembolso, 262

reestruturação, 263

Provisões, 247, 259

Realizável a longo prazo, 81

adiantamentos a terceiros, 82

bancos – contas a receber, 82

bancos – contas vinculadas, 82

classificação, 81

conceito, 81

conteúdo das contas, 82

crédito de acionistas, 82

créditos e valores, 82

depósitos restituíveis e valores vinculados, 83

empréstimos compulsórios à Eletrobras, 83

impostos e contribuições a recuperar, 83

investimentos temporários a longo prazo, 83

PECLD, 82

perdas estimadas, 83

títulos a receber, 82

Receitas de vendas, 367

abatimentos, 382

conceitos fundamentais, 367

contraprestação variável, 371

custos contratuais incrementais ativáveis, 381

determinação do preço de transação, 370

identificação de contrato com cliente, 368

impostos incidentes sobre vendas, 382

mensuração, 368

obrigações contratuais de *performance*, 369

reconhecimento, 368

reconhecimento da receita, 375, 380

vendas a prazo, 370

vendas canceladas, 382

Reconhecimento – critérios, 21

Reconhecimento de perdas, 123

Reconhecimento de um ativo intangível pela concessionária, 551

Regime de competência, 14

Registro Público de Empresas Mercantis, 5

Relatório da administração, 557

análise de riscos, 564

conteúdo básico, 559

divulgação financeira, 559

divulgação não financeira, 559

divulgação voluntária do LAJIDA, 565

empresas investidoras, 564

estágio em nível internacional, 558

exigências da CVM, 562

IAS 1, 560

investimentos, 563

itens fora do balanço, 564

novos produtos e serviços, 564

pesquisa e desenvolvimento, 563

projeto do IASB, 560

recursos humanos, 563

situação no Brasil, 561

Relatório financeiro

limitações, 13

objetivo, 13

utilidade, 13

Reserva de lucros, 318

Reservas de capital, 309

conteúdo e classificação das contas, 309

destinação, 310

plano de contas, 309

Reservas de capital, 309

Reservas de incentivos fiscais

benefícios sob a forma de redução, 316

constituição da reserva de incentivos fiscais, 317

incentivos fiscais de imposto de renda, 317

tratamento contábil para subvenção condicional, 316

tratamento contábil para subvenção incondicional, 316

tributos financiados pelo estado, 317

Reservas de lucros, 312

a realizar, 314

conceito, 312

para expansão, 315

reserva legal, 312

reservas estatutárias, 312

reservas para contingências, 312

Resolução CFC nº 1.151/2009, 85

Resolução nº 1.253/2009 do CFC, 23

Resolução nº 1.255/2009, 8

Resultados financeiros líquidos, 358

despesas financeiras, 360

plano de contas, 360

receitas e despesas financeiras, 359

receitas financeiras, 360

variações de obrigações, 361

variações monetárias, 359

Resultados não realizados de operações intersociedades, 108

Retificação de erro, 483

Retificação de erros, 487

limitações à reapresentação retrospectiva, 487

Reversões e transferências de reservas, 340

RKW, 352

RTT, 249

Secretaria da Receita Federal, 2

Securitização de recebíveis, 44

Segregação contábil

conceito de unidade de propriedade, 133

controle por área geográfica, 133

exigências fiscais, 133

por departamento, 133

por função, 133

por segmento econômico, 133

Sistema de correção integral, 571

Sociedades anônimas com capital autorizado, 307

Susep, 6

Taxas de câmbio, 175

Títulos a receber, 45

Títulos perpétuos, 303

Transação de venda, 277

Transações, 536

Transações com partes relacionadas, 527, 528

divulgação, 537

entidades relacionadas com o estado, 538

histórico da normatização, 533

natureza das transações, 536

preços de transferência, 536

Transformação, 518

Tributos a compensar e recuperar

conteúdo e natureza, 47

IPI, ICMS e Cofins a recuperar, 47

IR e CS a restituir, 47

IRRF a compensar, 47

outros tributos a recuperar, 47

Tributos a compensar e recuperar, 47

Tributos sobre o lucro, 247

Valor justo

abordagem de custo, 184

abordagem de mercado, 183

abordagem de resultado, 184

ajuste da taxa de desconto, 186

aplicação para ativos, 178

aplicação para instrumentos patrimoniais, 178

aplicação para passivos, 178

ativos não financeiros, 178

classificação das informações na mensuração, 188

definição, 176

divulgações exigidas, 192

hierarquia, 188

informações de nível 1, 189

informações de nível 2, 189

informações de nível 3, 190

informações para aplicação das técnicas de avaliação, 187

mercado bursátil, 187

mercado de revendedores, 188

mercado intermediado, 188

mercado não intermediado, 188

modelos de ganhos excedentes, 185

modelos de precificação de opções, 185

objetivo da mensuração, 176

para pequenas e médias empresas, 194

participantes do mercado, 177

passivos e instrumentos patrimoniais próprios da entidade, 179

posições líquidas de ativos financeiros e passivos financeiros, 182

técnicas de avaliação, 183

técnicas de valor presente, 185

transação e preço, 177

valor presente esperado, 186

Variação na participação relativa, 104

Vendas a prazo, 370